生活禪綱要

傳印題

净慧长老像

生活禅文库

生活禪綱要

上 編

明 海 主编

商務印書館
The Commercial Press
创于1897

编撰委员会名单

导师　净　慧

顾问　传　印　　楼宇烈　　杨曾文　　陈　兵　　王雷泉
　　　　黄夏年　　陈云君　　李四龙　　何建明　　何燕生
　　　　王志远

主编　明　海

编委　明　海　　明　基　　明　憨　　明　影　　明　杰
　　　　崇　谛　　明　虚　　明　启　　明　证　　崇　悲
　　　　崇　朗　　崇　延　　崇　度　　大　痴　　惟　圣
　　　　宗　舜　　明　一　　明　月　　常　宏　　宏　用
　　　　明　远　　马明博　　王　佳　　周　娟　　明　尧

执笔　明　尧

校对　生活禅读书会

目　录

序　一

生活禅：新视角下的汉传大乘佛教

传　印

众所周知，因为种种内因外缘，民国时期中国佛教曾一度几乎走到了崩溃之边缘。救亡图存、起弊救衰成了当时中国佛教界诸多清醒者共同关注的话题。为挽救垂死之中国佛教，一批佛教大德，若印光，若弘一，若谛闲，若太虚，若虚云等，纷纷出现于世，为病危中的中国佛教寻找起死回生的妙方。这当中，尤以太虚大师提出的"人间佛教"思想最为光彩夺目。

太虚大师"人间佛教"思想，虽然为汉传佛教振兴指明了前进的方向，但是，因为受当时因缘所限，并没有在教界达成普遍性共识，更不要说变成现实了。"人间佛教"要从理论变成现实，还存在着诸多问题，需要不断地去探索和完善。比如，如何融通出世与入世、修行与生活、自利与利他、成佛与做人、当下解脱与究竟解脱，乃至契理与契机、宗门与教下等之间的关系，是"人间佛教"在理论和实践上都需要解决的课题。

相对于其他宗派而言，禅宗似乎更有优势来解决"人间佛教"在修证体系建设中所面临的诸多问题。首先，禅宗是以大乘佛教的圆顿信解为基础，本来就强调出世与入世、修行与生活、自利与利他、成佛与做人之间的圆融不二。其次，传统禅宗丛林自耕自食的生活方式，养成了禅宗行人"生活就是修行，日用就是道场"的修行习惯，所谓"运水搬柴，无非是道"。这两点决定了传统的禅宗与"人间佛教"从本质上来讲是一致的。换言之，离开了禅宗而谈"人间佛教"，几乎是不可想象的。

慧公少年时代即亲炙虚云老和尚，并于云门寺 1952 年冬季禅七中，初尝法味，因此得受五宗法脉（慧公《八十自赞》云："早岁参禅悦，截流识此心。云门亲受记，赵州作主人"，即指此也）。后就读于中国佛学院，接下来便是二十余年的沧桑历练，1978 年平反复出，返回北京，编辑《法音》杂志，并协助赵朴初会长起草中国佛教协会教务文案。这一独特的人生经历，不仅使他对禅宗、汉传佛教的精神有了全面深刻的理解，同时也使其对中国佛教的现状有了更深入更全面的了解，并养成了看待事物、处理问题的全局观念。在此期间，慧公深受太虚大师"人间佛教"思想以及虚云老和尚"四根一本一枢纽"佛教振兴理念的影响，对中国佛教"何去何从"的问题，有了自己独特而深刻的理解。

从 1988 年开始，到 2013 年圆寂，慧公一路随顺因缘，呕心沥血，宵衣旰食，先后重修了河北赵县柏林禅寺、邢台大开元寺、邢台玉泉寺、湖北黄梅老祖寺、当阳玉泉寺等著名道场，同时以河北赵县和湖北黄梅为中心举办生活禅禅修营，大力倡导生活禅修行理念。这一时期，应该说是慧公全面构建和推广生活禅修行理念的过程。他所提出的生活禅，堪称太虚大师"人间佛教"理论在中国当代佛教史上最璀璨的成果。这一点，已经得到了学界的高度认同。

对慧公而言，生活禅的理论构建并不是一下子完成的，而是他在建寺安僧、连续举办生活禅禅修营等弘法活动的过程中，一点一滴地完善起来的。特别值得注意的是，历届生活禅禅修营和柏林禅寺冬季禅七开示，慧公都是在有意识地围绕生活禅这一话题而展开。如果把慧公的相关开示综合起来看，我们就会发现，完整的生活禅大纲已经蕴含于其中。慧公曾多次流露，希望能在有生之年出一本《生活禅纲要》，系统地向世人展示生活禅的全貌。令人痛惜的是，这一愿望在慧公生前没有来得及实现。

幸运的是，以明海法师为代表的慧公门下诸弟子，不忘师恩，克绍师志，聿修厥德，于慧公圆寂当年，即将《生活禅纲要》编写工作提上日程，经过七年的酝酿、构思、撰写和反复修改，终于完成了这部七十余万字的著作。老衲浏览斯稿，如对慧公，欣喜莫名：一则为老友临终之愿终于得以实现而高兴，一则为汉传佛教终于有了一部属于自己的现代通俗版"道次第"而高兴。

该书紧扣生活禅三大理论基础——悲智双运的菩提心思想、一心二门的般若思想、权实不二的教化思想，立足于大乘经论，从祖师道和菩萨道两个方面，揭示了生活禅的诸修行理念——如"觉悟人生，奉献人生"，"在生活中修行，在修行中生活"，"优化自身素质，和谐自他关系"，"善用其心，善待一切"，"将信仰落实于生活，将修行落实于当下，将佛法融化于世间，将个人融化于大众"，"在尽责中求满足，在义务中求心安，在奉献中求幸福，在无我中求进取，在生活中透禅机，在保任中证解脱"，"修在当下，悟在当下，证在当下，庄严国土在当下，利乐有情在当下"，以及"信仰、因果、良心、道德，感恩、包容、分享、结缘"之做人做事二八方针，等等——背后的深厚经教依据和丰富修行内涵。原来慧公所提出的这些纲领性口号，其内涵竟如此丰富深刻，同时又高屋建瓴，并不像有人所误解的那样"空洞无物"。

不特如此，该书还紧扣汉传大乘佛教的优秀传统，以汉传佛教两千多年来所留下来的丰厚经论为背景，就汉传佛教的修学次第、止观方法、功夫阶次，以及修学过程中的魔扰及对治等诸多问题，进行了全面的介绍。表面上看，这些内容都是讲生活禅的，但实际上，也是对汉传大乘佛教修证理路所做的一次系统梳理。从这个角度来讲，该书堪称中国佛教史上的一部里程碑式的著作。

两年前（己亥年）之佛诞日，老衲曾应慧公门下弟子之请，为《净慧长老全集》作序。转眼间，又逢辛丑佛诞日，复应慧公门下弟子之请，再为《生活禅纲要》作序。慧公一生最倾注心力的生活禅修行理念，终于有了一个系统的理论展示，老衲内心欣喜无限。此时此刻，看到《生活禅纲要》问世，慧公一定会含笑莲台。该书之出版，将不仅推动生活禅修行理念的传播和落实，同时，也会对中国汉传佛教的未来发展产生深远影响。唯愿慧公创立的生活禅，乘此胜缘，慧风普扇，濡养四海。

辛丑年四月本师释迦如来圣诞吉日
云居同门传印　序于江西庐山东林净土苑

序　二

生活禅：“人间佛教”新成果

陈　兵

　　清末，已衰退几百年的中国汉传佛教，在诸多逆缘逼迫下，面临生死存亡关头，乃有一批热心护教者出，奋力振衰纠弊，或刻印经典，或举办僧学，或阐扬经教，或建寺安僧，或组团结社，或撰文办刊，或外求胜法，掀起了一场佛教复兴运动。这场运动中功勋最著者，当数太虚、虚云“二虚”。

　　太虚以僧界青年的朝气，顺应时代新潮，批判腐旧传统，高举教理、教制、教产“三佛革命”的旗帜，倡导发达人生、以佛法教化社会的“人间佛教”，为佛教辟出一条生路，影响深远。当今海峡两岸的佛教，其主流大抵皆沿太虚“人间佛教”的路子行进，“人间佛教”思想，为当今中国佛协所提倡。然“人间佛教”的思想在太虚那里并未圆熟，其实践相当有限，至今尚在宣传、探索、完善中。

　　虚云和尚则以振兴佛教主流禅宗为己任，复兴祖庭道场，接续五家传承，制定禅林各种规制，坚持农禅并举，带出了一批懂修行、有戒定、善修庙领众的僧人，至今尚撑拄着中国佛教的半壁江山。

　　佛教诸宗中，自唐代以来长期为主流的禅宗，以中国人特有的智慧，浓缩了印度佛学的精华，适应了中国文化，最具中国文化性格而又最得佛陀正法神髓，成为中国传统文化的重要组成部分，影响深及儒、道二家乃至国学的诸多方面。然禅宗已长期衰微不振，这被不少弘法者指斥为整个佛教衰落的主因，将导致此宗之衰微，归罪于疏远经教、隐避山林，"教在大乘而行在小乘"，致使佛法不昌、佛教降格，被世人逐渐疏离。同时也多认识到：振兴佛教的关键，在于振兴禅宗，太虚即认为佛法的精髓乃顿悟禅，唯中国佛学握得，故佛教之复兴唯赖中国，中华佛教如能复兴，"必不在于真言密咒或法相唯识，而仍在乎禅"。按其思路，则"人间佛教"的落实应主要在禅宗，太虚提出：须在教、戒的基础上稳建禅宗。然究竟如何稳建，如何将"人间佛教"的建设落实于禅宗的稳建或重建，没有更详切的指陈，更乏实践。直到今天，"人间佛教"尚容易被误解、矮化、俗化为人乘正法加慈善事业，失去了佛法出世间的核心。

就契理契机建设"人间佛教"而言，唯有慧能大师开创的禅宗，最具理论资源及历史传统，其"佛法在世间，不离世间觉"的精神，直指人心的方便，及禅法几度应机变化、农禅结合等先例，给了后人大胆革新的依据和榜样。近今立志革新佛教者，多从禅宗下手，然多以失败告终，最典型者，是台湾以"证果不难"为口号创建的"现代禅"，最后以教团全体改宗净土收场。

所以致此之因，是被禅宗本来的性质所决定的。禅宗，自"世尊拈花，迦叶微笑"始，就是一个专被上根利器之机的最上乘法门，被民国时代来内地传法的诺那、贡嘎活佛称为"大密宗"，其修学，需要具有大手眼的禅师、六祖所谓大善知识"示导"做增上缘，这种大善知识，不是任何时候都有、任何人都有缘逢遇的。宗门的传承，坚持"见过于师，方堪付授"的原则，若无此人，则宁可法嗣断绝，也不轻易付法。宗门五家中的法眼、沩仰、云门三宗，便因此先后绝传，只留下临济、曹洞二宗传续至今，而此二宗，以心传心的传承实际上也已中断。缺乏最重要的殊胜增上缘，个人欲期开悟，丛林欲有合格禅师，实乃极难之事。

如何解决这一难题，将"人间佛教"的精神落实于禅宗的改革，让古老禅宗焕发生机，可以说乃当代佛教应时契机以图振兴的关键，需要超常的热忱、智慧、胆量、经验。净慧法师不畏艰难，主动承担了这一课题。他身为虚云和尚的传人，受过中国佛学院的教育，有丰富的佛学知识和丛林生活经验，在几十年的艰辛挫折中磨练出了切实的智慧。最重要的是，他对佛教有清醒的反思，既认定"禅是沟通佛法与现代社会的唯一桥梁"，又深知传统佛教的积弊及当代佛教的病灶，具有现代眼光和开放的胸怀，堪以上接传统，下辟新路。自1993年以来，他以柏林禅寺为主道场，弘扬生活禅，主编《禅》刊，举办生活禅禅修营。在二十年的实践中，其生活禅的理念不断成熟，禅法不断完善，生活禅初具规模。我曾在《法音》上发表过一篇《生活禅浅识》的文章（1996），肯定生活禅是"对祖师禅乃至全体佛法的灵活运用，是对佛教积弊痼疾的改革针治，契理契机，意蕴深闳"，"生活禅即是祖师禅，是祖师禅的源头活水流入今天所呈现的形态，是祖师禅在现代社会的灵活运用"。

净慧法师关于生活禅的一系列文章、开示，对生活禅的纲要已讲得相当透彻，虽尚嫌零散，但颇具深度。他生前曾计划编辑一本系统的《生活禅纲要》，然于2013年撒手西归，未能实现。

净慧法师最幸运、被同门大德们艳羡的，是他门下英才济济，培养出了许多优秀弟子。他们实修生活禅，秉承先师遗愿，承担起编纂工作。主编明海法师，北大哲学系毕业，住持柏林禅寺，多年主持生活禅禅修营，并闭关参禅有年；执笔明尧居士，原为湖北大学哲学系讲师，深入教海，解行相应，历时七年，终于完成了《生活禅纲要》的编撰。这部洋洋七十多万言的巨著，以净慧法师的生活禅思想为纲，追本溯源，将其建立在全体佛学尤其是禅、台二宗之学的基础上，力图依全体佛学建立生活禅，以生活禅激活传统佛学，可谓对整个汉传佛学精华的总持及现代阐释。

全书强调：生活禅不仅仅是一种禅法，而是一种圆顿理念，其精神是将汉传佛学圆顿的智慧运用于现实生活的每一个当下。本书以通俗流畅的现代语言，对生活禅的方方面面，做了详切明了的论述。从生活禅提出的时代背景、定位及经教基础、理论架构、宗旨，到正信、正行、修学次第、用功方法、常见误区及魔障的防护，乃至教团的建设、教法的弘扬，提供了一部全面系统的生活禅教材。本书对净慧法师的生活禅思想理解准确，阐释到位，并引证大量的佛言祖语及古德参修的故事，使生活禅的理论、禅法骨肉丰满，面貌鲜明，蔚成一家之学，对"人间佛教"、禅宗的建设，对一些学者所呼吁的佛教本位义学之建立，贡献巨大。

我认为，净慧法师提出、本书所详述的生活禅，基本上完成了将"人间佛教"的建设落实于禅宗革新、以"人间佛教"精神激活传统禅宗的历史使命，甚至可以说，除此之外，别无他途。如此阐发的祖师禅，避免了急求开悟成佛所造成的弊端，解决了在无大善知识示导下修行的难题，深符太虚大师所主张的以大乘渐教为本的"人间佛教"，而以禅宗的圆顿见地予以点化，以圆顿见地"化"世俗生活，在生活中圆修菩萨行，"以普贤行悟菩提"，可谓一顿悟渐修或即顿即渐的大乘佛教，而此大乘佛教，实际上已甚少宗教性，超越了佛教，无佛教信仰的人、信仰其他宗教的人也都可以修，可谓"无有一人不能修"的普世教化体系、心灵净化工程。不谈成佛作祖，不论是否开悟，只要以圆顿见地指导、照察生活的每一当下，如净慧法师所说："在尽责中求满足，在义务中求心安，在奉献中求幸福，在无我中求进取，在生活中透禅机，在保任中证解脱"，则当下便如同或起码相似于佛菩萨的化身，"家舍即在途中"，非必要放光动地。如此生活禅，对个人心灵的提升、社会的和谐，其积极作用，当有目共睹。

当然，众生根性非一，法门须得多种，当今和未来的佛教，必然是多元的，净土、天台、南传、藏密、唐密及其他法门，也都各有其所被之机、所摄之人，不可能是生活禅一家之天下。但无论修学哪个法门，我觉得都应符合生活禅在生活中修行的"人间佛教"精神，最好参看一下这本《生活禅纲要》，必会有所启迪，有所帮助。

记得 1994 年，我在柏林禅寺小住，时明海法师剃度不久，明

尧刚到柏林禅寺,他俩陪我游览赵州古桥,冒雨观赏梨花,甚为欢
洽,此后虽然见面不多,然感情依旧。当时他们在佛法上还是初学,
三十年过去,都已成长为法门栋梁,当归功于净慧法师教导有方。
如今又完成了这部《生活禅纲要》,拜读之下,感慨良多,不禁随喜
赞叹,乐为之序。

2021 年 6 月,于四川大学竹林村

序 三

生活禅的性格

明 海

"佛教应该中国化，当时师倡生活禅。孤明独发卅年后，浩浩知音满大千。"这是 2021 年先师净慧长老诞辰我写下的感怀诗。长老在上个世纪 90 年代初即以中国化史观看待中国佛教的历史流变，他认为：道安大师、慧能大师、太虚大师为历史上推动佛教中国化的三座里程碑。其中，太虚大师所倡导的"人间佛教"思想是中国佛教在近现代回应时代挑战、社会变革的战略指导思想，也是佛教进入中国特色社会主义新时代应该继承发扬并不断推进拓展的智慧传承。长老于旧中国出家，经历了巨大的社会动荡与变革，在改革开放后洞察时代因缘，精进不懈地探索佛教在全新的社会环境、文化背景下不断中国化的道路，提倡并大力推行生活禅。

生活禅，既有源自虚云老和尚亲传的中华禅的智慧，也继承了太虚大师、赵朴初居士"人间佛教"思想的精髓，是当代佛教中国化实践进程中的最新成果。本人自 1990 年亲近长老，随后于柏林禅寺披剃，有幸参与长老中兴赵州祖庭、提倡弘扬生活禅等诸多大事因缘，亲承謦欬，濡染法味，何其有幸！下面拟从三个方面浅论生活禅的性格。

一

　　长老生前多次强调，生活禅不是中华祖师禅传承之外的标新立异，而是对祖师禅"在生活中修行，在修行中生活"禅风的提倡，是对祖师禅生活品格的回归。它立足当下、直面生活、认识自心、安身立命的方法论与祖师禅同源同脉。"禅"而冠以"生活"，不是想另立门庭，而正是要回归祖师禅的本怀，回归禅融入生活后的灵动活泼、天机妙趣。长老在《生活禅开题》中列举天皇道悟、大珠慧海等多位古代禅师的开示说明了这一点。

　　我们看到，以太虚大师为首的高僧大德倡导"人生佛教""人间佛教"时也反复强调，关注人生、关怀人生是佛陀说法的本怀。在许多宗教和思想的发展史上，后来者总会通过提醒并引导人们溯源初心、回归古典本义来实现教法和思想的复兴，这似乎是人类文明传承史上的一种规律。生活禅正是以传统中华禅为自己的精神源头，而处处强调"生活"以矫正人们的偏差。这可称为生活禅的古典性格。

　　生活禅倡导者净慧长老曾亲侍禅门泰斗虚云老和尚，尽得祖师禅真趣并获禅宗五家法脉传承。他在日常生活中随方就圆、即物发凡开导信徒的教学风格，正是古代禅德"直指人心"的生动再现。同时他也极其重视源自达磨祖师的"藉教悟宗"传统，先后编印了《禅宗七经》《在家教徒必读经典》（一、二）等经典读本。让古典文本成为当代人精神生活的源头活水，其关键在于阐释和解读的方法论。中华禅的祖师们一向即有自宗独特的"解经"法。百丈禅师说："夫读经看教，语言皆须宛转归就自己。但是一切言教，只明如今鉴觉自性。"（《百丈广录》）将佛言祖语"宛转归就自己"，在当下心性的本位上消化还原，也正是生活禅所提倡的"回归当下""融入生活"的解经方法。佛陀和祖师的教法，当它们还停留在文本上的时候可以说是沉睡着的，但当它们和生活、和我们日常生活中的诸多情境发生联结时，就会被唤醒、被激活，就会显示出转化烦恼、净化生活的生命力。生活禅之强调"生活"，其首要意义正在于指示了一种阐释古典文本的方法，一种对待佛祖言教的全新态度。在这种方法和态度下，生活禅成为一把打开佛陀、祖师教法宝藏的钥匙。

有此钥匙在手，来自佛陀、来自中国历代祖师的教言，遂一变而为当代人可以直接受用的精神养料，而我们忙碌、烦扰的生活也由此开启了回归觉性、实现终极价值的历程。

太虚大师曾将汉传佛教的独特个性概括为"本佛、宗经、博约、重行"，其中"重行"或被论者视为传统儒学"实用理性"在佛教中的体现。然而，如果回归佛陀说法本怀，重实践重落实，恰恰应该就是体现佛教社会关怀、众生本位的应有之义。生活禅的古典性格也正是佛教的实践性格。

二

净慧长老 1933 年出生于湖北黄冈新洲一户农家，因家贫一岁半即被父母送入寺院，后来在一尼庵由两位尼师抚养长大，十四岁至武昌卓刀泉寺正式拜师落发出家。长老早年成长于旧中国社会的底层，对劳苦大众有着天然的亲近感。1951 年到云门寺后适逢土改，长老和云门寺其他僧众一起开荒垦地，自食其力，过着农禅并重的艰苦生活。这些经历都使他对普通劳动人民生活的艰辛有了最感性最直接的了解。

佛教僧侣是一个特殊的群体。他们来自社会的各个阶层，进入僧团后获得了新的社会身份。这个身份从内在的思想观念到外在的社会责任都有迥异于其他身份的特殊性，这就是所谓"僧格"。僧格依佛陀戒定慧三学熏习训练而成，它既有少欲知足、摒弃尘俗的超拔，又有传承教法、广利人群的担当，是两种决然相反心理动力的统一。每一个具体的僧人都是历史的、独特的，他一定有他从前的社会阶层、生活阅历等诸多旧痕，同时他又不断地在僧团中接受着佛陀教法对他人格的改造与重塑。这是一个渐进的、漫长的过程。他的人格会经历蜕变与重构。他看世界的方式，他的情感方式、价值追求乃至意志力的导向、行为习惯等，都将依佛陀三学的输入内化发生调整与改观。这其中仍然存在着两种相反并相成的心理动力：以出离心催生的自我觉醒与净化，达成离缚的自在、自由；与其他众生的联结、互动与融入，达成利他的责任、担当。在陶育僧格的戒律体系中，出家人的无产、少欲、托钵乞食等戒律生活既能促成僧格中遗世独立、无所依凭的自强，又能使僧众每日与社会大众保持紧密的联系而避免滋生"特权意识"，成为"特权阶层"。遗憾的是，这种彻底的戒律生活制度历史上并未在中国完全施行。与古代中国社会相适应的丛林制度中虽也有农禅并举的传统，但如果寺院田产广大，就只能雇农民耕种，僧众坐收田租。依僧格养成的心理规律，这种情形并不利于僧众的健康成长，也易引生社会大众对僧团的隔膜与疏远。可以说这始终是传统汉传佛教制度层面的一个隐忧。

　　1963 年长老在中国佛学院被补划为右派后，先后在北京大兴、广东乳源的国营农场接受劳动改造。1969 年又被遣送回湖北老家的乡村监督劳动。前后 15 年的劳动改造经历虽然是命运降临到他身上的打击，但另一方面，又使他全面直接地体验了基层大众的劳动生活，因而在思想感情的深处和劳动人民建立了血肉般的联系。对此，他有着强烈的自觉："尽管我最好的时间，是在这个 15 年度过了，但是从人生的经历来讲，这 15 年呢，我现在还在受用。我能够有现在这样一种胸怀，能够有现在这样一个体魄，对各种事情有一定的经验，都是这 15 年当中积累起来的。所以，我也很感谢这 15 年。"（录音《云水旧踪 —— 净慧老和尚访谈》）

　　长老要感谢这 15 年的尚不仅于此，待他到河北落实宗教政策、修复祖庭、弘法利众后，一种发乎本心的大众思维、大众性格就自然表现在他所提倡的生活禅和种种利他事业上。

　　90 年代初在启动柏林禅寺修复工程时，长老就提出"四个大众"作为建设寺院、经办一切事业的指导思想："大众认同，大众参与，大众成就，大众分享。"因此筹集建寺功德款时，贫者富者，平等对待，来者不拒，重在参与。信众到寺院参加活动，每日食宿费 10 元，几十年不变。自 1996 年起寺院不收门票，原因是：群众出钱修复的寺院，来寺院是回家，收门票不合理。也因为这种民本情怀，长老经常教导寺院僧众要勤俭节约，杜绝浪费，不要小看信众从怀里掏出裹了一层又一层的小包后送来的那五块钱供养。他对社会经济发展起来后佛教界某些世俗化、脱离群众的不良风气保持着高度警觉并公开表示批评："目前佛教界有四种'气'极为严重，极为普遍。这四种'气'是什么呢？第一是俗气，俗不可耐的俗，俗气；第二是阔气，什么东西都要阔气，什么东西都要名牌，阔气；第三是官气，当了会长，当了官，当了方丈，当了官，当了班首执事，当了官，官气；最后是霸气，霸，当了官就有霸气呀！"他提醒僧众："这四个'气'如果不加以防止，会葬送佛教，会使佛教脱离群众、脱离大众。佛教要与大众打成一片，一定要横扫'四气'。佛教要发展下去，佛教要欣欣向荣，我们每一个人一定要跟群众打成一片，一定要走大众化、平民化的路。"（2007 年 7 月 2 日对河北省佛学院学生开示）

　　关于生活禅的实践纲宗，长老概括为："将信仰落实于生活，将修行落实于当下，将佛法融化于世间，将个人融化于大众。""将个人融化于大众"既是生活禅实践者个人在团队和群众中自我净化、对治我执的法门，也是作为一种社会群体的僧团处理与社会大众关系的指南。关于这后面一点，长老还说"个人服从于常住（寺院），常住服从于整体佛教，佛教服从于社会大众"。其实传统祖师禅修行的最终归宿就是"入廛垂手""混众利他"，禅者内心此时已泯然无相，跃身而入芸芸众生的世界，行潜移默化的利他事业。禅，到这里才实现了它的终极价值，因而否定自身，融入法界。

生活禅的大众性格还体现在语言的平易、语汇的大众化上面。

语言是一种特殊的权力。一种宗教和思想是否有影响力，要看它所创造的语汇有多少进入了社会主流语言。长老阐述生活禅时总是用现代人一看就懂的语句："觉悟人生，奉献人生"，"善用其心，善待一切"，"感恩，包容，分享，结缘"，"在尽责中求满足，在义务中求心安，在无我中求进取"。不仅如此，长老的有些语汇还进入了主流话语。1999年《公民道德建设实施纲要》公布后，长老以全国政协委员身份，联合其他委员提交提案，建议将"个人品德"加入《纲要》提出的"家庭美德、职业道德、社会公德"中成为"四德"。这一建议很快被采纳，此后公民道德建设的规范表述就调整为"四德"。

长老的日常开示，较少使用佛学专业术语。大道平常，通贯一切。一种普遍存在的规律，可以用专业术语表达，一定也能用生活语言、大众语汇表达。这就是生活禅的大众性格，也是它的平等性格。

三

从总体上看，佛教是一个弱组织化的宗教。佛陀为僧团制定的戒律体系中虽然也有僧团自我管理、自我净化的原则和方法，但僧团更多的是一种以"六和"精神为纽带维系的松散共同体，其成员之间没有权力的授受，也没有绝对的权威（如果有就是戒法）。近现代以来，各种宗教的传播交流在一个全球化的视野中展开，商业文明的公关思维、网络时代的话语争夺也或多或少地影响着宗教领域。毫无疑问，组织化强的教团在传播教法的效率上自有其独特的优势，组织化弱的教团则相形见绌。

如果把组织视为一种工具的话，它原本应该是为教法的核心价值服务的。但是在宗教的传播史上，我们却经常看到：组织及其衍生出来的权力（而且是神圣背景的权力）由工具变成了主人，教法的核心价值被为它服务的工具僭越，有时甚至成了只是一种吸引流量的标识（logo）。

佛教对这种作为工具的"组织"保持了高度警觉。不仅如此，如果"组织"可以因众生的自我投射而异化的话，那么表达教法内涵的概念、图像、符号、观念等都有可能被绝对化后成为自我的巢穴，由此滋生纷争与矛盾。佛教对此问题的解决方案是：它既有作为工具与载体的宗教手段的建立（包括语言、概念、观念、图像等一切施设），也有对这种种建立的否定与超越，如过河弃筏喻所说。而禅宗的个性正聚焦于此。它是要扫荡一切执着与缠缚的，即使对方以神圣的面目出现（"佛魔俱杀"）。中国禅宗的祖师们将这一点发挥到了极致。他们十分警惕"以实法系缚人"，作为老师的他们反复强调"我这里无一法与人"，"汝若反照，密在汝边"，等等。

生活禅继承了祖师禅的这一精神。净慧长老在禅堂开示中虽然也提倡过"息道观""话头禅"，但总体上他并未在禅观修行的技术层面创设什么特殊的法门。生活禅之强调"生活"虽然有方法论的意义，但它更多是指示了修行的战略方向，因而能够含摄所有禅修法门。它更指明，如果"信得及"，日常生活的一切责任与义务都能具足菩提道的功德。不仅如此，长老还多次组织学术研讨会，把生活禅的内涵交给学界教界贤达去讨论。而有许多青年人参与的生活禅禅修营，则总有围绕"在生活中修行"这一主题的心得分享。沿着生活禅指引的方向，人们从身边的人那里受到启发，或者就从生活中找到了解决问题的方法。他们获得的主要不是一些操作层面的技巧，而是一个方向、一种态度、一份自信，那种对自心的印可……

这就是生活禅的开放性格。它完全向生活开放，向生活中有烦恼的大众开放。它的开放甚至超出信仰的范围，向学术界、文化界，向一切人。当然，这也使它没有以自己为核心建立一个自上而下的传教组织。它就依托现有社会环境下现成的传播空间，以宗教政策法规所允许的方式影响社会。这种姿态中没有夹杂使自己永恒、使自己强大的企图，也没有塑造偶像、经营山头的努力，而只有对因缘法的彻底服膺与接受。因为，世间一切现象乃至佛陀教法的弘传也都是因缘变幻、兴衰无常的。生活禅坦然地把自己也放在此规律之内。

生活禅的开放性格就是去中心性格，也是去山头性格。

生活禅思想的方方面面，先师生前多有论述。我等门下诸弟子觉得有必要从全体汉传佛教的高度，对生活禅的思想做一系统的梳理。明尧居士遂自告奋勇，担当重任。时历七载，数易其稿，终于大成，可喜可贺！

明尧居士 1993 年参加首届生活禅禅修营，次年辞去大学教职，来到祖庭亲近先师。几十年来颠沛未移其志，风雨愈坚其心，亲承先师耳提面命，心摹手追，身体力行。《生活禅纲要》即将付梓，先师遗教宛在，抚今追昔，悲欣交集，略缀数语，以为序。

2022 年 5 月 11 日

第一章　生活禅提出的历史背景

生活禅理念的提出，是中国当代佛教史上的一大创新，是太虚大师"人间佛教"思想在当代的继承、完善和发展，是"人间佛教"这颗光明种子在当代所结出的一个丰硕果实。它既是佛法在传播过程中契理契机的必然要求，是中国汉传佛教在当代发展过程中的一种历史理性选择，同时也是对以祖师禅为核心的中国传统大乘佛教的一种现代继承和诠释。

净慧老和尚提出的生活禅，直接吸收了六祖慧能大师"佛法在世间，不离世间觉"思想，太虚大师"人成即佛成"之"人间佛教"思想，以及虚云老和尚"四根一本一枢纽"之佛教振兴理念，紧扣大乘佛教的"悲智双运"之菩提心思想、"一心二门"之般若思想、"权实不二"之教法思想，试图从理论和实践两个方面，将成佛与做人、出世和入世、自利和利他、生活与修行等二边对待，圆融于宗门的不二信解中，希望为中国汉传佛教的未来发展，开辟出一条既保持汉传佛教的优秀传统，又能顺应现代人生活方式的振兴之路。

第一节 "人间佛教"与中国汉传佛教的未来发展

一、契理契机与佛教的本土化、大众化和现代化

关于佛教的传播和演变历史，可以从历史学、社会学、哲学，乃至宗教学、文化学等不同的角度来进行描述、理解和评价。相关的研究成果已经非常丰富，可以帮助人们全方位客观地理解佛教历史。但是，这些研究终归是外围的观察和理解。

假如站在化主——释迦牟尼佛出世弘教的本怀这一角度来审视佛教的传播和演变历史，我们会发现，佛教历史并不是一个盲目被动随外在环境流转的过程，相反，在总体上恰恰是一个自觉抉择的契理契机的过程。这个视角是一种能够深入佛教命脉的内在观察。

这两种视角都很重要，相互补充。但是，就住持佛法、实施教化的主体——僧团而言，似乎更应当优先把后一视角作为反省和理解佛教历史的基本立足点，这样可以从中吸取更多能够引导佛教健康发展的建设性的经验和教训。因为僧团了解和反省佛教历史的最后落脚点，就是为了更好地传播佛法，有效地实施教化。

《法华经·方便品》中讲，诸佛世尊唯以一大事因缘故出现于世，欲令众生开示悟入佛之知见。所谓佛之知见，即是诸佛所证得的能够透视宇宙人生实相的圆满智慧（又称"一切种智"），这种智慧能够帮助众生脱离生死轮回，获得究竟解脱。为了让众生也能够证得本自具足的这种圆满智慧，过去、现在、未来诸佛，因应众生的种种根性、种种欲习，"以无量无数方便，种种因缘、譬喻、言辞，而为众生演说诸法，是法皆为一佛乘故，是诸众生从诸佛闻法，究竟皆得一切种智"。《法华经》所透露的佛陀出世度生的这一本怀，为我们正确理解佛教历史提供了一个新的视角——真正的历史与逻辑相结合的观察方法。这一视角的要义有两个方面：

1. 从教化的内容这个角度来看，佛教的传播和演变历史就是一个自觉

自主不断"契理契机""应病与药"的过程，亦即所谓"开权显实、会权归实""从一乘开三乘、会三乘归一乘"的过程。这是贯穿整个佛教历史的一根内在的逻辑主线。我们可以把它称为"佛教的命脉"。

2. 就教化的形式而言，佛教的传播和演变历史就是佛教不断地在本土化（就中国佛教而言，就是"中国化"）、大众化（深入社会，面向大众，关怀现实的社会人生，而不是局限在寺院僧团这一狭小的范围内）和现代化（与时代相适应）的过程中，自觉自主地随机教化众生的过程，亦即通过不断地"本土化"而"化本土"，"大众化"而"化大众"，"现代化"而"化现代"的过程。在本土化、大众化和现代化这三个方面，大众化又是最根本的，因为本土化和现代化的最后落脚点无非是为了更好地"大众化"，为"化大众"服务。

佛教的本土化、大众化和现代化是手段，重在开权、契机。佛教的化本土、化大众、化现代是目的，重在显实、契理。开权显实、契理契机是佛教教法的根本特征，也是佛教历史演变的内在逻辑。中国佛教在不同历史时期所呈现出来的多姿多彩之形态及其兴衰变化，都可以从这两个方面找到最后的根据和真正的内因（如果能有意识地以这样一种"历史与逻辑相结合"的观察方法，从如上两个方面来重新审视中国佛教历史，我们或许可以从中得到更多的启示）。同样地，中国佛教的未来走向，也就是说，如何振兴中国佛教，让中国佛教走向全世界，也依然应该从这两个方面来寻找灵感。

1994年12月23日，净慧老和尚在香港佛教法住学会第七届学术会议"佛教与现代挑战"国际会议上，曾经做了一个著名的讲演，题目是《当代佛教契理契机的思考》。该讲演正是从佛教的教法，也就是佛陀的出世本怀这一特殊角度，对中国佛教历史的演化脉络以及佛教的"现代化"做了全新的解读，为中国佛教的未来发展做了前瞻性的思考。

净慧老和尚讲，契理契机是佛教教法的根本原则，亦是佛教生生不息的生命力之所在，佛教的"现代化"当从这一根本原则来理解：

就佛陀的教法应机施设而言，佛教不应该有现代与传统的分别。佛教，究其根本意趣，它永远是现代的，是当下的。所谓佛教永远是现代的，是指佛教应该永远契合当时、当地社会人心的因缘形势而新之又新，新新不已，引导人们如何在当下离苦得乐。佛陀为化导众生故出现于世。为什么要化导众生呢？因为佛陀以觉者的智慧洞彻众生生命流转的困窘苦痛，他最知道：众生需要佛法。反言之，佛法也需要众生。佛陀的教法并非凭空施设、无的放矢，而完全是为了疗治众生的疾病，是应病与药。药是为病而设的。离开了病，药全无价值。这样看，佛法不能在众生的疾苦之外存在，它应该与众生紧密相关、呼吸与共。否则就会为人们所遗忘，乃至被时代所抛弃。这便要机教相扣，或者说契理契机。契理契机的教化永远是现代的，永远是当下的，永远是新的……我们应紧扣契理契机这一中心，把握时代的因缘而作对机的教化，这才是佛教现代化的真意，也唯有如此，佛教才能维系其万古常新的生命，作人类精神的导航灯。（见《人间佛教思想文库·净慧卷》，后同）

净慧老和尚讲，在中国佛教史上，有三位里程碑式的人物，即道安大师、慧能大师和太虚大师。这三位大师是自觉依据佛教"契理契机"的原则，在积极引导佛教完成中国化（本土化）、大众化和现代化的过程中，有效落实度生化众的光辉典范。从这三位大师身上，我们可以为中国当代佛教找到一条既继承传统又适应现代，同时能走向世界的光明之路：

如果将公元前二年（西汉哀帝元寿元年）作为佛教最早传入中国的时间记录，那么中国佛教已经走过了将近两千年漫长的历程。在这近两千年的历史中，源出印度的佛教中国化了，同时它也深刻地影响中国，化中国。中国化与化中国，这就是中国佛教的历史主题。这两千年中，佛教在中国取得了也许是（佛教）有史以来最辉煌的成就。回顾中国佛教辉煌的过去，我们不能不对历代高僧祖师在使佛教中国化、在以佛法化导群生方面的无上功德深表赞叹和感恩。以我的意见，在这诸多大德中有三位大师的贡献最为突出，堪称佛教中国化、佛教化中国的三座里程碑。他们是：道安大师、慧能大师、太虚大师。这三位大师的共同点在于：他们都回应了各自时代佛教所遇到的问题和挑战，为佛教继续发展开辟了新的纪元。

道安大师生活的时代，佛教已经在中国传播三百多年并开始广泛渗入中国社会各阶层，经法流行，义学昌盛。虽然如此，佛教从教理教义到组织制度都处于混乱状态，并未找到一种适应中国国情的形式。道安大师承担了这一历史使命。他整理芜杂的经典，著作经录，阐扬性宗，并制定教团的规范宪章……道安大师的贡献还不止于此，他最早致力于改变当时格义佛教依附老庄玄学的局势，阐述佛法独立不共的教义。他还培育出像慧远法师等一大批高僧。总之道安大师的努力使初来乍到的佛教从僧团制度、经典流传到教理教义，一方面适应了中国国情，另一方面获得了自己独立的存在范式，厥功至伟。

慧能大师是中国古代佛教史上最具开拓进取精神的人物。可以毫不夸张地说，他是中国禅宗实际上的初祖，他开创的禅宗维系了中国佛教自中唐以来的法运。在慧能大师的时代，佛教在中国流传六七百年，义学大畅，而佛陀出世说法的本怀却日见隐晦，所谓"分别名相不知休，入海算沙徒自困"。慧能大师以大无畏的气魄，作雷音狮吼：佛法在世间，不离世间觉；佛法的真精神在于立足现实，明心见性，"但用此心，直了成佛"。可以说，慧能大师以自己的修证和通俗晓畅的语言揭示了佛法的秘密藏。此后一千多年在他的智慧照耀下觉悟的人难计其数。禅，禅宗，是佛法应机中土的大事因缘，而慧能大师则是成就这一大事因缘最关键的人物。直到今天，中国佛教能为现代人解粘去缚、能同世界文化接轨的，禅宗最契时机。

离我们最近、对今天的思考最有启发的是太虚大师。太虚大师所处的时代也许是中国历史上最为动荡的时代。异域文化在先进军事和科技的掩护下冲击到古老的中国，把中国文化一下子推到存亡绝续的边缘。几乎每个文化领域都面临着严肃的抉择：是裹足不前被时代淘汰，还是励精图治走向新生？而佛教，作为一种宗教，在那个物质主义的时代更是风雨飘摇、岌岌可危。其传统的存在形式已不适应时代因缘姑且不论，尤为甚者有强大的外力接二连三摧残佛教，欲将其置于死地：张之洞的"庙产兴学"、袁世凯的《监督寺庙条例》、冯玉祥等的毁庙逐僧……佛法的慧命有如千钧系于一发。太虚大师就是在这样的惊涛骇浪中挺身而出的菩萨。

太虚大师一生整理僧伽制度、培养佛教人才、兴办佛教文化事业的功绩，毋庸我在此多论，我只想指出一点：他契理契机地回应了中国佛教在20世纪所遇到的挑战，为当时的佛教开创了新的局面，为佛教未来的发展指明了方向。我们今天讨论中国佛教的出路时应该继承太虚大师的思想，完成他的未竟志业。事实上我们现在做到的并没有超出太虚大师的设想，他的许多想法比我们想象的更大胆、更具前瞻性。

中国佛教历史上三位里程碑式的大师，各自成就了所处时代佛教契理契机开展教化的历史因缘：道安大师成就了印度佛教中国化的大事因缘，慧能大师成就了中国佛教大众化的大事因缘，太虚大师高扬"人间佛教"的理论，成就了中国佛教现代化的大事因缘。开一代佛教新机，成千秋佛门盛业，三位大师功德无量。如果我们能继承先德的遗范，以契理契机为原则，勇猛沉着，敢于承担，继承传统而不泥古，适应时机而不流俗，既现代化又化现代，则中国佛教乃至世界佛教必将在下一世纪迎着挑战，泽被群生，大放光芒。

净慧老和尚认为，中国当代佛教要真正实现振兴，"应着重发扬人本的佛教、社会的佛教、世界的佛教的精神"，在大力推广"人间佛教"的过程中，落实佛陀教化众生的本怀。人本的佛教、社会的佛教、世界的佛教，是"人间佛教"的重要内涵，也是中国佛教现代化的根本目标。佛教的"现代化"不是目的，而是手段，"化现代"才是最终的目的。

现时佛教发展的种种疑难和缺陷都集中在契机这个问题上。如何使佛教更好地契合现代人的根性，适应时代的环境而又能发挥改善现代环境的作用，这就是佛教现代化的内涵。

众所周知，中国佛教最兴旺的时代正值封建小农社会。现今时代社会的经济活动、政治结构、文化氛围和过去相比发生了极大的变化，在这些变化中和佛教关系最密切的有以下几点：社会经济由自给自足的小农经济演变为市场经济，商业活动在人们的生活中占有日益重要的位置；地球上人类生活的联系越来越密切，各种不同的宗教、哲学在更大的范围以更快的速度发生交汇、碰撞；交通工具的发达、传播手段的进化使信息的交流、人员的往来更易摆脱时空的限制；人类生活越来越依赖于科学技术；先进的科技手段使人们的感官享受日益丰富多样，而人们要满足感官的需求也比以前更方便、更自由……

和上述因缘相适应，我以为，我们今天应着重发扬人本的佛教、社会的佛教、世界的佛教的精神，充实、丰富"人间佛教"的内涵。

人本的佛教，就是要以人为本，关怀人生、发达人生、净化人生，着眼于现实人生当下烦恼的淡化、智慧的增上、道德的提升、生活的改善，从而达至人生的解脱。珍视人生，这其实是佛教的本义。佛陀是以人身应化在人间。人间是希望与苦痛参半，清净与杂染参半，光明与黑暗参半。人生具有最大的能动性和无限创造的可能性。校诸经教，处处皆可发现人身难得、珍惜生命的教义，说明佛教是以人为本的充满智慧的宗教。

人本的佛教应该高扬觉悟人生、奉献人生的主题，以之启迪、摄受现代人。觉悟人生是智慧解脱，奉献人生是慈悲关怀。二者的融和无间就是菩萨的人生，是大乘佛法的真精神。

社会的佛教，就是要积极参与而不是消极隐遁。我们要充分利用科技手段，通过各种社会渠道面向社会弘法，并积极主动地兴办各种利益人群、服务社会的文化、慈善、福利事业，介入社会、参与社会，使佛教界成为社会各阶层中一个真正的实体。

世界的佛教，就是要面向世界、走向世界而非闭关自守、抱残守缺。佛教本起源于古印度，后来逐渐向印度周边国家传播，形成今天弘扬国际、覆盖全球的三大语系的佛教。这一历史事实表明了佛教强大的生命力和广泛的适应性。我相信，佛教可以在一切地区、一切人种中生存发展。和古代相比，现今的传播手段日新月异，惭愧的是，我们在对外弘法方面作出的努力却远不及古人。

建设世界的佛教，我以为应包含三方面的内容：其一是三大语系佛教之间的沟通与交流。其二，在世界文化的背景下对佛教文化予以新的阐扬发挥。这方面的工作非常重要。我们都知道日本铃木大拙氏在向西方介绍禅方面作出的贡献。他能用新的哲学语言在东西方宗教、哲学比较的视野内阐述禅，所以能引起许多西方人的兴趣。其三是大力向异域弘法。欧美现在都已有佛教的寺院，但据我所知，它们主要面向亚裔侨民，真正直接向西方人民弘法的还不多。

人本的佛教、社会的佛教、世界的佛教就是"人间佛教"，也就是现代化的佛教。这自然不只是一个抽象的理念，而是一个历史实践的过程。在这一过程中，会有一些不能适应时机的东西被扬弃，会有一批续佛慧命的菩萨应运而生，人类历史文化将展现更为灿烂的篇章。

今天，当我们探索佛教当前与未来的发展问题时，我深深感到我们不仅不能否定古人，而是要认真、深刻地学习古人。以中国内地佛教而言，许多古德在接受、消化印度佛教、创宗立说方面表现出来的胆识和智慧，是我们今人难以望其项背的。近现代佛教采用的一些形式，其实是古已有之：今之居士林，古有义邑；今之慈善事业，古有无遮大会、修路建桥、悲田院、养病坊等；今之大众弘法，古有俗讲师、唱导师；今之佛教文艺，古有雕塑绘画、变文、押座文等等。看起来在观机逗教、善巧方便方面，我们并不比古人现代化，相反倒是迟钝、保守了。我们只要有古德那份勇气和魄力，佛教现代化的许多问题可以迎刃而解。

这是说佛教需要现代化。佛教现代化的目的是什么呢？我想借用一位学者的论述，他认为佛教现代化的目的是要化现代。我想这应是佛教现代化的根本所在。佛教现代化是契机，是随缘；佛教化现代是契理，是不变。现代化不是随波逐流，而是因势利导。佛教始终应有深远超越的眼光，慈悲摄受现代人，作时代精神的航标，在适应潮流的同时，要引导潮流。因为现代文明的繁荣只是一种幻象，人类的心灵仍然在盲目地流浪，佛法能引导人们走上离苦得乐的幸福之道，使之回归到精神的家园。立足现代，立足当下，这应该是佛教永恒的价值目标。

净慧老和尚提倡生活禅，准确地抓住了佛教"契理契机"这一教法原则，抓住了"佛教永远是在不断地本土化、大众化和现代化的过程中来落实教化众生之本怀"这一历史命脉和主线，很显然是受到了道安、慧能和太虚等大师的影响。从这个角度来看，生活禅的出现，正是当代中国佛教自觉地遵循佛教契理契机的原则、主动地在适应时代的过程中落实佛陀出世度生本怀的创造性的选择。

二、"人间佛教" —— 中国汉传佛教的希望

"人间佛教"是相对于山林佛教、隐逸佛教和为死人服务的佛教而言的。从教义的角度来讲，"人间佛教"的基本特征就是：重视人乘正法的基础地位和利他的大乘菩萨发心，立足于空假中三谛圆融，强调即世而出世、即生死而了生死、即烦恼而证菩提的"圆融不二"之解脱理念；在修行形式上，以即世而出世为特色。隐逸佛教的特征则是：强调出离心和个人此生的解脱，于空假中三观中更偏于空观，相对当下之因解脱更重视临终之果

解脱；在修行形式上，以深居林间、远离社会人群为特色。

"人间佛教"作为中国近代佛教的一种自我革新运动，实际上所要强调的就是：佛教要自觉地遵循契理契机的原则，在不断本土化、大众化和现代化的过程中来落实教化众生的本怀，从而延续佛教的慧命。前面所提到的"人本的佛教、社会的佛教和世界的佛教"，只不过是这一核心精神的外在表现形式而已。佛教兴衰存亡的真正内因和根据就隐伏在这里。

净慧老和尚认为，历史经验和教训一再证明，唯有坚持走"人间佛教"的道路，佛教才有希望。在《生活禅是"人间佛教"思想的延续——"生活禅系列丛书"总序》一文（见《人间佛教思想文库·净慧卷》）中，净慧老和尚比较详细地谈到了提倡"人间佛教"对于振兴中国佛教的重要意义。他通过回顾历史得出结论说，如何正确定位和处理佛教与现实人生、与社会大众之间的关系，也就是生活与修行、出世和入世、自利和利他等等之间的关系，对于佛教的生存和发展来说，是至关重要的；佛教的兴盛由是，佛教的衰亡亦由是。历史告诉人们，佛教的繁兴离不开现实生活，离不开社会人群。任何脱离社会现实的做法，只会把佛教更快地推向衰亡。

他回顾说，佛陀时代，印度思想界极其纷乱复杂，各种思潮迭起，形形色色的外道知见达九十六种。在这种情况下，佛教之所以能够兴起并独领风骚，迅速地在社会上传播开来，成为一种为大多数人所乐意接受的社会主导思潮，这同佛陀反对种姓制度，主张众生平等，关注世间伦理道德和终极价值关怀的建立，关怀人生的痛苦与解脱以及心灵的净化、社会的祥和这一既出世又入世的做法有着直接的关系。

到了部派佛教时代，由于上座部比丘比较保守，拘泥于教条，执着于丛林苦行的修行方式，从而使佛教渐渐地脱离了现实生活和社会人群，成了一种为少数人所独享的教派。于是，一度因佛教而黯然失色的婆罗门教，借中印、北印法难之机重新抬头，不断地侵蚀佛教的信仰领地。在咄咄逼人的婆罗门教的刺激下，从大众部中衍生出来的早期大乘佛教，借助般若中观这一思想利器，开始了一场意义重大的针对上座部佛教的批判运动，大力宣扬即世而出世、以中道为特征的全新的修行理念，高扬"不为自己求安乐，但愿众生得离苦""庄严国土，利乐有情"的大乘菩萨精神。大乘佛教所发起的这场运动，不仅为佛教重新注入了新的生命，挽救了佛教，而且对后来佛教的发展乃至整个东方文明，都产生了难以估量的影响。

此后佛教经过两百多年的蓬勃发展，慢慢地进入以瑜伽为特色的中期大乘佛教时代。经过几代优秀瑜伽学者的大力弘扬，佛教的唯识教理和因明学说被阐释得极为缜密而系统，除了少数专门从事研究的人能窥其堂奥之外，大多数普通信众只好望洋兴叹。这一时期的佛教，在表面繁华的背后却隐藏着一个深刻的危机，为后来佛教的衰落埋下了伏笔 —— 那就是佛教学术化的倾向日渐浓厚，与现实生活和社会大众的距离日渐拉大，佛教的生活基础和信众基础越来越薄弱。公元 6 世纪和 7 世纪初，印度佛教史上发生了两次大的教难 —— 北印法难和东印法难。经过这两次浩劫，佛教的元气大伤。此时，在婆罗门教基础上发展起来的印度教，因吸收了佛教的营养，迅速地壮大起来，并占领了中印、北印绝大部分地区。为了对抗来自印度教的挤压，佛教开始改变教法和仪轨，进入密乘时期，虽然在一定程度上延缓了佛教的衰亡，但其气象已大不如从前。

再回过头来看看中国佛教。在唐代，中国佛教虽然宗派发达，义学兴盛，呈现出一派前所未有的繁荣气象，但是这当中也存在着一个致命的弱点，那就是佛教学术化、贵族化的倾向日趋明显，佛教与现实生活和广大平民之间的距离日渐拉大，佛教的现实基础和信众基础也就相应地削弱了。结果"会昌法难"[1] 一来，禅宗以外的其他各大宗派，尤其是天台、华严、法相等诸宗，顷刻间便土崩瓦解了。在这危难的时刻，多亏禅宗拯救了佛教的慧命，若不是禅宗，中国佛教的历史恐怕得改写了。禅宗之所以能够一枝独秀，进而风靡全国成为中国佛教的主流，原因就在于，禅宗扎根于现实生活，接近广大信众，注重内心的真修实证，而不执着于外在的物质形式和经典文字，提倡自耕自活、自食其力，主张修行"在家亦得，不由在寺"

---

[1]　会昌法难，指唐武宗会昌年间（841—846）之排佛事件。唐武宗即位后，崇信道术，尝诏赵归真等八十一位道士入宫，亲受法箓。赵归真等人恃宠而骄，每有进言，必诋毁佛教，并相互结纳以厚其势。当时宰相李德裕亦助之。会昌五年（845），帝应道士之请，下令废佛。除长安、洛阳各四寺，地方诸州各一寺外，悉毁坏之。僧徒则上寺二十人、中寺十人、下寺五人而外，悉令归俗。毁寺之材木，以造廨驿。金银则总交度支之财政官，铁像造农具，铜像、铜器铸钱。在此期间，武宗共废了四万四千余座佛寺，被迫还俗的僧尼达二十六万余人。此一浩劫，给佛教带来了毁灭性的打击，史称"会昌法难"。

（参见宗宝本《六祖坛经·决疑品第三》），强调要在当下去落实生命的觉悟和解脱。禅宗的这些做法和主张，使它获得了其他宗派所无法比拟的强大生存能力和摄受力。

进入明清以后，中国佛教总体上走向衰落，到了民国时期，几乎到了全面崩溃的边缘。造成这种局面的原因是多方面的。从佛教自身的角度来看，最致命的一点就是，这一历史时期的佛教与现实生活和社会人群之间的关系愈来愈疏远，佛教潜在的社会价值没有得到实现，佛教被降格成为超度亡灵的教门；而另一方面，佛教界人才奇缺，僧尼的伪滥现象严重、素质下降，僧团的形象遭到了极大的破坏，佛教的社会地位一落千丈，等等，更加剧了佛教与现实生活的脱节。这两方面互为因果，恶性循环，窒息了佛教的生机。

民国年间，以太虚大师为代表的一大批清醒者，目睹了中国近代佛教界存在的种种弊端和面临的悲惨境遇，忧心如焚，四处奔走相告，以谋求佛教的振兴。太虚大师率先提出了"人间佛教"的口号，并大声疾呼要改革教制，加强僧团建设和僧才的培养，组建中华佛教总会，以提高佛教的整体自我保护能力。

在《教观诠要》一文中，太虚大师讲，佛教的发展必须随顺时节因缘，不断地变通，以求适应历史潮流，不能故步自封：

善学佛者，依心不依古，依义不依语，随时变通，巧逗人意。依天然界、进化界种种学问、种种艺术，发明真理，禅益有情，是谓行菩萨道，布施佛法。终不以佛所未说而自画，佛所已说而自泥，埋没己灵，人云亦云。脱有马鸣、龙树、无著、天亲其人，乘此世界文明过渡之潮流，安知其不能化而为世界佛教之中兴与全盛时代乎！人能宏道，非道宏人。（《教观诠要》）

太虚大师明确指出，晚近以来，中国佛教之所以走向衰落，与佛教界拘泥于佛教形式、不得佛教圆融之真精神、脱离社会现实人生有直接的关系：

我国佛教之不发达，以佛学拘于僧界，以僧界局于方外阻之也。其以僧界拘方外局者，皆取形式而不取精神者耳！然今日之中华民国，既度入世界时代，政教学术无一不变，佛教固非变不足以通矣。(《教观诠要》)

大虚大师认为，要改变中国佛教这种不发达的现象，必须走"人生佛教"的道路。在《人生佛教开题》中，他写道：

所谓死，实即生之一部分；我们要能了生，才能了死……今之人生佛教，侧重于人生之改善，特出者即能依之发菩提心而趣于大乘之佛果。即于此上，消极的则对治佛法向来之流弊；积极的则依人生之改善而发菩提心，行菩萨道。此中自亦含摄后世胜进与生死解脱。故人生佛教云者，即为综合全部佛法而适应时机之佛教也。(《太虚集》)

因为特殊的历史条件所限，太虚大师所提出的振兴佛教的一系列理念未能变成现实。尽管如此，太虚大师所指明的发展道路和所提出的诸多改革想法却是值得人们去认真思考和继承的。

净慧老和尚指出，他所提倡的生活禅理念，从思想渊源上讲，直接继承了太虚大师的"人间佛教"思想。2011年9月9日，净慧老和尚在接受《江苏佛教》访谈时指出：

佛教经过了中国化、大众化、现代化的三个阶段，所以注定佛教要走大众化的这条路。现代化是从太虚大师开始的，我们现在弘扬生活禅，还是走他的路，实际上他的路还很遥远，我们连一半都没有走到，应该说才刚刚起步。(《佛教教育与僧团建设——〈江苏佛教〉访谈录》，见《人间佛教思想文库·净慧卷》)

历史是一面镜子。中国佛教到底应该如何发展，历史早已给了我们启示。通过对印度佛教和中国佛教兴衰的历史回顾，我们有充足的理由得出结论：坚持走"人间佛教"道路，将佛法与现实生活结合起来，是中国佛教的唯一出路。离开了这个基本方向，佛教必将在日趋激烈的中外文化大碰撞中被无情地淘汰。

第二节 禅宗与中国汉传佛教的振兴

净慧老和尚认为，"人间佛教"是佛教发展的一个总的方向，而并不是一个具体的法门。"人间佛教"必须依靠具体的法门才能变成现实的教化力量。汉传佛教也好，藏传佛教也好，南传佛教也好，都面临着"人间化"的任务。

汉传佛教中的各大宗派，如禅、净、台、律等，都可以作为实践"人间佛教"的入手处。净慧老和尚之所以要选择禅宗作为实践"人间佛教"、振兴中国汉传佛教的最胜方便，固然与他所继承的是禅宗的法脉、所住持的是禅宗道场有关，但是，最主要还是因为：禅宗在整个佛法和在中国佛教史上所处的地位非常特殊，以及禅宗强调在现实生活中落实修行的理念，与现代人的根机和生活方式非常契合。

以禅为核心的中国汉传佛教的发展格局，是历史文化的选择，是佛教契理契机的结果。唐宋以来的中国佛教史告诉我们，禅宗兴盛佛教就兴盛，禅宗衰落佛教就衰落。因此，振兴中国汉传佛教的最佳选择，莫过于从振兴禅宗开始。

禅宗又称"佛心宗"，是佛教中唯一标榜"不立文字，教外别传，直指人心，见性成佛"的顿悟法门，故又被称为"宗门""正法眼藏""涅槃妙心""最上乘"，相比较而言，其他的宗派则属于教门。在整个佛法体系中，禅宗的精神实际上就是佛法的真精神。它立足于大乘佛教"悲智双运"的菩提心思想、"一心二门"的般若思想、"权实不二"的教化思想这三大根本义理，将修行、解脱与度生，圆成于当下一念之自觉、自主、自足、自在，强调修行与生活的统一、佛法与人格的统一。禅宗的这一圆顿的精神，从究竟上讲，贯穿于大乘佛教的一切法门，一切法门讲到极处，都与禅宗相融通。而且，中国汉传佛教的历史发展趋势也显示出，禅净律密等佛教不同宗派的融合，实际上，都是在禅的精神统摄之下进行的。这一点恰恰说明了，禅是佛法活的灵魂。所以，要振兴佛教必须从振兴佛教的真精神开始，也就是从振兴禅宗开始。反过来讲，中国汉传佛教的振兴离开了禅宗这个根本，将找不到真正有力的抓手。

印度佛教虽然包含了禅宗的精神，但是并没有形成独立的宗派。禅宗是印度佛教与中国本土文化长期互相碰撞、互相融合的产物，它是真正中国化了的佛教，它最能够代表中国佛教的特质。"会昌法难"以后，中国佛教唯有禅宗一支枝繁叶茂，龙象腾骧，独步天下，成为唐宋以来中国佛教的主流，并东流朝鲜、日本等地。如果没有禅宗，唐宋以后的中国佛教史和思想史乃至世界佛教史都将黯然失色。禅宗对中国和其他东亚国家文化的影响极为巨大、深远。目前，随着中西方文化交流的深入，这种影响正在逐步地传播到西方国家。

杨曾文教授在《佛教中国化和未来走向》一文中指出：

禅宗在传播发展中不仅对佛教诸宗，对中国其他文化形态也有很大影响。近代提倡"人间佛教"的太虚大师（1890—1947）在综合考察诸宗之后一再表示，"中华佛学之特质在乎禅宗"；"晚唐来禅、讲、律、净中华佛法，实以禅宗为骨子"；"中国自晚唐、五代以来之佛教，可谓完全是禅宗之佛教；禅风之所播，不惟遍及佛教之各宗，且儒家宋、明理学，道家之性命双修，亦无不受禅宗之酝酿而成者。故禅宗者，中国唐、宋以来道德文化之根源也"，应当说是大体反映了中国佛教的真实情况的。

另外，佛教最讲究"契理契机"的原则。现代人所处的社会文化环境较古人已有很大的不同：生活环境更复杂，生活方式更丰富，生活节奏更快，内心所承受的精神压力也更大；另一方面，现代人追求人格独立和意志自由的愿望较古人也更强烈，以科学为主的理性精神也更浓厚，追求生活享受的心情也更迫切。面对现代人，佛教该如何帮助人们获得心灵的解脱呢？从契机的角度来看，应该说禅宗最有优势。较之其他宗派，禅宗的修行方法更强调自力，理性色彩更明显，生活气息更浓厚，对世法的适应性和包容性更强，很容易跟现实生活打成一片。比如，六祖所言，"佛法在世间，不离世间觉。离世觅菩提，恰如求兔角"，以及他所开示的"一行三昧"和"无念、无相、无住"之修行方法，很容易被现代人所接受。

基于上述诸多方面的思考，净慧老和尚于 1992 年，正式提出了以"觉悟人生、奉献人生"为宗旨的生活禅修行理念，并以此为指导，在青年佛教信众中开展了别具一格的生活禅禅修营系列活动。生活禅的提出，就是想以禅宗为突破口，将佛法更有效地融入现实生活，为中国汉传佛教的振兴找到一条切实可行的路子。这不仅是佛教自身发展的要求，也是社会大众对佛教的需要和期许。

第三节　中国近代佛教史上的救亡运动之启示

明清以来，中国佛教整体上走向衰落。到了清末、民国年间，随着国际社会对中国佛教的挤压和国内政治对传统佛教剥夺之加剧，这种衰落几乎到了崩溃的边缘。为了挽救垂死的中国佛教，一批佛教大德，如印光、弘一、谛闲、太虚、虚云等，纷纷出现于世，为病危的中国佛教寻找起死回生之妙方。不管是所谓的"保守派"还是"激进派"，都一致认为，中国佛教沦落到当时这个地步，根本原因在于佛教自身出了问题，比如戒律松弛，道风不振，僧团素质低下，不关注现实人生等等，所以佛教要生存、要发展，必须首先树立正气，强身固本，革除自身的痼疾，所谓"真气内充，邪不可干"。

关于如何固本、如何革除佛教自身的痼疾问题，大体说来，有四种思路：

一部分大德主张通过真修实证、老实念佛来拯救佛教，以印光法师为代表。它抓住了佛教这棵大树得以生存的"修证之根"。

一部分大德则试图通过弘扬戒律、整顿僧纲来挽救佛教，这一派主要以弘一法师为代表。它抓住了维系佛教生存的"戒律之根"。

一部分大德则认为，要振兴佛教，必须从研习经教、弘扬经教开始，这一派主要以谛闲、圆瑛法师为代表，它抓住了佛教的"经教之根"。

另外，还有以太虚大师为代表的一批大德则主张，佛教要兴盛，必须扎根于现实生活，关注社会人生，走"人间佛教"的道路，这一派抓住了佛教生存的"现实之根"。

克实而论，这四路大德，他们的道德并无高下之别，他们针对中国佛教所患四大弊病，各自所开列的四个方剂，亦无优劣之分，他们只不过是在合演一出拯救中国佛教的大戏而已。通过这出戏，他们向世人昭示，中国佛教的真正出路究竟在哪里。

与上述四类代表有所不同的是，虚云和尚拯救中国佛教之方略，带有更明显的综合色彩。他认为，振兴中国佛教是一个全方位的整体工作，而不仅仅是针对某一个弊端，也不是单从某一个方面努力就能奏效的。虚云和尚并不是单用某一剂方药，而是以振兴禅宗为核心，将这四剂方药，一起倒进历代祖师的最胜道场这一殊胜的药鼎中，一锅煮了。

换言之，虚云和尚将佛教这棵大树赖以生存的四条主根，深植在具有悠久历史文化传统的禅宗祖庭这样一个肥沃的土壤中，强调"四根一本一枢纽"的重要性。

"四根"是，大力培植佛教这棵大树赖以生存和发展的四大根本，即戒律、经教、修证和现实之根。

"一本"是，振兴禅宗，这是全面振兴中国汉传佛教的首要和根本任务。

"一枢纽"是，率先复兴一批禅宗祖庭，并充分发挥它们的枢纽和引领作用，这是振兴中国佛教的关键步骤。

虚云和尚从1904年修复云南鸡足山祝圣寺开始，一直到他1959年在江西云居山圆寂，他一生的所作所为，始终贯穿着"四根一本一枢纽"这一主线。虚云和尚这一系法嗣，之所以到现在还能够勉强支撑中国汉传佛教的大半个天下，与虚云和尚的这一套佛教振兴理念有着直接的关系。

下面，拟就虚云和尚"四根一本一枢纽"之佛教振兴理念，略作介绍如次。

一、戒律之根

虚云和尚认为，中国佛教之所以衰败不堪，在社会上没有尊严，任人宰割，其根本原因之一，就是出家人不修佛行、不守祖律清规。所谓的"末法"，其实不是因为"法末"，而是因为"人末"。

虚云和尚讲:

嗟兹末法，究竟不是法末，实是人末。因甚人末? 盖谈禅说佛者，多讲佛学，不肯学佛，轻视佛行，不明因果，破佛律仪，故有如此现象。大概目下之弊病，莫非由此。(《虚云和尚全集》第1册第127页，中州古籍出版社)

所以，虚云和尚认为，要振兴佛教，必须从弘扬戒律(包括禅门清规)开始。虚云和尚从三个方面强调了戒律的重要性:

1. 就个人修行而言，戒律是修行解脱的根本。

2. 就道场建设而言，戒律是维系道场清净、保持道风纯正的前提。

3. 就佛教的慧命而言，戒律是决定佛教存亡盛衰的关键，是佛法长久住世的保障。

虚云和尚讲:

佛制戒律，无非使众生断除习气毛病，令止恶生善，背尘合觉。故《华严经》云: 戒为无上菩提本，应当具足持净戒。由是戒故，佛法得以住世，僧伽赖以蕃衍。(《虚云和尚全集》第1册第333-334页，中州古籍出版社)

为了把佛教这棵大树赖以生存的戒律之根培护好，虚云和尚着重做了两个方面的事情:

第一件事情就是坚持传戒、讲戒，积极引导出家众诵戒、学戒，从而达到知戒、守戒的目的。

虚云和尚从修复祝圣寺开始，一直到他圆寂，每年春天都要依例开坛传戒，几乎没有间断过(除在云居山期间因受政治气候的影响不能年年坚持传戒外)。在旧中国政局动荡、战火纷飞的岁月里，能够这样坚持年年如理如法地传戒，是非常不容易的。

除了传戒之外，虚云和尚还定期组织出家众诵戒和学戒。虚云和尚每住持一处道场，必定要求全寺僧众在每月几个特殊的日子里坚持诵戒，并宣读共住规约。虚云和尚在《云栖寺万年簿记》中规定:

朔望诵戒，自住持以及清众，须齐到听诵。有要事须先陈明，如无故任意不到者议罚。（《虚云和尚全集》第 4 册第 2 页，中州古籍出版社）

为了帮助僧众更好地体会佛制戒律的精神，虚云和尚还经常组织年轻的僧人学习戒律，有时候是自己讲，有时候聘请其他大德来讲。如 1933 年（民国二十二年）鼓山春戒期间，虚云和尚特地邀请应慈老法师前来开讲《梵网经》。1943 年（民国三十二年）6 月，虚云和尚在南华寺专门开设了戒律学院，以教育青年僧众。

为了整肃道风，严守戒律，1933 年（民国二十二年），虚云和尚针对当时一些寺院草率传戒、失规违制之做法，特地将《三坛传戒仪范》加以重刊，分送各地寺院结缘，并亲自撰写《重刊〈三坛传戒仪范〉后跋》，提请广大教界人士对如律传戒的重视。

第二件事情就是坚持传统的丛林制度，订立寺院规约，将寺院日常管理纳入戒律的范围之内。

中国佛教丛林，按住持人选的产生方式，可分为传贤、传法、传子孙三种类型。唐宋时期以传贤为主，元以后以传法为主，到了晚清以后，基本上以传子孙为主。随着子孙丛林所占据的比例越来越大，中国传统的佛教丛林制度发生了质的变化。寺院不再具有广泛开单接众的"十方"性质，而变成了少数人的私有财产。与之相应，一整套传统的清规戒律也慢慢退出了日常生活的舞台，而成了一种装点门面的形式上的东西。寺院、僧团由是衍生出跟广大信众对传统佛教的期许背道而驰的种种弊端来。丛林之衰落，究其实，就是从这里开始的。

虚云和尚初到鸡足山修复迦叶尊者道场的时候，那时的鸡足山就是一个典型的子孙丛林：全山寺庙都被当地的子孙把持着，既不开单接众，也不许外来和尚住山；既不穿僧衣，不食素，也不上殿、坐香，就更谈不上守戒了。虚云和尚来到鸡足山所做的第一件事情，就是恢复寺庙的"十方丛林"传统，开单接众。同时，还根据清规戒律，针对寺院各个堂口，制定了一整套规约，将寺院日常管理纳入律制的范围。这项工作一直持续到云门寺期间。虚云和尚所制定的规约，主要有《共住规约》《客堂规约》《云水堂规约》《禅堂规约》《戒堂规约》《爱道堂共住规约》《衣钵寮规约》《教习学生规约》《大寮规约》《浴室规约》《农场组织简章》等。这些规约，在虚云和尚的法嗣所住持的道场中，到现在依然被遵循着。

1929 年（民国十八年）春，虚云和尚应国民党海军部部长兼福建省政府主席杨树庄、前主席方声涛等官绅之邀请，住持鼓山。鼓山虽是闽中首刹，晚近以来，由于戒律松弛，管理混乱，寺院道风日颓，僧人习气垢重。虚云和尚来到鼓山后所做的第一件事情，就是于 1930 年（民国十九年）制定了《鼓山涌泉寺安单规则》，以期整顿寺规，清理职事，革除陋习，恢复传统丛林的用人、传戒、坐香等制度。在整理鼓山事务的过程中，虚云和尚遇到了罕见的阻力，尤其是先前那些通过出钱买得执事之职的僧人们，反对尤为激烈，其中竟有人暗中在大厨纵火，欲加害虚老。但虚云和尚铁肩担义，毫不退缩，将个人安危置之度外，终于使鼓山的道风为之一新。

鼓山之后，虚云和尚又先后修复了南华、云门、云居等祖师道场。每至一处，虚云和尚都坚定不移地秉持丛林的传统精神。特别值得一提的是，虚云和尚每修复完一处道场，即把道场交给他人住持，而自己依旧孑然一身，云游他方，从来没有想到要把这些道场据为己有，或者出于私心，留给自己的剃度子孙。虚云和尚有一个不成文的规矩，就是从不用自己的剃度弟子当侍者，从不把自己修复的道场传给自己的剃度弟子。回顾一下虚云和尚所修复的祖师道场，多是他家弟子当住持，或者是通过大众推举、抽签后，亦可由自己的法嗣当住持。虚云和尚所传直系法嗣，一般都不是自己的剃度弟子，不以是否在自己座下剃度为标准，唯以戒行清净、道心坚固、修行精进、能发心为常住做事为标准。虚云和尚这样做的目的，就是反对丛林子孙化，维护十方丛林的传统。

二、经教之根

经教（包括佛教的教义、教规和教法等）是佛教的灵魂所在，它不仅是信众修行解脱的指南，同时也是僧团施行教化的依据。历史上，凡是经教发达的时候，必定会伴随着佛教的繁荣。相反，当经教不被人们重视的时候，佛教就会走下坡路。所以，要振兴佛教，首先必须在僧团中养成一种勤于研习经教的风气。

虚云和尚的个人修行，虽然走的是禅宗的路子，但是，他对经教却非常重视。据《年谱》记载，虚云和尚参学期间，曾经学过的经典主要有《法华经》《弥陀经》《楞严经》《华严经》《大乘起信论》《圆觉经》，以及天台教观等。虚云和尚能够在禅宗修证方面达到如此高的境界，跟他精通经教是密不可分的。

虚云和尚认为，末法时代的人修禅，必须走达磨祖师所提倡的"藉教悟宗"的路子。如果没有明眼人指点，又没有深厚的经教做基础，在这种情况下修禅是根本不可能成就的。禅宗初兴之时，虽然标榜"不立文字，教外别传"，但是，那主要是针对盛唐时期教界不少人沉迷于对经教的研究、忽视了真修实证这一现象而痛下针砭的。在当时出家人对经教普遍都有深入了解的情况下，提倡打破文字相、专务实修，可以起到纠偏救弊的作用。但是，明清以后，僧团的情况却不是这样。当时的出家人中，大多数人都没有受过良好的世间文化教育，也没有受过系统的佛法训练，在这种情况下，借口"不立文字"，轻视对经教和世间文化的学习，只会加剧出家人素质的整体下滑。近百年来，禅门中之所以不出人才，主要原因就在于，大多数参禅之士缺乏深厚的经教基础，不明白修行理路，在修行方面大多是盲修瞎炼。

基于自己大半个世纪的人生经历和思考，虚云和尚出世之后，每修复一处祖庭，在修建殿堂、制定规约、传授戒律、提倡坐香的同时，还不遗余力地创造条件，或举办讲经活动，或成立佛学院，或组织学习班，为出家人创造一个良好的学习环境，鼓励出家人深入经教，为修行打下扎实的基础。

比如，虚云和尚晚年在云居山的时候，虽然年事已高，但是对年轻出家人的学习仍然抓得很紧。1956 年 9 月，虚云和尚 116 岁寿辰之际，江西佛学社借给虚老庆寿之机，邀集了江西省部分寺庙的僧众，在云居山举办了佛经研讨讲座。按虚云和尚的旨意，这次规模较大的讲座，主要讲释佛经的"三大部"，即《金刚》《法华》《楞严》。虚云和尚因为年事已高，讲释困难，遂邀聘海灯法师任佛经主讲。这次佛经讲座第一期，历时约六个月之久，至冬天才结束。1958 年夏天，经虚云和尚提议，海灯和尚继续在真如寺为僧众讲释《法华经》，到 10 月圆满结束。其间，因得南洋华侨王璧莲居士资助，虚云和尚遂创办了"真如禅寺佛学研究苑"，择有初中文化的青年比丘就学其中，采取不脱产学习制度，每日早课后，即听讲两小时，晚上六时又听讲两小时，听讲后进行自习，然后复小座，并要求学僧背诵《法华》《楞严》及《四分律比丘戒本》等。

三、修证之根

虚云和尚一生以苦行著称。在漫长的行脚生涯中，虚云和尚真切地认识到，中国佛教之所以一蹶不振，就是因为出家人轻视佛行、毁破戒律、不肯真修实证所致。

清末以来，"庙产兴学"的狂潮一再掀起，各地毁寺逐僧的现象非常普遍，这对垂危的中国佛教来说，无异于雪上加霜。为了维护佛教界的合法权益，虚云和尚一方面四处奔走呼号，动用一切可以利用的外护力量，来抵制毁寺逐僧的恶风浊浪，同时又呼吁广大僧众，要借此机会好好反省自身的不足，加强戒定慧三学的修习，重新树立佛教的社会形象。他说：

> 民国创立，信教自由，政府本着国父遗教，迭经明令颁布。试观异教，如天主、耶稣、回教，均在政府保护下，何以我国遍处毁庙逐僧的事，有冤无处诉？此点大家想想。他们毁庙逐僧，固然不对，但物必自腐而后虫生。现在佛门弟子，多将自己责任放弃，不知道既为佛子，当行佛事。佛事者何？即戒定慧，是佛子必须条件，若能认真修持，自然会感化这班恶魔，转为佛门护法。（《虚云和尚全集》第1册第127页，中州古籍出版社）

虚云和尚从三个方面强调了修证的重要性：

1. 佛教的慧命只能靠有真修实证的人来传承，尤其是作为传佛心印的禅宗更是如此。

2. 个人的解脱固然离不开文字知见的指导，但最终还得靠真修实证来完成。

3. 佛教的社会地位和影响，从根本上来说要依靠有真修实证的僧团来维系。

为了贯彻实修的理念，虚云和尚每修复一处祖师道场，都非常重视恢复传统丛林的坐香制度，设立禅堂、念佛堂，将坐香、念佛日常制度化，要求常住大众每天都坚持坐香，参加冬季禅七或佛七。比如，虚云和尚在修复云门寺期间（当时正是中国人民抗日战争最惨烈的时候），在外部环境极为恶劣、寺院经济极为紧张、建筑任务极为繁重的情况下，虚云和尚仍然没有忘记督促常住大众坚持每天坐香、冬季打禅七这一传统。为了激发大众的道心，虚云和尚还经常拖着老病之身，随众进堂坐香、讲开示。

四、现实之根

谈到虚云和尚，有不少人认为他是保守派的代表。其实，这只是表面现象。只要稍微了解一下虚云和尚的行履和开示，我们就会发现，虚云和尚并非那种关起门来只顾自己修行、不问世事的人，相反，他是一位现实感和使命感非常强的出家人。他认为，佛教要生存、要发展，必须关注现实人生，必须关心社会大众，必须做到"益利一方，教化一方"，否则佛教就会遭到社会的淘汰。

虚云和尚强调佛教的现实之根，主要有两个方面的含义：

一是在弘扬佛法方面，一定要关注现实人生，大力提倡五戒十善，将佛法的精神主动地融入现实生活，利用佛法的智慧，帮助世人解决现实的人生问题，缔造和平的世界。只有这样，佛教的社会价值才能充分地体现出来，佛法才能被社会大众所理解、认同和接受。

二是在处理僧团与地方政府及民众关系方面，一定要充分发扬佛教的慈悲济世精神，利益一方，教化一方。只有这样，佛教才能为自己的生存和发展营造一个良好的外部空间。

关于第一个方面，虚云和尚认为，佛教是救世的宗教，救世先要救心，而救心的最好办法就是，在针对在家人弘法的时候，要大力宣扬三皈、五戒、十善、四摄、六度等思想。这些思想既是修行解脱、成佛作祖的基础，同时也是创建和谐世界的关键。虚云和尚针对在家信众的开示，基本上是围绕这一主题展开的。比如，虚云和尚讲：

佛法也是一样，吾人须是从平实处见得亲切，从平实处行得亲切，才有少分相应，才不至徒托空言。平实之法，莫如十善。十善者，戒贪、戒嗔、戒痴、戒杀、戒盗、戒淫、戒绮语、戒妄语、戒两舌、戒恶口。如是十善，老僧常谈，可是果能真实践履，却是成佛作祖的础石，亦为世界太平、建立人间净土之机枢。（《虚云和尚全集》第 1 册第 154 页，中州古籍出版社）

现在我们要改造世界，趋进大同，一切须凭我们这颗心做起。在学生方面，先要努力读书，读书不忘救世。救世首要救心，救心即是纠正自己思想的谬误，要笃信因果律的道理，勿入歧途。更由诚意、正心、修身、齐家，以达到治国平天下的实现……如果世界各国的人民，都能够笃信因果，实践八德十戒，那么，强凌弱，众暴寡，及种种争杀造业的祸事，便不会酿成，而真和平、真平等、真大同的极乐世界，也可促其实现而再没有五浊恶世和一切苦恼的滋生了。（《虚云和尚全集》第 1 册第 204 页，中州古籍出版社）

关于第二个方面，虚云和尚认为，佛教虽然强调出世，但是，它的生存和发展离不开世间因缘的支持。僧团要通过行菩萨道，采取四摄、六度等方式，利益一方，摄化一方，积极争取地方民众和政府的信任与支持，这是一个道场长久兴旺的必要前提。另一方面，寺院、僧团也是佛教精神最集中、最直观的体现。佛教的慈悲济世、利乐有情、庄严国土的社会价值观，首先要通过寺院、僧团展示给世人看。对于一个道场来说，是否充分向世人显示了佛教利乐有情的精神，是否做到了利益一方、教化一方，第一条标准就是看寺院、僧团与当地民众及政府的关系是否和谐。一个寺院和僧团，如果不能够与地方民众及政府和谐相处，不能够得到当地民众及政府的信任和支持，那说明，该道场和僧团的摄化工作还没有做到位。其直接的后果必将是，这个道场和僧团的生存和发展将会陷入重重无尽的烦恼当中。

虚云和尚在修复道场的过程中，非常注意和谐僧团与地方民众及政府之间的关系。在这方面，他有很多做法值得后人学习。

首先，积极协助政府，化解社会矛盾，帮助政府排忧解难。

比如 1918 年（民国七年），虚云和尚住持祝圣寺期间，曾经说服当地的土匪杨天福、吴学显等人，接受招安，归顺到地方长官唐继尧的管辖下，使当地民众避免了一场兵灾。又比如，1911 年（宣统三年），中华民国刚刚成立，西藏王公活佛凭借地势之险远，不肯易帜归顺。中央政府命滇府出兵讨伐，前锋已达宾川。虚云和尚以为边衅一起，祸无宁日，于是前往大理，劝说国府司令殷叔桓，以怀柔的政策，成功地化解了汉藏之间的民族争端，为维护国家领土的统一做出了巨大的贡献。

其次，经常率领僧众自觉地从事慈善救济工作，帮助地方民众解决疾苦。

比如，1926 年（民国十五年），滇中发生兵事，数千乡人同来云栖寺寻求避难，虚云和尚一概接纳，"僧俗共住，始则同食干饭，继则粥，粥尽则同食糠、饮水。乡民见僧伽同甘苦如是，为之下泪"。又如，1943 年（民国三十二年）6 月，虚云和尚于南华寺"宝林门内，办义务小学，收教乡村贫民子弟"。1945 年（民国三十四年）春夏间，日寇侵入粤北，乳源县城亦遭沦陷。附近民众多来云门寺避难，常住饭食不继，乃以稀粥及木薯粉代之。大众同甘苦，共住月余。

由于虚云和尚在"利益一方、教化一方"方面的工作做得非常细致和到位，所以，他住持的道场，总的来说，跟当地政府和民众的关系都比较融洽。

五、以僧伽教育为下手处

虚云和尚认为，这四大根本培育好了，基础牢固了，佛教自然而然就会兴盛起来。离开了这四个根本，佛教就会成为无源之水、无本之木。而要培养好这四大根本，搞好僧伽教育又是关键。僧伽教育的基本内容和根本目标就是要培植这四根。

虚云和尚一生大部分时间，是生活在中华民族苦难最深重的时候，也是中国佛教最低迷、僧团社会地位最低下的时期。在漫长的行脚参方过程中，虚云和尚对当时僧团中的种种不如法现象，都有真切的了解，对中国佛教衰败的原因和未来走向，也做过深刻的反思。他认为，僧团是佛教的核心，僧团素质的好坏直接关系到佛教的前途和命运。在《末法僧徒之衰相》一文中，虚云和尚甚至严厉而痛切地警示天下衲子：

俗有言，"秀才是孔子之罪人，和尚是佛之罪人"。初以为言之甚也，今观末法现象，知亡六国者六国也，非秦也。族秦者秦也，非天下也。灭佛法者，僧徒也，非异教也。（《虚云和尚全集》第 5 册第 232 页，中州古籍出版社）

为了培养合格的僧才，组建一支高素质的僧伽队伍，虚云和尚积极顺应时代，借鉴西式学校教育的经验，尝试探索在新时代条件下丛林与学院相结合的僧才培养模式。早在 1904 年（光绪三十年），虚云和尚为振兴颓败的鸡足山佛教，尽快为当地佛教界培养出一批僧才，曾在大觉禅寺（今虚云禅寺）挂牌成立了"滇西宏誓佛学堂"，1913 年（民国二年）又改为"滇西宏誓佛学院"，并亲自任院长。在住持鼓山期间，虚云和尚鉴于青年僧人很多，为恐少年废学，于是设立学戒堂，后来改为鼓山佛学院，再改为法界学院。在南华寺期间，虚云和尚创办过南华学戒堂。虚云和尚晚年在云居山的时候，还成立过"真如禅寺佛学研究苑"。虽然，对虚云和尚而言，每一次办学都非常吃力，但是，这些事实都表明，虚云和尚对僧伽教育是非常重视的。

振兴佛教是一个全面的系统工程。前面所提到的"四根"是就振兴佛教的内容而言，目的是在强身固本。除此之外，在具体操作过程中，还必须考虑到下手方便（也就是具体的实施方法）。关于这一点，虚云和尚提出了"以禅为本""以祖庭为枢纽"的实施方案。

六、以禅宗为核心

在中国佛教历史上，曾经出现过八大宗派，很显然，要振兴中国佛教，对于某个具体的实施者或道场而言，不可能做到"八宗并弘"，这其中应当有一个主伴的问题。在这个问题上，虚云和尚的态度是非常明确的。他认为，振兴中国佛教的关键首先应当是振兴禅宗。原因有四：

1. 禅宗又称佛心宗，是整个佛法的心髓、命脉所在，被称作"正法眼藏"。虚云和尚讲：

禅宗，是世尊在灵山会上，拈花示众，唯有迦叶尊者微笑，称为心心相印，教外别传，为佛法的命脉。（《虚云和尚全集》第 1 册第 210 页，中州古

籍出版社）

2. 禅宗是中国化的佛教，是中国传统文化与印度佛教相互碰撞的结果。在汉文化圈子里，禅宗应该说具有最广泛的适应性。

3. 在中国佛教史上，相对于其他流派来说，修习禅宗法门而获得成就的人，可以说是最多的。虚云和尚讲：

若专参禅，此法实超诸法，如拈花微笑，遇缘明心者，屈指难数，实为佛示教外之旨，非凡情之所能解……每见时流不识宗旨，谬取邪信，以诸狂禅邪定，讥毁禅宗，不识好恶，便谓禅宗如是；焉知从古至今，成佛作祖，如麻似粟，独推宗下，超越余学。（《虚云和尚全集》第 1 册 128 页，中州古籍出版社）

4. 唐宋以来，禅宗一直是中国佛教的主体，禅宗兴则佛教兴，禅宗衰则佛教衰。

基于这四个方面的理由，虚云和尚认为，振兴中国佛教必须首先抓住禅宗这个大本。只有这个"本"立起来了，佛法的真精神才能够连续不断地承传下去。

当然，虚云和尚所说的以禅为本，有两点值得特别注意：

首先，虚云和尚把中国佛教统分为宗、教、律、净、密五大派，他所说的以禅为本，并不是说排斥其他宗派，而是在平等、圆融的前提下，以禅为主，同时兼顾教、律、净等的弘扬。弘扬净土也同样应该如此。离开了禅、教、净、律的相互支持和相互成就，单弘其中的任何一门，都不可能达到全面振兴中国佛教之目的。所以，禅与教、净、律之间的关系是一多互即、主伴相随的关系，一荣俱荣，一损俱损。

其次，虚云和尚所说的以禅为主的"禅"，虽然主要是指以"定慧等持"为特征的圆顿之禅宗，但同时也包括次第禅以及天台的止观法门。确切地说，虚云和尚所说的以禅为主，更多的是强调，在见地上要多学习祖师禅，旨在"开圆解""起圆信""修圆观""证圆觉"，而在具体的下手处方面，则主张可以根据各自不同的根性选择不同的修行法门，或参话头，或念佛，或持咒，它们之间并没有高下优劣之分。

七、以祖庭为枢纽

虚云和尚的弟子怀西法师在回忆虚云和尚的时候曾经写道：

老人亦常谈及自己一生志愿：一不做现成的住持；二不创建新寺；三不住城市闹镇；四不修自己子孙小庙；五不重兴没历史名胜古迹及祖师传承的道场；六不私蓄储钱财，凡信徒供养果仪，全归常住公用；七不接受任何一个施主供养及建寺功德。这是老人自己毕生的志愿。（《虚云和尚全集》第 1 册第 387–388 页，中州古籍出版社）

虚云和尚为什么要选择那些具有悠久历史的祖师道场作为自己重点修复的对象呢？这是因为，与普通的道场相比，祖师道场具有人文环境和历史承传等方面的优势。

就历史地位和社会影响的等次而言，中国汉传佛教寺院体系呈金字塔形。处于塔尖部分，是数目有限的正规大丛林。一般来说，僧团比较清净，道风比较纯正，管理比较如法，社会感召力比较大，最能够体现和传承汉传大乘佛教的基本精神。中间部分是大量的子孙庙。子孙庙虽然也保存着佛教寺院一些基本的生活和修行形式，但是，其僧团素质、道风、管理水平等方面，远远不能跟大丛林相比。换言之，从振兴佛教的目标来看，这些子孙庙在道风建设和僧团管理等方面，需要进一步提升。最底下一层是数目庞大的乡村小庙，混杂着种种民间信仰，这一部分寺院里的出家人，其总体的佛教文化素质非常欠缺，信仰和动机并不纯正，多以谋生为主。由于他们连佛教最基本的形式都不能保持，所以这一类寺院是无法承担其续佛慧命和教化众生之使命的。

所以，从全面振兴中国佛教的角度来看，数目有限的正规大丛林在带动各地寺院走向健康发展的过程中，起着举足轻重的作用。一般说来，正规丛林绝大多数都是历代祖师的最胜道场，历史悠久，环境优美，有着非常深厚的佛教文化底蕴和修行传统。千百年来，这些祖师道场一直是所属地区的佛教文化中心，在广大信众的心目中具有崇高的地位，对周围寺院一直在起着客观的引领作用。如果把这些大丛林真正地兴复起来了，可以想象，他们会在僧才的培养、戒律的弘传、道风的传播、佛法的修证等方面，不断地对周围寺院产生积极的影响。比如说，他们可以为周围的寺院培养和输送优秀的僧才，或者通过传戒、讲经、举办禅七和大型佛事活动等方式，带动周围寺院朝着道风纯正的方向发展。所以，首先复兴那些具有悠久历史、曾经为一方教化中心的祖师道场，以此为据点，充分发挥其榜样作用和枢纽功能，由点到面，乃至带动一方，这样可以起到事半功倍的效果。

虚云和尚一生所修复的主要道场，如云南昆明云栖寺、福建鼓山涌泉寺、广东韶关南华寺、乳源云门寺、江西云居山真如寺等等，在历史上都是一方名刹。经虚云和尚修复之后，这些道场一度以其道风纯正而再度成为天下衲子所向往的佛教圣地，在引领地方佛教健康发展方面曾经产生过巨大的影响。新中国成立后，一些比较有影响的道场，其老一辈的主要负责人，如本焕和尚、佛源和尚、一诚和尚、净慧和尚、传印和尚等等，都是从虚云和尚兴复的这些道场里走出来的。虚云和尚振兴中国佛教之理念的火种，正是由他们及其后继者，不断地向各地传播开来，成为中国佛教的希望所在。

近代佛教救亡运动的历史经验教训告诉我们：立足于宗门，以实修为核心，以僧伽教育为下手处，强调修证、戒律、经教、现实等四根之修复，是振兴汉传佛教的理性选择。净慧老和尚生活禅理念的提出，与上述中国近代佛教史上的救亡运动之启示有直接的关系。

第四节 "人间佛教"在理论上需要解决的三个问题

中国近代佛教史是一部中国佛教自我救亡图存、起弊救衰的历史。如前所言，这期间出现了一大批佛教大德，如印光大师、弘一法师、谛闲法师、太虚大师、虚云和尚等，他们为拯救濒临崩溃的中国佛教，各自提出了不同的救亡图存方案，并殚精竭虑，其菩萨行止可歌可泣，令人敬仰。尤其是太虚大师所提出的"人间佛教"思想，犹如黑暗中的火炬，为中国佛教的未来发展指明了方向。因为特殊历史条件的限制，太虚大师所提出的振兴佛教理念，虽然未能变成现实，但是他所提出的"人间佛教"思想却一直在激励着后人去不断思考和探索。

太虚大师的"人间佛教"思想，虽然为汉传佛教的振兴指明了正确的方向，但是，要真正落实"人间佛教"，仍然面临着一系列的理论和实践问题需要探索和解决。因为所谓的落实"人间佛教"，实际上就是要在传统佛教与现实的社会人生之间、佛法与社会大众的心灵之间架起一座沟通的桥梁。要架好这座桥梁，把传统佛法的精神导入现实生活，导入公众的心中，把它真正地变成"净化人心、和谐社会"的正能量，至少先要从理论上解决三个方面的问题：

一、首先要找到佛法与现实人生发生关联的契入点、结合点

到目前为止，谈到"人间佛教"的落实，人们很容易想到"慈善""文化""环保"等，好像只有"慈善"才是佛教与社会现实发生关系的唯一有效的通道。慈善固然可以拉近佛教与社会大众的距离，但是，慈善并不是佛教的核心功能，并不能代表佛教的全部精神。

佛教的主体功能还是集中在精神层面上，即净化人心、和谐社会。通过宣传佛法，改变世人以自我为中心的对立的思维方式和生活方式，帮助他们树立健康而正确的世界观、人生观和价值观，将佛法人格化，这才是佛教持久发挥其"净化"功能的最根本、最坚实的着力点。在《中国佛学》一书中，太虚大师把成佛与人格的完善，做了一个别开生面的会通，显示了佛教的这一"人生意义"：

以前我曾说过"仰止唯佛陀，完成在人格"的话，而一般人或又误会成佛只不过是完成一般人的人格罢了，因而把佛法低陷到庸俗的人类生活中。其实我说的，乃是说："从现实人生中去不断的改善进步，向上发达，以至于达到圆满无上的人格。"盖人格的圆满，是要到佛才圆满。（《中国佛学》）

二、需要从理论上和实践方法上将如下几对关系圆融起来

佛法本来就是不二法门，从这个角度来看，出世和入世、修行与生活、生死与解脱、此岸与彼岸、烦恼与菩提，本来是一体的，并没有矛盾可言。但是，人们在理解佛法的时候，受习惯性的世间二元思维的影响，并不是一下子能到位的，通常会在出世与入世、修行与生活、生死与解脱、此岸与彼岸等对待关系中，因不能圆融和超越，而不知不觉落在二边当中。落实"人间佛教"的最大障碍就来自这种习惯性的二元思维。所以，从佛法"不二"的精神出发，如实地阐明并融通如下几对关系，是"人间佛教"在理论和实践上首先需要解决的课题。

1. 成佛与做人的关系（如何从理论上说明成佛与做人这两者之间的统一性）。

2. 出世与入世的关系（如何从理论上说明出世与入世之间的融通性）。

3. 生活与修行的关系（如何将生活与修行融为一体，其理论根据和方法是什么）。

4. 宗门与教下的关系（如何确立宗门与教下之间主伴相资、正助互显、彼此增上的圆融关系）。

5. 契理与契机的关系（如何为不同根性的人提供适合于他们各自修行的有效方法，真正做到"门庭广大"）。

6. 当下解脱与究竟解脱的关系（如何从理论上说明，现前一念功夫上的解脱即是究竟解脱之根本）。

7. 自利与利他的关系（如何把个人的觉悟和解脱与大众的觉悟和解脱有机地结合起来）。

"人间佛教"的理论建设，应该围绕这几对关系来展开。这几对关系如果没有打通，佛教是无法长期有效地融入现实生活中的。

三、要找到一种能够会三乘归一乘、会权归实、具有圆顿统摄品质的修行理念和法门作为立足点

中国汉传佛教有八大宗派，除此之外，还有南传佛教、藏传佛教，在诸

多的宗派法门中，我们应当选择何宗何派作为立足点，才能有效地融通上述七对关系以及各宗各派之间的关系呢？如果找不到这样一个修行法门作为立足点，那么，从修证的角度来看，"人间佛教"实际上就成了一种人生哲学，它的宗教性就没有了根。这样的话，"人间佛教"是不可能有长久生命力的。

净慧老和尚提出的生活禅修行理念，从某种意义上讲，就是为了解决"人间佛教"在理论建设方面所面临的这三个问题。净慧老和尚的生活禅理念，其卓越之处就在于，他立足于禅宗的圆顿信解，紧扣大乘佛教"悲智双运""一心二门""权实不二"这三大理论支柱，并就正信与正行的具体内容和落实，提出了一系列极富现实意义和可操作性的高屋建瓴式的口号，出色地将上述七对关系圆融为一体，成功地在佛教与现实生活之间架起了一座坚固的桥梁（参见本书第三章"生活禅的理论构架与宗旨"）：

1. 这座桥梁的切入点是，引导公众按简单、自然、纯净的方式去生活，按做人做事的"二八方针"去为人处世，把佛法变成一种生活方式和生活态度，将佛法人格化，从而实现净化人心、和谐社会、建立人间净土的目的。

2. 这座桥梁的立足点是，要抓住禅宗在整个汉传佛法修证体系中的核心地位。在现有汉传佛教诸宗派中，唯有禅宗具备这种圆顿统摄的品质，它立足于自性观（佛性论）、菩提心和般若见，能够融通人天乘和大小乘思想，摄一切法门，会权归实，摄三乘归于一乘。

生活禅理念正是借助禅宗的圆顿见地和信心，有效地消解了成佛与做人、出世与入世、生活与修行、宗门与教下、契理与契机、自利与利他之间的对立，使之成为一个不可分裂的整体。

生活禅理念中的"生活"二字，是对以六祖慧能大师为代表的祖师禅"触目是道、即事而真"的修证理念和太虚大师"人间佛教"思想的继承和落实；"禅"字，是为了凸显禅宗在整个汉传佛教乃至整个佛法中的核心地位，并作为融通出世与入世、生活与修行等诸多关系的理论依据。生活禅之所以被称作一种"修行理念"，是为了表明生活禅并不是一个具体的用功方法，它立足于宗门的圆顿见地和信心，对一切修行法门都是开放的、包容的；一切法门，在宗门的圆顿见地和信心的统摄之下，都可以指向"见性成佛"这一目标，并且具有与教下不同的圆顿特色。

生活禅是继承中国佛教优秀传统的产物，并不是另起炉灶。生活禅对汉传佛教两千多年来所形成的历史格局表现出了充分的尊重。中国汉传佛教的历史格局可以表述为：以禅为心，以教为门，以律为行，以密为助，以净为归。生活禅的理念正好继承了这一格局：它立足于禅宗的圆顿见地和信心，融禅、教、律、净、密各自的修行方法于一身，正助相资，主伴互摄，互相增上。禅、教、律、净、密，其下手处虽然各异，但因为都统摄于圆顿的见地和信心之下，所以在功夫上，都强调圆成于当下一念，强调现前因地上的解脱。这是生活禅最为殊胜的地方，也是区别于教下的一个重要标志。

第五节　生活禅与现代人的生活方式及心理需求

生活禅理念，由于抓住了大乘佛法的核心灵魂，同时又顺应中国佛教历史发展的趋势，借助宗门的圆顿信解，有效地消解了成佛与做人、出世与入世、生活与修行、宗门与教下、契理与契机、自利与利他之间的对立。这一特色，使得生活禅具备了与我们这个时代人们的生活方式和心理渴求相适应的巨大优势，能够为解决当下诸多的社会问题提供一种新的思路和方法。

在《关于生活禅理念提出二十周年的一点感想》一文中，净慧老和尚明确地表达这样的观点，现转录原文如下：

首先，我想说明的是，我之所以选择禅宗作为终身弘扬的对象，主要有两个方面的考虑：

一方面是基于对禅宗的历史地位之认识。

大家都知道，禅宗是印度佛教与中国传统文化相结合的产物，是真正的中国化的佛教。在汉传佛教中，禅宗独称"佛心宗"，被视为佛教的"正法眼藏"，在整个大乘佛法中，其核心地位由此可以略见一斑。另外，中国汉传佛教在唐朝的时候虽有八大宗派之盛，但是会昌法难以后，唯禅宗一枝独秀，到了宋以后，禅宗已经成了中国汉传佛教的主流，以至于禅宗的兴衰直接决定着整个汉传佛教的兴衰。从上述诸多方面来考量，我们可以这样讲，要振兴汉传佛教，想撇开禅宗而另立炉灶，几乎是不现实的。

另一方面是出于对自己法缘的认同和尊重。

我是 1951 年在广东云门寺皈依虚云老和尚的。从那个时候起，我开始接受禅宗的教法并依之修行。后来又从虚云老和尚那儿继承了临济宗的法脉，成为临济宗第四十四代法嗣。20 世纪 80 年代，因缘的成就，我来到河北赵县负责柏林禅寺的修复工作。柏林禅寺是赵州和尚的道场。各位都知道，临济禅师和赵州和尚在中国禅宗史上拥有非常崇高的地位。到目前为止，在历代祖师的语录当中，《临济录》和《赵州录》仍然被大多数日本禅人视为最重要的两本语录，被列为参禅之士必读的宝典。所以说，从我个人的修学经历、我所继承的法脉、我所住持的赵州祖庭（包括我现在住持的黄梅四祖寺）等方方面面的因缘来看，我跟禅宗有着甚深的法缘。因为这个因缘，我便义不容辞地选择了禅宗，把它当作我毕生弘扬的最重要的法门，同时把它视作振兴中国汉传佛教的关键所在。

我想说明的第二点是，选择了禅宗之后，为什么又要特地冠上"生活"二字呢？

这与我所继承的祖师禅的修行特色，以及现代人的生活方式有直接的关系。

各位都知道，禅宗历代祖师的开示，虽然手段和语言千差万别，但是其基本精神却是一个，无非是告诉我们要对"道在眼前""道在日用""道也者不可须臾离也"这一点信得及，告诉我们不要离开当下试图向过去和未来寻找大道，也不要离开日常生活去某个人迹罕至的地方寻找大道。道就在当下的现实生活当中。我们就生活在道当中，一刻也没有离开过道。宗门中讲，触目是道，一切现成，就是这个意思。

赵州和尚有两则公案很能说明问题：

有僧问赵州和尚："如何是道场？"赵州和尚回答道："你从道场来，你从道场去。全体是道场，何处更不是？"

又有僧问赵州和尚："了事的人如何？"师云："正大修行。"学云："未审和尚还修行也无？"师云："着衣吃饭。"学云："着衣吃饭寻常事，未审修行也无？"师云："你且道我每日作什么！"

很显然，赵州和尚所说的道场就是生活本身，修行就是生活，生活就是修行。赵州和尚还有其他不少接众公案，如"吃茶去""洗钵去""摘杨花"等等，都表达了同样的意旨。

与赵州和尚同时代的临济禅师，其宗风虽然不同于赵州和尚的"平实、平常"，喜欢用"喝"来接众，一向以峻烈著称，但是其最后指示的修行要旨却仍然是与赵州和尚相同，即强调将修行与生活（也就是当下的见闻觉知、举手投足）打成一片。

请看临济禅师的几段开示：

"道流！心法无形，通贯十方，在眼曰见，在耳曰闻，在鼻嗅香，在口谈论，在手执捉，在足运奔。本是一精明，分为六和合。一心既无，随处解脱。山僧与么说，意在什么处？只为道流一切驰求心不能歇。"

"道流！佛法无用功处，只是平常无事，屙屎送尿，着衣吃饭，困来即卧。愚人笑我，智乃知焉。古人云：向外作工夫，总是痴顽汉。你且随处作主，立处皆真。境来回换不得，纵有从来习气，五无间业，自为解脱大海。"

"道流！大丈夫汉更疑个什么？目前用处，更是阿谁？把得便用，莫著名字，号为玄旨。与么见得，勿嫌底法。古人云：心随万境转，转处实能幽。随流认得性，无喜亦无忧。"

这三段开示，在临济禅师的语录中算是比较平实的。在这里，临济禅师从即心即佛的角度，强调大道就在当下的见闻觉知处、举手投足处、穿衣吃饭处、日用应缘处，而不在日用之外的某个虚无缥缈的地方。换句话来说，从宗门的角度来看，修行和生活是不能打成两截的。

总之，禅宗虽然有五宗七家之说，其各自接引学人的风格虽然各不相同，但是，它们最后都强调要在圆顿的信解之指导下，将修行和生活融为一体，这一点是完全一致的。强调修行和生活方式的一体化，这是祖师禅修行的最大特色。

从这个角度来讲，我提倡生活禅，正是对祖师禅这一修行特色的继承。

而且，我认为，这一修行特色与现代人的生活方式是非常契合的。大家都知道，现代人的生活节奏比较快，精神压力大，而且比较注重对当下现实人生的享受。另一方面，因为受自由民主和科学理性精神的影响，现代人的主体意识也比较强，对超自然力量的宗教信仰比较淡漠。因此，现代人在选择修行法门时，一般来说可能会有三种心理倾向：

一是追求简易的倾向。现代人喜欢简单方便，不喜欢复杂。因此，所介绍的修行方法必须是方便、简单、易行的，对环境的要求不能太高，最好是当下就能得受用。

二是追求休闲的倾向。休者，休去歇去，即放下一切烦恼；闲者，闲闲无事，即身心自在。也就是说，所介绍的修行方法要能够让他们在身心上得到充分的放松和休息，省力得力，得力省力。

三是追求生活化的倾向。也就是说，所介绍的修行方法，要便于人们在日常生活中随时随地提起，容易与生活打成一片，不要把它与现实生活之间的距离拉得太大。

所以，我在提出生活禅的修行理念时，明确把它的修行特色定位为"在生活中修行，在修行中生活"，就是充分地考虑到现代人的这种生活方式和心理倾向。

说实话，生活禅的提出，并没有在大乘佛教和祖师禅的精神之外另加了一个什么新的东西，它只不过是将祖师禅的"将修行与生活一体化"的特色更加凸显出来而已。我的本意是想将佛教的修行理念当作一种全新的积极健康的（也就是向善向上的）生活方式来提倡。我认为，"人间佛教"的最终落实，从根本上来讲，要靠这一点来维系。

我想说明的第三点就是，我提出生活禅的理念，还有一个考虑，就是想以一种更通俗、更简洁、更能深入人心的语言方式，将汉传大乘佛教的修行理念和方法，重新做出适合于我们这个时代潮流的新的阐释，以便佛法更好地融入社会现实，也便于人们更好地理解和接受它。

在关注现代社会思潮方面，有三种渴求需要我们特别关注：

一是对信仰和道德的渴求。大家都知道，我们现在正处在一个信仰和道德极度缺失的时代。重建信仰和道德，是全社会的一种普遍渴求。

二是对社会和谐的渴求。追求人与人之间的和谐、人与自然之间的和谐，是人类社会的一个永恒主题。现时代，在我们中国，这种渴求更为迫切。

三是对个体心灵健康的渴求。每一个人都希望自己生活得有方向感，能够生活在光明当中，远离心理疾病的困扰，活得轻松自在。这也是近十多年来中国大陆信仰佛教的人数越来越多的原因之一。

　　在充分关注上述社会思潮的前提下，从 1993 年开始，我根据大乘佛教的基本理念和修行方法，用一系列简短的口号式的语言，对生活禅的内容做了具体的展开。（见《人间佛教思想文库·净慧卷》）

第二章　生活禅的定位及其经教基础

第一节　什么是禅

生活禅既被称为禅，必定具备禅的基本精神。那么，究竟什么是禅呢？在这里，先来简单地对"禅"做一个定位。

一、禅定的"禅"与禅宗的"禅"

提到什么是禅，人们可能首先想到的是禅定，或者是打坐。实际上，禅定的禅与禅宗的禅，虽然有联系，但毕竟是两个不同的概念。生活禅的"禅"，是禅宗的禅，而非禅定的禅。

禅定的禅，梵文"禅那"，意译作"定""静虑"（专注于一境，正审思虑）、"思惟修""弃恶"（舍欲界五盖等一切诸恶）、"功德丛林"（以禅为因，能生智慧、神通、四无量心等功德），梵汉结合，称为"禅定"，意指令心专注于某一对象，从而进入一种不昏沉、不散乱的定慧等持的寂静清明的状态。

禅的起源，可追溯到古印度《奥义书》时代。由于气候与环境的关系，印度的圣者经常在森林树下静坐冥想，此种静坐冥想即被称为禅那。在公元前五世纪左右，婆罗门教、佛教、耆那教徒皆以静坐冥想为修持方法，而佛教更是把禅视作统一心境、断除烦恼、趣达涅槃的重要实践方法。从这个角度来看，禅定的禅并不是佛教独有的，它是通于世出世间的。只不过，佛教兴起之后，禅定的禅被赋予了更深刻的"我法二空"及"出离生死轮回"的含义而已。

印度早期佛教中，八正道之一的正定，三学中的定学，以及出世间的四禅八定等，均以禅为达到涅槃解脱的主要修持法门。大乘佛教兴起之后，禅的修持逐渐从自利转为利他，禅定的禅亦因此而演变成为大乘佛教菩萨行的六波罗蜜之一。

禅宗的禅则是指，印度佛教传入中国之后，经过几百年与中国本土文化的相互碰撞，终于演变成为一种极具中国特色的不同于教下的特殊修行宗派，即禅宗。它是对印度佛教充分消化的结果。虽然它也包括禅定的思想，但是它的内涵远远超出单纯的禅定意义。它立足于大乘佛教的佛性论思想、般若思想以及法界缘起的思想，强调当下一念的即信即解即行即证，是大乘佛教活的灵魂之所在。

当年，佛陀在菩提树下，夜睹明星而大悟，三叹："奇哉奇哉！一切众生具有如来智慧德相，但以妄想颠倒执著而不证得。若离妄想颠倒执著，则一切智、无师智、自然智当下现前。"（转引自憨山大师《法华经通义》卷三）这一句话可以视作整个佛陀一代时教的大纲和心髓所在。

经过四十九年的传法，佛陀临入涅槃之际，又在灵山会上将此心法密付于迦叶尊者，是为禅宗之初传。

世尊在灵山会上，拈花示众。是时，众皆默然，唯迦叶尊者破颜微笑。世尊曰："吾有正法眼藏，涅槃妙心，实相无相，微妙法门，不立文字，教外别传，付嘱摩诃迦叶。"（《五灯会元》卷一）

禅宗之法脉，由释迦牟尼佛在灵山会上亲付于迦叶尊者之后，经阿难、商那和修等西天二十八代祖师的亲传密付，始由西天第二十八代祖师菩提达磨传来中国，复经中土二祖慧可、三祖僧璨、四祖道信、五祖弘忍，一路单传，至六祖慧能，而后衍生出五宗七家，开始大行于天下。

故禅宗立宗之始，即标榜"教外别传，不立文字，直指人心，见性成佛"。这是禅定的禅所不具备的，也是禅宗的禅与教下的区别所在。

禅宗的禅，它不仅仅是一个宗派，更重要的是，它特指一种建立在圆融不二之见地和信心上的以顿悟见性为特色的修证理念，强调于当下一念之间，即生灭而证不生不灭，即生死而证涅槃，即烦恼而证菩提。即者，当下也，当念也，当机也，无取舍、无对待，直下承当，离心意识之谓。

宗密大师在《禅源诸诠集都序》中，将禅分为外道禅、凡夫禅、小乘禅、大乘禅、最上乘禅（如来清净禅）等五种。按宗密大师的分类，禅宗的禅显然属于最上乘禅。

二、禅的定位 —— 三个视角

区分了禅宗的禅与禅定的禅之后，接下来再从"外在关系"的角度，围绕禅宗的"禅"做三个方面的描述。

（一）从禅与印度佛教的关系来看 —— 禅是中国化的佛教

如前所言，印度大乘佛教传到中国后，经过魏晋南北朝这样一个漫长时间的消化和吸收，同时，又不断地经受中国本土的儒、道文化，尤其是魏晋玄学的激荡，最后终于形成了一种具有中国特色的佛教宗派，即禅宗。作为一个宗派，禅宗有它自己完备的思想和修证体系，以及独立的僧团、道场，与原始的印度佛教形态大不相同。

所以，从这个角度来看禅宗，它首先属于佛教，完整地继承了印度大乘佛教的基本精神，尤其是般若和佛性论的思想。其次，它又是极具中国特色的宗派，为中国汉传佛教所独有。

（二）从禅与其他佛教宗派的关系来看 —— 禅是佛法活的灵魂

印度佛教传入中国后，至隋唐时期，先后形成了八大宗派：天台、华严、唯识、三论、净土、禅宗、律宗、密宗。这样，加上南传上座部的佛教以及后来盛行的藏传佛教，中国佛教可谓宗派林立，琳琅满目。

但是，在这诸多的宗派中，虽然没有高下、优劣之分，但是，因对机之不同，却有向上与向下、方便与究竟、本与迹的差别。禅宗由于是以《金刚》

《圆觉》《维摩》《楞严》《楞伽》等圆顿的大乘了义经典为立宗之本，而这些经典的精神同时也是一切宗派修行之眼目，所以，历代禅宗祖师将禅宗定位为"佛心宗"，正是为了凸显禅宗在整个汉传大乘佛教中的核心地位。换句话来说，不同的宗派，虽然下手处不一样，但是，其最根本的精神和最后的宗趣，与禅宗是一致的。

另一方面，禅宗强调"信到位""见到位"，主张把般若和佛性的观点最直接地落实在当下一念上，不历次第，离心意识，直下承当。这种圆顿的修证思想有别于教下的次第修证。正是在这个意义上，禅宗又被称为"宗门"，与"教下"相对。按禅宗的讲法，教下的次第修证，最后也必定要归于禅宗的圆顿精神上面来。

所以从这个意义上来说，禅是佛法活的灵魂，一切修行方法，尽管使用的语言不一样、方便下手处不一样，但都离不开禅的精神，最后都要回归到禅上面来。

（三）从禅与生命的关系来看 —— 禅是当下直接契入生命自由状态的智慧方法

禅，作为一种精神实践活动，在人类诸多的活动当中，它又处于一种什么样的位置呢？人类的一切活动，从理论上讲，其最初的出发点，无非是想保障人类的身心健康、促进社会的和谐、开发人的创造力、获得心灵的自由而已。而这些，也是禅宗直接关注的对象。

在禅宗看来，心灵的迷惑及其所产生的我法二执，是导致人类身心不能健康成长、社会不能和谐发展、人的创造力不能得到最大发挥的根本原因，而禅的出现就是为了打破这种心灵的迷执。从这个角度来讲，禅是人类当下直接契入生活自由状态的最智慧的方法。人类要想获得究竟的解脱，禅是最终的也是最究竟的选择。

另一方面，人类的其他一切活动，要想顺利地达到人们的预先期望，也需要禅来给它们导航。离开了禅，这些活动将不可避免地误入歧途。禅可以校正人的活动方向。

三、禅的内涵 —— 三个层面

上面所讲的这三个方面，是对禅做出的一种外在描述。接下来，再从禅的内部结构，来考察一下禅所包括的三个方面的内容。

（一）作为一种观照方法

禅首先意味着一种超越二边对立的圆融的观照方法。这种观照方法，与世间的思维方式是完全相反的。

世间人的思维方式就是二元对立。它具有如下几个典型的特征：

1. 以自我为中心 —— 以自我为价值判断的中心，凡是顺乎我意的就是好的，逆我意的就是恶的。

2. 主客体对立 —— 认为主体和客体是互相外在的，不相信外境和客体与人的心灵密不可分。所以，凡是遇到问题，首先是想从外部寻找原因和解决问题的办法，很少主动地反省自己和改变自身。

3. 以征服和占有为目的 —— 二元思维认识的目的就是为了最后征服和占有客体，使之服从于我，为我所用。

4. 认识的结果永远处于对立当中 —— 二元思维的认识结果永远处于非此即彼、非友即敌、非生即死、非善即恶之二边对立当中，取一舍一，不能在更高的层次上圆融二边。

5. 不归之路 —— 因为不断追逐外在的境缘，不断处于取舍和对立当中，所以，很容易迷失最初的出发点，与最初的目标背道而驰，最后完全被外在的境缘所湮没。这种解决问题的思维方式，只会使问题越来越复杂，越来越严重，这是一条没有止境的永远不可能取胜的不归之路。

与世间人的思维方式不同，禅宗的思维方式是平等不二观。所谓不二，就是不分别，不取舍，不破不立，不执着一方也不排斥一方。二就是对立关系，不二就是超越对立关系。超越并不是说善恶不分，而是要在更高的层次上融通它们。另一方面，"不二"并不是说就可以执着于"一"，实际上，连"一"也不能执着，因为"一"和"二"还是对立关系。所以佛经上讲"不二"时，多用"不一不异，不一不二，亦一亦异，亦一亦二"这样看似矛盾的句式，无非是要传达"无住""不执著"这样一个意思。

禅的思维，其显著的特征有二：

1. 禅的观照是平等、无住的 —— 超越了对立，不取不舍。

2. 禅的观照是包容、和谐的 —— 在禅的视野里，一切都互相依存，和谐共处。

如果拿它与世间的二元思维相比较，就会发现两者有如下几个方面的不同：

1. 世间思维是争法，禅的思维则是摄法。

2. 世间思维是加法，禅的思维则是减法。

3. 世间思维是外求于物，禅的思维则是内求于心。

4. 世间思维是背家浪走，禅的思维则是不离家舍。

所谓争法，即用对抗的办法处理问题，思路是想办法将对方打败或制服。它的后遗症是，为了暂时的胜利，不惜将事情复杂化，其结果就是敌对力量越来越强大，斗争越来越激烈，战线越拉越长，时间越拖越久，而且，从根本上解决问题的希望也越来越渺茫。

禅的方法则是摄法，即用摄受同化的方法，通过心的力量，将对立面转化为朋友，为我所用，其特征是大事化小，小事化了。这种解决问题的方法，就是将问题简单化。它没有后遗症，因为它没有树立敌人，所以它是一种制造和平的方法。

（二）作为一种解脱境界

禅不仅仅是一种超越二边的观照方法，同时也是一种超越了一切二边对立、突破了一切烦恼妄想的心灵的绝对解脱。

面对日用境缘，通过提起圆顿的信解，并且把这种圆顿的信解变成当下的坚固正念，然后用这种正念来转一切念头、情绪和境缘为修道之妙用，从而于当下一念体验到心灵的自觉、自主、自足和自在，这就是禅。

自觉，在功夫上表现为，面对一切念头、情绪和境界，能够了了分明，不昏沉、不散乱，知道它们是唯心所现。

自主，在功夫上就是能够觑破一切念头、情绪和境界的虚幻性，能够自我做主，不被它们所转。

自足，在功夫上就是彻底消解了一切建立在二边知见基础上的驰求心、有所得心、将心待悟的心，坚固地安住在"圆同太虚，无欠无余"之正念中，心灵上不依赖于外在境缘的支撑，"不多什么，不少什么，恰恰好"，息想无求。

自在，就是远离逼恼，不被境缘所转，闲闲自在。

此"四自"是构成禅的关键要素。缺失了其中的任何一个环节，都不能称为禅。而且，这四者之间，是相辅相成、互即互入的关系。自觉了才能自主，自主了才能自足，自足了才能自在。

（三）作为一种和谐社会和开发创造力的实践

阻碍社会和谐与创造力发挥的负面力量，主要来自人的我执和法执。而禅的首要目标就是破除人的我法二执。

另外，禅的观照和禅的解脱，落实在现实生活当中，即表现为个体身心的健康、社会关系的和谐，以及人的创造潜能的充分发挥。这是禅的价值功能所在。

从这两个方面来看，禅是一种能够和谐社会、激发人创造能力的不可思议的实践活动。

综上所述，禅是一种观照方法 —— 这是禅的根本精神之所在。禅是一种解脱境界 —— 这是禅修者的自受用。禅是一种和谐社会和开发创造力的实践 —— 这是禅修者的他受用。

第二节　什么是生活禅

在给生活禅定位之前，先来看看净慧老和尚对生活的理解和关于生活禅的开示。

一、什么是生活

关于什么是生活，世俗的书籍一般都是这样来解释的：人类为了自己的生存和发展所进行的一切活动。这种解释显然太空洞无物了，既没有把握生活的本质，也无法给人一种可以正确干预和创造生活的真实可靠的下手处。

对于一个修行人而言，修行的目标就是为了净化自己的生活，永远做生活的主人，从这个目标来看，我们需要一个更好的既能够抓住生活的本质，同时又具有可操作性的对生活这个概念的新的解释。

综观净慧老和尚对生活禅的开示，就会发现，他从生活的因缘相和境界相两个方面，对生活的内涵进行了深刻的揭示，令人耳目一新。

（一）生活的因缘相

什么是生活？综合净慧老和尚的开示，可以这样定义：

生活就是心通过推动身口意三业，依因果规律而感现出来的生命的动态过程。

这个定义，有几个关键点：

1. 心是生活之本体。
2. 心的造作即身口意三业。
3. 身口意三业是生活流转的推动力。
4. 生活是身口意三业的动态过程。
5. 因果是生活运行的内在规律。
6. 生活的千差万别之形态是心在业力的驱使下幻现出来的。
7. 生活的品质和境界相取决于心的迷悟染净和作为心之造作的身口意三业之善恶差别。

依据上述生活之定义，可以得出这样的结论：

生活以每个人本具的妙真如心为体，此心体依迷悟染净之因缘，驱动身口意三业起善恶之造作，而此造作必然依因果规律，相应地感召来人生苦乐之果报，此苦乐之果报往往又通过五蕴世间、人世间和器世间之染净表现出来。这就是生活的因缘相。

净慧老和尚对生活的定义，囊括了生活的体、相、用以及其内在的运行规律，所以，对于修行人而言，通过这个定义，就可以准确地理解修行的本质，当下就可以找到修行的下手处和着力点。

净慧老和尚强调，修行人要安住当下，时刻照顾好当下一念心，"勤修戒定慧，息灭贪嗔痴，净化身口意"。这种理念与他对生活的理解是紧扣在一起的。所以，老和尚对生活所下的这个定义体现了高深的智慧，具有极强的可操作性，对修行人的生活具有重大的指导意义。

（二）生活的境界相

生活是一种因缘的存在。生活的动态过程，就个体而言，是通过身口意三业的流动体现出来；就社会关系而言，又是通过下列三种外在可见的关系体现出来：身心的关系（又称五阴世间）、人与人的关系（又称人世间）、人与自然的关系（又称器世间）。

五阴世间、人世间、器世间乃众生的心在业力的驱使下感现出来的结果，是身口意三业的外化。

由于心有迷悟之分，相应地，身口意三业也有染净善恶之分，故五阴世间、人世间、器世间也有染净、苦乐之不同。它们之间的对应关系，可以表解如次：

心	迷	逆真如"不二"之空性	背觉合尘	八识	贪嗔痴慢疑、不正见	染污之三业	染污的五阴世界、人世间、器世间
	悟	顺真如"不二"之空性	背尘合觉	四智	慈悲喜舍、智、信	清净之三业	清净的五阴世界、人世间、器世间

为了揭示生活的不同境界与心的迷悟之间的必然联系，净慧老和尚依据业的迷染和悟净之差异，将生活的境界相分为四个等次：

1. 物质生活与清净的精神生活

从人生追求的目标来划分，生活有两种类型：一是物质生活，一是清净的精神生活。这里所说的"物质"，是指物欲、欲望，即以贪求财色名食睡、色声香味触等为主要目标。

凡夫注重物质的生活、轻视精神的生活，最后会因为多欲多求而被物欲所蒙蔽、吞噬，陷入非法求取中，智慧和慈悲之心大损，这是一条向下的走向堕落的生死轮回之路。

修行人更注重超越物质生活，追求精神生活的净化，用精神生活来规范、净化、提升物质生活，一切行为皆随顺因果、戒律和菩提心，故智慧和慈悲心会不断增长，这是一条向上的走向清净解脱的涅槃之道。

物质的生活	精神的生活
以五欲为追求的对象	以出世的清净解脱为追求的对象
向外求乐，向外求依处	从心求乐，以己为依处
贪得无厌，非法多求	少欲知足，安贫守道
利己损人，轻视因果道德	自他二利，遵循因果戒律
愚痴无智	慈悲多智
苦、空、无常、无我	常、乐、我、净
向下的堕落之生活	向上的解脱之生活

2. 迷失的生活与觉悟的生活

从生活的本体"心"之迷悟的角度来看，生活又可以划分为迷失的生活与觉悟的生活两种。

"迷失"二字，体现在四个方面：

（1）迷失了本性：不知道自己本自具足如来智慧德相，怀藏宝珠，而一向流浪诸有，不肯回头。

（2）迷失了智慧：不知诸法实相、缘起性空之理，执世间诸法为实有、为常乐我净；

（3）迷失了规范：不知道因果，不遵守道德，远离戒定慧三学，被贪嗔痴慢疑等烦恼所控制；

（4）迷失了目标：没有信仰，不知道有解脱涅槃这回事，沉迷于五欲之乐，醉生梦死，不求解脱。

所以，迷失的生活是指没有信仰、没有智慧、没有定力、没有戒律、没有慈悲的生活。没有信仰之导航，生活必然陷入迷茫的状态；没有智慧之引导，必然陷落邪见之稠林；没有定力之扶持，必然被五欲六尘所牵转；没有戒律之规范，必然非法贪求，增长罪业；没有慈悲之引领，必然落入利己损他之魔道。

与迷失的生活是一种没有信仰、不讲因果、没有良心、不守道德的生活相反，觉悟的生活则是一种信仰、因果、良心、道德的生活。

对迷失和觉悟的理解，我们不能满足于概念上的粗略解释，更应当在当下一念心上、在功夫上去做正确的抉择。

当下一念被自己的烦恼念头和情绪所转，即是迷失的生活；当下一念看破自己的念头和情绪，不被它们所转，即是觉悟的生活。面对六尘境界，一向随它们而去，不知回头、不肯回头，即是迷失的生活；若当下能够提起正念，用一句佛号或话头，把自己的心从向外分别驰求中拉回来，即是觉悟的生活。面对见闻觉知而起心动念，即是迷失的生活；面对见闻觉知而不起心动念，即是觉悟的生活。

下面，再就迷失与觉悟的微细差别相，表解如次：

迷失的生活	觉悟的生活
无智：不知诸法实相、缘起性空之理，昧于我法二执	智慧：知道诸法实相、缘起性空之理，出离我法二执
不守因果，不遵道德，不依三学	遵循因果，尊重道德，依止三学
不知涅槃解脱，无出离心，沉溺生死	知有涅槃解脱，发出离心，勤修圣道
逆真如空不空之本性	顺真如空不空之本性
背觉合尘	背尘合觉
面对见闻觉知而起心动念	面对见闻觉知而不起心动念
随识心而转	依四智而行

3. 染污的生活与净化的生活

由于人生追求的目标有染、净之分，每个人的内心有迷失和觉悟之不同，故相应地，每个人的生活状态必然有染净、苦乐之分，即所谓染污的生活与净化的生活。

染污的生活就是烦恼的生活、痛苦的生活、没有安全感的生活，佛陀将它比喻为"火宅"。在染污的生活中，人的心灵由于被贪嗔痴慢疑等烦恼所控制，信仰、因果、良心、道德、慈悲、喜舍、感恩、忏悔、诚信等光明的东西无法展示出来，所以，不仅人的正报世间（五蕴身心）被染污了，同时人所处的依报世间（社会环境、自然环境）也被污染了。心灵、身体、社会和自然环境都被污染了，都处在一种不和谐的斗争的状态，天灾战乱横行，疾疫饥馑频发，佛教将这种状态称为"五浊恶世"。

净化的生活则是建立在信仰、因果、良心、道德的基础上，人们自觉地依戒定慧三学去修行，去净除自己的贪嗔痴三毒，净化自己的身口意三业，按感恩、包容、分享、结缘的心态去处理人际关系。

净化的生活，对个体而言，就体现在"优化自身素质"上面，这是一种觉悟的人生；对社会而言，就体现在"和谐人际关系"上面，这是一种"奉献的人生"。

染污的生活	净化的生活
迷失信仰、因果、良心、道德的生活	依信仰、因果、良心、道德而生活
被贪嗔痴慢疑等烦恼所控制	不被贪嗔痴慢疑等烦恼所动
迷茫颠倒、没有安全感的痛苦的生活	无有恐怖、远离颠倒梦想的快乐的生活
五阴炽盛，身心不和谐	三业纯和，优化的自身素质
五欲成灾，社会不和谐	安贫守道，和谐的自他关系
阴阳失调，自然不和谐	风调雨顺，美化的自然环境
与一切生死染法相应	与一切生死染法不相应
五浊恶世	人间净土

4. 凡夫的生活与圣者的生活

从生活的果德上看，生活可以分为凡夫的生活和圣者的生活。凡夫的生活就是轮回的生活，烦恼的生活，无明的生活。而圣者的生活则是觉悟的生活，解脱的生活，无尽利他度生的生活。

凡夫的生活	圣者的生活
苦空无常的生死苦果	常乐我净的涅槃断果
无明烦恼惑业	菩提智果
未断分段生死，于生灭中流转	已断分段生死，于生灭而证不生不灭
迷于八识（迷于我法二执）	转八识成四智（破除我法二执）
秽土	净土
迷失的人生，索取的人生	觉悟的人生，奉献的人生

以上，净慧老和尚从作为生活本体之心的迷悟不等、人生所追求的目标之高下不同、生活相状的染净差异，以及生活之果德的凡圣差别等四个方面，对"生活"二字的含义做了别开生面的解释。这些开示，对修习生活禅的人而言，具有很强的针对性和可操作性。接下来净慧老和尚对生活禅的解释，就是紧扣着"生活"二字。

二、什么是生活禅

为了说清楚什么是生活禅，净慧老和尚提出了"生活禅"和"禅生活"两个概念。生活禅是一种以禅为核心的生活理念、生活态度、生活方式和生活境界。禅生活则是按照这种禅的生活理念、生活态度和生活方式去生活，所呈现出来的一种结果和外在的表现形式。

（一）生活禅

净慧老和尚对生活禅的定义是：

所谓生活禅，即将禅的精神、禅的智慧普遍地融入生活，在生活中实现禅的超越，体现禅的意境、禅的精神、禅的风采。提倡生活禅的目的在于将佛教文化与中国文化相互熔铸以后产生的具有中国文化特色的禅宗精神，还其灵动活泼的天机，在人间的现实生活中，运用禅的方法，解除现代人生活中存在的各种困惑、烦恼和心理障碍，使我们的精神生活更充实，物质生活更高雅，道德生活更圆满，感情生活更纯洁，人际关系更和谐，社会生活更祥和，从而使

我们趋向智慧的人生，圆满的人生。（《生活禅开题》，见《人间佛教思想文库·净慧卷》）

生活禅是一种立足于祖师禅，将解脱道、菩萨道融为一体，并试图将修行和解脱落实于当下一念的修行理念。它以发菩提心为根本，以"觉悟人生，奉献人生""善用其心，善待一切"为宗旨，以宗门的圆顿信解为指导，以"安住当下、将修行与生活融为一体、将佛法生活化人格化"为修行特色，以优化自身素质、和谐自他关系、创建自在人生和实现人间净土为直接目标。

生活禅的落脚点在"禅"字上，它强调的是一种圆融不二的智慧，一种超越二边的精神，一种自在无碍的境界。作为一种修行理念，它强调的是，在日常生活中，借助圆融不二之般若观照，当下完成对生死与涅槃、烦恼与菩提、生灭与不生不灭、即世与出世等二边的超越，实现对来自内心的种种虚妄束缚和障碍的突破，以及对生命本具的无限创造潜能的开发，其最后要达到的目标就是修行与生活的统一、佛法与人格的统一、成佛与做人的统一、自利与利他的统一。

为了帮助人们理解生活禅，净慧老和尚曾多次试图从经论的角度，来对生活禅这个概念进行解释：

1. 他曾经引用《大乘起信论》中的"心真如门"和"心生灭门"的不一不异，来解释生活禅，他说："心生灭门就是生活，心真如门就是禅。心生灭门与心真如门不一不异，就是生活禅。"

2. 他曾经引用黄檗禅师的"面对见闻觉知而不起心动念"这句话，从功夫上来说明生活禅："见闻觉知就是生活，不起心动念就是禅，面对见闻觉知而不起心动念就是生活禅。"

3. 他曾经受吴立民先生的启发，将生活禅与《楞伽经》中的"五法"做了一种别开生面的对接。在《生活禅提出的初衷及四个根本理念》一文中，净慧老和尚讲：

上面讲的就是生活禅理念提出的前因，为什么要提出生活禅。那么生活禅有什么根据呢？生活禅要讲起来可以有很多方法，因为禅可以随便跟佛法任何一个理念联系起来讲。吴立民先生今年在我们那里讲了一个月的《楞伽经》。《楞伽经》的纲要就是"五法三自性、八识二无我"，他最后讲五法的时候，讲了一个题目是"五法与生活禅"。我觉得他讲得非常好，因此受到他的启发。我今天就在他讲法的基础上加以发挥。为什么这么讲呢？因为我们在座的，学习教义的人比较多，上海这个地方，法师们、居士们都有很高的层次，离开教义来讲那就成了我杜撰的一样，根据教义来讲，似乎能够把握它。

五法是《楞伽经》的核心内容之一，而《楞伽经》又是达磨大师印心的根本经典。这部经典以"五法三自性、八识二无我、空不空如来藏"为其总纲，而五法又是总纲的纲，所以根据五法的次第来讲生活禅，我想是极其恰当的。因为四卷《楞伽经》是达磨传法的时候用以印心的一部经典，我在选编《禅宗七经》的时候，《楞伽经》是其中第一部经典。

五法是什么呢？就是"相、名、分别、正智、如如"。前三者就是我们迷界的生活，后二者就是我们悟界的生活。"相、名、分别"是生活，"正智、如如"是禅。也可以说，这五法不是一个一个地这么排列的，而是重叠的，五法是一件事，不是五件事。一个事物有相就必然有名，有名我们就要去认识它。认识一件事物，在开始的时候是我们的妄想分别在认识，是有漏的。如果我们在这个有漏法上面以无漏智慧去认识，那就是正智。以无漏智慧认识的结果就符合于真如的实相，那就是"如如"。所以在任何一件事上面都可以运用五法来分析。

"相"就是我们认识的对象，就是客观的一切诸法，是"名"之所在。名就是相的名称，这个茶杯，我们不说它是个茶杯，先说它是一个相，然后再说它是个茶杯，那就是"名"。我们根据这个名和相再去了解这个事物，这就是分别。分别实际就是认识，这个认识有时候又叫妄想。因为它不是直接认识事物缘起法的本身，而是在执著指导下的认识，所以说它是妄想分别，它不符合事物缘起无自性的实相。我们直接能够了解到事物的本质和实相，知道这个茶杯是一切条件的组合，我们把条件一个一个地分开以后，茶杯到哪里去了呢？茶杯无自性，但是它又是因缘组合。这样我们就能够认识到事物的本质。能够这样认识的，就是正智。这样认识所得到的结果就是"如如"，如如者真如，真如者真理，真理者实相。

"相、名、分别"是生活，同时也是禅；"正智、如如"是禅，同时也是生活。如果把这两者截然分开的话，那生活禅还是不究竟，生活禅就是要说明，生活就是禅，禅就是生活，因为我们世间的一切万事万物无不可以包含在生活当中，也无不可以包含在禅当中，所以生活即禅，禅即生活。五法为什么能够便于说明禅呢？它有世间与出世间、有染和净两个方面，说起来比较有层次，生活禅可以用五法这样的次第来说明。（见《人间佛教思想文库·净慧卷》）

在这里，特别值得注意的是，净慧老和尚指出，"相、名、分别、正智、如如"，并不是并列的五个东西，而是同一个东西的五个方面。面对任何一个事物，当我们处在"相、名、分别"之阶段，并执它们为实有的时候，我们就是凡夫；当我们进入"正智、如如"之阶段，知道"相、名、分别"是性空不实的时候，我们就是觉者。从这个角度来看，"相、名、分别"是生活，"正智、如如"是禅。另外一方面，"正智、如如"并非"相、名、分别"之外的别有，当下一念看透了"相、名、分别"的虚妄性、不被"相、名、分别"所迷惑，当下就是"正智、如如"。从这个角度来讲，"相、名、分别"是生活，同时也是禅；"正智、如如"是禅，同时也是生活。禅与生活这两者是永远无法分开的。

从净慧老和尚的这些解释中，可以看出，生活禅的本质就是要即妄而证真，非离妄而证真，也就是要即生灭而证不生不灭，而非在生灭之外别觅不生不灭。生灭是生活，不生不灭是禅，即生灭而证不生不灭，就是生活禅。见闻觉知属生灭门，不起心动念属真如门，面对见闻觉知不起心动念，就是生活禅。随缘是生活，不变是禅，不变随缘、随缘不变，就是生活禅。出离生死与生死轮回并不是相互外在的两种并存的境界，而是即生死而出生死；于生灭境界中，当下看破该境界的唯心虚妄之本质，并且不被该境界所转，当下即是出离生死。从功夫上来讲，在生活中，若能当下一念体会到"自觉、自主、自足、自在"，生活当下就是禅，非在生活之外别有禅，亦非在禅之外别有生活。

以上是从圆顿的角度，对生活禅的本质所做之说明。实际上，如果从事修（功夫）的角度来看，因为就普通人而言，修行的见地并不是一下子就能到位的，发心也不是一下子就能圆满的，累劫以来的烦恼习气也不是一下子就能清除的，止观的功夫也不是一下子就能落到实处的，所以，"生活"与"禅"也并不是一下子就能够同步、统一的。客观上讲，从世俗的生活进入禅者的生活，也就是说，从"生活"进入"禅"，这里面还是有一个修学的次第问题。从这个角度来讲，生活禅同时也包含着"从生活进入禅"这一层意义：先依人天乘正法，做好世俗的"人"，尽职尽责，过好世俗的生活；次依声闻缘觉乘，发出离心，超越五欲六尘，完成自解脱；次依菩萨乘，回小向大，回自向他，发大悲心，入廛垂手，行四摄六度而化众，成就他解脱；次依一佛乘，即世而出世，即生死而证涅槃，超越二边，凡圣情绝，住无住处，归无所得，此即是果地上的最上乘禅——真正圆满的生活禅。

（二）禅生活

由于生活禅是一种无形无相的超越二边的智慧境界，它的妙用只能通过生活来体现出来。离开了生活，离开了生活中的自受用和他受用，生活禅就成了某种玄妙神秘不可理解的东西。所以，从这个角度来说，生活禅是体，禅生活是用，二者之间是体用的关系。

换言之，生活禅是方法、是手段，禅生活是目标、是结果。生活禅的妙用只有通过禅生活体现出来，才能够被人们广泛地理解和信受。用生活禅的智慧和方法来引导生活、净化生活、提升生活，这样的生活就是禅生活。

为了说明禅生活与普通凡夫生活的不同，净慧老和尚又从四个方面，对"禅生活"进行了描述：

1. 禅生活的品质 —— 由物质的生活趋向精神的生活，由迷失的生活趋向觉悟的生活，由染污的生活趋向净化的生活，由凡夫的生活趋向圣者的生活。

这四点，是划分禅生活与普通生活的根本标准。

2. 禅生活的要素 —— 纯正的信仰的生活，理性的因果的生活，现实的道德的生活，自觉的良心的生活。

这四点是构成禅生活的四大原则。生活中如果迷失或违背了这四大原则，就不是禅的生活。

当然，此处的道德，不仅包括世间道德，同时更加强调五戒十善。良心也超越了世间的含义，乃特指大悲心和菩提心的统一。

3. 禅生活的内涵 —— 向善、向上，感恩、回报。

向善，代表了生活的道德方向；向上，代表了生活的积极进取。既向善又向上，这才是菩萨的行为。所以佛教不是消极避世的。

感恩，代表了对生活中人与人之间相互依赖、相互成就这一真相的情感认同和感戴；回报，代表了生活的责任和义务。

"向善、向上，感恩、回报"这八个字，从行为模式上，标示了禅生活的特征，属于禅生活的"他受用"境界。

4. 禅生活的觉受 —— 专注、清明、绵密、轻安。

"专注、清明、绵密、轻安"，这八个字描述了禅生活的觉受。永嘉大师所言"行亦禅，坐亦禅，语默动静体安然"，所描述的正是禅生活的"自受用"境界。

净慧老和尚对"禅生活"所做的这四个方面的展开，可以让我们对生活禅的妙用有一个更直观、更贴近生活的理解。这些展开，对于矫正现代人的生活方式和促进现代社会的和谐稳定，无疑具有重大的现实指导意义。

三、生活禅的特色及圆顿精神

揭示了生活禅和禅生活的含义之后，净慧老和尚又进一步对生活禅的特色进行了概括，有四个要点：

1. 功能性 —— 生活禅理念可以作为人们日常生活"做人做事"的指针；

2. 升华性 —— 生活禅理念可以帮助人们提升生活的智慧和生活的品位；

3. 日常性 —— 生活禅理念强调修行与生活的统一，在生活中修行，在修行中生活；

4. 连续性 —— 生活禅是融通佛教诸宗派、一切法门，以及佛法与现实生活之间的桥梁。

综合净慧老和尚对生活禅的开示，生活禅的特征可以概括为如下几个方面。

（一）圆顿性

圆者，超越二边，包容一切。顿者，触目是道，直下承当。生活禅因为立足于大乘佛教的不二法门，强调"于当下证解脱，于生死中证涅槃，于烦恼中证菩提，于生灭中证不生不灭"，以及"修在当下，悟在当下，证在当下，庄严国土在当下，利乐有情在当下"，所以它具有鲜明的圆顿性。

生活禅的圆顿精神在净慧老和尚的《会心当下即是 —— 生活禅的不二法门》及《关于禅与生活禅》两篇讲稿中，得到了充分的展示。

在《会心当下即是 —— 生活禅的不二法门》一文中，净慧老和尚讲到了六个观点：

1. 在迷失中求开悟；

2. 在染污中求清净；

3. 在烦恼中求菩提；

4. 在生死中求涅槃；

5. 在此岸中求彼岸；

6. 在众生中求佛。（见《人间佛教思想文库·净慧卷》）

这六个观点体现了生活禅"圆"的精神（超越二边）。

在《关于禅与生活禅》一文中，净慧老和尚也提出了六个观点：

1. 佛国天堂距离我们很近（佛国净土就在我们的心中）；

2. 心的能量无比（心为万法之本，转心即能转物）；

3. 修行很简单（在生活中修行，在修行中生活。安住当下，保持专注、清明、绵密）；

4. 开悟很容易（无念的现量境界，虚空明镜的当下直观）；

5. 解脱在当下（解脱的根本在当下一念之透脱）；

6. 处处是道场（道遍一切时处，须臾不曾离，生活即是道场，红尘即是道场，念头即道场，大众即道场）。（见《人间佛教思想文库·净慧卷》）

这六个观点，体现了生活禅"顿"的精神（不历阶次，直下承当，当下即是）。

（二）开放性

如前所言，生活禅是一种圆顿的修行理念，而不是某种具体的修行法门，不能把它同"话头禅""默照禅""念佛禅"，乃至南传佛教的"四念处"和藏传佛教的"持明观想"等用功方法画等号。生活禅既然称为"禅"，当然离不开禅宗。它虽然以禅宗为核心，但它的修证方法又不限于禅宗。它立足于禅宗的圆顿见地，将解脱道和菩萨道统摄于一身，涵盖了一切修行法门。所以，生活禅这个概念的外延要远远超过传统意义上的"禅宗"。它强调权实不二（方便与究竟不二），包容一切法门，具有开放性。净慧老和尚讲生活禅具有"连接性"——连接整个佛法，连接整个生活，指的就是这种开放性。

（三）现实性

生活禅始终以人乘正法为基础，以解决现实的人生困惑、烦恼和心理障碍为切入点，以优化自身素质、和谐自他关系为当下之关切。强调做人是成佛的基础，强调修行不离生活，解脱不离当下，净土不离现实。净慧老和尚讲生活禅具有"日常性"，指的就是这种将修行与日常生活融为一体的现实性。

（四）实效性

生活禅强调修行要从观照当下一念开始，于当下一念去体验"自觉、自主、自足、自在"，强调当下一念之放松、放下、无所求、无所得和闲闲自在，强调要在当下一念去践行菩萨道，落实自他二受用，所谓"修在当下，悟在当下，受用在当下，解脱在当下，利乐有情在当下"。从这一点可以看出，生活禅非常强调当下之实效，而不是一种遥不可及的空洞理论。

一般人都容易把解脱、往生、度生的愿望寄托在遥远的未来和来世，而生活禅则恰恰相反，它主张把解脱、往生、成佛与度生，拉回到当下的现实生活中来，强调"途中即家舍"，强调"因解脱与果解脱于当下一念之圆成"，所谓"行亦禅，坐亦禅，语默动静体安然"。

（五）简易性

由于生活禅以宗门的圆顿信解为指导，以"安住当下、观照当下一念"

为基本用功原则，可以在日常生活中，随时随地去做功夫，便于操作，不需要复杂的仪轨和观想。这一点非常适合现代人的生活方式。

生活禅的简易性讲的是，生活禅之实践，具有生活化、平常化的特征，非常简单、平实、易行，没有任何高深和神秘的色彩。

生活禅的开放性、现实性、实效性以及简易性，都源自生活禅是建立在宗门的圆顿信解之上。这几点构成了生活禅的基本特征，也是生活禅之所以称为禅的重要标志。

第三节　生活禅的定位

通过上述分析可以确知，生活禅不是某种具体的修行法门，而是一种修行理念，一种在生活中落实佛法的理念，一种将佛法修行变成日常生活方式的理念。也许只有"在生活中修行，在修行中生活"这句话，最能够揭示生活禅的真实含义。

不过，这个定义，对于那些对佛法的核心精神不十分了解的人来说，仍然显得很笼统，不容易把握。所以，在这里有必要再结合上一章"生活禅提出的历史背景"以及本章前面所讲的内容，从六个方面对生活禅做一个全方面的定位。

一、从历史演化的角度来看，生活禅是从宗门圆顿的见地和信心的角度对"人间佛教"思想的继承、深化、完善和落实。

二、从汉传佛教的角度来看，生活禅是以禅宗为核心的禅教律净之间的相互融通。

三、从整个佛法的角度来看，生活禅是以祖师禅为核心的解脱道、菩萨道和祖师道的完美结合。

佛法之修证，依当下之目标、用功理路的不同，大致可以分为三大类：

一者首重出离心之发起，以了生脱死、出离轮回为第一要务，最后回小向大，勤修六度，谓之解脱道，二乘修学即属此类。

　　二者首重慈悲心之发起，以勤修六度、拔苦与乐、救度众生为第一要务，待至三祇果满，圆证三身，谓之菩萨道，大乘菩萨道即属此类。

　　三者首重实相智之发起，以明心见性、顿证法身、成就中道观智为第一要务，然后入廛垂手，圆修六度，谓之祖师道，向上一路的最上乘禅宗即属此类。

　　解脱道、菩萨道、祖师道共同构成了完整的佛法修证体系，它们之间谁也离不开谁。离开了解脱道的出离生死轮回这一根本目标，不能算是佛教；离开了菩萨道的慈悲济世，不能算是佛教；离开了祖师道的自性般若和见性成佛，同样不能说它是佛教。

　　解脱道、菩萨道、祖师道，此三道，只是下手处和修证理路暂时不同而已，实无高下、优劣之分，最后都必须融法身、般若、解脱之三德秘藏为一体，统悲、智二门为一心，满菩提愿，归于一佛乘。诸修学人，可依各自的根性、机缘之不同，选择其中一门而入，以一门为主，他门为伴，主伴相随，互即互入。

　　从解脱道、菩萨道和祖师道相互圆融的角度来看，生活禅立足于祖师道，以祖师道的圆顿见地和信心为眼目，以解脱道成就自受用，以菩萨道成就他受用，将解脱道、菩萨道、祖师道融为一体。

　　祖师道以明心见性、彻证法身为根本；菩萨道以慈悲利他、和谐社会为根本；解脱道以出离轮回、证涅槃解脱为根本。这三个方面，是生活禅必备的要件，缺一不可。

　　从生活禅的角度来看，当解脱道统摄于祖师道圆顿的见地和信心之下的时候，解脱道的解脱观，就不仅止于一期生命结束之后的自在解脱，更重要的是当下一念的自在解脱，一期生命的解脱是以当下一念的解脱功夫为基础的。从这个角度来看，祖师道是解脱道的因地真心，解脱道是祖师道的果地德相。

　　同样地，菩萨道的慈悲利他，当它被置于祖师道的"无念、无相、无住"精神的引领之下，离四相而行一切善法的"金刚般若"精神才能够得到圆满的体现。从这个角度来看，祖师道是菩萨道之体，菩萨道是祖师道之用。

　　生活禅以祖师道的圆顿见地和信心为眼目和核心，以菩萨的发心为基础，以解脱为目标，以明心见性、顿证法身为当下要务，以菩萨行为悟前加行和悟后起用，以自他解脱为终极目标，融禅净律教等于一体，所以它虽然不是一个具体的修行法门，但是它可以在圆顿的见地和信心的引领下，含摄一切修行法门。

净慧老和尚曾经将生活禅的法门纲宗归纳为十六个字，即："发菩提心，树般若见，修息道观，入生活禅。"发菩提心，就是上求佛道，下化众生。上求佛道，即觉悟人生，这是向上一路的祖师禅的核心；下化众生，即奉献人生，这是向下一路的菩萨道之根本。觉悟人生是自解脱的根本，奉献人生是他解脱的根本，所以，生活禅的纲宗同时也包括了解脱道的精神。因此，可以这样说，生活禅实际上就是祖师禅和菩萨道、解脱道的完美结合，而这正是中国大乘佛教的灵魂所在，真精神所在。

四、从修行特色的角度来看，生活禅是在宗门圆顿见地和信心的统摄下，以菩提心和般若见来融一切法门于自身，摄三乘于一乘，会权归实，将修行与生活融为一体，将解脱和度生圆成于当下一念的修证理念。

五、从解脱观的角度来看，生活禅继承了祖师禅"因赅果海，果彻因源"的传统，强调因地现前一念上的透脱，认为现前的"念念无住"才是解脱的根本，而果地上的解脱不过是现前解脱的必然结果和表现而已。这就是宗门中所说的"途中即家舍，家舍即途中"，"既不在途中，又不在家舍"。

六、从佛教社会功能的角度来看，生活禅就是立足于宗门的圆顿信解和大乘菩萨道的精神，当下实现生命的净化和超越，优化自身素质，和谐自他关系，实现人间净土。

总之，生活禅理念的核心和灵魂，说白了，就是宗门的圆顿见地和信心，生活禅的诸多观念都是从这里面引申出来的。不过，我们在强调生活禅与祖师禅都以"实智"为核心、以圆顿的信解为基础这一共同点的同时，也应当注意到它们的差别。因为，如果认为生活禅就是祖师禅，那又有什么必要别立名目呢？如果说生活禅不是祖师禅，又何必冠以"禅"字呢？

生活禅与祖师禅的差别，主要体现在：

在两者都坚持权实不二的前提下，祖师禅偏重于会权归实，由方便归于究竟，重在契理，重在"千圣不传"的向上一路，故在用功方法上，以离心意识为特色,以上根利器为正机;生活禅则偏重于开权显实,由究竟而开方便,重在接机,重在"和泥合水"的向下行化,故在用功方法上,更具开放性、圆融性和普适性,具有三根普被的特色。

第四节　生活禅的经教基础

生活禅修行理念是建立在对整个大小乘教法深刻理解的基础上而提出来的一套比较成熟的教法。它自始至终贯穿着三宝、因果、般若、解脱四大要素,这四大要素也是佛教信仰体系的根本所在。

概括地讲,生活禅的理论基础就是以菩提心为核心,以做好人、过好世俗生活为重心的人乘正法为基础,以四摄六度之大乘菩萨行为正行,以缘起性空、圆融不二之般若观为眼目,以明心见性为入道根本,以息道观、无门关、念佛禅为下手方便,以自觉觉他、自度度他、庄严国土为究竟。这一理论基础,涵盖了世出世法、个人与社会、大乘与小乘、宗门与教下、祖师禅与菩萨道等方方面面的内容,其大无外,其小无内,体现了大乘佛教圆融不二的般若智慧。

具体说来,生活禅的理论来源,主要有四大块:

一、大小乘经典中的人天乘思想

人乘正法,是佛陀在原始佛教和大乘佛教典籍中,如《阿含》部中的《善生经》《玉耶女经》,以及《优婆塞戒经》《佛说孛经》《十善业道经》等,为广大在家信众一再宣讲的,关于如何过好物质生活、伦理生活,如何做人,如何处理人际关系等世俗生活方面的教法,内容以因果报应、五戒十善等为主。人乘正法是佛法的基础,也是佛教与现实人生发生互动关系的纽带。作为在家信众而言,佛教的修行当从人乘正法开始,其修行的结果和受用最终也要通过人乘正法体现出来。另一方面,人乘正法,当它与菩提心结合在一起的时候,它不仅是世间善法,同时也是出世间的菩萨道,在这里，世法与出世法、个体与社会、自了与利他、做人与成佛，达到了高度的统一。生活禅主张修行首先要从做人开始，正是对人乘正法的强调。

二、大乘经典中的菩萨道思想

菩萨道包括两个方面：一是菩提心，二是菩萨行。菩提心就是上求佛道、下化众生的无尽悲愿之心，它是大乘佛教的根本。菩萨行就是在菩提心的统摄之下，以四摄、六度为主要内容的大乘菩萨之行持，强调"即世而出世，入世而济世，即人而成佛"。

大乘菩萨道思想是生活禅的核心所在。净慧老和尚提倡以"觉悟人生、奉献人生"为宗旨的生活禅，实际上就是悲智双运。觉悟人生就是智，奉献人生就是悲，这两句话把大乘佛教的菩萨道精神揭示出来了。

三、大乘佛教的佛性论与圆融不二的般若思想

除了菩提心、菩萨行之外，大乘不同于小乘的另一个特点，就是建立在缘起观和法界观基础上的圆融不二的般若思想，以及一切众生皆有佛性、皆能成佛的佛性论思想，这是整个大乘佛教的精华所在、眼目所在，也是佛法与外道的不共之处。在这里，心与境、自与他、能与所、内与外、生与佛、入世与出世、生死与涅槃、烦恼与菩提、红尘与道场等二边观念，统统被扬弃了，消归于自性般若之中。

生活禅主张"红尘即道场""烦恼即菩提""即世而出世""在生活中修行，在修行中生活"等观念，正是以大乘佛教这种圆融不二的般若思想为理论基础的。

四、禅宗的触目是道、直下承当、顿悟成佛思想

除了大小乘经论之外，禅宗历代祖师的语录开示也是生活禅的直接来源之一。禅宗是中国化的佛教，它的圆顿成佛思想是对大乘佛教的佛性论思想与圆融不二的般若思想在当下一念心性上的最直接、最灵活、最有效

的落实和运用。

从祖师禅圆顿见地的角度来看，我们日常生活中的起心动念、举手投足、待人接物，乃至外在的山河大地等等，这一切无不是自性的妙用，无一处不是自性在放光动地，只要我们当下信得及、承担得及，息灭分别好恶之心，当下归于无心而照、照而无心的状态，那么当下即是解脱，一切现成，更不必转弯抹角。

生活禅强调"将修行落实于当下"，"修在当下，悟在当下，证在当下，庄严国土在当下，利乐有情在当下"，正是对祖师禅这一顿悟成佛思想的继承。

从上述生活禅的理论来源中，可以看出，净慧老和尚从一开始就并没有想到要把生活禅打造成一个具体的用功法门，而是为了解决前面所提到的落实"人间佛教"所面临的三个主要问题。他在《八十自赞》中提到"生活禅风立，修行不择根"，这两句诗很清楚地表示，生活禅作为一种修行理念，必须具有普适性，任何人都可以修，因此，可见它不是某种具体的用功方法。如果是那样，则很难做到具有普适性了。

第三章　生活禅的理论构架与宗旨

本书第一章"生活禅提出的历史背景"曾经提到，净慧老和尚的生活禅理念，其卓越之处就在于，它立足于禅宗的圆顿信解，紧扣大乘佛教"悲智双运""一心二门""权实不二"这三大理论支柱，将成佛与做人、出世与入世、生活与修行、宗门与教下、契理与契机、当下解脱与究竟解脱、自利与利他等二元对待的关系融为一体，成功地在佛教与现实生活之间架起了一座坚固的桥梁，为太虚大师的"人间佛教"理论之完善，做出了重要的贡献。

"悲智双运"的菩提心思想、"一心二门"的般若思想、"权实不二"的教化思想，不仅是大乘佛教的三大基本要义，也是净慧老和尚提出生活禅理念的主要理论依据。生活禅的基本宗旨、修行特色以及它的普适性和开放性，都是从这三大要义中引生出来的，同时也是对这三大要义所做出的创造性的、生活化的阐释。

下面，拟围绕这三大理论基础，简要地介绍一下生活禅的基本理念、用功特色以及它的圆融性、普适性和开放性。

第一节 "悲智双运"与"觉悟人生，奉献人生"

一、菩提心——上求佛道、下化众生的广大悲愿之心

菩提心是大乘佛教的根本。所谓菩提心，就是上求佛道、下化众生的广大悲愿之心。上求佛道，主大智，成就自受用；下化众生，主大悲，成就他受用。大智和大悲构成了大乘佛教菩提心的双轮，故又称"悲智双运"。

菩提心以大悲心为体。它是成佛的根本，也是大乘佛教的基本精神。在大乘佛教的根本教典《华严经》中，关于菩提心的开示，随处可见。

如《华严经·普贤菩萨行愿品》云：

善男子！言恒顺众生者：谓尽法界、虚空界十方刹海，所有众生，种种差别……我皆于彼随顺而转，种种承事，种种供养，如敬父母，如奉师长，及阿罗汉乃至如来，等无有异。于诸病苦为作良医，于失道者示其正路，于暗夜中为作光明，于贫穷者令得伏藏，菩萨如是平等饶益一切众生。何以故？菩萨若能随顺众生，则为随顺供养诸佛；若于众生尊重承事，则为尊重承事如来；若令众生生欢喜者，则令一切如来欢喜。何以故？诸佛如来以大悲心而为体故。因于众生而起大悲，因于大悲生菩提心，因菩提心成等正觉。譬如旷野沙碛之中有大树王，若根得水，枝叶、华果悉皆繁茂。生死旷野菩提树王亦复如是：一切众生而为树根，诸佛菩萨而为华果，以大悲水饶益众生，则能成就诸佛菩萨智慧华果。何以故？若诸菩萨以大悲水饶益众生，则能成就阿耨多罗三藐三菩提故。是故菩提属于众生，若无众生，一切菩萨终不能成无上正觉。善男子！汝于此义应如是解。以于众生心平等故，则能成就圆满大悲，以大悲心随众生故，则能成就供养如来。菩萨如是随顺众生，虚空界尽、众生界尽、众生业尽、众生烦恼尽，我此随顺无有穷尽，念念相续，无有间断，身、语、意业无有疲厌。

这段经文明确指出，"诸佛如来以大悲心而为体"，大悲心被视为成佛的根本。修行人没有大悲心，不能成就无上正等正觉。

《华严经·入法界品》云：

> 发菩提心者，所谓：发大悲心，普救一切众生故；发大慈心，等佑一切世间故；发安乐心，令一切众生灭诸苦故；发饶益心，令一切众生离恶法故；发哀愍心，有怖畏者咸守护故；发无碍心，舍离一切诸障碍故；发广大心，一切法界咸遍满故；发无边心，等虚空界无不往故；发宽博心，悉见一切诸如来故；发清净心，于三世法智无违故；发智慧心，普入一切智慧海故。

这段经文揭示了菩提心的十种含义，不外乎利他的广大悲愿心和无相无住的智慧心。

《华严经·离世间品》云：

> 佛子！菩萨摩诃萨有十种发菩提心因缘。何等为十？所谓：为教化调伏一切众生故，发菩提心；为除灭一切众生苦聚故，发菩提心；为与一切众生具足安乐故，发菩提心；为断一切众生愚痴故，发菩提心；为与一切众生佛智故，发菩提心；为恭敬供养一切诸佛故，发菩提心；为随如来教，令佛欢喜故，发菩提心；为见一切佛色身相好故，发菩提心；为入一切佛广大智慧故，发菩提心；为显现诸佛力无所畏故，发菩提心。是为十。

这段经文谈到发菩提心的十种因缘，前五种因缘，强调下化众生；后五种因缘，强调上求佛道。

从上述引文中，可以看出，菩提心包括三个方面的内容：

1. 出离心 —— 愿断烦恼，愿脱轮回。
2. 大悲心 —— 愿化世间，愿度众生。
3. 般若见 —— 破我法二执，无念无相无住。

出离心是解脱之因；大悲心是利他之因；般若见是觉悟之因。此三者互相依存，互相成就，不可分割。

大悲心来自破我法二执，证万法一体，而要实现这一点，没有般若见是不可能达到的。出离心来自对世间苦空无常的透视以及对五蕴皆空的觉悟，而要实现这种觉悟，亦离不开般若见的指导。

般若见是对诸法实相的觉悟，其结果必然会引生出离心和大悲心的成就；不能引生出离心和大悲心的智慧，不可能是究竟的、清净的智慧。

同样地，没有出离心和般若见，大悲心亦无从生起；没有大悲心，其出离心和智慧心亦难以成就，因为大悲心恰恰是对我法二执的破除，能长养出离心和智慧心。

所以说，出离、慈悲和智慧本来就是一体的。圣严法师指出：

慈悲和智慧的意义相同，表达方式却不同。真有智慧的人一定会真有慈悲。慈悲的表现是在广度众生，而在他心中没有自己也没有众生，便是实证空性的无我智慧。唯有无我无著的智慧，才会表现出真正的慈悲。（圣严法师《禅与悟》）

二、菩提心的重要性 —— 诸善之本，大乘之基，成佛之因

在大乘佛教中，菩提心是被视作"诸善之本，大乘之基，成佛之因"而被反复强调。一切善法、清净法和解脱法，皆因菩提心而得成就。如《宗镜录》云：

如《华严经》颂云：欲见十方一切佛，欲施无尽功德藏，欲灭众生诸苦恼，宜应速发菩提心。昔人云：菩提心，即万行之本。即此发心，便名为行。（《宗镜录》卷三十）

《华严经·离世间品》云：

忘失菩提心修诸善根，是为魔业。

《华严经·入法界品》云：

善男子！菩提心者，犹如种子，能生一切诸佛法故；菩提心者，犹如良田，能长众生白净法故；菩提心者，犹如大地，能持一切诸世间故；菩提心者，犹如净水，能洗一切烦恼垢故……菩提心者，犹如明灯，能放种种法光明故……菩提心者，犹如舍宅，安隐（稳）一切诸众生故；菩提心者，则为所归，利益一切诸世间故；菩提心者，则为所依，诸菩萨行所依处故；菩提心者，犹如慈父，训导一切诸菩萨故；菩提心者，犹如慈母，生长一切诸菩萨故……菩提心者，犹如利矛，能穿一切烦恼甲故；菩提心者，犹如坚甲，能护一切如理心故……菩提心者，犹如命根，任持菩萨大悲身故……菩提心者，如除毒药，悉能消歇贪爱毒故；菩提心者，如善持咒，能除一切颠倒毒故……因菩提心出生一切诸菩萨行，三世如来从菩提心而出生故……

最后所引这一段经文，比较详尽地介绍了发菩提心的种种利益：菩提心能生一切诸佛法，能生一切清净善法，能除一切烦恼颠倒，能安稳一切众生，能利益一切世间，为诸菩萨行之所依处，为无上菩提果德的因地真心。大乘佛教区别于小乘佛教的最主要标志就是菩提心。

三、菩提心与"觉悟人生，奉献人生"

基于大乘经论对菩提心的高度称扬，净慧老和尚在他的《生活禅钥》等著作中，也反复强调菩提心的重要性，他说：

佛教的一切，特别是大乘法门的一切，都以菩提心作为开端和根本。离开了菩提心，修一切的法门不是堕入二乘，就是堕入外道邪见。（《生活禅提出的初衷及四个根本等理念》，见《人间佛教思想文库·净慧卷》）

菩提心不仅是大乘佛教的核心，也是生活禅的核心。净慧老和尚提出的"觉悟人生，奉献人生""善用其心，善待一切"等有关生活禅宗旨的口号，正是对菩提心的生活化解读和活用。

净慧老和尚在《关于生活禅理念提出二十周年的一点感想》一文中写道：

在重新阐释佛法的基本理念上,我把生活禅的宗旨总结为八个字,即"觉悟人生,奉献人生"。这八个字概括了大乘佛教的基本精神。

我们都知道,佛教的修行理念大致可以分为两大类,即解脱道和菩萨道。解脱道以个人的觉悟和解脱为直接目的,强调的是出离心。而菩萨道则以帮助众生获得觉悟和解脱为第一要务,强调的是大悲心。这两者都离不开般若智慧。觉悟人生讲的是大智,是自受用,属解脱道;奉献人生讲的是大悲,是他受用,属菩萨道。

为了将"觉悟人生,奉献人生"的含义更加具体化,我后来又提出了"优化自身素质,和谐自他关系"以及"善用其心,善待一切"两个口号。优化自身素质,就是觉悟人生,就是善用其心。和谐自他关系,就是奉献人生,就是善待一切。

依照"觉悟人生,奉献人生"的理念,我把修习生活禅要达到的目标定位为"在尽责中求满足,在义务中求心安,在奉献中求幸福,在无我中求进取,在生活中透禅机,在保任中证解脱"。

通过对生活禅的宗旨和目标进行这样的定位,在理论上,我们就可以把解脱道和菩萨道的精神融为了一体。

但是,上述对生活禅的宗旨和目标的定位,不能老是停留在口号上。要进一步落实它,必须借助更为具体的修行方法。为此,在定位修行方法上,我根据现代人的生活方式,把生活禅的修行原则概括为"在生活中修行,在修行中生活",其具体内容就是,"将信仰落实于生活,将修行落实于当下,将佛法融化于世间,将个人融化于大众"。

关于如何"将信仰落实于生活",我提出了"信仰、因果、良心、道德"的八字要求;并将落实信仰的要求定位在"以三宝为正信的核心,以因果为正信的准绳,以般若为正信的眼目,以解脱为正信的归宿"四句口诀上,意在突出"三宝、因果、般若、解脱"这四大要素在整个佛法中的核心地位,强调修习生活禅不能脱离解脱道这个大方向。

关于如何"将修行落实于当下",我提出了"修在当下,悟在当下,证在当下,庄严国土在当下,利乐有情在当下"的要求,强调安住当下以及在现前一念心性上用功夫的重要性。

关于如何"将佛法融化于世间",我提出了"正信佛、法、僧三宝,勤修戒、定、慧三学，息灭贪、嗔、痴三毒，净化身、口、意三业"的要求，明确了在日常生活中修行的下手处及其具体内容。

关于如何"将个人融化于大众"，我提出了"大众认同，大众参与，大众成就，大众分享"的理念和"感恩、包容、分享、结缘"的八字方针，后来又把这八个字具体化为四句话，作为在日常生活中落实生活禅理念的心灵向导："以感恩的心面对世界，以包容的心和谐自他，以分享的心回报社会，以结缘的心成就事业"。

为了凸显生活禅的入世精神，从而将佛法更好地融入现实生活，我又在前面提法的基础上提出了"做人做事"的二八方针。"信仰、因果、良心、道德"，这是做人的八字方针；"感恩、包容、分享、结缘"，这是做事的八字方针。这二八方针，对于现代这个物欲横流、诚信缺失的时代，应该说具有一定的普世价值。

通过上述对汉传大乘佛教在修行理念和方法等方面所做出的各种阐释和定位，我们就可以保证生活禅，一方面牢牢地抓住大乘佛教有关解脱道和菩萨道的基本精神，另一方面也可以紧扣现代社会大众对信仰道德、社会和谐、心灵健康等诸多方面的渴求，并与现代人在修行方式的选择方面追求简易、休闲和生活化的心理倾向相契合，从而充分地发掘出大乘佛教所包含的、对现实社会人生能够产生积极影响的丰富内涵和社会价值。(见《人间佛教思想文库·净慧卷》)

现将净慧老和尚关于生活禅开示的一些重要提法，与菩提心之间的关系，做一个简单的对接，表解如下：

	上求佛道	大智	成就自受用	善用其心	优化自身素质	净化五阴世间	信仰、因果、良心、道德	觉悟人生	向上	祖师道
菩提心	下化众生	大悲	成就他受用	善待一切	和谐自他关系	净化人世间、器世间	感恩、包容、分享、结缘	奉献人生	向善	菩萨道

第二节　"一心二门"与"在生活中修行,在修行中生活"

一、心真如门与心生灭门 —— 即生灭而证不生不灭

一心二门讲的就是般若见。《大乘起信论》对"一心二门"有详细的解释，其大致内容有三个要点：一是万法唯心所现，心为解脱之本；二是即生灭而证不生不灭；三是称性起修，当下一念观妄念无相，即是向佛智。

关于一心二门，《大乘起信论》是这样解释的：

> 显示正义者，依一心（按：一真无二之心，超越二边之如来藏妙明真心）法，有二种门。云何为二？一者心真如门，二者心生灭门。是二种门，皆各总摄一切法（按：心真如门摄一切法，心生灭门摄一切法）。此义云何？以是二门不相离故。（真谛译本）

所谓的"一心"，即众生心，又称如来藏妙真如心、常住真心、自性、法界心。此心乃万法之根，通于凡圣染净因果，能生一切法，能摄一切法。诸佛乘此而证菩提涅槃；菩萨乘此而广修万行，下化众生，上求佛果；众生乘此而轮转生死。以此一心乃一切圣凡、迷悟、因果之总相，故又称"一法界大总相法门体"。一切法皆是此心的不变随缘之相用。

由于一切法都以真如为体，都是真如不变随缘之相用，故一切法皆具二门，即心真如门、心生灭门。

心真如门是指如来藏妙真如心的随缘不变之空性，为一切世间法、出世间法之体，"离言说相，离文字相，离心缘相"，超越二边。心生灭门是指如来藏妙真如心的不变随缘之不空性，能随凡夫迷染之因缘而现三细六粗之世间生死法，能随诸圣悟净之因缘而现出世间之清净涅槃法。

心真如门意味着诸法之体性是不生不灭的，相对而言，心生灭门则意味着诸法之相、用是生灭的。真如门与生灭门之间的关系并不是互相外在的两个东西，而是同一个东西的两面。贤首国师谓之"真如举体成生灭，生灭无性即

真如""真如随缘成生灭，生灭无体即真如"（《起信论疏笔削记》卷六）。

总之，一心二门中，"不生不灭"与"生灭"的关系，要从"体相用不一不异"的角度来理解。不生不灭，指体；生灭，指相和用。此三者名异而体同，不能分离。非一非异，谓体与相、用，三者当下互即，体外别无相、用，相、用之外别无有体。真如有随缘之用，即为生灭门；随缘之生灭无实有性，即是真如门。从观行的角度来讲，观如来藏妙明真心随缘不变，即此生灭门为真如门；观如来藏妙明真心不变随缘，即此真如门为生灭门。离真如，无生灭可得；离生灭，无真如可得。悟则生灭当体即真如，迷则真如举体为生灭。

真如门与生灭门这种不一不异的关系，落实在功夫上，就是要即生灭而证不生不灭、即生死而证涅槃、即烦恼而证菩提、即世而出世，其关键处和着力点就是当下一念心之觉悟。憨山大师在《大乘起信论直解》一书中解释"真生不二"的关系时，特别强调，真如门与生灭门在功夫上，就是要当下"观妄念无相"。

二、随顺真如空不空之性 —— 称性起修，把握好当下一念是修行的关键

（一）真如具空与不空之性

如来藏妙真如心具有"空"和"不空"两种性质。空是就如来藏妙真如心的"随缘不变"之体性而言，指万法的体性绝待离相、与一切染法不相应。不空是就如来藏妙真如心本具"不变随缘"之妙用而言，指真如之体虽然是空性的，但是它具足无边的清净妙用，而且这无边的妙用要想开显出来，必须离言绝待，也就是离心意识，换言之，真如本具之无边妙德同样是与一切染法（"无明不觉"）不相应的，唯与离心意识之"觉"相应。

《大乘起信论》从真如具"空、不空"之性，说明后天用功夫的始觉之智，必须与真如的"空、不空"之体性相应，方能契入真如之体（成就法身），方能繁兴真如本具的无边净用（成就报化身）。真如无相、离念，故后天始觉之智，亦当随顺真如之性，离相、无念。此为证入真如体性的原则和方法，谓之"随顺如来清净圆照觉性""称性起修"。

简单地讲，顺真如性即悟，即净，即圣；逆真如性，即迷，即染，即凡。

何谓逆？何谓顺？背觉合尘，谓之逆；背尘合觉，谓之顺。这里可以借用《大乘起信论》"性净本觉四种大义"中的"虚空明镜"这两个比喻来说明：虚空意味着平等、包容、无分别，没有对立面；明镜意味着如实照见一切事物的差别相而内心如如不动，不被一切境界所转。以虚空明镜之智用功，即悟；以分别取舍之心用功，即迷。

唯识家讲，分别是识，无分别是智。分别是生死，无分别是解脱。此处的"无分别"并不是与"分别"相对待的二边意义上的"无分别"，乃是"善能分别诸法相，于第一义而不动""分别一切法，不生分别想"，也就是黄檗禅师所说的"面对见闻觉知而不起心动念"，非草木顽石之无知无识。

（二）凡夫之不觉 —— 逆真如空不空之性，落在二边当中

凡、圣的差别，从因地上来讲，就在于当下一念的觉与不觉，也就是悟和迷。凡夫的生活源于不觉，圣人的生活源于觉。

何为"不觉"？《大乘起信论》讲：

> 不觉义者，谓从无始来，不如实知真法一故，不觉心起而有妄念。（实叉难陀译本）

这句话，有四个关键点值得细心揣摩：

1. 不知万法唯心所现，虚幻不实，无有自性，执内外之境缘为实有；

2. 昧于法界一相，落入二边分别，即落入能所、内外、自他、主客等二边对立中；

3. 于诸境界、于自心念，因不自觉、不自主，或昏沉，或散乱，随业习流浪，起心动念；

4. 心随境转，心随念转，分别取舍，起惑造业。

不觉就是与如来藏妙真如心的"空与不空"之性相违背。生命的流转过程，来源于不觉，即所谓"无明不觉生三细（生相、转相、现相），境界为缘长六粗（智相、相续相、执取相、计名字相、起业相、业系苦相）"，依惑（三细及六粗中的前四）、业（六粗中的起业相）、苦（六粗中的业系苦相）而循环。

不觉之义，从反面印证了称性起修、即念离念是我们返本还源的用功要领。

（三）圣者之觉 —— 顺真如空不空之性，超越二边

何谓觉？《大乘起信论》讲：

> 言觉义者，谓心第一义性，离一切妄念相。离一切妄念相故，等虚空界，无所不遍，法界一相，即是一切如来平等法身。依此法身，说一切如来为本觉，以待始觉立为本觉，然始觉时即是本觉，无别觉起立。始觉者，谓依本觉有不觉，依不觉说有始觉。（实叉难陀译本）

从这段论文中，可以判知，"觉"必须具足五个条件：

1. 信知万法唯心，无实有相；
2. 信知万法一体平等，超越一切二边对待；
3. 包容一切，远离分别取舍，犹如虚空；
4. 寂而常照，照而常寂，灵明自在，如如不动，犹如明镜；
5. 觉性遍一切时处，无有间断，须臾不曾离。

《大乘起信论》关于"觉"的含义，从正面显示了后天返本还源的正确用功原则是：称性起修，离心意识。

（四）念起即觉，觉之即无 —— 当下一念转不觉为觉

上面所说的"觉"，又分本觉、始觉。本觉、始觉与不觉并不是并列的异质的三个东西，而是同一真如心的迷、悟两种状态、两种功用，都以真如本觉为体，"体同而相异"。

不觉对本觉而言，始觉对不觉而言。本觉之清净妙用未得现前，谓之不觉；本觉之清净妙用现前，谓之始觉。始觉即本觉的顺用（随顺真如本觉之不二性）、净用（能离烦恼、得解脱故），不觉是本觉的逆用（违背真如的不二之性）、染用（能生烦恼、入生死故）。非觉外有不觉，非不觉外有觉。犹如迷人，迷东为西，即是不觉；知东非西，当下即觉，而非灭西向别寻东向。落实在功夫上，当下看破了不觉（分别取舍心）的虚幻性，内心

不动，当下不觉变成了始觉，与本觉相合。故觉悟要从不觉中求，从烦恼中求，从生灭中求。所以，修行不要害怕无明烦恼，苦海无边，回头是岸，当下一念观妄念无相，当下即是觉。

觉与不觉"体同而用异"的关系告诉我们：面对不觉，当依"念起即觉，觉之即无"的原则，来落实"觉"的功夫 —— 非在"不觉"之外别有所谓的"觉"，当下觉破"不觉"之虚妄了不可得，当下即是"觉"。（参见本书第八章第二节中的"《大乘起信论》的止观思想"这一部分内容）

由于现前一念是迷悟、染净、凡圣之源，所以，对于修行人而言，把握好当下一念、称性起修 —— 或依虚空明镜之平等无分别智起不二观，或用空观，观妄念无相，乃是修行的关键。

三、一心二门对生活禅的影响

《大乘起信论》上述"一心二门"及凡圣迷悟的思想，对净慧老和尚生活禅理念的提出，产生了直接的影响。生活禅修行理念，强调"安住当下，直下承当"，强调"即生灭而证不生不灭，即生死而证涅槃，即烦恼而证菩提，即世而出世"，强调"离心意识，称性起修"，就直接来源于《大乘起信论》。

前面提到，"心生灭门就是生活，心真如门就是禅，心生灭门与心真如门不一不异，就是生活禅"；"相、名、分别"是生活，"正智、如如"是禅，当下用"正智"看破"相、名、分别"的虚妄性，不被它们所转，即以"正智"见到"相、名、分别"的"如如"之实相，当下就是生活禅；"见闻觉知就是生活，不起心动念就是禅，面对见闻觉知不起心动念就是生活禅"。类似的说法都表明，生活禅的核心精神就是，要将"不二"的精神落实在当下的生活中，而不是在生活之外去寻找某种超越的境界。

换言之，在日用当中，当下一念心若能随顺真如的空不空之体性，也就是超越了二边对待、离心意识，当下就是觉，就是出离生死；当下一念心若是逆着真如的空不空之体性，也就是落入二边取舍和心意识当中，当下就是不觉，就是生死。所以，生与死、解脱与涅槃、烦恼与菩提就在当下一念之间。

基于对"一心二门"的理解，净慧老和尚将生活禅的修行原则概括为："将信仰落实于生活，将修行落实于当下，将佛法融化于世间，将个人融化于大众"，"在生活中修行，在修行中生活"，"在生活中证解脱"，以及"把握好当下一念"，"看破当下一念"，"修在当下，悟在当下，解脱在当下，庄严国土在当下，利乐有情在当下"。

在功夫上，要真正落实"把握好当下一念""看破当下一念""修在当下，悟在当下，解脱在当下，庄严国土在当下，利乐有情在当下"之原则，当然离不开具体的修习止观的方法。生活禅所提倡的几种主要用功方法，如息道观、默照禅、话头禅、念佛禅，都以《大乘起信论》"随顺真如空不空性、称性起修"的"觉"的理论为基础，是对这一理论的活用。从这个角度来讲，要弄清息道观、默照禅、话头禅、念佛禅的用功理路和功夫次第，必须回到《大乘起信论》这一原典上来。

总之，净慧老和尚关于生活禅修行原则的这些提法，乃是对"一心二门"般若思想的创造性的生活化解读，是对上述思想的消化和活用。

现将上述内容，表解如下：

一心【如来藏妙真如心、法界心】		
心真如门	心生灭门	真如门与生灭门不一不异
能生能摄一切诸法之体	所生所摄之一切诸法现象	能生能摄之体与所生所摄之诸法，犹水与波，不一不异
不生不灭之体	生灭之相用	体与相用，不一不异
如实空	如实不空	如实空不空
随缘而不变	不变而随缘	随缘不变、不变随缘
能观之真智	所观之境缘	智境不二
法身	报化身	三身本来是一身
菩提	烦恼	烦恼与菩提不二
涅槃	生死	生死与涅槃不二
不起心动念	见闻觉知	面对见闻觉知而不起心动念
正智、如如	相、名、分别	以正智看破相、名、分别之虚幻性，当下即如如
禅	生活	生活禅
生灭与不生不灭，不一不异，体同而相异，犹波与水，非互相排斥，当体互即，不可分割。非烦恼之外有菩提，当下识破烦恼之空性，不被烦恼所转，即是菩提。非生死之外有涅槃，当下识破生死之虚妄，不被生死所转，即是涅槃。 非生活之外有禅，当下于生活中体验到自觉、自主、自足、自在，即是禅。是故生活禅之要旨在于："在生活中修行，在修行中生活"，"悟在当下，修在当下，证在当下，解脱在当下"。		

第三节 "权实不二"与生活禅的究竟性、圆融性、开放性和普适性

一、《法华经》中"开权显实、会权归实"的权实不二思想

如前所言,契理契机是佛教教法的基本原则。契理者,上契诸佛之心(显实);契机者,下契众生之机(开权)。契理,必须与实智相应;契机,必须使用权智,也就是方便智。故契理契机亦可表述为"开权显实、会权归实、权实不二"。

《法华经·方便品》中讲:

1.诸佛世尊唯以一大事因缘故出现于世。舍利弗!云何名诸佛世尊唯以一大事因缘故出现于世?诸佛世尊欲令众生开佛知见,使得清净故,出现于世;欲示众生佛知见故,出现于世;欲令众生悟佛知见故,出现于世;欲令众生入佛知见道故,出现于世。舍利弗!是为诸佛以一大事因缘故出现于世⋯⋯舍利弗!如来但以一佛乘故,为众生说法,无有余乘,若二、若三。舍利弗!一切十方诸佛法亦如是。舍利弗!过去诸佛以无量无数方便,种种因缘、譬喻、言辞,而为众生演说诸法,是法皆为一佛乘故。是诸众生从诸佛闻法,究竟皆得一切种智⋯⋯舍利弗!我今亦复如是,知诸众生有种种欲,深心所著,随其本性,以种种因缘、譬喻、言辞,方便力而为说法。舍利弗!如此皆为得一佛乘、一切种智故。

2.十方佛土中,唯有一乘法,无二亦无三,除佛方便说。但以假名字,引导于众生,说佛智慧故,诸佛出于世。唯此一事实,余二则非真。

3.诸善男子,如过去无量无边不可思议阿僧祇劫,尔时有佛,号日月灯明如来,应供、正遍知、明行足、善逝、世间解、无上士、调御丈夫、天人师、佛、世尊,演说正法,初善、中善、后善,其义深远,其语巧妙,纯一无杂,具足清白梵行之相。为求声闻者,说应四谛法,度生老病死,究竟涅槃。为求辟

支佛者，说应十二因缘法。为诸菩萨说应六波罗蜜，令得阿耨多罗三藐三菩提，成一切种智。

上述所引经文，有两个要点值得注意：

一是佛陀出世之本怀就是欲令众生开、示、悟、入佛之知见。

那么，何为佛之知见呢？可以借用当年佛陀在菩提树下夜睹明星悟道时所说的那句话来概括：

《华严》云："奇哉！奇哉！一切众生，具有如来智慧德相，但以妄想颠倒执著而不证得。若离妄想颠倒执著，则一切智、无师智、自然智当下现前。"（转引自憨山大师《法华经通义》卷三）

这一句话可以视为整个大乘佛法的修证总纲。可以这样讲，一切大乘经典都是在围绕这句话而展开。佛陀化现世间，就是为了让众生明白并实证这个道理。

二是"开权显实，会权归实，开一乘为三乘，会三乘归一乘"，是佛陀一代时教的教法特征，也是后人在弘法利生时应当遵守的基本原则。

关于权、实的意义，可以简单地理解为：权即是方便，实即是究竟。权即是生灭门（真如之相、用），实即是真如门（诸法之真如体性）。权即是不变随缘，实即是随缘不变。权即是因行，实即是果德。权即是如量智，实即是如理智。权即是契机，实即是契理。权即是三乘，实即是一佛乘。权即是四摄六度，实即是同圆种智。权即是方便有多门，实即是归元无二路。权即是初中后三善，实即是向上一路。权即是先以欲钩牵，实即是后令入佛智。权即是不离文字，实即是不立文字。权即是私通车马，实即是官不容针。权即是渐修，实即是顿悟。权即是二边对治，实即是超越二边（即二边离二边）。权者离淫怒痴而证菩提，实者即淫怒痴而证菩提。权即是世界、为人、对治三悉檀，实即是第一义悉檀。总之，权者，方便、不离二边；实者，究竟、不二法门。

如果读者想更详细地了解权实的意义，可以参阅智者大师的《法华玄义》。在该书中，智者大师从理事权实、理教权实、教行权实、缚脱权实、因果权实、体用权实、顿渐权实、开合权实、通别权实、悉檀权实等十多个方面，进行了详细的解释。这里不便展开，仅列表提纲如下：

	权	实	权实不二
理事权实	事（染净因果，俗谛）	理（真如理体，真谛）	
理教权实	教（因理设教，以化他）	理（真俗二谛，中道理）	
教行权实	行（依教求理，生深浅行）	教（因理设教，言诠施设）	
缚脱权实	缚（违理，未尽二种生死）	脱（顺理，尽脱二种生死）	
因果权实	因（因行，进趣果用）	果（果证，永住实相）	开权显实，会权归实，亦权亦实，非权非实，权实不二。言语道断，心行处灭，泯一切相。
体用权实	用（差别之功用，应化）	体（无分别之实相，法报）	
顿渐权实	渐（修因证果、从体起用，俱用渐）	顿（修因证果、从体起用，俱用顿）	
开合权实	开（开权显实）	合（会权归实）	
通别权实	得半字无常之通益	得满字常住之别益	
悉檀权实	世界、为人、对治悉檀	第一义悉檀	
二智	如量智、权智	如理智、实智	一切种智
本迹	迹（末后垂化）	本（最初自证）	本迹不二
三权实	化他权实（垂迹化他，照随情二谛）	自行权实（自证一切权实，照随智二谛）	自行化他权实（照随情、随智二谛）
四教	藏通别（三藏方等般若）	圆教（华严偏圆，法华圆圆）	会三归一
三乘	三乘	一佛乘	

二、初中后三句 —— 宗门的教法思想

上面所引《法华经》之经文中，提到了"初善""中善"与"后善"这三个概念。这三个概念，在《百丈广录》中得到了充分的发挥，并且成为后

世宗门的教化原则。百丈禅师借用"初善""中善"与"后善"这一组概念，将"开权显实、会权归实、权实不二"的思想解释得非常透彻。

百丈禅师把世出世间法分为"浊法"和"清法"两大类。浊法，即染污的法，指财、色、名、食、睡等五欲尘境和贪、嗔、痴、慢、疑等世间烦恼法。清法，即清净的法，指戒定慧三学、菩提、涅槃等出世间的解脱法。

对凡夫，要宣讲世间浊法的过患，令其生厌离心，说无贪等清净法的殊胜，劝修戒定慧，令其脱离凡夫之境。这就叫"说秽法边垢、拣凡"。拣，就是拣除的意思。

当一个人对世间的浊法产生了厌离心，对出世间的清法产生了向往心，并且因为长期熏习清法，不再贪爱五欲尘境，这个时候，如果再向他宣讲"秽法边垢"，就是不对机，就是无用之"绮语"。这个时候，应当向他宣讲，不贪执五欲尘境固然好，但如果执著于菩提、涅槃等出世间的解脱法，以至逃避世间、沉空滞寂、乐于当自了汉，那仍然落在二边对立当中，不是圆满的解脱，所以，这个时候要"说净法边垢、拣圣"，即宣讲执著于圣境的过患，劝离有无等法，离一切修证，亦离于离，说无住法，以破除对圣境的执著。

总之，佛法是应病与药、解粘去缚的，其目的是要令众生超越于清浊二边，不住凡，不住圣，离一切相，住无住处。

1. 贪嗔痴等是毒，十二分教是药，毒未销，药不得除。无病吃药，药变成病，病去药不消。

2. 佛是众生边药，无病不要吃，药病俱消。（《百丈广录》）

为了进一步说明佛法的这种超越性，百丈禅师又就"清法"提出了"初善、中善、后善"之三句以及"透三句外"的说法。

初善：不爱取欲境（即不执著于"有"），但执著于不爱取（即执著于"空"），并以之为究竟，落在排斥世间欲境、贪恋出世间的空寂之二元对立中。此为声闻境界，佛陀把这种人比作"恋筏不舍人"，属于"二乘道"，住"调伏心位"，非究竟解脱。

中善：既不爱取欲境，亦不执著于不爱取（既不执著于"有"，又不执著于"空",既不贪爱世间欲境,也不因贪爱出世间的空寂而逃避或排斥世间法),但认为"不执著"才是究竟的"圣解""圣相"。这种执著于"不执著"(即认为有执著是错的、不执著才是对的),仍然落二边知见中,仍然有"圣解""圣相"在,所以仍然是不究竟的,属于"半字教",落在"菩萨缚"当中。

后善:既不执著于不爱取,亦不作不执著知解(既不执著于"有",也不执著于"空",同时又不执著于"不执著",并且没有丝毫的"不执著"之知解顿在心中,真正的"无心""无为"),这个属于"满字教""最上乘",真正的"佛道"。

不过,最后连"佛道""最上乘"这些名相概念(也就是"圣解")也必须扫除干净、"归无所得"才行。若执著于有"佛道"可得,"犹是佛疮,亦应远离"。这就是百丈禅师所说的"透三句外"的含义。

先用初善破浊法边过患,次用中善破初善之执著(初善的执著体现为排斥世法),再用后善破中善之圣解知见(中善的不圆满在于认为"不执著"才是究竟的,有一个"不执著是最究竟的"的知见顿在心中,且认为有佛道可成,有众生可度),最后归于无相、无为、无得。这一点正是宗门里明眼宗师接引学人时的最主要特色。

宗门中的任何说法,都要遵循"透三句外"的原则。透三句外是建立在初中后三句的基础上的,若没有此前的三句作基础,说法就会落在狂禅或野狐禅中;同样地,说法的时候,如果前面三句不能消归向上一路,即是不究竟。故善知识说法,必须善察来机,对机说法,必须"一句中具三句,句句透三句外",帮助来机解粘去缚,上上增进,消归向上一路,避免落入二边或狂禅中。

现将百丈的"三句"思想表解如次:

百丈禅师"透三句外"表解

法位		内容	过患	品位	对机说法
浊法【生死轮回】		贪执财色名食睡，贪嗔痴慢疑等染污法。【爱取欲境。执著于有】	使人在生死苦海中流转。	凡夫位	用初善对治浊法之过患：说浊法过患，说清法殊胜，令厌离浊法，修习清法。
清法【出世间的解脱法】	初善【初句】	不贪执世间财色名食睡等染污法，向往出世间清净空寂之解脱道，勤修戒定慧，脱离三界轮回。【不爱取欲境。不执著于有】	因执著出世间清净空寂之解脱法而排斥和逃避世间的染污法，只顾自己解脱，不顾众生解脱。【依住于不爱取，以为究竟。执著于空】	二乘位【恋筏不舍人，住调伏心位，涅槃缚】	用中善对治初善之过患：说执著清法、排斥世法、甘当自了汉的过患，劝令回小向大，回到世间，行菩萨道。
	中善【二句】	既不贪执世间财色名食睡等染污法，亦不执于出世间清净空寂之解脱法，能回向世间，行菩萨道。【既不爱取，亦不依住于不爱取。不执著于空有】	因执著"不执著"为圣道之究竟，有众生可度，有佛道可成，凡圣情解未忘。【尚有不依住之知解在。执著于不执著，执著于凡圣】	菩萨位【半字教，菩萨缚】	用后善对治中善之过患：说执著于"不执著"以及"有众生可度、有佛道可成"仍然不究竟，令其扫荡凡圣、缚脱、轮涅等二边分别，归于无相。
	后善【末后句】	既不贪执凡夫的染污法，也不贪执二乘的清净解脱法，也不执著于菩萨的"有众生可度，有佛道可成"，连"不执著"之想也无。【既不依住不爱取，亦不作不依住知解】	犹有"佛"相在。【佛疮亦须除却】	最上乘【满字教，最上乘】	用"向上一路"，将佛相扫尽，归无所得。
透三句外		凡情圣解俱坐断，归无所得，连佛的名相亦不立。			

三、究竟性、圆融性、开放性和普适性 —— 生活禅的教法特征

上述大乘佛教"开权显实，会权归实"的权实不二思想，以及宗门中"初中后三句，一句具三句，三句归一句，句句透三句外"的教法思想，在净慧老和尚的生活禅理念中，被完整地继承下来了。这些思想是生活禅能够立足于宗门的圆顿信解，融禅教律净及其他一切法门于自身、会三乘归于一乘（融人天乘、二乘、菩萨乘于一佛乘）的直接理论依据。生活禅修行理念的究竟性、圆融性、开放性和普适性就体现在这里。

净慧老和尚在其《八十自赞》诗中有这样两句："生活禅风立，修行不择根。"另外，他还有一副对联："菩提心化三千界，生活禅开八万门。"这些都表明，生活禅是一种试图将修行与生活融为一体、将禅宗与其他修行法门融为一体的圆融开放的修行理念，而并不是专指某一个具体的修行法门。关于这一点，本书在第一章第四节"'人间佛教'在理论上需要解决的三个问题"之最末一部分，已经阐述过，读者可以回头参阅。

现将上述观点再列表解如次：

实	究竟	一佛乘	契理	透三句外	圆顿性 了义性	开权显实，会权归实，于一佛乘开三乘，会三乘归于一佛乘。 权实不二，方便与究竟不二，契理与契机不二。
权	方便	三乘	契机	初中后三句	普适性 开放性	一句具三句，会三句于一句，句句透三句外。

本书第二章中的"生活禅的定位"这一节，曾从六个方面对生活禅进行了定位，其中一个定位是："从整个佛法的角度来看，生活禅是以祖师禅为核心的解脱道、菩萨道和祖师道的完美结合。"关于这一定位，在这里，可以结合上述三大理论支柱，再做简单的对接和总结：

1. 悲智双运是菩萨道的基本精神之所在，生活禅"觉悟人生，奉献人生"的菩萨道宗旨由此而来。

2. 一心二门是祖师禅的圆顿信解之所在，生活禅"在生活中修行，在修行中生活"的祖师道宗旨由此而来。

3. 权实不二是大乘佛教教法的基本原则之所在，生活禅"归元无二路，方便有多门"的究竟性、圆融性、开放性和普适性的教法思想由此而来。

净慧老和尚所提出的修习生活禅四大原则和纲要 ——"将信仰落实于生活，将修行落实于当下，将佛法融化于世间，将个人融化于大众"，实际上就是对上述大乘佛教三大要义的现代诠释。其中，"将个人融化于大众"，就是宗门中所说的"入廛垂手""向异类中行"，即相当于前面所言百丈禅师的"透三句外"，亦即华严宗所说的"事事无碍法界"。（请参见本书第五章第五节"将个人融化于大众"）

以上围绕大乘佛教"悲智双运"的菩提心思想、"一心二门"的般若思想、"权实不二"的教法思想这三大要义，对生活禅的基本宗旨做了一个大致的介绍。通过这三大要义，人们或许可以理解生活禅的真实意义。

第四章　生活禅之正信

第一节　正信与邪信、智信与迷信

谈到宗教，必然会联系到信仰。宗教的产生与人类的终极关怀密不可分。宗教信仰一旦产生之后，它就会通过作用于人的世界观、人生观和价值观而对人类的活动产生各种各样的影响。在这个过程中，信仰是宗教能够对人类产生作用的重要前提。没有信仰，宗教就不可能完成对人的教化作用。可见，信仰在某种意义上讲，是构成宗教的基本要素之一。

从人类文化历史的角度来看，信仰并不是单一的，而是多元化的，不同的宗教、不同的民族乃至不同的文化，都有其不同的信仰。自古以来，并没有一个凌驾于其他信仰之上的"绝对权威"的"一神论"的信仰；如果有的话，那也是一种极端的宗教狂热主张。

在佛门里，信仰又称信心、正信、净信、信解，意思是崇信、钦仰佛法僧三宝，并且把其作为自己的精神依止和行动指南。佛教认为，修行之初，必须首先确立对佛、法、僧三宝的坚固信心，以此为引领，进而探求智慧，抵达菩提、解脱之境，故有"信、解、行、证"和"信、愿、行"等说法。在这些说法中，信仰始终居于首位。

从佛教的角度来看，信仰有正信和邪信、智信和迷信之分。其鉴别的标准就是大悲和大智。

　　大悲，又称慈悲心，乃指从"万物同体"的基础上产生出来的一种超越了以自我为中心的悲悯他人之苦而欲救济，并给予众生无量利乐的广大无边的同情心，所谓"慈能与乐，悲能拔苦"。

　　大智，又称智慧心，乃指对宇宙人生的实相，如缘起性空、因果报应、万法唯心、法界圆融等真理，有了透彻的认识和坚定的信解。

　　违背了大悲和大智的信仰，不能称为正信，只能称为邪信或者迷信：与大悲相违背的信仰，一定是邪信；与大智相违背的信仰，一定是迷信。

　　所谓邪信，就是违背人性、违背人类道德良知、具有极端反人类倾向的信仰，比如号召种族屠杀，搞恐怖活动，为了个体的利益恣意伤杀物命等等。所谓迷信，就是非科学乃至违背科学、经不起科学检验的信仰，比如，认为世界是由造物主创造，人类的命运是由命运之神安排主宰的，以及将解脱的希望寄托在外在的人格神身上等等。

　　佛教的信仰始终强调以三宝、因果、般若、解脱为根本，强调人类心灵的自觉和自净。在佛教的信仰体系中，佛和菩萨是已经觉悟了的有情，而不是万能的神，他们虽然拥有无穷的智慧和无尽的大悲，但是他们与我们的关系是师生关系，而不是创造与被创造、主宰与被主宰的关系。佛教的信仰始终贯穿着对诸法实相（缘起性空、因果报应、万法唯心、法界圆融）的透视和信解，能够经得起科学的不断拷问，始终伴随着圆融的智慧和由圆融的智慧所生起的大悲心之引领。

　　所以，佛教的信仰完全不同于其他有神论的宗教信仰。它融大悲和大智于一体，是真正的正信而非邪信，是真正的智信而非迷信。关于这一点，在后文"正信的内容"这一节中，将得到全面的印证。

第二节　正信的重要性

　　前面提到过，在"信、解、行、证"和"信、愿、行"等说法中，"信"字始终居于首位，这表明，在佛教的修证和教化体系中，"信仰"始终占据非常重要的地位，所谓"佛法大海，信为能入""佛法宝山，信为能取"。

信是入佛门的首要条件。

信的重要性在大乘经论中被反复地强调，这样的经文随处可见，比如：

《大乘本生心地观经·厌舍品》云：

入佛法海，信为根本；渡生死河，戒为船筏。（《大乘本生心地观经》卷四）

《华严经·贤首品》云：

信为道元功德母，长养一切诸善法，断除疑网出爱流，开示涅槃无上道。
信无垢浊心清净，灭除憍慢恭敬本，亦为法藏第一财，为清净手受众行。
信能惠施心无吝，信能欢喜入佛法，信能增长智功德，信能必到如来地。
信令诸根净明利，信力坚固无能坏，信能永灭烦恼本，信能专向佛功德。
信于境界无所著，远离诸难得无难，信能超出众魔路，示现无上解脱道。
信为功德不坏种，信能生长菩提树，信能增益最胜智，信能示现一切佛。
是故依行说次第，信乐最胜甚难得，譬如一切世间中，而有随意妙宝珠。
（《华严经》卷十四）

《大智度论》云：

佛法大海信为能入，智为能度……若人心中有信清净，是人能入佛法。若无信，是人不能入佛法……复次，经中说信如手，如人有手入宝山中，自在取宝。有信亦如是，入佛法无漏根力觉道禅定宝山中，自在所取。无信如无手，无手人入宝山中，则不能有所取。无信亦如是，入佛法宝山，都无所得。佛言："若人有信，是人能入我大法海中，能得沙门果，不空剃头染袈裟。若无信，是人不能入我法海中，如枯树不生华实，不得沙门果，虽剃头染衣，读种种经，能难能答，于佛法中空无所得……复次，佛法深远更有佛乃能知，人有信者虽未作佛，以信力故能入佛法。"（《大智度论》卷一）

综观佛教诸经论所宣讲，信的功德意义主要体现在如下几个方面：

一、佛法大海唯信能入

正信是我们深入理解佛法、受持佛法、修证佛法的根本前提。一个人如果没有佛教信仰，即使他在佛法方面懂得再多，也只是一种装点门面的知识而已，于己于他，无半点利益；犹如无手之人入于宝山，最终空手而归。

二、信为道元功德母

正信犹如良田，能长养一切善法，能生发菩提种芽。修行人对佛法产生了决定的信仰之后，就会进一步依正信而起正解、正行，能令一切恶行得以远离，能令一切善根得以增长，能令一切功德得以成就，故被称为"道元功德母"。

三、信能安心除恐怖

无明暗夜，正信如人有目；生死旷野，正信犹如良导。一个修行人，当他对佛法产生了决定的信心之后，就会时刻以三宝为依处，依因果规律行事，自然心安理得，坦然面对一切，生大勇猛精进，远离颠倒、迷茫、怯懦和恐怖，不为烦恼所障。

四、信能除疑生智慧

正信能帮助我们剔除种种疑惑，远离种种外道邪说，出邪见之稠林，安心于正道，令智慧不断增长。

五、信能永灭烦恼本

正信能引领修行人依佛制戒律而净三业，依戒定慧三学而开发本有智慧，远离贪嗔痴慢疑等烦恼，发菩提心，出生死流。

六、信能必到如来地

正信犹如人生之航标，能引领人走出生死迷茫之苦海，直达究竟解脱之涅槃彼岸。

由于正信具足如上诸功德意义，所以，佛门里强调，培养正信是修行人的第一要务。信心不具足，一切障碍都会现前。

第三节　正信的内容

关于正信的内容，净慧老和尚曾经用四句话来加以概括：

以三宝为正信的核心，以因果为正信的准绳，以般若为正信的眼目，以解脱为正信的归宿。

这四句话非常精当，它抓住了构成佛教独特信仰的四大要件——三宝、因果、般若、解脱。这四大要件中，三宝是整个佛教信仰体系的核心，因果是整个佛教理论体系的基础，般若是整个佛法修证体系的灵魂，解脱是整个佛教修证的终极目标。

对于完整的佛教信仰而言，这四大要件缺一不可；如果缺少了其中的一环，那它就不是正信。比如，一个人如果不相信三宝，或者只敬信佛、法二宝，排斥僧宝，变成所谓的"二宝居士"，那他就不是真正的佛教徒；一个人如果不相信因果，做事的时候肆意践踏因果，违背戒律，那他也不是合格的佛教徒；一个人如果不相信般若，或者与般若不相应，心外求法，处处著相，处处落在二边当中，自我中心的观念炽盛，那他也不是合格的佛教徒；同样地，一个人如果不相信有来世，不相信有觉悟、解脱这回事，也不去追求解脱，那他也不能算是合格的佛教徒。

总之，"三宝、因果、般若、解脱"这四大要件，是我们全面准确地理解和建立佛教信仰的关键所在。它强调：三宝为众生之良福田和最究竟的依处，因果为生命流转和解脱的根本法则，般若为诸法之实相和解脱之眼目舟航，解脱涅槃为人生的真实不虚的终极归宿。

为了把正信的内容落实在修行的实处，净慧老和尚还围绕正信的基本内容，提出了做人的"八字方针"——信仰、因果、良心、道德。他说，做人要"以信仰为根本，培养做人的神圣感；以因果为原则，培养做人的敬畏感；以良心为保证，培养做人的责任感；以道德为操守，培养做人的尊严感"。

净慧老和尚对正信之内容的总结和概括，可谓高屋建瓴，抓住了根本。下面，拟围绕这四句话，对正信的内容做一些最基本的展开和说明。

一、以三宝为正信的核心

（一）什么是三宝？

在佛教的信仰体系中，佛、法、僧是构成佛教的三大要素，是佛教信仰的核心和根本。佛者，觉知之义，指自觉觉他、觉行圆满者，亦即能如实知见一切诸法之实相、悲智具足、福慧圆满的大成就者，不仅指娑婆世界的教主释迦牟尼佛，同时也泛指十方三世一切诸佛。法者，法轨之义，指佛陀基于所证悟的宇宙人生之真理，依据契理契机的原则，向世人所宣讲的真理和教法的总称。僧者，和合之义，指由佛弟子构成、依据佛陀所宣讲的真理和教法，如实修学、如实住持、如实弘化之清净团体。

此佛、法、僧，名虽有三，实则相互依存，不可分割，共同完成佛教济世度生之大用。佛是宇宙人生真理的发现者、实证者、传播者，是佛教的创立者和精神领袖（天人师），是故没有佛也就没有佛教，众生也就不可能听到无上解脱法门，也不可能碰到依佛法而修行的清净僧团。法是佛依于自证，为众生而宣讲的真理和教法，是众生修行、解脱的指南，故没有法也不成其为佛教。僧是佛教得以住世和传承的根本，同时也是众生修行的现实引领者和护念者，故没有僧也不成其为佛教。

《大乘法苑义林章》卷六对三宝的功能做了如下譬喻："佛如良医，法如妙药，僧如看者。""看者"，就是看护病人的护理者。这个譬喻把佛法僧之间的相互依存和配合的关系讲得非常清楚。

佛、法、僧因其威德至高无上，永不变移，如世间之妙宝，能给众生带来大利益，故被称为"宝"。此宝有六个方面的特征，即所谓"真宝世希有，明净及势力，能庄严世间，最上不变等"，故称"六义"。现依《究竟一乘宝性论》卷二，对六义做简要解释如次：

1. 希有之义，以无善根诸众生等，百千万劫不能得故（谓此三者百千万劫难遭难遇，一如世间难得之珍宝）。

2. 明净之义，以离一切有漏法故（谓此三者远离一切有漏法，无垢、明净）。

3. 势力之义，以具足六通不可思议威德自在故（谓此三者具足不可思议威德自在）。

4. 庄严之义，以能庄严出世间故（谓此三者能庄严出世间，一如世宝能庄严世间）。

5. 最上之义，以出世间法故（谓此三者超越世间诸法，于诸出世间之法中，最上胜妙）。

6. 不变之义，以得无漏法，世间八法不能动故（谓此三者乃无漏法，世间利衰毁誉称讥苦乐等八法不能动转故）。

三宝分为多种，通常就三宝的体、相、用而言，有三种三宝：

1. 一体三宝（就真如自性本具之妙德而分，明三宝之体性）

一体三宝，又称同体三宝、同相三宝，乃就三宝之体性而言。三宝同以真如法身为体，指同一真如法身所本具的"觉、正、净"三种妙德。如《华严经孔目章》卷二云："同相三宝者，谓同一法性真如，有三义不同。谓觉义、轨法义、和合义。"

又，佛、法、僧三宝名虽有三，而体性则一，三者之间，举一即三，会三归一。也就是说，三宝中的每一宝，都圆具三宝之义：佛中含觉照义，是佛宝；含轨则义，是法宝；无违诤过，是僧宝。法乃佛之法身，是佛宝；依之能出三界，证涅槃果，是法宝；依法修行，和合无诤，是僧宝。僧具观智，是佛宝；具轨则，是法宝；具和敬，是僧宝。

　　一体三宝偏重于从自性的角度来理解佛法僧，认为此三宝乃一切有情众生之所本具，在凡不少，在圣不增，平等一际，其落脚点在指明，一切有情众生当依自性起修，自悟自证本具之三宝。此乃诸佛出世之本怀。

　　2. 别相三宝（就佛法僧三宝之果相功德妙用而分，明三宝之德用）

　　别相三宝，又称阶梯三宝、别体三宝，乃指佛、法、僧各有不同的相用，偏重于佛法僧三宝在度生过程中，各自所呈现出来的不同果相和所发挥的不同功能。其落脚点在引导修行人，在实修的过程中，当归信、钦奉、遵循此三者，起信、解、行、证，最后将自己本具的自性三宝之功德也圆满地开显出来。

　　别相三宝之佛宝，指佛初于菩提树下成道，示丈六金身，以及演说《华严经》时所现卢舍那身，故称佛宝。法宝是指，佛出世转大法轮，五时布教，所宣说和流布的大小乘经律论之总称。僧宝是指，诸佛弟子禀承佛之教法，如实修行，证声闻、缘觉、菩萨等果位。简言之，丈六化身及圆满报身，名为佛宝；所说教法，名为法宝；大乘初住已上、小乘初果已上之圣者，名为僧宝。

　　关于别相三宝，大、小乘之理解不尽相同。大乘以诸佛之三身为佛宝，六度为法宝，十圣为僧宝；小乘则以丈六之化身为佛宝，四谛、十二因缘为法宝，四果、缘觉为僧宝。

　　若依华严教义之小、始、终、顿、圆五教，则有五种别相三宝：

　　（1）小乘教，以五分法身、丈六金身、随类化身为佛宝，四谛、人空、三十七道品、择灭涅槃为法宝，四向、四果为僧宝。

　　（2）大乘始教，以清净法身、自他受用身等为佛宝，二空真理、六度四摄、菩提涅槃为法宝，三贤、十圣为僧宝。

　　（3）大乘终教，以法身、自他受用身、化身为佛宝，二空、六度、始本二觉为法宝，三贤、十圣为僧宝。

　　（4）大乘顿教，就觉知之义称佛宝，就轨持之义称法宝，就不违之义称僧宝。

　　（5）大乘圆教，融三世间之十身为佛宝，别教一乘、法界圆融为法宝，海会菩萨为僧宝。

　　3. 住持三宝（就三宝住世传播的形式及符号而分，明三宝之相状）

住持三宝，乃就三宝为了传承佛法、令佛法久住，在世人面前所呈现出来的各种相状、形式或符号，即佛像、经卷和出家比丘等，所谓泥龛素像之佛相即是佛宝，纸素竹帛之三藏经典即是法宝，出家众僧即是僧宝。

住持三宝的落脚点在于，通过丰富多彩的形式符号，向众生表法，即展示佛教的教义和功德等，方便众生起信、修福，与佛教结缘，乃至发无上道心。这是佛教发挥其社会教化功能的重要形式。如果没有住持三宝，众生连三宝之名尚且不知道，更不要说与三宝结缘、依三宝修行、最后契证自性三宝了。

关于住持三宝，大乘佛教中别有一种理解，将住持三宝分为化用、实德二种。其中，化用住持以八相成道为住持之佛宝，随化所说之一切言教，流布益世，为住持之法宝，依法教化而修成之三乘诸众为住持之僧宝。实德住持则以诸佛如来法身常住为住持之佛宝，法性常恒为住持之法宝，诸佛如来之僧行不灭为住持之僧宝。按这种理解，这里所说的住持三宝，应属化用三宝中的一种。

一体、别相、住持，此三种三宝共同构成了佛教的完整信仰体系，三者密不可分，缺一不可。皈依三宝，就是要全面地依止、恭敬、供养、护持此三种三宝。一个人如果轻视或毁损任何一种形式的三宝，或者对三宝不是全信、只是部分地相信，比如只信佛宝、法宝，不信僧宝，只信仰一体三宝、别相三宝，轻视住持三宝等等，都不能称为正信。时下比较流行的"二宝居士"，以及假借一体三宝而轻视住持三宝的狂禅，就是正信不具足的表现。

上面三种形式的三宝，还可以从修行的次第以及接机教化的方便之角度来理解它们的意义。

就修行之通途而言，一般人都是先通过住持三宝，与佛教结缘，增福生信；入门之后，再遵奉别相三宝而学修，开圆解、起圆行，最后破我法二空，开发本有之自性三宝（一体三宝），入佛法大海，庄严国土，利乐有情。

就接机而言，住持三宝偏重于接引未生信、未入门之初机，别相三宝偏重于引领已生信、已入门之中机，一体三宝则是已经进入圣位的人之所修证，妙契诸佛出世之本怀。

（二）信仰三宝之利益

三宝之所以成为佛教信仰的核心，不仅仅是因为此三者乃构成佛教的根本，同时还因为三宝具有无量无边不可思议功德，它能给众生带来大福报、大安稳、大光明、大解脱、大自在。

1. 三宝是众生之福田 —— 归依三宝，能令众生得大福报、远离贫穷故。

2. 三宝是众生之依止 —— 归依三宝，能令众生得究竟安稳、远离恐怖故。

3. 三宝是众生之良导 —— 归依三宝，能令众生于生死旷野得遇良导、远离颠倒梦想故。

4. 三宝是众生之眼目 —— 归依三宝，能令众生得大智慧、远离邪恶法故。

5. 三宝是众生之舟航 —— 归依三宝，能令众生越生死苦海、趋向涅槃故。

6. 三宝是众生之卫护 —— 归依三宝，能令众生远离恶业、烦恼、邪见、灾难、恐怖之侵扰故。

总之，三宝之于众生，其功德巍巍，无量无边，说不能尽。凡求解脱者，当从皈依三宝开始。从因果的角度来讲，今世赞叹三宝、皈依三宝、护持三宝，以后生生世世都能得遇明师良导，毕竟成佛。

太虚大师曾作《三宝歌》歌词，对三宝之功德及其堪当众生究竟依处之意义，做了非常精当的揭示：

人天长夜，宇宙淡黯，谁启以光明？三界火宅，众苦煎迫，谁济以安宁？大悲大智大雄力，南无佛陀耶！昭朗万有，祍席群生，功德莫能名。今乃知：唯此是，真正皈依处。尽形寿，献身命，信受勤奉行！

二谛总持，三学增上，恢恢法界身；净德既圆，染患斯寂，荡荡涅槃城！众缘性空唯识现，南无达磨耶！理无不彰，蔽无不解，焕乎其大明。今乃知：唯此是，真正皈依处。尽形寿，献身命，信受勤奉行！

依净律仪，成妙和合，灵山遗芳型；修行证果，弘法利世，焰续佛灯明，三乘圣贤何济济，南无僧伽耶！统理大众，一切无碍，住持正法城。今乃知：唯此是，真正皈依处。尽形寿，献身命，信受勤奉行！

此外，大、小乘佛教经典中，赞叹皈依三宝的功德和意义的经文偈语，亦随处可见，如《法句经》中云："自归三尊，最吉最上，唯独有是，度一切苦。"

《优婆塞戒经·净三归品》云："是三归依乃是一切无量善法，乃至阿耨多罗三藐三菩提之根本也。"（《优婆塞戒经》卷五）

相对而言，对三宝之功德讲得最为系统者，莫过于《大乘本生心地观经·报恩品》。现摘录其原文如次：

善男子等！唯一佛宝具三种身：一自性身，二受用身，三变化身。第一佛身有大断德，二空所显，一切诸佛悉皆平等。第二佛身有大智德，真常无漏，一切诸佛悉皆同意。第三佛身有大恩德，定通变现，一切诸佛悉皆同事。

善男子！其自性身无始无终，离一切相，绝诸戏论，周圆无际，凝然常住。其受用身，有二种相：一自受用，二他受用。自受用身，三僧祇劫所修万行，利益安乐诸众生已，十地满心，运身直往色究竟天，出过三界，净妙国土，坐无数量大宝莲华而不可说海会菩萨前后围绕，以无垢缯系于顶上，供养恭敬，尊重赞叹，如是名为后报利益。尔时，菩萨入金刚定，断除一切微细所知诸烦恼障，证得阿耨多罗三藐三菩提，如是妙果名现报利益。是真报身有始无终，寿命劫数无有限量，初成正觉，穷未来际，诸根相好，遍周法界，四智圆满，是真报身受用法乐：一、大圆镜智，转异熟识得此智慧，如大圆镜现诸色像。如是如来镜智之中，能现众生诸善恶业，以是因缘，此智名为大圆镜智。依大悲故恒缘众生，依大智故常如法性，双观真俗无有间断，常能执持无漏根身，一切功德为所依止。二、平等性智，转我见识得此智慧，是以能证自他平等二无我性，如是名为平等性智。三、妙观察智，转分别识得此智慧，能观诸法自相共相，于众会前说诸妙法，能令众生得不退转，以是名为妙观察智。四、成所作智，转五种识得此智慧，能现一切种种化身，令诸众生成熟善业，以是因缘，名为成所作智。如是四智而为上首，具足八万四千智门，如是一切诸功德法，名为如来自受用身。

诸善男子！二者如来他受用身，具足八万四千相好，居真净土，说一乘法，令诸菩萨受用大乘微妙法乐。一切如来为化十地诸菩萨众，现于十种他受用身。第一佛身，坐百叶莲华，为初地菩萨说百法明门，菩萨悟已，起大神通，变化满于百佛世界，利益安乐无数众生。第二佛身，坐千叶莲华，为二地菩萨说千法明门，菩萨悟已，起大神通，变化满于千佛世界，利益安乐无量众生。第三佛身，坐万叶莲华，为三地菩萨说万法明门，菩萨悟已，起大神通，变化满于万佛国土，利益安乐无数众生。如是如来渐渐增长，乃至十地他受用身，坐不可说妙宝莲华，为十地菩萨说不可说诸法明门，菩萨悟已，起大神通，变化满于不可说佛微妙国土，利益安乐不可宣说不可宣说无量无边种类众生。如是十身，皆坐七宝菩提树王，证得阿耨多罗三藐三菩提。诸善男子！一一华叶各各为一三千世界，各有百亿妙高山王，及四大洲、日月星辰，三界诸天无不具足。一一叶上诸赡部洲，有金刚座菩提树王，其百千万至不可说大小化佛，各于树下破魔军已，一时证得阿耨多罗三藐三菩提。如是大小诸化佛身，各各具足三十二相、八十种好，为诸资粮及四善根诸菩萨等、二乘、凡夫，随宜为说三乘妙法。为诸菩萨说应六波罗蜜，令得阿耨多罗三藐三菩提究竟佛慧。为求辟支佛者，说应十二因缘法；为求声闻者，说应四谛法，度生老病死，究竟涅槃。为余众生说人天教，令得人天安乐妙果。诸如是等大小化佛，皆悉名为佛变化身。善男子！如是二种应化身佛，虽现灭度，而此佛身相续常住。

诸善男子！如一佛宝，有如是等无量无边不可思议利乐众生广大恩德，以是因缘，名为如来、应、正遍知、明行圆满、善逝、世间解、无上士、调御丈夫、天人师、佛、世尊。善男子！一佛宝中具足六种微妙功德：一者无上大功德田，二者无上有大恩德，三者无足二足及以多足众生中尊，四者极难值遇，如优昙华，五者独一出现三千大千世界，六者世出世间功德圆满，一切义依。具如是等六种功德，常能利乐一切众生，是名佛宝不思议恩。

——以上讲佛宝功德不可思议。

善男子！我昔曾为求法人王，入大火坑而求正法，永断生死，得大菩提。是故法宝能破一切生死牢狱，犹如金刚能坏万物；法宝能照痴暗众生，如日天子能照世界；法宝能救贫乏众生，如摩尼珠雨众宝故；法宝能与众生喜乐，犹如天鼓乐诸天故；法宝能为诸天宝阶，听闻正法得生天故；法宝能为坚牢大船，渡生死海到彼岸故；法宝犹如转轮圣王，能除三毒烦恼贼故；法宝能为珍妙衣服，覆盖无惭诸众生故；法宝犹如金刚甲胄，能破四魔，证菩提故；法宝犹如智慧利剑，割断生死、离系缚故；法宝正是三乘宝车，运载众生出火宅故；法宝犹如一切明灯，能照三涂（途）黑暗处故；法宝犹如弓箭矛槊，能镇国界摧怨敌故；法宝犹如险路导师，善诱众生达宝所故。善男子！三世如来所说妙法，有如是等难思议事，是名法宝不思议恩。

——以上赞法宝功德不可思议。

善男子！世出世间有三种僧：一菩萨僧，二声闻僧，三凡夫僧。文殊师利及弥勒等，是菩萨僧。如舍利弗、目犍连等，是声闻僧。若有成就别解脱戒真善凡夫，乃至具足一切正见，能广为他演说开示众圣道法，利乐众生，名凡夫僧；虽未能得无漏戒定及慧解脱，而供养者获无量福。如是三种名真福田僧。复有一类名福田僧，于佛舍利及佛形像，并诸法僧，圣所制戒，深生敬信，自无邪见，令他亦然，能宣正法，赞叹一乘，深信因果，常发善愿，随其过犯，悔除业障，当知是人信三宝力，胜诸外道百千万倍，亦胜四种转轮圣王，何况余类一切众生！如郁金华，虽然萎悴，犹胜一切诸杂类华。正见比丘亦复如是，胜余众生百千万倍，虽毁禁戒，不坏正见，以是因缘名福田僧。若善男子善女人等，供养如是福田僧者，所得福德无有穷尽，供养前三真实僧宝，所获功德正等无异。如是四类圣凡僧宝，利乐有情，恒无暂舍，是名僧宝不思议恩。

——以上赞僧宝功德不可思议。

譬如世间第一珍宝具足十义，庄严国界，饶益有情，佛法僧宝亦复如是。一者坚牢，如摩尼宝，无人能破，佛法僧宝亦复如是，外道天魔不能破故。二者无垢，世间胜宝，清净光洁，不杂尘秽，佛法僧宝亦复如是，悉能远离烦恼尘垢。三者与乐，如天德瓶能与安乐，佛法僧宝亦复如是，能与众生世出世乐。四者难遇，如吉祥宝，希有难得，佛法僧宝亦复如是，业障有情亿劫难遇。五者能破，如如意宝能破贫穷，佛法僧宝亦复如是，能破世间诸贫苦故。六者威德，如转轮王所有轮宝，能伏诸怨，佛法僧宝亦复如是，具六神通，降伏四魔。七者满愿，如摩尼珠，随心所求，能雨众宝，佛法僧宝亦复如是，能满众生所修善愿。八者庄严，如世珍宝庄严王宫，佛法僧宝亦复如是，庄严法王菩提宝宫。九者最妙，如天妙宝最为微妙，佛法僧宝亦复如是，超诸世间最胜妙宝。十者不变，譬如真金入火不变，佛法僧宝亦复如是，世间八风不能倾动。佛法僧宝具足无量神通变化，利乐有情，暂无休息。以是义故，诸佛法僧说名为宝。（《大乘本生心地观经》卷二）

——以上总赞佛法僧三宝功德不可思议。

（三）信仰三宝的目的是开发本具之自性三宝

前面介绍三种三宝时曾经提到过，就修行之通途而言，一般人先是通过恭敬、亲近住持三宝，与佛教结缘，增福生信；入门之后，再钦奉别相三宝而学修，启圆信，开圆解，修圆行，最后破我法二空，开发本有之自性三宝（一体三宝），入佛法大海，庄严国土，利乐有情。这里有三点值得注意：

1. 一切众生皆具自性三宝（也就是说，一切众生皆具如来智慧德相）。

2. 信仰三宝是为了开发本具之自性三宝。

3. 开发自性三宝，是为了利乐有情，庄严国土。

可见，皈依三宝的最后目的就是要开发我们本具的自性三宝，把我们本具的如来智慧德相全部展示出来，最后也能像佛一样，自在应化，自在发挥度生严土的无边妙用。

皈依三宝，不是让我们变成某种超越的神秘力量的"奴隶"，或者变成一个无所作为的人，或者进入一种灰身灭智的虚无状态，而是为了引导我们，让我们通过修行，打破我法二执，将自己本有的被妄想执著所障蔽的慈悲、智慧和德能充分地展现出来，更好地为众生服务，做命运的主人。

（四）信仰三宝必须落实在当下一念之般若观照上

皈依三宝不只是一种观念上的认同，更重要的是要把这种信仰变成当下圆顿的正念，换言之，要把佛法僧三宝的意义落实在当下一念之般若观照上。这不仅是我们开发自性三宝的前提和基础，也是我们将信仰变成现实力量的下手处和根本途径。

《思益梵天所问经简注》卷三记载，文殊菩萨在解释三皈依的时候，把"不起二见""不著色受想行识""于法无所分别亦不行非法""不离有为不住无为"视为三皈依之真义，其所强调的，正是以般若观照为信仰之落实。

问：文殊师利，何谓优婆塞皈依佛、皈依法、皈依僧？

答言：若优婆塞不起二见。

【注】总标下释成不起之意。

不起我见，不起彼见。不起我见，不起佛见。不起我见，不起法见。不起我见，不起僧见。是名皈依佛、皈依法、皈依僧。

【注】清净自心即是自己佛，无作妙智即是自己法，圆融梵行即是自己僧。故曰：佛者觉也，法名平等，僧名和合。若舍己外求，作二见解，是不皈依也。若能了达三宝即是自己，彼我两忘，不起二见，是真皈依也。

又优婆塞不以色见佛，不以受想行识见佛，是名皈依佛。

【注】清净自心，本无五蕴，若著五蕴见佛，则不见自心，不名觉矣。若了五蕴本空，是则名觉，是名皈依。

若优婆塞于法无所分别，亦不行非法，是名皈依法。

【注】法名平等，于法非法，无所分别。然于是非分齐无所混滥，虽无分别，亦不行非法，是则皈依也。

若优婆塞不离有为法见无为法，不离无为法见有为法，是名皈依僧。

【注】僧名和合。若以有为为有为，以无为为无为，是即分别，非和合矣。以有为无为，二而不二，故名皈依和合也。

又优婆塞不得佛，不得法，不得僧，是名皈依佛、皈依法、皈依僧。

【注】所言皈依者，非谓外有所皈依也。即是皈依自心，达三宝体空，惟有名字，名字不可得，故曰皈依也。（《思益梵天所问经简注》卷三）

《六祖坛经》中曾讲到"无相三皈依"和"皈依自性三宝"，所强调的，与文殊菩萨之答意，完全相同：

> 善知识！今发四弘愿了，更与善知识授无相三归依戒。善知识！归依觉，两足尊；归依正，离欲尊；归依净，众中尊。从今日起，称觉为师，更不归依邪魔外道，以自性三宝常自证明。劝善知识，归依自性三宝：佛者，觉也；法者，正也；僧者，净也。自心归依觉，邪迷不生，少欲知足，能离财色，名两足尊。自心归依正，念念无邪见，以无邪见故，即无人我贡高贪爱执著，名离欲尊。自心归依净，一切尘劳爱欲境界，自性皆不染著，名众中尊。若修此行，是自归依。（《六祖坛经·忏悔品第六》）

在这段经文中，六祖把三皈依的功夫讲得非常具体而平实。皈依三宝，在当下一念功夫上，就是要皈依觉、正、净，念念不被邪迷转，不被六尘境界转，不被贪嗔痴慢疑转。

六祖之后，禅门诸多大德，如马祖、百丈、南泉、黄檗等，均提倡"即心即佛、平常心是道"，其落脚点也是要把对三宝的信仰变成当下一念之般若正观。佛家之六度万行、儒家之仁义礼智信，皆从自皈依三宝而生，亦皆是自皈依三宝功夫的落实。《天界觉浪道盛禅师全录》中讲：

> 诸佛愍此心外求法之人，始揭出心地法门一毛头许，令汝自参自悟，令自作皈依，自求超越。所以最初入门，必先令三自皈依者何？正以行人求戒遮念，觉心既从觉起，还从觉归，使彼自求落处，于此知所归，则知所自依之清净佛也。盖觉性无常，感善法则从善，感恶法则从恶，欲使觉性常住，妙体常明，必须自发真智，决了性真，则自不起觉明分别之心，亦不为善恶业缘所惑，又如宝镜当空，万形俱照，于此知所自归，则知所自依之微妙法也。智本虚明，非行不显，必须自起真行，行起则知解情空，行起则智觉性满，于此全性成真，全真成性，繁兴大用，举体无它，是为真知所自皈依之解脱僧也。
>
> 吾尝谓：若有一法不能了，不名法身。若有一法不能入，不名般若。若有一法不能舍，不名解脱。岂非三自皈而三聚净乎？于此透得，则五根本戒，皆以一念发觉而圆证之矣。若能发觉自归，则自无不忍之心，世无可杀之命，所谓一念忿起，即是自伤法身慧命也，可不纯仁而自持乎？若能发觉自归，则自

无不足之神，世无有余之物，所谓一念偷生，即是自弃法身慧命也，可不纯义而自持乎？若能发觉自归，则自无能泄之情，亦无可惑之色，所谓一念欲萌，即是自丧法身慧命也，可不纯礼而自持乎？若能发觉自归，则自无能欺之辞，亦无可诳之事，所谓一念妄动，即是自诬法身慧命也，可不纯智而自持乎？若能发觉自归，则自无可昧之灵，亦无能困之味，所谓一念酣发，即是自颠法身慧命也，可不纯信而自持乎？此三皈亦犹克己存诚，五戒亦犹闲邪四勿，虽浅深之有别，实正助之无殊。然此一念发觉始心，又何但能成三皈五戒之宗本，直将超越六度万行，而圆满四智三身也。（《天界觉浪道盛禅师全录》卷二十四）

基于对三宝的圆顿理解，将对三宝的信仰变成当下一念之般若观照，称性起修，这不仅是禅宗的特色，也是大乘圆顿佛教特色之所在。在这里，超越性的信仰变成了现实色彩非常深厚的活泼泼的生命体验。

活泼泼的信仰，活泼泼的般若，活泼泼的生命，此三者于当下一念融为一体，这不仅是六祖"皈依自性三宝"的意义所在，也是生活禅所提倡的正信特色。

二、以因果为正信的准绳

（一）什么是因果规律

因果理论是佛教的核心教法，它揭示的是宇宙人生运行的真相和规律，是佛教与其他宗教不共的地方。佛教的解脱观正是建立在因果规律的基础之上。

关于因果规律的基本内容，可以用四句话来概括：

1. 善恶有报 —— 善有善报，恶有恶报，因果相应，不相乖乱。

2. 业果不亡 —— 业因既种，纵经千劫，如影随形，相逐不失。

3. 因缘会遇 —— 业因感果，必待于缘，因缘际会，果报必现。

4. 自作自受 —— 业因自作，果报自受，无能逃者，无有代者。

关于因果规律的经文、偈语，在大小乘经论中随处可见，现列数则于次：

《光明童子因缘经》云：

一切众生所作业，纵经百劫亦不亡。因缘和合于一时，果报随应自当受。（《光明童子因缘经》卷四）

《大宝积经·入胎藏会》云：

假使经百劫，所作业不亡。因缘会遇时，果报还自受。（《大宝积经》卷五十七）

《涅槃经·憍陈如品》云：

善恶之报，如影随形。三世因果，循环不失。此生空过，后悔无追。（若那跋陀罗译《大般涅槃经后分》卷上）

《无量寿经》云：

天地之间，五道分明，恢廓窈冥，浩浩茫茫。善恶报应，祸福相承，身自当之，无谁代者……善人行善，从乐入乐、从明入明；恶人行恶，从苦入苦、从冥入冥。（康僧铠译《佛说无量寿经》卷下）

《因果经》云：

欲知过去因，见其现在果；欲知未来果，见其现在因。（《天台名目类聚钞》卷三）

《净土文》云：

欲知过去因，今生受者是；欲知后世果，今生作者是。（《龙舒增广净土文》卷一）

在这里，需要注意的是，大乘佛教在宣讲因果报应的时候，始终没有离开"万法唯心"这个根本。在生命的因果轮回中，"心"始终处于核心枢纽之地位：身口意三业的造作离不开心的驱动；十二缘起之流转，本质上也是心由三细到六粗的不断流动的过程；作为果报的五阴世间、人世间和器世间，也都是心的幻现，而并不是心外的实有。是故《法句经》中讲："心为法本，心尊心使，中心念恶，即言即行，罪苦自追，车轹于辙。心为法本，心尊心使，中心念善，即言即行，福乐自追，如影随形。"《华严经》觉林菩萨偈中亦讲："心如工画师，能画诸世间。五蕴悉从生，无法而不造。"

所以，从这个角度来看，把握因果要从把握当下一念心开始。著名的"忏悔偈"——"罪从心起将心忏，心若灭时罪亦亡。心灭罪亡两俱空，是则名为真忏悔"，已经把这一点讲得非常清楚了。

佛教因果规律的伟大意义，不仅在于它揭示了宇宙人生的真相和运行规律，同时，它还为人类的道德良心提供了真正坚实的理论基础和有力保障。从因果规律的角度来看，人类的道德规范不再是一种外在的强加，不再是一种被动的接受，而是个体的一种高度自觉和自律，是个体为了获得真正幸福、自由和解脱的内在需求。佛教的因果规律为社会道德规范所提供的理论依据，超越了团体、阶级、国家、民族和宗教的局限。佛教所提出的诸如五戒十善等基本的行为准则，因为是建立在对因果规律自觉的基础之上，所以具有真正的普适性。

（二）依因果规律行事，自主生命

因果理论既然是宇宙人生运行的真相和规律，又是人类道德规范和个体修行解脱的理论基础，毫无疑问，作为一个佛教徒，他对佛教的信仰首先就要体现在对因果规律的敬畏上，要自觉地运用因果规律来认识宇宙人生，用因果规律来守护自己的良心、规范自己的三业、提升自己的道德水平，用因果规律来自主和创造自己的命运。一个人如果不相信因果理论，乃至轻视或否定因果规律，那么只能说他是"不信"或者"邪信"，不能算是一个正信的佛教徒。

关于如何按因果规律行事、做自己命运的主人，需要抓住三个环节：一是因，二是缘，三是果。在这里，当下这一念心，扮演了因缘果三个角色，具有三种功能：对未来而言，是能招业果之因、是种子；对过去已经造作的业种而言，是种子现行所成熟之果，同时亦是过去已经造作之业种得以成熟、感召果报之外缘。从个体角度来看，自主因果、把握命运，永远要从把握当下一念开始。

因犹如种子。种子要成熟，离不开土壤、水分、阳光和人工管理等，这个叫缘。缘包括当下的情绪、心态，以及言行举止等。一般来讲，当下一念心如果是迷染的，由烦恼做主，三业被烦恼所控制，那么所结的一定是恶缘，在这种情况下，过去的恶种便得到了增长和成熟的机会，善种则不能增长、成熟。反之，当下一念心如果是觉悟的、清净的，由清净的正念做主，远离了贪嗔痴慢疑等烦恼，三业都处在智慧和慈悲的光照之中，那么所结的一定是善缘，在这种情况下，过去的善种便得到了增长和成熟的机会，恶种则不能增长、成熟。

所以，从这个角度来讲，在无量的过去，我们或许造作了各种各样的恶因，虽然我们现在无法改变这一事实，但是，依据因果规律，我们现在并不是无能为力的，我们完全可以借助觉悟的力量，通过保持清净的心态、清净的三业、结善缘的方式，令过去的恶因不得成熟或者推迟成熟，而令过去的善因能快速成熟。在这个过程中，当下一念心是最为关键的一环。学佛的人明白了这个道理之后，完全可以通过把握当下一念心来把握因果规律、把握自己的命运。

具体地讲，依因果规律行事，要把握好如下五点：

1. 种善因

就是从源头上，依五戒、十善、四摄、六度、四无量心、八正道等等之精神，管理好自己的心念，净化自己的身口意三业，多种善因，不种恶因。

2. 结善缘

现在的心态、情绪、言行举止，以及待人接物的方式等等，对未来而言，就是因；对过去的种子而言，则属于缘。所谓结善缘，不仅仅是指要建立良好的人际关系，同时还包括保持一种清净的觉悟的心态。

3. 勤忏悔

对于过去世所造之恶业，要通过忏悔的方式来阻断其成熟之缘。

何谓忏悔？六祖讲："忏者，忏其前愆：从前所有恶业，愚迷、憍诳、嫉妒等罪，悉皆尽忏，永不复起，是名为忏。悔者，悔其后过：从今以后，所有恶业，愚迷、憍诳、嫉妒等罪，今已觉悟，悉皆永断，更不复作，是名为悔。故称忏悔。凡夫愚迷，只知忏其前愆，不知悔其后过。以不悔故，前愆不灭，后过又生。前愆既不灭，后过复又生，何名忏悔？"（《六祖坛经·忏悔品第六》）

所谓勤忏悔，就是通过诵经、持咒、拜忏，以及观察诸法实相等方便，对过去所造的恶业，进行真诚地认错并悔改，令它不再相续，以切断其成熟之缘。

4. 报冤行

对于已经现前的恶业苦果，要正视它，接受它，既不能逃避，更不能用敌对的心态和报复的手段来处理，而应该修习达磨祖师所说的"报冤行"：

云何报冤行？谓修道行人，若受苦时，当自念言：我从往昔无数劫中，弃本从末，流浪诸有，多起冤憎，违害无限，今虽无犯，是我宿殃恶业果熟，非天非人所能见与，甘心忍受，都无冤诉。经云："逢苦不忧。"何以故？识达本故。此心生时，与理相应，体冤进道，故说言报冤行。（《二入四行观》）

5. 善观心

宿世之恶业果报，往往是在当事人心态烦恼的时候降临，比如被贪嗔痴慢疑所转，被财色名食睡所迷，被人我是非、名闻利养等所系。所以，要真正地顺应因果，在心态上，必须安住当下，保持一种高度的警觉，照顾好当下的每一个念头，即如六祖所说的：

……从前念今念及后念，念念不被愚迷染；从前所有恶业愚迷等罪，悉皆忏悔，愿一时消灭，永不复起……从前念今念及后念，念念不被憍诳染；从前所有恶业憍诳等罪，悉皆忏悔，愿一时消灭，永不复起……从前念今念及后念，念念不被嫉妒染；从前所有恶业嫉妒等罪，悉皆忏悔，愿一时消灭，永不复起。（《六祖坛经·忏悔品第六》）

以上五点，是人们在现实生活中落实因果信仰的关键，也是判断一个人是否真信因果的标准。

三、以般若为正信的眼目

（一）什么是般若

般若，唐言智慧，又称圆常之大觉，不仅指能够透视宇宙人生真相的高深智慧，同时也包括能令众生转迷为悟、出离生死、获究竟解脱的方法。

通常而论，般若有三种，即实相般若、观照般若、方便般若，或者文字般若、观照般若、实相般若。

前三种般若乃就般若之体相用而言。据《金光明经玄义》解释，般若乃圆常之大觉，此觉有三种德，即：

1. 实相般若，乃般若之理体，为众生之所本具，非寂非照，离一切虚妄之相，为般若之实性，即一切种智。

2. 观照般若，乃观照诸法实相之实智，谓观照之德，称性起观，非照而照，了法无相，即一切智。

3. 方便般若，乃分别诸法之权智，谓方便之德，非寂而寂，善巧分别诸法，称为方便，即道种智。

后三种般若乃就般若生起之次第而言：

1. 文字虽非般若，但能为诠解般若之方便，依之能生起般若智慧，故称文字般若，统指诸佛菩萨所宣讲的一切经论，尤其是般若类经典。

2. 依文解义，依义起观，即念离念，即相离相，寂而常照，名观照般若。

3. 依观照力，悟明心性，彻证诸法实相，即名实相般若。

此三种般若，文字般若是工具、方便，观照般若是手段和功夫，实相般若是目的和结果。

般若虽分多种，但其根本精神不外乎是诠释、观修和实证诸法之实相，与诸法之实相相应。言诠文字，若与诸法实相相应，即属文字般若；始觉观智，若与诸法实相相应，也就是所谓的"称性起修"，即属观照般若；所证境界若与诸法实相相应，境智一如、境智双泯，则属实相般若。

这里所说的诸法实相，可以从文字般若的角度，总括为四个要点：

1. 万法唯心

一切万法，包括依正世界、六凡四圣法界、诸有情生命的流转，所有这一切，都以真如自性为体，都是真如自性随迷染、悟净之缘而感现出来的假有，而非心外之实有。

般若的这一层含义，落实在功夫上，就是要将"即心即佛、平常心是道"这一圆顿的信解，变成当下之正念，触境遇缘，直下承当，无心合道，而非心外求法。

2. 缘起性空

一切法都是因缘和合的缘起法，而不是永恒不变的实有法，此即是《心经》所讲的"色不异空，空不异色。色即是空，空即是色。受想行识亦复如是"。一切法不仅"体空"，而且其事相上的好坏、美丑、善恶、垢净、是非等二边性质，都是由人的妄想分别贴上去的标签，并非实有，也是空的，这就是所谓的"相空"，亦即《心经》里的"是诸法空相，不生不灭，不垢不净，不增不减"。

关于缘起法，佛教前后有不同的描述，如业感缘起、赖耶缘起、真如缘起、法界缘起。实际上，这四种缘起理论，并没有什么优劣高下之分，都是从不同的侧面来描述缘起的实相，只是描述的角度各不相同而已。

业感缘起，重在描述生命流转的动力，如"无明缘行、行缘识、识缘名色"，乃至"有缘生，生缘老死"。

赖耶缘起，重在描述生命流转的主体，揭示阿赖耶识是如何在业力的驱使之下，由三细六粗变成众生、世界、业果等三种相续的。

真如缘起，重在描述生命流转还净的本体，即真如自性是如何随迷染、悟净之缘而感现万法的。

法界缘起，重在描述缘起重重无尽之果相，如一多互即，小大相融，长短互摄等等。

业感、赖耶、真如、法界这四种缘起，分别从诸法生起的体性、内在驱动力、载体和果相的角度，全面展示了缘起理论的丰富内涵。这四种缘起理论，并不像有些人所说的那样有优劣之分，实际上，它们共同揭示了事物缘起的丰富性。

般若的这一层含义，落实在功夫上，就是要当下一念观妄念无相，由此进一步破我法二执，照见五蕴皆空。

3. 法界圆融

诸法实相的含义，除了唯心所现、缘起性空之外，还有一重含义，就是圆融无碍，又称法界圆融。

华严宗将法界分为四种，所谓理法界、事法界、理事无碍法界、事事无碍法界。理法界，指能生、能摄万事万物的平等无分别之理体，又称一真法界、如来藏妙真如心、常住真心、真如自性等。事法界，即宇宙间千差万别之现象界，意指宇宙万事万物各有其区别和界限，如诸众生的色、心等法，一一差别，各有分齐。理事无碍法界，指森罗万象之现象与平等无分别之理体，是一体不二的关系，犹如波之于水，当事即理，理由事显，事揽理成，理事互融，自在无碍。事事无碍法界，是指千差万别之现象，事事融通，法法圆融，互即互入，一粒沙里见世界，一微尘中现大千。

般若的这一层含义，落实在功夫上，就是要安住当下，强调在圆顿的信解的引领下，触境遇缘，以直下承当的精神，即世而出世，即生灭而证不生不灭，即烦恼而证菩提，即生死而证涅槃。

4. 不二法门

佛法是不二法门。"不二"意味着超越二边对待及语言文字相，在功夫上，就是所谓的"应无所住而生其心"。

关于什么是不二法门，《维摩诘所说经》讲得最为精彩：

尔时维摩诘谓众菩萨言："诸仁者！云何菩萨入不二法门？各随所乐说之。"

会中有菩萨名法自在，说言："诸仁者！生灭为二。法本不生，今则无灭，得此无生法忍，是为入不二法门。"

德守菩萨曰："我、我所为二。因有我故，便有我所；若无有我，则无我所，是为入不二法门。"

不眴菩萨曰："受、不受为二。若法不受，则不可得；以不可得，故无取无舍、无作无行，是为入不二法门。"

德顶菩萨曰："垢、净为二。见垢实性，则无净相，顺于灭相，是为入不二法门。"

善宿菩萨曰："是动、是念为二。不动则无念，无念则无分别。通达此者，是为入不二法门。"

善眼菩萨曰："一相、无相为二。若知一相即是无相，亦不取无相，入于平等，是为入不二法门。"

妙臂菩萨曰："菩萨心、声闻心为二。观心相空，如幻化者，无菩萨心、无声闻心，是为入不二法门。"

弗沙菩萨曰："善、不善为二。若不起善、不善，入无相际而通达者，是为入不二法门。"

师子吼菩萨曰："罪、福为二。若达罪性，则与福无异，以金刚慧决了此相，无缚无解者，是为入不二法门。"

师子意菩萨曰："有漏、无漏为二。若得诸法等，则不起漏、不漏想，不著于相，亦不住无相，是为入不二法门。"

净解菩萨曰："有为、无为为二。若离一切数，则心如虚空，以清净慧无所碍者，是为入不二法门。"

那罗延菩萨曰："世间、出世间为二。世间性空，即是出世间。于其中不入、不出、不溢、不散，是为入不二法门。"

善慧菩萨曰："生死、涅槃为二。若见生死性，则无生死，无缚无解，不生不灭，如是解者，是为入不二法门……"

普守菩萨曰："我、无我为二。我尚不可得，非我何可得？见我实性者，不复起二，是为入不二法门。"

电天菩萨曰："明、无明为二。无明实性即是明，明亦不可取，离一切数，于其中平等无二者，是为入不二法门。"

喜见菩萨曰："色、色空为二。色即是空，非色灭空，色性自空。如是受、想、行、识、识空为二，识即是空，非识灭空，识性自空，于其中而通达者，是为入不二法门……"

妙意菩萨曰："眼、色为二。若知眼性，于色不贪、不恚、不痴，是名寂灭。如是耳声、鼻香、舌味、身触、意法为二，若知意性，于法不贪、不恚、不痴，是名寂灭，安住其中，是为入不二法门……"

深慧菩萨曰："是空、是无相、是无作为二。空即无相，无相即无作；

若空、无相、无作，则无心意识。于一解脱门即是三解脱门者，是为入不二法门……"

心无碍菩萨曰："身、身灭为二。身即是身灭。所以者何？见身实相者，不起见身及见灭身，身与灭身无二无分别，于其中不惊、不惧者，是为入不二法门。"

上善菩萨曰："身、口、意善为二。是三业皆无作相，身无作相，即口无作相；口无作相，即意无作相；是三业无作相，即一切法无作相。能如是随无作慧者，是为入不二法门。"

福田菩萨曰："福行、罪行、不动行为二。三行实性即是空，空则无福行、无罪行、无不动行。于此三行而不起者，是为入不二法门。"

华严菩萨曰："从我起二为二。见我实相者，不起二法；若不住二法，则无有识。无所识者，是为入不二法门。"

德藏菩萨曰："有所得相为二。若无所得，则无取舍。无取舍者，是为入不二法门。"

月上菩萨曰："暗与明为二。无暗、无明，则无有二。所以者何？如入灭受想定，无暗、无明，一切法相亦复如是，于其中平等入者，是为入不二法门。"

宝印手菩萨曰："乐涅槃、不乐世间为二。若不乐涅槃、不厌世间，则无有二。所以者何？若有缚，则有解。若本无缚，其谁求解？无缚无解，则无乐厌，是为入不二法门。"

珠顶王菩萨曰："正道、邪道为二。住正道者，则不分别是邪是正，离此二者，是为入不二法门……"

如是诸菩萨各各说已，问文殊师利："何等是菩萨入不二法门？"

文殊师利曰："如我意者，于一切法无言无说，无示无识，离诸问答，是为入不二法门。"

于是文殊师利问维摩诘："我等各自说已，仁者当说何等是菩萨入不二法门？"

时维摩诘默然无言。

文殊师利叹曰："善哉！善哉！乃至无有文字、语言，是真入不二法门。"

（《维摩诘所说经》卷二）

《维摩诘经》通过三十二位菩萨的回答，分别从各个不同的角度，对不二法门的含义做了具体的展开。这一段经文对正确理解不二法门大有帮助。最后，不二法门落实在当下的功夫上，就是维摩诘居士的"默然无言"，此乃言语道断、心行处灭的不可思议境界。

另外，《大乘起信论》在解释真如门的含义时，其实也是在讲不二法门：

一切诸法唯依妄念而有差别；若离妄念，则无一切境界之相。是故一切法从本已来，离言说相、离名字相、离心缘相，毕竟平等，无有变异，不可破坏，唯是一心，故名真如。（真谛译本《大乘起信论》）

总之，关于般若的"不二法门"这一层含义，落实在功夫上，就是要"即相离相，即念离念，心无所住"，"善能分别诸法相，于第一义而不动"，"分别一切法，不生分别想"。

以上四点，基本上可以概括般若的要义。修行人先当借助经论文字的诠释，开启圆顿的信解，是为文字般若；然后以此圆顿的信解来指导当下观行的功夫，是为观照般若；进而由观行的精微深进而变成当下的证量和受用，是为实相般若。

（二）般若既是正信的内容，也是正信的保证

1. 般若是正信的内容

般若属于三宝中的法宝。信仰法宝，就是要谛信佛所开示的般若智慧是真实不虚的 —— 所开示的宇宙人生的道理是真实不虚的，所开示的解脱生死烦恼的方法是真实不虚的，依此方法修行最后所证得的菩提涅槃之果德亦是真实不虚的。

般若不是纯粹的知识，而是信、解、行、证的统一。有信无解，有解无信，或有解无观，皆非般若。《圆觉经夹颂集解讲义》云：

是知有信须得解，有解须得信。何以知之？华严三圣观云："有信无解，增长无明。有解无信，增长邪见。信解圆通，方为行本。"如今有一般人，虽

有信心，无正解，乃是中无主，既然是中无主，一被邪魔外道、顽朋败友相诱
将去，到底只染得外道知见，增得一切无明种子。又一般人有邪解悟，事事会
得，却无信心，一向拨无因果，增长邪见。是知信解二字，如车两轮，如鸟两
翼，此不可阙。（《圆觉经夹颂集解讲义》卷一）

可见，般若恰恰是正信的内容之一。修行人如果不相信般若，是不可能
开悟、解脱、成佛的。

2. 般若是诸佛之母、六度万行之导

从菩萨行的角度来看，般若的地位也是无可替代的，它被称为六度万
行之眼目。布施、持戒、忍辱、精进、禅定等五行，只有当它们处在般若的
引领下时，才能称为"波罗蜜"。离开了般若，犹如夜行人而无目，一切修
行皆不得成就。所以说，般若是诸佛之母，是解脱之基。

在大乘经典中，赞叹般若重要性的经文，随处可见，现摘录数则如次：

《佛遗教经》云：

实智慧者，则是度老病死海坚牢船也，亦是无明黑暗大明灯也，一切病者
之良药也，伐烦恼树之利斧也。是故汝等当以闻思修慧而自增益。

《注大乘入楞伽经·刹那品第十四》云：

五度如盲，般若如导。（《注大乘入楞伽经》卷八）

《金刚经》云：

以无我、无人、无众生、无寿者，修一切善法，则得阿耨多罗三藐三菩提。

《放光般若经》云：

是故般若波罗蜜者，是诸佛之母，为世间之大明导。（《放光般若经》卷十一）

《文殊般若经》云：

般若波罗蜜……即是一切诸佛之母，一切诸佛所从生故……若善男子、善女人欲行菩萨行，具足诸波罗蜜，当修此般若波罗蜜。若欲得坐道场，成无上菩提，当修此般若波罗蜜。若欲以大慈大悲遍覆一切众生，当修此般若波罗蜜。若欲起一切定方便，当修此般若波罗蜜。若欲得一切三摩跋提，当修此般若波罗蜜，何以故？诸三摩跋提无所为故。一切诸法，无出离无出离处，若人欲随逐此语，当修般若波罗蜜。一切诸法如实不可得，若欲乐如是知，当修般若波罗蜜。一切众生为菩提故修菩提道，而实无众生亦无菩提，若人欲信乐此法，当修般若波罗蜜。（僧伽婆罗译本《文殊般若经》）

3. 般若是区别正信和外道信仰及邪信的根本标志

佛教信仰之所以称为正信，就是因为这种信仰是建立在对宇宙人生真相和运行规律彻悟的基础之上，始终以般若为核心和眼目，是一种智慧的信仰。所以，般若智慧是佛教正信区别于外道信仰及邪信的根本标志，被称为"法印"。印，即印信，如世之公文，得印契之后方具权威性，令人信服。

大乘和小乘都有法印之说，如三法印和一实相印。三法印，即诸行无常、诸法无我、寂静涅槃。此三法印以离人我见、法我见、断见、常见为根本，正是般若中的"万法唯心，缘起性空"之义。

一实相印，是大乘佛教用来区别正法与邪法的标准。一实相，意指真实之理体，超越二边，平等一如，离诸虚妄之相。如来所说大乘经义，皆以此实相之理印定其说，外道不能杂，天魔不能破。符合一实相印，即是佛说；不符合实相印，即是魔说。一实相印，不仅包括了"万法唯心，缘起性空"之义，同时也包括了"法界圆融、超越二边"之义。

不管是三法印还是一实相印，总之，"印"的核心内容就是般若。凡是不相信万法唯心、缘起性空、法界圆融、不二法门的，都不能算是正信，要么属外道信仰，要么落在邪信当中。

四、以解脱为正信的归宿

（一）追求自他解脱是大乘佛教的终极目标

佛教是出世的宗教。追求了生脱死、出离六道轮回是佛教区别于世间法及其他外道、邪信的根本标志。不管是大乘佛教还是小乘佛教，解脱永远是佛教一以贯之的根本追求。从这个角度来看，追求出世的解脱是佛教信仰的最后归宿。离开了解脱这个目标，佛教也就不成其为佛教了。

大乘佛教的最高目标是成佛，而成佛必须以菩提心为基础，所以，大乘佛教的解脱观，是自他二种解脱并重的。自解脱属修行的自受用，以大智为根本；他解脱属修行的他受用，以大悲为根本。大乘佛教强调悲智双运，原因就在这里。

解脱必须发出离心。佛教之所以反复强调发出离心的重要性，就是由这一终极目标决定的。对于一个正信的佛教徒而言，学习观察人生苦空无常，培养厌离生死、趣向涅槃的出离心，是修行解脱的第一步。

关于这一点，大小乘经论中多有开示。如《八大人觉经》云：

第一觉悟，世间无常，国土危脆；四大苦空，五阴无我；生灭变异，虚伪无主；心是恶源，形为罪薮；如是观察，渐离生死……第四觉知，懈怠堕落，常行精进，破烦恼恶，摧伏四魔，出阴界狱……第八觉知，生死炽然，苦恼无量；发大乘心，普济一切。愿代众生，受无量苦；令诸众生，毕竟大乐。如此八事，乃是诸佛菩萨大人之所觉悟。精进行道，慈悲修慧，乘法身船，至涅槃岸；复还生死，度脱众生。以前八事，开导一切，令诸众生，觉生死苦，舍离五欲，修心圣道。若佛弟子，诵此八事，于念念中，灭无量罪；进趣菩提，速登正觉；永断生死，常住快乐。

发出离心，先要观三界无安，犹如火宅。《法华经·譬喻品》云：

三界无安，犹如火宅，众苦充满，甚可怖畏。常有生老病死忧患，如是等火，炽然不息。

次要观生死无常，无可依怙。《佛说尸迦罗越六方礼经》（《善生经》别译本）云：

堕俗生世苦，命速如电光，老病死时至，对来无豪强。无亲可恃怙，无处可隐藏，天福尚有尽，人命岂久长。父母家室居，譬如寄客人，宿命寿以尽，舍故当受新。各追所作行，无际如车轮，起灭从罪福，生死十二因。

又《八师经》云：

惟念老病死，三界之大患。福尽而命终，弃之于黄泉。身烂还归土，魂魄随因缘。吾用畏是故，学道求泥洹。（转引自《法苑珠林》卷七十）

次要观人身难得，佛法难闻，信心难兴。既生信心，更当发出离心，闻健自修，得真正解脱。《四十二章经》云：

佛言：人离恶道，得为人难。既得为人，去女即男难。既得为男，六根完具难。五根既具，生中国难。既生中国，值佛世难。既值佛世，遇道者难。既得遇道，兴信心难。既兴信心，发菩提心难。既发菩提心，无修无证难。

（二）解脱是生活禅的根本归宿

生活禅，作为大乘佛教在新的历史条件下所呈现出来的一种新的形态，虽然强调在生活中修行，在生活中证解脱，但是，并没有离开"了生脱死"这个大本。换言之，解脱是生活禅永恒不变的归宿。

解脱意指解除妄想烦恼的束缚，脱离生死轮回的痛苦，获得大自在。解脱分两种：一种是因解脱，是从功夫上讲的；一种是果解脱，是从修行结果上讲的。因解脱强调修行要以不生不灭的常住真心为因地真心，强调当下一念对六尘境界和无明烦恼的透脱为解脱之根本。至于果上的得大自在和死后之出离三界，不过是这种因解脱的功夫纯熟之后的一种自然呈现而已。

但是，在很多信众中，对解脱的理解，偏重于果相，即死后的出离轮回，乃至把解脱与死后的"往生"混为一谈。这种理解上的偏差，对修行人来说，所导致的直接后果就是，对死后的重视要远远超过对现实人生的重视，忽视了在当下的现实生活中去培养自心离缚自在的能力。社会公众批评佛教消极避世、脱离大众、不关心社会现实，主要原因恐怕就在这里。

从宗门的角度来看，解脱从根本上来说，就是一种心地上的无住功夫，也就是说，念念安住于自性般若，现量透过一切六尘境界的虚幻性，内心不取不舍，不动不摇，自在无碍。死后的出离三界之胜果，正是生前修行过程中这颗无住之心的感召。百丈怀海和尚曾经在《百丈广录》中，对当下心的自在无住与临终解脱之间的关系，做了明确的揭示：

1. 问：如何得自由分？师云：如今得即得。或对五欲八风，情无取舍；悭嫉贪爱，我所情尽，垢净俱忘，如日月在空，不缘而照；心心如土木石，念念如救头然；亦如大香象渡河，截流而过，使无疑误。此人天堂地狱俱不能摄也。

2. 临终之时，尽是胜境现前，随心所爱，重处先受。只如今不作恶事，当此之时，亦无恶境；纵有恶境，亦变成好境。若怕临终之时，惶狂不得自由，即须如今便自由始得。只如今于一一境法都无爱染，亦莫依住知解，便是自由人。如今是因，临终是果；果业已现，如何怕得？（《百丈广录》）

从这两段话中可以看出，解脱就在当下面对五欲八风，"情无取舍"，"照一切有无等法，都无贪取，亦莫取著"。临终能不能出离三界轮回，完全取决于当下自己这颗心的状态。如果当下能做到"于一一境法都无爱染"、亦不住无爱染、亦不生无住想，临终之时，即便三界恶业境界现前，自心亦不会被它们控制。

从修行因地上强调"当下心的无住、心的不取不舍、心的无有爱染"，可以说是祖师禅解脱观的根本特征。净慧老和尚所倡导的生活禅，秉承的正是这种精神，提出了"修在当下，悟在当下，证在当下，庄严国土在当下，利乐有情在当下"之理念。这一理念的目的，就是为了矫正人们在理解"解脱"这一概念时不重视在当下心地上做功夫、不重视在现实社会人生中透自在、过分看重死后之解脱的偏颇看法，从而把佛法从超现实的世界中拉回到现实生活当中来，有力地彰显了大乘佛法本有的"人间"特色。

第四节　警惕"人间佛教"名目下的信仰淡化

通过上述对构成佛教正信的四大要素（三宝、因果、般若、解脱）之简析和介绍，可以知道，所谓的正信就是信三宝、信因果、信般若、信解脱，这四大要素当中，无论缺少哪一个环节，都会导致信仰的不到位或出现偏差。

"人间佛教"作为大乘佛教的现代转型和生活化的阐释，在信仰上，必须牢牢把握"信三宝、信因果、信般若、信解脱"这个根本。自从太虚大师提出"人间佛教"口号以来，中国汉传佛教基本上是沿着"人间佛教"的方向在复兴和发展，虽然取得了令人瞩目的成就，但是毋庸讳言，在这个过程中也出现了一些信仰淡化乃至异化的现象，令人担忧。这些现象对于佛教未来的健康发展是非常不利的。

所谓的信仰淡化，主要表现在：对僧宝之尊重和住持三宝之信仰的淡化，因果观念及戒律意识的淡化，以解脱为目标的出离心之淡化，帮助信众启圆信、开圆解、修圆行的学修风气之淡化。

下面，拟就信仰淡化的几种表现形式，略作剖析。

一、不尊经像、轻视僧宝

前面提到，一体三宝、别相三宝和住持三宝之间是相互依存、不可分割的关系，但是在信仰的实际层面上，有些人因偏重于"一体三宝"或"自性三宝"，常常会借口"即心即佛、平常心是道"，而轻视住持三宝，看不起佛像、经卷和出家人，丧失了对三宝的神圣感，陷入狂慧狂行之中，甚至呵佛骂祖，轻毁经像，谩骂出家人，贡高我慢，以正法自居，反而指责那些老实礼佛、诵经、供僧的人是著相修行、心外求法。

另外，《六祖坛经·疑问品》中讲："若欲修行，在家亦得，不由在寺。

在家能行，如东方人心善；在寺不修，如西方人心恶。但心清净，即是自性西方。"有不少在家信众，因误解这一段经文，以"在家亦能修行"为理由，不肯出家，潜行贪欲。有的人以为自己读的佛书多，世间文化水平也比一般出家人高，就狂妄自大，名曰皈依了三宝，实际上只重佛法二宝而轻视僧宝，认为自己代表了正法，以宗师自居，于僧团之外另立门户，以续佛慧命为幌子，与僧团抗衡，大行人我是非及名闻利养之实，轻视出家人，甚至诽谤僧团，不肯到寺院礼佛参学，更不肯护持僧团，变成了所谓的"二宝居士"。

对住持三宝的不恭敬，对出家人的不尊重，这些都是佛教信仰淡化、异化的表现。佛言，"因地不真，果遭迂曲"。皈依三宝是作为正信佛弟子最基本的要求，现在居然连僧宝都不放在眼里，连佛像、经卷都不恭敬，在这种情况下，想在修行的道路上不走偏、不遭魔扰，又怎么可能呢？

今生恭敬三宝、护持僧宝，来世修行必定能得遇善知识加持。今生若轻视、诽谤三宝，来世出生为人，必定难逢正法、难遇明师，多遭魔难。

二、不信因果、轻视戒律

有的人因圆信未具、圆解未开，不能正确理解"万法唯心、缘起性空"的道理，不知不觉落入拨无因果、轻视戒律的邪见中，潜行贪欲却认为自己是在修禅。这种不信因果的狂禅邪行，也是信仰异化的表现。

三、贪味世乐、轻视解脱

有的人不明白"不二法门"的甚深义理，动辄以"即烦恼而证菩提、即生死而证涅槃、即生灭而证不生不灭"为名，或借口"当下即是""一切法皆是佛法"，毫无出离之心，贪著世法，妄认沉溺五欲之乐为"现法乐住"，不求解脱。

更有名目繁多的种种"禅的快餐"，如茶禅、瑜伽禅、养生禅等等，这些名目作为文化传播的方便是可以理解的，但是它们大多打着佛教的旗号，离开了解脱这个根本，根本不谈破除我法二执，反而滋长我爱我慢的习气。

这种偏离了解脱目标的快餐"禅",不是纯正的佛法,不是真正的禅,而恰恰是生死之"缠"。

四、迎合社会潮流、轻视般若修证

关注现实社会人生,让佛教与生活做全方位的对接,扩大佛教的影响面,让佛教更好地为净化人心、和谐社会服务,这是落实"人间佛教"的必由之路。作为大乘菩萨道行者而言,参与慈善、护生、环保、学术研讨、公益文艺表演等等活动,这些确实是佛教与现实社会人生相沟通的重要桥梁和手段,但是,这些活动的内容和组织形式,必须围绕三宝、因果、般若、解脱这个根本,不能偏离这个根本,更不能有损于这个根本,换言之,必须体现菩提心的精神,必须以引领大众最终走向觉悟和解脱为目标。如果忘记了这个最初的发心,忘记了佛教自觉觉他、自度度他这个本怀,忘记了弘法是为了帮助大众开般若智慧、走上修证解脱大道这个根本,只是为慈善而慈善,或者只是为了扩大某一个人或某一所寺院的影响,那么,这实际上也是一种信仰淡化的表现。

"人间佛教"的落实,固然要适应时代,但是,这个适应不能以牺牲对三宝、因果、般若、解脱之信仰为代价。在弘扬"人间佛教"的过程中,牢牢地抓住"信三宝、信因果、信般若、信解脱"这个根本,是保证佛教信仰纯正性的前提。对一切"不敬三宝、不守因果、不重戒律、不讲解脱、不重修学"的行为,我们都应该保持高度的警觉,因为它们最终会导致我们偏离正信。

第五章　生活禅之正行（上）：
祖师道原则

第一节　祖师道与菩萨道

在本书第二章第三节"生活禅的定位"中，曾经依据修行人当下之目标、用功理路的不同，将佛法之修证分为解脱道、菩萨道和祖师道等三大类。解脱道首重出离心之发起，以了生脱死、出离轮回为第一要务，最后回小向大，勤修六度，二乘修学即属此类。菩萨道首重慈悲心之发起，以勤修六度、拔苦与乐、救度众生为第一要务，待至三祇果满，圆证三身，大乘菩萨道即属此类。祖师道首重实相智之发起，以明心见性、顿证法身、成就中道观智为第一要务，然后入廛垂手，圆修六度，向上一路的最上乘禅宗即属此类。解脱道、菩萨道、祖师道共同构成了完整的佛法修证体系，它们之间谁也离不开谁。此三道，只是下手处和修证理路暂时不同而已，实无高下、优劣之分，最后都必须融法身、般若、解脱之三德秘藏为一体，统悲、智二门为一心，满菩提愿，归于一佛乘。从解脱道、菩萨道和祖师道相互圆融的角度来看，生活禅立足于祖师道，以祖师道的圆顿见地和信心为眼目，以解脱道成就自受用，以菩萨道成就他受用，将解脱道、菩萨道、祖师道融为一体。

从这个角度来看，生活禅之正行，可以总括为两大原则：一是宗门的原则，也就是祖师道原则，强调"在生活中修行，在修行中生活"；一是菩萨道原则，强调"在利他中求觉悟，在奉献中求解脱"。至于解脱道，其精神实际上已经贯彻在祖师道和菩萨道的修行原则当中了，故不必另立一项。

祖师道，乃达磨祖师所传"教外别传、不立文字、直指人心，见性成佛"之圆顿禅法，又称"祖意""祖师西来意"，与"教下""教意"相对待。在汉传佛教史上，"祖意""祖师道"专指禅宗以及与禅宗相关的修行理念和特色。"教下""教意"则专指禅宗之外的其他宗派，如天台、法相、真言等。

众所周知，中国传统文化一向"重心性、重向上、重当下、重简约、重济世、重传承"（参见本书第十四章第一节相关内容），这一传统在禅宗那儿得到了充分的继承和体现。《大学》中讲：

> 大学之道，在明明德，在亲民，在止于至善。知止而后有定，定而后能静，静而后能安，安而后能虑，虑而后能得……古之欲明明德于天下者，先治其国；欲治其国者，先齐其家；欲齐其家者，先修其身；欲修其身者，先正其心；欲正其心者，先诚其意；欲诚其意者，先致其知，致知在格物。物格而后知至，知至而后意诚，意诚而后心正，心正而后身修，身修而后家齐，家齐而后国治，国治而后天下平。自天子以至于庶人，一是皆以修身为本。其本乱而末治者否矣，其所厚者薄，而其所薄者厚，未之有也。此谓知本，此谓知之至也。

借助这段话，我们可以更准确地理解祖师道的真精神。在禅宗那里，"明明德"，就是要弄清自己的本分事，见性成佛，属于自觉；"亲民"就是要教化众生，令其远离我法二执，创建大同社会、人间净土，属于觉他；"止于至善"就是要自觉觉他，觉行圆满；"格物、致知、诚意、正心、修身"就是要发菩提心，启般若观智，开发自己的本有智德，成就自受用；"齐家、治国、平天下"就是要依同体大悲，发无边之大愿，行菩萨道，度化众生，庄严国土，圆满后得智，成就他受用。

有一种观点认为，汉传大乘佛教包括"般若道"和"菩萨道"两大类，"禅宗"属于"般若道"。这种划分虽然不无道理，但是，首先，"般若"一词所揭示的乃三乘共法，无法体现禅宗所独有的"中国特色"。其次，就真正的祖师道而言，菩萨道是祖师道的悟后妙用，乃属祖师道的一部分。第三，祖师道虽然以般若为核心，但更强调般若的圆顿性，在修行上，主张触目是道，直下承当，强调离心意识，无心合道，这是中国禅宗独有的特色。

鉴于"祖师道"是一个最能体现佛教中国化、体现中国佛教特色的概念，所以，在这里我们采用"祖师道"这个概念，意在强调：禅宗不仅仅是中国化的活般若（般若道），同时也是最有中国文化个性的菩萨道传承（菩萨道）。祖师道和菩萨道并不是相互外在的两个东西，而是体用不二的关系。

就祖师道和菩萨道这两个概念的差别性而言：祖师道体现了菩提心中的"上求佛道"之精神，以大智为本；菩萨道体现了菩提心中的"下化众生"之精神，以大悲为本。祖师道是明体，菩萨道是起用，两者相互依存，相辅相成，缺一不可。菩萨道是向善，祖师道是向上。菩萨道是即福之时慧在福，祖师道是即慧之时福在慧。修行如果离开了祖师道，必定落入有漏有为，或者盲修瞎炼；同样地，若离开了菩萨道，必定落入枯寂，或成魔类。故修行必须悲智双运、福慧双修，此乃大乘佛法修行之总纲。

现将祖师道和菩萨道各自所侧重的核心精神，表解如下：

祖师道	菩萨道
以般若为根本	以大悲为根本
明体	起用
入实智	开权智
观生灭即真如	观真如即生灭
随缘不变	不变随缘
返本还源	入廛垂手
归家稳坐	异类中行
截断众流	随波逐浪
官不容针	私通车马
高高山顶立	深深海底行
离四相	而行一切善法
应无所住	而生其心
向上	向善
修慧（即福之慧）	修福（即慧之福）
向上一路，千圣不传	落草为人，和泥合水
自受用	他受用
格物、致知、诚意、正心、修身	齐家、治国、平天下
觉悟人生	奉献人生

　　祖师道和菩萨道共同构成了大乘佛教"实相道场"观的核心内容。实相道场，又称"法义道场"，即信解行证意义上的"学处"，相对于"有相道场"而言，侧重于"无相"之般若观智，故又称"无相道场"。

　　道场，原指佛陀成道的地方，又称菩提道场、菩提场。后泛指出家人用功办道的专用场所，亦指用于广大信众供佛、闻法、亲近出家人、参与宗教活动的法务中心，相当于"寺院"之别称。在此基础上，大乘佛教又将"道场"的涵义进一步扩大为整个佛法修行的落实处，亦即行处、证处，如"直心是道场""大悲是道场""众生是道场""无住是道场""不动是道场"，等等。

简单地说，"道场"包括两个层面的意义：

一指以出家人为核心，依托有形的建筑设施，遵循清规戒律，融生活、修行与弘法利生为一体的寺院组织结构，这个属于"有相道场"。有相道场是三宝的象征，代表了佛教的形象，重在"以相表法""以身表法"，以接引信众为第一要务。

一指依照佛陀所开示的诸如"上求佛道，下化众生""戒定慧三学""悲智双运""定慧等持"等教法，将修行的功夫落实于日常生活中的起心动念处、举手投足处、待人接物处、治生产业处。这个属于"无相道场"，或"实相道场"。

无相道场和有相道场，它们之间是体与相、内因与外缘、内容与形式、实与权、究竟与方便、自行与化他的关系。无相道场是修行的根本，有相道场是修行的助缘。无相道场是体、是内容，有相道场是相、是形式。无相道场是实、是究竟，有相道场是权、是方便。无相道场重在自行，有相道场重在化他。此两者相互依存，互为增上，缺一不可。

关于大乘佛教对"道场"的理解，《维摩诘所说经》卷一中记载：

佛告光严童子："汝行诣维摩诘问疾。"

光严白佛言："世尊！我不堪任诣彼问疾。所以者何？忆念我昔出毗耶离大城，时维摩诘方入城，我即为作礼而问言：'居士从何所来？'答我言：'吾从道场来。'我问：'道场者何所是？'答曰：'直心是道场，无虚假故；发行是道场，能办事故；深心是道场，增益功德故；菩提心是道场，无错谬故；布施是道场，不望报故；持戒是道场，得愿具足故；忍辱是道场，于诸众生心无碍故；精进是道场，不懈怠故；禅定是道场，心调柔故；智慧是道场，现见诸法故；慈是道场，等众生故；悲是道场，忍疲苦故；喜是道场，悦乐法故；舍是道场，憎爱断故；神通是道场，成就六通故；解脱是道场，能背舍故；方便是道场，教化众生故；四摄是道场，摄众生故；多闻是道场，如闻行故；伏心是道场，正观诸法故；三十七品是道场，舍有为法故；四谛是道场，不诳世间故；缘起是道场，无明乃至老死皆无尽故；诸烦恼是道场，知如实故；众生是道场，知无我故；一切法是道场，知诸法空故；降魔是道场，不倾动故；三界是道场，无所趣故；师子吼是道场，无所畏故；力、无畏、不共法是道场，无诸过故；三明是道场，无余碍故；一念知一切法是道场，成就一切智故。如是，善男子！菩萨若应诸波罗蜜教化众生，诸有所作，举足下足，当知皆从道场来，住于佛法矣！'说是法时，五百天、人皆发阿耨多罗三藐三菩提心。故我不任诣彼问疾。"

在这段经文中，维摩诘居士解释了什么是"道场"。很显然，这里所说的"道场"，不是指由殿堂经像等物理要素构成的有相道场，而是指"法义"的道场，亦即"无相道场"，包括解脱道、菩萨道和祖师道。千百年来，这段经文被视为大乘佛教道场观的经典表述。

大乘佛教所高扬的这种无相道场观，在历代禅宗祖师的开示中，得到了完美的继承和发扬。如：

宝志禅师垂语曰："终日拈香择火，不知身是道场。"又曰："大道只在目前，要且目前难睹。欲识大道真体，不离声色言语。"又曰："京都邺都浩浩，还是菩提大道。"（《五灯会元》卷二）

汾阳无业禅师示众云："触目无非佛事，举足尽是道场。"（《景德传灯录》卷二十八）

汾阳善昭曾有颂古云："摘茶更莫别思量，处处分明是道场。体用共推真应物，禅流顿觉雨前香。"（《汾阳无德禅师语录》卷二）

大乘佛教的"无相道场"观，有两大要义：一是强调处处是道场；二是强调不动是道场。所谓不动，即是立足于菩提心和戒定慧三学，以超越二边的如如不动之观智，在日用中做功夫，即念离念，即相离相，心所无住。

关于"无相道场"的这两大要义，永明延寿禅师在《观心玄枢》中讲得非常透彻：

若不观心，何以建立道场？以一念知一切法是道场，成就一切智故。又云：一切众生皆是道场，是不动相故。又道场者，实相理遍为场，万行通证为道，即道无不至，场无不在。若能怀道场于胸中，遗万累于身外者，虽复形处愦闹，迹与事邻，乘动所游，无非道场也。所以弃诸盖菩萨白佛言：世尊，曾闻如来而坐道场，道在何处，为近为远，而可见不？佛言：善男子，法身遍满，无非佛土，十方世界，五荫精舍，性空自离，即是道场。云何问言为近远耶？善男子，若能悟解，道在身心，如是之人，则名为见诸法。又云：我坐道场时，不得一法，唯得颠倒烦恼所起毕竟空性，以无所得故得，以无所知故知。

从引文可知，要落实"处处是道场"的功夫，除了树立"处处是道场"的圆顿信解之外，更为关键的是，要在当下一念超越二边分别取舍，落实一心三观，达到"寂而常照，照而常寂""随缘不变，不变随缘"的真正的"不动"境界。一旦落入分别思量，即使身在道场中，亦会当面错过。

净慧老和尚所提倡的"生活禅"修行理念，很显然受到了祖师禅这种无相道场观的影响，确切地讲，就是为了更好地继承和发扬祖师禅的无相道场观之传统。净慧老和尚认为，佛陀所教导的"诸恶莫作，众善奉行，自净其心""悲智双运，定慧等持""发菩提心，证菩提果"等法义，我们不能仅仅从文字知见上去思维理解，还应当将其精神实质落实在日常生活中，落实在当下的每一个念头上，落实在与大众相处、为大众服务的全过程当中。

什么是道场？净慧老和尚在其诸多开示中，经常提到"生活是道场""红尘是道场""念头是道场""当下是道场""三业是道场""四仪是道场""大众是道场""慈悲是道场""奉献是道场""穿衣吃饭是道场""行住坐卧是道场""举手投足是道场""起心动念是道场""待人接物是道场""治生产业是道场""见闻觉知是道场"，等等。这些提法，含义非常深邃，可以加深我们对"生活禅"的法义之理解。

作为生活禅正行之一的祖师道原则，净慧老和尚曾经用四句话对其内涵做了现代化的诠释，即所谓"将信仰落实于生活，将修行落实于当下，将佛法融化于世间，将个人融化于大众"。这四句话中，前两条重在自觉、自度；后两条则重在觉他、度他，即所谓"利乐有情，庄严国土"。又，前两条可以说是明体，是觉悟人生，为自受用；后两条是起用，是奉献人生，为他受用。净慧老和尚所提出的这四个原则，揭示了生活禅修行理念的核心精神，充分体现了宗门的无相道场观思想。

从祖师禅的无相道场观的角度来看，净慧老和尚所提出的"将信仰落实于生活""将修行落实于当下""将佛法融化于世间",强调的是,修习生活禅要"以生活为道场""以念头为道场""以红尘(世间)为道场";"将个人融化于大众",强调的是,修习生活禅要"以大众为道场"。

所谓以生活、念头、红尘、大众为道场,意即:对于真修行人而言,生活、念头、红尘、大众是落实戒定慧,开启"觉悟人生、奉行人生"之菩提道的下手处、着实处、成就处和受用处。说生活、念头、红尘、大众是修行的下手处、着实处,意指要将修行的功夫落实在当下之生活中、念头上、红尘里,以及与大众相处的过程中。说生活、念头、红尘、大众是修行的成就处、受用处,意指修行的成就和自他两种受用等,必须通过当下清净的念头、觉悟奉献的生活,以及和谐美善的人际关系体现出来。

第二节 将信仰落实于生活

一、将信仰落实于生活的具体内容

信仰必须落实在现实生活中,它的价值才能体现出来。一种信仰,如果对现实的社会人生不能够产生积极的影响,那么这个信仰就是可有可无的,没有意义的。换句话说,信仰的内容必须通过人的言行举止、为人处世和事业追求等体现出来:自觉地运用信仰来引领生活(即为人生提供知和行的坐标)、规范生活(即用因果戒律来规范人的行为)、安顿生活(即以三宝为心灵的依止)、净化生活(即用戒定慧三学来息灭贪嗔痴三毒,净化身口意三业),以及最终超越生活(即在生活中证解脱)。从这个意义上讲,信仰的生命在于引导信众即生活而超越生活、即现实而超越现实。"即",就是深入生活,融入生活,不能离开现实;"超越",就是净化生活,提升生活的品位,在生活中证解脱。

净慧老和尚认为,"将信仰落实于生活,其具体内容是:以三宝为正信的核心,以因果为正信的准绳,以般若为正信的眼目,以解脱为正信的归宿"。他解释道:

我们要把信仰的原则贯彻到日常生活中去。第一步要使信仰生活化。我们在日常生活中举心动念、所作所为都要依据五戒、十善的原则，使我们的人格在信仰中、在生活中成为完整的人格，而不是分裂的人格。不能在寺院里或打坐时是这样，到生活当中又是另一个样子，那我们永远都不能与佛法相应。第二步是要以信仰化生活，我们要用信仰的原则、用佛法的精神去逐步提高生活的品质，改善生活的环境。这样我们生活的品位就提升了。这当然包括物质方面的丰富，更重要的是使生活的内容、生活的品质趋于净化，趋于完善，趋于崇高；要使那些低级庸俗的趣味、对感官享乐的贪求逐渐被涤除。由此我们就会有和乐的家庭生活，就会有完美高尚的社会生活，那我们就有可能逐步实现佛化家庭、佛化社会。（《修学生活禅的四个要点》，见《人间佛教思想文库·净慧卷》）

从这段开示中，可以看出，将信仰落实于生活，有两个重要环节：

一是要将信仰生活化、人格化。也就是说，要把信仰通过自己的身口意三业表现出来，按信仰的要求去生活，将信仰变成自己的生活方式、认识事物的方式以及为人处世的方式，将佛法人格化。

二是要用信仰来引领我们的生活，规范我们的行为，净化我们的三业，提升我们的生活品位。

将信仰落实于生活，具体说来，要做到如下几点：

（一）以三宝为精神依止

在日常生活中，要恭敬、供养、护持三宝，远离外道邪师典籍。在传统的三皈依仪式上，都会念到下面这段文字：

尽形寿皈依佛，尽形寿皈依法，尽形寿皈依僧。皈依佛竟，宁舍身命，终不皈依自在天魔等，皈依如来，至真等正觉，是我所尊，慈愍故；皈依法竟，宁舍身命，终不皈依外道典籍，皈依如来所说三藏十二部一切经典，是我所尊，慈愍故；皈依僧竟，宁舍身命，终不皈依外道邪众，皈依清净福田僧，是我所尊，大慈愍故。

这段文字很清楚地告诉我们，在日常生活中应当如何落实对三宝的信仰。

（二）以因果为行为准则

在日常生活中，要相信因果，敬畏因果，按因果规律办事，讲良心，守道德，持戒律，不得做损人利己的事情，要按照五戒十善、四摄、六度、四无量心和八正道的原则去生活。

（三）以般若为处世眼目

在日常生活中，要学会用万法唯心、缘起性空、法界圆融、不二法门等观念，来指导自己认识世界和为人处世。

（四）以解脱为终极追求

在日常生活中，不要被暂时的生灭无常的不清净的五欲之乐所蒙蔽，要追求出世间的清净解脱，要过净化的超越的生活。

二、做人的八字方针 —— 信仰、因果、良心、道德

为了帮助信众更好地理解和落实"将信仰落实于生活"这一原则，净慧老和尚又提出了更为具体的做人"八字"方针，即"信仰、因果、良心、道德"：

以信仰为根本，培养做人的神圣感；以因果为原则，培养做人的敬畏感；以良心为保证，培养做人的责任感；以道德为操守，培养做人的尊严感。

关于这八个字的具体内容，净慧老和尚又做了如下解释：

（一）信仰

人生不能没有信仰。人生没有信仰，就好像一个人没有灵魂一样，做一切事情都没有定盘星，没有内在的符合善法的标准、符合自他利益的标准。一个人只有选择了正确健康的信仰，人生的道路和方向才能够有真正的定位。如果人生的方向不能定位，我们做人做事的目标就不会很清晰，一切都是盲目的，很容

易滑向损人损己的恶境中。佛教的信仰是正信而不是邪信，是智信而不是迷信，它融大悲与大智于一体，是一种非常究竟、非常正确、非常健康的信仰，它能够让我们避免走入信仰的误区，不会在信仰问题上、在人生的目标上产生偏差。

（二）因果

世间的万事万物都是有因有果的。种什么因结什么果，就像春天播什么种子，秋天就有什么样的收获一样。所谓如是因，如是果；种瓜得瓜，种豆得豆；善恶到头终有报，只争来早与来迟。人生于世，做一切事情有一个最根本的出发点，就是要明白因果道理，树立正确的善恶标准，这样，我们在举心动念、所作所为当中，就会种善因、结善缘、得善果，避免种恶因、结恶缘、得恶果。

人生的际遇多种多样，有的人做事情一帆风顺，心想事成；有的人做事情，障碍重重，诸事不顺。这些都不是偶然的，都是因果规律在起作用。虽然种什么因得什么果，确实有一定的规律性，但是，只要我们有一个健康的信仰，在结果上尽管我们不可选择，但是在种因上我们有主动权。我们不能选择什么果报，但是可以选择种什么因。我们尽量不做损人利己、伤天害理的事，经过不断地积累，就能够改变人生的际遇。我们无法改变结果，但是我们可以创造一切善因善缘，使恶的结果推迟，使好的结果提前。这也不是不可能的，这也是我们人生的主动权。人生在因果规律面前看起来好像是被动的，实际上作善作恶，仍然是我们自己的选择。既然自己能选择，过去的事情我们无法挽回，但是可以多做善事，多种善因，多创造善因善缘，对过去的缺陷、过去的遗憾，还是可以弥补的。

（三）良心

如何保证因果的规律在我们的生活当中得到落实？良心是保证。良心实际上，就是对因果规律的自觉和敬畏。有良心的人，他一定会时时刻刻想到自己的利益和他人的利益是一致的，一定会时时刻刻想到损害他人的同时就是损害自己。

良心是非常奥妙的。只要我们有一念恻隐之心、一念向善之心、一念慈悲之心、一念爱心，就说明良心在发挥作用。良心在儒家的思想里说是"天理良心"，它和上天所规定的根本道理是一致的。上有天理，下有良心。天理就是宇宙万物的自然法则，良心就是我们人的良知良能。人的良知良能与天理是一致的。

人有良知良能，所以从古至今，善事的积累、好事的积累、功德的积累，总是占主要的位置，这就是良心的落实。如果良心偏离了，良知良能没有得到发挥，那么人类的劣根性就会起作用。所以在人类历史上，无论是过去还是现在，总有许多阴暗面，总有许多丑恶面，这是我们人类从古到今时时必须面对的事实。

怎样使人类光明的一面占上风，使丑恶阴暗的一面尽量缩小，这就要靠人类良知良能的养成、要靠良心的落实。从普通老百姓来讲，不知道什么是因果，也不知道什么是信仰，只知道这个人有没有良心。普通老百姓就是用有没有良心来衡量一个人的是非善恶。由此可见，养成和发扬人性善良的一面，抑制消除人性丑恶阴暗的一面，就是不断培养人类良知良能的过程。

（四）道德

道德不是空洞的概念，道德是一种伦理关系、社会关系。两个人以上，才有所谓的伦理，才有所谓道德。人生在世，没有一时一刻是孤立的，每时每刻都在与不同的社会成员发生各种各样的关系，如何正确处理好这些关系，那就要用道德的观念来指导我们每时每刻的言行。

从国家的层面上来说，国家用法律的力量来约束老百姓的言行，使每一个老百姓的言行能够服从国家利益、社会利益和大众利益。国家法律以什么为基础呢？以道德为基础。法治的目的就是要落实人类的道德，法治完善了，德治就在其中。作为一个社会团体、一个企业、一个工厂、一个寺院，都会根据国家的法律和该团体自身的要求，制定诸多具体的规章制度，这些也是道德建设的组成部分。

具体讲到佛教的道德，就体现为佛教的清规和戒律。清规戒律缩到最小的范围，就是五戒。五戒的内容很具体：不杀生、不偷盗、不邪淫、不妄语、不饮酒。一个人对于自身和他人所做的种种好事坏事，无非是这五个方面的延伸。

所谓杀生，包括对人的伤害，以及对一切动物的无辜伤害，反之就是不杀生。不杀生体现为对生命的尊重。彼此都是生命，只是人类暂时处于主动地位，其他动物，飞禽走兽也都具有生命，不过它们暂时处于被动地位。动物对自我的保护是本能的，只有人类对自身的保护才是一种自觉行为。所以人类要学会尊重一切生命，我们在自觉保护自己的同时，应该想到其他生命很可怜，它们只能依靠本能来保护自身的安全，我们人类有责任协助其他生命都能获得安全。这就是对生命的尊重。

生命的形态对于每个个体生命来说都不是固定不变的，都是在轮回之中。我们这辈子是人的生命形态，那是因为我们在过去生中做了许多好事，做了符合人类生命要求的善事，所以才暂时感得人类的生命。如果这一辈子不懂得珍惜，经常对其他生命造成伤害，下一辈子也许我们这个人的生命形态就失去了，以其他的生命形态出现在这个世间，原来自己加于其他生命的伤害届时体现为人类对你的不尊重，使你遭到人类的种种迫害。就这样，生命轮回在无始无终的彼此互相残害的悲剧中。我们今天知道了这个道理，能够有所觉悟，就要非常自觉地尊重其他生命的安全和自由，就像人类尊重自身的安全与自由一样。

佛教所说的五戒，都是从生命的互相尊重、互相爱护出发而制定的，都是以为了彼此的生命安全与自由提供方便和条件为出发点而制定的。

比如说不偷盗，是指对他人的财物不要窃取，不要"不与而取"。生命的安全、生命的延续靠什么呢？靠物质财富。有物质财富，才有生命的安全和生命的延续。既然每个人都有改善生存条件的权利和需求，那就必须相互尊重，不要为了自己的生命需求，就不顾他人的生命需求，而将其物质财富据为己有。那就是一种不道德的行为。

比如说不邪淫，不邪淫就是指除了正当夫妻生活和夫妻关系以外，不要有婚外关系。遵守不邪淫戒也是对他人的尊重，是对他人的人格尊严、家庭幸福、子女正常成长的一种尊重。如果有了不正当的婚外关系，虽然也会有一时的某种满足，但实际上在自己那种刹那间的满足中，不知道包括多少人的痛苦在内。最直接的，就是彼此的家庭关系受到损害、受到破坏。由此可见，佛教的这些戒律很实在、很实际、很实用。

第四条是不妄语，包括不骂人（恶口），不挑拨是非（两舌），不说低级下流的话（绮语），不说无中生有的话（妄言）。不妄语戒是和谐的、良好的人际关系的保证。人际关系好与不好，有很大一部分原因取决于我们的言语。佛教把言语称为口业。由于口德不好，口业不清净，就会有意无意造成人际关系的不和谐与恶化。不妄语这一条戒，对于搞好人际关系，促进企业和谐、社会和谐至关重要。

第五条是不饮酒。本来饮酒这件事国家的法律并未禁止，佛教考虑到酒能乱性，所以制定了不饮酒戒。因为饮酒过量，就很有可能把上面四条戒都毁犯了。因为酒后神志不清，容易造成对他人生命的伤害，容易导致与他人的妻子或丈夫发生越轨的行为，或者说一些影响他人关系和谐的话，所以，不饮酒这条戒，是为了保证不杀、盗、淫、妄这四条戒能够守持清净而制定的。杀生、偷盗、邪淫、妄语这四条叫作性戒，意思是其性质无论是从佛法还是从国法来说，都是不道德的恶的行为。

尽管国家的法律很多，真正归根结底，不会超过佛教五戒所指的这些内容。所以佛教的五戒是社会道德的根本原则，也是我们修养身心、落实信仰、因果和良心的基本准则。

我们在做人当中，能够按照"信仰、因果、良心、道德"这八个字要求自己，我们就会有一个幸福、圆满、尊贵的人生。人生的种种缺陷、种种烦恼和痛苦，都是由于没有很好地落实这八个字而造成的。（《做人做事的"二八方针"》，见《人间佛教思想文库·净慧卷》）

在上述做人的八字方针中，对三宝的信仰，在生活中首先表现为对因果规律的敬信；一个人如果轻视因果、恣意践踏因果，那么他就不是一个正信的佛教弟子。当对因果规律的信仰变成了日常生活中的自觉和自律时，就是良心；这里所说的良心，其本质就是菩提心。良心是无形无相的，当它最后通过身、口、意三业表现出来的时候，就变成了道德；这里所说的道德，包含了佛制戒律。所以，从信仰、因果到良心、道德，这实际上是佛教的正信不断地在得到具体落实的过程，是一个不断深化和内化的过程。

第三节　将修行落实于当下

本书第二章"生活禅的定位及其经教基础"，曾经指出过，净慧老和尚所提出的生活禅并没有局限于某种特殊的禅法，它是一种修行理念，一种在生活中落实佛法的理念，一种将佛法修行变成日常生活方式之理念。"将修行落实于当下，在生活中修行，在修行中生活"，这句话最能揭示生活禅的本质。

关于"将修行落实于当下"，净慧老和尚后来又将其具体含义界定为：

> 修在当下，悟在当下，证在当下，庄严国土在当下，利乐有情在当下。

这五个"当下"构成了生活禅修行的最大特色。它立足于宗门的圆顿见地和信心，尝试对祖师禅"触目是道、一切现成、直下承当、随处作主、立处皆真、顿悟成佛"的思想，做出一种适合现代人理解和接受的新的阐释。

这五个"当下"，本质上是对生命整体的一种全身荷担，对自性般若的一种彻底落实，它强调将信、解、行、证圆成于现前一念，当下即信即解、即观即证。此时的"信、解、行、证"已不是教下的次第渐进，而是宗门的一念圆成。

下面，拟从五个方面，对"将修行落实于当下"这句话的含义，做简要的展开说明。

一、以当下一念为修行解脱的切入点

佛教所说的"当下"，大多与"一念"联系在一起，称为"当下一念"，但它并不仅仅指过去、现在、未来这一相对意义上的"现在"，而是现前我们唯一可以感知的生命存在的真实点，也是我们与生命发生关联、并对生命施加影响的唯一通道和下手处。

（一）生命的真相 —— 当下一念心之流转

为了说明生命的真相，佛教提出了两种生灭概念，即一期生灭和刹那生灭。

有情众生，从生到死，一期生涯，谓之一期生灭。一期生灭是生命流转的粗相。这一点，普通人都能认识到。

有情生命，刹那之间，念念生灭不停，如流水灯焰，谓之刹那生灭。刹那生灭是生命流转的细相。这一点，一般人都不太注意，但是对修行人而言，恰恰是最应当关注和把握的。

《四十二章经》记载：

佛问沙门："人命在几间？"对曰："数日间。"佛言："子未知道。"复问一沙门："人命在几间？"对曰："饭食间。"佛言："子未知道。"复问一沙门："人命在几间？"对曰："呼吸间。"佛言："善哉！子知道矣。"

刹那生灭表明，生命的轮回从本质上讲，不过是念头在不断地流转而已，犹如流水一般，既相续又不断地变化。原始佛教的"十二缘起观"便是对这一流转过程的详细说明。

另外，《首楞严经》中曾经提到过世界、众生、业果三种相续，这三种相续从本质上看，亦不过是真如心的"无明不觉生三细，境界为缘长六粗"之变化过程而已。其中，当下一念心之迷染和悟净，是生命流转过程中最为重要的环节。看破当下一念妄心，不被妄心所转，这才是出离生死轮回的根本。

1. 一切众生，从无始来，生死相续，皆由不知常住真心性净明体，用诸妄想，此想不真，故有轮转。（《首楞严经》卷一）

2. 诸善男子！我常说言：色心诸缘，及心所使，诸所缘法，唯心所现。汝身汝心，皆是妙明真精妙心中所现物。云何汝等遗失本妙圆妙明心、宝明妙性，认悟中迷？晦昧为空，空晦暗中，结暗为色，色杂妄想，想相为身。聚缘内摇，趣外奔逸，昏扰扰相，以为心性。一迷为心，决定惑为色身之内。不知色身，外洎山河、虚空、大地，咸是妙明真心中物。（《首楞严经》卷二）

上述经文明确告诉我们，在生命的流转过程中，心才是生命运行的根本。所以，要把握生命必须从把握当下一念心开始。这是佛教修行的基本理念。《大乘起信论》讲：

1. 是故三界虚伪，唯心所作，离心则无六尘境界。此义云何？以一切法皆从心起，妄念而生。一切分别，即分别自心。心不见心，无相可得。当知世间一切境界，皆依众生无明妄心而得住持。是故一切法如镜中像，无体可得，唯心虚妄，以心生则种种法生，心灭则种种法灭故。

2. 云何熏习起染法不断？所谓以依真如法故，有于无明。以有无明染法因故，即熏习真如。以熏习故，则有妄心。以有妄心，即熏习无明。不了真如法故，不觉念起，现妄境界。以有妄境界染法缘故，即熏习妄心，令其念著，造种种业，受于一切身心等苦。（真谛译本《大乘起信论》）

六道轮回就在当下一念之驱动下无有止息地进行着。凡夫的当下一念，绝大多数时候都是与六道相对应的：一念嗔心即堕地狱，一念贪心即堕饿鬼，一念痴心即堕畜生，一念五戒十善即入人道，一念四禅八定即登天道。另外，临命终时，投胎托生之去向，亦取决于当下一念。当下一念业力习气最强者，一旦现前，就会幻现出相应的种种境界，诱导亡人进入生命之轮回。可见，轮回并不神秘，当下念头之流转，即是六道轮回。

既然生命的流转，实为妄念之流转，故修行就是要当下一念"观妄念无相"，也就是说，当下一念提起般若观照，照破所有念头、情绪和习气的虚幻性，不被它们所转，此即是《大乘起信论》所说的"若有众生能观无念者，则为向佛智"。

（二）把握当下一念是把握生命的关键

从生命的刹那生灭特性来讲，当下一念是我们唯一可以把握的所谓"生命的真实"。因为过去已经过去，无可挽回；未来尚未到来，亦不可把捉；唯一可以把捉的生命之真实状态，就是当下一念。

巴利文《胜妙独处经》有"跋地罗谛偈"云：

慎莫念过去，亦勿愿未来。过去事已灭，未来尚未至。当下于此际，如实行谛观。行者住于斯，安稳无障碍。今日当精进，勿待明日迟。死亡不可期，吾当如何置？若有如是人，安住于正念，昼夜无间断，圣者遂称彼，了知圣独处。（摘自一行禅师《与生命相约》，明洁、明尧译）

这首偈子通过揭示生命的无常，表明了这样一种观念：保持当下之正念，如实谛观念头的生灭无常，不被念头所转，这是圣者的修行之道。

前面"生活禅之正信"一章中，在介绍"以因果为正信的准绳"的时候，曾从因、缘、果的角度，提到了当下一念是自主因果的关键。"欲知前世因，今生受者是；欲知未来果，今生作者是。"无量的过去劫，我们或许造作了各种各样的恶因，虽然我们现在无法改变这一事实，但是，依据因果规律，我们现在并不是无能为力的，我们完全可以借助觉悟的力量，通过保持清净的心态、清净的三业、广结善缘的方式，令过去的恶因不得成熟或者推迟成熟，而令过去的善因能快速成熟。在这个过程中，当下一念心是最为关键的一环。当下一念，如果我们按照"种善因，结善缘，勤忏悔，报冤行，善观心"的原则去做的话，我们就能够做因果的主人。

当下一念不仅是自主因果的关键，同时也是获得解脱的关键。解脱的本质就是当下一念能够透过五欲六尘的系缚，不被它们所转，能够自觉、自主、自足、自在。未来果上的解脱，不过是当下这一念解脱功夫的成熟成片之自然显现而已。如果错过了当下一念觉悟的功夫，修行就没有了根本，解脱也就成了空话。

所以，在谈到"将修行落实于当下"这一原则时，净慧老和尚解释道：

我们修行要时刻不离当下一念。当下一念处理不好，一切都无从谈起。《地藏经》上讲"南阎浮提众生举止动念，无不是业，无不是罪"，可见当下这一念事关重大，十法界的形成都是从这一念开始的。我们要让自己的每一念都清清楚楚、明明白白，毫不含糊，在无明烦恼刚要萌动时就要用智慧的光芒照破它，不可随它迁流。古德所说"念起即觉，觉之即无"，就是觉照当下一念的方法。

我们如果能把修行落实于当下，那么我们就不必担心到腊月三十会手忙脚乱，不必担心最后一息不来时会前路茫茫。因为当下是一个永恒的概念，当下不等于是这一念，这一念过了，下一念还是当下，当下就作得主，时时处处就能作得主，这就是所谓"一念万年，万年一念"。能做到这一点，何愁生死不了，何愁烦恼不断，何愁圣果不成呢？所以各位包括我自己，都要用"将修行落实于当下"这样一个高标准来勉励自己，约束自己，照这样去修，那我们一切时一切处都能修行，一切场合都能成为修行的道场，那就像佛典上说的"处处总成华藏界，个中无处不毗卢"。（《修学生活禅的四个要点》，见《人间佛教思想文库·净慧卷》）

十方法界的形成从当下一念开始，生死轮回从当下一念开始，同样地，修行解脱也要从当下一念开始。离开了当下一念，我们的修行就失去了着力点。从这个角度来讲，生活禅的本质，就是"以念头为道场"，以不自欺、不欺他的心（即儒家所说的"正心诚意"。大乘菩萨道之"心戒"和"菩提心"乃佛门之"正心诚意"），客观面对并及时觉破自己烦恼不净的念头，令其不再相续，当下变成道念，勿以自己内心烦恼不净的念头别人不知道而任其放逸、相续。此乃儒家"慎独"功夫的切要处，亦即生活禅功夫的切要处。所以，修行要从觉破、自主当下一念开始。

二、以宗门的圆顿信解为落实功夫的基础

生活禅的修行理念不同于教下的地方，在于它以宗门的圆顿信解作为统摄生活与修行的基础。净慧老和尚强调，修习生活禅必须首先树立宗门的圆顿信解。这一观点源自临济禅师。

临济禅师讲，修行必须首先建立起"真正见解"。他说：

1. 我且不取你解经论，我亦不取你国王大臣，我亦不取你辩似悬河，我亦不取你聪明智慧，唯要你真正见解。（《镇州临济慧照禅师语录》）

2. 今时学佛法者，且要求真正见解。若得真正见解，生死不染，去住自由，不要求殊胜，殊胜自至。（《镇州临济慧照禅师语录》）

这里所说的"真正见解"，显然不同于教下的文字知见，而是指宗门的圆顿见地和信心，即将大乘佛教的佛性论、法界观和般若观等核心理念圆成于现前一念之正信、正见和正念，后人又称之"正法眼"。

关于宗门的圆顿信解，可以用如下几句话来概括：（1）即心即佛，平常心是道；（2）道在日用，道在六根门头放光动地；（3）道遍一切时处，须臾不曾离；（4）道在当下一念无分别处现前；（5）处处逢归路，头头达故乡。

对这五个要点，若能如是信、如是解，且能落实于现前一念之观照当中（即正念），是为圆顿的信解。

（一）即心即佛，平常心是道

这里所说的"心"不是第六生灭意识，而是如来藏心，又称常住真心、法界心、真如、自性。佛教认为，外在的山河大地、日月星辰，内在的起心动念、举手投足，乃至神通智慧等诸般妙用，都是心的显现和作用。所谓的悟道证道，就是要如实地体悟和实证这个"万法唯心、缘起性空"的道理。

这一点，在《华严经·夜摩宫中偈赞品》"觉林菩萨偈"中讲得非常清楚：

> 心如工画师，能画诸世间，五蕴悉从生，无法而不造。如心佛亦尔，如佛众生然，应知佛与心，体性皆无尽。若人知心行，普造诸世间，是人则见佛，了佛真实性。心亦不住身，身亦不住心，而能作佛事，自在未曾有。若人欲了知，三世一切佛，应观法界性，一切唯心造。

禅宗讲"见性成佛"，也是以此为理论依据的。圆悟克勤禅师讲：

> 人人脚跟下本有此段大光明，虚彻灵通，谓之本地风光。生佛本具，圆融无际，在自己方寸中，为四大五蕴之主。初无污染，本性凝寂。但为妄想倏起翳障之，束于六根六尘，为根尘相对，黏腻执著，取一切境界，生一切妄念，泪没生死尘劳，不得解脱。是故诸佛祖师悟此真源、洞达根本，悯诸沉沦，起大悲心，出兴于世，正为此耳；达磨西来，教外别行，亦为此耳。只贵大根利智，回光返照，于一念不生处明悟此心。况此心能生一切世出世间法，长时印定方寸，孤迥迥、活泼泼。才生心动念，即昧却此本明也。如今要直截易透，但放教身心空劳劳地，虚而灵、寂而照，内忘己见、外绝纤尘，内外洞然，唯一真实。（《圆悟心要·示胡尚书悟性劝善文》）

圆悟克勤禅师所说的"本地风光"，就是教下所说的如来藏心、常住真心、法界心、真如，亦即六祖所说的自性。此本地风光为生佛之所共有。众生因为妄想分别而昧却此本地风光。反过来说，修行人要开显此本地风光，不必外求，只需于一念不生处、一念平等无分别处明悟即可。

请参阅两则祖师语录——

1. 马祖法语

道不用修，但莫污染。何为污染？但有生死心，造作趋向，皆是污染。若欲直会其道，平常心是道。何谓平常心？无造作、无是非、无取舍、无断常、无凡无圣……只如今行住坐卧、应机接物，尽是道。道即是法界（按：一真法界，又称心、自性、常住真心），乃至河沙妙用，不出法界。若不然者，云何言心地法门？云何言无尽灯？一切法皆是心法（按：心所生之幻法），一切名皆是心名（按：心所安立之假名）。万法皆从心生，心为万法之根本。（《马祖四家语录》）

一切众生，从无量劫来，不出法性三昧（按：法性，又称自性、佛性、真如理体。指日用与法性之理体相应，安住自性般若而行一切法，不变随缘，随缘不变，谓之法性三昧），长在法性三昧中，著衣吃饭，言谈祇对（按：祇对，应答的意思。祇，恭敬），六根运用，一切施为，尽是法性。不解返源，随名逐相，迷情妄起，造种种业；若能一念返照，全体圣心。（《马祖四家语录》）

2. 石头和尚法语

吾之法门，先佛传授。不论禅定精进，唯达佛之知见。即心即佛，心佛众生，菩提烦恼，名异体一（按：即心即佛）。汝等当知，自己心灵，体离断常，性非垢净（按：此心远离二边），湛然圆满，凡圣齐同，应用无方（按：常现在前，遍一切时处），离心意识（按：此心非分别生灭之意识）。三界六道，唯自心现，水月镜像，岂有生灭（按：此心为万法之根，万法唯心所现）？汝能知之，无所不备。（《五灯会元》卷五）

（二）道在日用，道在六根门头放光动地

从体性上讲，自性虽然无形无相，不可把捉，但是，我们可以通过它的妙用——日用治生产业、待人接物、举手投足、起心动念、见闻觉知等，来体证它、跟它打照面。

1. 婆罗提尊者开示"性在作用"

婆罗提尊者（达磨祖师的弟子）曰："王（香至王）既有道，何摈沙门？我虽无解，愿王致问。"王怒而问曰："何者是佛？"提曰："见性是佛。"

王曰："师见性否？"提曰："我见佛性。"王曰："性在何处？"提曰："性在作用。"王曰："是何作用，我今不见？"提曰："今现作用，王自不见。"王曰："于我有否？"提曰："王若作用，无有不是。王若不用，体亦难见。"王曰："若当用时，几处出现？"提曰："若出现时，当有其八。"王曰："其八出现，当为我说。"婆罗提即说偈曰："在胎为身，处世为人。在眼曰见，在耳曰闻。在鼻辨香，在口谈论。在手执捉，在足运奔。遍现俱该沙界，收摄在一微尘。识者知是佛性，不识唤作精魂。"（《五灯会元》卷一）

2. 临济禅师法语

道流！心法无形，通贯十方，在眼曰见，在耳曰闻，在鼻嗅香，在口谈论，在手执捉，在足运奔。本是一精明，分为六和合。一心既无，随处解脱。山僧与么说，意在什么处？只为道流一切驰求心不能歇。（《镇州临济慧照禅师语录》）

3. 傅大士《法身偈》

夜夜抱佛眠，朝朝还共起。起坐镇相随，语默同居止。纤毫不相离，如身影相似。欲识佛去处，只这语声是。（《五灯会元》卷二）

（三）道遍一切时处，须臾不曾离

既然大道不在别处，就在我们的日用当中，就在我们的六根门头处，我们的生命活动全体都是道的体现，可见，道是遍一切时、遍一切处、遍一切心态的，它在时间上是不间断的（并不是说你修行的时候道就在，不修行的时候道就不在），在空间上是不间断的（并不是说你在寺院里就有道，离开了寺院就没有道），在心态上也是不间断的（并不是说你高兴的时候道就在，烦恼的时候道就不在）。正如《中庸》中所讲，"道也者，不可须臾离也，可离非道也"。

且举数则祖师语录来说明——

1. 圆悟克勤禅师法语

永嘉云："不离当处常湛然"，亲切无过此语；"觅则知君不可见"，但于当处湛然，二边坐断，使平稳，切忌作知解求觅；才求即如捕影也……信得心及，见得性彻，于日用中无丝毫透漏；全世法即佛法，全佛法即世法，平等一如，岂有说时便有、不说时便无，思量时便有、不思量时便无？如此即正在妄想情解间，何曾彻证？直得心心念念照了无遗，世法佛法初不间断，则自然纯熟、左右逢原矣。（《圆悟心要·示璨上人》）

2. 崇真甄头悟道偈

万年仓里曾饥馑，大海中住尽长渴。当初寻时寻不见，如今避时避不得。（《五灯会元》卷十八）

3. 赵州和尚语录

问："如何是道场？"师（赵州和尚）云："你从道场来，你从道场去。脱体（全体）是道场，何处更不是？"（《赵州和尚语录》卷中）

上述祖师的开示，虽然语言千差万别，但基本的精神却是一个，无非是告诉我们，要对"道在眼前""道在日用""道也者不可须臾离也"这一点信得及，告诉我们不要离开当下试图向过去和未来寻找大道，也不要离开日常生活去某个人迹罕至的地方寻找大道。我们就生活在道当中，一刻也没有离开过道。宗门中讲，"触目是道、一切现成"，就是这个意思。

（四）道在当下一念无分别处现前

修行人仅仅相信"大道就在眼前、须臾不曾离开过我们"这一点是远远不够的，我们还必须知道当下与大道相应的方式。我们的用功原则和用功方法将依此而确定。

历代祖师都强调，大道并不遥远，就在当下一念不生处、一念无分别处现前。请看两则祖师法语——

1. 临济禅师法语

如今学者不得，病在甚处？病在不自信处。你若自信不及，即便茫茫地，徇一切境转，被他万境回换，不得自由。你若能歇得念念驰求心，便与祖佛不别。你欲得识祖佛么？只你面前听法底是。学人信不及，便向外驰求……道流！约山僧见处，与释迦不别。今日多般用处，欠少什么？一道神光，未曾间歇，若能如是见得，只是一生无事人……尔要与祖佛不别，但莫外求。尔一念心上清净光是尔屋里法身佛，尔一念心上无分别光是尔屋里报身佛，尔一念心上无差别光是尔屋里化身佛。此三种身是尔即今目前听法底人。只为不向外驰求，有此功用。（《镇州临济慧照禅师语录》）

2. 圆悟克勤禅师法语

无疑、无二边、无执著、无取舍，无见刺，日用一切皆为妙用、皆为道场。当人脚跟下一段事，本来圆湛，不曾动摇，威音王佛前直至如今，廓彻灵明，如如平等，只为起见生心、分别执著，便有情尘、烦恼扰攘。若以利根勇猛身心，直下顿休，到一念不生之处，即是本来面目。所以古人道："一念不生全体现"，此体乃金刚不坏正体也；"六根才动被云遮"，此动乃妄想知见也。多见聪明之人，以妄心了了，放此妄心不下；逼到歇至不动处，不肯自承当本性，便唤作空豁豁地，却拟弃有著空，是大病。若有心弃一边、著一边，便是知解，不能彻底见性。此性非有，不须弃；此性非空，不须著；要当离却弃著有无，直下怙怙地，圆湛虚凝，翛然安稳，便能自信此真净妙心。饷间被世缘牵拖，便能觉得，不随他去。觉即把得住，不觉即随他去。直须长时虚闲，自做工夫，消遣诸妄，使有个自家省悟之处始得。昔人云："不离当处常湛然，觅即知君不可见。"（《圆悟心要·示道人》）

接下来，再举两则耳熟能详的古人悟道公案，来说明大道往往是在一念不生处、一念无心处现前的。

1. 左丞范冲居士悟道因缘

左丞范冲居士参圆通道旻禅师。茶罢，范冲居士喟然长叹道："某行将老矣！堕在金紫行（按：指官场）中，去此事（按：指悟道解脱）稍远。"道旻禅师于是呼内翰之名。范冲居士随声应喏。道旻禅师反问道："何远之有？"范冲居士言下有省，遂礼拜道："乞师再垂指诲。"道旻禅师道："此去洪都有四程。"范冲居士正要拟思，道旻禅师道："见即便见，拟思即差。"范冲

居士终于豁然有省。（《禅宗大德悟道因缘》，参见《五灯会元》卷十八）

2. 枢密吴居厚居士悟道因缘

枢密吴居厚居士，参庐山圆通道旻禅师。道旻禅师便问："曾明得透关底事么？"吴居士道："八次经过，常存此念，然未甚脱洒在。"道旻禅师于是将一把扇子递给吴居士，说道："请使扇。"吴居士接过后，便挥动着扇子。道旻禅师问道："有甚不脱洒处？"吴居士一听，忽然有省，便道："便请末后句！"道旻禅师于是挥扇两下。吴居士道："亲切！亲切！"道旻禅师道："唧嗻舌头三千里。"（《禅宗大德悟道因缘》，参见《五灯会元》卷十八）

从上述引文和公案中可以看出，大道虽然超乎言象之外，但是，只要我们解得透、信得及，且能一念歇得向外驰求的心、分别计较的心、狐疑不信的心、二边分别的心，当下即可与大道相应。

（五）处处逢归路，头头达故乡

既然日用施为都是大道的妙用，大道就在当下，一刻也没有离开过我们，因此，生活中的在在处处都是我们的回家之路，都是我们修行的道场，都是我们行道、悟道、证道的机缘，只要我们信得及，并且肯当下回头，当下就是解脱，所谓"故乡原不隔天涯，上得船来便到家"（《宗鉴法林》卷四十二）。

宝志禅师云："京都邺都浩浩，还是菩提大道。""大道只在目前，要且目前难睹。欲识大道真体，不离声色言语。""终日拈香择火，不知身是道场。"（《五灯会元》卷二）神照本如禅师亦有悟道偈云："处处逢归路，头头达故乡。本来成现事，何必待思量。"（《五灯会元》卷六）所表达的，都是同一旨趣。

古人讲"尽大地是个解脱门"（《宗门拈古汇集》卷二十九）。既然"尽大地是个解脱门"，为什么众生却拽不进来呢？根本原因就是众生信不及，分别取舍和向外驰求的心断不了，宗门中谓之"含元殿里问长安"，或谓之"骑驴觅驴"。对此，憨山大师在《示刘平子》书中，有明确的说明：

向道不难，而难于发心。道不难学，而难于外求。道不难会，而难于拣择。

道不难入，而难于自足。道不难悟，而难于求玄。学道之士，于此一一勘破，不被人瞒，心旷神怡，翛然独步，此之谓玄通之士也……道在日用而不知，道在目前而不见，以知日用而不知道，见目前而不见道。非道远人，人自远耳。故曰道在目前，不是目前法，亦不离目前，非耳目之所到。苟能透过目前，逆顺关头、毁誉境上，不被牵绊，横身直过，如此用心，则圣人不在三代，今古不离一念矣。（《梦游集》卷四）

以上从五个方面，对宗门的圆顿理念做了一个大致的介绍。从中可以看出，净慧老和尚提出的"五个当下"，并不是随心所欲之杜撰，而是有其深厚的经教基础和祖师禅之依据的。其见地透彻，与祖师禅的圆顿精神完全相应。作为对太虚大师"人间佛教"理念的深化和具体落实，净慧老和尚的生活禅修行理念，之所以称为"禅"，其原因恐怕就在于此。

三、以现前一念"历历孤明"为功夫的下手处

前面提到过，大道就在当下，就在现前一念不生处现行，可见，修行的下手处不在别处，就在当下一念。离开了现前一念，修行便失去了根底。

六祖讲，"前念迷即凡夫，后念悟即佛。前念著境即烦恼，后念离境即菩提"。又讲，"一切处所，一切时中，念念不愚，常行智慧，即是般若行。一念愚即般若绝，一念智即般若生"（《六祖坛经·般若品》）。可见，众生之迷，迷于现前一念；诸圣之悟，悟于现前一念。生佛、凡圣、迷悟、缚脱之别，全然发生在现前一念之间。

关于现前一念如何做功夫，古人讲得很详细。其要点不外乎是：念念保持觉照，历历孤明，远离邪迷心。"邪"主要是指贪、嗔、痴、慢、疑、嫉妒、恼害等不善心；"迷"主要是指背觉合尘、向外驰求的心，以及分别善恶凡圣、执有执空的二边分别取舍心。

六祖在《坛经·忏悔品》中曾经介绍了"传五分法身香，行无相忏悔，发四弘誓愿，受无相三归依"等修法（参见本书第七章"生活禅的修学次第"第三节"从《六祖坛经》看生活禅的修学次第"）。仔细研读会发现，这些修法都是从现前一念心性着眼的，充分体现了宗门的圆顿精神，其核

心思想就是要念念远离邪迷，归于无念、无相、无住之般若正观。

六祖所开示的这些修行方法，曾经对净慧老和尚提出生活禅的修行理念产生过直接的影响。现在重温这些开示，对于我们正确理解净慧老和尚的"五个当下"亦有非常的帮助。

净慧老和尚在《真际禅林第四届七日禅修开示》中，谈到修行的下手处时，充分地吸收了六祖的上述观念。归纳起来，其要点有三：

1. 修行要从安心开始，转三毒之火为慈悲智慧。

2. 修行要在当下一念上用功夫。

净慧老和尚讲："所有这些功夫，都不离当下的一念，不要在心外去求法，不要离开当下一念去找话头，去找疑情，去找默照，都在当下一念。所以修行人，修禅、修净、修密，都要在当下一念上用功夫，这是个根本。"（《禅宗入门》，见《人间佛教思想文库·净慧卷》）

3. 现前一念做功夫的关键是，时时刻刻要保持历历孤明的观照，断相续心。此即是《金刚经》中所说的"三心不可得"。

净慧老和尚指出："如果从禅宗最直截了当的方法来讲，只有用观照的方法，观察此心的起和灭……观照的方法就是此心的起也好，此心的灭也好，不要有相续的心，要让每一个念头像一盏明灯一样，孤明历历地，不追逐，不相续，不间断。所谓不续前，不引后，历历孤明，每一念都如此，就能做到净念相继，就能做到正念分明，就能做到妄念不起，就能做到心安理得。"（《禅宗入门》，见《人间佛教思想文库·净慧卷》）

四、以安住当下、直下承当为日用功夫之原则

当我们对"一切现成"，也就是对"道在作用，道在当下，道遍一切时处（在时间上是不间断的，在空间上是不间断的，在心态上是不间断的），道也者不可须臾离也"等产生了决定的信解之后，落实在功夫上，就是要直下承当。直下承当的本质就是，直面一切内外之境缘，念念安住在般若正观当中，转一切境缘为道用，不驰求，也不回避，念念即信即解、即观即证。

所谓直下承当，从功夫的角度来看，就是把修行、解脱、成佛，落实在当下、当念、当机（机者，用也，即正在做的事情、正在从事的活动）、当

处，在念头上即信即解、即观即证。具体到日用修证，直下承当包括四个主要方面的内容：

1. 在当下承当：不向过去求，不向未来求，不留恋过去曾经有过的好的觉受，也不把希望寄托在未来。如果当下不能承当，希望将来某个时候能承当，那很可能是一种自欺欺人的妄想。

2. 在当念承当：烦恼心念起时，当下照破，转为道用，不要贼过张弓。圆悟克勤禅师讲，"未生之前，坐断要津；正生之时，有照有用；已生之后，自救不了"。如果当念不能承当，希望换一种心境时能承当，那不是祖师禅行人应有的心态。

3. 在当机承当：在当下自己正在做的事情上承当，而不是虚度正在做的事情，把用功的希望寄托在自己想要做或者将要做的事情上。如果当机不能承当，希望干其他事情或工作时能承当，那根本是一种靠不住的妄想。

4. 在当处承当：如果你在车上，车就是你的道场；如果你在厕所，厕所就是你的道场；如果你在走路，脚下的路就是你的道场。不要错过当处，不要把修行用功的希望寄托在自己想象的理想场所上。如果当处不能承当，希望在其他场所时能承当，那同样不是真正禅者的态度。

直下承当是一种真实的功夫，是真达不疑之后的见到位、信到位、观到位和证到位。真无心，才能真承当；要真承当，必须是真无心。

具体地说，如果你正在厨房里洗碗，厨房就是你的道场，洗碗就是你的修行。洗碗的时候只是洗碗，不起心动念，清清楚楚。不要一边洗碗一边想着赶紧把碗洗完、好早点进佛堂念经拜佛坐禅。

如果你走在路上，路就是你的道场，走路就是你的修行。走路就是走路，心里闲闲自在的，无事人一般，对整个走路的觉受了了分明，再没有第二念。不要一边走路一边想其他的事情或者想早点回家做功课。

当我们遇到某个不愉快的事情、内心起了烦恼的时候，这个念头就是你的道场，即时觉察这个烦恼的念头，不随它流转，当下消化它，所谓"念起即觉，觉之即无""断相续心"，这个就是你的修行。烦恼的念头生起时，不要说"等我的烦恼过去之后我再好好修行"。

当我们置身于一个自己并不如意的环境中时，那个环境就是你的道场，在那个环境中所遇到的每一件烦心事、所遇到的每一个让你不高兴的人，就是你修行的内容，正视它，承当它，最后转化它，不要说"等我换到一个好的环境中，我再好好地修行"。

在具体的操作过程中，直下承当的要点有二：首先要提起"触目是道、一切现成、当下具足"这一宗门的圆顿信解；其次，要及时将自己的心念从时空的链条中孤立出来，安住当下，身心合一，远离思量分别取舍，以无分别智，对当下的念头或言行，保持觉照（其方法是：或默照，或参究，或念佛），做到历历孤明，净念相继。

越州大珠慧海禅师。一日，源律师问师："和尚修道，还用功否？"师曰："用功。"曰："如何用功？"师曰："饥来吃饭，困来即眠。"曰："一切人总如是，同师用功否？"师曰："不同。"曰："何故不同？"师曰："他吃饭时，不肯吃饭，百种须索，睡时不肯睡，千般计较，所以不同也。"（参见《五灯会元》卷三）

普通凡夫与修道人，在日常生活状态上的最大不同就是：凡夫的生活是错位的，失念的，被习气所转，心行不同步，身在此而心在彼，处于一种游魂的状态。而修行人的生活则是身心合一、自觉自主的。大珠慧海禅师所说的用功，就是安住当下，身心合一，无心而照，照而无心。

五、以无所求、无所得、无分别好恶、闲闲自在的心态为功夫的自我考量

真正的信得及和直下承当，在心态上必定是无所求、无所得、无分别好恶、闲闲自在。凡心态上有所求、有所得、有分别好恶，即是信不及、不能安住当下和直下承当的表现。

从这个意义上讲，上面所提到的直下承当的具体操作方法，是否真正贯彻和体现了宗门的圆顿精神，还必须以在心态上是否真正做到了无为、无所求和无所得为考量。

三祖《信心铭》讲：

至道无难，唯嫌拣择。但莫憎爱，洞然明白。……欲得现前，莫存顺逆。违顺相争，是为心病……圆同太虚，无欠无余。良由取舍，所以不如。莫逐有缘，勿住空忍。一种平怀，泯然自尽……不用求真，唯须息见。二见不住，慎莫追寻。才有是非，纷然失心。二由一有，一亦莫守。一心不生，万法无咎……欲取一乘，勿恶六尘。六尘不恶，还同正觉……

永嘉大师《证道歌》讲：

君不见，绝学无为闲道人，不除妄想不求真。无明实性即佛性，幻化空身即法身……不求真，不断妄，了知二法空无相。无相无空无不空，即是如来真实相……不离当处常湛然，觅即知君不可见。取不得，舍不得，不可得中只么得……

圆悟克勤禅师讲：

1.“至道无难，唯嫌拣择。”诚哉是言！才有拣择即生心；心既生，即彼我、爱憎、顺违、取舍拟（chuāng）然而作，其趣至道，不亦远乎？至道之要，唯在息心；心既息，则万缘休罢，廓同太虚，了然无寄，是真解脱，岂有难哉？（《圆悟心要·示有禅人》）

2.佛祖妙道，唯在各人根本上，实不出本净妙明、无为、无事心矣。虽久存诚，未能谛实，盖无始聪利智性、多作为而泪之。但教此心，令虚闲寂静，悠久湛湛如如、不变不易，必有大安隐（稳）快乐之期。所患者，休歇不得而向外觅，作聪明也。殊不知本有之性如金刚坚固，镇长只在，未曾斯须间断。若消歇久，蓦地如桶底子脱，自然安乐也。（《圆悟心要·示曾少尹》）

从上述所引历代祖师的开示中，不难发现，真正与自性般若相应的修行，必定是无为的，无心的，不二的（即远离二边斗争、远离分别取舍），这就是所谓的“无心合道”。

“无心合道”是宗门修证的心要所在，历代祖师对此多有提举。如德山禅师就讲，“于己无事，则勿妄求。妄求而得，亦非得也。汝但无事于心，无心于事，则虚而灵，空而妙……圣名凡号，尽是虚声。殊相劣形，皆为幻色。汝欲求之，得无累乎？及其厌之，又成大患，终而无益"（《景德传灯录》卷十五）。另外，天童正觉禅师也说过"无心体得无心道，体得无心道亦休"之类的话。

"无心合道"并不是死灰枯木，其旨趣与六祖大师所提倡的无念、无相、无住之"三无"观念是一致的。无心的本质就是无所求、无所得、无所住。

无所求是判断一个人的修行是否真正将般若的精神落实到位的一个重要标准。达磨祖师将"无所求行"列为修行的四行之一，其用意大值得深思。

无所求并不是世人所理解的消极避世，而是一种非常高深的修证境界。现试做四个方面的说明：

（一）无所求在心态上的表现

1. 安住当下（如果心不能安住在当下，必定是内心生起了隐秘的追求）；

2. 自足自在（如果当下很烦恼，觉得不自在、空虚无聊，那必定是心有所求）；

3. 不起心动念，无心而照、照而无心（无所求不是枯木死灰，其内心是灵动自在的）。

（二）无所求的本质是直下承当

只有对"大道本自具足、一切现成、须臾未曾离、当下即是，只要一念无生，当即与之相应"这个圆顿的宗门正见，产生了决定的信解，才能安住当下、当处、当念、当机，心无旁骛。这就是直下承当。如果不能安住在当下、当处、当机、当念，而向过去、未来求，向他处求，向他人求，向他事求，就说明不能直下承当。不能直下承当就必然做不到无所求。所以，无所求的实质就是直下承当，直下承当的实质就是无所求。

（三）无所求与离四相而行一切善法是统一的

1. 无所求立足于破除我法二执，立足于无四相，是无求之求，超越于求与无求。

2. 在菩提心的驱使下，无所求同时也意味着随缘承当、勤修六度。

（四）无所求在禅修、见道中具有极其重要的地位

1. 无所求才能合道。因为有所求往往会成为修行悟道最难对付、最隐秘的障碍。

2. 修行必须破除作为家贼的有所求心（如求开悟、求入定等）。

3. 开悟是在无所求的状态下实现的。

上言"无所求、无所得、无分别好恶、闲闲自在"的心态，在修行人对功夫的自我感觉上，主要表现为"省力和得力"。大慧宗杲禅师讲，"省力处得无限力，得力处省无限力"，所揭示的正是这种功夫与道相应的上路状况。修行人应经常以此标准来进行功夫上的自我考量，以便及时矫正观行过程中所出现的极微细的二边知见和执着。

通过上述五个方面的阐释，不难发现，"修在当下，悟在当下，证在当下，庄严国土在当下，利乐有情在当下"，看起来很平实，实际上，其内容是非常丰富的，其要求是非常严格的，其境界也是非常高深的，绝非小根浅慧者所能理解。这五个方面是一个有机的整体，缺一不可。圆顿的信解，念头上绵密的观照，生活中的随处承当，以及心态上的自足自在和无所求、无所得，这些都是践行"将修行落实于当下"之修行理念必备的品质，也是一个真正禅者的品质。

第四节　将佛法融化于世间

《法华经》讲，诸佛为一大事因缘出现于世，所谓为令众生开、示、悟、入佛之知见。可见佛教的创立，一开始就没有放弃过红尘世间。佛教的价值恰恰是通过教化红尘众生、利乐有情、庄严国土体现出来的。从这个角度来讲，所谓"将佛法融化于世间"的提法，并不是什么创新，只不过是重新回归佛陀的本怀而已。

将佛法融化于世间，主要有三个层面的意义：

一、从山林走向红尘

"将佛法融化于世间"，就佛教团体而言，意味着佛教要主动面向大众，跟众生结缘，积极回应现实，服务社会人群，不能自我封闭、躲在深山老林里面、甘当自了汉。

佛教必须从山林走向人间，其理由有二：

第一，佛教要主动融入世间，然后才能够更好地教化世间、净化世间。入世是手段，是方便，而化世、度世则是最终的目标，这是由诸佛出世的本怀决定的。佛教的社会价值将由此而得到体现。

第二，佛教自身的存在和发展，离不开社会大众的支持。红尘世间虽然是佛教需要教化、净化的对象，但同时也是佛教得以生存和发展的基础。离开了这个基础，佛教就成了无源之水，无本之木。

所以，净慧老和尚讲：

1. 释迦牟尼佛应世说法是要教化世间、净化世间，使这个有着缺陷和烦恼的世间变成美满清净的人间净土。这是佛法住世的一个根本目标。离开了这个目标，佛法就将被束之高阁、毫无用处，佛经也就只是一种古董而已。

晚近以来佛教界出现了一些脱离世间的倾向，佛教成了专为超度死人的仪式，佛教徒被人称为"避世主义者"。太虚大师为此高扬"人间佛教"的思想，主张佛法要化导人世间、改善人世间。太虚大师的思想现在成了佛教的主流，我们都应该顺应这一主流，以积极向上的态度去理解佛法、修行佛法，去建设这个世间，改善这个世间，并觉悟在这个世间。（《修学生活禅的四个要点》，见《人间佛教思想文库·净慧卷》）

2. 佛法不能关在寺庙里，佛法不能跟世间法打成两截，佛法与世间法不能分家。要晓得离开世间法没有佛法，世间法只要用佛法的观点加以净化、加以超越，它本身就是佛法。六祖大师有四句话我们大家都背得过，甚至于背得滚瓜烂熟，但就是不能够去落实它，这四句话说："佛法在世间，不离世间觉，离世觅菩提，恰如求兔角。"就是说离开世间法要来觉悟佛法、找到佛法，就等于在兔子头上找犄角。兔子本身没有角，它如果有了角的话就不成其为兔子了。佛法离开了世间就不是佛法了，就没有佛法了。（《生活禅提出的初衷及

四个根本等理念》，见《人间佛教思想文库·净慧卷》）

2002 年，净慧老和尚赴韩国釜山参加"韩中日国际无遮禅大法会"的时候，有一位韩国长老，在与老和尚交谈时，提到了韩国佛教正在衰败而基督教、天主教日渐盛行之现状，他提醒净慧老和尚说："上帝来到了人间，佛陀躲进了深山。但愿中国佛教不要重蹈韩国佛教的覆辙。"可见佛教要兴盛，必须从山林走向人间。离开了人间，佛教只有死路一条。

二、从禅堂走向生活

"将佛法融化于世间"，就个人修行之落实而言，修行不仅仅是在佛堂、禅堂里面诵经、打坐，更重要的是，要在生活中落实佛法，即把佛法的精神落实在生活中的点点滴滴处，用佛法来消解自己的烦恼、净化自己的身口意，换言之，要用佛法净化自己的心灵，美化自己的人格，提升自己的智慧，强化自己的力量，和谐自己的人际关系。

生活是修行的洪炉，没有生活就没有修行。生活中的种种顺逆因缘，种种烦恼，种种困惑，种种挫折，这些都是修行人认识自己、破除我法二执的绝佳机会。修行只有落实在生活中，才是真刀实枪的功夫。如果修行是修行，生活是生活，两者不能统一起来，那就说明修行并没有落在实处。

为了帮助信众把"将佛法融化于世间"这句话落到实处，净慧老和尚曾经提出了"正信佛、法、僧三宝，勤修戒、定、慧三学，息灭贪、嗔、痴三毒，净化身、口、意三业"之口号，这句话把"将佛法融化于世间"的内容和下手处都讲得非常清楚。

总之，将佛法融入生活，就是要学会在生活中用佛法来净化自己，改造自己，提升自己，以此来净化世间，改造世界，创立人间净土，这是"将佛法融化于世间"最核心的内容。净慧老和尚讲：

怎样才能达到佛化世界呢？就是要把佛法融化于世间。不是叫你天天只是念佛，而是叫你天天去做好人、做好事，这样世间的恶事就少了。我们要用"十善"来化"十恶"，把"十恶"变成"十善"，我们的世间就会变成人间净土。

这样，佛教"普度众生"的愿望就能够逐步地得到实现。（《佛教的正信与正行》，见《人间佛教思想文库·净慧卷》）

三、从文字走向人格 —— 以身表法，创建佛化的家庭、团体、社会

佛法的传播离不开文字，但文字本身并不是佛法。所谓"将佛法融化于世间"，就个体修行之效用而言，就是要把佛法由抽象的文字变成活生生的人格，以身表法，也就是说，要通过活用佛法，将修行人的社会角色与佛教的修行角色融为一体，将出世的佛法与入世的生活融为一体，将文字的佛法与个体的人格融为一体，用自己清净的身口意三业将佛法的殊胜、佛法的光明以及修行的受用等，完整地展现在世人面前，以此来影响、摄受周围的人，从而创立起佛化的家庭、佛化的团体、佛化的社会，乃至佛化的世界，即人间净土。

净慧老和尚讲："佛法和世间法要相结合，因为佛法就是用来净化世间法的。怎么将佛法融化于世间呢？就是要在世间法中运用佛法。要用佛法来净化、祥和你的家庭。要用佛法来指导你的工作，使之做得更加出色。邻里之间，你要起到模范带头作用，时时刻刻多做好事、多帮助左邻右舍。家庭成员之间，你要时时刻刻用佛法的精神去团结他们，不要勉强他烧香，不要勉强他吃素，更不要勉强他念佛，这样家庭关系才不会变得紧张。你应该慢慢来，要用一种佛的心量和耐心，来融化这些人、包容这些人。你相信佛教，假如爸爸或妈妈不相信，怎么办呢？那就等待吧。要知道你也是从不信到信的，你也不是从一出生就相信佛法的，你也要等待。他不相信你就不要勉强。你要更好地关怀他、照顾他、等待他，要包容，要谅解，时间久了你的工作就有效了。这样，不但爸爸、妈妈相信，一家人都会相信，你家就成了佛化的家庭。佛化的家庭多了，我们这个社会的安定团结就有保证了。"（《佛教的正信与正行》，见《人间佛教思想文库·净慧卷》）

教化人心、和谐社会，最关键的一点，就是要求修行人以身表法，这是大乘佛教所说的成就"他受用"。修行人如果不能以身表法，周围的人从他身上看不到修学佛法的利益和好处，甚至觉得他比不学佛的人还要糟糕，

那说明，他是在以身谤法，并没有把佛法融化于世间，至少他还只是停留在文字知见上，没有变成自己的人格。

以上三个层面的意义，归结到一点就是，佛教的高妙和殊胜，不是凭一两个人嘴巴上说说就能够让人相信的，它必须通过佛教融入社会、教化社会的行为和效果来得到证明。同样地，一个人有没有真功夫，修行有没有真受用，也不是仅仅凭他自己的口述，周围的人还可以通过他日常待人接物、为人处世的方式，通过他的人格，通过他的身口意三业的清净程度，通过他对社会大众的影响力和摄受力来衡量。这就是所谓修行的"他受用"和修行功夫的"他考量"。

关于如何将佛法融化于世间，其最直接的下手处，就是在大乘佛教圆顿信解和菩提心的引领下，依人天善法和菩萨道思想，如五戒、十善、四无量心、六和敬、八正道、四摄、六度等，息灭贪嗔痴，清净自己的三业；敦伦尽分，扮演好自己的社会角色；利他觉他，处理好人际关系。此即所谓"优化自身素质（净化自己的心灵，美化自己的人格，提升自己的智慧，强化利他的力量）、和谐自他关系"（参见本书第六章之"菩萨道原则"和"正行内容之展开"）。

第五节 将个人融化于大众

前面引文中，提到《维摩诘经》中所说"众生是道场"。"众生是道场"有三个方面的意义：一是强调众生性空无相，故修行人面对众生，要修平等无分别观，打破贫富、贵贱、怨亲、贤愚、凡圣等差别相；二是强调一切众生皆有佛性、皆能成佛，故面对众生，要像《法华经》中的常不轻菩萨那样"常行普敬"（"我不敢轻于汝等，汝等皆当作佛"）；三是强调修行不能脱离众生。净慧老和尚所说的"将个人融化于大众"，实际上就是对"众生是道场"所作的一种通俗化的解读。

"以大众为道场"，落实在功夫上，就是要以平等无分别观，面对大众，常行普敬，远离我慢，强调：大众是修行人的镜子，能令修行人如实了知内心的烦恼习气；大众是修行人的红炉烈焰，能帮助修行人打磨习气，淡化我执，成就忍力；大众是修行人的良福田，以大众为服务对象，通过勤修四摄六度，能积累修行所需要的大福德资粮；大众是修行人的土壤，修行人的生活离不可大众的成就，同样的，修行人的大悲愿心和菩提道业亦依赖大众而生发；大众是修行人的千手千眼，修行人所向往的无量无边的报化之用，最终是通过大悲和大智、与大众融为一体而实现的。

"将个人融化于大众"的意义，我们可以从三个层面来加以理解：

首先，个体的修行要在"融化于大众"的过程中来落实和完成，也就是说，通过融化于大众，破除我法二执，在无我的利他和奉献中成就自己的修行。

其次，个人修行之成就，也要以"融化于大众"为衡量的标准。如果一个人不能融入大众，说明他的我执未尽、众生相未尽，修行还不到位。

第三，修行人获得自解脱之后，还要发善提心，度尽其他一切众生，而度尽其他一切众生所依赖的权智和功德力量，也要在"融化于大众"的过程中来完成。

一、在融化于大众的过程中落实自己的修行

修行的过程，就是破我、法二执的过程。我法二执未破，个人的解脱无法成就，同样地，社会的和谐与世间的净化也同样没有着落。破我法二执就是要超越小我，融入大我，达到无我的境界。融入大我，就是要融入大众。

就修行而言，融入大众的过程就是破我执的过程，破我执的过程就是融入大众的过程。我执非常微细而狡猾，善于伪装；只有在大众中，在与大众打交道的过程中，我执习气才最容易被发现。离开了大众，要破除我执习气是非常困难的。

我执习气主要表现为我痴、我见、我爱、我慢，佛法中称为四种根本烦恼。《成唯识论》第四卷中讲："我痴者，谓无明，愚于我相，迷无我理，故名我痴。我见者，谓我执，于非我法，妄计为我，故名我见。我慢者，谓倨傲，恃所执我，令心高举，故名我慢。我爱者，谓我贪，于所执我，深生耽著，故名我爱。"众生就是因为这个"我执"未破，故在生死苦海中长劫轮回。

1. 我痴、我见

一切法都是缘起法，人们所执著的这个"我"不过是由色受想行识等五大要素构成的生灭不停的假有而已，是法界重重无尽缘起之大网中的一个小小的"网结"，而并不是一个永恒的实有的独立的自存在。网没有了，网结也不复存在，但是，众生看不到这一点，却执著于这个"我"是实有的独立的存在，而看不到它的空性这一面。这就是我痴、我见。我痴、我见就是迷于无我之理，于空性的缘起法中执着有一个不变的实有我。

我痴、我见必然会障碍人们对人与人之间"相互依存、相互成就、互即互入、一体不二"这一真相的认识，从而导致狂妄自大的自我中心观念的形成，阻碍了感恩心、包容心的生起。人与人之间的对立，人际关系的不和谐，从根子上讲，就来自我痴。

2. 我爱

我痴必然会产生我爱、我慢。我爱就是贪爱"自我"，执著于自己的身体以及与之相关的名闻利养等。我爱的最主要表现就是自私自利，遇到利益纷争时，会习惯性地选择损人利己。

我爱是贪、嗔、慢、疑等烦恼的根本，顺我意者则生贪，逆我意者则生嗔，与人相较时则生慢心。我爱能障碍布施、分享、结缘等善心的生起，能污染人际关系。

3. 我慢

我慢亦来源于我痴。我慢就是倨傲自大，侮慢他人，也就是自我感觉良好，盲目自大，处处凸显自我，既不愿意正视自己的不足，也不愿意接受别人的优点。

慢有多种表现形式，《大乘五蕴论》将其分为七种，所谓：我慢（乃七慢之根本慢。于五蕴假和合之身，执著我、我所，恃我而起慢。内执有我，则一切人皆不如我；外执有我所，则凡我所有的皆比他人所有的高上）、慢（对劣于自己之人，认为自己较殊胜；而对与自己同等之人，谓与自己同等而令心起高慢）、过慢（对与自己同等之人，硬说自己胜过对方；对胜过自己之人，亦偏说对方与自己同等）、慢过慢（对胜过自己之人，起相反之看法，认为自己胜过对方）、增上慢（于尚未证得之果位或殊胜之德，自认为已经证得）、卑慢（对于极优越之人，却认为自己仅稍劣于其人；或虽已完全承认他人之高胜，而己实卑劣，然决不肯虚心向其人学习）、邪慢（无德而自认为有德）。

慢心的生起，能障碍众生对我空的体证、对个体的生存和成就离不开众生的支持这一真理的认识，而妄将一切成就和荣誉归于自己，贡高自举，轻视他人，或者面对比自己优秀者生嫉妒心，缺乏随喜赞叹的心、谦和礼让的心和平等包容的心。慢心能毒化人际关系，破坏善缘，横结恶缘，远离善知识，增长无明烦恼。

我痴、我爱、我慢，不仅仅体现在个体的身上，它们还会通过个体而上升到家族、团体、国家、民族、宗教、文化等层面上，从而变成某个家族、团体、国家、民族、宗教、文化的我痴、我爱和我慢。这种我痴、我爱和我慢，因其涉及的面广，影响的范围大、时间长，所以，对社会和谐的破坏力量尤其巨大而深远。

佛教的修行虽然法门很多，但都以破除我执为第一要务。我执不破，则生死轮回无由出离。所以，修四念处、观五蕴皆空，行八正道、四摄法，修六度行和四无量心，包括大乘佛教的忏悔业障等等，所有这一切，都要求修行人在生活中，在与大众打交道的过程中，觉察我执之过患，摆脱我痴、我爱、我慢的束缚。

二、在融化于大众的过程中超越自己的修行

所谓超越修行，就是要破除凡圣相，破除修相（趋于"无修之修"），即六祖所说的"无上菩提，归无所得"，宗门中又谓之"向上一路""超三句外"。

就大乘佛教而言，不仅个人的修行解脱，要在融化于大众的过程中来完成，同时，衡量一个人的修行境界是否圆满，其标准之一就是看他是否能超越凡圣相、从空起用，融入大众，归无所得。中国佛教史上，记载了不少言行古怪的"异僧"，他们看起来像个普通人，但骨子里却是圣人的境界，如寒山、拾得、布袋、济公等；在他们那里，一切修道之相、凡圣之相都被

打破了，他们终日混迹于人间，嬉笑怒骂，随缘度生，高深莫测。

一个修行人，如果还贪恋自我解脱的空寂之境，还贪恋于涅槃之清净快乐，不肯回小向大，不肯回入红尘、广度众生，那么，说明他的修行还没有荡尽凡圣相，他的境界和智慧见地都不是最圆满的。"野狐跳入金毛窟"固然很好，但还不是最高境界，还必须纵身一跃，直是"金毛跳入野狐窟"才好。这就是所谓"既能入佛境界，又能入魔境界"。若不能入魔境界，那么魔界中的众生凭谁救度？若不能回入红尘火宅，那么火宅中的众生凭何出离？

北凉昙无谶译本《大般涅槃经》卷四"如来性品第四之一"中云：

我又示现于阎浮提不持禁戒，犯四重罪，众人皆见，谓我实犯，然我已于无量劫中，坚持禁戒无有漏缺。我又示现于阎浮提为一阐提，众人皆见是一阐提，然我实非一阐提也。一阐提者，云何能成阿耨多罗三藐三菩提？我又示现于阎浮提破和合僧，众生皆谓我是破僧。我观人天无有能破和合僧者。我又示现于阎浮提护持正法，众人皆谓我是护法，悉生惊怪。诸佛法尔，不应惊怪。我又示现于阎浮提为魔波旬，众人皆谓我是波旬，然我久于无量劫中离于魔事，清净无染，犹如莲华。我又示现于阎浮提女身成佛，众人皆言："甚奇，女人能成阿耨多罗三藐三菩提！"如来毕竟不受女身，为欲调伏无量众生，故现女像，怜愍一切诸众生故，而复示现种种色像。我又示现阎浮提中生于四趣，然我久已断诸趣因以业因故堕于四趣，为度众生故生是中……我又示现于阎浮提入淫女舍，然我实无贪淫之想，清净不污犹如莲华。为诸贪淫嗜色众生，于四衢道宣说妙法，然我实无欲秽之心，众人谓我守护女人。我又示现于阎浮提入青衣舍，为教诸婢，令住正法，然我实无如是恶业堕在青衣……我又示现于阎浮提入诸酒会、博弈之处，示受种种胜负斗诤，为欲拔济彼诸众生，而我实无如是恶业，而诸众生皆谓我作如是之业。我又示现久住冢间，作大鹫身，度诸飞鸟，而诸众生皆谓我是真实鹫身，然我久已离于是业，为欲度彼诸鸟鹫故示如是身……又复示现为计常者说无常想，计乐想者为说苦想，计我想者说无我想，计净想者说不净想。若有众生贪著三界，即为说法令离是处。度众生故，为说无上微妙法药；为断一切烦恼树故，种植无上法药之树；为欲拔济诸外道故，说于正法。虽复示现为众生师，而心初无众生师想。为欲拔济诸下贱故，现入其中而为说法，非是恶业受是身也……

诸佛菩萨依于首楞严三昧，能逐类随形，应众生根性而自在显现各种凡夫、外道乃至波旬身，度化众生而无度生之想，完全超越了凡圣相。这就是真正的"大般涅槃"境界。

宗门中最崇尚的就是这种"无相"的"大般涅槃"境界，所谓"悟无悟迹""和光同尘""不异旧时人，只异旧时行履处"。赵州和尚曾经诫他的弟子："你去南方，见有佛处急走过，无佛处不得住。"（《赵州和尚语录》卷中）船子和尚亦咐嘱夹山禅师道："汝向去直须藏身处没踪迹，没踪迹处莫藏身。吾二十年在药山，只明斯事。汝今既得，他后莫住城隍聚落，但向深山里、镢头边，觅取一个半个接续，无令断绝。"（《联灯会要》卷二十一）两位祖师之所见，如同一个鼻孔出气。

真正的修道人，应当如《金刚经》所言"无我相、无人相、无众生、无寿者相而行一切善法"，在为人处世、待人接物中，完全没有自我的影子，随缘度生而无度生之想，甚至连解脱成佛的相也没有，表面上看，他跟世间的普通人没有什么两样，但是他的内心却是了无挂碍，寂而常照、照而常寂，随缘不变、不变随缘。

宗门里，把这种无所有、无所得的超越凡圣二边的境界称为"入廛垂手""落草为人""向异类中行""透三句外"，这是一种真正大无我、大自在的事事无碍境界。"入廛垂手"的"廛"，就是市场，指人多广众的红尘世间；"垂手"，即伸手接人，指代度化众生。"落草为人"的"落草"，本指混入山林为寇，此指融入红尘，与众生在一起；"为人"，指接引人。"向异类中行"的"异类"，指代千差万别的生灭之众生界；"行"，就是逐类随形，应不同众生的机感而示现方便教化，如沩山禅师发愿，死后要到山下檀越家做一头"水牯牛"，皆是大成就者从空起用、融入大众、随类度化的表率。

总之，一个人修行，如果仅仅满足于自解脱，不能回理向事，融入大众，说明他的修行还不到位，宗门中称为"尊贵堕"。曹山本寂禅师云："尊贵堕者，法身法性是尊贵边事，亦须转却，是尊贵堕，只如露地白牛，是法身极则，亦须转却。"（《抚州曹山元证禅师语录》）另外，宗门中亦有"高高山顶立，深深海底行"之说。此处的"深深海底行"，意指回小向大，回自向他，从体起用，如观世音菩萨一般，三十二应，随类度生。这应该是"将个人融化于大众"的另一层甚深含义。

三、在融化于大众的过程中成就自己济世度生的千手千眼

（一）我们每个人都有千手千眼

人们都赞叹观世音菩萨有千手千眼，善知众生心念，善观众生因缘，善拔众生疾苦，善与众生快乐，千处祈求千处应，苦海常作度人舟。观世音菩萨的千手千眼来自哪里？来自他的无我，来自他的与法界一体，来自他与众生同体之大悲。观世音菩萨因为超越了我法二执，超越了一切二边分别，与法界同体，与一切众生同体，尽法界是他的一只眼，尽法界是他的一只手，一切众生、一切境缘都是他圆融无碍之妙用的一部分，一切善之与恶、顺之与逆、染之与净，都可以在他的圆融的智慧和无碍的大悲心的摄受下，成为他济世度生的手眼，整个法界的力量都是他的力量，所以他有"千手千眼"。

其实，我们每个人也都有千手千眼，只不过，被我们自己的小我（也就是我痴、我爱、我慢），或者对个人解脱境界的贪执等障蔽了而已。因为我们没有看到缘起法，没有证得法界圆融的真理，我们被自我的假象以及由这种假象所产生的一切二边分别所障碍，或者被个人的解脱境界所局限，所以，我们生活在孤独当中，福德、智慧和能力都非常有限，完全不能与观世音菩萨相比。

比如说，我们把恶人当作实有法，并且排斥他，所以，我们就没有办法把恶的力量变成自己度生的妙用。我们把坏事当作实有法，一心想逃避它，所以，我们没有办法把坏事变成提升自己智慧能力的烈焰红炉。我们排斥毒蛇，所以我们认识不到毒蛇在某种因缘下也能变成救人的无上妙药。我们住在深山老林里，昧著于自解脱的境界，不注意广结善缘，所以，我们没有办法影响世间人，更无法善用世间人的力量，成就利生之事业。

世间万物本来没有好坏善恶之分，因为人们从自我出发，给它们贴上了好坏善恶的标签，而且把它们当作实有。这一错误的认识，决定了我们生活在以自我为中心的分裂的世界中，我们把自己认为是丑的、恶的、染污的事物置于对立面，逃避它们，或者跟它们做斗争。在这种情况下，我们尚

且无法摆平所有被我们当成对立面的烦恼和逆境，更不要说把它们变成自己的"战友"了。

净慧老和尚有一段开示，非常精彩。他说：

1. 怎么叫将个人融化于大众呢？我们生活在社会中、团体中，这个社会像网一样，我们是网里面的一个小网孔，如果我们离开了这个网，到哪里去找个人呢？我们个人就好像是大海里的一滴水一样，如果把这一滴水从大海里孤立出来，不到一个小时，这滴水就干涸了。个人是非常渺小的，只有集体的力量才是无穷无尽的。所以说，我们一定要时时刻刻想到我是众生的一分子，我不能离开众生，不能离开大众。佛都说"我在僧数"，说"佛在僧数"，佛是僧团里面的一分子。佛说法的时候也有一个比喻，就是说，一滴水不能离开大海，离开大海那一滴水就会干掉，个人不能离开集体，个人离开了集体将是一无所用。（《生活禅提出的初衷及四个根本等理念》，见《人间佛教思想文库·净慧卷》）

2. 个人的力量总是有限的，我们只有把自己放到大众当中，我们的力量才会是无穷的。这就是说，我们学佛的人要积极地投身于一切有利于国计民生的善行、善业中去。作为当代最大的善行、最大的善业是什么呢？就是社会主义两个文明的建设。我们能够积极地投身于社会主义的两个文明建设中去，那就是彻底地把个人融化于大众中了。

这里讲一个故事。佛陀带着阿难走到海边，佛陀从海里汲起一滴水放到手上，然后问阿难尊者：你说这一滴水怎么样才不会干呢？佛陀开示说："你把这一滴水放到大海里去。"这就是彻底地将个人融化于大众。个人的力量有限，人民大众的力量无穷，我们只有将个人的力量汇集到人民大众的一切善业当中去，那我们个人的力量就会是无穷无尽的。（《佛教的正信与正行》，见《人间佛教思想文库·净慧卷》）

可见，打破个体的自我中心观念，摆脱一切二边分别的束缚，融入平等无分别、互即互入之一真法界，也就是说融入众生中，这才是真正的千手千眼之所在，这才是这个世界的真正永恒的和谐之源，才是我们个人无穷的力量之源，无尽的光明之源，无尽的快乐之源，无边的智慧之源。

前面提到，修行就是要用佛法来"净化自己的心灵，美化自己的人格，提升自己的智慧，强化自己的力量"，所谓"强化自己的力量"，就是依靠大悲心、大智慧心，将个体融入大众，将大众变成自己的千手千眼，这才是我们生命中用之不尽的力量源泉。

（二）在融化于大众的过程中成就自己的千手千眼

前面说过，我们每个人都拥有千手千眼。我们的千手千眼在哪里？就在我们当下的一念无我的心中，一念平等无分别的包容心中，一念与"法界一相"相应的智慧心中。既然我们也有千手千眼，为什么我们却没有观世音菩萨的神通妙用？那是因为无始以来，我们被自己浓厚而深邃的我法二执习气所障蔽，尤其是我痴、我爱、我慢，使我们无法融入法界、融入大众。这才是众生不能善用法界力量、成就千手千眼的主要原因。

所以，我们要成就自己的千手千眼，必须破除我法二执，超越小我，融入大我，归于无我，用无我的大悲心、感恩心、包容心、随喜心、谦敬心，去与众生结缘，与他们融为一体，这才是我们济世度生所需要的无穷力量之来源。

净慧老和尚讲：

1. 将个人融化于大众，这句话说起来很容易，做起来是千难与万难，特别是要转变这个观念不容易。我们总觉得一切成就都是自己的功劳，都是我自己的聪明才智、我自己的创造发挥、我自己的本领、我自己的财富、我自己的才华……总是个人当头。但是我们每一位，包括我自己在内，时时刻刻都要想到：个人如果离开了大众，不但一事无成，连自己的生命都不知道在哪里。个人不能离开大众，就像一棵树不能成为森林；只有众多的树生长在一起，都长得很茂盛，那才是森林。我们一定要养成时时感恩大众、回报大众的思想。（《生活禅的真谛》，见《人间佛教思想文库·净慧卷》）

2. 佛法讲缘起，就是说任何个人、任何事物都不能脱离各种条件而独立存在，万事万物都是互相影响、互相关联的。因此我们修行就不能离群索居、闭门造车，而应该将自己的修行与救度众生紧密联系在一起，"不为自己求安乐，但愿众生得离苦"，与一切众生同忧同乐。或者有人会问：这样我自己还能得到利益吗？当然能，而且还会得到大利益。因为菩萨就是在利他之中实现自利，在觉他之中完成自觉的。同时，我们能够将个人融于大众，我们的家庭生活、社会人际关系就会非常和谐，学佛的人也不会被误解为逃避现实、消极厌世了。（《修学生活禅的四个要点》，见《人间佛教思想文库·净慧卷》）

熟悉《易经》的人都知道，乾卦第六爻（上九）的爻辞是"亢龙有悔"，孔子对它的解释是："贵而无位，高而无民，贤人在下而无辅，是以动而有悔也。"

"亢龙有悔"的意思是，事物已经发展到极点，进又不能，退又不得，在这进退两难之地，心生迷茫、恐惧和懊悔。

据孔子的解释，导致亢龙有悔的原因有三：

一者"贵而无位"，意指身居至尊至贵之位，高高在上，脱离大众，沉醉在自己的享乐中，渐渐丧失了人生的定位，迷失了前进的方向。是为有悔的第一个原因。

二者"高而无民"，意指因高高在上，脱离群众，不关心群众的疾苦，群众也渐渐地疏远他、背离他，这样他就失去了群众基础，变成了孤家寡人。是为有悔的第二个原因。

三者"贤人在下而无辅"，意指因高高在上，不能礼贤下士，不能接受忠谏，盲目自大，侮慢他人，时间久了，有德能的人皆弃之而去，没有人辅佐他。是为有悔的第三个原因。

这三点，只要沾上其中的一点，即使你的事业眼前再辉煌，即使你的权势眼前再显赫，亢龙有悔的命运迟早会有一天降临到你的头上。

"亢龙有悔"并不专指位高权重的人，其实，任何一个人，任何一个领域，做任何一件事情，如果不能避免上述这三种情况，亢龙有悔的结局必然会出现。所以亢龙有悔是人生的一种普遍现象，是无常的一种表现。

通过《易经》中的乾卦，我们大体上也可以理解，对于一个想成就大事业的人来说，融入大众是至关重要的 ——

你的人生之"位"，要依大众而定；你的事业之基，要依大众而筑；你的事业之成，要依大众之助。总之，离开了大众，你将是一个迷茫的人，孤独的人，脆弱的人，阴郁的人。

世间上有不少人正在遭受孤独症、抑郁症、自闭症等心理疾病的侵扰，其根本原因，可能与宿世的脱离大众、没有慈悲心、没有随喜赞叹心、没有分享结缘心等习气有关。

总之，个体只有通过培养自己的大悲愿力、大智慧力，努力地将个体融入大众，才能开发自己的千手千眼，才能自在地运用法界的无穷力量，完成教化度生之大行。

四、"将个人融化于大众"的具体落实 —— 做事的四"大"原则和八字方针

为了更好地将个人融化于大众，净慧老和尚曾经提出了做事的四"大"原则和八字方针。

关于如何"将个人融化于大众"，我提出了"大众认同，大众参与，大众成就，大众分享"的理念和"感恩、包容、分享、结缘"的八字方针，后来又把这八个字具体化为四句话，作为在日常生活中落实生活禅理念的心灵向导："以感恩的心面对世界，以包容的心和谐自他，以分享的心回报社会，以结缘的心成就事业。"（《关于生活禅理念提出二十周年的一点感想》，见《人间佛教思想文库·净慧卷》）

做事的四"大"原则就是：大众认同，大众参与，大众成就，大众分享。

做事的八字方针就是：感恩、包容、分享、结缘。

这四"大"原则和八字方针，是净慧老和尚基于自己对佛法的理解和数十年建寺、安僧、弘法的经历，提出来的宝贵人生经验，是对佛法的活用和生活化的解释，既契理又契机。这四"大"原则和八字方针现已被一些企业作为企业文化之训条，刻在照壁上，说明老和尚的这一概括非常经典、精当、精粹，深受大众的欢迎。

净慧老和尚关于做事的八字方针，是在做人的八字方针基础上提出来的，而且，在多数场合下，这两者都是并提的，谓之"做人做事的二八方

针"。因为做事就是做人，做人也是做事，这两者是不能分开的。他说：

> 刚才我们讲了做人的八字方针：信仰、因果、良心、道德。下面我想讲一讲做事的八字方针：感恩、包容、分享、结缘。
>
> 做人与做事，应该是一体的，不可截然分开。做人就是做事，做事就是做人，这样我们的人格才是完整的人格，才不是分裂的人格。我们有许多的问题，有许多的社会缺陷，那就是由于我们在做事的时候没有做人，没有做好人；或者做人的时候没能用心做事，不能将诸多好的理念落实在生活、工作和事业当中，造成单位、团体或者企业的种种缺陷。
>
> 把做人和做事紧密联系起来，在做人中做事，在做事中做人，人做好了，事也在其中。由此看来，做人是第一位的。所讲的做事的八字方针，实际上还是讲的做人，是人格在做事当中的不断升华与圆满。无论是感恩、包容、分享还是结缘，都是要人去落实。人在做事中以何种理念、何种心态从事每项具体工作，至关重要。
>
> 做事的八字方针是做人的八字方针，做人的八字方针也是做事的八字方针，虽然侧重各有不同，本质都是要求人格修养的完善与圆满。人格圆满的极致，用儒家的话来说，是成圣成贤。所谓圣贤，无非是人格修养达到了纯善无恶的境界。用佛家的观点来说，人格修养圆满了，那就是成佛作祖。佛祖无非是人格最超越、最圆满的觉悟者。（《做人做事的"二八方针"》，见《人间佛教思想文库·净慧卷》）

关于做事的八字方针之具体含义，净慧老和尚曾经在多个场合做了或详或略的开示，现引其相关开示，解释如次：

> 要积极引导公众以"感恩、包容、分享、结缘"的开放心态来处理人际关系。关于如何处理个体与社会之间的关系，我曾经总结了八个字，叫作"感恩、包容、分享、结缘"。这八个字也是创建和谐社会必须遵循的原则。
>
> 感恩——我们现在所享用的一切，吃的、穿的、住的、用的，包括肉体、知识、智慧、事业和各种社会服务等等，都是社会大众提供和成就的。父母于我有养育之恩，国家于我有庇护之恩，大众于我有成就之恩，圣贤于我有教化

之恩。对此，我们要深怀感恩之心。尤其是当我们事业上获得成功的时候，我们更应当如此。

包容——社会是一张大网，不同职业、不同性格、不同族类的人，都在各自的岗位上，各尽所能，彼此之间互相依存，互相成就，一荣俱荣，一损俱损。他人在成就自己的同时也成就了我们。因为有了他人的存在和工作，我们的生活才变得丰富多彩。因此，对待他人，我们要怀有包容之心，包容他们，就是成就自己。

分享——我们所从事的一切，都是在社会大众的直接或间接参与、支持之下成就的。没有社会大众的参与和支持，我们什么也做不成。我们所做的任何一件事情，实际上，就是在直接或间接地分享无数其他人的劳动成果。因此，当我们取得哪怕一点点成就的时候，我们都应当怀着与大众"分享"的心态，回报社会，与他人共享，不要独自据为己有。

结缘——通过自己的劳动成果，与他人结人缘、结善缘、结法缘、结佛缘，共同走向幸福和解脱。因为，只有大众都幸福、都解脱了，我们个人才会有真正的幸福和解脱可言。

这八个字，实际上就是对佛教"缘起共生原则"的活用。按照这八个字去做，可以有效地淡化自我，化解矛盾，消除人与人之间的隔阂和对立。

佛教讲，一切法都是因缘法，所谓"此有故彼有，此无故彼无。此生故彼生，此灭故彼灭"。联系到人，就是说，人是社会关系的存在，"你中有我，我中有你"，相互依存，相互成就，"互即互入"。离开了社会大众，个体将无法存在。是社会大众成就了我的生活，成就了我的事业，成就了我的理想。没有社会大众的支持，我们的生存尚且存在问题，更谈不上事业和理想了。我们要承认这样一个事实：个体的能力再大也是有限的，他必须生活在社会群体中，依赖社会大众的劳动成果。

社会好比一张大网，这张大网是由无数的个体（包括过去的和现在的）共同组成的，个体如同网上的一个一个的网点。这张大网本质上是一个巨大的能量网，它的能量来自构成这张大网的每个网点的分工劳动。一方面，每个网点需要从社会这个大能量网上吸收各自所需的物质能量和精神能量，另一方面，作为交换，每个网点也要通过分工协作的劳动形式，不断地向社会这个大网输送自己的能量。这样一来，个体与社会之间，便构成了一个生生不息的能量交换过程。离开了社会这个特大的能量网，个体将无法获得自己生存所需要的各种物质能量和精神能量；同样地，社会如果不能调动和保证个体以分工协作的形式充分发挥自己的创造性，社会这个大能量网就会出现能源危机，从而影响个体的健康发展。从这个意义上讲，社会也是构成我们生命的一个基本的循环系统，这个循环系统就像我们身上的呼吸系统、分泌系统、血液系统一样重要。当社会这个循环系统出了问题，如空气和水源遭到了污染，交通出现了阻塞，社会秩序被打乱了，人的道德水平下降等等，个体的生存和发展也必将受到威胁。由此可见，珍惜和维护社会这个大身体之循环系统的正常运转，并各安其位、各尽所能向社会这个大系统输送能量，是个体保证自身健康发展应尽的责任和义务。如果大家只从社会这个能量网上吸收能量，不往上传输能量，不注意保护网络的清洁，恣意污染，不维护网络安全、有序的运转，我们个体的生命迟早要遭到惩罚。

我们每天都要吃饭，也许我们会说："我出了钱，所以我们应当吃这顿饭。"这话不能说错。但是，它却掩盖了这顿饭所蕴含的无限深邃的令人感动的社会内涵。为了这顿饭，有无数的人在烈日下耕种，又有无数的人把它加工成大米，又有无数的人把它运进城里，还有人把它做熟饭，经过一长串的旅行，然后它才出现在我们的饭桌上。这中间要经过很多环节，有很多的人参与其中。没有这些人的共同劳动，没有国家的稳定，没有社会秩序的正常运转，这一"能量流动的过程"将不得不中止。那时，你有钱，又能怎样？就算你能干，你一个人能完成这所有环节上的工作吗？这是一个事实，一个不能用金钱交易掩盖的充满人性的事实。

但是，由于人们过分地强调自我价值和作用，很多人忽视了这一事实，误认为是自己养活了自己，认为"我的幸福完全是我个人能力创造的结果"，加上商品的交换关系，将人与人之间相互依存的关系异化成了纯粹的金钱关系，这种源自错误的自我观念的傲慢与狭隘变得更加合情合理了。于是，人与人之间便缺乏了起码的感恩之情，一切都被浸泡在赤裸裸的金钱交易的冰水中。"我为什么要感恩？因为我出了钱！""我给你钱，你就得为我服务！""这道路是我们纳税人修的，我也有份，不用白不用，我就要拼命地轧！"在这种不健康的思想观念的作用下，种种自私自利、排斥他人、不尊重他人劳动、只顾索取不肯奉献、不爱惜公有财产、不珍惜物命等等丑恶现象便变得非常普遍了。

这种以自私自利为特征的狭隘的自我中心主义，是与宇宙万物缘起共生的法则相违背的。

因此，社会要和谐，要正常运转，首先要求个体对宇宙万物缘起共生的法则有清醒的认识和真切的体验，从虚妄的"自我中心"观念中摆脱出来，树立起一种真诚的感恩之心。有了感恩的心，人的心量才会变得广大和宽容。有了感恩的心，人们才会想到要去回报社会，回报大众。当大家都按照"感恩、包容、分享、结缘"这八个字去做事时，这个社会自然而然就和谐了。(《从佛法的角度看和谐社会的创建》，见《人间佛教思想文库·净慧卷》)

第六章　生活禅之正行（下）：
菩萨道原则

第一节　菩萨道原则

生活禅之正行的第二大原则是菩萨道原则。菩萨道是指圆满自他二利、成就佛果的修行之道，乃成佛之正因，它以大悲心为根本，以四摄六度为正行，以利他奉献为特征。菩萨道又称大乘道，它以"上求佛道，下化众生"为决定义，所以在强调以大悲为根本的同时，大智亦在其中，所谓"悲智双运"。

菩萨道不仅是成佛之正因，也是成佛之后的无相妙用，同时还是修行解脱不可或缺的福德资粮。菩提心犹如良种，菩萨道则如良田和良农之耕种，离开了菩萨道，菩提果无法成就。所以，在强调祖师道的同时，并没有离开菩萨道，实际上，这两者是同一事物的两个方面，是体与用的关系，不能割裂开来。

关于菩萨道的意义，净慧老和尚曾经把它概括为六句话，其含义大致与"六度"相似：

1. 在尽责中求满足；

2. 在义务中求心安；

3. 在奉献中求幸福；

4. 在无我中求进取；

5. 在生活中透禅机；

6. 在保任中证解脱。

前两句"在尽责中求满足，在义务中求心安"，可以并在一起，强调的是承当的精神，为了众生，于世间法、出世法之责任和义务皆能担当，一切苦受皆能安忍，与六度中的持戒（菩萨行者以持守三聚戒为责任和义务）、忍辱（菩萨行者为度化众生、传承佛法，能承当、安忍一切苦）相应。"在奉献中求幸福"，强调的是布施的精神。"在无我中求进取"，强调的是精进的精神。"在生活中透禅机"，强调的是般若的精神。"在保任中证解脱"，强调的是禅定的精神。

下面，拟分五个方面，对菩萨道的甚深法义做一个简单的展开说明。

一、在尽责中求满足，在义务中求心安

尽职、尽责、尽义务，这是菩萨行的基本内容之一。这里的职责和义务，既包括世间法的内容，同时也包括出世间法的内容。

从世间法的角度来看，每个人都生活在一个巨大的因缘网络中，在这个网络中，不可避免地要与周围的人结成不同的关系，如亲子关系、夫妻关系、同事关系、师生关系、朋友关系，乃至商业合作关系等等。个体与网络之间，是一种相互依存、互即互入、互相成就的关系。一方面，个体根据自己所扮演的社会角色，通过承担相应的责任和义务的方式，做好本分事，为共同依存的这个社会网络输送各自的能量，共同维护这个网络的和谐运转；另一方面，个体也相应地从这个网络中，获得自己所需要的正常的物质生活和精神生活之满足。在这里，尽职尽责和无私奉献，不仅仅是利益他人、替他人负责任，同时也是利益自己、替自己负责任。大众的生活都有依靠了，个体才有满足感；社会和谐了，个体才有安全感；人际关系清净了，个体才有幸福感。所以，作为一名菩萨道行者，他必须首先扮演好作为一个正常的社会公民所承担的各种社会角色，做好自己的本分事，让周围的人都能放心、安心。这是修行、解脱的基础，又称福德资粮。这个基础如果不牢固，修行将不可避免地遇到各种各样的障碍。

从出世间法的角度来看，菩萨道行者因为以三宝为信仰的核心，以发

菩提心为修行的根本，以解脱、成佛、度生为修行的目标，所以，佛陀为菩萨道行者所开示的教法，如戒、定、慧三学，包括五戒十善、四摄六度、四无量心，以及"不忍众生苦，不忍圣教衰"的菩萨悲愿等等，就是菩萨道行者应尽的责任和义务。这些责任和义务，不仅是个体获得安全感、达到觉悟和解脱的需要，也是保护和利益众生、护持佛法的需要。这些方面如果不尽力去做，或者没有做到位，我们的内心就会有愧疚，就会不安。

　　菩萨道行者并不是说不需要正常的物质生活和精神生活的满足，只不过菩萨道行者要顺应因果而求，决不妄求，更不会以损人利己、贪赃枉法的方式去求。所谓"菩萨畏因，众生畏果"，这正是菩萨与众生追求个人满足的两种不同的方式。菩萨也求心安，但这个心安不是依靠拥有多少财富或权势来获得，而是通过守望世间的良心、道德，践履出世间的因果、戒律和菩提心来实现，是一种与大道相应之后的真正的坚固不动的心安。

　　从因果的角度来看，尽职尽责是因，个人需要的满足是果。由于世间人迷于因果之理，看不到或者不相信这一点，往往只注意追求果上的满足，而不注意在尽职尽责这一因上下功夫，结果便出现了不讲因果、唯利是图的现象。其实，即使是在商业社会，就其普遍性而言，我们所得到的必定是我们所付出的；你向社会大众付出的劳动、服务，包括提供放心的产品等，越是贴近大众，越是能够满足大众的需要，令大众欢喜，你所得到的回报空间也就越大。这是决定的道理。

　　同样的道理，尽义务、讲良心、守道德，遵纪守法，敬畏因果，严持戒律等等，是因；社会和谐，身心安稳，无有怖畏和不安等等，是果。人人都尽职尽责，都知因果、守戒律，自然社会和谐。人人都凭良心做事，自然人人都心态安和。常言道："为人不做亏心事，半夜敲门心不惊。"不做亏心事，就是守道德、讲良心，不错因果，这一点做到位了，自然心安理得，没有什么愧疚和不安的了。

　　关于如何敦伦尽分、尽职尽责的问题，佛在《善生经》《吉祥经》《玉耶女经》《佛说孛经》《十善业道经》《优婆塞戒经》等经典中，都有更详细的开示。比如《善生经》就对父母与子女、弟子与师长、丈夫与妻子、主人与僮使，以及与亲族、沙门等等人伦关系中的职责做了明确的规定，具有很强的可操作性。现略述如次：

1. 亲子关系中的伦理职责

子女对待父母要恭敬、孝顺、奉养，父母对待子女要爱护、养育、教导。《善生经》中讲：

夫为人子，当以五事敬顺父母，云何为五？一者供奉能使无乏（供养父母，使不饥寒），二者凡有所为，先白父母（子女要做什么，先同父母打招呼，征得同意），三者父母所为，恭顺不逆（恭敬孝顺父母，不忤逆），四者父母正令，不敢违背（父母正确的命令，当执行，不能违背），五者不断父母所为正业（要成全父母合乎正道的事业，不令断坏）……

父母复以五事敬视其子。云何为五？一者制子不听为恶（管好子女，不令作恶），二者指授示其善处（教授子女正确的处世道理），三者慈爱入骨彻髓（爱护子女），四者为子求善婚娶（为子女安排好婚姻生活），五者随时供给所需（为子女提供正常的物质条件，满足他们的正常要求）。（《长阿含经》卷十一）

这里要注意，子女对父母的顺从不是没有原则的，它不能离开一个"正"字。若父母不正，子女当劝令归正。《大宝积经·三律仪会》中讲："父母不信，令其住信；父母毁戒，劝令住戒；父母悭贪，劝令住舍（常行布施，以舍贪心）"（《大宝积经》卷三）。佛教认为，劝导父母入正道，是子女对父母的最大孝顺和报答。《不思议光菩萨所说经》中云："非饮食及宝，能报父母恩，引导向正法，便为供二亲。"

2. 夫妻关系中的伦理职责

夫妇之道是人伦之大本。正确地处理夫妻关系，对促进家庭的稳定、社会的祥和，具有重大的意义。早在两千多年前，佛陀就对夫妇之道给予了高度的重视，并提出许多极富指导性的规劝。他说："恩爱亲昵，同心异形，尊奉敬慎，无骄慢情，善事内外，家殷丰盈，待接宾客，称扬善名，最为夫妇之道。"（《佛说玉耶女经》）这段话可视为夫妇之道的大纲。对于夫妇之道，《善生经》还做了更详细的展开。该经讲，丈夫当以五事敬爱妻子：

一者相待以礼（不能太随便，太放逸），二者威严不媟（媟者，狎慢不恭，尊卑不别。别本作"阙"），三者衣食随时（据时宜供给衣食），四者庄严以时（依时宜而妆扮之），五者委付家内（把家庭日常事务交给她操办）。

妻子亦当以五事恭敬于夫：

一者先起（每天在丈夫之前起床），二者后坐（每天在丈夫之后休息），三者和言（说话柔和，不粗鲁），四者敬顺（恭敬并随顺丈夫），五者先意承旨（事先揣摩或体察到丈夫的心意而主动地承顺其意旨行事）。（《长阿含经》卷十一）

另有《中阿含经·善生经》，对夫妇之道亦做了具体规范。二者大同小异，今录之于下，供读者参考：

夫当以五事爱敬供给妻子，云何为五？一者怜念妻子，二者不轻慢，三者为作璎珞严具（为妻子购置装饰品），四者于家中得自在（让妻子在家中自由自在，不要压抑她），五者念妻亲眷（要关心妻子的父母兄弟等眷属）。夫以此五事爱敬供给妻子，妻子当以十三事善敬顺夫，云何十三？一者重爱敬夫，二者重供养夫，三者善念其夫（要善于体恤丈夫），四者摄持作业（要摄受丈夫、帮助丈夫干好事业），五者善摄眷属（要善于摄受亲眷），六者前以瞻待（照顾侍候丈夫），七者后以爱行（疼爱丈夫），八者言以诚实（说诚实语，不说谎），九者不禁制门（异译作"阖门以待君子"，意谓丈夫外出未归，不可闭门不理，当等待他回来），十者见来赞善（在人面前赞美丈夫，不说丈夫坏话），十一者敷设床待，十二者施设净美丰饶饮食；十三者供养沙门梵志（梵志，志求梵天之法者；沙门，出家人之总称）。（《中阿含经》卷三十三）

总之，夫妻之间当相敬如宾，相处如友，互相承事，互相关怀，互相爱护。夫妻当互视为同舟共济的恩人，不可当作彼此行乐的欲具或仇人。妻待夫如父如兄如友，夫待妻如母如妹如女。在《玉耶女经》中，佛陀把人间的妻子分为七类：

一者母妇（爱念丈夫如母爱子），二者妹妇（恭敬承事丈夫，亲如骨肉，无有二心，如妹事兄），三者善知识妇（相亲相爱，相互教益，令行无失，犹如挚友），四者妇妇（恪守妇礼，竭诚尽敬，谦逊顺命，助夫向道，以和为贵），五者婢妇（敬畏丈夫，兢兢趣事，恬退隐忍，性情柔软，同甘共苦，质朴直信），六者怨家妇（见夫不欢，恒怀嗔恚，不作生活，不顾儿女，身心淫荡，毁辱邻里，咒夫令死），七者夺命妇（恒怀毒害之心，置夫于死地）。在这七类妻子中，前五种是好妻子，后两种是坏妻子。

龙树菩萨在《劝发诸王要偈》中讲，妻子对丈夫当"随顺为姊妹，爱乐为善友，安慰则为母，随意为婢使，此四贤良妻，则是夫眷属"。相应地，作为丈夫亦当以高标准严格要求自己，要守五戒，行十善，对妻子要"正一敬之，不恨其意，不有他情，时与衣食，时与玉饰"。这样，夫妻之间各行正道，互摄互融，则家庭和睦，风化大顺，社会祥和矣。

3. 师生关系中的伦理职责

弟子敬奉师长复有五事，云何为五？一者给侍所须，二者礼敬供养，三者尊重戴仰，四者师有教勑，敬顺无违，五者从师闻法，善持不忘。善生！夫为弟子当以此五法敬事师长，师长复以五事敬视弟子，云何为五？一者顺法调御，二者诲其未闻，三者随其所问，令善解义，四者示其善友，五者尽己所知，诲授不恡。（《长阿含经》卷十一）

4. 亲族关系中的伦理职责

夫为人者，当以五事亲敬亲族，云何为五？一者给施，二者善言，三者利益，四者同利，五者不欺。善生！是为五事亲敬亲族，亲族亦以五事亲敬于人，云何为五？一者护放逸（通过教育，令离放逸），二者护放逸失财（防护因放逸而失财），三者护恐怖者（提供保护令其远离恐怖），四者屏相教诫（见有过失，私下教诲），五者常相称叹（见有优点，经常赞叹鼓励）。（《长阿含经》卷十一）

5. 主仆关系中的伦理职责

主于僮使以五事教授，云何为五？一者随能使役（量其能力而用之），二者饮食随时（依时节供其饮食），三者赐劳随时（适时给予奖赏），四者病与医药（生病时给予医药救治），五者纵其休暇（适时给予休息）。善生！是为五事教授僮使，僮使复以五事奉事其主，云何为五？一者早起，二者为事周密，三者不与不取（不偷用主人物），四者作务以次（做事有章法、有轻重缓急），五者称扬主名（称扬主人美德）。（《长阿含经》卷十一）

6. 僧俗关系中的伦理职责

檀越当以五事供奉沙门、婆罗门，云何为五？一者身行慈，二者口行慈，三者意行慈，四者以时施（依时节而行供养），五者门不制止（见有沙门前来，不能故意关门不接待）。善生！若檀越以此五事供奉沙门、婆罗门，沙门、婆罗门当复以六事而教授之，云何为六？一者防护不令为恶（宣说戒法，令不作恶业），二者指授善处（开示善法），三者教怀善心（教发善心），四者使未闻者闻（开示出世间的清净智慧），五者已闻能使善解（令闻法生解），六者开示天路（开示修行解脱之方法。天路指离苦得乐之解脱大道）。（《长阿含经》卷十一）

7. 朋友关系中的伦理职责

世间朋友有多种多样，有贤友、净友、亲友、仁友、德友、挚友、善友、慈友、悲友，此数者为良友；另有邪友、佞友、贪友、假友、怨友、害友，此数者为恶友。良友是指"难与能与，难作能作，难忍能忍，密事相语，不相发露，遭苦不舍，贫贱不轻"（《四分律》卷四一）。良友的标准，依《佛说尸迦罗越六方礼经》所说，必须具足五个条件：

"一者见之作罪恶，私往于屏处，谏晓呵止之"，意谓见友人做罪恶之事，能暗中于无外人处，劝阻他，开导他，呵责他，令不作恶犯罪。

"二者小有急，当奔趣救护之"，意谓见友人稍有急难，能立刻前往救护，使不受害。

"三者有私语，不得为他人说"，意谓为朋友保持秘密，不传播朋友的隐私。

"四者当相敬叹"，意谓互相尊重，对方有优点、功德，能随喜赞叹。

"五者所有好物，当多少分与之"，意谓自己有了好东西，能方便随分地分给朋友一些，不独享。

《过去现在因果经》对良友亦提出了三点要求：

一者见有过失，辄相谏晓。二者见有好事，深生随喜。三者在于苦厄，不相弃舍。（《过去现在因果经》卷二）

另外，《佛说善生子经》把良友分为四种：

一者同苦乐之友。其特征是：1. 施之以己所宝（把自己珍爱的东西施舍给友人）；2. 施之以妻子利（把对妻子儿女有利的东西施舍给友人及其妻子儿女）；3. 施之家所有；4. 言忠为忍言（言行忠信、诚恳、宽忍）。

二者利相摄之友。其特征是：1. 彼私不宣（不宣扬友人之隐私）；2. 己私不隐（不隐瞒自己的缺点、过错）；3. 面说善言（口吐莲花，称善人家，说人好话）；4. 还为弭谤（为友人清除谤言，爱护友人的名节）。

三者与本业之友。其特征是：1. 以利业之（以财物帮助友人成就事业）；2. 以力业之（以行动帮助友人成就功业）；3. 纵欲谏之（当友人放逸时能劝谏他）；4. 以善养之（用良好的德行来佐养友人）。

四者仁愍伤之友。其特征是：教劝竖立，以（1）成其信；（2）成其戒；（3）成其闻；（4）成其施。意谓用佛法教劝友人，树立正信，严持净律，具足正念，成就布施等善行。

《善生经》（见《长阿含经》卷十一）亦把恶友分成七类。这七类恶友及其特征是：

一者畏伏亲之友。其特征是：1. 先与后夺；2. 与少望多；3. 畏故强亲（因为畏惧而来亲近，非真亲近）；4. 为利故亲（为捞好处而来亲近）。

二者美言亲之友。其特征是：1. 善恶斯顺（不分善恶，一味顺从，没有原则）；2. 有难舍离（见有困难相舍而去）；3. 外有善来，密止之（见有善好之事从外来临，暗中作梗，阻止善缘善事之成就）；4. 见有危事，便排挤之（在危难之中，不仅不援救，反而落井下石，尽力排挤）。

三者敬顺亲之友。其特征是：1. 先诳（事先大言不惭，骗取信任）；2. 后诳（事后大言不惭，夸饰于人）；3. 现诳（当面大言不惭，以求赏识）；4. 见有小过，便加杖之（表面敬重人家，可是见人家有小毛病，便大加指责和批判，无慈爱心）。

四者邪恶亲之友。其特征是：1. 饮酒时为友；2. 博戏时为友；3. 淫逸时为友；4. 歌舞时为友。

五者邪教之友。其特征是：1. 以杀生之事劝化人；2. 以盗窃之事劝化人；3. 以淫邪之事劝化人；4. 以欺诈之事劝化人。

六者面爱之友。其特征是：1. 说人往短（揭人家过去的隐私）；2. 阴求来过（暗中窥探别人的过错）；3. 与之不宝（把不值钱的东西赠给对方，虚情假意，以求得别人的好评价）；4. 欲人有厄（希望人家有难有厄，诸事不顺）。

七者言佞之友。其特征是：1. 宣人之私；2. 自隐其私；3. 面伪称善（当面假装称赞）；4. 退则兴诽（背后诽谤人家）。

除《善生经》之外，《佛说孛经》中亦谈到朋友交往的问题，它把朋友分为四类，云：

> 有友如花，有友如秤，有友如山，有友如地。何谓如花？好时插头，萎时捐之，见富则附，贫贱则弃，是花友也。何谓如秤？物重头低，物轻则仰，有与则敬，无与则慢，是秤友也。何谓如山？譬如金山，鸟兽集之，毛羽蒙光，贵能荣人，富乐同欢，是山友也。何谓如地？百谷财宝，一切仰之，施给养护，恩厚不薄，是地友也。

此四类友人中，花友、秤友皆非良友，唯山友、地友乃为善友。

上述对良友与恶友的划分与界定，从正反两个方面说明了朋友关系中的伦理职责问题。

以上所列日常生活中经常面对的这七类伦理职责，既是我们为人处世、和谐人际关系的正道原则，亦是我们摄受众生的方便法门。在现实生活中，如果能够依上述伦理职责而行，必能自如地摄受父母、子女，而有一个深厚的亲子关系；必能自如地摄受妻子、丈夫，而有一个温馨的夫妻关系；必能自如地摄受友人、同道，而有一个良好的朋友关系；必能自如地摄受与自己交往的每一个人，而有一个和谐的人际关系。那时，我们要用佛法感化世人，用佛法庄严众生，庄严国土，就不难了。

总之，尽职尽责的根本，依佛法而言，就是要依五戒十善等原则去生活，这就是人天乘所强调的"善生"。这种依人天乘正法而行的"善生"生活，当它被置于菩提心的引领下时，它就是菩萨道。净慧老和尚在《在家教徒必读经典》上下编中，之所以特意收入《善生经》《吉祥经》《玉耶女经》《佛说孛经》《十善业道经》《优婆塞戒经》等经典，其目的就是为了引导信众，更好地将佛法融入世间，打牢佛教修行的"人天乘"这个基础。这一点既是"人间佛教"的特色所在，也是生活禅的特色所在。

二、在奉献中求幸福

每个人都追求幸福，但这并不意味着每个人都能获得幸福，关键是在追求幸福的时候能不能顺应因果。奉献是因，幸福是果。要追求幸福这个果，必须种奉献这个因。离开了奉献这个因而求幸福之果，只能是自寻烦恼。奉献相当于佛教里所说的布施，被列为六度之首。

奉献的形式是多种多样的。向贫穷的人布施财物（财施），向需要帮助的人提供解决问题的智慧方法（法施），为没有安全感的人提供安全保护（无畏施），乃至用慈颜爱语给他人带来希望和快乐（欢喜施），所有这些都属于奉献的内容。

奉献最关键的一点，就是要超越自我中心，不求回报，不求名闻利养，要求纯正无我的发心，这就是佛教所强调的"三轮体空"。这样的奉献，不仅是利人，同时也是自利。

就修行而言，奉献是对我执的突破。要知道，我执恰恰是众生不能获得解脱、幸福的根源之所在。通过奉献来对治悭贪，淡化我执，摆脱贪嗔痴慢疑的束缚，这样，真正的解脱和幸福自然现前。

三、在无我中求进取

做任何事情，都离不开进取。但是，世间的进取和出世间的进取，有本质的不同。世间的进取是为了强化自我中心，而出世间的进取恰恰是要破除自我中心。

"在无我中求进取"，有两个方面的意义：

（一）进取的落脚点是破我执，追求无我之解脱

我法二执不破，众生不得解脱，社会不得和谐。所以，破除我法二执，追求无我的境界，是佛教修行的核心理念。一切修行法门最后的落脚点就是要觉悟和实证这个无我的道理。有我的进取是贪求，是痛苦；无我的进取是承当，是解脱，是真正的幸福。

（二）进取的最终目标是以无我的心更好地利益众生

佛教所强调的"无我"，并不是消极的无所作为的状态。它不仅意味着彻底的放下，同时也意味着彻底的承当、彻底的利他。这就是六度中的精进波罗蜜。

无我的进取，就是《金刚经》所说的"离四相而行一切善法"，亦即达磨祖师所说的"称法行"，也就是行"无相六度"。世人的进取总是与个人的名闻利养联系在一起，总是有相、有我的：如果所从事的事业不能给自己带来名闻利养，他就有可能失去前进的动力，往往会半途而废，他的承当总是有所保留的。菩萨行者由于以利他度生为根本，不考虑个人的名闻利养，没有我执及其所带来的种种后顾之忧和烦恼，所以他的承当和进取是勇猛的，没有任何保留。

无我的进取就是把自己放空，放空之后，无任何后顾之忧，然后全力以赴去修行，全心全意为众生服务。菩萨的修行正是通过不断地否定自我、超越自我，不断地净化自己的心灵、美化自己的人格、提升自己的智慧、强化自己的力量，从而更好地利益社会人群。

四、在生活中透禅机

"在生活中透禅机"这一原则，与六度中的般若波罗蜜相应。其意义可以从两个方面来理解：

（一）生活是成就菩提心、开发智慧的最胜道场

本书第五章中的"将修行落实于当下"这一节，曾经提到，我们的自性本觉具有"常住"的特征。自性本觉常在我们的六根门头放光动地，须臾不曾离；它遍一切时、一切处；日用中的一切，举手投足、起心动念、待人接物，都是自性的妙用。这就意味着，大道就在日常生活中，日常生活就是我们修行悟道、与自性打照面的好机会。

澧州龙潭崇信禅师，天皇道悟禅师之法嗣，出家后，在道悟和尚座下执侍多年，却无所入。

一日，崇信禅师入室问道悟和尚："某自到来，不蒙指示心要。"

道悟和尚回答说："自汝到来，吾未尝不指汝心要。"

崇信禅师一听，很是诧异，便问道："何处指示？"

道悟和尚道："汝擎茶来，吾为汝接。汝行食来，吾为汝受。汝和南时，吾便低首。何处不指示心要？"

崇信禅师不明其意，低头良久。

道悟和尚道："见则直下便见，拟思即差。"

崇信禅师一听，"如游子之还家，若贫人之得宝"，豁然开解，欢喜踊跃。

礼谢之后，又问："如何保任？"

道悟和尚道："任性逍遥，随缘放旷。但尽凡心，别无圣解。"（《禅宗大德悟道因缘》，参见《五灯会元》卷七）

修行人若能于日常生活的一举一动中，安住当下，远离分别取舍，心无所求，亦无所得，不起心动念，此时虽然身不在禅堂，但那仍旧是一种在道的状态。相反，如果身体坐在禅堂里，心里却妄想如流，天南海北地乱蹿，那也算不得是在道的状态。

修行的功夫得不得力，不只是看他在打坐、诵经、念佛的时候能不能做到不打妄想，更重要的是看他在日常生活中各种境界现前的时候能不能"往道上会"，能不能做到不起心动念。所以，修行除了在佛殿禅堂里诵经打坐之外，还应该注意在日常生活中用功。如果说，在佛殿禅堂里诵经打

坐还只是一种形式上的修行、一种演练和准备的话，那么，在日常生活中修行才是真刀实枪。修行人想要开悟，必须经过生活的考验和历练这一关。没有经过生活的洪炉烈焰之熏炼陶冶，所谓的功夫只怕是花拳绣腿居多，只可把玩，不堪大用。

要知道，生活是一面镜子，一面认识自我的镜子。生活中的一切境缘，尤其是逆境和烦恼缘，都是我们深刻反省自己、认识自己的好机会。在宁静的境界中，我们往往看不到自己的缺点和烦恼，但是，在逆境和烦恼缘中，我们就能更清楚地认识到自己内心诸多隐秘的东西。从这个意义上来讲，生活中的烦恼、逆境都是促使我们回头转脑、转身向上、提升智慧的大机大用。

在生活中触境遇缘，只要我们能及时提起宗门的圆顿信解，并且把它变成当下的正念，然后借此正念的力量，把生活中的一切境缘都变成道用，变成诸佛菩萨对自己修行的护念和加持，这样一来，生活本身就变成了道场，就是成就我们菩提心的肥沃土壤，就是陶冶我们智慧的洪炉烈焰；没有什么境缘是我们需要逃避的，我们只需面对它们、接受它们、转化它们就是了。

从这个角度来看，在生活中触发禅机的机会，要远比禅堂、佛殿里多百千万亿倍。只要我们休歇的功夫纯熟了，经常处于一心不乱或不起心动念的状态，在生活中，我们随时都有开悟的可能。

石头自回禅师是大随元静禅师的弟子，出家前是一个不识字的石匠，开悟后，曾有一段上堂法语，讲得非常好，他说：

参禅学道，大似井底叫渴相似，殊不知塞耳塞眼，回避不及。且如十二时中，行住坐卧，动转施为，是甚么人使作？眼见耳闻，何处不是路头？若识得路头，便是大解脱路。（《五灯会元》卷二十）

对于一个见地透彻、信心到位、敢于直下承当的人来说，诚然如石头自回禅师所言，生活中处处都是悟道之机、回家之路。

（二）在生活中最容易实现"无心合道"之跨越

翻开禅宗的灯录，就会发现一个非常有趣的现象：在日常生活中悟道的人，远比在佛殿禅堂里悟道的人多得多。绝大多数人开悟都是在生活中没有任何期盼和准备的时候发生的。且举数例为证——

其一：

尚书莫将居士，大随元静禅师之在家得法弟子，字少虚。其祖上世住豫章分宁。后因外出做官，移居西蜀。莫尚书曾礼谒大随南堂元静禅师，咨决心要。元静禅师于是教他在日常生活中，向一切处提撕"是个什么？"一日，上厕所，一股臭气迎面扑来，莫尚书急忙以手掩鼻。就在这个时候，他豁然有省。后作偈呈元静禅师，偈云："从来姿韵爱风流，几笑时人向外求。万别千差无觅处，得来元在鼻尖头。"元静禅师见后，遂以偈酬答，偈云："一法才通法法周，纵横妙用更何求？青蛇（宝剑名）出匣魔军伏，碧眼胡僧笑点头。"（《禅宗大德悟道因缘》，参见《五灯会元》卷二十）

其二：

宝寿和尚（宝寿二世），宝寿沼禅师（宝寿一世）之法嗣，生平姓氏未详。曾在宝寿沼禅师座下充当供养主（又称街坊化主，根据寺院需要，负责在街坊托钵化缘者）。一日，宝寿和尚入室参师。沼禅师一见，便问："父母未生前，还我本来面目来！"宝寿禅师被问得无言以对。他只好站在那里冥思苦想，一直到深夜，几次下转语，均不契旨。他心里既难过又绝望，不得已，第二天便向沼禅师告别，想去其他的地方参学。沼禅师问："汝何往？"宝寿禅师道："昨日蒙和尚设问，某甲不契，往南方参知识去。"沼禅师道："南方禁夏（夏天禁足安居）不禁冬（冬天不禁足安居），我此间禁冬不禁夏。汝且作街坊（指街坊化主）过夏。若是佛法，阛阓（huánhuì，市肆）之中，浩浩红尘，常说正法。"宝寿禅师不敢违背师命，于是就在附近街坊托钵行化。一日，宝寿禅师正在街头行走，忽然碰见两个人吵架。其中一人挥舞着老拳，大声骂道："你得怎么无面目（你怎么这样不要脸）！"宝寿禅师一听，当下大悟，于是欢天喜地地跑回寺院，参见沼禅师。沼禅师还未等他开口，便抢先说道："汝会也！不用说。"（《禅宗大德悟道因缘》，参见《五灯会元》卷十一）

其三：

舒州（治所在今安徽怀宁）龙门清远佛眼禅师，五祖法演禅师之法嗣，俗姓李，临邛（今四川邛崃）人。清远禅师少时严正寡言，十四出家受具足戒，并究习毗尼（戒律）之学。一日，清远禅师读《法华经》，至"是法非思量分别之所能解"这一句时，产生了大疑问。他手持经书，请问讲经师，讲经师未能给予他满意的回答。清远禅师遂感叹道："义学名相，非所以了生死大事。"于是他便放弃了纯粹的义学研究，卷衣南游，来到舒州太平法演禅师（也就是五祖法演，当时他在太平接众，后移住蕲州五祖）座下。一天，清远禅师正在庐州化缘，适逢天下大雨，因为路滑，他不小心跌倒在地上。就在他感到非常烦懑之际，忽然听到附近有两个人在吵架，相互诟骂，旁边有人劝架道："你犹自烦恼在！"清远禅师一听，言下有省。（《禅宗大德悟道因缘》，参见《五灯会元》卷十九）

按道理讲，佛殿禅堂远比浩浩红尘清净，最适合于修行人用功，在里面悟道的机会应该比在红尘中悟道的机会多才是。可是，事实却恰恰相反。为什么会这样呢？

念佛的人可能都有这样的体会：在日常走路的时候，如果想起来念佛，就可以随时随地随意地念，那时候会觉得念佛非常轻松，而且历历分明；可是，等到进入禅堂坐香、专门念佛的时候，反而常常感觉到紧张，妄想反而多。个中的差别就在于：在走路时念佛，内心处于无所求、无所得的状态，与无心之道最容易相应；而在禅堂里念佛，内心则很容易落入分别取舍、有所求有所得的状态，与无心之道背道而驰。所以，前者用力少而效果好，后者费力多而效果差，甚至适得其反。

在禅堂里用功夫，因为事先有了一个"我要如何如何"的有所求、有所得的心在（比如我要入定、我要一心不乱、我要开悟），要做到无心反而非常困难。而在日常生活中，因为你事先并没有像在禅堂用功时那么多的预想，执著心很淡，心里闲闲的，没有压力，这时只要你能提起正念，反而最容易做到无心，最容易做到念念分明。所以，从这个角度来说，在日用生活中，最容易培养我们无心用功，最有利于修行人摆脱诸如"只有在禅堂里才能修行，别的地方不能修行"这一类隐秘微细的分别心（宗门中称为"家贼"）。这就是历代祖师为什么强调学人要在日常生活中修行，以及喜欢在日常生活中启发学人悟机的根本原因。

下面请看云峰文悦禅师的悟道因缘：

南岳云峰文悦禅师，大愚守芝禅师之法嗣，俗姓徐，南昌人。出家后，投瑞州（今江西高安）大愚守芝禅师（汾阳善昭法嗣）座下。一日，大愚禅师示众云："大家相聚吃茎虀（jī），若唤作一茎虀，入地狱如箭射。"说完便下座。听了大愚禅师的这段法语，文悦禅师当时感到非常惊诧。于是，当天晚上，他便独自来到方丈室，请求大愚禅师开示。大愚禅师问："来何所求？"文悦禅师道："求心法。"大愚禅师道："法轮未转，食轮先转。后生趁色力健，何不为众乞食？我忍饥不暇，何暇为汝说禅乎？"文悦禅师不敢违命，于是从第二天开始，便外出为寺众乞食。过了一段时间，大愚禅师应邀移住翠岩，文悦禅师把化缘所得上交给寺院常住之后，又前往翠岩，请求开示。大愚禅师道："佛法未到烂却！雪寒，宜为众乞炭。"文悦禅师只好又奉命四处乞炭。乞炭完毕之后，文悦禅师又来到方丈室，请求大愚禅师指点。大愚禅师道："堂司（维那寮，负责指导僧众）阙（缺）人，今以烦汝。"文悦禅师虽然接受了这个任务，但是内心很不高兴，抱怨大愚禅师只一味地让他干苦差事，却不为他开示心地法门。一天，文悦禅师正坐在后架（本为僧堂后面供僧众洗面之处，因其侧多设有厕所，故又称架房）里方便，突然挂在木架上装水用的木桶的桶箍断了，从木架上掉落到地上。文悦禅师被这突如其来的响声打断了念头，当即便开悟了，终于明白了大愚禅师的良苦用心，心中既高兴又感激。于是他一边走，一边穿僧伽梨衣，上丈室礼拜大愚禅师。大愚禅师迎出来，微笑道："维那，且喜（表庆幸，犹言恭喜）大事了毕！"文悦禅师心中激动得连一句话都说不出来，只是一再礼拜叩谢。文悦禅师悟道后，为报师恩，继续留在大愚禅师身边，服勤八年。后出世传法，住翠岩。（《禅宗大德悟道因缘》，参见《五灯会元》卷十二）

文悦禅师在大愚守芝禅师座下参学，开始也是妄想住禅堂专修，怎奈大愚禅师不给他这个机会，相反，一而再、再而三地要他为常住大众服勤，先是化斋粮，后来是化木炭，接着又是当维那，尽干一些在普通人看来与大道不沾边的事情。可是，结果呢，他竟然在架房里方便的时候开悟了！个中功夫的微妙，岂是执著于在禅堂里闭目盘腿的人所能想象？那才是真正的大休大歇。对于一个真心诚意出家修道的人来说，连"我要修行，我要开悟"的念头都被剥夺掉了，那他还能剩下什么呢？这个不是无心又是什么？这个不是休去歇去的功夫又是什么？

可见，生活是一个最好的禅堂，生活也是一位最好的禅师。修道人如果没有养成在日用中做功夫的习惯，往往会错过很多修道的时间、场所和悟道的机会，功夫难于成片，即使祖师站在你跟前，终日扯着你的头发向上提，也无济于事。德山宣鉴禅师和真歇清了禅师就曾经碰到过这样的僧人。

泉州瓦棺和尚，德山宣鉴禅师之法嗣，姓氏未详。出家受具后，往参德山，成为德山宣鉴禅师的侍者。

一日，瓦棺和尚随同德山禅师入山伐木。

中间休息的时候，德山禅师将一碗水递给瓦棺禅师，瓦棺禅师接过来便喝了。

德山禅师问："会么？"

瓦棺禅师道："不会。"

德山禅师又递给瓦棺禅师一碗水，瓦棺禅师接过又喝了。

德山禅师又问："会么？"

瓦棺禅师依然道："不会。"

德山禅师道："何不成褫（chǐ。成褫，一作"成持"，承当之意）取不会底（为什么不体究、承当那个不会的呢）？"

瓦棺禅师反问道："不会又成褫个甚么？"

德山禅师道："子大似个铁橛！"（《禅宗大德悟道因缘》，参见《五灯会元》卷七）

瓦棺和尚后来还是在德山和尚座下开悟了，只是因为离师太早，尚有"悟迹"没有扫尽，后经其师兄雪峰义存禅师的点拨才彻底透脱。

　　真州长芦真歇清了禅师，丹霞子淳禅师之法嗣，住山后，有一天来到厨房，正好遇见大寮里的几位僧人在煮面条。面条煮好之后，盛在桶里，准备往外搬。忽然，盛面条的桶底掉了，面条全掉在地上。一时众僧皆失声叫道："可惜许！"清了禅师站在一旁，问道："桶底脱（禅宗大德常把开悟比作桶底脱落），自合欢喜，因甚么却烦恼？"这时，其中有一位僧人回答道："和尚即得（和尚是开悟的人，可以做到不烦恼，我们却做不到）。"清了禅师一听，便叹息道："灼然，可惜许一桶面（清了禅师的意思是说，桶底脱落的这个当际，正好见道，大家却居然都错过了，白白浪费了一桶面）！"（《禅宗大德悟道因缘》，参见《五灯会元》卷十四）

　　在农业时代，普通老百姓只有过年过节的时候才能吃上一顿面条，可以想见，出家人能吃上面条，更是难上加难。前面提到的文悦禅师听到水桶箍砸地的声音豁然大悟，而这几位僧人，整桶面掉在地上，却没有任何感悟，可不是"灼然，可惜许一桶面！"——白白浪费了一桶面？！个中的道理，值得深思。

　　圆悟克勤禅师有一段开示，可作为我们在日常生活中透禅机的下手处：

　　若确实未有个谛当处，时中逢境遇缘，即纷纷扰扰，易得随一切物转，长堕在生死缠缚中。应须快著精彩，但念无常，以生死为大事，向逐日日用之中，行时行时看取，坐时坐时看取，著衣时著衣时看取，吃饭时吃饭时看取，直下脚跟有个发明处，深信此大事因缘，从空劫那边、以至父母未生前，合下圆明朗照，只如即今日用之中，又何曾亏欠？一处透得，千处百处无遗，所谓"处处真，处处真，尘尘尽是本来人。真实说时声不现，正体堂堂没却身"。则一尘才举，大地全收，遍法界都卢是个自己，更向何处著眼耳鼻舌身意？轩知无二无别，如水入水，如金博金，真如如实际大解脱也。（《圆悟心要·示张仲友宣教》）

　　这段文字中，有两个要点值得注意：一是要深信大道本自具足，不离日用，当处湛然，不曾亏欠；二是在此圆信圆解的引领下，于日常行住坐卧处、待人接物处，时时参究。按这两点去做功夫，功夫一旦纯熟了，自然就能够无心合道。

五、在保任中证解脱

在保任中证解脱，强调的是，在日常生活中，要把定慧等持的功夫打成一片，保持一种"寂而常照、照而常寂""随缘不变、不变随缘"的状态，从而获得解脱。这实际上就是六度中的禅波罗蜜。

注意，"在保任中证解脱"的"保任"，并不是要我们执著于修行过程中某种轻安的境界，因为境界上的东西都是无常的，属生灭法，你想抓住它也是不可能的。那么，所谓的保任，究竟保任个什么呢？保者，保持圆顿的正念；任者，任运随缘。依圆顿的正念转一切境缘为修道之妙用，就是保任。这里有两个方面的含义：

（一）保持宗门圆顿的正念不失，依此正念，任运转一切境界为大道之妙用

此处所说的圆顿的正念，是指把宗门的圆顿信解变成了当下的觉照，它属于理悟后的一种照用。宗门圆顿的信解如果没有变成正念，而仅仅止于一种知见的话，很容易变成口头禅或狂禅。圆顿的信解是否变成了正念，判断的标准是：触境遇缘，能否定得住？三业是否清净？是否摆脱了驰求取舍的心？一句话，是否做到了"自觉、自主、自足、自在"。换言之，正念中应该有戒、有定、有慧，三学圆成于当下一念，如果不守戒律，没有定力，那就是狂禅。生活禅强调"在保任中证解脱"，所要保任的正是这种正念。

宗门修行的最大特色就是，在生活中逢缘遇境之际，当下能够提起圆顿的正念，视一切境缘为道用，直下承当，将所有分别取舍的心、向外驰求的心、将心待悟的心、有求有得的心全部消解掉，令心安住在一种自觉、自主、自足、自在的状态，如虚空明镜一般，"虚明自照，不劳心力"，此即当下一念之因解脱。然后通过保任此正念之功夫，从生到熟，由点到面，打成一片，最后达到果解脱。所以究竟说来，宗门里没有什么功夫可做，如果

说有的话，就是保任此正念，此即所谓的"不修之修"。

关于宗门修行的这一特点，《马祖道一禅师语录》中，有一段开示讲得非常直白：

> 僧问：如何是修道？曰：道不属修。若言修得，修成还坏，即同声闻。若言不修，即同凡夫。又问：作何见解，即得达道？祖曰：自性本来具足（修道的前提是信解具足，对自性本来具足这一点谛信无疑），但于善恶事中不滞，唤作修道人（修道的方法是无念，即无分别，无取舍，无造作，无执著）。取善舍恶，观空入定，即属造作。更若向外驰求，转疏转远。但尽三界心量（心起妄想，对外境起种种度量，此为凡夫之心量；如来证真之心量，则远离一切所缘、能缘，而住于无心）。一念妄心（执实、分别、取舍、烦恼的心），即是三界生死根本；但无一念，即除生死根本，即得法王无上珍宝……
>
> 一切众生，从无量劫来，不出法性三昧，长在法性三昧中。着衣吃饭，言谈祇对，六根运用，一切施为，尽是法性。不解返源，随名逐相，迷情妄起，造种种业；若能一念返照，全体圣心（落实不修之修的关键在于以道遍一切时、一切处、一切境缘、一切心境，须臾不离，一切现成，当下即是的圆顿的决定信解，来化解内心有所求的心，归于无念无求，是为真修道人）……（《马祖道一禅师语录》）

宗门中的"不修之修"，其奥妙就在于"圆顿的正念"现前之际，心是自足的、无为的、寂照的，也就是黄檗禅师所说的"无心"。所谓"无心"，就是在对"大道遍一切时处，须臾未曾离，镇日在六根门头放光动地，本自具足，一切现成"这一道理产生了决定的信解之后，将内心有所求、有所得的有为之心念彻底消解了之后，以广大无碍平等包容的心，面对一切境缘，不分别、不取舍、不对治，不生心动念，无心而照，照而无心。

在生活中，如果能够时时刻刻、在在处处都处在这种圆顿的正念之中，其结果就是西天二十二祖摩那罗尊者所说的"心随万境转，转处实能幽。随流认得性，无喜复无忧"。这就是一种保任圆顿正念的状态。

（二）将禅堂佛殿里打坐念经所获得的定慧功夫，运用到现实生活当中，打成一片，最后达到定慧等持的无心状态

在禅堂里打坐，在佛殿里诵经，这些当然是提高定力和慧力的重要修行方式，但是，仅仅这些是不够的。因为我们修行的目的，最终是要改变我们的身心气质，净化我们的生活，所以，我们必须把功夫落实在日常生活中，让它们打成一片。如果在生活中用不上，说明这些功夫还只是一些花拳绣腿，没有落在心性上，没有落在实处。所以，"在保任中证解脱"的另一层意义，就是强调，我们要将禅堂佛殿里打坐念经所获得的定慧功夫，运用到现实生活当中，与生活打成一片，最后达到定慧等持的无心状态。

第二节　正行内容之展开

除了祖师道和菩萨道这两大原则之外，净慧老和尚又结合大小乘佛教的基本修行理念，对正行的内容做了更具体的展开，使之更贴近现实生活，并具有可操作性。

净慧老和尚在不同的场合，对正行的内容做了开合不同的总结。在多数场合，他把正行的内容概括为五句话，即：（1）以三学为修学的总纲；（2）以四摄为利他的方便；（3）以六度为修学的正行；（4）以老实做人为修学的起点；（5）以轻安明净为修学的验证。

另外，为了凸显佛教的人间特色和佛教对现实社会的巨大意义，有时候又将正行的内容简括为三个方面，即：（1）修"八正道"，端正生活态度；（2）行"四摄法"，和谐人际关系；（3）以"四无量心"，利益社会大众。

下面，依据净慧老和尚的开示和总结，将正行的内容整合成如下七个方面：

（1）以三学为修行之总纲（此为修行之总纲）；

（2）以八正道端正生活态度；

（3）以四摄法和谐人际关系；

（4）以四无量心利益社会大众（此三者为修行之前行资粮）；

（5）以六度为修学之正行（此为修行之正行）；

（6）以老实做人为修学之起点（此亦为修行之他受用、他证量）；

（7）以轻安明净为修学之证验（此为修行之自受用、自证量）。

由于三学、四摄、六度、八正道等内容都是佛教最基本的理念，读者都比较熟悉，所以在这里，只是做一个简单的勾勒，不再做详细的展开。

一、以三学为修行之总纲

戒、定、慧，是佛教徒为证得圣果所应修习的三种学处，又称三增上（增胜）学、三无漏学。增上者，能令道行不断增胜，道力不断增强。无漏者，能引领众生出离三界，获究竟解脱。

1. 戒学，又称增上戒学，持守佛教戒律（有在家五戒、八关斋戒，出家沙弥戒、沙弥尼戒、比丘戒、比丘尼戒，以及在家出家均可受持的菩萨戒等），自觉按戒条约束自己的言行，防非止恶，离十恶、行十善，令身口意三业端正清净。

2. 定学，又称增上心学，修习四禅八定等，克服精神的散乱、昏沉，达到精神的凝定与专一。

3. 慧学，又称增上慧学，修习四谛、十二因缘、三法印等真理，开发智慧，断除烦恼，了达诸法实相。

《翻译名义集》"三学篇"曰：

道安法师云：世尊立教，法有三焉：一者戒律，二者禅定，三者智慧。斯之三者，至道之由户，泥洹之关要。戒乃断三恶之干将也，禅乃绝分散之利器也，慧乃济（一作"齐"）药病之妙医也。今谓防非止恶曰戒，息虑静缘曰定，破惑证真曰慧。（《翻译名义集》卷四）

三学可以说是统摄所有佛教修行内容的总纲，任何修行法门都可以归属于三学之下，都是对三学含义的具体展开。比如，以六度配三学，即布施、持戒、忍辱、精进等四波罗蜜为戒学，禅波罗蜜为定学，般若波罗蜜为慧学。以八正道配三学，正语、正业、正命，此三者可摄于戒学；正念、正定、正精进可摄于定学；正见、正思维可摄于慧学。

三学共同构成了一个相互依存、相互增上的修行阶梯结构。古人把这三者的关系比作"戒足、定身、慧目"。戒是定的资粮，定又是慧的资粮；由戒生定，由定发慧，由慧得解脱。这是佛教修学的通途。《长阿含经》卷三《游行经》云：

> 世尊为诸大众说戒、定、慧。修戒获定，得大果报；修定获智，得大果报；修智心净，得等解脱，尽于三漏——欲漏、有漏、无明漏，已得解脱，生解脱智，生死已尽，梵行已立，所作已办，不受后有。（《长阿含经》卷三）

有一位修行人，曾经打了一个譬喻，说明三学相资的重要性，他说：我们修行人求解脱，好比一个人拿着斧头砍一棵大树，斧头好比智慧，胳膊好比禅定，双脚好比戒律。一个人如果想把一棵大树砍倒，他必须双脚站稳，保持身体的平衡，同时他所持的斧头也必须足够锋利，另外，他的胳膊还必须粗壮有力。一个人在砍树的时候，如果双脚没有站稳，重心失去了平衡，他不仅不能把树砍倒，反而会伤及自己的手脚。这表明戒律很重要。同样地，没有禅定的人，好比一个人胳膊细小无力，他所握住的斧头纵然锋利无比，天下第一，也无法砍倒大树。只有当一个人胳膊粗壮有力，同时所持的斧头又锋利无比，双脚站得稳，他才能够很快把树砍倒。

二、以八正道端正生活态度

佛教的根本教义是"苦、集、灭、道"四谛。四谛中的道谛，其主要内容是三十七道品，而三十七道品的核心内容又是八正道。八正道，又作八圣道、八道行、八直行，即八种通向涅槃解脱的正确方法或途径，是三十七道品中最能够代表佛教精神的实践法门，所谓正见、正思维、正语、正业、正命、正精进、正念、正定。

（一）正见

正见就是正确的见解，即正确的世界观。正见必须与正信相应、与诸法实相（主要是指苦集灭道四圣谛）相应，建立在对三宝、因果、般若、解脱之正信的基础上，能够引领众生远离愚痴、离苦得乐、证涅槃果，故又谓清净见。凡是不信三宝，不信因果，不相信解脱及解脱之道，就是邪见。反之，能够深信因果的道理，按因果规律来办事，就是正见。

（二）正思维

正思维就是正确的思维，即思维四圣谛的道理，以此来规范自己的思想言行，指导自己的判断和选择，令自己的思想言行与真理相应，远离贪嗔痴，趋向涅槃果。"苦集灭道"四字将世出世间一切法含摄无余。苦是世间的现实，集是苦的根源（集是召集之意，亦是因义）。身口意三业不断地造作苦因，必然会招致苦果。灭就是灭苦，苦灭的当下就是涅槃解脱。道，就是八正道、三十七道品等清净解脱法。修习八正道就可以灭苦，得涅槃解脱之果。苦、集二谛讲的是世间因果；灭、道二谛讲的是出世间因果。思维四圣谛，"知苦断集，慕灭修道"，符合这种思维逻辑的就是正思维；反之，就是邪思维。

正思维的目标就是要意业清净。

（三）正语

正语就是正确的言语，意指言谈时要以正见、正思维为指导，所谈的内容要符合世出世间因果道理，远离妄语、两舌、恶口、绮语。

正语的目标就是要口业清净。

（四）正业

正业就是正确的行为，意指不做一切违反因果戒律的恶事，不做任何恼害他人的坏事，远离杀、盗、淫等恶业，勤行五戒十善，令身业清净。

（五）正命

正命就是正确的生活，意指以正道来谋取衣食、用具等物品，养家活命，不从事巫咒、看相、算命、占卜、卖淫、屠宰、打猎、制卖假药、贩毒等恶业，不贪得无厌，不敲诈剥削，不挥霍浪费。正命是相对于邪命而言，所谓邪命就是用不正当的谋生手段来维持生活，又叫"邪命自活"。

（六）正精进

正精进就是正确的努力，以顽强的毅力、进取的精神，修习善法、正道，专注不舍，精勤不息，勇猛不懈，"已生之恶法令断，未生之恶法令不起，未生之善法令生，已生之善法令增长"。正精进就是要以无漏慧修涅槃道，努力修善断恶，勤行不息，无有疲厌。

（七）正念

正念就是正确的忆念，意指常时忆念正道，念念不忘，勤修四念处，数数熏习，令恶念消除不起，令善法不断增长。

（八）正定

正定就是正确地修习禅定，意指勤修四念处等法，止息昏散，摄心修习禅定，成就四禅，令心如明镜止水，湛然不动，智慧朗然。

为了帮助信众更好地将八正道与现实生活相结合，净慧老和尚在解释正定时，把正定与"情绪稳定"和"持之以恒地做事"联系在一起，他说：

修禅定的目标是得定，要得定首先是情绪要稳定。情绪不稳定得不了定。做世间的一切事同样是要情绪稳定，情绪不稳定就会见异思迁，朝三暮四，三天打鱼、两天晒网，一事无成。（《生活禅，禅生活》，见《人间佛教思想文库·净慧卷》）

总之，八正道乃众生从迷染的生死此岸进入悟净的解脱彼岸所依持的"船筏"，它对构成我们生命活动的身口意这三大要素做出了全面的规范，对我们的现实人生具有重大的指导意义。净慧老和尚这样讲：

八正道是我们日常生活当中可以贯彻落实的修行方法，具有很强的操作性。比如说话的时候，我是不是在说正语？想问题的时候，我是不是在正思维？做事情的时候，我是不是在做正业？什么叫作正？就是不违背善法，不违背因果，不违背良心，不违背道德。以因果、良心、道德来衡量自己现前的身口意三业是不是正，这叫作现善；身口意三业还要符合后善，后善就是指来世的善法；再就是要符合究竟善，就是要使善法顺于无漏解脱。当然，从现善开始，现善能善，后善就能善；现在、眼前能善，未来也能善；现在、未来能善，最后就能达到究竟善。（《生活禅，禅生活》）

净慧老和尚强调，修学生活禅就是要首先学会用八正道的思想来端正自己的生活态度，这是修行的根本和着力点：

修学生活禅，落实禅生活，就是要用八正道的修行方法，来端正我们的生活态度，将染污的生活变为清净的生活，将迷失的生活变为觉悟的生活，将痛苦的生活变为解脱的生活。（《生活禅，禅生活》）

三、以四摄法和谐人际关系

四摄法，原指菩萨为摄受众生，令其生起亲爱之心，从而引领其进入佛道的四种方便摄化的方法，即布施、爱语、利行、同事。

净慧老和尚从"人间佛教"的角度，将四摄法解释为"四种和谐人际关系的方法"，非常精辟，他说：

四摄法是我们佛弟子处理人际关系的准则。四摄法的"摄"，指的是摄受，"摄"就是要主动搞好关系，主动将自己融入他人，融入社会。（《生活禅，禅生活》）

（一）布施摄

布施摄，就是将自己的财物、知识技能等，毫不吝惜地施舍给需要的人，令其生起亲爱之心，从而依附菩萨而渐渐进入佛道。

布施有内施、外施，有财施、法施、无畏施、同喜施等。

内施是指拿自己的肉体生命来布施。外施则是拿身外之财物来布施。财施可以理解为给人物质上的帮助。法施可以理解为向他人提供知识和智慧的帮助。无畏施则是指对于那些没有安全感的人给予支持、帮助和鼓励。同喜施是指别人有了好事，能够随喜赞叹。

净慧老和尚讲，同喜施这一条，普通人往往很难做到。凡夫的反应是：别人有了好事、成功了，不仅不随喜赞叹，反而不由自主地生起嫉妒心，总想把他弄垮，希望他倒霉，犯"红眼病"，不希望好事落到别人那里，只希望好事都到自己这里来，或者抱着"我得不到，你也别想得到"的恶念。

财施、同喜施、无畏施，不仅仅是体现在对他人的爱护和关怀，同时还能够帮助修行人自己断除悭吝心、嫉妒心和麻木心，能令慈悲心增长，扩大心量，强化利他之意志和力量。

（二）爱语摄

爱语摄，谓菩萨依众生之根性而善言慰喻，令其生起亲爱之心，从而依附菩萨而接受佛道。

净慧老和尚解释道：

> 爱语就是语言美，就是不说损人的话，不说挖苦别人的话，不说那些尖酸刻薄的话，不说那些带有讽刺意味的话，要说诚实语、安慰语、鼓励语、赞叹语，要口吐莲花，要说那些能激发他人内心的正能量的话，令人欢喜。（《生活禅，禅生活》）

爱语的标准有二：一是说话时的发心必须是友善、仁爱的；二是说话的效果要能激发听者的正能量，开启他们内心的光明。

（三）利行摄

利行摄，谓菩萨行身口意之善行，利益众生，令其生起亲爱之心，从而依附菩萨而受道。利行就是要多为他人谋福利，多做对他人有利益的事，不做损人利己的事。

（四）同事摄

同事摄，谓菩萨亲近众生，同其苦乐，并以法眼观察众生根性而随其所乐，分形示现，令其同沾利益，因而依附菩萨而受道。

净慧老和尚解释道：

> 同事就是要与大众一起共同来完成某一件事情，参与其中，与他人同甘苦、共患难，不要站在一边袖手旁观。如果只让别人去做，自己却不动手，这样就会和他人的关系越来越疏远，人际关系就淡漠了，最后就可能恶化。（《生活禅，禅生活》）

净慧老和尚所提出的关于做事的"四大"原则 —— "大众认同，大众参与，大众成就，大众分享"，正是对同事摄的最恰当的解释。

四、以四无量心利益社会大众

四无量心，即慈、悲、喜、舍。慈名爱念，即与乐之心，谓菩萨爱念一切众生，常求乐事，随彼所求而饶益之，故名慈无量心。悲名愍伤，即拔苦之心，谓菩萨愍念一切众生受种种苦，常怀悲心拯救济拔，令其得脱，故名悲无量心。喜名庆喜，即随喜之心，谓菩萨庆他众生离苦得乐，其心悦豫，欣庆无量，故名喜无量心。舍名舍离分别，即无憎爱之心，谓菩萨于所缘众生，心无憎爱，一味平等，复念一切众生同得无憎无爱、无嗔无恨、无怨无恼，故名舍无量心。言无量者，谓菩萨利他之心广大无边，平等普及，所谓所缘众生既无量，能缘之心亦无量。

关于四无量心的意义，智者大师在《法界次第初门》中释云：

> 次四禅而辨四无量心者，四禅但是自证禅定功德，而未有利他之功。故乐大功德者，当怜愍一切众生，修慈悲喜舍四无量定。此四通名无量心者，从境以得名，以所缘众生无量故，能缘之心亦随境无量，故悉受无量心名。
>
> 一慈无量心 —— 能与他乐之心，名之为慈。若行者于禅定中，念众生，令得乐时，心数法中生定，名为慈定。是慈相应心，无嗔无恨，无怨无恼，善修得解，广大无量，遍满十方，是为慈无量心。
>
> 二悲无量心 —— 能拔他苦之心，名之为悲。若行者于禅定中，念受苦众

生，令得解脱时，心数法中生定，名为悲定。是悲相应心，无嗔无恨，无怨无恼，善修得解，广大无量，遍满十方，是为悲无量心。

三喜无量心——庆他得乐，生欢悦心，名之为喜。若行者于禅定中，念众生，令离苦得乐欢喜时，心数法中生定，名为喜定。是喜相应心，无嗔无恨，无怨无恼，善修得解，广大无量，遍满十方，是为喜无量心。

四舍无量心——若缘于他无憎无爱之心，名之为舍。行者于禅定中，念众生，悉令同得无憎无爱，如证涅槃，寂然清净。如是念时，心数法中生定，名为舍定。是舍相应心，无嗔无恨，无怨无恼，善修得解，广大无量，遍满十方，是为舍无量心。（《法界次第初门》卷上之上）

四无量心，原属世间十二门禅之一。当它与大乘菩提心和般若空观融为一体的时候，便成为菩萨道的核心，是对宗门所说"离四相而行一切善法"之"无相行"的具体落实。菩萨为令无量众生离苦得乐，而生起慈悲喜舍四种广大无量的心，或缘无量众生，思维令无量众生离苦得乐之法，而入慈悲喜舍四种禅观：所谓缘无量众生，思维令众生得乐之法，而入"慈等至"，称为慈无量；缘无量众生，思维令众生离苦之法，而入"悲等至"，称为悲无量；思维无量众生能离苦得乐，于内心深感喜悦，而入"喜等至"，称为喜无量；思维无量众生一切平等，无有怨亲之别，而入"舍等至"，称为舍无量。

此四无量心，要依色界四根本禅定而修，能脱欲界天，住于梵处，故又称四梵处、四梵行。《释禅波罗蜜次第法门》卷六讲，欲界定、欲界未到地定，因为定力粗浅，不堪修习四无量心；无色界之四空定，因离一切色、不缘于众生，亦不便修；唯四禅及中间定可以修四无量心，"如初禅五支，觉观二支，分别欲界，则生悲易，喜支生喜易，乐支生慈易，一心支生舍易"。又，"初禅以觉观为主，深识欲界众生苦恼之相，此处修悲则易。二禅内有大喜，此处修喜无量则易。三禅内有遍身之乐，此处修慈则易。四禅妙舍庄严，此处修舍为易"。关于四无量心之修法，有兴趣者，可以参考智者大师《释禅波罗蜜次第法门》卷六，此处不做引述。

慈悲喜舍四心，何以称为无量？何以必须修习？以利他心，遍满十方，平等一如，不分怨亲，故名无量；以此四行，能净自心，能生福德，能入涅槃，能度众生，是故应修。《俱舍论》讲，"四无量心"的"无量"一词，有三种含义：一者以无量之众生为此四心之所缘；二者此四心能牵引无量之福；三者此四心能招感无量之果。并指出，此四无量心具有对治四障之功能，即以慈无量对治嗔，悲无量对治害，喜无量对治不欣慰，舍无量对治欲界之贪嗔。《释禅波罗蜜次第法门》卷六亦云："缘此四法故，说于四心，遍十方，平等无隔，名无量心。修慈心，为除众生中嗔觉故；修悲心，为除众生中恼觉故；修喜心，为除众生中不悦乐故；修舍心，为除众生中憎爱故。"

总之，关于四无量心之意义，简单地讲，慈，即友爱之心，与众生安乐。悲，即同情他人受苦，拔众生苦。喜，即随喜他人享有幸福，不嫉妒众生享有安乐。舍，即舍弃一切冤亲之差别相，而能平等利益。无量意味着，不分冤亲、贫富、贵贱、贤愚，不分时间、地点，不分民族、国家，无条件地以四种心对待众生。此四种心因与空性相应，故为菩萨行者所应修习。

关于四无量心的意义，净慧老和尚在《佛教的和谐精神 —— 慈悲喜舍》等开示中，曾经做过非常通俗的解释，内容如下：

以无限仁慈、友爱之心，成就一切众生的幸福和快乐，所谓慈能与乐；以无限悲悯、同情之心，解脱一切众生的苦难，那就是悲能拔苦；以无限喜悦分享之心，对待一切众生享有的安乐自在，那就是喜无量心；以无限宽容平等之心，舍弃冤亲仇敌等分别相，平等利乐一切众生，那就是舍无量心。

四无量心是修行菩萨道者为普度无量众生离苦得乐所必须具备的四种精神。这四种精神能摄受无量众生，能令众生得无量福，能令众生招感无量善果。

四无量心，就是没有任何的限制，没有任何的条件，是不讲时间，不讲地点，不讲对象的。所以要做到"慈悲喜舍"固然不容易，要让"慈悲喜舍"这四心超越一切的时间、一切的界限、一切的条件，那就何其难也！

真正的和谐就是万物一体，生命共融，内外一致，自他不二。把"慈悲喜舍"这四种精神真正修行到位了，落实到位了，我刚才所说到的那些对立面，就可以化解、就可以消融，从而真正达到生命的和谐。

修习四无量心的三大功德：

首先，修四无量心，能够对治四种妨碍智慧生长、慈悲增长的障碍。慈无量心对治嗔恚障，悲无量心对治恼害障，喜无量心对治不欣慰障（就是看到人家有好事老是不高兴，看到别人涨工资不高兴，看到别人买了房子不高兴，看到别人得了孙子不高兴，看到姑娘找到了好男人也不高兴，看到小伙子找到了好媳妇还是不高兴），舍无量心对治欲界的贪、嗔障（"慈悲喜舍"四无量心，严格地讲，它是要在色界的禅定状态下才能真正具备。因为欲界的人烦恼特别重，要以欲界的这种状态、这种心态来修四无量心，总是有限的。当我们真正具备这四无量心的时候你已经不是欲界的人，你的思想境界就高于欲界的一切众生。所以，舍无量心对治欲界的贪、嗔障。一切烦恼的产生，一切的不平等，一切的问题，总根子就是贪、嗔、痴，所以修四无量心的重要意义，首先就是能够对治四种障碍）。

我们要通过修习禅观，排除我们的烦恼，使我们的心柔软下来，那就养成慈心；使我们的心随时随地具有同情心，那就养成悲心；使我们的心见到一切的好事，见到国家兴旺、社会发展、人民生活安乐，我们要发欢喜心。在这三个方面，我们不能够有分别心，要保持一种宽容平等之心，舍掉那些阻碍我们慈心、悲心、喜心成长的思想障碍。如果简单地说，就是以无限仁慈友爱之心，与众生乐；以无限悲悯同情之心，拔众生苦；以无限喜悦分享之心，乐众生乐；以无限宽容平等之心，等视冤亲。

修四无量心的第二个意义，就是能够养成四种健康的心态。这四种健康心态还是"慈悲喜舍"。如果有无限的仁慈之心，而且能够让仁慈友爱之心时时现前，处处落实，自然就有一种和谐的人际关系。以无限悲悯同情之心拔众生苦，就要关注、同情弱势群体。以无限喜悦分享之心，乐众生乐，培养宽广欣慰的乐观情绪，不要有嫉妒障碍，不要犯红眼病，这就跟布施的内容所讲的同喜施有相同的意义。因为布施有多种施，财施、法施、无畏施，还有同喜施，就是别人有好事，别人有高兴的地方，我们要分享，要乐众生乐，这就是"舍"。

修四无量心的第三个意义，就是促进社会和谐。慈悲喜舍这四种精神社会最需要，人生最需要，每个家庭也最需要。我们修此四无量心，就能积极为社会作贡献，就能积极为大众谋福利，就能积极落实生活禅"觉悟人生，奉献人生"的宗旨，实现禅生活"行亦禅，坐亦禅"的目标。（参见《佛教的和谐精神——慈悲喜舍》，《人间佛教思想文库·净慧卷》）

五、以六度为修学之正行

六度，又称六波罗蜜。梵语"波罗蜜多"，意译"到彼岸""度无极"，即达到最终目的地——涅槃。六度是菩萨所应修习的六种达到涅槃彼岸的途径和方法，其内容略述如次：

（一）布施度

又称檀那波罗蜜，即将自己的财物、知识、技能、眷属乃至身命，毫不吝惜地施舍给需求者。《大乘起信论》解释云：

云何修行施门？若见一切来求索者，所有财物，随力施与，以自舍悭贪，令彼欢喜。若见厄难，恐怖危逼，随己堪任，施与无畏。若有众生来求法者，随己能解，方便为说，不应贪求名利恭敬，唯念自利利他，回向菩提故。（真谛译本《大乘起信论》）

布施分财物施（外施）、身命施（内施）、法施（教以真理）、无畏施（除其恐怖，使其安心）等形式。

布施应与般若相应，三轮体空，方可称为"波罗蜜"，否则只是有漏善法。《金刚经》讲，"不应住色声香味触法而行布施"，强调"离四相而行施"是布施度的根本。《大般若波罗蜜多经》对世间有漏的布施与出世间的无漏布施做了明确的说明：

舍利子言："云何世间布施波罗蜜多？"
善现答言："若菩萨摩诃萨为大施主，能施一切沙门、婆罗门、贫病、孤露、道行、乞者，须食与食，须饮与饮，须乘与乘，须衣与衣，须香与香，须华与华，须严饰与严饰，须舍宅与舍宅，须医药与医药，须照明与照明，须坐卧具与坐卧具，如是一切随其所须资生什物，悉皆施与。若复有来乞男与男，乞女与女，乞妻妾与妻妾，乞官位与官位，乞国土与国土，乞王位与王位，乞头目与头目，乞手足与手足，乞支节与支节，乞血肉与血肉，乞骨髓与骨髓，乞耳鼻与耳鼻，乞僮仆与僮仆，乞珍财与珍财，乞生类与生类，如是一切，随其所求内外之物，并皆施与。虽作是施而有所依，谓作是念：'我施彼受，我为施主，我不悭贪，我随佛教，一切能舍，我行布施波罗蜜多。'彼行施时，以有所得而为方便，与诸有情同共回向阿耨多罗三藐三菩提。复作是念：'我持此福施诸有情，令得此世他世安乐，乃至证得无余涅槃。'彼著三轮而行布施：一者自想，二者他想，三者施想。由著此三轮而行施故，名世间布施波罗蜜多。何缘此施名为世间？以与世间同共行故，不超动出世间法故，如是名为世间布施波罗蜜多。"

舍利子言："云何出世间布施波罗蜜多？"

善现答言："若菩萨摩诃萨行布施时，三轮清净：一者不执我为施者，二者不执彼为受者，三者不著施及施果。是为菩萨摩诃萨行布施时三轮清净。又舍利子！若菩萨摩诃萨以大悲为上首，所修施福，普施有情，于诸有情都无所得，虽与一切有情同共回向阿耨多罗三藐三菩提，而于其中不见少相。由都无所执而行施故，名出世间布施波罗蜜多。何缘此施名出世间？不与世间同共行故，能超动出世间法故，如是名为出世间布施波罗蜜多。"（《大般若波罗蜜多经》卷七十五）

《摩诃般若经》卷七中亦讲：

菩萨摩诃萨布施时，我不可得、受者不可得、施物不可得，亦不望报，是名菩萨摩诃萨三分清净檀波罗蜜……菩萨摩诃萨布施时，施与一切众生，众生亦不可得。以此布施回向阿耨多罗三藐三菩提，乃至不见微细法相……是名出世间檀波罗蜜。

布施能对治悭贪，消除贫穷，达于无我。

（二）持戒度

又称尸罗波罗蜜，谓以无相无住的心，严持戒律，常自反省，能对治恶业，增长善业，使身心清凉。

《大乘起信论》解释云：

云何修行戒门？所谓不杀、不盗、不淫、不两舌、不恶口、不妄言、不绮语，远离贪嫉欺诈谄曲嗔恚邪见。若出家者，为折伏烦恼故，亦应远离愦闹，常处寂静，修习少欲知足头陀等行。乃至小罪，心生怖畏，惭愧改悔，不得轻于如来所制禁戒。当护讥嫌，不令众生妄起过罪故。（真谛译本《大乘起信论》）

戒律分为三大类：摄律仪戒（包括在家五戒、沙弥戒、沙弥尼戒、比丘戒、比丘尼戒等，以止恶不犯为内容）、摄善法戒（修习诸善，以一切善法为戒，如护生、放生等，以力行诸善为内容）、饶益有情戒（以积极地利益众生为内容）。

此三类持戒，皆应与般若相应，否则，只是世间善法。《大般若波罗蜜多经》云：

舍利子言："云何世间净戒波罗蜜多？"

善现答言："若菩萨摩诃萨虽受持戒而有所依，谓作是念：'我为饶益一切有情受持净戒，我随佛教，于净尸罗，能无所犯，我行净戒波罗蜜多。'彼持戒时，以有所得而为方便，与诸有情同共回向阿耨多罗三藐三菩提。复作是念：'我持此福施诸有情，令得此世他世安乐，乃至证得无余涅槃。'彼著三轮而受持戒：一者自想，二者他想，三者戒想。由著此三轮受持戒故，名世间净戒波罗蜜多。何缘此净戒名为世间？以与世间同共行故，不超动出世间法故，如是名为世间净戒波罗蜜多。"

舍利子言："云何出世间净戒波罗蜜多？"

善现答言："若菩萨摩诃萨受持戒时，三轮清净：一者不执我能持戒，二者不执所护有情，三者不著戒及戒果。是为菩萨摩诃萨受持戒时三轮清净。又舍利子！菩萨摩诃萨以大悲为上首，所持戒福普施有情，于诸有情都无所得，虽与一切有情同共回向阿耨多罗三藐三菩提，而于其中不见少相。由都无所执而受持戒故，名出世间净戒波罗蜜多。何缘此净戒名出世间？不与世间同共行故，能超动出世间法故，如是名为出世间净戒波罗蜜多。"（《大般若波罗蜜多经》卷七十五）

（三）忍辱度

又称羼提波罗蜜，意即能忍受打骂欺辱而不生嗔怒，心不被利、衰、毁、誉、称、讥、苦、乐等八风所动，犹如坚固石山，不被猛风所摧。《大乘起信论》讲：

云何修行忍门？所谓应忍他人之恼，心不怀报，亦当忍于利衰毁誉称讥苦乐等法故。

憨山大师解云：

以境有逆顺，皆当忍之。忍他人恼，逆境也。利衰等八，通于逆顺。得财名利，失财名衰。攻他之恶为毁，谈己之善为誉。面扬其善曰称，言刺其恶曰讥。逼身为苦，适意为乐。合其逆顺，谓之八风。以此八境，能击众生心海，起贪嗔烦恼波浪。今能忍之，则八风不动矣。（《大乘起信论直解》卷下）

《瑜伽师地论》卷五十七讲，忍辱含不愤怒、不结怨、不怀恶意等三种行相。忍辱能对治嗔恚，使心安住。

忍辱分为三种：耐怨害忍、安受苦忍、谛察法忍。耐怨害忍，即能忍受他所做怨害，勤修饶益有情事时，由此忍力，虽遭生死苦而不退转。安受苦忍，即能忍受所遭众苦，由此忍力，于生死中虽受众苦而不退转。谛察法忍，堪能审谛观察诸法空相，忍可不动，由此忍力建立前所说二忍。

忍辱必须与般若相应，方可称波罗蜜多，否则只是世间有漏善法。《大般若波罗蜜多经》云：

舍利子言："云何世间安忍波罗蜜多？"
善现答言："若菩萨摩诃萨虽修安忍而有所依，谓作是念：'我为饶益一切有情而修安忍，我随佛教，于胜安忍，能正修习，我行安忍波罗蜜多。'彼修忍时，以有所得而为方便，与诸有情同共回向阿耨多罗三藐三菩提。复作是念：'我持此福施诸有情，令得此世他世安乐，乃至证得无余涅槃。'彼著三轮而修安忍：一者自想，二者他想，三者忍想。由著此三轮修安忍故，名世间安忍波罗蜜多。何缘此安忍名为世间？以与世间同共行故，不超动出世间法故，如是名为世间安忍波罗蜜多。"

舍利子言："云何出世间安忍波罗蜜多？"

善现答言："若菩萨摩诃萨修安忍时三轮清净：一者不执我能修忍，二者不执所忍有情，三者不著忍及忍果。是为菩萨摩诃萨修安忍时三轮清净。又舍利子！菩萨摩诃萨以大悲为上首，所修忍福普施有情，于诸有情都无所得，虽与一切有情同共回向阿耨多罗三藐三菩提，而于其中不见少相。由都无所执而修安忍故，名出世间安忍波罗蜜多。何缘此安忍名出世间？不与世间同共行故，能超动出世间法故，如是名为出世间安忍波罗蜜多。"（《大般若波罗蜜多经》卷七十五）

修忍辱度，能够有效地破除我执，感生无量功德。《大智度论》称赞忍辱之功德云：

忍为一切出家之力，能伏诸恶，能于众中现奇特事；忍能守护，令施、戒不毁；忍为大铠，众兵不加；忍为良药，能除恶毒；忍为善胜，于生死险道，安隐（稳）无患；忍为大藏，施贫苦人无极大宝；忍为大舟，能渡生死此岸，到涅槃彼岸；忍为磋礪，能莹明诸德，若人加恶，如猪揩金山，益发其明。求佛道、度众生之利器，忍为最妙！（《大智度论》卷三十）

（四）精进度

又称毗梨耶波罗蜜，意谓以坚韧不拔的毅力、勇猛不懈的精神，修习四摄六度等菩萨道，不厌倦、不懈怠、不屈不挠。《大乘起信论》解释道：

云何修行进门？所谓于诸善事，心不懈退，立志坚强，远离怯弱。当念过去久远已来，虚受一切身心大苦，无有利益。是故应勤修诸功德，自利利他，速离众苦。复次，若人虽修行信心，以从先世来，多有重罪恶业障故，为邪魔诸鬼之所恼乱，或为世间事务种种牵缠，或为病苦所恼，有如是等众多障碍。是故应当勇猛精勤，昼夜六时，礼拜诸佛，诚心忏悔，劝请随喜，回向菩提，

常不休废，得免诸障，善根增长故。（真谛译本《大乘起信论》）

《成唯识论》卷六对精进的解释是："勤谓精进，于善恶品修断事中，勇悍为性，对治懈怠，满善为业。"精谓精纯无恶杂，进谓升进不懈怠，勇悍谓于断恶修善，不知疲懈，不畏艰难，不屈不挠，勇猛直前。

精进有多种，如《大智度论》卷十六，将菩萨之精进分为身精进与心精进二种：精进虽为心数法，然由身力而出，故称身精进，如行布施、持戒是为身精进，而修忍辱、禅定、智慧是为心精进；勤修外事为身精进，内自专精为心精进；粗之精进为身精进，细之精进为心精进；为福德之精进为身精进，为智慧之精进为心精进等。《大方广十轮经》卷八又将精进分成世间精进、出世间精进：世间精进乃勤修布施、持戒等诸有漏业；出世间精进乃勤修灭一切烦恼惑障等诸无漏业。

《成唯识论》卷九将精进分为三种，与大乘三类戒相应：（1）披甲精进，与烦恼魔军作战，无有退怯；（2）摄善法精进，精勤修习善法，勇往直前；（3）利乐精进，精勤利乐众生，不知疲厌。

菩萨修行以解脱度生为目的，故当念念处于精进中，如救头燃，不得稍息；如钻木出火，不得未热而止；如一人与万人斗战，不得退怯；如牛负重行于深泥中，不得停止。精进贵在持久，坚持不懈，《佛遗教经》喻之为"小水常流，则能穿石"，最忌一曝十寒，半途而废。不管是成就世间法还是出世间法，都离不开精进。离开了精进，世出世间事业，都将一事无成。

精进不等于蛮干，必须松弛有度，远离二边，过犹不及。

西天二十一祖婆修盘头（此云遍行）尊者，曾首众修行，常一食不卧，六时礼佛，清净无欲，为众所归。二十祖阇夜多尊者，知其缘熟，将欲度之。先问彼众曰："此遍行头陀，能修梵行，可得佛道乎？"众曰："我师精进，何故不可？"祖曰："汝师与道远矣。设苦行历于尘劫，皆虚妄之本也。"众曰："尊者蕴何德行而讥我师？"祖曰："我不求道，亦不颠倒。我不礼佛，亦不轻慢。我不长坐，亦不懈怠。我不一食，亦不杂食。我不知足，亦不贪欲，心无所希，名之曰道。"时遍行闻已，发无漏智，欢喜赞叹。祖又语彼众曰："会吾语否？吾所以然者，为其求道心切，夫弦急即断，故吾不赞，令其住安乐地，

入诸佛智。"（《五灯会元》卷一）

又，精进应与般若相应，方能称为波罗蜜，否则只是世间有漏善法。《大般若波罗蜜多经》云：

舍利子言："云何世间精进波罗蜜多？"

善现答言："若菩萨摩诃萨虽勤精进而有所依，谓作是念：'我为饶益一切有情而勤精进，我随佛教，策励身心，曾无懈怠，我行精进波罗蜜多。'彼精进时，以有所得而为方便，与诸有情同共回向阿耨多罗三藐三菩提。复作是念：'我持此福施诸有情，令得此世他世安乐，乃至证得无余涅槃。'彼著三轮而勤精进：一者自想，二者他想，三精进想。由著此三轮修精进故，名世间精进波罗蜜多。何缘此精进名为世间？以与世间同共行故，不超动出世间法故，如是名为世间精进波罗蜜多。"

舍利子言："云何出世间精进波罗蜜多？"

善现答言："若菩萨摩诃萨勤精进时三轮清净：一者不执我能精进，二者不执所为有情，三者不著精进及果。是为菩萨摩诃萨勤精进时三轮清净。又舍利子！菩萨摩诃萨以大悲为上首，修精进福，普施有情，于诸有情都无所得，虽与一切有情同共回向阿耨多罗三藐三菩提，而于其中不见少相。由都无所执而勤精进故，名出世间精进波罗蜜多。何缘此精进名出世间？不与世间同共行故，能超动出世间法故，如是名为出世间精进波罗蜜多。"（《大般若波罗蜜多经》卷七十五）

（五）禅定度

又作禅波罗蜜。禅指禅那，意为静虑、思维修。静虑者，《俱舍论》释云："由定寂静，慧能审虑，故虑体是慧，定有静用及生智慧，故名静虑。"（《俱舍论颂疏论本》卷二十八）定者，梵语三昧，意谓心止一境而离散动。两者合而为一，通称禅定，意指通过修习心住一境，谛审观察，对治昏沉、散乱，令心安定澄湛，智慧朗然。

禅定与止观往往互用，不过一般而言，因地上称止观，果地上称禅定。

作为六度之禅定，主要以大乘般若见来指导修习诸定，旨在断灭烦恼、契证实相、开发度生之神通妙用。大乘之禅定，除了用大乘之般若见来修与小乘相共的四念处、四无量心、不净观等禅定外，另有与小乘不共的诸多禅定，如真如三昧、念佛三昧、一行三昧、一相三昧、般若三昧、首楞严三昧、法华三昧、觉意三昧、海印三昧、如幻三昧等。

大乘禅定，以般若为根本指导，强调定慧等持，以无念、无相、无住为宗。此乃与世间"四禅八定"的不共之处，故称禅波罗蜜。《大般若波罗蜜多经》云：

舍利子言："云何世间静虑波罗蜜多？"

善现答言："若菩萨摩诃萨虽修静虑而有所依，谓作是念：'我为饶益一切有情而修静虑，我随佛教，于胜等持，能正修习，我行静虑波罗蜜多。'彼修定时，以有所得而为方便，与诸有情同共回向阿耨多罗三藐三菩提。复作是念：'我持此福施诸有情，令得此世他世安乐，乃至证得无余涅槃。'彼著三轮而修静虑：一者自想，二者他想，三静虑想。由著此三轮修静虑故，名世间静虑波罗蜜多。何缘此静虑名为世间？以与世间同共行故，不超动出世间法故，如是名为世间静虑波罗蜜多。"

舍利子言："云何出世间静虑波罗蜜多？"

善现答言："若菩萨摩诃萨修静虑时，三轮清净：一者不执我能修定，二者不执所为有情，三者不著静虑及果。是为菩萨摩诃萨修静虑时三轮清净。又舍利子！菩萨摩诃萨以大悲为上首，修静虑福普施有情，于诸有情都无所得，虽与一切有情同共回向阿耨多罗三藐三菩提，而于其中不见少相。由都无所执而修静虑故，名出世间静虑波罗蜜多。何缘此静虑名出世间？不与世间同共行故，能超动出世间法故，如是名为出世间静虑波罗蜜多。"（《大般若波罗蜜多经》卷七十五）

（六）智慧度

又称般若波罗蜜，意指能够照了诸法实相，穷尽一切智慧，度脱生死此岸、到达涅槃彼岸的大智慧。般若能对治愚痴，令真实智慧现前。

般若为六度之首，能摄诸度，为一切善法之渊源，故又称"诸佛之母"。《大般若波罗蜜多经》云：

善现言："舍利子！如是功德皆由般若波罗蜜多势力所致。何以故？舍利子！如是般若波罗蜜多，能与一切善法为母，一切声闻、独觉、菩萨、如来善法从此生故。舍利子！如是般若波罗蜜多，普能摄受一切善法，一切声闻、独觉、菩萨、如来善法依此住故。舍利子！过去诸佛修行般若波罗蜜多极圆满故，已证无上正等菩提，转妙法轮，度无量众；未来诸佛修行般若波罗蜜多极圆满故，当证无上正等菩提，转妙法轮，度无量众；现在十方世界诸佛修行般若波罗蜜多极圆满故，现证无上正等菩提，转妙法轮，度无量众。"（《大般若波罗蜜多经》卷七十五）

《灵峰宗论》亦云：

五度如盲，般若如导，行如足，慧如目，目足并运，入清凉池。此金刚般若经，所以为万行司南，大乘正户也。（《灵峰宗论》卷六）

般若不同于世间的有漏智慧，在于它"离我、人、众生、寿者"四相，"无所得、无所住"。《大般若波罗蜜多经》云：

舍利子言："云何世间般若波罗蜜多？"
善现答言："若菩萨摩诃萨虽修般若而有所依，谓作是念：'我为饶益一切有情而修般若，我随佛教，于胜般若，能正修行，我能悔除自所作恶，我见他恶终不讥陵，我能随喜他所修福，我能请佛转妙法轮，我随所闻能正决择，我行般若波罗蜜多。'彼修慧时，以有所得而为方便，与诸有情同共回向阿耨多罗三藐三菩提。复作是念：'我持此福施诸有情，令得此世他世安乐，乃至证得无余涅槃。'彼著三轮而修般若：一者自想，二者他想，三者般若想。由著此三轮修般若故，名世间般若波罗蜜多。何缘此般若名为世间？以与世间同共行故，不超动出世间法故，如是名为世间般若波罗蜜多。"
舍利子言："云何出世间般若波罗蜜多？"
善现答言："若菩萨摩诃萨修般若时，三轮清净：一者不执我能修慧，二者不执所为有情，三者不著般若及果。是为菩萨摩诃萨修般若时三轮清净。又舍利子！菩萨摩诃萨以大悲为上首，修般若福普施有情，于诸有情都无所得，虽与一切有情同共回向阿耨多罗三藐三菩提，而于其中不见少相。由都无所执而修般若故，名出世间般若波罗蜜多。何缘此般若名出世间？不与世间同共行故，能超动出世间法故，如是名为出世间般若波罗蜜多。"（《大般若波罗蜜多经》卷七十五）

以上布施、持戒、忍辱、精进、禅定、般若等六波罗蜜，乃属菩萨道之正行，为戒、定、慧三学所摄，据《解深密经》卷四讲，施、戒、忍三波罗蜜为增上戒学所摄，禅波罗蜜为增上定学所摄，般若波罗蜜为增上慧学所摄，进波罗蜜则通为三学所摄。

此六度之所以称为波罗蜜，乃其与般若经典的"无住""无相"之精神相应。《大般若波罗蜜多经》云：

佛告具寿舍利子言："舍利子！诸菩萨摩诃萨应以无住而为方便，安住般若波罗蜜多，所住、能住不可得故。诸菩萨摩诃萨应以无舍而为方便，圆满布施波罗蜜多，施者、受者及所施物不可得故。诸菩萨摩诃萨应以无护而为方便，圆满净戒波罗蜜多，犯、无犯相不可得故。诸菩萨摩诃萨应以无取而为方便，圆满安忍波罗蜜多，动、不动相不可得故。诸菩萨摩诃萨应以无勤而为方便，圆满精进波罗蜜多，身心勤、怠不可得故。诸菩萨摩诃萨应以无思而为方便，圆满静虑波罗蜜多，有味、无味不可得故。诸菩萨摩诃萨应以无著而为方便，圆满般若波罗蜜多，诸法性、相不可得故。"（《大般若波罗蜜多经》卷三）

《大乘起信论》亦云：

以知法性体无悭贪故，随顺修行檀波罗蜜。以知法性无染，离五欲过故，随顺修行尸波罗蜜。以知法性无苦，离嗔恼故，随顺修行羼提波罗蜜。以知法性无身心相，离懈怠故，随顺修行毗黎耶波罗蜜。以知法性常定，体无乱故，随顺修行禅波罗蜜。以知法性体明，离无明故，随顺修行般若波罗蜜。（真谛译本《大乘起信论》）

人天所修六度，因未离相，未达三轮体空，但云布施、持戒、忍辱等，能感有漏福德之果，不得称波罗蜜。今随顺般若法性而修，一一离相，能令众生到彼岸，故得云波罗蜜。

六、以老实做人为修学之起点

判断一个人的修行如何，可从两个方面来进行证量（证明、考量），即自证量、他证量。自受用，就是自证量。他受用，就是他证量。

自受用如何，如人饮水，冷暖自知，只有修行者自己知晓。但是，他受用如何，则是公众完全可以通过修行者的身口意三业之外在表现来证量的。

他证量的意思是，社会公众可以通过修行者的人格、心态、待人接物的方式，及其现实的人际关系、事业成就、社会贡献等等，来综合判断他的修行水平，这就是修行的他受用之所在。从这个角度来讲，一个人的修行如何，就看他"做人"如何。

前面所提到的三学、八正道、四摄法、四无量心，以及六度等修习内容，最终都要通过在日常生活中具体的做人来体现出来，换句话来说，要将他们的精神"人格化"，做"老实人"。

"老实做人"的内涵非常丰富，境界非常高深，绝非字面上那么简单。何为"老实"？从俗谛上讲，即是诚实，意指做人做事能正心诚意，随顺五戒十善，远离邪恶奸伪。从真谛上讲，即是真实，意指见到自己的本来面目，安住于本地风光，恒常随顺真如不二之性，远离颠倒梦想，究竟涅槃。一个人如果没有见到自己的本来面目，犹尚妄执五阴之假我为实有我，被五欲六尘所役，在生死的业梦中流转，完全不能自觉自主，即非"老实人"。

从真谛的角度来讲，始自凡夫之初发心，终至究竟成佛，本质上就是"老实做人"的过程，大乘佛教的五十二位功夫次第皆可统摄于其中：

别教十信位菩萨，依三学、八正道、四摄法、四无量心、六度等，调伏见思烦恼的过程中，即是"观行老实做人"；十信满位进入初住乃至三贤位菩萨，断尘沙惑，初证人空，断见思惑，即是"相似老实做人"；地上菩萨，断分别法执，证无生忍，分破无明，即是"分证老实做人"；十地、等觉菩萨破生相无明，入究竟觉，即是"究竟老实做人"。

太虚大师讲："仰止唯佛陀，完成在人格。人成即佛成，是名真现实。"可谓抓住了修行的根本。将佛法生活化、人格化，既是修习生活禅的下手处，也是生活禅的完成处。所以，不能小看"老实做人"这四个字。净慧老和尚将"老实做人"视为修学的起点，并不像某些人所批评的那样是对佛法的矮化。

七、以轻安明净为修学之证验

如前所言，修行的他受用要通过老实做人体现出来，而修行的自受用则是通过自身修行所证得的轻、安、明、净来体现。

轻、安、明、净实际上是一种寂而常照、照而常寂，随缘不变、不变随缘的状态。这种状态来自对三学的落实，来自对四摄、四无量心、六度和八正道的践履，来自放下、忏悔、忍辱、守戒、禅定和智慧等功夫的纯熟。

简言之，轻者，即放下一切，超越二边，根尘迥脱，远离身心之逼恼和压迫，轻松自在，此乃与空观智相应的表现。安者，即正信成就，能以三宝、因果、般若、解脱为永恒依止，安住当下，通达因果，离尘沙惑，不被千差万别的现象境界所迷，远离生死恐怖和颠倒梦想，安忍自足，此乃与假观智相应的表现。明者，即无明渐破，智慧大开，不被无明所障，于身口意三业完全能自觉、自主。净者，即不落二边，不被诸境所转，即相离相，即念离念，身心清净。此"明"与"净"，乃与一心三观之中道智相应、证无生法忍的表现。

从功夫的角度来讲，《观音菩萨耳根圆通章》中所说的根尘二结未脱、我法二执未断者，不得名"轻"。未见本来面目、未入正定聚、未登位不退者，不得名"安"。生灭意识未破，见思、尘沙、无明等三惑未尽，一切种智未能现前者，不得谓"明"。未证无生法忍，未脱二边见刺者，不得名"净"。

从这个角度来讲，始自凡夫之初发心，终至究竟成佛，不过是"轻安明净"的不断成就之过程，大乘佛教的五十二位功夫次第皆可统摄于其中：

别教十信位菩萨，依戒定慧三学做功夫，以止观的力量调伏见思烦恼，此即是"观行轻安明净"。十信满位进入初住乃至十回向之三贤位菩萨，解根、尘三结，破色、受二阴，初证人空，断见思惑，复依假观智，解觉结，破想阴，断尘沙惑，此即是"相似轻安明净"。地上菩萨，成就一心三观之智，断分别法执，解空结，证无生忍，分破无明，此即是"分证轻安明净"；十地、等觉菩萨解灭结，破最后一品生相无明，入究竟妙觉位，此即是"究竟轻安明净"。

就因地功夫的相应而言，欲得轻安明净，且稳定不变，必须是初证人空，根尘迥脱，照体独立，与体相用三大中的体大相应。这是最基本的要求。一个修行人，如果没有获得稳定的轻安明净的觉受，那就说明他的功夫还没有真正上轨道。

可见，"轻、安、明、净"的内容非常丰富，境界亦非常高深，绝非字面意义上的那么简单，亦不仅仅是指禅修过程中暂时所得身心上的轻安觉受。有人指责净慧老和尚"以轻安明净为修学之证量"的说法是对禅宗修证果位的矮化或世俗化，实属误解。

第七章　生活禅的修学次第

第一节　圆顿次第与方便次第

随着藏传佛教和南传佛教在汉地的快速传播，汉地佛教内部出现了一种思潮，认为汉传佛教之所以衰落，与汉传佛教尤其是禅宗的修行传统"不重视次第""没有下手处""空对空"（奢谈空理，功夫不易落实）的虚浮风气有关，希望借鉴藏传佛教的《菩提道次第广论》，为汉传佛教重建修学次第；希望借鉴南传佛教的内观禅或念处禅，为汉传佛教找到修行的下手处。在这种思潮的影响下，各种学习《广论》和"内观禅法"的佛学小组遍及大江南北。相比之下，汉传佛教，尤其是禅宗，确实显得有些热力不够，甚至有不少寺院呈现出一派古庙香炉的冷秋秋之气。

这确实是我们需要正视和反思的。但是，把汉传佛教衰落的原因归结为汉传佛教不重视次第或没有次第、空对空或没有下手处，恐非客观公允之论。要知道，汉传佛教发展到唐宋时期，经由禅门而悟道证道的人，可以说不计其数。如果说汉传佛教没有次第、没有下手处，那么这么多的大成就者又是怎么成就的呢？显然经不起推敲。之所以会出现这种奇谈怪论，根本原因在于持这种观点的人并没有理解禅宗的修学次第：它是一种圆顿次第而不是方便次第。

表面上看来，"圆顿"和"次第"是相对立的两个概念：既是圆顿，何来次第？既有次第，何称圆顿？在这里，我们把这两个概念捏在一起，称为"圆顿次第"，实际上是想表达这样一种内涵：

一方面，禅宗的修行是以了义的圆顿教之信解为基础的，也就是以佛地的"金刚观智"为起修因（《首楞严经》中谓之"干慧"），强调见地要到位，要"见与佛齐"，不得存有一丝一毫的见刺，在修行上，以"触目是道，直下承当，离心意识"为特征。《圆觉经》"普贤章"中讲："知幻即离，不作方便；离幻即觉，亦无渐次。"从这个角度来看，确实是没有次第的。

但是，另一方面，我们不得不承认，在功夫和功德上并不是一下子就能到位和圆满的，这中间尚有深浅、粗细、圆满与不圆满的差别。从这个角度来看，确实又存在着次第。比如，如上所言，《圆觉经》虽然讲"知幻即离，不作方便；离幻即觉，亦无渐次"，但是，同时也指出"随顺清净圆照觉性"，在功夫上存在着从粗到细等五种差别（离幻"五句"、破"我、人、众生、寿者迷智四相"。请参见本书第十三章第四节"从《首楞严经》解六结看生活禅的功夫次第"，以及第十四章第三节"修习止观过程中的常见误区"中的"《圆觉经》论四病和四相"这两部分的相关解释），在功德阶位上呈现出"凡夫随顺觉性"（分为两种：一是十信外凡随顺觉性，属观行位，相当于天台之"名字即""观行即"；一是二乘内凡随顺觉性，属相似位，相当于天台之"相似即"）、"菩萨未入地者随顺觉性"（三贤之相似位）、"菩萨已入地者随顺觉性"（地上之分证位）、"如来随顺觉性"（佛地之究竟位）等四种不同。又比如，传统的禅宗三关之说，指的就是在功夫上客观存在着深浅之次第。另外，从圆教的角度来看，从十信满位进入初住之后，在信解上虽然是圆满的，但是在功夫和功德上，离究竟位之果证还是有距离的，尚须经过十住、十行、十回向、四加行、十地、等妙二觉等位次之进修（参见本书第十三章第三节"汉传大乘佛教关于修证位次的基本看法"）。

《首楞严经》卷十讲："理则顿悟，乘悟并销，事非顿除，因次第尽。"这句话可以视作对圆顿次第的经典解释。另外，有僧问沩山灵祐禅师："顿悟之人更有修否？"师曰："若真悟得本，他自知时，修与不修是两头语。如今初心虽从缘得，一念顿悟自理，犹有无始旷劫习气未能顿净，须教渠净除现业流识，即是修也。不可别有法，教渠修行趣向。"（《潭州沩山灵祐

禅师语录》）

可见顿悟自理，以为起修之因地真心，这只是真正修行的开始，而并不是修行的完成。所以，为了兼顾这两个方面的含义，我们把禅宗的修行次第称为圆顿次第，以别于教下的方便次第。

方便次第，又称渐修次第，在这里之所以不用"渐修"而用"方便"，是为了更准确地揭示渐修次第乃依权智（方便智）起修的这一本质特征。方便次第主要是指，用来指导修行的见地和信心，于权实二智中，因为偏重于权智（方便智），故对于修行人而言，其信解之圆满，是一个经由初善、中善、后善，直至向上一路的渐进过程（参见本书第三章第三节），并不要求一下子到位。与之相应，其观行亦视众生的根性和机缘之不同，会采取种种方便对治，由对治（"二"）进入"不二"，自然而然地会呈现出前后不同的阶次。

圆顿次第则以佛的果地上的圆顿信解和金刚观智为因地修行的指导原则，于权实二智中，偏重于实智，强调以果摄因，称性起修，只许功夫上有粗细、深浅之别，不许见地上有凡圣、高低的阶次之差。憨山大师讲，"位有始终，观无先后"，这里的"观"就是指佛地上的金刚观慧（因地上称"干慧"），始于观行，终于佛果，贯穿于整个修行之全过程，而非必须进入等觉位后才出现。

《法华经·方便品》中讲："如来但以一佛乘故，为众生说法，无有余乘，若二、若三。舍利弗！一切十方诸佛，法亦如是。"

又讲："十方佛土中，唯有一乘法，无二亦无三，除佛方便说。但以假名字，引导于众生，说佛智慧故。诸佛出于世，唯此一事实，余二则非真。"

从《法华经》"三乘"与"一佛乘"之关系的角度来讲，禅宗的圆顿次第属于一佛乘，而三乘则属于方便次第。方便是从圆顿中开启出来的，最后还要会归到圆顿，圆顿亦要借方便而得开显，所谓"开权显实，会权归实，权实不二"是也。

总之，圆顿次第立足于实智，重在契理。方便次第立足于权智，重在契机。方便次第因应机之不同，故其修学亦有先后之差次。

关于禅宗修学次第的"圆顿性"，可以从如下几个方面来理解：

一、禅宗认为圆顿信解乃衡量一个人是否是上根利器的重要标准，强调树立圆顿的信解是宗门修行的第一要务。

在禅宗看来，衡量一个人是不是宗门根器，不是看他佛法知识有多渊博、禅定功夫有多深厚，而是看他是否确立了圆顿的见解；对圆顿的见解是否能信得及；触境遇缘，能否把圆顿的信解变成当下的正念。关于这一点，临济禅师在他的语录中做过明确的开示。

临济禅师认为，修行必须首先建立"真正见解"，也就是对即心即佛、触目是道、直下承当、无心合道等宗门的基本理念产生决定的信解，这是修行成功与否的首要前提。如果见地出现了偏差，修行就会出问题，轻则劳而无功，重则落入魔道。临济禅师所说的"真正见解"主要是指禅宗的圆顿信解。他说：

1.道流！切要求取真正见解，向天下横行，免被这一般精魅惑乱。无事是贵人，但莫造作，只是平常。你拟向外傍家求过，觅脚手，错了也。只拟求佛，佛是名句，你还识驰求底么？

2.夫出家者，须辨得平常真正见解，辨佛辨魔，辨真辨伪，辨凡辨圣，若如是辨得，名真出家。若魔佛不辨，正是出一家入一家，唤作造业众生，未得名为真出家。

3.道流！莫取次被诸方老师印破面门，道我解禅解道，辩似悬河，皆是造地狱业。若是真正学道人，不求世间过，切急要求真正见解。若达真正见解圆明，方始了毕。（《镇州临济慧照禅师语录》）

禅门里，宗师说法，或棒或喝，或与或夺，或擒或纵，勘机辨境，驱耕夺饥，杀活自如，其目的不外乎帮助学人解粘去缚，建立起坚固不动的圆顿见地和信心，这是禅门接引人的一向做派。禅师接众，很少有人跟弟子在境界、受用上来谈玄说妙的，基本上都是直入心性，所谓"以本分事接人"。禅门里盛行一句话，"见与师齐，减师半德；见过于师，方堪传授"，强调的正是圆顿信解的重要性。

当年，沩山禅师印可仰山时，首先看重的就是仰山禅师的见地透彻，所谓"只贵子眼正，不说子行履"。在禅宗那里，"眼正"比"行履"更为根本，更为重要。

长庆宗宝道独禅师（博山来禅师之法嗣）在他的语录卷五中，有一段开示：

> 达磨大师云："行解相应，名之曰祖。"岂非双眼圆明耶？涌泉云："今时人须要尽却今时，始得成立。"又云："须要识干［按：识心枯死］。识若不干，敢道轮回去在，敢道啼哭有日在。"岂非重于行履耶？沩山云："只贵子眼正，不说子行履。"岂非重于见地耶？得底人，他自知时，修与不修是两头语，则非离见地外另有行履、离行履外另有见地矣。（《宗宝道独禅师语录》卷五）

在这段开示中，道独禅师指出，圆顿的见地和行履的统一性，是宗门修行的主要特色。宗门中"不修之修"的真实含义，当从圆顿见地与行履不二这个角度来理解。"非离见地外另有行履、离行履外另有见地"一句，确实道出了禅宗修行的真精神。

至于说到圆顿信解的具体内容，大家可以参阅本书第三章"生活禅的理论构架与宗旨"以及第五章"生活禅之正行（上）：祖师道原则"。此处不再重复。

二、禅宗主张以圆顿的信解和正念来转一切境界为修行之道用，强调触目是道，直下承当，远离二边分别，远离对治取舍，无心合道。此乃"圆顿"的"顿"义之所在。

缘起性空、万法唯心是大乘佛教的基本教义。在此基础上形成的"色空不二""性相不二"之"不二观"，乃是禅宗观法的核心。此"不二观"落实在修行上，就是要即三界而出三界，即生灭而证不生不灭，即生死而证涅槃，即烦恼而证菩提。并不是要在三界之外寻找一个所谓涅槃的境界；居于三界中，看破三界的唯心所现之虚幻性，不被三界所转，当下即是涅槃。有僧问赵州："如何是三界外人？"州云："争奈老僧在三界内！"（《赵州和尚语录》）并不是要在生灭之外找一个所谓的不生不灭，于生灭中看破生灭的虚幻性，相妄性真，不被生灭所转，当下即是不生不灭；并不是要在烦恼之外找一个所谓的菩提，当下看破烦恼的唯心妄动，不被烦恼所控制，当下就是菩提。

《首楞严经》讲："一切浮尘诸幻化相，当处出生，随处灭尽，幻妄称相，其性真为妙觉明体。如是乃至五阴六入，从十二处至十八界，因缘和合，虚妄有生，因缘别离，虚妄名灭。殊不能知生灭去来，本如来藏常住妙明、不动周圆、妙真如性。性真常中，求于去来、迷悟、生死，了无所得。"（《首楞严经》卷二）

不仅六根、六尘、十二入、十八界等身心世界，唯心虚妄，当体即如来藏妙真如心，即便是烦恼、生死等，亦复是唯心所现，当体即如来藏妙真如心，并非在生死烦恼之外有一个妙真如心。当下看破生死烦恼的虚幻性，不被生死烦恼所转，生死烦恼当下就是妙真如心。

基于此不二之圆顿见，禅宗面对一切顺逆、染净、善恶境界，以及内心的种种烦恼情绪，都是采取面对它、接受它、看破它、放下它、善用它的态度来处理，这里面没有对立面，没有二边对治，只有智慧的融通和转化。

《优婆塞戒经》"义菩萨心坚固品第九"，教导菩萨要视"一切恶有、诸烦恼业为菩萨道庄严伴"，所要表达的正是这种圆顿见：

善男子，一切恶有、诸烦恼业，即是菩萨道庄严伴。何以故？一切凡夫，无有智慧、正念之心，故以烦恼而为怨敌，菩萨智慧、正念具足，故以烦恼而为道伴，恶有及业，亦复如是。（《优婆塞戒经》卷二）

另外，《宝王三昧念佛直指》中立"十不求行"，亦源自此圆顿见：

我今依经创立十种大碍之行，名十不求行。人虽不故愿于碍，但于此间或不得已，有一切障碍现前之时，俾我身心先居碍中，而众魔诸恶障碍之境不能侵我，不能障我。譬如金火同炉，火虽欺金，金必成器。其十种大碍之行，今当说：一念身不求无病；二处世不求无难；三究心不求无障；四立行不求无魔；五谋事不求易成；六交情不求益我；七于人不求顺适；八施德不求望报；九见利不求沾分；十被抑不求申明。此十种大碍之行，摄一切诸碍，惟上智者堪任，中下之人不敢希冀。若有得闻此十句义，于诸碍中，一一皆能照察觉悟，省身体道，持之不失，则能入诸魔界不为群魔退转其心，循诸色声不为色声惑乱其志，乃至憎爱利名之境，人我得失之场，我心先居碍中，彼碍岂能为碍！碍若无碍，则于道行尚可直进，何况得于自然无碍之境，道岂不可进哉！譬如高崖之木，虽久旱如焚，尚不改其秀色，何况再泽滂沾而又加于三春之令，岂不敷荣茂实者乎！是故大圣化人，以病苦为良药，以患难为解脱，以障碍为逍遥，以群魔为法侣，以事难为安乐，以弊交（恶劣的人际关系）为资粮，以逆人为园林，以市德（即"市恩"，以私惠取悦于人，卖好，讨好）为弃屣，以疏利（轻视并分散财利）为富贵，以受抑为行门，如是则居碍反通，求通反碍，于此障碍皆成妙境。（《宝王三昧念佛直指》卷下）

面对它、接受它，就是不把境界和烦恼当作实有的对立面，既不跟它们做斗争，也不逃避它们，而是用平等包容的心来摄化它们。看破它、放下它，就是借助定慧等持的力量，看破它们的虚妄性，内心如如不动。善用它，就是借助圆顿的信解和正念，把它们转化成认识自己，开发自己的智慧，打破我法二执，培养慈悲心，成就忍辱、精进、禅定等力量的增上缘。

不二观落实在当下的功夫上，就是六祖所说的"无念（即念离念）""无相（即相离相）""无住（不落二边）"。具体说来，有两个关键点：

一是息见 —— 息灭二边知见。

一般人产生烦恼的时候，都会习惯性地把烦恼的原因归结为外在的境缘。实际上，外在境缘的染净、善恶、逆顺、美丑等二边分别并不是实有的，都是人为的主观分别强加上去的。换句话来说，息灭二边知见，是我们摆脱一切烦恼的根本途径。

对绝大多数修行人而言，最难识破的障碍，不在别处，不在外边，恰恰就是内心的二边知见，而且这些二边知见多数时候还是披着修行的外衣出现的，所以最容易迷惑人。

《首楞严经》中讲："佛告阿难：根尘同源，缚脱无二，识性虚妄，犹如空花。阿难，由尘发知，因根有相，相见无性，同于交芦。是故汝今知见立知，即无明本；知见无见，斯即涅槃，无漏真净。"（《首楞严经》卷五）

在这里，《首楞严经》把二边知见视作无明之根本，是修行人应当破除的对象。关于这一点，禅门里面有诸多的开示，如：

三祖《信心铭》云："不用求真，唯须息见。二见不住，慎莫追寻。才有是非，纷然失心。二由一有，一亦莫守。一心不生，万法无咎。无咎无法，不生不心。能随境灭，境逐能沉。境由能境，能由境能。欲知两段，元是一空。"

牛头法融禅师《心铭》云：

分别凡圣，烦恼转盛。计较乖常，求真背正。双泯对治，湛然明净。不须工巧，守婴儿行……开目见相，心随境起。心外无境，境外无心。将心灭境，彼此由侵。心寂境如，不遣不拘。境随心灭，心随境无。两处不生，寂静虚明。菩提影现，心水常清……（《景德传灯录》卷三十）

【按】心境互侵、心境冲突的原因正是内心的二边知见，而不在环境。

另外，庞居士有《杀贼偈》云：

教君杀贼法，不用苦多方。慧剑当心刺，心亡法亦亡。心亡极乐国，法亡即西方。贼为象马用，神自作空王。（《庞居士语录》卷三）

【按】贼并不在外面，而在我们心中。我们内心的顽固的二边知见，就是偷窥我们财宝的"家贼"。一旦我们摆脱了二边见，六根、六尘、十二入、十八界，包括烦恼等等，当下就变成了妙用，变成了可供我们乘坐的象马，而并不是说要把六根、六尘、十二入、十八界、烦恼等灭绝之后才有所谓的妙用。

二是观空 —— 观妄念无相。

对待外在的境缘，我们可以通过"息见"来获得主动权；对待内心的烦恼念头情绪等，我们除了"息见"之外，还可以采用"观空"的办法来应对。

所谓观空，就是通过观察当下的念头生灭无常、了不可得之空性，从而断其相续，"念起即觉，觉之即无"，此为入佛智的根本途径。《大乘起信论》中讲："若有众生，能观一切妄念无相，则为证得如来智慧。"

早期的禅宗祖师在接引人的时候，如二祖"安心"、三祖"忏罪"、四祖"解缚"、石头和尚"谁缚汝？"等（请参见本书第十一章第一节"话头禅的出现及其演变"中的相关内容），经常指点学人于当下一念观空处契入佛心，所谓"觅心了不可得""觅罪了不可得""觅缚了不可得"。通过这些公案，我们大致可以体会到，宗门用功夫的下手处，其实是最直接、最快捷的，没有任何的拐弯抹角，就在当下一念上止息二边分别，就在当下一念观照念头的空性，远离分别取舍。

面对烦恼，不生对治想，这是一种不对治的对治，这就是禅宗观法圆顿性的"顿"义之所在。这种观法，与立足于二边知见上的方便次第中的对治方法，完全是另外一个路数。我们可以"嗔烦恼"为例，来说明禅宗的圆顿观法与教下的不同。

很显然，因逆境而生嗔烦恼一法，如果你认为它是实有的，并把它当作对立面，或者将其原因归结为外在的境缘，这样你必然会被它所转，这是一种纯粹的凡夫境界。如果你认识到嗔烦恼是无常的、幻有的，尽管如此，但你仍把它当作对立面，并试图通过对治法（如先思维嗔心的过患，次思维慈悲心的利益，次通过观修如母观、同体观、自他互换观，以成就慈悲心），断其相续，不被它所转，这是教下的次第的修行方法。如果你在觉悟到嗔烦恼是幻有的同时，明白它当下就是妙真如心，所谓"相妄性真"，并不把它作为对立面，而是当下看到它的了不可得的空性，不被它所转，不仅如此，你还把它当作觑破自身业障习气、开发自己本有智慧、成就自己慈悲忍力的增上缘，当作诸佛菩萨对自己修行的善护念、善咐嘱，从而以平等包容的心来接受它，在这种情况下，嗔烦恼不待对治而当下消融，这就是宗门的顿观。

当然，我们谈论宗门的"不二观"的时候，是以当下看破念头的虚幻性、不被念头所转这一真修实证的功夫为基础的。离开了这个基础，大谈"不二"，就会落入狂禅或者拨无因果的外道邪禅中。换句话来说，宗门的圆顿是不舍方便的圆顿，是方便与究竟不二的圆顿。谈"空"和"不二"，目的是为了解粘去缚；但如果把"空"和"不二"当作实法来会，就会犯执药成病之过。现引大慧宗杲禅师的一段开示做引证：

祖师言，"佛说一切法，为度一切心。我无一切心，何用一切法。"法本无法，心亦无心，心法两空，是真实相。诸佛出世、祖师相传，初无实法与人，皆应众生之病而示方便之教。如《净名经》云："佛为增上慢人，说离淫怒痴为解脱耳。若无增上慢者，佛说淫怒痴性即是解脱。"又如《首楞严经》中，佛谓富楼那："汝以色空相倾相夺于如来藏，而如来藏随为色空，周遍法界。我以妙明不灭不生合如来藏，而如来藏唯妙觉明，圆照法界。"如来藏即此心此性也，而佛权指色空相倾相夺为非，以妙明不灭不生为是。此两段是药语，治迷悟二病，非佛定意也。(《宗杲尺牍·示妙道禅人》)

可是，学道之士往往不解方便，不明佛意，执药成病：或因执著"佛说淫怒痴性即是解脱"而落入狂禅；或因执著"离淫怒痴为解脱"而住于清净意识之髑髅禅；或因执著"色空相倾相夺为非，妙明不灭不生为是"而落入生灭与不生不灭之二边对立中。殊不知，若实若不实，若妄若非妄，若世间若出世间，若生灭若不生不灭，俱是假言，非实有之定法，目的是要帮助人解粘去缚，然亦不可因此落入虚无，拨无因果。

三、禅宗认为，由于构成修学之前提条件的诸大要素及不同的用功方法，如皈依、忏悔、发愿、持戒、修福等，是一多互即、你中有我、我中有你的圆融关系，所以，树立圆顿的信解，以一法摄多法，远比建立一个时间先后意义上的修行次第更为重要。此乃"圆顿"的"圆"义之所在。

修行解脱是一件出世间的大事，绝不是以少善根福德因缘就能成就的，需要具备诸多的条件，也就是所谓的资粮。大的方面来说，要戒、定、慧三学具足；具体一点，要六度齐修；再具体一点，要皈依三宝、发弘誓愿、持守戒律、亲近善士、树立正见、忏悔业障、积累福报等等。这些都是修行、证解脱的必备条件、要素。

由于这些条件、要素的聚集和成熟，并不是一下子就能够完成的，是一个相当漫长的修学过程，所以，这里面就隐藏着所谓的次第问题。不过，这里需要注意的是，并不是说等这些条件、要素具足了之后再去修行、证解脱，实际上，修行、证解脱的过程，就是让这些条件、要素快速聚集和成熟的过程，条件、要素的聚集和成熟的过程就是修行、证解脱的过程，这两者不应该割裂开来。

关于条件、要素的聚集和成熟，可以从两个方面来理解和落实：

　　一是从事上，也就是从方便善巧的权智之维度，先修学什么，后修学什么，在通常情况下，会有一个相对比较固定的前后次第。教下的方便次第多属于这一类。

　　二是从理上，也就是从实智的角度，强调以圆顿的信解为指导，依一多互即、法界圆融的道理，一门深入，以一摄多，这种修法并不强调时间的先后次第，但是更强调信解的圆顿性。禅宗的圆顿次第属于这一类。

　　禅宗由于是建立在互即互入的法界圆融的基础上，强调从自性般若起观，故日常治生产业，随缘任运，皆可以入佛道；八万四千法门，随举一门，皆可入佛智海。一法具足万法，万法归于一法中。禅门里，自古以来，大有人在运水、搬柴、种菜、做饭、凿石头、礼佛的过程中开悟见道。在这里，似乎并没有一个先学什么、后学什么、所谓固定的修学次第。

　　比如，行无相布施，同时就已经具足了持戒、忍辱、精进、禅定、般若等诸度的内容。行无相三皈依和无相忏悔，同时就是在修戒定慧三学。这种一法摄多法、多法入一法的圆融精神，在《六祖坛经》"忏悔品"中，通过对五分法身香、无相忏悔、四弘誓愿、无相三皈依等等的解释，得到了充分的体现。按照六祖的开示，只要树立了圆顿的信解，专修无相忏悔，或者专修无相三皈依，亦可以成佛。

　　《金刚经》提倡"离四相而行一切善法"，果真做到了离四相，日用中的举手投足、待人接物，以及六度中的任何一度，皆具足三学、六度的精神。同样地，当我们以圆顿的精神来看待念佛法门，念佛法门同时也就融摄了六度万行的精神。虚云和尚在《念佛将终开示》一文说道：

　　盖念佛一法，具足六波罗蜜。昔世尊住世四十九年说法，皆因时而化，对机而教，亦不离六种波罗蜜门。故而见贪心众生，教之以布施；见恶心众生，教之以持戒；见嗔心众生者，教之忍辱；见懈怠众生，教之精进；见乱心众生，教之以禅定；见痴心众生，教之以般若。所以布施度悭贪，持戒度邪恶，忍辱度嗔恚，精进度懈怠，禅定度散乱，般若度愚痴，此乃六度对治法门之义也。

　　今念单此一句阿弥陀佛，即能包藏此六种波罗蜜门。何也？念佛之人，一心念佛，万缘放下，取舍两忘，是布施波罗蜜。一心念佛，诸恶消灭，万善从生，即是持戒波罗蜜。一心念佛，自心柔软，嗔恚不起，即是忍辱波罗蜜。一心念佛，不休不息，永不退转，即是精进波罗蜜。一心念佛，无诸乱想，流念散尽，即是禅定波罗蜜。一心念佛，正念分明，不受邪惑，即是般若波罗蜜。（《虚云和尚全集》第一册）

以上，从三个方面介绍了禅宗修学次第"圆顿性"的真实含义。

须知圆顿次第和方便次第，皆因修行人的根性和实际因缘而设，并没有高下、优劣之分。圆顿信解没有建立起来的人，最好先依方便次第而行，多在三皈五戒、发出离心、忏悔业障、积累福报等方面下功夫，依普贤菩萨十大愿王，打好修行的基础，但同时也不要忽视圆顿信解的建立。

对于圆顿信解已经建立起来的人而言，应依圆顿信解，在日常生活中随缘修习六度万行，按《六祖坛经》的教导，行持无相三皈、五戒、忏悔、四弘誓愿、六度等。不要把圆顿的精神仅仅局限在"止观"修习上，而应当把它扩展到生活中的方方面面。

我们既不可以"圆顿"为借口，轻视在事上皈敬三宝、受持五戒、礼拜念诵、忏悔发愿、布施修福等修持，那样会因为福报不够、业障深重、基础不牢而给未来的修行带来巨大的魔障，甚至落入邪道。同样地，我们也不可以固守某种次第，将其刻板化，做形式上的功课，不肯在圆顿的见地和心性上下功夫。固守形式上的次第，而忽视圆顿信解的建立，修行很容易出现形式化、表面化的毛病，它会阻碍我们将佛法有效地生活化和人格化，滑入将生活与修行、佛法与人格打成两截的脚不点地的修行误区中。

总之，在理上要尽量地趋向圆顿，在事上要尽量地随缘任运，既不因理废事，也不因事迷理，理事一定要融通，这是禅宗行人应有的态度。

第二节　生活禅的"法门纲宗"

广义的修行次第，包括两个方面：一是从初发心到究竟成佛之全过程的修学次第，二是以止观为核心的功夫上深浅粗细之次第。

了解了禅宗修行次第的圆顿性之后，接下来拟从"修学次第"和"功夫次第"两个方面，来系统介绍一下禅宗的修行次第。

《大乘起信论》将修行之方法开为五门，前四门"施门""戒门""忍门""进门"为助行，也就是前行；"止观门"为正行，以证真如三昧为根本。这里所说的"修学次第"主要是对包括止观门在内的整个修学次第的总体描述，相对而言，偏重于助行、前行；而"功夫次第"，则主要是立足于止观门，以明心见性为根本，相对而言，偏重于正行。

在这里，先介绍生活禅的修学次第。至于生活禅的功夫次第，拟放在生活禅的用功方法之后再来做系统介绍。

为了方便读者从总体上把握禅宗的修学次第，净慧老和尚将生活禅的"法门纲宗"归纳为十六个字，即："发菩提心，树般若见，修息道观，入生活禅。"其中，"修息道观"一条，净慧老和尚又针对赵州柏林禅寺、黄梅四祖寺以及邢台开元寺、玉泉寺等各自不同的传承特色，分别改提为"修无门关""修念佛禅""修默照禅"等。此处的息道观、无门关、念佛禅、默照禅，基本上囊括了中国禅宗的传统四大用功方法。

在《在生活中修行，在修行中生活》一文中，净慧老和尚最早提出了生活禅的"四大纲宗"这一概念：

生活禅在落实"觉悟人生，奉献人生"宗旨的前提下，具体的实修功夫则是以"发菩提心，树般若见，修念佛禅（或息道观），入生活禅"四大纲宗为基础。（见《人间佛教思想文库·净慧卷》）

另外，在《生活禅提出的初衷及四个根本理念》一文中，净慧老和尚也提出了类似的观点：

生活禅有四个"根本"：第一是菩提心，第二是般若见，第三是息道观，第四才是生活禅。这四个"根本"也就是我这几天所讲的从见地到功夫。菩提心和般若见可以说是见地，息道观和生活禅可以说是功夫。但这只是大致上这么分，绝对不能截然地分开。不能说菩提心就只是见地，因为菩提心发起来以后，要见诸行动，那么它也是功夫。般若见好像是偏重于见地，是大智慧、圆满的智慧，也要运用于生活、指导于生活，所以它也是功夫。息道观、生活禅

都是如此。(见《人间佛教思想文库·净慧卷》)

　　净慧老和尚所提出的这十六字法门纲宗，可以看成是生活禅的修学次第：发菩提心的重点是起大乘正信；树般若见的重点是开一乘圆解；修息道观、无门关、念佛禅、默照禅的重点是修圆顿止观之行；入生活禅的重点是完成将修行、解脱、度生与现实生活融为一体的无相之圆证。

　　由于发菩提心离不开依止善知识、传五分法身香、行无相忏悔、发四弘誓愿、受无相三皈五戒，以及在生活中积累福报、完善人格等内容的行持，所以，从这个角度来看，净慧老和尚所提出的十六字法门纲宗，与后面将要介绍的《六祖坛经》中的"修学八要"，在基本精神上是一致的，可以相互比照发明。

一、发菩提心

　　本书第三章"生活禅的理论构架与宗旨"这一部分已经指出，发菩提心是生活禅整个修学体系的核心和基础。所谓发菩提心，就是要生起强烈持久的上求佛道、下化众生的悲愿之心。在大乘佛教的修学体系中，菩提心是一切修行的根本和起点，是成佛的正因。没有菩提心，也就没有大乘佛教。

　　在《生活禅提出的初衷及四个根本理念》一文中，净慧老和尚特别强调了发菩提心的重要性：

　　我们知道，佛教的一切，特别是大乘法门的一切，都是以菩提心作为一个开端和根本。离开了菩提心，修一切的法门不是堕入二乘就是堕入外道邪见。概括起来讲，菩提心就是我们每天所发的四弘誓愿："众生无边誓愿度，烦恼无尽誓愿断，法门无量誓愿学，佛道无上誓愿成。"这是菩提心的具体体现，也是菩提心的实际内容。还有我们每天早课念的普贤菩萨十大愿王，那就是菩提心。没有菩提心的人，智慧慈悲不能具足，特别是慈悲心生不起来。因为他没有度众生的心，没有为社会、人类、大众奉献自己的心，没有想到要为一切众生来舍自己的头目脑髓。这种心发不起来，那么他修行不过就是为了一己的安定，一己的自由自在而已。

　　我想，就个人而言，不论他怎么样，与广大众生比起来，个人都是非常次要的问题，但对于这个问题我们现代学佛的人都很难突破。我们往往一想到要学佛，就想到我该怎么样，对我会怎么样，没想到学佛是要发起菩提心，没想到学佛是要为一切众生离苦得乐。"一切众生离苦得乐，我在其中矣"——这样地来学佛，菩提心就发起来了；这样地来学佛，你的心量就广大了；这样地来学佛，我们大家彼此之间的关怀、帮助、理解、同情就会建立起来。因为大家的目标一致，愿望一致，利益一致。菩提心是前导，菩提心是我们的目标，菩提心是我们发心的动力、修行的动力、做事的动力、弘法的动力，所以一定要发菩提心。佛经上面关于发菩提心的内容俯拾皆是，为什么有这么多的内容？就是佛菩萨、历代祖师在反复地强调发菩提心的重要性。（见《人间佛教思想文库·净慧卷》）

　　明白了发菩提心的重要性之后，接下来就是要通过真实观察，如理思维，发起真实的菩提心。这是修行最为关键的一步。
　　纵观大乘经论，关于菩提心的生起，不外乎观察和觉悟如下四个方面的因缘：
　　一者观轮回之苦而发菩提心；
　　二者慕诸佛果德而发菩提心；
　　三者不忍众生苦而发菩提心；
　　四者不忍圣教衰而发菩提心。
　　观轮回之苦而发菩提心者，如《八大人觉经》云：

　　第一觉悟：世间无常，国土危脆；四大苦空，五阴无我；生灭变异，虚伪无主；心是恶源，形为罪薮。如是观察，渐离生死。第二觉知：多欲为苦，生死疲劳，从贪欲起；少欲无为，身心自在。第三觉知：心无厌足，唯得多求，增长罪恶；菩萨不尔，常念知足，安贫守道，唯慧是业……第八觉知：生死炽然，苦恼无量。发大乘心，普济一切；愿代众生，受无量苦；令诸众生，毕竟大乐。

　　慕诸佛果德而发菩提心、不忍众生苦而发菩提心、不忍圣教衰而发菩提心，更是发菩提心的重中之重，如《大乘本生心地观经》云：

一切菩萨复有四愿，成熟有情，住持三宝，经大劫海，终不退转。云何为四？一者誓度一切众生，二者誓断一切烦恼，三者誓学一切法门，四者誓证一切佛果。善男子！如是四法，大小菩萨皆应修学，三世菩萨所学处故。（《大乘本生心地观经》卷七）

天亲菩萨《发菩提心经论》云：

菩萨云何发菩提心？以何因缘修集菩提？若菩萨亲近善知识，供养诸佛，修集善根，志求正法，心常柔和，遭苦能忍，慈悲淳厚，深心平等，信乐大乘，求佛智慧。若人能具如是十法，乃能发阿耨多罗三藐三菩提心。

复有四缘，发心修集无上菩提。何谓为四？一者思惟诸佛发菩提心。二者观身过患发菩提心。三者慈愍众生发菩提心。四者求最胜果发菩提心。

思惟诸佛复有五事：一者思惟十方过去未来现在诸佛，初始发心，具烦恼性，亦如我今，终成正觉，为无上尊，以此缘故发菩提心。二者思惟一切三世诸佛发大勇猛，各各能得无上菩提，若此菩提是可得法，我亦应得，缘此事故发菩提心。三者思惟一切三世诸佛发大明慧，于无明壳中建立胜心，积集苦行，皆能自拔，超出三界，我亦如是当自拔济，缘此事故发菩提心。四者思惟一切三世诸佛，为人中雄，皆度生死烦恼大海，我亦丈夫，亦当能度，缘此事故发菩提心。五者思惟一切三世诸佛发大精进，舍身命财，求一切智，我今亦当随学诸佛，缘此事故发菩提心。

观身过患发菩提心，复有五事：一者自观我身，五阴四大俱能兴造无量恶业，欲舍离故。二者自观我身，九孔常流臭秽不净，生厌离故。三者自观我身，有贪嗔痴，无量烦恼，烧燃善心，欲除灭故。四者自观我身，如泡如沫，念念生灭，是可舍法，欲弃捐故。五者自观我身，无明所覆，常造恶业，轮回六趣，无利益故，求最胜果发菩提心。

复有五事：一者见诸如来，相好庄严，光明清彻，遇者除恼，为修集故。二者见诸如来，法身常住，清净无染，为修集故。三者见诸如来，有戒、定、慧、解脱、解脱知见，清净法聚，为修集故。四者见诸如来，有十力、四无所畏、大悲三念处，为修集故。五者见诸如来，有一切智，怜愍众生，慈悲普覆，能为一切愚迷正导，为修集故。

慈愍众生发菩提心，复有五事：一者见诸众生为无明所缚。二者见诸众生为众苦所缠。三者见诸众生集不善业。四者见诸众生造极重恶。五者见诸众生不修正法。

无明所缚复有四事：一者见诸众生为痴爱所惑，受大剧苦。二者见诸众生不信因果，造作恶业。三者见诸众生舍离正法，信受邪道。四者见诸众生，没烦恼河，四流所漂。

众苦所缠复有四事：一者见诸众生畏生老病死，不求解脱而复造业。二者见诸众生忧悲苦恼而常造作，无有休息。三者见诸众生爱别离苦而不觉悟，方便染著。四者见诸众生怨憎会苦，常起嫌嫉，更复造怨。

集不善业复有四事：一者见诸众生为爱欲故，造作诸恶。二者见诸众生知欲生苦，而不舍欲。三者见诸众生虽欲求乐，不具戒足。四者见诸众生虽不乐苦，造苦不息。

造极重恶复有四事：一者见诸众生毁犯重戒，虽复忧惧，而犹放逸。二者见诸众生兴造极恶五无间业，凶顽自蔽，不生惭愧。三者见诸众生谤毁大乘方等正法，专愚自执，方起憍慢。四者见诸众生虽怀聪哲，而具断善根，反自贡高，永无改悔。

不修正法复有四事：一者见诸众生生于八难，不闻正法，不知修善。二者见诸众生值佛出世，闻说正法，不能受持。三者见诸众生染习外道，苦身修业，永离出要。四者见诸众生修得非想非非想定，谓是涅槃，善报既尽，还堕三途。

菩萨见诸众生无明造业，长夜受苦，舍离正法，迷于出路，为是等故发大慈悲，志求阿耨多罗三藐三菩提，如救头燃。一切众生有苦恼者，我当拔济，令无有余。

诸佛子，我今略说初行菩萨缘事发心，若广说者，无量无边。（《发菩提心经论》卷上）

《大乘理趣六波罗蜜经》云：

若有善男子、善女人，欲为有情修大乘行，欲度有情置大涅槃，应当先发五种胜心。云何为五？一者于诸有情普发平等大慈悲心；二者于一切种智心不退转；三者于诸有情起亲友想，于险难中誓当救护；四者常于有情起负债

想；五者恒怀惭愧何时偿毕。能发如是五种心者，速能证得阿耨多罗三藐三菩提。（《大乘理趣六波罗蜜经》卷二）

《佛说如来智印经》云：

有七法发菩提心，何等为七？一者如佛菩萨发菩提心。二者正法将灭，为护持故，发菩提心。三者见诸众生众苦所逼，起大悲念，发菩提心。四者菩萨教余众生，发菩提心。五者布施时自发菩提心。六者见他发意，随学发心。七者见如来三十二相、八十种好，具足庄严，若闻发心（按：若听闻佛的这些功德，当即发心）。弥勒！如是七因缘发菩提心，如佛菩萨发菩提心；正法将灭，为护持故，发菩提心；见诸众生众苦所逼，起大悲念，发菩提心；发此三心，能为诸佛、菩萨护持正法，又能疾得不退转地，成就佛道。

前面曾经提到过，出离心、大悲心和般若见为菩提心的三大根本，在藏传佛教里被称为"三主要道"。在这三大根本中，大悲心又是菩提心的生因。没有大悲心，菩提心则无从生起。因此之故，佛陀在《优婆塞戒经》中，特别针对在家人如何发菩提心，以及大悲心与菩提心的关系、如何发大悲心等问题，做了非常详细的开示：

1. 善生言："世尊，众生云何发菩提心？"
"善男子，为二事故，发菩提心。一者增长寿命，二者增长财物。复有二事：一者为不断绝菩萨种姓，二者为断众生罪苦烦恼。复有二事：一者自观无量世中，受大苦恼，不得利益，二者虽有无量恒河沙诸佛，悉皆不能度脱我身，我当自度……复有二事：一者不舍一切众生，二者舍离一切烦恼。复有二事：一者为断众生现在苦恼，二者为遮众生未来苦恼。复有二事：一者为断智慧障碍，二者为断众生身障……有智之人，为三事故，发菩提心：一者见恶世中五浊众生，二者见于如来有不可思议神通道力，三者闻佛如来八种妙声。复有二事：一者了了自知己身有苦，二者知众生苦，如己受苦，为断彼苦，如己无异。"（《优婆塞戒经》卷一）
2. "善男子，一切众生发菩提心，或有生因，或有了因，或有生因、了因。

汝今当知，夫生因者，即是大悲，因是悲故便能发心，是故悲心为生因也。"

"世尊，云何而得修于悲心？"

"善男子，智者深见一切众生沉没生死苦恼大海，为欲拔济，是故生悲。又见众生未有十力、四无所畏、大悲三念，我当云何令彼具足，是故生悲。又见众生虽多怨毒，亦作亲想，是故生悲。又见众生迷于正路，无有示导，是故生悲。又见众生卧五欲泥而不能出，犹故放逸，是故生悲。又见众生常为财物、妻子缠缚，不能舍离，是故生悲。又见众生以色命故，而生骄慢，是故生悲。又见众生为恶知识所诳惑，故生亲想，如六师等，是故生悲。又见众生堕生有界，受诸苦恼，犹故乐著，是故生悲。又见众生造身口意不善恶业，多受苦果，犹故乐著，是故生悲。又见众生渴求五欲，如渴饮咸水，是故生悲。又见众生虽欲求乐，不造乐因；虽不乐苦，喜造苦因；欲受天乐，不具足戒，是故生悲。又见众生于无我、我所，生我、我所想，是故生悲。又见众生无定有性，流转五有，是故生悲。又见众生畏生、老、死而更造作生、老、死业，是故生悲。又见众生受身心苦而更造业，是故生悲。又见众生爱别离苦而不断爱，是故生悲。又见众生处无明暗，不知炽然智慧灯明，是故生悲。又见众生为烦恼火之所烧然（燃），而不能求三昧定水，是故生悲。又见众生为五欲乐，造无量恶，是故生悲。又见众生知五欲苦，求之不息，譬如饥者，食于毒饭，是故生悲。又见众生处在恶世，遭值虐王，多受苦恼，犹故放逸，是故生悲。又见众生流转八苦，不知断除如是苦因，是故生悲。又见众生饥渴寒热，不得自在，是故生悲。又见众生毁犯禁戒，当受地狱、恶鬼、畜生，是故生悲。又见众生色力、寿命、安隐（稳）、辩才，不得自在，是故生悲。又见众生诸根不具，是故生悲。又见众生生于边地，不修善法，是故生悲。又见众生处饥馑世，身体羸瘦，互相劫夺，是故生悲。又见众生处刀兵劫，更相残害，恶心增盛，当受无量苦报之果，是故生悲。又见众生值佛出世，闻说甘露净法，不能受持，是故生悲。又见众生信邪恶友，终不追从善知识教，是故生悲。又见众生多有财宝，不能施舍，是故生悲。又见众生耕田种作，商贾贩卖，一切皆苦，是故生悲。又见众生父母、兄弟、妻子、奴婢、眷属、宗室，不相爱念，是故生悲。善男子，有智之人，应观非想非非想处所有定乐，如地狱苦，一切众生等共有之，是故生悲。善男子，未得道时，作如是观，是名为悲；若得道已，即名大悲。何以故？未得道时，虽作是观，观皆有边，众生亦尔；既得道已，观及众生，皆悉无边，是故得名为大悲也。未得道时，悲心转动，是故名悲；既得道已，无有转动，故名大悲。未得道时，未能救济诸众生故，故名为悲；既得道已，能大救济，故名大悲。未得道时，不共慧行，是故名悲；既得道已，与慧共行，故名大悲。"（《优婆塞戒经》卷一）

以上所引关于发菩提心四缘的论述，是所有菩萨行者日常修行所应如理思维和观察的重要课目之一。

在这里，需要特别指出的是，生活禅既称为"禅"，"无念、无相、无住"之"三无"精神，同样贯穿于整个发菩提心过程之始终。换言之，生活禅的发菩提心，就是依《金刚经》离四相而发心，这一点是生活禅与世间禅、二乘禅最根本的不同点所在。

在《金刚经》里，发菩提心与无相般若原是一体之两面，而并不是两个东西。

1. 佛告须菩提："诸菩萨摩诃萨应如是降伏其心：所有一切众生之类，若卵生、若胎生、若湿生、若化生，若有色、若无色，若有想、若无想、若非有想非无想，我皆令入无余涅槃而灭度之。如是灭度无量无数无边众生，实无众生得灭度者。何以故？须菩提，若菩萨有我相、人相、众生相、寿者相，即非菩萨。"

2. 复次，须菩提，是法平等，无有高下，是名阿耨多罗三藐三菩提。以无我、无人、无众生、无寿者，修一切善法，则得阿耨多罗三藐三菩提。须菩提，所言善法者，如来说非善法，是名善法。

《金刚经》所提倡的离四相而行一切善法的菩提心思想，在达磨祖师的《二入四行观》中被称为"称法行"：

四称法行者：性净之理，目之为法。此理众相斯空，无染无著，无此无彼。经曰："法无众生，离众生垢故；法无有我，离我垢故。"智者若能信解此理，应当称法而行。法体无悭，于身命财，行檀舍施，心无吝惜。达解三空，不倚不著，但为去垢，称化众生（随顺真如不二之空性而化度众生）而不取相。此为自行，复能利他，亦能庄严菩提之道。檀施既尔，余五亦然。为除妄想，修行六度而无所行，是为称法行。

依无相菩提心而行无相六度，就是称法行。这是禅宗修行的最根本特色，也是生活禅的根本宗旨。

为了凸显无相菩提心在生活禅修行理念中的核心地位，净慧老和尚反复教诲在家信众，在做早晚课的时候，要多读诵《普贤菩萨行愿品》《金刚经》和《优婆塞戒经》，认为此三经是汉传佛教修行人发菩提心所应依据的根本教典。

二、树般若见

般若是佛教修行的眼目，是诸佛之母、六度万行之导，是佛教与外道最核心的不共之处。

关于般若的内涵，本书第四章第三节"正信的内容"，已经从万法唯心、缘起性空、法界圆融、不二法门等四个方面，做了简短的介绍。接下来在介绍《六祖坛经》"忏悔品"中的修学次第时，还会涉及这方面的内容。

总之，不论修习何种法门，如《瑜伽师地论》卷十二所言，"次依闻慧发生思慧，复依思慧发生修慧"，由文字般若而起观照般若，由观照般若最后契入实相般若，这是修行的通途。

彻悟禅师讲："夫见道而后修道，修道而后证道，此千圣同途，千古不易之定论也。然见道岂易言哉！若依教乘，必大开圆解，若依宗门，必直透重关，然后得论修道。否则便为盲修瞎炼，不免撞墙磕壁，堕坑落堑矣。"（《彻悟禅师语录》卷上）

紫柏大师讲："凡佛弟子，不通文字般若，即不得观照般若。不通观照般若，必不能契会实相般若。实相般若，即正因佛性也。观照般若，即了因佛性也。文字般若，即缘因佛性也。今天下学佛者，必欲排去文字，一超直入如来地，志则高矣，吾恐画饼不能充饥也。且文字，佛语也；观照，佛心也。由佛语而达佛心，此从凡而至圣者也。"（《紫柏尊者全集》卷一）

生活禅把"树般若见"作为四大纲宗之一提出来，其目的就是要恢复中国禅宗"藉教悟宗"的传统，引导信众通过大量研读大乘了义经论，树立宗门的圆顿信解（即所谓的般若正见），这是修行的第一要务。

在《生活禅提出的初衷及四个根本理念》一文中，净慧老和尚指出，禅宗虽然标榜不立文字，但是通过加强闻思的熏习，来开启自性的般若智慧，仍然是修行的必经阶段，生活禅的修习亦不例外：

> 菩提心发起之后，我们还要用般若智慧来衡量我们的言行，用正见来衡量。破除了我执法执后所显示、所证悟、所获得的这种正智，就是般若智、般若见。我们现在学佛的人，包括我自己在内，是不是破除了我执法执？我们的见解是不是就是正见呢？可以这么说，我们学佛的人，虽然不能每一个人即刻就能达到这样一种境界，但是我们要有"虽不能至，心向往之"的思想。要认准这个目标，不能偏离，一偏离就不对。你心向往之，总有一天会达到。
>
> 般若见是眼目。比如说戒定慧三学叫"戒足、定身、慧目"，戒是两条腿，定是我们的身躯，慧就是眼目。有戒有定没有眼目，你往哪个方向走啊？如果我们只有眼目，没有身躯也没有两条腿，那么正见就没有依托，没有载体，没有办法去落实。所以戒定慧三学缺一不可。一切的修行都离不开般若见，都离不开正见。八正道中正见在第一位，最重要。六度般若在最后，是统帅，这也是显示它的重要性。（见《人间佛教思想文库·净慧卷》）

生活禅修行理念提出来之后，为了引导信众更顺利地开启般若正见，净慧老和尚曾亲自编辑出版了《在家教徒必读经典》和《禅宗七经》二书，后又组织专门的编辑队伍整理《正法眼藏》系列丛书，其中包括虚云老和尚所提倡的"三经一论"（三经指《首楞严经》《金刚经》《法华经》，一论指《大乘起信论》）以及《禅宗六代祖师传灯法本》《马祖四家语录》《五宗七家语录》《赵州和尚语录》《大慧尺牍》《圆悟心要》《高峰禅要》《梦游集》等重要禅宗典籍，作为生活禅的专用修学教材，供大家研读。

三、修息道观

真实的菩提心一旦生起，般若正见一旦确立之后，接下来就要通过修息道观（或念佛禅、默照禅、无门关）来落实宗门的圆顿止观，以成就般若三昧、一相三昧、一行三昧等三种三昧。按《大乘起信论》的讲法，这是整个修行的正行所在。

净慧老和尚在《在生活中修行，在修行中生活》一文中指出：

生活禅在落实"觉悟人生，奉献人生"宗旨的前提下，具体的实修功夫则是以"发菩提心，树般若见，修念佛禅（或息道观），入生活禅"四大纲宗为基础。念佛禅的修持方法，以四祖道信大师《入道安心要方便法门》中的"守一不移"为方便，安住当下，心系佛名，以安心见性为目的，不刻意求生佛国。修习生活禅的在家信众日常以念佛摄心为方便，早诵《普贤菩萨行愿品》，晚诵《金刚经》，使慧观（觉悟人生）、悲愿（奉献人生）不断增长成就。修习生活禅的出家众则随寺院日常修学的安排，每日自修《行愿品》与《金刚经》。以生活禅为修行法门的寺院，每日早课念《怡山发愿文》，培养菩提心，增进大悲愿。（见《人间佛教思想文库·净慧卷》）

息道观、默照禅、无门关（话头禅）、念佛禅是中国禅宗的传统四大用功方法，是修习止观、成就真如三昧的最快捷、最安全的入道要门。其修证理路及具体的操作方法等，将在本书"生活禅的用功方法"这几大部分中，做详细的介绍。

四、入生活禅

这里所说的入生活禅，主要是指，通过修习止观，成就三种三昧，在生活中证解脱，在生死中证涅槃，在烦恼中证菩提，将无相修行、无相解脱、无相度生、无相严土圆成于当下一念。

如果说，前面所讲的树般若见属于开圆解，修息道观属于修圆观的话，那么，这里所说的入生活禅就是证圆果。

众所周知，发无相菩提心、修无相六度万行、证无相圣果、严无相佛土、度无相众生，是《金刚经》的最高境界。在这里，修行、解脱、度生、严土与日常生活完全是融为一体的，与个体的人格也完全是融为一体的，真正的所谓"修无修相，证无证相，无上菩提，归无所得"。

憨山大师在解释《金刚经》"尔时世尊，食时，着衣持钵，入舍卫大城乞食。于其城中，次第乞已，还至本处。饭食讫，收衣钵，洗足已，敷座而坐。时长老须菩提，在大众中，即从座起，偏袒右肩，右膝着地，合掌恭敬，而白佛言：希有世尊！如来善护念诸菩萨，善付嘱诸菩萨……"这一段经文时讲：

> 佛住世时，家常过活，日用处动容，与众一般，更无别奇特。只是就里一点，与人不同——佛善护念诸菩萨，善咐嘱诸菩萨的妙用，秘于其中，知之者希。(《金刚决疑》)

憨山大师所说的"就里一点，与人不同"，究竟是指什么呢？佛之日常行履，表面上看与世人无异，而实际上，他时刻处在三昧境界中，不违实相——无相戒、无相定、无相慧俱在其中，修无修相，证无证相，说法无说法相，度生无度生相，严土无严土相——所以说，如来善护念诸菩萨，善咐嘱诸菩萨。这是修行的最高境界。在这里，佛通过日常行履，把《金刚经》中的"无相"之旨全盘托出，后面的经文不过是对这一无相境界的诠释而已。

净慧老和尚所说的入生活禅，实际上，就是指这种生活与修行、解脱、度生、严土的高度统一的无相之境界。如果修行、解脱与生活还存在着对立，个体与大众还存在着对立，佛法与人格还存在着差距，那说明修行还处在有相的阶段，还没有达到最高的无相之境界。

宗门的无相之行，又称"落草""和光同尘""向异类中行""藏身处无踪迹，无踪迹处莫藏身"。宗门中多有以水头、菜头、园头、溷头等面目出现的大修行者，他们都是无相修行的典范。《牧牛图颂》亦以"入廛垂手"作为最后一着，消归"向上一路"，所要传达的也是这种无相解脱的境界。

> 有学僧问赵州禅师："了事的人如何？"赵州禅师云："正大修行。"学云："未审和尚还修行也无？"师云："著衣吃饭。"学云："著衣吃饭寻常事，未审修行也无？"师云："你且道我每日作什么！"(参见《赵州和尚语录》卷上)

这僧以为，赵州和尚作为大解脱者，在日常著衣吃饭之外，应该别有奇特之修行，赵州和尚却告诉他，著衣吃饭就是修行，此外别无修行。

这则公案，可作为《金刚经》"希有世尊！如来善护念诸菩萨，善咐嘱诸菩萨"这句经文的最好注脚，人生活禅的妙旨就在其中。

第三节　从《六祖坛经》看生活禅的修学次第

为了加深对生活禅修学次第的理解，接下来拟从《六祖坛经》和《大乘起信论》的角度，再对生活禅的修学次第做一点展开说明。

近十年来，汉地佛教界出现了一股思潮，将汉传佛教衰落的主要原因归结为汉传佛教（尤其是禅宗）"不重视次第，没有下手处，空对空"。2011 年秋，笔者曾就此问题，赴湖北黄梅四祖寺，当面请教净慧老和尚对这个问题的看法。老和尚说，禅宗不是不重视次第，《六祖坛经》中的"忏悔品"就是禅宗的修学次第，只要把《六祖坛经》学通了，修学次第自然也就清楚了。

无独有偶，2012 年秋天，笔者在阅读四川大学哈磊博士整理的丁福保笺注《坛经》一书中，看到了四川大学陈兵教授关于《坛经》的导读一文。在"坛经的修学次第"一节中，陈先生依据《坛经》的开示，对禅宗的修学次第进行了梳理。这是一篇对实修具有重要指导意义的论文。

2012 年，在四祖寺上元佳节吉祥法会上，净慧老和尚依照《六祖坛经》"忏悔品"中的开示，为在家信众举行了一场别具一格的"无相三皈依"仪式，并告诫与会大众，要依"忏悔品"中的开示，好好去落实生活禅。据笔者所知，这是他平生第一次这样做，可以看出老和尚对《六祖坛经》"忏悔品"的修学次第的高度重视和认同。

禅宗的修学次第，就前行而言，主要包括"依止善知识""传五分法身香""行无相忏悔""发四弘誓愿""受无相三归戒""树立正见""在生活中修行，报恩尽责，完善人格"等七个方面，这是我们修行证解脱的基本条件。至于正行，主要是依"无念、无相、无住"之般若观照，明心见性，证般若三昧、一相三昧和一行三昧。

现参考陈兵先生导读的《坛经》，立足于"忏悔品"，对禅宗的修学次第做一个简单的介绍。

一、依止善知识

无论何宗何派，依止善知识都被强调为学佛、修行、证解脱极为重要的第一增上缘。对强调定慧等持的禅宗而言，依止善知识比修学其他宗派似乎更为重要、关键。

禅宗所依止的善知识，其要求与教下诸宗所依止的善知识有所不同。教下所说的善知识，只要通达经教、具有正见、戒行清净、有德行和慈悲心即可，并不要求他已经"自觉自度"。而禅宗对善知识的要求非常严格，必须是真正大彻大悟、通过印证具有承传法脉资质的合格禅师，不仅自己必须彻悟，而且还必须具有引导他人开悟的方便手眼（也就是教学技巧），宗门里称为"大善知识"。

禅宗之所以强调要依止大善知识，原因有四：

（一）依善知识开启圆顿信解

禅宗是一乘顿教，所接引的正机多为上根利器者。要树立一乘的圆顿信解，并不是一件容易的事情。如果仅仅依靠研读教下的经典来达到这一点，需要经过相当长的时间。而禅门里的大善知识都是过来人，都有过开悟的经历，直通向上一路，具足圆顿的信解，所以，依止他们去修学，可以比较快捷地把握佛法的精华，少走弯路。所以《坛经》首先劝人要依止真正的大善知识。

1. 菩提般若之智，世人本自有之，只缘心迷，不能自悟，须假大善知识示导见性。（《六祖坛经·般若品第二》）

2. 若自不悟，须觅大善知识、解最上乘法者，直示正路。是善知识有大因缘，所谓化导令得见性，一切善法因善知识能发起故。三世诸佛、十二部经，在人性中本自具有；不能自悟，须求善知识指示方见。（《六祖坛经·般若品第二》）

（二）依善知识找到适合于自己的修行方法和下手处

禅宗的修行以明心见性为根本，以证三种三昧为重心，其用功方法以"离心意识""超越二边"为特征，这是普通人无法理解和把握的。而禅宗的大善知识不仅自己开悟了，而且还具备"辨机""识人"的眼力，所以，他能够观机，帮助学人一下子找到并契入适合自己的用功方法及下手处。这对修行来说，是至关重要的。

（三）依善知识当机点拨，解粘去缚，明心见性，顿悟本来

禅门里，把修行比作"如鸡孵卵"，师徒之间的教学互动犹如"啐啄同时"。学人到了什么火候，存在着什么问题，还存在着哪些黏滞或者不到位的二边见刺，善知识一看就知道，并且能适时给予点拨，令学人当下顿悟见性。

（四）依善知识印证所悟是否谛当

禅宗的证悟非常高峻，一向被称作"向上一路，千圣不传"。学人在实证的过程中，必然会遇到各种各样的路途风光，一般都会感到迷茫、徘徊，不知道如何取舍；特别是遇到相似境界，不辨真假，不知道所悟是否谛当，在这种情况下，极容易犯错误，误入歧途。这个时候，如果有善知识在身边，就可以帮助做出正确的抉择，可以验证你的所悟是否真实、可靠。而这一点仅依靠书本上的知识是无法做到的。

关于依止善知识的重要性，陈兵先生在导读《坛经》中是这样解释的：

佛性虽得自悟，但须大善知识的"示导"。因为禅宗是"一乘顿教"，以顿悟佛心为宗旨，顿悟佛心，明见自心佛性，依通常途径修学，须得诸缘具足，循序渐进，修行很长时间，不是多数人即生能达到的。按法相唯识学的说法，须精进修行一大阿僧祇劫，登初地见道，才能初见佛性。若按《大般涅槃经》的说法，只有佛才能了了见佛性，十地菩萨即便能见佛性也不明了。禅宗保证当下顿悟，主要靠大善知识的示导或特殊教学法的增上缘。禅宗讲自家从佛陀以来"以心传心"——以见性经验的传授为特质，而见性的经验终归不可言

说，师徒间只能用特别灵活的方法传授。虽然利根者也可通过经教言说及用语言文字表述的参禅方法参修而自己开悟，但微细、特殊的心灵体验，要用文字准确表达，要与经教及祖师所言完全相符，是很困难的事，极易错认"光影"，故即便开悟，也须得大善知识的印证。《坛经·机缘品第七》载：原修学天台止观的永嘉玄觉，乃上根利器，于读《维摩经》时悟佛心宗而未得印证，遇六祖弟子玄策告言，"威音王已前即得，威音王已后，无师自悟，尽是天然外道"，强调不依明师不可能真正开悟，玄觉听后乃赴曹溪谒见六祖，几番机锋往来，获得印可，方才彻底安心。依止大善知识，遂成为禅宗修学的规矩，宗门中人无不强调。这与藏传密教强调依止上师很是相近，故诺那、贡噶等上师称禅宗为"大密宗"。后来宗门对大善知识有了许多判别标准，师徒见面往往先互相勘验。明师难遇，"有禅无师"，在唐代已成为问题，今天更是许多学禅人最大的困惑。将不够条件者误认作禅师而轻信其"冬瓜印子"不负责任的印证，贻误慧命，是学禅路上最危险的陷阱。

二、传五分法身香

所谓"五分法身香"，是指戒、定、慧、解脱、解脱知见这五种成就法身必备的要件，以及法身所具备的五种功德、妙用。

分，有因义，支分（组成部分）义。从因义上讲，戒、定、慧、解脱、解脱知见，是修行人成就圆满法身的五因；从支分义上讲，戒、定、慧、解脱、解脱知见，乃构成圆满法身的五大要件和五大妙用。故五分法身，既指法身的五大功德，又指证得法身的五大条件。

香，以熏染、庄严为义。传五分法身香，就是善知识凭借自己的证量，通过言传身教对学人的熏习和影响，启发学人对最上乘顿法的信心，发心以戒、定、慧、解脱、解脱知见这五种法香，庄严自身。

传五分法身香，就是通过善知识的示导，结般若胜缘，在内心深处种下菩提种子（对五分法身产生信解，此为信解种子；并发愿修行，以五分法身来庄严自身，此为愿乐种子），发菩提心以为修行之根本，以成就戒、定、慧、解脱、解脱知见等五大妙用的清净法身为修行的第一目标，并将此对五分法身的信解、愿乐贯穿于整个修行的过程。后面所提到的四弘誓愿，乃依菩提心而起之愿行。

下面是《六祖坛经》对五分法身香的解释，这些解释立足于当下一念之觉悟，体现了禅宗"明心见性"的圆顿精神。

一戒香，即自心中无非、无恶、无嫉妒、无贪嗔、无劫害，名戒香。

二定香，即睹诸善恶境相，自心不乱，名定香。

三慧香，自心无碍，常以智慧观照自性，不造诸恶，虽修众善，心不执著，敬上念下，矜恤孤贫，名慧香。

四解脱香，即自心无所攀缘，不思善，不思恶，自在无碍，名解脱香。

五解脱知见香，自心既无所攀缘善恶，不可沉空守寂，即须广学多闻，识自本心，达诸佛理，和光接物，无我无人，直至菩提，真性不二，名解脱知见香。（《六祖坛经·忏悔品第六》）

关于"解脱知见"一词，有人把它理解为"关于解脱的知见"，这是错误的。实际上，"解脱香"的主要内容是指根本智，依之得自解脱，属于自受用；而"解脱知见香"的主要内容是指后得智，依之能起无尽的妙用，为他解脱之所依，属于他受用。

戒、定、慧、解脱、解脱知见，这五条既是修行证道必备的前行，同时又是贯彻整个修行成佛过程的核心指导思想。且此五分法身香，从功夫上讲，亦自有其前后相生的次第：因戒生定，因定发慧，因慧而证解脱，因解脱而起无尽大悲的度生妙用。

三、行无相忏悔

身心为修道之器。修行首先要净器。只有身心之三业清净了，佛法的纯正性才有保障，修行的进程才不会被打断。净器的主要方法就是忏悔。忏悔业障是大乘修行入道最初的必修科目。

何为忏悔？忏者，忏其前愆，陈露先恶；悔者，悔其后过，改往修来。即坦白从前所造恶业，保证从今往后永不更作。忏就是发露过去的恶业，令其不复相续，亦不成为心理负担；悔者就是令心归于无住之般若正观，

从今以后令妄想恶业永不复起。《六祖坛经》中讲:

> 云何名忏?云何名悔?忏者,忏其前愆:从前所有恶业,愚迷、憍诳、嫉妒等罪,悉皆尽忏,永不复起,是名为忏。悔者,悔其后过:从今以后,所有恶业,愚迷、憍诳、嫉妒等罪,今已觉悟,悉皆永断,更不复作,是名为悔。故称忏悔。凡夫愚迷,只知忏其前愆,不知悔其后过。以不悔故,前愆不灭,后过又生。前愆既不灭,后过复又生,何名忏悔?(《六祖坛经·忏悔品第六》)

六祖所说的"无相忏悔",实际上就是实相忏悔,强调现前一念观妄念无相,观罪性本空,断相续心,所谓"但向心中除罪源,名自性中真忏悔"。忏悔必须落在当下一念上。《六祖坛经》中关于"无相忏悔"的忏词是:

> 弟子等,从前念今念及后念,念念不被愚迷染;从前所有恶业愚迷等罪,悉皆忏悔,愿一时销灭,永不复起。
> 弟子等,从前念今念及后念,念念不被憍诳染;从前所有恶业憍诳等罪,悉皆忏悔,愿一时销灭,永不复起。
> 弟子等,从前念今念及后念,念念不被嫉妒染;从前所有恶业嫉妒等罪,悉皆忏悔,愿一时销灭,永不复起。(《六祖坛经·忏悔品第六》)

六祖对无相忏悔的开示,与《瑜伽焰口》中的"忏悔偈"(罪从心起将心忏,心若灭时罪亦亡。心灭罪亡两俱空,是则名为真忏悔)一样,都是强调忏悔要从当下一念之觉悟入手,这与大乘佛教对罪性的"唯心"本质之认识有直接的关系。

大乘佛教谈论罪性的时候,并不认为罪是独立于心性之外的某种实有,而是立足于"万法唯心"的角度,特别强调心在罪业中的决定性作用。达磨祖师讲"心生便是罪生时"正是这个意思。《百丈广录》中有一段文字,对罪性的本质进行了揭示:

> 问:"斩草伐木,掘地垦土,为有罪报相否?"师云:"不得定言有罪,亦不得定言无罪。有罪无罪,事在当人。若贪染一切有无等法,有取舍心在,

透三句不过，此人定言有罪；若透三句外，心如虚空，亦莫作虚空想，此人定言无罪。"

又云："罪若作了，道不见有罪，无有是处；若不作罪，道有罪，亦无有是处。如律中，本迷煞（杀）人，及转相煞，尚不得煞罪，何况禅宗下相承，心如虚空，不停留一物，亦无虚空相，将罪何处安著？"

可见，罪的本质就是妄想分别心。所以，忏罪悔过自然而然也就成了心性上的觉照功夫，而不单纯是事相上面对三宝自我承认错误。

四祖道信禅师在他的《入道安心要方便法门》中讲："《普贤观经》云：'一切业障海，皆从妄想生。若欲忏悔者，端坐念实相。'是名第一忏悔。"看破心念的空性，断其相续心，保持正念不失，这是最究竟的忏悔。

另外，忏悔的目的不是为了强化人的罪恶感，而是要帮助修行人更彻底地放下一切爱染和执著，最后达到"心空及第归"的成佛目标。佛教认为，强化人的负罪感虽然能有效阻止人们不再犯同样的罪过，但是，过度的罪恶感反过来也会成为人们修行解脱的一种心理压力和障碍。所以忏悔的本义是要断除相续心，破掉一切分别执著。这样的忏悔，具有卸除心理包袱的良好治疗作用，有益于心理健康，是参禅开悟的必要前提。

由于很多信众对上述"罪性"与"忏悔"的真实意义并不明了，所以在修行的过程中出现了一些偏差，主要表现在：

1. 离开了当下之心性而论罪，把罪业单纯地理解为违背佛制戒律或违背世间道德的行为，或者是某种不可把捉的、类似于司掌人间善恶神灵在每个人的功过簿上的"档案记录"。

2. 把忏悔与产生负罪感混为一谈，以为对自己所犯过错有了负罪感便是忏悔，不知忏悔的真正目的之所在。

3. 由于离心而论罪，所以在忏悔的方式上片面地强调事忏，强调他力的加持，而忽视内心的自觉。

这种偏差所造成的后果主要有两点：一是令本来烦恼就很重的人更加烦恼，心理压力更大，甚至走向崩溃；二是过分依赖于他力，落入"心外求法"的外道知见中。这两点都不利于修行人的觉悟和解脱。

净慧老和尚在弘扬生活禅的过程中经常强调，学佛是为了减负，而不是为了增加负担。他反对通过夸大或强化人们的罪恶感来吸引信众进入佛门的做法。他主张信众要通过"发愿"和"修无住之般若正观"的方式，来化解和转化过去所犯的罪业，以一种光明而空灵的积极心态来面对未来。所以他建议在家信众，每天早晨读诵《普贤菩萨行愿品》，晚上念诵《金刚经》。净慧老和尚的这些提法，与上述宗门中的忏罪观是完全一致的。

当然，就初入门者而言，忏悔应该是事忏与理忏并行才好。比如，可依《普贤菩萨行愿品》"十大愿王"而修忏悔。另外，读诵、礼拜大乘经典，如《法华经》《地藏经》《金刚经》《首楞严经》等，以及持念消业灭罪真言，如"楞严咒""大悲咒""往生咒""七佛灭罪真言""地藏菩萨灭定业真言""准提咒""药师咒"等，都能起到良好的忏罪作用。

四、发四弘誓愿

发菩提心是修学大乘道的基础。《六祖坛经》将发菩提心列为参禅开悟的前行，并将菩提心的内容概括为大乘经典所反复宣说的四弘誓愿。不过，六祖对四弘誓愿的理解，偏重于从一乘顿教的见地、实际功夫的落实方面给予阐发，具有极强的实修指导意义。

六祖所说的四弘誓愿是："自心众生无边誓愿度，自心烦恼无边誓愿断，自性法门无尽誓愿学，自性无上佛道誓愿成。"

注意，六祖在这里用了"自心"和"自性"这两个概念，个中大有深意。自心，是就众生迷染的分上而言的，是指如来藏妙真如心的迷染状态，即背觉合尘的状态，故有"自心众生""自心烦恼"之说；自性是就清净本体或觉悟者的分上而言的，是指如来藏妙真如心的悟净状态，即背尘合觉的状态，故有"自性法门""自性佛道"之说。

六祖对四弘誓愿是这样解释的：

善知识！大家岂不道众生无边誓愿度，怎么道，且不是惠能度。善知识！心中众生，所谓邪迷心、诳妄心、不善心、嫉妒心、恶毒心，如是等心，尽是众生；各须自性自度，是名真度。何名自性自度？即自心中邪见烦恼愚痴众生，将正见度。既有正见，使般若智打破愚痴迷妄，众生各各自度。邪来正度，迷来悟度，愚来智度，恶来善度，如是度者，名为真度。

又，烦恼无边誓愿断，将自性般若智，除却虚妄思想心是也。

又，法门无尽誓愿学，须自见性，常行正法，是名真学。

又，无上佛道誓愿成，即常能下心，行于真正，离迷离觉，常生般若，除真除妄，即见佛性，即言下佛道成。常念修行是愿力法。（《六祖坛经·忏悔品第六》）

可见四弘誓愿的落实，完全立足于自心自性，度的是自心众生，断的是自心烦恼，学的是自性法门，成的是自性佛道，都没有离开当下一念之觉悟。

五、受无相三归戒

受持三归依戒，是正式成为佛弟子、修学佛道、获得觉悟解脱的必要条件。六祖在给信众传授三归戒时，同样是以一乘顿教的见地给予新的阐释，称为"无相三归戒"。六祖讲：

归依觉，两足尊；归依正，离欲尊；归依净，众中尊。从今日起，称觉为师，更不归依邪魔外道。以自性三宝，常自证明，劝善知识，归依自性三宝。佛者觉也；法者正也；僧者净也。自心归依觉，邪迷不生，少欲知足，能离财色，名两足尊。自心归依正，念念无邪见，以无邪见故，即无人我、贡高、贪爱、执著，名离欲尊。自心归依净，一切尘劳爱欲境界，自性皆不染著，名众中尊。若修此行，是自归依。（《六祖坛经·忏悔品第六》）

无相三归戒的本质就是"自归依"，即自心归依自性，也就是要"称性起修""背尘合觉""始觉合于本觉"，其落脚点就是要在自家心地上用功夫：

1.经文分明言自归依佛，不言归依他佛。自佛不归，无所归处。今既自悟，各须归依自心三宝。内调心性，外敬他人，是自归依也。（《六祖坛经·忏悔品第六》）

2.自心归依自性是归依真佛。自归依者，除却自性中不善心、嫉妒心、谄曲心、吾我心、诳妄心、轻人心、慢他心、邪见心、贡高心，及一切时中不善之行，常见自己过，不说他人好恶，是自归依，常须下心，普行恭敬，即是见性通达，更无滞碍，是自归依。(《六祖坛经·忏悔品第六》)

从六祖的开示中，可以看出，此三归戒所皈依的对象不仅仅是外在的别相三宝、住持三宝，同时也是每个人本自具足的"自性三宝"，而且六祖更强调后者，其目的就是为了引导信众，能将三归戒的功夫落实在现前一念心性上，落实在人格修养上，落实在待人接物中，而不是心外求法，或者是走形式。

这一点，与华严宗贤首国师的观点完全一致。贤首国师在解释《大乘起信论》之首句"皈命尽十方，最胜业遍知"中的"皈命"二字时，说道：

皈命二字，显能皈至诚也。皈者，是依、投、趣向义；命者，总御诸根，一身之要，人之所重莫不为先。举此无二之命，以奉无上之尊。又皈者，是还源义，众生六根，从一心起而背自源，驰趣六尘。今举命根，总摄六情，还归一心。一心，即一体三宝。(《大乘起信论疏笔削记会阅》卷二)

六、树立正见

树立圆顿的正知见是禅宗修行悟道的重要前提。据《坛经》记载，六祖在给信众授完无相三归戒之后，接着开示了"一体三身自性佛"之说，并说《无相颂》一首，令信众依偈修行，自觉自悟，自成佛道。

关于正见的内容，除了"忏悔品"中的内容之外，其他诸如"般若品""定慧品"中，也都有涉及。陈兵先生在导读《坛经》中总结为两大方面：一是确信"自性即佛"，二是信解"实相不二"。

(一)确信"一体三身自性佛"，以开正见

禅宗修行者必须首先确立的第一正见，就是要确信"自性即佛"，确信我们本自具足"一体三身自性佛"，确信我们自性中本来具足佛的三身四智等一切清净功德妙用，只不过是在众生分上被妄念遮蔽，不得显现而已。

这里的"自性"，相当于真心、真如、如来藏妙真如心、法界心、常住真心，并不是唯识宗所说的第八阿赖耶识。相反，第八阿赖耶识以真如、自性为体，是真如、自性的迷染之相用。

依《大乘起信论》的观点，自性具有体大、相大、用大等三义，以及"空"与"不空"之二性。体大意味着自性为万法所依之根本；相大意味着自性能生一切法，能摄一切法，一切法皆是自性之相用；用大意味着自性具足佛之圆满三身及四智之妙用。空意味着自性无形无相，非有非无，超越二边，不可言说；不空意味着自性含藏着与一切染法不相应的无边清净妙用。

《六祖坛经》"般若品"对"摩诃般若波罗蜜"的"摩诃"一词的解释，与《大乘起信论》的观点完全一致：

何名摩诃？摩诃是大。心量广大，犹如虚空，无有边畔，亦无方圆大小，亦非青黄赤白，亦无上下长短，亦无嗔无喜，无是无非，无善无恶，无有头尾。诸佛刹土，尽同虚空。世人妙性本空，无有一法可得，自性真空亦复如是。善知识！莫闻吾说空，便即著空。第一莫著空。若空心静坐，即著无记空。

【按】此名体大，明自性本空。

善知识！世界虚空，能含万物色像。日月星宿、山河大地、泉源溪涧、草木丛林、恶人善人、恶法善法、天堂地狱、一切大海、须弥诸山，总在空中。世人性空亦复如是。

【按】此名相大，明自性不空，摄一切相。

善知识！自性能含万法是大。万法在诸人性中。若见一切人恶之与善，尽皆不取不舍，亦不染著，心如虚空，名之为大，故曰摩诃……善知识！心量广大，遍周法界；用即了了分明，应用便知一切。一切即一，一即一切，去来自由，心体无滞，即是般若。（《六祖坛经·般若品第二》）

【按】此名用大，明自性不空，具足一切无碍妙用。

具足体相用三大和空不空二性的自性，不仅是万物之本，同时也是禅宗修行、解脱、成佛和度生的根本。

在众生分上，虽然自性本自具足三身佛之清净妙用，但因长期处于无明的障蔽中，不得开显，而诸佛则通过修行已经将它们全部开显出来了，所以称为"清净法身佛""圆满报身佛""千百亿化身佛"。

《六祖坛经》"忏悔品"对"一体三身自性佛"的解释是：

善知识！既归依自三宝竟，各各志心，吾与说一体三身自性佛，令汝等见三身，了然自悟自性。总随我道：于自色身归依清净法身佛，于自色身归依圆满报身佛，于自色身归依千百亿化身佛。

善知识！色身是舍宅，不可言归。向者三身佛，在自性中，世人总有。为自心迷，不见内性，外觅三身如来，不见自身中有三身佛。汝等听说，令汝等于自身中见自性有三身佛。此三身佛，从自性生，不从外得。

何名清净法身佛？世人性本清净，万法从自性生。思量一切恶事，即生恶行；思量一切善事，即生善行。如是诸法在自性中，如天常清，日月常明，为浮云盖覆，上明下暗；忽遇风吹云散，上下俱明，万像皆现。世人性常浮游，如彼天云。善知识！智如日，慧如月，智慧常明；于外著境，被妄念浮云盖覆自性，不得明朗。若遇善知识，闻真正法，自除迷妄，内外明彻，于自性中万法皆现。见性之人亦复如是。此名清净法身佛……

何名圆满报身？譬如一灯能除千年暗，一智能灭万年愚。莫思向前，已过不可得；常思于后，念念圆明，自见本性。善恶虽殊，本性无二；无二之性，名为实性。于实性中，不染善恶，此名圆满报身佛。自性起一念恶，灭万劫善因；自性起一念善，得恒沙恶尽。直至无上菩提，念念自见，不失本念，名为报身。

何名千百亿化身？若不思万法，性本如空；一念思量，名为变化。思量恶事，化为地狱；思量善事，化为天堂；毒害化为龙蛇；慈悲化为菩萨；智慧化为上界；愚痴化为下方。自性变化甚多，迷人不能省觉，念念起恶，常行恶道。回一念善，智慧即生，此名自性化身佛。

善知识！法身本具；念念自性自见，即是报身佛；从报身思量，即是化身佛。自悟自修自性功德，是真归依。皮肉是色身，色身是舍宅，不言归依也。但悟自性三身，即识自性佛。（《六祖坛经·忏悔品第六》）

在这里，六祖对三身佛的解释，既强调了"三身本有"，在众生分上"隐而不显"，同时也强调了"三身要因修而显"，在诸佛位上全体显现，"清净圆满"。这种解释非常圆融和透彻，既给修行人以信心，同时又避免修行人落入狂禅。对这段文字，陈先生所做之说明，即兼顾了"本具"和"修显"这两个方面，可谓深契六祖之心：

般若智慧犹如日月，本来常明，只因世人心著外境，"被自念浮云盖覆自性，不得明朗"，智慧隐而不现。若遇善知识，闻真正法，迷妄的浮云顿散，现量亲见自性中显现万法，内外明彻，名为清净法身佛。是则所谓法身，不是修得，只是本具的自性，从来未曾失去，只要驱散妄念，便会显现。

什么是圆满报身？念念圆明，自见本性，于实性中不染善恶，譬如一灯能除千年暗，一智能灭万年愚，"直至无上菩提，念念自见，不失本念，名为报身。"念念自性自见而不迷昧，称为报身。

什么是化身？不思万法时性本如空，由自性起念思量，名为变化。"思量恶事，化为地狱，思量善事，化为天堂，毒害化为龙蛇，慈悲化为菩萨，智慧化为上界，愚痴化为下方"，深解一切善恶凡圣境界皆是自性变化，从报身思量而起妙用，名为自性化身佛。佛果三身，实即一身，为一自性的三个方面。（《坛经》）

除"忏悔品"之外，《六祖坛经》"机缘品"对三身及四智也做了类似的解释，强调"法身报身及化身，三身本来是一身"之大义：

三身者：清净法身，汝之性也；圆满报身，汝之智也；千百亿化身，汝之行也。若离本性，别说三身，即名有身无智。若悟三身无有自性，即名四智菩提……

既会三身，便明四智，何更问耶？若离三身，别谈四智，此名有智无身；即此有智，还成无智。（《六祖坛经·机缘品第七》）

为了引导学人更好地将"自性即佛"的理念落实在功夫上，临济禅师从当下一念之般若正观的角度，对"一体三身佛"做了别开生面的开示：

道流！约山僧见处，与释迦不别。今日多般用处，欠少什么？一道神光，未曾间歇。若能如是见得，只是一生无事人……尔要与祖佛不别，但莫外求。尔一念心上清净光是尔屋里法身佛，尔一念心上无分别光是尔屋里报身佛，尔一念心上无差别光是尔屋里化身佛。此三种身是尔即今目前听法底人。只为不向外驰求，有此功用。（《镇州临济慧照禅师语录》）

总之，确信自性三身佛，是禅宗修行悟道的根本。在这里，姑且称为修行的"本体论"。下面即将谈到的"不二之实相"，其落脚点在"称性起修"，乃般若正观的核心，相当于修行的"方法论"。

（二）信解"不二之实相"，以起般若正观

"不二"是大乘佛教实相观的根本，也是修行人见性成佛的要诀。《心经》中讲"是诸法空相，不生不灭，不垢不净，不增不减"，以及前面所提到的《大乘起信论》中的"一心二门"，所传达的正是这一根本思想。

《六祖坛经》的整个修行理论，都是围绕大乘佛教这一"不二"的实相观而展开的。

1. 《行由品第一》：印宗又问："如何是佛法不二之法？"慧能曰："法师讲《涅槃经》，明佛性是佛法不二之法。如高贵德王菩萨白佛言：犯四重禁，作五逆罪，及一阐提等，当断善根佛性否？佛言：善根有二：一者常，二者无常。佛性非常非无常，是故不断，名为不二。一者善，二者不善，佛性非善非不善，是名不二。蕴之与界，凡夫见二，智者了达其性无二。无二之性即是佛性。"

2. 《忏悔品第六》：善恶虽殊，本性无二；无二之性，名为实性。于实性中不染善恶，此名圆满报身佛。

3. 《顿渐品第八》：学道之人，一切善念恶念，应当尽除。无名可名，名于自性；无二之性，是名实性。于实性上建立一切教门，言下便须自见。

在上述开示中，六祖明确地把"无二之性"与"佛性""实性"贯通在一起，所谓"无二之性即是佛性""无二之性即是实性"。

不二或无二，又称"中道"，意指超越二元对立，不落两边，也就是即相离相，即二边离二边。"不二"落实在修行上，就是要即世而出世，即生灭而证不生不灭，即生死而证涅槃，即烦恼而证菩提。

《六祖坛经》中，提到了多种形式的不二：所谓明与无明不二，真与妄不二，凡夫与佛不二，烦恼与菩提不二，佛法与世间不二，念与真如不二，定与慧不二，常与无常不二，动与静不二等等，其根本精神不外乎体用不二、真妄不二、佛法与世间不二。

1. 体用不二

意指一切念头（包括见闻觉知）、一切日用（包括待人接物、举手投足等），都以自性为体，都是自性的相和用。体和用之间是不二的关系，用不离体，用当下即体；犹波之与水，波不离水，波当下即水。六祖讲：

> 真如即是念之体，念即是真如之用。真如自性起念，非眼耳鼻舌能念。真如有性，所以起念；真如若无，眼耳色声当时即坏。善知识！真如自性起念，六根虽有见闻觉知，不染万境，而真性常自在。故经云：能善分别诸法相，于第一义而不动。（《六祖坛经·定慧品第四》）

由于作为自性之相用的念头和日常活动都是生灭的、无常的、变动的，而体则是不生不灭的、恒常的、不动的，所以，从这个角度来看，生灭与不生不灭是不二的，常与无常是不二的，动与静也是不二的。非生灭之外有不生不灭，非无常之外有常，非变动之外有不动。当下看破生灭、无常、变动的唯心虚妄之空性，不被它们所转，当下就是不生不灭，就是恒常和不动。

"体用不二"落实在功夫上，就是要即念而证真如，即生灭而证不生不灭，即动而证不动，即无常而证真常，而不要幻想在当下的生灭无常的念头之外，在当下的日用之外，去寻找一个所谓的不生不灭、恒常不动的真如自性。这一点对参禅悟道来说，至关重要。

2. 真妄不二

真，即真如、真心、菩提、涅槃；妄，即妄念、烦恼、生死。真妄不二，意指真心与妄心不二，烦恼与菩提不二，生死与涅槃不二。妄非真外之妄，真当体成妄；真非妄外之真，妄当体即真。只要看破"妄"的虚幻性，不被妄所转，妄心当下就是真心。烦恼与菩提、生死与涅槃的关系，亦复如是。

《般若品第二》：凡夫即佛，烦恼即菩提。前念迷即凡夫，后念悟即佛。前念著境即烦恼，后念离境即菩提。

《护法品第九》：烦恼即是菩提，无二无别。若以智慧照破烦恼者，此是二乘见解，羊鹿等机。上智大根，悉不如是……明与无明，凡夫见二；智者了达，其性无二。无二之性，即是实性。实性者，处凡愚而不减，在贤圣而不增，住烦恼而不乱，居禅定而不寂。不断不常，不来不去，不在中间及其内外，不生不灭，性相如如，常住不迁，名之曰道。

强调真心不在妄心之外，菩提不在烦恼之外，涅槃不在生死之外，即妄证真，而非离妄证真，这是一乘顿教的圆满见地。

3. 佛法与世间不二

佛法与世间不二，主要是强调，佛法作为出世间的智慧，非离世间之外的别有，乃是对世间法的"缘起性空""唯心虚妄"之本质的如实觉知，所以，出世间的佛法当从深入世间而求。看破世间法，远离我法二执，当下就是出世间，当下就是涅槃。《六祖坛经·般若品第二》有偈云："佛法在世间，不离世间觉，离世觅菩提，恰如求兔角。"

以上正见，是一个修行悟道者必备的前提。没有它，要想开悟是非常困难的。陈兵先生讲：

通过广学多闻及参修，破除种种理上的疑惑，对本性是佛、真妄不二确认不疑，完全接受，成为自己的见解，方属堪以指导参修的正见，应属思慧，这种正见稳固、纯熟后，会成为一种不须再理性思维的直觉，《坛经》谓之"正真般若"，用这种正真般若观心，才可能顿悟。（《坛经》）

七、在生活中修行，报恩尽责，完善人格

基于上述"不二"之正见，《六祖坛经》强调，修行必须与生活融为一体，必须与现实生活中的做人做事融为一体。修行不一定非要住在寺院或深山老林里——"若欲修行，在家亦得，不由在寺"（《六祖坛经·决疑品第三》）。这与其他宗派通常强调出家住山、远离尘嚣，在寂静处独自禅修不同。

关于如何在世俗的生活中修行，六祖有《无相颂》云：

> 心平何劳持戒，行直何用修禅。
> 恩则孝养父母，义则上下相怜，
> 让则尊卑和睦，忍则众恶无喧。
> 若能钻木取火，淤泥定生红莲。
> 苦口的是良药，逆耳必是忠言。
> 改过必生智慧，护短心内非贤。
> 日用常行饶益，成道非由施钱。

（《六祖坛经·决疑品第三》）

从这首偈子中可以看出，六祖强调，在生活中修行，在生活中尽职尽责，改过自新，完善人格，饶益有情，培养福报，积累资粮，这本身就是修行的重要内容，也是修行的共通前提和基础。离开了这个基础，修行将会遇到种种障碍，甚至半途而废，误入歧途。

关于这一点，可以从三个方面来理解：

（一）在生活中培养福报是修行不可缺少的前提

修行从表面上看，好像是个人的孤立行为，实际上，它离不开福报，离不开整个法界的支持。福报主要是通过外在的物质生活条件以及人际关系等等体现出来。一个有大福报的人，他很容易就能获得修行所必需的基本物质条件，以及拥有相对和谐的人际关系作为外护，在修行的过程中，所遇到的障缘自然就会少一些。相反，一个修行人，如果连基本的物质生活条件都没有保障，周围尽是人事障碍，缺少有力的外护，在这种情况下，想要修行顺

利、持久，是非常困难的。所以，修行人在修习止观的同时，还必须重视在日常生活中培养福报。具体地讲，就是要尽职、尽责、尽孝，学会感恩、奉献，学会恭敬、谦让，广结善缘，广行饶益，为修行培养足够的福德资粮。

（二）在生活中完善人格是修行进展顺利的保证

光明的心态和健康的人格，是修行进展顺利的重要保证。一个人的心态如果是扭曲的、阴暗的，人格是病态的、分裂的，在修行过程中，尤其是在修习止观的时候，很容易会感召到各种各样的障道因缘，轻则令修行无法继续，重则精神失常，乃至走火入魔。所以，修行人在日常生活中，在待人接物中，要经常反省，经常忏悔，改过自新，培养感恩的心、包容的心、随喜的心、惭愧的心、慈悲的心和恭敬的心，从而远离贪、嗔、痴、慢、疑、嫉妒等负面情绪，保持内心的光明，保持人格的健康，这既是修行的内容，也是修行的前提保障。

（三）在生活中落实修行是功夫成片的关键

修行与生活的脱节，佛法与人格的脱节，从古至今，一直被视为修行之大忌。佛法的价值最终要通过净化人心、和谐社会体现出来，而将修行生活化、将佛法人格化恰恰是展现佛法价值的关键之所在。

《六祖坛经》基于一乘顿教的"不二"正见，强调修行必须落实在现实生活中，落实在当下一念，将修行与生活融为一体，念念是道场，处处是道场。这一点成了禅宗修行的最大特色。

依于不二之圆顿见，禅宗要求修行人要把一切境缘都视为修行的增上缘，要把一切治生产业及日用言行举止统统视为修行之道用，念念落实"无念、无相、无住"之般若正观。这一圆顿的观行，有利于修行人将功夫打成一片，大大地增加了开悟的概率。据禅宗《灯录》记载，被记录下来的禅宗大德之开悟，绝大多数都是在日常生活中突然发生的。这种看似偶然的心光展露，恰恰是长期在生活中做功夫的一种自然结果。没有在日常生活中做功夫的习惯，要开悟是很困难的。

以上七条，是修行的共通次第。一个修行人想要今生获得成就，必须在这七个方面打好基础。

八、明心见性，证三"三昧"

前面所提到的七条属于修行的前行，接下来要介绍的以明心见性、证三"三昧"为目标的圆顿止观之修行则属于正行。陈兵先生将《六祖坛经》中所说"正行"的内容，总结为"言下见性，以无念、无相、无住调心，入三三昧"。

以"无念、无相、无住"之般若正智，起始觉之观照，称性起修，明心见性、顿悟成佛，是禅宗修行的根本宗旨。《六祖坛经》讲：

> 善知识！我此法门，从上以来，先立无念为宗，无相为体，无住为本。无相者，于相而离相；无念者，于念而无念；无住者，人之本性，于世间善恶好丑，乃至冤之与亲，言语触刺、欺争之时，并将为空，不思酬害，念念之中，不思前境。若前念、今念、后念，念念相续不断，名为系缚。于诸法上，念念不住，即无缚也。此是以无住为本。（《六祖坛经·定慧品第四》）

六祖所说的"无念、无相、无住"之般若观照，大体与天台宗所说的"一心三观"相似，属于一种"直观""直觉"，即《大乘起信论》所谓的"离言说相，离名字相，离心缘相"，当下与真如体性相应。

所谓"无念"并不是说没有念头、处于一种没有觉知的顽空状态，而是一种即念而离念、与真如自性的空不空之性相应的正念，也就是黄檗禅师所说的"面对见闻觉知而不起心动念"，远离二边分别取舍以及由此而产生的种种烦恼。六祖讲：

> 1. 于诸境上心不染，曰无念。于自念上常离诸境，不于境上生心。若只百物不思，念尽除却，一念绝即死，别处受生，是为大错。（《六祖坛经·定慧品第四》）
>
> 2. 无者无何事？念者念何物？无者无二相，无诸尘劳之心；念者念真如本性……真如自性起念，六根虽有见闻觉知，不染万境，而真性常自在。（《六祖坛经·定慧品第四》）

从上面的引文中可以看出，"无念"之要义有二：

一是远离二边分别取舍，直念真如，与真如自性的空不空之性相应。

二是面对一切内外境缘，内心处于"寂而常照，照而常寂"的状态，不被境缘所转，远离烦恼束缚，灵明自在。这就是《维摩诘经》中所言"能善分别诸法相，于第一义而不动"的境界。

所谓无相，并不是说灭除或逃避一切相，处在一种空无所有的顽空之中，而是即相离相。《六祖坛经》对禅定的解释，正是无相的真实含义之所在：

> 何名坐禅？此法门中，无障无碍，外于一切善恶境界心念不起，名为坐；内见自性不动，名为禅……何名禅定？外离相为禅，内不乱为定。外若著相，内心即乱；外若离相，心即不乱。本性自净自定，只为见境思境即乱。若见诸境心不乱者，是真定也……外离相即禅，内不乱即定，外禅内定，是为禅定。（《六祖坛经·坐禅品第五》）

陈兵先生从唯识学的角度，对"无相"之真义做了如下解释：

> 一乘顿教的无相，不是闭目塞听，摒绝感知，如同熟睡及入灭尽定，而是在六根对境起六识时，于六种现量识上不起名言、实体、内外、人我等主观分别，依唯识学，此即是于依他所起相上不起遍计所执，当任何遍计所执真正不起时，即是圆成实相（真如），即是真心。（《坛经》）

所谓无住，就是面对一切境界，心如虚空，不著有，不著空，不著凡，不著圣，不落二边，通流自在，应用无滞。《机缘品第七》中，六祖开示智隍禅师云：

> 汝但心如虚空，不著空见，应用无碍，动静无心，凡圣情忘，能所俱泯，性相如如，无不定时也。（《六祖坛经·机缘品第七》）

上言"无念、无相、无住"，言即有三，其实则一，不过是六祖从能观智、所观境以及智境不二这三个角度，对般若的甚深含义，在功夫上做出的具有可操作性的通俗解释而已。

六祖讲，依此无念、无相、无住之般若正观，念念用功，即可证入一乘顿教的三三昧，即般若三昧、一相三昧、一行三昧。

关于三三昧的具体含义，六祖解释道：

1. 善知识！智慧观照，内外明彻，识自本心。若识本心，即本解脱。若得解脱，即是般若三昧，即是无念。何名无念？若见一切法心不染著，是为无念。用即遍一切处，亦不著一切处。但净本心，使六识出六门，于六尘中无染无杂，来去自由，通用无滞，即是般若三昧，自在解脱，名无念行。若百物不思，当令念绝，即是法缚，即名边见。善知识！悟无念法者，万法尽通；悟无念法者，见诸佛境界；悟无念法者，至佛地位。（《六祖坛经·般若品第二》）

2. 善知识！一行三昧者，于一切处，行住坐卧，常行一直心是也。《净名经》云：直心是道场，直心是净土。莫心行谄曲，口但说直，口说一行三昧，不行直心。但行直心，于一切法勿有执著。（《六祖坛经·定慧品第四》）

3. 若欲成就种智，须达一相三昧、一行三昧。若于一切处而不住相，于彼相中不生憎爱，亦无取舍，不念利益成坏等事，安闲恬静，虚融澹泊，此名一相三昧。若于一切处，行住坐卧，纯一直心，不动道场，真成净土，此名一行三昧。（《六祖坛经·付嘱品第十》）

此三种三昧，与《大乘起信论》中所讲的真如三昧本质上是一样的，只不过，真如三昧由体性而立名，般若三昧由能观智而立名，一相三昧由所观境而立名，一行三昧由妙用而立名。此三者与无念、无相、无住是对应的，同时也与真如体、相、用三大是对应的。现简单表解如下：

	三无	三大	三三昧
智（能观智）	无念	体大	般若三昧
境（所观境）	无相	相大	一相三昧
用（境智一如，繁兴大用）	无住	用大	一行三昧

总之，究竟说来，"无念、无相、无住"以及三三昧，都是从不同角度

对般若甚深含义所做出的不同揭示：无念是从能观智的角度讲般若；无相是从所观境的角度讲般若；无住是从智境一如、繁兴大用的角度讲般若。故三者名异而实同，圆融不二，一中有三，三中有一，一即是三，三即是一。另外，就究竟所破而言，三者之立名，毕竟又各有所侧重：破人我空称为无念；破法我空称为无相；有无俱破，空有不二，妙用自在，称为无住。

以上八要，传"五分法身香"相当于发菩提心，为整个修行的根本，贯穿于整个修行、解脱、成佛、度生之始终，其中，依止善知识为发菩提心不可缺少的胜缘，其他诸如"行无相忏悔""发四弘誓愿""受无相三归戒""树立正见""在生活中修行，报恩尽责，完善人格""明心见性，证三三昧"等，皆为成就五分法身香的具体方法。作为禅宗的修学次第，此八要皆统摄于一乘顿教的信解之下，并不强调时间的先后。只要见地透彻，每一门都可以成佛，每一门都具足其他诸门，这是跟教下的方便次第差异之所在。

第四节　从《大乘起信论》看生活禅的修学次第

关于汉传大乘佛教的修学体系，净慧老和尚曾经说过，在汉地流传久远的几部大乘经典，包括最短的《心经》，如果仔细地研读它们，就会发现，其实它们都有自己完备的修证体系和功夫次第，只不过我们平时没有注意发掘而已。

比如说，《大乘起信论》就是一个非常完备的修学体系，对汉传佛教基本格局的形成产生了直接的影响。憨山大师是这样评价《大乘起信论》的：

> 此论盖宗《楞伽》《思益》等百部大乘经所造，发明唯心（按：性宗）、唯识（按：相宗）之旨，统归一心（按：自性真如），为性相二宗之纲要，深穷迷悟之根源，指示修行之键要。所谓总摄如来所说深广之义，实大教之纲宗，禅门之的旨也。（《大乘起信论直解》卷上）

净慧老和尚 1951 年在广东云门寺于虚云老和尚座下受具足戒，之后，奉虚老之命，留在了云门寺，协助佛源老和尚管理云门寺，一直到 1955 年冬。在此期间，为了提高僧众的佛学水平，佛源老和尚于农忙之余，每天晚上抽出一两个小时，为大众一句一句地宣讲《大乘起信论》。净慧老和尚晚年每次谈及此事，非常感慨，他说他的佛学基础就是在云门寺打下的，是佛老帮助打下的，所以佛老于他是"亦师亦友"的关系。

净慧老和尚一生非常重视《大乘起信论》，与他年轻时候的这段经历有着直接的关系。他曾经在柏林禅寺亲自为常住大众和河北佛学院的学僧详细地讲解过这本论著。他说，现在有人主张要为汉传佛教重构修学体系，说实话，真想为汉传佛教重构修学次第，《大乘起信论》是绕不过的。认真地研读《大乘起信论》，是我们准确把握汉传大乘佛教修学体系最根本、最直接、最有效的途径。

如其他大乘经论一样，《大乘起信论》亦依"信、解、行、证"的逻辑思路，向世人全面展示了从初发心到成佛整个修行的路径和次第。这个路径和次第，可以归纳为"起圆信，开圆解，修圆观，立圆行，证圆果"，大乘佛教通常所讲的返妄归真之"五十二位菩提觉路"，亦暗含于其中。

这一路径和次第，与《首楞严经》所开示的"显真心，开圆解；起圆观，修圆行；识倒妄，证圆果；明七趣，劝出离；示禅境，防魔堕"之修学次第，以及"依三渐次（除其助因，刳其正性，违其现业），经干慧地、十信、十住、十行、十回向、四加行、十地，而趣等觉、妙觉等五十七阶次"的功夫次第完全是一致的。宋代的长水子璇禅师依《大乘起信论》而解《首楞严经》，确实是独具慧眼。

在这里，拟依据《大乘起信论》的基本观点，结合现代人的修行状况，尝试对汉传大乘佛教的修学次第，做一个简明的勾勒。

一、归戒 —— 归依三宝，持守戒律

归信三宝、持守五戒十善，这是修行的第一步，也是修行解脱的基础。没有三归五戒做保障，修行必定会遭到种种魔障，甚至误入邪途。

《法句经》云："自皈三尊，最吉最上，唯独有是，度一切苦。"

《优婆塞戒经》云："是三归依，乃是一切无量善法，乃至阿耨多罗三藐三菩提之根本也。"（《优婆塞戒经》卷五）

《成实论》云："道品楼观，以戒为柱。禅定心城，以戒为郭。"（《成实论》卷十四）

《长阿含经》云："佛言：有戒则有慧，有慧则有戒；戒能净慧，慧能净戒。如人洗手，左右相须。"（《长阿含经》卷十五）

归信三宝包括归依住持三宝以生信乐，归依别相三宝以起解行，归依自性三宝以圆修证。此三种三宝构成了佛教信仰的有机整体，不得割裂开来，不得因理废事、厚此薄彼。时下有不少人以归依自性三宝为名，轻视住持三宝，这是一种非正信的狂禅表现。

作为正信的佛弟子，在归依三宝之后，还必须持守五戒十善。五戒十善是佛陀在彻悟宇宙人生因果法则的基础上，为救度众生而提出来的顺解脱法，是我们众生离苦得乐的根本保证。

《佛遗教经》云："戒是正顺解脱之本，故名波罗提木叉。因依此戒，得生诸禅定，及灭苦智慧。是故比丘当持净戒，勿令毁缺。"

《华严经》"十地品"云："如诸众生及草木，一切生长咸依地。世出世间诸善根，皆依最胜尸罗地。""戒珠不假刀兵护，戒为伏藏无所侵。戒为勇伴导前行，戒为出世庄严具。"

《法句经》云："人不持戒，兹蔓如藤。逞情极欲，恶行日增。持戒者安，全身无恼。夜卧恬淡，寤则多欢。"

戒律不仅关乎个人的解脱，同时亦关乎整个佛教住世的寿命，所谓"毗尼住世，佛法住世"。《善见毗婆沙律》卷一云："毗尼藏者，是佛法寿。毗尼藏住，佛法亦住。"

那么，何谓五戒十善？《大乘起信论》云：

云何修行戒门？所谓不杀、不盗、不淫、不两舌、不恶口、不妄言、不绮语，远离贪嫉欺诈谄曲嗔恚邪见。若出家者，为折伏烦恼故，亦应远离愦

闹，常处寂静，修习少欲知足头陀等行。乃至小罪，心生怖畏，惭愧改悔，不
得轻于如来所制禁戒。当护讥嫌，不令众生妄起过罪故。（真谛译本《大乘起
信论》）

对这段论文，憨山大师是这样解释的：

戒有多品，以三聚净戒摄之，谓摄律仪戒、摄善法戒、摄众生戒。此不杀
等，断三业恶，摄律仪也。少欲知足，折伏烦恼，摄善法戒也。小罪生怖，当
护讥嫌，不令众生起过，摄众生戒也。以自护戒相，不令众生起罪，即摄众生
也。（《大乘起信论直解》卷下）

此五戒十善，与摄律仪戒、摄善法戒、摄众生戒等三聚净戒是相通的，
是一切众生得定开慧、悟证解脱的根本。所以，修学佛法者，当从持守五戒
十善开始。

二、启信 —— 依四信确立正信

皈依三宝之后，接下来要确立正信。《大乘起信论》认为，正信的对象
有四个方面：

何等信心？云何修行？略说信心有四种。云何为四？一者信根本，所谓乐
念真如法故。二者信佛，有无量功德，常念亲近、供养、恭敬，发起善根，愿
求一切智故。三者信法，有大利益，常念修行诸波罗蜜故。四者信僧，能正修
行，自利利他，常乐亲近诸菩萨众，求学如实行故。（真谛译本《大乘起信论》）

信根本就是要以真如为信心之根、万行之本。《大乘起信论》认为，众
生心（又称如来藏心、自性真如、真如心、法界心），乃所信之法体、宗本，
摄一切世间出世间法，"能摄一切法，能生一切法"，具足体、相、用三大，
乃成佛、解脱、度生之妙法，此即是所谓的"大乘"。大乘者，谓此一心有
运载之义。以诸佛乘此而证菩提涅槃；菩萨乘此广修万行，下化众生，上

求佛果；众生乘此而轮转生死。以此一心，是一切圣凡、迷悟、因果之总相，故云"一法界大总相法门体"。

信根本的同时，还要信佛、信法、信僧，此四者是一个统一的整体，互相增上。憨山大师认为：

> 乐念真如，则内因殊胜；信三宝，则外缘增胜。以因缘俱胜故，常乐常念，心心不忘，则内外交熏，故令信心速得成就。故末法修行，当依此四信用功，舍此因缘，无能发起正信。（《大乘起信论直解》卷下）

三、开解 —— 依一心二门开圆解

开解就是要树立般若正见，明白修行理路。

《大乘起信论》中所开示的"一心、二门、三大、觉之四相、不觉之三细六粗、染净二熏、返染还净次第"等等理论，都是我们开解的重要内容。

这些理论弄明白了，并且能够把它激活，自觉地与自己当下的功夫做对接，将它们变成坚固的正念，以此来转一切顺逆染净之境缘为修行之妙用，这就是开圆解的基本要求。

四、净器 —— 修普贤行以净障修福

身心为修行之器。器之染净与完损，对修行会产生巨大的影响。如果器是破器、漏器，或者是器没有洗干净，充满了肮脏和诸毒，在这种情况下，修行不可能得清净果德。所以，修行之初，需要忏悔以净障，修福以补漏，保证三业之清净。

《大乘起信论》所提倡的"修行进门（精进）"，主要内容就是净障和修福：

> 云何修行进门？所谓于诸善事，心不懈退，立志坚强，远离怯弱。当念过去久远已来，虚受一切身心大苦，无有利益。是故应勤修诸功德，自利利他，速离众苦。复次，若人虽修行信心，以从先世来，多有重罪恶业障故，为邪魔

诸鬼之所恼乱，或为世间事务种种牵缠，或为病苦所恼，有如是等众多障碍。是故应当勇猛精勤，昼夜六时，礼拜诸佛，诚心忏悔，劝请随喜，回向菩提，常不休废，得免诸障，善根增长故。（真谛译本《大乘起信论》）

这段论文，按憨山大师的解释，进门之修行其要有三：

先令善心不懈，立志坚强，以为精进之本。
二要思惟策进，修善无疲。
三要勤修对治，消除重障。
除障方便：一礼佛，请求加护。二忏悔，除恶业障。三劝请，除谤法障。四随喜，除嫉妒他障。五回向菩提，除乐三有障。恶业障、谤法障、嫉妒他障，以及乐三有障，此四障，能令行人不发善行，不趣菩提。故四障治尽，善根增长。（《大乘起信论直解》卷下）

此修福净障之方法，其本质与普贤菩萨十大愿王是完全相应的。此十大愿王乃修行人净障修福的根本利器。

从宗门的角度来讲，忏悔作为净器的根本方法，应兼顾理事二门，不可偏废。《无异元来禅师广录》中讲：

洗心忏悔者，有二种义：一者理忏，二者事忏。
理忏者，如云："罪从心起将心忏，心若灭时罪亦亡。罪亡心灭两俱空，是则名为真忏悔。"又云："若欲忏悔者，端坐念实相，众罪如霜露，慧日能消除。"如云："罪从业起，业从心起。心既无生，罪将安寄？"良以众生业累深厚，刹那静念，倏忽万端。若不深达实相之理，难以去除。不究缘生之法，何能灭罪？永嘉大师云："观实相，无人法，刹那灭却阿鼻业。"若真实究理，惟参禅一门最为确当。单提一句话头，大理不明，如丧考妣。果有如丧考妣之心，自然识浪不生，业不能系。不然则遏捺妄心，令妄不起，谓之心亡，谓之罪灭，大似隔靴抓痒，欲灭罪愆，欲了生死，欲出轮回，无有是处。又如一心念佛，并修止观法门，深达实相，皆可灭罪。惟参禅一门，最为超拔，似灭罪疾，又不可以诸法门为比对也。

二者事忏，谓端对圣容，广陈供养，散花行道，称佛洪名，五体投地，如大山崩，发露披陈，求哀忏悔。或礼梁皇、法华等忏，或礼千佛名经，皆忏悔意。或七日，乃至四十九日、百日、三年，现诸瑞像，乃能灭罪。此在自己力行。或自身德薄行浅，请戒德名僧，二十四位，至四十八位、一百八位，铺设斋筵，亦当灭罪。如目连尊者，自不能救母，佛令于僧自恣日，供养众僧，及礼众僧足，其母当日灭罪，脱饿鬼苦。此仗修行之力。忏主敬众僧，当作佛想，即得灭罪，不可生怠惰心、轻慢心。如生此等心者，岂但不灭罪，只恐反得罪。（《无异元来禅师广录》卷二十二）

关于忏悔的具体方法，智者大师在他的《修习止观坐禅法要》中提到了"十法"，可供我们修学参考（参见本书第八章第三节）。

修行人如果在净器这一关，基础没有打好，修行中出现障碍，乃至走火入魔，那是必然的。所以，在修行的过程中，必须重视忏悔净器。比如，在家修行人可以趁年轻、身体尚好的时候，养成一种每天拜八十八佛大忏悔文的习惯（拜其他忏悔文也可以，根据自己的实际情况而定），不必追求数量多少，贵在持之以恒，一直拜到老，必定会有不可思议妙用——既可以疏通气脉、强身健体、远离疾病，同时又能得佛力加持，消除宿业，增长福慧，临命终时恶缘消散，善缘聚会，顺利往生西方极乐世界。

每见世间多有狂慧之士，视拜忏礼佛为愚夫愚妇之事，心高气傲，不肯踏实做功夫，及至逆境病苦现前，如落汤螃蟹一般，手忙脚乱，空过一生，诚为可叹！

五、发心 —— 用三心（直心、深心、大悲心）替代三毒，以为修行之本

此处的发心，指发菩提心。《大乘起信论》讲，欲得信成就，须发三种心，修四种方便行，完成信成就，而后进入初住位，即可不退转。

信成就发心者，发何等心？略说三种，云何为三？一者直心，正念真如法故。二者深心，乐集一切诸善行故。三者大悲心，欲拔一切众生苦故。（真谛

译本《大乘起信论》)

（实叉难陀译本：信成就发心，略说有三：一发正直心，如理正念真如法故。二发深重心，乐集一切诸善行故。三发大悲心，愿拔一切众生苦故。）

依憨山大师之解释，直心者，谓正念真如，入真如三昧，此为入道之本。心如弦直，无委曲偏邪之相，故谓之直心。

真如为自利利他的二行之本：以具无漏功德故，为自利之本；观众生性同故，为利他之本。真如体具众德，故欲与真如相应，应乐修一切善行，修无修相，一一称性，谓之深心，此为自利行本。

真如体同，以同体大悲，广拔物苦，令得菩提，此乃大悲心，为利他行本。

真如虽为法界之本，具一切清净智德，然在众生分上，无始以来，被无边客尘所障，故欲开显之，须假磨治。《大乘起信论》云：

问曰：上说法界一相，佛体无二，何故不唯念真如，复假求学诸善之行？答曰：譬如大摩尼宝，体性明净，而有矿秽之垢。若人虽念宝性，不以方便种种磨治，终无得净。如是众生真如之法，体性空净，而有无量烦恼垢染。若人虽念真如，不以方便种种熏修，亦无得净。以垢无量，遍一切法故，修一切善行以为对治。若人修行一切善法，自然归顺真如法故。（真谛译本《大乘起信论》)

磨治之法，就是以直心、深心和大悲心来净除三毒。

六、立行 —— 依三心而立四种方便以坚固信心，依五门（施门、戒门、忍门、进门、止观）而收摄身心，净障增福

发起直心、深心、大悲心之后，复当依此三心，立四种方便、修习五门，以为磨治之功，从而开启真如本具的一切清净智德。此为立行。

立行之原则，当依所发直心、深心、大悲心之三心，起四种方便行，令

信心成熟、坚固。此四种方便是：

（一）行根本方便

一者行根本方便。谓观一切法自性无生，离于妄见，不住生死；观一切法因缘和合，业果不失，起于大悲，修诸福德，摄化众生，不住涅槃，以随顺法性无住故。（真谛译本《大乘起信论》）

先明直心，正念真如，修无住行。依真如起行，故称"行根本"。因法本无生，离于妄见，依于大智，能断烦恼，故不住生死。观法缘合，业果不失，依大悲故，修诸福德，摄化众生，故不住涅槃。空有不住，自他二利齐修，故名无住行，以性本无住故，随顺法性而修。此顺真如无相无住之空性，与前三心中的正直心相应。

（二）能止方便

二者能止方便，谓惭愧悔过，能止一切恶法，不令增长，以随顺法性离诸过故。（真谛译本《大乘起信论》）

次依深心，修止、作二种方便行。止方便，谓未作之恶，惭愧能止；已作之恶，悔过不增。故云惭愧悔过，能止一切恶法不令增长，以随顺法性，修离过行。此属止、作二种方便中的止持，乃随顺真如离过之空性，与前三心中的深重心相应。

（三）发起善根增长方便

三者发起善根增长方便，谓勤供养、礼拜三宝，赞叹随喜，劝请诸佛，以爱敬三宝淳厚心故，信得增长，乃能志求无上之道。又因佛法僧力所护故，能销业障，善根不退。以随顺法性，离痴障故。（真谛译本《大乘起信论》）

发起善根增长方便，谓未作之善，令其发起；已作之善，令其增长。

善根者，谓供养、礼拜、赞叹、随喜、劝请等。爱敬三宝等，能增其信，而后乃能志求无上之道。又仰仗三宝力护，能销业障，信心得以坚固。

随顺法性者，谓性本离障，故随顺法性而修，能远离痴障，礼拜能离我慢障，赞叹能离毁谤障，随喜能离嫉妒障等。

此发起善根方便，乃属作持。以其能顺真如具一切清净功德之不空性，亦与前三心中的深重心相应。

（四）大愿平等方便

四者大愿平等方便，所谓发愿尽于未来，化度一切众生，使无有余，皆令究竟无余涅槃，以随顺法性无断绝故。法性广大，遍一切众生，平等无二，不念彼此，究竟寂灭故。（真谛译本《大乘起信论》）

随顺真如平等、遍一切处、生佛不二之空性，发无相度生之心，与前三心中的大悲心相应。

上言三心、四方便，乃不定聚众生得入正定聚所应修之法门。三心、四方便具足，乃信成就之表现。由信入住之后，即可依中道理，行无相六度。

以知法性体无悭贪故，随顺修行檀波罗蜜。以知法性无染，离五欲过故，随顺修行尸波罗蜜。以知法性无苦，离嗔恼故，随顺修行羼提波罗蜜。以知法性无身心相，离懈怠故，随顺修行毗黎耶波罗蜜。以知法性常定，体无乱故，随顺修行禅波罗蜜。以知法性体明，离无明故，随顺修行般若波罗蜜。（真谛译本《大乘起信论》）

《大智度论》中讲，若修人天、事六度，及二乘所修，皆未离相，以未达三轮体空，但云檀等度，未云波罗蜜。今称般若法性而修，一一离相，故得云波罗蜜，一一皆到彼岸。因所修六度，皆基于觉悟法性，离悭贪嗔懈乱等相，称性而修，远离二边，故称修无修相。

对于未入正定聚之普通修行人，以上三心及四种方便，难于一时做到位，在这种情况下，可依"修信五门"，渐次修证。

修行有五门，能成此信。云何为五？一者施门，二者戒门，三者忍门，四者进门，五者止观门。（真谛译本《大乘起信论》）

前面"启信"一项中所言"修信之四义",乃发起之因。此处所言"修信五门",乃助成之缘。此处所说的五门,实际上就是布施、持戒、忍辱、精进、禅定、般若等六度,只不过,在五门中,禅定和般若被统摄于"止观"门中。

依《大乘起信论》的观点,五门中的施门、戒门、忍门、进门,乃证真如三昧之助行,其含义在此前介绍六度时已经提到过,此处不再重复。而统摄禅定、般若于一体的止观门,则属于修行之正行,乃契入真如三昧的关键。

关于止观门,《大乘起信论》花了较长的篇幅,对止观之总相、座上、座下修止之方法,修止时应防之魔事,修止之利益(证真如三昧),以及修观之必要,修观之四种方法,止观双运之原则等,都一一做了非常详细的开示,具有非常强的可操作性。这些都是我们实证真如三昧的指南。相关内容,将在本书第八章"生活禅与修习止观"之第二节中,做适当引述和介绍。

七、明心 —— 勤修止观,证真如三昧,或勤修念佛法门,往生净土,成就位不退

在《大乘起信论》中,修习止观、证真如三昧被视为修行的正行和核心。因为真如三昧,又称般若三昧、一相三昧、一行三昧,为一切三昧之根本,能生无量三昧,是故修习止观必以证真如三昧为期。

> 复次,依是三昧故,则知法界一相,谓一切诸佛法身与众生身,平等无二,即名一行三昧。当知真如是三昧根本,若人修行,渐渐能生无量三昧。(真谛译本《大乘起信论》)

所谓法界一相,意指十法界等圣凡染净差别之相,皆以真如为体,为真如之幻相,故平等无二,证此"法界一相"者,名一行三昧、一相三昧。以真如是三昧根本,具有不思议之大用,故若人修行得此三昧,渐渐能得无量三昧。

真如三昧与外道禅定有根本的不同：前者离相、离爱染，以菩提心和般若为根本，后者著相、溺于爱染，不离生死。

应知外道所有三昧，皆不离见爱、我慢之心，贪著世间名利恭敬故。真如三昧者，不住见相，不住得相，乃至出定亦无懈慢，所有烦恼渐渐微薄。若诸凡夫不习此三昧法，得入如来种性，无有是处。以修世间诸禅三昧，多起味著，依于我见，系属三界，与外道共。若离善知识所护，则起外道见故。（真谛译本《大乘起信论》）

以外道依我爱见慢习气而修，都成魔业，故内著邪见，外著邪欲，所谓错乱修习。以真如三昧，湛寂一心，忘能所，灭影像，离懈慢，灭烦恼，故修行者未有不由此三昧而得入如来种性者。其余世间诸禅三昧，皆著我见，与外道共。若非善知识调护，必堕外道恶见。

《大乘起信论》认为，修真如三昧能令修行人得十种利益，故修行人当以证真如三昧为修行之根本。

一者常为十方诸佛菩萨之所护念。二者不为诸魔恶鬼所能恐怖。三者不为九十五种外道鬼神之所惑乱。四者远离诽谤甚深之法，重罪业障渐渐微薄。五者灭一切疑诸恶觉观。六者于诸如来境界，信得增长。七者远离忧悔，于生死中勇猛不怯。八者其心柔和，舍于憍慢，不为他人所恼。九者虽未得定，于一切时一切境界处，则能减损烦恼，不乐世间。十者若得三昧，不为外缘一切音声之所惊动。（真谛译本《大乘起信论》）

此处单列"明心"为修行次第中的重要一环，从宗门的角度来讲，旨在强调"明心见性"（又称开悟、见道）的重要性。明心见性，从教下的角度来讲，就是要证真如三昧。

对于一部分信心未成就、未入正定聚的众生而言，如果今生不能明心见性，证真如三昧，也可以依"信愿念佛求往生"这一"胜异方便"门，而越生死海，超证菩提。此即是念佛法门。

复次，众生初学是法，欲求正信，其心怯弱，以住于此娑婆世界，自畏不能常值诸佛，亲承供养，惧谓信心难可成就，意欲退者。当知如来有胜方便，摄护信心，谓以专意念佛因缘，随愿得生他方佛土，常见于佛，永离恶道。如修多罗说，若人专念西方极乐世界阿弥陀佛，所修善根，回向愿求生彼世界，即得往生，常见佛故，终无有退。若观彼佛真如法身，常勤修习，毕竟得生，住正定故。（真谛译本《大乘起信论》）

憨山大师于《大乘起信论直解》解释这段论文时说，前止观门，谓之念自佛三昧。此处之胜异方便，乃念他佛三昧。谓初学行人，未得正信，内心既劣，外缺胜缘，畏惧退失，故如来设胜方便，摄护其心，令专意念佛，求生净土，以依诸佛菩萨之保护，专念阿弥陀佛，得生西方，居不退地。

八、圆果 —— 圆满三身四智

证真如三昧，或往生净土，入正定聚之后，行人将依菩提心和实相般若，继续广行无相六度，修集普贤菩萨十大愿王，圆满三身四智，证无上菩提。此为圆果，为修行的最高境界。

以上皈戒、启信、开解、净器、发心、立行、明心、圆果，可视为修习生活禅的基本次第。此次第，立足于宗门的圆顿信解，故更多地偏重于圆顿次第，并不要求按严格的时间先后顺序来进行。修行人宜发长远心，依此次第，于日用中做净熏的功夫，令生处转熟，熟处转生。同时，在做净熏功夫时，应将因解脱与果解脱融于当下一念，常以"途中家舍二俱远离"之圆顿见，消解一切微细的驰求心、焦虑心，令心安住当下，将生活与修行、解脱、度生融为一体。此为入生活禅的最关键处。

第八章　生活禅与修习止观

智者大师讲，禅波罗蜜是"诸佛无上极果之正体"，乃证菩提道之核心。所谓的禅波罗蜜，从因地功夫上讲，就是止观，从果地证德上讲，就是定慧，合而言之，止观双运、定慧等持，即是"禅波罗蜜"。

本章将围绕止观的意义、修习止观的前提条件、用功原则等几个主要问题，略做展开说明，以便读者对止观的修习，有一个大致的把握。

第一节　止观的意义

一、止观概要

（一）什么是止观

止，梵语奢摩他，守心住缘，离于散动。观，梵语毗钵舍那，观诸法相，契会真如。又，静止妄念曰"止"，真智通达曰"观"；由止成观，由观资止，二者相辅相成，合称止观。简言之，所谓止观者，即止息一切妄缘妄念而制心一处，由此而生起慧观，洞彻事物性空不二之实相，透脱一切烦恼，故名止观。

止观又称定慧、寂照、明静。定慧是就止观的果相而立名（因上名止观，果上名定慧）。寂照和明静是就止观的行相（"寂而常照，照而常寂"）和体用（"止体静，观体明"）而言。

《大乘义章》云：

止者，外国名奢摩他，此翻名止，守心住缘，离于散动，故名为止。止心不乱，故复名定。观者，外国名毗婆舍那，此翻名观，于法推求简择名观，观达称慧。（《大乘义章》卷十）

《解深密经疏》云：

梵音奢摩他，此云止也。毗钵舍那，此云观也，即是定慧。故《成实论》第二十四止观品云：止名定，观名慧。《佛地论》第一云：止谓三摩地，观谓般若。又《大般若》五百六十八云：止谓一心不乱，观谓如实见法。又《无性摄论》第七卷云：奢摩他者，谓能对治诸散动定，毗钵舍那者，谓能对治诸颠倒慧。（《解深密经疏》卷六）

僧肇《注维摩经》云：

系心一处，名为止，静极则明，明即慧，慧名观也。（《注维摩经》卷二）

同书又云：

系心于缘，谓之止；分别深达，谓之观。止观，助涅槃之要法，菩萨因之而行。（《注维摩经》卷五）

昙鸾大师之《往生论注》云：

奢摩他，译作止，即止心一处而不作恶；毗婆舍那，译作观，即心缘诸相而不乱。（《往生论注》卷下）

止与观的功能各有侧重。修止可以制诸乱想，修观可以开发智慧。作为解脱道，止观必须相资而行，方得大用。换言之，修止，可借暂时的制心一处而遮断贪嗔等烦恼，从而得"时解脱"（暂时解脱），但不能永断无明，故不能得"不坏解脱"。要永断无明、得不坏解脱，必须修观，令真智现前。修止能断贪嗔等烦恼，此断只是遮断，而非究竟断；修观能断贪嗔等烦恼，此断才是毕竟断。如《成实论》云：

> 止名定，观名慧。一切善法从修生者，此二皆摄，及在散心闻思等慧，亦此中摄。以此二事能办道法。所以者何？止能遮结，观能断灭。止如捉草，观如镰刈。止如扫地，观如除粪。止如揩垢，观如水洗……又世间众生，皆堕二边，若苦若乐，止能舍乐，观能离苦……又止能断贪，观除无明。如经中说，修止则修心，修心则贪受（疑为"爱"）断；修观则修慧，修慧则无明断。又离贪故心得解脱，离无明故慧得解脱，得二解脱，更无余事，故但说二……散心者，诸心相续行色等中，此相续心，得止则息，故说止能修心。从息心生智，故说观能修慧。以生观已，后有所修，皆名修慧。初慧名观，后名为慧。如经中说，修止断贪，是说遮断。何以知之？色等外欲中生贪（由欲爱外在色声香等尘境而产生贪执），若得止乐，则不复生。如经中说，行者得净喜时，舍不净喜。若说无明断，是究竟断。何以知之？无明断故，贪等烦恼断灭无余。经中亦说离贪故心得解脱，是名遮断。离无明故慧得解脱，是毕竟断。有二种解脱：时解脱、不坏解脱。时解脱是遮断，不坏解脱是毕竟断……时解脱名，但以止力，少时遮结，而未能永断，后则还发，故非无漏……无明断，故知是毕竟解脱。若说断贪，或是遮断，或毕竟断。若不生真智则是遮断，随生真智是毕竟断。无有用止能毕竟断贪，若然者，外道亦能毕竟断贪，而实不然，故知但是遮断。（《成实论》卷十）

（二）方便止观与正止观

关于止观，既可从方便次第的角度来理解，亦可从圆顿的角度来理解。从方便次第的角度来看，先由单止单观而后进入止观双运，达于止观不二；从圆顿的角度来看，先由即观之止而后入即止之观，达于止观不二。故止观可分为方便止观和正止观两种。先止后观之单止单观，属于方便止观；

止观双运之不二止观，属于正止观。

方便止观和正止观是长水子璿禅师在《起信论疏笔削记》中提出来的。长水禅师讲，止的真义在于，依唯识道理，起始觉观智，觉知诸尘境界唯识所现，无外在之实有境相，外在的尘境既寂，内心的分别不生，心境俱止，故谓之止。破尘相为止境，无分别为止心，心境两亡，寂常心现。此同于禅宗的"无念"之义，谓一切善恶都莫思量，言下自绝念想，亦即《圆觉经》所言"应当正念，远离诸幻"。很显然，长水所说的止，不是方便意义上的单止，它同时也是观，是即观之止，也就是天台所说的体真止。

止的本义是制心一处，止息妄想。止分方便止与正止两种。方便止，重在制心一处，心住一境（停止），止息妄念（止息），因没有空观智，不离二边，故属于单止。正止，乃"即观之止"，其根本是观生灭即真如，重在无住，即相离相、即念离念、观妄念无相而心不动，也就是观体空相空而内心无所住、无所动。故正止义当空观，唯有正止方可名为"奢摩他"。

观的本义是分别因缘。观亦分方便观与正观两种。若只观因缘，而观中未得止义，那只是单观，属观之前行方便，未是正观。正观之时，因观破外境唯心虚妄，分别心不生，心境俱寂，故此观中有止，乃即止之观，止观并行。故正观义当假观，唯有正观方可称为"毗钵舍那"。

总之，真正的止观是即观之止，即止之观，止观不二，非是前行方便之单止单观。止之前行方便曰止，正修曰奢摩他；观之前行方便曰观，正修曰毗钵舍那。奢摩他观，非是单止，乃即观之止，同时亦是即止之观，相当于空观。毗钵舍那观，非是单观，乃即止之观，同时亦是即观之止，相当于假观。止观并行不二，则相当于中道观。真正的止是在不二之真智的觉照下，面对一切境缘，内心如如不动；真正的观是在面对一切境缘内心如如不动的情况下，同时能洞察一切因缘之差别相，随缘而起妙用。止和观两者不能分开，乃同一清净心的两面。

关于止观之具体的意义，中国诸宗之大师，尤其是天台、华严二宗，都做过非常系统、深入的探讨。这些理论更偏重于正止观，对后人全面把握止观精神具有非常重要的指导意义。现依教界之通说，略述于次。

（三）天台宗对止观的理解

关于止观的含义，天台智者大师讲得最为系统和详细。

在《释禅波罗蜜次第法门》中，智者大师从事、功上，将止分为系缘止、制心止和体真止三种：

> 所以通言止者，止名制止，亦名止息。心起制之，不令流动，故名制；专心定志，息诸乱想，故名止。今言系缘止者，系心鼻柱、脐间等处，不令驰荡故，名系缘止。制心止者，心若觉观，即制令不起故，名制心止。体真止者，体诸法空，息诸妄虑故，名体真止。（《释禅波罗蜜次第法门》卷三之上）

接下来，又从理、果上复将止分为随缘止、入定止和真性止三种：

> 随缘止者，随心起时，悉有三摩提数。入定止者，证定之时，定法持心，心息止住，是入定止。真性止者，心性之理，常自不动，故名为止。（《释禅波罗蜜次第法门》卷三之上）

以上事、理两类三种止法，是一一对应的关系，后三止为前三止之理、果；前三止为后三止之事、功：

> 今用此三义，成上三止，约随缘任性有定故，说系缘止；约果有定法，说制心止；由具性不动，说体真止。（《释禅波罗蜜次第法门》卷三之上）

现将上述智者大师对止的解释，列表解如次：

从事、功的角度	从理、果的角度	从深、浅的角度
系缘止	随缘止	破缘外之散乱心
制心止	入定止	破系缘止之过
体真止	真性止	破制心止之过

此外，智者大师在《五方便念佛门》这篇文章中，融入天台圆顿止观的

思想，进一步提出了"五禅门"的概念。

五禅门者，即凝心禅、制心禅、体真禅、方便随缘禅、息二边分别禅。凝心禅，相当于六妙门中的数、随二门；制心禅，相当于六妙门中的止门；体真禅，相当于六妙门中的观门，三观中的空观，与理法界相应；方便随缘禅，相当于六妙门中的还门，三观中的假观，与理事无碍法界相应；息二边分别禅，相当于六妙门中的净门，三观中的中道观，与事事无碍法界相应（其具体解释，参见本书第十二章第一节"什么是念佛禅"）。

此五禅门，如果联系上述所言之三种止，则系缘止相当于凝心禅，制心止相当于制心禅，体真止相当于体真禅。

如果说早期的《释禅波罗蜜次第法门》，智者大师对止观的梳理偏于次第止观的话，那么，在后期的《摩诃止观》等著作中，大师对止观的论述则更富有圆顿教的色彩。他把止观分为相待止观和绝待止观两种，又分为渐次止观、不定止观、圆顿止观，以及别相三观、通相三观、一心三观、三止三观等不同的类型。这些都是从不同的角度来描述止观的意义。

1. 相待止观、绝待止观

相待止观，乃依于能所对待而立名，不离能止所止、能观所观。其止和观各有三义。止有三义：

（1）"停止"义，也就是安住于真如之理而不动，所谓"缘心谛理，系念现前，停止不动"。此就能止而得名。

（2）"止息"义，也就是止息一切妄念烦恼，所谓"诸恶觉观，妄念思想，寂然休息"。此就所止而得名。

（3）"对不止止"义，即对无明之不止而明法性之止，意谓无明与法性本来不二，法性非止非不止，然称无明为不止，故称法性为止，此乃就无明与法性相待而论，以不止而明止。

无明即法性，法性即无明。无明亦非止非不止，而唤无明为不止；法性亦非止非不止，而唤法性为止。此待无明之不止，唤法性而为止。如经（云：）法性非生非灭，而言法性寂灭；法性非垢非净，而言法性清净，是为对不止而明止也。（《摩诃止观》卷三）

此处的法性，可以理解为真如之本觉。本觉与无明同属真如的两种状态，同以真如为体，从体性上看，两者并无"止"和"不止"之别，但是，就相用而言，无明是逆真如本性而妄动，故谓之不止；本觉乃顺真如本性而起妙用，随缘而不变，故谓之止。"对不止止"所要描述的是，自性之止，乃是超越动止二边对待的"不动""无住"，可称为"不二止"，是一种即动之止，而非死寂之止。"对不止止"乃就性德之本自不动而言，此"本自不动"，乃是超越了止和不止之两边对待的"真止"，今对无明之非止而方便称为止。

观亦有三义：

（1）"观达"之义，也就是通达诸法之实相，所谓"观智通达，契会真如"。此就能观而得名。

（2）"贯穿"之义，也就是透脱一切烦恼，所谓"智慧利用，穿灭烦恼"。此就所观而得名。

（3）"对不观观"义，即对无明之不观而明法性之观，意谓无明与法性不二，法性非观非不观，然称无明为不观，称法性为观，此乃就无明与法性相待而论，以不观而明观。

> 无明即法性，法性即无明。无明非观非不观，而唤无明为不观。法性亦非观非不观，而唤法性为观。如经云：法性非明非暗，而唤法性为明。第一义空非智非愚，而唤第一义空为智，是为对不观而明观也。（《摩诃止观》卷三）

此"对不观观"，乃就性德之本明而言，性德之本明乃超越能所、明暗之二边对待的真明，今对无明之非观而方便称为观。此观乃超越了能所对待，可以称为"不二观"。

上言止观之三义，乃属相待止观，分别对应于断德、智德和性德：

（1）"止息"义及"贯穿"义，乃就修门上之断德（断除烦恼之果德）而言，即就所止、所观而言。

（2）"停止"义及"观达"义，乃就智德（断烦恼后所生之智德）而言，即就能止、能观而言。

（3）"对不止止"义及"对不观观"义，乃就真如本具之性德而言。

绝待止观，又称不思议止观、无生止观、一大事止观，乃破除上述相待三止三观之相，超越了能所对待，离四句绝百非，完全与性德合为一体，此时连止观之相亦不可得，相当于"首楞严大定"。绝待止观乃就圆满果德而言。

今言绝待止观者，绝横竖诸待，绝诸思议，绝诸烦恼、诸业、诸果，绝诸教观证等，悉皆不生，故名为止，止亦不可得。观冥如境，境既寂灭清净，尚无清净，何得有观。止观尚无，何得待不止观说于止观，待于止观说不止观，待止不止说非止非不止。故知止不止皆不可得，非止非不止亦不可得。待对既绝，即非有为。不可以四句思，故非言说道，非心识境。既无名相，结惑不生则无生死，则不可破坏。灭绝绝灭，故名绝待止。颠倒想断，故名绝待观。亦是绝有为止观，乃至绝生死止观。（《摩诃止观》卷三）

2. 渐次止观、不定止观、圆顿止观

渐次止观，即由浅入深，经初善、中善、后善，次第增进，最后达于向上一路。

不定止观，又称不定观，既非初观实相，又非依次第由浅至深，而是任修一法，因由过去宿习之所激发，豁然开悟而证实相，得无生忍。

圆顿止观，修止观之时，直念真如实相，不经次第，除实相之外，更无别法可资体达，称为圆顿止观。

关于此三种止观，《摩诃止观》云：

天台传南岳三种止观，一渐次，二不定，三圆顿，皆是大乘，俱缘实相，同名止观。渐，则初浅后深，如彼梯隥（一作"磴"）。不定，前后更互，如金刚宝置之日中。圆顿，初后不二，如通者腾空……

渐初亦知实相，实相难解，渐次易行。先修归戒，翻邪向正，止火血刀（止息三恶道），达三善道。次修禅定，止欲散网（断除欲界昏散之系缚），达色无色定道。次修无漏，止三界狱，达涅槃道。次修慈悲，止于自证，达菩萨道。后修实相，止二边偏，达常住道。是为初浅后深，渐次止观相。

不定者，无别阶位，约前渐后顿，更前更后，互浅互深，或事或理，或指世界为第一义，或指第一义为为人对治，或息观为止，或照止为观，故名不定止观……

圆顿者，初缘实相，造境即中，无不真实。系缘法界，一念法界，一色一香，无非中道。己界及佛界，众生界亦然。阴入皆如，无苦可舍；无明尘劳即是菩提，无集可断；边邪皆中正，无道可修；生死即涅槃，无灭可证。无苦无集，故无世间；无道无灭，故无出世间。纯一实相，实相外更无别法。法性寂然名止，寂而常照名观。虽言初后，无二无别，是名圆顿止观。（《摩诃止观》卷一）

3.三止三观

最能够体现天台止观特色的就是"三止三观"。此三止三观，乃止观不二之圆顿止观，是汉传大乘佛教诸家所说三观中流传最为普遍的一种观点。它不仅是天台宗的重要法门，同时也展示了大乘佛教教义与实践的基本构架。

三观者，即空观、假观、中观，称为"空假中三观"，是智者大师依据《菩萨璎珞本业经》卷上"贤圣学观品"所说"从假入空二谛观、从空入假平等观、中道第一义谛观"而创立。

（1）空观，又作"从假入空观""二谛观"。空者，离言离相、无实有性之义。谓观一念之心，不在内、不在外、不在中间，了不可得，称为空。由观一念空之故，一空一切空，无假无中而不空。依此空、假、中三观，荡除三惑，以空观荡除见思惑，以假观荡除尘沙惑，以中观荡除无明惑，三惑皆荡，得毕竟空，故名空观。

（2）假观，又作"从空入假观""平等观"。假者，能生能摄一切法、无法不备之义。谓观一念之心，具足一切诸法，称为假。由观一念假之故，一假一切假，无空无中而不假。因空、假、中三观皆能立法，以空观立真谛之法，以假观立俗谛之法，以中观立中谛之法，三法皆立，即为妙假，是为假观。

（3）中观，又作"中道第一义谛观"。中即中正，不落二边、超越二边对待之义。谓观一念之心，非空非假，即空即假，称为中；由观一念中之故，一中一切中，无空无假而不中；因空、假、中三观皆能泯绝对待，言空则空外无法，言假则假外无法，言中则中外无法，三者皆绝待，即为圆中，是为中观。简言之，不执空观、不执假观，广行空假圆融之大悲菩萨行，是为中道观。

此空假中三观，若与《大乘起信论》做对接，可以这样说，空观相应于体大，假观相应于相大，中道观相应于用大，而此三大是一体不二的，故三观亦是一体不二的。

基于空、假、中三观，天台又立三种"止"：

（1）体真止：针对空观而立。以彻达因缘和合、诸法空无自性，故能止息一切攀缘妄想而证空理，此空理即是真，故称为体真止。若达此境地，则能开慧眼，能见第一义，成就真谛三昧，与体大相应。

（2）方便随缘止：又称"方便止""系缘守境止"，乃针对假观而立。由于菩萨知空非空，故能善巧方便，随缘分别药病，教化众生，并安于俗谛，随缘历境，心不为外境所动，为方便随缘止。此能开法眼，成就俗谛三昧，与相大相应。

（3）息二边分别止：乃针对中观而立。指不分别生死与涅槃、有与无等二边相。前言体真止偏于真，方便随缘止偏于俗，皆不合中道。今则既知真非真，则空边不取，知俗非俗，则有边寂静，超越真俗二边而止于中谛，故谓之息二边分别止。若达此境，则能发中道、开佛眼，成就中道三昧，与用大相应。

如是三止三观是一体不二、互即互入的，非观外有止，非止外有观。

4. 别相三观、通相三观、一心三观

智者大师在《维摩经文疏》卷二十一，为了拣别三观之相，从别教、圆教的角度，举出别相、通相、一心等三种三观：

（1）别相三观，即依先后次第，历别观于三谛，谓若从假入空（空观），仅得观真谛；若从空入假（假观），仅得观俗谛；若入中道正观，方得双照真、俗二谛。此三观乃属别教之三观。别教认为三观各不相同，且依次第渐观，故又称为次第三观、隔历三观，依次可断除三惑而得三智。

（2）通相三观，即于一观之中，圆解三谛。谓若从假入空，知俗假是空，真谛、中道亦皆是空；若从空入假，知俗假是假，真谛、中道亦皆是假；若入中道正观，则知中道是中，俗假、真空亦皆是中。即以一观为名而解心皆通，是为通相三观。

（3）一心三观，即于一念心中，圆观三谛。谓观一念心毕竟无有，净若虚空，称为空观；能观之心、所观之境皆历历分明，称为假观；虽历历分明，然性常自空，空不定于空，假不定于假，称为中观。即三而一，即一而三，是为一心三观。

上述之通相三观、一心三观，乃属圆教之三观。圆教认为三观乃于一念心中，融合空假中三谛之真理以观之，故称圆融三观、非次第三观。又因观之对象在一念之心，故言一空一切空、一假一切假、一中一切中，而为即空、即假、即中之"一心三观"。

顺便提一下，天台宗智者大师所提出的上述相待止观、绝待止观、渐次止观、不定止观、别相三观、通相三观、一心三观、圆顿止观等思想，与《圆觉经》关于落实"随顺清净圆照觉性"这一宗旨的三种观法（奢摩他、三摩钵提、禅那）和"二十五种定轮"（对奢摩他、三摩钵提、禅那等三种观法的单用、复用、圆用）的灵活运用，其核心思想是完全一致的，二者之间可以互相发明，对于修行人依机、依时、依缘而活用三观，是非常有帮助的。

（四）华严宗对止观的理解

华严宗的杜顺大师依《华严经》，立真空观（又称真空绝相观、真空绝待观）、理事无碍观、周遍含容观等三种观法，分别对应于理法界、理事无碍法界、事事无碍法界等三法界。在这里，三法界为所观之境，三观为能观之心。

1. 真空观，即以四法界中的理法界为所观境。意谓拣别妄情，以显真性，而归于平等之空性，使见色非实色而为真空，令见空非断空而为真性，如此则能泯灭妄情所见之事相，而彰显真空之妙体。

2. 理事无碍观，即以四法界中的理事无碍法界为所观境。因万象皆为真如之随缘幻现，犹如水即为波，波即为水，依此而观万象之差别事相与平等无分别之理体，当体互即互摄，无碍自在。亦即观真如生起万法，而万法一一皆以真如为性，一一当体即真如，是为理事无碍观。

3.周遍含容观，即以四法界中的事事无碍法界为所观境。周遍，无所不在之义；含容，无法不摄之义。真如之性乃一味平等而不可分剂，一微一尘皆完具真如之全体，一一事相亦周遍含容一切法界，故一多互融，大小相含，互即互入而重重无尽，是为周遍含容观。

上述三种所观之境，虽同以一心法界为体，然因能观之智有深浅不同，故有此三种差别，而称为三重观门。

杜顺大师后又于法界观门中，开真空观为会色归空观、明空即色观、空色无碍观、泯绝无寄观四句；开理事无碍观为理遍于事门、事遍于理门、依理成事门、事能显理门、以理夺事门、事能隐理门、真理即事门、事法即理门、真理非事门、事法非理门等十门；又开周遍含容观为理如事门、事如理门、事含理事门、通局无碍门、广狭无碍门、遍容无碍门、摄入无碍门、交涉无碍门、相在无碍门、普融无碍门等十门，来详细说明这三种观法。

为了进一步解释"事事无碍法界"，至相大师（智俨）承杜顺之意，创立"六相"圆融及"十玄门"（又名"十玄缘起无碍法门""无尽缘起法门"）之说，后经贤首大师（法藏）之改进融通，至清凉大师（澄观）乃集其大成，从而成为华严宗的主要教义。

六相，指总相、别相、同相、异相、成相、坏相。《贤首五教仪》卷六云："一即具多名总相，多即非一名别相。彼此不违名同相，互不相滥名异相。共相成办名成相，各居自位名坏相。"由于一切法皆具足此六相，相反相成，故尘尘法法皆互涉互入，圆融无碍。此即六相圆融。且以房舍为例来分别说明：

第一，总相别相。举一房舍作为总相。然此房舍总相，是由众多砖瓦水泥椽柱等物共同组成而有，而砖瓦椽柱等物，对于房舍即是别相。这是以别成总，总含于别，离别无总，离总无别，总别互融，相即自在。总别二相，似乎相反，究其实际，极其相成，不可分离。

第二，同相异相。同相者，砖瓦椽柱等物和同作舍，不相拒逆，皆是作房舍的诸缘因素，同作房舍，故名同相；砖瓦椽柱，随自形类，各自差别，名为异相。虽同作房舍，而不失砖瓦椽柱等物差别。这就是同中有异，异中有同。同异乍看矛盾，究其实际，互相渗透，互相融入。

第三，成相坏相。由砖瓦椽柱等诸缘因素组合，房舍得成。房舍成，名为成相；砖瓦椽柱等诸缘，各住本位，各具自相，虽共成房舍，但砖还是砖，瓦还是瓦，从众缘各自去看，砖瓦椽柱无一物是房舍，房舍的意义便坏，所以名为坏相。这是成不碍坏，坏不碍成，成坏同时具有。成相坏相，乍听对立，究其实际则是相辅相成。

此六相，在一般人看来，是互不相容、各各隔别、互相对立的，但在华严教义之中，此六相是相互摄入、彼此融通而无碍的，既相反又相成。房舍一事具此六相，宇宙间一切事物无不具此六相圆融之意义。

十玄门则基于六相圆融而立。至相大师提出的十玄门被称作"古十玄"，贤首及后继者亦提倡十玄门，与前者略异，被称作新十玄。新十玄分别是：

1. 同时具足相应门：谓随举一法时，顿具一切诸法。一法既具，法法亦然，交互同时，皆得相应，具足圆满。经云"一切法门无尽海，同会一法道场中"是也。

2. 广狭自在无碍门：大而无外，名广；小而无内，名狭。然大非定大，置毛端而不窄；小非定小，含太虚而有余。所谓事得理融，自在无碍。空间广狭之对立，表面上看似乎相互矛盾，实则相即相入，自在圆融而无碍。经云"能以小世界作大世界，大世界作小世界"等是也。

3. 一多相容不同门：一中之多，多中之一，一多相容互具，圆融无碍。谓一佛土与十方一切佛土，互相容纳而不坏一多之相，名为不同。经云"以一佛土满十方，十方入一亦无余"是也。

4. 诸法相即自在门：谓一切诸法，互融互即，不相妨碍。如一法舍己同他，则举体全是于彼；若一法摄他同己，则令彼一切即是己体。经云"一即是多，多即是一"是也。

5. 秘密隐显俱成门：谓一切诸法互摄无碍。如一法摄多法，则一法显，而多法隐；如多法摄一法，则多法显，而一法隐。显中有隐，隐中有显，名为俱成。由此隐显，体无前后，不相妨碍，名为秘密。如初八夜月，半隐半显，隐显同时，不同晦月唯隐无显，望月唯显无隐。然其半隐半显之月，非但明与暗俱，而明下有暗，暗下有明也。

6. 微细相容安立门：一能含多，名曰相容。一多不杂，不坏自相，乃称安立。然所含微细，如琉璃瓶盛多芥子，炳然齐现，不相妨碍。意谓缘起之现象，互即互入，却不坏自相，以小入大、以一摄多，大小相互不乱，不坏一多之相，而秩序井然。经云"于一尘中，一切国土，旷然安住"是也。

7. 因陀罗网境界门：森罗万象，一一互相显发，重重无尽，如因陀罗网，于一明珠内万像俱现，众珠尽然，互相现影，影复现影，递互交光，重重无尽。今此法门，亦复如是。一一法中，一一位中，一一世界，互相交参，重重无尽。经云"诸佛知一切世界，如因陀罗网世界"是也。

8. 托事显法生解门：深妙之理可托卑近之事法加以彰显，所托之事与所显之理无别无二。寄托一事，可显无尽法门，令人深生信解。

9. 十世隔法异成门：过去、未来、现在之三世，一一各有过现未三世，合为九世。此九世亦唯摄入一念，合九世与一念为十世（故云十世）。而此十世虽有时间之间隔，不相杂乱（故云隔法），然彼此相即相入，先后长短同时具足显现，三世互在，递相成立（故称异成）。经云"菩萨有十种说三世。过去说过去，过去说现在，过去说未来；现在说过去，现在说平等，现在说未来；未来说过去，未来说现在，未来说无尽；又云无量无数劫，解之即一念"是也。

10. 主伴圆明具德门：缘起之诸现象，随举其一则便为主，而其他一切现象即为伴，如此互为主伴，具足一切德。谓如来说圆教之法，理无孤起，必眷属随生，故十方诸佛、菩萨，互为主伴，重重交参，同时顿唱圆教法门。如净空明月，列星围绕，净器百川，近远炳现，名主伴圆明。一一法会所说法门，称性极谈，具足众德，名为具德。经云"法界修多罗，以佛刹微尘数修多罗以为眷属"是也。

以上华严宗之三种观法、六相圆融以及十玄门，可以看作是对妙真如心的体相用三大，以及天台宗空假中三观所做进一步的展开，其圆顿的精神更为明显。

清凉之后，有华严五祖宗密大师，依《圆觉经》，别列三种观法，即：

1. 奢摩他，意译止，止即止寂之义。欲求圆觉者，以净觉心，取静为行，而于染净等境，心不妄缘。此即是体真止，相当于天台之空观。

2. 三摩钵提，意译等至。远离昏沉、掉举，谓之等；令心平等安和，谓之至。欲求圆觉者，以净觉心，觉知心与根尘皆因幻化而有，遂起幻观而修，以除诸幻。此即是方便随缘止，能随缘历境而安心不动，相当于天台之假观。

3. 禅那，意译静虑。静即定，虑即慧。欲求圆觉者，以净觉心，不取幻化及诸静相，便能随顺寂灭境界。此即是息二边止，能不分别生死、涅槃、止息、有无等二边之相，相当于天台之中观。

后宗密大师又将上述之三观，依次称为泯相澄神观（静观）、起幻销尘观（幻观）、绝待灵心观（寂观）等三种。

除天台、华严之外，另有南山道宣律师，亦立南山三观，即性空观、相空观、唯识观，分别为二乘、小菩萨、大菩萨之观法：

1. 性空观，声闻、缘觉二乘之人，观因缘所生之一切诸法，其性本空，皆无有我。常以此理照察自心，称为性空观。相当于天台家所说之析空观及体空观。

2. 相空观，藏、通二教菩萨，观因缘所生之一切诸法，其相本空，但众生情执，妄见种种差别之相。常以此理照察自心，称为相空观。

3. 唯识观，识即心识。别、圆二教大乘菩萨，了知世间一切外尘诸法，皆唯识所现，心外无物，自性本自清净。常以此理照察自心，称为唯识观。

以上天台、华严、南山关于止观的一些基本观念，对我们全面理解禅宗的圆顿止观，是非常有帮助的。

为了方便读者更好地把握方便止观和正止观，现结合上述天台、华严的止观思想，将本节内容，列二表解如次：

止	观	止观不二
止诸境相，无所分别	分别诸相，观诸理趣	止观双运 定慧等持
以不乱为体	以不颠倒为体	
因地日止，果地日定	因地日观，果地日慧	
单止为方便，止时具观、即观之止为正修	单观为方便，观时具止、即止之观为正修	
奢摩他观，乃即观之止，同时亦是即止之观	毗钵舍那观，乃即止之观，同时亦是即观之止	一心三观
依真如门立止	依生灭门立观	依真生不二，立中道观
观生灭即真如日止	观真如即生灭日观	真生不二故止观不二
离相止、无生观，乃真如止观门	随相止、因缘观，乃生灭止观门	法性止、不二止，唯心观、无住观，乃双俱真如生灭二止观门
空观（截断众流）	假观（函盖乾坤）	中道观（随波逐浪）
泯相澄神观	起幻销尘观	绝待灵心观
体真止	方便随缘止	息二边分别止
照而常寂	寂而常照	寂照不二
随缘不变	不变随缘	动静不二
无分别智	分别智	不动之真智（一切种智）
根本智	后得智（道种智）	

六妙门	五禅门	三止	三观	三智	四法界
数门 随门	凝心禅	前行方便之单止	前行方便之单观	世智	事法界
止门	制心禅				
观门	体真禅	体真止 （奢摩他）	空观：观生灭即真如	空观智 （一切智）	理法界
还门	方便随缘禅	方便随缘止 （毗婆舍那）	假观：观真如即生灭	假观智 （后得智道种智）	理事 无碍法界
净门	息二边分别禅	息二边分别止 （禅那）	中道观：观真生不二	中道智 （一切种智）	事事 无碍法界

二、止观的重要性

戒、定、慧三学是整个佛法修行的总纲，一切修行法门都可以归于三学之中。此三学相互增上，不可分割，由戒生定，由定发慧，由慧而证无漏道果，故又称三增上学、三无漏学。三学中的定慧，因上称止观，果上称定慧，故在因地的修学过程中，止观是至关重要的。止观是我们开发智慧的基础，也是我们得究竟解脱的基础。没有止观，无以证究竟解脱。

《大般涅槃经》云：

> 善男子！为三事故修奢摩他，何等为三？一者不放逸故，二者庄严大智故，三者得自在故。复次，为三事故修毗婆舍那。何等为三？一者为观生死恶果报故，二者为欲增长诸善根故，三者为破一切诸烦恼故。（北本《大般涅槃经》卷三十）

止观具有能令修行人远离放逸、得大智庄严、得大自在、看破生死、增长善根、破除烦恼之妙用，所以菩萨应当勤习止观。

智者大师在《修习止观坐禅法要》（又称《小止观》《童蒙止观》）一书中，更是赞叹止观为证涅槃解脱之要途、圆满菩提之指归、无上极果之正体：

> 若夫泥洹之法，入乃多途。论其急要，不出止观二法。所以然者，止乃伏结之初门，观是断惑之正要；止则爱养心识之善资，观则策发神解之妙术；止是禅定之胜因，观是智慧之由藉。若人成就定慧二法，斯乃自利利人，法皆具足。故《法华经》云："佛自住大乘，如其所得法，定慧力庄严，以此度众生。"当知此之二法，如车之双轮，鸟之两翼；若偏修习，即堕邪倒。故经云："若偏修禅定福德，不学智慧，名之曰愚。偏学智慧，不修禅定福德，名之曰狂。"狂愚之过，虽小不同，邪见轮转，盖无差别；若不均等，此则行乖圆备，何能疾登果果？故经云："声闻之人，定力多故，不见佛性。十住菩萨，智慧力多，虽见佛性，而不明了。诸佛如来，定慧力等，是故了了见于佛性。"以此推之，止观岂非泥洹大果之要门，行人修行之胜路，众德圆满之指归，无上极果之正体也？

另外，在《释禅波罗蜜次第法门》中，智者大师又从修菩萨道的角度（即成就四弘誓愿、具足十度、度化众生、成就一切种智），分别强调了禅波罗蜜作为"无上极果之正体"的核心地位。

1. 若欲具足一切诸佛法藏唯禅为最

若欲具足一切诸佛法藏，唯禅为最。如得珠玉，众宝皆获，是故发意修禅。

今约此十义，以辨禅波罗蜜者，文则略收诸佛教法之始终，理则远通如来之秘藏。一切圆妙法界，若教若行，若事若理，始从凡夫，终至极圣，所有因果行位，悉在其中。若行人深达禅门意趣，则自然解了一切佛法，不俟余寻。故《摩诃衍》云：譬如牵衣一角，则众处皆动。

《大品经》云：菩萨从初已来，住禅波罗蜜中，具足修一切佛法，乃至坐道场，成一切种智，起转法轮，是名菩萨次第行、次第学、次第道。（《释禅波罗蜜次第法门》卷一之上）

2. 菩萨住甚深禅定，能满四弘誓愿

菩萨摩诃萨，既已发菩提心，思惟为欲满足四弘誓愿，必须行菩萨道。所以者何？有愿而无行，如欲度人彼岸，不肯备于船筏，当知常在此岸，终不得度。如病者须药，得而不服，当知病者必定不差（瘥）。如贫须珍宝，见而不取，当知常弊穷乏。如欲远行而不涉路，当知此人不至所在。菩萨发四弘誓，不修四行，亦复如是。复作是念，我今住何法门，修菩萨道，能得疾满如此四愿？即知住深禅定，能满四愿。何以故？如无六通四辩，以何等法而度众生？若修六通，非禅不发。故经言："深修禅定，得五神通，欲断烦恼，非禅不智，从禅发慧，能断结使，无定之慧，如风中灯。"欲知法门，当知一切功德智慧，并在禅中。如《摩诃衍论》云："若诸佛成道，起转法轮，入般涅槃，所有种种功德，悉在禅中。"复次，菩萨入无量义处三昧，一心具足万行，能知一切无量法门，若欲具足无上佛道，不修禅定，尚不能得色无色界，及三乘道，何况能得无上菩提？当知欲证无上妙觉，必须先入金刚三昧，而诸佛法乃现在前，菩萨如是深心思惟，审知禅定，能满四愿。如摩诃衍偈说："禅为利智藏，功德之福田。禅如清净水，能洗诸欲尘。禅为金刚铠，能遮烦恼箭。虽未得无

为，涅槃分已得。得金刚三昧，摧碎结使山。得六神通力，能度无量人。翳尘蔽天日，大雨能淹之。觉观风动之，禅定能灭之。"此偈所说，即证因修禅定，满足四愿。（《释禅波罗蜜次第法门》卷一之上）

3. 菩萨修禅能具足十度

菩萨修禅，即能具足增上四度，下五亦然。如菩萨发心为修禅故，一切家业，内外皆舍，不惜身命，寂然闲居，无所悭吝，是名大舍（布施）。复次菩萨，为修禅故，身心不动，关闭六情，恶无从入，名大持戒。复次菩萨，为修禅故，能忍难忍，谓一切荣辱皆能安忍，设为众恶来加，恐障三昧，不生嗔恼，名为忍辱。复次菩萨，为修禅故，一心专精进，设身疲苦，终不退息，如钻火之喻，常坐不卧，摄诸乱意，未尝放逸，设复经年无证，亦不退没，是为难行之事，即是大精进也。故知修禅因缘，虽不作意别行四度，四度自成。

复次菩萨，因修禅定具足般若波罗蜜者，菩萨修禅，一心正住，心在定故，能知世间生灭法相，智慧勇发，如石中泉。故摩诃衍偈说："般若波罗蜜，实法不颠倒。念想观已除，言语法皆灭。无量众罪除，清净心常一。如是尊妙人，则能见般若。"

复次，因禅具足方便波罗蜜者，一切方便善巧，要须见机，若不入深禅定，云何能得明见根性，起诸方便引接众生？

复次，因禅具足力波罗蜜者，一切自在变现，诸神通力，皆藉禅发，具如前辨。

复次，因禅具足愿波罗蜜者，如摩诃衍中说，菩萨禅定，如阿修罗琴，当知即是大愿成就之相。

复次，因禅具足智波罗蜜者，若一切智、道种智、一切种智，非定不发，其义可见。行者善修禅故，即便成就十波罗蜜，满足万行一切法门。是故菩萨，欲具一切愿行诸波罗蜜，要修禅定。（《释禅波罗蜜次第法门》卷一之上）

4. 菩萨为度众生应勤修禅波罗蜜

问曰：菩萨之法，正以度众生为事，何故独处空山，弃舍众生，闲居自善？

答曰：菩萨身虽舍离，而心不舍，如人有病，将身服药，暂息事业，病差

（瘥）则修业如故。菩萨亦尔，身虽暂舍众生，而心常怜愍，于闲静处，服禅定药，得实智慧，除烦恼病，起六神足，还生六道，广度众生。以如是等种种因缘，菩萨摩诃萨，发意修禅波罗蜜，心如金刚，天魔外道及诸二乘，无能沮坏。（《释禅波罗蜜次第法门》卷一之上）

智者大师上述对禅波罗蜜重要性的开示，可以说是达到了无以复加的程度，值得深思。

除此之外，明代的无异元来禅师亦把止观当作摄一大藏教的总持法门。他认为一大藏教都不出止观二法：

恶世有情，生无慧目，从无始已来，根本烦恼、俱生无明，从劫至劫，不能暂舍。其不思议熏，不思议变，业转现识，发六粗境，招因带果，吸引众生，轮回世间，生死相续，无有穷已。所以诸佛世尊，以大慈故，缘于众生，以大悲故，救于众生。险恶道中，为卫护，为导师。苦海岸边，为援引，为舟筏。于黑暗长夜，为炬，为明。于怠惰深坑，为警，为策。说浊边之过患，示净界之庄严，演无量之法门，开三观之妙旨。单复圆修，随机利钝。但从一门深入，如登弥勒楼阁，诸门顿开。此止观一法，是不可思议之要径也。智者大师云："止者，乃伏结之初门。观者，是断惑之至要。止者则爱养心识之善资，观者策发神解之妙术。止则禅定之胜因，观是智慧之由藉。成就定慧二法，斯乃自利利人。"以此则知，不修止观，法无以成，自尚不利，云何利他？又当知，止观摄一大藏教，一大藏教不出止观二法。若人精修止观，可谓寻流而得其源也。（《无异元来禅师广录》卷二十一）

在禅宗里面，止观的核心地位更是明显。二祖慧可禅师亦曾经引用《楞伽经》中的话说："十方诸佛，若有一人不因坐禅而成佛者，无有是处。"（《楞伽师资记》卷一）可见，禅定止观对于开悟和解脱来说，是至关重要的。没有止观的功夫，则无以证真如三昧，以真如三昧为基础的其他百千三昧亦无从开启。

第二节　禅宗的止观思想及其特色

一、禅宗的止观思想

通过对天台、华严等宗派的止观思想做简单的回顾，我们可以在更为广阔的背景下，对禅宗的圆顿止观精神，从教理上有一个更全面的理解和把握。但是，如果仅止于此的话，我们还是无法从当下一念功夫上，对禅宗的圆顿止观精神找到一种亲切感。因为禅宗所说的圆顿止观，必须落实在当下一念功夫上，否则它只是一种理论。禅宗强调"不立文字，教外别传，直指人心，见性成佛"，显示的正是这种当下一念的现量体证。

下面，拟围绕《大乘起信论》《二入四行观》《信心铭》《六祖坛经》以及《永嘉集》等曾经在中国禅宗历史上产生过重大影响的代表性经典，来简要介绍一下禅宗的圆顿止观思想，以便从功夫上找到一种直观的理路。这一点对实修而言，至关重要。

（一）《大乘起信论》的止观思想

1. 观生灭即真如曰止，观真如即生灭曰观

《大乘起信论》是禅宗立宗的基本要典之一。它对止观的解释，立足于"心真如门和心生灭门的不一不异"这一核心要义。按蕅益大师的解释，一心二门落实在功夫上，就是止观——观生灭即真如，即是止；观真如即生灭，即是观。

云何修行止观门？所言止者，谓止一切境界相，随顺奢摩他观义故。所言观者，谓分别因缘生灭相，随顺毗钵舍那观义故。云何随顺？以此二义，渐渐修习，不相舍离，双现前故。（真谛译本《大乘起信论》）

对这一段文字，憨山大师在《大乘起信论直解》中，从天台三止三观的

角度进行了详细的解释。他说：

> 六度应云定慧二门，今云止观者，以在因曰止观，在果曰定慧。今欲双修并运，正在因行，故合为一门。
>
> 言奢摩他者，义当空观，今修止门而云随顺空观义者，意显即止之观，而正意在观，谓由止以入观也。天台立有三止三观：一谓体真止，当空观，谓体合真空，诸缘自寂，一心朗照，万法如如，故为即止之观，故顺奢摩他空观义。此观真如门，成根本智。
>
> 所言观者，谓分别等。随顺毗钵舍那观义故者，二方便随缘止，当假观，谓虽心境如如，不妨观察生灭诸法因缘幻有，虽有而性常自空，故虽观诸法因缘，不舍万行，即一道常闲，故为即观之止。故云顺毗钵舍那假观义。此观生灭门，成后得智也。
>
> 三息二边分别止，当中道观，谓居空而不舍万行，涉有而一道清净，二边不住，理事齐彰，中道一心，朗然齐鉴。此融会空有，妙契一心也。
>
> 故由三止而成三观，是则三观一心，本无差别。今此中止观合明双修，虽未明言三观，而理实具足。以但了空假二门，则一心中道自显，此为趣大乘之要门。（《大乘起信论直解》卷下）

憨山大师从天台三止三观的角度来解释奢摩他和毗钵舍那，认为奢摩他虽为"止"义，然义当"空观"，实为"即止之观"；毗钵舍那虽为"观"义，义当"假观"，实为"即观之止"。强调止观互即、三观一心，这应该说是禅宗止观的基本特征之一。在禅宗里，止观是一体不二的，无有先后，所谓"法性寂然是止，法性常照是观；真观必寂然，故观即止；真止必明净，故止即观。是故止观一体"（《大乘起信论直解》卷下）。

2. 修习止观的基本原则

《大乘起信论》强调，修习圆顿止观的原则是，后天赖以用功的始觉之观智，必须随顺如来藏妙真如心的空不空之性。空的意思是指万法的体性是绝待离相的——"离言说相、离文字相、离心缘相，与一切染法不相应"。不空是指真如之体虽然是空性的，但是它具足无边的称性妙用，而且这无边的妙用要开显出来，也必须借后天离言绝待、远离心意识的始觉之功，换言之，真如本具之无边妙德与一切染法（"无明不觉"）也是不相应的，唯与离心意识之"觉"相应。所谓的修行，就是要随顺真如无相离念之空性，而契入真如之体；随顺真如超越二边的不空之性，而契入真如无尽之妙用，这就是所谓的"称性起修"。

《大乘起信论》对"觉"与"不觉"的划分，就是以此为依据的。所谓不觉，就是违逆真如空不空之性，落在二边当中，也就是说，"迷真执妄"，被内外境界所转。所谓觉，就是随顺真如空不空之性，超越二边，也就是说，离妄证真，不被一切内外境界所转。关于觉与不觉的具体含义，请参见本书第三章第二节"'一心二门'与'在生活中修行，在修行中生活'"这一部分内容。

总之，"觉"与"不觉"，从正反两个方面显示了后天修习止观、返本还源的用功原则就是要称性起修，离心意识。

这里需要注意的是，觉（包括本觉、始觉）与不觉，乃同一妙真如心的两种状态，相异而体同。如实把握"本觉、始觉和不觉"之间的关系，对于一个修行人来说至关重要。修行能否落在实处、能否省力得力，就看他对此三者之间的关系之认识是否透彻。

关于本觉、始觉和不觉之间的关系，《大乘起信论》讲得非常透彻：

> 本觉义者，对始觉说，以始觉者即同本觉。始觉义者，依本觉故而有不觉，依不觉故说有始觉。（真谛译本《大乘起信论》）

如来藏妙真如心本具常住不灭、寂照不二之觉性，谓之本觉。本觉之妙用，依真如内熏和诸佛菩萨等教化外熏之功得以现前，谓之始觉。在无明之障蔽下，因内熏无力、外缘不具，本觉之妙用潜隐不现，谓之不觉。故始觉者，乃后天借因缘力得以开显之本觉；不觉者，乃被无明障蔽下的隐潜状态之本觉。

由此可见，本觉、始觉，同体而异名，非本觉之外别有始觉，非始觉之外别有本觉。本觉是体，始觉是用。同样地，觉与不觉，亦相对而立名，为同一真如心的两种状态。非觉外有不觉可除，非不觉外有觉可求。觉知由"不觉"所产生的妄想心念之虚幻性，当下即是"觉"。

本觉、不觉和始觉，并不是三个并列的、异质的东西，而是同一本觉的三种状态。本觉是从不生不灭之体性上讲的，有照觉之功能。本觉被遮，谓之不觉；本觉到场，谓之始觉；始觉到场，不觉则灭，本觉现前。本觉如清净的水，有觉照性；水被搅动，失去如实觉照之功，谓之不觉；风平浪静，水体复归清澈，能照万物，谓之始觉。故不觉和始觉都以本觉为体，是本觉的两种状态：心动即是不觉，不动则是始觉。

且以门卫为喻，说明本觉、始觉、不觉之间的关系。本觉犹如门卫，始觉犹如门卫正常上岗，不觉犹如门卫偷偷离岗，躲在无人处抽烟、玩手机。始觉和不觉是本觉的两种状态，犹如门卫上岗和门卫开小差一般，是门卫的两种状态。

明白了本觉、始觉和不觉之间的关系，落实在功夫上，自然就会明白：当下看破了不觉（分别取舍心）之虚幻性，内心不动，不觉当下就变成了始觉，与本觉相应。故觉悟要从不觉中求，从烦恼中求，从生灭中求。所以，修行不要害怕无明烦恼，苦海无边，回头是岸，当下一念观妄念无相，当下即是觉。

现再以灯光明暗为喻，说明本觉、始觉、不觉之间的关系：电灯喻本觉；关闭电灯的开关，一片黑暗，喻不觉；打开电灯的开关，光明现前，喻始觉。只要电灯的开关打开，始觉之光明当下现前，不觉之黑暗当下消失，非在黑暗之外别有光明可求，非在光明之外别有黑暗可灭。

在《大般涅槃经·师子吼菩萨品》中，佛曾经做过类似的开示。针对"智慧能破烦恼，犹如明能破暗"这一普通的方便教法，佛认为，从了义的角度来看，"是义不然，无有是处"——

佛言："善男子，汝言毗婆舍那破烦恼者，是义不然。何以故？有智慧时则无烦恼，有烦恼时则无智慧，云何而言毗婆舍那能破烦恼？善男子，譬如明时无暗，暗时无明。若有说言明能破暗，无有是处。善男子，谁有智慧，谁有烦恼，而言智慧能破烦恼？如其无者，则无所破。"

佛的这一奇特开示，表面上看似有违通常之说法，但实际上，它却揭示了烦恼的了不可得之空性，揭示了智慧与烦恼并不是异质的两个东西，而是同一本觉的两种状态："有智慧时则无烦恼，有烦恼时则无智慧"，犹如"明时无暗，暗时无明"。当你起心动念要用智慧破除烦恼的时候，说明你已经把烦恼当作了实有法，当作了对立面，你已经落在了二边对待当中，你的内心已经变成了狼烟四起的战场。这个时候，你所谓的用来破烦恼的"智慧"，已经不是真正的般若观智，而是二边对待的生死之识心。学佛的人千千万万，但真正能登堂入室、体会到"得力处省无限力，省力处得无限力"的人却很少，问题就出在这里——知见不圆，没有认清觉与不觉、智慧与烦恼之间的关系。

现将本觉、不觉、始觉之义，表解如次：

体	真如本觉（犹如水体、门卫、电灯）	
迷染、悟净之用	不觉	始觉
	执万法为心外之实有	知万法唯心所现，非心外实有
	心动：落入二边分别取舍，被境界所转，被念所转	心不动：超越二边，心如虚空明镜，老僧只管看，即念离念，不随境转
	背觉合尘	背尘合觉
	寂中失照（昏沉），照中失寂（散乱）	寂而常照，照而常寂
	昏沉、散乱、失念	专注、清明、绵密
	心行错位	心行同步
	迷失于三心	三心不可得
	咆哮浊水，不能如实照鉴万物差别相	清净止水，能如实照鉴万物差别相
	如灯未开，处于黑暗中	如灯已开，一片光明
	开小差的门卫	上岗的门卫
	逆用（逆真如超越二边之空性）、染用（被烦恼所转，溺于生死）	顺用（随顺真如超越二边之空性）、净用（不被烦恼所转，解脱）

这里需要特别注意：只要始觉现前，不觉之黑暗当下消失。由此可知，面对昏沉、散乱、妄念、烦恼现前时，只须提起正念，打开正念之灯的开关，无须与昏沉、散乱、妄念、烦恼做斗争；正念之灯的开关一旦打开，昏沉、散乱、妄念、烦恼之黑暗当下了不可得。

千万要牢记：不是因为昏沉、散乱、妄念、烦恼现前，导致了正念功夫的中断，恰恰是因为正念功夫出现了中断，才被昏沉、散乱、妄念、烦恼乘机穿插进来。所以，昏沉、散乱、妄念、烦恼现前时，不用与它们做斗争，只管打开"佛号、话头、呼吸、圆顿的正念"这个正念的开关就可以，所谓"念起即觉，觉之即无"。千万不要犯"连遭两箭""连吃两跤""失钱遭罪"之错误。

何谓"连遭两箭""连吃两跤""失钱遭罪"？正念丢失，昏沉、散乱、妄念、烦恼当下插进来，是为遭第一箭、吃第一跤，是为失钱。此时，本应当提起正念的功夫才对，可是，修行人往往把注意力转移到如何与"昏沉、散乱、妄念、烦恼"做斗争，并将它们消除掉这个问题上，全然忘记了本修功夫的所缘境，是为再遭第二箭、吃第二跤，是为遭罪。好比一个人从北京去石家庄，走到保定的时候，遇见了大雾，此时他本应当继续往前走才对，可是，他居然停下来了，千方百计地想办法去消除大雾，与大雾较起劲了。这种现象，在修行人中很普遍，皆与对本觉、始觉、不觉之间的关系理解不到位有关。

"觉与不觉体同而用异"告诉我们，面对不觉，当依"念起即觉，觉之即无"的原则，来落实"觉"的功夫——

"念起"指"不觉"，"即觉"指始觉，"觉之即无"指"不觉"当下变成了"觉"，非在"不觉"之外别有所谓的"觉"，当下照破"不觉"之虚妄了不可得性，当下即是"觉"。

修行人能如是对待不觉之"昏沉、散乱、妄念、烦恼"，修行会变得容易多了，不用再陷入无休止的斗争中。

3. 以实相为所观境

《大乘起信论》的圆顿止观，落实在座上功夫，就是以实相为所观境，依不二观（又称无相观）起修，意即以圆顿的正念，对所观之对象保持一种"圆同太虚，无欠无余"的虚明自照的状态。《大乘起信论》云：

若修止者，住于静处，端坐正意，不依气息，不依形色，不依于空，不依地水火风，乃至不依见闻觉知。一切诸想，随念皆除（按：离念），亦遣除想（按：离于离）。以一切法本来无想，念念不生，念念不灭。亦不得随心外念境界，后以心除心（按：贼过张弓）。心若驰散，即当摄来住于正念。是正念者，当知唯

心，无外境界，即复此心亦无自相，念念不可得。（真谛译本《大乘起信论》）

憨山大师认为，这段文字主要是讲"修习止观行相"，认为"修心入定之方，备示于此"。他详细解释道：

天台小止观，明入定之初，先学调身、心、息。此中端坐，调身也，不俯不仰，故云端坐。正意，调心也，不沉不浮，惺寂双流，故云正意。以此不依气息，故不调息耳。不依气息形色，离身也。不依虚空四大，离世界也。不依见闻觉知，离心也。故古德教人参禅，内脱身心，外遗世界，只须离心意识参，出凡圣路学，离妄想境界求。故此皆云不依，即脱也。

一切诸想至念念不灭五句，的是用心方法也。一切众生，迷本真心，一向但依妄想用事，故今修习，以除想为最。故《楞伽》云，"从上诸圣，转相传授，妄想无性"一语，为的要也。

问曰：妄想无性，云何除耶？答曰：一切诸想，随念皆除，谓此一念者，乃直心正念真如之念也。方今用心，单提此一念为主，更无二念。以此一念观照之力，但见妄想起处，随即一念照破，当下消灭，更不容其相续。永嘉所谓"断相续心"也。参禅之要，无越此一念者，此的示其要也。

亦遣除想者，谓遣除想之念也。初以一念除想，妄想既灭，即此一念亦无容立，故亦须遣之。问曰：既云正念，又何遣耶？答曰：以此一念，特为遣想而立，以真心自体，本来离想，又何容念？以妄想无性故，非本来有，妄想既非本有，若立一念以待妄想，是又为资妄之本也。故此念亦无可立，以立处即真故。真妄俱泯，能所两忘，乃名正念。以一念不立，则念念无生。若念念无生，则常光现前，寂照朗然，念念不灭矣，此参禅之的旨也。

言不得随心外念境界后以心除心者，此示不善用之病也。谓当一念观照之力，更不随妄想转。若随妄想外念境界，然后却才以心除心者，此是以妄除妄，乃逐生灭流转，如此用心，毕竟不离生灭妄想，实不善用心者也。故下云，若心驰散，即当摄来归于正念。谓才妄想生处，即便照破，不随他转，即归正念，不待随心外缘而后摄也。故结示云，当知唯心，无外境界，不但外心外境，即复此心亦无自相，以念念不可得故。以内外心境一切寂灭，如此念念熏修，自然体合真如，所谓即止之观也。（《大乘起信论直解》卷下）

从上述所引《大乘起信论》之原文和憨山大师的解释中，可以看出，这种修习止观的方法与教下有很大的不同：

首先，这里的所观对象，不再是限定于某一个具体的对境，如呼吸等，而是以诸法之实相为所观境。所谓诸法实相，即万法唯心，无实有相，无二边对待相。

其次，其能观之智亦是超越二边的，远离分别对治。其用功夫的要点就是当下一念"观妄念无相"——"若有众生，能观一切妄念无相，则为证得如来智慧"。

4. 止观必须双行

《大乘起信论》认为，修止的时候，还必须同时辅以修观，以防落入枯寂、懈怠和远离大悲等诸多禅病中。

> 复次，若人唯修于止，则心沉没，或起懈怠，不乐众善，远离大悲，是故修观。（真谛译本《大乘起信论》）

憨山大师释云：专修于止，心则沉没。心易沉没，故有二失：一者懈怠不修，则失自利，故宜修法相观以治之，精进观以成之；二者远离大悲，则失利他，故宜修大悲观以治之，大愿观以成之。

关于如何修观，憨山大师依据真谛译《大乘起信论》，总结为法相观、大悲观、大愿观、精进观等四种（以下引文均见《大乘起信论直解》卷下）。

（1）法相观（又分无常观、苦观、无我观、不净观等）

> 修习观者，当观一切世间有为之法，无得久停，须臾变坏。

—— 此为无常观。

> 一切心行，念念生灭，以是故苦。

—— 此为苦观。

应观过去所念诸法，恍忽如梦。应观现在所念诸法，犹如电光。应观未来所念诸法，犹如于云，歘尔而起。

—— 此为无我观。

应观世间一切有身，悉皆不净，种种秽污，无一可乐。

—— 此为不净观。

憨山大师认为，修此四观，可灭众生常乐我净四种颠倒。

（2）大悲观

如是当念一切众生，从无始时来，皆因无明所熏习故，令心生灭，已受一切身心大苦，现在即有无量逼迫，未来所苦亦无分齐，难舍难离，而不觉知。众生如是，甚为可愍。

—— 观众生受无量苦而生大悲。

（3）大愿观

作是思惟，即应勇猛，立大誓愿，愿令我心离分别故，遍于十方，修行一切诸善功德，尽其未来，以无量方便，救拔一切苦恼众生，令得涅槃第一义乐。

—— 不忍众生苦而兴救拔之大愿。

（4）精进观

以起如是愿故，于一切时一切处，所有众善，随己堪能，不舍修学，心无懈怠。

《大乘起信论》认为，座上功夫可以以修止为主，但座下功夫则必须是止观双行。意思是：在观诸法性空无相的同时（此为"止"），亦应观善恶因缘业果不坏（此为"即止之观"）；在观善恶因缘业果不坏的同时（此为"观"），亦应观念性不可得（此为"即观之止"）；总之，要居空而不舍万行，涉有而一性湛然，是谓止观双修。

> 唯除坐时，专念于止。若余一切，悉当观察应作不应作。若行若住，若卧若起，皆应止观俱行。所谓虽念诸法自性不生，而复即念因缘和合，善恶之业、苦乐等报，不失不坏。虽念因缘善恶业报，而亦即念性不可得。（真谛译本《大乘起信论》）

修行之所以要止观双运，乃是因为止观各有对治，互为良药。

> 若修止者，对治凡夫住著世间，能舍二乘怯弱之见。若修观者，对治二乘不起大悲狭劣心过，远离凡夫不修善根。以是义故，是止观门，共相助成，不相舍离。若止观不具，则无能入菩提之道。（真谛译本《大乘起信论》）

关于这段文字，憨山大师释云：由于凡夫贪著世间，二乘怖畏生死，故示以即观之止（即由生灭门观真如门），令凡夫知世无常，则不著世间，二乘知本真常，故不怖生死。故云"对治凡夫住著世间、能舍二乘怯弱之见"。此即观之止，治二过也。

若修即止之观（即由真如门观生灭门），则治二乘狭劣之心，令起大悲，亦治凡夫离贪著心，知世无常，勤修众善。故云"对治二乘不起大悲、远离凡夫不修善根"二过也。

是故止观俱行，共相助成。以凡夫能厌世间，故勤修众善；二乘不怖生死，故能起大悲。此止观相助，故能不住生死涅槃，方能直趣菩提。此双运之益也。

关于这段文字，蕅益大师则从一心二门的角度，做了更明白的解释：

> 观生灭即真如，名止：生死本空，何可乐著？生死无性，何须怖畏？观真如即生灭，名观：因果宛然，安得不勤修善？同体在迷，安得不普济度？盖一

心二门，本不相离，故一心止观，决不可偏修也。为成无上菩提，所以二行作一门说。（《大乘起信论裂网疏》卷六）

5. 以证真如三昧为根本

《大乘起信论》认为，座上的止观功夫必须延伸到座下的日常行履当中去，与日常生活融为一体、打成一片，入真如三昧，才算落到实处。因为修习止观，只有进入真如三昧之后，才能断见思二惑，成就位不退：

若从坐起，去来进止，有所施作，于一切时，常念方便，随顺观察，久习淳熟，其心得住。以心住故，渐渐猛利，随顺得入真如三昧，深伏烦恼，信心增长，速成不退。唯除疑惑、不信、诽谤、重罪业障、我慢、懈怠，如是等人，所不能入。（真谛译本《大乘起信论》）

憨山大师认为，《大乘起信论》所说的止观的座下功夫，相当于天台宗的方便随缘止。此方便随缘止不限于座上，还应当在日常生活中随缘修习，不得间断。如是观察既久，渐渐淳熟，其心自然安住真如三昧，烦恼渐伏，信心增长，速证不退。如是三昧，凡能信、肯行者无不皆得，唯除疑惑、不信、诽谤、重罪业障、我慢、懈怠者不能得入。

所谓真如三昧，就是以圆顿的信解为指导，依一心三观之空观智，修习即观之止，契入真如无相绝待的不二之空性（也就是法界一相），从而断除妄惑，达到一种即念离念、即相离相、如如不动的三昧境界。《大乘起信论》云：

（1）真如三昧者，不住见相，不住得相，乃至出定亦无懈慢，所有烦恼渐渐微薄。

（2）复次，依是三昧故，则知法界一相，谓一切诸佛法身与众生身平等无二，即名一行三昧。

这里所说的"法界一相"，有深浅两个层次：一者破人我执之后，体悟到心佛众生三无差别，一体平等；二者破法我执之后，体悟到万法唯心、法界圆融的不二之实相。前者，三贤位菩萨破人我执、断见思惑，即可悟知，属相似证；后者，唯地上菩萨破法我执、入无生忍之后，乃可证知，属于分证；只有进入佛地，最后一品生相无明断尽，大圆镜智现前，方是圆证法界一相。这里所说的入真如三昧，乃是就三贤位菩萨破人我执、断见思惑而言，属相似证法界一相。

《大乘起信论》认为，真如三昧与外道禅定不同之处在于：

> 应知外道所有三昧，皆不离见爱、我慢之心，贪著世间名利恭敬故。真如三昧者，不住见相，不住得相，乃至出定亦无懈慢（出定之后，既没有懈怠，也没有慢心），所有烦恼渐渐微薄。若诸凡夫不习此三昧法，得入如来种性，无有是处。以修世间诸禅三昧，多起味著，依于我见，系属三界，与外道共。若离善知识所护，则起外道见故。（真谛译本《大乘起信论》）

外道依我爱见慢习气而修，内著邪见，外著邪欲，皆成魔业。而修真如三昧者，湛寂一心，忘能所，灭影像，离懈慢，灭烦恼，故由此而得入如来种性。其余世间诸禅三昧，皆著我见，与外道共。从这里可以看出，破人我执是入真如三昧的一个重要标志。

就止观的功夫而言，入真如三昧时，必定是根尘迥脱、前后际断、一念不生、照体独立。而且，出定之后，寂照不二的功夫依然相续不断，无有懈怠、我慢之心，所有的烦恼都渐渐微薄。禅宗所谓作为真正修行开始的明心见性，实即是入真如三昧，与自性般若之空观智相应。

《大乘起信论》认为，真如三昧是一切三昧的根本，亦是成就无上菩提的根本，是修行人转凡成圣的关键环节。修习止观的直接目的，就是要证真如三昧。

> 当知真如是三昧根本，若人修行，渐渐能生无量三昧。
>
> 若诸凡夫不习此三昧法，得入如来种性（按：真如是如来之性。入真如三昧，方成如来之种，如生王家，必继王业。证真如三昧亦复如是，入正定聚，必然成佛），无有是处。（真谛译本《大乘起信论》）

（二）《二入四行观》的止观思想

《二入四行观》是达磨祖师唯一被公认的传世之作，堪称禅宗修学的总纲，宗门的止观思想在这里得到了完备的表述。

达磨祖师把入道之要途分为"理入"和"行入"两种，理入和行入实际上就是止和观。

> 夫入道多途，要而言之，不出二种：一是理入，二是行入。（《二入四行观》，后同）

"理入"的"理"，乃指真如理体，而非义理知见。理入乃明心见性之道，重在明体，开根本智，以证法身，属座上功夫。于止观中，偏重于止，相当于天台宗的体真止，又称"即观之止"，也就是观生灭即真如，义当空观。

行入，主要是指日用中的事修，乃悟前加行及悟后起修之道，重在起用，开后得智，以圆报化，属座下功夫。于止观中，偏重于观，相当于天台宗的方便随缘止、息二边分别止，又称即止之观，也就是观真如即生灭，义当假观、中道观。

理、行二入，并没有严格的先后顺序，二者相资相随，互即互入——或先理入而后行入，此时之行入即悟后起修；或先行入而后理入，此时之行入即悟前之加行；或理事不二，理行相资而并用。

> 理入者，谓藉教悟宗。深信含生同一真性，但为客尘妄想所覆，不能显了。若也舍妄归真，凝住壁观，无自无他，凡圣等一，坚住不移，更不随于文教，此即与理冥符，无有分别，寂然无为，名之理入。

理入必须首先藉教悟宗，以开圆顿之信解，即相信"一切众生具有如来智慧德相，但以妄想颠倒执著而不证得。若离妄想颠倒，则一切智、无师智，自然现前"这个道理。然后在此信解的指导下，通过修习壁观，舍妄归真，契入真如理体。

理入的关键是"舍妄归真。凝住壁观,无自无他,凡圣等一,坚住不移,更不随于文教"。从后面所引达磨祖师开示二祖慧可及其在家弟子杨衒之等文献中(参见本书第九章第四节"壁观法门 —— 宗门中的息道观"),可以知道:虽然达磨祖师在这里用了"舍妄归真"这种表达方式,但这里的"真"和"妄"并不是实有法,故"舍妄归真"不是对治法。"舍妄归真"的真实意义应该是"真妄不二""即妄证真"。落实舍妄归真的具体方法则是空观和平等无分别观。

"壁观"是达磨祖师对止观的另外一种说法,见其为二祖慧可禅师所做之开示中:

> 祖初居少林寺九年,为二祖说法,只教"外息诸缘,内心无喘,心如墙壁,可以入道"。慧可种种说心性,曾未契理。祖只遮其非,不为说无念心体。可忽曰:"我已息诸缘。"祖曰:"莫成断灭去否?"可曰:"不成断灭。"祖曰:"此是诸佛所传心体,更勿疑也。"(《五灯会元》卷一)

"外息诸缘,内心无喘,心如墙壁,可以入道",这十六个字,是理解壁观的关键。在理解壁观的时候,应当超越二边,不能落在对治当中。

关于壁观的修习方法,有两种:一是觅心了不可得之空观,二是远离分别取舍之平等无分别观(其具体内容参见本书第九章第四节"壁观法门 —— 宗门中的息道观")。这两种观法,都属于实相观,以实相为所观境。觅心了不可得之空观,相当于《大乘起信论》所说的"观妄念无相",即由生灭而观真如,可称为"体真止"。远离分别取舍之平等观,就是中道不二观,即由真如而观生灭,可称为方便随缘止和息二边分别止。

达磨祖师认为,除了座上的止观功夫之外,座下日用中,还应当修习四行。四行实际上是在动中修习止观。

> 行入者,谓四行。其余诸行,悉入此中。何等四耶?一报冤行,二随缘行,三无所求行,四称法行。

此四行实际上包括了六度万行。通过修因果观、无常观、不二观和无相观，以化解我们过去、现在、未来以及用有为心追求修行果德方面的四种主要烦恼。

（1）面对过去，主要是观因果，修报冤行，以清除怨天尤人、逃避恶报的心。

（2）面对现在，主要是观无常，修随缘行，以清除患得患失的执著心。

（3）面对未来，主要是观不二，修无所求行，以清除分别驰求的心。

（4）面对修行之果德，主要是观无相，修称法行，行无相六度，以清除有为有漏的功德心。

1. 报冤行

云何报冤行？谓修道行人，若受苦时，当自念言：我从往昔无数劫中，弃本从末，流浪诸有，多起冤憎，违害无限，今虽无犯，是我宿殃恶业果熟，非天非人所能见与，甘心忍受，都无冤诉。经云："逢苦不忧"。何以故？识达本故。此心生时，与理相应，体冤进道，故说言报冤行。

修报冤行的要点是：（1）明信因果（相信现在所受苦果乃自己过去所造恶业所感，自作自受，非天非人之所强加）；（2）当下承当（坦然地面对并接受宿业所感之果报，不逃避，亦不怨天尤人）；（3）体冤进道（通过忏悔，修正三业，自主因果，直趣菩提）。

至于如何"体冤达本"，需要加强两个方面的功夫：

一是要通达"心生与罪生"的道理，自主因果，把握命运。

（1）心生即罪生。现前一念之生起，于过去，乃宿世善恶业种之现行，于未来，乃感召苦乐果报的善恶种子之播种。过去之善恶业种并不神秘，它们总是通过现前一念来现行，并对当下和未来产生作用。

（2）心生即缘聚。现前一念之生起，于过去，乃宿世善恶业种成熟现行所必需的助缘。现前一念，如果是烦恼念，它能牵引和加速宿世恶种之成熟。现前一念，如果是清净念，它可以遮止或推迟宿世恶种之成熟。

所以，从这两个方面来看，面对因果，我们并不是无能为力的，我们可以通过把握现前一念，来改变和自主因果。

二是要勤修自性观和实相忏悔，重新开始，后不复作。

（1）实相忏悔，就是要通过观罪性本空，忏其前愆，放下心理负担，轻装上阵，精进修行。所谓"罪由心起将心忏，心若灭时罪亦亡。心灭罪亡两俱空，是则名为真忏悔"。

（2）依止自性起观，念念从自性起般若观，把握好当下一念，于过去所造恶业，断相续心，后不复作。

2. 随缘行

二随缘行者：众生无我，并缘业所转，苦乐齐受，皆从缘生。若得胜报荣誉等事，是我过去宿因所感，今方得之，缘尽还无，何喜之有？得失从缘，心无增减，喜风不动，冥顺于道，是故说言随缘行也。

修随缘行的要点是：（1）观人生之境缘性空不实，生灭无常，远离执著；（2）觉悟境缘之好坏因我而起，所谓"境缘无好丑，好丑起于心。心若不强名，妄情从何起？妄情既不起，真心任遍知。汝但随心自在，无复对治，即名常住法身，无有变异"（四祖开示牛头法融禅师之法语，见《五灯会元》卷二），从而打破我执，不被八风所动，冥顺于道。

3. 无所求行

三无所求行者：世人长迷，处处贪著，名之为求。智者悟真，理将俗反，安心无为，形随运转，万有斯空，无所愿乐。功德、黑暗，常相随逐；三界久居，犹如火宅；有身皆苦，谁得而安？了达此处，故舍诸有，息想无求。经曰："有求皆苦，无求乃乐。"判知无求真为道行，故言无所求行也。

修无所求行的要点是：（1）明二边之过患；（2）明三界之无安；（3）明有身皆是苦；（4）明如来智慧德相本自具足；（5）远离二边取舍执著，无求无得，无心合道。

无所求并不是无所作为，消极避世，其本质是一种彻底的无我，彻底的自足，彻底的直下承当。无所求行在当下的心态上，表现为安住当下，自觉、自主、自足、自在。如果当下体会不到自觉、自主、自足、自在的话，那他一定会离开当下、当处，而处在向外驰求的状态中。

对于修行人而言，只有当他对"大道本自具足、一切现成、须臾未曾离、当下即是，只要一念无生，即可与之相应"这个圆顿的宗门正见，产生了决定的信解，他才能安住当下、当处、当念、当机，觉得"不多也不少""恰恰好"，心无旁骛，这就是直下承当。如果不能安住在当下、当处、当机、当念，而向过去未来求，向他处求，向他人求，向他事求，就说明不能直下承当。不能直下承当就必然做不到无所求。

无所求的本质是无相大精进，其核心内容就是"离四相而行一切善法"，这一点正是"称法行"的内容。

达磨祖师之所以强调无所求行，还有一个重要的原因，就是无所求在禅修和见道中处于非常重要的地位。历代祖师大德开悟证道的经验告诉我们，开悟都是在无所求的状态下突然降临的。对于多数修行人而言，将心待悟的有所求有所得的心（如求开悟、求入定等），是最难攘除的家贼。此贼不破，要开悟是很困难的。古人讲"无心合道"，正是这个意思。

4. 称法行

四称法行者：性净之理，目之为法。此理众相斯空，无染无著，无此无彼。经曰："法无众生，离众生垢故；法无有我，离我垢故。"智者若能信解此理，应当称法而行。法体无悭，于身命财，行檀舍施，心无吝惜。达解三空，不倚不著，但为去垢，称化（随顺真如超越二边之空性而行平等无分别之化度）众生而不取相。此为自行，复能利他，亦能庄严菩提之道。檀施既尔，余五亦然。为除妄想，修行六度而无所行，是为称法行。

修习称法行的要点就是依《金刚经》所讲的"无我相、无人相、无众生相、无寿者相而行一切善法"。修称法行，必须首先要信解诸法无我之理，然后在此基础上，以三轮体空的心，随缘而行六度，自利利他，圆满菩提，归无所得。

以上二入四行，皆以实相理体为所观境，随顺妙真如心的空不空之性而起观。

（三）《信心铭》的止观思想

《信心铭》是三祖僧璨大师的唯一传世之作，忠实地记录了他一生修行的心得体会。全文共 146 句，584 字，以"至道无难，唯嫌拣择，但莫憎爱，洞然明白"为宗旨，围绕"起圆信"（信心不二，不二信心）、"开圆解"（圆同太虚，无欠无余）、"修圆观"（虚明自照，不劳心力）、"证圆果"（法界圆融，事事无碍）、"知禅病"（略分十二种用功偏差）等五个方面，就"信什么，如何信，怎样才算信到位"的问题，第一次对宗门的圆顿之信解行证，做了系统而明确的开示，将宗门"即信即解即观即证"的圆顿止观思想揭示无遗，堪为后人修习止观的绝佳指南。

此铭之首四句，"至道无难，唯嫌拣择。但莫憎爱，洞然明白"，可视为全文之大纲，也是宗门观行的总原则。这一原则凸显了宗门"大道本自具足，大道不离日用，大道遍一切时处、须臾不曾离，大道在当下一念无分别处现行，无心合道"等圆顿的信解，强调"当下一念超越二边、远离分别取舍以及离心意识"在证道中的重要地位。

修行人如果离开了宗门圆顿信解的指导，必定会遭遇到种种以修行面目出现的、能障圣道的修行误区和禅病（二边见），所谓"毫厘有差，天地悬隔"。这些修行误区和禅病，大体说来有十二种，宜当警惕。

欲得现前，莫存顺逆。违顺相争，是为心病。不识玄旨，徒劳念静。

此处讲到了第一种禅病（二边见）——不知外在境缘之顺逆唯心所现，执为实有，故妄于外境上做顺逆取舍。对治的办法是，当下提起"圆同太虚，无欠无余。良由取舍，所以不如"之正念。

莫逐有缘，勿住空忍。一种平怀，泯然自尽。

此处涉及第二种禅病 —— 落在有无之二边分别中，执离念之空境为究竟。

空忍，有二说：一说无生法忍，一说沉空滞寂的空净之境。"一种平怀，泯然自尽"，意思是，只要心无分别，平等一际，自然"违顺相争"之心病泯然而尽。平怀，平等无分别之心。此为对治之要。

止动归止，止更弥动。唯滞两边，宁知一种。一种不通，两处失功。遣有没有，从空背空。

此处讲到了第三种禅病 —— 落在动静、空有二边当中，妄想通过压制念头的方法来进入空静之境。该禅病在于不明白念头之有无均为生灭法，均为常住真心之表现，而把暂时的没有粗的妄想的空静之境，错误地看作不生不灭的常住真心，所以陷入二边取舍当中、被二边所吞没。

多言多虑，转不相应。绝言绝虑，无处不通。

此处涉及第四种禅病 —— 执著于文字知见，用逻辑思维寻找答案，以多知多见为能事，以知见为悟道。对治的办法就是要坚持"离心意识"之用功原则，用智不用识，剿灭一切文字思维。"绝言绝虑"为用功之要。

归根得旨，随照失宗。须臾返照，胜却前空。前空转变，皆由妄见。不用求真，唯须息见。

这几句讲的是第五种禅病 —— 妄将见闻觉知之用与常住真心之体打成两截，不明白体用不二之理，不明白见闻觉知当体即空，妄执灭绝空为真空，妄想在念头和见闻觉知之外寻找真空。对治的办法是，提起"不用求真，唯须息见""不离当处常湛然，觅即知君不可见"之正念，依黄檗禅师所说的"面对见闻觉知而不起心动念"而修。

"随照失宗"的"照"，指见闻觉知。前空，据真歇和尚《拈古》所讲，"前空"与"当体空"相对而言，指未起一念之空，背境观空之空，亦即顽空、死空。当体空是指不待背境而观空，不待灭念而后空，万法当体即空。

二见不住，慎莫追寻。才有是非，纷然失心。二由一有，一亦莫守。一心不生，万法无咎。无咎无法，不生不心。

"一心不生，万法无咎"是讲，如果做到不起心动念，远离二边取舍，那么，一切法都是佛法，一切法都是圆满的、没有缺陷的，一切恰恰好，随处解脱，并无过咎。过咎起于一念妄心，非万法自有过咎也。"无咎无法，不生不心"的意思是：远离二边分别之咎，即是无法，无法乃法无我；心中不生二边之取舍，即是无心，无心乃人无我。

这几句讲到了第六和第七种禅病。第六种禅病 —— 在是非、善恶等二边见中执于一端，比如，在是非之二边中执著于是，于动静之中执著于静，于凡圣中执著于圣，于染净中执著于净，于生死涅槃中执著于涅槃，等等。第七种禅病 —— 在体（一）与用（二）之二边中，执著于体，或者离相用而求体。须知常住真心是一（如水），生灭之见闻觉知是二（如波），常住真心与见闻觉知之间的关系是，即见闻觉知而又离见闻觉知，不一不二（波不离水，水不离波，波即是水，水即是波）。初入门之修行人，因不明此理，容易在"二边分别之用"（二）和"如如不动之体"（一）之中，将"用"和"体"对立起来，执著于一念不生之体（一），或者妄于见闻觉知之外去寻找体（如波外觅水）。

总之，无论是在是非、善恶、染净二边之中取一舍一，还是在体（一）用（二）中执著于体（一），这些都会导致两种过患：一是将心变成战场，陷入纷然不安当中，二是落入死寂当中，不得活用。对治这两种禅病的方法是，当提起"二见不住，慎莫追寻""一心不生，万法无咎"之正念，以去取舍之心。

能随境灭，境逐能沉。境由能境，能由境能。欲知两段，元是一空。一空同两，齐含万象。不见精粗，宁有偏党。

此乃第八种禅病 —— 心境互侵之病，即执著能观的鉴觉为是而排斥所观。于心境中，妄做二边分别取舍，执能知之心为真，执所知之境为妄，妄想通过斗争的方式，逃避妄境，灭境安心。对治的办法就是提起"欲知两段，元是一空。一空同两，齐含万象。不见精粗，宁有偏党"之正念。

大道体宽，无易无难。小见狐疑，转急转迟。执之失度，必入邪路。放之自然，体无去住。任性合道，逍遥绝恼。系念乖真，昏沉不好。不好劳神，何用疏亲。

系念、昏沉，是用功中经常出现的两种偏差。系念，即过分执著于所观之境，不知不觉落入二边，产生掉举，违于真性。昏沉，指用功不切，失于所观之境，落于昏睡的状态，亦是修行之大忌。"不好劳神"的"不好"指昏沉，"劳神"指系念。

这一段涉及第九、第十、第十一种禅病——或落入任运无修的自然外道之病（《圆觉经》称为"任病"），或落入昏沉之病，或落入系念劳神之病。

此三种禅病，皆昧于"大道既不属修，又不属不修"之理，在"修"与"不修"之二边中妄做分别取舍，从而于修道妄生"难、易"之想，要么执著于不修，落入任运无修之自然外道，要么执著于修，用功宽紧失度，而落入昏沉、散乱或急躁劳神之中。

任病、昏沉和劳神，是修行中的三大通病。对治的办法是树立起"道不属修又不属不修"的正知正见，把握好大慧宗杲禅师所说的"忘怀"与"管带"这两者之间的度。忘怀、管带，本指用功过程中经常使用的两种方便，一是有为觉照，二是放下任运。管带，亦作管待、照顾、照看、保任，偏重于作意对治。忘怀，即无心用功，放下任运，自然而然，不须著意。这两种方便，都不是定法，不能过度；若过度，即落入禅病。管带过度，即落入急躁。忘怀过度即落入失念。宗杲禅师认为，若真实地以无分别心用功，不用管带而自然管带，不用忘怀而自然忘怀，忘怀、管带尽在其中矣。

欲取一乘，勿恶六尘。六尘不恶，还同正觉。智者无为，愚人自缚。法无异法，妄自爱著。将心用心，岂非大错。

　　这里讲到第十二种禅病 —— 逃避六尘，将一乘正觉与六尘对立起来，排斥或逃避六尘。对治的办法是提起"法无异法，妄自爱著"之正念，依"欲取一乘，勿恶六尘"之原则而行，切忌"将心用心"。

　　迷生寂乱，悟无好恶。一切二边，良由斟酌。梦幻空华，何劳把捉。得失是非，一时放却。眼若不睡，诸梦自除。心若不异，万法一如。一如体玄，兀尔忘缘。万法齐观，归复自然。泯其所以，不可方比。

　　这一段结明以上十二种禅病，总根源在于一个"迷"字 —— 不知所有二边之名相，皆是妄想所生，如梦幻空华，并非实有。所以正确的用功之要，不过是"得失是非，一时放却"而已。
　　为了说明这一点，此后又分三个层次，做进一步解释。

　　止动无动，动止无止。两既不成，一何有尔。究竟穷极，不存轨则。契心平等，所作俱息。

　　这一段说明，一切二边，都是相对待而有的。取一舍一，都是徒劳。进一步强调上面所言"得失是非，一时放却"，乃真正入道之正途。
　　"止动无动，动止无止"，"止"是静止，"动"是运动，"止"与"动"是相对待而存在的。如果"止"全体变成了"动"，"动"也就不存在了；如果"动"全体变成了"止"，那"止"也就不存在了。也可以理解为，止是动而不动，动是止而不止，即所谓"善能分别诸法相，于第一义而不动"。
　　"两既不成，一何有尔"，"两"是指对立关系，"一"是指对立关系中的任何一方。也就是说，动静二边各自的对立面既不存在，那么动和静中的任何一方也就不存在了。

　　狐疑尽净，正信调直。一切不留，无可记忆。虚明自照，不劳心力。非思量处，识情难测。

　　此一段重示正确的用功方法："不用求真，唯须息见"，"得失是非，一时放却"，"虚明自照，不劳心力"。

　　真如法界，无他无自。要急相应，唯言不二。不二皆同，无不包容。十方智者，皆入此宗。

　　这一段承上而来，进一步解释"虚明自照，不劳心力"这一正确用功方法的原因——"真如法界，无他无自，要急相应，唯言不二"。此"不二法门"乃十方智者共遵的入道方法。此为一铭之宗旨所在。

　　接下来，三祖简要地揭示了宗门的圆证境界，即《华严经》所讲的法界圆融。

　　宗非促延，一念万年。无在不在，十方目前。极小同大，忘绝境界。极大同小，不见边表。有即是无，无即是有。若不如是，必不须守。一即一切，一切即一。但能如是，何虑不毕。

　　"宗非促延，一念万年"，指时间上互即互入。"无在不在，十方目前"，指空间上互即互入。"极小同大，忘绝境界。极大同小，不见边表"，指大小互即互入。"有即是无，无即是有"，指有无互即互入。"一即一切，一切即一"，指一多互即互入。

　　"若不如是，必不须守"，意思是说，真如自性远离二边，有无互即，若不能如是信解，妄生分别取舍，即迷失了自性，不能持守大道！须守，即安住、持守的意思。

　　信心不二，不二信心。言语道断，非去来今。

　　此一段结示一铭之主旨"信心不二，不二信心"。"信心不二"，讲的是信什么。"不二信心"，讲的是如何信到位。意思是要相信吾人本具之真心是不二的，与诸佛之心等无差别，这个不二之心即是我们的自性佛。将如是超越二边之信解，触境遇缘，变成当下之正念，远离二边取舍，即相离相，能如是信入，即不退转。

通过上述简单的随文分析，《信心铭》所标示的止观思想，同样是以"称性起修"为原则，以实相理谛为所观境，以不二中道观为观法，与天台宗的"中道观"和"息二边分别止"是完全相通的。修习止观过程的一切禅病，从根本上讲，源于修行人离开了"称性起修"这一原则，偏离了"不二中道"之观法，故对治禅病之法，最直接、最得力、最省力者，莫过于当下提起宗门的圆顿信解和正念。在这里，圆顿的信解和观照方法是一体的，非在信解之外别有方法，非在方法之外别有信解，当下一念即信即解即观即证，这是宗门止观的最大特色。

（四）《六祖坛经》的止观思想

提起禅宗，每每有人以六祖"惟论见性，不论禅定解脱"之开示为借口，认为禅宗只重视明心见性，不重视止观禅定。这种观点是错误的。实际上，六祖非常重视止观禅定，比如，在《六祖坛经·定慧品》中，他就明确地说过，"我此法门，以定慧为本"，只不过，他所说的止观是圆顿止观而已。

下面先看看六祖在广州法性寺，与印宗法师的一段对话：

印宗延至上席，征诘奥义。见惠能言简理当，不由文字，宗云："行者定非常人。久闻黄梅衣法南来，莫是行者否？"惠能曰："不敢。"宗于是作礼，告请传来衣钵，出示大众。宗复问曰："黄梅付嘱，如何指授？"惠能曰："指授即无，惟论见性，不论禅定解脱。"宗曰："何不论禅定解脱？"惠能曰："为是二法，不是佛法。佛法是不二之法。"宗又问："如何是佛法不二之法？"惠能曰："法师讲《涅槃经》，明佛性是佛法不二之法。如高贵德王菩萨白佛言：犯四重禁、作五逆罪及一阐提等，当断善根佛性否？佛言：善根有二：一者常，二者无常。佛性非常非无常，是故不断，名为不二。一者善，二者不善，佛性非善非不善，是名不二。蕴之与界，凡夫见二，智者了达，其性无二。无二之性即是佛性。"（《六祖坛经·行由品第一》）

印宗问六祖"何不论禅定解脱"，六祖回答说"为是二法，不是佛法。佛法是不二之法"。这里透露出一个非常重要的消息：依不二法门起观，才是最究竟的禅定（又称自性定、那伽定）。

另外，六祖大师开示内侍薛简时，也表达了相同的观点：

薛简曰："京城禅德皆云，'欲得会道，必须坐禅习定；若不因禅定而得解脱者，未之有也。'未审师所说法如何？"师曰："道由心悟，岂在坐也？经云：若言如来若坐若卧，是行邪道。何故？无所从来，亦无所去，无生无灭，是如来清净禅。诸法空寂，是如来清净坐。究竟无证，岂况坐耶？"简曰："弟子回京，主上必问。愿师慈悲，指示心要，传奏两宫及京城学道者。譬如一灯然（燃）百千灯，冥者皆明，明明无尽。"师云："道无明暗，明暗是代谢之义。明明无尽，亦是有尽，相待立名故。《净名经》云：法无有比，无相待故。"简曰："明喻智慧，暗喻烦恼。修道之人，倘不以智慧照破烦恼，无始生死凭何出离？"师曰："烦恼即是菩提，无二无别。若以智慧照破烦恼者，此是二乘见解，羊鹿等机。上智大根，悉不如是。"简曰："如何是大乘见解？"师曰："明与无明，凡夫见二；智者了达，其性无二。无二之性，即是实性。实性者，处凡愚而不减，在贤圣而不增，住烦恼而不乱，居禅定而不寂。不断不常，不来不去，不在中间及其内外，不生不灭，性相如如，常住不迁，名之曰道。"简曰："师说不生不灭，何异外道？"师曰："外道所说不生不灭者，将灭止生，以生显灭；灭犹不灭，生说不生。我说不生不灭者，本自无生，今亦不灭，所以不同外道。汝若欲知心要，但一切善恶都莫思量，自然得入清净心体，湛然常寂，妙用恒沙。"（《六祖坛经·护法品第九》）

不二，又称"中道"，意指超越二元对立，不落两边，也就是即相离相，即二边离二边。《忏悔品》云："善恶虽殊，本性无二；无二之性，名为实性。于实性中不染善恶，此名圆满报身佛。"《顿渐品》亦云："学道之人，一切善念恶念，应当尽除。无名可名，名于自性；无二之性，是名实性。于实性上建立一切教门，言下便须自见。"

在这些开示中，六祖明确地把"无二之性"与"佛性""实性"贯通在一起，所谓"无二之性即是佛性""无二之性即是实性"。《六祖坛经》的整个修行理论，都是围绕大乘佛教这一"不二"之实相观而展开的。

"不二"，落实在修行上，就是要即世而出世，即生灭而证不生不灭，即生死而证涅槃，即烦恼而证菩提；落实在观行功夫上，就是要做到"无念"。

> 善知识！智慧观照，内外明彻，识自本心。若识本心，即本解脱。若得解脱，即是般若三昧，即是无念。何名无念？若见一切法，心不染著，是为无念。用即遍一切处，亦不著一切处。但净本心，使六识出六门，于六尘中无染无杂，来去自由，通用无滞，即是般若三昧，自在解脱，名无念行。若百物不思，当令念绝，即是法缚，即名边见。善知识！悟无念法者，万法尽通；悟无念法者，见诸佛境界；悟无念法者，至佛地位。（《六祖坛经·般若品第二》）

无念并不是如枯木寒岩一般死寂的"百物不思"，而是"见一切法，心不染著"，"用即遍一切处，亦不著一切处"，"于六尘中无染无杂，来去自由，通用无滞"。

六祖对止观禅定的理解，是建立在自性本净、自性即佛的理论基础上，所谓"菩提自性，本来清净，但用此心，直了成佛"。此处的本净，非染净二边中的清净，乃是于染净二法，心无染著，不被染净二法所转。"但用此心，直了成佛"，揭示了修习止观的原则——称性起修。自性的最大特征就是"不二"，超越二边。称性起修，就是要称"不二"之性，以起后天始觉观智，此乃入道之要途。

另外，《六祖坛经》中的《定慧品》和《坐禅品》，立足于"不二之自性"，从见地和功夫统一的角度，将定慧一体、无念无住的圆顿止观理念讲得非常透彻。

如，《定慧品》云：

> 1.我此法门，以定慧为本。大众勿迷，言定慧别。定慧一体，不是二。定是慧体，慧是定用。即慧之时定在慧，即定之时慧在定。若识此义，即是定慧等学。诸学道人，莫言先定发慧、先慧发定，定慧各别；作此见者，法有二相……定慧犹如何等？犹如灯光。有灯即光，无灯即暗；灯是光之体，光是灯之用；名虽有二，体本同一。此定慧法，亦复如是……

> 2.善知识！我此法门，从上以来，先立无念为宗，无相为体，无住为本。

无相者，于相而离相；无念者，于念而无念；无住者，人之本性，于世间善恶好丑，乃至冤之与亲，言语触刺、欺争之时，并将为空，不思酬害，念念之中，不思前境。若前念、今念、后念，念念相续不断，名为系缚。于诸法上念念不住，即无缚也。此是以无住为本。善知识！外离一切相，名为无相。能离于相，则法体清净。此是以无相为体。善知识！于诸境上心不染，曰无念。于自念上常离诸境，不于境上生心。若只百物不思，念尽除却，一念绝即死，别处受生，是为大错。学道者思之！若不识法意，自错犹可，更误他人；自迷不见，又谤佛经。所以立无念为宗。善知识！云何立无念为宗？只缘口说见性，迷人于境上有念，念上便起邪见，一切尘劳妄想从此而生。自性本无一法可得，若有所得，妄说祸福，即是尘劳邪见。故此法门立无念为宗。善知识！无者，无何事？念者，念何物？无者，无二相，无诸尘劳之心。念者，念真如本性。真如即是念之体，念即是真如之用。真如自性起念，非眼耳鼻舌能念。真如有性，所以起念；真如若无，眼耳色声当时即坏。善知识！真如自性起念，六根虽有见闻觉知，不染万境，而真性常自在。故经云：能善分别诸法相，于第一义而不动。（《六祖坛经·定慧品第四》）

这段文字，有几个要点值得注意：

1. 定慧一体、定慧互即、定慧等持，无有先后。

2. 此定慧一体、定慧互即、定慧等持最核心的内容就是"中道不二观"，落实在功夫上，就是"无念、无相、无住"。

3. "无念"的"无"，非"有无"之"无"，乃"无二边"，即超越二边之相；"无念"的"念"，非见闻觉知之念，乃"即见闻觉知而离见闻觉知"，念念与真如自性的"不二之空性"相应。

基于"不二之自性观"，六祖在《坐禅品》中，对"坐禅"二字的圆顿精神做了明确的说明：

此门坐禅，元不著心，亦不著净，亦不是不动。若言著心，心原是妄，知心如幻，故无所著也。若言著净，人性本净，由妄念故，盖覆真如，但无妄想，性自清净。起心著净，却生净妄；妄无处所，著者是妄。净无形相，却立净相，言是功夫，作此见者，障自本性，却被净缚……善知识！何名坐禅？此法门中，无障无碍，外于一切善恶境界心念不起，名为坐；内见自性不动，名为禅。善知识！何名禅定？外离相为禅，内不乱为定。外若著相，内心即乱；外若离相，心即不乱。本性自净自定，只为见境思境即乱。若见诸境心不乱者，是真定也。善知识！外离相即禅，内不乱即定，外禅内定，是为禅定。（《六祖坛经·坐禅品第五》）

一般人对坐禅的理解，偏重于身心不动，偏重于静相，有出定、入定之别。但宗门所说的禅定，与外在境界的动静、真妄、染净无关，面对外在境界的动静、真妄、染净等二边相，能够当下看破其唯心虚妄性，不被它们所转，这才是真正的坐禅。

五祖讲，"见性之人，言下须见。若如此者，轮刀上阵，亦得见之"。所谓的见性，实际上就是后天的始觉观智与"自性本定"完全相应，斯时轮刀上阵亦不离禅定，更无有出入之别，亦无有不定之时，此即所谓"繁兴永处那伽定"。繁兴永处那伽定的字面意思是，在复杂纷呈的事物面前，常处在大定之中，无有不定时。那伽定，就是"常在定"。

师弟子玄策，游方至河朔，闻隍之名，造庵问云："汝在此作什么？"隍曰："入定。"策云："汝云入定，为有心入耶？无心入耶？若无心入者，一切无情，草木瓦石，应合得定；若有心入者，一切有情含识之流，亦应得定。"隍曰："我正入定时，不见有有无之心。"策云："不见有有无之心，即是常定，何有出入？若有出入，即非大定。"隍无对。良久，问曰："师嗣谁耶？"策云："我师曹溪六祖。"隍云："六祖以何为禅定？"策云："我师所说：妙湛圆寂，体用如如。五阴本空，六尘非有。不出不入，不定不乱。禅性无住，离住禅寂；禅性无生，离生禅想；心如虚空，亦无虚空之量。"隍闻是说，径来谒师。师问云："仁者何来？"隍具述前缘。师云："诚如所言。汝但心如虚空，不著空见，应用无碍，动静无心，凡圣情忘，能所俱泯，性相如如，无不定时也。"隍于是大悟，二十年所得心，都无影响。其夜，河北士庶闻空中有声云："隍禅师今日得道。"（《六祖坛经·机缘品第七》）

六祖、玄策、智隍师徒三人之间的这段对话，可以帮助我们对宗门的圆顿止观有一个更直观的理解。

（五）《禅宗永嘉集》的止观思想

《禅宗永嘉集》是永嘉玄觉大师继《证道歌》之外又一重要著作。因为永嘉大师在参六祖之前，曾经深入天台教观，后受《维摩诘经》之激发而开悟，所以，该集客观上吸收了天台圆顿止观的思想，对修习止观过程中的诸多问题进行了系统说明，是初入禅门者修习止观的绝佳指南。

全文分为十个部分：第一部分是"慕道志仪"，讲修道必须先发菩提心、亲近善知识；第二部分是"戒憍奢意"，讲修道必须发大惭愧心，力戒憍奢，唯道是求；第三部分是"净修三业"，讲修道必须严持净戒，净修三业，远离杀盗淫妄，整肃威仪，常自检责，令粗过不生，六根所对，随缘了达，境智双寂，冥乎妙旨。此三要为修习止观之前行和基础，依此而行，可防魔扰，渐次入道。第四部分是"奢摩他颂"，第五部分是"毗婆舍那颂"，第六部分是"优毕叉颂"，此三部分为修习止观的重点。接下来，第七部分是"三乘渐次"，讲一真之理，本无差别，然根有大小，故悟有深浅；第八部分是"理事不二"，明"远离有无二边，学游中道，则实相可期"；第九部分为"劝友人书"；第十部分是"发愿文"。

这里，重点介绍一下第四、第五、第六这三个部分的内容。

1. 奢摩他

梵语奢摩他，汉译为止。此处的止，乃与诸法之空性相应，故又称体真止，义当空观，又称"即观之止"（观生灭即真如）。

奢摩他的特征是：尘念双亡、能所双遣、照体独立、惺寂不二、寂照同时。

> 恰恰用心时，恰恰无心用。无心恰恰用，常用恰恰无。夫念非忘尘而不息，尘非息念而不忘。忘则息念而忘，念息则忘尘而息。忘尘而息，息无能息；息念而忘，忘无所忘。忘无所忘，尘遗非对；息无能息，念灭非知。知灭对遗，一向冥寂。阒尔无寄，妙性天然……（《禅宗永嘉集》，后同）

—— 此明真照无心，即"无心而照，照而无心"。此照能所双亡、尘念俱遣，非能所对立的有为之见闻觉知。

其辞曰：忘缘之后寂寂，灵知之性历历，无记昏昧昭昭，契真本空的的。惺惺寂寂是，无记寂寂非，寂寂惺惺是，乱想惺惺非……

—— 此明真止乃惺寂不二，"寂寂惺惺、惺惺寂寂"，忘缘故寂寂，灵知故惺惺，寂照同时，远离无记和乱想（即昏沉和散乱）。

今言知者，不须知知，但知而已，则前不接灭，后不引起，前后断续，中间自孤，当体不顾，应时消灭。知体既已灭，豁然如托空，寂尔少时间，唯觉无所得。即觉无觉，无觉之觉，异乎木石，此是初心处。冥然绝虑，乍同死人，能所顿忘，纤缘尽净，阒尔虚寂，似觉无知，无知之性，异乎木石。此是初心处，领会难为。

—— 此明灵知之知，乃"不觉之觉，不知之知"，即能所双亡、前后际断、照体独立之知，非木石之冥顽无知，亦非能所对待意义上的见闻觉知之妄知。

以上是奢摩他的基本特征。在具体的修习过程中，有几个要点：

第一，心不得念善、恶，亦不得落入无记。

入初心时，三不应有：一恶，谓思惟世间五欲等因缘；二善，谓思惟世间杂善等事；三无记，谓善恶不思，阒尔昏住。

第二，应具足三聚净戒。

戒中三，应须具：一摄律仪戒，谓断一切恶；二摄善法戒，谓修一切善；三饶益有情戒，谓誓度一切众生。

第三，应知三种定，以为功夫之增进：安住定，乃自性定，为修定之基础。引起定，乃因地上的止观功夫。办事定，乃果上定慧之妙用。

定中三，应须别：一安住定，谓妙性天然，本自非动；二引起定，谓澄心寂怕（同"泊"），发莹增明；三办事定，谓定水凝清，万像斯鉴。

第四，应知三种慧，以为功夫之次第：我空、法空、俱空。我空相当于空观智；法空相当于假观智；俱空相当于中道智。

慧中三，应须别：一人空慧，谓了阴非我，即阴中无我，如龟毛兔角；二法空慧，谓了阴等诸法，缘假非实，如镜像水月；三空空慧，谓了境智俱空，是空亦空。

第五，应知三种见而离见。意谓真见超能所、离二边，所见或为空、或为不空、或为自性，而真见则非空、非不空、非自性本体。此即《首楞严经》中所言"见见之时，见非是见，见犹离见，见不能及"。

见中三，应须识：一空见，谓见空而见非空；二不空见，谓见不空，而见非不空；三性空见，谓见自性，而见非性。

第六，因地修止时，当依自性本具之法身、般若、解脱之三德而修，所谓"般若无著即解脱，解脱寂灭即法身，法身不痴即般若"。此三德举一即三，举三即一，不可偏废。真实的用功，应该融法身、般若、解脱三者于一体，当下一念具足不痴、无著、寂灭等三种品质；若不具足，偏于一端，则非正修，亦不得究竟果德。

偏中三，应须简：一有法身，无般若、解脱；二有般若，无解脱、法身；三有解脱，无法身、般若。有一无二故不圆，不圆故非性。

又偏中三，应须简：一有法身、般若，无解脱；二有般若、解脱，无法身；三有解脱、法身，无般若。有二无一故不圆，不圆故非性。

圆中三，应须具：一法身不痴即般若，般若无著即解脱，解脱寂灭即法身；二般若无著即解脱，解脱寂灭即法身，法身不痴即般若；三解脱寂灭即法身，法身不痴即般若，般若无著即解脱。举一即具三，言三体即一。此因中三德，非果上三德。

第七，只有因上三德圆满了，果上之三德才能圆满。果上三德为法身之断德、自受用身之智德、他化二身之大恩德。

欲知果上三德，法身有断德，迩因断惑而显德，故名断德；自受用身有智德，具四智真实功德故；他化二身，有大恩德。他受用身，于十地菩萨有恩德故；三种化身，于菩萨二乘异生有恩故。

第八，修止时，应善察知五种起念，故起念、串习念、接续念、别生念、即静念。前四念为病，即静念为药。功夫相应时，五念顿断，能所双亡之灵知觉性现前。

复次，初修心人，入门之后，须识五念：一故起，二串习，三接续，四别生，五即静。故起念者，谓起心思惟世间五欲，及杂善等事。串习念者，谓无心故忆，忽尔思惟善恶等事。接续念者，谓串习忽起，知心驰散，又不制止，更复续前，思惟不住。别生念者，谓觉知前念是散乱，即生惭愧改悔之心。即静念者，谓初坐时，更不思惟世间善恶及无记等事，即此作功，故言即静。串习一念初生者，多接续、故起二念。懈怠者有别生一念。惭愧者多即静一念。精进者有串习、接续、故起、别生四念为病，即静一念为药。虽复药病有殊，总束俱名为念。得此五念停息之时，名为一念相应。一念者，灵知之自性也。然五念是一念枝条，一念是五念根本。

第九，修止时，还须识六种料简，所谓识病（识缘虑、昏住二病）、识药（识寂寂、惺惺为对治缘虑、昏住二病之药）、识对治（用寂寂对治缘虑之病，用惺惺对治昏住之病）、识过生（偏于寂寂会产生昏沉，偏于惺惺会产生散乱之病）、识是非（惺寂二者不能偏于一端，偏于一端即是非正念，唯惺寂兼备方为正念）、识正助（修习止观时，寂寂为助行，惺惺为正行），此六种料简及前五种起念，在修止的过程中，具有非常重要的指导意义。

复次，若一念相应之时，须识六种料简：一识病，二识药，三识对治，四识过生，五识是非，六识正助。

第一病者，有二种：一缘虑，二无记。缘虑者，善恶二念也，虽复差殊，俱非解脱，是故总束名为缘虑。无记者虽不缘善恶等事，然俱非真心，但是昏住。此二种名为病。

第二药者，亦有二种：一寂寂，二惺惺。寂寂谓不念外境善恶等事，惺惺谓不生昏住无记等相。此二种名为药。

第三对治者，以寂寂治缘虑，以惺惺治昏住。用此二药，对彼二病，故名对治。

第四过生者，谓寂寂久生昏住，惺惺久生缘虑。因药发病，故云过生。

第五识是非者，寂寂不惺惺，此乃昏住。惺惺不寂寂，此乃缘虑。不惺惺不寂寂，此乃非但缘虑，亦乃入昏而住。亦寂寂亦惺惺，非唯历历，兼复寂寂，此乃还源之妙性也。此四句者，前三句非，后一句是，故云识是非也。

第六正助者，以惺惺为正，以寂寂为助。此之二事，体不相离。犹如病者，因杖而行，以行为正，以杖为助。夫病者欲行，必先取杖，然后方行。修心之人，亦复如是，必先息缘虑，令心寂寂，次当惺惺，不致昏沉，令心历历。历历寂寂，二名一体，更不异时。譬夫病者欲行，阙杖不可，正行之时，假杖故能行。作功之者，亦复如是，历历寂寂，不得异时，虽有二名，其体不别。

又曰：乱想是病，无记亦病。寂寂是药，惺惺亦药。寂寂破乱想，惺惺治无记。寂寂生无记，惺惺生乱想。寂寂虽能治乱想，而复还生无记。惺惺虽能治无记，而复还生乱想。故曰：惺惺寂寂是，无记寂寂非。寂寂惺惺是，乱想惺惺非。寂寂为助，惺惺为正。

2. 毗婆舍那

梵语毗婆舍那，汉译为观。此处的观，因以诸法"缘起性空"之差别假有为所观境，故又称分别随缘止，因与假谛相应，义当假观，故又称"即止之观"（观真如即生灭）。这里，有两个要点：

一是智因境生，境因智了，境智互依，智非境外之智，境非智外之境，境智一体，非有非无，其性本空。此即三祖《信心铭》所言"能随境灭，境逐能沉。境由能境，能由境能。欲知两段，元是一空"。

夫境非智而不了，智非境而不生。智生则了境而生，境了则智生而了。智生而了，了无所了；了境而生，生无能生。生无能生，虽智而非有；了无所了，虽境而非无。无即不无，有即非有，有无双照，妙悟萧然，如火得薪，弥加炽盛。薪喻发智之多境，火比了境之妙智。其辞曰：达性空而非缚，虽缘假而无著。有无之境双照，中观之心历落……

二是万法因缘而生，无有自性。性空不碍假有，故善恶因果历然；假有归于性空，故触目是道，随处解脱，此所谓"达性空而非缚，虽缘假而无著"，"内智寂寂，外境如如，如寂无差，境智冥一，万累都泯，妙旨存焉"。

复次，一切诸法，悉假因缘。因缘所生，皆无自性。一法既尔，万法皆然。境智相从，于何不寂？何以故？因缘之法，性无差别。故今之三界轮回，六道升降，净秽苦乐，凡圣差殊，皆由三业四仪，六根所对，随情造业，果报不同。善则受乐，恶则受苦。故经云："善恶为因，苦乐为果。"当知法无定相，随缘构集，缘非我有，故曰性空。空故非异，万法皆如。故经云："色即是空。"四阴亦尔。如是，则何独凡类缘生，亦乃三乘圣果，皆从缘有。是故经云："佛种从缘起。"是以万机丛凑，达之者，则无非道场；色像无边，悟之者，则无非般若。故经云："色无边故，当知般若亦无边。"何以故？境非智而不了，智非境而不生。智生则了境而生，境了则智生而了。智生而了，了无所了；了境而生，生无能生。生无能生，则内智寂寂；了无所了，则外境如如。如寂无差，境智冥一，万累都泯，妙旨存焉。故经云："般若无知，无所不知。"如是则妙旨非知，不知而知矣。

3. 优毕叉

梵语优毕叉（优毕舍），汉译为舍，行心平等，舍离偏执，故名为舍。此处的舍，又称息二边分别止，因与中道谛相应，义当中观，故又称"止观双泯"。

　　暗动、愚乱为烦恼之源，明静、慧定为解脱之本。然定乱、动静、愚慧、明暗等，性空而体同，非暗动之外有静明，非愚乱之外有定慧，实为即乱而定，即动而静，即暗而明，即愚而慧。其功夫之要，在于借止观之力，观空、不空、非空非不空，寂而常照，照而常寂，而后寂照双泯。

　　夫定乱分政，动静之源莫二；愚慧乖路，明暗之本非殊。群迷从暗而背明，舍静以求动；众悟背动而从静，舍暗以求明。明生则转愚成慧，静立则息乱成定。定立由乎背动，慧生因乎舍暗。暗动连系于烦笼，静明相趋于物表。物不能愚，功由于慧；烦不能乱，功由于定。定慧更资于静明，愚乱相缠于暗动。动而能静者，即乱而定也；暗而能明者，即愚而慧也。如是则暗动之本无差，静明由兹合道；愚乱之源非异，定慧于是同宗。宗同则无缘之慈，定慧则寂而常照。寂而常照则双与，无缘之慈则双夺。双夺故优毕叉，双与故毗婆、奢摩。以奢摩他故，虽寂而常照；以毗婆舍那故，虽照而常寂；以优毕叉故，非照而非寂。照而常寂，故说俗而即真；寂而常照，故说真而即俗；非寂非照，故杜口于毗耶。

　　舍之功行至极，即可与空、不空、非空非不空相应，得自在解脱，发无穷妙用：

　　第三语其相应者，心与空相应，则讥毁赞誉，何忧何喜；身与空相应，则刀割香涂，何苦何乐；依报与空相应，则施与劫夺，何得何失。心与空不空相应，则爱见都忘，慈悲普救；身与空不空相应，则内同枯木，外现威仪；依报与空不空相应，则永绝贪求，资财给济。心与空不空非空非不空相应，则实相初明，开佛知见；身与空不空非空非不空相应，则一尘入正受，诸尘三昧起；依报与空不空非空非不空相应，则香台宝阁，严土化生。

　　舍之相应，必须以精进修观为前提（所谓"渡海应须上船，非船何以能渡。修心必须入观，非观无以明心。心尚未明，相应何日"），先借言明旨，次借观会宗（所谓"至理无言，假文言以明其旨；旨宗非观，藉修观以会其宗。若旨之未明，则言之未的。若宗之未会，则观之未深。深观乃会其宗，的言必明其旨"），超越二边之见，最后，旨宗既明，言观双遣，言语道断，心行处灭，妙契寰中。

二、禅宗的止观特色

基于上述对禅宗止观思想的简单回顾，我们可以把禅宗的止观特色归结为如下几个要点：

1. 宗门之止观，以自性（自性本定、自性般若）为体，以藉教悟宗、树立圆顿的信解（临济祖师所说的"真正见解"）为前提，强调大道遍一切时处，须臾不曾离，本自具足，触目是道，处处是道场，当下即是，故在功夫的落实上，以直下承当、无心合道为特点

自性本定为止之体，无有出入之别，亦无动静之分，具有照而常寂、随缘而不变的特征。自性般若，又称本觉，此为观之体，乃能所双亡、尘念双遣的不知之知，具有寂而常照、不变而随缘的特征。

宗门之止观，由于强调以宗门的圆顿信解为前提，从实相智起观，所以，这种止观属于圆顿止观，不同于教下的方便渐次止观。这种圆顿止观的特征，如四祖道信禅师所言，"夫身心方寸，举足下足，常在道场；施为举动，皆是菩提"，亦即所谓"那伽常在定，无有不定时"。

2. 宗门之止观以观实相为根本

宗门之止观，以实相或自性为所观对象，故又称自性观、实相观。实相者，即"诸法空相，不生不灭，不垢不净，不增不减"，远离二边相，非实有相。自性者，即诸法之本源，法界之体性，离相绝待，能生一切法，能摄一切法，具足体相用三大，出入自在无碍。

如，四祖道信禅师在他的《入道安心要方便法门》中，引用《普贤观经》"一切业障海，皆从妄想生。若欲忏悔者，端坐念实相"，而把"念实相"作为修习止观之根本，其具体内容有五个方面：

《观无量寿经》云："诸佛法身，入一切众生心想，是心是佛，是心作佛。"

当知佛即是心，心外更无别佛也。略而言之，凡有五种：一者知心体，体性清净，体与佛同；二者知心用，用生法宝，起作恒寂，万惑皆如；三者常觉不停，觉心在前，觉法无相；四者常观身空寂，内外通同，入身于法界之中，未曾有碍；五者守一不移，动静常住，能令学者明见佛性，早入定门。（《入道安心要方便法门》）

此五点，可视为宗门修习圆顿止观的基本要领。

在《坛经》中，六祖明确地把自性观列为修习止观的核心。他说："学道常于自性观，即与诸佛同一类。"在解释什么是无念的时候，亦直接把"念真如本性"作为所观境：

故此法门立无念为宗……无者，无何事？念者，念何物？无者，无二相，无诸尘劳之心。念者，念真如本性。（《六祖坛经·定慧品第四》）

用超越二边的始觉观智，谛观不二之真如自性，始本相应，此即是自性观。

实相观和自性观，本质是一样的，只不过，实相是从诸法缘起性空、无有实相之"相空"这一方面来立名的，而自性则是从诸法的真如体性这一方面来立名的。实相观和自性观，其核心内容，用《大乘起信论》的说法，就是观生灭即真如，观真如即生灭，观真如与生灭不一不异。

众所周知，从五祖起，禅宗开始把《金刚经》作为施教和传法的经典依据。而此前则主要是依《楞伽经》来印心传法的。《金刚经》是般若类经典的大纲，它以"若见诸相非相，即见如来"之实相智为体，以"离四相而行一切善法"为宗，以"以破执、断疑、得阿耨多罗三藐三菩提"为用。

整部《金刚经》围绕"云何应住、云何降伏其心"这两个问题而展开。因为在二乘行人"回小向大""回自向他""回事向理"、发菩提心的过程中，有两种不安：

一是小乘涅槃既不是究竟住处，则当住何处？菩提岂无住处耶？

一是众生无边，何时能度尽？众生既不能度尽，岂不是成佛无期耶？

这两种不安的心，需要降伏，需要安顿。那么究竟安顿在何处呢？实际上，这两种不安，均来自不明实相之理，心中有相有住。若悟实相之理，心中无相无住，则不安自消，不待降伏而自降伏，不用求住而住无住处。

故这两个问题的答案，其精神实为一个：应无所住而生其心。无住就是要离相发心，此即是降伏；而生其心就是要修离相行。离相行就是无住，无住即是应住。

整部《金刚经》从义理结构上看，可依据这两个问题而被相应地分为两大部分（以"究竟无我分第十七"为界限）：

前一部分回答"云何降伏其心"，明无相无住的实相之旨，启文字般若，以开圆顿之信解，落脚点在"应无所住"（实智），重在以空观智而破有。

后一部分回答"云何应住"，依实相智而起观照般若，以成圆顿之行证，落脚点在"而生其心"（权智），重在以假观智而破空，从空起用，空有不二。"而生其心"，既指称性起修，又指从空起用。

此一部分又分为二：先约如来果德明无住，的示实相般若，以开实智，明"应无所住"。次依如来果德之实相智而起修，的示观照般若，以开权智，明"而生其心"。

在这里，"应无所住"属实智、实相般若、根本智、空观智，"而生其心"属权智、观照般若、后得智、假观智。

这种随顺实相理谛而起文字般若，依文字般若而起观照般若，依观照般若而证实相般若，这正是宗门止观的核心精神之所在。

《金刚经》所说的实相就是诸法缘起性空之相，非实有之相，远离二边之相：

> 是实相者，则是非相，是故如来说名实相。

《金刚经》从实相智的角度，对"佛"和"如来"的本义做了明确的揭示，认为见实相即是见如来。这对修行人的因地用功，具有非常重大的指导意义。

（1）须菩提，于意云何？可以身相见如来不？不也，世尊，不可以身相得见如来。何以故？如来所说身相，即非身相。佛告须菩提：凡所有相，皆是虚妄。若见诸相非相，即见如来。

（2）须菩提，于意云何？可以三十二相观如来不？须菩提言：如是如是，以三十二相观如来。佛言：须菩提，若以三十二相观如来者，转轮圣王即是如来。须菩提白佛言：世尊，如我解佛所说义，不应以三十二相观如来。尔时世尊而说偈言：若以色见我，以音声求我。是人行邪道，不能见如来。（《金刚般若波罗蜜经》）

见实相，在功夫上，就是即相离相，即见闻觉知离见闻觉知，观诸法无常（所谓"一切有为法，如梦幻泡影，如露亦如电，应作如是观"），观妄念无相（所谓"过去心不可得，现在心不可得，未来心不可得"），也就是"善能分别诸法相，于第一义而不动"。

从实相智的角度来看，修行的本质就是依实相理，发无相度生之心，修无相福，行无相六度，说无相法，度无相众生，严无相土，成就无相阿耨多罗三藐三菩提果。所谓"离我相、人相、众生相、寿者相而行一切善法，即得阿耨多罗三藐三菩提"。

3. 宗门之止观以称性起修为原则

由于宗门之止观，以自性（又称"自性般若""性净本觉"）为体，以观诸法实相为核心，所以，后天依之起修的始觉观智，必须与自性的离相绝待之空性相应，与实相的超越二边之性相应。用《大乘起信论》的话来说，就是要用"虚空明镜"的心来做功夫。《大乘起信论》曾经用"虚空""明镜"二喻来描述性净本觉之特征。虚空意味着平等包容一切，没有对立面。明镜意味着如实照鉴事物的差别相而内心如如不动。三祖《信心铭》把"虚明自照，不劳心力"作为修习止观的用功要领，正好与此二喻相同，体现了称性起修的原则。

根据称性起修的原则，止观之修习必须以不生不灭的常住真心为因地真心，不能用生灭之识心来做功夫。换言之，当下透过诸法之空性、息二边见，转一切境缘为修行之妙用（此即"心能转物，即同如来"），远离取舍和对治。这与教下的强调方便对治之用功方法大不同。二祖安心、三祖忏罪、四祖解缚等，充分地体现了这一用功原则。另外，《信心铭》中讲，"不用求真，唯须息见。二见莫住，慎莫追寻。才有是非，纷然失心"，这句话可以说是从功夫上对称性起修这一原则的最恰当的解释。

关于这一点，本章第四节《〈首楞严经〉关于修习止观的基本原则》中，还将进一步涉及。

4. 宗门之止观以空观、假观、不二观为方法，以破二边见、离心意识为着力点

称性起修的原则，落实在当下之观行上，就是要用空、假、中三观，分别破有（人我执、法我执）、破空（回小向大，发大悲心，行菩萨道），证俱空，契入中道实相。此三观皆以破二边见、离心意识、远离执著、归于无住为着力点。

空观，就是要观诸法缘起性空、观妄念无相，此即《大乘起信论》所说的观生灭即真如。宗门中的参究一法，多属此类。

假观，就是要观诸法虽然性空不实，但是不碍善恶因果差别之假有，由此生起与众生同体的大悲愿心，此即《大乘起信论》所说的观真如即生灭。达磨祖师的四行观，盖属此类。

中道观，又称不二观，就是观空有不二、生灭与不生不灭不二、生死与涅槃不二、烦恼与菩提不二，能所双亡，凡圣俱泯，言语道断，心行处灭。宗门中的默照一法，盖依于此不二观。

此三观，一体不分。空观者，即假中之空；假观者，即空中之假；中观者，即假空之中。举一即三，会三归一。

5. 宗门之止观以证真如三昧为直接目标

证真如三昧是修习宗门止观的直接目标。真如三昧，在《六祖坛经》中，又称作"般若三昧""一相三昧""一行三昧"。宗密大师于《禅源诸诠集都序》卷上，将禅分为五种，即外道禅、凡夫禅、小乘禅、大乘禅、如来清净禅；认为如来清净禅属于最上乘禅，又称一行三昧、真如三昧，并认为此三昧乃一切三昧之根本。可见，真如三昧在宗门的修证过程中，所处的地位非常关键、重要。

在宗门里，"明心见性"一向被视为真正修行的开始，《六祖坛经·行由品第一》记载：

祖（五祖弘忍）知悟本性，谓惠能曰："不识本心，学法无益。若识自本心，见自本性，即名丈夫、天人师、佛。"

另外达磨《血脉论》亦云：

直见本性，名之为禅。若不见本性，即非禅也。假使说得千经万论，若不见本性，只是凡夫，非是佛法。（见《少室六门》）

这里所说的"识本心""直见本性"，实际上就是"入真如三昧""般若三昧"。《大乘起信论》讲，真如三昧是入道之根本，转凡成圣的关键，一切众生必须借此真如三昧，方得入如来种性，居不退位。所谓的入真如三昧，就是在止观的功夫达于"根尘迥脱、前后际断、一念不生、照体独立"之际，忽然觉破人我执，了知法界一相，与自性般若之空观智相应。

顺便提一下，"真如三昧""般若三昧""一相三昧""一行三昧"，有通、别二种理解。依长水大师《大乘起信论疏笔削记》所言，实乃同一三昧之异名，只是立名的角度不同而已。真如三昧依三昧所依之体而立名，般若三昧依能观之智而立名，一相三昧依所观之境而立名，一行三昧依智境一如、妙用自在而立名。以上是就立名的通相而论。若就立名的别相而论（亦即依功夫次第而论），真如三昧、般若三昧与真如之体大相应，即假即中之空观智现前，能断见思二惑，位当初住至七住；一相三昧与真如之相大相应，即空即中之假观智现前，能断尘沙惑，位当八住至十向；一行三昧与真如之用大相应，即空即假之中道智现前，证无生法忍，能断无明惑，位当十地。此四者皆不离一心三观。

6. 宗门之止观以一念不生、无心合道为相应

宗门之止观，从证量上来讲，以"一念不生，无心合道"为相应。《大乘起信论》在讲到真如之体熏、用熏的时候，亦提到相应的问题：

此体、用熏习，分别复有二种。云何为二？一者未相应，谓凡夫、二乘、初发意菩萨等，以意、意识熏习，依信力故而能修行，未得无分别心、与体相应故，

未得自在业修行、与用相应故。二者已相应,谓法身菩萨,得无分别心,与诸佛智用相应,唯依法力自然修行,熏习真如,灭无明故。(真谛译本《大乘起信论》)

可见,无分别心是与真如体熏、用熏相应的条件。

六祖亦反复强调禅宗"以无念为宗",显示了无念(又称"无心""一念不生""能所双亡""智境双泯")在见道中的重要性。宗门里诸如"一念不生全体现,六根才动被云遮""无心体得无心道,体得无心道亦休"等开示,都说明了"无心"才能与道相应的道理。

前面回顾《禅宗永嘉集》时,曾提到"故起念、串习念、接续念、别生念、即静念"等五种念,前四念是病,后即静念是药,并指出"虽复药病有殊,总束俱名为念。得此五念停息之时,名为一念相应"。这里的"五念停息",即是无念、无心,乃是与道相应的根本条件。

以上所说无心、一念不生和无分别心,名异而义同,乃寂惺不二、不知之知的自性般若现前,并非木石之无记。个中尘念皆遣、能所双亡、前后际断、照体独立,至少要达到《首楞严经》所说的根尘二结俱脱的境界(即"此根初解,先得人空"),方与真如之体大相应;若更进一步,欲与真如之用大相应,依《大乘起信论》来说,则必须入初地菩萨位证无生法忍方可。

7. 宗门之止观以惺寂不二、动静不二、坐作不二为特征,寂而常照,照而常寂

宗门之止观,由于是以自性本定、自性般若(自性本明)为体的,所以,其功夫和效用不仅局限于座上的静修,而是遍布于生活中的在在处处。所谓"行亦禅,坐亦禅,语默动静体安然"。所以,宗门之止观和定慧,表现出一种非常明显的惺寂不二、动静不二、坐作不二之特色。从《传灯录》的大量记载中,我们发现一个非常有趣的现象:绝大多数禅僧,如盘山宝积禅师、楼子和尚、梁山缘观禅师座下的园头和尚,都是在日常生活中不经意间开悟的,而且他们的止观功夫都是在动中、在生活中进行的,并不是局限在禅堂里。

以上是宗门止观的基本特色。在这里,有两点需要注意:

一是宗门之止观虽然圆顿,但必须以净戒、忏悔为基础。离开了这一基

础，必遭魔扰。此即戒乘俱急、禅戒不二。那种以圆顿为借口、不信因果、不遵戒律、不重忏悔的行为，实为偏空之狂禅。关于这一点，本书在第十四章第三节"修习止观过程中的魔障及其对治"中，将略作展开。

二是宗门之止观虽是圆顿，但并不拒绝方便渐次止观的一些具体操作方法。因为真正的圆顿，恰恰是方便即究竟，究竟即方便，非方便之外别有究竟，非究竟之外别有方便。究竟者，乃所信解的实相之理是究竟的。方便者，乃落实实相观的下手方便是非常具体、可操作的。在究竟圆顿信解之引领下，以方便法而起观行，此观行亦是究竟的。

比如，以观呼吸为主的四念处法门和净土宗普遍采用的持名念佛法门，在禅门里亦被广泛运用。有人会因此怀疑，认为宗门里观呼吸、观身受和持名念佛，与宗门止观以实相观为根本的说法是相矛盾的。这种看法，乃由对实相的错误理解造成的。实际上，诸法实相的实相，并非在诸法之外别有实相，亦非在实相之外别有诸法，诸法缘起性空，当下就是实相。所以，实相并非在六根、六尘、十二入、十八界、七大之外，当下看透四科七大当体即妙明真心的幻现，当下离实有相、离二边相、离文字相、离心缘相，如如不动，当下即是见实相。故依圆顿的信解而起正念观察，虽然是修四念处或持名念佛，当下亦是修实相观。判断所修止观是圆顿或是方便渐次，差别不在于操作方法，而在于方法背后的见地。外道的见地即是外道止观，小乘的见地即是小乘止观，大乘的见地即是大乘止观。

由于禅宗的止观精神，始终贯穿着《法华经》"开权显实、会权归实、权实不二"之精神，所以，在对止观的理解和运用上，同时也包含着"方便不离究竟、究竟不离方便、方便即究竟、究竟即方便"这样一种开合自如的特色。合则三观一心，无有次第；开则三观历别，有先有后。此皆应机而设。这正是生活禅的开放性、圆融性和普适性之体现。生活禅并不认为，只有参禅一法才是唯一的正宗，而修其他法门就不是禅。

从"实"和"究竟"的角度来看，禅宗的止观，因为强调以最上乘的圆顿信解为指导，强调止观不二、三观一心，故将其归为天台之圆顿止观、绝待止观、通相三观（一观中圆解三谛）、一心三观（一念中圆观三谛），或者归结为华严宗的"理事无碍观、周遍含融观"，也是完全可以的。

但是，另外一方面，从"权"和"方便"的角度来看，生活禅之止观，为了契机化众之需要，并不排斥"渐次止观"和"别相止观"等。相反，在具体功夫的落实方面，生活禅强调，在圆顿信解的统摄下，其止观修习，可以依次第止观历别而行，比如可以先从空观入手，而后渐次进入假观、中道观等，或者先修习发出离心，进入初善，以破凡夫之"执有"，次修习大悲心，进入中善，以破二乘之"执空"，末后修习中道观，空有俱遣，凡圣双泯，直趣向上一路。不过，此次第止观和别相三观，也只是暂时的方便，权分先后，仍然没有离开三谛圆融的精神，所谓"观空则一空一切空，无假无中不是空；观假则一假一切假，无空无中不是假；观中则一中一切中，无空无假不是中"。

另外，生活禅虽然在修习止观的时候强调信解的圆顿性，但在功夫上并不是一下子就能够到位的，其功夫由浅至深的过程会呈现出不同的层次。此不同的层次，或与天台的渐次止观和别相止观、华严的法界观有一定的对应性。比如，由事法界而入理法界，由理法界而入理事无碍法界，最后进入事事无碍法界，或者先观念头之空性而入空观，与妙真如心的体大相应，次观诸法之假有而入假观，与妙真如心的相大相应，最后入中道观，与妙真如心的用大相应。这种由功夫深浅而自然呈现出来的不断增进的次第过程，后来演化为宗门中的"三关"之说。关于这一点，本书第十三章"生活禅的功夫次第"将会做具体的阐明。

第三节　智者大师论修习止观的前行条件

修习止观，要想进展顺利，必须具足一些基本的条件。智者大师在《释禅波罗蜜次第法门》一书之开篇，首先讲到修习止观者，必须发菩提心、远离十种邪心，才能与禅波罗蜜相应。发菩提心和远离十种邪心，是修禅者必备的最基本的条件。

何谓菩提心？就是依中道正观，愍念众生，而起度生之四弘誓愿。

菩提心者，即是菩萨以中道正观，以诸法实相，怜愍一切，起大悲心，发四弘誓愿。四弘誓愿者：一未度者令度，亦云众生无边誓愿度。二未解者令解，亦云烦恼无数誓愿断。三未安者令安，亦云法门无尽誓愿知。四未得涅槃令得涅槃，亦云无上佛道誓愿成……行者若能具足发此四愿，善知四心摄一切心，一切心即是一心，亦不得一心而具一切心，是名清净菩提之心。因此心生，得名菩萨。（《释禅波罗蜜次第法门》卷一）

何谓十种邪心？即十种狭隘的非清净的发心——地狱心、鬼神心、畜生心、修罗心、人心、六欲天心、魔罗心、外道心、色无色界心、二乘心，此十种发心与六道轮回、外道二乘相应，与菩萨道不相应。

有十种行人，发心修禅不同，多堕在邪僻，不入禅波罗蜜法门。何等为十？一为利养故发心修禅，多属发地狱心。二邪伪心生，为名闻称叹故发心修禅，多属发鬼神心。三为眷属故发心修禅，多属发畜生心。四为嫉妒胜他故发心修禅，多属发修罗心。五为畏恶道苦报，息诸不善业故发心修禅，多属发人心。六为善心安乐故发心修禅，多属发六欲天心。七为得势力自在故发心修禅，多属发魔罗心。八为得利智捷疾故发心修禅，多属发外道心。九为生梵天处故修禅，此属发色无色界心。十为度老病死苦、疾得涅槃故发心修禅，此属发二乘心。就此十种行人，善恶虽殊，缚脱有异，既并无大悲正观，发心邪僻，皆堕二边，不趣中道。若住此心，修行禅定，终不得与禅波罗蜜法门相应。（《释禅波罗蜜次第法门》卷一）

以上是从总体讲修习止观的前提条件。更具体的内容，则见于智者大师《修习止观坐禅法要》一书。在该书中，智者大师就修习止观的全过程略开十门，"以示初心行人，登正道之阶梯，入泥洹之等级"。此十门是："具缘第一，诃欲第二，弃盖第三，调和第四，方便第五，正修第六，善发第七，觉魔第八，治病第九，证果第十"。其中，具缘、诃欲、弃盖、调和、方便，就是这里所强调的修习止观的基本前提，又称前行。

一、具五缘

凡发心修习止观者，必须具足五种外缘：一是忏悔净戒；二是衣食具足；三是得闲居静处；四是息诸缘务；五是亲近善知识。

（一）持戒清净

只有持戒清净，方能得诸禅定，开发智慧。修行人依持戒清净程度之不同，分为三等：上品持戒者，戒行清净，修习止观，必证佛法。中品持戒者，虽不犯重戒，但于诸轻戒多有毁犯，若能如法忏悔，亦能生定慧。下品持戒者，于轻重戒多所毁犯，若能生重惭愧，行大乘实相忏悔，亦能灭诸重罪，令三昧现前。

第一持戒清净。如经中说，依因此戒，得生诸禅定及灭苦智慧。是故比丘应持戒清净。然有三种行人，持戒不同：

一者若人未作佛弟子时不造五逆，后遇良师教，受三归五戒，为佛弟子。若得出家受沙弥十戒，次受具足戒，作比丘、比丘尼，从受戒来，清净护持，无所毁犯。是名上品持戒人也。当知是人修行止观，必证佛法，犹如净衣，易受染色。

二者若人受得戒已，虽不犯重，于诸轻戒，多所毁损。为修定故，即能如法忏悔，亦名持戒清净，能生定慧。如衣曾有垢腻，若能浣净，染亦可着。

三者若人受得戒已，不能坚心护持轻重诸戒，多所毁犯。依小乘教门，即无忏悔四重之法。若依大乘教门，犹可灭除。故经云，佛法有二种健人：一者不作诸恶，二者作已能悔。（《修习止观坐禅法要》）

忏悔之法，必须具足明信因果、生重怖畏、深起惭愧等十个方面的内容：

夫欲忏悔者，须具十法，助成其忏：

一者明信因果；二者生重怖畏；三者深起惭愧；四者求灭罪方法，所谓大乘经中明诸行法，应当如法修行；五者发露先罪；六者断相续心；七者起护法心；八者发大誓愿度脱众生；九者常念十方诸佛；十者观罪性无生。若能成就如此十法，庄严道场，洗浣清净，着净洁衣，烧香散花于三宝前，如法修行，一七、三七日，或一月三月，乃至经年，专心忏悔，所犯重罪取灭方止……

若人犯重禁已，恐障禅定，虽不依诸经修诸行法，但生重惭愧，于三宝前，发露先罪，断相续心，端身常坐，观罪性空，念十方佛。若出禅时，即须至心烧香礼拜忏悔，诵戒及诵大乘经典，障道重罪，自当渐渐消灭。因此尸罗清净，禅定开发。故《妙胜定经》云：若人犯重罪已，心生怖畏，欲求除灭，若除禅定，余无能灭。是人应当在空闲处，摄心常坐，及诵大乘经，一切重罪悉皆消灭，诸禅三昧自然现前。（《修习止观坐禅法要》）

通过忏悔，重罪得以净除，会有相应的清净相现前，表明可以修习禅定：

云何知重罪灭相？若行者如是至心忏悔时，自觉身心轻利，得好瑞梦；或复睹诸灵瑞异相；或觉善心开发；或自于坐中，觉身如云如影，因是渐证得诸禅境界；或复豁然解悟，心生善识法相，随所闻经，即知义趣，因是法喜，心无忧悔。如是等种种因缘，当知即是破戒障道罪灭之相。从是已后，坚持禁戒，亦名尸罗清净，可修禅定。犹如破坏垢腻之衣，若能补治浣洗清净，犹可染着。（《修习止观坐禅法要》）

（二）衣食具足

凡修习止观，必须身心安稳，而身心安稳离不开衣食之资持，故修道之人必须衣食具足。衣食具足意味着必须如法求得衣食，要知量、知足。衣法有三，食法有四，须如理如法，切忌贪求积聚及邪命自活。

第二衣食具足者，衣法有三种：
一者如雪山大士，随得一衣，蔽形即足。以不游人间，堪忍力成故。
二者如迦叶常受头陀法，但畜粪扫三衣，不畜余长。
三者若多寒国土，及忍力未成之者，如来亦许三衣之外，畜百一等物，而要须说净，知量知足。若过贪求积聚，则心乱妨道。
次食法有四种：
一者若上人大士，深山绝世，草果随时得资身者。
二者常行头陀受乞食法，是乞食法，能破四种邪命，依正命自活，能生圣道故。邪命自活者：一下口食，二仰口食，三维口食，四方口食（按：邪命食有四种：1.下口食，以口向下，如种田耕地，而谋生活，此名下口邪命食；2.仰口食，即仰观星宿，专言天文，何日何时起大风，降大雨，哄骗世人，以斯言谋生活；3.维口食，想种种方法，维持生计，或结交豪富，或走遍四方，到处谋食，故名维口食；4.方口食，游行四方，如卜算吉凶，医药看相，悉称为方口食）。邪命之相，如舍利弗为青目女说。

三者阿兰若处，檀越送食。

四者于僧中洁净食。

有此等食缘具足，名衣食具足。何以故？无此等缘，则心不安隐（稳），于道有妨。（《修习止观坐禅法要》）

（三）得闲居静处

修习止观，必须得三种清净居处 —— 深山绝人处、头陀兰若处、远离白衣之清净伽蓝中。居处若不清净，易招障扰，不能专一办道。

第三得闲居静处。闲者不作众事，名之为闲；无愦闹故，名之为静。有三处可修禅定：

一者深山绝人之处。

二者头陀兰若之处，离于聚落，极近三四里，此则放牧声绝，无诸愦闹。

三者远白衣住处，清净伽蓝中，皆名闲居静处。（《修习止观坐禅法要》）

（四）息诸缘务

修习止观，必须远离四种缘务，包括生计、人情应酬、工巧术数、学问读诵、诗词吟唱等，令心闲闲无事。

第四息诸缘务。有四意：

一息治生缘务，不作有为事业。

二息人间缘务，不追寻俗人朋友亲戚知识，断绝人事往还。

三息工巧技术缘务，不作世间工匠、技术、医方、禁呪、卜相、书数、算计等事。

四息学问缘务，读诵听学等，悉皆弃舍。

此为息诸缘务。所以者何？若多缘务，则行道事废，心乱难摄。（《修习

止观坐禅法要》）

（五）亲近善知识

修习止观必须得外护、同行和教授等三种善知识之护持、策励、指导。如若不然，修行则无法进行，易招障碍。

第五近善知识。善知识有三：

一外护善知识，经营供养，善能将护行人，不相恼乱。

二者同行善知识，共修一道，互相劝发，不相扰乱。

三者教授善知识，以内外方便禅定法门，示教利喜。（《修习止观坐禅法要》）

二、诃五欲

凡修习止观者，必须先观察、觉悟五欲之过患，从而放下五欲，远离尘境。五欲若不能诃止，修习止观的过程中，必招魔扰。

所言诃欲者，谓五欲也。凡欲坐禅修习止观，必须诃责。五欲者，是世间色声香味触，常能诳惑一切凡夫，令生爱著。若能深知过罪，即不亲近，是名诃欲。

一诃色欲者，所谓男女，形貌端严，修目长眉，朱唇素齿，及世间宝物，青黄赤白，红紫缥绿，种种妙色，能令愚人见则生爱，作诸恶业。如频婆娑罗王，以色欲故，身入敌国，在淫女阿梵波罗房中。优填王以色染故，截五百仙人手足，如此等种种过罪。

二诃声欲者，所谓箜篌筝笛，丝竹金石，音乐之声，及男女歌咏赞诵等声，能令凡夫闻即染著，起诸恶业，如五百仙人雪山住，闻甄陀罗女歌声，即失禅定，心醉狂乱。如是等种种因缘，知声过罪。

三诃香欲者，所谓男女身香，世间饮食馨香，及一切熏香等。愚人不了香相，闻即爱著，开结使门，如一比丘在莲华池边，闻华香气，心生爱乐。池神即大诃责，何故偷我香气？以著香故，令诸结使卧者皆起。如是等种种因缘，知香过罪。

四诃味欲者，所谓苦酸甘辛咸淡等，种种饮食肴膳美味，能令凡夫心生染著，起不善业。如一沙弥染著酪味，命终之后，生在酪中，受其虫身。如是等种种因缘，知味过罪。

五诃触欲者，男女身分，柔软细滑，寒时体温，热时体凉，及诸好触。愚人无智，为之沉没，起障道业。如一角仙，因触欲故，遂失神通，为淫女骑颈。如是等种种因缘，知触过罪。

如上诃欲之法，出《摩诃衍论》中说。复云："哀哉！众生常为五欲所恼，而犹求之不已。此五欲者，得之转剧，如火益薪，其焰转炽。五欲无乐，如狗啮枯骨。五欲增诤，如鸟竞肉。五欲烧人，如逆风执炬。五欲害人，如践毒蛇。五欲无实，如梦所得。五欲不久，假借须臾，如击石火。智者思之，亦如怨贼。世人愚惑，贪著五欲，至死不舍，后受无量苦恼。"

此五欲法与畜生同有，一切众生常为五欲所使，名欲奴仆，坐此弊欲，沉堕三涂。我今修禅，复为障蔽，此为大贼，急当远之。如禅经（按：《治禅病秘要经》）偈中说：

生死不断绝，贪欲嗜味故。养冤入丘冢，虚受诸辛苦。

身臭如死尸，九孔流不净。如厕虫乐粪，愚人身无异。

智者应观身，不贪染世乐。无累无所欲，是名真涅槃。

如诸佛所说，一心一意行。数息在禅定，是名行头陀。

（《修习止观坐禅法要》）

三、弃五盖

上言诃五欲，主要是指要远离色声香味触等能令人滋生贪爱之五尘，此处的五盖是指内心的贪、嗔、痴等烦恼习气，这些习气能障圣道，故谓之"盖"。修习止观者，必须打破贪欲、嗔恚、睡眠、掉悔、疑惑不信等五类习气之盖障。

（一）弃贪欲盖

欲爱之心，念念相续，能覆善心，能烧善法，能令身心热恼不安，远离圣道，是故应弃。

一弃贪欲盖。前说外五尘中生欲，今约内意根中生欲，谓行者端坐修禅，心生欲觉，念念相续，覆盖善心，令不生长，觉已应弃。所以者何？如术婆伽欲心内发，尚能烧身，况复心生欲火，而不烧诸善法？贪欲之人去道甚远。所以者何？欲为种种恼乱住处，若心著欲，无由近道，如除盖偈说：

入道惭愧人，持钵福众生。云何纵尘欲，沉没于五情。

已舍五欲乐，弃之而不顾。如何还欲得，如愚自食吐。

诸欲求时苦，得时多怖畏。失时怀热恼，一切无乐处。

诸欲患如是，以何能舍之？得深禅定乐，即不为所欺。

（《修习止观坐禅法要》）

（二）弃嗔恚盖

嗔恚是"失佛法之根本，坠恶道之因缘，法乐之冤家，善心之大贼，种种恶口之府藏"。坐禅时，若思维嗔事，念念相续，能生怨恼之心，灭一切善法，开地狱之门，是故应修慈忍而弃之。

二弃嗔恚盖。嗔是失佛法之根本，坠恶道之因缘，法乐之冤家，善心之大贼，种种恶口之府藏。是故行者于坐禅时，思惟此人现在恼我及恼我亲，赞叹我冤，思惟过去未来亦如是，是为九恼，故生嗔恨，嗔恨故生怨，以怨心生故便起心恼彼。如是嗔觉覆心，故名为盖。当急弃之，无令增长，如释提婆那以偈问佛：

何物杀安乐，何物杀无忧？

何物毒之根，吞灭一切善？

佛以偈答言：

杀嗔则安乐，杀嗔则无忧。

嗔为毒之根，嗔灭一切善。

如是知已，当修慈忍，以灭除之，令心清净。

（《修习止观坐禅法要》）

（三）弃睡眠盖

睡眠之时，因昏睡不觉，能障慧心，增长无明，最为不善，最难除灭。故急宜修无常观以破之，或依善知识以禅杖加以警醒。

三弃睡眠盖。内心昏暗，名为睡；五情暗蔽，放恣支节，委卧睡熟为眠。以是因缘名为睡眠，盖能破今世、后世实乐（究竟解脱之乐）法心，及后世生天及涅槃乐，如是恶法最为不善。何以故？诸余盖情，觉故可除；睡眠如死，无所觉识，以不觉故，难可除灭。如诸佛菩萨呵睡眠弟子，偈曰：

汝起勿抱臭尸卧，种种不净假名人，

如得重病箭入体，诸苦痛集安可眠？

如人被缚将去杀，灾害垂至安可眠？

结贼不灭害未除，如共毒蛇同室居，

亦如临阵两刃间，尔时云何安可眠？

眠为大暗无所见，日日欺诳夺人明，

以眠覆心无所见，如是大失安可眠？

如是等种种因缘，呵睡眠盖，警觉无常，减损睡眠，令无昏覆。若昏睡心重，当用禅镇（坐禅时，安置于头上，用以警觉睡眠之木板）杖却之。

（《修习止观坐禅法要》）

（四）弃掉悔盖

掉是指身口意三业放逸不拘，犹如醉象，狂荡难制，能障定慧，故名为盖。面对掉举、散乱，当摄心于功夫之所缘境上，不令放逸。

悔是指觉知前之散乱或过去所作恶业为非，深自惭愧忧恼，常怀怖畏，如箭入心，不得安稳，能障定心，故亦名为障。对于悔盖，觉悟之后，应及时忏悔，忏悔之后，应即时放下，令心自在，安于功夫之所缘境上，不得反复追忆忧悔。忏悔的目的，是断相续心，放下一切，后不复作，空心入道，而不是为了增强人的罪恶感、让人生活在沉重的忧悔当中，不能自拔。

四弃掉悔盖。掉有三种：

一者身掉，身好游走，诸杂戏谑，坐不暂安。

二者口掉，好喜吟咏，竞诤是非，无益戏论，世间语言等。

三者心掉，心情放逸，纵意攀缘，思惟文艺，世间才技，诸恶觉观等，名为心掉。

掉之为法，破出家人心。如人摄心，犹不能定，何况掉散！掉散之人，如无钩醉象，穴（按：一作"空"，一作"缺"）鼻骆驼，不可禁制。如偈说：

汝已剃头著染衣，执持瓦钵行乞食，

云何乐著戏掉法，放逸纵情失法利？

既失法利，又失世乐，觉其过已，当急弃之。

悔者，悔能成盖，若掉无悔则不成盖。何以故？掉时未在缘中故，后欲入定时方悔前所作，忧恼覆心，故名为盖。但悔有二种：一者因掉后生悔，如前所说。二者如作大重罪人，常怀怖畏，悔箭入心，坚不可拔。如偈说：

不应作而作，应作而不作，悔恼火所烧，后世堕恶道。

若人罪能悔，悔已莫复忧，如是心安乐，不应常念著。

若有二种悔，若应作不作，不应作而作，是则愚人相。

不以心悔故，不作而能作，诸恶事已作，不能令不作。

（《修习止观坐禅法要》）

（五）弃疑盖

疑就是对于佛法，包括善知识，不能生起真实信心，或者不自信，不能接受佛法的熏习，无法与道相应，犹如无手人入宝山，空无所获。

五弃疑盖者。以疑覆心故，于诸法中，不得信心。信心无故，于佛法中，空无所获。譬如有人入于宝山，若无有手，无所能取。

然则疑过甚多，未必障定，今正障定疑者，有三种：

一者疑自，而作是念：我诸根暗钝，罪垢深重，非其人乎！自作此疑，定法终不得发。若欲修定，勿当自轻，以宿世善根难测故。

二者疑师，彼人威仪相貌如是，自尚无道，何能教我？作是疑慢，即为障定。欲除之法，如摩诃衍论中说，如臭皮囊中金，以贪金故，不可弃其臭囊。

行者亦尔，师虽不清净，亦应生佛想。

三疑法，世人多执本心，于所受法不能即信、敬心受行，若心生犹豫，即法不染心，何以故？疑障之义，如偈中说：

如人在岐路，疑惑无所趣。诸法实相中，疑亦复如是。

疑故不勤求，诸法之实相。见疑从痴生，恶中之恶者。

善不善法中，生死及涅槃。定实真有法，于中莫生疑。

汝若怀疑惑，死王狱吏缚。如师子搏鹿，不能得解脱。

在世虽有疑，当随喜善法。譬如观岐道，利好者应逐。

佛法之中，信为能入，若无信者，虽在佛法，终无所获。如是种种因缘，觉知疑过，当急弃之。

（《修习止观坐禅法要》）

以上五盖，具足贪嗔痴三毒，能摄八万四千烦恼，能障一切善法，故弃除此五盖，即能除灭一切不善之法。修行人若能弃于五盖，即身心安稳，清净如朗月：

譬如负债得脱，重病得差（瘥），如饥饿之人得至丰国，如于恶贼中得自免济，安稳无患。行者亦如是。除此五盖，其心安稳，清凉快乐。如日月，以五事覆翳，烟、尘、云、雾、罗睺阿修罗手障，则不能明照，人心五盖亦复如是。（《修习止观坐禅法要》）

四、调五事

先通过诃五欲、弃五盖，放下一切尘劳妄想，接下来还要发广大誓愿、提起万法唯心之正念，令心空空如也、与道相应，继而调五事，进入正式止观之修习。

夫行者初学坐禅，欲修十方三世佛法者，应当先发大誓愿，度脱一切众生，愿求无上佛道，其心坚固犹如金刚，精进勇猛，不惜身命。若成就一切佛法，终不退转。然后坐中正念思惟一切诸法真实之相，所谓善、不善、无记法，内外根尘妄识，一切有漏烦恼法，三界有为生死因果法，皆因心有。故《十地经》云："三界无别有，唯是一心作。"若知心无性，则诸法不实，心无染著，则一切生死业行止息。作是观已，乃应如次起行修习也。（《修习止观坐禅法要》）

禅修时，首先要选择适当的场所，在家居士以选择佛堂为好，远离喧嚣，不当风，不潮湿，干净整洁，光线适中。光线过强则令心散乱，过暗则易生昏沉。坐禅的时候，一般不宜使用空调，以防寒气伤身。禅座不宜过高过窄，过高则心易惊怖，以低矮稳固、适合盘腿为度。禅垫以软草为宜，不宜过厚，过厚则易生热；宜平正，后边可略高于前边，前边切不可高于后边。

座上用功之初，先要调好五事。调五事是指调饮食、调睡眠（此二种属定外之外调）、调身、调息、调心（此三种乃入定时之内调）。

（一）调五事的重要性

身体放松，心里放下，身心调柔，宁静安和，这是进入禅修的基本要求，否则，将会招致种种障碍，无法进入三昧状态。而这种宁静安和的状态，与饮食、睡眠、身体、呼吸、心态有很大的关系。智者大师以陶师造器、琴师调弦为喻，说明了调五事的重要性：

调五法者：一者调节饮食，二者调节眠睡，三者调身，四者调气息，五者调心。所以者何？今借近譬以况斯法：如世陶师，欲造众器，先须善巧调泥，令使不强不软，然后可就轮绳。亦如弹琴，先应调弦，令宽急得所，方可入弄，出诸妙曲。行者修心亦复如是，善调五事，必使和适，则三昧易生。若有所不调，多诸妨难，善根难发。（《释禅波罗蜜次第法门》卷二）

（二）调饮食

食为进道之本。调饮食，意指当谨慎饮食，做到不饥、不饱、不偏（过辛、过咸、过寒、过腻），以舒适为度。如果吃得过饱，就会导致气急身满，坐念不安；如果吃得太少，或者处于饥饿状态，就会出现"身羸心悬，意虑不固"的状态;如果吃的食物秽浊不清、过于油腻,则会导致心识昏迷;如果吃的食物不宜于自身健康,则容易引发宿疾。所以,在禅修之前,在饮食方面,需要注意这四个问题。

第一调食者:夫食之为法,本欲资身进道。食若过饱,则气急身满,百脉不通,令心闭塞,坐念不安。若食过少,则身羸心悬,意虑不固。此皆非得定之道。复次若食秽浊之物,令人心识昏迷。若食不宜身物,则动宿疾,使四大违反。此为修定之初,深须慎之。故云"身安则道隆"。经云:"饭食知节量,常乐在闲处,心定乐精进,是名诸佛教。"(《释禅波罗蜜次第法门》卷二)

(三)调睡眠

睡眠是无明障道之法,虽不可纵之,但亦不可强废。调睡眠,意指睡眠要有节度,不过度睡眠,也不过度节减睡眠,以气足神清为度。睡眠如果不够,则会出现精神虚恍的状态;相反,如果睡得过多,就会懈怠堕落,令心晦暗,善根减损。

第二调睡眠者:夫眠是无明惑覆之法,虽不可纵之,若都不眠,则心神虚恍。若其眠寐过多,非唯废修圣法,亦复空丧功夫,令心暗晦,善根沉没。当觉悟无常,调伏睡眠,令神道清白,念心明净,如是乃可栖心圣境,三昧现前。故经云:"初夜后夜,亦勿有废。无以睡眠因缘,令一生空过,无所得也。当念无常之火,烧诸世间,早求自度,勿睡眠也。"(《释禅波罗蜜次第法门》卷二)

(四)调身、调息、调心

前言调饮食和睡眠,当于座前进行。此处的调身、调息和调心,当于座上同时进行。

调身,意指身体坐姿要正,无论半跏趺坐、全跏趺坐,当依小止观所教法式调稳身体,不宽、不紧,不俯、不仰,自然挺直,安稳舒适。调息,意指调和气息,远离风、喘、气三种不调相,绵绵微细,若存若亡,不涩不滑。

调息过程中，以自然放松、不作意为要领。息相既调，心中即无粗重妄想。相反，息相若乱，或有喘滞，心必烦乱。调心、调息在坐禅之初始阶段是同步进行的。

智者大师依据座上功夫，分入禅、住禅、出禅三个阶段，对身、息、心三者的不同调法，做了详细说明。

1. 初入禅调三事

（1）初入禅调身

坐禅之前，如果进行过剧烈活动，不宜立即上座，而应先令身心平静，然后再依法调身上座。

行人欲入三昧，调身之宜，若在定外，行住进止，动静运为，悉须详审。若所作粗犷，则气息随粗。以气粗故，则心散难录，兼复坐时烦愦，心不恬怡。是以虽在定外，亦须用心，逆（预先、事先）作方便。

后入禅时，须善安身得所。初至绳床，即前安坐处，每令安稳，久久无妨。

次当正脚。若半跏坐，以左脚置右髀上，牵来近身，令左脚指与右髀齐，右脚指与左髀齐。若欲全跏，即正右脚置左脚上。

次解宽衣带周正，不令坐时脱落。

次当安手，以左掌置右手上，重累手相对，顿置左脚上，牵来近身，当心而安。

先当挺动其身，并诸支节，作七八反，如自按摩法，勿令手足差异，竟即正身端直，令脊相对，勿曲勿耸。

次正头颈，令鼻与脐相对，不偏不邪，不低不昂，平面正住。

次开口吐胸中秽气。吐气之法，开口放气，不可令粗急，以之绵绵，恣气而出，想身中百脉不通处，教悉随气而出尽。闭口鼻纳清气，如是至三。若身息调和，但一亦足。

次当闭口，唇齿才相拄着，舌向上腭。

次当闭眼，才令断外光而已。

当端身正坐，犹如奠石，无得身首四肢，窃尔摇动。

是为初入禅定调身之法。举要言之，不宽不急，是身调相。（《释禅波罗蜜次第法门》卷二）

（2）初入禅调息

初入禅时，气息是粗重的，需要经过调理，去其风、喘、气三种不调和相，慢慢进入若有若无的最佳状态——"息"。这是入定的前提。

调息有三种方法：一是一心下守丹田；二是放松身体，顺其自然，不作意；三是观想全身毛孔呼吸，出入自在，无有障碍。

息调凡有四相：一风、二喘、三气、四息。前三为不调相，后一为调相。

云何风相？坐时鼻中息，出入觉有声。

云何喘相？坐时虽无声，而出入结滞不通，是喘相。

云何气相？坐时虽无声，亦不结滞，而出入不细，是名气相。

息相者，不声不结不粗，出入绵绵，若存若亡，资神安稳，情抱悦豫，此是息相。

守风则散，守喘则结，守气则劳，守息则定。

复次，坐时有风气等三相，是名不调而用心者，则为患也，心亦难定。

若欲调之，当依三法：一者下着安心；二者宽放身体，三者想气遍毛孔，出入通同无障。若细其心，令息微微然。

息调则众患不生，其心易定，是名行者初入定时调息方法。举要言之，不涩不滑，是息调相。（《释禅波罗蜜次第法门》卷二）

（3）初入禅调心

初入禅时，心有二相：一是散乱，二是昏沉。散乱现前时，可以下守丹田，或者数息。昏沉现前时，可以系念鼻端。总之，要令心不沉不浮，宽急得所。

调心有二义：一者调伏乱念，不令越逸；二者当令沉浮，宽急得所。

何等为沉相？若坐时心中昏暗，无所记录，头好低垂，是为沉相。尔时当系念鼻端，令心住在缘中，无令散意，此可治沉。

何等为浮相？若坐时心神飘动，身亦不安，念在异缘，此是浮相。尔时宜安心，向下系缘，制诸乱念，心则定住。

此则心易安静。举要言之，不沉不浮，是心调相。

问曰：心得有宽急相不？

答曰：亦有此事。心急相者，由坐中撮心，用念望得，因此入定，是故气上向，胸臆急痛。当宽放其心，想气流下，患自差（瘥）矣。

若心宽相者，觉心志游（一作"散"）漫，身好逶迤，或口涎流，或时暗晦。尔时应当敛身急念，令心住在缘中，身体相持，以此为治。心有涩滑之相，推之可知。

是为初入定时调心方法。（《释禅波罗蜜次第法门》卷二）

2. 住禅调三事

入静之后，应随时保持正念，观照身、息、心三者是处在调和状态，还是处在不调和状态，随时依前所言调身、调息、调心之方法，及时修正。

第二住坐中调三事者：当一坐之中，随时长短，摄念用心，是中应善识身、息、心三事调不调相。

若坐时，上虽调身、意，而令身或宽或急，或偏或曲，低昂不俱，觉已随正，每令安稳，中无宽急，平直正住。

复次，当坐之中，身虽调和，而气或不调。不调相者，如上所说，或风喘，或气急，身中胀满，当用前法随治之，每令息道绵绵，如有如无。

复次一坐时中，身、息虽调，而心或沉或浮，宽急不俱。尔时若觉，当用前法调令中适。

此三事，的无前后，随不调者而调适之，令一坐之中，身息心三事调适，无相乖越，和融不二。此则能除宿患，障妨不生，定道可克。（《释禅波罗蜜次第法门》卷二）

3. 出禅调三事

坐禅结束、准备出定的时候，不要急于下坐，而应按照下列细节做相应调整：

第三若坐禅将竟，欲出定时，应前放心异缘，开口放气，想息从百脉随意而散，然后微微动身，次动肩胛及头颈，次动两足，悉令柔软，然后以手遍摩诸毛孔，次摩手令暖，以掩两眼，却手然后开目，待身热汗稍歇，方可随意出入。若不尔者，或得住心，出既斗促（一作"顿促"），则细法未散，住在身中，令人头痛，百骨节强，犹如风劳，于后坐中，烦躁不安。是故心不欲坐，每须在意。此为出定调身息心方法，以从细出粗故，是名善入出住。（《释禅波罗蜜次第法门》卷二）

以上调五事中，调身、调息、调心，可以结合数息观所讲的数、随、止、观、还、净等方法来进行。

调五事乃修习止观的基础要求，不仅修安般禅（数息观）如此，修习其他禅法，亦应当如此。五事调好之后，胃中安和，精神清爽，身体松直，气息调柔，无粗妄想，则身心自然安稳宁静，即可进一步依所修方法做观照功夫。若心浮气躁，身心紧张，功夫即无法进行。

五、具五方便法

具足了前面所说的前行条件，修行人始可进入止观之正修。在正修过程中，须将欲、精进、念、巧慧、一心等五方便法贯彻于始终，借此强化出离心，精进办道，无有退屈。

1. 欲，又称志愿、好乐，远离一切妄想颠倒、得一切禅定智慧。
2. 精进，恒持净戒，远离贪嗔痴等诸毒，六时专精，修习善法。
3. 念，即正念真如三昧之可尊可贵，恒不走失。
4. 巧慧，即善能观察分别世间乐与出世间乐的虚实得失轻重，以助长道心。
5. 一心，即专精修习止观，守一不移，令信心念力坚固不动。

下面是智者大师对五方便法的具体解说：

夫修止观，须具方便法门，有其五法：

一者欲。欲离世间一切妄想颠倒，欲得一切诸禅智慧法门故，亦名为志，亦名为愿，亦名为好，亦名为乐。是人志愿好乐一切诸深法门故，故名为欲。

如佛言曰："一切善法，欲为其本。"

二者精进。坚持禁戒，弃于五盖。初夜后夜，专精不废，譬如钻火，未热终不休息，是名精进善道法。

三者念。念世间为欺诳可贱，念禅定为尊重可贵。若得禅定，即能具足，发诸无漏智、一切神通道力，成等正觉，广度众生，是为可贵。故名为念。

四者巧慧。筹量世间乐，禅定智慧乐得失轻重。所以者何？世间之乐，乐少苦多，虚诳不实，是失是轻。禅定智慧之乐，无漏无为，寂然闲旷，永离生死，与苦长别，是得是重。如是分别故名巧慧。

五者一心。分明明见世间可患可恶，善识定慧功德可尊可贵，尔时应当一心决定修行止观，心如金刚，天魔外道不能沮坏。设使空无所获，终不回易，是名一心。譬如人行，先须知道通塞之相，然后决定一心，涉路而进，故说巧慧一心。经云："非智不禅，非禅不智"，义在此也。（《修习止观坐禅法要》）

修习止观的方法虽然很多，无论是修息道观、不净观、慈心观、因缘观，还是修话头禅、默照禅、念佛禅，都离不开上述五个方面的前行、条件。这些条件若不具足，前行没有修到位，以后的止观修行必定会遭到各种各样的干扰，是故修习止观者不可不慎。

第四节　《首楞严经》关于修习止观的基本原则

修行止观的方法虽然多种多样，但有一些基本原则却是共通的。先从理论上把握修习止观的一些基本原则，对于实际的用功是非常有帮助的。

在汉传佛教史上，《首楞严经》是一部影响非常深远的经典，被誉为"开悟的楞严"。元代的天如惟则禅师在《大佛顶首楞严经会解》序中评价道：

夫《首楞严经》者，诸佛之慧命，众生之达道，教网之宏纲，禅门之要关。世尊成道以来，五时设化，无非为一大事因缘。求其总摄化机，直指心体，发宣真胜义性，简定真实圆通，使人转物同如来，弹指超无学者，无尚《楞严》

矣。(《大佛顶首楞严经会解》卷一)

蕅益大师在《阅藏知津》中亦称赞它：

此宗教司南，性相总要，一代法门之精髓，成佛作祖之正印。(《阅藏知津》卷十一)

鉴于此经为末世修行之司南、摧邪显正之正法眼、拣魔辨异之照妖镜，在信众中的影响非常广泛，所以在这里，简要介绍一下《首楞严经》中有关修习止观的主要思想——我们可以把它视为修习生活禅的基本原则。

（除了《首楞严经》之外，汉传佛教地区还有一部同样流传广泛、被历代修习止观的人高度关注的经典，就是《圆觉经》。《圆觉经》可以说是《首楞严经》的大纲，或者说是"缩略本"。这两部经的观点高度一致，甚至有不少譬喻都是相同的。因为篇幅所限，本书只介绍《首楞严经》的止观思想。）

关于如何修习止观，《首楞严经》提出了两大原则、三种渐次。

一、修习止观之两大原则

（一）称性起修，澄浊入涅槃 —— 佛法修证的总原则

"称性起修"，意即随顺本觉"不二"之空性而起观修。即后天起修的始觉之观智，必须随顺如来藏妙明真如心的超越二边的平等包容的空不空之性。此即《圆觉经》中所谓"随顺清净圆照觉性"。古人在解读《首楞严经》时，有的把这一原则称作"因果同异门"，其基本内涵就是，要以不生不灭的常住真心作为修行的因地真心。这是《首楞严经》的一个核心观点，并被反复地强调：

1. 一切众生，从无始来，生死相续，皆由不知常住真心性净明体，用诸妄想，此想不真，故有轮转。(《首楞严经》卷一)

2. 若于因地以生灭心为本修因，而求佛乘不生不灭，无有是处。(《首楞严经》卷四)

　　为什么要以不生不灭心为本修因，而不能以生灭心为本修因呢？因为障蔽我们的真智、令我们在生死中不断轮回的，恰恰是生灭心。我们的五蕴身心正是生灭心之所感召和幻现的"浊相"。

　　《首楞严经》认为，构成生命体的色受想行识等五阴，非心外之实有法，乃是因为我们本有的如来藏妙真如心，因最初一念无明妄动，产生了见、相二分。见分妄执相分中的少许四大结成根身，此六根之身，遂将圆觉妙心分拘为见闻觉知等妄识，奔趣六尘，分别取舍，缠扰不休，遂结成色受想行识等五蕴，其性浑浊，能障覆本觉妙明，故又称为"五浊"。

　　关于五浊的含义，可以从生理和事相两个方面来把握。生理是指，依《大乘起信论》"无明不觉生三细、境界为缘长六粗"之义理，讲惑业苦从细到粗的生起次第。长水大师在他的《楞严经疏注》中，主要是依此而解释五浊。事相是指，众生因无始无明之障蔽，无始以来就在惑业苦中轮回不息，故在众生分上，当下触目所对，即是具体的四大根身、山河大地等色法，以及依色而生之受、想、行、识等诸心理作用，于中轮转不休。又，五阴亦有通别二义：通则五阴不分生起之先后，当下具足；别则五阴之生起，先后粗细深浅历然。憨山大师在他的《楞严通议》中，主要是依五阴之别义而释五浊。

　　劫浊：相当于《大乘起信论》"三细六粗"中的"业相、转相、现相"（长水大师认为劫浊相当于"业相、转相"，以此时唯见暗昧之空境，尚未生起有形的依正世界）。谓最初一念无明，迷真起妄，能见之见分与所见之虚空、四大色法（相分），妄织成浊，浑浊真性之妙明，此为劫浊。此时尚未形成具体的四大根身。这是从生理次第的角度来讲"劫浊"的，故最为微细；然而，就事而论，亦即就众生分上而言，众生无始以来就在生死中轮回，故劫浊一起，四大根身及依报世界等色法，当下宛然，故它又是最粗的。所以憨山大师谓劫浊依色阴而立名。劫浊立足于第八识，以虚空四大色法为相。

　　见浊：相当于《大乘起信论》"三细六粗"中的"智相、相续相"（长水大师认为见浊相当于"现相"，以根身乃第八识相分中的一部分）。谓第八识之见分拕执相分中的四大之少分而为自体，并分拘原本之一精明心为见闻觉知，相吸相缠而成六受用根，此六受用根领纳诸境，起苦乐舍受而成浊，反过来障碍本具之妙明。此憨山大师谓见浊依受阴而立名。见浊立足于第七识、第八识，通过前五识领受诸境而起作用。

烦恼浊：相当于《大乘起信论》"三细六粗"中的"执取相、计名字相"（长水大师认为烦恼浊相当于"智相、相续相、执取相、计名字相"，以第七识为染污识，故列入烦恼浊）。谓六受用根生起之后，六识托于六根，基于触受，分别取舍，奔趣六尘，贪恋不已，起惑造业，名烦恼浊。憨山大师谓烦恼浊依想阴而立名。烦恼浊立足于第七识，通过第六识起分别烦恼而发生作用。

众生浊：相当于《大乘起信论》"三细六粗"中的"起业相"。谓第七末那识因俱生我执，贪恋生命、欲其常住世间，而奈何念念造业，受业力牵引，不能自主，生命迁谢不已，成生死往来之相。此身心世界生灭不停而成浊，障蔽妙明，名众生浊。憨山大师谓众生浊依行阴而立名。众生浊通过第七识相续迁流而起作用。又行者造作之义，故众生浊又通过前六识之起业而发生作用。

命浊：相当于《大乘起信论》"三细六粗"中的"业系苦相"。谓第八识为众生轮回之总报，众生执为我体，谓之命根。众生虽具一精明，而妄成六识，隔碍不通，不能互用，拘系生命，障蔽妙明，谓之命浊。见闻觉知六识，原本就没有不同的体性，只因执著于明暗、动静、合离、恬变、通塞、生灭等众尘，并被隔碍，不能超越，无状而有六根之差异产生。论性，则原是一精明体，性中都能相知；若论用，则彼此相背，六根不能互用，如能见不能闻，能闻不能见，异而非同。六精之同异失却一定之准据，一同一异，绵密相织，妄成浑浊之体，扰乱真性，这是第五重，名为命浊。憨山大师谓命浊依识阴而立名。因为第八识乃众生之报体，故命浊通过第八识作为众生之命根、轮回受报之主体而起作用，同时又通过前六识领受业系之苦。

五浊	生理：生起次第从细到粗（生从识起）	事相：澄浊次第从粗至细（灭从色除）	体用行相
劫浊	业相、转相、现相（或说：业相、转相）	色阴	劫浊以第八识为体，以虚空四大色法为相。
见浊	智相、相续相（或说：现相）	受阴	见浊立足于第七识、第八识，通过前五识领受诸境而起作用。
烦恼浊	执取相、计名字相（或说：智相、相续相、执取相、计名字相）	想阴	烦恼浊立足于第七识，通过第六识起分别烦恼而发生作用。
众生浊	起业相	行阴	众生浊通过第七识相续迁流而起作用。又行者，造作义，故众生浊又通过前六识起业而发生作用。
命浊	业系苦相	识阴	命浊通过第八识作为众生之命根、轮回受报之主体而起作用，同时又通过前六识领受业系之苦。

以上从生理和事相上对五浊的这两种解释，表面上看，粗细正好相反，但是，从惑业苦轮转不休的角度来看，实际上既没有起点也没有终点，最细的是起点也是终点，最粗的是终点也是起点，故两者完全可以融合在一起：

……识阴（命浊）——色阴（劫浊）——受阴（见浊）——想阴（烦恼浊）——行阴（众生浊）——识阴（命浊）——色阴（劫浊）——受阴（见浊）——想阴（烦恼浊）——行阴（众生浊）——识阴（命浊）……

此五浊之体相，因无明妄见而起，因分别取舍而浊，致使妙明明妙之真性被障。故今欲开显其本有智光，唯一办法就是要远离分别取舍、打破无明妄想。五浊之生起，从第八识之劫浊开始，由细入粗；澄浊之功夫，则从破色阴开始，从粗至细。以无分别智用功，澄清心水之五浊，此即"澄浊入涅槃"之义。分别取舍犹如因风起浪，不分别不取舍犹如风息浪平。浊即心水之风浪，澄即风息浪平。故依不生不灭之无分别心用功，乃澄浊还原之道。

阿难！汝今欲令见闻觉知，远契如来常乐我净，应当先择（择除）死生根本，依不生灭圆湛性成。以湛（湛然无分别之智）旋其虚妄灭生，伏（伏住意

识心对六尘的分别取舍）还元觉，得元明觉、无生灭性为因地心，然后圆成果
地修证。如澄浊水，贮于静器，静深不动，沙土自沉，清水现前，名为初伏客
尘烦恼。去泥纯水，名为永断根本无明，明相精纯，一切变现不为烦恼，皆合
涅槃清净妙德。（《首楞严经》卷四）

今以清净之止水与咆哮之浊水、清净流动之水与坚硬的冰块为例，列
表说明依不生不灭心用功夫乃澄浊还原之道。

从智与识的角度看众生心与佛心

佛心	众生心
清净的止水（四智）	咆哮的浊水（八识）
无境风吹动	被内心分别攀缘外境所产生的境风吹动。分别执著就是使心水动荡咆哮的狂风。这个狂风来自内心。分别执著越强，风力越大，心水越浑浊。
还原之道：对外境不再分别取舍攀缘，境风自止，浊水自清。心水虽然不是一下子能静止下来，但只要风变小或停止，水自然而然静止。功夫就体现在这里：先是由频繁起风到偶尔起风，风由大变小，最后无风。功不唐捐，既要有信心，又要有长远心，要看到自己的进步。	

从有我与无我的角度看佛心与众生心

佛心	众生心
清澈流动的水（无我的心，无碍的心）	冰块（有我的心，有碍的心）
能止渴和滋润万物	不能止渴和滋润万物
常处在无分别之慧日的照耀下，不会结冰。	念念处在分别取舍执著的冰冻的低温下，逐渐结成冰块。分别执著就是使本来流动的心水结成冰块的冰冻天气。这个冰冻的天气也来自内心。
还原之道：通过无心觉照的慧日，不断地去温煦它，冰块一点点地消融，终于变成清澈流动的水。冰块虽然不是一下消融的，但功夫在其中：先是结冰的速度变慢，接着是融化的速度大于结冰的速度，接着是停止结冰，只融化，最后完全化成水。所以，功不唐捐，既要有信心，又要有长远心，要看到自己的进步。	

不生不灭之因地真心，在众生分上，又称在缠本觉，因无始以来，被同

分、别业二种妄见所障，一直是寄根而显，故又称为"识精元明"。识精元明并不是第八识之见分，而是本觉在众生因地上的现行（蕅益认为它就是第八识之自证分）。此识精元明乃菩提涅槃之根本。《首楞严经》云：

> 诸修行人，不能得成无上菩提，乃至别成声闻、缘觉，及成外道、诸天魔王及魔眷属，皆由不知二种根本，错乱修习。犹如煮沙，欲成嘉馔，纵经尘劫，终不能得。云何二种？一者无始生死根本，则汝今者与诸众生，用攀缘心为自性者；二者无始菩提涅槃、元清净体，则汝今者识精元明，能生诸缘，缘所遗者。（《首楞严经》卷一）

关于什么是识精元明，长水子璇禅师在他的《首严经疏注》中解释道：

> 第八梨耶，于诸识中最极微细，名为"识精"。此微细识有二种义：一者觉义；二者不觉义。觉义即是此文"元明"。"元明"者，本觉也。不觉即是无明、生灭。谓不生不灭与生灭合，非一非异，名为"识精"。从此变起根身种子器世间等，名"生诸缘"。识相既现，元性即隐，名"缘所遗者"……本明周遍，含裹无余，妙觉湛然，斯须匪（非）离，步步是道，故云"虽终日行"；日用罔知，故云"迷不自觉"。真所谓持珠乞丐，怀宝迷邦，枉受沦踬，诚可怜悯！（《首严经疏注》卷一）

在这里，长水大师把识精元明理解为第八识之本觉。这与永明延寿大师的解释是一致的。针对上面所引《首楞严经》"二种根本"之经文，永明延寿禅师在《宗镜录》中解云：

> 此二种根本，即真妄二心。
> 一者无始生死根本者，即根本无明，此是妄心。最初迷一法界，不觉忽起而有其念。忽起即是无始，如睛劳华现，睡熟梦生。本无元起之由，非有定生之处，皆自妄念，非他外缘。从此成微细业识，则起转识，转作能心（见分），后起现识，现外境界（相分）。一切众生，同用此业转现等三识，起内外攀缘，为心自性，因此生死相续，以为根本。

二者无始菩提涅槃元清净体者，此即真心，亦云自性清净心，亦云清净本觉。以无起无生，自体不动，不为生死所染，不为涅槃所净，目为清净。此清净体，是八识之精元，本自圆明，以随染不觉，不守性故，如虚谷任响，随缘发声，此亦如然，能生诸法，则立见、相二分，心境互生……（《宗镜录》卷三）

在这里，永明延寿禅师明确地把"八识之精元"（第八识之本觉）视为清净本觉。此八识之精元乃菩提涅槃之根本。

作为"无始菩提涅槃元清净体"的识精元明 —— 常住真心、清净本觉，与生灭妄心相比，究竟有哪些特征呢？《首楞严经》中有"十二番显真"之文，以眼根之见性为例，通过对比妄识，从十二个不同的方面，全面展示了常住真心的真实意义。十二番显真的具体内容是：

1. 显见性离根无亏

相对于依眼根而产生的生灭之眼识而言，眼根之见性，超越于眼根（见性即根而离根），即便是眼根败坏而见性之本明亦不缺失。

2. 显见性超尘不动

虚妄之眼识会随外在尘境的动静生灭而动摇，而见性则是超尘不动的。此依外境的动静而辨真性之不动，明见性即尘而离尘，要在破凡夫之常见、二乘之无常见。

3. 显见性离身、不生不灭

眼根之见性，不随色身之迁谢而生灭，也就是说，见性即身而离身，超越生灭与不生不灭。在功夫上，修行人要即生灭而证不生不灭，非于生灭外别有不生不灭可得。

4. 显见性离倒妄、常住不失

对建立在主客、色心、内外、自他等二元对立基础上的倒妄之识心，显万法唯心、法界一相之真心，此真心即倒妄而离倒妄。也就是说，眼根之见性不因境界之真妄染净而动，真净不增，妄染不少，迷悟不失（以迷悟本空、迷悟同源故），遍一切处而为万物之体。

5. 显见性无因无还

对因缘所生之识心，显见性离因离缘，乃本具之无为法。

6. 显见性随缘不变

对攀缘之识心，显离缘之见性。眼根之见性如明镜当台，随缘平等照鉴万物之差别相，而见性如如不动。又，此"随缘不变"之见性，非所见之物，故可依见性与境缘非同非异之"非同"这一面，方便立为"真我"，显示依正宛然。

7. 显真心离见量、周遍无碍

眼根之见性，本自无形无相而圆明周遍，应物无碍，不动本际，但在众生之因地，因被根尘所局，为物所转，故所见有方圆、小大、远近、广狭、断续之别。凡圣之见量虽有广狭之别，而见精则无差别。一切境界唯心所现，若能转物，即同如来。此依见性与境缘非同非异之"非异"这一面，示究竟无我，依正同体。

8. 显真心非即物非离物

对心物、能所二元对待之识心，显心物不二、能所一体之法界真心。能见之见性与所见之境缘，非即非离，原是一体，同为一常住真心之所幻现。此依见性与境缘非同非异、非即非离，的示真我无我（无我之我），明依正不二。

9. 显真心非因缘非自然

真心性空无相，非实有之自然体，故非外道之神我、冥谛。同时，它又超越了根尘相接、能所对待，乃本具之无为法，离四句绝百非，离一切相即一切法，故又非因缘。

非因缘的意思是说，因缘论乃方便说，非究竟说。就小乘佛教而言，为破凡夫执实有我，佛方便立因缘论，说"我"是由四大、五蕴构成的假有，而非实有的永恒的独立的自然存在。此即是立因缘论破自然实有我论。由于佛是在对二乘行人讲因缘观时，开始并不强调万法唯心，故二乘对因、缘、果的理解，多认为因、缘、果皆为心外之实有，各有体相。然而，就大乘佛教而言，由于因、缘、果都是同一常住真心随迷悟之缘而感现的假有，三者是体同而相异，也就是说，因缘果皆非心外之实有。故佛又说，因缘论乃方便说，非究竟说。

简言之，非自然者，有二义：一者，常住真心，性空无相，有不变、随缘之妙用，非凝然不变之实体，不同于外道之自然神我。二者，一切法非自然之实有，乃生灭无常的因缘假有。非因缘者，亦有二义：一者，常住真心并不是因缘所生的有为法，乃是离因离缘的无为法。二者，为破凡夫执诸法为心外实有，以及破二乘执"我空法有"，归于万法唯心，故立非因缘论。

非因缘非自然，如果从龙树菩萨《中论》的角度来理解，实际上，就是破诸法"自生，他生，共生，无因生"之种种邪见，显示"诸法不自生，亦不从他生，不共不无因"之"无生"妙义。

又，真如自性有不变随缘之妙，故方便立因缘论；真如自性有随缘不变之性，故说因缘论非了义说。真如本觉，非因缘，故非修而得；非自然，故要因修而显；讲本觉非因缘非自然，可破心外求法及任运无修之狂禅二病。

10. 显真智离能所对待之妄见

本觉真智，乃离能所之本明，属于"不知之知"。它不待四缘（空、明、心、眼）而有，非是由能见所见构成的见闻觉知之妄见，为能所对待中的见闻觉知之妄见所不能知。南泉和尚讲，"道不属知，不属不知，知是妄觉，不知是无记"（《赵州和尚语录》卷中），即是此意。

11. 显真心离同分别业二种妄见

见性作为本觉在因地上的现行（在缠本觉），虽然被能所对待意义上的同分、别业二种颠倒见妄所笼罩，但是它本身并不因二种妄见所现虚妄不实境界而迁动，或有所缺失，故非虚妄。然就功夫而言，见性虽为众生因地上的功夫下手处，然未破同分别业二种妄见，故非究竟果地上的真心，未是出缠本觉。由于第八识之转相和现相未破，其本有之智净相和不思议业相未得现前，故不可得少为足，或者落入狂禅。

12. 显真心非和合非不和合

真心非和合非不和合，有二义：

一者，第八识生灭之相用与不生不灭之体性，两者之间，非和合非不和合，或者说，本觉精明与第八识见相二分之间，是非和合非不和合的关系。因为第八识之见相二分，恰恰是本觉在无明作用下的妄动。真谛译本《大乘起信论》云："心生灭者，依如来藏，故有生灭心，所谓不生不灭与生灭和合，非一非异，名为阿黎耶识。"真如在无明的作用下，最初一念妄动（业相），产生转相（见分）和现相（相分），于是变成了生灭（相用）与不生不灭（真如之体）之和合识。故第八识阿赖耶识乃不生不灭（真如体）与生灭（真如之相用）相和合之识，故称和合识。生灭与不生不灭，非异质之二，乃同一如来藏妙明真心之体用，犹波与水。说"非和合"，是表明生灭与不生不灭乃同一真如心之体用；说"非不和合"，乃表明真如之体，能随染净之缘而现染净之相用。若执和合，则与"见性离一切相"相违背；若执不和合，则与"见性即一切相"相违背。见性与诸生灭相，非即非离，此乃"法界一相"究极之旨。

二者，作为始觉之体的本觉，与作为本觉之用的始觉，两者之间，是非和合非不和合的关系。修行的过程，就是始觉合于本觉，归于究竟觉的过程。始觉原以本觉为体，为本觉之现行，始觉与本觉并非是两个互相外在的异质的东西，故云"非和合"，以二者原是同一个东西。然而，就因地用功而言，只要生相无明未破，始觉合于本觉之念未泯，即是有念，非究竟无念之佛地境界，故始觉合本觉之功夫不得暂废，故说始觉与本觉"非不和合"。有僧问马祖道一禅师："如何是修道？"师云："道不属修，若言修得，修成还坏，即同声闻。若言不修，即同凡夫。"（《联灯会要》卷四）本觉与始觉，以非和合故，所以"道不属修"；以非不和合故，所以"道亦不属不修"。宗门中讲，"道不属修，亦不属不修，修与不修皆是两头语"，即是此意。

言真心非和合非不和合（生灭与不生不灭、始觉与本觉之非和合非不和合），实际上就是为了破第八识之无明业相，转第八识为大圆镜智；从功夫上讲，就是要始本合一，始本双泯，归于无念，斯乃真心之全体显现。

此十二番显真之文，可以从两个方面来理解：

一者，前面"七处征心"之经文，在说明"妄心无处"的同时，亦表明常住真心乃性空无相，"离言说相，离名字相，离心缘相"，不在内、不在外、不在中间，无法指陈。既然不生不灭的常住真心性空无相，那么，在众生分上，也就是说，在修行的因地上，该从何处下手，才能跟它相应？须知诸佛如来有善巧方便，能令阿难等大众当下悟入，此即所谓的"借功明位"——通过常住真心的本觉妙用在众生因地上的寄根而现，即通过见性、闻性、知觉性等，来令修行人由用返体。佛以眼根为例，通过对比妄识，直指见性具有超根离尘、常住不动、须臾不离、遍一切处、自在无碍、离四句绝百非、超越二边、非即非离一切法等特性，令阿难当下通过见性来亲验不动之本真。通过见性显示出的这十二种特性，正是常住真心的本觉妙用之所在，说明了常住真心具有"空、不空"之性。后天依之用功夫的始觉之观智，当随顺常住真心的这一"空不空"之性，生起超越二边之般若正观。此即"称性起修"，或称"性修相应"。

二者，此十二番显真，同时还可从时间的角度，将其理解为"破妄显真"（空五阴、澄五浊、破三细六粗、转八识）的功夫次第过程。憨山大师的《楞严通议》，正是从破妄显真功夫次第的角度，来揭示七处征心、十二番显真这一部分经文的甚深含义的。关于这一点，还可以参照《大乘起信论》所讲的断除"三细六粗"之功夫过程；这一过程，实际上是与"十二番显真"这一部分经文暗符冥契的。为方便读者全面把握这一部分经文的大意，现列表解如下：

十二番显真	依《大论》说明		
1.显见性离根无亏	显见性即根而离根，破眼根能见。	解根尘觉三结，破前六识。	七处征心，破色受二蕴。此六番显见性，破第六识之执取相、计名字相(破人我执)。
2.显见性超尘不动	显见性即尘而离尘，破凡夫之常见、二乘之无常见。		
3.显见性不生不灭	显见性即身而离身，破外道之断见，及生灭与不生灭之二边见。		
4.显见性常住不失	显见性离倒妄，明真妄同源，破执妄外有真。		
5.显见性无因无还	离因	总显见性乃离因离缘之无为法，乃对上四番显见性之总结，破第六意识依见性与境缘非同非异之"非同"，方便立真我，依正宛然。	
6.显见性随缘不变	离缘		
7.显真心离见量周遍无碍	显见性离见量(离局碍)，显万法唯心，若能转物，即同如来，十方圆明无碍。依见性与境缘非同非异之"非异"，明究竟无我，依正同体。	解空结，破第七识。	破第七识之智相、相续相(破法我执)。
8.显真心非即物非离物	显见性离心物之二边(心物一体，非一非异)，乃法界一相之真心。依见性与境缘之非同非异明无我之我依正不二。		
9.显真心非因缘非自然	显见性离因缘自然。离因缘，破心外求法及我空法有。离自然，破自然神我及任运无修之狂禅。		
10.显真心离妄见	显见性离四缘、离能所，明真智乃不知之知，开中道观智。		
11.显真心非二妄	显见性离第八识之相分(同分别业二种妄见)，即同分别业二种妄见而离同分别业二种妄见，破第八识之见相二分。	解灭结，破第八识。	破第八识之转相、现相。
12.显真心非和合非不和合	显始本不二，生灭与不生不灭双泯，离生相无明，破和合识，成大圆镜智。		破业相、和合识，归于真无念。

以上十二番显真，说明见性是本觉在因地上的无为妙用，是本有的而非始有的，是本具的而非缘起的。它具有随缘不变、不变随缘、超越二边之特征。见性超越了根尘对待，超越了能所对待，绝待离缘，非即非离一切

法，它是不生不灭的，不分别不取舍的，如如不动的，遍一切时处的，自在无碍的。故作为本觉妙用的识精元明，的当诸佛修因克果的因地真心及无始涅槃元清净体。

由于识精元明（见性）受无明的笼罩，以六根六尘相接的方式，产生了能见的见闻觉知与所见的色声香味触法，此能见、所见俱为生灭之眚妄（即"见与见缘，并所想相，如虚空花，本无所有，此见及缘，元是菩提妙净明体"），而产生能见、所见背后的本觉或识精元明则非眚妄，宗门中称为"不睡者，不病者，不饥者，不烦恼者"。见性，虽见眚妄，因在无明的障蔽下，未突破见、相二分之束缚，未能证入体、相、用三大圆融的全体真心，仅为因地修行的下手处，非为究竟觉。这一点需要注意。

以见性为因地真心，落实在功夫上，就是要用超越二边的平等无分别心起观，此即宗门中所言"无心合道"，亦即《大乘起信论》所言依虚空明镜之智而观，亦即黄檗禅师所言"面对见闻觉知而不起心动念"，亦即赵州和尚所言"老僧只管看"。

（二）从根解结，脱缠入圆通——佛法修证的下手处及功夫次第

1. 六根为烦恼结缚之所在

《首楞严经》对根身的理解，较其他经典有其特殊之处，即强调根身是烦恼的幻现、载体和巢穴，也就是说，六根之身实乃生死结缚的物质显现。

《首楞严经》认为，人之根身乃无明妄想揽地水火风四大而成，将绝待整一之圆明本觉，分拘为见闻觉知等妄见，因能立所，六尘纷然。故六根实乃烦恼结缚之所在。

> 第二义者，汝等必欲发菩提心，于菩萨乘生大勇猛，决定弃捐诸有为相，应当审详烦恼根本，此无始来发业润生，谁作谁受？阿难，汝修菩提，若不审观烦恼根本，则不能知虚妄根尘，何处颠倒；处尚不知，云何降伏，取如来位？阿难，汝观世间解结之人，不见所结，云何知解？……则汝现前眼耳鼻舌及与身心，六为贼媒，自劫家宝。由此无始众生世界生缠缚故，于器世间不能超越。（《首楞严经》卷四）

《首楞严经》在解释"见浊"时讲："汝身现抟四大为体，见闻觉知壅令留碍，水火风土旋令觉知，相织妄成，是第二重，名为见浊。"此亦说明，根身实乃无明妄见之所幻化，为烦恼结缚之所在。

从这个意义上讲，摆脱生死，就是要从超越根尘之束缚、契入圆通心开始。这就是所谓的"从根解结，脱缠入圆通"。这一原则揭示了修习止观的下手处及功夫次第。

《首楞严经》所讲的"结"，包括两个方面的内容：一指六根为结缚之元，于见浊中同时俱起，故有六结，姑且称为"六根结"，此为"横六结"；一指劫浊、见浊、烦恼浊、众生浊、命浊等五浊（又称五阴）乃因次第生起，有粗细深浅六个层次，此五浊能障妙明，故亦有六结，以其不离六根故，姑且称为"根中六结"，或称"竖六结"。

横六结 —— 五浊中的"见浊"生起时，表明六根同时俱起，属第八识之"现相"。六根既起，本是一圆通之精明，因受六根之分拘，遂变成六种和合之妄识。故解结之方法，就横六结而言，就是要选根直入，一根既脱，六根俱净。六根之结缚既解，同一精明之名亦不立，圆陀陀之真心现前，无能无所，根尘迥脱。故称"六解一亡"。此处的"六"指六根之结缚，即横六结。"一"指同一精明之体。

六根结相表解

体	精明	揽六尘成六根		执六尘成六结
如来藏妙明真心 【在缠本觉】 【识精元明】	见性　映色	明暗相形	结色成眼根	色尘结（明暗二结）
	闻性　映声	动静相击	卷声成耳根	声尘结（动静二结）
	嗅性　映香	通塞相发	纳香成鼻根	香尘结（通塞二结）
	尝性　映味	恬变相参	绞味成舌根	味尘结（恬变二结）
	触觉性　映触	离合相摩	抟触成身根	触尘结（离合二结）
	知觉性　映法	生灭相续	揽法成意根	法尘结（生灭二结）

竖六结 —— 五阴之结缚，由于是依次第生起的，故有粗细深浅六种不同，以耳根为例，有动、静、根、觉、空、灭等六结。色阴有二结，其他每

阴各一结，共六结。竖六结，从所断而言，实为从粗至细之五阴（五浊）、八识。五阴之结的生起，从识阴开始，色阴为终；而解结则从色阴开始，识阴为终。故解结之次第，以耳根为例，先从解动静之二尘结开始，终至解灭结，最后寂灭现前。竖六结若解，则圆湛之妙明真心全体当即现前。六妄既消，真亦不立，故亦云"六解一亡"。

竖六结（根中六结）：五阴为结缚之粗细，从根解结，次第而尽

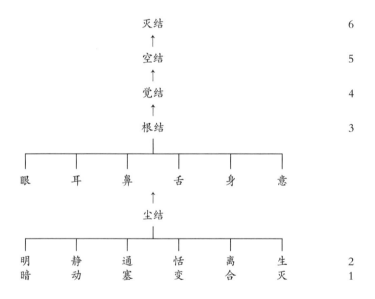

关于竖六结，结合观音菩萨耳根圆通章来看，可以从所断与能断之观智两个方面来理解：

从所破之五阴、所澄之五浊、所转之八识的角度来讲：尘结指色阴、劫浊；根结指受阴、见浊；觉结指想阴、烦恼浊；空结指行阴、众生浊；灭结指识阴、命浊。

从能断之观智重重拂迹的角度来讲：尘结指色阴、劫浊；根结指受阴、见浊；觉结是指闻慧、空观智未亡；空结是指思慧、假观智未亡；灭结是指修慧、中道观智未亡。耳根圆通章所讲解六结，偏重于从能观智之重重拂迹的角度来讲的。

竖六结		从所破五阴（五浊）、八识的角度解释	从能断之观智重重拂迹的角度解释	
灭结		识阴（第八识）、命浊	以修慧中道智扫假观智而修慧中道智未亡	
空结		行阴（第七识）、众生浊	以思慧假观智扫空观智而思慧假观智未亡	
觉结		想阴（第六识）、烦恼浊	以闻慧空观智解根尘三结而闻慧空观智未亡	
根结		受阴（前五识）、见浊	根结	以闻慧空观智解根尘三结
尘结	静结	色阴、劫浊	静结	
	动结		动结	

关于"横六结"（六根结），其落脚点是为了表明，修行当从一根入手，一根既脱，五根俱拔，圆明现前。此乃指示修行的下手处。关于竖六结（根中六结），其落脚点是为了表明，修行当先从脱尘结开始，次脱根结，末后脱去灭结，由粗至细，次第而解。此乃指示修行的功夫次第。

若欲解除"竖六结"（根中六结），必须选择一圆通根，深入而修。此根中的六结若解除了，则所有横六结（六根结）都解除了，是为根尘迥脱，能所双亡，法界一相，最后连一真心之名亦不立。故横解六根结，是一根既脱，六根俱净，一脱则六根俱脱；而横解六结的具体功夫，必须落实在竖解根中六结上，从粗至细，次第而尽。

2. 选根直入，脱缠入圆通

眼、耳、鼻、舌、身、意六根，既是烦恼结缚之所在，所以，要解除烦恼、证圆通解脱，当选择其中的一根作为下手处，比如，可以选择耳根或者意根等，一门深入。

善哉，阿难！汝欲识知俱生无明，使汝轮转生死结根，唯汝六根，更无他物；汝复欲知无上菩提，令汝速证安乐解脱，寂静妙常，亦汝六根，更非他物……（《首楞严经》卷五）

根、尘、识三者相互依存，性空不实，脱去其一，余二亦不立。个中的关键在于"息见"，即《信心铭》中讲"不用求真，唯须息见"。二边之见若息，结缚自除。

　　佛告阿难：根尘同源，缚脱无二，识性虚妄，犹如空花。阿难，由尘发知，因根有相，相（按：六尘之相）见（按：六根之见）无性，同于交芦。是故汝今知见立知，即无明本（按：在超乎能所的本觉之上，立一个妄知妄能，这就是无明的根本。即前"性觉必明，妄为明觉"）；知见无见，斯即涅槃（按：本觉之本明，非能所对待、根尘相接意义上的有所见，是无见之见。体证到此，即是涅槃），无漏真净。（《首楞严经》卷五）

　　至于选择哪一根作为下手处，《首楞严经》有特别的开示。

　　《首楞严经》讲，湛然圆明之自性，原系众生本具，个个不无。然众生在迷时，因受根与尘的局限，其应根之妙用，不无优劣之分，故其功德有全有缺（依三世十方互即互入而判），数量有多有少。六根之中，唯耳、舌、意三根圆满一千二百功德。

　　此六受用根中，鼻、舌、身三根，以合（根尘零距离接触）中知，眼、耳、意为离（根尘分开，保持一定距离）中知，合知难修（时间短、机会少），离知易入（时间长、机会多）。而离知三根中，意根深隐难测，眼、耳二根浅而易明。眼耳二种中，眼根功德不圆满，故以耳根为圆通根。

　　六根之中，依功德数量、隐显难易、离合因缘等综合考量，唯耳根最为圆通易行，故修行宜选择耳根，一门深入。当然，念佛圆通虽然不离意根，但亦可以与耳根合用，故此二圆通法门最适合于末法时代的众生修习。

　　六根圆通本无优劣，所谓优劣乃就众生分上而论。实际上，就如来分上，四科、七大等，门门皆可以入圆通，而非独耳根一门。

　　十方如来于十八界一一修行，皆得圆满无上菩提，于其中间亦无优劣。但汝下劣，未能于中圆自在慧，故我宣扬，令汝但于一门深入；入一无妄，彼六知根一时清净。（《首楞严经》卷四）

　　脱根结之法，关键在于不循明暗、动静、通塞、恬变、合离、生灭等十二有为尘相，脱粘内伏，返本还原。一根既拔，五根圆脱，即可证得六根互用的圆通境界。

　　阿难，如是六根，由彼觉明（指超越能所对待意义上的本觉本明之真心），有明明觉（指能所对待意义上的妄明妄觉），失彼精了（失去了其不动之真觉真明），粘妄发光（依妄根妄尘而有虚妄之见闻觉知）。是以汝今，离暗离明，无有见体；离动离静，元无听质；无通无塞，嗅性不生；非变非恬，尝无所出；不离不合，觉触本无；无灭无生，了知安寄？汝但不循动静、合离、恬变、通塞、生灭、明暗如是十二诸有为相，随拔一根，脱粘（对外脱去对六尘境界的黏著）内伏（对内分别执著之心不起），伏归元真，发本明耀。耀性发明，诸余五粘应拔圆脱。不由前尘所起知见（不依前面明暗、动静等十二尘相而起分别知见），明不循根（本觉之妙明不再依赖于某一根而显用），寄根明发（随寄一根皆可发圆通之妙用），由是六根互相为用。

　　阿难，汝岂不知？今此会中，阿那律陀无目而见，跋难陀龙无耳而听，殑伽神女非鼻闻香，憍梵钵提异舌知味；舜若多神无身觉触，如来光中映令暂现，既为风质，其体元无；诸灭尽定得寂声闻，如此会中摩诃迦叶，久灭意根，圆明了知，不因心念。

　　阿难！汝今诸根若圆拔已，内莹发光，如是浮尘及器世间诸变化相，如汤销冰，应念化成无上知觉。

　　阿难，如彼世人聚见于眼，若令急合，暗相现前，六根黯然（六根无辨，故曰黯然），头足相类（头足不分故曰相类）。彼人以手循体外绕，彼虽不见，头足一辨，知觉是同（若以手摸，头足明辨，与见无异，故云"知觉是同"）。缘见因明，暗成无见；不明自发（不依赖于光明而灵照自发），则诸暗相永不能昏。根尘既销，云何觉明不成圆妙？（《首楞严经》卷四）

　　另外，解结要从"结心"开始，从粗至细，次第而行。

　　阿难问佛："此劳同结，云何解除？"佛告阿难："如是，如是，若欲除结，当于结心……是故阿难，随汝心中，选择六根，根结若除，尘相自灭，诸妄销亡，不真何待？"（《首楞严经》卷五）

　　关于什么是结心，憨山大师《楞严经通议》云：

此审烦恼根本也。发业是根本无明，润生是爱、取二惑，生死实由此二而有，通名烦恼。然此二种依根而辩者，谓此二法元无实体，但依六识妄想为用，故于六根门头，缘尘取境，纯是无明用事，以资爱、取。故念念爱取，处处贪著，生死结于根尘之中。故令审知虚妄根尘何处颠倒，以根尘相交结处即颠倒处，乃生死结根之所在也。若欲解结，当就结根而解之。（《楞严通议》卷四）

依据憨山大师的解释，所谓的结心，当指根尘相接时所产生的分别取舍心，故解结当从看破当下一念分别取舍心开始，以平等无分别智解之。

3. 解结之三次第

《首楞严经》认为，横六结（六根结）是从见浊中一时俱起的。而竖六结（根中六结）则是依次第而起的，有粗细深浅之不同，故解结当依次第而行。

（1）阿难，我今问汝，此劫波罗巾，六结现前，同时解萦，得同除不？不也，世尊，是结本以次第绾生，今日当须次第而解。六结同体，结不同时，则结解时，云何同除？佛言：六根解除，亦复如是。此根初解，先得人空；空性圆明，成法解脱；解脱法已，俱空不生。是名菩萨从三摩地得无生忍。（《首楞严经》卷五）

（2）此五阴元，重迭生起，生因识有，灭从色除。理则顿悟，乘悟并销，事非顿除，因次第尽。（《首楞严经》卷十）

根据《首楞严经》之开示，并参考憨山大师的《楞严通议》，解结之次第，从断证的角度来看，大体上分为三个阶段：

（1）此根初解，先得人空 —— 初解根、尘三结（尘结有二，依耳根而言，包括动静二结，依眼根而言，包括明暗二结，其他诸根类推），超越色、受二阴。十信满位，入初住乃至七住（依天台，乃圆教之初信至七信；别教之初住至七住），从假入空（空观、奢摩他中道观），破见、思二惑，得证人空（又名生空、我空，二空之一，与法空相对。观人为五蕴之假合，因缘所生，无常一之我体，故云人空。证此人空之理，能断一切烦恼，得涅槃果，此乃小乘之至极。又，大乘立一切法有真如性，空掉人我之执著，即证生空真如），出分段生死，与理法界相应。

（2）空性圆明，成法解脱 —— 次解觉结，超越想阴。三贤位（依天台，乃圆教八信至十信，别教八住至十向），从空入假（假观、三摩钵提中道观），破尘沙惑，初证法我空，与理事无碍法界相应，功成，入别教初地、圆教初住。

（3）解脱法已，俱空不生 —— 末解空、灭二结，超越行、识二阴。别教初地至七地菩萨（圆教初住至七住），以中道智（禅那中道观）断枝末无明，证俱空，相当于《大乘起信论》破住相（相续相、智相）。八地以上菩萨以中道智（禅那中道观），断根本无明惑，与事事无碍法界相应，证不生。相当于《大乘起信论》破生相（现相、见相、生相）。

若从入见道位、证中道智的角度来讲，第三个阶段"解脱法已，俱空不生"则仅指别教之初地、圆教之初住，证无生法忍，成就法身佛。

此解结之三阶次，本书第十三章"生活禅的功夫次第"这一部分，将围绕"观音菩萨耳根圆通章"做进一步的展开。现预列表解如次：

此根初解，先证人空。	空性圆明，成法解脱。	解脱法已，俱空不生。（证无生法忍，入等正觉）	
解根尘三结	解觉结	解空结	解灭结
破凡夫执有	破二乘执空（二乘执离根尘三结之空境为涅槃，迷于假观智，未破尘沙惑）	破菩萨著凡圣见（三贤位菩萨依假观智，从空返有，回自向他，回小向大，回理向事，广行无相六度，然执有众生可度有佛道可成，法执未亡，未破无明惑）	八地以上菩萨，依寂灭之中道一心，破灭结（有能有所之中道观智），解菩萨缚，断根本无明惑，证寂灭，入佛地
二乘依空观智、闻慧，破根尘三结，证人我空，去凡夫缚，断见思惑	三贤依假观智、思慧，破觉结（闻慧），初证法我空，去二乘缚，断尘沙惑（破尽即入初地）	初地至七地菩萨依中道智、修慧，破空结（三贤以假观智、思慧，空掉二乘所执之偏空，此假观智、思慧亦是结，谓之空结），证俱空，断枝末无明惑	
二乘三贤位断		初地至七地菩萨位断	八地以上断，断尽入佛位

二、修习止观之三渐次

《首楞严经》除了提出上述两大原则之外，还在卷七宣讲"众生迷真起妄，遍成十二类生颠倒轮回"之基础上，提出了"除其助因，刳其正性，违其现业"之"三渐次"，以净除十二类生虚妄颠倒乱想。紧接着卷八，又在此"三渐次"的基础上，开示了"诸圣返妄归真，权开五十七位菩提觉路"，以为修证之次第。此三渐次，亦是大乘佛法修习止观的基本原则。如果说前面所提到的"称性起修，选根直入"这两个原则是修习止观之正行的话，那么，此三渐次则相当于修习止观之助行。若再细分，此三渐次中，前二种渐次"除其助因、刳其正性"是助行，后一种渐次"违其现业"则属正行。

阿难，如是众生一一类中，亦各各具十二颠倒，犹如捏目，乱华发生，颠倒妙圆真净明心，具足如斯虚妄乱想。汝今修证佛三摩提，于是本因元所乱想，立三渐次，方得除灭，如净器中，除去毒蜜，以诸汤水并杂灰香，洗涤其器，后贮甘露。云何名为三种渐次？一者修习，除其助因。二者真修，刳其正性。三者增进，违其现业。（《首楞严经》卷七）

关于三渐次，除其助因，就是要摒除损善生恶、伤正招邪之毒缘；刳其正性，就是要拔除杀盗淫妄等生死之毒根；违其现业，就是要逆无明恶种之现行。憨山大师云：

除助因者，以众生积劫习气，念念熏变，已是难断。若外加助发之因，则愈益炽盛。故断习气之要，先除助因为第一也。刳正性者，习有多种，唯淫欲名生死之根。故曰一切众生皆以淫欲而正性命。故知在众生中但以淫欲为正性也。刳者，剜去之义。如人被毒箭所伤，必剜去毒肉，则可不伤性命。故云刳者断其毒根也。违现业者，以旧熏种子习气内鼓发为现业。若现业不违而新熏益炽，何由能出生死哉！故真修必违现业。现业不行则正性自枯，欲流可涸矣。所以依三渐次建立行本也。（《楞严通议》卷八）

下依经文，再做详细解说。

（一）除其助因

云何助因？阿难，如是世界十二类生，不能自全，依四食住，所谓段食、触食、思食、识食，是故佛说一切众生皆依食住。阿难，一切众生，食甘故生，食毒故死。是诸众生求三摩提，当断世间五种辛菜。是五种辛，熟食发淫，生啖增恚。如是世界食辛之人，纵能宣说十二部经，十方天仙嫌其臭秽，咸皆远离。诸饿鬼等，因彼食次，舐其唇吻，常与鬼住，福德日销，长无利益。是食辛人修三摩地，菩萨天仙十方善神不来守护；大力魔王得其方便，现作佛身，来为说法，非毁禁戒，赞淫怒痴，命终自为魔王眷属，受魔福尽，堕无间狱。阿难，修菩提者，永断五辛，是则名为第一增进修行渐次。（《首楞严经》卷七）

众生之生存，离不开四食。四食者，即段食、触食、思食、识食。段食，又作抟食、见取食，指肉、菜等一般的食物，以香、味、触为体。由于可用口鼻分段饮啖，滋养有情之色身，故称段食。触食，又作细滑食、乐食，以触之心所为体，对所触之境生起喜乐之爱，因而长养身命，此食为有漏之根、境、识和合所生。思食，又作意志食、意念食、业食，于第六意识，思所欲之境，生希望之念，因而滋长相续诸根，此即《成实论》所谓"以思愿活命"。识食，指有漏识，依段、触、思三食之势力而得增长，以第八阿赖耶识为体，能支持有情身命不坏者。段食相当于物质食品，触食、思食、识食相当于精神食品。

食有净秽、甘毒之分。养生诸味，皆名为甘；损生诸味，总名为毒。食甘故生，食毒故死。食为助生之因，能为善恶之缘，故修行人对食不可不慎。《首楞严经》认为，葱、蒜、薤、韭菜、兴渠等五辛菜，气荤味辣，"熟食发淫，生啖增恚"，能断善缘、能增烦恼、能招魔扰，损清净道，为障道之助因，是故应当远离。

此处的五辛，乃举其要者，实际上，当包括现代社会上流行的各种催情致幻的食品、饮料、药品和毒品等等。对修行人而言，这些东西都具有伤害生命、招致魔扰的作用。

需要指出的是，佛在《首楞严经》里，仅以段食中的五辛为例，实际上，同时也意谓着其他诸食，包括各种以色情、打斗和凶杀为内容的文字、音频、视频等，亦应当远离。

（二）刳其正性

云何正性？阿难，如是众生入三摩地，要先严持清净戒律，永断淫心，不餐酒肉，以火净食，无啖生气。阿难，是修行人若不断淫及与杀生，出三界者，无有是处。当观淫欲，犹如毒蛇，如见怨贼。先持声闻四弃八弃，执身不动，后行菩萨清净律仪，执心不起，禁戒成就，则于世间永无相生相杀之业。偷劫不行，无相负累，亦于世间不还宿债。是清净人修三摩地，父母肉身，不须天眼，自然观见十方世界，睹佛闻法，亲奉圣旨，得大神通，游十方界，宿命清净，得无艰险，是则名为第二增进修行渐次。（《首楞严经》卷七）

此处的正性，犹言生死相续之毒根，指业果相续之根本，即淫、杀、盗、妄等。刳其正性，就是要通过严持禁戒，远离业果相续之因，以净护其心。此为修习止观、证三摩提的根本前提和基础。

（三）违其现业

云何现业？阿难，如是清净持禁戒人，心无贪淫，于外六尘，不多流逸。因不流逸，旋元自归。尘既不缘，根无所偶（按：色阴破故），反流全一，六用不行（按：受阴破故），十方国土，皎然清净，譬如琉璃，内悬明月（按：想阴破故），身心快然，妙圆平等，获大安隐（按：行阴破故），一切如来密（按：法身德）圆（按：般若德）净（按：解脱德）妙，皆现其中，是人即获无生法忍（按：识阴破故），从是渐修，随所发行，安立圣位，是则名为第三增进修行渐次。（《首楞严经》卷七）

现业者，即无明现行之业用，指根尘偶对，流逸奔趣，分别取舍不断。违其现业，就是要照顾好当下一念，"念起即觉，觉之即无"，"断相续心"，令过去恶业种子不得现行，念念不被六尘所转。此即解除尘结、根结等六结的具体功夫之所在。蕅益大师云：

言违现业者，即第二决定义中所谓逆彼无始织妄业流也。如是清净持禁戒人等者，正显必由前二渐次，成今第三渐次，由助行而成正行，由方便而成正修也。于外六尘不多流逸，即所谓心尚不缘色香味触，仍是方便助行之力。因不流逸，旋元自归，乃所谓"初于闻中，入流亡所"之妙修也。尘既不缘，至六用不行，即是"动静二相了然不生"，乃至"闻所闻尽"。十方国土皎然清净，乃至皆现其中，即是"觉所觉空"。乃至"寂灭现前"，获无生忍，即是忽然超越世出世间等也。色阴破故，根无所偶。受阴破故，六用不行。想阴破故，十方皎然。琉璃，喻所观理境。明月，喻能观妙智也。行阴破故，快然安隐，妙圆平等，即是平等性智常得现前。密者，法身之理。圆者，般若之智。净者，解脱之行。妙者，三法不可思议也。皆现其中者，正前文所谓寂灭现前，后文所谓"内外湛明，入无所入"也。识阴破故，即获无生法忍。一切诸法本自不生，由于虚妄分别，幻见有生有灭，今证此不生之理，安住忍可，名为无生法忍。（《楞严经文句》卷八）

以上三渐次，是修习止观的过程中，自始至终必须贯彻者。否则，修行必遭魔扰。

第五节　智者大师关于座上座下修习止观之思想

把握了修习止观的基本原则之后，接下来，就是要把这些原则与自己所选择的具体方法结合起来，付诸实践。在这里，初入佛门者很有必要重温一下智者大师的《修习止观坐禅法要》中关于座上座下修习止观的基本思想，这对日后更好地理解和活用自己所选择的止观方法，将有非常大的帮助。

智者大师将止观之修习，分为两种：一是坐中修，二是历缘对境修。历缘对境修，实际上就是在座下的日常生活中修。

一、关于座上止观之修习

智者大师认为，日用之四威仪中，虽然都可以修习止观，但是，对于因地之初习止观者而言，以坐中修习为胜，故先明座上止观。智者大师依据座上止观功夫的粗细、深浅状态及其对治，将其分为五个方面：

（一）对治初心粗乱修止观

初学坐禅的人，因为念头粗重、杂乱，数数驰散，不能专注，可以先修止，通过制心一处来止息妄念。修止之法有三种：

一是系缘守境止，即将注意力集中在功夫的所缘境上，如修息道观者，可以系心于数出入息或鼻端、丹田，修念佛禅者可以专注于佛号上，参话头者可以专注在话头上，等等。

二是制心止，即将注意力集中在对当下念头的觉照上，如绳系鸟足，念起即觉，觉之即无，不令驰散。

三是体真止，即观诸法因缘所生，性空不实，心无取舍，妄想不生。

此三种止法，前两者皆是方便之事修，后者为依理起观。

一对治初心粗乱修止观，所谓行者初坐禅时，心粗乱故，应当修止以除破之。止若不破，即应修观。故云对破初心粗乱修止观。今明修止观有二意：

一者修止，自有三种：一者系缘守境止，所谓系心鼻端、脐间等处，令心不散。故经云："系心不放逸，亦如猿着锁。"二者制心止，所谓随心所起，即便制之，不令驰散。故经云："此五根者，心为其主。是故汝等当好止心。"此二种皆是事相，不须分别。三者体真止，所谓随心所念一切诸法，悉知从因缘生，无有自性，则心不取。若心不取，则妄念心息，故名为止。如经中说云："一切诸法中，因缘空无主。息心达本源，故号为沙门。"（《修习止观坐禅法要》）

智者大师认为，如果用体真止还不能止息妄念，那就要用观法，即观妄念性空无相、了不可得。

行者于初坐禅时，随心所念一切诸法，念念不住，虽用如上体真止而妄念不息，当反观所起之心，过去已灭，现在不住，未来未至，三际穷之，了不可得。不可得法则无有心，若无有心，则一切法皆无。行者虽观心不住，皆无所有，而非无刹那任运觉知念起。又观此心念，以内有六根，外有六尘，根尘相对，故有识生。根尘未对，识本无生。观生如是，观灭亦然。生灭名字，但是假立。生灭心灭，寂灭现前，了无所得。是所谓涅槃空寂之理，其心自止。《起信论》云："若心驰散，即当摄来，住于正念。是正念者，当知唯心，无外境界。即复此心亦无自相，念念不可得。谓初心修学未便得住，抑之令住，往往发狂，如学射法，久习方中矣。"（《修习止观坐禅法要》）

这里所说的观法，主要有两种：

一是对治观，如贪欲生起时，可以修不净观；嗔恨心生起时，可以修慈心观等。

二是正观，即修空观，观缘起性空、万法唯心、妄念无相，同时还要观照能观之心亦为了不可得。

二者修观，有二种：一者对治观，如不净观对治贪欲，慈心观对治嗔恚，界分别观对治著我，数息观对治多寻思等。此不分别也。二者正观，观诸法无相，并是因缘所生，因缘无性即是实相。先了所观之境，一切皆空，能观之心，自然不起。前后之文多谈此理，请自详之。如经偈中说："诸法不牢固，常在于念中，已解见空者，一切无想念。"（《修习止观坐禅法要》）

（二）对治心沉浮病修止观

粗重散乱妄想伏住之后，会出现微细浮动散乱及昏沉无记等禅病，故应当适时随宜用止法或观法来对治。当心浮动时，要用止法来对治；当心陷入昏沉无记时，要用观法来对治，止观要并行，不能偏过。

二对治心沉浮病修止观，行者于坐禅时，其心暗塞，无记瞪瞢，或时多睡，尔时应当修观照了。若于坐中，其心浮动，轻躁不安，尔时应当修止止之。是则略说对治心沉浮病修止观相，但须善识药病相对用之，一一不得于对治有乖僻之失。（《修习止观坐禅法要》）

（三）随便宜修止观

坐禅时，贵在观心明净、寂然安稳，惺寂不二。偏惺偏寂，都会出现禅病。故在用功夫的过程中，若用止法，能令心境明净，就用止法；若用观法，能令心寂然安稳，就用观法。用止用观，无有定法，皆应随宜起用，要在寂照同时、虚明省力为妙。

三随便宜修止观，行者于坐禅时，虽为对治心沉，故修于观照，而心不明净，亦无法利，尔时当试修止止之。若于止时，即觉身心安静，当知宜止，即应用止安心。若于坐禅时，虽为对治心浮动故修止，而心不住，亦无法利，当试修观。若于观中，即觉心神明净，寂然安稳，当知宜观，即当用观安心。是则略说随便宜修止观相，但须善约便宜修之，则心神安稳，烦恼患息，证诸法门也。（《修习止观坐禅法要》）

（四）对治定中细心修止观

粗乱之心止息之后，即会进入一种身体空寂、轻安快乐的状态，此时会有微细的好乐之心生起，贪于空寂、轻安，产生定见（即关于禅定境界的好坏分别知见），落入二边取舍之中。若不能及时止息，即生贪著，引生烦恼。止息此定中细心之法，或用止，或用观。止，即系心于功夫之所缘境，对身心之受一概不理不问。观，即参究定中微细分别好乐之心，觅之了不可得，即可不生定见，不会贪执禅定境界。

四对治定中细心修止观，所谓行者先用止观对破粗乱，乱心既息，即得入定。定心细故，觉身空寂，受于快乐，或利便心发，能以细心取于偏邪之理，若不知定心止息虚诳，必生贪著。若生贪著，执以为实；若知虚诳不实，即爱见二烦恼不起，是为修止。

虽复修止，若心犹著爱见，结业不息，尔时应当修观，观于定中细心。若不见定中细心，即不执著定见；若不执著定见，则爱见烦恼业悉皆摧灭，是名修观。（《修习止观坐禅法要》）

（五）为均齐定慧修止观

在坐禅的过程中，因定慧不能均等，偏于一端，或定多慧少，落入痴定，不能发起真慧，或慧多定少，心念散动，如风中灯，不能断诸结使、出离生死。为防止此等定慧偏过之病，宜乎定慧等持，即修观以破痴定，修止以息动散，达乎寂照一如。

五为均齐定慧修止观，行者于坐禅中，因修止故，或因修观，而入禅定，虽得入定而无观慧，是为痴定，不能断结，或观慧微少，即不能发起真慧，断诸结使，发诸法门。尔时应当修观破析，则定慧均等，能断结使，证诸法门。

行者于坐禅时，因修观故而心豁然开悟，智慧分明而定心微少，心则动散，如风中灯，照物不了，不能出离生死。尔时应当复修于止，以修止故，则得定心，如密室中灯，则能破暗，照物分明。是则略说均齐定慧二法修止观也。（《修习止观坐禅法要》）

智者大师认为，坐禅之时，若人能随宜善用此五番止观，令定慧均等，是人即是善修佛法，一生必不空过，必得解脱。

行者若能如是于端身正坐之中，善用此五番修止观意，取舍不失其宜，当知是人善修佛法，能善修故，必于一生不空过也。（《修习止观坐禅法要》）

二、关于座下止观之修习

座上修习止观，固然为入道之胜要，但是，人生在世，离不开世俗的种种境缘。若日常生活中随缘对境，不能修习止观，则功夫难以成片，烦恼结业难伏。是故修习止观者，还必须学会在日用中，在在处处、时时刻刻做功夫。

复次，第二明历缘对境修止观者，端身常坐，乃为入道之胜要。而有累之身，必涉事缘。若随缘对境，而不修习止观，是则修心有间绝，结业触处而起，岂得疾与佛法相应？若于一切时中，常修定慧方便，当知是人必能通达一切佛法。（《修习止观坐禅法要》）

座下日用中修习止观，智者大师称为"非行非坐三昧"，又称"觉意三昧"。《摩诃止观》卷二（上）云："非行非坐三昧者……实通行坐及一切事，而南岳师呼为随自意，意起即修三昧。大品称觉意三昧，意之趣向，皆觉识明了。""觉者，照了也。意者，心数也……行者心数起时，反照观察，不见动转、根原终末、来处去处，故名觉意。"

日用修习止观，主要围绕两个方面：一是在行、住、坐、卧、做事、言谈中做功夫，谓之"历缘修止观"；二是在六根对境处做功夫，谓之"对境修止观"。

云何名历缘修止观？所言缘者，谓六种缘：一行、二住、三坐、四卧、五作作（做事）、六言语。

云何名对境修止观？所言境者，谓六尘境：一眼对色，二耳对声，三鼻对香，四舌对味，五身对触，六意对法。

行者约此十二事中修止观，故名为历缘对境修止观也。（《修习止观坐禅法要》）

（一）历缘修止观

所谓历缘修止观，就是在日常行、住、坐、卧、做事、言谈等过程中，对这些行为未发之前的动机、正发过程中的起心动念，清楚明白，并看到它们的了不可得之空性，内心自觉自主，如如不动。历缘修止观的核心是观"四运心"（行住坐卧言谈时心念造作的四个阶段：未作、欲作、正作、作已）了不可得。

1. 行时修止观

行中修习止观，首先得对自己行动时的动机有清楚的觉悟和抉择。若行动之动机被烦恼和不善所驱使，比如违背道德戒律，有碍于解脱，或者处于不自觉的无记状态，即应停止行动。反之，如果行动之动机是为了利他或自他解脱等善的利益之事，且如理如法，则应行动。

一行者，若于行时应作是念：我今为何等事欲行？为烦恼所使，及不善、

无记事行，即不应行。若非烦恼所使，为善利益、如法事，即应行。(《修习
止观坐禅法要》)

　　其次，在行动的时候，对行动过程中所产生的一切烦恼、善恶等念头，
清楚明了，知其非实有法，了不可得，不被妄念所转，此即是修止。

　　云何行中修止？若于行时，即知因于行故则有一切烦恼善恶等法，了知行
心及行中一切法皆不可得，则妄念心息，是名修止。(《修习止观坐禅法要》)

　　再次，在行动的时候，应当觉知，心为行动之本，故在行动的过程中，
凡出现一切烦恼善恶之念头，都应及时返观参究：这一切之背后，究竟是谁
在指使的？如是参究，就会发现行心(行动背后的驱使之心，即动机作意)、
行者(执五蕴为自我的行为主体及行动的过程)、行中诸法(行动中的一
切起心动念、苦乐觉受等)，觅之了不可得，当下归于空寂，此即是修观。

　　云何行中修观？应作是念：由心动身，故有进趣，名之为行。因此行故，
则有一切烦恼善恶等法，即当反观行心，不见相貌，当知行者及行中一切法，
毕竟空寂，是名修观。(《修习止观坐禅法要》)

　　2. 住时修止观
　　住时修习止观，首先得对自己住止时的动机有清楚的觉悟和抉择。若
住止之动机被烦恼和不善所驱使，比如违背道德戒律，有碍于解脱，或者处
于不自觉的无记状态，即应中断住止。反之，如果住止之动机是为了利他
或自他解脱等善的利益之事，则应住止。

　　二住者，若于住时，应作是念：我今为何等事欲住？若为诸烦恼及不善无
记事住，即不应住。若为善利益事，即应住。(《修习止观坐禅法要》)

　　其次，在住止的时候，对住止过程中所产生的一切烦恼、善恶等念头，
清楚明了，知其非实有法，了不可得，不被妄念所转，此即是修止。

云何住中修止？若于住时，即知因于住故，则有一切烦恼善恶等法，了知住心及住中一切法，皆不可得，则妄念心息，是名修止。（《修习止观坐禅法要》）

再次，在住止的时候，应当觉知，心为行动之本，故在住止的过程中，凡出现一切烦恼善恶之念头，都应及时返观参究：这一切之背后，究竟是谁在指使的？如是参究，就会发现住心（住止背后的驱使之心）、住者（执五蕴为自我的住止之主体及住止的过程）、住中诸法（住止中的一切起心动念、苦乐觉受等），觅之了不可得，当下归于空寂，此即是修观。

云何住中修观？应作是念：由心驻身，故名为住，因此住故，则有一切烦恼善恶等法，则当反观住心，不见相貌，当知住者及住中一切法，毕竟空寂，是名修观。（《修习止观坐禅法要》）

3. 坐时修止观

坐时修习止观，首先得对自己坐时的动机有清楚的觉悟和抉择。若坐之动机被烦恼和不善所驱使，比如违背道德戒律，有碍于解脱，或者处于不自觉的无记状态，即应停止坐着。反之，如果坐之动机是为了利他或自他解脱等善的利益之事，则应坐着。

三坐者，若于坐时，作是念：我今为何等事欲坐？若为诸烦恼及不善无记事等，即不应坐。为善利益事，则应坐。（《修习止观坐禅法要》）

其次，在坐的时候，对坐的过程中所产生的一切烦恼、善恶等念头，清楚明了，知其非实有法，了不可得，不被妄念所转，此即是修止。

云何坐中修止？若于坐时，则当了知因于坐故，则有一切烦恼、善恶等法，而无一法可得，则妄念不生，是名修止。（《修习止观坐禅法要》）

再次，在坐的时候，应当觉知，心为行动之本，故在坐的过程中，凡出现一切烦恼善恶之念头，都应及时返观参究：这一切之背后，究竟是谁在指使的？如是参究，就会发现坐心（趺坐背后的驱使之心）、坐者（执五蕴为自我的趺坐之主体及趺坐的过程）、坐中诸法（趺坐中的一切起心动念、苦乐觉受等）之了不可得，当下归于空寂，此即是修观。

云何坐中修观？应作是念：由心所念，垒脚安身，因此则有一切善恶等法，故名为坐。反观坐心不见相貌，当知坐者，及坐中一切法，毕竟空寂，是名修观。（《修习止观坐禅法要》）

4. 卧时修止观

卧时修习止观，首先得对自己卧时的动机有清楚的觉悟和抉择。若卧之动机被放逸和有碍解脱之不善所驱使，即应停止眠卧。反之，如果卧之动机是为了调和四大之身，更好地做于修行有利益之事，则应如师子王而侧卧。

四卧者，于卧时应作是念：我今为何等事欲卧？若为不善放逸等事，则不应卧。若为调和四大故卧，则应如师子王卧。（《修习止观坐禅法要》）

其次，在卧的时候，对卧的过程中所产生的一切烦恼、善恶等念头，清楚明了，知其非实有法，了不可得，不被妄念所转，此即是修止。

云何卧中修止？若于寝息，则当了知因于卧故，则有一切善恶等法，而无一法可得，则妄念不起，是名修止。（《修习止观坐禅法要》）

再次，在卧的时候，应当觉知，由于疲劳昏昧，身心放逸，故在卧的过程中，凡出现一切烦恼及善恶之念头，都应及时返观参究：这一切之背后，究竟是谁在指使的？如是参究，就会发现卧心（眠卧背后的驱使之心）、卧者（执五蕴为自我的眠卧之主体及眠卧的过程）、卧中诸法（眠卧中的一切起心动念、苦乐觉受等），觅之了不可得，当下归于空寂，此即是修观。

云何卧中修观？应作是念：由于劳乏即便昏暗，放纵六情，因此则有一切烦恼、善恶等法，即当反观卧心，不见相貌，当知卧者及卧中一切法，毕竟空

寂，是名修观。（《修习止观坐禅法要》）

5. 做事时修止观

做事时修习止观，首先得对自己做事时的动机有清楚的觉悟和抉择。若做事之动机被烦恼和不善所驱使，比如违背道德戒律，有碍于解脱，或者处于不自觉的无记状态，即应停止做事。反之，如果做事之动机是为了利他或自他解脱等善的利益之事，则应做事。

五作者，若作时，应作是念：我今为何等事欲如此作？若为不善无记等事，即不应作。若为善利益事，即应作。（《修习止观坐禅法要》）

其次，在做事的时候，对做事过程中所产生的一切烦恼、善恶等念头，清楚明了，知其非实有法，了不可得，不被妄念所转，此即是修止。

云何名作中修止？若于作时，即当了知，因于作故，则有一切善恶等法，而无一法可得，则妄念不起，是名修止。（《修习止观坐禅法要》）

再次，在做事的时候，应当觉知，身体在心的驱使下，做种种事业，故在做事的过程中，凡出现一切烦恼善恶之念头，都应及时返观参究：这一切之背后，究竟是谁在指使的？如是参究，就会发现作心（做事背后的驱使之心）、作者（执五蕴为自我的做事之主体及做事的过程）、作中诸法（做事过程中的一切起心动念、苦乐觉受等），觅之了不可得，当下归于空寂，此即是修观。

云何名作时修观？应作是念：由心运于身，手造作诸事，因此则有一切善恶等法，故名为作，反观作心，不见相貌，当知作者及作中一切法，毕竟空寂，是名修观。（《修习止观坐禅法要》）

6. 言谈时修止观

言谈时修习止观，首先得对自己言论时的动机有清楚的觉悟和抉择。

若言谈之动机被烦恼所驱使，比如说一些违背道德戒律、有碍于解脱的妄语、恶语、绮语、两舌等，或者处于不自觉的无记状态，即应停止言谈。反之，如果言谈之动机是为了利他或自他解脱等善的利益之事，则应言谈。

> 六语者，若于语时，应作是念：我今为何等事欲语？若随诸烦恼，为论说不善无记等事而语，即不应语。若为善利益事，即应语。（《修习止观坐禅法要》）

其次，在言谈的时候，对言谈过程中所产生的一切烦恼、善恶等念头，清楚明了，知其非实有法，了不可得，不被妄念所转，此即是修止。

> 云何名语中修止？若于语时，即知因此语故，则有一切烦恼善恶等法，了知语心及语中一切烦恼、善不善法皆不可得，则妄念心息，是名修止。（《修习止观坐禅法要》）

再次，在言谈的时候，应当觉知，由于心的驱使，鼓动气息，冲击于唇舌等，发音为言，故在言谈的过程中，凡出现一切烦恼善恶之念头，都应及时返观参究：这一切之背后，究竟是谁在指使的？如是参究，就会发现语心（言谈背后的驱使之心）、语者（执五蕴为自我的言谈之主体及言谈的过程）、语中诸法（言谈中的一切起心动念、苦乐觉受等），觅之了不可得，当下归于空寂，此即是修观。

> 云何语中修观？应作是念：由心觉观，鼓动气息，冲于咽喉唇舌齿腭，故出音声语言，因此语故，则有一切善恶等法，故名为语，反观语心不见相貌，当知语者及语中一切法毕竟空寂，是名修观。（《修习止观坐禅法要》）

以上历缘修止观，《释摩诃般若波罗蜜经觉意三昧》卷一称为"观于六种外作"，"不见有作者"，并对具体观法亦做了说明，现引于次，或能帮助读者更好地理解上文：

> 若于行时，即应观行中，未行、欲行、行、行已，心相通达，皆不可得，双

照分明，具如前说（按：总观心意、历别观于心意）。复作是念：如是行动，由心运役，故有去来。反观行心，不见住处，无有生灭一切相貌，当知行者毕竟空寂。

第二若于住时，即应谛观，未住、欲住、住、住已，心相皆不可得，双照分明，具如前说，复作是念：如此住者，由心制御，竖身安立，故名为住。反观住心，不见处所，况复生灭一切相貌，当知住者毕竟空寂。

第三若于坐时，即应谛观，未坐、欲坐、坐、坐已，心相皆不可得，双照分明，亦如前说。复作是念：如此坐者，由心回转，屈脚安身，故名为坐。反观坐心，不见生灭，亦非内外，当知坐者毕竟空寂。

第四于眠寝时，即应谛观，未眠、欲眠、眠、眠已，心相皆不可得，双照分明，亦如上说。复作是念：如是眠者，由心劳乏，即便放任，六分委卧，故名为眠。反观眠心，不见相貌，当知眠者毕竟空寂。

第五若于作时，即应谛观，未作、欲作、作、作已，心相皆不可得，双照分明，亦如上说。复作是念：今运身手，作诸事业，举手下手，由心回转，得成众事，故名为作。反观作心，不见动转，当知作者毕竟空寂。

第六行者若于言语读诵之时，即应谛观，未语、欲语、语、语已，心相皆不可得，双照分明，亦如上说。复作是念：如是音声，有所谈吐，由心觉观，鼓动气息，冲于六处，咽喉唇舌齿腭等，故有此言谈。反观语心，不见踪迹，音声性空，当知语者毕竟空寂。

是为行者观于外心六种事业，悉知空寂，不见作者、有定实相，是故菩萨于一切事中，修行三昧。（《释摩诃般若波罗蜜经觉意三昧》卷一）

上述历缘修止观的理念和方法，一旦被掌握，就会发现：生活中无处不是道场，无处不是修行，无处不是修道的增上缘。"人生不空过"的理念只有通过历缘修止观才能真正落到实处。

（二）对境修止观

所谓对境修止观，就是在六根六尘相接之际，觉悟能观、所观及所生之识，皆是缘起虚妄，非实有法，了不可得，内心不起分别取舍，不被尘境之违顺所动。

对境修止观是对《首楞严经》"从根解结"这一用功原则的具体落实。《首楞严经》讲，解结当从结心开始。所谓结心，就是根尘相接之时所产生的妄想分别和烦恼情绪。所谓的生死轮回，实际上就是从这儿开始的。所以，修行人要了生脱死，应当从根尘相接处做功夫，舍此之外，别无下手处。

1. 眼见色时修止观

眼见色时，知色如水中月，见可意之色不起贪爱，见不可意之色不起嗔恼，见非可意非不可意之色不起颠倒乱想，内心如如不动。

一眼见色时修止者，随见色时，如水中月，无有定实。若见顺情之色，不起贪爱。若见违情之色，不起嗔恼。若见非违非顺之色，不起无明及诸乱想，是名修止。（《修习止观坐禅法要》）

眼见色时，色相本空，无善恶好坏之别，所谓善恶好坏乃因眼根与色尘相接，生于眼识，妄想分别所致。实则，能观之识心、所见之色相，以及所产生的烦恼善恶之念，皆为了不可得，毕竟空寂。

云何名眼见色时修观？应作是念：随有所见，即相空寂。所以者何？于彼根尘空明之中，各无所见，亦无分别，和合因缘，出生眼识，次生意识，即能分别种种诸色，因此则有一切烦恼善恶等法，即当反（同"返"）观念色之心（眼观色背后的驱使之心），不见相貌，当知见者（执五蕴为自我的能见之主体及眼观色的过程）及一切法（眼观色过程中所产生的善恶好坏之名相分别，以及贪爱嗔恼之起心动念、苦乐觉受等），毕竟空寂。是名修观。（《修习止观坐禅法要》）

2. 耳闻声时修止观

耳闻声时，知声相虚幻不实，闻可意之声不起贪爱，闻不可意之声不起嗔恼，闻非可意非不可意之声不起颠倒乱想，内心不生分别，如如不动。

二耳闻声时修止者，随所闻声，即知声如响相。若闻顺情之声，不起爱

心；违情之声，不起嗔心；非违非顺之声，不起分别心。是名修止。(《修习止观坐禅法要》)

耳闻声时，所闻之声相本空，无善恶好坏之别，所谓善恶好坏乃因耳根与声尘相接，生于耳识，妄想分别所致。实则，能闻之识心、所闻之声音，以及所产生的烦恼善恶之念，皆为了不可得，毕竟空寂。

云何闻声中修观？应作是念：随所闻声，空无所有，但从根尘和合，生于耳识，次意识生，强起分别，因此即有一切烦恼善恶等法，故名闻声。反(同"返")观闻声之心，不见相貌，当知闻者及一切法，毕竟空寂，是名为观。(《修习止观坐禅法要》)

3. 鼻嗅香时修止观

鼻嗅香时，知气味如阳焰不实，闻可意之香气不起贪爱，闻不可意之臭气不起嗔恼，闻非可意非不可意之气味不起颠倒乱想，内心不生分别，如如不动。

三鼻嗅香时修止者，随所闻香，即知如焰不实。若闻顺情之香，不起著心；违情之臭；不起嗔心；非违非顺之香，不生乱念。是名修止。(《修习止观坐禅法要》)

鼻嗅香时，气味之相本空，无善恶好坏之别，所谓善恶好坏乃因鼻根与香尘相接，生于鼻识，妄想分别所致。实则，能嗅之识心、所嗅之气味，以及所产生的烦恼善恶之念，皆为了不可得，毕竟空寂。

云何名闻香中修观？应作是念：我今闻香，虚诳无实。所以者何？根尘合故而生鼻识，次生意识，强取香相，因此则有一切烦恼善恶等法，故名闻香。反(同"返")观闻香之心，不见相貌，当知闻香及一切法毕竟空寂。是名修观。(《修习止观坐禅法要》)

4. 舌受味时修止观

舌尝味时，知美恶等味如梦幻不实，尝可意之美味不起贪爱，尝不可意之恶味不起嗔恼，尝非可意非不可意之味不起颠倒乱想，内心不生分别，如如不动。

四舌受味时修止者，随所受味，即知如于梦幻中得味。若得顺情美味，不起贪著；违情恶味，不起嗔心；非违非顺之味，不起分别意想。是名修止。（《修习止观坐禅法要》）

舌尝味时，美恶诸味之相本空，无善恶好坏之别，所谓善恶好坏乃因舌根与味尘相接，生于舌识，妄想分别所致。实则，能尝之识心、所尝之味相，以及所产生的烦恼善恶之念，皆为了不可得，毕竟空寂。

云何名舌受味时修观？应作是念：今所受味，实不可得。所以者何？内外六味，性无分别，因内舌根和合则舌识生，次生意识，强取味相，因此则有一切烦恼善恶等法。反（同"返"）观缘味之识，不见相貌，当知受味者及一切法，毕竟空寂，是名修观。（《修习止观坐禅法要》）

5. 身受触时修止观

身体感知触受之时，知触受如幻影不实，觉知可意之乐受不起贪爱，觉知不可意之苦受不起嗔恼，觉知非可意非不可意之舍受不起颠倒乱想，内心不生分别，如如不动。

五身受触时修止者，随所觉触，即知如影，幻化不实。若受顺情乐触，不起贪著；若受违情苦触，不起嗔恼；受非违非顺之触，不起忆想分别。是名修止。（《修习止观坐禅法要》）

身体觉知触受时，所觉冷暖涩滑等受相本空，无善恶好坏之别，所谓善恶好坏乃因身根与触尘相接，生于身识，妄想分别所致。实则，能觉之心、所觉之受，以及所产生的烦恼善恶之念，皆为了不可得，毕竟空寂。

云何身受触时修观？应作是念，轻重冷暖涩滑等法，名之为触，头（脑袋）等六分名之为身，触性虚假，身亦不实，和合因缘即生身识，次生意识，忆想分别苦乐等相，故名受触。反（同"返"）观缘触之心不见相貌，当知受触者及一切法，毕竟空寂，是名修观。（《修习止观坐禅法要》）

6. 意知法时修止观

意根觉知法尘时，知法尘之相本空，所谓善恶好坏及所生诸烦恼等，乃依根、尘、识等和合而生，妄想分别所致。实则能知之意识、所知之法尘，以及所产生的烦恼善恶之念，皆为了不可得，毕竟空寂，从而面对法尘，内心不生分别，如如不动，此即是止观。其具体内容可以参见前面座上止观之修习。

以上对境修止观，《释摩诃般若波罗蜜经觉意三昧》卷一称为"观于六种内受"，"不见有受者"，并对具体观法亦做了说明，现引于次，或能帮助读者更好地理解上文：

复次行者，观于内心有六种受，知无受者。所以者何？诸受虽空，若不观察，能作无量烦恼生死因缘。是故行者，应当随是诸根所受尘时，一一观察。云何观察？

第一行者眼见色时，即应谛观，未见色、欲见色、见色、见色已，四运之相（心识之运转与进展有四种过程。《摩诃止观》云："初明四运者，夫心识无形不可见，约四相分别，谓未念、欲念、念、念已。未念，名心未起；欲念，名心欲起；念，名正缘境住；念已，名缘境谢。若能了达此四，即入一相无相。"四运之中，"未念"虽未起，然仍为欲念；"念已"虽已灭，然非永灭。故知二者皆为修观之对象，即过去已去，未来未至，现在不住，皆不定实）皆不可得，双照分明，广说如上。复作是念：如是见者，即无见相。所以者何？于彼根尘空明之中，各各无见，亦无分别，和合因缘，出生眼识，眼识因缘，出生意识，意识生时，即能分别种种诸色，亦依于意识则有眼识，眼识因缘，能见于色，而生贪著。是故即当反（同"返"）观念色之心，如是观时，不见此心从外来入而生领纳，亦复不见心从内出而生分别。所以者何？外来于我无事。若自有，不待因缘，当知受者毕竟空寂。故净名菩萨云："所见色与盲等。"

第二行者耳闻声时，即应谛观，未闻声、欲闻声、闻声、闻声已，四运之相皆不可得，双照分明，广说如上。复作是念：如是闻声，无有自性，但从根尘和合而生。是意识想分别故，于所闻生诸烦恼及于恶业。即当反（同"返"）观缘声心识，不见体性，当知闻者毕竟空寂。故净名菩萨言："所闻声与响等。"

第三行者鼻嗅香时，即应谛观，未嗅香、欲嗅香、嗅香、嗅香已，四运之心皆不可得，双照分明，广说如上。复作是念：如是香者，是无知法，所有鼻根本亦无知，和合生识，假名说知，虚妄意识得所领纳，而生分别，起诸烦恼生死业行。即当反（同"返"）观意识，不见根源及与相貌，当知领受者毕竟空寂。故净名菩萨言："所嗅香与风等。"

第四行者舌受味时，即应谛观，未受味、欲受味、受味、受味已，四运之相皆不可得，双照分明，广说如上。复作是念：如是受味实无自性。所以者何？外六味，六味无分别，内舌根本无知故，但从和合因缘而生舌识。此识亦不定在内、外、两中间，故是中心意强取味相，生著分别，故有一切诸使烦恼。是时即当反（同"返"）观著味心意识等，不见住处，况有生灭一切相貌。当知分别味者，毕竟空寂。故净名菩萨言："所食味不分别。"

第五行者身觉触时，即应谛观，未觉触、欲觉触、觉触、觉触已，四运之相皆不可得，双照分明，广说如上。复作是念：如是觉者，不从内生，亦不从外来。所以者何？冷暖软滑等，悉非外来故，离冷暖等，无别来法故，身头等六分非是生法故，离身六分亦无生法故，二事和合身识生时，即名为觉。而此识性不在内外，无所依倚，但以心意强作分别，谓证诸触，生苦乐想，故有爱恚一切烦恼。是时即当反（同"返"）观缘触心识，不见住处，况有生灭一切相貌！当知能觉触者，毕竟空寂。故净名菩萨言："受触如智证。"

第六行者意缘法时，即应谛观，未念法、欲念法、念法、念法已，四运之心相皆不可得，双照分明，广说如上。复作是念：如是意识，攀缘诸法，悉是虚诳，无有实事。所以者何？法如幻化，性无实故。心如阳炎（一作"阳焰"），无暂停故。法无定性，不可缘故。心无住处，谁是能缘？若离能缘所缘，更无别缘。当知但以虚妄忆想，强起分别是法，而生诸见，一切烦恼生死业行，相续不断。是故行者，为破虚妄颠倒想，及随缘境时，即当反（同"返"）观，反（同"返"）观心意识根源，谛观心时，不见住心及与生灭一切法相。若心无住处生灭诸相，当知此心则不可得；尚不得心，况心数法！若无心数，一切诸法竟何所依？是故经言："我心自空，罪福无主，一切法亦如是，无住无坏。"行者如是观心意时，不得一切法，当知所攀缘法，毕竟空寂。（《释摩诃般若波罗蜜经觉意三昧》卷一）

以上历缘修习止观和对境修习止观要在表明，修止观当于日常生活中的一切时、一切处进行，通过观"四运心"的了不可得，如实觉照诸行无作者、无受者，如实观照诸根尘相接所生诸识，以及其所分别之诸法相等，皆非实有，虚妄不实、了不可得，努力将止观的修习与生活融为一体，这样功夫才能不间断，这才是真正的大乘行者。

行者若能于行住坐卧、见闻觉知等一切处中，修止观者，当知是人真修摩诃衍道。如《大品经》云："佛告须菩提，若菩萨行时知行，坐时知坐，乃至服僧伽梨，视眴一心，出入禅定，当知是人名菩萨摩诃衍。复次若人能如是一切处中修行大乘，是人则于世间最胜最上，无与等者。"（《修习止观坐禅法要》）

上述智者大师关于座上座下之观法，我们可以把它视为修习止观的基本原则。这些观法，实际上，在宗门中也得到了很好的贯彻。比如，宗门中的默照禅，立足于圆顿的信解，直下承当，虚明自照，实际上是对"体真止"的一种落实；宗门中的话头禅，借助"是谁""是什么"等疑情，于日用中，向一念未生之前参究，观妄念无相，亦是对空观的一种活用。另外，宗门中的念佛禅，以"无所念者是名念佛"为宗旨，与智者大师所言观能念、所念、念者以及念中一切法俱为了不可得，乃同一旨趣。

第六节　生活禅关于日用中修习止观的原则

如前所言，"在生活中修行，在修行中生活"，是生活禅落实修行的最大特征。这一特征表现在止观之修习方面，则意味着，止观不仅仅是座上的功夫，同时亦应贯穿到日常生活中的举手投足、待人接物和起心动念处。

宗门关于日用中修习止观的基本原则和方法，拟从两个方面来介绍：

一是大慧宗杲禅师关于日用修行的六大原则；

二是净慧老和尚关于日用中修习止观的基本思想（偏重于功夫之操作）。

将这两个方面结合在一起，可以清晰地勾勒出一个在日用中修习止观的路线图。

一、大慧宗杲禅师关于日用修行的六大原则

修行的下手处可以是多种多样的，但是，有一些原则却是共通的。不管是参禅、念佛还是观呼吸，若想修行顺利、少一些障碍，就必须遵循这些原则。

综观大慧宗杲禅师的开示，我们可以从中概括出日用中修习止观的六大原则。

（一）在念头上用功夫

佛教讲，善恶皆从心起。无论是修什么法门，最后都必须落实到现前一念心性上来。因此，观心始终是第一位的。离开了观心，一切修行都是没有根的，不究竟的。

由于心无形无相，不可取不可舍，因此，所谓的观心，实际上就是要在日常生活中，时时刻刻，在在处处，照顾好当下的念头。宗门中把它比为"牧牛"。

> 既学此道，十二时中，遇物应缘处，不得令恶念相续。或照顾不着，起一恶念，当急着精彩，拽转头来。若一向随他去，相续不断，非独障道，亦谓之无智慧人。昔沩山问懒安："汝十二时中，当何所务？"安云："牧牛。"山云："汝作么生牧？"安云："一回入草去，蓦鼻拽将回。"山云："子真牧牛也！"学道人制恶念，当如懒安之牧牛，则久久自纯熟矣。（《宗杲尺牍·示清净居士（李提举献臣）》）

"牧牛"之关键有二：一是觉，二是断相续心。断相续心并不是通过压

制念头来断 —— 事实上也压不住，宗门中把这种落在二边的对治性的用功方法，比作"以石压草"，终究是劳而无功的。正确的用功方法是，面对每一个念头，不管是善念还是恶念，只需看破它就行了，不必起心对治。只要觉悟了，恶念自然不得相续。先圣云："瞥起（突然起心动念）是病，不续是药。不怕念起，唯恐觉迟。"

"觉"和"断相续心"的过程，实际上也就是佛陀所说的"刳其正性，除其助因，违其现业"。这十二个字，尤其是"违其现业"，可以说是在念头上做功夫的无上秘诀。

日用之间，当依黄面老子所言："刳其正性，除其助因，违其现业。"此乃了事汉无方便中真方便，无修证中真修证，无取舍中真取舍也。古德云："皮肤脱落尽，唯一真实在。"又如栴檀，繁柯脱落尽，唯真栴檀在。斯违现业、除助因、刳正性之极致也。公试思之。（《宗杲尺牍·答李参政（汉老）○（问书附）》）

所谓违其现业，落实在功夫上就是，面对每一个念头，要从自性上起观，不被贪嗔痴等烦恼所转，也就是说，要借助空观等，从根本上来参破念头，断相续心。

善恶皆从自心起。且道：离却举足动步、思量分别外，唤甚么作自心？自心却从甚么处起？若识得自心起处，无边业障，一时清净；种种殊胜，不求而自至矣。生从何处来？死向何处去？知得来去处，方名学佛人。知生死底是阿谁？受生死底复是阿谁？不知来去处底又是阿谁？忽然知得来去处底又是阿谁？看此话，眼眨眨地理会不得，肚里七上八下，方寸中如顿却一团火相似底，又是阿谁？若要识，但向理会不得处识取。若便识得，方知生死决定不相干涉。学道人，逐日但将检点他人底工夫，常自检点，道业无有不办。或喜或怒，或静或闹，皆是检点时节。（《宗杲尺牍·示清净居士（李提举献臣）》）

宗杲禅师的这段开示，非常精到，具有可操作性，堪当修行人在念头上做功夫的绝佳指南。

（二）在日用逆顺境界中用功夫

修道人刚入门的时候，因为信心不坚固，道力未充，念头上很容易走失，这时找一个相对清净的地方用功，是完全可以理解的，也是必要的。但是，这只是暂时的方便。

禅宗的圆顿见地告诉我们，道无处不在，无时不在，无论我们身处何种境地，它都一刻没有离开过我们。日用治生产业与道皆不相违背。如果说我们修行了很久，可是，在日常生活中临到逆顺境界现前的时候，一点也不得受用，那如同我们根本就没有修行一样。因此，在日常生活中修行，借日常生活这个道场，对治我们的我法二执习气，培养我们的定力和觉照力，永远是修行的根本和正宗。我们不要人为地将佛法与世法对立起来。宗杲禅师讲：

> 昼三夜三，孜孜矻矻，茶里饭里，喜时怒时，净处秽处，妻儿聚头处，与宾客相酬酢处，办公家职事处，了私门婚嫁处，都是第一等做工夫、提撕举觉底时节。昔李文和都尉，在富贵丛中参得禅，大彻大悟。杨文公参得禅时，身居翰苑。张无尽参得禅时，作江西转运使。只这三大老，便是个不坏世间相而谈实相底样子也。又何曾须要去妻孥，休官罢职，咬菜根，苦形劣志，避喧求静，然后入枯禅鬼窟里作妄想，方得悟道来？不见庞居士有言："但自无心于万物，何妨万物常围绕。铁牛不怕师子吼，恰似木人见花鸟。木人本体自无情，花鸟逢人亦不惊。心境如如只这是，何虑菩提道不成。"（《宗杲尺牍·示徐提刑（敦济）》）

隐修只是一种暂时的方便，绝不是修行的全部，也不是修行的根本。古来凡是在修行上有大成就者，都少不了要在尘世中历境炼心。禅宗虽然讲见性成佛，但并不是说一悟就万事大吉了，还有无始以来的客尘烦恼习气需要扫荡，还需要进一步在红尘烈焰中锻炼。严格说来，见性才是真正修行的开始。《首楞严经》中所谓"理须顿悟，乘悟并销，事须渐除，因次第尽"，就是这个意思。

在日用逆顺境界中做功夫，要注意三个方面：

一是要修随缘行，不要向外驰求，不要苛求环境，要把一切顺逆境界当作佛菩萨对自己的加持和勘验，一切都得从心性上入手。当修行人把功夫落实在念头上的时候，一切时、一切处莫不是做功夫的好时节，环境的逆顺、染净、好恶，对他来说也就无所谓了。凡是对修行环境提出过高要求的人，必定是念头上的功夫还没有得力。一旦得力了，他就会遇事反求诸己。环境因心而现，亦随心而转；与其要求环境，还不如改变自己的心念来得更直接、更彻底。

> 平昔学道，只要于逆顺界中受用；逆顺现前而生苦恼，大似平昔不曾向个中用心。祖师曰："境缘无好丑，好丑起于心。心若不强名，妄情从何起。妄情既不起，真心任遍知。"请于逆顺境中，常作是观，则久久自不生苦恼。苦恼既不生，则可以驱魔王作护法善神矣。（《宗杲尺牍·答荣侍郎（茂实）》）

二是要不断检点自己的过失，未生恶令不生，已生恶令不续；未生善令生起，已生善令增长。静坐常思己过，闲谈莫论人非。六祖讲，"改过能生智慧，护短心内非贤"。可见，知过改过是日常做功夫的第一要务。

三是要时时提起自己的正功夫。所谓正功夫与助行相对，即主要的用功方法，如，参话头的人不断地提起话头，念佛的人不断地提起佛号。通过提起正功夫，令妄想心不得相续。正提功夫的时候，不得起对治心。若起心要以正功夫来消除妄念，即落入二边。心无二用，只管提起正念，莫管他妄念如何，妄念自然而然就会消失。

> 行住坐卧，造次颠沛，不可忘了妙净明心之义。妄念起时，不必用力排遣，只举一僧问赵州："狗子还有佛性也无？"州云："无。"举来举去，和这举话底亦不见有，只这知不见有底亦不见有，然后此语亦无所受，蓦地于无所受处，不觉失声大笑，一巡时便是归家稳坐处也。（《宗杲尺牍·示妙净居士（赵观使师重）》）

（三）无分别心用功夫

在没有见道之前，修行人很容易落入二边当中，经常在染与净、善与恶、有与无、凡与圣、生灭与不生不灭、生死与涅槃、烦恼与菩提等二边法中，取一舍一，极力想抓住其中自己认为好的一面，排斥或压制自己认为不好的一面，弄得心里像个战场似的，片刻不得宁静，时间一久，身心憔悴，道心退失。

佛法是不二之法，不立一法，亦不舍一法。修行人要想省力，用功的时候，必须远离分别取舍，用无分别心用功。所谓无分别心，并不是说如无情之物顽然无知，而是无住生心，也就是"善能分别诸法相，于第一义而不动"。无心实际上是一种平等无分别之空观智，远离二边，即不住静、不住动而不妨静动，不住垢、不住净而不妨垢净，不住空、不住有而不妨空有。

佛言："若有欲知佛境界，当净其意如虚空。远离妄想及诸取，令心所向皆无碍。"决有此志，学无上菩提，常令方寸虚豁豁地，不著言说，不堕空寂、无言无说，两头俱勿依怙，善恶二事无取无舍。日用二六时中，将思量计较之心坐断，不于空寂处住著……。不见释迦老子有言："不取众生所言说，一切有为虚妄事。虽复不依言语道，亦复不著无言说。"（《宗杲尺牍·示成机宜（季恭）》）

这里所说的"将思量计较之心坐断"，就是要以无分别心做功夫。无分别心用功，除了不要在善恶、有无、染净等二边处取舍之外，同时还意味着，对待妄念不要起对治心。说对治只是一种方便，非实有之定法。祖师云："至道无难，唯嫌拣择。但莫憎爱，洞然明白。"又云："止动归止，止更弥动。唯滞两边，宁知一种。一种不通，两处失功。遣有没有，从空背空。"（三祖《信心铭》）这很清楚地说明，有心对治是一件吃力不讨好的事情。修行人执著于有心对治，恐怕很难得力。

当然，不对治并不意味着混沌无知，随妄念漂流，而是说要借助话头（或佛号），将念头轻轻一转，妄念自然顿断，不复相续；正提起话头（或佛号）时，心中并没有想到要排斥或压制妄念。关于这一点，宗杲禅师讲得很详细：

若一向忘怀、管带，生死心不破，阴魔得其便，未免把虚空隔截作两处，处静时受无量乐，处闹时受无量苦。要得苦乐均平，但莫起心管带、将心忘怀，十二时中，放教荡荡地。忽尔旧习瞥起，亦不着用心按捺，只就瞥起处，看个话头——"狗子还有佛性也无？无"——正恁么时，如红炉上一点雪相似。眼辨手亲者，一逴逴得，方知懒融道，"恰恰用心时，恰恰无心用。曲谈名相劳，直说无繁重。无心恰恰用，常用恰恰无。今说无心处，不与有心殊"，不是诳人语。（《宗杲尺牍·答刘通判（彦冲）》）

这里所说的"忘怀、管带"，本指用功过程中，经常使用的两种方便：一是有为觉照，二是放下任运。管带，亦作管待，照顾，照看，保任，偏重于作意对治。忘怀，即无心用功，放下任运，自然而然，不须著意。这两种方便，都不是定法，不能过度；若过度，即落入禅病。管带过度，即落入急躁。忘怀过度，即落入失念。宗杲禅师认为，若真实地以无分别心用功，不用管带而自然管带，不用忘怀而自然忘怀，忘怀、管带尽在其中矣。

（四）离心意识用功夫

心意识以分别、执著为义。分别，即分别二边，远离中道；执著，即执著我法，昧于空性。众生无始以来一直与心意识打交道。殊不知心意识乃生死之根本。修行人不断心意识，则无由解脱。唯识宗讲"转识成智"，也是教人远离心意识。宗杲禅师讲：

学世间法，全仗口议心思。学出世间法，用口议心思则远矣。佛不云乎，"是法非思量分别之所能解"。永嘉云："损法财，灭功德，莫不由兹心意识。"盖心意识乃思量分别之窟宅也。决欲荷担此段大事因缘，请猛着精彩，把这个来为先锋、去为殿后底生死魔根一刀斫断，便是彻头时节。正当恁么时，方用得口议心思着。何以故？第八识既除，则生死魔无处栖泊。生死魔无栖泊处，则思量分别底浑是般若妙智，更无毫发许为我作障。所以道："观法先后，以智分别。是非审定，不违法印。"得到这个田地了，尽作聪明，尽说道理，皆是大寂灭，大究竟，大解脱境界，更非他物。故盘山云"全心即佛，全佛即人"是也。未得如是，直须行住坐卧，勿令心意识得其便，久久纯熟，自然不着用力排遣矣。思之！（《宗杲尺牍·示廓然居士（谢机宜）》）

士大夫有一个共同的特征，就是聪明灵俐，知识渊博，善于思维。从世间法来说，这也许是一件好事，但是，就解脱道而言，它有时反而会成为一种障碍，反不如三家村里的愚夫愚妇来得快。原因是，士大夫思维心太强，疑心重，喜欢玩弄语言名相，不肯真实地做功夫。殊不知佛法不可思议，唯证方知，说的想的终是虚妄，与实际理地一点都没有关系。而村夫村妇却无许多恶知恶见作障碍，一旦信入，不会沉溺于文字思维中，只知道直心做下去，所以进步快。

聪明利智之士，往往多于脚根下蹉过此事。盖聪明利智者，理路通，才闻人举着个中事，便将心意识领览了，及乎根着实头处，黑漫漫地不知下落，却将平昔心意识学得底引证，要口头说得到，心里思量计较得底，强差排，要教分晓。殊不知，家亲作祟，决定不从外来……心意识之障道，甚于毒蛇猛虎。何以故？毒蛇猛虎尚可回避，聪明利智之士，以心意识为窟宅，行住坐卧未尝顷刻不与之相酬酢，日久月深，不知不觉与之打作一块。亦不是要作一块，为无始时来，行得这一路子熟，虽乍识得破，欲相远离亦不可得。故曰："毒蛇猛虎尚可回避，而心意识真是无尔回避处。"（《宗杲尺牍·示罗知县（孟弼）》）

宗门中把心意识之障道比作"家亲作祟"，或者是"认贼作子"，意谓此障碍隐密难知，难于破除，容易被它暗算。若不真下决心，很难出它毒手。所以，真修行人要敢于当"钝汉"，将心意识领解得的全部放下，以无所得心，拿着"钝锄头"，老实地"做钝工夫"。若求速效，想有所得，或者夸我聪明、我能干，十个有五双必落入心意识的魔网中。因此，宗杲禅师经常鼓励他的弟子，将一切文字知见放在一边，向"意识不行、思想不到、绝分别、灭理路处"用功夫，"觉得迷闷，没滋味，如咬铁橛相似时"，不得放手，正好着力，并要认识到这个正是得好消息、成佛作祖的时节。

不识左右别后，日用如何做工夫？若是曾于理性上得滋味，经教中得滋味，祖师言句上得滋味，眼见耳闻处得滋味，举足动步处得滋味，心思意想处得滋味，都不济事。若要直下休歇，应是从前得滋味处，都莫管他，却去没捞摸处、没滋味处，试着意看。若着意不得，捞摸不得，转觉得没把柄捉把，理路、义路、心意识都不行，如土木瓦石相似时，莫怕落空，此是当人放身命处。不可忽！不可忽！聪明灵利人多被聪明所障，以故道眼不开，触途成滞。众生无始时来，为心意识所使，流浪生死，不得自在。果欲出生死、作快活汉，须是一刀两段，绝却心意识路头，方有少分相应。（《宗杲尺牍·答王教授（大受）》）

读到这里，也许有人会说："佛教不是强调闻思修吗？离心意识，这是禅宗的修法，其他法门不妨分别思维。"实际上，不单是禅宗这样要求，其他宗派无不如此。在这里，需要注意三点：

首先，离心意识用功与闻思修是修行用功的两个方面。离心意识重在明体，开根本智。闻思修重在悟前之开慧和悟后之起用、圆满后得智。两者并行不悖。不可因离心意识而废闻思修，亦不可因闻思修而轻离心意识。在修行过程中，闻思是提升智慧的一个主要途径。但是闻思不是落脚点，修证才是落脚点。闻思偏重于文字般若。文字般若虽然为观照般若做前行的理论准备，但是不能代替观照般若，更不能代替实相般若。

其次，祖师或劝人看经看教，或劝人离心意识用功，都是一期方便之药语，不得作实有之定法来理会。对于知见重的人要劝他放下知见。对于知见不重、不明修行理路的人，不妨劝他适当看看经教，读读祖师语录。

第三，正用功时，必定是定慧等持。离心意识就是定慧等持。正参话头时，正念佛时，正持咒时，正数息时，正观心时，必须远离分别执著，远离语言名相，也就是说，要用智，而不能用识。唯识学中讲，"分别是识，无分别是智"。如果用分别执著心来做功夫，那不是出离生死，而是在顺生死流转。

（五）生处转熟、熟处转生

修行是一个漫长的过程，即便是见性了，并不是说一悟百了，还有一个悟后起修、悟后保任的过程。对普通根器的人来说，无论是悟前还是悟后，都少不了"生处转熟、熟处转生"的过程。

何谓生处？何谓熟处？宗杲禅师解释道：

是人知得世间有为虚妄不实底道理，及至对境遇缘，蓦地撞在面前，不随他去，则被伊穿却鼻孔定也。盖无始时来，熟处太熟，生处太生，虽暂识得破，终是道力不能胜他业力。且那个是业力？熟处是。那个是道力？生处是。然道力、业力，本无定度，但看日用现行处，只有一个昧与不昧耳。昧却道力，则被业力胜却，业力胜则触途成滞，触途成滞则处处染著，处处染著则以苦为乐……然两处皆归虚妄。若舍业力而执著道力，则我说是人不会诸佛方便、随宜说法。何以故？不见释迦老子曰："若取法相，即著我人众生寿者。若取非法相，即著我人众生寿者。是故不应取法，不应取非法。"前所云道力、业力本无定度是也。若是有智慧丈夫儿，借道力为器仗，攘除业力。业力既除，道亦虚妄。（《宗杲尺牍·示吕机宜（舜元）》）

理上虽然悟了，但是事上未必都能做得主。这当中还有一个"道力"和"业力"谁占上风的问题。所谓道力，就是正念，即自觉自主的般若观照能力；因为无始以来，我们被无明所障，陷在分别执著之中，很少用般若智慧，所以很生疏，故谓之生处。所谓业力就是无明，即思维分别执著；因为无始以来，我们一直以它为窟宅，天天与它打交道，所以很熟悉，故谓之熟处。然业力和道力并不是两个对立的实有，实际上不过是现前一念心性的迷悟两种状态而已。迷时，谓之被业力胜；悟时，谓之被道力胜。业力和道力的转化只在一念之间。虽然如是，欲得道力做主，不被业力转，也尚须假以时日，做增长道力、淡化业力的功夫。这就是生处转熟、熟处转生。

修习任何法门，都少不了"生处转熟、熟处转生"这样一个过程。净土宗讲功夫成片，由"散心"到"事一心"，再进到"理一心"，这就是一个生处转熟、熟处转生的过程。从这个意义上来讲，修行不过是要逆生死之流而上，逆无明习气之流而上，逆分别执著思维计度之习气而上。

众生界中事，不着学，无始时来习得熟，路头亦熟，自然取之，左右逢其原（源），须着拨置。出世间学，般若心无始时来背违，乍闻知识说着，自然理会不得，须着立决定志，与之作头抵，决不两立。此处若入得深，彼处不着排遣，诸魔外道自然窜伏矣。生处放教熟，熟处放教生，政（正）为此也。日用做工夫处，捉着把柄，渐觉省力时，便是得力处也。（《宗杲尺牍·答曾侍郎（天游）○（问书附）》）

在这里，说个"逆"字，说个"厮抵"，犹不免立了一个能逆和所逆，落在二边当中，实则都是假名，并非有两个实体。逆而无逆心，无逆而逆，依旧只是个"迷悟"二字。

既然修行是一个漫长的生处转熟、熟处转生的过程，不是一蹴而就的，因此，修道人必须发长远心，要甘心当一个"钝榜状元"，老老实实地做"钝功夫"，心里一定要平常，不得存丝毫奇妙想和有所得心，但二六时中，向念头上觑捕，向脚根下着力，切忌求速求快、投机取巧。

既办此心，第一不要急，急则转迟矣。又不得缓，缓则怠堕矣。如调琴之法，紧缓要得中，方成曲调。但向日用应缘处，时时觑捕：我这个能与人决断是非曲直底，承谁恩力？毕竟从甚么处流出？觑捕来，觑捕去，平昔生处路头自熟；生处既熟，则熟处却生矣。（《宗杲尺牍·答荣侍郎（茂实）》）

（六）得力处省力，省力处得力

修行人都很关心自己的功夫是不是上路了、是不是得力了。只不过是，有许多人在这个问题上错下定盘星而已。邪见之上者，多追求神通感应，以奇特为功夫上路和得力之表现。宗杲禅师认为，判断修行的路途是不是走对了、功夫是不是得力了，有一个标准可供参考，那就是"得力处省力，省力处得力"；而且，这个得力和省力，完全是个人的事，如人饮水，冷暖自知，他人是无法知晓的，除非是亲证亲悟者，一见便心知肚明。

要得不被生死缚，但常教方寸虚豁豁地，只以不知生来、不知死去底心，时时向应缘处提撕。提撕得熟，久久自然荡荡地也。觉得日用处省力时，便是学此道得力处也。得力处省无限力，省力处却得无限力。这些道理，说与人不得，呈似人不得。省力与得力处，如人饮水，冷暖自知。妙喜一生只以省力处指示人，不教人做谜子抟量，亦只如此修行，此外别无造妖捏怪。我得力处，他人不知；我省力处，他人亦不知；生死心绝，他人亦不知；生死心未忘，他人亦不知。只将这个法门，布施一切人，别无玄妙奇特可以传授。（《宗杲尺牍·示妙明居士（李知省伯和）》）

有不少人都误认为：修行人吃苦越多，进步也就越大，受用也就越多；而一个人既想省力，又想得力，那是根本不可能的事。由于大多数人对"得力处省力，省力处得力"这一点信不及，所以，不免向外驰求，专向费力处用功夫。对此，宗杲禅师曾感慨道：

> 妙喜寻常为个中人说，才觉日用应缘处省力时，便是当人得力处。得力处省无限力，省力处得无限力。往往见说得多了，却似泗州人见大圣。殊不知，妙喜恁么说，正是平昔行履处，恐有信不及者，不免再四提撕举觉，拖泥带水，盖"曾为浪子偏怜客"尔！（《宗杲尺牍·示东峰居士（陈通判次仲）》）

修行人之所以不肯向省力处用功夫，除了对前面讲到的"无分别心用功夫""离心意识用功夫"这两点信不及之外，还有一个，就是不自觉地把"精进"与"吃苦费力"简单地等同起来。实际上，吃苦费力并不等于精进，并不等于修行上路，也未必能带来身心上的受用。作为六度之一的精进，必须以般若为眼目，离开了般若，很有可能变成邪精进，而不是正精进。

有很多大修行者，在他人看来，好像是很苦，可是他们的内心却充满了法喜。如果说，他们的内心没有法喜，或者说一直处于取一舍一的对立斗争状态，很难想象，他们的修行能够持久。支撑修行人能够承受来自外在环境的种种苦恼、并将他们的修行持续下去的，必定是他们真实地感受到了修行所带来的自在和喜悦。

很多人在初入门的时候，因为心住二边，好净恶染，弃有著空，人为地将自己的心变成了一个善恶、真妄、正邪、凡圣等二边观念相互交锋的战场，妄想用一边排斥或者压制另一边，以为只要将敌对的一方彻底地压下去了，修行就成功了。殊不知，善恶、真妄、正邪、凡圣等二边观念，如影随形，相互依存；企图取一舍一，只能是如石压草，终究还会冒出来的。这样做功夫，当然心里会觉得非常焦虑和吃力，身体也会变得非常僵硬而紧张。

相反，如果真是以无分别心用功、离心意识参究，真是立足于不二之中观见，修行必定是省力的。因为他既不必刻意要守一个什么东西，也不必刻意要舍一个什么东西，他彻底地远离了斗争，他只须"如明镜当台，胡来胡现，汉来汉现"就够了。

明白了得力与省力的关系，我们就可以经常以此来检讨自己的功夫：当我们在做功夫的过程中，感觉到特别费力的时候，感觉到心烦意躁的时候，感觉到身体非常僵硬的时候，很有可能是我们的见地不透，落在二边当中，很有可能是我们的心在不知不觉中落入了分别取舍。

在这里，我们还要注意避免因为过分强调省力而落入失念的状态，或者坐在枯寂之中，或者落在无事甲里。省力的同时还必须得力，得力的同时还必须省力，二者不可偏废。宗杲禅师讲：

> 既以生死事在念，则心术已正。心术既正，则日用应缘时，不着用力排遣。既不着排遣，则无邪非。无邪非，则正念独脱。正念独脱，则理随事变。理随事变，则事得理融。事得理融，则省力。才觉省力时，便是学此道得力处也。得力处省无限力，省力处得无限力。得如此时，心意识不须按捺，自然怗（tiē，平定，安宁）怗地矣。虽然如是，切忌堕在无言无说处。此病不除，与心意识未宁时无异。所以黄面老子云："不取众生所言说，一切有为虚妄事。虽复不依言语道，亦复不着无言说。"才住在无言说处，则被默照邪禅幻惑矣。前所云"毒蛇猛虎，尚可回避，心意识难防"，便是这个道理也。（《宗杲尺牍·示罗知县（孟弼）》）

这一段话，不仅可以指导修行人参话头，亦可以指导修行人念佛、持咒。妄念起时，不必害怕，亦不必作对治想，只管提起佛号和咒语就行了，所谓"莫与黑暗（无明妄想烦恼）斗，只把电灯（佛号话头正念）开"，此时最省力，亦最得力。

二、净慧老和尚关于日用中修习止观的基本思想

关于如何在日常生活中落实止观的功夫，净慧老和尚曾经在不同的场合，多次做过比较详细和系统的开示。主要观点有三个方面：

（一）日用中做止观功夫的切入点 —— 观照当下，融入生活

2012 年 4 月 25 日，净慧老和尚在第三届世界佛教论坛分论坛上，做

了题为《在生活中修行，在修行中生活》的报告。在报告中，他把"观照当下，融入生活"视为日用中落实止观功夫的切入点。他说：

> 本人从 1991 年开始提倡以"觉悟人生，奉献人生"为宗旨的生活禅修行理念，经过 20 多年的探索总结，生活禅的理念在教内外颇受关注。特别是生活禅的修行实践强调了"在生活中修行，在修行中生活"的实修方法，以"观照当下、融入生活"为切入点，将修行与生活融为一体，打成一片，对于现代人生活质量的提升，具有十分明显的效果。（见《人间佛教思想文库·净慧卷》）

这一观点，有三个方面值得注意：

1. 安住当下。就是要自觉地把自己从习惯性的向外攀缘、为过去纠结、为未来焦虑的时空链条中，孤立并超逸出来，安住在当下、当处、当机（正在做的事情）、当念中，保持心行的同步、合一，而不是像过去那样始终处于错位的状态。

2. 保持觉照。就是要把握好当下一念，对自己的言行举止、起心动念，要保持正念观察，做到自觉、自主、清明、绵密，远离昏沉、掉举、放逸和心行错位等失念状态。

3. 融入生活。就是要通过不断地提起宗门的圆顿正念，把生活中的一切时、一切处、一切境缘，都视为修行的道场，把日用中的一切施为都看作修行的内容，将修行与生活完全融为一体。在这种正念的状态下，生活中没有任何境缘是需要逃避的，都应当被看作落实修行的增上缘，看作诸佛菩萨对修行人的"善护念"和"善咐嘱"。

这三点，是在生活中落实宗门圆顿止观的最为关键的地方。安住当下，就是止，就是定。保持觉照，就是观，就是慧。融入生活，就是止观不二、定慧等持。

（二）日用中落实止观的基本原则——放下、专注、清明、绵密

"观照当下，融入生活"的具体落实，必须紧扣"守一不移"这个主题，围绕"放下、专注、清明、绵密"这八个字去做功夫。在《修习生活禅的基本次第》一文中，净慧老和尚开示道：

守一不移这个方法，可以分为四个阶段，或者说有四个要求。

第一个要求是要放下。放下一切妄想和杂念。我是把妄想和杂念分为两件事。妄想是没有目的地乱想；杂念是做事不专一，想问题不专一。严格来讲都是妄想。有一些是无目的地去想，有一些是有目的地去想。有目的地去想，使心不专一，那就是杂念；无目的，妄想纷飞，不知道在想什么，心跑掉了，那就是妄想。

要放下妄想和杂念，就要训练这个心，使它放在我们所观察的对象上。佛教把观察和观察对象二者，分别叫作"能缘"和"所缘"。这个"缘"是动词。比如说我们要来认识这个杯子，这时的心念就是能缘，杯子就是所缘。我们现在就是要把能缘集中专一地固定在所缘上，让能缘的心放在同一对象上。在这里，我们所缘的对象就是呼吸。这就叫制心一处，四祖大师叫它守一不移，中国道家的功夫叫它守一或者抱一。这一点古今中外是一致的。人类追求的目标都是一致的。这是讲放下。

第二个要求是专注。专注一境，在同一个对象上，不要三心二意，看准一个目标，能缘所缘统一起来，这就是专注。

第三个要求是清明。专注时间久了，脑子可能会走神，会麻木，甚至会不清醒，会睡觉。所以第三个要求是清明。清清楚楚，明明白白，一点也不要糊涂，这叫清明。

第四个要求是绵密。使放下、专注、清明的状态能够连续地保持，中间不能有间断，不能够随便转移目标，这叫绵密。就像一股山泉之水，叮叮咚咚，绵绵密密，常流不断，心越用越细，越用越专，绵绵密密。能够做到这一点了，守一不移的要求就逐步达到了。这是硬功夫，是真功夫，这不是靠说就能做到，一定要靠行才能做到。（见《人间佛教思想文库·净慧卷》）

另外，净慧老和尚还在 2010 年 7 月 26 日柏林禅寺生活禅禅修营最后一天的专题开示中，为了提振大众修习生活禅的信心，基于自己一生的秘行和受用，特地拈出"生活禅的六个信息"：（1）佛国天堂距离我们很近（佛国净土就在我们的心中）；（2）心的能量无比（心为万法之本，转心即能转物）；（3）修行很简单（在生活中修行，在修行中生活。安住当下，保持专注、清明、绵密）；（4）开悟很容易（无念的现量境界，虚空明镜的当下

直观）；（5）解脱在当下（解脱的根本在当下一念之透脱）；（6）处处是
道场（道遍一切时处，须臾不曾离，生活即是道场，红尘即是道场）。这六
个观点，体现了生活禅的"圆顿"精神（不历阶次，直下承当，当下即是）。
其中第三个信息是"修行很简单"，他说：

修行很简单。不要把修行看得很复杂，看得复杂了，他不是在修行，是在
随着妄想分别做各种的动作。如果我们不能在活动当中把握自心，可能越活
动，离修行的距离越远。生活禅的理念是什么呢？在修行中生活，在生活中修
行。怎样能把握呢？随时专注当下。不管你是在上课也好，是在做作业也好，
是在上班走路、做家务活也好，是在喝水也好……把你的心念放在当下，专注
在当下。我在喝水，清楚地觉知，这一念心就在喝水上；当杯子放下的时候，
不是一点觉知都没有，而是清清楚楚地知道杯子放下了；手拿回来，清清楚
楚；坐下来清清楚楚；再做第二件事还是如此。一天二十四小时，心都安住在
生活的每一个当下，这是最究竟的修行。心无旁骛，心无二用。

专注当下，不是离开了生活去专注，因为我们每一天二十四小时，分分秒
秒都有生活，分分秒秒都在生活当中。分分秒秒都能够安住当下，这既是最简
单的修行方法，又是最高深的修行方法。我说修行很简单，因为就只要做这一
件事；我说修行很高深，这件事最难做。我们现在在交流分享，在听我说话，
我们的心在哪里？是在打妄想，还是在清清楚楚地专注在声音上？专注在当下
一念上，这种方法随时随地可以运用。动中可以运用，静中更可以运用。动静
结合，修行才真正有一个入处。

专注，就是四祖大师讲的"守一不移"。专注了，如果说出现昏沉的状态，
出现不清晰的状态，那就要再加一个方法，使专注能够清清楚楚，明明白白。
所以专注而后是清明，此心此念就像一盏灯点亮了一样，是历历孤明的；不是
一片蒙昧，而是一片光明。这种心态，这种精神状态，还要让它连续不断地保
持下去。所以接下来两个字就是绵密，绵绵密密，相续不断。修行很简单，专
注当下，在生活中修行，在修行中生活，做到这六个字：专注、清明、绵密。
念念如是，分分秒秒如是，修行很容易登堂入室。老是在打妄想，老是离开我
们自心去找一个捷径，去找一个有灵验的方法，任何有灵验的方法都不能离开
自心。任何有灵验的方法，如果离开了自心去做，外面有一种力量，使你怎么

样怎么样，一是很危险，二是不能持久，第三，不是你自己的，和你自己没有关系。只有把我们自心本有的能量发掘出来，在心地上做功夫，所得到的才是实实在在的。得到的什么呢？得无所得。（《关于禅与生活禅》，见《人间佛教思想文库·净慧卷》）

净慧老和尚认为，按放下、专注、清明、绵密这个八个字去做功夫，修行就会变得非常简单。无论你修什么法门，包括念佛、持咒、观呼吸，都离不开这八个字。这八个字，可以视为日用中落实止观的基本原则。

（三）日用中修习止观的方便操作 —— 正念工程

为了帮助在家信众更好地防非止过，革除恶习，克服日常生活中心行错位、散乱放逸、经常被手机"吞没"、觉照功夫不能成片的弊病，养成"生活即道场，念头即道场、处处是道场"的正念生活之习惯，在日用中更好地落实止观功夫，将修行与生活、佛法与人格融为一体，净慧老和尚及其座下弟子还提出了"正念工程"这个概念。

1、提倡正念工程之初衷

未接受过禅修训练的普通人，他们的身心状态，一般都会呈现出如下三个特点：

一是身心错位、心行割裂，即身在此而心在彼，行在此而神在彼，身心不能同步。

二是心念沉溺在过去、现在、未来三心中，不能安住在此时此刻所做的事情上。

三是对自己当下的言行举止和起心动念失去觉照，绝大多数时候处在一种失念的状态。

普通人所经历的这种魂不守舍的"游魂"生活，在这个"手机统治世界"的时代，变得更加触目惊心。无数的人在手机网络上耗费了大量的时间和精力，内心变得越来越空虚，身体越来越不健康。

另外，一些初入佛门的人，虽然也想发心修行，但是由于没有建立起圆满的信解，修行与生活、工作、人格处于脱节的状态，多流于形式，并没有落在实处，有的甚至连最基本的防非止过、革除恶习的要求都达不到，因而在身心和人际关系方面所得受用并不明显。

针对这两种情况，净慧老和尚及其座下弟子提出了"正念工程"这个概念。提倡正念工程的初衷，就是为了帮助大众养成正念生活的习惯，摆脱对手机的依赖，变失念、错位、不自觉、不自主、游魂般的凡夫的生活，为正念、同步、自觉、自主、有灵魂的觉者的生活，将修行与生活、佛法与人格融为一体，全面落实净慧老和尚所说的"在生活中修行，在修行中生活""念头即道场"这一生活禅理念。

凡夫的生活状态	修行人的生活状态
失念 —— 对自己当下的言行举止不清楚，完全是在无意识中、顺着习气跑，毫无觉照。	清明 —— 正念中吃饭，正念中走路，正念中说话，正念中工作，正念中睡觉，对自己的言行举止了了分明。
错位 —— 身心错位，心行错位。身在此而心在彼，行在此而心在彼，永远不同步。	同步 —— 心永远安住当下，身心合一，心行合一，永远与觉照相伴。
不自觉不自主 —— 随情绪、念头、外境转，深陷过恶而不自知。	自觉自主 —— 不被一切情绪念头外境转，能防非止过、远离恶习。
生死疲劳 —— 在情绪、念头、六尘中轮回；生命之能量一直处在"有漏"的状态。	自在快乐 —— 身心愉悦，精力充沛。
背家浪走 —— 游魂状态，魂不守舍，行尸走肉，无家可归，无有安顿。	不离家舍 —— 途中与家舍融为一体。

2、什么是正念和正念工程

所谓的"正念"，又称道念，即一切往道上会的觉照心。其具体意义可以从六个方面来理解：

首先树立坚固的道德、戒律意识，自觉规范身口意三业，防非止过，远离恶习，也就是说，要做到"心中有戒""心中有底线"。这既是做人的基本要求，也是修学佛法的基础。此即"止过之正念"，乃正念最基本、也是最低的要求。

其次在防非止过的基础上，进一步培养自己的慈悲心、包容心、感恩心、随喜心、布施心、利他心等光明的心态，远离狭隘、自私、冷漠，以及贪嗔痴慢疑等烦恼情绪。此即"慈悲之正念"，亦可称"增善之正念"。

第三是提起"我要修行、我要解脱、我要成佛"的强烈意愿，强化自己的出离心、菩提心，以此截断对五欲六尘的贪恋，将注意力从对六尘境界的贪恋迷失中拉回到自觉的状态。此即"愿乐之正念"。

第四是提起"道在眼前（道遍一切时处，须臾不曾离），佛在眼前，解脱在眼前，死亡在眼前"的圆顿信解，依道场观（你从道场来，你从道场去，处处是道场，何处更不是）、妙用观（一切治生产业皆为实相）、加持观（一切违缘逆境皆是诸佛菩萨对修行人的善护念、善咐嘱）、勘验观（视一切烦恼境为生活这位"禅师"对修行人功夫、忍力和智慧的全面勘验），将一切善恶染净之境缘变成修道之妙用，视生活为道场。此即"信解之正念"。

第五是依称性起修的原则，安住当下，心行合一，保持不二之觉照——或以"老僧只管看""虚空明镜"的心态，对身心之觉受、念头以及外在的人事，保持旁观者的心态，了了分明而又不动情绪；或以"观妄念无相""觅心了不可得"之空观智来参究，断相续心，在负面情绪现前时保持自觉自主；或通过念佛，以一念代万念，总之，尽量将自己的心专注在所修止观的功夫上。此即"观行之正念"。

最后是观行功夫纯熟，根尘迥脱，前后际断，能所双亡，照体独立，进入理一心不乱，无为之真智恒常现前，惺寂不二，醒梦一如，犹如"露地白牛一般，趁亦不去"，内心始终安住在"自觉、自主、自足、自在"的状态。此即"无为之正念"。

此六种正念，可以从通、别两个角度来理解。就别而论，此六种正念有粗有细、有浅有深，有先后次第。先修习止过之正念，做一个合格的普通人；其次修习慈悲之正念，做一个光明的人；然后在此基础上，修习愿乐之正念、信解之正念、观行之正念，最后进入无为之正念，成就出世间的菩提道业。在这里，止过之正念偏重于人天乘之世间善法，愿乐、信解、观行、无为等正念偏重于出世间的解脱法，慈悲之正念则通于世出世间，乃人天五乘所共有。就通而言，此六种正念，不分先后，互相融摄，相互增上，随缘而用。比如，观行之正念中同时就含有止过、慈悲、愿乐、信解等正念的落实。止过之正念亦离不开慈悲、愿乐、信解、观行等正念的扶持。慈悲、观行、无为等正念亦离不开止过之正念这一基础。

所谓正念工程，顾名思义，"工程"是一个个具体可操作的事情和任务；

修习正念，可以像做工程一样，先从日常生活中具体的生活场景或生活单元开始，如洗漱、做饭、吃饭、走路、扫地等，保持回归呼吸、安住当下、了了分明的觉照状态，慢慢地培养自己的自觉自主的觉照能力。先是一个一个的觉悟之点，然后借助这些点出现的机会，不断地强化它们，将它们一步一步地扩大，由点成线，由线成面，最后达到"事一心不乱"，从而将修行与生活打成一片、佛法与人格融为一体。

正念工程的核心精神主要集中在两个方面：一是学会用五戒十善等最基本的道德戒律，来观照和管理自己的身口意三业，革除恶习，防非止过；二是练习在正念中走路，在正念中吃饭，在正念中说话，将修行与生活融为一体，于当下一念落实"自觉、自主、自足、自在"的禅的精神。这两个方面是一个相互依存、相互增上的不可分割的整体，共同构成了正念生活的基本内容。"正念工程"要求我们，要随时随地对自己的身口意三业保持清醒的觉照，以不自欺、不欺他、正心诚意的态度面对自己的心念，一旦发现自己犯了"过恶"，或者发现自己内心深处隐秘的烦恼习气种子，应当借助止观的力量，直下"棒喝截流"，并及时忏悔、校正。前面所提到的"防非止过，革除恶习"之正念目标，只有通过这样的绵密的正念练习才能得到持久的落实。

3、正念工程之殊胜性

由于正念工程旨在将修行与生活融为一体，作为培养正念的一种方便，它有诸多的殊胜性：

（1）正念工程由于是从觉照当下的生活单元开始，所观照的对象明确，具有可操作性，方便易行，便于随时随地做功夫。

（2）正念工程由于立足于不二之实相智，强调转生活中的一切境缘，尤其是转一切逆缘、染缘、烦恼缘，为修行之道用，所以它是一种非常接地气的真刀实枪的修行，而不会流于形式。

（3）正念工程由于强调生活就是道场、就是修行，当下的念头就是道场、就是修行，大众就是道场、和谐与大众的关系就是修行，一天二十四小时，在在处处都可以修行，所以，修行的时间会成倍地增长，功夫一旦成片，悟道的机缘会增多。

（4）正念工程强调要在日常生活中历境炼心，它能够帮助我们及时发现自己内心诸多的隐秘的缺点和不足，从而将"勤修戒定慧、息灭贪嗔痴、净化身口意"的功夫落在实处，有利于改善我们的性情，提升我们的人格。

（5）正念工程强调要在每一个生活单元中提起正念，强调因解脱和果解脱在当下一念上的统一，所以每次成功地提起一次正念，都能够让我们获得一种胜利感，从而增强我们对修行解脱的信心，让遥遥无期的修行之途，变得有希望、有盼头，不再充满焦虑。

（6）正念工程因为强调"途中不离家舍"，强调当下一念的自觉、自主、自足、自在，强调"现法乐住"，所以它能够帮助我们养成一种宁静淡定、自在快乐的心态。

通过开启"正念工程"活动，或许可以引导更多的信众，将生活禅的"在生活中修行，在修行中生活"的理念，真正地落在实处。

4、正念工程的操作方法

正念工程的落实，要从日常的具体场景和生活细节（生活单元）开始。这样做，一是因为正念观察的对象具体明确，不空洞，方便操作；二是每一个单元都有一定的时间长度，有一定的场景和活动内容，在同一个单元里，相对来说，保持正念比较容易做到，不太费力，所以能增强我们的信心。

正念工程的具体做法是：先把一天的生活，按照性质、场所，分成不同的单元，如早上起床、洗漱，可以作为一个单元；上厨房做早饭，是一个单元；吃饭，是一个单元；收拾碗筷、清理厨房，是一个单元；整理衣冠、准备上班，是一个单元；出门、走路、坐公交车、到单位，又是一个单元，如此等等。

修习正念工程，关键是要随时随地抓住每一个偶然出现的"我要修行"的念头，及时提醒自己，强化正念的力量，并以此为契机，将正念的觉照，贯穿于当下的这个生活单元，有意识地去做强化正念的练习。

比如，早上醒来，刚一睁眼，如果脑子里突然冒出了"我要修行"的念头，那就抓住它，然后提醒自己，"接下来，我把起床到洗漱这个单元当作强化正念的机会"，并试图在这个单元内保持正念不失。如果做到了，那就趁正念尚在，再一次提醒自己，在接下来的上厨房做饭这一单元内，仍然保持正念不失。如此，一点一点地落实，一点一点地延展。如果这中间丢失了，不用担心，等"我要修行"的正念再次出现时，再抓住它，强化它，善用它。总之，正念的功夫，你提起的数次越频繁，其自动出现的几率也会越来越多，两者互相增上，很容易变成一种习惯。

相对而言，在同一个生活单元内，正念一旦提起，比较容易保持。但是，当场景发生转换的时候，正念最容易丢失，所以，在转换场景之际，我们要趁正念尚在，特别提醒自己："注意！准备转换场景！保持正念！"在单元与单元切换之际，需要如是格外提醒。

在诸多的单元中，人际之间的交谈和应酬，最容易走失正念。我们可以把这个单元当作"特级工程"来对待。事先可以反复地提醒自己，要抓住眼下这个难得的对境，先通过观照自己的呼吸，让自己平静下来。接下来，在见面、打招呼、交谈和倾听的整个过程中，及每一个转换处，都要经常有意识地回归呼吸，借助呼吸之势，安住当下，保持观照。以后，每次遇到人际应酬的时候，都这样去做，久了，正念的力量自然增强。

在练习正念观察的时候，可以按如下五个步骤去做：

（1）提起正念，回归道场

日用中，触境遇缘，首先要提起"大道就在眼前，就在我们六根门头处放光动地。大道不离日用。大道遍一切时、一切处、一切心念，须臾不曾离。生活就是道场，红尘就是道场，念头就是道场，大众就是道场。我们时时刻刻生活在道场中"这样一种宗门的圆顿信解，并把这种信解变成当下的修道之正念，转眼前的一切境缘为修行之道用，即把一切境缘，尤其是染缘、恶缘、逆缘，视为成就我们的清净戒行、提升我们的忍力、开发我们的慈悲和智慧的洪炉烈焰，视为诸佛菩萨对我们的加持以及对我们修行功夫的勘验，从而远离昏沉、散乱和放逸，安住在修道的状态中，这就是所谓的"回归道场"。

（2）关注呼吸，凝神静气

在提起圆顿正念的同时，要将散乱的心拉回到呼吸上，即：将注意力集中在呼吸上，通过深呼吸、随顺呼吸，做凝神静气的功夫。凝者，将心由散乱、放逸的外驰状态，收摄为内敛、专注的状态。静者，将呼吸由粗重的失念的状态调治到微细、清明的状态。通过凝神静气，让自己处于一种旁观者的倾听状态，或者以平等无分别的心，圆观整个身体的觉受和心念。修行人通过这种方式，可以令内心很快安静下来。凝神静气的目的是为了"都摄六根"，止观的初步功夫即在其中。

（3）安住当下，心行合一

通过提起正念、关注呼延、凝神静气，这样，我们就可以将心从时（过去、现在、未来）、空（此处、他方）的链条中孤立出来，不想过去，不想未来，不想与当下正在做的事情无关的其他杂事，系心于自己当下所做的事情上，或者平时所做的功夫上，如观呼吸、念佛号、参话头、观身受等等，令心不再向外驰散。安住当下、心行合一实际上就是在功夫上对宗门中所强调的"直下承当"之落实。

（4）提起功夫，虚明自照

要真正持久地安住当下，必须结合自己平时所修止观方法，将功夫与当下的活动对接在一起，既清楚明白，又轻松省力。

——或者安住呼吸，保持"心中无事，虚明自照"的倾听、默照状态（虚明自照指的是，在圆顿正念的引领下，令内心处在一种没有对立面的般若观照状态中。这种状态是一种远离对治、远离取舍、超越二边的极为省力同时又是极为得力的状态。虚，指心如虚空一般，平等包容一切，没有什么东西是需要逃避的。明，指心如明镜一般，如实地照见一切境缘的差别相，而不被境缘所转，内心如如不动，情绪稳定）。

——或者随息念佛、记数念佛、蓦直念佛，观能念之心、所念之佛号了不可得；

——或者提起"当下这个身体是谁在操控做主"之类的话头，起疑参究，离心意识，观妄念无相；

——或者提起"妙用观""加持观""勘验观"，转一切负面境缘、情绪为修道之妙用。

（5）清明绵密、闲闲自在

通过持续地做功夫，令觉照的功夫纯熟，达到一种"清明绵密、闲闲自在"的状态。清明绵密即是远离昏散，不走失，不间断，功夫成片，达到事一心不乱，乃至能所双亡，进入理一心不乱。闲闲自在即是通过提起前面所说的"道在眼前、佛在眼前、解脱在眼前、死亡在眼前"的圆顿正念，相信当下一念若能提起超越二边之般若观照，当下即是见自性三身佛，当下即是因解脱，从而将一切由向外驰求的心、将心待悟的心、二边取舍的心所带来的种种焦虑不安，彻底消解掉，当下一念体验到禅者的那种自觉、自主、自足、自在的状态。

闲闲自在是修行人对自己止观功夫的自验证。修行人可以不时地通过自我反省是否"闲闲自在"，来检测自己的功夫是否处在"称性起修"、与不二法门相应的正确道路上，这样可以及时地剔除用功过程中所出现的种种微细二边见。

以上是修习正念工程的五个关键点，我们可以称为"生活禅日用止观五要"。

现以堵车为例，对上述五要之落实，略做说明。平时下班乘公交车，当遇到交通拥塞的时候，我们会不由自主起烦恼，陷入焦虑不安当中。这个时候，抱怨是没有用的，纯然是浪费时间和精力，还不如心平气和地接受这一现实。此时，如果我们能及时提起"道在眼前""道遍一切时处"之正念，把公交车当作道场，保持一种闭目养神的放松状态，凝神静气，不想过去，不想未来，也不想车外其他的事情，安住当下，或者静静地观照自己的一呼一吸，或者提起佛号、静观佛号去来生灭，或者参究当下"这个身体谁在作主、我在哪里"，体验"觅心了不可得，觅我亦了不可得"，不被外境所转，亦不被妄念所转，当下不多什么、也不缺少什么、恰恰好，令心处在一种自觉、自主、自足、自在的状态。当我们处在这个闲闲自在状态中的时候，如是做功夫，如是安住，这跟坐在禅堂里，又有什么差别呢？

总之，在日常生活中，触境遇缘，我们要及时提起圆顿的信解和正念，转一切境界为修道之妙缘，令心处在历历孤明、闲闲自在的状态。这是日常生活中落实止观功夫最为关键的一点。通过以上五要，修行人可以有效地将宗门"即信即解、即观即证"之圆顿理念，圆成于当下一念。这也是生活禅日用止观思想的殊胜性之所在。

图书在版编目（CIP）数据

生活禅纲要 / 明海主编 .—北京：商务印书馆，2023
ISBN 978-7-100-22897-8

Ⅰ.①生… Ⅱ.①明… Ⅲ.①禅宗—研究 Ⅳ.①B946.5

中国国家版本馆 CIP 数据核字（2023）第 162904 号

生活禅纲要

明海　主编

商 务 印 书 馆 出 版
（北京王府井大街 36 号　邮政编码 100710）
商 务 印 书 馆 发 行
北京雅昌艺术印刷有限公司印刷
ISBN 978-7-100-22897-8

2023 年 10 月第 1 版　　　　开本 700×1000　1/16
2023 年 10 月北京第 1 次印刷　　印张 61¼　插页 8
定价：160.00 元

生活禅文库

生活禅綱要

下 編

明 海 主编

商務印書館
创于1897　The Commercial Press

编撰委员会名单

导师 净 慧

顾问 传 印　　楼宇烈　　杨曾文　　陈 兵　　王雷泉
　　　　黄夏年　　陈云君　　李四龙　　何建明　　何燕生
　　　　王志远

主编 明 海

编委 明 海　　明 基　　明 憨　　明 影　　明 杰
　　　　崇 谛　　明 虚　　明 启　　明 证　　崇 悲
　　　　崇 朗　　崇 延　　崇 度　　大 痴　　惟 圣
　　　　宗 舜　　明 一　　明 月　　常 宏　　宏 用
　　　　明 远　　马明博　　王 佳　　周 娟　　明 尧

执笔 明 尧

校对 生活禅读书会

目　录

第九章 生活禅的用功方法（一）：
安般禅

中国传统丛林中，修习止观的主流用功方法，大体说来有四种：

一是安般禅（又称息道观），即以出入息为所缘境，依放下、专注、清明、绵密的原则做功夫，经由数、随、止、观、还、净六个环节而契入实相。

二是默照禅，即立足于宗门"圆同太虚，无欠无余""触目是道，一切现成"之圆顿理念，以"虚明自照，惺寂不二"为方法，强调称性起修、离心意识、直下承当，以契入法界一相。

三是话头禅，即借助话头和疑情的逼拶力量，离心意识，扫一切境界相，拔一切见刺，最后言语道断、心行处灭，明见本来。

四是念佛禅，即依"念佛心即是佛""无所念者是名念佛"之圆顿理念，以持佛名号为下手方便，或蓦直念佛，或参究念佛，或疑情念佛，守一不移，清明绵密，最后于能所双亡处明心见性。或者依信愿力，临命终时蒙佛接引，往生极乐世界，入位不退。

在这四种方法中，安般禅为修习止观的基础法门，在调节身心方面，见效比较快，一般修行人都要经过安般禅的修习这一阶段。天台宗大兴之后，安般禅被创造性地融入天台宗的圆教止观当中，不再成为一个独立的法门，而后又被禅宗融入默照禅，成为默照禅的观法之一。话头禅则是为了校正文字禅和默照禅在流行过程中所产生的种种偏差而出现的一种新禅法，是中国祖师的智慧创造，是对般若思想的活用，宋以后，成为中国禅宗的主流用功方法。念佛禅则是在净土法门兴盛、禅净合流的过程中，部分禅门大德主张用宗门的圆顿信解,结合持名念佛,来帮助修行人实现明心见性而出现的一种比较流行的用功方法。

此四种方法,虽然都植根于大小乘佛教经典,但是,中国化的色彩非常明显,带有强烈的圆顿教之精神,比如,都重视称性起修、直下承当、离心意识,重视明心见性,重视信解行证于当下一念之圆成,等等。它们的出现,皆为应机而设,并无高下优劣之分。这四种方法,亦是生活禅的基本用功方法。

第一节 安般禅 —— 三世诸佛入道之初门

一、安般禅的意义

安般,乃"安那般那"之简称。《修行道地经》云:"何谓数息?何谓为安?何谓为般?出息为安,入息为般,随息出入而无他念,是谓数息出入。"依此经所言,安那,义为出息;般那,义为入息。而在其他经典上,对"安那般那"的解释正好与此相反,谓安那是入息(引外风令入身),般那是出息(引内风令出身)。这里所说的"安般禅",是指契入佛法之"二甘露门"中的数息观(另一个是"不净观"),又称安般守意,意为观出入息,守心不散。

数息观乃一切止观禅定的入门基础,被喻为"三世诸佛入道之初门",是修习禅波罗蜜的根本、成就无上菩提的基本路径。对于绝大多数人而言,数息观比较容易把握、行持,也很容易得受用,是修行人初期入门时调节身心、净化身心、渐趋忘身忘境,乃至趣入涅槃的有效方法。

智者大师在《释禅波罗蜜次第法门》卷五中,有这样一段文字,专门称叹安般法门的殊胜性:

第一明所修法者,即是阿那波那,为修习根本初禅之法……

问曰:一切法门,悉可为初,何故但说阿那波那,以为初门?

答曰：不然。今依佛教，如经说，"阿那波那是三世诸佛入道初门"。是故释迦初诣道树，欲习佛法，内思安般，一数二随，乃至还、净，具如《瑞应经》所说。

复次，提婆初出世时，伏外道已，诸人信敬，度人出家，不可称数。于是大集在家、出家七众弟子，及刹利、婆罗门等，大众之中，升师子座，泪下如雨。尔时大众皆悉默念："将非佛法欲灭，外道复兴邪？将非国大扰乱，疫病流行邪？"菩萨尔时知大众心念，以白氎巾拭泪，更整容服，举右手而言："亦非佛法欲灭、外道将兴，非国不安、疫病流行；但伤佛日潜辉，贤圣月没，袈裟之中，空无所有耳。"于时大众闻此语已，各自感伤，发声大哭。尔时飞鸟杂类，在虚空中，缤纷乱坠，皆悉悲鸣。

尔时菩萨以慈软音，安慰大众，而说偈言：

"佛日常在世，无目不见耳。贤圣月不没，障碍故不见。若能净肤（按：或为"眼"字之误）翳，当自得睹见。何为没忧海，痴醉如婴儿。"

尔时大众闻菩萨慈音，心各醒悟，摄心安坐，寂然无声，谛观菩萨，咸欲闻法。尔时菩萨普告大众，而说偈言：

"佛说甘露门，名阿那波那。于诸法门中，第一安稳道。因缘次第起，不杂诸妄想。譬如种石榴，芽茎次第生。华实及色味，自然非可作。时至时自证，非如脂粉色。汝等调熟地，惠汝石榴种。令心入甘露，道法次第生。"

从此以来，西国法师相传不绝，多以此法为学道之初。若四依大士、六通菩萨，说法度人，此为首唱，岂非入道初门？！末代相承，说法教授，自不修禅，既无内道，出言即便破人修定。若观提婆之说，乃以禅定为要；世人颠倒，实可哀哉……

在这里，智者大师借提婆菩萨的开示，重申安般法门作为"入道初门"的重要性——"佛说甘露门，名阿那波那。于诸法门中，第一安稳道"。

修习安般法门，方便易行，能滋养身心，令身心安乐，胜过世间一切诸美妙饮食，能增长法身慧命，得大神通。

《阿毗达磨顺正理论》云：

诸有一切美妙饮食长养身支，无如有方便调入出息者。诸有一切毒刺刀

火烈灰坑等损坏身支，无如无方便调入出息者。（《阿毗达磨顺正理论》卷六十）

南岳慧思禅师讲：

入初禅时，观息入出，从头至足，从皮至髓，上下纵横，气息一时出入无碍。常念己身，作轻空想，舍粗重想。是气息入无聚集，出无分散，是息风力能轻举，自见己身空如水沫，如泡如影，犹如虚空。如是观察，久修习竟，远离色相，获得神通，飞行无碍，去住远近，任意自在。（南岳慧思《诸法无诤三昧法门》卷下）

其实，在早期的佛教经典中，佛亦曾在不同的场合，反复劝告大比丘众，要勤"念安般"，以证涅槃。如《增一阿含经》卷二中记载：

一时，佛在舍卫国祇树给孤独园。尔时，世尊告诸比丘："当修行一法，当广布一法。修行一法已，便有名誉，成大果报，诸善普至，得甘露味，至无为处，便成神通，除诸乱想，逮沙门果，自致涅槃。云何为一法？所谓念安般。"

《本事经》卷一"念安般"品中提到，修习安般法门，可以出离生死，证不还果：

"苾刍当知，若诸有情，永念一法，我证彼定得不还果。云何为一法？谓是念安般。所以者何？一切有情，由不念安般故，数数还来，堕诸恶趣，受生死苦。若能常念如是一法，我证彼定得不还果，不复还来生此世间。是故我说，若诸有情，能念一法，我证彼定得不还。"尔时世尊重摄此义，而说颂曰："我观诸有情，由不念安般，还来堕恶趣，受生死轮回。若能正了知，永念于安般，定得不还果，不来生此间。"

《解脱道论》亦高度称叹念安般的功德，谓其能成就定慧，得无为解脱，故为"世尊所叹，圣所住止，梵所住止，如来所住止"：

> 若人修行念安般，成寂寂、成胜妙、成庄严，可爱自娱乐。若数数起恶、不善法，令除灭，身成不懈怠，眼亦不懈怠，身成不动不摇，心成不动不摇，令满四念处，令满七觉意，令满解脱。世尊所叹，圣所住止，梵所住止，如来所住止。（《解脱道论》卷七）

佛陀的俗家儿子罗睺罗（又译"罗云"）尊者，随佛出家之后，佛陀亦教他修安般法门，游于四禅，最后证得阿罗汉果。《增一阿含》卷七"安般品第十七"记载：

> 是时，尊者罗云复作是念："今云何修行安般，除去愁忧，无有诸想？"……
>
> 世尊告曰："如是，罗云。若有比丘，乐于闲静无人之处，便正身正意，结跏趺坐，无他异念，系意鼻头。出息长知息长，入息长亦知息长。出息短亦知息短，入息短亦知息短。出息冷亦知息冷，入息冷亦知息冷。出息暖亦知息暖，入息暖亦知息暖。尽观身体入息、出息，皆悉知之。有时有息亦复知有，有时无息亦复知无。若息从心出亦复知从心出，若息从心入亦复知从心入。如是，罗云，能修行安般者，则无愁忧恼乱之想，获大果报，得甘露味。"

二、安般禅在汉地的传播和演变

三十七道品是原始佛教的基本修行法门。其中，四念处又是三十七道品中最核心的一科。四念处就是通过观身不净、观受是苦、观心无常、观法无我，依次对治净、乐、常、我等四种颠倒执著之观法，以成就出离果。

观身不净——身有内外，己身名内身，他人之身名外身。此内外身，污秽充满，无有净处。但是众生被无明所障，不知身之不净，妄以为净，并且产生执著。修行人通过观身不净，可以对治"净颠倒"。

观受是苦——领纳名受，有内受、外受。意根受名内受，五根受名外受。一一根有顺受、违受、不违不顺受。于顺情之境则生乐受，于违情之境则生苦受，于不违不顺之境则生不苦不乐受。乐受是坏苦，苦受是苦苦，不苦不乐受是行苦。众生颠倒，以苦为乐，不知乐受从苦之因缘而生，生灭无常，不可常保，乐尽必生苦果，世间无有实乐。通过观察欣求乐受反生苦受之原由，可以对治"乐颠倒"。

观心无常 —— 心为眼耳鼻舌、喜怒哀乐等情识，念念生灭，更无常住之时。通过观察心之生灭无常，以对治"常颠倒"。

观法无我 —— 法为一切现象之存在。一切现象都是因缘而生，因缘而灭，无有自性，不可自主，亦不可常存，故无自主自在之"我"性（我，自主自在义），也就是无我。通过观一切法皆依因缘而生，以对治"我颠倒"。

原始佛教中的很多修行方法，都是从四念处中衍生出来的，或者说，都统摄于四念处这一根本禅法中。如以观呼吸为特征的安般法门，以及十六特胜法，就是从四念处引申而来的。不净观和白骨观也是如此。另外，无常观、死想观等观法，也都与四念处密不可分。

大乘佛教兴起之后，尤其是初期大乘佛教中的涅槃类经典，开始从常乐我净的佛性论的角度，把原始佛教的四念处法融摄于其中，通过不二之般若智慧，将四念处法门提升到一个更高的层次，即由"苦、空、无常、无我、不净"与"常、乐、我、净"之二元对立状态，晋升到将"苦、空、无常、无我、不净"与"常、乐、我、净"圆融在一起的"真常、真乐、真我、真净"之不二境界，这样就把世间与出世间、生死与涅槃等等之间的二元对立打破了，显示了大乘佛教圆融无碍的精神。因此，在《大般涅槃经》中，四念处法被称为"涅槃圣行"。

随着四念处法门指导思想的大乘化，安般法门也不可避免地被打上了汉传佛教的圆融烙印。

安般禅，作为小乘禅法四念处的一个重要组成部分，在后汉时期，经由安世高的翻译弘扬，传入中国后，经东吴之康僧会、后赵之佛图澄、前秦之释道安等大力弘扬，而且得到了历代统治阶层的重视和扶持，在中国北方逐渐盛行起来，至北魏高僧僧稠的时候，达到了鼎盛时期，但是不久就衰落了，被天台宗的止观法门所取代，并没有形成一个独立的宗派。天台止观兴起之后，以安般为主体的小乘禅法，被智者大师融入天台止观的修行体系当中，其代表著作《修习止观坐禅法要》（又称《童蒙止观》《小止观》）

和《六妙法门》，成为隋唐以后中国佛教诸宗修习止观共遵的圣典。禅宗兴起之后，安般禅又被当作禅修的入门基础融入禅宗，后又被曹洞宗纳入圆顿止观之修习，成为修默照禅的主要用功方法之一。

从这一历史演变中可以看出，用来指导修习安般禅的理论基础实际上也经历了一个从小乘到大乘，从藏教、通教到别教、圆教这样一个不断变化的过程。所以，同样是数息观，因为发心和观慧之不同，凡夫、外道、二乘、菩萨等，他们的果证境界是有很大差别的。笔者提出这一点是想说明：作为生活禅的主要用功方法之一的安般禅，我们不能局限在原始佛教的背景下，而应当从大乘圆教的角度来加深对它的理解和实践。

三、安般禅作为生活禅的入门用功方法

由于安般法门一直被视为入道之初门、止观之基础，简单、易行、方便，而且传到中国之后，受天台、禅宗的影响，被赋予了圆顿教的精神，如念佛禅一样具有"易入而证深"的优势，所以，净慧老和尚在提倡生活禅的过程中，也自始至终把安般法门当作接引大众进入佛门的最佳途径，并加以大力提倡。他说：

息道观是我们一直在修的一个基本法门，又叫安那般那，数呼吸的意思……

禅如此高妙，如此了不起，最后还要通过这样一个简单的方法来修。这就是越高深的东西越平凡，可能越平凡的东西也是越难做到。就像数呼吸这件事，呼吸离我们最近，于我们最亲切，我们时时刻刻可以感受得到。我们人是怎样生活的？生命是怎样延续的？就是因为我们这一口气。老和尚们总在说，"一口气不来，转眼即是来生"。可见这口气、这个呼吸对于我们人的重要性。但是这么重要、这么简单、与我们这么密切的事情，我们要把它管好数好，不容易，非常难……

我们的身和心是不可分离的整体，净化心念、净化身心的方法很多，数息观是一个最简便最亲切的方法。对于我们现代的人来说，信教也好不信教也好，这个方法没有宗教色彩，你只要去做就会有利益有受用，这是个很实际的

东西。你不信佛也可以修这个观，修了以后你也会得到受用，得到受用了你才晓得佛的说法真实不虚，这样你再来信也不迟……

佛教的禅定功夫是指一些共性的东西，不是说光哪一门禅定重视呼吸，禅宗也同样重视数息。四祖五祖的法语当中也多次提到要怎样来调呼吸，菩提达磨的禅法"内心无喘"从功夫上来讲也是在修数息观。要使我们呼吸的不调相变成调相——风喘气这三者为息的不调相，只有到了息这个阶段才是调相——所以要"内心无喘"。当然这个"内心无喘"既有功夫上的意思，也有见地上的意思。从功夫的意义来讲，菩提达磨也是修数息观，"如是安心者壁观"，壁观者就是使内心无喘。（《生活禅提出的初衷及四个根本等理念》，见《人间佛教思想文库·净慧卷》）

这里需要特别说明的是，数息观作为修习止观的一种古老的入门方法，原非佛教所独有，凡夫、外道亦有修习者。但是，由于发心和慧解不同，故同样是修数息观，凡夫、外道、二乘、菩萨所证果德却大不相同。《六妙法门》在介绍"通别六妙门"时，特地指出："凡夫、外道、二乘、菩萨通观数息一法，而解慧不同，是故证涅槃殊别。随、止、观、还、净亦复如是。"

凡夫行人因为带着贪著快乐的心修习数息观，中途必遭魔业，故不得出离生死。外道行人带着猛盛的二边邪见心修习数息观，"贪著邪见，造诸邪行，断灭善根，不会无生，心行理外"，落诸戏论，亦不得出离生死。声闻行人带着"欲速出三界，自求涅槃"之欣厌心修数息观，能通达四谛，而得声闻道。缘觉行人带着"求自然慧，乐独善寂，深知诸法因缘"的心而修数息观，能通达十二因缘，得缘觉道。菩萨行人带着"为求一切智、佛智、自然智、无师智、如来知见、力无所畏，愍念安乐无量众生"（《六妙法门》）之菩提心，修数息观，能通达中道，不住生死，不住涅槃，而入菩萨位。总之，凡夫、外道以贪染心修习数息观，不能出离生死；二乘行人以偏空慧修习数息观，不能证得无上菩提；只有菩萨行人以中道实相智来修习数息观，故能得大菩提果。

可见，安般法门之所以称为禅，区别于凡夫外道乃至于二乘的，恰恰在于大乘的发心和圆顿的见地。它不以证初禅、二禅等世间禅定为目的，而在于出世间的究竟解脱，证中道实相。从这个角度来看，安般禅作为生活禅修行的入门方法，具有"既方便又圆顿"的特色，它以出离心为基础，以菩提心为统摄，以大悲心为动力，以实相般若见为指导，以破我法二执、得一切种智、救度众生、成就无上菩提为根本趋向。它属于出世间的清净禅法，即禅波罗蜜，为菩萨之行门。这与当今世间正流行的各种心灵鸡汤式的"禅修"是有本质区别的。

第二节　安般禅的用功理路 —— 六妙法门

智者大师在《六妙法门》中，以安般禅为中心，将止观之修习，分为数、随、止、观、还、净等六个部分。依此六门而修，能出生死，能通涅槃，故称六妙法门（《法界次第初门》卷上之下云："今之六法，前三是定，后三是慧。定爱慧察，能发真明，出离生死……此六通言妙门者，涅槃为妙，门谓能通，六法次第相通，能至真妙泥洹，故云妙门"）。在该书中，智者大师从十个方面，对六妙法门所包含不同侧面的含义做了全面揭示。这十个方面是：

第一历别对诸禅六妙门；第二次第相生六妙门；第三随便宜六妙门；第四随对治六妙门；第五相摄六妙门；第六通别六妙门；第七旋转六妙门；第八观心六妙门；第九圆观六妙门；第十证相六妙门。

从这十个方面的含义，可以看出，六妙法门既是一种相生递进、次第历然的先后关系，同时又是一种互即互入、相辅相成的圆融关系。就六门之各别而言，前三门属止，后三门属观，依止起观，止观双运；就六门之互即互入而言，一门摄六门，六门入一门，主伴相资，互相成就。

六妙法门不仅适用于数息观，实际上，它是修习一切止观法门、通向涅槃解脱的通用原则，比如，它同样适合于念佛禅等，只不过在修习念佛禅的时候，数息和随息变成了记数念佛和蓦直念佛罢了。所以，智者大师在《六妙法门》中赞叹道：

六妙门者，盖是内行之根本，三乘得道之要径。故释迦初诣道树，跏趺坐草，内思安般，一数、二随、三止、四观、五还、六净，因此万行开发，降魔成道，当知佛为物轨，示迹若斯，三乘正士岂不同游此路！

下面，拟从"次第"和"圆顿"两个方面，对六妙门的含义做一个简单的介绍。

一、次第六妙门

所谓次第六妙门，主要是依智者大师所说的"次第相生六妙门"而言，先数，次随，步步升进，最后进入净门。

（一）数息

人的生命一刻也离不开呼吸。同时，人的念头也跟呼吸密切相关：念头越粗，呼吸越粗；念头越微细，呼吸也越微细。反之亦然。因此，把呼吸作为所观境，有助于我们管理好当下一念心，同时也便于我们在日常生活中提起功夫，比较省力。

所谓数息，如《坐禅三昧经》所言，就是以出入息为所缘，默数呼吸，"数一至十，随息入出，念与息俱，止心一处"。或专数出息，即呼气快到尽头的时候数一，下一次呼气快到尽头的时候数二，一直数到十。或专数入息，即吸气快到尽头的时候数一，下一次吸气快到尽头的时候数二，一直数到十。如果中间走失了，再从一开始数，总之，心心念念专注在出入息上，清楚明白绵密，更不他缘。

数息的功夫贵在清明绵密。《修行道地经》云：

何谓数息？若修行者，坐于闲居无人之处，秉志不随机，数出入息，而使至十。从一至二，设心乱者，当复更数，一、二至九。设心乱者，当复更数。是谓数息。行者如是昼夜习数息，一月一年，至得十息，心中不乱。于是颂曰：自在不动譬如山，数出入息令至十。昼夜月岁不能止，修行如是守数息。（《修行道地经》卷五）

初入门者为什么要数息？原因在于欲界众生念头粗散难摄，唯有数息一法，最善调伏。《法界次第初门》云："摄心在息，从一至十，名之为数。行者为修无漏真法，先须调心入定。欲界粗散难摄，非数不治，故须善调身息，从一至十，则粗乱静息，心神停住，是为入定之要。故以数息为妙门也。"（《法界次第初门》卷上之下）

关于数息的妙处，《坐禅三昧经》有详细的解答：

问曰：何以故数？

答曰：无常观易得故，亦断诸思觉故，得一心故。身心生灭无常，相似相续难见，入息出息生灭无常，易知易见故。复次心系在数，断诸思诸觉。思觉者，欲思觉、恚思觉、恼思觉、亲里思觉、国土思觉、不死思觉。欲求净心、入正道者，先当除却三种粗思觉，次除三种细思觉。除六觉已，当得一切清净法，譬如采金人，先除粗石砂，然后除细石砂，次第得细金砂……

问曰：若余不净、念佛等四观中，亦得断思觉，何以故独数息？

答曰：余观法宽，难失故。数息法急，易转故。譬如放牛，以牛难失故，守之少事；如放猕猴，易失故，守之多事。此亦如是，数息心数，不得少时他念，少时他念则失数。以是故，初断思觉应数息。已得数法，当行随法，断诸思觉。入息至竟，当随，莫数一，出息至竟，当随，莫数二，譬如负债人，债主随逐，初不舍离……（《坐禅三昧经》卷上）

简单地说，数息之法，易于观生灭无常，易于断除杂念妄想，用功比较紧，不容易走失，故特别适合于初入门者修习。

数有修数、证数二种。修数讲如何做数息的功夫，证数讲数息的功夫成熟时的表现。

1. 修数

修数主要是讲如何数息。《六妙法门》云："修数者，行者调和气息，不涩不滑，安详徐数，从一至十，摄心在数，不令驰散，是名修数。"

关于如何数息，早期的禅经中多有介绍。或数入息不数出息，或数出息不数入息，或出入息俱数者。

智者大师在《释禅波罗蜜次第法门》中，提到数出息、数入息各自的好处，唯独不许出入息俱数。

三明用息不同者：

一师教系心数出息。所以者何？数出息则气不急，身不胀满，身心轻利，易入三昧。

有师教数入息。何故尔数入息？一者易入定，随息内敛故；二断外境故；三易见内三十六物故；四身力轻盛故；五内实息贪恚故。有如是等胜利非一，应数入息。

有师教数入出无在，但取所便而数，无的偏用，随人心安入定，无过即用。

三师所论，皆不许出、入一时俱数。何以故？以有息遮，病生在喉中，犹如草叶，吐则不出，咽则不入，此患生故。（《释禅波罗蜜次第法门》卷五）

但是，《坐禅三昧经》则明确主张出入息俱数：

云何为数？一心念入息，入息至竟，数一；出息至竟，数二。若未竟而数，为非数。若数二至九而误，更从一数起。（《坐禅三昧经》卷上）

《坐禅三昧经》所讲数息，有三个关键点需要注意：

（1）入息数一，出息数二，出入息俱数。

（2）入息至竟时数一，出息至竟时数二。所谓至竟，就是吸到尽头、呼到尽头时中间所出现的短暂住相。如果不在住相上数，就会出现数与呼吸不相协调的紧张现象。

（3）数的过程中，如果被妄想打失，则需要重新开始，中间不得间断或错乱。

在诸多的数息方法中，丛林久参之士一般都主张只数出息，入息就不用管它了，这样比较省力。

实际上，数入息、数出息、出入息俱数，各有好处，需要根据实际情况，灵活运用：

数入息的好处是"一易入定，随息内敛故；二断外境故；三易见内三十六物故；四身力轻盛故；五内实息贪恚故"。由于数入息能快速充实精力，补足中气，故比较适合于那些体质弱的人修习。

数出息的好处是"数出息则气不急，身不胀满，身心轻利，易入三昧"。由于数出息能令行人身心放松，除去体内之胀浊，故比较适合于那些身心紧张、内有燥热的人修。

出入息俱数，对于那些正处在动中或刚上座气息粗重的人而言，可以起到很好的放松和摄心作用；但是，等到身心恢复平静、呼吸变微细之后，则宜乎改成只数出息或只数入息，否则容易因作意而造成呼吸不自然。

数息看起来很简单，但是，初入门者在数的过程中，由于方法不得当，或者过于作意，往往会出现数与呼吸打架的现象。关于如何顺利地数息，净慧老和尚曾做过比较详细的开示：

佛家禅定的修行是在一呼一吸的转折上面做功夫。呼出来吸进去叫一呼一吸，它的中间转折是什么？就是息所住的那一刻。息可以分为三个阶段，就是出息、入息、住息，要在住息上面做功夫，你的心才能够真正安定下来。对修行得比较成熟、比较有功夫的人来说，住息的时间越长，得禅定的可能性就越大。或者是说，这样就离得禅定的时间很近，你就很有可能将这一呼一吸的转换之间的息住在那里，那么你当下就能够入定。所以要使我们的意念和呼吸保持一致、保持同步，就必须要非常清楚地知道入息、出息和住息。

我们数呼吸数什么呢？可以数入息也可以数出息。一般地来说，以数出息比较好，为什么呢？因为我们每个人身体里面有许多浊气，这些浊气应该让它出来。你把意念放在出息上，就能有意识地把五脏六腑的浊气吐出来。你在出息的时候数数，入息就不要管它，住息也不要管它。但是你要明明白白地知道，息在进来、息在住。住在什么地方？这有一个次第。开始的时候不可能真正使息到丹田里面来，丹田就是我们脐下二指或三指的地方。练习的时间长了，功夫纯熟了，你就能够慢慢地使呼吸由浅到深、由粗到细、由短到长。开始可能在这个地方（师以手示意胸口部位），慢慢下来一直到气海，又叫丹田，到这里就不要再往下边走。要注意这个，往下边走就走不下去了。想做到一步到位不大可能，要想能够真正把气息慢慢引入丹田，专门练习的人也要经过三五个月才有可能做到。不能一下子把息引到丹田怎么办呢？引到哪儿是哪儿，不要勉强，勉强会出毛病。要慢慢地来，使呼吸深、细、长，还要慢慢地使整个气息引到丹田。引到丹田后气还要扩散到全身，那样你就可以不用鼻孔呼吸了。八万四千个毛孔都可能成为呼吸的管道，它本身就是呼吸的管道，因为我们没有真正地去修炼去训练，所以不能把八万四千个毛孔的优势都调动起来。(《生活禅提出的初衷及四个根本等理念》，见《人间佛教思想文库·净慧卷》)

2. 证数

证数主要是讲数息的功夫到达何种境界才算成熟。《六妙法门》云："证数者，觉心任运，从一至十，不加功力，心住息缘，觉息虚微，心相渐细，患数为粗，意不欲数，尔时行者，应当放数修随。"

数息的功夫纯熟之表现是，从一数到十，比较省力，中间亦不走失，呼吸微细，观照清明，念头极微细。这个时候，会感觉到数息是多余的，不想再数了。于是放弃数息，而采用另一种叫作"随息"的方法，继续用功夫。

（二）随息

随息就是细心依息，知出知入，知粗知细，知长知短，知冷知暖，乃至对出入息时遍身之觉受皆了了分明，而不加作意干预，住而不散。

《法界次第初门》云：

细心依息，知入知出，故曰为随。行者虽因数息心住而禅定未发，若犹存数则心有起念之失，故须放数修随，心依于息。入时知入，出时知出，长短冷暖，皆悉知之。若心安明净，因是则诸禅自发，故以随为门也。(《法界次第初门》卷上之下)

随息，在《修行道地经》卷五"数息品"被称作"相随"：

数息已定，当行相随，譬如有人前行，有从（按：侍从）如影随形，修行如是，随息出入，无他之念。于是颂曰：数息意定而自由，数息出入为修行。其心相随而不乱，数息伏心谓相随。(《修行道地经》卷五)

修随息时，有两个关键点，需要特别注意：

一是不作意。下面"修随"中所引《解脱道论》中的那段开示，特别强调，随息的时候，不得作意去导引或干扰呼吸，一切顺其自然。否则会产生身、心、息三者不调之过患。

二是观无常无我。这是佛教修随息观不同于外道之处。修随息的时候，要以不动之观智，觉察呼吸之无常、无我，这是修随息的关键。《坐禅三昧经》中云：

内心动，故有息出，出已即灭。鼻口引外，则有息入，入故息灭，亦无将出，亦无将入……复次，脐边风发，相似相续，息出至口鼻边，出已便灭……若以口鼻因缘引之，则风入，是从新因缘边生。譬如扇，众缘合故，则有风。是时知入出息因缘而有，虚诳不真，生灭无常。如是思惟：出息从口鼻因缘，引之而有，入息因缘，心动令生，而惑者不知，以为我息。息者是风，与外风无异。地水火空亦复如是，是五大因缘合故生识，识亦如是，非我有也。五阴、十二入、十八界，亦复如是。如是知之，逐息入息出，是以名随。（《坐禅三昧经》卷上）

随息有修随、证随二种。

1. 修随

修随是讲如何做随息的功夫。《六妙法门》云："修随者，舍前数法，一心依随息之出入，摄心缘息，知息入出，心住息缘，无分散意，是名修随。"

关于如何"随息"，原始佛教在宣讲安般法门时讲得非常详细。下面所引几段经文，可以作为我们修随息的指南：

（1）《增一阿含经》卷二"广演品第三"：

若有比丘，正身正意，结跏趺坐，系念在前，无有他想，专精念安般。所谓安般者：若息长时，亦当观知我今息长；若复息短，亦当观知我今息短；若息极冷，亦当观知我今息冷；若复息热，亦当观知我今息热。具观身体，从头至足，皆当观知。若复息有长短，亦当观息有长有短。用心持身，知息长短，皆悉知之。寻息出入，分别晓了。若心持身，知息长短，亦复知之。数息长短，分别晓了。如是，诸比丘，名曰念安般，便得具足，成大果报，诸善普具至，得甘露味，至无为处，便成神通，除诸乱想，获沙门果，自致涅槃。是故，诸比丘，常当思惟，不离安般念，便当获此诸善功德。如是，诸比丘，当作是学。

（2）《解脱道论》卷七"行门品"：

初坐禅人，若往阿兰若，若往树下，若往寂寂处，结跏趺坐，正身在前。彼坐禅人，念入息、念出息。若长出息，我息长出，如是知之。若长息入，我长息入，如是知之。若短息入，我短息入，如是知之。若短息出，我短息出，如是知之……

于是现前令学安者，谓系念住于鼻端，或于口唇，是出入息所缘处。彼坐禅人，以安念此处，入息出息，于鼻端口唇，以念观触，或现念令息入，现念令息出。现于息入时不作意，于出时亦不作意。是出入息所触鼻端口唇，以念观知所触，现念令入，现念出息；如人解材，以缘锯力，亦不作意锯去来想。如是坐禅人，于入出息，亦不作意入出息想。所触鼻端口唇，以念观知，现念令入息，现念令出息。若坐禅人于出入息作意内外，其心成乱。若心起乱，其身及心成懈怠动摇，此是过患。若最长息，若最短息，不应作意；若作处最长最短息，其身及心皆成懈怠动摇，此是过患。由出入息种种相故，不应作著；若如是作心，余缘成乱。若心乱，其身及心皆成懈怠动摇，如是过患无边。

（3）南传佛教《大念处经》（邓殿臣、赵桐译）：

诸比丘啊！彼于日常生活中，应如何时刻注意观察其身？

诸比丘啊！若有比丘，步入林间，或树下，或于幽静无人处，跏趺而坐，身躯端直，专心系念，出息入息，彼作长出息时，于彼长出息，心中了了分明。彼作长入息时，于彼长入息，心中了了分明。彼作短出息时，于彼短出息，心中了了分明。彼作短入息时，于彼短入息，心中了了分明。彼须训练自己，分明觉知彼所有的出息；训练自己，分明觉知彼所有的入息。彼如是训练自己所有出息宁静有序，训练自己所有入息宁静有序。

诸比丘啊！犹如技高一筹之木旋工，或其学徒，于镟盘做长转时，于其所作长转，心中了了分明，于镟盘做短转时，于其所作短转，心中了了分明。诸比丘啊！如是一样，彼于长出息时，于彼所作长出息，心中了了分明，彼于长入息时，于彼所作长入息，心中了了分明，彼于短出息时，于彼所作短出息，心中了了分明，彼于短入息时，于彼所作短入息，心中了了分明。彼如是训练自己所有出息宁静有序，训练自己所有入息宁静有序。

彼如是生活，彼于自身注意观察其身，彼于他人注意观察其身，彼于自身他身兼顾注意观察其身，或观察身内之生起，或观察身内之坏灭，或兼察身内之生起与坏灭。由于专心系念而认清其身无非是如其所念，如其所知而已。如是，彼生活会无所染著，于世间一切事物也无所执取。

诸比丘啊！彼于日常生活中，应如是注意观察其身。

关于随息的更具体操作方法，还可以参见下一节的"十六特胜"。

2. 证随

证随是讲随息的功夫成熟时的表现。随息的功夫做到一定的时候，觉观之心会变得更加微细、灵敏，随息出入，任运相随，了了分明，恬然凝静，这个时候会觉得，再起一个"随"的念头就是一种有为作意，因而是多余的，所以不想再随息了，只是想安住在心无波动的不作意的宁静状态中，保持觉照。此即是止门。

《六妙法门》云："证随者，心既微细，安静不乱，觉息长短遍身入出，心息任运相依，意虑恬然凝静，觉随为粗，心厌欲舍，如人疲极欲眠，不乐众务，尔时行者，应当舍随修止。"

（三）止门

随息之后，接下就是修止。止就是息心静虑，系心一处，不起心动念，同时又是了了分明。通过数息、随息，调伏粗重散乱心后，观照的功夫渐渐地从有为之作意而进入心无波动、虚明自照的阶段，任运静观息之出入而不起心动念。

《法界次第初门》云：

息心静虑，名之为止。行者虽因随息心安明净，而定犹未发，若心依随，则微有起想之乱，澄渟安稳，莫若于止，故舍随修止。是中多用凝心止也。凝心寂虑，心无波动，则诸禅定自然开发，故以止为门。（《法界次第初门》卷上之下）

止门虽然名之为止，但止不离观，而非冥顽无知，故在《修行道地经》中，它与"观"是连在一起用的，合称为"止观"，其义如同牧牛：

其修行者已得相随，尔时当观如牧牛者，住在一面，遥视牛食，行者若兹，从初数息至后究竟，悉当观察。于是颂曰：如牧牛者遥往察，群在泽上而护视。持御数息亦如是，守意若彼是谓观。（《修行道地经》卷五）

为什么要修习止呢？就是为了达到不起心动念的禅定境界，而在此前的数息、随息这两个阶段中，因不离作意，故禅定没有现前。《坐禅三昧经》云：

问曰：何以故止？答曰：断诸思觉故，心不散故。数、随息时，心不定，心多剧，故止则心闲少事，故心住一处，故念息出入。譬如守门人门边住，观人入出，止心亦尔，知息出时，从脐心胸咽至口鼻，息入时，从口鼻咽胸心至脐，如是系心一处，是名为止。（《坐禅三昧经》卷上）

从这段经文中可以看出，止有二义：一者止断念想，二者系心一处。换言之，修止的时候，心安住在息之出入上，但没有作意。

止门有修止、证止二种。

1. 修止
修止是讲如何进入止的状态。《六妙法门》云："修止者，息诸缘虑，不念数随，凝寂其心，是名修止。"

修止就是外息诸缘，内离散动，既不起念数息，亦不起念随息，心只是安住在出入息上，犹如止水。凝者，安住于当下，心不外缘，心行合一。寂者，不起心动念。

2. 证止

证止是讲修止的功夫成熟时的表现。《六妙法门》云："证止者，觉身心泯然入定，不见内外相貌，定法持心，任运不动。行者是时，即作是念：今此三昧，虽复无为寂静安稳快乐，而无慧方便，不能破坏生死。复作是念：今此定者，皆属因缘阴界入法，和合而有，虚诳不实，我今不见不觉，应须照了。作是念已，即不著止，起观分别。"

证止就是身心泯然，不见内外相貌，定法持心，任运不动（通过数随修止，而后成就证止，即奢摩他定境现前，其具体的功夫次第，可参阅本书第十三章第一节"生活禅止观功夫的基本次第"十六字诀中关于"九住心"的论述）。证止之后，此时应当提起正念，告诉自己：此定境乃属因缘法，阴、界、入法和合而有，并没有离开动静、空有二边，虚诳不实，因此应当打破对此静止之境的执著，而进一步起观。

（四）观门

观即以般若智慧分别观察五阴性空了不可得之实相。修行之人，通过数、随，进而修止，证诸禅定，但是此时真智并未开发。若久住于定，则有沉空滞寂之失。是故不应贪著于空静之境，而应起观分别，开发无漏智慧，故以观为门，谓之观门。

观门就是由止起观，观五阴生灭无常，亦即观息如空中风、观身不净不实，观受是苦，观心无常，观法无我，以破除常乐我净四种颠倒及诸外道邪见。观门的根本在于，以空观智证空谛，与体大相应，破凡夫缚（凡夫执实有），灭见思惑。此乃四念处的主要观修内容。

《法界次第初门》云：

> 分别推析之心，名之为观。行者虽因止，证诸禅定，而解慧未发。若住定心，则有无明味著之乖。故须推寻、检析所证禅定，是中多用实观，四念处也。若观心分明，则知五众虚诳，破四颠倒，及我等十六知见。颠倒既无，无漏方便因此开发。故以观为门。（《法界次第初门》卷上之下）

【按】我等十六知见，又称十六神我。未见正道之人，于五阴等法中，强立主宰，妄计有我、我所，计执我之心历诸缘，而有十六种知见之别。即：（1）

我，于五阴法中，妄计有我、我所之实。（2）众生，于五阴等法和合中，妄计有实众生而生。（3）寿者，于五阴法中，妄计我受一期之报命有长短。（4）命者，于五阴法中，妄计我之命根连续不绝。（5）生者，于五阴法中，妄计我能生起众事，又我来生于人中。（6）养育，于五阴法中，妄计我生为父母所养育，并能养育他人。（7）众数，于五阴法中，妄计我有五阴、十二入、十八界等众法之数。（8）人，于五阴法中，妄计我为能修行之人，异于不能修行之人；又我生于人道，异于余道。（9）作者，于五阴法中，妄计我有身力手足而能任事。（10）使作者，于五阴法中，妄计我能使役他人。（11）起者，于五阴法中，妄计我能起后世罪福之业。（12）使起者，于五阴法中，妄计我能使他起后世罪福之业。（13）受者，于五阴法中，妄计我之后身当受罪福之果报。（14）使受者，于五阴法中，妄计我能使他受后世罪福之果报。（15）知者，于五阴法中，妄计我有五根，能知五尘。（16）见者，于五阴法中，妄计我有眼根，能见一切之色相；又妄计我能起诸邪见、正见等，亦称见者。此十六知见皆为"我"之别名。

《法界次第初门》讲观法，主要以四念处为主。而《坐禅三昧经》除了讲观五阴无常之外，同时亦可以一心专观出入息之无常："心止法中，住观入息时五阴生灭异，出息时五阴生灭异，如是心乱便除却，一心思惟，令观增长，是名为观法，舍风门，住离粗观法。离粗观法，知息无常。此名转观，观五阴无常，亦念入息出息生灭无常，见初头息无所从来，次观后息亦无迹处，因缘合故有，因缘散故无，是名转观法。"（《坐禅三昧经》卷上）

如同数、随、止各有修、证一样，观亦有修观、证观二种。

1. 修观 —— 即观五阴无常无我。

《六妙法门》云："修观者，于定心中，以慧分别，观于微细出入息相，如空中风；皮肉筋骨，三十六物，如芭蕉不实；心识无常，刹那不住；无有我人，身受心法，皆无自性，不得人法，定何所依？是名修观。"

2. 证观 —— 如实证得四念处，破除常乐我净四种颠倒，生四无量心。

观门成就之后，因为此时犹执能观之心为我（属二乘菩萨"迷智四相"中的"人我相"，非同凡夫"迷识四相"中的"人我相"），计我之惑未破，故非究竟，还须进一步修"还门"。

《六妙法门》云："证观者，如是观时，觉息出入，遍诸毛孔，心眼开明，彻见三十六物，及诸虫户，内外不净，刹那变易，心生悲喜，得四念处，破四颠倒，是名证观。观相既发，心缘观境，分别破析，觉念流动，非真实道，尔时应当舍观修还。"

（五）还门

"还"即转心返照能观之心亦了不可得，不滞空境，从空起用。修行之人虽修四念处等观法，能破五阴之我的实有性，但是执能观之空观慧为真我、执空寂之境为涅槃，计我之惑依然潜藏于观中，非真智现前，故应当继续舍"观"修"还"，从空返有，返照能观之心，念念皆不可得，同时依妙观察智，观诸法之假谛，起度生之妙用，故以还为门，谓之"还门"。还门的根本在于，以假观智，证假谛，与相大相应，破二乘缚（二乘执寂灭空），灭尘沙惑。

《法界次第初门》云：

转心反（返）照，名之为还。行者虽修观照，而真明未发。若计有我能观，析破于颠倒，则计我之惑，还附观而生，同于外道。故云是诸外道计著观空智慧，不得解脱。若觉此患，即当转心反（返）照能观之心。若知能观之心虚诳无实，即附观执我之倒自亡，因是无漏方便（指假观智）自然而朗，故以还为门。（《法界次第初门》卷上之下）

如前所述，"还"亦分修还、证还二种。

1. 修还 —— 知观从心生，应返观能观之心，则知能观之心本自不生，不生故不有，不有故即空，空故无观心。若无观心，岂有观境？境智双亡，此即还源之要。

《六妙法门》云："修还者，既知观从心生，若从析（按：析者，观析，析灭观之义）境，此即不会本源，应当反观观心：此观心者，从何而生？为从观心生？为从非观心生？若从观心生，即已有观，今实不尔。所以者何？数、随、止等三法中，未有即观故。若从不观心生，不观心为灭生？为不灭生？若不灭生，即二心并。若灭法生，灭法已谢，不能生观。若言亦灭亦不灭生，乃至非灭非不灭生，皆不可得。当知观心本自不生，不生故不有，不有故即空，空故无观心。若无观心，岂有观境？境智双亡，还源之要也，是名修还相。"

2. 证还 —— 心慧开发，不加功力，任运自能破析，返本还源。但是，此时仍落在有境智与无境智之二边当中，故仍须继续做"净"的功夫。

《六妙法门》云："证还相者，心慧开发，不加功力，任运自能破析，反本还源，是名证还。行者当知，若离境智，欲归无境智，不离境智缚，以随二边故，尔时当舍还门，安心净道。"

关于还门的根本在于"以假观智，证假谛，与相大相应，破二乘缚（二乘执寂灭空），灭尘沙惑"这一点，我们可以借助《法华经·法师功德品》中所讲到的"六根清净位"之义理，来加深理解。若依大乘圆教之空观智，成就观门，解除根尘三结，即入六根清净位。六根清净位相当于别教三贤位，属"相似即佛"，亦即是"位不退"，以十住位已断分段生死之粗相，不退凡夫，十行十向已发大悲心、菩提心，不退二乘，故云位不退。在此六根清净位上，因根结已脱，圆通心初步现前，此时能以父母所生之眼耳鼻舌身意等六根，遍见、遍听、遍闻、遍现、遍知三千大千世界中的一切色声香味触法等差别境界，"见其中一切众生，及业因缘、果报生处，悉见悉知"，从而激发出愿度一切众生、愿证无上菩提的广大悲愿心。借助六根清净位之功德，分别觉观禅定中自然显现出来的三千大千世界的种种境界，修如幻观，成就大悲心，从空返有、回小向大、回自向他。这才是圆教"还门"的真实意义（参见本书第十三章第四节"从《首楞严经》'解六结'看生活禅的功夫次第"中的相关内容）。

（六）净门

净即心无所依，不起妄想分别之垢，不落能所、空有二边。此乃见道之时，证无生法忍，真心现前时的无相无住之境界。修行之人，虽修还门，虽无能所，但是却执著于无能无所，没有跳出"能所"与"无能所"之二边圈子，真明犹未能发，故当舍还修净，继续依净门修行，成就一真法界之清净心，证三乘圣道，故以净为门，谓之净门。就修行位次而言，十行十向位菩萨修还门时，从空返有，从体起用，然犹执有生死可出，有菩提可证，有众生可度，有佛道可成，尚非中道真智现前，故须进修净门。净门的根本在于，以中道智，证中道谛，与用大相应，破菩萨缚，入无生忍，最后成等正觉。

《法界次第初门》："心无所依，妄波不起，名之为净（按：此处的净，非染净二边中的净，乃'无所依''无所住'的意思）。行者修还之时，虽能破观之倒，若真明未发，而住无能所，即是受念，故令心智秽浊。觉知此已，不住不著，泯然清净，因此真明开发，即断三界结使，证三乘道。故云其清净得一心（按：此处的一心乃指与'法界一相'相应之心，即超越二边之真心）者，则万邪灭矣。以净为门，意在此也。"（《法界次第初门》卷上之下）

如前所述，"净"有修净、证净二种。

1. 修净 —— 照破五蕴皆空，不起分别妄想，故能息妄想垢、分别垢、取我垢，修无修相、净无净相、得无得相。

《六妙法门》云："修净者，知色净故，不起妄想分别，受想行识，亦复如是，息妄想垢，是名修净。息分别垢，是名修净。息取我垢，是名修净。举要言之，若能心如本净（按：指称性起修，随顺清净圆照觉性），是名修净，亦不得能修所修及净不净，是名修净。"

2. 证净 —— 始本合一，证得真如三昧，心无依恃，任运开发无碍方便智慧。

《六妙法门》云："证净者，如是修时，豁然心慧相应，无碍方便，任运开发，三昧正受，心无依恃。证净有二：一者相似证（按：依《大乘起信论》，觉破执取、计名字二相，即觉异相，破俱生分别我执，相似于证真如理），五方便（按：即天台修行止观之前行'二十五方便'，分为具五缘、诃五欲、弃五盖、调五事、行五法等五科）相似无漏道慧发；二者真实证（按：依《大乘起信论》，包括初地至等觉菩萨之随分觉和诸佛果地之究竟觉，这里主要是指随分觉），苦法忍（按：于暖位、顶位、忍位、世第一位等四加行位中，因观欲界生死之苦，至世第一后心，真如理显，生无漏法忍，是名苦法忍）乃至第九无碍道（按：无碍道又称无间道，开始断除所应断除之烦恼，而不为烦恼所障碍之修行，由此可无间隔地进入解脱道）等，真无漏慧发也，三界垢尽，故名证净。"

以上是数随止观还净等六门的基本含义。关于观门、还门、净门，智者大师又对它们的甚深意义做了补充。《六妙法门》云：

复次，观众生空故名为观，观实法空故名为还，观平等空故名为净。复次空三昧相应故名为观，无相三昧相应故名为还，无作三昧相应故名为净。复次一切外观名为观，一切内观名为还，一切非内非外观名为净。……复次，菩萨从假入空观故名为观，从空入假观故名为还，空假一心观故名为净。

此六门，如果联系《首楞严经》和宗门中的功夫次第，亦可以做如下方便之理解：

1. 数、随、止、观等四门，可以理解为"夺境"，破凡夫缚。其中，数、随、止三门，谓之伏夺，解尘结；观谓之正夺，解根结。相当于《首楞严经》中的解"根、尘三结"。

2. "还门"可以理解为"夺人"，破二乘缚，相当于《首楞严经》中的解"觉结"。

3. "净门"可以理解为"人境俱夺、人境俱不夺"，破菩萨缚，相当于《首楞严经》中的解"空、灭二结"。

从功夫次第的角度来看，次第相生六妙门就是一个重重拂迹、上上增进的过程，现列表解如次：

数	以数除粗念。然能数之念亦是定障。	凝心禅	解尘结
随	以随除细念、拂能数之念。然能随之念犹是定障。		
止	以止息诸念、拂能随之念。然止犹落在凡夫外道所执之有漏顽空中，执有之妄念未破，真明未发，亦是智障。	制心禅	
观	以观拂止。以空观破凡夫外道执有漏顽空，初证人空。然犹存能观之空智和所证之空境的二边对待在，即犹有二乘之空境在。	以空观智破凡夫外道执有	解根结
还	以还拂能观之空智，泯二乘智境、能所，破二乘执空。然犹存有智境与无智境之对待在，即犹存能还之假观智的二边之迹在。	以假观智破二乘执空	解觉结
净	以净拂能还之迹，双泯有无，超能所，归于无念。以中道智拂假观智，破菩萨缚。	以中道智破菩萨执有众生可度有佛道可成，归无所得。	解空、灭二结

二、圆顿六妙门

上来所言六门，是从次第相生的角度而言的。实际上，六妙门不仅仅是一种时间上的先后次第，同时也是一种互即互入的圆顿次第。关于这一点，我们可以从"相摄六门""一念六门""圆观六门"等三个方面来理解。

（一）相摄六门

相摄六门是指，六门中随举一门，皆一一具足其他五门，随修一门即能增进、成就其他五门。如数息的时候，即是数门。数的时候，心随息出入，即是随门。心念在数，息诸攀缘，即是止门。数息时，知出入、长短、冷热等相，了了分明，即是观门。若心动散，攀缘五欲，当即觉察，摄心还归于数息，即是还门。正数息时，不念五欲，即是净门。修其他诸门亦复如是。《六妙法门》云：

云何名自体相摄？行者修六门时，于一数息中，任运自摄随止观还净等五法。所以者何？如行者善调心，数息之时，即体是数门。心依随而数故，即摄随门。息诸攀缘，制心在数故，即摄止门。分别知心数法及息，了了分明故，即摄观门。若心动散，攀缘五欲，悉是虚诳，心不受著，缘心还归数息故，即摄还门。摄数息时，无有五盖及诸粗烦恼垢，身心寂然，即摄净门。当知于数息中，即有六门。随止观还净等，一一皆摄六门，此则六六三十六妙门。

复次云何名巧修六妙门，出生胜进相摄相？行者于初调心数息，从一至十，心不分散，是名数门。当数息时，静心善巧，既知息初入、中间、经游至处，乃至入已还出亦如是，心悉觉知，依随不乱，亦成就数法。从一至十，是则数中成就随门。复次行者，当数息时，细心善巧制心，缘数法及息，不令细微觉观（按：即"寻伺"）得起刹那，异念分别不生，是则于数中，成就止门。复次行者，当数息时，成就息念巧慧方便，用静鉴之心，照息生灭，兼知身分，刹那思想，阴入界法，如云如影，空无自性，不得人法，是时于数息中，成就息念巧慧观门。复次行者，当数息时，非但成就观智，识前法虚假，亦复善巧觉了观照之心，无有自性，虚诳不实，离知觉想，是则于数息中，成就还门。复次行者，当数息时，非但不得所观能观，以慧方便，亦不得无能观所观，以本净法性如虚空，不可分别故。尔时行者心同法性，寂然不动，是则于数息中，成就净门。

（二）一念六门

所谓一念六门，就是观照当下一念心性，绝待离相，即念离念，即相离相，于一切法通达无碍，斯即当下一念具足六门，不假次第。《六妙法门》云：

观心六妙门者，此为大根性行人，善识法要（原作"恶"，今依《宗镜录》卷九十九引《六妙法门》原文改），不由次第，悬照诸法之源。何等为诸法之源？所谓众生心也。一切万法由心而起，若能反（返）观心性不可得心源，即知万法皆无根本。约此观心，说六妙门，非如前也。所以者何？如行者初学观心时，知一切世间出世间诸数量法，皆悉从心出，离心之外，更无一法。是则数一切法，皆悉约心故数，当知心者即是数门。

复次行者，当观心时，知一切数量之法，悉随心王。若无心王，即无心数。心王动故，心数亦动。譬如百官臣民悉皆随顺大王，一切诸数量法依随心王，亦复如是。如是观时，即知心是随门。

复次行者，当观心时，知心性常寂，即诸法亦寂，寂故不念，不念故即不动，不动故名止也。当知心者即是止门。

复次行者，当观心时，觉了心性犹如虚空，无名无相，一切语言道断，开无明藏，见真实性，于一切诸法得无著慧，当知心者即是观门。

复次行者，当观心时，既不得所观之心，亦不得能观之智。尔时心如虚空，无所依倚。以无著妙慧，虽不见诸法，而还通达一切诸法，分别显示，入诸法界，无所缺减，普现色身，垂形九道，入变通藏，集诸善根，回向菩提，庄严佛道。当知心者即是还门。

复次行者，当观心时，虽不得心及诸法，而能了了分别一切诸法。虽分别一切法，不著一切法，成就一切法，不染一切法，以自性清净，从本以来，不为无明惑倒之所染故。故经云：心不染烦恼，烦恼不染心。行者通达自性清净心故，入于垢法，不为垢法所染，故名为净。当知心者即是净门。

如是六门，不由次第，直观心性，即便具足也。

（三）圆观六门

上言"相摄六门"，乃就事理无碍、由理及事而论六门；"一念六门"，乃就理事无碍、摄事归理而论六门。此处的"圆观六门"，乃就事事无碍而论六门。

所谓圆观六门，乃指随观一法即观一切法、观一切心，随观一心即观一切心、观一切法。此乃利根菩萨所行，非凡小所堪。《六妙法门》云：

夫圆观者，岂得如上所说，但观心源，具足六妙门，观余诸法，不得尔乎？今行者观一心，见一切心及一切法。观一法，见一切法及一切心。观菩提，见一切烦恼生死。观烦恼生死，见一切菩提涅槃。观一佛，见一切众生及诸佛。观一众生，见一切佛及一切众生。一切皆如影现，非内非外，不一不异，十方不可思议，本性自尔，无能作者。非但于一心中，分别一切十方法界凡圣色心诸法数量，亦能于一微尘中，通达一切十方世界诸佛凡圣色心数量法门，是即略说圆观数门，随止观还净等，一一皆亦如是。是数微妙不可思议，非口所宣，非心所测，尚非诸小菩萨及一乘境界，况诸凡夫！若有利根大士闻如是无法（按：疑为"无上法"），能信解受持，正念思惟，专精修习。当知是人行佛行处，住佛住处，入如来室，着如来衣，坐如来座。即于此身，必定当得六根清净，开佛知见，普现色身，成等正觉。故《华严经》云：初发心时便成正觉，了达诸法真实之性，所有惠（慧）身不由他悟。

三、不拘次第，善用六门

数、随、止、观、还、净这六门，并不一定要严格地按照时间的先后次第而修。修行人可以根据自己的实际情况，方便随宜而用之，当修行出现障碍时，亦可作为对治法，择宜而用之，并没有一个固定不变的程式。这是我们需要注意的。

（一）六妙法中可方便随宜用其一法而令心安

智者大师认为，初学者对于六妙法门，可以先从数息、随息开始，一直到还、净，每一种方法可以练习数日。轮修一遍之后，再从数息开始，又依次轮修数日。这样经过几次反复轮修，即可知道，六妙门中哪一门最适合于自己、修的时候最省力、最容易令心安定，然后可以专用此法，一门深入，而不必依次第而修。

夫行者欲得深禅定智慧，乃至实相涅槃，初学安心，必须善巧。云何善巧？当于六妙门法，悉知悉觉，调伏其心，随心所便，可以常用。所以者何？若心不便，修治即无益。是故初坐时，当识调心学数，次当学随，复当学止、观、还等，各各经数日。学已，复更从数随，乃至还净，安心修习，复各经数日。如是数反，行者即应自知心所便宜。若心便数，当以数法安心。乃至净亦如是。随便而用，不简次第，如是安心时，若觉身安息调，心静开明，始终安固，当专用此法，必有深利。若有妨生，心散暗塞，当更随便转用余门，安即为善，可以长轨。（《六妙法门》）

另外，修行人依六门中的某一门而修，虽得粗念渐除，得入浅定，但是随后却长时间徘徊不进，难以深入，这个时候，可以先细心修数。如果数还不能解决问题，再细心修随。如果随还不能解决问题，再凝心修止。如果止还不能解决问题，再定心修观。如果观还不能解决问题，再修还乃至净。这样试验一巡之后，如果发现某法得力，即可专用此法而修。进入深定之后，如果又出现新的徘徊不进之现象，亦用此法，直至"豁然明朗，发真无漏，证三乘道"。

得诸定已，若心住不进，当随定深浅，修六妙门开发。云何名浅定不进、修六门令进？如行者初得持身法，及粗细住法，经于日月而不增进，尔时应当细心修数；数若不进，复当修随；随若不进，当细凝心修止；止若不进，当定中观阴入界法；观若不进，当还更反检心源；还若不进，当寂然体净。用此六法，若偏于一法，增进之时，当即善修之。既渐进入深禅定，便过数境，数相既谢，进发随禅，于此定中，若不境进，当善修随止观还净等五法。定进渐深，随境已度，若发止禅，禅若不进，当善修止及观还净等四法。止定进渐深，观心开发，虽有止法，知从缘生，无有自性。止相已谢，若观禅不进，当更善巧修观及还净等三法。观禅既进，进已若谢，转入深定，惠（慧）解开发，唯觉自心所有法相，知观虚诳不实，亦在妄情，如梦中所见，知已不受，还反（返）照心源。还禅经久，又不进，当复更善反（返）观心源，及体净当寂。还禅既进，进已若谢，便发净禅。此禅念相观已除，言语法皆灭，无量众罪除，清净心常一，是名净禅。净若不进，当善却垢心，体真寂虚，心如虚空，无所依倚。尔时净禅渐深寂，豁然明朗，发真无漏，证三乘道。此则略说六妙门。随便宜而用，增长诸禅功德智惠，乃至入涅槃也。（《六妙法门》）

（二）禅修中出现障碍时可随宜选择一法以为对治

在修习止观的过程中，修行人会遇到种种障碍。这些障碍大体有三种，即报障、烦恼障和业障。当这些障碍现前时，可以灵活运用六妙门，以为对治。从这个角度来看，六妙门也并不是一成不变的次第。

云何功用六门对治？行者应当知病识药。云何知病？所谓三障：一者报障，即是今世不善，粗动散乱，障界入也。二者烦恼障，即三毒十使等诸烦恼也。三者业障，即是过去现在所起障道恶业，于未受报中间，能障圣道也。行者于坐禅中，此三障发，当善识其相，用此法门，对治除灭。（《六妙法门》，后同）

【按】总示三种障碍。

云何坐中知报障起相，云何对治等？分别觉观心散动，攀缘诸境，无暂停住，故名报障起。浮动明利，攀缘诸境，心散纵横，如猿猴得树，难可制录。尔时行者应用数门，调心数息，当知即真对治也。故佛言："觉观多者，教令数息。"

【按】作为报障之表现的攀缘心现前时，可以修数息以为对治。

二者于坐禅中，或时其心亦昏亦散，昏即无记，心暗即睡眠，散即心浮越逸。尔时行者当用随门，善调心随息，明照入出，心依息缘，无分散意，照息出入，治无记昏睡心，依于息治觉观攀缘。

【按】作为报障之表现的昏散心现前时，可依随息以为对治。

三者于坐禅中，若觉身心急气粗，心散流动，尔时行者当用止门。宽身放息，制心凝寂，止诸忆虑，此为治也。

【按】作为报障表现的心急气粗现象现前时，可修止门以为对治。

复次云何烦恼障起，云何对治？烦恼有三种：

一者于坐禅中，贪欲烦恼障起，尔时行者，当用观心门中九想，初背舍，二胜处，诸不净门，为对治也。

【按】作为烦恼障的贪烦恼现前时，可修不净观以为对治。

二者于坐禅中，嗔恚烦恼障起，尔时行者，当用观心门中慈悲喜舍等，为对治也。

【按】作为烦恼障的嗔烦恼现前时，可修四无量心以为对治。

三者于坐禅中，愚痴邪见烦恼障起，尔时行者，当用还门，反照十二因缘三空道品，破折（析）心源，还归本性，此为治也。

【按】作为烦恼障的痴烦恼现前时，可修因缘观以为对治。

复次云何对治障道业起？

业即三种，治法亦三。

一者于坐禅中，忽然垢心昏暗，迷失境界，当知黑暗业障起。尔时行者，当用净门中，念方便净，应身三十二相清净光明，为对治也。

【按】作为业障之表现的垢心昏暗现前时，可念应身佛三十二清净相以为对治。

二者于坐禅中，忽然恶念，思惟贪欲，无恶不造，当亦是过去罪业所之作

（"所之作"疑为"之所作"）也。尔时行者，当用净门中，念报佛一切种智圆净常乐功德，为对治也。

【按】作为业障之表现的恶念炽盛现前时，可念报身佛之种种功德以为对治。

三者于坐禅中，若有种种诸恶境界相现，乃至逼迫身心，当知悉是过去今世所造恶业障发也。尔时行者，当用净门中，念法身本净，不生不灭，本性清净，为对治也。

【按】作为业障之表现的诸恶境界现前时，可念清净法身佛以为对治。

以上是智者大师关于六妙法门的主要观点。这些观点，我们只有在实修的过程中，才能找到亲切感。

第三节　安般禅的下手方便 —— 十六特胜

前面所介绍的六妙法门，既是具体的观法，同时也是修习止观的基本次第。其中的数、随二门，是安般禅的主要下手方便。关于随门，如果依十六特胜而修的话，则能通无漏解脱，故就解脱道而言，十六特胜实为安般禅的根本。由于十六特胜以观性空无常为要，能破凡夫对四禅八定的执著，通向无漏慧，故与以般若为根本的祖师道亦是相通的。因此之故，在这里，我们把十六特胜视为生活禅的根本修法。

所谓十六特胜，乃依修息道观过程中十六种所观对象而立名，所谓"一知息入，二知息出，三知息长短，四知息遍身，五除诸身行，六受喜，七受乐，八受诸心行，九心作喜，十心作摄，十一心作解脱，十二观无常，十三观出散，十四观欲，十五观灭，十六观弃舍"。这十六种所观对象，前五种以观身为主，属身念处，是初修安般禅时的下手处。后面的十一种分别以观受、观心、观法为主，属受念处、心念处、法念处，以空观智为根本，直接是破凡夫对世间禅境的执著，通向无漏解脱。

关于十六特胜得名之因缘，智者大师在《释禅波罗蜜次第法门》中解释道：

> 所以通名十六特胜者，十六即是数法，特胜者从因缘得名……如来成道初……复为摩诃迦叶、缔那等，直闻四谛真理不悟，更说不净观法对治，破诸烦恼，因此初明九想、背舍等诸不净观禅。尔时修此观者得道无量。复有一机众生，贪欲既薄，若厌恶心重，作不净观，即大生厌患，便增恶此身，无漏未发，即顾人自害，此事如律文所明。佛因此告诸比丘舍不净观，更修胜法，法名十六特胜，修之可以得道。此十六特胜有定有观，是中具足诸禅，以喜乐等法爱养故，则无自害之过，而有实观观察，不著诸禅，所以能发无漏。既进退从容，不随二边，亦能得道，故名特胜。（《释禅波罗蜜次第法门》卷七）

从这段文字中可以看出，十六特胜是针对那些因修不净观、对身体产生极强烈的厌恶心、有自害倾向的人而开启的入道方便。此中有两种殊胜：一者"十六特胜有定有观，是中具足诸禅，以喜乐等法爱养故，则无自害之过"；二者"有实观观察，不著诸禅，所以能发无漏"。因为十六特胜，能"进退从容，不随二边，亦能得道，故名特胜"。

关于十六特胜，传统上有两种理解和把握：

一是横依四念处而明十六特胜，即把十六特胜与四念处对应起来，仅以所观境之差别而分，不涉及功夫深浅次第，即"前五对身，中三对受，次二对心，后五对法"。按这种理解，欲界定、欲界未到地定和色界初禅，即能具足十六特胜。《释禅波罗蜜次第法门》云：

> 一观入息，至于气灭。二观出息，止至于鼻端。三观息长短：若身不安，心多散乱，则出入息俱短；若身安心静，则出入息俱长。四息遍身者，形心既安，则气道无壅，如似饮气，既统遍身中。五除诸身行者，根受为心行，觉观为口行，出入息为身行，既息遍身中，患彼觉动粗念，除诸粗故，名除诸身行。此五属身念处。

　　受念处有三：谓粗息除故，身心安稳故，六受喜、七受乐者，虽有微喜，乐能遍满，身识既满，内心喜悦，故名乐。八受诸心行者，既受乐在怀，必有数法相随，倚心乐境故，名受诸心行。

　　心念处有三：九心作喜者，既止心一境，未有慧解，必为沉心所覆没，以喜举之，令不沉没，故名作喜。十心作摄者，喜心动散，则发越过常，摄之令还，不使驰散诸缘，故作摄。十一心作解脱者，心不掉散，均等无累，故名解脱。

　　法念处有五：十二观无常者，已得自在，不为沉浮所败，故能观诸法无常，念念生灭，不可乐也。十三观散坏者，此身不久当散坏，磨灭之法，非真实有。十四观离欲者，此身唯是苦本，心欲离之，故名离欲。十五观灭者，是心住灭，多诸过患，不欲住故。十六观弃舍者，观此诸法皆是过患，故名弃舍。（《释禅波罗蜜次第法门》卷七）

　　二是竖依四禅四定而明十六特胜，个中所观之对象，涉及禅定境界的深浅，含藏着功夫次第。换言之，此十六种观法乃是为超越四禅八定而设。《释禅波罗蜜次第法门》云：

　　此十六法应须竖对诸禅，八观法相关故。所以者何？一知息入，二知息出者，此则对于数息。三知息长短者，对欲界定。四知息遍身者，对未到地定。五除诸身行者，对初禅觉支。六受喜，对初禅喜支。七心受乐，对初禅乐支。八受诸心行者，对初禅一心支。九心作喜，对二禅内净喜支。十心作摄，对二禅一心支。十一心住解脱，对三禅乐支。十二观无常，对四禅不动定。十三观出散，对空处。十四观离欲，对识处。十五观灭，对不用处（无所有处定）。十六观弃舍，对非想非非想处。（《释禅波罗蜜次第法门》卷七）

　　智者大师认为，第二种理解方法因兼顾了"从初调心，乃至发诸禅定，观行具足"，所以最为殊胜。

　　现列一表，将上述两种理解对应于次：

一知息入		对数息
二知息出	身念处	
三知息长短		对欲界定
四知息遍身		对未到地定
五除诸身行		对初禅觉观支
六受喜		对初禅喜支
七受乐	受念处	对初禅乐支
八受诸心行		对初禅一心支
九心作喜		对二禅内净喜支
十心作摄	心念处	对二禅一心支
十一心作解脱		对三禅乐支
十二观无常		对四禅不动定
十三观出散		对空处定
十四观欲	法念处	对识处定
十五观灭		对无所有处定（不用处定）
十六观弃舍		对非想非非想处定

十六特胜既依世间四禅四定而设，故为了更好地理解十六特胜，在这里很有必要先对世间的四禅四定，略做介绍。另外，了解四禅四定，可以帮助我们更好地反省普通修行人在修习止观过程中所遇到的诸多禅病和误区。细究起来，这些禅病与误区，都可视作世间禅中诸多二边知见的变种，皆与般若见地没有建立起来有关。从这个角度来讲，了解世间诸禅定的过患，有助于我们树立般若正见，更好地落实大乘佛教的圆顿止观精神。

一、观世间诸禅之过患，善用世间诸禅以化众

依数随二门修息道观，能成就世间根本禅，即四禅四定。四禅，即色界初禅、二禅、三禅、四禅。四定，即无色界空无边处定、识无边处定、无所有处定、非想非非想处定。欲界定和欲界未到地定，属初禅之前的过渡阶段，在智者大师的《释禅波罗蜜次第法门》中，是被当作初禅证相中的一部分来讲的，自然属于世间禅。

在这里，先简要地介绍一下欲界定、欲界未到地定、色界四禅和无色界四定的基本情况。这对于修行人正确认识自己的止观功夫，是很有意义的。

（一）欲界定

欲界定，顾名思义，属于欲界之禅定。关于欲界是否有禅定，有不同说法。一种说法认为，欲界唯有散心，无有禅定，所谓欲界定乃指"未至定"，即入初禅的前行阶段。另一种说法认为，欲界虽多散心，但仍有少分定心，取此少分之定，称为欲界定，以其定心不永续，灭去甚速，故又称电光定。第三种说法，如《成实论》卷十一则认为，欲界有确实之禅定，能发无动智（无漏智、真智）。

另外，宗门中曾有"只知欲界无禅，不知禅界无欲"的说法：

> 信州鹅湖大义禅师，衢州须江徐氏子。唐宪宗尝诏入内，于麟德殿论义。有法师问："……欲界无禅，禅居色界。此土凭何而立禅？"师曰："法师只知欲界无禅，不知禅界无欲。"曰："如何是禅？"师以手点空，法师无对。帝曰："法师讲无穷经论，只这一点，尚不奈何！"（《五灯会元》卷三）

宗门之禅，乃依自性本定而立，即相而离相，即三界而出三界，何有欲界、色界、无色界之别乎！大乘佛教的圆顿止观之根本，即在于此。

本书这里所说的欲界定，主要是依第二种说法而立名，然其见地当以宗门之自性本定为核心。

1. 欲界定之证相

欲界定，功夫有深浅不同，有粗住、细住、证欲界定三种。"心渐虚凝，不复缘虑"，属粗住相。心念泯泯转细，是细住相。此二者属暂时的过渡。若出现定法持身（所谓"或将得时，必有持身法起，此法发时，身心自然正直，坐不疲倦，如物持身"），心念微细，"觉心自然明净，与定相应，定法持心，任运不动，从浅入深，或经一坐无分散意"，此乃证欲界定之相。故定法持身，坐不疲倦，觉心明净，无分散意，乃入欲界定的根本标志。入此定时，由于欲界业报之浊身未尽，故称"欲界定"。

> 今说欲界中自有三：一粗住心，二细住心，三证欲界定。

一粗住相者，因前息道诸方便修习，心渐虚凝，不复缘虑，名为粗住。

细住相者，于后其心泯泯转细，即是细住心。

当得此粗细住时，或将得时，必有持身法起，此法发时，身心自然正直，坐不疲倦，如物持身。若好持身，但微微扶助身力而已。若是粗持身者，坚急劲强，来则苦急坚强，去则宽缓困人，此非好法。

心既细已，于觉心自然明净，与定相应。定法持心，任运不动，从浅入深，或经一坐无分散意。所以说此名欲界定。入此定时，欲界报身相未尽故。（《释禅波罗蜜次第法门》卷五）

2. 欲界定之得失

欲界定由于缺少观慧，未得觉、观、喜、乐、一心等禅支的扶持，所以，定境脆弱，定力有限，难得而易失。

退失欲界定的因缘，分内、外两种：

外者，指修习止观的前行条件不具足所带来的干扰，主要是指不善用心，失于内外方便扶持、得定时向人炫耀、突然出现外部人事干扰等，导致定心退失。

内者，指正修止观的过程中，因见地不透，以有所求、有所得之心用功，失去正念，被种种负面情绪所转，此即被所谓的失定"六法"所干扰。

二明得失者，入欲界定，法心既浅，未有支持，难得易失。

易失因缘，是事须识。失定有二种：

一从外缘失，谓得定时，不善用心，内外方便（按：即具五缘、诃五欲、弃五盖、调五事、行五法等道前方便，分内外两种：十境，为内方便；二十五法，为外方便。又二十五中而分内外，具缘一向在外；诃欲、弃盖，义兼内外；调五事，亦内亦外；眠食在外；余三属内。行五法，一向在内），中途违犯，则退失禅定。复次，若行者当得定时，或向人说，或现定相令他知觉，或卒有事缘相坏，如是等种种外事，于中不觉不识，障法既生，则便失定。若能将护，本得不失，障不得生，故名为得。

二者约内论得失者，有六种法，能失禅定：一希望心，二疑心，三惊怖，四大喜，五重爱（对暂时出现的好的禅境产生极重的贪恋），六忧悔（出定之后，因定境退失产生忧郁后悔的心理）。未得禅有一，谓希望心。入禅有四，谓疑、怖、喜、爱。出禅多有忧悔。此则能破定心，令退失。若通论，此六皆得在未、入、住、出中，俱有此六法，能退失定。若能离此六法，即易得定，以不失故名得也。

此虽近事，若不说者，则人不知。若善取其意，则知遮障。（《释禅波罗蜜次第法门》卷五）

此处所说的失定"六法"，即未得禅定之前的希望心，正入禅时的疑、怖、喜、爱，以及出禅之后的忧悔，是修禅人最为常见的"禅病"，正是它们阻碍了修行人正常入定，所以修禅者不得不警惕。

（二）欲界未到地定

行人入欲界定后，随着功夫的深进，会忽然出现"身心泯然虚豁，失于欲界之身，坐中不见头手床敷，犹若虚空"之境界。此时欲界身给人带来的逼苦消失，接下来会出现初禅的喜乐等受。此乃欲界未到地定之证相。

明证未到地定相，因此欲界定后，身心泯然虚豁，失于欲界之身，坐中不见头手床敷，犹若虚空，此是未到地定。所言未到地者，此地能生初禅故，即是初禅方便定，亦名未来禅，亦名忽然湛心。证此定时，不无浅深之相，今不具明。（《释禅波罗蜜次第法门》卷五）

注意，行人入欲界定后，有时也会出现种种邪伪之相，如在定中，能外视青黄赤白等境界，见日月星辰宫殿等相，或者一坐便是一整天不动不移，或七天不出定，甚至出现种种神通之事，或者陷入昏沉无记中如眠熟无异，诸如此类境界，若不能看破放下，执为实有，即入邪定（请参见本书第十四章第五节"智者大师论修习止观过程中的禅病、魔事及其对治"中的相关内容）。

（三）色界四禅

1. 初禅

关于初禅的基本情况，拟分六个方面来略做说明。

（1）初禅之总相

关于初禅之总相，如《大智度论》卷十七所载《禅经》禅义偈言："离欲及恶法，有觉并有观。离生及喜乐，是人人初禅。已得离淫火，则获清凉定。如人大热闷，入冷池则乐。如贫得宝藏，大喜觉动心。分别则为观，入初禅亦然。"

这首偈子揭示了初禅的特色——"离欲及恶法，有觉并有观，离生及喜乐"。初禅中，有觉有观，淫欲等恶法暂时伏住不起，身心清凉，生大喜乐。

（2）初禅之别名

初禅有多种名称。此定中，因有觉（身触）有观（分别），故名"觉观三昧""觉观俱禅"。此定因有觉观，语言道未断，故又名"圣说法定"。上言欲界定、欲界未到地定，因缺少觉、观、喜、乐、一心等支林和十种善法功德的扶持，复智多而定少，定心浅薄易失，是处非乐，故不名初禅。

（3）初禅之修法

修习初禅的根本方法就是"安那般那（阿那波那）"，以数息、随息为主。其具体内容参见上一节六妙法门中的数随二门。

（4）初禅之证相

修行人以欲界身修习初禅时，于欲界未到地定中，身心虚寂，不见内外，色界清净四大于欲界身中渐渐生发，遂与欲界身相触，于是产生了"动、痒、凉、暖、轻、重、涩、滑"，以及"掉、猗（轻安）、冷、热、浮、沉、坚、软"等十六种触受，所谓"色界四大造色，着欲界身中"，同时伴有"定、空、明净、喜悦、乐、善心生、知见明了、无累解脱、境界现前、心调柔软"等十种善法眷属之生起，是为初禅之证相。

初禅发相者，行者于未到地中，证十六触成就，即是初禅发相。

云何是证？若行者于未到地中，入定渐深，身心虚寂，不见内外，或经一日乃至七日，或一月乃至一年。若定心不坏，守护增长，于此定中，忽觉身心凝然，运运而动。当动之时，还觉渐渐有身，如云如影，动发，或从上发，或从下发，或从腰发，渐渐遍身。上发多退，下发多进。

动触发时，功德无量，略说十种善法眷属，与动俱起。其十者何？一定，二空，三明净，四喜悦，五乐，六善心生，七知见明了，八无累解脱，九境界现前，十心调柔软。如是十法，与动俱生，名动眷属胜妙功德，庄严动法。若具分别，则难可尽。此则略说初动触相。

如是或经一日，或经十日，或一月四月，如是一年，此事既过，复有余触，次第而发，故名初禅。余触发者，谓八触也：一动，二痒，三凉，四暖，五轻，六重，七涩，八滑。复有八触，谓一掉，二猗（轻安），三冷，四热，五浮，六沉，七坚，八软。此八触与前相虽同，而细分别不无小异，更别出名目，足前合为十六触。

此十六种触发时，悉有善法功德眷属，如前动触中说。行者因未到地，发如是等种种诸触功德善法，故名初禅初发，并是色界清净四大，依欲界身中而发。故摩诃衍云："色界四大造色，着欲界身中"。（《释禅波罗蜜次第法门》卷五）

初禅之十六种触，必须是在欲界未到地定之后生起，并且伴随着十种善法，方属初禅之正相（谓之"成禅触"）。如果未入未到地定而先生诸触，要么是病触，要么是生盖（盖障现前），要么是魔触，或者在入初禅过程中诸触生时，伴随着二十种恶法，非是初禅之正相，能破根本禅（谓之"坏禅触"），行者不可不慎。

行者于初坐中，未得定心，亦发如是冷暖动等触，既无如上所说功德之事……此是生病生盖之触；若如上说及增者（指代伴随十六种触所生之二十种恶触），亦是魔触发相……若未得未到地定，而先发触者，多是病触，是生盖及魔所作。若触发时，无如上所说十种功德眷属者，亦是病触，生盖及魔触也。今所说触发者，要因未到地定发，亦具足有诸功德眷属俱发故，以此为初禅发相。（《释禅波罗蜜次第法门》卷五）

关于二十种恶法，本书第十四章第五节"智者大师论修习止观过程中的禅病、魔事及其对治"中，将做详细介绍。

（5）初禅之五支

构成初禅，有五大要素，谓之初禅五支：一觉支，二观支，三喜支，四乐支，五一心支。简言之，"觉者，初心觉悟名为觉。观者，后细心分别名为观。庆悦之心，名为喜。恬澹之心，名为乐。寂然不散，名一心"。由于得此五支共相扶持，故初禅定心安稳，牢固难坏。

觉支 —— 觉支者，觉就是身体的触觉，即对根身所产生触受的觉知。"觉者，觉属身根，为身有情，异乎木石，所以对触故生觉……于未到定中，发十六触，触于身根生识，觉前触相，故名觉支。"

觉分善、恶两种。从欲界未到地定进入初禅的过程中，所产生的十六种触，如果每一触都伴随着十种善法眷属，则属于初禅的正禅相，能成就初禅，称为成禅觉。反之，如果伴随着二十种恶法，则属于邪禅相，能破坏初禅，称为坏禅觉（未到地定中，一触常有二十恶法，若妄生取著，必落邪禅。二十种恶触的具体内容，请参见本书第十四章第五节"智者大师论修习止观过程中的禅病、魔事及其对治"这一部分）。

另外，觉还有惊悟的意思："觉名惊悟，行者得初禅未曾所得善法诸功德故，心大惊悟。昔常为欲火所烧，得初禅时，如人入清凉池，但此觉生时，与欲界身根生觉有异。何以故？与定等善法一时俱发，是以偈言'如贫得宝藏，大喜觉动心'，故言初心粗念名为觉。"

观支 —— 观支者，于十六种触觉生起之后，细心分别名观。即以正念之心，思量分别十六种触，发现此触中"有种种善法珍宝与触俱发"，乃欲界所无，与欲界定、欲界未到地定等法亦大不相同。另外，从功夫的角度来讲，"观"同时还意味着，在分别十六触时，能知粗则离，知善则修，增长十种善法，远离二十种恶法。

觉和观都有觉知的意思，两者的不同之处在于：粗分别者名觉，细分别者名观；身根、身识相应名觉，意根、意识相应名观；对外之五尘名觉，对内之法尘名观。

喜支 —— 喜支者，因细心分别思量觉知初禅中所生十六种触受，具十种善法微妙珍宝，乃昔所未逢，是以心喜庆悦。又细心分别思量觉知，入初禅后，所失欲界粗乐甚少，而今得初禅功德，利乐甚多。如是觉观，利我不少，深心庆悦，踊跃无量，故名喜支。

乐支 —— 乐支者，于善触善法，生欢喜已，其心恬然，受于触中之乐，乐法娱心，安稳恬愉，故名乐支。

喜、乐二支，同具欢悦之相，其差别在于：

粗乐名喜，细乐名乐。粗喜为喜，细喜为乐……喜根相应（与身根相应之欢悦）故名喜，乐根相应（与意根相应之欢悦）故名乐。踊跃心中故名喜，恬静心中故名乐。复次，行者初缘得乐，心生欢喜，未及受乐名喜，后缘喜情既息，以乐自娱，故名乐。譬如饥人得食，初得欢喜，未及受其味，故名喜；后得食之，方受味中之乐，故名乐。（《释禅波罗蜜次第法门》卷五）

一心支 —— 经久受乐心息，虽有觉触等事，而心不缘不动，既无分散，定住寂静，故名一心。《法界次第初门》卷一云："行者初证禅时，乃即著定，而心犹依觉、观、乐之法，故有细微之散。若受喜乐息，则心自然与定法一，故名一心支。"

（6）初禅之功德

初禅之功德，如偈所言，"已得离淫火，则获清凉定"。其功德有二：一者离过德，二者善心德。相当于止、行二善，亦可比类于智、断二德。

离过德者，谓离五盖，即离贪欲盖（欲界之乐粗浅，今得初禅之乐细妙，以胜夺轻，故能离五欲）、离嗔恚盖（欲界苦缘逼迫故生嗔，得初禅时，无有诸逼迫，乐境在心，故无嗔）、能离睡眠盖（得初禅时，身心明净，定法所持，心不昏乱，触乐自娱，故不睡也）、离掉悔盖（禅定持心，任运不动，故能离掉，由掉故有悔，无掉即无悔）、离疑盖（未得初禅时，疑有定无定，今亲证定，疑心即除，故得离疑）。

具善德者，谓得初禅时，具足五支及信、戒、舍、定、闻、慧等善心。

2. 二禅

（1）二禅之总相

关于二禅之总相，如《大智度论》卷十七所载《禅经》禅义偈言："知二法乱心，虽善而应离。如大水澄静，波荡亦无见。譬如人大极，安稳睡眠时（大极，非常的意思。此句意指人因疲劳至极而处在极深的酣睡中），若有唤呼声，其心大恼乱。摄心入禅时，以觉观为恼。是故除觉观，得入一识处。内心清净故，定生得喜乐。得入此二禅，喜勇心大悦。"偈中"知二法乱心"的"二法"是指初禅的"觉"（身触）和"观"（分别）。二禅的特征是离觉离观，得内净喜乐。

（2）二禅之别名

二禅有多种名称。二禅因超越了初禅，离觉离观，故名"无觉无观三昧"。又，从初禅进入二禅的中间禅断觉，二禅内净发故断观，以觉观语言灭故，能得无漏正慧，故又名"圣默然定"。复次，二禅发时，得大喜勇心，故《地持论》中说名"喜俱禅"。

（3）观初禅之过

二禅由观初禅之过而来。二禅之修法，依六行观，观初禅之觉观二法为苦，能扰定心，能障二禅内净（不依身触及外尘而得清净喜乐）之生起。复观初禅由觉观所生之喜乐，因不离身触分别，故为粗喜粗乐，不及二禅之内净喜乐，美妙安稳。

所谓六行观，即"厌欲界是苦、是粗、是障；欣色界是净、是妙、是离。此则凡夫伏惑超世间道也"。《大明三藏法数》卷十九依《释禅波罗蜜次第法门》解云：

【一厌苦观】谓思惟身中所起心数（指受想行），缘于贪欲，不能出离，是为因苦。复思欲界报身，饥渴寒热病痛刀杖等种种所逼，是为果苦。苦因苦果，皆须厌恶也。

【二厌粗观】谓思惟欲界五尘，能起众恶，是为因粗。复思此身为三十六物，屎尿臭秽之所成就，是为果粗。粗因粗果，皆须厌恶也。

【三厌障观】谓思惟烦恼障覆真性，不能显发，是为因障。复思此身质碍，不得自在，是为果障。因障果障，皆须厌恶也。

【四忻胜观】谓既厌欲界下劣贪欲之苦，即忻初禅上胜禅定之乐，是为因胜。复厌欲界饥渴等苦，即忻初禅禅味之乐，是为果胜。得乐胜苦，皆须忻喜也。

【五忻妙观】谓既厌欲界贪欲五尘之乐，心乱驰动为粗，即忻初禅禅定之乐，心定不动，是为因妙。复厌欲界臭秽之身为粗，即忻受得初禅之身，如镜中像，虽有形色，无有质碍，是为果妙。得妙胜粗，皆须忻喜也。

【六忻出观】谓既厌欲界烦恼盖障，即忻初禅心得出离，是为因出。复厌欲界之身质碍，不得自在，即忻初禅获得五通之身，自在无碍，是为果出。得出胜障，皆须忻喜也。（《大明三藏法数》卷十九）

依六行观，生起厌下欣上之心，再依三种方便而修观，得离初禅有觉有观之过。三种方便者：

> 一不受不著故得离，二诃责故得离，三观析故得离。譬如世人共事后，见其过失，心欲令去，亦用三法：一者上人利智，不与颜色，前人自去。二者若不去，应须数责，彼即自去。三者若不去，当与杖加之，自便去也。若得此三意，可以离初禅觉观之过。（《释禅波罗蜜次第法门》卷五）

（4）二禅之发相

定生喜乐，因内净生十种功德，是二禅生起之相。

修行人由初禅进入二禅之际，心不忧悔，一心加功，专精不止，于后其心澹然澄静，无有分散，此乃中间禅。复经久不失不退，专心不止，于后其心豁然明净皎洁，定心与大喜俱发；如人从暗室中出，见外日月光明，其心豁然明亮。复有十种功德眷属，随内净俱发，一如初禅。只不过，二禅之十种功德眷属是从内净定而发，非由觉观而生。

二禅亦有喜乐，称内净喜乐，亦名定生喜乐。此喜乐不从外来，一心澄净，美妙清净，胜于初禅。所谓内净者，有二义：一者，对外尘而说内净，乃内心之净，非根身与外尘相触而生之外净；二者，对内垢而说内净，远离觉观之垢，纯是心识相应，而非身识相应所生。

> 云何名为内净？远而言之，对外尘故，说内净；近而言之，对内垢故，说内净。所以者何？如初禅中得触乐时，身即明净，兼令心净。触是身识相应故，名外净。今待初禅外净故，说二禅心识相应为内净，亦令身净。净身故名外净，内净是心净。净从心出，令身亦净，故言内净。今言待内垢故说内净者，初禅之中，心为觉观所动故，名为内垢，今得二禅，内心无有觉观之垢故，名为内净。（《释禅波罗蜜次第法门》卷五）

初禅之喜乐，称离生喜乐，言初禅离欲界之欲恶，生色界定法，故名离生喜乐。二禅已离欲界，纯是内定所生，故说定生喜乐。离生喜乐，乃从觉观所生喜乐，与身识相应。定生喜乐，乃从内心生，唯与意识相应。

（5）二禅之四支

构成二禅，有四大要素，谓之二禅四支，即内净支、喜支、乐支、一心支。

内净支 —— 二初既离觉观，依内净心发定，皎洁分明，无有垢秽，故名内净支。《法界次第初门》卷一亦云："心无观觉之浑浊，故名内净。行者欲离初禅时，种种诃责觉观。觉观既灭，则心内静，心与静色法相应，豁尔明净，故名内净支。"

喜支 —— 修者于二禅中已离觉观，初得内净时，定与喜心俱发，深心自庆，于内净心生起喜定等十种功德善法，悦豫无量，故名喜支。

乐支 —— 怡悦之心名之为乐。行者喜踊之情既息，则恬然静虑，受于内净喜中之悦乐，恬澹悦怡，绵绵美快，故名为乐支。

一心支 —— 心与定法一，谓之一心。行者受乐心息，既不缘定内喜乐，复不缘外念思想，心与定一，一心澄渟不动，故名一心支。

（6）二禅之功德

如初禅一般，二禅亦具离过、具善二德。"所言离者，离五盖。所言具者，谓具四支。若言离过者，离觉观过。具者，从内净喜心具足，生信敬惭愧等及六善法（信、戒、舍、定、闻、慧）也。"

3. 三禅

（1）三禅之总相

关于三禅之总相，如《大智度论》卷十七所载《禅经》禅义偈言："摄心第一定，寂然无所见。患苦欲弃之，亦如舍觉观。由爱故有苦，失喜则生忧。离苦乐身安，舍念及方便。"三禅舍二禅之喜，心不忧悔，唯受于遍身之乐，故称离喜妙乐。

（2）三禅之别名

三禅，依《地持论》，又名"乐俱禅"，以此定具五支功德、十种善法眷属，与遍身乐俱发，故名。因为离于初禅之觉观，故属无觉无观三昧，复次，此定中言语道断，能得无漏正慧，故亦属"圣默然定"之所摄。

（3）观二禅之过

三禅由观二禅喜之过而来，依六行观，观二禅"由爱故有苦，失喜则生忧"，离于忧喜。也就是说，观二禅之定虽从内净而发，但大喜勇动，定不牢固，如人知妇是罗刹女，则弃之，不生恋著，于是一心专念三禅功德，舍于二禅之大喜及默然，用前面所讲三方便法（不受、诃责、观心穷检）遣之。既不受喜，喜及默然则当下自谢。

（4）三禅之发相

行人于二禅进入三禅之际，加功不止，一心修习，其心湛然安静，于后其心泯然入定，不依内外，与乐俱发，当乐发时，亦有五支功德及十种善法眷属，但无动勇之喜，绵绵之乐从内心而发，心乐美妙，不可为喻。此时乐定初生，然未遍及全身，此时不得"得少为足"，当思此中间禅之乐，有三种过患：

乐定初生，既未即遍身，中间多有三过：一者乐定既浅，其心沉没，少有智慧用。二者乐定微少，心智勇发，故不安稳。三者乐定之心，与慧力等，绵绵美妙，多生贪著，其心迷醉。故经言："是乐圣人得舍，余人舍为难。"（《释禅波罗蜜次第法门》卷五）

观乐定不得增长遍身之过患后，再依三法善加调适，令乐遍满全身，真正进入三禅：

三禅欲发，有此三过，则乐定不得增长遍身。行者当善调适。云何调适？当用三法：一者心若沉没，当用念精进慧等法策起。二者若心勇发，当念三昧定法摄之。三者心若迷醉，当念后乐及诸胜妙法门，以自醒悟，令心不著。行者若能善修三法，调适乐定，当知乐法必定增长，遍满身分。是故经言"三禅受遍身乐"……快乐乐者，乐定初发，未遍身也。受乐乐者，乐既增长遍身受，譬如石中之泉，从内涌出，盈流于外，遍满沟渠。三禅之乐，亦复如是。（《释禅波罗蜜次第法门》卷五）

（5）三禅之五支

构成三禅，有五大要素，谓之三禅五支，即舍支、念支、慧支、乐支、一心支。

舍支 —— 行者离二禅之喜，心不忧悔，此心名舍。舍有两个层面：一是舍二禅之喜："行者欲离二禅时，种种因缘，诃责于喜，喜既灭谢，三禅即发。若证三禅之乐，则舍二禅之喜，不生悔心，故名为舍，亦名三禅。"

二是舍中间定之初乐，极于遍身乐："乐初生时，是乐三界第一，能生心著，心著则禅坏，故须行舍。"

念支 —— 念名爱念。行者既发三禅之乐，乐从内起，应须爱念将息（与"将养"同义，护惜，守护，保养），则乐得增长，乃至遍身，如慈母念子，爱念将养，故名念支。

慧支 —— 解知之心名慧。行者既发三禅之乐，此乐微妙，难得增长遍身，若非善巧之解慧，则不能方便长养此乐，令得遍身。

乐支 —— 怡悦之心名之为乐。行者发三禅乐已，若能善用舍、念、慧，将护此乐，乐既无过，则增长遍身，怡悦受乐。安快之乐，三禅为最，若离三禅，余地更无遍身之乐也。

一心支 —— 心与定法一，名曰一心。行者受乐心息，则心自与定法一，澄渟不动，名一心支。

（6）三禅之功德

三禅之功德，一如初禅、二禅，亦具离过、具善二德。"所言离者，谓离五盖；具者，谓具五支。"与初禅、二禅不同者，"三禅独有离喜过之德"（以"失喜则生忧"，今已离喜，则舍于忧，故云有离喜过之德）。

4. 四禅

（1）四禅之总相

关于四禅之总相，如《大智度论》卷十七所载《禅经》禅义偈言："圣人得能舍，余人舍为难。若能知乐患，见不动大安。忧喜先已除，苦乐今亦断。舍念清净心，入第四禅中。第三禅中乐，无常动故弃。欲界中断忧，初二禅除苦。是故佛世尊，第四禅中说。先已断忧苦，今则除苦乐。"四禅不仅离二禅之忧喜，亦离三禅之苦乐，唯舍念清净，心无爱憎，一念平等，此乃四禅之特色。

（2）四禅之别名

四禅发时，双离苦乐，心无爱憎，一念平等，清净无染，故名"不动定"。此定发时，体无苦乐，与微妙舍受俱发，与舍根相应，故亦名"舍俱禅"。

（3）观三禅之过

行者欲得四禅，当应深见三禅过患。三禅之过表现在两个方面：

一是于乐勤求守护苦："初欲得乐，一心勤求，大为辛苦；既得，守护爱著，是亦为苦；一旦失坏，则复受苦。是故经说"第三禅中乐，无常动故苦"。

二是于乐生染，能覆正念过："又此乐法覆念，令不清净。"

行者既深见三禅乐有大苦之患，应一心厌离，求四禅，种不动定。尔时应于三禅至四禅之中间定中，修厌下欣上之六行观，用三法（不著、诃责、观析）除遣对三禅乐境的执著。行此三法，即三禅谢灭。

（4）四禅之发相

行者由三禅进入四禅之际，经中间禅、未到地，心无动散，于后其心豁然开发，定心安稳，出入息断。定发之时，与舍受俱生，无苦无乐，空明寂静，亦有支林功德及十种善法眷属俱起，但无三禅中的喜乐动转之相。斯时，心如明镜不动，亦如净水无波，绝诸乱想，正念坚固，犹如虚空，无诸垢染，是名世间真实禅定。行者住是定中，心不依善，亦不附恶，无所依倚，无形无质，亦无若干种种色相，而内成就净色之法。由于四禅念常清净，故亦名不动定，亦名不动智慧。于此禅中，若欲转缘学一切事，随意成就，一切神通变化，霪雨说法，莫不从此定出。故佛经中讲，"佛于四禅为根本"，此即四禅之妙用。

（5）四禅之四支

构成四禅，有四大要素，谓之四禅四支，即不苦不乐支、舍支、念清净支、一心支。

不苦不乐支 —— 中庸之心，不苦不乐。行者欲离三禅时，种种因缘，诃责于乐。乐既谢灭，则不动之定与舍俱发，故内心湛然，不苦不乐也。

舍支 —— 离乐不悔，此心名舍。舍有两层意义：一者舍三禅难舍之乐："行者既得第四禅不动真定，则舍三禅难舍之乐，不生悔心，故名舍支。"二者舍去执取禅定之念头："证四禅不动定时，不应取定，起动念心。若心行舍，则无动念之乖也。"

念清净支 —— 念即爱念，将护定境，令不退失。此亦有两层意义：一者，行者既得四禅真定，当念三禅之过，护念四禅功德，方便将养，令不退失，进入胜品，故名为念。二者，四禅中有不动照了之慧，正念分明，故亦名为念。

一心支 —— 心与定法一，名一心支。行者既得四禅舍俱之定（舍离苦乐，不动执取之念），舍念将息，则心无所依，泯然凝寂，一心在定，犹如明镜不动，净水无波，湛然而照，万像皆现。

四禅之所以称为"不动定"，以四禅之"一心支"，双舍忧喜苦乐，清净无染，一念平等，不同于前三禅之"一心支"。前三禅之一心支，非真不动，"初禅觉观动，二禅喜所动，三禅乐所动，是四禅中先离忧喜，今复除苦乐，故名真定也"。

四禅乃世间禅定之最胜者，所谓"三界胜定，无复过此"。于此定中，三乘行人，若能发出离心，依十六特胜，观无常，不住定境，即能发真无漏解脱。如若不然，妄执此四禅为真涅槃，入无想定，不坏色身、直灭其心，即落外道邪倒。

（6）四禅之功德

如同三禅，四禅亦具离过、善心二种功德。离过者，即离五盖；具德者，即具四支功德善法："独四禅有离忧喜苦乐之过。善心敬信惭愧等善法，悉从不动定四禅而发，功德善根深厚，倍胜于上。"

以上是色界四禅的基本情况。为方便理解，现列表解如次：

四禅	名	义	观法	发相	禅支	功德
初禅：离生喜乐	觉观三昧，有觉有观三昧，圣说法定（言语道未断），觉观俱禅。	离欲及恶法，有觉并有观，离生及喜乐，是人入初禅，已得离淫火，则获清凉乐。	息道观	身心虚寂，不见内外，十六触（动、痒、凉、暖、冷、热、涩、滑、轻、重、浮、沉、坚、软）成就，十种善法（定、空、明净、喜悦、乐、善心生、知见明了、无累解脱、境界现前，心调柔软）具禅五支，初禅喜乐，具觉观生，从身识相应。	1.觉 2.观 3.喜 4.乐 5.一心	离过德（离五盖），具心德（具五支，戒、定、舍、闻、信等善法）。唯眼、耳、身三识之活动。离欲界诸苦，觉观之火，身三识诸苦，觉观界之火，初禅天有觉。觉观之火，风三灾。戒德增上。
二禅：定生喜乐	无觉无观三昧，喜俱禅，圣默然定（言语道灭）。	摄心入禅时，以觉观为恼，是故除觉观，内心清净故，得入此二禅，喜勇心大悦。	依六行观（观下地之过上地之胜生厌心，上上增进），观二禅内净安稳。胜二禅觉观动乱之定。依三种方便（一不受故，二诃责故，三观析故得离），离二禅之过。	定生喜乐（皎洁定心，与喜俱发）。离外尘之内垢及初禅无觉无观之内垢，内心明净）生十种功德。二禅喜乐，从内心生，与意识相应。	1.内净 2.喜 3.乐 4.一心	离过德（离觉观之过）（具四支，生信、愧等善法）。伏前五识作用，纯内净法喜之乐，无觉无观，二禅天受因内有喜水，风三灾。光明增上。

四禅	名	义	观法	发相	禅支	功德
三禅：离喜妙乐	乐俱禅，属无觉无观三昧，圣默然定之所摄。	摄心第一定，寂然无所见，亦如虚空觉观生忧，患若欲弃之，由爱勇故有忧，故专念三禅功德，离喜乐身安，离苦乐方便舍于大喜。	依六行观，观二禅而发，定虽勇动定不牢固，大喜则沉，失喜则忧，故念三禅功念，舍念及方便舍二种而便舍于大喜。	其心泯然入定，不依内外，与乐俱发，当乐发时，亦有功德善属，剪之喜为异乐绵绵之乐，从内心而发遍及全身，心乐美妙，不可为喻。	1. 舍 2. 念 3. 慧 4. 乐 5. 一心	离过德（离五盖，离喜过），善心德（具心德，内净喜心具足，生信数惭、愧等善法。）六识作用，心得安稳。依前自在之妙乐，因未离受风灾。乐俱息，三禅天但受净乐。乐俱禅，净乐增上。
四禅：舍念清净	不动定，舍俱禅，属无觉无观，圣默然定之所摄。	若能知乐患，见不动大安，苦乐今亦断，入第四禅中。舍念清净，第三禅中乐，无常动故弃，第三禅乐有，初一禅中断忧，初二禅中除喜，第四禅世等，先已断忧苦，今则除苦乐。	依六行观，观三禅之过（初欲得，大为辛苦，勤守护爱者，得若失坏，则复苦；一旦失坏，则复受苦，深见三禅乐有大苦之患，一心厌离，求四禅不动定），依三方便而舍乐，入不动定。	其心豁然开发，定心安稳，出入息断，与舍俱生，无苦无乐，善法持心，正念坚固，心如明镜不动，亦如净水无波，绝诸乱想，正念坚固，犹如虚空，是诸坚固真实禅定中，心不依善，亦不附恶，无所依倚，无形无质，而内无苦无乐于种种色相，而此禅中，成就种种功德，随心所欲转缘一切功化，定雨神说法，莫不从此定出。	1. 不苦不乐 2. 舍 3. 念清净 4. 一心	离过德（离五盖，离忧喜苦乐之过），善心德（具四善法，信等善根深厚）。双舍苦乐，一念平等，心无爱憎，净定之时，动坏之患。净禅天次不及舍定增上，净福增上，各定增上。

（四）无色界四定

修行人于四禅之后，因根性和发心之不同，有两种走向：一类是继续羁留在世间，属凡夫外道，一是追求出世间的解脱，属大小乘行人。

世间凡夫外道之行人，因为所求不同，故在修行内容之重点选择方面，也有差异。若乐求高胜自在，欲做梵天王者，得四禅之后，则更进修四无量心。若厌离心识之患，欲求涅槃、无想寂灭者，则用邪智灭心，入无想定。若厌患色身，欲求灰身灭智之所谓涅槃者，则修四空定。《释禅波罗蜜次第法门》云：

> 一者乐高胜自在，求作梵天王。是故虽得四禅而更进修无量心。何以故然？四禅但是色界，自行具足，而无益他之德。（德）浅薄，若生彼天，不得王领。若修四无量心，缘于十方众生而入三昧，慈悲普摄，利他心大，是故功德转多。若生彼天，必作梵天王，王领自在，是故能得四禅，犹更修习四无量心。
>
> 二者外道行人，虽得四禅而见有心识之患，欲求涅槃、无想寂灭，不知破色，直用邪智灭心，入无想定（按：有诸外道，深厌有为心识生灭，欲求涅槃寂静常乐。既无智慧，不知真实，得四禅时，不见细色之过，但觉心识生灭虚诳，则厌患其心。既不知破色，断色系缚，直以邪智灭却其心。邪法相应，心无忆想，谓证涅槃。既未断色系缚，若舍命时，即生无想天中，犹是色界生死，不得解脱，亦名客天，犹如阿那含人修五品熏禅，为色界思惟惑未尽，寄生色界，亦名客天。此无想定既是邪法，非佛弟子所修）。
>
> 三者或有凡夫外道行人，悉厌患色犹如牢狱，一心破色，修四空定。
>
> 是为凡夫行人，同得此定，志乐不同，各随所习，爱乐不同。（《释禅波罗蜜次第法门》卷六）

出世间大小乘行人，为调伏自心、为增长福德、为速入涅槃、为度化众生，于四禅之后，多进修四无量心，而较少修习四无色定者。

> 若佛弟子有二种人：所谓小、大两乘。是二种人得四禅时，进修无量心者：小乘之人，为自调心，增长福德，易得涅槃故；大乘之人，欲度众生，必

以大悲为本故。(《释禅波罗蜜次第法门》卷六)

以四禅只是自证禅定功德,未有利他之功。故欲得大功德、广利众生者,应当修习慈悲喜舍四无量心。

前面所讲色界四禅,包括四无量心,悉依色法而有。今此空处定、识处定、无所有处定和非有想非无想处定等四无色定,悉依无色法,从境得名。以其所观境,无形无质,义同虚空,故名四空定。此四无色定,都属无觉无观、圣默然及舍俱所摄。

关于四无色定,《法界次第初门》卷上曾做过简短的解释。现依此解释,并参考《释禅波罗蜜次第法门》卷六之相关内容,略做说明于次。

四无量心中,虽有大功德,而未免形质之患累。若行人厌色如牢狱者,则心心乐欲出离色笼,故次四无量心,以明四空处定。通言空者,此四定体无形色,故名为空。各依所证之境为处,境法持心,心无分散,故名定也。

一空处定 —— 若灭三种色(能被眼根所见到的一切色尘,谓之可见有对色。眼耳鼻舌身等五根以及声香味触等四尘,谓之不可见有对色。意识缘于过去所见之境,即无表色,谓之不可见无对色。对者,对碍之义),缘空而入定者,名空处定。行者厌患色如牢狱,心欲出离,即修观智,破于色故,过一切色相,灭有对相,不念种种相,入无边虚空处,心与虚空之法相应,是为虚空处定。(《释禅波罗蜜次第法门》卷六)

【按】此前之欲界、色界诸定中,因定心微细故,虽然不见粗色之相,但微细色相尚存,定中或时见色,或不见色,凡夫不知,误以为得空性,而实未能断色系缚,不同于空无边处定中"一向永绝色相"。

行者欲求虚空处定,应深思色法之过罪,所谓若有身色,则内有饥渴、疾病、大小便利滓秽、粗重弊恶、欺诳虚假等一切诸苦,外受寒热、刀杖、枷锁、刑罚等一切诸苦,从先世因缘和合,报得此身,为种种众苦之本,不可保著。复次,一切色法系缚于心,不得自在,乃心之牢狱,令心受恼,无可贪乐。由此生起厌色之心,欣求虚空处定,赞叹虚空无色,无有此过,虚豁安乐,无诸众恼。然后观析修习,离三种色。

所谓观析修习，即一心谛观己身，一切毛道及与九孔，身内空种，皆悉虚疏，犹如罗縠，内外相通，亦如芭蕉，重重无实。复更谛心观察，见身如筐如甑，如蜘蛛网，渐渐微末，身分皆尽，不见于身及五根等。观内身既尽，观外色亦然。这样，一切色法既灭，但一心缘空，念空不舍，其心泯然，任运自住空缘，于后豁然与空相应，其心明净，不苦不乐，于深定中，唯见虚空，无诸色相。虽缘无边虚空，心无分散，既无色缚，心识澄静，无碍自在。如鸟在笼中，笼破得出，飞腾自在。由于证虚空定，能出过色界，故名过一切色相；又空法持心，种种诸色不起，故名灭有对（对碍）相；又，既得胜妙空处，决定能舍色法，心不忆恋，故名不念种种相。

二识处定 —— 若舍空缘识而入定者，名识处定。行者厌患虚空，虚空无边，缘多则散，能破于定。即舍虚空，转心缘识，心与识法相应，名为识处定。（《释禅波罗蜜次第法门》卷六）

【按】行者觉知，空处定虽与虚空相应，以虚空无边，心缘虚空，缘多必散，故能破于定境。又虚空是外法，缘外法入定，定从外生，必不安稳，多诸罪过。是故应诃责虚空定之过，进修识处定，因为识处是内法，缘内法入定，则多寂静安稳。

欲破空处定，当修"八圣种观"，观缘空之受想行识，如病如痛，如疮如刺（事观），无常、苦、空、无我（理观），和合而有，欺诳不实。八圣种观可总、可别。总观者，总观空处定，受想行识四阴和合而有，虚妄不实。别观者，用前四种事观，对观四阴之事相，即以观"如病者"对治受阴，观"如痛者"对治想阴，观"如疮者"对治行阴，观"如刺者"对治识阴；用后四种理观，对观四阴之理相，即以无常观识阴，以苦观受阴，以空观想阴，以无我观行阴。以此事理二观，总别观虚空处定之过患，无可贪乐，即生厌离。既善知空定过罪，心不喜乐，便应舍空处定，一心系缘现在心识，修识处定，念念不离，无有异缘。如是行者一心缘识，即能泯然任运，自住识缘，空定自谢，于后豁然与识相应，心定不动，而于定中，不见余事，唯见现在心识念念不住。定心分明，识虑广阔，无量无边，亦于定中忆过去已灭之识无量无边，及未来应起之识亦无量无边，悉现定中。心与识法相应，识法持心，无分散意。此定安稳，清净寂静，心识明利，不可言说。

三无所有处定——若舍识处心，依无所有法而入定者，名无所有处定。行者厌患于识，三世之识无边，缘多则散，能破于定。故舍缘识，转心依无所有法，心与无所有法相应，名为无所有处定。有人解云，舍多识取少识，缘之入定，名无所有处定也。（《释禅波罗蜜次第法门》卷六）

【按】无所有处定，又称不用处定。修此定时，不用一切内外境界，外境名空，内境名心，舍此二境，故言不用处，亦名少处，亦名无所有处，亦名无想处。

修无所有处定时，行者当觉知"识处定"之过患。因为识处定中，心与识法相应，心既缘于识，而过去现在未来之心识无量无边，故缘多必散，能坏于定。又空处定缘空入定，名为外定；识处定缘识入定，名为内定；此二种定依内依外，皆非真寂静。识处定既是以心缘心而入，依于三世心生，故非真实；此时当念唯有无心识处，心无依倚，乃名安稳。

欣厌心起，当依八圣种观，破识处定。即观缘识之受想行识，如病如痛，如疮如刺，无常苦空无我，和合而有，虚诳不实。如是观已，即舍识处，系心于无所有处。无所有处既无所依缘之心识，则内静息求，不用一切心识之法，知无所有法，非空非识，纯是无为法尘，无有分别。行者如是修行，心不忧悔，专精不懈，一心内净，空无所依，不见诸法，寂然安稳，心无动摇。此为无所有定之证相。入此定时，怡然寂绝，诸想不起，尚不见心相，何况余法？无所分别，是名无所有处定，属于无想定。

四非有想非无想定——若舍二边之想而入定者，名非有想非无想定。行者厌患无所有处想如痴，有想处如痛如疮，更有定名非有想非无想处。即舍无所有处，缘念非有非无想之法，心与非有非无想法相应，是为非有想非无想处定。亦云：凡夫外道得此定，谓证涅槃，断一切想，故言非有想；佛弟子如实知有细想，依四众（指受想行识四阴）而住，故云非无想。得失合而立名，故云非有想非无想处定。（《释禅波罗蜜次第法门》卷六）

【按】所谓非想非非想者，有多种理解：

（1）亡于粗想，故云非想；存于细想，故云非非想。

（2）前所观识处是有想，观无所有处是无想，今双遣二想，故名非想非非想。非想遣识处定之有想，非非想遣无所有处定之无想。

（3）此定中不见一切相貌，故言非有想。于是定中，行人或做是念，若一向无想者，如木石无知，云何能知无想？故言非无想。

总之，非想非非想，乃依受想行识四阴而成，岂得无想！但凡夫人入此定中，阴界入之行相极微细故，凡夫不觉。故约凡夫说言非有想，约佛法中说言非无想，合而论之，故言非有想非无想。

行者欲修非有想非无想定，当深责无所有处定之过罪。是无所有定，如痴如醉，如眠如暗，无明覆蔽，无所觉了，无可爱乐，是为心病，非真寂静处。当念更有妙定，名曰非想非非想，是处安稳，无诸过罪，我当求之。

为离无所有处定之过，行者当依八圣种观，谛观缘无所有处之受想行识，如病如痛，如疮如刺，无常苦空无我，欺诳不实，和合而有，非为实有。如是观已，即便舍离，心观于非有非无。观非有者，过去现在未来，求之都不可得，无有形相，亦无处所，当知非有。观非无有者，若言心是无，则无觉无缘，同于木石。如是观时，不见有无，一心缘中，不念余事，是名修习非有想非无想定。

行者如是一心专精，加功不已，其心任运住在缘中，于后忽然真实定发，不见有无相貌，泯然寂绝，心无动摇，恬然清净，如涅槃相。是定微妙，三界无过，外道证之，谓是中道实相涅槃，常乐我净，爱著是法，更不修习。凡夫证此定法，如绳系鸟，绳尽则还，以其不知四阴和合，无有自性，虽无粗烦恼，而亦成就十种细烦恼。外道入此定中，不见有无，而觉有能知非有非无之心，即计此心谓是真神不灭。

前以虚空处破色，故说空处定；以识处破空，故说识处定（识处定为有想）；复以无所有处破识处定（无所有处无识，故为无想）；今非想非非想处破无所有，此非有想非无想定，沉浮、智定、空有均平，于世间中最为尊胜安稳，远超无所有处定。

（五）菩萨善用世间诸禅以化众

以上四禅四定之世间诸有漏禅定，实际上，代表了世间人对解脱的种种理解：

以初禅离生喜乐，破欲界身之欲苦；以二禅内净喜乐，破初禅由觉观而生勇动之喜；以三禅离喜妙乐，破二禅之二边虚伪乐喜；以四禅之舍受破三禅之遍身乐。此四禅，以破色、受二阴为主。复以空处定，破根本四禅之色缚；以识无边处定，破空处定之虚空执；以无所有处定，破识处定之有想；以非想非非想处定，破无所有处定之无想。此四定，以破想、行、识三阴为主。由于四禅四定皆以灭下位诸法而生上位胜法为特征，上上增进，故从本质上讲，皆可通向般若，为般若气分所摄：

般若灭一切法而能生一切法，如从初禅来灭忧，乃至非想非非想，灭不用处之想，皆是般若中前方便。灭诸法为入空，以其灭诸法故，能生后胜法故，般若能生万法故，此十二门禅（四禅、四无量心、四无色定），皆般若气分所摄。（《释禅波罗蜜次第法门》卷六）

只不过，凡夫外道在以执实和二边分别的心来修四禅四定时，因为不知万法唯心、缘起性空、法界一相之理，未得空观智，最终都落在色心、内外、空有、有想无想等二边取舍当中，故不能出离三界。此四禅四定，若与十六特胜相结合，则可以通向无漏解脱，可以成为凡夫入道之妙门，以其有定法持身、喜乐持心故，能吸引行人上上增进，此所谓"先以欲钩牵，后令入佛智"。故大乘菩萨在引导众生出离生死时，亦会善用四禅，将其融入菩萨道中，使其成为亦有漏亦无漏之禅法，如十六特胜、六妙法门等：

菩萨知诸五欲及五盖，从因缘生，无自性，空无所有，舍之甚易。众生颠倒因缘，著此欲事，贪少弊乐，而离禅中深妙定乐。菩萨为是众生故，起慈悲心，修行禅定，系心缘中，离五欲，除五盖，入喜初禅。灭觉观，摄心深入，内清净，得微妙喜，入第二禅。以深喜散之故，离一切喜，得遍满乐，入第三禅。离一切苦乐、一切忧喜，及出入息自断，以清净微妙舍而自庄严，入第四禅。是菩萨虽知诸法空无相，以众生不知故，以禅相教化众生。若有诸法空，是不名为空，亦不应舍五欲而得禅，无舍无得故，今诸法空相，亦不可得作是难言："若诸法空，何能得禅？"复次，若菩萨不以取相爱著故行禅，如人服药，欲以除病，不以为美。为戒清净，智慧成就故，行禅菩萨，一一禅中行大慈观空，于禅无所依止。以五欲粗诳颠倒故，以细微妙虚空法治之，譬如毒能治诸毒。复次，释论又说，譬如国王见子从高崖坠落，恐必定死，即以软物接之，不令身命损毁。菩萨亦尔，见众生远离波（般）若，颠倒坠落故，说四禅空法，以接众生，不令损失法身慧命。是故今辨行菩萨道，略明四禅，于义无过也。（《释禅波罗蜜次第法门》卷五）

二、十六特胜之修法

知道了四禅四定之过患，再回过头来看十六特胜法，就不难理解它的真实意义。

下面依据智者大师的《释禅波罗蜜次第法门》及《法界次第初门》等资料，来简要地介绍一下十六特胜之修法。

第一、第二特胜 —— 知息入，知息出 —— 破数息之冥暗粗念

初修息道观，散乱心重者，多以数息为门。然数息偏重于止，无有观行，故久之多生爱见烦恼。今修"知息入、知息出"这两种特胜，既能令行者速入定境（谓之"爱"），同时又能令其觉悟生命无常（谓之"策"），发出离心，断生死结，故能对治数息之过。

随息的方法是，首先依息之出入而如实觉知，其关键是：息入时，知息从鼻端下至于脐（丹田）；息出时，知息从脐上升至鼻端而出；此息之出入过程中的微细觉受，要清楚明白。这样狂心渐息，觉观渐趋精微明净。随息之初，切忌对息之出入相只是笼统而知，而对息由鼻至脐、由脐至鼻之过程不能精微觉察，笼统而知，静心的效果就会打折扣。

行者既调息，绵绵一心，依随于息，息若入时，知从鼻端入至脐。若出时，知从脐出至鼻，如是一心照息，依随不乱。（《释禅波罗蜜次第法门》卷七）

其次，对出入息的缓急、粗细、轻重、涩滑、冷暖、久近等微细差别相，亦当了了觉知。

尔时知息粗细之相，粗者知风、喘、气为粗，细者知息相为细。若入息粗时，即调之令细，是名知粗细相。譬如守门之人，知门人出入，亦知好人恶人，知好则进，知恶则遮。

复次知粗细者，入息则粗，出息则细。何故尔？入气利急故相粗，出息涩迟故细。

复次知轻重，知入息时轻，出息时重。何以故？入息既在身内，即令体轻；出息时身无风气，则觉身重。

复次知涩滑，入息时滑，出息时涩。何以故？息从外来，风气利故则滑，从内出，吹内滓秽，塞诸毛孔则涩。

复次知冷暖，知入息时冷，知出息时暖。何以故？息从外来，冷气而入故冷，息从内出，吹内热气而出故暖。

复次知久近，入息时近，出息时久。何以故？息入既利则易尽故近，息出涩则难尽故久。（《释禅波罗蜜次第法门》卷七）

再次，由知息之出入而渐渐觉知心念、烦恼之起灭不停，乃至生命之流转，不过是息之出入而已，一息不来，身命即绝，由是觉悟生命之生灭无常、苦空无我，心生惊畏，发出离意。

复须觉知因出入息故，则有一切众苦烦恼，生死往来，轮转不息，心知惊畏。

行者随息之时，知息有如是等法相非一，故云知息入出也。（《释禅波罗蜜次第法门》卷七）

修息道观，为什么不可以一直数下去而后要改为随息呢？

原因是，数息偏于止，观慧不明，冥暗难破，止于有漏，不通无漏。而随息时因不离观慧，观行无住，能觉悟身息无常，不生爱见烦恼我慢，能破诸结，能开智慧，能通解脱，故以随代数。

问：何故以此代数息？

答：若是数息，直暗心数，无有观行，修证时多生爱见慢等诸烦恼病也。爱者，爱著此数息；见者，谓见我能数；慢者，谓我能数，以此慢他。今以随代数者，随息之时，即觉知此息无常，命依于息，以息为命，一息不还，即便无命。既觉息无常，知身命危脆。知息无常，即不生爱。知息非我，即不生见；悟无常，即不生慢。此则从初方便，已能破诸结使，不同数息。

复次，行者一心依息，令心不散，得入禅定，故名亦爱。觉悟无常，故名亦策。与定相应，名亦有漏；观行不著，名亦无漏。

复次，若数息时，冥暗心而数，既无照了，后证定时，则心无所见。今随息者，既明心照息，后证定时，则心眼开明，见身三十六物，破爱见慢。此即是特胜，胜于数息也。（《释禅波罗蜜次第法门》卷七）

第三特胜 —— 知息长短 —— 破欲界定中对息相的冥顽无知

欲界定中，身空明净，心不缘虑，而于息相了然不知，是则有定无观。今修"知息长短"之特胜，即能觉息中长短之相，觉悟无常，转更分明，能破凡夫对欲界定的执著（关于欲界定的特征，详见本节的第一部分）。

出入息的长短、粗细等相，与心念的粗细等相，存在着对应的关系。心粗则息粗、息急、息短，心细则息细、息缓、息长。对心与息的如是等对应差别相，了了分明，此是修第三种特胜的关键。

前一种特胜，只是对所观的息相如实觉知；而此处的第三种特胜，则是对心与息的粗细长短对应之差别相，了了分明。与前一种特胜相比，此处的觉慧更为微细。

三知息长短者，此对欲界定。若证欲界定时，宜是定明净，都不觉知息中相貌。今此中初得定时，即觉息中长短之相。云何为觉？若心定时，觉入息长、出息短。何以故？心既静住于内，息随心入，故入则知长。既心不缘外，故出则知短。

复次，觉息长则心细，觉息短则心粗。何以故？心细则息细，息细则入从鼻至脐，微缓而长，出息从脐至鼻亦尔。心粗则息粗，息粗则入从鼻至脐急疾而短，出从脐至鼻亦尔。

复次，息短故觉心细，息长故觉心粗。何以故？如心既转静，出息从脐至胸即尽，入息从鼻至咽间即知尽，此则心静故觉息短。觉长故心粗者，如行者心粗故，觉息从脐至鼻，从鼻至脐，道里长远。此则心粗故觉息长。

复次，短中觉长则定细，长中知短则是粗。何故尔？如息从鼻至胸则尽，此行处虽短而时若大久，久方至脐，此则行处短而时节长也。若就此而论，短中觉长则定细。觉长中而短是粗者，如心粗故，息从鼻至脐，道里极长而时节短，欻然之间，即出至鼻。何以故？心粗气息行疾故，此虽长而短，然此息短则是心粗也。故云短中长而细，长中短而粗也。

如此觉长短时节，知无常，由心生灭不定故。今息长短相貌非一，得此定时，觉悟无常，转更分明，证欲界定，故名亦爱，观行觉无常，故名亦策。

此略说第三知息长短，破欲界定也。（《释禅波罗蜜次第法门》卷七）

凡夫证欲界定，内心暗冥，对定中息之相貌都不觉知，今修此"知息长短"特胜，能破凡夫欲界定无有觉观之过。

《法界次第初门》云："三知息长短修特胜者，藉观以调心，心既静细，则照了渐明。若得粗住细住及欲界定，定中暗障薄，即便觉息入出、长短之相也。"（《法界次第初门》卷上之下）

《毗尼关要》云："三知息长短者，对欲界定也。外凡证欲界定时，都不觉知息中相貌。今此中初得定时，即觉息中长短之相，觉悟无常，转更分明。证欲界定，故名亦爱；观行觉无常，故名亦策也。"（《毗尼关要》卷三）

第四特胜 —— 知息遍身 —— 破欲界未到地定中的执身相泯然

欲界未到地定，因无有慧观，虽有身息而不知，故觉身相泯然如虚空。此乃心无观慧，非真实证身息之空性。今修"知息遍身"之特胜，能生观慧，知身息性空假有，定境无常，从而远离执著，上上增进。

修第四种特胜的关键是，泯然入定之时，要对身如云影、息之出入遍身毛孔及息之长短生灭等相，如实觉知，知身性空无常，知暂时的定境亦非真实，身与定法皆是虚妄，由是远离执著。

第四知息遍身者，对未到地定。若根本未到地，直觉身相泯然如虚空。尔时实有身息，但以眼（指觉慧）不开故，不觉不见。

今特胜中，发未到地时，亦泯然入定，即觉渐渐有身如云影，觉出入息遍身毛孔。尔时亦知息长短相等，见息入无积聚，出无分散，无常生灭。觉身空假不实，亦知生灭刹那不住。三事和合（知身空假无常如云影，知息遍身，知息生灭无常），故有定生。三事既空，则定无所依，知空亦空，于定中不著，即破根本未到地，爱（定名静爱）策（慧名观策）之义（即定慧之义），已在其中。（《释禅波罗蜜次第法门》卷七）

《法界次第初门》云："四知息遍身修特胜者，从欲界定，与观相扶，入未到地，故证未到地定时，即觉身及定法，悉皆虚假，息之入出，遍身微微，如有如无。既于定中，照了分明，染著心薄也。"（《法界次第初门》卷上之下）

《毗尼关要》云："四知息遍身者，对未到地定也。凡外证未到地，直觉身相泯然如虚空，尔时实有身息，但以眼不开故，不觉不见。今特胜中，发未到地时，亦泯然入定，即觉渐渐有身如云影，觉出入息遍身毛孔，亦知息长短相等。见息入无积聚，出无分散，无常生灭。觉身空假不实，亦知生灭刹那不住。三事和合，故有定生。三事既空，则定无依，知空亦空，于空不著。"（《毗尼关要》卷三）

第五特胜 —— 除诸身行 —— 破初禅身触及分别心

初禅中含觉、观二支。觉即身触，也就是受；观即分别。行人由未到地定进入初禅时，色界清净四大所造色身，于欲界身中渐生，触于欲界身，会相应产生动、痒、凉、暖、轻、重、涩、滑等十六种触受，此乃色界初禅身相之源。有触觉故有身，有分别即是行。此身、行不除，不得无漏。故修"除诸身行"之特胜法，能观身不净、观初禅身相了不可得，加上入初禅后，能观身不净，离欲界身，有十种善法生，不造善恶诸业，此即破初禅之觉观支，故谓之除身行。通过修"除诸身行"之特胜法，修行人可以由有漏之初禅而入清净无漏之净禅，成就胜妙喜乐而心无染著。

修第五种特胜的关键是，要如实了知初禅中由十六种触受所构成的身相，乃欲界身中，色界清净四大所造色身，触于欲界身所生，非为实有；又入初禅后，心眼开明，能自然观欲界身之种种不净，除欲界身。身相既除，自然不造善恶诸业，与觉、观、喜、乐、一心等无漏净禅五支相应。

第五除诸身行者，对初禅觉、观支。就中二：一明身行，二明除身。

身行者，欲界身中发得初禅，色界四大造色，触欲界身，欲界身根生身识，觉此色触，二界色相依共住，故名身。身行者，即观支，此观支从身分生，知身中之法，有所造作，故名身行。

次明除身行者，因觉息遍身，发得初禅，心眼开明，见身三十六物，臭秽可恶。尔时即知三十六物由四大有；头等六分，一一非身；四大之中，各各非身。此即是除欲界身也。

除初禅身者，于欲界身中，求色界四大不可得，名除初禅身。所以者何？若言有色界造色者，是为从外来？为从内出？为在中间住？如是观时，毕竟不可得，但以颠倒忆想，故言受色界触，谛观不得，即是除初禅身。身除故，身行即灭。

复次未得初禅时，于欲界身中，起种种善恶行，今见身不净，则不造善恶诸结业，故名除身行。

今明此定，亦有二种：一者根本五支如前说，二者净禅五支者，觉身三十六物虚假不实，名觉。分别此禅与欲界及根本功德大有优劣，名为观。既得法喜，心大庆悦，名为喜。于无垢受恬憺之乐，名为乐。正定持心，令不动摇，名为一心。此中支，除成就胜妙喜乐，而心无染著，故名为净禅也。（《释禅波罗蜜次第法门》卷七）

《法界次第初门》云："五除诸身行修特胜者，从未到地，欲入初禅时，常应观析。因此若发初禅觉观之法，则身心豁然开朗，如明眼人开仓，即自了了，见仓中所有，分别所证境界皆虚假，空无人我。既无人我，谁作诸事，谁受禅定？是则颠倒所起身业，皆悉坏灭，故云除诸身行。"（《法界次第初门》卷上之下）

以上五种特胜，是修习息道观"随息门"的根本，也是修习十六特胜所应关注的重点。此后十一种特胜，皆是以空观智，随禅定功夫之深进，一一离相破执，归于无漏。

第六特胜 —— 受喜 —— 破对初禅有漏喜受之执著

初禅之喜，由分别初禅之身触而生，生灭无常，若无慧观照了，执为实有，便能引生烦恼。今于净禅，以观行破析，能觉悟初禅之觉观二支，性空不实，由觉观而生之喜支亦性空不实，故于喜不生执著，即喜而离喜，无诸过罪，得真法喜，故说"受喜"。第六特胜"受喜"，就是破初禅之喜支，变有漏之喜为无漏之法喜。

六受喜者，即是对破初禅喜支。根本禅中喜支，从隐没有垢觉观后生，既无观慧照了，多生烦恼，故不应受。今明受喜者，于净禅觉观支中生，以有观行破析，达觉观性空，当知从觉观生喜亦空，即于喜中不著，无诸过罪，故说受喜。如罗汉人不著一切供养，故名应供。复次如真实知见，得真法喜，故说受喜。（《释禅波罗蜜次第法门》卷七）

《法界次第初门》云："六受喜修特胜者，既常与观慧相应，若证初禅，喜支即能照了，因是喜生无过，故云受喜。"（《法界次第初门》卷上之下）

第七特胜 —— 受乐 —— 破对初禅有漏乐受之执著

"受乐"之特胜法，主要是观初禅之"乐"支，其性本空，不著于乐，即乐离乐，远离过罪，从而受真实法乐，故云"受乐"。受乐之特胜法，能对治凡夫对初禅乐受之执著，达于无漏。

七受乐者，对根本禅乐支。彼禅既无观慧，乐中多染，故不应受。今言受乐者，受无乐，知乐性空，于乐中不著。既无乐过罪，上无别证，无为之乐，故说受乐。（《释禅波罗蜜次第法门》卷七）

《法界次第初门》云："七受乐修特胜者，既常与观慧相应，若证初禅，得乐支时，即能觉了，便于乐支不起见著。以无所受而受乐触，故云受乐。"（《法界次第初门》卷上之下）

《毗尼关要》亦云："七受乐者，对破初禅乐支也。根本禅无观慧，乐中多染，故不应受。今知乐性空，不著，故无过罪，说受乐也。"（《毗尼关要》卷三）

第八特胜 —— 受诸心行 —— 破对初禅有漏的一心不动之执著

凡夫于初禅中，妄认"一心"（心住一境而不动）为真，妄生执著，而此"一心支",虚妄不实,非究竟安稳处。今修"受诸心行"之特胜法,观"一心"虚妄,不生执著,远离过罪,入三昧正受,"即诸受而不受诸受",是名真一心,故云"受诸心行"。"受诸心行"之特胜法,乃是为了破凡夫对初禅"一心"支的执著。初禅之"一心"落在"一"与"多"二边中的"一"边、"动"与"不动"二边中的"不动"边,非真一心。

八受诸心行者,此对破根本一心支。今明能通诸法故,名诸心行。心行有二种:一者动行,二者不动行……今略说不动行者,觉等四支是动行,后一心支是不动行。亦名诸心行者,即是一心支不动之行。若根本禅,入一心时,心生染著。此一心不应受。今明受诸心行者,知此一心虚诳不实,一心非心,即不取著。既无过罪,即是三昧正受,故说受诸心行。(《释禅波罗蜜次第法门》卷七)

《法界次第初门》云:"八受诸心行修特胜者,既常与观慧相扶,若证初禅一心支时,即能照了一心,不起颠倒,于一心中,获得正受,故云受诸心行。"(《法界次第初门》卷上之下)

第九特胜 —— 心作喜 —— 破对二禅内净喜受的执著

二禅因属无觉无观禅,其内净所生之喜(不依外境和身触,唯是意识内喜),不无勇动之性,若无智慧照了,行人易没于其中。今观此喜虚妄,不生执著,因而由正观喜受之空性中,生出真实之法喜。"心作喜"之特胜法,乃是为了破凡夫对二禅"内净喜"的执著。

九心作喜者,此对二禅内净喜。所以者何?二禅喜从内净发,以无智慧照了,多受也。今观此喜,即知虚诳,不生受著,如真实知生法喜,亦名喜觉分。既从正观心生真法喜故,名心作喜。(《释禅波罗蜜次第法门》卷七)

《毗尼关要》云:"九心作喜者,对二禅内净喜也。根本二禅喜,从内净发,以无智慧照了,多生受著。今观此喜,即知虚诳,不生受著,名喜觉分。从正观心,生真法喜,故名心作喜也。"(《毗尼关要》卷三)

第十特胜 —— 心作摄 —— 破对二禅无觉无观、唯受于内净乐的一心之执著

二禅乃无觉无观禅，虽然能弃舍初禅外在粗动之伪喜（因分别初禅身之触受而生），生于内净之喜，然此内净之喜仍有勇动之过。今观此喜性空寂，定心不乱，故云心作摄。"心作摄"之特胜法，乃对应于二禅"一心支"而说。二禅之"一心"落在"内"与"外"二边中的"内"边、"根"与"尘"二边中的"根"边，亦非真一心。

十心作摄者，此对二禅一心支。何以故？为二禅喜动经摄故，说心作摄。今明摄者，正以破前伪喜，生喜觉喜，此喜虽正，而不无涌（一作"勇"）动之过，即应返观喜性，既知空寂，毕竟定心不乱，不随喜动，故云作摄。（《释禅波罗蜜次第法门》卷七）

《毗尼关要》云："十心作摄者，对二禅一心支也。二禅喜动，今返观喜性，既知空寂，毕竟定心不乱，不随喜动也。"（《毗尼关要》卷三）

第十一特胜 —— 心作解脱 —— 破对三禅乐受的执著

三禅有遍身之乐，凡夫得之，多生染爱，为之所缚，不得解脱。今修"心作解脱"之特胜法，以观慧破析，觉悟此遍身乐从因缘生，空无自性，虚诳不实，从而远离爱著，无累自在，故名心作解脱。"心作解脱"之特胜法，乃是为了破凡夫对三禅之乐受的执著。

十一心作解脱者，此对破三禅乐。所以者何？三禅有遍身之乐，凡夫得之，多生染爱，为之所缚，不得解脱。今言解脱者，以观慧破析，证遍身乐时，即知此乐从因缘生，空无自性，虚诳不实，观乐不著，心得自在，故名心作解脱。（《释禅波罗蜜次第法门》卷七）

《法界次第初门》云："十一心作解脱修特胜者，离二禅入三禅，常有观照，是故若发三禅，即能照了，虽得妙乐，心不耽著，无累自在，故云心作解脱。"（《法界次第初门》卷上之下）

第十二特胜 —— 观无常 —— 破执四禅中的舍受为真常解脱

四禅乃不动定，依于舍受，不苦不乐。凡夫于此定中，妄认此不苦不乐之舍受为真常之解脱，故心生爱取，不得解脱。今修"观无常"之特胜法，观此依于舍受的所谓不动定，生灭代谢，为三相（生相、异相、灭相）所迁，实乃破坏不安之相，从而远离爱著，故云观无常。"观无常"之特胜法，乃是为了破凡夫对四禅中的舍受之执著。

十二观无常，此对破四禅不动。所以者何？如世间中，有动有不动法三种，为乐所动，犹名动法。今此四禅名不动定，凡夫得此定时，多生常想，心生爱取。今若观此定生灭代谢，三相（生相、异相、灭相）所迁，知是破坏不安之相，故经云："一切世间动不动法，皆败坏不安之相。"故名观无常。（《释禅波罗蜜次第法门》卷七）

《法界次第初门》："十二观无常修特胜者，离三禅入四禅时，常修观照，是故若发四禅不动定时，即自观达，定中心识虚诳，念念生灭，故云观无常也。"（《法界次第初门》卷上之下）

第十三特胜 —— 观出散 —— 破对外在虚空的执著

凡夫于空无边处定中，认为此定中的缘空之识，出离色界及色界心，依于虚空，不为色法所缚，消散自在，是真解脱，故妄执此空无边处为真实安稳处，心生取著。为破此妄，故修"观出散"之特胜，觉观所谓离色界缘虚空之识及其自在消散之境界，虚诳不实，心不爱著，故谓之观出散。出散即是出离、远离之义。"观出散"之特胜法，乃是为了破凡夫于空无边处定中对虚空之执著。

十三观出散者，此对破空处。所以者何？出者，即是出离色界；散者，即是散三种色（指极略、极迥、无表等三种色）。复次，出散者，谓出离色心，依虚空消散自在，不为色法所缚，故名出散。凡夫得此定时，谓是真空安稳，心生取著。今言观出散者，行人初入虚空处时，即知四阴（受想行识）和合故有，无自性，不可取著。所以者何？若言有出散者，为虚空是出散？为心是出散？若心出散，心为三相（生相、异相、灭相）所迁，过去已谢，未来未至，现在无住，何能出耶？若空是出散者，空是无知，无知之法，有何出散？既不得空定，则心无受著，是名观出散。（《释禅波罗蜜次第法门》卷七）

《法界次第初门》云："十三观出散修特胜者，从四禅入虚空处时，加修观智，内外照了。是故若证空定之时，即知能离色界缘空之识，自在逍（一作"消"）散，而虚诳不实，心不爱著，故云观出散。"（《法界次第初门》卷上之下）

第十四特胜 —— 观离欲 —— 破执离外在色法虚空之内识为真常安稳处

凡夫之心爱著外在之尘境，称为欲。前言空无边处定，虽不爱著色法，然爱执于外境之虚空，亦属于欲。有欲即有苦，故非真解脱处。凡夫于识无边处定中，妄认不缘外境之虚空，唯缘于内识，即可离欲、得真实安稳处。殊不知此所缘之内识，及能缘之心，皆虚妄不实，俱是假名。故修"观离欲"之特胜法，觉破此定之虚妄，故谓之"观离欲"。"观离欲"之特胜法，乃是为了破凡夫于识无边处定中，对内识的执著。

十四观离欲者，此对识处。所以者何？一切爱著外境，皆名为欲。从欲界乃至空处，皆是心外之境。若虚空为外境，识来领受此空，即以空为所欲。今识处定缘于内识，能离外空欲，故离欲。若凡夫得此定，无慧眼照了，谓言心与识法相应，真实安稳，即生染著。今言观离欲者，得此定时，即观破析：若言以心缘识、心与识相应、得入定者，此实不然。何以故？过去未来现在三世识，皆不与现在心相应故，云何言心与三世识相应？定法持心，名为识定，故知此识定，但有名字，虚诳不实，故名离欲也。（《释禅波罗蜜次第法门》卷七）

《法界次第初门》云："十四观离欲修特胜者，离虚空处定、入识处时，常以观慧，内自推捡，欲离虚空处，离欲之心，是故发识处定，即能观达，识定虚诳不实，心不爱著，故云观离欲。"（《法界次第初门》卷上之下）

第十五特胜 —— 观灭 —— 破对无所有处定中的顽空之执著

凡夫于无所有处定，心与"无所有"之无为法尘（顽空）相应，生起微细识心，因无智照，妄认为此境界即真实之"心灭"、真实之"无心"、真实之解脱，心生爱执，不能舍离。故修习"观灭"之特胜法，观此定中所谓的"心灭""无心"，乃受想行识四阴和合而有，无常虚妄，非真实之无心，非真实之心灭，从而远离执著。"观灭"之特胜法，乃是为了破凡夫于无所有处定中，对空无所有的顽空之执著。

十五观灭者，此对无所有处。所以者何？此定缘无为法尘，心与无为相应，对无为法尘，发少识故，凡夫得之，谓之心灭，深生爱著，不能舍，为之所缚。今言观灭者，得此定时，即觉有少识，此识虽少，亦有四阴和合，无常无我虚诳，譬如粪秽，多少俱臭，不可染著，是名观灭。（《释禅波罗蜜次第法门》卷七）

《法界次第观门》云："十五观灭修特胜者，离识处、入无所有时，以智照了所修之境、能修之心，是故若发无所有处定，即自观达，无所有处虚诳不实，心不住著，故云观灭。"（《法界次第初门》卷上之下）

第十六特胜 —— 观弃舍 —— 破妄认非想非非想处定中的舍极之境为涅槃

凡夫于非想非非想处定中，舍于想与非想，乃双舍有无，舍中之极，因无般若智慧观照，得此定时，妄认为真实之涅槃解脱，不能舍离。今修"观弃舍"之特胜法，观此定境不过是四阴、十二入、三界及十种细心数等，和合所成，无常苦空无我，虚诳不实，非真实涅槃，非究竟安乐处。既知此定境空寂不实，即不爱著，是名观弃舍。"观弃舍"之特胜法，乃是对治凡夫于非想非非想处定，妄执舍中之极为涅槃、生安乐想之过。须知此非想非非想处定中的舍中之极，仍在二边当中，非真解脱。修观弃舍之特胜法，能悟三乘涅槃，证阿罗汉果。

十六观弃舍者，此对非想。所以者何？非想是两舍之对治，从初禅以来，但有遍舍，无有两舍，故未与弃舍之名。今此非想，既有双舍有无，故名弃舍。亦以此定是舍中之极，故最后受名。若凡夫得此定时，谓为涅槃，无有观慧觉了，不能舍离。今明弃舍者，得此定时，即知四阴、十二入、三界及十种细心数（按：一受，二想，三行，四触，五思，六欲，七解，八念，九定，十慧）等，和合所成，当知此定无常苦空无我，虚诳不实，不应计为涅槃、生安乐想，既知空寂，即不受著，是名观弃舍。

虽求定相而亦成就此定，尔时即具二种弃舍：一者根本弃舍，二者涅槃弃舍，永弃生死，故云观弃舍。行者尔时深观弃舍，即便得悟三乘涅槃。此事如须跋陀罗，佛令观非想中细想，即便获得阿罗汉果。（《释禅波罗蜜次第法门》卷七）

《法界次第初门》云："十六观弃舍修特胜者，离无所有、修非有想非无想定时，即自以智观察所修之法、能修之心，是故若发非想定时，即观照分明，知非想处两舍之定，犹有细想，四众（指受想行识四阴）和合而有，虚诳不实，非是涅槃安乐真法，则心不爱著。"（《法界次第初门》卷上之下）

三、对十六特胜法的几点理解

以上对十六特胜的内容做了简单的介绍。为了准确地把握十六特胜的要义，有如下几点值得注意：

1. 此十六特胜法，可以含摄世间四禅八定之内容，故称"亦有漏禅"；同时又超越了四禅八定，通向出世解脱，故又称"亦无漏禅"。修十六特胜，既可得定法持身、定法持心，得内净喜乐滋养，又可以避免落入厌身自害和枯寂当中，有助于行人信心增长，乐于精进。此是十六特胜法门"特胜"义之所在。

2. 此十六特胜法，以随息为下手处，在修"止"的同时，巧妙地将空观智贯彻于其中，观四禅八定之阴界入境界虚妄不实，依次破执，上上增进，从而能证无漏解脱。

3. 此十六特胜法的修习过程，实际上就是照见五蕴皆空的过程，破除二边执著的过程，揭示了真正的解脱当以超越二边的无住真心为根本，这样可以帮助行人避免在禅修过程中因见地错误或不到位而落入误区。《法界次第初门》云："特胜行者，若于地地，修观照了，则地地之中，颠倒不起，心不染著，随其因缘会处，即于是地，发真无漏，证三乘道。"

如，观"受喜""受乐""受诸心行""心作喜""心作摄""心作解脱"等，分别可以破除对喜受、乐受和离念之空心等等的执著。"观无常"可以对治四禅对舍受的执著，避免妄认舍受为真常之安乐处。凡夫于空无边处定中，认为出离色界及色界心，唯依于虚空，即可不为色法所缚，消散自在，故妄执此空无边处为真空安稳处，心生取著。"观出散"之特胜法，可破凡夫于空无边处定中对虚空之执著。"观离欲"之特胜法，可破凡夫于识无边处定中，对内识的执著。"观灭"之特胜法，可破凡夫于无所有处定中，对空无所有的顽空之执著。"观弃舍"之特胜法，可以对治凡夫妄执非想非非想处定为涅槃、生安乐想之过。

4. 此十六特胜之修法，修行人可以根据个人的具体情况，选择其中的三两项而修，即可入道，不必全修。

> 今明悟道，未必应须具十六，或得三二特胜，即便得悟。亦利根者，初随息时，觉悟无常，即便悟道。此随人不定也。（《释禅波罗蜜次第法门》卷七）

作为六妙门中的"随息"门之修法，我们可以从"观息入、观息出、观息长短、观息遍身、除诸身行"下手，其妙处有三：一者易入，二者得定法持身，三者得喜乐滋养（定法持心）。在修的过程中，随所出现之喜乐舍诸受及种种好坏境界，皆应用空观智和万法唯心观，一一透过，不爱不著，心无所住。

5. 在宗门圆顿信解及不二观的引领下，十六特胜可以作为修习默照禅、话头禅（主要是曹洞宗的看话禅）的下手方便。具体的操作方法是，在随息（对息从鼻端入脐下这个自然而然的过程，保持了了分明）的过程中，比如，在呼的时候，顺势提一个"谁"或"我在哪里"之疑情，然后在凝神静气中觉照全身之受的同时，借助疑情，观"我"了不可得，观"受"了不可得，观妄念了不可得。如是反复起观，久之"真疑情"现前，即能不随而随，不疑而疑，不观而观，必入无漏。这种观法，既方便、易行、省力，同时又不住于相。为了远离驰求心、取舍心、对治心所带来的身心紧张（会干扰定心），保持身心的轻松，在用功过程中，需要自始至终贯彻宗门的圆顿信解，依"不离当处常湛然，觅即知君不可见""不求真，不断妄，了知二法空无相""虚明自照，不劳心力""当时寻时寻不见，如今避时避不得"之圆顿正念，令心安住在无所求、无所得、无所守、无对治的闲闲自在的不二观照中。

第四节　壁观法门 —— 宗门中的息道观

本章的第一节曾经提到过，息道观这一古老的法门，在中国经历了天台宗和禅宗的两次被融合之后，已经呈现出一种迥异于原始佛教的大乘圆教之精神。在禅门里，人们在修习安般禅时，不再把它看作证得四禅八定的主要手段，而是把它当作契入不二实相的般若实践。在禅门里，安般禅可以发挥两个方面的功能：

一是被当作修习止观的一种前行方便，充当禅修者正式进入止观修习之前练腿子、调身心的基础科目。当功夫进入止的状态之后，通常会用其他用功方法来继续做功夫，比如用话头禅和念佛禅的方法，来继续完成六妙门中的观、还、净的过程，以防止落入离念之空境中。

二是被当作修习默照禅的一种方法。它以"圆同太虚，无欠无余"的圆顿信解为理论指导，以"直下承当、虚明自照"为用功原则，以出入息为所观境，通过守一不移、清明绵密，最后达到一念不生、灵光独耀，从而达到明心见性的目的。由于安般禅是以中道实相为所观之理境，以"息妄想垢、分别垢、取我垢，修无修相、净无净相、得无得相"为特征，实际上，它相当于以天台宗六妙门中的"净"门（修净、证净）为功夫之核心。

这一特色，可以从达磨祖师所提倡的"壁观"中得到印证。诚如净慧老和尚所言，达磨祖师的"壁观"，实际上就是宗门里的息道观。所以，准确理解"壁观"，有助于修行人在宗门圆顿信解的引领下修习安般禅，从而使息道观具有真正宗门的特色。

本书第八章第二节"《二入四行观》的止观思想"这一部分，已经介绍过达磨祖师的止观思想。在这里，拟再对其壁观思想，略做展开。

一、修习壁观的前提

藉教悟宗，开圆顿信解，是修习壁观的前提。所谓圆顿的信解，即相信"一切众生具有如来智慧德相，但以妄想颠倒执著而不证得。若离妄想颠倒，则一切智、无师智，自然现前"这个道理。其具体内容就是达磨祖师所说的"理入"：

理入者，谓藉教悟宗。深信含生同一真性，但为客尘妄想所覆，不能显了。若也舍妄归真，凝住壁观，无自无他，凡圣等一，坚住不移，更不随于文教，此即与理冥符，无有分别，寂然无为，名之理入。（《二入四行观》）

这一段话，可以视作修习壁观的总纲，既有理论，又有方法，同时还讲到了开悟见性的证量和标准。

从修行上讲，"舍妄归真"就是要"随顺清净圆照觉性"，称性起修，依不生不灭的常住真心而起观，即妄证真。具体来说，就是通过"凝住壁观"来落实。凝住就是住在一个所观的境界上面，比如观呼吸、观念头、观佛号、观觉受，让身心完全地内敛，不向外攀缘六尘。壁观就是以平等无分别心进行观照，内心如如不动。

二、修习壁观的方法

关于修习壁观的具体内容，可以用达磨祖师开示慧可禅师的十六字原话来概括，即"外息诸缘，内心无喘，心如墙壁，可以入道"。

在理解这十六个字的时候，注意应当超越二边，不能落在对治当中。

外息诸缘的字面意思是，要摒弃一切向外攀缘驰求的心，但这并不是让我们站在二边对立的角度，排斥或逃避外在的境缘，而应该是即相离相、即念离念，也就是即六尘而离六尘，即见闻觉知而离见闻觉知。

内心无喘，喘者，喘动也，气息粗浮、内心不安之象。内心无喘，意指身、心、息已经达到非常调柔的状态，无昏沉、散乱之相。内心无喘，当处于天台宗所说观呼吸时"风、喘、气、息"四相中的"息"相阶段，这里面包含了一整套调饮食、调睡眠、调身、调息和调心的功夫。

心如墙壁，墙壁是不动的，比喻修行时要像墙壁一样，面对一切法内心如如不动，一切不受。另外，墙壁是直的，没有那么多的弯弯曲曲，比喻修行时内心远离计较分别取舍。总之，心如墙壁，意指内心处于一种不受一切法的如如不动的寂照状态，不被一切境界所转，不可破坏，犹如铜墙铁壁一般，外不放入，内不放出，故云壁观。这种不动的状态，实际上是活泼泼的"定慧等持"，而并不是枯木死灰一般的枯定。

修壁观的具体用功方法，除了上述所提到的"外息诸缘，内心无喘，心如墙壁，可以入道"，以及"舍妄归真，凝住壁观，无自无他，凡圣等一，坚住不移，更不随于文教"等简略的开示之外，读者还可以从达磨祖师为二祖慧可及其在家弟子杨衒之的开示中，得到启示。

换言之，修壁观的方法主要有两种：一是觅心了不可得之空观，此乃开话头禅之先河；一是平等无分别观，此乃开默照禅之先河。

（一）觅心了不可得之空观

按灯录记载，慧可禅师为了求得最上乘法，曾经到少室山，于达磨祖师闭关的洞外，立雪断臂。下面这段引文，就是他断臂之后与达磨祖师的一段对话，空观的奥妙就在其中。

> 时有僧神光者……闻达磨大士住止少林……乃往彼晨夕参承。祖常端坐面壁，莫闻诲励。光自惟曰："昔人求道，敲骨取髓，刺血济饥，布发掩泥，投崖饲虎。古尚若此，我又何人！"其年十二月九日夜，天大雨雪，光坚立不动。迟明，积雪过膝。祖悯而问曰："汝久立雪中，当求何事？"光悲泪曰："惟愿和尚慈悲，开甘露门，广度群品。"祖曰："诸佛无上妙道，旷劫精勤，难行能行，非忍而忍。岂以小德小智、轻心慢心欲冀真乘？徒劳勤苦。"光闻祖诲励，潜取利刀，自断左臂，置于祖前。祖知是法器，乃曰："诸佛最初求道，为法忘形。汝今断臂吾前，求亦可在。"祖遂因与易名曰慧可。可曰："诸佛法印，可得闻乎？"祖曰："诸佛法印，匪从人得。"可曰："我心未宁，乞师与安。"祖曰："将心来，与汝安。"可良久曰："觅心了不可得。"祖曰："我与汝安心竟。"（《五灯会元》卷一）

慧可禅师问："诸佛法印，可得闻乎（诸佛所传心印，祖师您能否为我开示一下）？"达磨祖师说："诸佛法印，非从人得（诸佛所传的无上心法，每个人本自具足，不是从他人那儿得到的）。"达磨禅师的这句回答，首先把慧可禅师心外求法的心给断掉了。这是第一重开示，断其向外驰求的心。

慧可禅师听了很茫然：既然非从人得，那我怎样才能证得这个心法呢？他心里非常不安，所以他便请求祖师："我心未宁，乞师与安（我心里不安，请师父给我安心）。"达磨祖师回答说："将心来，与汝安。"就在这一言之下，慧可禅师站在那里，回光返照："是啊！我说我心不安，求师父安心，师父让我把不安的心拿出来，可我不安的心在哪里呀？"就在这个引导之下，他向内返观觅心 —— 实际上这时候他就是在使用空观这个方法了。因为他没有找到，所以就如实地回答："觅心了不可得。"这个时候，达磨祖师马上当头一棒："我与汝安心竟（我已经把你这颗所谓不安的心安住了）！"这个时候，慧可禅师终于豁然大悟，心怀踊跃。

这个公案把空观的用功方法讲得非常透彻。我们在打坐的时候，如果感觉到妄想很多、念头经常走失，不要害怕，也不要用石头压草的方法去压制、对治它。我们也可以学习用达磨祖师开示二祖的方法，问一下自己："我这颗不安的心在哪里呀？我的妄想分别心在哪里呀？"当我们这样回光返照的时候，我们就会发现妄心了不可得，当下心就定了。实际上，就在这个当下，念头、情绪的空性现前。这就是空观，又叫作断相续心。我们可以用这种方法去做功夫。

这个方法看起来挺难，其实很简单，人人都能做到。在修壁观的时候，我们可以提一个话头："我这个身体是谁在操控？"因为我们每天都在待人接物、举手投足、起心动念，这背后一定有个东西在操控。从理论上来讲，虽然我们知道是常住真心在操控，但是常住真心你见到过吗？它在哪里？当你真切地提起这个疑情，向内返观的时候，你看到了什么？其实什么也看不到，或者说，只能看到漆黑一团、灰蒙蒙的状态。但是，难道就是这个灰蒙蒙的状态在指使我们的身体吗？肯定不是！既然不是，那又该怎么办？我们可以接着提："谁在操控我的身体？"就用这种且提、且疑、且扫的方式，把所有的妄想、分别、取舍、觉受、境界全部扫掉，最后连这个没有念头的状态也要扫掉，这就是"无所住"，这就是"应无所住而生其心"。功夫成片了，扫到最后，突然某一天前后际断，能所双亡，照体独立，灵光独耀，就见到了自己的本来面目。

先通过数息观，达到"止"的状态，然后通过起疑情、参话头，或者是修念佛禅，从"止"中超越出来，进一步落实"观""还""净"的功夫，这可以说是宗门人士修习止观的通途。

（二）远离分别取舍之平等观

达磨祖师有个弟子叫杨衒之，是期城（即期城郡，治所在今河南泌阳县西北）的太守。有一天，他向达磨祖师请教用功方法。下面就是他们之间的对话：

有期城太守杨衒之，早慕佛乘，问祖曰："西天五印，师承为祖，其道如何？"祖曰："明佛心宗，行解相应，名之曰祖。"又问："此外如何？"祖曰："须明他心，知其今古，不厌有无，于法无取，不贤不愚，无迷无悟。若能是解，故称为祖。"又曰："弟子归心三宝亦有年矣，而智慧昏蒙，尚迷真理。适听师言，罔知攸措。愿师慈悲，开示宗旨。"祖知恳到，即说偈曰："亦不睹恶而生嫌，亦不观善而勤措。亦不舍智而近愚，亦不抛迷而就悟。达大道兮过量，通佛心兮出度，不与凡圣同躔，超然名之曰祖。"衒之闻偈，悲喜交并。（《五灯会元》卷一）

"亦不睹恶而生嫌"，不要因为看到不好的东西就产生厌烦的心理。"亦不观善而勤措"，也不要因为看到好的境界、好的东西就产生执取心。"亦不舍智而近愚，亦不抛迷而就悟"，智愚迷悟等二边相，其性本空，当所有这些二边境界现前的时候，要超越它们，不生欣厌之心，不被它们所转。"达大道兮过量"，当你通达了大道之后，你会发现这是一种不可思议的状态。"通佛心兮出度"，当你和佛心相应的时候，你会发现它是一种言语道断、心行处灭、超越分别取舍的状态。量和度，都是分别思维计度的思想。"不与凡圣同躔"，躔就是脚印，不跟凡圣同一个脚印，意思是完全超越凡圣二边之相。"超然名之曰祖"，当你超越了二边分别取舍，这就是祖师禅。

达磨祖师的这首偈子，可以看作对《心经》"是诸法空相，不生不灭，不垢不净，不增不减"之注解。看破二边名相之虚妄性，以一种如如不动的平等无分别的心智去观照它们，从而与诸法的不二之实相谛相应，这就是平等观。空观是对性空的落实，平等无分别观是对相空的落实。

达磨祖师的壁观，其核心实质，就是以不二之实相智来修息道观。这也是默照禅的核心精神之所在。

三、理入的证量和标准

凝住壁观的功夫做到了一定火候，突然某一天，修行人会发现，一切自他、内外、色心、主客之差别相完全被打破，进入一种"无自无他，凡圣等一"的状态。而且这种状态，并不是某个时间段才有、过了就没有，而是"坚住不移"，一直稳定地存在着。

通过修壁观，远离分别取舍、守一不移、离心意识，即可达到言语道断、心行处灭的一念不生的状态，即可以入道。入道的证量是：与理冥符（从自性般若起观，与离言绝待的真如理体相应）、无有分别（无自他、内外、色心、能所之别，入法界一相）、寂然无为（寂而常照，照而常寂，自在无为，如如不动）。在这里，能数所数，能随所随，乃至能观所观，俱了不可得，然亦不立"了不可得"之知见为是，这正是六妙门中所说的"证净"。

关于这一点，清凉国师《答皇太子问心要》中有一段开示，可以帮助我们来加深理解：

> 虽即心即佛，惟证者方知。然有证有知，则慧日沉没于有地。若无照无悟，则昏云掩蔽于空门。若一念不生，则前后际断，照体独立，物我皆如，直造心源，无智无得，不取不舍，无对无修。（《联灯会要》卷三十）

"即心即佛，惟证者方知"，即心即佛不是理论，只有亲证才能了知。当然，这个证是有层次的，必须从有为进入无为，最后达于无心。"有证有知，则慧日沉没于有地"，如果还有能观所观、能证所证，那么这种开悟不是究竟的，还落在有相上。"若无照无悟，则昏云掩蔽于空门"，反之，如果没有觉照，则又落在暗昧的顽空当中，与道不相应。只有达到"若一念不生，则前后际断，照体独立，物我皆如，直造心源，无智无得，不取不舍，无对无修"，这才是真正的开悟。"无对无修"中的"对"是对立面、对治的意思，有对立面就不是开悟。真正与真如相应的修行，是修无修相，所谓"圆满菩提，归无所得"。

通过对达磨祖师壁观的回顾，需要说明的一点是：在宗门中，安般法门之所以被称为禅，乃是由三个因素决定的：一是以宗门的圆顿信解为理论基础；二是以中道不二之般若正观为用功原则；三是以明心见性为直接目标。

在具体功夫的操作过程中，先通过数、随，而进入止的状态，然后，为了有效地从有为的空静之境中超越出来，这个时候，多数宗门行人都会通过提起诸如"圆同太虚，无欠无余""但莫憎爱，洞然明白""不用求真，唯须息见"等圆顿的信解和正念，而采用默照禅、话头禅或念佛禅的方法，直接从心性上着力，离心意识，将六妙门中的观、还、净的功夫落在实处（这一点不同于凡夫），从而证真如三昧（这一点不同于二乘）。这种用功理路，更直接快捷，可以少走很多弯路。

第十章　生活禅的用功方法（二）：默照禅

第一节　默照禅的出现及其殊胜性

一、默照禅为救文字禅之弊而起

禅宗自创始之日起，就标榜"不立文字，教外别传，直指人心，顿悟成佛"。这一特征，在唐五代禅宗鼎盛时期，通过"机锋直指"这一禅法形态，得到了充分的体现。但是到了宋代，由于社会文化环境的变化以及众生根器的差异，"机锋直指"这种禅法形态显得非常高峻，令多数人望而却步，于是便有了另一种名叫"文字禅"的新的禅法形态出现。文字禅的主要特征是，以"代别""颂古""拈古""评唱"等形式，对古来大德悟道、接众的一些著名公案进行解说，点出其中的关节，以诱导学人更好地悟入宗门的旨。这一禅法形态，经汾阳善昭、雪窦重显、圆悟克勤等人的大力弘扬，曾盛极一时，成为宋代丛林的一大特色。

文字禅的出现，其最初用意不外乎四个方面：一是帮助学人树立圆顿的信解和正念；二是帮助学人找到修行的下手处和用功方法；三是帮助学人解粘去缚；四是勘验学人的修证境界。可见，宋代的禅门大德当初大力提倡文字禅的目的，主要是为了帮助学人树立宗门的圆顿信解，其落脚点在为当下之功夫服务，而不是为了知识。但是，法久生弊，越来越多的人偏离了禅宗"明心见性"这一根本方向，开始沉溺于对公案的意识领解，玩弄文字技巧，逞口舌之快，不肯脚踏实地做功夫。最后文字禅变成了"口头禅""葛藤禅"。

正是在这种历史背景下，曹洞宗的宏智正觉禅师特地提倡"默照禅"，以救文字禅之流弊。默照禅的最大特征是，重视止观禅定，主张"忘情默照""照默同时""休去歇去"。默照禅由于注重止观的修习，重视真修实证，反对从思维知见中寻找出路，故在某种程度上来讲，是对达磨祖师"壁观"禅法的一种回归，对扭转当时丛林中崇尚文字知解、脚不点地的浮躁习气起到了一定的纠偏作用。

二、默照禅是对祖师禅"定慧等持"精神的回归和继承

默照禅作为一种特殊的禅法形态，虽然正式提出于宋代，但是，其内在的精神却是与祖师禅一脉相承的。

关于祖师禅，有两大支柱：一是以"何期自性本自清净，何期自性本不生灭，何期自性本自具足，何期自性本无动摇，何期自性能生万法"为内容的佛性论思想；二是以"无念为宗，无相为体，无住为本"、定慧等持为内容的般若思想。禅宗的整个修行理论就是围绕这两大支柱展开的。前者相当于成佛的"本体论"，后者相当于成佛的"方法论"。

禅宗传到六祖时，曾经出现了"南北之争"：以慧能大师为核心的南宗，主张"唯论见性，不论禅定解脱"；以神秀大师为代表的北宗，主张"起心看静，长坐不卧"。对"南北之争"这一段历史公案，当时就有不少人把它们当作"实法"来会，简单地在二者之间做优劣高下之取舍，互相诋毁，而不是从"因缘法、方便法"的角度，或者从"药病相治"的角度，将它们会归于一体。

这一误解的后果是非常严重的：人为地把本来不可分割的体用关系的"定"和"慧"割裂开来，强做主次、先后、轻重等二边理解，或偏重于慧，流于狂禅；或偏重于定，而流于枯木禅；或将定慧打成两截，在观行上落入动与静、染与净、定与不定等二边当中，取一舍一，结果将自己的心灵变成了战场。禅宗在后来的流传过程中所出现的种种流弊，大多跟这种误解有关。

实际上，六祖讲"唯论见性，不论禅定解脱"，并不是说不需要禅定，更不是说反对禅定，而是说，禅定必须在"无相无念无住"的般若正观的统摄之下，才是究竟圆满的解脱大道。他针对的是建立在生死与涅槃、烦恼与菩提、染污与清净等二边分别之上的小乘禅定，主张定慧等持、定慧一体的最上乘禅定。六祖讲：

> 我此法门，以定慧为本。大众勿迷，言定慧别。定慧一体，不是二。定是慧体，慧是定用。即慧之时定在慧，即定之时慧在定。若识此义，即是定慧等学。诸学道人，莫言先定发慧、先慧发定，定慧各别。作此见者，法有二相。（《六祖坛经·定慧品第四》）

可见六祖并没有否认禅定在开发智慧、悟道证道过程中的基础地位。

默照禅由于是作为救文字禅的流弊之药而出现的，所以从这个角度来看，可以说它是对祖师禅以"无相无念无住"为核心的定慧等持、见性成佛之传统的回归和继承。

只要研读一下禅宗历代祖师的传灯法本，就不难发现，从初祖达磨到六祖慧能，乃至以后的五宗七家祖师，他们的禅法都非常重视"定慧等持"，重视禅定在悟道、证道过程中的基础地位。从他们的思想中，可以找到默照禅的影子。尤其是达磨禅师的"壁观"，可以说是默照禅的直接来源（参见本书第九章第四节"壁观法门 —— 宗门中的息道观"这一部分）。

除达磨禅师的"壁观"之外，再举几位祖师的开示，略加说明：

1. 二祖慧可大师的"寂静观"

《楞伽师资记》记载二祖慧可大师的开示《略说修道明心要法》中讲：

> 《楞伽经》云："牟尼寂静观，是则远离生，是名为不取，今世后世净。"十方诸佛，若有一人不因坐禅而成佛者，无有是处。《十地经》云："众生身中，有金刚佛性，犹如日轮，体明圆满，广大无边，只为五阴重云覆障，众生不见。"……若妄念不生，默然静坐，大涅槃日，自然明净。俗书云："冰生于水而冰遏水，冰泮而水通；妄起于真而妄迷真，妄尽而真现。"即心海澄清，

法身空净也。故学人依文字语言为道者，如风中灯，不能破暗，焰焰谢灭。若静坐无事，如密室中灯，则能破暗，照物分明。若了心源清净，一切愿足，一切行满，一切皆办，不受后有。（《楞伽师资记》卷一）

【按】二祖认为，成佛离不开止观禅定。他所提倡的寂静观，建立在一切众生皆有佛性的理论基础上，强调"静坐无事"（无事就是无为，远离二边分别取舍）、止观双运，以破妄显真、即妄证真（并非在妄之外别有真，妄当下即真）。

2. 三祖僧璨大师的"虚明自照"
三祖的《信心铭》中讲：

至道无难，唯嫌拣择。但莫憎爱，洞然明白……莫逐有缘，勿住空忍。一种平怀，泯然自尽……绝言绝虑，无处不通……不用求真，唯须息见。二见不住，慎莫追寻。才有是非，纷然失心。二由一有，一亦莫守。一心不生，万法无咎……契心平等，所作俱息。狐疑尽净，正信调直。一切不留，无可记忆。虚明自照，不劳心力。（《景德传灯录》卷三十）

【按】《信心铭》可以说是中土祖师第一次用自己的语言，对祖师禅的圆顿见地和不二观法所做的全面而准确的描述。这也是默照禅的直接理论依据。

3. 牛头法融禅师的"灵知自照"
四祖旁出牛头法融禅师的《心铭》中讲：

心性不生，何须知见？本无一法，谁论熏炼？往返无端，追寻不见。一切莫作，明寂自现……生无生相，生照一同。欲得心净，无心用功……灵通应物，常在目前。目前无物，无物宛然。不劳智鉴，体自虚玄……分别凡圣，烦恼转盛。计较乖常，求真背正。双泯对治，湛然明净。不须工巧，守婴儿行。惺惺了知，见网转弥。寂寂无见，暗室不移。惺惺无妄，寂寂明亮。万象常真，森罗一相……菩提本有，无须用守。烦恼本无，无须用除。灵知自照，万法归如。无归无受，绝观忘守……心外无境，境外无心。将心灭境，彼此由侵。心寂境如，不遣不拘。境随心灭，心随境无。两处不生，寂静虚明。菩提影现，心水常清。（《景德传灯录》卷三十）

【按】牛头的《心铭》所表达的意旨，与三祖的《信心铭》基本上一样，强调在圆顿见地指导之下的"无心用功"，所谓"一切莫作，明寂自现""双泯对治，湛然明净。不须工巧，守婴儿行"。

4.永嘉大师的"寂寂惺惺"

《永嘉集》"奢摩他颂第四"中讲：

忘缘之后寂寂，灵知之性历历。无记昏昧昭昭，契真本空的的。惺惺寂寂是，无记寂寂非。寂寂惺惺是，乱想惺惺非。

【按】永嘉大师所说的"惺寂不二"，与天童禅师所说的"默照同时"，应该是同一旨趣。

以上所引诸位祖师的开示，所传达的意旨无非是"一切现成，直下承当，休去歇去，无心合道"。这十六字精神，正是默照禅的核心所在。

由于默照禅一方面继承了南宗"自性本具""一切现成""直下承当""顿悟成佛"的传统，同时又继承了北宗重视禅定的传统，既有圆顿的般若正知见做指导，同时又有实在的禅修功夫做基础，所以，默照禅自从被提倡之日起，就一直保持着旺盛的生机，成为禅门最主要的修行方法之一，乃至流传于日本。

三、默照禅是修行人转化身心的最初最胜方便，适合现代人修学

通过定慧等持，放松身心、净化身心，进而转化身心，这是修习止观的重要内容之一。默照禅由于以"一切现成，直下承当，休去歇去，无心合

道"为根本指导思想，在修行过程中，强调"虚明自照、不劳心力"，远离二边取舍，故用功比较省力，能令修行人在比较短的时间段内，体验到不受尘结中的动结之干扰，身心完全放松时所带来的宁静、轻安和喜悦。它是修行人试图通过修习止观来较快转化身心的最初、最胜方便之一。

这一点同时也意味着，默照禅比较适合现代人修学，在未来的世界中或许有比较大的发展前景。这一趋势是由现代人的根机和生活习惯决定的，可以从四个方面来理解：

首先，现代人的物质生活水平和方便舒适的程度比过去时代高出许多倍，在这种情况下，人们的出离心相对变淡，而对现世的关注程度要远远超过对来世的关注。换句话来说，对于现代人，追求现世、当下的自在快乐，远比追求来世的解脱更重要。现代人在修行过程中，至少是在起始阶段，追求禅定所带来的法喜和身心愉悦之期待是非常强烈的。目前，在中国佛教界，已经有不少信众开始将目光投向南传佛教，学习南传佛教的四念处法门，追求"现法乐住"，这一现象就是一个很好的说明。在具体的用功方法上，默照禅不仅与南传佛教的四念处修行方法有相通之处，更重要的是，它是建立在最上乘的圆顿见地的基础上，这是默照禅的优势所在。所以面对这类根机的现代人，重视禅定、具有鲜明"现法乐住"色彩的默照禅，将会受到他们的青睐。

其次，现代人的生活节奏与过去相比要快无数倍，精神上所受到的压力和刺激也比过去的人要多出无数倍。这个时候，人们最需要的是什么呢？是全面的减负和放松。所以，凡是有助于人们缓解精神紧张、能够让人当下体验到身心轻安的修行方法，必定是现代人所乐意接受的。默照禅的最大特色就是"休去歇去"，这一精神与现代人追求放松和减负的期待是完全相应的。

第三，受速度和效益观念的影响，现代人对于持久地修习某一法门的耐心和信心是非常有限和脆弱的。凡是操作起来简单、对环境条件要求不高、同时又能在比较短的时间内给人带来身心愉悦的修行方法，必定会受到现代人的欢迎。相反，如果操作起来比较复杂、对修行环境和条件要求比较严格、需要经过较长时间的修习才能给人带来一点身心上的受用的修行方法，相对来说，接受的人可能就会少些。默照禅提倡"虚明自照，不劳心力"，提倡"无心于事，无事于心"，提倡"得力省力，省力得力"，对修行环境和条件要求不高，也没有那么多繁杂的宗教仪式，这种修行方法能够让学人较快地得到身心方面的受用，能够充分地满足现代人"出力最少而收效最快最大"的心理期许。

第四，受自然科学的影响，现代人的宗教信仰已不再单纯是过去那种对外在的某种超自然存在的崇拜和向往，而是日渐转向对个体内在心灵的体悟与开发，宗教的心理学化色彩非常明显。在西方世界，东方的禅文化已经被当作健康心理学的一个新的重要领域而被纳入科学研究的视野，这就是证明。对现代人来说，理想的修行方法应当是生活化、简易化、平实化、心理化的，而默照禅的修行方法恰恰具备这些特征。在这种大的趋势下，包括默照禅在内的禅宗的修行理念和方法，对信众的吸引力是不言而喻的。

总之，从人类文明和世界佛教的发展趋势来看，默照禅是一个非常有前景的修行法门。日本曹洞宗僧人提倡的"只管打坐"的默照方法，中国台湾的圣严法师在海外弘扬默照禅，这些努力在西方世界已经产生了较大的反响，越来越多的欧美人士因为受默照禅的吸引而步入佛门，这一现象本身就很能说明问题。

从这个角度来看，我们是否可以为中国禅宗的复兴找到一个比较合适的契入点呢？

第二节　默照禅的修证理路

关于默照禅的修证理路，可以概括为四个要点：

1. "无心合道"之正知正见。

2. "一切现成"之决定信心。

3. "休去歇去"之用功原则。

4. "虚明自照"之观照方法。

"无心合道"是默照禅的修证总纲，"一切现成"是修习默照禅必须具足的信解前提，"休去歇去""虚明自照"是默照禅的基本用功原则和方法。这四个要点，不仅是默照禅的心髓所在，也是祖师禅的心髓所在。

"无心"说起来很容易，但要落实起来却并不容易。古人讲，"无心道人只如此，要得无心也大难"。对于普通人而言，因为有信解方面的障碍和无始以来烦恼习气的障碍（即所知障和烦恼障），"无心"并不是一下子就能实现的，需要有一个漫长的调伏和修养过程。无心的实现，必须以"一切现成、当下承当"这样的坚固信解为前提，必须以念念之间不断地做"休去歇去、虚明自照"的功夫为保障。离开了这两点，是无法进入无心状态的。

一、无心合道 —— 称性起修

龙牙和尚有悟道偈言："夫人学道莫贪求，万事无心道合头。无心体得无心道，体得无心道亦休。"（《景德传灯录》卷二十九）这里的"无心"，又称无为、无事，其本质就是超越二边、自在无碍。道是无心的，体道的方法也必须是无心的，故谓之无心合道。

无心合道，实际上就是要"称性起修"。性即是道，而性是超越二边的，故后天依之起修的始觉之观智，也必须是超越二边的，此即称性起修。

（一）无心之本觉

禅宗认为，修行必须首先明心见性，明心见性才是修行的真正开始。很显然，对自性的体证，在整个修行成佛的过程中处于一个非常重要的地位；没有它，修行就会处在一种盲目的状态中。

可是，当我们提出"什么是自性"，或者试图通过语言来描述自性的时候，实际上，我们已经不知不觉将自己置身于一个四山相逼的绝境当中，我们的努力如同在剑锋上行走，稍一不慎，即有"丧身失命"之虞。

为什么呢？因为自性是绝待无相的、空性的，超越了有无、生灭等二边分别，而我们的日常语言思维却是建立在二边分别的基础之上，所以我们无法用语言思维来描述自性。当我们说"自性是什么"的时候，就已经不是了，因为已经落在了"有"边，所谓"说似一物即不中"。

一方面，自性是超越语言思维的，另一方面，为了帮助初学者了解它、体证它，又不得不试图通过语言思维来描述它。该如何处理这对矛盾呢？古人提出了"借功明位"的方法。位就是自性之本体，功就是自性之妙用。自性之本体是无形无相的，但是它的妙用却是有形有相的。虽然无法通过语言思维来描述和定义"什么是自性"，但是，人们可以通过自性的妙用来体会它。这种通过自性之妙用来领会自性的方法，就叫"借功明位"。

通过借功明位，对自性有正确的体认之后，然后再根据这些体认，确立后天修行的用功原则和方法，引导后天的始觉之观智去合乎先天之本觉，这就叫"借位明功"。通过借位明功，即可以对后天的始觉之用功方法有一个正确的把握。

在本书第八章第四节"《首楞严经》关于修习止观的基本原则"这一部分里，曾经提到，以不生不灭的常住真心为因地真心，称性起修，是修行的基本原则。可是，常住真心是无形无相的，在众生分上，如何体认这个不生不灭的因地真心呢？在《首楞严经》中，佛陀权开善巧，指示修行人可以从"见性"入手。见性不是见闻觉知，也不是第八识之见分，乃是自性本觉在众生因地上的寄根而显，换言之，它就是在缠本觉。为了让阿难等与会大众对"见性"当下找到一种亲切感，佛陀从十二个方面引导大众当下去体验"见性"的特征，此即著名的"十二番显真"。

在这里，我们拟通过"借功明位"的方法，来描述一下自性本觉在其妙用中所显示出来的与生灭意识完全不同之特质，以加深对《首楞严经》所说"见性"之理解。这样做的用意有二：

一是试图在当下的生命活动中，对本觉找到一种亲切感 —— 这是修行必不可少的一个前提和环节，否则修行就是盲修瞎炼。这个属于"借功明位"。

二是借此明确后天的始觉之智究竟该如何用功才能合乎先天之本觉。这个属于"借位明功"。

禅宗"无心合道"的修行理路就是从这里面建立起来的。

关于"自性"，宗门中有多种称谓，又称"本地风光""本分田地""本分事""本觉""佛性""如来藏""真如""常住真心""妙明真心""无位真人""主人公"等等。为了行文方便，这里统一用"本觉"这个概念。

本觉就是本有的、法尔如是的、自然的觉性，也就是人们常说的"常寂光""平常心"。

何为常寂光？常者恒在，寂者不动，光者灵觉不昧。在我们的生命中，有一种天生的恒在的灵觉，无论我们是醒着还是睡着了，是健康还是生病，是昏沉还是散乱，是烦恼还是快乐，是处在迷染的众生位还是处在悟净的圣贤位，它都一直在那里无心地发生作用，一刻也没有离开过。这个就是我们的本觉。

何为平常心？平者，平等无分别，无取舍、无好恶、无对立面，广大无碍，包容一切。常者，常住不灭，常现在前，遍一切时，遍一切处，遍一切境界，遍一切心境，须臾不曾离，不动不摇。心者，虚灵不昧，寂寂惺惺，寂照不二，灵动自在。平常心就是不生不灭的常住真心，为万法之根本，能生一切法，能摄一切法；从妙用上看，平常心就是虚空明镜一般的，遍一切时处、须臾不曾离的，寂而常照、照而常寂的真如本觉。

本觉并不神秘。只要仔细地反省一下我们的日常心理活动，不难发现，我们的一切活动（包括心理活动）都是以本觉为基础的；没有本觉，这一切都不复存在。试举例说明：

当你夜间睡着了的时候，有人站在你的床边，突然大声喊你的名字，或者用针刺你一下，这个时候，你会猛然惊醒。请问，你为什么会醒来？是什么东西令你醒来？要知道，这个时候你是处在无意识的状态中啊！

那个能令你醒来的，正是本觉的力量。如果你没有本觉，你就成了僵尸或者石头，任凭上述情形怎么发生，你都不会醒来的。你睡着了，虽然没有意识，但是你的本觉还在发生作用；只不过是你的本觉被自身生理的调和、床褥的温软和环境的安静所带来的舒适的觉受笼罩住了而已。这一点，可以从下面的事实中得到反证：如果你的肠胃处于极端的不调和状态，或者床褥不干净，上面爬满了虱子，或者环境嘈杂，你必定睡得不安稳，或者中途醒来。这睡得不安稳或中途醒来，与你在身心调和、床褥温软、环境安静、觉受舒适的情况下睡得很沉很香，同是以本觉为前提的。可见，你睡着了的时候，还有一个"不睡者"在。

其他的情况，如生病、烦恼等等，情形也同样如此。生病的时候，有一个"不病者"在；烦恼的时候，有一个"不烦恼者"在；困倦的时候，有一个"不困者"在。这个"不睡者""不病者""不烦恼者""不困者"，正是我们的本觉。

可见，本觉离我们的距离比我们想象的要近得多。它好像就在我们的睫毛上，只是因为我们一直习惯于向外看，所以不曾注意它。在生活中，只要你愿意，你可以随时随地体验到本觉的妙用，找到本觉的影子。那么，如何体验呢？就在第一念上去体会。通过第一念，我们可以理解本觉的无为、不动、无住、圆通以及超越知和不知的不可思议性。

1. 第一念觉

第一念，又称"无念""一念未生之前"，也就是未起心动念之前，它实际上就是一种"无心而照、照而无心"的、没有妄想的、超越能所对待的灵觉状态。相对而言，一切分别意识都是第二念，都是在第一念的基础上，因迷而不觉，妄执境界为实有，继续分别、取舍和造业。

比如，当我们在第一念感知天气的寒冷或炎热的时候，这第一念完全是无心的，没有作意取舍，没有能所之分别。随即我们会在第一念的基础上起心动念，做出种种分别、判断，乃至产生烦恼，这些属于第二念、第三念……与第一念的无心而照不同，第二念、第三念都是有为的，都是有能所分别的、有取舍的，带有情绪的，而且是刹那生灭的。

这个第一念无心而照，是一切心理现象存在的前提和基础。没有它，我们就如同没有生命的石头，一切心理活动都不能成立。这第一念是圆明自在的，无心、无为、无分别，如镜照物，如人叩钟，不需要经过思维，宗门中称为"蓦直去"。在此基础上，凡夫因为缺少当下照破念头的能力（这个就是无明），紧接着会进一步作意，随即产生执实（不知万法是自性之幻用而以为是心外之实有，不能透空）、分别（产生内外、能所、凡圣、好坏、染净等二边见）、取舍（执著自己喜好的、拒绝自己厌恶的）、烦恼等一系列心理活动，离第一念愈来愈远。

这第一念正是本觉发生妙用的本原状态。修行人可以通过这第一念，来体会本觉的妙用——无心而照、照而无心。修行没有别的，就是要通过对后天始觉的培养，回归到这先天的"无心而照、照而无心"的本觉状态，最后达到始本合一，也就是究竟觉。

过去的祖师大德在指示学人修行下手处的时候，大多是在第一念上著力。若能在这第一念上得个亲切处，以后的修行，自然就会知道怎么用功了。

襄州白马归喜禅师，大阳警玄禅师之法嗣，初礼大阳和尚，便问："学人蒙昧，乞指个入路。"

大阳和尚道："得（可以）。"说完便默然不语。

过了好一会儿，大阳和尚才召唤归喜禅师的名字。归喜禅师随即应诺。

大阳和尚道："与你个入路！"归喜禅师终于言下有省。（《禅宗大德悟道因缘》，参见《五灯会元》卷十四）

白马归喜禅师所说的"入路"问题，是修行中的根本问题，带有普遍性。这个问题没有解决，修行根本就没办法上路，更不要说悟道、证道了。每个修行人都渴望能尽快找到帮助自己契入自性的下手处，但是，这个入处在哪里呢？大阳和尚的回答可谓单刀直入，简捷明了。若能会心于此，到家自然指日可待；倘有一丝疑情未尽，终不免要背家浪走。

这里要注意，"第一念"只是方便说法，是为了方便初发心者体会真如自性的本觉妙用在因地上的现行，其落脚点是要体验真如本觉的"无心而照、照而无心"之妙用，并不说要安住在第一念上；因为说一个要守住第一念、安住在第一念上，就已经错了。因为说一个第一念，便已经落在与第二念相对立的二边中。须知第一念非第二念之外的第一念，亦非第二念之前的第一念，乃是"即第二念离第二念"的那个平等包容不动的觉性，相当于教下所言"自证分"或"证自证分"。

那么，本觉与生灭意识相比，究竟有哪些特征呢？

本觉是无为的，而意识则是有为的，有分别取舍的；本觉是不动的，而意识则是随境而转的；本觉是无住的，而意识却是执相的；本觉是圆通的，而意识则是定向的、有障碍的；本觉既不属"知"亦不属"不知"，不可思议，而意识则永远属于能所对待的"知什么"。

2. 无为觉

反省一下，我们日常生活中的举手投足和对外境的感知，第一念都是无为的 —— 无为而照，对突发情况的应对也是无心的 —— 无为而应，既没有作意要起觉照，也没有想到要把某个目标作为自己特定的关注对象，更谈不上分别取舍，这个过程完全是无心的，近乎本能。其实，就在这个当下，正是本觉在跟我们打照面的时候。只是我们普通凡夫不明此事，当面错过，不知不觉地很快滑向有为的生灭意识中，进而不停地分别和执著尘境，乃至烦恼不已，却不知道回头。古人道，"百姓日用而不知"，此之谓也。

通过第一念，我们知道了本觉对境缘的照鉴，与第六生灭意识不同：它没有能所、没有作意、没有取舍、没有思维分别；它是无心而照、照而无心的；它对境缘的反应也是无心的，无心而应、应而无心。从这个意义讲，我们说本觉就是无为觉，而分别意识则是有为的生灭心。

从悟道的角度来看，后天的始觉只有当它趋于无为的时候 —— 即"无心而照、照而无心"，也就是不起心动念，它才能跟本觉相应，最后才能达到始本合一，即究竟觉。所以，古代祖师在接引学人时，往往使尽种种手腕，或棒，或喝，或用一句无义味的话头来挑逗学人，让学人在当下的一念不生（无心）处得以回头转脑。

无业禅师是马祖道一禅师的嗣法弟子，生得身材高大，站立如山，声如洪钟。初礼马祖，马祖便笑而戏之曰："好一座巍巍佛堂，只可惜其中无佛！"无业禅师一听，连忙向马祖顶礼道："至如三乘文学，粗穷其旨。尝闻禅门即心是佛，实未能了。"马祖道："只未了底心即是，更无别物。不了时即是迷，若了即是悟。迷即众生，悟即是佛。道不离众生，岂别更有佛？亦犹手作拳、拳全手也。"无业禅师仍不死心，又问："如何是祖师西来密传心印？"马祖道："大德正闹在！且去，别时来。"于是无业禅师便抬脚向外走。这时，马祖在背后大声招呼道："大德！"无业禅师一听，连忙回首。马祖问道："是甚么？"无业禅师言下豁然大悟，于是不停地礼拜马祖。马祖道："这钝汉！礼拜作么？"无业禅师悲泣道："本谓佛道长远，勤苦旷劫方始得成，今日始知法身实相本自具足，一切万法从心所生，但有名字，无有实者。"马祖道："如是！如是！一切法性不生不灭，一切诸法本自空寂。经云，'诸法从本来，常自寂灭相'。又云，'毕竟空寂舍'。又云，'诸法空为座'。此即诸佛如来住此无所住处。若如是知，即住空寂舍，坐空法座，举足下足，不离道场，言下便了，更无渐次。所谓不动足而登涅槃山者也。"（《禅宗大德悟道因缘》，参见《五灯会元》卷三）

3. 不动觉

当我们观察心念的时候，念头纷纷扰扰，有生有灭、有来有去，而那个旁观的灵觉之性却是没有生灭去来的。当我们观察外在尘境的时候，尘境有明有暗，有动有静，有长有短，有大有小，有冷有暖，有美有丑，但是那个能观的觉性却是没有明暗、动静、长短、大小、冷暖、美丑的。同样地，当我们念佛的时候，心里的佛号有起有灭，而我们能听的觉性则是没有起灭的，不动的。这个不动的、超越二边的觉性，就是我们的本觉。

识心有生灭、去来，而本觉则是不生不灭、常住不动的，既不被外在的尘境所转，亦不被内在的心念所动，所谓"寂而常照，照而常寂"。寂就是不动，所以本觉又被称作"不动觉"。前面提到的"不睡者""不病者""不烦恼者""不困者"，揭示的就是本觉这种能明鉴内外尘境而恒常不动的性质。

《首楞严经》中憍陈如尊者所述悟道之由 —— 客尘喻，揭示的就是不动觉在开悟证道中的核心地位。《首楞严经》卷一云：

> 尔时世尊舒兜罗绵网相光手，开五轮指，诲敕阿难及诸大众："我初成道，于鹿园中，为阿若多五比丘等及汝四众言：一切众生不成菩提及阿罗汉，皆由客尘烦恼所误。汝等当时因何开悟，今成圣果？"时憍陈那起立，白佛："我今长老，于大众中独得解名，因悟'客尘'二字成果。世尊，譬如行客投寄旅亭，或宿或食，食宿事毕，俶装前途，不遑安住。若实主人，自无攸往。如是思惟，不住名客，住名主人，以不住者名为客义。又如新霁，清旸升天，光入隙中，发明空中诸有尘相，尘质摇动，虚空寂然。如是思惟，澄寂名空，摇动名尘，以摇动者名为尘义。"

憍陈如尊者所说的旅店主人和日光，实际上就是我们这里所说的不动觉，即没有起心动念的无心而照的灵觉；相应地，分别、取舍、烦恼等所有的起心动念（也就是有念），以及一切外在无常幻化的色声香味触法等尘境，都是虚空中的尘质和过往的客人。所谓的证道，就是要让后天的始觉之智，从生灭无常的虚妄尘境中剥离出来，即尘而离尘，不被尘境所转，最后完全安住在这个常住不动的无心而照、照而无心的本觉上来。

《首楞严经》卷一云：

佛告阿难：一切众生从无始来种种颠倒，业种自然，如恶叉聚。诸修行人不能得成无上菩提，乃至别成声闻缘觉，及成外道、诸天魔王及魔眷属，皆由不知二种根本，错乱修习，犹如煮沙，欲成嘉馔，纵经尘劫，终不能得。云何二种？阿难，一者无始生死根本，则汝今者与诸众生用攀缘心为自性者，二者无始菩提涅槃元清净体，则汝今者识精元明，能生诸缘，缘所遗者。由诸众生遗此本明，虽终日行而不自觉，枉入诸趣。

佛所说的"无始菩提涅槃元清净体，则汝今者识精元明，能生诸缘，缘所遗者"，指的就是不动觉（又称"常住真心"）在众生因地上寄根而显之现行。修行人欲出离生死，趣证无上菩提，必须从这个不动觉开始起修，离心意识去用功夫。

所以，通过作为旁观者静观念头（包括觉受）和尘境之生灭去来，一切不受，亦不起心动念，从而当下领悟那不生不灭、不去不来、法尔如是的不动之觉性，这种用功方法，在宗门中用得比较普遍，有很多人都是从这个地方得个入处的。丛林中曾流传这样一个故事：

从前有一位院主，巡夜时，脚掌被木板上的长钉刺透，痛不可忍，大叫不已。堂头和尚见了，呵斥道："似你这般嚎叫，他日阎王老子未肯放你在！"院主便问："如何即是？"堂头和尚道："还知有不痛者在否？"院主道："如何是不痛者？"堂头和尚道："痛杀我也！痛杀我也！"院主一听茫然。堂头和尚于是大喝道："参堂去！"院主疑情未决，于是精诚一念，追问"哪个是不痛者"？如是一连数日。一日夜深，同一广单的邻僧突然梦呓道："我看你藏到哪里？"并用脚猛踢他的痛处。院主失声，豁然有省。

痛感是有生有灭的，但是，在痛感的背后，还有一个东西在起作用，它恒常不动，不因为痛或者不痛而消失。因为有了它的存在，人们才有可能痛的时候知道痛，不痛的时候知道不痛。这个不痛者，它就是我们的本觉，它是无形无相的，你不可能在痛感之外抓到它。承当痛感、静观痛感，不起心动念（不要试图逃避它，不要试图消除它，但也不要被它弄得心神不宁，妄想纷飞），这是领悟那个不痛者（不动觉）的最好办法。院主之悟道，正是从这儿得力的。

关于这一点，洞山良价禅师临终时，曾对他的弟子做过关于"如何看不病者"的开示，可以作为我们修行之参考——

　　良价禅师入灭前，曾向徒众示疾。时有僧问："和尚违和，还有不病者也无？"师曰："有。"曰："不病者还看和尚否？"师曰："老僧看他有分。"曰："未审和尚如何看他？"师曰："老僧看时，不见有病。"（参见《筠州洞山悟本禅师语录》）

注意，"老僧看时，不见有病"，这里用到了"看"和"见"两个字，虽然是一字之差，境界却有天壤之别。用功的秘诀就在这里面。"见"就是起心动念、思维分别，相当于唯识学中的"遍计执"，它与五阴中的想阴、行阴、识阴密不可分，属于虚妄的生灭法，而"看"则是一种般若直观，属于平等无分别智。

这里要特别提醒的是，如前所言，为了帮助学人更直接、更快捷地契入自己的本心，找到修行的下手处和正确的用功方法，宗师们在说法的时候，经常使用"借功明位"的方法，告诉学人：那个对内在的念头以及外在的尘境之生灭去来都清清楚楚、了了分明，而自己却不来不去、不生不灭、不动不摇、能知能照的平等无分别的鉴觉，就是我们的自性佛。这种说"鉴觉是佛"的提法，百丈怀海禅师认为也是方便药病语，不是究竟法，应当从"透三句"的角度来理解。《百丈广录》中讲：

　　从浊辩清，许说如今鉴觉是；除鉴觉外别有，尽是魔说。若守住如今鉴觉，亦同魔说，亦名自然外道。说如今鉴觉是自己佛，是尺寸语，是图度语，似野干鸣，犹属粘胶门。本来不认自知自觉是自己佛，向外驰求觅佛，假善知识说出自知自觉作药，治个向外驰求病。既不向外驰求，病瘥须除药。若执住自知自觉，是禅那病，是彻底声闻；如水成冰，全冰是水，救渴难望；亦云必死之病，世医拱手。说到如今鉴觉是自己佛，是初善；不守住如今鉴觉，是中善；亦不作不守住知解，是后善。如前属燃灯后佛，只是不凡亦不圣，莫错说！佛非凡非圣。

说"鉴觉是佛"，是针对"心外求法"和"执生灭妄心为真心"这两种错误的知见而言的。但是，如果因此执"鉴觉是佛"为究竟，落入能所二边当中，那就犯了执药成病的毛病。时下有不少人固执地认定"前念已灭、后念未生、了了分明的当下就是自性佛"，正是犯了这种错误。这一观点，作为修行的下手处则可，若执它为究竟则不可。

因为如果我们执著地认为那个能知能照的平等无分别的鉴觉就是自性佛的话，那我们实际上就把作为所照之对象的外在的山河大地、内在的见闻觉知和生灭念头，都放在了对立的位置，而隐藏在背后的自他、内外、色心、能所等二边分别依然存在。要知道，真正的法界心、常住真心或者自性，它虽然无形无相，但同时具足体、相、用三大，能生一切法，能摄一切法，能转一切法，离一切法即一切法，五蕴身心、山河大地、十方法界都是妙明真心中物，都是妙明真心的妙用和显现。所以，我们不能只执著于自性"离一切相"的"空"的这一面，而忽视了它"含一切相"的"妙有"的那一面。对于"心"而言，凡是有对立面的、有它所不能包容的对象存在，那就说明它不是真正的"圆觉心"，只能算是"妄心"。

从这个角度来讲，那种站在能所二边对立的基础上，执著于能观智为不生不灭之自性的看法，就是错下定盘星。

4. 无住觉

不动觉并不是像石头一样的顽固不化，实际上，它是空灵自在的，其本质就是无住，所谓"善能分别诸法相，于第一义而不动"。本觉之不动，如镜照物，既能如实地照鉴诸法虚幻不实、无有自性之实相，同时又能不被诸法之相所转，也就是六祖所说的"无念、无相、无住"。本觉由于是于相而离相、于念而离念、于法而不住法，所以，我们又称它为无住觉。无住觉是以彻见诸法之空性（虚妄不实、无有自性）为前提的，所以，我们又称它为空觉。它平等无分别地照鉴一切法，出入一切法，包容一切法，却不被诸法所染，自在无碍，如雁过长空，不留痕迹，所以我们又称它为平等觉。古人有两句诗，叫作"竹密不妨流水过，山高岂碍白云飞"，指的就是本觉的这种无住妙用。

佛教讲修行、讲解脱，说到底，就是要让我们的心从对一切内外虚妄生灭境界的执著中解放出来，回归到平等、无住的本觉上面来，让它始终处于一种灵动自在的状态，所谓"住无住处"。历代祖师对学人的开示，都非常强调这"无住"二字。如：

（1）有僧问赵州："如何是定？"赵州云："不定。"学人云："为什么不定？"赵州云："活物，活物。"（参见《赵州和尚语录》卷上）

（2）云门文偃禅师示众云："一切有心，天地悬殊。虽然如是，若是得底人，道火，不能烧口；终日说事，未尝挂着唇齿，未曾道着一字；终日着衣、吃饭，未曾触着一粒米、挂着一缕丝。"（参见《云门匡真禅师广录》卷上）

（3）有僧问曹山本寂禅师："学人十二时中如何保任？"曹山本寂禅师道："如经蛊毒之乡，水不得沾着一滴。"（参见《抚州曹山元证禅师语录》）

"蛊毒之乡"，就是被蛊虫污染了水源的地方。

这三则公案对于初入禅门的人来说非常重要，它们从见地到功夫，把整个修行的关键处都给我们指出来了。只要我们肯按照祖师的指示踏实去做，必有到家之日。

5. 圆通觉

人们都知道，识心的作用必须依赖于六根六尘相接。受六根的先天制约，这种认识是定向的（比如眼识只对色，耳识只对声），范围极其有限，而且它们之间不能互用。所以，识心对事物的认识是不可能全面的，犹如盲人摸象。但是，本觉的妙用却不是这样。本觉是平等无住的，它不执著于任何一法，远离取舍，灵动自在，能够一心万用、一心万应。它是无为的，可以不受六根六尘六识的制约，六根之间可以互用。这种六根互用，宗门中称为"通身是眼，通身是手"。所以我们可以把本觉称为圆通觉——圆照万物、圆应万缘、自在无碍。

圆通觉对于我们来说，其实并不陌生。《首楞严经》中讲，"十方击鼓，十处俱闻"，便是圆通觉的一个很好说明。其实，我们的生命和生活，一刻都没有离开过圆通觉。比如，我们走在繁华的街道上，之所以能够同时"眼观六路、耳听八方"，眼耳鼻舌身意等六根同时产生作用，就是因为有圆通觉在背后支持。我们的生命行为和在生命行为中所感受的自由自在、得心应手，只有建立在圆通觉的基础之上才有可能。

我们每一个人天生都具足圆通觉的功能，我们天天生活在圆通觉的妙用当中，只是因为我们执著迷失于尘境，而把这种本有的圆照、圆应、圆通的功能给遮掩住了。我们一味地向外追求感官、无常的东西，而很少向内返照，更想不到要去充分地开发和利用我们本有的宝藏。

"螳螂捕蝉，黄雀在后"这个成语，非常形象地揭示了执著心对我们本有的圆通智慧的障蔽作用。螳螂一心想吃掉蝉，眼里只有蝉，对周围其他的一切存在没有任何觉知和反应，根本想不到身后有黄雀在窥伺着它。黄雀也犯了同样的错误，它眼里只有螳螂，根本没有意识到树下会藏着猎人，正在瞄准自己。我们人也像螳螂和黄雀一样，只要我们的心执著于某一个对象，我们本具的圆通觉之妙用就会被遮掩，执著的对象越多、执著的程度越深，这种遮掩也就越严重。迷于对有为事物的执著而昧于无心之妙用，这就是我们凡夫的特点。

清凉文益禅师一日随众出坡开井，发现水井被沙塞却了泉眼。清凉文益禅师遂问旁僧："泉眼不通被沙碍，道眼不通被甚么碍？"僧无对。清凉文益禅师自代云："被眼碍。"（《禅宗大德悟道因缘》，参见《金陵清凉院文益禅师语录》）

我们每个人都有智慧神通，每个人都有"千手千眼"，只是因为我们的心不平等，分别执著心太重，将本有的圆通妙用给遮障住了。清凉文益禅师的"道眼不通被眼碍"一语，正是入木三分，令人震撼。

从这个意义上讲，修行就是要让我们摆脱一切执著，让自己的心处于一种一念不生的空明状态，以便把我们本有的圆通妙用充分发挥出来。

德山宣鉴禅师，龙潭崇信禅师之法嗣。一天晚上，宣鉴禅师侍立次，龙潭禅师道："更深，何不下去？"于是宣鉴禅师便向龙潭禅师道了一声珍重，然后往外走。脚刚踏出门，却又缩回来了，说道："外面黑。"龙潭禅师于是点了一支纸烛，递给宣鉴禅师。宣鉴禅师正准备伸手接，龙潭禅师忽然又将纸烛吹灭了。就在这当下，宣鉴禅师豁然大悟，连忙伏身礼拜。龙潭禅师问："子见个甚么？"宣鉴禅师道："从今向去，更不疑天下老和尚舌头也。"（《禅宗大德悟道因缘》，参见《五灯会元》卷七）

德山禅师未见道之前，被眼根所碍，所以刚踏出门又缩回来了，因为外面黑，伸手不见五指。龙潭禅师于是给他一支纸烛，就在德山禅师伸手接拿之际，忽地又将它吹灭了。就在这一纵一夺之间，德山禅师的大光明藏终于被打开了。

6. 不思议觉

本觉虽然称为"觉"，但是，它与意识不同。它既不属知，也不属不知，只能称它为"不思议觉"。

赵州和尚参南泉的时候，南泉禅师在开示中，把本觉的这种既不是知又不是不知的不可思议性讲得非常直白。

师（赵州从谂）问南泉（普愿）"如何是道？"泉云："平常心是道。"师云："还可趣向不？"泉云："拟即乖。"师云："不拟，争知是道？"泉云："道不属知、不知，知是妄觉，不知是无记。若真达不疑之道，犹如太虚，廓然荡豁，岂可强是非也？"师于言下顿悟玄旨，心如朗月。（《赵州和尚语录》卷上）

这一段文字非常重要。修禅的人如果不明白"非知非不知"的道理，就会在"明心见性"这个根本问题上错认定盘星，以盲引盲，自误误人。当前，不少修禅的人抱着一种不到位的知见，追求"前念已灭、后念未生、了了分明的当下那个空当"，以为那个就是自性。如是见地，似则似矣，是则不是。作为用功夫的方便则可，作为开悟的标准则不可。

要知道，当我们说"知"的时候，总是"知什么"，有个"知"的对象在，若没有所知的"什么"，"知"亦不存在。知是建立在能所、色心等二边分别基础之上的，是互相依存的，是有为法、生灭法。没有能知，所知不能成立；没有所知，能知亦不成立；没有起心动念，知亦不能成立。可见，眼识耳识等知，是六根、六尘与六识相互作用时产生的一种分别意识，当根、尘、识相互作用之因缘不具足的时候，知就不存在。所以，人在熟睡、闷绝、无想定等特殊状态下，是没有知的。

但是，我们的本觉却不是这样，它是不生不灭的无为法。因为它不依赖于根、尘、识等因缘之会聚，没有能所之别，不需要起心动念，所以不能说它是知；但它又不是枯木、石头，它有它的不可思议的灵明自在的照用，所以它又不是不知。

比如，一个盲人走在大街上，你问他看到了什么，他回答说，"我看不见东西"。他说他"看不见"，其实他还是"看见了"，他"看见了"眼前一团漆黑，同时他知道他什么也没有看见。一个聋人坐在音乐厅里，你问他听到了什么，他回答说，"我听不见声音"。他说他"听不见"，其实他还是"听见了"，他"听见了"寂静无声，同时他也知道他什么也没有听见。聋人和盲人可以说"我什么也没有看见或听见"，但是，他们不能说"我对我什么都看不见或听不见这种状态不自觉知"（用教下的术语来说，自证分或证自证分应该是有的），而这正是本觉的无心之照。

再比如，昨天晚上，你睡得很沉，一夜无梦，中间也没有醒过。我问你："你昨晚睡得香吗？"你回答说："香。""做梦了吗？""没有。""中间醒过吗？""没有。""周围有动静吗？""没有。"下面是我们真正关心、真正想提出的问题："既然你睡着了，这中间，你的意识肯定是没有现行，那么，请问，我问的这一切情形，你是怎么知道的？"

从逻辑上讲，如果没有一个"觉"（它一直处在幕后，为我们一刻不停地工作，可是我们对它却一无所知）在幕后"觉照"（这个"觉照"因为是无心的，在没有起心动念的情况下进行的，没有能所，与我们清醒时意识的觉知是完全不同的另一种"清醒"，所以，我们对它发生作用的过程也是一无所知的）到上述睡着状态下意识不现行时所发生的一切，我们又如何能回答这些问题，并对这些回答确定无疑呢？很显然，睡着了的时候，必定有一个幕后的清醒者，它就是我们的本觉，它对睡着过程中的状态是"清楚的"，所以我们说它属于"知"，但是，另一方面，我们的意识对它的这个

"知"的微妙过程却一无所知，没有任何印象和感觉供我们做事后的分析，所以我们又说它"不属知"。要想对这个幕后的"清醒者"——本觉，对它的"觉照"过程了解得一清二楚、达到"如人饮水，冷暖自知"的程度，通过生灭意识是不可能达到的，唯有让后天能证的始觉（观照般若）经过长时间的长养，趋于无为，最后能所双亡，完全与本觉合为一体的时候，才有可能。《首楞严经》卷二中讲："见见之时，见非是见，见犹离见，见不能及。"这句经文所揭示的，正是本觉、真智的那种超越能所二边、非知非不知之特性。

总之，本觉的无心之照，没有能所，在起心动念之前就已经在那儿，可是，我们对它一无所知，所以它不属"知"；但是，它同时又灵光独耀，如镜照物，对所发生的一切都非常"清楚"，所以它又不是无记、不是"不知"。南泉和尚所言的"道不属知、不知"，属功夫上、证量上的事情，非言思之所能到，唯亲证者乃知。当你某一天功夫到了"能所双亡""照体独立"的时候，你才能真切地体会到"既知又不知"是一个什么样的状态。在这里，我们只能是扶墙摸壁而已。

下面，不妨再举两则公案，以方便读者更好地消化南泉和尚的这段开示。

> 仰山慧寂禅师问中邑洪恩禅师（马祖道一禅师之法嗣）："如何是佛性义？"中邑禅师道："我与你说个譬喻，汝便会也。譬如一室有六窗，内有一狝猴，外有狝猴，从东边唤狌狌（同"猩猩"），狝猴即应。如是六窗，俱唤俱应。"仰山禅师听完之后，便礼拜："适蒙和尚指示，某有个疑处。"中邑禅师道："你有甚么疑？"仰山禅师道："只如内狝猴睡时，外狝猴欲与相见，又作么生？"中邑禅师于是下禅床，握着仰山禅师的手，说道："狌狌与你相见了。"（《禅宗大德悟道因缘》，参见《五灯会元》卷三）

我们这个身体好比一个房子，我们的六根犹如四壁上的六个窗户，内面的狝猴好比我们能知的心，而外面的狝猴好比六尘。我们能知的心就是通过这六个窗户与外面的六尘发生认知关系。这是一般的常识，人们都能理解。仰山的问题是，如果能知的心，处于睡眠或闷绝的状态下，根尘纵然相接，亦不能产生认识，这个时候，被称为"常寂光"的"常觉不昧"的佛性体现在哪里呢？若在睡眠或闷绝的状态下，佛性的灵知之用不能现前，那我们又如何去体证佛性呢？

这是一个非常咬人的问题。中邑禅师不愧为老前辈，不愧为马祖座下一员战将，他自然能收放自如，转身自在。若不是他，几被沩山座下这头水牯牛顶死矣！

仰山禅师和中邑洪恩禅师都是一代明眼宗师，他们在为学人共演一出戏。仰山禅师所提出的这个问题，恰恰是针对普通学人在对"佛性"认识上所患的一个通病，即对佛性的理解落在"知"的一面，强调佛性的"了了常知"这一面，从根本上来讲，并没有离开能所二边分别的凡夫见。基于这种凡夫见，必然会产生在睡眠或闷绝的状态下，能知能觉没有现行，那个时候，佛性还在不在的问题，佛性究竟在哪里的问题，如何与佛性打照面的问题……一大堆的问题，都随之而来。

祖师慈悲，一句"与你相见了也"，终于向学人亮出了底牌。请问，洪恩禅师说"与你相见了也"，究竟是在什么处相见？这个公案大值得参究。若能知它落处，自然脱得生死；若不知落处，不唯平时七颠八倒，临命终时终不免随业流转也。

下一个公案，与刚才说的"狝猴相见"公案，有异曲同工之妙。

杭州天目高峰原妙禅师，袁州仰山雪岩祖钦禅师之法嗣。一日，祖钦禅师问原妙禅师："日间（白天）浩浩（纷纷扰扰）时，还作得主么？"原妙禅师道："作得主。"祖钦禅师又问："睡梦中作得主么？"原妙禅师道："作得主。"祖钦禅师再问："正睡着时，无梦无想，无见无闻，主在甚处？"原妙禅师被问得哑口无言。祖钦禅师于是嘱咐道："从今日去，也不要你学佛学法，也不要你穷古穷今，但只饥来吃饭，困来打眠。才眠觉来，却抖擞精神：我者（这）一觉，主人公毕竟在甚么处安身立命？"原妙禅师于是谨遵师旨，奋志入临安龙须隐修。他暗自发誓道："拚一生（豁出这一生）做个痴呆汉，决要者（这）一著子明白！"就这样，原妙禅师默默地修行了五载。一天晚上睡觉的时候，同室道友睡着了，将枕头推到地上，"咚"的一声，原妙禅师终于豁然大彻。他欣喜地自言自语道："如往泗州见大圣，远客还故乡，元（原）来只

是旧时人，不改旧时行履处。"（《禅宗大德悟道因缘》，参见《五灯会元续略》卷三）

白天纷纷扰扰的时候，通过不间断地提起正念，作得主，功夫已经是不错了。夜里做梦，在梦境中仍不失修行人的正念，不颠倒迷惑，功夫更是了不得。虽然如是，毕竟是在有能有所、能所现前的时候，此时的了了分明（知）纵然可贵，但终究没有脱离死生的窠臼。若能在"正睡着时，无梦无想，无见无闻"、能所没有现前，觅"知"尚不可得的时候，能自作主宰，那才是硬汉子、真功夫。

可是在"正睡着时，无梦无想，无见无闻"的时候，意识没有产生，又如何能自觉自主呢？主人公在哪里？如果说没有主人公，那就意味着佛性有不遍之处、有间断之时，既然如是，又如何能把它称为"常寂光""正遍知"呢？

从他们师徒的这段对话来看，高峰禅师此前对主人公（佛性）的理解，也是偏重于"知"的一面，故在平日修行，只注重做"了了分明"的"知"的功夫，而在见地上，是有欠缺的，在功夫上亦欠火候。所以，当雪岩禅师问他"正睡着时，无梦无想，无见无闻，主在甚么处（也就是在'不知'的时候主人公在什么地方）"时，只得哑口无言。

"不离当处常湛然"这句话，参禅的人都会讲，但是，讲只归讲，终究不能代替真实的修证。如果见地不到位、功夫不到家，"正睡着时，无梦无想，无见无闻，主在甚么处"，这个问题依然是存在的。学道之人贵在真实、不自欺。高峰禅师不愧本分衲子，知错就改，敢于"一生做个痴呆汉，决要这一著子明白"，精进参修了五年，终于彻底打破了无明壳子。

可见，对修禅的人来说，见地是第一位的。见地不彻，修行就难到家。从过去到现在，修禅的人当中，片面地从"能知能觉"处来理解佛性，大有人在。《楞严经贯摄》卷四记载了高城和尚的这样一则开示：

学人问高城和尚云："和尚，夜后无灯时如何？"师曰："悟道之人，常光现前，有甚么昼夜！"学人云："何不见和尚光？"师曰："拟将甚么眼见？"学人云："世人现在，同将眼见。"师弹指曰："善哉！一切众生，根尘相涉，从无始来，认贼为子，至于今日，常被枷锁。汝将眼见，意识分别，拟求佛道，即是背却本心，逐念流转，如此之人，对面隔越。"（《楞严经贯摄》卷四）

可见，把能所对待意义上的见闻觉知当作常住真心，在修行人当中，是一种很普遍的误解。玄沙师备禅师曾经对这一通病做了猛烈的批判：

有一般坐绳床和尚，称善知识，问着便摇身、动手、点眼、吐舌、瞪视。更有一般，说昭昭灵灵、灵台智性，能见能闻，向五蕴身田里作主宰。恁么为善知识，大赚（误导、哄骗）人！知么？我今问汝，汝若认昭昭灵灵是汝真实，为甚瞌睡时又不成昭昭灵灵？若瞌睡时不是，为甚么有昭昭灵灵时？汝还会么？这个唤作认贼为子，是生死根本，妄想缘气。汝欲识根由么？我向道昭昭灵灵，只因前尘色声香等法而有分别，便道此是昭昭灵灵；若无前尘，汝此昭昭灵灵同于龟毛兔角。（《玄沙师备禅师语录》卷上）

有能有所的了了分明，虽然"知"，但终究是生灭法。只有能所双亡、照体独立时的明明了了，才是不生不灭的"不知"之"知"。玄沙和尚的这段开示，可作为修禅人的清醒剂，时时提撕它，可免误入歧途，认贼作父。

以上从"借功明位"的角度，从第一念、无为觉、不动觉、无住觉、圆通觉、不思议觉等六个方面，较为详细地展示了自性本觉与生灭意识相比所表现出来的特征品质。通过上面的揭示，可以知道，本觉的"无为""不动""无住""圆通"和"不思议"等品质，虽然称谓不一样，但其核心的精神却可以归结为一个，就是无心而照、照而无心的"无心"二字，"无为""不动""无住""圆通"和"不思议"等，只是从不同的角度对"无心"二字的展开而已。无心故无为，无心故不动，无心故无住，无心故圆通，无心故不可思议。

因此，从借位明功的角度来看，要悟道、要亲证这个"无心"的本觉，就必须让后天的能证之始觉，与先天本觉的"无心"之妙性，念念保持相应才行，只有这样，才有可能与本觉合而为一，最终成佛。也就是说，始觉（即观照般若）必须通过彻底的放下，连放下也放下，以无心、无住、平等、包容为指归，渐渐地进入一念不生的状态，然后才有可能前后际断、能所双亡，回到自己的本分上来。

这个过程，就是《圆觉经》所强调的"随顺清净圆照觉性"的过程。所谓"随顺清净圆照觉性"，即是以始觉之观智去契合不二、无心之本觉，不断地远离虚妄、超越二边、扫除观智，最后达于无心：

> 善男子，但诸菩萨及末世众生，居一切时不起妄念，于诸妄心亦不息灭，住妄想境不加了知，于无了知不辨真实。彼诸众生，闻是法门，信解受持，不生惊畏，是则名为随顺觉性。（《圆觉经》"清净慧菩萨章"）
>
> 善男子，一切菩萨及末世众生，应当远离一切幻化虚妄境界。由坚执持远离心故，心如幻者，亦复远离。远离为幻，亦复远离。离远离幻，亦复远离。得无所离，即除诸幻。譬如钻火，两木相因，火出木尽，灰飞烟灭；以幻修幻，亦复如是，诸幻灭尽，不入断灭。（《圆觉经》"普贤菩萨章"）

通过重重离妄、重重拂迹（扫观智），最后所达到的这种智境双泯、真妄不二的无心境界，即是《圆觉经》"清净慧菩萨章"中所说的"如来随顺觉性"：

> 善男子，一切障碍即究竟觉。得念失念，无非解脱。成法破法，皆名涅槃。智慧愚痴，通为般若。菩萨外道所成就法，同是菩提。无明真如，无异境界。诸戒定慧及淫怒痴，俱是梵行。众生国土，同一法性。地狱天宫，皆为净土。有性无性，齐成佛道。一切烦恼，毕竟解脱。法界慧海，照了诸相，犹如虚空。此名如来随顺觉性。

默照禅实际上就是以"随顺觉性"为修行原则，以"超越二边，远离取舍""知幻即离，离幻即觉"为功夫，经由从粗到细五个大的阶次（即上面所引经文中的"离幻五句"：1.一切菩萨及末世众生，应当远离一切幻化虚妄境界——脱尘结；2.由坚执持远离心故，心如幻者，亦复远离——脱根结；3.远离为幻，亦复远离——脱觉结；4.离远离幻，亦复远离——脱空结；5.得无所离，即除诸幻，觉心不动——脱灭结。此"离幻五句"之义理非常深邃，读者可参见本书第十三章第四节"从《首楞严经》'解六结'看生活禅的功夫次第",以及第十四章第三节"修习止观过程中的常见误区"中的"《圆觉经》论'四病'和'四相'"这两部分的相关解释),不断地离妄拂迹,最后达于无心合道的境界。

无心合道是大乘圆顿教的修行特色,因此自然也就成了宗门的核心修行理念。禅宗五宗七家虽然其门庭施设各异,但"无心合道"的精神却是一贯一致的。张拙秀才是石霜庆诸禅师的在家弟子,悟道之后,有一首偈子,非常有名,几乎传遍了当时的整个丛林:

> 光明寂照遍河沙,凡圣含灵共我家。
> 一念不生全体现,六根才动被云遮。
> 断除烦恼重增病,趣向真如亦是邪。
> 随顺世缘无挂碍,涅槃生死等空花。

(《五灯会元》卷六)

这首偈子虽然只有八句,却把禅宗修行的理论基础、用功下手处、用功原则、对待妄想执著的方法以及悟后用功、向上一路等等,都谈到了,言简意赅,令人回味无穷。通过这首偈子,可以清楚地知道:起心动念就是妄想,六根对境生心就是妄想,有断除烦恼趋向真如等二边取舍之心就是妄想,我们本有的常寂光就是被这些妄想障蔽住的。所以,要恢复它,唯有看破这些妄想,远离二边,一念不生。

修行,只有到了无心的境界,才能与本觉自性相应,这就是"无心合道"。龙牙居遁禅师说过:"寻牛须访迹,学道贵无心。迹在牛还在,无心道易寻。"只要翻一翻《传灯录》,就不难发现,昔人悟道,都是在无心的状态下发生的。且举两则公案为证——

公案一:

元祐年间,山谷居士(黄庭坚)馆居黄龙山,参礼晦堂禅师(黄龙祖心),乞示修行捷要之处。晦堂禅师问道:"只如仲尼道,'二三子以我为隐乎?吾无隐乎尔者',太史居常如何理论?"山谷居士正要开口论对,晦堂禅师连忙打住道:"不是!不是!"山谷居士一听,迷闷不已。

一日，山谷居士陪侍晦堂禅师于山间经行，恰逢岩边的一棵桂花正在盛开，清香四溢。晦堂禅师问："闻木犀华香么？"山谷居士道："闻。"晦堂禅师道："吾无隐乎尔。"山谷居士一听，心中的迷闷当下释然。于是他便礼谢晦堂禅师，说道："和尚得恁么老婆心切！"晦堂禅师笑道："只要公到家耳！"（《禅宗大德悟道因缘》，参见《嘉泰普灯录》卷二十三）

修习佛法的捷要之处，是每个修行人都想知道的。晦堂和尚点拨黄山谷居士的这段公案，已经为我们给出了答案。圆觉妙性时刻现前，"无隐乎尔"，只是因为平常之人分别思维的习气太重，所以每每当面错过。晦堂和尚连下两个"不是！不是！"，不愧是"杀人刀""活人剑"，将山谷道人的思维习气一扫而尽。晦堂老汉当时若是下手太软，或者拿佛法当人情，任山谷道人一直起心动念，何有后面闻桂花而悟道之胜事哉！"无隐乎尔""不是！不是！"这八个字，不愧是大神咒、大明咒、无上咒、无等等咒。读者若能在日用中，也时时提举此咒，必获大受用。

公案二：

左司都贶（kuàng）居士，圆通道旻禅师之在家得法弟子。一日，都贶居士问圆通禅师："是法非思量分别之所能解，当如何凑泊？"圆通禅师道："全身入火聚（火堆）。"都贶居士又问："毕竟如何晓会？"圆通禅师道："蓦直去！"（按：世人遇境，不免分别，所以总是曲曲折折，粘粘糊糊的，不是被左边绊住了，就是被右边挂住了，最难得的是潇洒地蓦直去。真要做到蓦直去，须是应无所住而生其心始得。）都贶居士不明其旨，便沉吟。（按：一沉吟即是拐弯抹角，与蓦直去已是背道而驰。）圆通禅师道："可更吃茶么？"都贶居士道："不必。"（按：如响应声，真正是蓦直去。）圆通禅师于是便趁机点拨道："何不恁么会？"都贶居士忽然契旨，欣喜道："元（原）来太近！"圆通禅师便道："十万八千。"（按：明眼宗师接人，不会留一丝一毫的把柄给学人的。随说随扫，所谓不立一法，要在解粘去缚。）都贶居士于是口占一偈："不可思议，是大火聚。便恁么去，不离当处。"圆通禅师听了，便道："咦！犹有这个在。"（按：这一句真是试金石，心中若有半点疑滞，即脚不点地。）都贶居士道："乞师再垂指示。"圆通禅师道："便恁么去，铛是铁铸。"（按：铛是铁铸，还疑什么？！）都贶居士于是便向圆通禅师顿首礼谢。（《禅宗大德悟道因缘》，参见《五灯会元》卷十八）

蓦直去就是无心。都贶居士不明此理，犹在沉思疑惑。圆通道旻和尚不愧为宗门战将，知其症结所在，只"可更吃茶么"这一问，轻轻一转，便有四两拨千斤之妙，将都贶居士从妄念纷纷的状态中拉回到无心的现量中来，终于自肯而踏着实处。

德山和尚言："汝但无事于心，无心于事，则虚而灵、空而妙。若毛端许言之本末者，皆为自欺。何故？毫厘系念，三涂业因。瞥尔情生，万劫羁锁。圣名凡号，尽是虚声。殊相劣形，皆为幻色。汝欲求之，得无累乎？及其厌之，又成大患。"（参见《景德传灯录》卷十五）

可见，禅宗的根器不在于你懂得教理有多少，关键是你看能否"无事于心，无心于事"，能否无求无厌，能否当下于一念不生处回头自肯。

（二）对"无心合道"的理解

关于"无心合道"，需要注意如下几点：

1. 从本质上讲，无心就是无住，远离二边，平等无分别地对待一切，不立一法，不废一法，不取一法，不舍一法，物来即应，物去即无，不留痕迹，活泼泼的，灵动自在。就是《金刚经》上所讲的"应无所住而生其心"。

2. 从功夫上讲，无心并不是说没有见闻见知，也不是说要压制见闻觉知，而是说面对见闻觉知，不起心动念，不去人为造作，不去进一步执实、分别取舍，只是纯粹地作为一个旁观者来静观，就在这不动的静观中，让每一个生灭去来的念头都历历孤明，最后自然而然地归于空寂之境。黄檗禅师语录中有这样一段开示，可作为对"无心"的注脚：

此本源清净心，常自圆明遍照。世人不悟，只认见闻觉知为心，为见闻觉知所覆，所以不睹精明本体。但直下无心，本体自现，如大日轮升于虚空，遍照十方，更无障碍。故学道人唯认见闻觉知、施为动作，空却见闻觉知即心路绝、无入处，但于见闻觉知处认本心。然本心不属见闻觉知，亦不离见闻觉知。但莫于见闻觉知上起见解，亦莫于见闻觉知上动念，亦莫离见闻觉知觅心，亦莫舍见闻觉知取法。不即不离，不住不著，纵横自在，无非道场。（《黄檗山断际禅师传心法要》）

黄檗禅师讲得非常清楚，不要用取舍的方法去试图空掉见闻觉知。若用以石压草的方法灭绝一切见闻觉知，心路即绝，如同死人，修道便无下手处，所以应当在见闻觉知的当处体认本心。体认的方法就是直下观妄念无相，或者无心而照、照而无心，不理它、随它去、不起心动念。

无异元来禅师也讲过类似的话，他说："道远乎哉？触事而真。圣远乎哉？体之则灵。见闻觉知是载道之器，道不即见闻觉知，亦不离见闻觉知。动静起止是圣所行处，圣不即动静起止，亦不离动静起止。"（《无异元来禅师广录》卷五）

所以，古人一方面讲，"无心体得无心道，体得无心道亦休"（《宏智禅师广录》卷五），另外一方面，又担心修行人把这句话当作实法来会，执药成病，所以同时又讲，"莫谓无心便是道，无心犹隔一重关"（同安察禅师《十玄谈》，《景德传灯录》卷二十九）。类似的说法还有："莫守寒岩异草青，坐著白云宗不妙"（大阳警玄《五位颂》，《五灯会元》卷十四），"梦鹤不惊明月冷，卧龙长畏碧潭清"（《宏智禅师广录》卷七）。这些都是在警诫学人，不要从二边的角度来理解和执著于"无心"，否则就会落入"死水不藏龙"的偏枯之境。

无心，在《大乘起信论》中，又称"离念"。此离念境界，并非是离一切见闻觉知、没有念头，而是"等虚空界，无所不遍，法界一相，即是如来平等法身"。"等虚空界"意味着性空无相；"无所不遍"意味能生、能摄一切法；"法界一相"意味着为法界之体，超越二边。

长水子璇禅师在《大乘起信论疏笔削记》中是这样解释"无念"的：

念即无念等者，谓知念诸法时，本无能念所念，非谓灭此令无，以念体本绝，即无念也……即念无念，以离二边。若灭念令绝，即堕断见。若不知念即空，即堕常见也……起念之时，用观观察，能念所念，已起未起，了不可得。

能念之心、所念之法，不离见相二分，皆是性空不实，如梦中事。若能于念而离念（注意：非灭念。灭念即落断灭、如同死人），于相而离相（注意：非灭相。灭相即落空亡、外道），斯即随顺真如，与道相应。无心合道落实在功夫上，就是要念（要在离断见）而无念（要在离常见），即念（要在离断见）离念（要在断常见）。若被念头所转，即执念头为实有，则落入常见，属凡夫；若灭除念头，住于离念之空境，即是落入断灭，属外道。二者皆非正道。

从因果功夫的角度来讲，无心、离念在出离人我见和法我见之两种方法中，属于"究竟离"。《大乘起信论》将出离我法二见之用功方法，分为"对治离"和"究竟离"两种。对治离的特征是随病设药，以幻除幻，如对空说有，对有说空，二边犹存，故未能究竟，易落执药成病之嫌。究竟离的特征是直约真理，远离对待，知幻即真，不论药病，一切皆遣，言语道断，心行处灭，平等一味。对治离，乃渐门所摄；究竟离，乃顿门所摄。顿门除妄之法，要在即念离念、观妄念无相、觅能所了不可得，此乃因行中的"无心、离念"之真义。

3. 从证量上讲，真正的"无心"没有能所之别，没有内外、色心之分，超越了"知"和"不知"，万法如如，此乃至少是在证得空性、断分别法执（也就是相续相）之后的事情。《大乘起信论》所谓初地菩萨断分别法执，得无分别智，与真如体用相应，即是此意：

凡夫、二乘、初发意菩萨等，以意、意识熏习，依信力故而能修行，未得无分别心、与体相应故，未得自在业修行、与用相应故（凡夫、二乘，依意识熏而修，初发意菩萨依五意熏而修，未契真如，未得正体智即根本智，故未与真如体即诸佛法身相应。未证后得智，故未与真如用大即诸佛之应化身相应。自在业者，证真之后，所有起行，尽是真如妙用平等之行，一一行皆从真起，皆称如理，是真体之业用也，故云自在业）……法身菩萨（地上菩萨，断相续相，破分别法执，得平等无分别智，证真如理，以法为身，人法不异，谓之法身），得无分别心（无分别心即如理智、根本智，与诸佛法身相应），与诸佛智用相应（诸佛智用，谓得如量智、后得智），唯依法力自然修行（证真如而起修，无功用行，修无相行，即宗门之称法行），熏习真如，灭无明故。（真谛译

本《大乘起信论》）

进而言之，如果从究竟的无心而论，十地以前，犹有生相无明（最初一念妄动）未破，犹有能入之始觉及所入之真如本觉的分别，未离能所，未得始本合一之真无念，故未能入如来之实智。故无念、无心，从果证上讲，唯佛堪能。《大乘起信论》在讲始觉四相时，特地指明，只有到了究竟觉才是真正的离念境界，而我们平时所说的离念，只是离粗的我法二执而已：

　　如菩萨地尽，满足方便，一念相应，觉心初起，心无初相（动念为心之初相，觉知动念之初相并不是实有，只是一种虚妄相，谓之心无初相。如目眚见灯影，灯影之生原是虚妄，并非实有），以远离微细念故（破生相），得见心性，心即常住，名究竟觉。是故修多罗说，若有众生能观无念者，则为向佛智故……又心起者，无有初相可知；而言知初相者，即谓无念（本觉离能所，乃无念之觉、不动之觉，无明对此无念不动之本觉而言，而有动念之初相。金刚心觉知此动念虚妄，念即无念，动即不动。此即是无念。此明初相虚妄性空）。是故一切众生不名为觉，以从本来，念念相续，未曾离念（众生总是处在能所对待之妄觉中），故说无始无明（此明无明无始）。若得无念者，则知心相生住异灭，以无念等故（若与无念之本觉相合，则能觉知心之生住异灭四相性空平等，无有差别），而实无有始觉之异，以四相俱时而有，皆无自立，本来平等，同一觉故。（真谛译本《大乘起信论》）

《大乘起信论》认为，诸佛如来证得一切种智，此一切种智乃究竟离念境界，能无心圆应众生之机而广为利益，称为不可思议之"自在业用"：

　　一切境界，本来一心，离于想念（境虽无边，不出一心，既证心源，何不能了。诸法唯心，无外境界，今证心源，是合了知。既本是心，元来离念，唯是真实，今以离妄方了）。以众生妄见境界，故心有分齐（亦作"分剂"，分际、分别）；以妄起想念，不称法性，故不能了（诸法本来唯心，以众生迷本唯心，妄见有境，以妄见有齐限故，遂令境有分齐，所以不能遍知也。一真之心，本来无妄，常住法性，以众生妄起想念，违于无妄，不称真性，所以不能遍知也）。诸佛如来离于见相（如来离见、离相。离妄见故能真见诸法之实相，离相故能知诸法唯心、心外无法。能见之妄心与所见之妄相，俱已超越，故无所不知、无所不见），无所不遍（无妄见故，无所不见），心真实故（佛心离妄，体一心源，无始觉之异），即是诸法之性（然此本觉，在生灭门中，为妄法之体。一切妄法原依本觉而生，不离本觉），自体显照一切妄法（一切妄法并是本觉佛心之相，相既现于自体之上，以体照其相，有何难了而不知也，故云自体显照。实智照理，乃一切智之义相），有大智用，无量方便，随诸众生所应得解，皆能开示种种法义（诸佛非但能如实照法，复能起大神用，利乐众生。斯则依智净相，起不思议业相，依法出离镜，作缘熏习镜义。权智鉴机，乃道种智之义相），是故得名一切种智（一切智、道种智，二智圆满，名一切种智）。（真谛译本《大乘起信论》）

从这个角度来看，在没有开悟、没有见道之前，人们所谓的无心，多数时候是一个个孤立的不能连成一片的石火电光般的点，或者说只是相对而言无粗重的妄想而已，但微细的妄想还存在，还有微细的能所对待。所以，因地上"观妄念无相、觅能所了不可得"之有为方便，乃属因行之无心无念，还不是果地上的无心无念。只有当功夫由生转熟、由造作转为自然，先达到事一心不乱，然后在适当的机缘下，突然被截断，能所双亡，那时才是真正的无心。

在这里，之所以反复强调因行功夫上的无心和究竟果证上的无心之差别，是为了防止那些见地不到位的修学行人，得少为足，或者妄执离念之顽空为真如自性，或者妄执"前念已灭，后念未生，当下了了分明的空档"为真心现前，住在黑山鬼窟中，乃至犯大妄语戒、遭受恶报。

所以，虽然古人讲，"即今休去便休去，若觅了时无了时"（云峰文悦禅师上堂法语，《古尊宿语录》卷四十），但是，对于妄想多、执著心重的人而言，真正的无心需要通过长期地做休去歇去的功夫（古人称为"牧牛"）才能做到；想通过有心一次性就能达到无心，是非常困难的。天童正觉禅师讲：

衲僧家，枯寒心念，休歇余缘，一味揩磨此一片田地，直是诛锄尽草莽，四至界畔，了无一毫许污染。灵而明，廓而莹，照彻体前。直得光滑净洁，著不得一尘，便与牵转牛鼻来，自然头角峥嵘地，异类中行履，了不犯人苗稼，腾腾任运，任运腾腾，无收系安排处，便是耕破劫空田地底。却恁么来，历历不昧，处处现成，一念万年，初无住相。（《宏智禅师广录》卷六）

佛经中讲，念头从生到灭，这个过程是非常微细的：一念中有九十刹那，一刹那中有九百生灭。执实的坚固妄想如流水一般，即便偶尔石火电光般地体验到"一念不生"，但毕竟犹如抽刀断水，不能见底，不可把捉，更谈不上起用。所以，从功夫上讲，休去歇去不是一次完成的，而是一个从粗到细不断熏习的过程。

无心的完成，一般来说，需要内外的因缘具足才行。内因就是依靠自己，老老实实地做功夫，达到事一心不乱。外因就是通过广泛参学，借助明眼人的钳锤，忽然触着向上关楗，或者是在日常生活中某个因缘的激荡下，前后顿断。可见，无心的得来，是不可以有心求的，功夫用到了一心不乱，自然有瓜熟蒂落、水到渠成的那一天。

最后，我们所说的无心合道，主要偏重于因行上的称性起修，只是修行的一个阶段，属于"明体"，合道之后，还要历境炼心，随缘起用，还要入廛垂手，接引众生，还要转归向上一路，扫除生死与涅槃、烦恼与菩提、佛与众生等二边之相，悟无悟迹，归无所得。所以，无心也不是我们的最后住处，不是我们修行的最终目标。

二、一切现成 —— 无心的前提

无心，不是知见，而是功夫。无心的实现，必须以圆顿的见地和坚定的信心为前提。如果见地不到位，信心不坚定，要做到无心是不可能的。所谓坚定的信心，就是相信佛法"一切现成，当下即是"。

禅宗强调"一切现成"，有两个方面的意义：一是信到位、信得及；二是直下承当。

（一）信到位，信得及

信到位，是就信的内容而言，一是相信大道本自具足，二是相信大道须

臾未曾离；相信了这两点，才算是相信佛法"一切现成"。信得及是就信的
程度而言，就是任何时候都不怀疑、不动摇；做到了不怀疑、不动摇，才可
以做到一切处都是道场，一切事都是佛事，修行才有可能打成一片。只有
做到了信到位、信得及，有所求（向外面求，向他人求，离开当下向过去、
未来求，离开了当处向他处求，离开了当机向他事求）、有所得（得神通、
得圣果等）和怀疑的心才能消除，才能最后做到无心。

1. 相信大道本具，歇却向外求、向他求的心

大道本具意谓着，自性之大道非外求而得，非修证而得，非从他人而
得。失去的就不是本具的，本具的就不会失去。所以既不要向外求，也不
要留恋过去偶然得到的胜妙觉受。求得的终不是本具的，本具的东西就不
用外求。

学道人贵在能于此处建立大信心，对大道本自具足、大道时刻现前这
一点信得及，并肯歇却驰求心，敢于在当下一念不生处承当。如果心存怀
疑，或者离开当下，生活在妄想中，或者陷入思维习气中，不能做到无心，
就会当面错过。

大珠慧海禅师一日参马祖。马祖问："从何处来？"慧海禅师道："越州
大云寺来。"马祖道："来此拟须何事？"慧海禅师道："来求佛法。"马祖
道："我这里一物也无，求甚么佛法？自家宝藏不顾，抛家散走作么！"慧海
禅师道："阿那个是慧海宝藏？"马祖道："即今问我者，是汝宝藏。一切具足，
更无欠少，使用自在，何假外求？"慧海禅师一听，当即"自识本心，不由知
觉"，身心踊跃，礼谢马祖。（《禅宗大德悟道因缘》，参见《五灯会元》卷三）

看他古人悟道，好像非常容易，其容易处就在于他们对即心即佛这一
点有铁打的信心；而我们今人之所以觉得困难，难就难在我们的信心不具
足，犹疑不定，想东想西，不肯承当。

京兆府（今西安）尸利禅师，石头希迁禅师之法嗣，初参石头和尚，便问：
"如何是学人本分事？"石头和尚道："汝何从吾觅？"尸利禅师道："不从

师觅，如何即得？"石头和尚道："汝还曾失么？"尸利禅师一听，言下大悟。（《禅宗大德悟道因缘》，参见《五灯会元》卷五）

对于修行人而言，悟道的最大障碍就是心里有所求，有所得。若对大道本具这一点信得及、承当得及，心里闲闲的，无所求，无所得，空明自在，当下回头转脑，即可归家稳坐。看他古人，即是榜样。

请看圆悟克勤禅师和天童正觉禅师的两段开示：

（1）无疑、无二边、无执著、无取舍，无见刺，日用一切皆为妙用、皆为道场。当人脚跟下一段事，本来圆湛，不曾动摇，威音王佛前直至如今，廓彻灵明，如如平等，只为起见生心、分别执著，便有情尘、烦恼扰攘。若以利根勇猛身心，直下顿休到一念不生之处，即是本来面目。所以古人道："一念不生全体现"，此体乃金刚不坏正体也；"六根才动被云遮"，此动乃妄想知见也。多见聪明之人，以妄心了了，放此妄心不下；逗到歇至不动处，不肯自承当本性，便唤作空豁豁地，却拟弃有著空，是大病。若有心弃一边、著一边，便是知解，不能彻底见性。此性非有，不须弃；此性非空，不须著；要当离却"弃著有无"，直下怗怗地，圆湛虚凝，儵然安稳，便能自信此真净妙心。饷间被世缘牵拖，便能觉得，不随他去。觉即把得住，不觉即随他去。直须长时虚闲，自做工夫，消遣诸妄，使有个自家省悟之处始得。昔人云，"不离当处常湛然，觅即知君不可见"耶。（《圆悟心要·示道人》）

（2）田地虚旷，是从来本所有者。当在净治揩磨，去诸妄缘幻习，自到清白圆明之处，空空无像，卓卓不倚，唯廓照本真，遗外境界。所以道，了了见，无一物。个田地是生灭不到、渊源澄照之底，能发光，能出应，历历诸尘，桴然无所偶。见闻之妙，超彼声色，一切处用无痕、鉴无碍，自然心心法法，相与平出。古人道：无心体得无心道，体得无心道也休。（《宏智禅师广录》卷六）

2. 相信大道须臾不曾离，安住当下、把握当机

前面说过，大乘经典中，经常把自性本觉称为"常寂光""常住真心"，之所以要带上一个"常"字，就是为了强调自性遍一切时，遍一切处，须臾不曾离，不离日用，不离见闻觉知。

与识不同，识是生灭法、因缘法、染污法，有生灭、间断，在睡眠、闷绝等状态下是不现前的，而我们的本觉则是恒而不审的——恒常现前而无分别，没有出入，没有间断，一刻不曾离，一刻不曾中断。并不是说修行上路的时候就有，修行不上路的时候就没有；也不是说有善知识在跟前就离得近些，没有善知识在跟前就离得远些。修行人要想功夫上路，必须在这一点上信得及，所以圆悟克勤禅师讲：

永嘉云："不离当处常湛然"，亲切无过此语；"觅则知君不可见"，但于当处湛然，二边坐断，使平稳，切忌作知解求觅，才求即如捕影也……信得心及，见得性彻，于日用中无丝毫透漏；全世法即佛法，全佛法即世法，平等一如，岂有"说时便有、不说时便无，思量时便有、不思量时便无"？如此即正在妄想情解间，何曾彻证？直得心心念念照了无遗，世法佛法初不间断，则自然纯熟、左右逢原矣。（《圆悟心要·示璨上人》）

在快乐、顺利的状态下，要我们相信自性须臾不曾离并不困难。可是，要让我们在烦恼的时候、在功夫不上路的情况下，也坚定不移地相信这一点，却非常困难。但是，从宗门的圆满见地来看，即使是在烦恼中，即使在功夫没有上路的情况下，我们的自性本觉仍然在眼前放光动地。要知道，烦恼情绪正是建立在最初一念无为而照的基础之上，没有这个最初一念之无为觉，人将如石头一般，何来烦恼？那个知道烦恼的又是谁？如果能在这一点上及时醒悟，大道就在眼前。

请看两则公案：

公案一：

清凉休复禅师是地藏桂琛和尚的法嗣，出家后，先是习枯定，接着又习经论，最后展转来到地藏和尚身边。在地藏和尚座下参学了一年多，不仅未能契旨，反而因为劳累过度，身染重病，住进了涅槃堂（寺院僧众养病或垂危者所居之所）。

一天晚上，地藏和尚去涅槃堂看望休复禅师，问道："复上座安乐么？"

休复禅师道："某甲为和尚因缘背（我跟和尚的缘分不契）。"

地藏和尚于是指着灯笼，问道："见么？"

休复禅师道："见。"

地藏和尚道："只这个也不背。"

休复禅师一听，言下有省，随即病也减轻了一大半。

后来，修山主（龙济绍修禅师）前来问讯地藏和尚，休复禅师当时也在场。

修山主谓地藏和尚道："某甲百劫千生，曾与和尚违背；来此者，又值和尚不安。"

地藏和尚于是竖起拄杖道："只这个也不背。"

站在一旁的休复禅师这一下子豁然大悟，从前疑滞顿时化为乌有。（《禅宗大德悟道因缘》，参见《五灯会元》卷八）

休复禅师未悟之前，病在什么地方？病在他的见地和信心俱不到位，不相信大道常现在前、不曾间断、本来现成，故不能于当下息心。休复禅师离开本分而问，而地藏和尚却以本分回答，终于师资道契。

公案二：

建宁府（又称建州，治所在今福建建瓯）开善道谦禅师，大慧宗杲禅师之法嗣。一日，宗杲禅师令道谦禅师前往长沙给张公紫岩居士（张浚）送信。道谦禅师很不愿意去，心想："我参禅二十年，无入头处。更作此行，决定荒废。"他的师兄宗元禅师听说之后，便叱责他，说道："不可在路便参禅不得也。去！吾与汝俱往。"道谦禅师不得已，只好前往长沙。在途中，道谦禅师流着眼泪，告诉宗元禅师说："我一生参禅，殊无得力处。今又途路奔波，如何得相应去？"宗元禅师道："你但将诸方参得底，悟得底，圆悟（克勤）、妙喜（宗杲）为你说得底，都不要理会。途中可替底事，我尽替你。只有五件事替你不得，你须自家支当（承当、应付）。"道谦禅师便问："五件者何事，愿闻其要。"宗元禅师道："著衣吃饭，屙屎放尿，驼（同'驮'，背负）个死尸路上行。"道谦禅师一听，言下大悟，高兴得手舞足蹈起来。宗元禅师道："你此回可通书。宜前进，吾先归矣。"于是宗元禅师当即回到径山，道谦禅师则继续前往长沙。半年后，道谦禅师从长沙回来，宗杲禅师一见，大喜，说道："建州子！你这回别（与以往不同）也。"（《禅宗大德悟道因缘》，参见《五灯会元》卷二十）

道谦禅师未悟之前，因奉师命远行，担心修行被废，烦恼不已。他的烦恼来自什么地方呢？来自他信不到位、信不及。宗元禅师起始一句"不可在路便参禅不得也"之反问，还不足以令他回头，于是有了后面的"只有五件事替你不得，你须自家支当"这段葛藤。

这两则公案，对那些因功夫不上路而不断向外驰求、四处游走的修行人来说，是一剂无上阿伽陀妙药。

自古以来，修行的人千千万万，而成就的人却凤毛麟角，究其原因，信不及是一个非常重要的因素。圆悟克勤禅师讲：

况自己本有根脚，生育圣凡、含吐十虚，无一法不承他力，无一事不从他出，岂有外物为障为隔？但恐自信不及，便把不住去。若洞明透脱，只一心不生，何处更有如许多？所以道："灵光独耀，迥脱根尘。"要须直下承当"从本以来自有底活卓卓妙体"，然后于一切时、一切处无不逢渠、无不融摄，吃饭着衣、凡百作为、世出世间，皆非外得。既达此矣，只守平常，不生诸见。（《圆悟心要·示本禅人》）

所以，修禅的人必须首先在信心上打好基础。如果"信不及"的话，将会有三种过患障蔽行人：一是在观行上将不可避免地落入二边；二是不能把日常生活当作道场，功夫难于成片；三是会错过很多修行的时间和悟道的机会。

人们经常说，"某某人是修禅的根器"，"某某人不是修禅的根器"，判断的标准是什么呢？主要就是指信心。一个修行人，不论在何种情况下，如果念念之间都能够相信"佛法现成"，相信"大道遍一切时、遍一切处、一刻也没有离开过我们"，心中无求无得，闲闲洒洒，那他就是修禅的上根利器。

（二）直下承当

信到位和信得及，不是一种"自我宣示"，最终还得落实在功夫上。禅宗讲"直下承当"，就是功夫上的信到位、信得及。

关于直下承当，从功夫的角度来看，就是把修行、解脱、成佛，落实在当下、当念、当机（正在做的事情、正在从事的活动）、当处，在念头上即信即解即观即证。换句话来说，在日常生活中，触境遇缘，能通过宗门的圆顿信解和正念，当下将一切日用、一切染净顺逆之缘，都变成大道之妙用，都变成修道之增上缘，面对一切、接受一切、转动一切，不向外驰求，亦不逃避现实，一切恰恰好，不多什么，也不少什么，内心处在一种"自觉、自主、自足、自在"的状态。

三祖《信心铭》中讲，"不用求真，唯须息见"，"一心不生，万法无咎"。永嘉大师《证道歌》中讲，"不离当处常湛然，觅即知君不可见"。古来祖师虽然门庭施设各不相同，但是，在启发学人对"佛法一切现成"这一点当下信得及、直下承当，从而止息有求有得的妄想心，归于无心，在这一点上是完全一致的。

直下承当，不是靠知见上的接受就了事，它需要借助长时间地做绵密的观行功夫才能圆满。这个功夫主要包括两个方面：

一是放得下、稳得住。放得下就是安住于当下、当念、当处、当机，一无所求，不向外求，不向他人求，不向他事求，不向未来求。放得下不仅仅是指要放下世间的男女感情和名闻利养等等，还包括放下分别取舍驰求的心，放下思维拟议的心，放下我要修行、我要解脱、我要成佛、我要开悟的心。稳得住就是心中无事，安闲自在，没有怀疑。如果勉强放下、勉强无求，当烦恼境界和逆缘现前的时候，心中还有不安，还有不踏实的感觉，还有向外求的愿望，那就说明直下承担的功夫还欠火候。

二是转得快、做得主。当恶报、烦恼和外在的逆缘现前的时候，能够不失信心，不离本分，不逃避，直面正视，能及时将它们一一照破，不仅不被它们所转，并且还能将它们一一消归为菩提妙用。

总之，直下承当是一种真实的功夫，是真达不疑之后的见到位、信到位、观到位和证到位。真无心，才能真承当；要真承当，必须是真无心。

三、休去歇去 —— 无心的实现

无心并不容易。古人曾感慨："无心道者能如此，未得无心也大难。"（《宏智禅师广录》卷四）所以，要做到无心，除了上面所说的，在"见到位"和"信到位"这两个方面打好基础之外，还必须发长远心，脚踏实地地做好牧牛（也就是调心）的功夫。

牧牛的最有效方法，就是"休去歇去"。休去歇去就是放下。通过提起宗门圆顿的信解和正念，彻底地放下，让心处于无所求、无所守、无所得、无所对治的状态，甚至连放下的心也放下。所谓"歇得尽处，无可歇者，即是菩提"（《宏智禅师广录》卷一）。天童正觉禅师有一首偈子，讲的就是通过休歇而趋于无心的功夫："妄息寂自生，寂生知自现。知生寂自灭，了了唯真见。"（《宏智禅师广录》卷一）

（一）休去歇去的具体内容

休去歇去是祖师禅的惯用方法，从初祖达磨、二祖慧可、三祖僧璨，一直到后来的圆悟克勤、天童正觉，都在提倡用这个方法。不仅曹洞宗用它，临济宗也同样用它。

直接将"休去歇去"作为宗风来提倡的，可能要首推石霜庆诸禅师。请看九峰道虔禅师的一段公案：

> 瑞州九峰道虔禅师，福州人也，尝为石霜侍者。洎霜归寂，众请首座继住持。师白众曰："须明得先师意始可。"座曰："先师有甚么意？"师曰："先师道，'休去歇去，冷秋秋地去，一念万年去，寒灰枯木去，古庙香炉去，一条白练去'。其余则不问，如何是一条白练去？"座曰："这个只是明一色边事。"师曰："元来未会先师意在！"座曰："你不肯我那？但装香来，香烟断处，若去不得，即不会先师意！"遂焚香，香烟未断，座已脱去。师抚座背曰："坐脱立亡即不无，先师意未梦见在！"（《五灯会元》卷六）

该公案在丛林中传开后，"休去歇去"的用功口号便很快被天下衲子所奉行。到了天童正觉禅师那儿，更是直接把它当作默照禅的灵魂来举扬。

下面两段文字，是正觉禅师关于默照禅和休去歇去的开示，非常精练简捷，可作为我们的用功指南，当细细咀嚼——

1.本无如许多事，做来做去，便有如许多事。如今却从许多事中，减来减去，要到无许多事处，只尔寻常。起灭者是生死，起灭若尽，即是本来清净底，无可指注，无可比拟……歇得尽处，无可歇者，即是菩提。胜净明心，不从人得。永嘉大师道：取不得，舍不得，不可得中只么得。（《宏智禅师广录》卷五）

2. 学禅学道，学佛学法，唯是自己肯休肯歇，肯放肯落。是时一丝不沾缀，一糁不停留，放教与天地合、虚空等，一切事消烁，一切心混融，浩浩荡荡，是一个真实人。若是头角尽，踪迹绝，岐路断，心意忘，是个彻头无生无死底时节。（《宏智禅师广录》卷五）

不仅天童正觉禅师这样提倡，与他同一个时代的另一位禅门巨匠——圆悟克勤禅师，临济宗的代表人物，也不遗余力地宣扬"休去歇去"的用功方法。请看他的两段精彩开示——

1. "至道无难，唯嫌拣择"。诚哉是言！才有拣择即生心；心既生，即彼我、爱憎、顺违、取舍揿（chuāng）然而作，其趣至道，不亦远乎？至道之要，唯在息心；心既息，则万缘休罢，廓同太虚，了然无寄，是真解脱，岂有难哉？是故古德蕴利根种智者，聊闻举着，别起便行，快自担当，更无回互。如大梅即佛即心、龙牙洞水逆流、鸟窠吹布毛、俱胝竖一指，皆是直截根源、更无依倚，脱却知见解碍、不拘净秽二边，超证无上真宗、履践无为无作。（《圆悟心要·示有禅人》）

2. 佛祖妙道，唯在各人根本上，实不出本净妙明、无为、无事心矣。虽久存诚，未能谛实，盖无始聪利智性，多作为而汩之。但教此心，令虚闲寂静，悠久湛湛如如、不变不易，必有大安稳快乐之期。所患者，休歇不得，而向外觅、作聪明也。殊不知本有之性如金刚坚固，镇长只在，未曾斯须间断。若消歇久，蓦地如桶底子脱，自然安乐也。若求善知识，广要持论，则转远矣。惟是猛利根性，猛自割断、猛自弃舍，当有证入，自知之矣！既知之后，知亦不立，始造真净境界。（《圆悟心要·示曾少尹》）

下面，根据历代祖师的开示，简要揭示一下"休去歇去"所包含的五个主要方面的意义——

1. 放下世间杂务，远离名闻利养和胜负之心

学习佛法是为了破除我法二执，得究竟解脱。若夹杂名闻利养心、胜负心和贡高我慢心来学佛，不仅得不到真实的利益，反而会浇灌我执我慢等烦恼。大慧宗杲禅师讲：

> 士大夫读得书多底，无明多；读得书少底，无明少；做得官小底，人我小；做得官大底，人我大。自道我聪明灵利，及乎临秋毫利害，聪明也不见，灵利也不见，平生所读底书，一字也使不着。（《宗杲尺牍·答吕郎中（隆礼）》）

这句话，对于我们现代的修行人来说，若能把它贴在脑门上，最好！

2. 远离二边分别取舍之心

大凡修行不上路、不省力，乃是因为不知道休去歇去，心里有分别取舍，落在二边当中，无意中将心变成了战场。取舍心不断，心是不可能安宁的，更不要说无心了。古人把试图通过二边取舍的斗争方式来获取清净心的做法，比作"如驴窥井"：

有一天，一头毛驴口渴了，来到井台边，想喝水。就在它把脑袋伸进井口准备喝水的时候，突然发现，水中也有一头长得很丑的毛驴，正看着自己。它吓坏了，惊叫一声，跑开了。过了一会儿，它想，井中的那头毛驴可能已经走了，于是又凑近井台，小心翼翼地往井底窥视。它发现，那家伙还在，也在窥视自己！于是它又吓得跑开了。过了一会儿，毛驴渴得难受，再次靠近井台，发现那家伙还赖在那里不走。这一次，毛驴终于发火了，对着井底的那个家伙大声吼叫，并吹胡子瞪眼睛。它以为通过这种方法，会把那家伙吓走的，可是那家伙也同样对自己张牙舞爪！毛驴又一次被吓得蹿离了井台。如是反复了好几次，这头毛驴终于累瘫在地上，口吐白沫……

在没有开悟之前，大多数修行人都曾有过"如驴窥井"的经历！都期望自己能早些证入甚深禅定，可是，老也入不了定，有时内心反而比未修定之前更加动荡不安，原因就在这里。

实际上，对待妄想烦恼的最有效的态度，就是不理它、随它去。

福州罗山道闲禅师，岩头全豁（huò）禅师之法嗣，曾礼谒石霜庆诸禅师，问道："去住不宁时如何？"

石霜禅师道："直须尽却。"

道闲禅师未契其旨，于是往参岩头全豁禅师。

初礼岩头和尚，道闲禅师一如参石霜和尚那样，问道："去住不宁时如何？"

岩头和尚道："从他去住，管他作么？"

道闲禅师一听，豁然有省。（《禅宗大德悟道因缘》，参见《五灯会元》卷七）

道闲禅师初参石霜禅师，石霜禅师教他"直须尽却"，惜乎他错误地将此语做二边理解，结果当面错过。后来参岩头和尚，还是同样的问题，岩头和尚却教他"从他去住，管他作么"，他终于开悟了。其得力处究竟在什么地方？其实并无奇特之处，只不过是心不取舍而已，无心而已。

明白了这一点，以后在修行的时候，如果感到特别吃力，此时应充分地意识到，必定是自己的心处在二边分别取舍当中，必定是有所求、有所舍，因此要及时反省，及时矫正，及时放下。

3. 放下将心待悟的心、有求有得的心

大凡修行人，没有人不在潜意识里希望自己能早点开悟、早点深入禅定、早点开智慧、早点成佛。这种期望是双刃剑，处理得好，它会成为精进修行的动力；处理不好，它也会成为悟道证道的障碍。

修行人都有这个体会：你越想达到一念不生的状态，你心中的念头反而会越多。你越想逃避某个念头，那种念头反而在你的脑海里频频出现。为什么会这样呢？就是因为，强烈的期待心、有求有得的心都是建立在二边分别取舍的基础之上，这种取一舍一的思维方式，往往会在不知不觉中把我们带进一种斗争的境地，使我们与心中所期待的目标和结果背道而驰。

古人把这种将心待悟的心、有求有得的心称作"家贼"。"外祟易攘，家贼难防"。家贼总是以亲人的面目（也就是修行的面目）出现，所以我们最容易上它的当。

不少修行人用功很精进，粗的妄想已经很少了，可是，过了一段时间之后，慢慢发现，自己的功夫再也无法提升了，老在原地踏步，时间久了，急

躁的情绪就会生起，反而将原先的那点受用丢光了，甚至退心，重新回到没
有修行之前的状态。对于绝大多数修行人来讲，将心待悟的心、有求有得
的心是他修行过程中需要攻克的最大也是最隐蔽的堡垒。

要开悟，必须破除能所之心。将心待悟的心、有求有得的心，在观行
上，就是通过能所之心表现出来的。所以，将心待悟的心、有求有得的心不
破，能所之心是很难忘掉的；能所之心不亡，想开悟几乎是痴人说梦。

请看一则古人悟道的公案。

邓州(今河南南阳)香严智闲禅师，沩山灵祐禅师之法嗣。百丈怀海禅师在
世传法的时候，智闲禅师曾亲往参学。智闲禅师性识聪敏，教理懂得很多。每
逢酬问，他都能侃侃而谈，但是，对于自己的本分事却未曾明白。后来，百丈禅
师圆寂了，他便改参师兄沩山灵祐禅师。沩山禅师问道："我闻汝在百丈先师处，
问一答十，问十答百。此是汝聪明灵利，意解识想，生死根本。父母未生时，试
道一句看。"智闲禅师被沩山禅师这一问，直得茫然无对。回到寮房后，智闲禅
师把自己平日所看过的经书都搬出来，从头到底，一一查找，希望能从中找到
一个合适的答案，可是翻阅了几天，结果却一无所获。智闲禅师遂感叹道："画
饼不可充饥。"不得已，智闲禅师便频频去方丈室，乞求沩山禅师为他说破，但
是遭到了沩山禅师的拒绝。沩山禅师道："我若说似汝，汝已后骂我去。我说
底是我底，终不干汝事。"绝望之余，智闲禅师便将自己平昔所看的文字付之一
炬，说道："此生不学佛法也。且作个长行粥饭僧，免役心神。"智闲禅师哭着
辞别了沩山，开始四处行脚。有一天，他来到南阳慧忠禅师的旧址。目睹了慧忠
国师道场之遗迹，觉得这个地方挺不错，于是决定在这里住下来，加以整理。一
日，智闲禅师正在芟除草木，不经意间，抛起一块瓦砾，恰好打在竹子上，发出
一声清脆的响声，他忽然大悟。于是他急忙回到室内，沐浴焚香，遥礼沩山，赞叹
道："和尚大慈，恩逾父母。当时若为我说破，何有今日之事？"并作颂曰："一击
忘所知，更不假修持。动容扬古路，不堕悄然机。处处无踪迹，声色外威仪。诸
方达道者，咸言上上机。"(《禅宗大德悟道因缘》，参见《五灯会元》卷九)

可见，古人悟道，都是在将心待悟的心、有求有得的心被彻底打破之后
才发生的。

4. 放下世智辩聪，远离机境解路，摒除文字知见执著

自性远离二边，离言说相，离心行相，不可思议，不可把捉，所以，我们不要从二边分别思维的角度来理解自性、把握自性。必须在荡尽一切文字知见、一切名相思维之后，直得一念不生，才能体悟到它。执著于文字知见的思维心不断，要想开悟是非常困难的。圆悟克勤禅师讲：

> 近时学道之士，不道他不用工夫，多只是记忆公案，论量古今，持择言句，打葛藤，学路布，几时得休歇？如斯只赢得一场骨董。推源穷本，盖上梢不遇作家，自己不负大丈夫志气，曾不退步就己、打办精神，放下从前已后胜妙知见，直截独脱，领取本分大事因缘，是故半前落后、不分不晓。若只恁么，纵一生勤苦，亦未梦见在。（《圆悟心要·示宗觉禅人》）

有知识的人学佛，固然有他智力上的优势，但是，如果处理不当，这种优势反而会成为悟道的最大也是最难破除的障碍。从古到今，有多少聪明之士陷在文字知见当中，乐此不疲，流连难返，还自以为很有修行，结果一生空过，腊月三十日仍不免如落汤螃蟹一般，手脚忙乱，七颠八倒。

自古以来，凡真实修行之士，没有不提防名相思维和文字知见的，生怕被它们捆住了自己的手脚、遮住了自己的智眼。他们视文字知见为"寇仇"，称它们为"葛藤"，以其能缠绕行人、不得前进故。

古人开悟，都是在言语道断、心行处灭之际突然发生的，没有任何心理准备。请看一则公案：

> 临安府中天竺伽（同"枷"，音 ǎo）堂中仁禅师，圆悟克勤禅师之法嗣，洛阳人。中仁禅师少年时投东京奉先院出家，北宋徽宗宣和初年（1119）落发得度，受具足戒后，一度往来于三藏译经场所，专攻经论。对于宗门之事，他当时并未信入。当时，圆悟克勤禅师正居天宁寺接众。一天凌晨，中仁禅师入天宁寺礼谒圆悟禅师，正好赶上圆悟禅师为众入室请益。中仁禅师一见圆悟禅师的威德，便生敬服之心，于是大胆地走到圆悟禅师的跟前礼问。圆悟禅师道："依经解义，三世佛冤。离经一字，即同魔说。速道！速道！"中仁禅师正要开口论对，圆悟禅师照着他的嘴一拳打过来，顿时一颗牙齿被打掉了，落在地上。

中仁禅师当即豁然大悟。(《禅宗大德悟道因缘》,参见《五灯会元》卷十九)

5. 不住空寂之境,不住路途风光,不住修行中暂时所得

无心于内外境,一切不受;一法不立,一法不废,不与诸境作对;亦不对自己修行的境界产生执著。这些是宗门用功夫的基本原则。

修行者一旦对修行过程中暂时出现的种种殊胜觉受产生了执著,心就会不知不觉地滑向二边取舍之中,轻则身心不得安宁,重则失心着魔。所以圆悟克勤禅师讲:

修行最难整理是:半前落后,认得瞻视光影,听闻不随声,守寂湛之性,便为至宝,怀在胸中,终日昭昭灵灵,杂知杂解,自担负我亦有见处,曾得宗师印证,惟只增长我见,便雌黄古今、印证佛祖、轻毁一切,问着即作伎俩、黏作一堆。殊不知,末上便错认定盘星子也。及至与渠作方便、解黏去缚,便谓"移换人、挖转人"。作怎么心行,似此有甚救处?(《圆悟心要·示华藏明首座(住江宁府天宁)》)

(二)对休去歇去的理解

以上,从五个方面揭示了休去歇去的主要内容,下面,还有几个方面需要注意,它们关乎我们对休去歇去的正确理解。

1. 作为扫除妄想的休歇,不是对治法,不是心境互侵、将境灭心、将心灭境的对抗法,而是容而不受,不取不舍。

丛林中盛行"云门三句"——截断众流,函盖乾坤,随波逐浪。实际上,休去歇去就是对云门三句的直下落实。在功夫上,三句原是一句,相辅相成,不可割裂:要截断众流,须是函盖乾坤、随波逐浪始得;要函盖乾坤,须是截断众流、随波逐浪始得;要随波逐浪,须是函盖乾坤、截断众流始得。能将云门三句会归一句,始能把握休去歇去的真精神;不然,终究是个"担板汉"。

2. 话头禅与默照禅,是对待妄想的两种不同的休歇方式。

话头禅是欲擒故纵——你不是聪明伶俐、懂得多,思维的牙齿锋利、喜欢咬嚼吗?就给你一个无异味的"铁疙瘩"让你咬,当你找不到下口处或者咬不动,觉得没有滋味、没有出路的时候,你也就死心了。妄念一死,法身即活。

默照禅是不睬不理 ——"神鬼纵有伎俩千般有尽，老僧不闻不问法力无穷"：你有本事，你尽管跳，我只是不理，只管站在一边冷眼相看，你又能把我怎么样？等你跳累了，你也就老实了。

与话头禅、默照禅不同，凡夫对待妄念的方式则是针锋相对，对抗交战 —— 你不听话？我就动粗的！结果是，你粗他也粗，道高一尺魔高一丈，无有了期。

3. 休去歇去就是要通过放下妄想攀缘执著心，达到一念不生的状态，从而让本有的风光现前，真正实现直下承当，而不是为了住在空境当中。彻底地放下是为了彻底地担起。

> 洪州新兴严阳尊者，讳善信。初参赵州，问："一物不将来时如何？"州曰："放下着。"师曰："既是一物不将来，放下个甚么？"州曰："放不下，担取去。"师于言下大悟。（《五灯会元》卷四）

只有真正地放下了，才能真正地担起。一个人能真正地担起，那必定是他真正地放下了。

4. 祖师讲休去歇去、讲无心，并不是实法，而是下手方便。若认为这个便是究竟，住在一念不生处，不得大机大用 —— 所谓"死水不藏龙"，那就辜负了祖师的一片苦心。

针对丛林中把石霜庆诸禅师的"休去歇去"当作"实法"和口头禅来传的鹦鹉学舌之风气，潭州云峰志璇祖灯禅师曾经在一次上堂中，故意逆着石霜和尚的"休去歇去"，开示道：

> 休去歇去，一念万年去，寒灰枯木去，古庙香炉去，一条白练去。大众！古人见处，如日晖空，不著二边，岂堕阴界！堪嗟后代儿孙，多作一色边会。山僧即不然：不休去，不歇去，业识茫茫去，七颠八倒去，十字街头闹浩浩地、声色里坐卧去，三家村里盈衢塞路、荆棘里游戏去，刀山剑树、劈腹剜心、镬汤炉炭、皮穿骨烂去。如斯举唱，大似三岁孩儿辊绣球……声色头上睡眠，虎狼群里安禅，荆棘林内翻身，雪刃丛中游戏。竹影扫阶尘不动，月穿潭底水无痕。（《五灯会元》卷十六）

这段文字，可以拿来当解毒剂使用。读石霜和尚的"休去歇去"的同时，必须同时也读一读志璇和尚的这段文字，因为它们是一体两面的，所指的是一个东西。

梁山缘观禅师与园头和尚曾经有过这样一段对话——

问："家贼难防时如何？"师曰："识得不为冤。"曰："识得后如何？"师曰："贬向无生国里。"曰："莫是他安身立命处也无？"师曰："死水不藏龙。"曰："如何是活水龙？"师曰："兴波不作浪。"曰："忽然倾湫倒岳时如何？"师下座把住曰："莫教湿却老僧袈裟角。"（《五灯会元》卷十四）

从这段对话中可以看出，休去、歇去、无心去，目的是为了做一条能兴波作浪的活水龙，以便利济苍生；若坐在死水里，堪作什么大用呢？

5. "休去歇去"在受用上就是"得力省力、省力得力"。

很多人在初入门的时候，因为休去歇去的功夫没有做到位，心住二边，好净恶染，弃有著空，人为地将自己的心变成了一个动静、善恶、真妄、正邪、凡圣等二边观念相互交锋的战场，妄想用一边排斥或者压制另一边，以为只要将敌对的一方彻底地压下去了，修行就成功了。殊不知，动静、善恶、真妄、正邪、凡圣等二边观念，如影随形，相互依存；企图取一舍一，只能是如石压草，终究还会冒出来的。这样做功夫，当然心里会觉得非常焦虑和吃力，身体也会变得非常僵硬而紧张。相反，如果真是以无分别心用功、离心意识参究，真是立足于不二之中观见，修行必定是省力的。因为他既不必刻意要守一个什么东西，也不必刻意要舍一个什么东西，他彻底地远离了斗争，只须"如明镜当台，胡来胡现，汉来汉现"就够了。所以，休去歇去的功夫做到位了，必定是"得力处省无限力、省力处得无限力"的。大慧宗杲禅师讲：

要得不被生死缚，但常教方寸虚豁豁地，只以不知生来、不知死去底心，时时向应缘处提撕。提撕得熟，久久自然荡荡地也。觉得日用处省力时，便是学此道得力处也。得力处省无限力，省力处却得无限力。这些道理，说与人不得，呈似人不得。省力与得力处，如人饮水，冷暖自知。妙喜一生只以省力处指示人，不教人做谜子拈量，亦只如此修行，此外别无造妖捏怪。我得力处，他人不知；我省力处，他人亦不知；生死心绝，他人亦不知；生死心未忘，他人亦不知。只将这个法门，布施一切人，别无玄妙奇特可以传授。（《宗杲尺牍·示妙明居士（李知省伯和）》）

明白了得力与省力的关系，我们就可以经常以此来检讨自己的功夫：当我们在做功夫的过程中，感觉到特别费力的时候，感觉到心烦意躁的时候，感觉到身体非常僵硬的时候，很有可能是我们没有做到休去歇去，有些观念和执著没有放下，不知不觉地落在二边当中，应当及时调整。

四、虚明自照 —— 无心之功夫

一切现成、休去歇去，落实在功夫上，就是要直下承当。直下承当在当下一念上的表现，就是"虚明自照，不劳心力"。"虚明自照，不劳心力"这八个字，可以说是对默照禅的"默照"二字最为恰当的解释。

天童正觉禅师有一篇重要的著作，叫《默照铭》。铭文中提到：

1. 学佛究宗家之妙，须清心潜神，默游内观，彻见法源，无芥蒂纤毫作障碍。廓然亡像，如水涵秋；皎然莹明，如月夺夜。正恁么也，昭昭不昏，湛湛无垢，本来如如，常寂常耀。其寂也非断灭所因，其耀也无影事所触，虚白圆净，旷劫不移，不动不昧，能默能知。（《宏智禅师广录》卷六）

2. 默默忘言，昭昭现前。鉴时廓尔，体处灵然。灵然独照，照中还妙……妙存默处，功忘照中。妙存何存，惺惺破昏……默唯至言，照唯普应。应不堕功，言不涉听……照中失默，便见侵凌……默中失照，浑成剩法。默照理圆，莲开梦觉……默照至得，输我宗家。宗家默照，透顶透底。……（《宏智禅师广录》卷八《默照铭》）

这两段文字比较集中地展示了天童正觉禅师关于默照禅的修行思想。文中所说的"清心潜神""廓然亡像，如水涵秋""湛湛无垢"，讲的是寂、是默，而"默游内观""皎然莹明，如月夺夜""昭昭不昏"，讲的是惺、是照。

"寂"和"默"就是一念不生，就是无心。这种一念不生和无心，不是枯木般的没有生机的不动和死寂，也不是断灭见所说的空无，而是寂中有惺，默中有照，寂中虚灵不昧，默中了了常明。

默和照必须同步，不能偏废。默而失照，即落入昏沉；照而失默，即心浮气躁，妄想纷飞。这与永嘉大师所说的"惺惺寂寂，寂寂惺惺"同一意趣。《永嘉集》"奢摩他颂第四"中提到六种料简，讲得非常详细，可以加深我们对"默照不二"的理解（参见本书第八章《生活禅与修习止观》相关内容）。

总之，寂中有惺，默中有照，惺寂不二，默照同时，是默照禅最基本的用功要诀，也是修习默照禅功夫上路的标志。默照的功夫，到了"功忘照中""应（平等普照万物）不堕功"的火候，才有可能"莲开梦觉"。功就是有为，有能有所；忘功则意味着能所双亡，无心而照，照而无心。

关于虚明自照，我们还可以借助《大乘起信论》，得到更进一步地理解。《大乘起信论》曾经提到"性净本觉有四大义"，此四大义皆依虚空、明镜而立喻，表明本觉具有虚空、明镜一般超越二边之特性。虚空意味着"无形无相，广大无边，平等包容，没有对立面"。明镜意味着"如实地照鉴一切事物的差别相，而内心如如不动，无有分别憎爱"。这一义理落实在功夫上，意即：后天始觉之观智，要随顺真如本觉的"虚空明镜"一般的空不空之性，也就是要按三祖所说的"虚明自照，不劳心力"这一原则去做功夫。

凡是在用功夫的过程中，感觉到焦虑、紧张、特别吃力，多半是因为见地不圆，落入分别取舍和斗争对治当中，落入向外驰求、将心待悟、有求有得有守的有为心中，与"无心之本觉"不相应。这种现象带有一定的普遍性。修行人面对这种情况时，宜从宗门圆顿信解的角度，及时地反省自己，免得遭了"家贼"而不自知，甚至"认贼为父"。

第三节　默照禅的座上功夫

关于默照禅的具体修法，翻遍《宏智禅师广录》，会发现，天童正觉禅师对默照禅的开示，几乎都是从般若观智、圆顿见地、用功原则等大处着眼，而极少从所观对象、身心觉受和途次风光这个角度来告诉我们，先观什么，后观什么，需要经过哪些次第，途中会出现哪些境界，如何透过它们等等细节问题。

岂止是天童正觉禅师，宋以前几乎所有祖师的开示，如马祖、百丈、黄檗、临济、南泉、赵州、德山、云门等宗门巨匠，无不是这种风格，根本不给你讲如何调身、如何调息、如何对治昏沉散乱等细节问题；在他们看来，那些都是教下的事情。赵州和尚讲："老僧此间即以本分事接人，若教老僧随伊根机接人，自有三乘十二分教接他了也。若是不会，是谁过欤？已后遇着作家汉，也道老僧不辜他。但有人问，以本分事接人。"（《赵州和尚语录》卷上）

其实，诸如所观的对象和路途风光等细节问题，原本就是相，都是需要打破和放下的东西。虽然祖师也可以不妨方便慈悲，告诉你先观什么、后观什么，会出现什么境界、什么现象，给学人一根拐杖或寻宝图，只是因为担心学人执著于这些，不肯放下，照葫芦画瓢，反而捆绑了自己的手脚，不知不觉中偏离了"无念、无相、无住"之本怀，真所谓"旧锁未脱，更负新枷"，所以，"以本分接人"的禅宗祖师，没有一个人肯这样做。

禅宗祖师的开示以"直指心性、透彻底源"为特征，以帮助学人开启自性的金刚正眼为第一要务，旨在指导学人依"无念、无相、无住"的般若正智踏实地做去。这些开示重在当下即相离相、定慧等持，亦即于当下一念落实"即信即解、即观即证"，所以没有一句不是落在功夫上。很多人不明白禅宗祖师开示的这种不拐弯抹角、直接透彻、强调当下即信即解即观即证、不落阶次的特征，于是觉得祖师们的开示给人一种"恍兮惚兮"的感觉。现在教界有不少人指责和嘲笑禅宗这一法门"空对空"，没有次第，没有下手处，正是这种不明白造成的。殊不知，这正是禅宗的殊胜所在。只是因为现代的学人没有建立起圆顿的见地和信心，没有直下承当的勇气，故观行跟不上，不能在当下落实"无住"，总希望能抓住一个东西，如某种特定的所观境或者次第，所以面对祖师的本分开示，反而觉得"无下手处"了。

圣严法师认为，曹洞宗的默照禅在南宋的时候就传到了日本，形成了"只管打坐"、具有日本特色的曹洞禅法，而在中国已经失传了，即使在曹洞宗的寺院，也很少有人知道默照禅了（见《禅意尽在不言中——〈默照铭〉解释》）。造成这种失传的原因之一，就是人们一直习惯于用"教下的思维"来理解"宗门下的直指",不能消化祖师的开示中所体现出来的"当下即信即解即观即证"的"圆顿"精神。

虽然如是,考虑到现代人的实际情况——既无扎实的禅定基础,又没有树立起圆顿的信解,真正能够会心于祖师心法的人毕竟是极少数,所以,弘传禅法者从教下的角度,结合具体的实修经验,来诠释祖师的开示,从禅修最基本的调五事开始,来引导学人一步一步地做功夫,恐怕是必不可少的环节。所以在谈到默照禅的理论之后,仍有必要增列"默照禅的具体修法"这一节。

默照禅的具体修法,分座上功夫和座下功夫两个部分。

一、默照禅的前行准备 —— 放松放下

修默照禅的前行准备,实际上,在本书第八章第三节,已经做过详细的介绍。在这里,需要着重注意两个方面:一是调五事,此是修习止观的一般要求;二是提起正念,放松放下,此为修习默照禅的特殊要求。

首先,依天台小止观,调和五事,令身心松软、宁静、安和。

(1)调饮食,意指当慎饮食,不饥、不饱,以舒适为度。食若过饱,则气急身满,坐念不安;食若过少,则身羸心悬,意虑不固;食秽浊物,则心识昏迷;食不宜于身,则引发宿疾。

(2)调睡眠,意指睡眠有节度,不恣睡,不节睡,以神清为度。眠若不全,则心神虚恍;眠若过多,则废修行,空丧功夫,沉没善根。

(3)调身,意指身体坐姿要正,无论半跏趺坐、全跏趺坐,当顺小止观所教法式,调稳身体,不宽、不紧、不俯、不仰,自然挺直,安稳舒适。

(4)调息,意指调和气息,远离风、喘、气三种不调相,绵绵微细,若存若亡,不涩不滑。调息过程中,以自然放松、不作意为要领。

(5)调心,指调伏乱念,若心昏沉,应系念鼻端;若心浮散,则安心向下,使其不沉不浮。

息相既调,心中即无粗重妄想。相反,息相若乱,或有喘滞,心必烦乱。所以调心、调息在坐禅之初始阶段,是同步进行的。

五事调好之后,胃中安和,精神清爽,身体松直,气息调柔,无粗妄

想，则身心自然安稳宁静，即可做进一步的观照功夫。若心浮气躁，身心紧张，功夫即无法进行。

其次，依"四个要点"，将身心彻底放松放下，又依"四个眼前"提起宗门的圆顿正念，将身心调到与道相应的状态。

"四个要点"是：闭目养神（放松身心，心无所求）、凝神静气（收摄身心，止其浮散）、虚明自照（心如虚空明镜，惺寂不二）、闲闲自在（提起"一切现成，当下即是"之正念，远离斗争，心无牵挂，自足自在）。

"四个眼前"是：道在眼前（增长信心）、佛在眼前（远离怯懦）、解脱在眼前（息驰求心）、死亡在眼前（息放逸心）。

此"四个要点""四个眼前"之具体含义，请参见本书第十二章第四节"念佛禅的用功方法"，此处不拟详谈。

初学坐禅者，宜以放松身心、放下尘劳杂念为第一要务。在身心充分放松的情况下，再学习专注。如果一开始就学习专注，可能会因为见地不圆，容易被二边执著习气所转，陷入斗争取舍当中，结果导致身心紧张。关于放松、放下，可从两个层面进行：

一是战略层面的放松放下 —— 先通过观想"四个眼前"，提起圆顿的信解和正念，告诉自己"道在眼前，道在当下，道在六根门头放光动地，道遍一切时处，须臾不曾离"，"圆同太虚，无欠无余"，告诉自己"生活就是道场"，所谓"处处逢归路，头头达故乡，本来成现事，何必待思量"，"当初寻时寻不见，如今避时避不得"等等，将所有向外驰求的心、将心待悟的心完全消解掉，安住当下。默照禅的用功方法最核心的东西就是，通过不断提起宗门的圆顿信解，把它变成当下之正念，然后借助此正念的力量，转日常中的一切境缘为道用，将自己的一切分别取舍、向外驰求、将心待悟的心全部消解掉，然后让自己安住在虚空明镜的觉照状态下，同时又不执此虚空明镜之觉照状态为究竟。

二是战术层面的放松放下 —— 通过提起"四个要点"，告诉自己当下的主要任务就是闭目养神，就是彻底的休息。不求开悟，不求入定，不求神通，不求功夫，唯一的关注就是放下一切，放松身心，休去歇去，深度地休息。不过，在闭目养神时，唯一的要求是不要睡着。为了不让自己睡着，可以通过"凝神静气"收摄身心，不向外驰散，此时可以把呼吸时整个身体的觉受当作所观境，若有意、若无意，时时回归当下之呼吸及身体的整体觉受，不要作意控制，保持一种闲闲自在的状态，仅仅作为旁观者。如果此时还不能放松，可以观想用全身的毛孔在呼吸：吸的时候，全身的毛孔收缩；呼的时候，全身的毛孔张开。反复多次，即可放松身心。

对于宗门中的修行人而言，通过提起宗门的圆顿正念，放松放下，以之作为修默照禅的前行准备，这是一种比较省力的方法。

二、默照禅的座上用功过程

前面曾经提到，宗门的止观是一种圆顿止观，强调以"平等无分别"之"不二真智"起观照。这种修行理念，虽然也强调制心一处的"止"的效果，但是这个"止"是"即观之止""即慧之定"，而不是有相的止，故在用功过程中，对所观境并不执著，换言之，它不是以有形有相的某一固定对象作为所观境，而是以不二之实相为所观境。关于这一点，《大乘起信论》讲得非常清楚：

若修止者，住于静处，端坐正意，不依气息，不依形色（按：离身），不依于空，不依地水火风（按：离境），乃至不依见闻觉知（按：离识）。一切诸想，随念皆除（按：离念），亦遣除想（按：离于离，归于无念）。以一切法本来无想（按：想者，安立名相，以二边为特征。以一切法，其性本空，离名字相、离心缘相，即无有二边之相。想体自空，本自不生，今则无灭，此盖本空，非推之使空也），念念不生，念念不灭（按：所安立的二边名相，性空不实，如目眚所见圆影，本无生灭而妄见生灭。非谓待无念时，方始不生不灭；以念念生处，即是无生，念念灭时，即是不灭。如经云："初生即有灭，不为愚者说。"又经云："当处出生，随处灭尽"）。亦不得随心外念境界、后以心除心（按：不得贼过而后张弓。若心外有实境，心缘此境时，抑令不缘，不可得故。后以心除心者，今既心外无尘，即所取无相，所取无相故，能取自然不生，何劳后心方更除耶？）。心若驰散，即当摄来住于正念（按：念起即觉，觉之即无，如是做摄心之功夫）。是正念者，当知唯心，无外境界，即复此心亦无自相，念念不可得（按：正念之真实义有二：外境唯心，心亦无相，能念所念俱了不可得）。（真谛译本《大乘起信论》）

此处的"不依气息、不依形色"，要在离身。不依虚空四大，要在离世界。"不依见闻觉知"，要在离识。古德教人参禅，内脱身心，外遗世界，离心意识参，出凡圣学路，离妄想境界，正是此意。注意，我们平时所说的"正念"，是指对所缘境保持念念觉照。而此处的"正念"却是"当知唯心，无外境界，即复此心亦无自相，念念不可得"，憨山大师将其总结为"观妄念无相"。

在这里，可能会有人产生疑惑，既然宗门以实相为所观境，而实相无相，又如何把它作为所观之对象呢？实际上，实相并不是在生灭法之外、与生灭法并行的某种神秘的东西，当下看破生灭法的唯心虚妄性、妄执为实有之二边性，当下就是实相。所以，从这个角度来讲，宗门之止观，虽不执著于以某一特定对象为所观境，但是，它可以遍缘日用中的一切境，如待人接物、举手投足、起心动念都可以作为观照的对象。

换言之，修默照禅时，或以呼吸为所观境，或以觉受为所观境，或以耳根为所观境，或以心中的佛号为所观境，或以话头疑情为所观境，或以心念为所观境，没有一定，随各人习惯。然就普遍性而言，依据《首楞严经》的讲法，依观音菩萨耳根圆通法门来修习默照禅，恐怕是最为当机的一种做法。其具体的用功过程，可以参见本书第十三章第四节"从《首楞严经》'解六结'看生活禅的功夫次第"。不管是以什么为所观境，都必须以无心无事、包容平等、不取不舍、默然旁观、不起心动念（即见闻觉知而离见闻觉知）、背尘合觉、反观自性为用功要点，此时的不起心动念，当下便是返观自性，不必更起心动念说"我要返观自性"，因为一起心动念就已经落在内外之尘境中，背觉合尘矣。

明白了这一点，就可以按照"离身 —— 离境 —— 离识 —— 离念"之步骤去落实默照的功夫。

上面所引《大乘起信论》中的这段文字，提到"住于静处，端坐正意，不依气息，不依形色，不依于空，不依地水火风，乃至不依见闻觉知。一切诸想，随念皆除，亦遣除想"，这里面实际上，含藏着默照禅的功夫次第。

所谓"住于静处"，虽然强调的是修习止观所应具"五缘"中的"得闲静处"缘 —— 修习止观，必须得三种清净居处：深山绝人处、头陀兰若处、远离白衣之清净伽蓝中，居处若不清净，易招障扰，不能专一办道 —— 但实际上，其精神实质则包括了整个五缘，即持戒清净、衣食具足、得闲居静处、息诸缘务、亲近善知识。只有五缘具足，才是最适合修习止观的清净处。

所谓"端坐正意"，就是要像智者大师在《小止观》中所说的那样，诃五欲（色欲、声欲、香欲、味欲、触欲）、弃五盖（即打破贪欲、嗔恚、睡眠、掉悔、疑惑不信等五类习气之盖障）、调五事、具五方便法（在正修过程中，须将欲、精进、念、巧慧、一心等五方便法贯彻于始终，借此强化出离心，精进办道，无有退屈），将心调到与道相应的程度。

关于"正意"，除了上述含义之外，在以证真如三昧为根本的止观修习过程中，似乎更加强调远离疑惑、不信、诽谤、我慢、懈怠等烦恼。贤首国师在《大乘起信论疏》中讲：

> 正意者，调心也。末世行人，正愿者少，邪求者多，诈现寂静威仪，苟求名利。心既不正，得定无由。离此邪求，故云正意，意欲令其观心，与理相应，自度度他，至无上道，名正意也。（《大乘起信论疏笔削记会阅》卷十）

可见，正意的核心在于断除财色名食睡之贪欲心，断除贡高我慢之邪伪心，也就是要破除我执。因为我执与真如三昧不相应，唯有破除我执才能入真如三昧。对于修行人而言，正意的难点在于及时觑破种种以修行面目出现的我爱我慢。有不少修行人在修习戒定慧和做世间有漏福业的过程中，由于没有把功夫放在破除我执上，故有时反而会让我慢之心炽然增长而不自觉知。这就是"意不正"。所以，要做到"正意"，并不容易。

为了帮助修行人更好地落实"正意"的功夫，长水子璇禅师在《大乘起信论疏笔削记》中，特地转引贤首国师的《梵网经菩萨戒疏》中的观点，对末法时代隐藏在戒定慧三学外衣下种种"不正意"之现象进行了剖析，这些现象都是披着修行外衣的"家贼"，它们能坏人菩提心。古人讲，"外崇易攘，家贼难防"，盖即此意。

《梵网经菩萨戒疏》从戒、定、慧、杂行等四个方面，揭示了修行人"不正意"的种种表现，谓之威仪贼、佛法怨贼、阿兰若贼、魔党大贼、卖佛法贼、害佛法贼、蠹害佛法贼。这些开示对末法时代的修行人来说，特别具有警策作用。

初约戒学者，有二类：

一矫异，谓虽不破戒，性非质直，依邪思计，现异威仪，炫耀世间，以求名利；本无净心以求出离，然普抑余人无异威仪者悉为无德。此是沙门贼，亦是威仪贼也……

二约浅识者，谓性非深智，恃己戒行，将为出离，陵他乘急戒缓之众；闻诸法空，便生恐怖。此是佛法怨贼也……

二约定学者，亦二类：

一约贪诳者，谓性乐名利，久在山中，心少澄静，现得定相，眩耀世人，招大名闻，普抑余人无此相者悉以为非。此是阿兰若贼也……

二约邪慢者，谓性非多闻，依山习定，鬼神加力，令心念定，有见他不善觉知，即恃此起慢，当招大名闻，陵蔑余人悉以为非，伤害佛法。此是魔党大贼也……

三约慧学者，亦有二类：

一约浅者，谓性少聪明，诵学无次第，为名利冲心，急预讲说，已见臆断，非毁古今，唯求名利，元无出意。恃自无行，亦轻侮戒定。此是卖佛法贼，当招大苦……

二约深者，谓性少明辨，虽于二乘三藏文义少通，然犹未得佛意。既当传法，唯赞名利，以劝后学，非毁古今，显自独绝。恃此为德，起慢陵人，但诵持法药而不灭病，已负染愆，况更法中起病，甚不可救。奇哉！水中出火，以何灭之？此是害佛法之贼……

四约杂行者，亦有二类：

一约福行者，谓性非质直，苟为奸计，共崇奇福，眩耀世人，招引重嚫，意在以少呼多，用此活命。既遂其所求，即恃此起慢，陵蔑余人无利养者，悉以为非。利养既尔，名闻亦然。此是卖佛法贼……

二约余行者，谓性非慧悟，随学一法，即便封著，眩此所学，以招名利，拨余所修皆非究竟。此亦愚人蠹害佛法贼也。

此上略举四位，理实通一切行，皆有诳伪，并应准简。劝诸后学，勿令自心坠中。（《梵网经菩萨戒本疏》卷三）

以上诸"不正意"之表现，从心念上讲，在家人当中亦同样存在。故欲修止观、入真如三昧者，当努力涤荡之。

另外，嫉妒心作为我执之表现，也是一种不正意，同样能障碍修行人进入真如三昧。莲池大师有一段文字，名曰《求人过》，其中所提到的妒心，在普通修行人的内心也是经常出现的：

> 见人饬躬立德，名称颇闻，便多方求觅其过。此忌心也，薄道也。或见人有所著述，其求过也亦然。不知闻一善行，览一好书，皆当随喜赞叹，而反掩之灭之。是诚何心哉！若果行系伪行，书系邪书，自应正言公论，明斥其非，又不当半褒半讥，依阿进退。（《竹窗随笔》）

总之，在修习止观的过程中，要想避免魔扰，必须首先做好正意的功夫，远离上述种种贪诳、邪伪、陵慢、妒忌现象，这样才能与真如之体性相应。古来修习止观的人不少，但能成就三昧者却不多，或许是在"正意"二字上出了问题。我们末法时代的修行人更应该在这个方面多多反省。

端身正意之后，接着便可以按照下列步骤去做功夫。这些步骤是对"离身 —— 离境 —— 离识 —— 离念"的具体落实。

（一）以虚空明镜一般的圆觉心，旁观身心之整体觉受 —— 放松身心，身心合一，令身体不再成为压迫

先借助随息，以整个身体的觉受为所观之境，作为旁观者，有意无意而照之。

之所以要借助随息，一则可以进一步放松身心，二则可以令心不驰散。

之所以要以整个觉受而不是某个部位的觉受为所观境，意在平等无分别，破除执著。因为心一执著，取舍斗争之心就会随即生起，宁静全无，身心将不知不觉滑向紧张不安。

之所以要有意无意，乃是为了更好地趋于无心。因为太作意，必将不知不觉地滑入分别取舍执著当中；若不作意，即有可能散乱外驰，失去正念，或者落入昏沉无记。此有意无意，大慧宗杲禅师谓之"忘怀管带"，其分寸唯当人慢慢体会、灵活把握。

（二）以内外统一之境为所观对象，渐至身境合一而忘身，外境之动相不再成为压迫，解除动结，进入无边的宁静当中

当身心完全放松和安稳之后，即可有意无意借助随息，把整个外境之动静当作自己的大身体，并以之为所观之境，此时小身体的觉受只是这个大身体的一部分。在这个过程中，当以"函盖乾坤、无欠无余"的广大自足之心量，以不将不拒、不取不舍之旁观者的心态，默而照之，不起心动念。久之，境界越来越广大，越来越深邃，内心越来越平静，渐渐地，融身于外境，乃至不知身之所在。此时外境的动相已忘，然仍有主观的能觉受的"我"相在，尚有深邃无边之静境在。

（三）以身境合一的无边宁静为所观对象，渐至忘境，无边的宁静不能留碍，解除静结

当功夫进入一种不闻外在声音之动相的寂静境界中时，此境界只是寂静，没有光明（因为色阴区宇中的坚固妄想未破），且不稳定，稍一动念，声音之动相又历然于耳。此时，不可有"守住""怖失"（害怕失去这种寂静之境）之念，当继续做"彻底放下、当下具足、心中无事"的静观功夫，即可进入动静二相了然不生的空明之境，解除静结。

（四）以身境俱忘的空明之境为所观对象，渐至忘心，解除根结，照体独立，初证人空

动静二相之有相的境界没有了，但是犹有空明之境在（因为受阴区宇中的虚明妄想未破），犹有能觉在，犹有主观的我在。此乃定中的路途风光，非是正悟，故不可生"守住""怖失"之念，不能住在上面，需要继续做"彻底放下、心中无事"的静观功夫，功夫纯熟，渐渐进入无心的状态，时节因缘一到，或在某个外缘的激荡下，能观的觉和所观空明之境的二边对待突然被打破，那时便没有了能观的我，根尘迴脱，能所双亡，破人我执，解根结，此为初步的明心见性，与理法界相应。

这里需要注意，不要把暂时的定境，与真实的根尘迴脱、照体独立混同起来。暂时定境，心境、能所的对待仍然存在，且出定之后，渐渐消失。而真实的见道，则是稳定的，常现在前，如"露地白牛，趁亦不去"。

（五）悟后起修，依定慧等持的无心默照的功夫，分破六粗中的相续相、智相以及三细和最初一念生相无明

明心见性只是得个入处，仅与理法界相应，真正的修行才开始，还必须破法我执（宗门谓之破重关），证理事无碍法界；然后从空起用，中道智现前，证无生法忍（宗门谓之破牢关），由此转身向上，荡尽无明，圆满功德，证事事无碍法界。

前面所言这几个基本阶次，仅就功夫深浅而立，每一步骤都贯穿着宗门的圆顿信解及正念，其用功原则都是一样的，都依"圆同太虚，无欠无余""不离当处常湛然，觅即知君不可见""道遍一切时处""道在六根门头放光动地"等圆顿信解，将心调到"虚空明镜"的状态，直下承当，当下一念体验心的"自觉，自主，自足，自在"，此即所谓"虚明自照，不劳心力"。这是唯一的原则。从这个原则来看，禅宗实无功夫可用。唯一的功夫就是把宗门的圆顿信解变成当下的正念，然后安住此正念，随缘随处，转一切境界为菩提妙用，无取无舍，无求无得，仅此而已。

三、依曹洞宗看话头的方法来修默照

以平等无分别智起观，对于多数人而言，如果没有一个相对来说比较固定的所观境，实在是难于长久保持，很容易走失，或者陷入昏沉。所以，曹洞宗有人主张通过"看话头"来保持默照。

关于曹洞宗看话头的方法，雪岩祖钦禅师在他的开示中讲得比较详细，他早年的修行就是按曹洞宗的方法来看话头的：

（山僧十八岁）在双林铁橛远和尚会下，打十方，从朝至暮，只在僧堂中，不出户庭。纵入众寮，至后架，袖手当胸，徐来徐往，更不左右顾。目前所视，不过三尺。洞下尊宿，要教人看"狗子无佛性"话：只于杂识杂念起时，向鼻尖上，轻轻举一个"无"字，才见念息，又却一时放下着，只么默默而坐，待他纯熟，久久自契。洞下门户，工夫绵密、困人，动是十年二十年，不得到手，所以难于嗣续。我当时忽于念头起处，打一个返观，于返观处，这一念子当下冰冷，直是澄澄湛湛，不动不摇，坐一日，只如弹指顷，都不闻钟鼓之声。

过了午斋放参，都不知得。长老闻我坐得好，下僧堂来看，曾在法座上赞扬。
（《雪岩祖钦禅师语录》卷二）

　　透过这段文字，可以看出，曹洞宗通过看话头来修默照禅的操作方法就是：杂念起时，及时提"无"字，或就念头的起处，打一个回光返照——"这念头从何处起""是谁在起念"，待杂念止息之后，便安住在离念之空境中，默默观照；杂念如果再起，则再提"无"字、再参"谁"字，当下令杂念冰冷，然后继续默然静坐，如此这般，直至功夫成片。

　　具体说来，在座上也可以改参软话头，比如参"念佛的是谁"，或参"拖死尸的是谁"，也可以把它与当下的呼吸结合在一起，在随息的过程中，参"观呼吸的是谁"，或者参"这个身体谁在操控"，先借疑反观，觅念头了不可得，然后暂时安住在离念之静境中，保持"虚明自照、不劳心力"的状态，等到妄念再起来了，再随顺呼吸，轻轻提一下"观呼吸的是谁"或"这个身体谁在操控"，当下再令念头冰冷冰冷的，然后继续安住在离念之空境中。晚上睡觉的时候，亦可以通过这种方法做功夫。

　　依雪岩祖钦禅师所说的曹洞宗的看话头方法，修行人可以比较容易地进入欲界未到地定，乃至进入根本四禅。但是，我们要知道，这并不是修行的最终目标，也不是我们的功夫核心之所在。这只不过是一期之方便，而非究竟之极谈。暂时安住在"止"的状态，是为了更顺利、更专注地起观，离人我、法我二执。

　　这种通过提话头来修默照的方法，对于初入门、身心比较粗重的人而言，能够比较快地做到放松、放下，进入杂念不生的清净境界中。但是，如果见地不透，也容易落入误区当中，即将动静二相打作两截，落在"动静"二边中的"静"边，动辄十年二十年，难于出头。所以，通过提话头来修默照禅，刚开始时，可以按曹洞宗的方法去做，但是，须知杂念消失之后的静境，并非本地风光，不可久住。此时宜改依临济宗的参话头之方法，起真实之大疑情，勇猛追究，如鼠啃棺，疑情未破，不得放手（参见本书第十一章第四节中的相关内容）。

　　其实，落在清净的境界中，不仅是"通过看话头修默照"这一方法容易出现的误区，也是整个默照禅需要特别警觉的地方。关于这一点，在本章的最后一节，还将会以雪岩祖钦禅师的修道经历为例，再做深入的剖析。

四、座上正念功夫的适时调节

虽然在理论上很容易明白"寂惺不二""默照同时"，但是，在具体实修的过程中，却并不是一下子就能找到感觉的，会有各种各样的问题接二连三地出现，功夫反反复复、进进退退。这些都是很正常的现象。

在这种情况下，仅仅靠记持"惺惺寂寂""默照不二"等文字语句，是远远不够的，还必须把此前在"默照禅的修证理路"这一部分中所谈到的圆顿要旨，融会于心中，将它们变为活泼泼的观照般若。修行人一旦确立了"无心合道"之决定正知见，发起了"一切现成、直下承当"之坚定信心，把握了"休去歇去""虚明自照"之用功原则和方法，要做到"惺寂不二""默照同时"并不是一件难事。相反，如果二边之见不能彻底打破，"当下即是""直下承当"的信心不能真正发起，心里还存有各种各样的分别执著和邪知邪见，那么，我们的心将永远处于向外驰求和不断斗争的状态，永远也无法与默照禅法相应，根本就不可能做到"无心"。

为了有效地把"无心合道""一切现成""休去歇去"的精神落实在当下的默照中，这里有一个非常简单、同时又非常适用的方法，初学默照禅的人可以一试：

建议初学者先把三祖的《信心铭》、永嘉大师的《证道歌》全部背诵下来，烂熟于心（有条件者，还可以加上其他一些禅宗大德的经典诗偈和法语，如傅大士的《心王铭》，牛头法融禅师的《心铭》，六祖《坛经》中的几首《无相颂》和《涅槃偈》《自性真佛偈》，腾腾和尚的《了元歌》，懒残和尚的《悟道歌》，石头和尚的《草庵歌》，以及四祖开示牛头和尚的那段法语，澄观大师的《答皇太子问心要》等）。用功的时候，可以结合自己的状态，有针对性地拈出其中一句或几句，顿在心中，如口中衔着一块糖相似，不断品味。比如：

1. 当外境喧嚣、内心受到干扰、一心想逃避环境，或者自己对修行环境不如意、挑三拣四的时候，可以念：

（1）境缘无好丑，好丑起于心。心若不强名，真心任遍知。

（2）迷生寂乱，悟无好恶。一切二边，良由斟酌。梦幻空华，何劳把捉。得失是非，一时放却。

（3）心外无境，境外无心。将心灭境，彼此由侵。心寂境如，不遣不拘。境随心灭，心随境无。

（4）欲取一乘，勿恶六尘。六尘不恶，还同正觉。智者无为，愚人自缚。

2. 当我们知见不圆，落入二边分别取舍当中，妄想通过压制念头的方法来追求空静之境，而把自己弄得很疲劳、很烦躁的时候，可以念：

（1）至道无难，唯嫌拣择。但莫憎爱，洞然明白。

（2）违顺相争，是为心病。不识玄旨，徒劳念静。

（3）止动归止，止更弥动。唯滞两边，宁知一种。一种不通，两处失功。遣有没有，从空背空。

（4）真不立，妄本空，有无俱遣不空空。

3. 当我们功夫不上路，身心焦躁，觉得大道离自己太遥远、对修行失去信心、感到非常郁闷的时候，可以念：

（1）不离当处常湛然，觅即知君不可见。

（2）夜夜抱佛眠，朝朝还共起。起坐镇相随，语默同居止。纤毫不相离，如身影相似。欲识佛去处，只这语声是。

（3）一切现成，当下即是。

（4）道也者，不可须臾离也；可离，非道也。

4. 当我们妄念纷飞、不知如何处置的时候，可以念：

（1）此事如明珠在掌，胡来胡现，汉来汉现。

（2）念起即觉，觉之即无。

（3）问：二龙争珠时，谁是得者？答：老僧只管看！

（4）问：猢狲子抓不住时如何？答：如风吹水，自然成纹，捉它作么！

（5）问：起灭不停时如何？答：是谁起灭？任它起灭，管它作么！

5. 当我们妄想逃避烦恼，或者妄想在见闻觉知或生灭心之外，寻找一个所谓的常住真心的时候，可以念：

（1）绝学无为闲道人，不除妄想不求真。无明实性即佛性，幻化空身即法身。

（2）不用求真，唯须息见。二见不住，慎莫追寻。才有是非，纷然失心。二由一有，一亦莫守。一心不生，万法无咎。

（3）分别凡圣，烦恼转盛。计较乖常，求真背正。双泯对治，湛然明净。不须工巧，守婴儿行。

（4）菩提本有，无须用守。烦恼本无，无须用除。灵知自照，万法归如。

6. 当我们经常为正念走失而苦恼的时候，可以不时地自问自答：

（1）主人公，在哪里？惺惺着，莫受人瞒。

（2）有妄想否？

7. 当修行中出现了一些不好的境界，想通过斗争的方式摆脱它却又不可得的时候，可以念：

（1）神鬼纵有伎俩千般有尽，老僧不闻不问法力无穷。

（2）一任蹦跳，看它如何！

（3）竹密不妨流水过，山高岂碍白云飞。

8. 当我们不知不觉地滑入二边分别，用取舍心做功夫，因而感觉到特别吃力的时候，或者想知道自己功夫是不是上路了，可以念：

（1）虚明自照，不劳心力。

（2）得力处省无限力，省力处得无限力。

以上这些诗偈短语，我们可以把它们当作口诀来使用。当我们这样做的时候，它们可以帮助我们及时提起正念，不仅能有效解决当下功夫中所出现的问题，还能帮助自己迅速地树立起正知正见，确保在以后的修行路上不致走偏。这些口诀的含义，在默照禅的理论这一部分中已经谈及，这里最关键的是要把它们变成自己的正念，要有一种亲切感才行。

在修行的过程中，一般人都容易犯急躁的毛病，这种急躁来自两个方面的反差：一方面是有所求、有所得、贪快的心念炽盛；另一方面是功夫落在二边当中，不得力，身心紧张，没有法喜。两相对比，就产生了急躁。

此急躁的毛病一起来，一般会出现两种结果：一是对修行没有信心，郁闷绝望；二是向外驰求，或者改换法门，或修习外道法，或退失道心。自古以来，学佛的人千千万万，成道的人却寥若晨星，原因之一就是患了急躁病而不知如何对治。

须知急躁病的真正根源，在于没有树立起"无心合道"的圆顿知见，没有生起"一切现成、直下承当"的决定信心，没有掌握好"休去歇去"的用功原则和方法。因此，要治疗急躁病，必须在圆顿的知见和信心等方面下功夫。我们可以试图用上述念诵口诀的方法来处理这类问题：

1. 当急躁、绝望、郁闷的心情生起的时候，首先念"不离当处常湛然，觅即知君不可见"（或者念"夜夜抱佛眠，朝朝还共起。起坐镇相随，语默同居止。纤毫不相离，如身影相似。欲识佛去处，只这语声是"，或者念"一切现成，当下即是"等等），来反复地提醒自己：即使是在烦恼中，即使是在功夫没有上路的情况下，大道并没有离开我们，仍在我们的六根门头放光动地。

2. 接着念"至道无难，唯嫌拣择。但莫憎爱，洞然明白"（或者念"绝学无为闲道人，不除妄想不求真，无明实性即佛性，幻化空身即法身"，或者念"不用求真，唯须息见。二见不住，慎莫追寻。才有是非，纷然失心。二由一有，一亦莫守。一心不生，万法无咎"等等），来反复地提醒自己，大道就在眼前，只要我们不分别取舍，不生心动念，心里闲闲的，同时又明明了了，当下即可与大道相应。

3. 接着再念"虚明自照，不劳心力"（或者念"菩提本有，无须用守。烦恼本无，无须用除。灵知自照，万法归如"，或者念"得力处省无限力，省力处得无限力"等等），来提醒自己，放下取舍的心、外求的心、斗争对治的心，将身心的紧张全部消解掉，归于心中无事的闲闲状态，然后再做默照的功夫。

通过这三步口诀，我们就可以从见地、信心和观行方法这三个方面，根治修行过程中所出现的上述诸禅病，并保证我们的功夫永远处在"在道"的状态。

以上座上功夫的正念调节方法，不仅适用于默照禅，同样适用于安般禅、话头禅和念佛禅。

第四节　默照禅的座下功夫

修习默照禅者，下座之后，功夫仍须继续。身体下座了，但是心不能下座。无论场景怎样转换，用功如一的心始终不能丢掉。

因为没有外缘的干扰，座上的功夫提起来比较容易，而座下相对来说却要难一些，因为座下是在不断地变动中，而且有繁杂的六尘境缘来干扰，正念最容易走失。虽然如是，一旦在座下能够轻松自如地提起正念之功夫，它的力量要远远超过座上的功夫。古人讲，静中做得十分功夫，动中只得三分力用。醒时做得十分功夫，梦中只得三分力用。可见，要想自主生死者，必须养成在日用中做功夫的习惯，要将生活与功夫打成一片，不仅日间浩浩时能作主，夜间睡着了、有梦和无梦都能作得主才行。

要做好座下功夫，首先要充分认识到在日常生活中做功夫的重要性。关于这一点，读者可以参见本书第六章第一节"菩萨道原则"中的"在生活中透禅机"这一部分的相关内容。其次是要掌握在日常生活中做功夫的具体方法。关于这一点，读者可以详阅本书第八章第五节智者大师关于座下历缘对境如何修习止观的相关开示。

关于日用中如何修习默照禅，有四个要点：

一是生死心切，看破放下；

二是安住当下，无心而照；

三是念起即觉，逢缘即转；

四是通过"正念工程"，学会"正念生活"。

一、生死心切，看破放下

很多修道人都有这样的体会：座上觉得定力还不错，观照力蛮强，可是一下座，接触世事，正念早已不知跑到哪里去了，一天当中，难得有几次回光返照。其原因何在？仅仅是不知道用功方法吗？

苏州师子峰天如惟则禅师在一次普说中，曾经剖析了修道人功夫不能上路、不能成片的三个原因。他说：

生不知来处，谓之生大；死不知去处，谓之死大。腊月三十日到来，只落得手忙脚乱，何况前路茫茫，随业受报，正是要紧事在！这个是生死报境。若论生死业根，即今一念随声逐色，使得七颠八倒者便是。由是佛祖运大慈悲，或教尔参禅，或教尔念佛，令汝扫除妄念，认取本来面目，做个洒洒落落大解脱汉。而今不获灵验者，有三种病：第一不遇真善知识指示；第二不能痛将生死大事为念，悠悠漾漾，不觉打在无事甲里；第三于世间虚名浮利，照不破，放不下，妄缘恶习上，坐不断、摆不脱，境风扇动处，不觉和身滚入业海中，东飘西泊去。（《禅关策进》）

这段文字真是一针见血、入木三分，可做修道人的无上伽陀。特别是第二点和第三点，几乎是所有功夫不能成片的人的一个通病。

可见，日用中功夫要想成片，方法固然重要，但是发起猛烈的出离心和向道心更重要。"生死心切、看破放下"是进道的根本前提。五祖法演和尚经常劝告座下弟子，"须将生死二字贴在额头上"，决要讨取个分晓。如果真能把修道当成自己的命根，看作此生中最根本、最重要的志业，向道的心果真非常强烈、超过了其他任何世间欲念，那个时候，功夫自然而然就能提起来。

请看大慧宗杲禅师的两段开示：

1.既办此心，要理会这一着子，先须立决定志。触境逢缘，或逆或顺，要把得定、作得主，不受种种邪说。日用应缘时，常以无常迅速，"生死"二字贴在鼻孔尖头上。又如欠了人万百贯债,无钱还得,被债主守定门户,忧愁怕怖,千思万量,求还不可得;若常存此心,则有趣向分。(《宗杲尺牍·示妙明居士(李知省伯和)》)

2. 既知无常迅速,生死事大,决欲亲近善知识,孜孜矻矻,不舍昼夜,常以"生死"二字,贴在额头上。茶里饭里,坐时卧时,指挥奴仆时,干办家事时,喜时怒时,行时住时,酬酢宾客时,不得放舍。常常恰似方寸中有一件紧急未了底事碍塞,决欲要除屏去、教净尽,方有少分相应也。若见宗师说时,方始着急理会,不说时又却放缓,则是无决定之志;要得生死根株断,则无有是处。(《宗杲尺牍·示永宁郡夫人(郑两府宅)》)

所以,当我们的修行功夫陷入断断续续、悠悠忽忽、时松时紧状态中的时候,就要及时反省,痛念生死无常,发起猛利的无上真正道意。这是在日常生活中继续保任默照禅座上功夫的一个根本保障。

二、安住当下,无心而照

发起了猛利的压倒一切的无上真正道意之后,接下来,对修行人来说,唯一重要的事情就是:安住当下,心行合一,正念分明;无心于事,无事于心;于见闻觉知,不起心动念。

在"默照禅的修证理路"这一部分中,曾提到过"直下承当"这个概念,并指出,"关于直下承当,从功夫的角度来看,就是把修行、解脱、成佛,落实在当下、当念、当机(正在做的事情、正在从事的活动)、当处,在念头上即信即解即观即证"。这一点是修行人在日用中修习默照禅最关要的地方。

如果你正在厨房里洗碗,厨房就是你的道场,洗碗就是你的修行。洗碗的时候只是洗碗,不起心动念,清清楚楚。不要一边洗碗一边想着赶紧把碗洗完,好早点进佛堂念经、拜佛、打坐。

如果你走在路上,路就是你的道场,走路就是你的修行。走路就是走路,心里闲闲自在的,无事人一般,对整个走路的觉受了了分明,再没有第二念。不要一边走路一边想其他的事情,或者想早点回家做功课。

当你遇到某个不愉快的事情、内心起了烦恼的时候，这个念头就是你的道场，即时觉察这个烦恼的念头，不随它流转，当下消化它，所谓"念起即觉，觉之即无""断相续心"，这个就是你的修行。当烦恼的念头生起时，不要说"等我的烦恼过去之后，我再好好修行"。

当你置身于一个自己并不如意的环境中时，那个环境就是你的道场，在那个环境中所遇到的每一件烦心的事、所遇到的每一个让你不高兴的人，就是你修行的内容，正视它，承当它，最后转化它。不要说"等我换到一个好的环境中，我再好好地修行"。

总之，修行贵在能够在当下、当念上，转得及，提起正念，将心念往道上会。离开了这一点，讲再多的大道理都是空的。

大慧宗杲禅师有一首《送直禅人》的偈子，云：

直出直入，直行直坐。直禅上人，直须怎么。本自圆成，不立功课。饥来吃饭，寒来向火。不在瞿昙，非干达磨。拟心思量，返遭殃祸。我说是言，已招口过。明眼人前，一场话堕。请事斯语，无忘骨剉。（《大慧普觉禅师语录》卷十一）

这首偈子把参禅人日用中如何用功的关节处点出来了。这个关节处就是我们一再强调的"直下承当""直心是道场""离心意识"。

凡夫的心与行是分裂的、错位的，缺少观照：常常是身在这里，而心却在别处；手里做着事，心念却天南海北地到处乱跑；心里装满了乱七八糟的东西，对当下的念头和行为没有觉照。在日用中修行，首先就是要让心行从分裂的错位状态回归到一念未生之前的"一"上面来，不起第二念。

天童正觉禅师讲：

如着衣吃饭，念念无异思惟，心心不容染污，脱身空劫，撒手断崖，透根尘、穷顶底，孤明独照，廓彻妙存，自然心花发明，应现刹土，何曾间隔变易来！便能入异类、行鸟道，无碍自在矣。（《宏智禅师广录》卷六）

穿衣吃饭，念念无异思惟，不思前、不想后，历历孤明，轻松自在，这就是日用中修默照禅的功夫。若能如是理解，则日用中的一切人事、境缘、举手投足、起心动念之当下，都是我们的禅座，都是我们默照的对象，都是我们用功夫的好时节。

要做到心行合一、不起心动念，最省力的办法就是放下一切，做一个"无事人"，让心处于一种空灵的状态。圆悟克勤禅师讲：

> 岩头道："他得的人，只守闲闲地，二六时中无欲无依，自然超诸三昧。"德山亦云："汝但无事于心、无心于事，则虚而灵、寂而照。若毫端许言本末者，皆为自欺。"此既已明，当须履践，但只退步，愈退愈明，愈不会愈有力量。异念才起、拟心才生，即猛自割断，令不相续，则智照洞然、步步踏实地，岂有高低、憎爱、违顺、拣择于其间哉？无明习气旋起旋消，悠久间自无力能扰人也。古人以牧牛为喻，诚哉！所谓要久长人尔！直截省要，最是先忘我见，使虚静恬和，任运腾腾，腾腾任运，于一切法皆无取舍，向根根尘尘应时脱然自处，孤运独照，照体独立，物我一如，直下彻底无照可立，如斩一緺丝，一斩一切断，便自会作活计去也。佛见、法见尚不令起，则尘劳业识自当冰消瓦解。养得成实，如痴似兀而峭措，祖佛位中收摄不得，哪肯入驴胎马腹里也？（《圆悟心要·示张持满朝奉》）

"汝但无事于心、无心于事，则虚而灵、寂而照"，这句话可以当作在生活中修习默照禅的要诀。

三、念起即觉，逢缘即转

当境缘（特别是不可爱的境缘）突然现前时，因正念的力量太弱，不能直下无心，往往会生起与道不相应的分别取舍等烦恼的念头，这时候，需要借助正见和正思维的力量来透过它们。此时的功夫有两个要点：

首先是觉，令烦恼的念头当下中断，不让它肆无忌惮地发展，所谓"念起即觉，觉之即无"，"断相续心"。

其次是转，就是一切往道上会，当下转尘劳为妙用。唯识宗讲"转识成智"，在因地的功夫上就是这样。

圆悟克勤禅师讲：

古人念此大事，虽处深山幽谷村落间，未尝斯须违背，遇境逢缘，若色若声，动作施为，无不回转令就自己分上，与从上来透彻之士所履践无二无别。所以根本牢强，不随境界风转，静然安闲，不落圣凡情量，直下大休大歇，得坐披衣。（《圆悟心要·示实上人》）

"遇境逢缘，若色若声，动作施为，无不回转令就自己分上"这句话，当细细咀嚼，不可等闲放过。"回转令就自己分上"不仅仅是功夫，更是见地和实证。且如何是"回转令就自己分上"？若在这里有个亲切处，许你功夫上路。若是茫然，切须在宗门圆顿的知见和用功方法上下功夫。

六祖早就讲，凡圣、迷悟之别，其实就在一念之间。前念迷即凡，后念悟即圣。文殊思业禅师有悟道偈云："昨日夜叉心，今朝菩萨面。菩萨与夜叉，不隔一条线"。虽然相对于前面所说的"不起心动念"而言，说个"断"字、说个"转"字，已经落在了第二头，但是，事上的功夫不是一下子就能到位的，对于普通人来说，这是一个必经的阶段。所以，在日用中修行，"转"的功夫最为要紧。

转的功夫有七个方面：

1. 于举手投足、起心动念处，回头转脑，向一念未生之前着眼

在日用中，经常回光返照，自审自问"是谁？""是个什么？""从何处起？""承谁恩力？""主人公在哪里？"通过这种方法，念念向意根下觑捕，念念向自性上回归，日久功深，打成一片，能所双亡，一念不生，自然会契入无心之本地风光。圆悟克勤禅师讲：

古人道："百草头边荐取。"只如从朝至暮，是个什么？但念念觑捕，心心无住，悠久纯熟，只见光辉，观一切法空，不曾有实，唯此一心亘今亘古，可以透脱死生。（《圆悟心要·示禅者》）

请看两则古人在日用中是如何做功夫的公案：

公案一：

成都府范县君（县君，古代妇女之封号），圆悟克勤禅师之在家得法弟子，生平不详。范县君很早就寡居，一心向佛，坚持习禅，常坐不卧。

后闻圆悟克勤禅师住持成都昭觉寺，于是便前往礼拜，请求圆悟禅师为她开示入道法要。圆悟禅师于是教她看"不是心，不是佛，不是物，是个甚么？"

范县君于是依教参究，可是久无所契，心里非常着急。

一日，范县君又来到昭觉寺，哭着央告圆悟禅师道："和尚有何方便，令某易会？"

圆悟禅师道："却有个方便。"于是便教她只看"是个甚么？"

范县君回家后，依教奉行，在日常起居处、举手投足处，专看"是个甚么？"这样坚持了一段时间，终于有一天，豁然有省。她惊喜地说道："元（原）来恁么地近那！"（《禅宗大德悟道因缘》，参见《五灯会元》卷十九）

范县君的悟道经验，值得我们借鉴。在日常生活中，看"是个甚么？"这实际上就是六祖所说的"学道常于自性观"。因为，我们的一举一动，起心动念，都是自性的妙用。可是，自性是什么？自性在哪里？如果我们能在自己的一举一动、起心动念的当下，回光返照，问一声"是个甚么"，这个时候，我们就已经与自性打照面了，更不需要向外求玄求妙。

公案二：

竟陵荆门天琦本瑞禅师，杭州东明宝峰智瑄禅师之法嗣，二十岁时，忽念色身无常，遂弃家远游，投荆门无说能禅师座下落发。无说能禅师令他看"万法归一，一归何处"之话头。天琦禅师依教参究了一段时间，却一无所得。

不久，天琦禅师便辞别无说能禅师，改投佛照禅师座下。在那里，他有幸遇到了道翼首座（亦说昱首座）。道翼首座对他的道业非常关心，为了帮助天琦禅师将功夫落到实处，道翼禅师甚至不许天琦禅师说闲话和眨眼睛！

有一次，有人在廊下讲话，天琦禅师情不自禁地竖起耳朵来听。

道翼首座走过来，抡拳就打。

天琦禅师道："吾不曾瞌睡。"

道翼首座道："你不曾瞌睡，耳听那（哪）里？"

另有一次，有两位僧人在量尺寸、裁衣服，天琦禅师从旁边经过，不经意间瞟了一眼。

这时道翼禅师不知从什么地方冒出来，抢拳便打，说道："你那眼也不得停住，话头焉得著实？"

在道翼禅师的百般提携和苦口婆心的逼拶之下，天琦禅师修行更加精进，功夫也日趋纯熟。

为了早日证道，天琦禅师从此过着苦行僧般的生活，根本无暇顾及自己的衣着。他连续五个冬天不曾穿过棉袄，也没有内衣，一年四季就穿着一领破衲，褴褛不堪。

经过一段时间的苦行和专修，一天，天琦禅师偶然翻阅祖师语录，就在他提撕沉吟之际，忽然生起大的疑情来："疑是阿谁？举处是何人？"这疑情越来越重，于是，他便终日只看"是谁"二字，心心念念，昼夜一如。经过几天的苦苦提撕，忽然间，他发现山河大地和自己的身体都不见了，恍如虚空。

为了请求诸方尊宿为他抉择，天琦禅师不久便开始游方参学。不久，来到山东静东晖禅师座下。有一天，天琦禅师得了痢疾，痛得非常厉害。静东晖禅师勉励他道："病中功夫，切不可放过！"并为他举大慧宗杲禅师患背疽之因缘——

昔大慧宗杲禅师在径山患背疮，疼痛无比，昼夜叫唤。有僧问："和尚还有不痛底么？"大慧禅师道："有。"那僧便问："作么生是不痛底？"大慧禅师道："痛杀人！痛杀人！"

天琦禅师一听，豁然有省。病愈之后，天琦禅师随即继续游方，途中因偶然听到山鹿的呦呦鸣叫，忽然如梦初觉，从前参学所得，涣然冰消。后来他来到南京高峰，礼谒宝峰智瑄禅师，并得到了智瑄禅师的印证。智瑄禅师授予他法衣和拂子，并说偈云：

"济山棒喝如轻触，杀活从兹手眼亲。

圣解凡情俱坐断，昙花犹放一枝新。"

（《禅宗大德悟道因缘》，参见《续灯正统》卷二十九）

有不少修行人，生死心不切，放不下世缘，成天悠悠忽忽的，还动辄以日常事务忙、没有时间没有条件做功夫为借口，为自己修行不精进做辩护。这种现象，不仅与发心有关，同时也跟修行人的见地不透彻有关系，他们对"大道遍一切时、一切处，时刻在六根门头放光动地"这一点解不透、信不及。圆悟克勤禅师曾经在给他的一位俗家弟子的书信中谈及此事，可作为疗病之药来用：

每接士大夫，多言"尘事萦绊，未暇及此，待稍拨别了，然后存心体究"。此虽诚实之言，然一往久在尘事中，口以尘劳为务，头出头没，烂骨董地熟了，只唤作尘事，更待拨却尘缘，方可趣入，其所谓"终日行而未尝行，终日用而未尝用"，岂是尘劳之外，别有此一段大因缘耶？殊不知大宝聚上放大宝光，辉天焯地，不自省悟承当，更去外求，转益辛勤，岂为至要？若具大根器，不必看古人言句公案，但只从朝起，正却念、静却心，凡所指呼作为，一番作为一番再更提起，审详看："从何处起？是个甚物作为得如许多？"当尘缘中一透，一切诸缘靡不皆是，何时拨别？即此便可超宗越格，于三界火宅之中，便化成清净无为清凉大道场也。《法华》云："佛子住此地，即是佛受用。经行及坐卧，常在于其中。"（《圆悟心要·示蒋待制》）

2. 将烦恼业障当下消归空性

有不少修行人有这样一个倾向：功夫不得力时，经常抱怨自己过去世业障深重，向过去找原因。当然，有忏悔的心这一点是好的，但是，如果把业障当作"实有"，终日像背一座大山一样，到处走，那样反而会成为修行的大障碍。

我们每天都念忏悔偈，"罪由心起将心忏，心若灭时罪亦亡。心灭罪亡两俱空，是则名为真忏悔"。要知道，修行中所谓的"业障现前"，并不是什么神秘的东西，从究竟处讲，它最终要通过现前一念表现出来。所以，如果我们从念头的无常性这个角度来观照它们，看破它们的虚幻性，不让它们相续，不被它们所转，那么，业障当下即可冰消瓦解。二祖、三祖和四祖的悟道，就是从"当下将心念转归空性"开始的。

3. 通过发菩提心、回向心，转寻常日用为菩提妙用

刚入佛门的人，容易落入二边，将佛法与世法打成两截，认为只有在佛堂里打坐、念经、礼拜才是修行，而在此之外的日用应缘，包括工作和饮食起居，都是在打闲岔。这是一种错误知见。如果抱着这种知见，修行的功夫将永远无法成片。所以，我们首先要对"道在日用"这样一个教理生起决定的信解；其次，要通过发菩提心和回向心，将寻常日用转为菩提妙用。

同样是一份普通的工作，不同的发心，其意义和价值是完全不一样的。比如，扫大街，如果你仅仅出于谋生的需要而不得不去做它，或者你是带着高低、贵贱、贫富等世俗的分别心来做它，那么这项工作对你来说，是毫无快乐可言的，它的价值和意义是非常有限的。但是，如果你是从"要为他人创造一个美丽的环境、要让每一个在这个环境中活动的人都心情愉快"这样一个角度来发心，同时认为，打扫街道就是打扫自己的心地，就是培养自己的平常心，并且在打扫的过程中，身心完全放松，安住在当下，不生心动念，了了分明，那么打扫卫生这个极其普通的工作就具有了无上的价值和意义。这样的发心、这样的用功，与你在禅堂里打坐有什么两样？

为了更有效地做到这一点，在家信众经常持诵《华严经·净行品》是非常必要的。

4. 通过转心来转境

《觉林菩萨偈》中讲，"心如工画师，能画诸世间。五蕴悉从生，无法而不造"。这个心，不仅指我们当下能够观察得到的粗浅的前六识，还包括第七识，以及目前我们尚无法透视的更深层次的第八识。从业感缘起的角度，一个人的相貌、命运和所处的环境、人际关系等，都是由他自己的心感应而来的，反过来说，相貌、命运、环境和人际关系等，在一定程度上是认识他内心状态的一面镜子。

这种心境互相感应的道理并不神秘，只要认真反省一下，在日常生活中，它是无处不在的。比如，你用阴冷的心对待他人，他人就会用阴冷的态度对待你，你就会感召到阴冷的环境和阴冷的命运。你用光明的心对待他

人，他人就会用光明的心对待你，你就会感召到光明的环境和光明的命运。你拒绝环境和他人，他人和环境就会拒绝你。你温暖他人，他人就会温暖你。总之，你用什么样的心态对待他人，他人就会用什么样的心态对待你。你用什么样的心态对待人生，人生就会向你呈现出什么样的色调。你用对立的心对待这个世界，那么这个世界就充满了对立；你用圆融的心对待这个世界，那么这个世界就是和谐的。

既然命运和生存环境是我们自己的性格、心态、言行举止（业）的结果，同时也是我们认识自心的一面镜子，因此，当我们面对不好的命运和不好的环境时，我们首先要承担它们，而不是逃避。承担并不是被动地忍受，而是要从自己身上找原因，并且努力通过改变自己的心态来改变它们。那种企图通过逃避环境来摆脱烦恼、改变命运的做法，实际上，并不能从根本上解决问题。

现实中，有很多人对自己当下的生活处境不满意：或者对工作不满意，如人际关系紧张，得不到领导的赏识，嫌工作太累，工资不够高；或者对婚姻生活不满意，如感情不和，性格差异，经常吵架、闹离婚等等。面对这些不满意，一般有两种表现：一是见异思迁，这山望见那山高，不安于本分（工作、地位），希望通过换一个环境来改变自己的命运；一是把希望寄托在未来，希望时间能帮助自己解决问题。不管是哪一种表现，有一个共同点就是，一味要求环境和他人顺从自己，而没有想到首先要改变自己的心态。如果只是一味要求改变环境，而不去试图改变自己的心态、性格和为人处世的方式，即使暂时换了一个环境，同样性质的故事还会在不同的地点和时间中重复发生。为什么有的人一再发生婚变，结果还是对婚姻不满意？为什么有的人一再换工作，但是上下级关系、同事关系还是处理不好？原因就在于：自己心理上的症结没有解决。

所以，对于一个修行人而言，当厄运和逆缘降临到自己头上的时候，首先不要抱怨，要面对它，接受它，承当它；其次是要好好地反省一下自己的言行举止和起心动念。改变环境和命运的最好办法就是从改变自己的心态开始。求人不如求己，与其外求于境，何如内求于心。所以通过转心来转境，是修行人在生活中落实"直下承当"精神的一个重要内容。

5. 转一切缘为修道之增上缘

佛法虽是不二法门，但是，要真正做到不落二边，却非常不容易。因为无始劫以来，我们一直习惯于分别取舍：顺我者则喜，逆我者则嗔；见了可爱之境就想凑上去，见了不可爱之境，就想逃避或排斥。这种好恶分别习气，对修行人来说是一个很大的障碍，尤其是当它披着修行外衣出现的时候，更容易迷惑人。

因为修行就是要打破我法二执，我执不破，则生死不能了；法执不破，则无上菩提不可得。一个人在顺缘、清净缘中住久了，"我执"的种子可能会在暗中得到浇灌，而当人却不自觉知。所以修行人要时刻把智慧之剑对准自己，不要被顺缘所惑。庞居士有一首偈子，表达的就是这个意思：

> 教君杀贼法，不用苦多方。
> 慧剑当心刺，心亡法亦亡。
> 心亡极乐国，法亡即西方。
> 贼为象马用，神自作空王。

（《庞居士语录》卷下）

古人为了防止在日用修行中不自觉地落入二边，特别指出：对待一切境缘，不管是好是坏，是逆是顺，都一概往道上会，都把它们视为修道的增上缘，都把它们看作从佛菩萨的大悲愿海中自然流露出来的度生之妙用，是佛菩萨对修行人的加持、护佑和勘验：顺缘是顺加持，是勘验，看你是否还有贪恋之心；逆缘是逆加持，是考验，看你的信心、见地和道念是否真的坚固。所以云门文偃禅师讲："平地上死人无数，过得荆棘林是好手。"

一般人都认为，顺缘能成就人，逆缘能磨损人。其实，这只是一个侧面。在修行的路上，如果觉照力不够，顺缘有时候也能毁掉一个人，而逆缘却能成就一个人。对于青蛙而言，蛇不是一个好东西，可是，在一个水池里，如果没有了蛇，时间久了，这些青蛙会得病的，因为它们活得太悠闲了，生命力会渐渐萎缩。修行也是这样，如果一切都顺心，"我执"猛烈现行的机会少了，我们就不容易识破它，更不要说打破它了。这个时候，逆缘和烦恼缘反而是一件好事，它能拯救我们。因为逆缘和烦恼缘的特征就是逆我执而行，它们的矛头直接是指向"自我"的。在逆缘和烦恼缘中，我们最能够清醒地认识自己的真实状况。

大慧宗杲禅师有一段文字讲得非常好，值得我们记取：

> 逆境界易打，顺境界难打。逆我意者，只消一个"忍"字，定省少时，便过了。顺境界直是无你回避处，如磁石与铁相偶，彼此不觉合作一处，无情之物尚尔，况现行无明全身在里许作活计者。当此境界，若无智慧，不觉不知被他引入罗网，却向里许要求出路，不亦难乎！（《宗杲尺牍·答楼枢密》）

四、通过"正念工程"，学会"正念生活"

"觉"和"转"是日常生活中落实修行的两个关键。在这两者当中，觉又是第一位的。觉了之后，才能起正思维，才能转；如果没有了觉，转也就无从谈起。所以，在日常生活中，不断地培养当下的觉照能力是修行的重中之重、基础中的基础。觉，又称"正念"，就是对自己的每一个举手投足、起心动念，都清清楚楚，都能自觉自主。

在生活中保持正念不失，这才是有真功夫的标志，而有没有神通、有没有感应则是枝末。正念的培养光靠座上的功夫是远远不够的，主要的功夫还得在日用中一点一点去养，由点到线，由线到面，生处转熟，最后变成一种近乎本能的东西，也就是"事一心不乱"，到了那个时候，开悟只是个因缘迟早的问题。

出家人外缘少，生活环境相对封闭和清净，日常生活非常有规律，从上殿到过堂，从坐香到出坡，都有一整套完整的仪轨，这些仪轨非常缜密，将身口意三业都统一纳入觉照之中，只要能够天天随众而行，不断熏习，正念自然增长。在家众则不一样，要上班，要做生意，要照顾家庭生活，场景复杂，烦心的事情也格外多，可用于做佛事的成片的时间太少，在这种向外驰求占绝对优势的情况下，仅靠偶尔才想起的次数极为有限的那点微弱的回光返照，是不足以让正念成片的。所以，在家人必须学会利用种种善巧方便，见缝插针，将无形的功夫编织在有形的日常事务中。在这里，有三点需要特别关注：

一是养成每天做定课的习惯。

在家人的定课，内容可以简短一些，时间不必太长，但必须有，而且尽量不要间断。比如，早晨起床比普通人稍微早一点，静坐半个小时，再念一篇短的经文（如《心经》《八大人觉经》，或者《普贤菩萨行愿品》），或十几分钟的圣号（如观音、地藏、弥陀，均可），时间充裕，可以多念一些，时间不充裕，就少念一些。晚上也念一篇短经（如《金刚经》《觉林菩萨偈》），再念十几分钟的圣号，之后静坐半个小时或一个小时。

不要小看这点功课，如果能够不间断地坚持几十年，其功效将是不可思议的。就当下而言，每天的早晚课，对我们来说就是一个很好的提醒，有了这个提醒，白天要提起正念就容易多了。

二是养成正念生活的习惯。

所谓正念生活，就是无论做什么事情，都要安住当下，处在觉照当中，不打妄想，心中闲闲无事。比如，吃饭的时候，尽量不说话，不思考问题，注意咀嚼饭食的滋味；走路时，可以注意呼吸，或者随着脚步的一起一落，在心中化为佛号；说话时，注意返观，要让自己所吐出的每句话了了分明；开会的时候，别人讲话，你可以一边注意自己的呼吸，一边倾听。

经常回归和观照自己的呼吸，是一个非常方便同时又非常有效的提起正念的办法。它不受时间、地点和场合的限制，随时随地都可以做到，而且不费力，也不影响他人。它可以把我们的心念从外驰的散乱中拉回当下，同时还可以帮助我们恢复体力。我们的眼耳鼻舌身意等六根就像六个漏洞一样，我们的生命能量每天就是从这六个破口中不知不觉地泄漏掉，所以称"有漏色身"。回归正念的呼吸在某种程度上就是暂时堵住这些漏洞。

净土法门中有个"十念法"，就是分别在白天十个不同的间隔大致相等的时间段里，各念十口气的佛号。这种方法，重要的不是每次念圣号有多少数量，而在于它贯穿在全天的生活当中，具有强大的提起正念的功能。虽然简单，一旦坚持下来了，在其他时间段里，要提起正念就容易多了。为了养成正念生活，我们可以仿效净宗的"十念法"，修习"正念工程"。

修习正念工程的基本思路是：强调在日常生活中，要随时随地充分把握住每一个不经意间冒出来的"我要修行"之正念，这些念头就像黑暗中偶尔出现的一个一个的"亮点"，我们可以称其为"正念之点"。这些偶尔出现的正念之点，开始的时候虽然力量非常弱小，稍纵即逝，但是非常珍贵，所谓"星星之火，可以燎原"。我们可以立足并善用这些正念之点，强化它们的觉照力量，尽量把生活中的每一个细节都一一纳入觉照当中。当这种正念练习做久了、做纯熟了，所谓"生处转熟，熟处转生"，我们会发现，要把正念贯穿到整个日常生活当中就不再是什么难事了，而且我们在日常生活中开悟见道的概率也会大大地提高。

三是修"手机禅"，摆脱对手机的依赖。

佛经里讲，淫欲对人的控制力量最为强大、持久，而且深邃。随着多媒体技术的高速发展，我们的生活中已经出现了一种新的贪欲或者说痴迷，它对人的控制程度，无论是从时间的连续性、空间的普遍性还是从精神的依赖性来说，都不亚于男女之欲，这种痴迷就是对智能手机的沉溺。

智能手机技术如此发达，它已经将电话、电视、电脑、娱乐、交游、商务等各种功能集于一身，渗透到社会生活的方方面面，如同空气一样，成为人们生活中不可缺少的一部分。甚至可以这样说，它已经变成了人们另一种形式的"六根"，人们开始习惯于通过这种新的"六根"与世界打交道。可以想象，这个"六根"如果出现了问题，比如说，某一天出门在外，忘了带手机，人们立马就会有一种"残疾人"的极不方便、极不自由的感觉。

智能手机的确给人们的生活带来了巨大的方便，但是，如果不注意，对它的过度依赖也会给人们带来巨大的伤害。它像个吸精气鬼一样，把我们的时间、精力、热情都吸光了。在不分时间、场合频频刷屏的过程中，我们的眼睛变模糊了，颈椎变僵硬了，脸色变灰暗了，皱纹变深了，神情变麻木了，热情变冷淡了，记忆力变差了，最后活得像"鬼"一样。尽管如此，我们很多人还是不肯放下手机，宁愿死于无休止的"枯骨里觅汁"，也不愿意花一分钟、两分钟、三分钟的时间来独自面对空虚的自己。人们已经被手机掏空了，个人已经没有力量来独自支撑自己的精神世界。有媒体报道，经调查发现，中国青年人当中，每天刷手机的时间加起来，平均超过五个小时。多么惊人的数字！

男女之欲的危害固然大，但它的生起至少还要分个时间和场合，"有所间断"，而这种对手机的痴迷可以不分时间和场合，走路可以看，坐车可以看，躺在床上可以看，总之，只要有一分钟的空闲，就可以看，甚至吃饭时、与亲友聚会时，都忘不了时时刷一下。如果不刷一下，心里就会憋得慌，六神无主，甚至情绪失控。

大慧宗杲禅师讲，修行就是要"生处转熟，熟处转生"。生处者，功夫也，正念也。熟处者，贪嗔痴等习气也。我们可以断言，修道人如果迷上了智能手机（不管他是明目张胆地玩手机，还是打着弘法的幌子玩手机），这一生算是完蛋了：因为他刷屏的频率要远远超过提起正念的频率。刷屏的习气越来越熟，而念佛、参话头的功夫越来越生，这样下去，道力又如何敌得过业力呢？

日常生活中，面对身边随处可见的"低头族"，我们学佛的人、发心求解脱的人应当有所警觉，不能让自己成为其中的一员。

频频刷手机虽然是一种坏习惯，但是我们也可以把这种习惯转化为"道用"，正好可以借此修"手机禅"。怎么修呢？可以按如下步骤去做：

比如，坐在公共汽车上，无事可做，这时我们会受习惯的驱使，不自觉地拿起手机，有一种想刷屏的冲动。这时，要及时提起正念，首先问一下自己："我不刷手机会死吗？"如果死不了，就不要刷手机了。

接下来，把这一念刷手机的习气变成修道之正念：你可以闭上眼睛，以"闭目养神、凝神静气"的心态，注意自己的呼吸及整个身体的觉受，或者按"心念心闻"的原则，默念十口气的佛号。这个时候，如果刷屏的冲动没有了，你可以继续做上述功夫。

如果刷屏的冲动还没有完全解除，你可以再反问自己："这个肉体中，是谁在伸出欲望的小手，想刷手机？"借助疑情的力量，向内觑捕，你会发现，内心的那个冲动不过是一个念头而已，觅之了不可得。这样反复地"且问且疑且审"，几次以后，心里自然风平浪静了。这时，你会发现，不需要外在杂乱信息的支持，我们也可以完全独立地支撑自己、面对自己，毫无问题。

通过这种禅修方法，如果你平常每天有一百次或五十次刷屏的冲动，现在你就可以轻松地把它们变成一百次或五十次的修行正念。想想看，作为一个普通的修行人，除了早晚课以外，在日常生活中，每天能够回光返照，提起正念一百次或五十次，已经是非常了不起了（因为有相当一批人，每天提起正念的次数可能还不到十次）。要知道，正念是越提越频，越提越有力量。如果我们能痛下决心，把每天刷屏的冲动变成功夫，我们有理由相信，这一生获得解脱是大有希望的。

当然，要真正克服看手机的习惯，除了加强止观的功夫之外，还得从初发心上着力。学佛的人，如果真实地发起了强烈的出离心，深入经藏的大愿心，不忍众生苦、不忍圣教衰的大菩提心和大承当心，然后在这"四心"的引领下，为自己制订一套切实可行的完整而具体的修学计划和日常功课，然后全身心地、一步一个脚印地去落实，整个心思都吸引在修学任务上，哪有时间和心思去打妄想、看手机！须知"迷恋手机"都是人在无所事事的时候"闲"出来的。

第五节　破解修默照禅过程中的枯寂之病

默照禅虽然入门平实，但实际上却是一条险路，古人讲"平地上吃跤""平地上死人无数"，即是警告。与默照禅不同，话头禅虽然上手难，但是一旦发起了真实的疑情，即可做到不参而参，不会落在枯木、死水当中。话头禅入门难而出门易，默照禅是入门易而出门难。何以如此？修默照禅时，用心相对于参话头来说，比较松缓，正念稍一不力，就会落入无记当中，或者住在清静境界里，止多观少，恍恍惚惚，迷迷糊糊，如枯木寒岩一般。此为修道之大忌。

在修习默照禅的过程中，有两个环节，需要特别地小心：

一是动相消亡之后，静相生起，我们很容易不知不觉住在这个寂静无声的暗昧状态中，古人称为"黑山鬼窟"。很多修禅的人，落在这种境界中，一待就是几年乃至更长，打不出来。其原因就是，在用功的过程中默多而照少，默照不能同步，故被这种境界所笼罩。

二是动静二相了然不生之后，因舍受而显现出来的无边空明之境生起，廓然无物，这时，我们最容易住在这种空明之境上，贪著于其中的禅味。当知，个中仍有能觉所觉在，且落在空有二边中的空边，故非正悟，仍须提起正念，做休去歇去的功夫。与前一种境界相比，此境更加迷惑人，最难走出。

为了克服默照过程中最容易出现的定多慧少的毛病，避免落入枯寂之中，古时的参禅者，或故意选择在悬崖峭壁边上打坐 —— 因为稍一昏沉，即有性命之忧 —— 以此来警策自己，保持正念；也有人选用临济门下参话头这种"紧"的方法，穿插于其中，以保持定慧等持、默照同时。比如，当上述枯寂境界出现的时候，可以挂起脊梁，抖擞精神，如瑞岩师彦禅师那样，不时地自问自答"主人公！在哪里？惺惺着！"，或者参究"拖死尸的是谁""万法归一，一归何处"，将自己从那种离念的枯寂境界中拔出来。另外，修念佛禅也可以有效避免落入"沉空滞寂"之病。

在这里，不妨看看雪岩祖钦禅师当年是如何处置这类问题的：

袁州（治所在今江西宜春）仰山雪岩祖钦禅师，径山无准师范禅师之法嗣。出家后，初参礼双林远。在双林远禅师座下，祖钦禅师终日随众在僧堂中打坐，从朝至暮，足不出户，摄心不怠。即使是入寮休息，或去后架方便，祖钦禅师均袖手当胸，徐来徐往，眼前所视不过三尺，更不左顾右盼。当时，祖钦禅师是按曹洞宗的用功方法，看"狗子无佛性"之话头：就是在杂识杂念生起的时候，向鼻尖头轻轻举一个"无"字，只要念头一消，便一切都放下，只是单纯默默地坐着。这种用功方法，只要坚持，久久纯熟，自然契悟。但是，它要求用功夫必须绵密，很容易让人犯困，一般人不经过十年、二十年的功夫，难以得手。所以，大多学人难以继承此法。祖钦禅师当时依此法而行，经常得定，感觉到时间过得很快。祖钦禅师曾谈到自己当时的用功感受："我当时忽于念头起处，打一个返照，于返观处，这一念子当下冰冷，直是澄澄湛湛，不动不摇，坐一日只如一弹指顷，都不闻钟鼓之声，过了午斋，连放参都不知道。"

虽然祖钦禅师在双林座下用功很精勤，但是后来，昏沉散乱越来越重，以至于完全陷入一种困顿之中，不能自拔。后来听说天目灭翁文礼禅师在净慈寺接众，抱着试试看的心理，祖钦禅师前往请益。天目文礼禅师是灵隐崇岳禅师之法嗣，天童咸杰禅师之法孙。

初礼天目，文礼和尚便问祖钦禅师平时如何做功夫。祖钦禅师于是将上述曹洞宗用功方法从头至尾，详细地说了一遍。文礼禅师听了，未置可否，只是说："你岂不见，临济三度问黄檗佛法的的（真实）大意，三遭痛棒，末后向大愚胁下筑三拳，道'元（原）来黄檗佛法无多子'。汝但恁么看。"

祖钦禅师当时对文礼和尚的开示很不满意，认为药不对症。因为，他认为自己当时在用功过程中所遇到的最大毛病就是昏沉散乱。因此，他心里对文礼禅师产生了轻慢之心，私下认为，你这老和尚不会做功夫，只是学会一些伶俐禅。按丛林规矩，寻常入室参学请益，最后都要焚香，向住持和尚行礼拜，以示感谢。但是，祖钦禅师自从产生了轻慢心之后，每次入室请益，既不烧香也不礼拜，更不按文礼禅师的教导用功，只是依旧按照原来的方法，我行我素，坚持坐禅。

当时，从漳州、泉州来了七位兄弟，他们也喜欢坐禅。于是，祖钦禅师便与他们结伴，住在净慈寺的禅堂里，天天以坐禅为务。另外，还有一位修上座，也是漳州人，他每天只是独行独坐。在住禅堂的两年时间里，祖钦禅师一行，一直坚持夜不展单，胁不至席。尤其是那位修上座，神秘得很，他终日坐在蒲团上，象个铁橛子似的，走路时，挺起脊梁，两臂双垂，双眼微开，见人不答话，亦如铁橛子相似。祖钦禅师当时特别想亲近修上座。可是修上座每次见到祖钦禅师从东边来，他便从西边去。因此，两年间竟没有机会交谈。

因为没有找到对治昏沉散乱的有效方法，祖钦禅师用功夫，越到后来越是昏困不已，"日里也似夜里，夜里也似日里，行时也似坐时，坐时也似行时，只是一个昏沉散乱，辊作一团，如一块烂泥相似，要一须臾净洁不可得"。祖钦禅师非常痛苦，心里想道，"我办道，又不得入手，身上衣裳又破碎也，皮肉又消烁也"，不禁泪如雨下，顿生回家之念。

幸好不久，祖钦禅师在走廊上碰到了修上座。看到修上座闲闲然、怡然自得的样子，祖钦禅师知道他已有所证，非常美慕，于是便上前问道："去年要与你说话些个，你只管回避我，如何？"

修上座道："尊兄真正办道人，无剪爪之工，更与你说话在？"

说完，他便问起祖钦禅师如何做功夫。

祖钦禅师于是又从头至尾详细地说了一遍，然后说道："我如今只是被个昏沉散乱，打并（排除、驱遣）不去。"

修上座一听，便说道："有甚么难！自是你不猛烈，须是高着蒲团，竖起脊梁，教他节节相拄，尽三百六十骨节，八万四千毛孔，并作一个'无'字，与么提起，更讨甚么昏沉散乱来？"

祖钦禅师于是依教而行，找来一个厚蒲团放在禅座下，竖起脊梁，透顶透底，尽三百六十骨节，一一提起，犹如一人与万人交战。这样越提越得力，越来越清醒。忽然，有一天身心俱忘，只觉得眼前如一片银山铁壁相似，清凉庆快无比。从此，坐也如是，行也如是，一连三昼夜，目不交睫，却精神饱满。

第三天午后，祖钦禅师在三门附近经行，又碰到了修上座。

修上座便问："在这里做什么？"

祖钦禅师道："办道。"

修上座又问："你唤什么作道？"

祖钦禅师被问得无言以对，只好闷闷地准备回禅堂用功。

他刚一翻身上蒲团，眼前豁然一开，如天崩地陷一般。当时那种感觉，"呈似人不得，说似人不得，非世间一切相可以喻之"。

祖钦禅师于是欢喜踊跃，走出禅堂，想找个人分享一下自己的快乐，恰好碰到修上座。

修上座一见祖钦禅师，便合掌贺喜道："且喜！且喜！"

说完，修上座便与祖钦禅师携手走出寺院，在寺前的柳堤上转了一圈。祖钦禅师后来谈到了他当时的感觉，"俯仰天地间，森罗万象，眼耳见闻，向来所厌所弃之物，与无明烦恼，昏沉散乱，元（原）来尽自妙明真性中流出"。

为了求得印证，后来祖钦禅师又前往径山，参无准师范禅师。

一日，寺院正在铸一口大钟。师范禅师令祖钦禅师下一转语。祖钦禅师于是呈偈云：

"通身只是一张口，百炼炉中辊出来。

断送夕阳归去后，又催明月上楼台。"

师范禅师览其偈，遂同意祖钦禅师入室请益，并令他住进侍者寮。

奇怪的是，在师范禅师座下，祖钦禅师每次入室请益，碰到师范禅师提举"衲僧巴鼻、佛祖爪牙"之话头，便觉得自己以前所得一点都不得力，既出身不得，更无下口处。不得已，他只好翻开佛经和祖语，希望能从中挑出一两句合适的话来，以解决心中的疑团，可是结果一无所获。于是他发誓一定要究明此事。

经过长达十年的参究，一天，祖钦禅师于佛殿前经行，就在他放下一切，无拘无束地东思西忖的时候，忽然看到一株古柏虬曲着伸向大殿，一下子便将心中的疑团打碎了，平生所证种种境界一时放下，如同一个在暗室中待久了的人，一下子走到了太阳底下。此时他才真正明白师范禅师的立地处和为人处。（《禅宗大德悟道因缘》，参见《续灯存稿》卷四）

从雪岩祖钦禅师的悟道经历中，可以看出，他开始依曹洞宗的方法看话头，杂念起时，提起一个"无"字，令杂念当下冰冷，然后安住在离念之澄澄湛湛处，感觉时间过得很快，身心轻安无比。实际上，他这个时候已经住在动静二边中的静境这一边，亡失了功夫而不自觉知。后来，当浓重的昏散现前、无法突破的时候，他才意识到问题的严重性。虽然他参礼过天目文礼禅师，文礼禅师劝他参"黄檗佛法无多子"之公案，奈何他当时昧于曹洞宗的参禅理路，住在净裸裸处，真药现前却识不得，竟然对文礼禅师产生了轻慢的心理，依旧按原来的方法做功夫。结果，在净慈寺住禅堂期间，他的昏散之病越来越严重，"日里也似夜里，夜里也似日里，行时也似坐时，坐时也似行时，只是一个昏沉散乱，辊作一团，如一块烂泥相似，要一须臾净洁不可得"。他非常痛苦，甚至一度想回家，放弃修行。后来幸遇从福建漳州来的修上座之指点，依临济门下的参话头之法，重下疑情，在疑情的驱动下，一味地猛提话头，如一人与万人战，其他一切都不管，在这种情况下，昏散二病终于不治而自退，乃至最后翻身一跃，彻见本来。

对于想修默照禅的人而言，雪岩祖钦禅师之悟道经历，有几点值得注意：

1. 修默照禅时，必须时时提起超越二边之正念，警惕自己住在动静二边中的净裸裸处，误将路途风光当作本分事。

2. 一旦离念之清净境界现前时，要借助参话头、起疑情的力量，将自己从离念之空境中拔出来，不得住在上面。

3. 对待昏散二病，不用跟它们斗，也不用想其他方法来对治，只管猛烈地提话头，咬住话头不放，昏散之病自然消散。

4. 面对"杂念起时，及时提'无'字，杂念止息之后，便安住在离念之空境中，默默观照；杂念如果再起，则再提'无'字，当下令杂念冰冷，然后继续默然静坐，直至功夫成片"这一类开示，我们要清楚地知道，这仅仅是一期之方便法，不可把它当作究竟法、实法来会。当年大慧宗杲禅师批评默照禅，主要就是针对这一流弊而来。

明清以来，参话头的人不少，但真正得力的人似乎并不多，其中有一个很重要的原因就是，有相当一批人把参话头当作修止的工具，把止息杂念、住在离念之空境中当作真实功夫。当年雪岩祖钦禅师感叹，"洞下门户，工夫绵密、困人，动是十年二十年，不得到手，所以难于嗣续"，真是"曾为浪子偏怜客"的过来人之语！前面曾经提到过，默照禅表面上看似一条平坦大道，实际上却是一条险道，于斯可见一斑。参禅之士，可不慎乎！

总之，疗救修习默照禅过程中常见的枯寂之病，最有效、最省力的良药就是临济门下的话头禅和念佛禅。

第十一章　生活禅的用功方法（三）：
话头禅

第一节　话头禅的出现及其演变

一、话头禅为救文字禅和默照禅之弊而起

如本书第十章第一节"默照禅的出现及其殊胜性"中所言，禅宗本来是直指人心、不立文字的，但是到了宋代，因为众生根性方面的差异，能够与宗师们的直指风格相契应的人毕竟是凤毛麟角，所以，宗师们为了帮助学人悟入宗门的旨，开始以"代别""颂古""拈古""评唱"等形式，对古来大德悟道接众的一些著名公案进行解说，点出其中的关节。这种接人和修学方法，后来便演变成了盛极一时的文字禅。

文字禅的创立原本是用来指月的，但是在流布的过程中，其弊端也日渐显露出来。越来越多的人偏离了禅宗"明心见性"这一根本方向，开始沉溺于对公案的意识领解，玩弄文字技巧，不肯从心性上真实地做功夫。这样一来，文字禅最后变成了"口头禅""葛藤禅"，成了大众修禅悟道的一个非常大的障碍。

为了帮助学人从语言知见的"葛藤"中解放出来，将功夫落到实处，曹洞宗的宏智正觉禅师于是特地提倡"默照禅"。默就是离心意识，照就是般若观照。正觉禅师的默照禅注重禅定，反对从分别思维中寻找出路，对扭

转当时丛林中崇尚文字知解、脚不点地的浮躁习气起到了一定作用。

但是，默照禅在流布的过程中，也出现了一些偏差。一方面，默照禅虽然下手平实，用功省力（因为它强调无心用功），但它实际上是一条"险道"，修行人很容易住在空静之境上，乐在其中，十年、二十年都打不出来，死在里面，所谓"平地上死人无数"。另一方面，一些见地不到位的人，错把一念不生的顽空之境执为究竟，并住在上面，不肯放舍，最后成了"魂不散的死人"，丧失了宗门活泼泼的大机大用，这就是所谓的"枯木禅""髑髅禅""黑山鬼窟禅"。

为了避免学人落在"死水不藏龙"的"枯寂"之境，与天童正觉同时代的大慧宗杲禅师于是提出了"看话禅"，即通过参究一则公案或者一个话头（这些公案和话头，从逻辑思维的角度来说，没有理路可循，不可思议、不可捉摸，没有"义味"，就像一个铁疙瘩，无你下口处），激起内心强烈持久的"疑情"（因不知道而极想知道，从而产生一种深入探求的心理冲动），然后在"疑情"的驱使下，进入一种欲罢不能的寂寂惺惺的状态。通过这种方式，一方面可以将学人的心意识逼进死胡同，将他的意识知解心、投机取巧心、分别执著心统统扫荡干净，令其言语道断，心行处灭，伎俩全无；另一方面，又可以借助话头的力量，使学人保持一种灵动的觉照，避免落入舍动趣静、不得活用的枯寂状态。宗杲禅师认为，相对于文字禅和默照禅而言，话头禅有自己明显的优势：既可堵"葛藤禅"之漏，又可解"枯木禅"之毒，而且能给学人一个"不可把捉的把柄"，让学人有个下手处。宗杲禅师称赞"参话头"是"盲人手中底杖子""破生死疑心底刀子""摧许多恶知恶觉底器仗"。因此，他极力地向弟子们推荐这一禅法。

在大慧宗杲禅师的大力提倡下，话头禅从此风行于丛林，成为禅门里最主要的用功方法，到现在为止，中国传统的禅宗丛林中，多数人依然在用此方法来修行。

二、话头禅之起源：借疑起观，观妄念无相，观罪性本空的古老接引方法

早期的禅宗，师资对话之间，师家多以问题来诱导学人，令起疑情，当

下回光返照，向一念未生之前着眼，观妄念了不可得，从此得个省发处。这种接人的方法非常古老，使用也比较普遍，效果比较快捷，应该说这是话头禅作为一个独特的禅法得以产生的土壤。

在话头禅正式提出之前，古代祖师在接引大众悟道的过程中，实际上已经在使用"起疑参究"的方法。现举数则大众耳熟能详之公案如次：

1. 二祖"安心"

慧可为求最上乘法，立雪断臂，以示求法之诚。终于感动达磨祖师为他开示。慧可问道："诸佛法印，可得闻乎？"祖师道："诸佛法印，匪（非）从人得。"慧可禅师听了很茫然，便说："我心未宁，乞师与安。"祖师回答道："将心来，与汝安。"慧可禅师沉吟了好久，回答道："觅心了不可得。"祖师于是回答说："我与汝安心竟。"慧可禅师听了祖师的回答，当即豁然大悟，心怀踊跃。（参见《五灯会元》卷一）

【按】"将不安的心拿出来"，就是一个话头。"觅心了不可得"、只此了不可得亦不得住，这就是参究的功夫。

2. 三祖忏罪

三祖未出家前，为在家居士，年逾四十，不言名氏，聿来设礼，而问祖（二祖慧可）曰："弟子身缠风恙，请和尚忏罪。"祖曰："将罪来，与汝忏。"士良久曰："觅罪不可得。"祖曰："与汝忏罪竟，宜依佛法僧住。"士曰："今见和尚，已知是僧。未审何名佛、法？"祖曰："是心是佛，是心是法，法佛无二，僧宝亦然。"士曰："今日始知罪性不在内，不在外，不在中间。如其心然，佛法无二也。"祖深器之。（《五灯会元》卷一）

【按】"将罪来"，就是一个话头。"觅罪了不可得"、只此了不可得亦不得住，这就是参究的功夫。

3. 四祖解缚

至隋开皇十二年壬子岁，有沙弥道信，年始十四，来礼祖（三祖僧璨）曰：

"愿和尚慈悲，乞与解脱法门。"祖曰："谁缚汝？"曰："无人缚。"祖曰："何更求解脱乎！"信于言下大悟，服劳九载。（《五灯会元》卷一）

【按】"谁缚汝"，就是一个话头。"觅缚了不可得"、只此了不可得亦不得住，这就是参究的功夫。

4.六祖"不思善，不思恶，那个是明上座本来面目？"

惠明先是四品将军，性行粗慥，极意参寻，为众人先，趁及惠能。惠能掷下衣钵于石上，曰："此衣表信，可力争耶？"能隐草莽中。惠明至，提掇不动，乃唤云："行者！行者！我为法来，不为衣来。"惠能遂出，坐盘石上。惠明作礼云："望行者为我说法。"惠能云："汝既为法而来，可屏息诸缘，勿生一念，吾为汝说。"明良久。惠能云："不思善，不思恶，正与么时，那（哪）个是明上座本来面目？"惠明言下大悟，复问云："上来密语密意外，还更有密意否？"惠能云："与汝说者，即非密也。汝若反照，密在汝边。"（《六祖坛经·行由品第一》）

【按】"不思善，不思恶，正与么时，哪个是明上座本来面目"，就是一个话头。"觅本来面目了不可得"、只此了不可得亦不得住，这就是参究的功夫。

5.南岳"甚么物恁么来？"

南岳怀让禅师诣曹溪参六祖。祖问："甚么处来？"曰："嵩山来。"祖曰："甚么物恁么来？"师无语，遂经八载，忽然有省，乃白祖曰："某甲有个会处。"祖曰："作么生？"师曰："说似一物即不中。"祖曰："还假修证否？"师曰："修证则不无，污染即不得。"祖曰："只此不污染，诸佛之所护念。汝既如是，吾亦如是。"（《六祖坛经·机缘品第七》）

【按】"甚么物恁么来"，就是一个话头。"说似一物即不中"、只此"说似一物即不中"亦不得住，这就是参究的功夫。

6. 百丈"是甚么？"

师（百丈怀海禅师）有时说法竟，大众下堂，乃召之，大众回首。师云："是甚么？"（《百丈怀海禅师语录》）

【按】"是甚么"，就是一个话头。觅之了不可得、只此了不可得亦不得住，这就是参究的功夫。

7. 石头和尚"谁缚汝？"

有僧问："如何是解脱？"师（石头希迁禅师）曰："谁缚汝？"问："如何是净土？"师曰："谁垢汝？"问："如何是涅槃？"师曰："谁将生死与汝？"（《五灯会元》卷五）

【按】"谁缚汝""谁垢汝""谁将生死与汝"，就是话头。觅之了不可得、只此了不可得亦不得住，这就是参究的功夫。

8. 药山"何境惑汝？"

问："如何得不被诸境惑？"师曰："听他，何碍汝？"曰："不会。"师曰："何境惑汝？"（《五灯会元》卷五）

【按】"何境惑汝"，就是一个话头。觅之了不可得、只此了不可得亦不得住，这就是参究的功夫。

9. 石头和尚"那个是汝心"

潮州灵山大颠宝通禅师，初参石头。头问："那个是汝心？"师（大颠宝通）曰："见（现）言语者是。"头便喝出。经旬日，师（大颠宝通）却问："前者既不是，除此外，何者是心？"头曰："除却扬眉瞬目，将心来！"师曰："无心可将来。"头曰："元来有心，何言无心？无心尽同谤。"师于言下大悟。（《五灯会元》卷五）

【按】"那个是汝心""将心来"，就是一个话头。一切处皆不是、无心可将来，只此一切处皆不是、无心可将来亦不得住，这就是参究的功夫。

以上九则公案，可以作为后代禅人参话头的榜样。个中并无奇特，要在观妄念无相、只此无相处亦不得住。

其实，不只是在禅门里，早在大乘佛教经典里，就有借疑起观、观罪性本空、当下证解脱的记载，这些记载，亦可以视作话头禅的经教来源。现举大乘佛教中四则经典记录如次：

1.《佛说未曾有正法经》卷五

妙吉祥菩萨即从座起，与诸菩萨大众而共围绕，出于王宫。是时摩伽陀王与诸臣从及其眷属，礼敬劳谢，随从菩萨，来于佛会。是时，菩萨既离王宫，渐次而行，于其中路，见有一人在于树下涕泪悲泣，发如是言："我造杀业，甚可怖畏，当来决定堕于地狱。我今如何得其救度？"是时菩萨见此人已，观其根缘而已成熟，堪受化度。菩萨即化一人，与其无异，往彼人所，既相附近，亦复啼泣，谓前人曰："我造杀业，甚可怖畏，当来决定堕于地狱。"前人闻已，而即谓言："我亦如是造于杀业，偶会今时，谁生方便能为救度？"是时化人即告之言："今我等辈造极重罪，虽甚怖畏，无能救者。唯佛世尊，有大方便而能救度。我等今宜共诣佛所。"化人言已，便即前行。其人见已，亦复随从，诣于佛所。时彼化人到佛会已，头面礼足，前白佛言："世尊！我造杀业，怖堕地狱。愿佛慈悲，救度于我。"尔时，世尊即赞是言："善哉！善哉！善男子！今于佛前发诚实语，如其所作，称实而言。如汝所说造杀业者，汝从何心而起罪相？为过去耶？未来耶？现在耶？若起过去心者，过去已灭，心不可得；若起未来心者，未来未至，心不可得；若起现在心者，现在不住，心亦不可得。三世俱不可得故，即无起作；无起作故，于其罪相何所见耶？善男子！心无所住，不在内、外、中间。心无色相，非青、黄、赤、白。心无造作，无作者故；心非幻化，本真实故；心无边际，非限量故；心无取舍，非善恶故；心无动转，非生灭故；心等虚空，无障碍故；心非染净，离一切数故。善男子！诸有智者应如是观，作是观者，即于一切法中，求心不可得。何以故？心之自性即诸法性，诸法性空即真实性。由是义故，汝今不应妄生怖畏。"是时化人闻佛宣说真实之法，心大欢喜，即白佛言："希有世尊！善说法界自性清净，我今得悟罪业性空，不生怖畏。我今乐欲于佛法中出家修道，持于梵行，唯愿世尊摄受于我。"佛言："善哉，善男子！今正是时，为汝摄受。"是时化人于刹那间，须发自落，袈裟被身，成苾刍相，即白佛言："世尊！我今入般涅槃，愿佛听许。"佛言："随意。"时化苾刍承佛威神力故，即踊身虚空，高七多罗树，化火自焚，灭尽无余，同彼虚空。尔时，实造业者见是化人出家及闻佛说法已，心生思念："此人与我同造罪业，彼先解脱，我今亦宜求佛化度。"作是念已，实时头面礼世尊足，而白佛言："世尊！我造杀业，怖于当来堕大地狱，愿佛慈悲而垂救度。"佛言："善哉，善男子！今于佛前发诚实语。汝所造业，于何起心？罪业之相，其复云何？"是时此人以善根成熟故，闻佛言已，身诸毛孔出大火焰，旋绕其身，即作是言："我今归佛，愿垂救度。"尔时，世尊舒金色右手于其顶上。此人实时身火得灭，离其苦恼，得大快乐，起净信心，向佛合掌，而白佛言："希有，世尊！我先闻佛广说清净法界离相之法，我今得悟罪业性空，而不复生怖畏之想。我今亦于佛法中乐欲出家，修持梵行，愿佛摄受。"佛言："善哉！今正是时，为汝摄受。"实时此人须发自落，袈裟被身，成苾刍相，如百腊者，诸根调适，威仪庠序，所愿圆满。尔时，世尊为其宣说四谛之法。彼闻法已，实时远尘离垢，得法眼净，而复审观谛理，即于会中证阿罗汉果，而白佛言："世尊！我今欲入涅槃，愿佛听许。"佛言："随意。"是时苾刍踊身虚空，高七多罗树，化火焚身，灭尽无余。实时会中有百千天人发希有心，各伸敬礼。

【按】"罪由心生，心在何处"，就是一个话头。观心了不可得，观罪性本空，断相续心，远离怖畏，这就是参究的功夫。

2.《佛说净业障经》卷一

尔时世尊赞文殊师利法王子言：无垢光如来，寿九十劫，国名众香，彼佛世界多诸众生，好乐小法，少能修习无上大乘。彼佛世尊般涅槃后，法住千岁，分布舍利，如我灭后等无差别。时有比丘，名曰勇施，惭愧乐学，善修戒身，多闻智慧，颜貌端正，成就第一清净妙色。尔时勇施着衣持钵，入难胜城，次行乞食，到长者舍。其家有女，容貌端正，未适夫主。时长者女见勇施已，生爱染心，作如是念："我若不得勇施比丘以为夫者，当自殒命。"初不向人说如此念，欲心内结，遂以成病。尔时勇施乞食得已，还诣精舍。而于后时，女父命终，尔时其母而问女言："汝何因缘而致斯病？"女时默然，遂不饮食。尔时女母密遣余女，先来亲善同苦乐者，而往问言："以何因缘而致斯病？"时女答言："我于先时，见一比丘，颜貌端正，便生欲心，以致斯病。若得从意，我病则愈。若不得者，便当殒命。"是时余女闻此事已，还向其母具说上事。其母闻已，作是思惟："今我此女病患如是，若使不得勇施比丘，当作何计？"复作是念："我今当请勇施比丘数至我家，当使此女从受经法。"

尔时勇施而于异时入城乞食，复至其家。见长者女身体羸瘦，而问之言："此女何因何缘，而有此病？"时母答言："而我此女好听经法。我常固遮，不遂其意，以致斯病。"尔时勇施语其母言："莫遮此女，使不听法。"母还报言："尊者若能教授此女经法，我当听之。"尔时勇施即便许可。其母语言："从今已往，常至我家。"答言："可。"尔时长者女闻是语已，心大欢喜："我今当作种种方便，令此比丘于我生著。"时长者女语勇施言："唯愿尊者哀愍我故，常至我舍。"尔时勇施默然许可，即受其食，还诣精舍。

尔时其母语其女言："从今已往，好自庄严，以好栴檀种种杂香以涂其身，更着新好上妙衣服，如是庄严，可得从意。"其后勇施数到其家，转相亲厚，数相见故，便失正念，而生欲心，即与彼女共行淫法，心遂耽著，往来频数。时彼女夫见此比丘往来频数，心生疑恚，即设方便，欲断其命。勇施比丘闻是事已，即作是念："当以毒药持与彼女，令断夫命。"尔时勇施即以毒药持与彼女，而语之言："若必念我，可持此药，以杀汝夫。"时长者女即以毒药和着食中，勅其婢使："持此饭食，以饭我夫。"夫食饭已，即便命终。尔时勇施闻彼命终，心生大悔，作是思惟："今我所作，是大重恶。何名比丘，受行淫法，又断人命？我今如是，当何所归？"生大忧恼："我若命终，当堕恶道。谁能免我如是之苦？"以是事故，从一精舍至一精舍，惶怖驰走，衣服落地，作如是言："咄哉！怪哉！我今即是地狱众生！"

时有精舍，名曰醯无，中有菩萨，名曰鼻揉多罗。勇施比丘即入其房，举身投地。时彼菩萨问勇施言："何为以身自投于地？"答言："大德！我今即是地狱众生！"又复问言："谁乃令汝为地狱人？"勇施答言："我作大罪，犯于淫戒，又断人命。"时彼菩萨语勇施言："比丘莫怖！我今力能施汝无畏。"尔时勇施闻彼菩萨施无畏声，心生欢喜，踊跃无量。尔时鼻揉多罗菩萨实时从地接起勇施，牵其右手，将至异处，坐林树中。时鼻揉多罗菩萨踊身虚空，高一多罗树，语勇施言："今汝于我，生深信不？"勇施实时叉手合掌，而答之言："我见仁者，如遇大师，亦如世尊。"

尔时鼻揉多罗菩萨实时入于诸佛境界大乘妙门如来宝印三昧。入三昧已，即于身上出无量佛身，皆金色三十二相，遍林树间。尔时诸佛实时同声，说是偈言：

"诸法同镜像，亦如水中月。凡夫愚惑心，分别痴恚爱。

法无作无处，如虚空清净。亦无有觉知，虚诳不牢固。

于内求恚爱，未尝有得者。凡夫生染爱，实无有染著。

如于眠梦中，染著于诸色。亦如刀割物，而刀无所知。

凡夫亦如是，愚惑妄分别。于爱生染著，于著增诤讼。

世间犹如梦，空无不牢固。如焰空中云，痴爱寂无相。

诸法如草木，心不在内外。爱非寿命人，自性无所有。

凡夫见诸法，计从因缘生。无作不可取，性离常寂静。

诸法犹如幻，凡夫生取著。幻性无坚固，贪嗔痴亦然。

诸法常无相，寂静无根本。无边不可取，欲性亦如是。

众生如镜像，计著于我所。离如妄分别，无坚固可取。

诸法如影响，欲恚无处所。如幻梦水月，实无染恚者。

境界不真实，空无不可取。分别法无主，根本常寂静。

譬如幻化人，无有贪恚痴。幻梦等诸法，其边不可得。

如月现于水，而不在水中。凡夫染痴恚，痴爱恚无性。

贪嗔恚愚痴；诸缘常空无。无众生寿命，虚无常寂静。

无眼亦无耳，鼻舌亦复然。凡夫痴无智，虚妄生牢固。

如虚空无边，无尽无去来。诸法亦如是，如手摸虚空。

种种分别法，实无分别者。凡愚计诸阴，而实无有生。

我观一切法，性相无所有。无生亦无灭，未曾有聚散。

诸法性解脱，寂静无处所。无能有取者，解此名为智。"

尔时林中万二千天子，诣鼻揉多罗菩萨来听法者，闻说是偈，实时皆得无生法忍。勇施比丘见诸化佛，神通变现，于诸法中，思惟选择，离诸盖缠，得无生忍。

文殊师利，汝莫生疑！尔时鼻揉多罗菩萨，岂异人乎？今弥勒菩萨是也。

勇施比丘岂异人乎？宝月如来是也。

尔时文殊师利白佛言：世尊！勇施比丘已成佛耶？

佛告文殊师利：今已成佛，在于西方去此佛土恒河沙数诸佛世界，有国名常光，宝月如来于彼成佛。文殊师利！汝观是法，能令众生离诸业障；受行淫法、断人命根，能令现身得无生忍。所以者何？能观三界如影响故。犹如幻师观于幻人，无有障碍。文殊师利！诸凡夫人于无有法，妄生分别，堕诸恶趣，受于无量百千万苦。

【按】"罪性何在"，就是一个话头。观诸法空相，觅罪性了不可得，只此了不可得亦不得住，这就是参究的功夫。

3.《维摩诘所说经》卷二

佛告优波离："汝行诣维摩诘问疾。"优波离白佛言："世尊！我不堪任诣彼问疾。所以者何？忆念昔时，有二比丘犯律行，以为耻，不敢问佛，来问我言：'唯，优波离！我等犯律，诚以为耻，不敢问佛，愿解疑悔，得免斯咎！'我即为其如法解说。时维摩诘来谓我言：'唯，优波离！无重增此二比丘罪！当直除灭，勿扰其心。所以者何？彼罪性不在内、不在外、不在中间，如佛所说，心垢故众生垢，心净故众生净。心亦不在内、不在外、不在中间。如其心然，罪垢亦然，诸法亦然，不出于如。优波离，以心相得解脱时，宁有垢不？'我言：'不也！'维摩诘言：'一切众生心相无垢，亦复如是。唯，优波离！妄想是垢，无妄想是净；颠倒是垢，无颠倒是净；取我是垢，不取我是净。优波离！一切法生灭不住，如幻如电，诸法不相待，乃至一念不住；诸法皆妄见，如梦、如焰、如水中月、如镜中像，以妄想生。其知此者，是名奉律；其知此者，是名善解。'于是二比丘言：'上智哉！是优波离所不能及，持律之上而不能说。'我即答言：'自舍如来，未有声闻及菩萨，能制其乐说之辩，其智慧明达，为若此也！'时二比丘疑悔即除，发阿耨多罗三藐三菩提心，作是愿言：'令一切众生皆得是辩。'故我不任诣彼问疾。"

【按】"罪性何在"，就是一个话头。观"罪性不在内、不在外、不在中间"，"一切法生灭不住，如幻如电，诸法不相待，乃至一念不住；诸法皆妄见，如梦、如焰、如水中月、如镜中像，以妄想生"，这就是参究的功夫。

4.《证道歌注》

昔有二比丘，山中结庵修行，坚持净戒，无有缺犯。一日，一比丘出，一比丘在庵禅定，忽睡着。有一樵女偷犯净戒，乃内心不悦。至同庵僧归，具说上事。其僧怒，赶逐其女。女惊怖，堕坑而死。比丘转加烦恼，共往大德优波离尊者处，求乞忏悔，尊者以小乘结罪。时二比丘心疑不决，转生烦惑。维摩大士呵优彼离不善观机："此二比丘久修大乘，何得将大海纳于牛迹？"故云荧光增罪结也。大士云："穷罪性了不可得，不在内，不在外，不在中间，前际不去，后际不来，中际不住，三际推求，了不可得。"二比丘忽然顿悟，获无生忍，犹如赫日消霜雪。

【按】《证道歌注》此处所引，或与《维摩诘所说经》卷二有关。

"淫杀之罪性何在"，就是一个话头。观罪性了不可得，只此了不可得亦不得住，这就是参究的功夫。

除上述经典记载之外，《五灯会元》卷一还记载了著名的七佛偈，这些偈子亦都强调于当下一念，观诸法空相，观罪性本空。这一用功理念，在宗门的参究一法中得到了充分展示。

1. 毗婆尸佛偈：身从无相中受生，犹如幻出诸形象。幻人心识本来无，罪福皆空无所住。

2. 尸弃佛偈：起诸善法本是幻，造诸恶业亦是幻。身如聚沫心如风，幻出无根无实性。

3. 毗舍浮佛偈：假借四大以为身，心本无生因境有。前境若无心亦无，罪福如幻起亦灭。

4. 拘留孙佛偈：见身无实是佛身，了心如幻是佛幻。了得身心本性空，斯人与佛何殊别。

5. 拘那含牟尼佛偈：佛不见身知是佛，若实有知别无佛。智者能知罪性空，坦然不怖于生死。

6. 迦叶佛偈：一切众生性清净，从本无生无可灭。即此身心是幻生，幻化之中无罪福。

7. 释迦牟尼佛偈：幻化无因亦无生，皆即自然见如是。诸法无非自化生，幻化无生无所畏。

这里需要注意的是，观罪性本空是一种真实的功夫，依《大乘起信论》而言，其关键处是要在当下一念观妄念无相，断相续心，后不复作，至少要觉破三细六粗中的计名字相（分别我执）、执取相（俱生我执）、相续相（分别法执），乃至智相（俱生法执）。如果把罪性本空仅仅当作一种知见，并以此作为自己恣意作业造罪的自我开遣工具，落入"拨无因果"的误区中，心无惭愧和羞耻，则为大恶！

三、话头禅之演变 —— 三个代表、三类话头

话头禅盛行于宋代，为救文字禅和默照禅之弊而出现。经大慧宗杲禅师的大力提倡，一时风行于丛林，至今不衰，成为宗门用功的主要方法和标志，故大慧宗杲禅师被尊为话头禅的创始人。除大慧之外，稍后的无门慧开禅师亦是话头禅的重要代表人物之一。

大慧宗杲禅师主张参"狗子无佛性""不是心、不是物、不是佛"等话头，这些话头对于意识领解来说，好似铁疙瘩、铁馒头，于逻辑思维来说，无理路可循，亦无下手处，亦无出身处，纯然是一个死胡同，它以扫荡文字知见和意识领解为着力点。我们可把它称为"硬话头"（或称"死话头"，对心意识领解之习气而言，是一个死胡同，故云）。

继大慧之后，元代的高峰原妙、中峰明本等人，亦提倡参话头。不过与大慧相比，他们更多地提倡参"万法归一，一归何处""拖死尸的是谁"等话头，这些话头本身就是一个疑问，允许一定程度上的"寻伺"，于初入门者而言，比较容易下手，容易起疑情。它以疑情为着力点，扫一切境界，融定慧于其中。我们可以把它称为"软话头"（或称"活话头"）。

入明以后，随着净土宗持名念佛之盛行，宗门中的参话头一变而以"参

念佛是谁"为主。著名代表人物有断云智彻、云栖袾宏、楚山绍琦、毒峰本善、天琦本瑞等，憨山德清乃其集大成者。清以后，有彻悟禅师，近现代有来果禅师、虚云和尚等，亦都提倡"参念佛的是谁"。如今之丛林，基本上都以"参念佛是谁"为主。

从这一演变过程中，可以看出，话头禅有三个主要代表人物，所参话头亦有三种类型。

1. 大慧宗杲 —— 参硬话头（死话头）

大慧宗杲禅师的话头禅思想，主要集中在他写给在家、出家两序弟子的书信中，后人称为《宗杲尺牍》。该书对话头禅的修证理路、用功原则、用功方法以及参禅误区等做了系统化的描述，堪为话头禅的用功指南，自问世以来，一直被丛林衲子尊为参禅悟道必读的案头书。

如前所言，话头禅的创立，乃是大慧宗杲禅师为了破除默照禅之末流"耽于空静之境"以及文字禅之末流"落入意识领解"这两种禅病而立，以破心意识之领解、扫荡文字知见，令"言语道断，心行处灭"为着力处，故其所参的话头以"硬话头"为主。

所谓硬话头，主要是指所参话头本身多为表达某种观点的肯定语句，或者是对某一事实、场景的描述，如"狗子无佛性""庭前柏树子""吃茶去""德山小参不答话""对一说""尘尘三昧""老僧坐在不明白里""台山婆子"等。对于参究者而言，面对此类话头，常常会感觉如同面对银山铁壁一般，无理路可循，无下口处，无措足处。

但是，就参禅而言，此"无理路可循，无下口处，无措足处"，正是入门处，正是下口处，正是措足处，宗门中称之"无门之门"。对于思维领解而言，所参之话头固然如四山相逼，无出身之路，亦无处下口，然此"无门之门"正是入道之门，此"四山相逼"的"无路之路"正是解脱之路，此"无处下口"正是"下手处"。参此类话头，就是要让人进不得，退不得，拟思不得，捉摸不得，如"狗舔热油铛"，进不得，退不得。然而正是在这"不可得"中，却"只么得"，般若"如大火聚"的特色（即无住的特色）当下现前。此正是参死话头的妙用所在。它能让人死尽一切偷心、意识领解的心、拟思的心，而令无相绝待之自性当下现前。

总之，大慧宗杲禅师强调参究的这一类话头，多半本身就是一个悖论或肯定句，从逻辑的角度来看，是没有出路的，好比铁疙瘩，如"东山水上行""南泉斩猫""德山托钵""洞山麻三斤""云门干屎橛""牛过窗棂""瓶中养鹅"等等。之所以要参此类公案，就是为了直下塞断思维分别，于"无出身之路"处转身，于"无下手处"顿断"言语道、心行处"。参这一类话头，用功会比较紧急，逼拶得比较厉害，心灵的震荡比较剧烈；若不明其用功理路、信心不足，大多数人会因为自己找不到下手处（其实，此找不到下手处正是下手处，正是思维领解习气遭到逼拶），或者功夫正得力时被热闷所笼罩、难以忍受，因而怀疑自身与此法门是否相应，或者怀疑自己用功夫是否正确，而中途放弃。

2. 高峰原妙 —— 参软话头（活话头）

参硬话头由于以断言思路而见长，对于无始劫以来习惯在思维领解中打滚的众生而言，往往因为对此方法的用功理路不清楚或者没有信心，"求入处"的心不断，"拟议"的心不断，难以生起持久的疑情，故初行者多感此门难入。是故元以后，参硬话头之法渐渐让位于参软话头。元代的高峰原妙禅师就是提倡参软话头的代表。

高峰禅师的话头禅思想，主要集中在《高峰禅要》一书中。高峰禅师的禅法继承了大慧宗杲禅师的看话禅思想，但是，他又结合自己的实修体验，有所创新，主要表现在两个方面：

一是强调"疑情"在参话头中的核心推动作用，主张参究那些易让自己产生疑情的话头，一般来说，所参话头本身就是一个问题，如"拖死尸的是谁""万法归一，一归何处"等等。

高峰禅师认为，参禅要得力，必须对所参话头生起真实的疑情。其妙处有三：一是不受昏沉、散乱的干扰；二是能做到不参而参，功夫易于成片，得力省力；三是能有效剿除生灭意识的缠绕。所以，参话头时，一定要选择那些易于使自己产生疑情的话头作为参究的对象，如"万法归一，一归何处""拖死尸的是谁""生从何来，死向何去"等等。

真实的疑情生起之后，就会让自己沉浸于浓厚的疑团中，将全部的意念集中在所参的问题上，借助疑情所产生的"欲罢不能"之张力，不参而参，以此摒除一切妄想、分别、思维，一如"夫子三月忘味，颜回终日如愚，贾岛取舍推敲"，直是行不知行，坐不知坐，食不知食，如痴如呆，"不动不摇、无来无去、一念不生，前后际断"，此即无心三昧，最后时节因缘到来，突然打失所参话头，"人法双忘、心识俱灭"，即可顿悟本来，"元来尽大地是个选佛场，尽大地是个自己"。

二是强调无心在悟道过程中的重要作用，即参话头必须借助疑情的力量，将功夫遍及日常生活中，打成一片，至于"无心"的状态。参禅的过程中，要放下一切文字知见，不能将心待悟，不能希求胜境，要无所求、无所得，心里空空荡荡的，所谓"无心合道"是也。

下面是他关于如何参话头的一段著名开示：

山僧昔年在双径归堂，未及一月，忽于睡中，疑着"万法归一，一归何处"。自此疑情顿发，废寝忘餐，东西不辨，昼夜不分，开单展钵，屙屎放尿，至于一动一静，一语一默，总只是个"一归何处"，更无丝毫异念。亦要起丝毫异念，了不可得。正如钉钉、胶粘，撼摇不动。虽在稠人广众中，如无一人相似。从朝至暮，从暮至朝，澄澄湛湛，卓卓巍巍，纯清绝点，一念万年，境寂人忘，如痴如兀。不觉至第六日，随众在三塔讽经次，抬头忽睹五祖演和尚真（画像），蓦然触发日前仰山老和尚问"拖死尸"句子，直得虚空粉碎，大地平沉，物我俱忘，如镜照镜。百丈野狐、狗子佛性、青州布衫、女子出定话，从头密举验之，无不了了。般若妙用，信不诬矣。

前所看"无"字，将及三载，除二时粥饭，不曾上蒲团，困时亦不倚靠。虽则昼夜东行西行，常与昏、散二魔辊作一团，做尽伎俩，打摒不去。于者"无"字上，竟不曾有一饷间省力、成片。自决之后，鞠其病源，别无他故，只为不在疑情上做工夫，一味只是举。举时即有，不举便无。设要起疑，亦无下手处。设使下得手、疑得去，只顷刻间，又未免被昏散打作两橛。于是空费许多光阴，空吃许多生受，略无些子进趣。

"一归何处"却与"无"字不同，且是疑情易发，一举便有，不待返（反）复思惟、计较作意。才有疑情，稍稍成片，便无能为之心。既无能为之心，所思即忘，致使万缘不息而自息，六窗不静而自静，不犯纤尘，顿入无心三昧。忽遇吃粥吃饭处，管取向钵盂边摸着匙箸，不怕瓮中走却鳖。此是已验之方，

决不相赚。如有一句诳惑诸人，自招永堕拔舌犁耕……（《高峰禅要·开堂普说》）

总之，高峰禅师强调所参究的这一类话头，多半本身就是一个问题，如"万法归一，一归何处？""拖死尸的是谁？""生从何来，死向何去？""无梦无醒时，主人公在哪里？""未生之前谁是我？既生之后我是谁？""尽大地是个解脱门，为何拽不入？"等等，参此类公案，疑情比较容易生起，真实的疑情一旦生起，即不愁功夫不能成片。

3. 憨山德清 —— 参念佛的是谁

入明以后，随着净土宗持名念佛法门的兴盛，宗门中有一批大德，出于契理契机的需要，将持名念佛作为参话头的一种下手方便引入宗门，提倡参"念佛的是谁"。其中，影响最大者，当推憨山德清。

最能体现憨山大师念佛参禅思想的，是他的《梦游集》中所收录的几篇重要开示，如《示参禅切要（径山禅堂小参）》《示念佛参禅切要》《示性觉禅人》《答郑昆岩中丞》等。憨山大师在《示性觉禅人》中讲：

古德参究机缘尽多，唯有"念佛的是谁"一则审实话头，最易得力。禅人今日发心参究，但将此一则公案，时时提撕。先将身心内外一切妄想杂乱念头一齐放下，放到没可放处，即深深提起一声"阿弥陀佛"，四字历历分明，急着眼看。看得少不得力，又提一声佛，有力便下疑情，审问者"念佛的是谁？"审之又审，"毕竟是谁？"看得才有昏散现前，即便快着精彩。又提又看，又审又疑。疑到疑不得处，胸中如银山铁壁，立在心目之间，如此便是话头得力时也。若到此得力处，正好重下疑情，于日用一切时、一切处，念念不移，乃至久久梦中，一似醒时一般。若用力到此，决不可退堕。忽然疑团迸裂，自然顿见本来面目。（《梦游集》卷八）

参"念佛的是谁"这种用功方法，既继承了高峰禅师参软话头的思想，强调疑情的作用，同时又吸收了持名念佛的方法，将参禅与念佛融为一体。对于普通人而言，这种用功方法比较容易上路，而且将自力与他力融为一体，照顾到了修行人的临终关怀，所以元以后非常盛行。按照用功特色划分，这种参禅方法，应当列入高峰禅师所提倡的参"软话头"这一系中。

另外，值得一提的是，元以后有不少禅师，为了提起功夫方便，将"拖死尸的是谁""念佛的是谁"等活话头，直接简化为一个"谁"字，主张在日常生活中去参究。其中最著名的代表就是明代的天琦本瑞禅师，他就主张在日用中直接参"谁"字，比如走路时，参"谁在走路"；吃饭时，参"谁在吃饭"；打妄想时，参"谁在打妄想"等等（参见本章第四节）。

上述参硬话头和软话头，就功夫的着力处而言，参硬话头旨在先破除修行人对妄能（能知能见）的执著（即临济禅师所说的"夺人不夺境"），通过硬话头的逼拶作用，将心意识逼入死胡同，从而绝地转身，所谓"打得念头死，许汝法身活"。参软话头旨在先破除对妄所的执著（即临济禅师所说的"夺境不夺人"），通过疑情，观妄念无相，乃至观五蕴皆空，从而远离分别执著，归于本觉。不管是参硬话头还是参软话头，最后都要契入能所双亡的"如实空"境（即临济禅师所说的"人境俱夺"），然后从空起用，不变而能随缘，达于"如实不空"境（即临济禅师所说的"人境俱不夺"）。对于修行人而言，由于无始以来所养成的名言习气和妄想分别心非常深厚，故通过参硬话头来破妄能，其反弹的力量也非常巨大，在这种情况下，多数人往往会于绝望（对心意识领解之习气而言，参硬话头如同四山相逼，令人绝望）热闷之际，对参话头一法产生怀疑，甚至中途放弃。相对而言，参软话头是借助观照所观对象之空性而渐渐趋于无念的，允许一定程度的"寻伺"，故其反弹力量要柔和得多。

第二节 话头禅的修证特色及其殊胜性

一、话头禅的修证特色 —— 离心意识

大慧宗杲禅师讲，"心意识之障道，甚于毒蛇猛虎"。为了帮助学人摆脱心意识的缠扰，古来祖师大德采用了种种方便善巧，或擎拳，或棒喝，或

踩踏，或逼拶，或扬眉瞬目，或顾左右而言他，或设局将学人引入四山相逼之绝地，总之，要令学人的心意识当下破裂，让他自己最后回头转脑，这是禅宗接众的一大特色。请看几则公案：

1. 五台山秘魔和尚经常持一木叉，每见有僧前来礼拜，即叉其颈，问道："那（哪）个魔魅教汝出家？那（哪）个魔魅教汝行脚？道得也叉下死，道不得也叉下死。速道！速道！"（参见《续指月录》卷四）

2. 洪州水潦和尚初参马祖，问曰："如何是西来的的意？"祖曰："礼拜着！"师才礼拜，祖乃当胸蹋倒。师大悟，起来拊掌，呵呵大笑曰："也大奇！也大奇！百千三昧，无量妙义，只向一毫头上识得根源去。"礼谢而退。住后，每告众曰："自从一吃马祖蹋，直至如今笑不休！"（参见《五灯会元》卷三）

3. 香严智闲禅师曾示众云："若论此事，如人上树，口衔树枝，脚不蹋枝，手不攀枝，树下忽有人问，如何是祖师西来意？不对他，又违他所问。若对他，又丧身失命。当恁么时，作么生即得？"（参见《五灯会元》卷九）

这种阻断学人"心路"的接引方法，五祖法演禅师曾用"老贼传艺"的故事，做了一番非常风趣的演绎，令人拍案叫绝：

五祖法演和尚一日云：我这里禅似个什么？如人家会作贼，有一儿子，一日云："我爷老后，我却如何养家？须学个事业始得。"遂白其爷，爷云："好得。"一夜，引至巨室，穿窬入宅，开柜，乃教儿子入其中取衣帛。儿才入柜，爷便闭却，复锁了，故于厅上扣打，令其家惊觉，乃先寻穿窬而去。其家人实时起来，点火烛之，知有贼，但已去了。其贼儿在柜中私自语曰："我爷何故如此！"正闷闷中，却得一计，作鼠咬声。其家遣使婢，点灯开柜。柜才开，贼儿竮身吹灭灯，推倒婢走出。其家人赶至中路，贼儿忽见一井，乃推巨石投井中。其人却于井中觅，贼儿直走归家。问爷，爷云："尔休说，尔怎生得出？"儿具说上件意，爷云："尔么尽做得！"（《宗门武库》）

这位老贼的过人之处在于，他敢于用杀活手段，将毕生行窃之本领，传给他的儿子，其作派大有宗门之手眼。

兵法上讲，"置于死地而后生"。心意识不死，自家本分事则不得现前，此是宗门之共识。禅门虽有五宗七家之分，各自家风及其门庭施设虽然互不相同，然其阻断拟议心、离心意识的精神则是一样的。下面三则公案则反映了赵州和尚的家风：

1. 有僧问赵州："四山相逼时如何？"师云："无路是赵州。"（《赵州和尚语录》卷中）

2. 又有僧问赵州："远远投师，未审家风如何？"师云："不说似人。"学云："为什么不说似人？"师云："是我家风。"（《赵州和尚语录》卷上）

3. 有僧问赵州和尚："如何是和尚意？"师云："无施设处。"（《赵州和尚语录》卷上）

除了赵州和尚外，其他宗师的家风亦皆如是，只是表现形式不同而已。请看数则公案：

1. 有僧问地藏桂琛禅师："如何是罗汉家风？"师曰："不向你道。"曰："为甚么不道？"师曰："是我家风。"（参见《五灯会元》卷八）

【按】好个"不向你道"！灼然全盘道了也。

2. 天台德韶禅师上堂："古者道：如何是禅？三界绵绵。如何是道？十方浩浩。因甚么道三界绵绵？何处是十方浩浩底道理？要会么？塞却眼，塞却耳，塞却舌、身、意，无空阙处，无转动处。上座作么生会？横亦不得，竖亦不得，纵亦不得，夺亦不得，无用心处，亦无施设处。若如是会得，始会法门绝拣择，一切言语绝渗漏。"（参见《五灯会元》卷十）

【按】无用心处是真用心，无施设处即是真施设。永嘉大师讲，"取不得，舍不得，不可得中只么得。"

3. 有僧问曹山本寂禅师："国内按剑者是谁？"师曰："曹山。"僧云："拟杀何人？"师曰："但有，一切总杀。"僧云："忽逢本父母又作么生？"师曰："拣甚么？"僧云："争奈自己何？"师曰："谁奈我何？"僧云："为什么不自杀？"师曰："无下手处。"（参见《五灯会元》卷十三）

【按】人人尽知曹山的家风是"一切总杀"，可是少有人知道，"无下手处"岂不是总杀！

宗师接人，除了采用峻烈的手段之外，也有很多禅师针对学人好分别思维的习惯，将计就计，故意用语言文字，或设一些圈套，让学人钻，或说一些没有滋味的话，让学人咬嚼。钻来钻去，咬嚼来、咬嚼去，最终发现没有理路可得，没有把柄可抓，没有门路可出，就在这个当下，或许会有一些灵利汉肯当下放舍，"言语道断、心行处灭"，从而入道。这个叫作"三寸软舌胜金刚王宝剑"，亦称为"杀人刀、活人剑"。参话头正是这样的"杀人刀、活人剑"，通过它，学人可以断除心意识，契入自己的本来面目。请看两则公案：

1. 宗杲禅师经常在室中举竹篦诘问来参者："唤作竹篦则触（冒犯第一义谛），不唤作竹篦则背（违背世间常理）。不得下语，不得无语，速道！速道！"（参见《五灯会元》卷十九）

2. 南泉普愿禅师经常让学人参"三不是"公案 —— "不是心，不是佛，不是物，是个甚么？"（参见《五灯会元》卷四）

这两则公案，大体上可以反映出参话头的用功理路，即通过无理路、无义味之话头，将学人的心意识赶进"死胡同"，同时又不让它坐在断灭处，在这进退不得之际，突然转身向上，契入离相绝待之本来。这一理念基本上贯穿在所有禅师的接众开示中，如：

1. 华严休静问洞山良价禅师："学人无个理路，未免情识运为。"师云："汝还见有理路也无？"华严云："见无理路。"师云："甚处得情识来？"华严云："学人实问。"师云："恁么则直须向万里无寸草处去。"华严云："万里无寸草处还许某甲去也无？"师云："直须恁么去。"（参见《五灯会元》卷十三）

【按】情识即分别意识，有理路即情识不断。无理路正是情识断处，正是修行的下脚处，非在无理路之外别有下手之理路。

2. 有僧问赵州："如何是不思处？"州云："快道快道！"

又有僧问赵州："非思量处如何？"州云："速道速道！"

又有僧问赵州："如何是归根？"州云："拟即差。"

又有僧问赵州："如何是和尚的的意？"州云："止！止！不须说，我法妙难思。"（参见《赵州和尚语录》）

【按】面对这四位僧人之问，赵州和尚的回答，皆一一当下直指，个中涉纤毫拟议之心不得。

世人修行，多用二边分别取舍的心用功，故常常陷入向外驰求、将心待悟和有为有得当中。实际上，"道不属修，不属不修"。那么，毕竟如何是真修呢？莫拟思、莫对治、莫寻觅、莫费力者是。

1. 三平义忠禅师，大颠宝通禅师之法嗣……僧问："宗门中还有学路也无？"师曰："有！一路滑如苔。"曰："学人还蹑得否？"师曰："不拟心，汝自看。"（参见《五灯会元》卷五）

2. 僧问大珠慧海禅师："如何得大涅槃？"师曰："不造生死业。"曰："如何是生死业？"师曰："求大涅槃，是生死业。舍垢取净，是生死业。有得有证，是生死业。不脱对治门，是生死业。"曰："云何即得解脱？"师曰："本自无缚，不用求解，直用直行，是无等等。"曰："禅师如和尚者，实谓希有。"礼谢而去。（参见《五灯会元》卷三）

3. 有僧问赵州和尚："正修行的人，莫被鬼神测得也无？"师云："测得。"云："过在什么处？"师云："过在觅处。"云："与么，即不修行也？"师云："修行。"（参见《赵州和尚语录》卷上）

4. 有僧问赵州和尚："学人拟作佛时如何？"师云："大煞费力生！"云："不费力时如何？"师云："与么即作佛去也。"（参见《赵州和尚语录》卷上）

当然，话头既然被称作"杀人刀、活人剑"，足见它既可以活人，也可以杀人。会用的人通过它可以出离生死，不会用的人可能在心意识的罗网中越缠越紧。古人所谓"死句""活句"，说的就是这个意思。实际上，句无死活，死活在人。若用心意识领解，一切言句都是死句；若不用心意识领解，一切言句都是活句。可见，离心意识才是话头禅修证理路的核心，古人强调"离心意识参"即是此意。

关于对离心意识的理解，除了从般若的角度之外，我们还可以从参话头的功夫次第的角度来理解。从《首楞严经》"解六结"的角度来讲，通过参话头离心意识的过程，就是一个非常巧妙的解除六结、契证圆通心的过程：

当我们在疑情的驱使下，心心念念扑在所参话头上，生死尘劳妄念不起，思维拟议的心亦不起，功夫成片之时，实际上尘结已被悄然伏断。进而，当能参所参俱被打失的时候，根结亦断，乃至其他诸结亦相继而断。此是话头禅最微妙殊胜及不可思议处。

二、话头禅是活般若

参话头一般来说包含着五大要件：

1. 话头——以无义味、无理路、无下手处、感觉如铁疙瘩一般的话头为参究对象。

2. 疑情——对所参话头生起真实的疑问，在疑问的驱动下，心注一境，持久用功，令心意识不行。

3. 专注——疑情一起，心不外驰，妄念不生，不念财色名食睡，不念名闻利养，不念文字知见。此即定。

4. 觉照——且提且审，念念分明，观妄念无相。此即慧。

5. 无念无住——离心意识，扫一切境界，住无住处。有无俱扫，凡圣不立。佛来佛斩，魔来魔斩。如是用功既久，名闻利养、人我是非等生死心自然荡然无存。

此五大要件，通过起疑情、参究、扫一切相这样一个心理过程，被融为一个活泼泼的般若观照之整体，宗门"定慧等持"的精神就这样被巧妙地贯穿于其中。从这个角度来看，话头禅本质上就是对般若的当下活用。话头禅就是活般若。

前面所讲到的"离心意识"，实际上就是般若。般若在当下的功夫上，就是通过离心意识表现出来。离心意识，就是《大乘起信论》所言"离言说相，离名字相，离心缘相"。关于参话头的离心意识之特征，箬庵通问禅师有一段开示，讲得非常透彻：

> 我者（这）里禅，无你诸人歇足处，无你诸人依傍处，无你诸人计较拟量处，直下团热铁火焰相似。你才拟歇足，烧起脚跟了也。才拟依傍，燎却眉毛了也。才拟计较拟量，自己早打失眼睛鼻孔了也。你若一总不恁么，又有什么气息［按：指坐在空静之处，丧失了疑情］？凑泊也凑泊他不得，躲避也躲避他不得。除是你猛烈提取始得，这个猛烈提取，已是蹉过多时也。到这里，你诸人作么生？（《续指月录》卷十九）

般若因为超越二边，无法用语言来描述，也无法用思维来把握。中国古代的祖师非常有智慧，通过参话头的方式，可以让学人当下与般若相应。从这个角度来看，话头禅的提出，的的确确是中国祖师的伟大创造，是中国祖师对般若思想的最生动、最活泼的注释。

话头禅不仅是般若思想的当下落实和活用，同时它又是一个易于下手的既方便又究竟的法门。说它方便，因为它为那些找不到修行下手处的人提供了一个可以当下与般若相应的有力抓手。说它究竟，因为它像一把极锋利的刀子，可以帮助学人切断一切文字知见、一切妄想分别、一切执著，令人无处措足。此无措足处的当下，正好与道相应，正是"因解脱"现前。参话头之所以能够持久而且广泛地风行于天下丛林，至今仍为禅门中最主要的修行方法，原因就在这里。

三、话头禅的殊胜性

作为活般若之话头禅，其殊胜性主要体现在如下五个方面：

1. 参话头这一法，善用众生"拟议"之习惯（借助思维寻找答案的名言习气），通过参究一则公案话头（这公案话头，从逻辑思维的角度来说，没有理路可循，不可思议、不可捉摸，没有"义味"，就像一个铁疙瘩，无你下口处），激起内心强烈持久的"疑情"，然后在"疑情"的驱使下，进入一种欲罢不能、不参而参的寂寂惺惺的状态。

2. 借助参话头，可以将学人的心意识逼进死胡同，将他的意识知解心、投机取巧心、分别执著心，统统扫荡干净，令其言语道断，心行处灭，伎俩全无。这一点可解葛藤禅之毒。

3. 借助疑情的力量，可以使学人保持灵动的智慧觉照，避免落入舍动趣静、不得活用的枯寂状态。这一点可解枯木禅之毒。

4. 对于那些不知道如何起般若观照、当下如何才能做到"无住"的人来说，参话头是一个很好的下手处。话头就是一个拐杖，让学人有一个可把捉处。

5. 参话头的时候，内心被疑情驱动，专注于所参话头，此时不念财色名食睡，不念名闻利养，不念人我是非，不念贪嗔痴，不念文字知见，不住有念，不住空境，当下无所念，当下离心意识，当下生死心绝，当下即是"无所住"，当下即"离一切相，即名诸佛"，当下即"若见诸相非相，即见如来"，换言之，当下即是"因解脱"。

第三节　参话头的前提条件

参话头虽然殊胜，但是，在实际操作过程中，如果没有真切的出离心、决定的信愿、圆顿的见地和长久不退的精进心等做基础的话，参话头也会出现种种障碍。参话头一法，从宋代开始，一直流传到今天，虽然历代禅人都标榜参话头，但真正深入其中三昧、得其妙用的人毕竟是少数，其主要原因恐怕是在这些方面出了问题。

依据大慧宗杲和高峰原妙等禅师的开示，参话头必须具备四个方面的条件，此四个方面的条件具足了，参话头才能真正得力：

一要有坚固而恳切的向道之心和出离心；

二要对祖师禅的心法以及话头禅的修证理路生起决定的信解；

三要发长久不退之精进心；

四要对所参话头生起真实的疑情。

高峰禅师将大信根、大愤志、大疑情列为参禅三要，其内容实际上包括了上述这四个方面：

> 若谓着实参禅，决须具足三要。第一要，有大信根，明知此事，如靠一座须弥山。第二要有大愤志，如遇杀父冤仇，直欲便与一刀两段。第三要有大疑情，如暗地做了一件极事，正在欲露未露之时。十二时中，果能具此三要，管取克日功成，不怕瓮中走鳖。苟阙其一，譬如折足之鼎，终成废器。（《高峰原妙禅师禅要》）

为了帮助学人将功夫落到实处，古人在讲到参禅的时候，用了很多譬喻，有讲发心的，"如逃追杀""如避债主""如临深渊""如履薄冰""如丧考妣""如救头燃"；有讲离心意识参究的，"如叮铁牛""如咬铁钉""如撞铁墙"；有讲长久专注做功夫的，"如鸡孵卵""如鼠啃棺""如猫捕鼠"等等。这些譬喻在实际用功过程中很有指导价值，值得深思。

下面，拟围绕《宗杲尺牍》，从决定信心、决定志愿、真实疑情等三个方面，对参禅必备的前提条件略做说明。

一、决定信心

《华严经》中讲，"信为道元功德母，长养一切诸善法"。信是深入佛法、修证佛法的前提。无论是修什么法门，信都是第一位的。有人认为，信在净土法门中是第一位的，但是，在禅宗里，信却不是第一位的，排在第一位的当是明心见性。这种观点是错误的。因为见性成佛恰恰是建立在对"即心即佛""一切现成""直下承当""无心合道"这一圆顿见地有决定信心的基础之上。

禅宗修行的一个最大特色，就是强调"直下承担"。承担什么呢？就是承担现前一念心性当体即佛，无二无别。这个承担可不是简单的知见上的认同，而是念念之间对信心的落实。当信心落实在念头上的时候，它同时就是观，就是证。

大慧宗杲禅师认为，参禅的首要条件就是要对禅宗的圆顿见地生起决定的信心。为了帮助学人树立坚固的信心，宗杲禅师在给几乎每一位弟子的信中都谈到了信心的问题。宗杲禅师所说的"信心"，大致包括四个方面的内容：

1. 相信自己现前一念无二无住之心性即是佛，更不必向外寻觅。

2. 相信自性遍一切时一切处，须臾不曾离，在烦恼或功夫不上路时更不必对此产生怀疑。

3. 相信只要当下不起心动念，不拟议，不分别，不取舍，不驰求，不怀疑，自性当下现前。

4. 相信诸佛祖师所开示的参究方法是真实语，是活般若，依之修行，当下即是因解脱，临终决定可出生死尘劳。要相信自己只要念念信得及、念念向脚跟下觑捕，亦必能成佛。

大慧宗杲所说的"立决定信"，就是要坚定地相信这些道理，这是参禅的前提。

1. 此事如青天白日，皎然清净，不变不动，无减无增，各各当人日用应缘处，头头上明，物物上显，取之不得，舍之常存，荡荡无碍，了了空虚，如水上放葫芦，拘牵他不得，惹绊他不得。（《宗杲尺牍·示徐提刑（敦济）》）

2. 佛又言："不应于一法、一事、一身、一国土、一众生见于如来，应遍于一切处见于如来。"佛者，觉义，谓于一切处常遍觉故。所谓遍见者，见自己本源自性天真佛，无一时、一处、一法、一事、一身、一国土、一众生界中而不遍故也。（《宗杲尺牍·示清净居士（李提举献臣）》）

3. 这个道理，只为太近，远不出自家眼睛里，开眼便刺著，合眼处亦不缺少，开口便道著，合口处亦自现成。拟欲起心动念承当，渠早已蹉过十万八千了也，直是无尔用心处。（《宗杲尺牍·答刘通判（彦冲）》）

上述四个方面，修禅的人如果能够在现前一念上信得及，肯回头转脑，歇却驰求心、分别心，当下便是归家稳坐之处。为了激励弟子当下信得及，宗杲禅师曾多次提到下面这则悟道因缘：

昔大珠和尚初参马祖，祖问："从何处来？"曰："越州大云寺来。"祖曰："来此拟须何事？"曰："来求佛法。"祖曰："自家宝藏不顾，抛家散走作甚么！我这里一物也无，求甚么佛法？"珠遂作礼，问："那个是慧海自家宝藏？"祖曰："即今问我者是汝宝藏！一切具足，更无欠少，使用自在，何假外求？"珠于言下识自本心，不由知觉。后住大珠，凡有扣问，随问而答，打开自己宝藏，运出自己家财，如盘走珠，无障无碍。曾有僧问："般若大否？"珠曰："般若大。"曰："几许大？"曰："无边际。"曰："般若小否？"曰："般若小。"曰："几许小？"曰："看不见。"曰："何处是？"曰："何处不是？"（《宗杲尺牍·示妙明居士（李知省伯和）》）

总之，要相信"道在当下，道遍一切处"，"当下现成"，"圆同太虚，无欠无余"，只要心中无事，借疑情之力量，远离有为之分别意识，当下无心而照，道即现前。圆悟克勤禅师亦曾经讲过类似的开示：

无疑、无二边、无执著、无取舍，无见刺，日用一切皆为妙用、皆为道场。当人脚跟下一段事，本来圆湛，不曾动摇，威音王佛前直至如今，廓彻灵明，如如平等，只为起见生心、分别执著，便有情尘、烦恼扰攘。若以利根勇猛身心，直下顿休到一念不生之处，即是本来面目。所以古人道："一念不生全体现"，此体乃金刚不坏正体也；"六根才动被云遮"，此动乃妄想知见也。多见聪明之人，以妄心了了，放此妄心不下；逼到歇至不动处，不肯自承当本性，便唤作空豁豁地，却拟弃有著空，是大病。若有心弃一边、著一边，便是知解，不能彻底见性。此性非有，不须弃；此性非空，不须著；要当离却"弃著有无"，直下怗怗地，圆湛虚凝，傦然安稳，便能自信此真净妙心。饷间被世缘牵拖，便能觉得，不随他去。觉即把得住，不觉即随他去。直须长时虚闲，自做工夫，消遣诸妄，使有个自家省悟之处始得。昔人云："不离当处常湛然，觅即知君不可见。"（《圆悟心要·示道人》）

二、决定志愿

所谓决定志愿，就是要有坚定的出离心和百折不挠的勇气，发愿此生一定要打破生死疑团，见到自己的本来面目，不达目标决不罢休。

决定志愿包括三个方面的内容：

一是生死心切。就是要对生死无常生起真切的怖畏之心，打破日常生活中那种悠悠忽忽、浑浑噩噩的无明状态，时时拿"生死"二字来警策自己，趁色力强健时精进修行。大慧宗杲禅师讲：

1. 既办此心，要理会这一着子，先须立决定志。触境逢缘，或逆或顺，要把得定、作得主，不受种种邪说。日用应缘时，常以无常迅速，"生死"二字贴在鼻孔尖头上。又如欠了人万百贯债，无钱还得，被债主守定门户，忧愁怕怖，千思万量，求还不可得；若常存此心，则有趣向分。（《宗杲尺牍·示妙明居士（李知省伯和）》）

2. 无常迅速，生死事大。众生界中，顺生死底事如麻似粟，拨整了一番，又一番到来。若不把"生死"两字贴在鼻尖儿上作对治，则直待腊月三十日手忙脚乱、如落汤螃蟹时，方始知悔，则迟也。若要直截，请从而今便截断。（《宗杲尺牍·示妙证居士（聂寺丞）》）

二是看破放下。对立志求解脱的人来说，必须看破名闻利养，淡化自己尘世间的欲心。尘世间的欲心一破，其他的一切问题自然迎刃而解。

汪彦章是宗杲禅师的在家弟子，官至内翰，虽然也发心学佛，但是其生死心不切，到老了，仍然对世间的名闻利养放不下。当他向宗杲禅师请问修学之道时，宗杲禅师苦口婆心地劝告他说：

一个汪彦章，声名满天下。平生安排得，计较得，引证得底，是文章，是名誉，是官职，晚年收因结果处，那个是实？做了无限之乎者也，那一句得力？名誉既彰，与匿德藏光者，相去几何？官职已做到大两制，与作秀才时，相去多少？而今已近七十岁，尽公伎俩，待要如何？腊月三十日，作么生折合去？无常杀鬼，念念不停。雪峰真觉云："光阴倏忽暂须臾，浮世那能得久居。出岭年登三十二，入闽早是四旬余。他非不用频频举，己过还须旋旋除。为报满城朱紫道，阎王不怕佩金鱼。"……百年光景，能得几时？念念如救头然。做好事尚恐做不办，况念念在尘劳中而不觉也！可畏！可畏！（《宗杲尺牍·答汪内翰（彦章）》）

这段文字可做后代禅人真实地发出离心的一个很好说教。

三是勇猛精进。生死心切也好，看破放下也好，不能停留在口头或知见上，最终要落实到修行中去，持之以恒，百折不挠，不时缓时急，不一曝十寒。若时缓时急，遇到困难就打退堂鼓，则说明生死之心还不切，还没有真正放下。

1. 今时士大夫学道，多是半进半退——于世事上不如意，则火急要参禅；忽然世事遂意，则便罢参——为无决定信故也。（《宗杲尺牍·示妙证居士（聂寺丞）》）

2. 既知无常迅速，生死事大，决欲亲近善知识，孜孜矻矻，不舍昼夜，常以"生死"二字，贴在额头上。茶里饭里，坐时卧时，指挥奴仆时，干办家事时，喜时怒时，行时住时，酬酢宾客时，不得放舍。常常恰似方寸中有一件紧急未了底事碍塞，决欲要除屏去、教净尽，方有少分相应也。若见宗师说时，方始着急理会，不说时又却放缓，则是无决定之志，要得生死根株断，则无有是处。（《宗杲尺牍·示永宁郡夫人（郑两府宅）》）

3. 大丈夫汉，决欲究竟此一段大事因缘，一等打破面皮性燥，竖起脊梁骨，莫顺人情，把自家平昔所疑处贴在额头上，常时一似欠了人万百贯钱，被人追索，无物可偿，生怕被人耻辱，无急得急，无忙得忙，无大得大底一件事，方有趣向分。（《宗杲尺牍·示徐提刑（敦济）》）

古人讲，"如逃追杀""如避债主""如临深渊""如履薄冰""如丧考妣""如救头燃"，强调的就是，修道人要有真实的生死怖畏心、强烈的出离心和勇往直前的精进心，否则道心无从生起，参禅也不会有结果。

三、起大疑情

（一）疑情的妙用及其重要性

参话头最关键的一个环节，就是要对所参的话头生起真切的疑情。所谓疑情，就是因为不明白事物的真相而急于想弄明白，却又不得其解路，由此而产生出来的一种强烈的探究冲动。"不知道、想知道、不得思（或称'不能想'）"是构成疑情的三大要素。不得思，既指主观上不能思维，又指客观上不得其解路，乃思维意识被逼拶时所出现的进退不得之状态。疑情首先意味着不知道，其次是想知道，如果缺少了"想知道"之强烈冲动，疑情无法生起。同样地，若陷入思维解路，或者自认为在知见上找到了答案，疑情亦不复存在。

在参话头的过程中，疑情的作用体现在三个方面：

一者，疑情乃修行人持久做功夫的内驱力，它可以帮助修行人把全部的注意力集中在所参之话头上，进入一种"欲罢不能、不参而参，得力省力"的状态。

二者，疑情犹如大火聚，近之则燎却面门，能令一切思维妄念当下消解。

三者，疑情正生之时，止观双运，定慧等持，能疑所疑混然不分，功夫一旦成片，最容易见性。

（二）生起疑情的关键

对于初入门者来说，要生起真实的疑情并不容易，必须首先明白话头禅的修证理路，做好如下几个方面的思想准备：

1. 须知所参的话头是"铁疙瘩"一个，对于逻辑思维来讲，无你下手处，无你措足处。因此，不要指望从文字知见的角度来寻找答案；一切语言文字、知见伎俩，纵然说得头头是道，通通不算数。

> 只以所疑的话头提管，如僧问赵州，"狗子还有佛性也无？"州云，"无"。只管提撕举觉，左来也不是，右来也不是。又不得将心等悟，又不得向举起处承当，又不得作玄妙领略，又不得作有无商量，又不得作真无之无卜度，又不得坐在无事甲里，又不得向击石火闪电光处会。直得无所用心。（《宗杲尺牍·答张舍人状元（安国）》）

2. 所参的话头，对知见而言，虽壁立万仞，无出身之路，但要相信，毕竟有转身之处。这转身之处，绝不在文字中，须是亲证，别人代替不得。当从这个地方生起疑情，并一直参下去，疑情不破，决不撒手。

千疑万疑，只是一疑。话头上疑破，则千疑万疑一时破。话头不破，则且就上面，与之厮崖。若弃了话头，却去别文字上起疑，经教上起疑，古人公案上起疑，日用尘劳中起疑，皆是邪魔眷属。第一不得向举起处承当，又不得思量卜度，但着意就不可思量处思量，心无所之，老鼠入牛角，便见倒断也。又方寸若闹，但只举"狗子无佛性"话。佛语祖语，诸方老宿语，千差万别；若透得个"无"字，一时透过，不着问人。若一向问人佛语又如何，祖语又如何，诸方老宿语又如何，永劫无有悟时也。（《宗杲尺牍·答吕舍人（居仁）》）

3. 参话头的目的，就是要死却分别心、执著心，令人无处安身，无可把捉。因此，参禅参到无滋味处、绝望处，正是大活之前的大死，正是得力的时候，不可放舍。

举话时，都不用作许多伎俩，但行住坐卧处，勿令间断，喜怒哀乐处，莫生分别。举来举去，看来看去，觉得没理路、没滋味、心头热闷时，便是当人放身命处也。记取！记取！莫见如此境界便退心；如此境界正是成佛作祖底消息也。……但办取长远心，与"狗子无佛性"话厮崖，崖来崖去，心无所之，忽然如睡梦觉，如莲华开，如披云见日，到恁么时，自然成一片矣。但日用七颠八倒处，只看个"无"字，莫管悟不悟、彻不彻。（《宗杲尺牍·答宗直阁》）

4. 参话头时，不得将心待悟，不得住于五阴境界，亦不得在空境中丧失了疑情，须抖擞精神，猛着精彩始得。阴境现前，不得随它走，不得被它吓住，不得起心对治，只顾一味猛提话头。

"干屎橛"如何？觉得没巴鼻、无滋味、肚里闷时，便是好底消息也。第一不得向举起处承当，又不得颟在无事甲里。不可举时便有，不举时便无也。但将思量世间尘劳底心，回在干屎橛上，思量来思量去，无处奈何，伎俩忽然尽，便自悟也。不得将心等悟；若将心等悟，永劫不能得悟也。……逐日千万不要思量别事，但只思量"干屎橛"，莫问几时悟。至祷！至祷！（《宗杲尺牍·答吕舍人（居仁）》）

5. 参话头时，应当将所参话头及其疑情视作铁扫帚，有念要扫、无念也要扫，有滋味要扫、没有滋味也要扫，好的境界要扫、不好的境界也要扫，功夫上路得力时的轻安感觉要扫、不上路不得力时难受的感觉同样要扫，最后连"扫一切相之后、住无住处"之知见也要扫掉，切不得坐在死水中，必须转身得活，自在无碍。

有了上述五个方面的认识和心理准备，参话头就不难入门了。若不明此理，终日围绕着话头在意识里找答案，或者坐在死水中，疑情不起，则永无出头之日。

（三）选择适合于自己参究的话头

参禅的人必须清楚，障碍疑情生起的最大障碍，除了不明白参禅的用功理路之外，更多的是来自修行者自身的思维知见和意识领解之习惯；在参话头的过程中，它会将修行人误导至思维领解的怪圈当中，而无法生起真实的疑情。

所以，要想生起真实的疑情，除了明白上述道理之外，还要找到一个能够吸引自己、适合于自己参究、同时又能够最大程度阻断我们思维活动的话头。

那么，如何判断一个话头是不是最适合于自己参究的话头呢？这里面，既有宿世修行的习惯在起作用，也有今世的理性抉择。如果宿世曾经参过某一个话头，那么今生重新参禅，多半会对宿世所参的话头产生一种不可言说的信心和好乐。

至于今世的理性选择，主要是看：

1. 所参之话头能否自然地鞭起自己的疑情；

2. 所参之话头，对于思维领解心来说，最好如铁蒺藜一般，无你下手处，这样便于维护疑情。比如，下面所提到的这些话头特别适合那些多学多知、长于意识领解的人去参究，可以有效地阻断他们的意识领解心：

1. 德山末后句

雪峰在德山作饭头。一日饭迟，德山擎钵下法堂。峰晒饭巾次，见德山，乃曰："钟未鸣，鼓未响，托钵向甚么处去？"德山便归方丈。峰举似师（岩头全豁禅师），师曰："大小德山（犹言'老德山''德山老汉'）未会末后句在!"山闻,令侍者唤师去问:"汝不肯老僧那?"师密启其意,山乃休。明日升堂,果与寻常不同。师至僧堂前,拊掌大笑曰:"且喜堂头老汉会末后句!他后天下人不奈伊何。虽然,也只得三年活(山果三年后示灭)。"(参见《五灯会元》卷七)

【按】德山是岩头之师。究竟是会末后句,还是不会?若是不会,何堪为岩头之师?若是会,何以岩头说他未会末后句?可以从这儿起疑参究。

2. 老僧不在明白里

赵州和尚上堂云:"至道无难,唯嫌拣择。才有语言是拣择,是明白。老僧不在明白里。是汝还护惜也无?"时有僧问:"既不在明白里,护惜个甚么?"师曰:"我亦不知。"僧曰:"和尚既不知,为甚道不在明白里?"师曰:"问事即得,礼拜了退!"(参见《五灯会元》卷四)

【按】赵州和尚道行高邈,人称古佛再世,何以自称"老僧不在明白里"?可以从这儿起疑参究。

3. 赵州勘庵主

赵州禅师到一庵主处,问:"有么?有么?"主竖起拳头。师曰:"水浅不是泊船处!"便行。又到一庵主处,问:"有么?有么?"主亦竖起拳头。师曰:"能纵能夺,能杀能活。"便作礼。(参见《五灯会元》卷四)

【按】两位庵主表现一般,何以赵州肯一、不肯一?莫是他赵州有他心通否?可以从这儿起疑参究。

4. 天平三错

襄州天平从漪禅师到西院,居常自言:"莫道会佛法,今时觅个举话人也无。"西院(思明禅师)闻之,一日遥见师,遂召云:"从漪。"师举头,院云:"错。"师行三两步,院又云:"错。"师近前,院云:"适来这两错,是西院错?上座错?"师云:"是从漪错。"院又云:"错!错!"师无语。院云:"且在这里过夏，待共上座商量这两错。"师当下便行。住后告众云："我当初行脚时，被业风吹到汝州思明长老处，被他连下两错，更留我过夏，待共我商量这两错。我不道那时错，发足南方去时，早知道错了也。"（参见《五灯会元》卷十一）

【按】思明禅师给天平从漪禅师连下三错，天平当时便行，住山后，告众云："我不道那时错，发足南方去时，早知道错了也。"请问天平当时究竟错在何处？可以从这儿起疑参究。

5. 云门对一说
僧问云门："如何是一代时教？"云门云："对一说。"（参见《云门匡真禅师广录》卷上）

【按】"如何是一代时教？""对一说。"可以从这儿起疑参究。
总之，类似的公案还有很多，仅《碧岩录》中就收录了一百则，我们可以从中挑选一两则来参究。若能透过，这一生便不空过。
前面提到"硬话头"（死话头）、"软话头"（活话头），按高峰禅师的说法，后一类话头，如"拖死尸的是谁"（这个肉体谁在操控？这个色壳子中谁在吵吵闹闹？），"无梦无醒时，主人公在何处"，"如何是不病者、不睡者、不痛者"等，比较适合于末法时代的众生参究。
参硬话头，由于是要直接逼断思维意识领解之心，破除虚妄之能知能见（妄能），其着力点在"不断地逼拶"这一过程本身，而并不去关注其他任何身心的觉受、境界，主张"无门便是门，无路便是路，无理路便是理路，找不到下手处便是下手处"，所以，对于绝大多数习惯于寻找"可思议"（可思议之理路、可思议之答案）的人而言，往往会因为信不及而当下错过，不能深入堂奥。但是，参这一类话头，一旦明白了其用功之关要，生起了真实的疑情和信心，其参究的力量会非常猛烈，效果亦非常明显。
相对来说，"拖死尸的是谁""念佛的是谁"这类软话头，因为它们本身就是一个问题，只要一提起话头，就会有"寻伺"产生，让人感觉到有个抓处，故疑情比较容易生起。参这一类话头，其着力点在于，借疑情的力量，回光返照，当下观妄念无相，破除虚妄之所观（妄所），故其功夫的冲击力相对来说要柔和松缓一些。只要见地正确，不住在离念之顽空中，大多数人都能够把握。

第四节　如何参话头

关于如何参话头，综观大慧宗杲禅师的相关开示，有十个要点值得注意，姑且称为"参禅十要"：

1. 对所参话头要生起真切之疑情（相信参话头能让我们开悟，并明白其理路；面对所参话头时，要明白出身之路不在分别思维的有效范围内）；

2. 不得落在语言文字、意识知解中；

3. 不得落在枯寂或无所事事的状态；

4. 不得将心待悟；

5. 疑情不破不得改换话头；

6. 绝望烦闷时不得中途放舍（参禅觉得闷绝，正是文字知见思维习气遭到挤拶的时候。此时宜放下寻求出路、寻求答案、将心待悟的心，让心处于无念而照的状态）；

7. 不得求奇特玄妙；

8. 不得执分别意识暂时中断之石火电光为究竟，不得认途中种种五阴之光影为真实；

9. 参禅须具长远心、恳切心及无所得心；

10. 参禅要遍于日用处，时时提撕，处处举觉，不得间断。

以上十个要点，修行人无论参哪一种类型的话头，都应当遵循。下面，拟围绕前面所提到的三类话头，来介绍一下参话头的具体操作方法。

一、无门关

这里所说的"无门关"，仅以赵州和尚的"无"字公案为例，说明参话头的具体方法，实际上，它适用于参一切死话头、硬话头。

　　无门关，作为一个特殊的参禅法门之提出，始于无门慧开禅师。慧开禅师在月林师观禅师座下，因参"无"字而大悟，所以，他出世后，大弘"无"字法门，称为"无门关"。他著有《无门关》一书，共收录了四十八则古代祖师悟道接众的著名公案，并加以评唱，点出其中的关节，一时成为丛林参禅之士争相传阅的参禅宝卷。其中第一则，就是他对赵州和尚"狗子无佛性"公案所做之评唱：

　　赵州和尚因僧问："狗子还有佛性也无？"州云："无。"
　　无门曰：参禅须透祖师关，妙悟要穷心路绝。祖关不透，心路不绝，尽是依草附木精灵。且道如何是祖师关？只者一个"无"字，乃宗门一关也，遂目之曰"禅宗无门关"。透得过者，非但亲见赵州，便可与历代祖师把手共行，眉毛厮结，同一眼见，同一耳闻，岂不庆快！
　　莫有要透关底么？但将三百六十骨节，八万四千毫窍，通身起个疑团，参个"无"字，昼夜提撕。莫作虚无会，莫作有无会，如吞了个热铁丸相似，吐又吐不出，荡尽从前恶知恶觉，久久纯熟，自然内外打成一片，如哑子得梦，只许自知。蓦然打发，惊天动地，如夺得关将军大刀入手，逢佛杀佛，逢祖杀祖，于生死岸头得大自在，向六道四生中游戏三昧。
　　且作么生提撕？尽平生气力，举个"无"字。若不间断，好似法烛，一点便着。颂曰：狗子佛性，全提正令。才涉有无，丧身失命。（《无门关》）

　　这段文字，被公认为参话头的经典开示。它把参话头的几个关键点讲得非常清楚明白：
　　1．"绝心路"是透关悟道、明心见性的重要前提。绝心路就是要斩断一切心意识之领解，令言语道断、心行处灭，达于无心。
　　2．参赵州和尚的"无"字公案，是绝心路、透祖关的最好利器。因为这则公案对于心意识的领解来说，如同一个没有出路的死胡同，一个没有下口处的铁馒头，对于那些多知多解、聪明伶俐的人而言，其逼拶的力量最大。
　　3．参"无"字时，要起大疑情，将整个身家性命融入其中，尽平生力气去提。佛言一切众生皆有佛性，狗子亦是众生，亦应有佛性，何以赵州言无？要从这儿疑去。

4. 参"无"字时，不得落入二边分别思维中，其落脚点是要离心意识，荡尽一切恶知恶觉。换言之，要把"无"字当动词来用，作"离相""休去歇去""破除执著"来理解，即"无"眼耳鼻舌身意，"无"色声香味触法，"无"眼界乃至"无"意识界……，"无"人我是非，"无"财色名食睡，"无"文字知见，无所求、无所得、无所守，一路"无"到底。

5. 参"无"字的过程中，须知如吞热铁丸吞吐不得时，如蚊子叮铁牛无下口处时，亦如嚼铁钉饭无有滋味时，此正是功夫的上手处，此正是功夫的得力处，千万不得放舍。

6. 参"无"字时，要昼夜提撕，功夫不得间断，打成一片。

7. 参"无"字时，要扫除一切凡圣境界，不得住著路途风光。

关于如何参"无"字，比无门慧开禅师略早的大慧宗杲禅师讲得最为系统、详细。接下来看看大慧宗杲禅师写给几位弟子的开示：

1. 但将妄想颠倒底心，思量分别底心，好生恶死底心，知见解会底心，欣静厌闹底心，一时按下；只就按下处，看个话头——僧问赵州："狗子还有佛性也无？"州云："无。"此一字子，乃是摧许多恶知恶觉底器仗也。不得作有无会，不得作道理会，不得向意根下思量卜度，不得向扬眉瞬目处抹根，不得向语路上作活计，不得颟在无事甲里，不得向举起处承当，不得向文字中引证。但向十二时中、四威仪内，时时提撕，时时举觉——"狗子还有佛性也无？云：无"，不离日用，试如此做工夫看，月十日便自见得也，一郡千里之事，都不相妨。（《宗杲尺牍·答富枢密（季申）》）

2. 情识未破，则心火熠熠地。正当恁么时，但只以所疑底话头提撕，如僧问赵州："狗子还有佛性也无？"州云："无。"只管提撕举觉，左来也不是，右来也不是，又不得将心等悟，又不得向举起处承当，又不得作玄妙领略，又不得作有无商量，又不得作真无之无卜度，又不得坐在无事甲里，又不得向击石火、闪电光处会，直得无所用心、心无所之时，莫怕落空，这里却是好处。蓦然老鼠入牛角，便见倒断也。（《宗杲尺牍·答张舍人状元（安国）》）

【按】这两段引文，详细地介绍了参话头的用功过程：

参话头时，先要将自己的妄想颠倒知见，包括世间尘劳的心、分别取舍的心、意识领解的心、将心待悟的心等，彻底清零。

然后举"僧问赵州：'狗子还有佛性也无？'州云：'无'"这一话头，起疑参究。在参究的过程中，"不得作有无会，不得作道理会，不得向意根（意根者，指第七识行阴，虽然粗浊的前六识不生，望之俨然平静，实则微细生灭不定，非真心现前）下思量卜度，不得向扬眉瞬目处操根，不得向语路上作活计，不得飏在无事甲里，不得向举起处承当，不得向文字中引证"，只是一味地提，一味地疑，一味地"撞"，不得从经教文字和思维计度中寻找答案。

这个过程，古人将它比作"如叮铁牛""如咬铁钉""如撞铁墙"。意思是说，所参的话头，对意识领解心来说，犹如铁牛、铁钉和铁墙，毫无理路、义味可言，参究的过程就好比用思维领解的心去叮这个铁牛、去嚼这个铁钉、去撞这堵铁墙，其目的就是要在这个注定没有结果的令人郁闷的叮咬、啃嚼和碰撞过程中，将意识领解的习气逼入死胡同，让它彻底失效、彻底绝望，最后连气息也无，方有出头之日。

"不得飏在无事甲里"，意指不得坐在离念之空境中，丧失了疑情。"不得向举起处承当"，意指不得在正提起话头的时候起"这个就是"之知见而颟顸承当，这样同样会丧失疑情。"不得向击石火、闪电光处会"，意指不要把暂时的刹那之间的意识之短路（也就是说，前念已灭、后念未生、了了分明的当下之空当）当作究竟的真心现前，并且产生执著，因为此亦未超出空有二边之见。

3. 不识左右别后，日用如何做工夫？若是曾于理性上得滋味，经教中得滋味，祖师言句上得滋味，眼见耳闻处得滋味，举足动步处得滋味，心思意想处得滋味，都不济事。若要直下休歇，应是从前得滋味处，都莫管他，却去没捞摸处、没滋味处，试著意看。若著意不得，捞摸不得，转觉得没把柄捉把，理路、义路、心意识都不行，如土木瓦石相似时，莫怕落空，此是当人放身命处。不可忽！不可忽！聪明灵利人多被聪明所障，以故道眼不开，触途成滞。众生无始时来，为心意识所使，流浪生死，不得自在。果欲出生死、作快活汉，须是一刀两段，绝却心意识路头，方有少分相应。故永嘉云："损法财，灭功德，莫不由兹心意识"，岂欺人哉！顷蒙惠教，其中种种趣向，皆某平昔所诃底病。知是般事，飏在脑后，且向没巴鼻处、没捞摸处、没滋味处，试做工夫看。如僧问赵州："狗子还有佛性也无？"州云："无。"寻常聪明人，才闻举起，便以心意识领会、抟量、引证，要说得有分付处。殊不知，不容引证，不容抟量，不容以心意识领会；纵引证得、抟量得、领会得，尽是髑髅前、情识边事，生死岸头定不得力。而今普天之下，唤作禅师、长老者，会得分晓底，不出左右书中写来底消息耳。其余种种邪解，不在言也。（《宗杲尺牍·答王教授（大受）》）

【按】参话头时，不得贪求法喜、义味，不得寻找理路，不得寻找可把捉处、可依凭处。须知此无理路处正是理路，此无把捉处正是把捉处，此无可依凭处正是依凭处。参话头，就是要在"没巴鼻处、没捞摸处、没滋味处"去不断地摸索。从这个角度看，参禅最大的障碍恰恰是聪明伶俐、多学多解。

4. 既办此心，第一不要急。急则转迟矣。又不得缓，缓则怠堕矣。如调琴之法，紧缓要得中，方成曲调。但向日用应缘处，时时觑捕：我这个能与人决断是非曲直底，承谁恩力？毕竟从甚么处流出？觑捕来，觑捕去，平昔生处路头自熟；生处既熟，则熟处却生矣。那个是熟处？五阴、六入、十二处、十八界、二十五有，无明业识，思量计较心识，昼夜熠熠，如野马，无暂停息底是。这一络索，使得人流浪生死，使得人做不好事。这一络索既生，则菩提、涅槃、真如、佛性便现前矣。当现前时，亦无现前之量……如此等事，不假他求，不借他力，自然向应缘处，活鱍鱍地。未得如此，且将这思量世间尘劳底心，回在思量不及处，试思量看"那个是思量不及处？"僧问赵州："狗子还有佛性也无？"州云："无。"只这一字，尽尔有甚么伎俩，请安排看，请计较看。思量、计较、安排，无处可以顿放，只觉得肚里闷、心头烦恼时，正是好底时节，第八识相次不行矣。觉得如此时，莫要放却，只就这"无"字上提撕，提撕来、提撕去，生处自熟，熟处自生矣。（《宗杲尺牍·答荣侍郎（茂实）》）

【按】首先参话头要在无所求、无所得、无所守的闲闲自在的心态下进行，要松紧适中，这样用功才不会出现急躁和懈怠之病。

其次，参禅要学会在念头上和日用中去落实功夫，要咬住话头，"如猫捕鼠"，时刻处在一种警觉出击的状态，不让妄想得便。同时，又要"如逃追杀"，如同后面有人在追杀你，你只管拼命地往前跑，不要回头看追杀者离自己还有多远，参话头亦复如是，只管提撕话头，不管有滋味无滋味，也不管得力不得力。

第三，参话头是一个"生处转熟、熟处转生"的过程，所以要发长远心。熟处就是妄想分别等烦恼习气，生处即是离心意识之般若正观。古人将参话头比作"如鸡孵卵""如鼠啮棺"。

如鸡孵卵，意思是要像母鸡孵小鸡一样，必须长时间不间断地做功夫，不得一曝十寒，否则无法孵出小鸡来。

如鼠啮棺，意思是要咬定所参话头，勇猛不间断地参下去，未破参之前，不得改换话头。如同老鼠被钉在棺材里，必须尽快咬穿棺材板，才能活命，否则闷死在里面。而要咬穿棺材板，除了精进之外，还必须死盯着一个地方咬，不得换地方，否则，纵然精进不懈，亦无出棺之日。

第四，参禅要在思量不及处用功夫。思量不及即是功夫，非在思量不及之外别有功夫。

第五，参话头的过程中，有时候会出现热闷的感觉，这正是功夫上路的表现，因为热闷恰恰来自意识领解习气遭到逼拶的结果，所以这时千万不要中途放弃，不要怀疑参禅这种用功方法的正确性，也不要对自己的根性产生怀疑。

上面所引大慧宗杲禅师的这几段开示，把参禅的操作方法讲得非常详尽，值得细心领会。在这里，我们可以把参话头的用功要领归结为几个字——"提、疑、撞、扫、追"。

提有二义：一是提起有关参话头的圆顿信解和正念，将妄念清空归零，安住当下，令心处于无所求、无所得、无所守的状态。二是提起本参话头，并且告诉自己，对这个话头，我确实不明白其真相。

本参话头一提起，在名言习气的作用下，当下就会产生想弄清事实真相或者想知道答案的冲动，此即是疑。

在疑的驱动下，寻伺之习气油然而生，然而，当即却发现，面对所参话头，一切意识领解统统失效，寻伺之心当下陷入四山相逼、进退无据之绝境。此即是撞。

在撞的过程中，心意识虽然不行，但是问题的真相并没有解决，故不得住在离念之空境中丧失疑情，亦不得被个中出现的种种觉受、境界所转，应当剔起便行，继续依前做且提且疑且撞的功夫。这就是扫和追。

提、疑、撞、扫、追，从表面上看，似有先后之分，实则是在一念之间完成的，一念之间，即提即疑即撞即扫即追，此过程非常微细。

在这五字诀中，"撞"和"扫"字最为关键。扫就是要扫除一切文字知见和路途风光，不落空有，不住凡圣，住无住处。"撞"就是要在"思量不及处"做功夫，亦即药山禅师所言"思量个不思量的"。

药山坐次，僧问："兀兀地思量甚么？"师（药山）曰："思量个不思量底。"曰："不思量底如何思量？"师曰："非思量。"（参见《五灯会元》卷五）

二、参"念佛的是谁"

关于如何参"念佛的是谁"，禅宗历代祖师多有开示。现举三则开示如次：

1. 楚山绍琦禅师《示秀峰居士》

夫念佛者，当知佛即是心。未审心是何物？须要看这一念佛心，从何处念起？复又要看破这看的人毕竟是谁？这里有个入处，便知圆悟禅师道"不是心，不是佛，不是物，是个甚么？"……

所言心者，非妄想缘虑之心，乃虚明圆湛、广大无相之心也。三世诸佛之所证，证此心也；六道众生之所昧，昧此心也。诸佛由悟而证，号曰菩提；众生因迷而昧，故曰烦恼。在圣不增，在凡不减；得之不有，失之不无。迷则业缘，悟名佛性。盖知迷悟在己，得失非他。当知此心旷劫至今，本无生灭，原非染净，孤光皎皎，脱体无依，妙用真常，廓周沙界。无形状可见，无声响可闻。虽然无相，无相不宗；虽曰无声，无声不应。是一切色相之根，乃一切声响之谷。色空不二，动静一如，法法虚融，尘尘解脱。是知心有则法有，心空则法空，心邪则一切邪，心正则一切正。若了此心，法亦不有。心法既无，则一切是非名相皆空；是非名相既空，则山河大地，色空明暗，直下与当人自性心佛觌体混融，了无隔碍。居士于此果能信入，则与从上佛祖所证所得更无差别，复何凡圣迷悟得失之可论哉！

设或未然，亦不用别求玄妙，厌喧取寂，但将平日所蕴一切智见扫荡干净，单单提起一句"阿弥陀佛"，置之怀抱，默然体究，常时鞭起疑情："这个念佛的毕竟是谁？"返（反）复参究，不可作有无卜度，又不得将心待悟。但有微尘许妄念存心，皆为障碍，直须打并，教胸中空荡荡无一物，而于行住坐卧之中，乃至静闹闲忙之处，都不用分别计较，但要念念相续，心心无间，久久工夫纯一，自然寂静轻安，便有禅定现前。倘正念不得纯一，昏散起时，亦不用将心排遣，但将话头轻轻放下，回光返照，看这妄想昏沉从甚么处起？只此一照，则妄想昏沉当下自然顿息。（《皇明名僧辑略》卷一）

【按】这段开示中的最后一段，提到了参"念佛的是谁"的具体操作：

1. 首先要提起参话头之正念，将内心清空归零；

2. 提起佛号、鞭起疑情；

3. 就疑情起处，回光返照，参究、撞击；

4. 在参究、撞击的过程中，扫除一切意识领解习气；

5. 当空荡荡、无一物之境界现前时，要知道这并不是事实的真相，亦不是最后要找的答案，故不得住在此空荡荡处而丧失了疑情，而应当继续做提、疑、参究的功夫。

在这段开示中，祖师还提到了如何处理昏散的问题。处理昏散其实并不困难，关键是要弄清楚：是因为昏散出现，才导致我们的话头疑情丢失了呢，还是我们提话头的功夫太粗、不成片，中间出现了太多的空当，结果被昏散插进来了呢？如果你选择后者做答案的话，那么，昏散现前时，很简单，你不用理睬它们，不用跟它们斗，你只管提话头，昏散自然不消而散。但是，如果你选择前者做答案的话，那恰恰说明你被昏散所转，不仅失钱，而且遭罪，宗门里谓之"连遭两箭""连吃两跤""伤疤之上更着艾灸"，错上加错，迷上加迷，参禅之士可不慎乎！

2. 憨山大师《示念佛参禅切要》

念佛审实公案者，单提一声"阿弥陀佛"作话头，就于提处，即下疑情，审问"者（这）念佛的是谁？"再提再审，审之又审，"见者（这）念佛的毕竟是谁？"如此靠定话头，一切妄想杂念当下顿断，如斩乱丝，更不容起，起处即消。唯有一念，历历孤明，如白日当空，妄念不生，昏迷自退，寂寂惺惺。永嘉大师云："寂寂惺惺是，寂寂无记非。惺惺寂寂是，惺惺乱想非。"谓寂寂不落昏沉无记，惺惺不落妄想，惺寂双流，沉浮两舍。看到一念不生处，则前后际断，中间自孤，忽然打破漆桶，顿见本来面目，则身心世界当下平沉，如空华影落，十方圆明，成一大光明藏。如此方是到家时节，日用现前，朗朗圆明，更无可疑，始信自心本来如此，从上佛祖自受用地，无二无别。（《梦游集》卷九）

3. 憨山大师《示玉觉禅人》

此参禅一着，元无有玄妙奇特，此事极拙，汝肯信否？若果肯信，但把从前妄想一齐放下，不容潜生，缓缓专提一声阿弥陀佛，着实靠定，要观此念从何处起，如垂纶钓于深潭相似。若妄念又生，此因无始习气太重，又要放下，切不要将心断妄想。只把脊梁竖起，不可东想西想，直于妄念起处觑定，放下又放下，缓缓又提起一声佛，定观这一声佛毕竟从何处起，至五七声则妄念不起，又下疑情，审这念佛的毕竟是谁。世人把此当作一句说话，殊不知此下疑情，方才是得力处。如妄念又起，即咄一声，只问是谁，妄念当下扫踪灭迹矣。佛云："除睡常摄心。"睡时不能摄心，一醒就提起话头。如此不但坐如是，行住茶饭动静亦如是。在稠人广众中不见有人，在诸动中不见有动，如此渐有入处，七识到此不行。如此日夜靠定，不计工夫，一旦八识忽然迸裂，露出本来面目，便是了生死的时节，方不负出家之志。但参禅之时，不要求悟，任他佛来祖来魔来，只是不动，念念单提行将去，中间再无疑难，如是绵绵密密，心心无间，日用着力做去，自有下落。（《梦游集》卷五）

【按】憨山大师的这段开示，不仅讲到了如何参"念佛的是谁"，还提到了功夫落堂时的状态，值得细心体会。

在参究的过程中，出现妄想、杂念、昏散的时候，亦如楚山绍琦禅师所言，不用起对治想，只管提"念佛的是谁"这个话头，自然妄念、昏散不消而散。

综合上述古德开示，关于如何参"念佛的是谁"，其具体操作过程，我们可以把它概括为五个字——"提、疑、看、扫、追"。

提，就是提起"念佛的是谁"这个公案。

对这个问题，实际上我们并不清楚，所以这个问题一提出来，内心随即会生起一个想知道其真相或答案的冲动来。这就是"疑"。

然后在此疑情的驱使之下，向内回光返照，寻伺到底是谁。这就是照（看）。

在向内返照、参究的过程中，发现妄念了不可得，内心空空如也，只是一片离念的空昧之境，须知此离念的空昧之境，仍然是一种假象，并不是我们所要找的"谁"。这就是"扫"。

既然这空昧之境、拟议心不起处，并不是我们要找的答案，那么它的背后究竟是谁在念佛？谁在操控我们这个身体呢？于是再提、再疑、再看、再扫。这就是"追"。就这样不断地逼拶下去，直到疑团爆裂，根尘迥脱，照体独立，本地风光现前。

在这个过程中，"扫"最为重要。"扫"的着力点在于不立知见，不落思维，不住二边。有念头要扫，没有念头的空境也要扫；有滋味要扫，没有滋味也要扫；得力省力的觉受现前时要扫，不得力不省力时也要扫；轻安的境界现前时要扫，重浊的境界现前时也要扫。总之，扫一切境界，扫一切知见，扫一切分别思维，令心无所住，无所求，无所得。真实的疑情能不能生起、增长和成片，全在这"扫"字上。如果这"扫"字不得力，势必会出现这样一种现象：提话头的时候，有一点疑情；不提的时候，疑情便不见踪影。从参话头"提、疑、看（撞）、扫、追"这一过程来看，参话头就是通过不断提起一句无义味的话头，鞭起疑情，将心专注在话头上，在疑情的驱使下，且疑且审，如猫捕鼠，如鸡抱卵，将生死尘劳的心、意识领解的心、分别取舍的心、将心待悟的心、有求有得的心，以及诸多修行境界和路途风光等，统统扫荡掉，令心处于一种言语道断、心行处灭的离心意识之觉照状态，最后因缘现前，话头打失，能所双亡，无心合道。

总之，参话头就是要扫一切知见、扫一切境界、住无住处，明白这一点，至关重要。

三、在日用中参"是谁"

前面提到，元以后，有不少禅师，为了提起功夫的方便，将"拖死尸的是谁""念佛的是谁"等活话头捆在一起，直接简化为一个"谁"字，主张在日常生活中去参究。其中最著名的代表就是明代的天琦本瑞禅师。

天琦本瑞禅师是宝峰智瑄禅师之法嗣，他有一段关于参禅的著名开示，在后代参禅之士中产生了比较大的影响：

祖师西来，不立文字，直指人心，见性成佛，更无别法。若向者（这）里知个落处，定也有分，慧也有分，宗也有分，教也有分，佛法世法无可无不可，腰缠十万贯，骑鹤上扬州。甚或不然，定也不是，慧也不是，宗也不是，教也不是；盖为不识本心，名为狂妄。经云："虚妄浮心，多诸巧见，不能成就圆觉方便。"诸佛诸祖，惟传一心，不传别法。汝等不达本心，便向外求，于妄心中，妄起功用，所谓"如邀空华，欲结空果，纵经尘劫，只名有为"。须知见性成佛，性乃不是见他人之性，佛乃不是成他人之佛，决定是汝诸人本有之性，与十方法界秋毫不昧，人人本具，个个不无。

但向二六时中，一一之处，回光返照，看是阿谁？不得执定只在一处，须是于一切处，大起疑情，将高就下，将错就错，一丝一毫毋令放过。行时便看者行底是谁？住时便看者住底是谁？坐时便看者坐底是谁？卧时便看者卧底是谁？见色时便看者见底是谁？闻声时便看者闻底是谁？觉一触时便看者觉底是谁？知一法时便看者知底是谁？乃至语默动静，回头转脑，屙屎放尿，著衣吃饭，迎宾待客，周旋往返，一一返看，昼夜无疲。倘若一念忘了，便看者忘了底是谁？妄想起时，便看者妄想底是谁？你道不会，只者不会底又是谁？现今疑虑，你看者疑虑底又是阿谁？如是看来看去，不妨头头独露，法法全彰，万境不能侵（干扰），诸缘不能入，得失是非都无缝隙，明暗色空了无彼此。山河大地，日月星辰，尽圣尽凡，都卢（全部、都）只是一个谁字，更无别念。上下无路，进退无门，山穷水尽，情消见绝，豁然爆地一声，方知非假他求。不是一番寒彻骨，争（怎）得梅花扑鼻香。（《续指月录》卷十四）

在这里，天琦本瑞禅师主张，要在日用处单提一个"谁"字，比如走路时，参"谁在走路"；吃饭时，参"谁在吃饭"；打妄想时，参"谁在打妄想"；等等。这种方法，操作起来简单，只要训练一段时间，即可以养成习惯。

其操作过程，与上述参"念佛的是谁"同一旨趣。其关键处，就是要在日用中，通过不断提起"谁"字，当下回光返照，消除杂念，收摄身心，用"谁"字这把金刚王宝剑，杀一切境界，包括有滋味无滋味、得力不得力、开悟不开悟等，都要一扫而尽，不得有纤毫挂怀。

下面，再举两则古德的开示，供读者参考。

1. 天隐圆修禅师《除夜示众》

师云："一年容易过，大尽在今宵。生死无凭据，阴阳定不饶。大众团团围围，住兹磬山阿，相伴老僧，作何功行？莫谓老僧使得你们忙忙碌碌地，无暇参禅办道。且道你们终日起来，忙闲动静、运水搬柴者是谁？迎宾待客、垦土掘地者是谁？穿衣吃饭、屙屎放溺者是谁？须是于中识得本命元辰，不离放溺屙屎，不离吃饭穿衣，不离掘地垦土，不离待客迎宾，不离搬柴运水，不离动静忙闲。若于此识不得本命元辰，忙闲动静即被忙闲动静碍，运水搬柴即被运水搬柴碍，迎宾待客即被迎宾待客碍，垦土掘地即被垦土掘地碍，穿衣吃饭即被穿衣吃饭碍，屙屎放溺即被屙屎放溺碍。者一落索，老僧代你们用力不得，须要你们件件自家着力始得。还曾捡点得也未？不然，莫说一年除岁容易，纵经百年，如是除岁亦是虚度光阴，有什么用处！大众会么？"蓦卓拄杖云："来年更有新条在，恼乱春风卒未休。"（《天隐修禅师语录》卷一）

2. 觉浪道盛禅师开示

僧问："某初入禅堂，不知如何用心？"师云："你欲用那个心？"曰："不知。"师云："谁教你入禅堂？你入禅室所为何事？"曰："求参禅。"师云："禅与你有甚相干，要参他？"曰："为生死不明。"师云："你只今有甚么生死不明？"曰："生不知来，死不知去。"师云："你只今来来去去，是那个作主张？又谁教你怎么礼拜参请？"曰："正乞和尚慈悲开示。"师云："只今那个是你迷不了底本心？"曰："不知。"师云："是谁见闻知觉？是谁语默动静？是谁喜怒哀乐？是谁拖死尸走？"曰："莫即此便是迷不了底本心么？"师云："父母未生前，遮个见闻知觉底、语默动静底、喜怒哀乐底、拖死尸走底，在那里安身立命？"曰："不知。"师云："只今日醒夜寐，那个是不生灭底主人公？"曰："莫即在日醒夜寐中，为散乱昏沉所迷倒否？"师云："死了烧了，四大分离了，遮个散乱昏沉所迷倒底，又在何处去也？"曰："正是遮里不得明白。"师云："见闻不脱，如水中月。心境两亡，谁彻不彻。所以先圣直指人心，见性成佛，只贵当体便见。因人机智迟钝，不能当下脱然，反于心境照应中，更起知见，思量分别取舍，结成五蕴幻妄，展转与本心愈远，不能顿歇狂迷，所以无可奈何。乃复教人外息诸缘，旋机自省，看当下是生是灭？是有是无？亲见一回，自当顿绝。又因学人拨置不开，乃就彼纷飞杂乱中，教他看那个是兵中之将？那个是奴中之主？毕竟遮兵将奴主，有分别否？人或执此见闻知觉便是语默动静之主，故又教看一念未生前、了无见闻知觉时，父母未生前、了无语默动静时，那个是你本来真主面目？或人又将心空空想，著个虚无境界，去做工夫，不知又失却现前天真明妙底主人也。及至指彼参取天真现前底，彼又执著能昭昭灵灵、弄精魂者是。乃又教看死了烧了，遮个昭昭灵灵底又向何处去了？此正与彼打破五蕴精灵窟子也。若是伶俐汉子，何处不可开眼？其奈妄惑深重者不能于此透脱，反向此中思惟卜度。不得已，又将一个无义味话头，如吹毛剑、涂毒鼓者，与彼挥舞提撕：如何是佛？麻三斤。如何是西来意？庭前柏树子。万法归一，一归何处？我在青州作一领布衫，重七斤。如此纵横杀活，便当立地荡然也。不唧溜汉又不肯拍盲死心，拼命挨拶，只管于古人言句，妄自穿凿起疑，东咀西咬，胡思乱想，忽得一转语，或别一机锋，以为省悟透关，或更进言呈解，知识乃于当机或呵或骂，或棒或喝，或正按傍提，或敲骨出髓，或知非而顿释，或见过而深参，或激触而发明，或困顿而打彻，虽则机缘不一，是皆痛切为心，汝须彻底真参，莫自捕风捉影。"众礼拜，师震声云："赚杀人！赚杀人！速退！速退！"（《天界觉浪盛禅师语录》卷七）

四、临济宗和曹洞宗在参话头上的用功差别

在一般人的心目中，只有临济门下的弟子才参话头，实际上，曹洞宗也主张参话头。不过，同样是参话头，二者的着力点却并不相同。

如前所言，虽然临济、曹洞都主张定慧等持、止观不二，但是，其下手

处却各有侧重。临济门下的参话头，偏重于观（即止之观），强调疑情的作用，以破心意识领解为主，以逼拶为特征，功夫比较猛烈。而曹洞门下的看话头，偏重于止（即观之止），不太重视疑情，以扫除念头为主，以静观为特征，功夫比较温和。这两种不同的参话头的方法，与临济宗偏重于观、曹洞宗偏重于止之宗风，有直接的联系。

关于曹洞宗看话头的理念和方法，雪岩祖钦禅师在他的开示中讲得比较详细，他早年的修行就是按曹洞宗的方法来看话头的。《雪岩祖钦禅师语录》卷二云：

山僧五岁出家，在上人侍下，听与宾客交谈，便知有这事，便信得及，便学坐禅。一生愚钝，吃尽万千辛苦。十六岁为僧，十八岁行脚，锐志要出来，究明此事。在双林铁橛远和尚（按：双林远乃大沩月庵善果禅师之法嗣）会下，打十方（按：住十方禅堂），从朝至暮，只在僧堂中，不出户庭。纵入众寮，至后架，袖手当胸，徐来徐往，更不左右顾，目前所视，不过三尺。

洞下尊宿，要教人看狗子无佛性话，只于杂识杂念起时，向鼻尖上，轻轻举一个"无"字，才见念息，又却一时放下着，只么默默而坐，待他纯熟，久久自契（按：曹洞宗参禅的用功方法）。

洞下门户，工夫绵密，困人，动是十年二十年，不得到手，所以难于嗣续。我当时忽于念头起处，打一个返观，于返观处，这一念子当下冰冷，直是澄澄湛湛，不动不摇，坐一日，只如弹指顷，都不闻钟鼓之声，过了午斋放参，都不知得。长老闻我坐得好，下僧堂来看，曾在法座上赞扬。

十九去灵隐挂搭，见善妙峰。妙峰死，石田继席。颖东叟在客司，我在知客寮，见处州来书记，说道："钦兄，你这工夫，是死水，不济得事。动静二相，未免打作两橛。"我被他说得着，真个是！才于坐处，便有这境界现前；才下地行，与拈匙放筯处，又都不见了。他又道："参禅须是起疑情，大疑大悟，小疑小悟，不疑不悟。须是疑公案始得。"他虽不甚做工夫，他自不庵会下来，不庵是松源之子，说话终是端正。

我当下便改了话头，提个"干屎橛"，一味东疑西疑，横看竖看。因改这话头，前面生涯，都打乱了也。虽是封了被，胁不沾席，从朝至暮，行处坐处，只是昏沉散乱，胶胶扰扰，要一霎时净洁也不能得。

闻天目和尚，久侍松源，是松源的子，必得松源说话。移单，过净慈挂搭，怀香诣方丈请教，大展九拜。他问我："如何做工夫？"遂与从头直说一遍。他道："你岂不见，临济三度问黄檗佛法的的大意，三遭痛棒，末后向大愚肋下筑三拳，道：'元来黄檗佛法无多子。'汝但怎么看！"又云："混源住此山时，我做蹔（暂）到入室。他举话云：'现成公案，未入门来，与你三十棒了也。'但怎么看！"

天目和尚这个说话，自是向上提持。我之病痛，自在昏沉散乱处，他发药不投，我不欢喜。心中未免道你不会做工夫，只是伶俐禅。寻常请教，末上有一炷香，礼三拜，谓之谢因缘，我这一炷香，不烧了也。依旧自依我，每常坐禅。

是时漳、泉二州，有七个兄弟，与我结甲坐禅两年，在净慈，不展被，胁不沾席。外有个修上座，也是漳州人，不在此数。只是独行独坐，他每日在蒲团上，如一个铁橛子相似，在地上行时，挺起脊梁，垂两只臂，开了两眼，也如个铁橛子相似，朝朝如是，日日一般。我每日要去亲近他，与他说话些子，才见我东边来，他便西边去，才见我西边来，他便东边去，如是二年间，要亲近些子更不可得。

我二年间，因不到头，捱得昏了困了，日里也似夜里，夜里也似日里，行时也似坐时，坐时也似行时，只是一个昏沉散乱，辊作一团，如一块烂泥相似，要一须臾净洁不可得。一日忽自思量："我办道，又不得入手。身上衣裳又破碎也，皮肉又消烁也。"不觉泪流，顿起乡念，且请假归乡。自此一放，都放了也。

两月后，再来参假，又却从头整顿，又却到得这一放十倍精神。元来欲究明此事，不睡也不得。你须是到中夜，烂睡一觉，方有精神。

一日我自在廊庑中，东行西行，忽然撞着修兄。远看他，但觉闲闲地，怡怡然有自得之貌。我方近前去，他却与我说话，就知其有所得。我却问他："去年要与你说话些个，你只管回避我。如何？"他道："尊兄真正办道人，无剪爪之工，更与你说话在？"他遂问我："做处如何？"与他从头说一遍了，末后道："我如今只是被个昏沉散乱，打并不去。"他云："有甚么难！自是你不猛烈。须是高着蒲团，竖起脊梁，教他节节相拄，尽三百六十骨节，八万四千毛窍，并做一个无字。与么提起，更讨甚么昏沉散乱来！"我便依他说，寻一个厚蒲团，放在单位上，竖起脊梁，教他节节相拄，透顶透底，尽三百六十骨节，一提提起，正如一人与万人敌相似。提得转力，转见又散，到此尽命一提，忽见身心俱忘，但觉目前如一片银山铁壁相似。自此行也如是，坐也如是，清净三昼夜，两眼不交睫。

到第三日午后，自在三门下，如坐而行，忽然又撞见修兄。他问我："在这里作甚么？"对他道："办道。"他云："你唤甚么作道？"遂不能对，转加迷闷，即欲归堂坐禅。到后门了，又不觉至后堂察中。首座问我云："钦兄你办道如何？"与他说道："我不合问人多了，划地做不得。"他又云："你但大开了眼看，是甚么道理？"我被提这一句，又便抽身，只要归堂中坐，方才翻身上蒲团，面前豁然一开，如地陷一般，当是时呈似人不得，说似人不得，非世间一切相可以喻之。我当时无着欢喜处，便下地来寻修兄，他在经案上，才见我来，便合掌道："且喜！且喜！"我便与他握手，到门前柳堤上行一转。俯仰天地间，森罗万象，眼见耳闻，向来所厌所弃之物，与无明烦恼，昏沉散乱，元来尽自妙明真性中流出。自此目前露倮倮地，静悄悄地，浮逼逼地，半月余日，动相不生。

可惜许！不遇具大眼目大手段尊宿，为我打并，不合向这里一坐坐住，谓之见地不脱，碍正知见。每于中夜睡着，无梦无想，无闻无见之地，又却打作两橛。古人有"寤寐一如"之语，又却透不得。"眼若不睡，诸梦自除，心若不异，万法一如"之说，又都错会了也。凡古人公案，有义路可以咬嚼者，则理会得下；无义路如银山铁壁者，又却都会不得。虽在无准先师会下许多年，每遇他开室（师家开室，允许大众入室参问之意），举主人公话，便可以打个踌跳——莫教举起衲僧巴鼻、佛祖爪牙，更无你下口处。有时在法座东说西说，又并无一语打着我心下事。又将佛经与古语，从头检寻，亦并无一句可以解我此病。如是碍在胸中者，仅十年。

后来因与忠石梁，过浙东天育两山作住。一日佛殿前行，闲自东思西忖，忽然抬眸，见一株古柏，触着向来所得境界，和底一时扬下，碍膺之物扑然而散，如暗室中出，在白日之下走一转相似。自此不疑生，不疑死，不疑佛，不疑祖，方始得见径山老人立地处，正好三十拄杖。

何故？若是大力量大根器的人，那里有许多曲折！德山见龙潭，于吹灭纸烛处，便道："穷诸玄辩，若一毫置于太虚。竭世枢机，似一滴投于巨壑。"

自此拈一条白棒，掀天掀地，那里有你近傍处。水潦和尚被马祖一踏，便道："百千法门，无量妙义，尽向一毛头上，识得根源。"高亭见德山招手，便乃横趋。永嘉见曹溪，只是一宿觉。

你辈后生晚进，若欲咨参个事，步趋个事，须是有这个标格，具这个气概始得。若是我说底，都不得记一个元字脚，记着则误你平生。所以诸大尊宿，多不说做处与悟门见地，谓之以实法系缀人，土也消不得。

是则固是，也有大力量、有宿种，不从做处来，无蹊径可以说者；也有全不曾下工夫，说不得者；也有半青半黄，开口自信不及者。诚谓习刀相似，鱼鲁参差。

若论履践个事，如人行路一般，行得一里二里三里四五里便歇，只说得一里二里三里四五里话。行得百里千里万里，见得千里万里境界，说得千里万里话。须知此事，更在百千万里尽乾坤之外，那里在那里。汝等诸人，闻恁么道，须是自家具眼，各能缁素是否，拣择青黄始得。若也似鸭闻雷，如水浇石，便从达磨大师与释迦老子肚里过，我道也只是闲。久立！

雪岩禅师的这段开示极为珍贵和重要。通过它，可以如实了知曹洞宗参话头的用功特色及可能容易落入的误区。依据这段引文，曹洞宗参话头的用功要领是：

只于杂识杂念起时，向鼻尖上，轻轻举一个无字，才见念息，又却一时放下着，只么默默而坐，待他纯熟，久久自契……我当时忽于念头起处，打一个返观，于返观处，这一念子当下冰冷，直是澄澄湛湛，不动不摇，坐一日，只如弹指顷，都不闻钟鼓之声，过了午斋放参，都不知得。

可见，在曹洞门下，提话头主要是被当作修"止"的工具：杂念起时，及时提"无"字，或就念头的起处，打一个回光返照——"这念头从何处起""是谁在起念"，待杂念止息之后，便安住在离念之空境中，默默观照；杂念如果再起，则再提"无"字、再参"谁"字，当下令杂念冰冷，然后继续默然静坐，如此这般，直至功夫成片。

如本书第十章第三节"默照禅的座上功夫"所言，曹洞宗这种通过提话头来修默照的方法，对于初入门、身心比较粗重的人而言，能够比较快地做到放松、放下，进入杂念不生的清净境界中。但是，如果见地不透，极容易住在净裸裸处而不能自拔，诚如引文中提到的来书记所言，"你这工夫，是死水，不济得事。动静二相，未免打作两橛"，也就是说，很容易落在"动静"二边中的"静"这一面，难以彻头，所谓"工夫绵密、困人，动是十年二十年，不得到手"。

一般来说，参话头刚开始的时候，我们可以按曹洞宗的方法去用功，偏重于止，等到进入欲界未到地定之后，则宜及时改用临济宗的方法来参话头；须知杂念消失之后的静境，并非真正的本地风光，不可久住，当依临济宗参话头的方法，起真实之大疑情，勇猛追究，如鼠啮棺，离心意识，扫一切相，疑情未破，不得放手。

第五节　参话头过程中的常见误区

话头禅既然如此殊胜，可是，为什么明清以后，丛林中虽然参话头的人很多，而真正开悟的人却很少？一个很普遍的现象就是，丛林中有不少参禅之士，因为参禅不得力，最后都转入了净土。

参话头不得力或退转的原因，当然与整个佛教、整个宗门的衰落这一大气候有直接的关系。比如，由种种历史原因造成的佛教僧团整体文化素质的下滑，戒律的松弛，道风的涣散，修行的形式化，佛教与现实人生的脱节，不重视"藉教悟宗"的传统，轻视经教的学习，以及明眼人少、善知识难遇等，这些都会影响到个体修行的效果。

不过，就个体而言，参话头不得力的原因，不外乎如下几个方面：

1. 生死心不切；

2. 禅定基础不牢，心浮气躁；

3. 不明白参话头的用功理路，不知道如何参话头，或者不能生起真切的疑情；

4. 没有树立宗门的圆顿信解，见地不圆，或者坐在二边当中，尤其是坐在离念之静境中，未能有无、染净、凡圣等二边双遣，或者将因解脱与果解脱割裂开来，离开当下，向未来驰求的心不断，陷入所求不得的焦虑不安中。

以上四点当中，关于第一、第二两点，容易理解，也容易补救。关于第三点，此前已经做过充分的展开。另外，在大慧宗杲禅师的法语中，尤其是他写给弟子的信札中，亦讲得非常详细。真发心参禅之士，只要认真读一读这些书信，亦不难把握。

在这里，拟着重谈一谈，在参话头的过程中，见地不圆会出现哪些致命的障碍或误区。

（一）用功正得力之际，因心意识遭到有力的逼拶，心理一时陷入热闷当中，因无法打破，遂对参禅一法产生怀疑，从而半途而废。

参话头的目的，就是要死却思维心、分别心、执著心，令我们无处安身。因此，参禅参到无滋味处、绝望处，头上好像被裹上一层厚棉被，迷闷难受，此正是大活之前的大死，正是得力的时候，不可放舍。可是，不少参禅之人，不明此理，往往因一时的绝望郁闷，而对话头禅这个法门产生怀疑，结果中途放舍。大慧宗杲禅师讲：

> 举话时，都不用作许多伎俩，但行住坐卧处，勿令间断，喜怒哀乐处，莫生分别。举来举去，看来看去，觉得没理路、没滋味、心头热闷时，便是当人放身命处也。记取！记取！莫见如此境界便退心，如此境界正是成佛作祖底消息也……但办取长远心，与"狗子无佛性"话厮崖，崖来崖去，心无所之，忽然如睡梦觉，如莲华开，如披云见日，到恁么时，自然成一片矣。但日用七颠八倒处，只看个"无"字，莫管悟不悟、彻不彻。（《宗杲尺牍·答宗直阁》）

（二）参话头时，意识领解在话头的逼拶之下，如蛇入竹筒，进退不得之际，意识中会出现类似于"语塞""短路"的空白状态。此乃暗昧之空境，非真性现前。若不明此理，妄执为无心，并安住于此，疑情就会丧失，就会长期坐在死水中，不得大活。

参话头有一个原则，叫"疑情不破不撒手"。参话头就是要借疑情的力量，于无门处、于无理路处、于无下手处、于心行不得处，当下死掉生死心、拟议心和怀疑心，但同时又不得坐在死水中，必须转身得活，自在无碍。

1. 参话头时，在疑情的作用下，只要一念回光返照，观妄念无相，当下即可做到妄念并消，进入一种离念的暗昧空境。很多人在此错下定盘星，认为就应该安住在这个离念的空境中，如果有了念头，再提、再疑、再参，直至妄念消除，然后再继续安住在离念的状态上，认为这个就是功夫。

殊不知，参话头虽然能使我们很容易进入离念之空境，但是，此时的疑情并没有爆裂，只是被掩盖了而已，而且这离念的空境本质上属于根本无明，非为真心，应当远离。参话头、起疑情的妙处，犹如铁扫帚，有念头固然要扫，没有念头同样要扫，有滋味要扫，没有滋味同样要扫，有亦扫，空亦扫，扫来扫去，无你措足处，无你依傍处，无你拟思处，始有相应分，此正是《金刚经》"应无所住而生其心"的精神之落实，岂有你住的地方？！

不少老参上座，腿子的功夫不可谓不好，参究不可谓不精进，道心不可谓不坚固，何以长时间坐在离念的净裸裸处，不得见性，如同"冷水泡石头"一般，不得活用？究其原因，恐怕就在此一念之差。"毫厘有差，天地悬隔"，可不慎乎！

2. 参话头时，心意识遭到突然的逼拶之后，会暂时出现一种类似于"语塞"或"思维短路"的状态，有人认为，就安住在这"语塞""短路"的状态中，认为这个就是"无心"现前。

逼拶之下的暂时"语塞"或"短路"，是否属于真无心，可用三样东西来详自审察：

（1）拟议心断否？面对话头的逼拶，我们的内心无始以来养成的拟思的习惯，是否还在隐秘地蠢蠢欲动？如果是，说明这仅仅是意识的暂时中断，并非真无心。

（2）疑心断否？面对所参话头，是否能真正透过，完全自肯，没有任何疑问？如果不敢自肯，疑问仍然存在，则说明疑情未破，只是暂时被掩盖住了，非真无心。

（3）能转身得活否？若能透过疑情，内心必不再受语言思维的束缚，自在无碍，此谓"死中得活"。若继续困在思维的死角，不能转身，则说明未得大活，故非真无心。

总之，在离念的状态下，若拟议心和疑心未断，说明意识只是暂时被压住，说明微细的文字思维习气尚在，还没有剿绝，尚处在黑暗境界中，尚没有做到真正的无心，还须继续做参究的功夫，直到疑团爆裂，方有出身之路。真无心者，既不坐在有念的状态，也不坐在无念的状态，且拟议心和疑心顿断，心中安稳，能透过一切公案和境界，如珠走盘，灵动自在。

（三）将因解脱与果解脱打成两截，执著于果解脱，离开了当下，落入将心待悟中，或者向未来驰求，或者在境界受用上起分别执著。

参话头之妙就在于，正参话头之时，心心念念在疑情上，不念贪嗔痴，不念名闻利养，不念财色名食睡，不念人我是非，不念二边取舍，不念思维知见，此正是离心意识。而这个所参究的"谁"字，亦了不可得，如洪炉烈焰，无你凑泊处；亦如铁馒头，无你下口处。正是在这个离心意识的当下，在这个"不得其门而入"、住无住处的当下，已然与自性三身佛相应了，已然与三世诸佛"真如三昧"平等普熏力相应了。此正是因解脱。

然不少参禅之士，因为没有确立如此这般宗门的圆顿信解，将途中和家舍、因地修行和果上解脱打成两截，忽视当下一念之因解脱而一味向往果解脱，向未来驰求的心不断。参禅过程中，绝大多数的焦虑不安，都源于此二边之见。每见有老参之士，用功几年、十几年乃至数十年之后，因透不过此"将心待悟"之二边见所带来的焦虑不安，或对参禅法门产生怀疑，或认为自己的根器不行，心生退屈，转入密宗或净土，舍去参禅，良可浩叹！

上述三个方面的误区，最为微细，也最为迷惑人。参禅之士若能于此处有个清醒的认识，参话头要得力、要相应，也并不是一件难事。

第六节　正确地看待话头禅与默照禅

话头禅和默照禅是宗门中的两大主要用功方法，但是在中国禅宗史上，这两种方法的各自主张者，曾经产生过正面的交锋。比如，大慧宗杲禅师在他的书信中，对默照禅曾经提出过猛烈的批判，用词非常激烈，给人一种印象，好像是大慧宗杲禅师完全否定了默照禅似的。那么，我们修行人应该如何看待这段历史公案呢？换言之，默照禅的实际情况，究竟是不是像宗杲禅师所批判的那样，坐在黑山鬼窟里，如枯木一般呢？

前面已经提到，实际上，宗杲禅师批判的是默照禅所带来的流弊，并不是说他完全否认了默照禅。要知道，宗杲禅师对文字禅也采取了猛烈批判的态度，甚至将他的老师圆悟克勤禅师的《碧岩录》之刻版都焚毁了，以免贻误后学。凡此种种，都是出于一期应机之方便，是治病之药语，我们万不可将它执为实有之定法。这是我们看待"默照禅"以及"宗杲禅师批判默照禅"这段历史公案所应采取的态度。

首先，我们来看看宗杲禅师是如何看待静坐的。

初读宗杲禅师的书信，往往会产生这样一个错觉，好像是宗杲禅师对传统的静坐之法颇有微词，甚至是反对，实际情况却不是这样。宗杲禅师讲：

1. 云门寻常不是不教人坐禅、向静处做工夫，此是应病与药，实无恁么指示人处。（《宗杲尺牍·答曾侍郎（天游）》）

2. 学道人，十二时中，心意识常要寂静。无事亦须静坐，令心不放逸，身不动摇，久久习熟，自然身心宁怗，于道有趣向分。寂静波罗蜜，定众生散乱妄觉耳；若执寂静处便为究竟，则被默照邪禅之所摄持矣。（《宗杲尺牍·示清净居士（李提举献臣）》）

3. 我此门中，不论初机晚学，亦不问久参先达，若要真个静，须是生死心破，不著做工夫。生死心破，则自静也。先圣所说"寂静方便"，正为此也。自是末世邪师辈不会先圣方便语耳。左右若信得山僧及，试向闹处看"狗子无佛性"话，未说悟不悟，正当方寸扰扰时，谩提撕举觉看，还觉静也无？还觉得力也无？若觉得力，便不须放舍。要静坐时，但烧一炷香静坐。坐时不得令昏沉，亦不得掉举。昏沉、掉举，先圣所诃。静坐时，才觉此两种病现前，但只举"狗子无佛性"话，两种病不著用力排遣，当下怗怗地矣。（《宗杲尺牍·答富枢密（季申）》）

从这三段文字可以看出，宗杲禅师所反对的，并不是静坐本身，而是那种好静恶动、执静坐为究竟，好净恶染、执空静之境为大休大歇的远离中道的用功方法。静坐可以对治众生的散乱和妄觉，可以令众生身心宁怗，方便众生入道，因此，宗杲禅师也时常劝人"无事亦须静坐"。只是，静坐时，不可住在静坐中所出现的寂静境界上面。静坐时，当以无分别心用功，既要避免落入昏沉，又要防止掉举，既不可着意排除妄念、作对治想，亦不可因松懈落入失念和枯寂的状态中。静坐只是方便法，不是究竟法。真正的静定来源于般若，也就是要透过生死心，生死心不破而执于静坐，犹如以石压草，徒劳费力。

其次，我们再来看看正觉禅师的"静坐默照禅"究竟是怎样一回事。

关于默照禅，正觉禅师曾自述其宗旨，云：

……但直下排洗妄念尘垢，尘垢若净，廓然莹明，无涯畛，无中边；圆混混，光皎皎，照彻十方，坐断三际。一切因缘语言，到此着尘点不得。唯默默自知，灵灵独耀，与圣无异，于凡不减。元只是旧家一段事，何曾有分外得底？唤作真实田地。恁么证底汉，便能应万机，入诸境，妙用灵通，自然无碍矣。（《宏智正觉禅师广录》卷六）

另外，正觉禅师为了回应宗杲禅师的批判，曾撰有《默照铭》，其中云：

默默忘言，昭昭现前。鉴时廓尔，体处灵然……妙存默处，功忘照中；妙存何存，惺惺破昏……默唯至言，照唯普应。应不堕功，言不涉听。照中失默，便见侵凌……默中失照，浑成剩法。默照理圆，莲开梦觉……默照至得，轮我宗家。宗家默照，透顶透底。（《宏智正觉禅师广录》卷八）

这两段文字，出自正觉禅师本人，应当说，比起宗杲禅师在书信中的零星转述，更能够准确地说明默照禅的真实含义。

从这两段文字可以看出，正觉禅师所说的静坐默照，并非要学人坐在黑漆桶中，如枯木一般，也并非要人住于空静之境而落入动静二边中的静边，相反，正觉禅师强调，既要"惺惺破昏"，同时又要"功忘照中"，避免"照中失默""默中失照"二病。"照中失默"就会心浮气躁、被境界所转，

"默中失照"就会落入昏沉和死寂之中。由此可见，默照禅强调的是要远离心意识之分别，跳出语言的窠臼，主张默中有照，照中有默，照默同时，并且，此照是"无中边"而"普应"，"应万机"而"圆明"，"能入诸境，妙用灵通，自然无碍"，并非要住在静境上。

实际上，正觉禅师所说的默照禅，与经上所说的"善能分别诸法相，于第一义而不动"，并无二致。与三祖《信心铭》中所讲的"绝言绝虑，无处不通；归根得旨，随照失宗；须臾返照，胜却前空"，以及永嘉大师《奢摩他颂》中所讲的"忘缘之后寂寂，灵知之性历历，无记昏昧昭昭，契真本空的的。惺惺寂寂是，无记寂寂非；寂寂惺惺是，乱想惺惺非"，也是完全相通的。

这样看来，正觉禅师所提倡的默照禅与宗杲禅师所提倡的看话禅本质上是一致的，两者都反对住在枯寂之中，反对落在静境而失去妙用；只不过是两者在所应对的根机、入手方便、所表现的风格上各不相同而已，并无优劣之分。

关于话头禅与默照禅所对之机，以及用功风格上的差异，圣严法师曾在《禅门解行》中做过如下评判，可供我们参考：

1. 大致而言，修行的方法，可有松与紧的两门。平常生活紧张，心神劳累的人，初入修行法门，宜用松弛；平日生活懒散，心神浮动的人，初入修行法门，宜用紧张。而大慧宗杲的公案话头，逼拶紧迫，正是用的紧法；宏智正觉的默照灵然，正是用的松法。虽然不能仅以松紧二字说明默照与看话两派，用松紧二类来给它们作区别，应该是正确的看法……

2. 不论默照禅或看话禅，只要用之得宜，都是好方法，且看修道的人，有没有明师指导。事实上，有些人是需要两种方法交互并用的，在太松时，要用紧法，太紧时，要用松法。即在看话头的方法上，也有松法，在默照禅的工夫上，也有紧法。方法是死的，应用是活的。不能一定说哪一种好或哪一种不好……

第十二章　生活禅的用功方法（四）：
念佛禅

　　与宋朝相比，元以后，中国禅宗从总体上来说开始走下坡路。先前那些以高峻难入而著称的诸多门庭施设，终于显得曲高和寡，对于绝大多数人而言，难以找到下手处，更遑论入其堂奥。而与此同时，以持名念佛为主要修持方法的净土法门，则在各地得到了迅速的发展。在这种历史背景下，禅净合流便成了一种必然趋势。一些禅门大德为了方便行人更好地契入宗门，遂将古老的持名念佛方法，作为明心见性的一种下手方便，引入宗门，大加赞扬。这就是所谓的念佛禅。实际上，念佛禅的出现，要远比这个早很多，在早期的大乘般若经典中，提倡以念佛而证一行三昧，即是明证；至于从中国禅宗史的角度来看，早在四祖道信禅师就开始提倡念佛禅。四祖道信禅师应该说是中国禅宗史上第一个提倡念佛禅的人，此后，宗门里代代有人弘此法门，经久不衰。

第一节　什么是念佛禅？

一、念佛的意义

　　念佛是一种非常古老的用功方法。原始佛教中就有"六念法"的记载，六念是指念佛、念法、念僧、念戒、念施、念天。此处的念天，在大乘佛教中，主要是指念第一义天，即涅槃。

按通常之解释，所谓念佛，即是忆念佛具足十号，大慈大悲，智慧光明，神通无量，能拔众苦，我以清净质直之心，得亲近佛，心生欢喜，以欢喜故，身得快乐，以快乐故，其心得定，以得定故，其心平等，修念佛观，必趣涅槃，是名念佛。

唐代的宗密大师将念佛概括为四种，所谓称名念佛、观像念佛、观想念佛、实相念佛。

1. 称名念佛 —— 又称持名念佛，即称念阿弥陀佛名号，于昼夜间，一心专注，或一万声，乃至十万声；如是岁月既久，念念不断，纯一无杂，可证三昧，乃至往生净土。

2. 观像念佛 —— 目观阿弥陀佛相好庄严之像，口称佛名，心不散乱。心不散乱，则本性佛从而显现。如是念念不断，纯一无杂，可证三昧，乃至往生净土。

3. 观想念佛 —— 端坐正念，面向西方，心作妙观，或忆想阿弥陀佛眉间白毫相光，乃至足下千辐轮相，如是从上至下，从下至上，展转观之，观想纯熟，三昧现前。

4. 实相念佛 —— 念阿弥陀佛法性之身，契诸法实相之理，无形无相，犹如虚空，心及众生，本来平等。如是之念，即是真念，念念相续，三昧现前。

关于念佛的意义，智者大师在《五方便念佛门》中，曾做过非常系统而深刻的开示。他从五禅门、念佛五门以及四教义的角度，对念佛的不同含义做了全面解析。

智者大师认为，念佛不仅仅具有往生的功能，同时亦通于五禅门，具有凝心、制心、体真、方便随缘、息二边分别等止观之妙用。从这个角度来讲，念佛是"无上深妙禅""微妙清净第一禅"。此五禅门分别是：

1. 凝心禅 —— 通过念佛，凝心一处，寂静明了。相当于六妙门中的数、随二门。

凡住心一境，名曰凝心。且如行者念佛之时，谛观如来玉毫金相，凝然寂静，了亮洞彻，名凝心禅。（《五方便念佛门》）

2. 制心禅 —— 通过念佛，制心一处，止其驰散，得入定境。相当于六妙门中的止门。

> 前虽凝心，所习惯驰散，令制之，令还谛缘金相，名制心禅。（《五方便念佛门》）

3. 体真禅 —— 于定境中，观能念、所念性空了不可得。相当于空假中三观中的空观、六妙门中的观门。

> 前虽制心，得住定境，既非理观，皆属事修，今体本空，谁制？无佛、无念，名体真禅。（《五方便念佛门》）

4. 方便随缘禅 —— 虽知能念、所念了不可得，然不住空寂，由空入假，随缘起观。相当于三观中的假观、六妙门中的还门。

> 前虽谓体真，犹滞空寂，无量名相，昧然不知。今以无所得而为方便，从空入假，万相洞明，不为空尘之所惑乱，名方便禅。（《五方便念佛门》）

5. 息二边分别禅 —— 不落空有二边，空有双遣，言思路绝，相当于三观中的中道观、六妙门中的净门。

> 体真及以方便，各据空有，不离二边，令谛观静乱本无相貌，名言路断，思想亦绝，名息二边禅。（《五方便念佛门》）

在这里，智者大师以观相念佛为例，说明念佛与五禅门的关系。依此类推，持名念佛亦可以落实此五禅门之精神。

需要提请读者注意的是，智者大师所说的五禅门，实乃大乘止观功夫的共通次第，它不仅适用于念佛禅，同样适用于息道观、话头禅和默照禅。而且，此五禅门，除了从方便之功夫次第的角度来理解外，还可以从圆顿的角度，将此五禅门落实于当下一念。换言之，只要是在圆顿信解的引领下，在持名念佛的当下一念中，实际上已经具足了五禅门的精神。

智者大师认为，念佛绝不是只针对浅根劣器者，实际上，"一切贤圣皆从念佛而生，一切智慧皆从念佛而有"，它具有"易入而证深"的特征。由于"末学之流，轻其易入，失其证深，为见所缚"，往往等闲视之，甚为可悯（参见本章第二节"念佛禅的殊胜性"中的《五方便念佛门》引文）。

智者大师认为，诸佛针对众生的不同根基，方便开五种念佛法门，以为入道之方便次第：

> 诸佛以众生乐称诸佛名，生彼国者，则示以称名往生门；众生有乐睹诸佛身，惧障不见者，则示以观相灭罪门；众生有迷心执境者，则示以诸境唯心门；众生有计实有者，则示以心境俱离门；众生乐深寂定，趣无生灭者，则示以性起圆通门。（《五方便念佛门》）

智者大师对念佛五门的具体解释是：
第一称名往生念佛三昧门，即通过持佛名号，信愿往生。

> 假如行人，口称南无阿弥陀佛时，心必愿生彼国土，即是称名往生门。（《五方便念佛门》）

第二观相灭罪念佛三昧门，即观佛相好庄严，净除罪障。

> 行者想象佛身，专注不已，遂得见佛，光明赫奕，照触行者，尔时所有罪障皆悉消灭，即是观相灭罪门。（《五方便念佛门》）

第三诸境唯心念佛三昧门，即通过观自性即佛、万法唯心，以遣尘境。

> 又观此佛，从自心起，无别境界，即是诸境唯心门。（《五方便念佛门》）

第四心境俱离念佛三昧门，即通过观能念之心了不可得，双遣心境。

> 又观此心，亦无自相可得，即是心境俱离门。（《五方便念佛门》）

第五性起圆通念佛三昧门，即从空起用，通过观法界圆融，行普贤愿，圆满菩提。

行者尔时趣深寂定，放舍一切心意意识，将入涅槃，蒙十方佛加被护念，兴起智门。行者尔时于一念顷，净佛国土，成就众生。如前四门所有功德，百千万分不及其一。何以故？无功用位，能以一身为无量身，任运修习故，佛观护故，诸佛法源尽穷底故，普贤愿因悉圆满故，本愿力故，法如是故，即是性起圆通门。（《五方便念佛门》）

这里注意，诸境唯心念佛三昧门、心境俱离念佛三昧门、性起圆通念佛三昧门，此三种念佛三昧门并非在持名念佛之外，它们可以通过持名念佛来落实。这里的关键是要以圆顿的见地为引导。

另外，智者大师认为，从四教义的角度来看，依于修行人见地的半满偏圆之差别，念佛之意义亦自然会呈现出深浅之不同：

约四教者，夫心不独生，必托缘起。行者念佛之时，意想为因，如来毫光为缘，亦名法尘，以对意根故。所起之念，即是所生法。观此根尘能所，三相迁动，新新生灭，念念不住，分析方空，无佛无念，藏教小乘也。

即观念佛心，起能生所生，无不即空。妄谓心起，心实不起，起无自性，体之即空。所观佛相，如镜中像、虚空华，无佛无念，通教大乘也。

即观念佛心，起即假名之法，浅深洞鉴，无量名相，如观掌中，了知此心有如来藏，历劫断惑，方证真常，离边显中，无佛无念，别教大乘也。

即观念佛心，起即空假即中。若根若尘，并是法界起，一念亦尔。尘刹诸佛，一念照明。六道众生，刹那普应。初即是后，今始觉知。如大福人执石成宝，必无舍念，别求离念。即边而中，无佛无念，圆教大乘也。《璎珞经》明顿悟如来，此之谓也。（《五方便念佛门》）

念佛法门，不仅被天台诸师所重视，在华严宗里同样得到重视。清凉澄观大师《华严经行愿品疏》卷四从能念的角度，将念佛略分为五种：

一缘境正观念佛门，若真若应，若依若正，皆是境故，称名属口，非真念故。略而不言。二摄境唯心念佛门，是心是佛，是心作佛，诸佛正遍知海从心想生，况心佛众生三无差别。三心境俱泯念佛门，心即是佛，心则非心，佛即是心，佛亦非佛，非心非佛，远离一切，故无所念方为真念。四心境无碍念佛门，双照事理，存亡无碍，等真门之寂寂，何佛何心，鉴事理之明明，常心常佛，双亡正入，寂照双流。五重重无尽念佛门，理既无尽，以理融事，事亦无尽，故随一门摄一切门，融斯五门，以为一致……（《华严经行愿品疏》卷四）

依据清凉大师所说，此五种念佛中的后四种念佛，都以实相念佛为指归。需要注意的是，持名念佛从相上看，虽属于缘境正观念佛门，但是，摄境唯心念佛门、心境俱泯念佛门、心境无碍念佛门、重重无尽念佛门等四种念佛门仍然可以从持名念佛入手，关键是用来指导念佛的见地是不是圆顿的。

二、持名念佛是净宗的根本标志吗？

通过上述对"念佛"的意义，特别是智者大师《五方便念佛门》以及清凉大师所说的华严五种念佛法门之回顾，我们坚信，念佛法门是非常殊胜和不可思议的，其"易入而证深"之妙用，远远不止于净宗所宣扬的"信愿往生"这一点。

从智者大师对念佛不同层次意义的开示中，可以看出，以往生为根本的净宗之念佛，于念佛五门中，主要偏重于"称名念佛往生三昧门"。其实，念佛有诸多的功德，如成就一行三昧、得一切种智等。后世的净宗针对众生即生求解脱之需要，从念佛的诸多功德中，特别开启出以信愿持名念佛、乘佛愿力往生净土这样一种特殊法门。

在这里，拟就有关持名念佛的几个带普遍性的观念，做一点澄清。

首先，持名念佛虽然是净宗的主要用功方法，但这并不意味着，只要念佛就一定是属于净宗。其实，像天台智者大师、华严清凉国师、禅宗四祖道信、永明延寿、中峰明本等，皆提倡持名念佛。另外，除了净宗之外，其他以成就真如三昧、一行三昧为要务的诸多法门，也提倡念佛，虽然它们不以往生为直接目标。比如，《文殊般若经》将持名念佛视为修证一行三昧的根本方法；《般舟三昧经》则视其为修般舟三昧的主要方法；《首楞严经》亦将持名念佛视为证圆通心、成就首楞严大定的主要方法之一。可见，持名念佛并非净宗的专利。

其次，持名念佛是净宗的特色之一，但并不是净宗的根本标志。净宗的根本标志是在信（信极乐世界之存在，信弥陀愿力的真实不虚）、愿（发愿往生极乐世界）的导引之下，通过持佛名号，以临命终时乘佛愿力、往生极乐世界为修行的直接目标。除持佛名号之外，只要具足信愿，其他一切修行都可以成为往生的助力、资粮。可见，信愿是往生的首要条件，至于往生品位的高低，则取决于行持的深浅。故持名念佛不是净宗的根本标志。

第三，持名念佛可以往生，但不是往生的唯一条件、途径和方法。比如，《普贤菩萨行愿品》中讲：普贤十大愿王，每一大愿皆可以导归极乐。行持普贤菩萨十大愿王，只要信心具足，并发愿往生，临终皆可蒙佛接引，往生极乐，而并没有说只有持名念佛这一方法才能往生。另外，永明延寿禅师《万善同归集》里面讲，只要信愿具足，发菩提心、行一切善法，皆可成为往生的资粮。换句话来说，参禅也可以往生极乐。蕅益大师讲：

> 禅者欲生西方，不必改为念佛；但具信愿，则参禅即净土行也。又，念佛至一心不乱，能所两忘，即得无生法忍，岂非悟道？故参禅念佛，俱能悟道，俱能生西也。但有疑则参，无疑则念，各在当人下手时自酌耳。（《灵峰宗论》卷四）

第四，往生是持名念佛的功德和目标之一，但不是念佛的唯一功德和目标。持名念佛具有无量的殊胜功德，非仅止于往生极乐，同时也是成就一行三昧、圆满一切种智的诸法之王，又称无上深妙禅。所以，我们不能把持名念佛的诸多功德，局限在仅作为供老头老太太往生的工具这一狭隘的范围内。

三、什么是念佛禅？

通过修习止观，证真如三昧，由十信满位而进入初发心住，深伏烦恼，位居不退，在修行过程中是一个非常关键的环节。按《大乘起信论》的讲法，欲得信成就、居位不退，通常的路径是，当依"启信（依信根本、信佛、信法、信僧之四信确立正信）、开解（依'一心二门三大'之义开圆解）、净器（修普贤行以净障修福）、发心（用直心、深心、大悲心等三心替代三毒，行无相六度）、立行（日用中依施、戒、忍、进、止观等五门，收摄身心，随缘而行六度，增长福报）、明心（勤修止观证真如三昧，成就位不退）"之次第，以布施、持戒、忍辱、精进为助行，以止观为正行，证真如三昧方可。但是，末法时代，众生福薄，内心既劣，外缺胜缘，光靠自力成就位不退，是非常困难的。当知如来有胜方便，摄护末法行人，令专意念佛，求生净土，即可得诸佛菩萨护佑，居不退地。故《大乘起信论》于修信五门之外，另开胜异方便门，以助末世行人越生死海，超证菩提。此即是念佛法门。《大乘起信论》讲：

> 复次，众生初学是法，欲求正信，其心怯弱，以住于此娑婆世界，自畏不能常值诸佛，亲承供养，惧谓信心难可成就，意欲退者。当知如来有胜方便，摄护信心，谓以专意念佛因缘，随愿得生他方佛土，常见于佛，永离恶道。如修多罗说，若人专念西方极乐世界阿弥陀佛，所修善根，回向愿求生彼世界，即得往生，常见佛故，终无有退。若观彼佛真如法身，常勤修习，毕竟得生，住正定故。（真谛译本《大乘起信论》）

从上面的引文中，可以看出，念佛法门分两种：一是念他佛，偏于信愿往生；二是念自佛，偏于证一行三昧（一行三昧、念佛三昧、真如三昧，此三三昧，义同而立名之角度各异）。

从佛陀开启念佛这一胜异方便法门的初衷来看，念佛的最终目的，是为了帮助末法时代的怯弱众生，成就信心、入位不退、证无生法忍，而依信愿行往生极乐世界只是一种修行的方便，并不是念佛的最终目的。

如果我们把禅的本质，定义为通过证一行三昧、通佛心、见实相的话，那么，《大乘起信论》中所提到的这两种念佛法门，都属于禅的范畴。故念佛禅，我们可以把它分为广、狭两种：

广义的念佛禅包括净宗的信愿往生念佛和禅宗的实相念佛，这两者最终都以证一行三昧、居位不退，乃至证无生法忍为功夫之目标；

狭义的念佛禅则是相对净宗的"信愿往生念佛"而言，以证一行三昧、中道实相为根本旨趣，以持名念佛为下手方便的一种圆顿的念佛法门。

相对于净宗信愿往生念佛而言，狭义的念佛禅之本质特征就是，立足于宗门的圆顿信解，以持名念佛为下手处，以般若正观为指导，以无所念、无所住为功夫的核心，以明心见性、成就一行三昧、开发一切种智为直接目标。它是持名念佛和实相念佛的统一，亦即方便与究竟的统一。修念佛禅虽然可以成为我们往生的资粮，但它的直接目标却是明心见性、成就一行三昧。这是念佛禅与净宗持名念佛的根本差别。

《大势至菩萨念佛圆通章》中讲："若众生心，忆佛念佛，现前当来，必定见佛，去佛不远，不假方便，自得心开。"透过对这句经文的理解，可以清楚地看出宗门之念佛与净宗念佛的不同点：

禅宗侧重于"现前见佛"（于当下一念，见自性三身佛），而净土侧重于"当来见佛"（蒙佛接引，往生极乐，而后花开见佛）。禅宗从理悟上强调"不假方便，自得心开"，而净土从事修上宣示"忆佛念佛"，"去佛不远"。禅宗侧重从现前一念心性上念佛成佛，而净土则侧重临终乘佛愿力往生净土。禅宗侧重于自证自悟，以明心见性、成就一行三昧为眼前目标，净土则侧重于乘佛愿力，以临终往生为目的。

在这里，要特别提请读者注意的是，我们这里所提倡的念佛禅，虽然以狭义的念佛禅为主，但是，它同时含摄了广狭两种意义上的念佛法门。这两种念佛法门，可以在宗门圆顿信解的统摄之下，通过持佛名号，当下融为一体。换言之，在生活禅的修证体系中，我们所说的念佛禅是指：

在宗门圆顿信解的引领下，以持佛名号为下手处，以落实"无所住""无所念"之般若正观为功夫的着力点，以临终信愿往生为即生入位不退之方便，以证真如三昧、入无生法忍为根本，融自他二力于一念，摄往生、悟道于一体，兼顾禅净两类行人的修行关切。此乃三世诸佛所共赞、末世修行人究竟成就自他二利之易行道。

第二节　念佛禅的殊胜性

对于末法时代的众生来说，念佛禅是一种非常殊胜的修止观、证三昧的用功方法。其殊胜性，可以从五个方面来理解。

一、念佛禅乃诸法之王

前面讲过，原始佛教"六念法"中，念佛居于首位。《杂阿含经》第九三一经云：

何等六念？谓圣弟子念如来事——如来、应、等正觉、明行足、善逝、世间解、无上士、调御丈夫、天人师、佛、世尊。圣弟子如是念时，不起贪欲缠，不起嗔恚、愚痴心，其心正直。得如来义，得如来正法，于如来正法、于如来所得随喜心；随喜心已，欢悦；欢悦已，身猗息；身猗息已，觉受乐；觉受乐已，其心定；心定已，彼圣弟子于凶险众生中，无诸罣碍，入法流水，乃至涅槃……（《杂阿含经》卷三十三）

可见，念佛具有灭烦恼、开智慧、入正法、得正受、离险难、接法流、证涅槃等功能。

大乘佛教认为，戒、定、慧、解脱、解脱知见等五分法身香，法身、般若、解脱等三德秘藏，要因念佛而得成就。可见，念佛乃诸功德之母，能生一切善法："一切贤圣皆从念佛而生，一切智慧皆从念佛而有。"

智者大师《五方便念佛门》云：

诸佛大慈悲，常教敕说法诸菩萨等，以种种方便，令众生易解；又自以种种方便，开示般若波罗蜜。以何义故说是般若波罗蜜？佛言："欲令诸菩萨等增长念佛三昧故。"以何因缘令念诸佛？佛言："若念佛者，当知是人即与文殊师利等无有异。"以何故？此三昧者，诸佛世尊之所游戏，首楞严等诸大三昧始出生处。是知将入诸佛法，方便诚多，若以一言而具众门，无过念佛。

所以者何？一切贤圣皆从念佛而生，一切智慧皆从念佛而有。假如十信菩萨及三贤菩萨，皆不离念佛、念法、念僧，乃至不离念一切种智。初地菩萨乃至八、九、十地菩萨亦不离念佛、念法、念僧，乃至不离念一切种智。但以念知差别，随义立名，众生迷名，妄生异解，漂坠魔界，遂轻念佛之名，仍谓已修别为胜业。为愍此故，今略言之。

若论修因之人，不离三贤十圣；若论证果之者，即是诸佛如来。修因之人，系心常思念十方一切佛；证果之者又特启此，以为微妙清净第一禅。是知易入而证深，无过念佛。嗟呼！末学之流，轻其易入，失其证深，为见所缚，良可悲矣！（《五方便念佛门》）

《佛说佛名经》卷一亦云："过去、未来、现在诸佛名字，若善男子、善女人，受持、读诵诸佛名者，是人现世安隐，远离诸难，及消灭诸罪，未来当得阿耨多罗三藐三菩提。"

《宋高僧传·唐五台山竹林寺法照传》记载：法照大师游五台山，一日，偶入大圣竹林寺，拜谒文殊菩萨，请问末世修行之法。文殊菩萨报言：

汝今念佛，今正是时。诸修行门，无过念佛，供养三宝，福慧双修，此之二门，最为径要。所以者何？我于过去劫中，因观佛故，因念佛故，因供养故，今得一切种智。是故一切诸法、般若波罗蜜、甚深禅定，乃至诸佛，皆从念佛而生。故知念佛，诸法之王。汝当常念无上法王，令无休息。（《宋高僧传》卷二十一）

可见，念佛禅是一切法门之总持，是诸法之王，亦是三昧之王，是无上甚深微妙禅，它"易入而证深"，不仅能够引导修行人往生，还能够帮助修行人消除业障，成就一切三昧，得一切种智，圆证无上菩提。

二、念佛禅乃十方诸佛所共赞之易行道

通常而言，修行分难行道、易行道两种。难行道以自力为主，易行道以

他力为主、自他二力兼备。广义的念佛禅属于易行道，《十住毗婆沙论》卷五云：

> 佛法有无量门，如世间道有难有易。陆道步行则苦，水道乘船则乐。菩萨道亦如是，或有勤行精进，或有以信方便易行，疾至阿惟越致者。如偈说：东方善德佛，南栴檀德佛，西无量明佛，北方相德佛，东南无忧德，西南宝施佛，西北华德佛，东北三行佛，下方明德佛，上方广众德，如是诸世尊，今现在十方，若人疾欲至，不退转地者，应以恭敬心，执持称名号。若菩萨欲于此身，得至阿惟越致地，成就阿耨多罗三藐三菩提者，应当念是十方诸佛，称其名号……阿弥陀等佛，及诸大菩萨，称名一心念，亦得不退转。（《十住毗婆沙论》卷五）

《无量寿经优婆提舍愿生偈注》卷一，对这一观点做了进一步的展开，强调菩萨于五浊恶世，欲求阿毗跋致、度化众生，宜乎先依净门之易行道而入正定聚：

> 龙树菩萨《十住毗婆沙》云：菩萨求阿毗跋致，有二种道：一者难行道，二者易行道。难行道者，谓于五浊之世，于无佛时求阿毗跋致为难。此难乃有多途，粗言五事，以示义意：一者外道相善，乱菩萨法；二者声闻自利，障大慈悲；三者无赖恶人，破他胜德；四者颠倒善果，能坏梵行；五者唯是自力，无他力持。如斯等事，触目皆是；譬如陆路，步行则苦。易行道者，谓但以信佛因缘，愿生净土，乘佛愿力，便得往生彼清净土，佛力住持，即入大乘正定之聚，正定即是阿毗跋致；譬如水路，乘船则乐。

智者大师在《净土十疑论》卷一中，更进一步说明了新发意菩萨修持易行道的必要性和殊胜性：

> 问曰：诸佛菩萨以大悲为业，若欲救度众生，只应愿生三界，于五浊三涂（途）中救苦众生。因何求生净土，自安其身，舍离众生？则是无大慈悲，专为自利，障菩提道。

答曰：菩萨有二种：一者、久修行菩萨道，得无生忍者，实当所责；二者、未得无生忍已还，及初发心凡夫。凡夫菩萨者，要须常不离佛，忍力成就，方堪处三界内，于恶世中救苦众生。故《智度论》云："具缚凡夫，有大悲心，愿生恶世，救苦众生者，无有是处。"何以故？恶世界烦恼强，自无忍力，心随境转，声、色所缚，自堕三涂（途），焉能救众生？假令得生人中，圣道难得，或因施、戒、修福，得生人中，得作国王、大臣长者，富贵自在。纵遇善知识，不肯信用，贪迷放逸，广造众罪，乘此恶业，一入三涂（途），经无量劫，从地狱出，受贫贱人身；若不逢善知识，还堕地狱。如此轮回，至于今日，人人皆如是，此名难行道也。故《维摩经》云："自疾不能救，而焉能救诸疾人？"又《大智度论》云："譬如二人各有亲眷，为水所溺，一人情急，直入水救，为无方便力故，彼此俱没；一人有方便，往取船筏，乘之救接，悉皆得脱水溺之难。"新发意菩萨亦复如是。未得忍力，不能救众生。为此常须近佛，得无生忍已，方能救众生，如得船者。又论云："譬如婴儿不得离母，若也离母者，或堕坑井，渴乳而死；又如鸟子翅羽未成，只得依树附枝，不能远去；翅翮成就，方能飞空，自在无碍。"凡夫无力，唯得专念阿弥陀佛，便成三昧，以业成故，临终敛念得生，决定不疑。见弥陀佛，证无生忍已，还来三界，乘无生忍船，救苦众生，广施佛事，任意自在。故论云："游戏地狱：行者生彼国，得无生忍已，还入生死国，教化地狱，救苦众生。"以是因缘，求生净土者，愿识其教。故《十住毗婆沙论》，名易行道也。

关于易行道的"易行"，通过上述引文，可以概括为两个方面：

一是在因地修行过程中，修念佛法门，能得自他二力扶持，远离障扰，能令行人速登彼岸，入位不退。

长水子璇禅师在《大乘起信论疏笔削记》中，谈到真如三昧与念佛三昧之异同时指出，念佛三昧因同时得自他二力之用，故较真如三昧更为殊胜。他说，真如三昧与念佛三昧"无同无不同"：

以念佛三昧，于自心中，立佛为境，托彼佛境，显自真心，而真如三昧，即心为境，不立彼佛，唯一真心，无能所相，故无同。又念佛三昧，即念自心中本觉法身佛，而真如三昧，观诸佛与众生法身，平等无二，故无不同。所以二种三昧，念佛名胜方便，何者？念佛具三力：一、本有佛性力。二、新修观念力。此二，自力也。三、如来摄取力。此一，他力也。本如舟，念如帆，佛如便风，三事周圆，速登彼岸。若夫真如三昧，唯凭自力，设遇逆风，舟便覆矣。（《大乘起信论疏笔削记会阅》卷十）

末法时代，依自力修习止观而入真如三昧，因内外障道因缘炽盛，难度比较大。若依念佛三昧力而修行，则如顺风舟，速得信成就，入正定聚。

二是往生之后，即生入位不退，证无生法忍。

长水子璇禅师在解释"何故往生见佛，信得必成就"时，写道：

住此娑婆，或值三灾八难不吉祥事，或见十恶五逆诸不善人，或自身多诸惑业，病苦牵缠，修行信心，不能成就。若生彼乐土，一见佛时，信必成就，终无退转矣。故慈云忏主以彼此较量，则有十种苦乐不同，谓此娑婆有不值佛、不闻法、恶友缠、群魔恼、受轮回、堕恶趣、尘缘障道、寿命短促、修行退转、尘劫难成之苦。彼乐国，有常见佛、常闻法、圣贤会、离魔事、息轮回、无恶趣、胜缘助道、寿命无量、得不退转、一生行满之乐。（《大乘起信论疏笔削记会阅》卷十）

又，往生西方极乐世界之后，因具足五种不退转之殊胜增上缘，故能令往生者即生入位不退。

有五因缘：一、如来大悲愿力摄持。二、佛光常照。三、水鸟树林，皆演苦空。四、纯诸菩萨以为亲友。五、寿命永劫。故疏释云："处无退缘名不退耳。"《弥陀经》言："众生生者，皆是阿鞞跋致。"《势至章》言："去佛不远，不假方便，自得心开，如染香人。"皆是此意也。（《大乘起信论疏笔削记会阅》卷十）

上述引文表明，娑婆世界因有"不值佛、不闻法、恶友缠、群魔恼、受轮回、堕恶趣、尘缘障道、寿命短促、修行退转、尘劫难成"之苦，故难于依自力而得信成就。而极乐世界因有"常见佛、常闻法、圣贤会、离魔事、息轮回、无恶趣、胜缘助道、寿命无量、得不退转、一生行满"之乐，没有退缘，故易得信成就。所谓信成就，即由十信满位而进入初住，破人我执，入真如三昧，出三界，断分段生死之粗相，位当二乘三贤位。

总之，在宗门圆顿信解的引导下，通过持佛名号来落实"念佛心即是佛""无所念者是名念佛"之般若正观，即便此生未能入真如三昧，亦可发愿于临命终时，依信愿力，求生净土，登位不退，证无生忍，然后倒驾慈航，入生死界，度化众生。对于末世的凡夫行人和新发意菩萨来说，这是一条光明可靠的易行道，是一种为十方诸佛同声赞叹的最胜法门。

三、念佛禅是汉传佛教禅、教、律、净合流的历史发展趋势

就汉传佛教的历史进程而言，念佛禅是佛教根据契理契机的原则与中国传统文化相融合的一种产物，是汉传佛教之禅教律净相互融通的一种历史结果和必然趋势。

宋以后，中国汉传佛教基本上形成了"以禅为心，以教为门，以律为行，以密为助，以净为归"之格局。在此格局中，禅是根本，净是归宿，融禅净为一体的念佛禅自然而然就成了这一格局中的核心。它既有宗门的圆顿信解做基础，又有净宗简单易行的持名念佛作为下手处，既方便又究竟，故特别适合末法时代的众生修习。

从这个角度来看，我们不难理解，为什么禅宗历史上有那么多的宗门大德，如四祖道信、永明延寿、中峰明本、断云智彻、憨山德清、紫柏真可、蕅益智旭、楚山绍琦、毒峰本善、无异元来、彻悟禅师、虚云和尚等，他们在传承祖灯的过程中，却同时提倡念佛禅，这恰恰体现了念佛禅的殊胜。

念佛禅的出现和流行，说明它上契诸佛之心，下契众生之机，是一种"易入而证深"的殊胜法门。

四、念佛禅是成就一行三昧、速得成佛的最胜方便

念佛不仅能够往生，还能成就一行三昧，速证阿耨多罗三藐三菩提。昙

陀罗仙所译《文殊般若经》，共两卷，该经三分之二的篇幅，通过佛与文殊菩萨之间的对话，展示了般若"无相、无住、超越二边"的核心实质。最后三分之一的篇幅则揭示，有两种方法能令修行人速得阿耨多罗三藐三菩提：一是依般若波罗蜜所说行，二是修一行三昧。

关于如何修一行三昧，佛的回答是，先修学般若波罗蜜，以开圆顿之智慧，次于空闲处，依般若之正见，专心持念佛之名号，达于"法界一相"。法界一相者，谓十方法界以一真法界（又称真如）为体，此体无形无相，超越二边，不可思议。

文殊师利白佛言："世尊！当云何行，能速得阿耨多罗三藐三菩提？"佛言："文殊师利，如般若波罗蜜所说行，能速得阿耨多罗三藐三菩提。复有一行三昧，若善男子、善女人修是三昧者，亦速得阿耨多罗三藐三菩提。"文殊师利言："世尊！云何名一行三昧？"佛言："法界一相，系缘法界，是名一行三昧（按：一行三昧的理论基础）。若善男子、善女人欲入一行三昧，当先闻般若波罗蜜，如说修学，然后能入一行三昧。如法界缘，不退不坏，不思议，无碍无相（按：修一行三昧的前提条件）。善男子、善女人欲入一行三昧，应处空闲，舍诸乱意，不取相貌，系心一佛，专称名字，随佛方所，端身正向。能于一佛，念念相续，即是念中能见过去、未来、现在诸佛（按：一行三昧的具体修法）。何以故？念一佛功德，无量无边，亦与无量诸佛功德无二，不思议佛法等无分别，皆乘一如，成最正觉，悉具无量功德，无量辩才。如是入一行三昧者，尽知恒沙诸佛法界无差别相（按：一行三昧的证相）。"（《文殊般若经》卷下）

一行三昧以真如法界为体。契入法界一相（真如之超越二边的空不空之性），不退不坏，无碍无住，是为一行三昧。此一行三昧，当依般若波罗蜜，起始觉之观智，以持佛名号为下手处，其具体要求是，"应处空闲，舍诸乱意，不取相貌，系心一佛，专持名字，随佛方所，端身正向，念念相续"。

舍诸乱意，乃即止之观；不取相貌，乃即观之止；系心一佛，乃止观双运；念念相续，乃功夫成片，至少是事一心不乱。功夫做到念念相续，才有可能契入一行三昧。"即是念中，能见过去、未来、现在诸佛"，乃三昧现前之境界相。

这段经文，虽然不长，却把整个修一行三昧的理论基础、用功原则、用功方法，及功夫次第和功夫证量等，都讲得很清楚，值得细细揣摩。

五、念佛禅是耳根圆通与念佛圆通的统一

众所周知，悟圆通心、证首楞严大定，是《首楞严经》修证体系的核心环节。二十五圣圆通章，先由二十五圣各自述说因地契入圆通的方法，次由文殊菩萨根据娑婆世界众生的根性，从二十五圣圆通中，拣择出观音菩萨的耳根圆通法门，作为此方众生修证圆通的最胜方便。

从经文二十五圣圆通之开列顺序来看，最后压轴的是观音菩萨耳根圆通章，倒数第二出现的是大势至菩萨念佛圆通章。这两种圆通法门最后出现，绝不是偶然的。个中秘密，曾被虚云老和尚一语点破：

> 虚云老和尚住持南华寺的时候，有一天，朱镜宙老居士前来拜访虚老，谈及《首楞严经》二十五圣圆通之事。朱镜宙问虚老："二十五圣圆通中，哪一圆通法门，最适合末法时代众生修习？"虚老回答说："大势至菩萨念佛圆通。"朱镜宙大为惊诧："和尚是不是口误，或者记错了？经中分明记载，文殊菩萨奉佛之令，拣择二十五圆通，最后认定观音菩萨耳根圆通最适合娑婆众生修习！"虚老回答说："汝念佛不用耳根耶？"（此材料出自虚云老和尚门下弟子之口述，待补入《虚云和尚全集》）

可见，在虚云老和尚那里，耳根圆通和念佛圆通是可以融为一体的。这一观点实际上贯彻于虚云老和尚的一生，而绝非一时的乘兴之谈。戒尘和尚《关中寱语》记载了这样一件事情：

> 是年山中，请月公法师讲《楞严》，余与虚兄皆在座听讲。一日，虚兄复讲《大势至菩萨圆通章》，力赞念佛宗旨。余与之辩驳曰："《楞严》宗旨，文殊只选观音耳根圆通，如何偏赞念佛，岂不违背经义乎？"彼此相辩者数日。月公闻之，呵止乃已。

可见，在终南山住山期间，虚云老和尚就主张将念佛圆通和耳根圆通融为一体。无独有偶，净慧和尚在《虚云老和尚的禅风》一文中亦提到这一点：

老和尚对于净土和密宗，都有他自己的一些看法。他主张"唯心净土，自性弥陀"，"心净则佛土净"。所以在自力的基础上，他也提倡修净土法门。他认为修净土法门的关键是"唯心净土，自性弥陀"，认为净土和禅是密切相关的。关于念佛，他提倡观音菩萨的耳根圆通，要反闻闻自性。念佛不是数量念得越多越好，而是看你能不能反闻闻自性。念佛要用耳根，要把你念佛这一念，听得清清楚楚、明明白白，不要停留在心思上，要用自性来闻，要闻到自性……

实际上，虚云老和尚所主张的念佛法门，将耳根圆通和念佛圆通融为一体，正是我们所说的念佛禅之根本所在。

观音菩萨的耳根圆通法门，强调称性起修，反闻闻自性，性成无上道。依耳根圆通之精神，去持名念佛，心念心闻，都摄六根，念念反闻自性，当下即可以体验到自性本觉的"圆真实""通真实"和"常真实"。

下面，先来简单回顾一下文殊菩萨对二十五圣圆通法门之拣择，了解一下耳根圆通法门的修行理路：

觉海性澄圆，圆澄觉元妙（按：此乃真如本觉之特征，为世界、众生、业果三种相续之体，具有寂而常照照而常寂、不变随缘随缘不变之妙）。元明照生所，所立照性亡（按：指无明之生起，能所角立，迷真起妄）。迷妄有虚空，依空立世界。想澄成国土，知觉乃众生。空生大觉中，如海一沤发。有漏微尘国，皆依空所生（按：此指世界、众生、业果三种相续之生起）。沤灭空本无，况复诸三有。归元性无二，方便有多门。圣性无不通，顺逆皆方便。初心入三昧，迟速不同伦……我今白世尊，佛出娑婆界。此方真教体，清净在音闻。欲取三摩提，实以闻中入……

【按】这一段说明，众生本具如来藏妙明真如心，但因最初一念无明妄动，能所角立，见相斯分，遂有世界、众生、业果三种相续。此三种相续，皆非实有，幻生幻灭。迷在当下一念，悟亦在当下一念。于娑婆世界众生而言，返本还源之道，最当机者莫过于从闻性而入。

我今启如来，如观音所说。譬如人静居，十方俱击鼓，十处一时闻，此则圆真实（按：闻性具"圆真实"）。目非观障外，口鼻亦复然，身以合方知，心念纷无绪，隔垣听音响，遐迩俱可闻，五根所不齐，是则通真实（按：闻性具"通真实"，非其他诸根可比）。音声性动静，闻中为有无。无声号无闻，非实闻无性。声无既无灭，声有亦非生。生灭二圆离，是则常真实（按：闻性具"常真实"，非关乎声尘之有无）。

【按】这一段表明，闻性具圆、通、常三性，为本觉妙用在众生因地上借根之现行，为修行之因地真心，故耳根圆通当从闻性起修。

……众生迷本闻，循声故流转……闻（按：能闻）非自然生，因声（按：所闻）有名字。旋闻（按：返闻闻自性）与声（按：所闻）脱，能脱（按：指能脱去声尘之束缚的闻性，即面对声尘而不动者）欲谁名。一根既返源，六根成解脱（按：耳根之根结若解，其他六根结一时俱解）。见闻如幻翳，三界若空华。闻复翳根除（按：通过反闻闻性，障碍圆通心的耳根即可脱除），尘消觉圆净（按：根尘一脱，圆通心即得现前）。净极（按：根尘迥脱，谓之净极）光通达，寂照含虚空。却来观世间，犹如梦中事……如世巧幻师，幻作诸男女。虽见诸根动，要以一机抽（按：六根之用，乃依圆通心为体。因无明不觉，幻作根尘之妄动）。息机（按：根尘之妄动既灭）归寂然（按：回归不动圆通觉体），诸幻成无性（按：诸幻法的无有自体之空性即可现前）。六根亦如是：元依一精明，分成六和合。一处成休复（按：一根既脱，不循尘境，返本还源），六用皆不成（按：其他六根结当下消除）。尘垢应念消，成圆明净妙……大众及阿难，旋汝倒闻机（按：背声尘而合闻性），反闻闻自性，性成无上道，圆通实如是。

【按】这一段说明，通过耳根，反闻闻自性，背尘合觉，先脱声尘之动静二结，次脱能闻之根结。根、尘既脱，六根俱净，圆通心当下现前。

此是微尘佛，一路涅槃门。过去诸如来，斯门已成就。现在诸菩萨，今各入圆明。未来修学人，当依如是法。我亦从中证，非惟观世音。诚如佛世尊，询我诸方便，以救诸末劫，求出世间人。成就涅槃心，观世音为最。自余诸方便，皆是佛威神，即事舍尘劳，非是长修学。

【按】这一段经文结示耳根圆通法门之殊胜，乃三世诸佛菩萨之所共尊。

明白了耳根圆通法门的修行理路（关于这一部分内容，本书在第十三章"生活禅的功夫次第"中，将围绕"观音菩萨耳根圆通章"一节经文，做详细展开），就不难理解，耳根圆通法门其实是可以通过持名念佛来落实的。

其操作理路是，从耳根入手，以闻性为所观境，即随顺闻性的超越二边分别取舍之空性，以虚空明镜的心来静观音声之动静，不断地反闻能闻的是谁，进而背声尘而合闻性，"入流亡所"，慢慢地脱除根尘二结，初证人空，然后再依次解除其他诸结。具体说来：

1.以一句佛号，心念心闻，替代尘境，念得绵密。此即尘境的"动静二相，了然不生"，解尘结。

2.以一句佛号，心念心闻，功夫成片，忽然能念所念俱不可得。此即"闻所闻尽"，解根结。

3.以一句佛号，心念心闻，依大悲心，从空入有，兴度生之妙用，严净国土。此即是"尽闻不住，觉所觉空"，解觉结。

4.以一句佛号，心念心闻，依中道智，观心佛众生三无差别，凡圣情尽。此即是"空觉极圆，空所空灭"，解空结。

5.以一句佛号，心念心闻，至于无念，依正不二，法界一相，圆融无碍。此即是"生灭既灭，寂灭现前"，解灭结。

总之，在念佛的过程中，以一句佛号，心念心闻，依"都摄六根，净念相继"而行，即可"一根既脱，六根俱净"，最后令圆通心现前。

在介绍默照禅的时候，曾经提到过，用默照的方法来修耳根圆通，虽然可以有效地解除声尘之动结，但是，动结易解，静结难除，"有"结易透，"空"结难过，此时因为默照的方法用功太缓，力量不足，难以出静结，容易住在静结当中，故需要用参究的方法来解除静结。其他根结、觉结、空结、灭结等，亦需要借助参究的方法来破除。实际上，除了参究的方法之外，念佛禅亦可以帮助我们有效地摆脱静结以及其他诸结的束缚。

念佛禅由于把观音菩萨的耳根圆通和大势至菩萨的念佛圆通这两种法门融为一体，所以，在功夫的落实上，它既方便又究竟。说它方便，是因为它可以从持名念佛入手，简单易行，人人都可以做到。说它究竟，是因为它以闻性为本修因，称性起修，直透心源，能证圆通心、成就首楞严三昧。智者大师称赞念佛禅"易入而证深"，其原因即在于此。

通过上述五个方面的介绍，最后，可以将念佛禅的殊胜概括为六个方面；

1. 方便（即智者大师所说的"易入"）。下手容易，人人都会。

2. 究竟（即智者大师所说的"证深"）。在圆解大开的前提下，直指自性之源底，能证真如三昧，得一切种智。

3. 离心意识。心意识是入道之最大障碍。修念佛禅，正好可以借助佛号或疑情的力量，把心中的妄想分别当下化解掉。

4. 功夫省力。修念佛禅，贵在信到位、见到位，及鞭起真切的疑情。信心和疑情一旦生起，自然不念而念、不参而参。因为有抓手，在日常生活中，功夫比较容易提起，省力得力。

5. 增长信心。念佛人如果见地不到位，功夫不上路，天长日久，容易生退屈心。由于念佛禅以圆顿的信解为引领，强调将信解行证圆成于当下一念，能够有效消解向外驰求、将心待悟、有求有得等有为心所带来的种种焦虑不安，所以修念佛禅的人，现前很容易获得一种闲闲自在的轻安感，在法味的滋润下，功夫会越念越有滋味，信心也越来越足。

6. 得他力之护念。念佛可以消除业障，增长福慧。《大智度论》卷七云："念佛三昧能除种种烦恼及先世罪；余诸三昧，有能除淫不能除嗔，有能除嗔不能除淫，有能除痴不能除淫、恚，有能除三毒不能除先世罪，是念佛三昧，能除种种烦恼、种种罪。复次，念佛三昧有大福德，能度众生；是诸菩萨欲度众生，诸余三昧无如此念佛三昧福德，能速灭诸罪者。"由于自始至终能得到诸佛菩萨他力之护念，修念佛禅的人，只要信愿具足，即使今生不能开悟，亦可发愿往生。

7.即生入位不退。修念佛禅的人，即便在生的时候不能证得真如三昧、破分段生死之粗相，但是可以发愿往生。临命终时，只要信真愿切，在信愿的引领下，蒙佛接引，往生极乐世界，在诸佛菩萨的护持及障缘断尽的情况下，即生可证无生法忍。

第三节 念佛禅的理论基础

念佛禅的理论基础，可以概括为三个方面：

一是自性观（法界观），强调"念佛心即是佛"，要回答的是"什么是佛"的问题，相当于念佛禅的本体论。

二是般若观，强调"无所念者是名念佛"，也就是要以无念无相无住、无求无守无得、无取无舍之心来念佛，要回答的是"如何念佛"的问题，相当于念佛禅的方法论。

三是相应观，强调"现前一念无心合道，始本合一，母子相会，生佛相应"，亦即所谓"一念相应一念佛，念念相应念念佛"，"念佛即是往生时，往生即是度生时"，要回答的是"现前一念如何与佛相应"的问题，揭示了念佛禅的圆顿性。

一、念佛禅的理论基础 —— 自性观 —— 念佛心即是佛

四祖道信禅师在《入道安心要方便法门》中讲："我此法要，依《楞伽经》'诸佛心第一'，又依《文殊说般若经》'一行三昧'。念佛心即是佛，妄念是凡夫。"据此，我们可以把"念佛心即是佛"这句话视作念佛禅的理论基础。

蕅益大师在《弥陀要解》中亦持此种观点。他认为吾人现前一念心性，既是十法界依正之本，同时也是轮回、解脱之基，念佛、成佛之根。这一念心性，其性本空，却同时具足无边妙用：

吾人现前一念心性，不在内，不在外，不在中间；非过去，非现在，非未来；非青黄赤白、长短方圆；非香，非味，非触，非法。觅之了不可得，而不可言其无；具造百界千如，而不可言其有。离一切缘虑分别、语言文字相，而缘虑分别、语言文字非离此别有自性。要之，离一切相，即一切法。离故无相，即故无不相，不得已强名实相。实相之体，非寂非照，而复寂而恒照，照而恒寂。照而寂，强名常寂光土；寂而照，强名清净法身。又照寂强名法身，寂照强名报身。又性德寂照名法身，修德寂照名报身。又修德照寂名受用身，修德寂照名应化身。寂照不二，身土不二，性修不二，真应不二，无非实相。实相无二，亦无不二。是故举体作依作正，作法作报，作自作他，乃至能说所说，能度所度，能信所信，能愿所愿，能持所持，能生所生，能赞所赞，无非实相正印之所印也。

我们的每一个念头，无论是垢是净，是善是恶，都是从现前这一念心性中产生的，其性质决定了我们的生命状态和所处环境的类型。这一念心，若念贪嗔痴，即落三恶道；若念五戒十善或兼修禅定，即落人天道；乃至若念六波罗蜜，即生菩萨道；若念佛功德，即入佛道。蕅益大师讲：

1. 吾人从无始来，直至尽未来际，决无不起念时。纵心虑灰凝，入无想定，仍堕八万四千枯槁乱想。但念地狱，则地狱界人；念饿鬼，则饿鬼界人；乃至念佛，则佛界人耳。此理至明。故《宗镜》云"一念相应一念佛，念念相应念念佛"也。（《灵峰宗论》卷二）

2. 众生心念佛时，是心作佛，是心是佛，以一念顿入佛海。故曰："一称南无佛，皆已成佛道。""若人专念弥陀佛，是名无上深妙禅。"岂不至圆至顿？（《灵峰宗论》卷二）

从这里可以看出，蕅益大师明确主张，念佛心即是佛。这与四祖道信禅师"念佛心即是佛，妄念即凡夫"的观点同出一辙。

其实，"念佛心即是佛"不过是禅宗"自性即佛"这一观点的另一种表述而已。一切众生皆有佛性、皆有如来智慧德相，本来具足自性三身佛，这是大乘佛教修行、解脱、成佛的理论基础。《大般涅槃经》卷七云："一切众生皆有佛性，以是性故，断无量亿诸烦恼结，即得成于阿耨多罗三藐三菩提。"

这一根本观点，在禅宗那里得到了全面的继承。禅宗主张"即心即佛""平常心是道"，并且强调要把这一理念落实到现前一念之觉悟上。《六祖坛经》讲：

1. 向者三身佛，在自性中，世人总有。为自心迷，不见内性，外觅三身如来，不见自身中有三身佛。汝等听说，令汝等于自身中见自性有三身佛；此三身佛，从自性生，不从外得。（《六祖坛经·忏悔品第六》）

2. 三身者：清净法身，汝之性也；圆满报身，汝之智也；千百亿化身，汝之行也。若离本性别说三身，即名有身无智。若悟三身无有自性，即名四智菩提。（《六祖坛经·机缘品第七》）

3. 凡夫即佛，烦恼即菩提。前念迷即凡夫，后念悟即佛。前念著境即烦恼，后念离境即菩提。（《六祖坛经·般若品第二》）

4. 不悟，即佛是众生；一念悟时，众生是佛。（《六祖坛经·般若品第二》）

"自性即佛"在念佛法门中，更多地被表述为"唯心净土，自性弥陀"。从这个角度来讲，念佛就是念清净自性，往生就是觉悟清净自性，亦即自净其心。《六祖坛经》讲：

世尊在舍卫城中，说西方引化经文，分明去此不远。若论相说，里数有十万八千，即身中十恶八邪，便是说远。说远为其下根，说近为其上智。人有两种，法无两般。迷悟有殊，见有迟疾。迷人念佛求生于彼，悟人自净其心。所以佛言：随其心净，即佛土净。使君！东方人但心净即无罪；虽西方人，心不净亦有愆。东方人造罪，念佛求生西方；西方人造罪，念佛求生何国？凡愚不了自性，不识身中净土，愿东愿西；悟人在处一般。所以佛言：随所住处恒安乐。使君！心地但无不善，西方去此不遥；若怀不善之心，念佛往生难到。今劝善知识，先除十恶，即行十万；后除八邪，乃过八千。念念见性，常行平直，到如弹指，便睹弥陀。使君！但行十善，何须更愿往生？不断十恶之心，何佛即来迎请？若悟无生顿法，见西方只在刹那；不悟念佛求生，路遥如何得达？……世人自色身是城，眼耳鼻舌是门。外有五门，内有意门。心是地，性是王，王居心地上。性在王在，性去王无。性在身心存，性去身心坏。佛向性中作，莫向身外求。自性迷即是众生，自性觉即是佛。慈悲即是观音，喜舍名为势至。能净即释迦，平直即弥陀。人我是须弥，邪心是海水，烦恼是波浪，毒害是恶龙，虚妄是鬼神，尘劳是鱼鳖，贪嗔是地狱，愚痴是畜生。善知识！常行十善，天堂便至。除人我，须弥倒；去邪心，海水竭；烦恼无，波浪灭；毒害除，鱼龙绝。自心地上觉性如来，放大光明，外照六门清净，能破六欲诸天。自性内照，三毒即除，地狱等罪一时消灭，内外明彻，不异西方。不作此修，如何到彼？（《六祖坛经·决疑品第三》）

从禅宗的角度来讲，念佛就是念自性三身佛，自性三身佛在当下一念无分别处现前。换句话来说，我们可以通过持佛名号，单提一念，心念心闻，来体验自性三身佛。临济禅师讲：

道流！约山僧见处，与释迦不别。今日多般用处，欠少什么？一道神光，未曾间歇。若能如是见得，只是一生无事人。……尔要与祖佛不别，但莫外求。尔一念心上清净光是尔屋里法身佛，尔一念心上无分别光是尔屋里报身佛，尔一念心上无差别光是尔屋里化身佛。此三种身，是尔即今目前听法底人。只为不向外驰求，有此功用。（《镇州临济慧照禅师语录》）

佛性、如来智慧德相、自性佛等，在净宗中，有时又被称为"法界藏身"（法界之理，通因彻果，外持一切染净有为，内含一切恒沙性德，是名法界藏身），在华严宗里，则被称为"一真法界"。法界藏身，不仅十方诸佛以之为身，同样亦为我们众生之所本具，在凡不少，在圣不增；差别只是因为凡圣有迷悟之别，故果德上有隐显不同而已。蕅益大师在《灵峰宗论》卷七中讲：

阿弥陀佛，以法界藏身，示成道于极乐，则有四十八愿，广摄群机。毗卢遮那佛，亦以法界藏身，示成道于娑婆，则有普贤十大愿王，导归安养。

从"自性即佛"这个角度来看念佛，念佛就是念自心。所念之佛、能念之心、所成之佛，皆为一真法界，皆为法界藏身。《观无量寿经》云：

> 诸佛如来是法界身，入一切众生心想中。是故汝等心想佛时，是心即是三十二相、八十种随形好。是心作佛，是心是佛。诸佛正遍知海，从心想生。

能念之心为我们本具之法界藏身，所念之诸佛亦以法界藏身为身，所成之佛亦是法界藏身，法界藏身乃生佛共具的真如自性，故念佛即是与本具的法界藏身"空不空"之体性相应（此即是念自佛），与真如自性空不空之体性相应，就是在事上与果地诸佛的平等普熏之真如三昧力相应。不仅如此，"阿弥陀佛"四字，乃万德洪名，凝聚着阿弥陀佛圆满果德及四十八大愿，名以召德，故念"阿弥陀佛"名号时，同时即是与果地上的阿弥陀佛相应（此即是念他佛）。

关于念佛的本质就是自心念自佛，自佛念自心，历代禅师多有开示，现举数则于次，供读者品赏：

1. 杭州径山觉浪道盛禅师《念佛以全提一心成净土说》

法界一切含生，元同一个心性。只因一念妄动，遂自各成异途。所以念善则从善，念恶则从恶。念有则堕有，念空则沉空。念妄则逐妄轮回，念真则归真常住。是故众生因念动处，而向外流转。诸佛亦因念动处，而向己归还。驰之远者，愈散而愈迷。返之近者，愈收而愈悟。所以迷者亦有深浅，悟者亦有顿渐。收者亦有权实，求者亦有速迟。种种设化投机，无非即念接引。然百千三昧法门，其最捷最顿，直指全提之法，莫过于自心念自佛，自佛念自心，为因果不二，本始同源之妙也。况人以一心为本，万法为用，苟能一心自念自佛，则念念顿超自觉圣智，又有何法，不从吾自心之佛而发挥哉！乃至百千方便，互相攻击，无非欲令众生发真归元，不为妄想之所转耳。……若能深信一心持名，则心心清净，念念解脱，根根尘尘，周遍法界，皆成庄严净土矣。岂非十世古今，始终不离于当念，微尘刹海，自他不隔于毫端哉！我佛正以一切众生病在多知多见，若更立知见而破知见，反生知见而病其知见也。是故但教彼一心持名，不假观行，自成观行之功；不假破立，自成破立之因。若于一心不乱之中，复作念而无念、无念而念等解，不亦大失其一心不乱正旨乎！又况以寂照、能所、止观、是非之名言分别，反惹起他五浊众生邪见邪缘，而误其自心清净现量之正法乎！余所谓念佛之法，妙在全提。当人本心自性，不可思议威力，使其念念愤烈，时时逼真，自然超越世间，以获自在殊胜，岂不与教外别传、不立文字之旨相参哉！或有信此，言是直指之妙，可以普摄三根而归正觉，何净土莲花乃有九品之次第乎？虽此一心自觉圣智法门，元无等级，其如众生根性有大小之别哉！若能了此全提一心之旨，则知千红万紫不异春光，万派千流皆同湿性，至于水涨船高，泥多佛大，又在行力之勤惰，与信愿之浅深耳。（《角虎集》卷下）

2. 楚山绍琦禅师《示众念佛警语》

原夫佛不自佛，因心而佛。心不自心，由佛而心。离心无佛，离佛无心。心佛殊名，体无二致。是故念佛念心，念心念佛。无念无心，无心无佛。心佛两忘，念不可得。只这不可得处，脱体分明，纤尘不间。是以真机触目，遍界难藏。山色溪声，头头显露。性相平等，理事混融。个里觅一毫自他净秽之相，了不可得，何圣凡迷悟之有耶！于此果能豁开智眼，顿悟其旨，直下知归，不妨庆快。设或未能领契，须假方便而入。所谓方便而入者，何用别觅玄妙，但只要发起一个勇猛坚固信心，将一句阿弥陀佛顿在心目之间，不拘经行坐卧，静闹闲忙，默默提撕，频频返照：了知佛即是心，未审心是何物？要看这一念从甚么处起？又复要看破这看的人毕竟是谁？如是观照，念念无间，久久自然炼成一片，水泄不通，忽于闻声见色、应机接物处，不觉蓦然冷灰豆爆，烈崩虚空之时，管取参究事毕。到此便见自性弥陀，头头显现，常光净土，触处洞然，始信吾言不欺于汝，而其平生修行之志，亦乃验于兹矣。恐犹未谕，重说偈言：心佛由来强立名，都缘摄念遣迷情。根尘顿处心珠现，幻翳空来慧镜明。一法不存犹是妄，全机拶碎未为平。直须揣见虚空骨，看取优昙火内生。（《庐山莲宗宝鉴》卷十）

3. 楚山绍琦禅师《示月庭居士》

夫格外真机，难容凑泊。初参之士，必假筌蹄。所谓梵语阿弥陀佛，此云无量寿。佛者，觉也。觉即当人之自心，心即本来之佛性。是故念佛者，乃念自心之佛，不假外面驰求，马大师所云"即心即佛"是也。或谓即心是佛，何劳更念佛乎？只为当人不了自心是佛，是以执相循名，妄生倒惑，横见生死，枉入迷流。故劳先圣曲垂方便，教令注想观心，要信自心是佛，则知念佛念心，念心念佛，念念不忘，心心无间。忽尔念到心思路绝处，当下根尘顿脱，当体空寂，始知无念无心，无心无念。心念既无，佛亦不可得矣。故云从有念而至无念，因无念而证无心。无心之心，始是真心。无念之念，方名正念。无佛之佛，可谓无量寿佛者矣。到此觅一毫自他之相，了不可得，何圣凡迷悟之有哉！只这不可得处，即识心达本之要门，乃超生脱死之捷径。居士果能于此洞彻自心源底，始信火宅凡居，即为西方安养，举足动足，无非古佛道场。溪光山色，头头彰紫磨金容。谷韵风声，历历展红莲舌相。尘尘契妙，法法该宗，不即不离，心心解脱，于斯领旨，管取一笑而无疑矣。居士其尚勉乎哉！（《皇明名僧辑略》）

总之，念佛心即是佛，非在念佛之外见佛，非在未来见佛，当下念佛即是见佛。修念佛法门者，若于此处扎下根来，当下念佛，当下归家稳坐，当下欢天喜地，当下得大自在矣。

二、念佛禅的用功原则和方法 —— 般若观 —— 无所念者是名念佛

般若观是佛教区别于外道的不共法，是大乘佛教修行、解脱、成佛的根本，无论是何宗何派，所有的修行都是在般若观的指导下来进行的，所有的修行方法都是随众生之机对般若的灵活运用。念佛禅亦不例外。念佛禅的用功原则和方法，充分体现了般若的精神。

般若最核心的东西，就是《六祖坛经》里所说的"三无"（即"无念、无相、无住"）和"无二之性即是实性"的不二观；就是《金刚经》里所说的"应无所住而生其心""离一切相即名诸佛""若见诸相非相即见如来"；就是《大乘起信论》里所说的"心真如门与心生灭门不一不异"；就是《佛藏经》《大品经》中所说的"无所念者是名念佛"。念佛禅就是要通过一句佛

号，将"无念、无相、无住"和"不二"的精神，将"应无所住而生其心""离一切相即名诸佛""若见诸相非相即见如来"的精神，将"即生灭而证不生不灭"的精神，将"无所念者是名念佛"的精神，落实于当下一念。

下面，拟围绕般若与念佛的关系，对上述观点略做展开如次。

（一）以"无念"的心来念佛

这里的"无念"，并不是指没有念头，而是指远离尘劳妄想、超越二边之念。关于这一点，《六祖坛经》做了明确的开示：

> 无者，无二相、无诸尘劳之心。念者，念真如本性。真如即是念之体，念即是真如之用。真如自性起念，非眼耳鼻舌能念。真如有性，所以起念。真如若无，眼耳色声当时即坏。善知识！真如自性起念，六根虽有见闻觉知，不染万境，而真性常自在。故经云：能善分别诸法相，于第一义而不动。（《六祖坛经·定慧品第四》）

无念有两个关键点：一者是"无"，无者，无二边之相、无尘劳之心，即远离一切贪嗔痴慢疑等烦恼和二边分别取舍；二者是"念"，念者，念真如本性之绝待无相。真如本性无形无相，如何念呢？实际上，就是要随顺如来藏妙真如心的不二之空性，以起始觉之观智，观妄念无相，即念而离念、即相而离相。六祖讲，"学道常于自性观，即与诸佛同一类"，这里的自性观，就是要观自性。

联系到念佛禅，所谓"以无念心来念佛"，就是要随顺真如的不二之性，起虚空、明镜一般的平等无分别之观智，通过持名念佛，来静观佛号生灭去来，而内心如如不动，更无他念，从而与自性佛相应，与十方诸佛的平等普熏之真如三昧力相应，与西方极乐世界阿弥陀佛之法界藏身相应。此即是念真如自性。

另外，《般舟三昧经》亦讲到，菩萨欲得般舟三昧，必须断除诸念，单提阿弥陀佛名号，或七日，或九十日，无有间断，即可证见"十方诸佛悉在前立"。经文中一连用了九十多个"勿"字，意在扫除一切尘劳妄想和二边分别之念，所要表达的，与六祖同出一辙：

佛告颰陀和：“菩萨欲疾得是定（即般舟三昧）者，常立大信，如法行之，则可得也。勿有疑想如毛发许。是定意法，名为菩萨超众行。立一念，信是法。随所闻，念其方。宜一念，断诸想。立定信，勿狐疑。精进行，勿懈怠。勿起想，有与无。勿念进，勿念退。勿念前，勿念后。勿念左，勿念右。勿念无，勿念有。勿念远，勿念近。勿念痛，勿念痒。勿念饥，勿念渴。勿念寒，勿念热。勿念苦，勿念乐。勿念生，勿念老。勿念病，勿念死。勿念身，勿念命，勿念寿。勿念贫，勿念富。勿念贵，勿念贱。勿念色，勿念欲。勿念小，勿念大。勿念长，勿念短。勿念好，勿念丑。勿念恶，勿念善。勿念嗔，勿念喜。勿念坐，勿念起。勿念行，勿念止。勿念经，勿念法。勿念是，勿念非。勿念舍，勿念取。勿念想，勿念识。勿念断，勿念著。勿念空，勿念实。勿念轻，勿念重。勿念难，勿念易。勿念深，勿念浅。勿念广，勿念狭。勿念父，勿念母。勿念妻，勿念子。勿念亲，勿念疏。勿念憎，勿念爱。勿念得，勿念失。勿念成，勿念败。勿念清，勿念浊。断诸念，一期念，意勿乱。常精进，勿懈怠。勿岁计，勿日倦。立一念，勿中忽。除睡眠，精其意。常独处，勿聚会。避恶人，近善友。亲明师，视如佛。执其志，常柔弱。观平等，于一切。避乡里，远亲族。弃爱欲，履清净。行无为，断诸欲。舍乱意，习定行。学文慧，必如禅。除三秽，去六入。绝淫色，离众受。勿贪财，多畜积。食知足，勿念味。众生命，慎勿食。衣如法，勿绮饰。勿调戏，勿憍慢。勿自大，勿贡高。若说经，当如法。了身本，犹如幻。勿受阴，勿入界。阴如贼，四如蛇，为无常，为恍惚，无常主，了本无。因缘会，因缘散，悉了是，知本无。加慈哀，于一切，施贫穷，济不还。是为定，菩萨行，至要慧，起众智。”

正念佛的时候，放下一切尘俗之念、一切凡圣之见，不计我、我所，离一切攀缘分别和语言文字相，不落四句百非，通身拶入，不得作对治想，不得将心待悟，不管有滋味还是无滋味，蓦直念下去，此即是般若精神的当下落实。修行人若依此而行，即得速入念佛三昧。

（二）以“即生灭而入不生不灭”的不二观来念佛

前面提到，“一心二门”是《大乘起信论》对般若观的另外一种描述。所谓的“一心”，即众生心，又称如来藏妙真如心、常住真心、自性、法界心。此心乃万法之根，能生一切法，能摄一切法，一切法皆是此心的不变随缘之相用。"二门"是指心真如门、心生灭门。"心真如门"，指如来藏妙真如心乃万法之体，有"随缘不变"之妙；"心生灭门"，指生灭之万法乃如来藏妙真如心"不变随缘"所生之相、用。真如门与生灭门之间的关系犹如波与水，乃同一个东西的两个方面，而并不是互相外在的两个东西，非生灭门之外别有真如门，非真如门之外别有生灭门。

真如门与生灭门这种不一不异的关系，落实在功夫上，就是要即生灭而证不生不灭。联系到念佛禅，可以这样来理解：能念的是我本觉，如如不动，乃属不生不灭之真如门。所念之佛号，有生灭去来，乃属生灭门。当下念一声佛，以圆通之闻性，静观佛号之起灭去来，如空花乱坠，而内心如虚空一般，如如不动；此时，能念所念俱了不可得，即此一念便是当下从心生灭门而入心真如门。

（三）以"无相无念、无得无求、无分别无取舍"的心来念佛

《佛藏经》"念佛品第二"对什么是"真念佛"做了详细的开示，值得我们关注：

> 舍利弗！云何名为念佛？见无所有，名为念佛。舍利弗！诸佛无量不可思议、不可称量，以是义故，见无所有，名为念佛。实名无分别，诸佛无分别，以是故言，念无分别即是念佛。复次，见诸法实相名为见佛。何等名为诸法实相？所谓诸法毕竟空无所有，以是毕竟空无所有法念佛。复次，如是法中，乃至小（少）念尚不可得，是名念佛。舍利弗！是念佛法，断语言道，过出诸念，不可得念，是名念佛。舍利弗！一切诸念皆寂灭相，随顺是法，此则名为修习念佛。不可以色念佛。何以故？念色取相，贪味为识。无形、无色、无缘、无性，是名念佛。是故当知，无有分别、无取无舍，是真念佛。（《佛藏经》卷上）

经文中所说的"见无所有""念无分别"，指的是即相离相，不被一切境界相所转。"毕竟空无所有"，强调的是内心的无为，无所得、无所求。"断语言道，过出诸念，不可得念"，强调的是离心意识，能所双亡。"无有分别、无取无舍"，强调的是要随顺真如的不二之空性以起平等无分别观，此即称

性起修。这些都是对般若精神的描述。

联系到念佛禅，就是要以无所求、无所得的心，单提一念佛号，远离思维、分别、取舍，直下参究能念之心、所念之佛号以及能观之心俱为了不可得，此即是真念佛。

（四）无所念者是名念佛

四祖道信禅师在《入道安心要方便法门》中，有这样一段文字：

> 《大品经》云："无所念者，是名念佛。"何等名无所念？即念佛心，名无所念。

在这里，四祖对什么是念佛、什么是无所念之解释，看起来是一种循环解释，实际上，个中大有深意，值得我们好好体会。

"无所念者，是名念佛"，揭示了"什么是佛"。"无所念"并不是指没有任何念头的死寂状态，而是无住的意思，即不念世间生死法，不念二边生灭法，不住一切境界相。无住才是真念佛、念真佛，这与《金刚经》所言"离一切相即名诸佛""若见诸相非相即见如来"同一旨趣。

"念佛心，名无所念"，说明了"无所念"可以通过持名念佛来落实。因为正念佛时，不念名闻利养，不念贪嗔痴慢疑，不念人我是非，不念文字知见，当下一念截断众流，所念之佛号生灭不停、不可得、不可住，能念、能观之心亦了不可得，犹如"虚空钉橛"一般，故正念佛之时，便是无所念。无所念就是无住，无住就是佛。

故念佛的真精神就是无所念，就是无所住，就是"离一切相"，就是"见诸相非相"。持佛名号是念佛的一种形式，是落实念佛真精神的一种方便。如果离开这一精神，仅仅是从形式上"持佛名号"，不能称为"真念佛"。

三、念佛禅的圆顿性 —— 相应观 —— 一念相应一念佛，念念相应念念佛

前面所言念佛禅的理论基础"自性观"，念佛禅的方法论"般若观"，

落实在当下一念之功夫上，就是相应观。念佛禅的圆顿性，主要体现在对"性修相应、生佛相应"的圆顿信解上。

关于相应的含义，现依据《大乘起信论》的相关理论，略做介绍于次。

《大乘起信论》认为，修行的过程，实际上就是后天始觉之观智随顺如来藏妙真如心的空不空之性，恒常不断地熏习无明的过程。此净熏分为两种：一是真如体熏，二是真如用熏。

真如体熏是指，众生本具之真如佛性，具足无边的称性净德，以及积劫闻修净法所成种子，于藏识中，恒常熏习众生，令生厌苦欣乐之意愿，成为修行之内因，此即正因佛性。真如用熏是指，众生在修行的过程中，离不开诸佛菩萨和善知识的教法和慈悲护念，作为外缘之助发，此即缘因佛性。众生欲得解脱、证菩提，必须内外因缘具足，勤修止观及六度万行，方得证悟，此即了因佛性。简言之，众生本具佛性为正因，诸佛菩萨善知识所传教法及慈悲加持为外缘，得此内外交熏，方能断惑证真。此三者缺一不可。若缺其一，众生即不能厌生死苦、乐求涅槃。

此真如体、用二熏，欲得现行，变成当下之受用，要在"相应"二字上下功夫。就真如体熏而言，就是要"性修相应"，又称"始本相应""因果相应"，重在自力，宗门之修行偏重于此。就真如用熏而言，就是要"生佛相应"，又称"自他相应""因缘相应"，重在他力，净宗之修行强调以此为契入点。此体用二熏虽有自他之别，然真如用熏之相应虽然离不开诸佛菩萨的本愿功德力，但终究还是以真如体熏之性修相应为前提。

（一）性修相应

关于性修相应，本书第三章第二节（"一心二门"与"在生活中修行，在修行中生活"）曾经做过介绍。大意是，后天赖以用功的始觉观智，必须随顺如来藏妙真如心"无形无相""离言绝待""超越二边""具足一切无边称性净德""与一切染法不相应"的空不空之性。在因行功夫上落实性修相应，就是要依三种发心而修四行、依四信而修五门。

三种发心就是直心、深心、大悲心。

直心，即正念真如，与真如之空性相应，入真如三昧，相当于天台之空观。此乃入道之本，属无住行，宗门谓之"蓦直去"。直心又称正直心，心直如弦，无委曲偏邪之相，即无分别、无取舍、无拟议之心。随顺真如之空性的无住行，乃自利利他二行之本：以真如本具无漏称性功德故，为自利之本；观众生同体故，为利他之本。直心乃无我之心（有我即不离谄曲）、平等无分别之心（有以自我为中心的分别取舍即非直心）、离心意识之心（不拟思、蓦直去），与真如体大相应。

深心，又称深重心，乃广大久远、离过生善之不退转心，谓随顺真如体含众德、具足无边称性清净善法之不空性，誓断一切恶、乐修一切善，修无相六度行。深心与真如之相大相应，为自利行之本，相当于天台之假观。

大悲心，谓真如体同，生佛平等，以同体大悲，广拔物苦，令得菩提。大悲心乃利他行之本，与真如之用大相应，相当于天台之中道观。

以直心正念真如，以深心断恶修善，以大悲心广济有情，此三者乃修行人与真如空不空之性相应的根本，亦即与佛之三德、三身、三土相应之根本。

四种方便行就是行根本方便、能止方便、发起善根增长方便、大愿平等方便。

行根本方便，又称无住行，随顺真如"无相无住"之空性，不住生死，不住涅槃，与前三心中的直心相应。先依直心，正念真如，修无住行。以一切法皆真如之幻现，虚伪不实，又真如离于妄见，与一切染法不相应，故依于大智，随顺诸法之真如性，不住生死；复观诸法因缘和合，业果不失，又观生佛体同，平等不二，故依于大悲，修诸福德，摄化众生，不住涅槃。这样，空有不住，二利齐修，以性本无住故，随顺法性而修，故名无住行。行根本方便，实乃达磨祖师所谓"称法行"，意即称真如无相离念的不二之性而行一切善法。

能止方便，即随顺法性，修离过行，未作之恶，惭愧能止，已作之恶，悔过不增，惭愧悔过，能止一切恶法，不令增长。此属二方便行中的"止持"。能止方便，随顺真如"离过"之空性，与前三心中的直心、深心相应（能止方便在以空观智止一切无明烦恼恶业的同时，即是修聚一切善法，故亦可谓之与深心相应），能成就诸佛之断德（断一切恶业烦恼无明）、法身。

发起善根增长方便，谓未作之善令生起，已作之善令增长。此属二方便行中的"作持"。此处的善根是指，勤修供养、礼拜、赞叹、随喜、常随、劝请等普贤十大行愿。如爱敬三宝等，能坚固信心，志求无上之道，并得三宝力护，消除业障；勤修供养能离贪障；礼敬诸佛能离我慢障；赞叹如来能离毁谤障；随喜功德能离嫉妒障等等。总之，真如性空，本离痴障，故随顺真如不空之性而修，能远离痴障，成就一切善法，与前三心中的深心相应。此行能成就报身、智德（般若德）。

大愿平等方便，谓随顺真如平等遍一切处、生佛不二之空性，起同体大悲、无缘大慈，等利一切众生，与前三心中的大悲心相应。此行能成就化身、恩德（解脱德）。

上述三种发心、四种方便行，与三行、三聚净戒、三回向、真如之三大、佛之三身、三土、三德等，是一一对应的，请参见下面的表解：

三心	**直心**	**深心**	**大悲心**
	向理之正念，超越二边。	备具万德，归向心源。	广拔物苦，令得菩提。
三行	无住行（为自他二行之本）		
	自利行		利他行
四种方便行	行根本方便(观一切法自性无生，离于妄见，不住生死。观一切法因缘和合，业果不失，起于大悲，修诸福德，摄化众生，不住涅槃。随顺法性无住之行根本方便，为能止方便、发起善根增长方便和大愿平等方便之本)		
	能止方便（以空观智止一切无明烦恼恶业）	发起善根增长方便	大愿平等方便
三聚净戒	摄律仪戒	摄善法戒	饶益有情戒
三回向	回向实际（回事向理）	回向菩提（回因向果）	回向众生（回自向他）
三大	体大	相大	用大
三德	断德，法身	智德，般若	恩德，解脱
三身	法身	报身	化身
三土	法性土（常寂光土）	受用土（自他受用土）	变化土

除了上述三种发心、四种方便行之外，对于尚未入正定聚的修行人而言，首先要强化四信（信自、信佛、信法、信僧）之观修，并于日用中随缘修习施门（布施）、戒门（持戒）、忍门（忍辱）、进门（精进）、止观门（禅定般若）等，此五门皆与真如离过、具德、无相、无住之体性相应。此中，

四信是根本，五门是方便。五门中，又以施、戒、忍、进等为助行，止观门为正行。这些都是落实性修相应的内容。

为了方便读者更好地理解性修相应，并将其落实在因行功夫上，现以通俗的语言，表解如次：

因行相应	因行不相应
贪嗔痴慢疑等烦恼薄	贪嗔痴慢疑等烦恼厚
虔诚敬信三宝	对三宝疑谤不信
真出离心	无出离心
戒行清净	违背道德戒律
定慧等持	昏散失念
正知正见	邪知邪见
六度四摄之利他行	损人利己之邪行
利他之大悲心、大愿心	人我心炽盛，自私自利心
忏悔心、惭愧心	无惭、无愧
信仰、因果、良心、道德	无有信仰，昧于因果良心道德
感恩、包容、分享、结缘	狭隘、自私、排他、无感恩心
背尘合觉（正念分明，内心不动）	背觉合尘（分别取舍，被境所转）
远离我执大悲心现前犹如阳光灿烂之晴天，亦如走出室外，暴露在阳光底下，能得诸佛菩萨三昧力加持。	我执深重，三毒心炽盛，犹如雾霾天气，亦如躲藏在暗室中，不能享受阳光之照耀，不得诸佛三昧力加持。

（二）生佛相应

所谓生佛相应，就是修行人通过强化信、愿、行的功夫，与诸佛菩萨的本愿功德力相应，得到诸佛菩萨的教化和护持。

《大乘起信论》认为，作为众生修行外缘之真如用熏，以两种方式出现，一是差别缘，一是平等缘。前者是诸佛菩萨针对凡夫小乘、依事识熏习而修者（依苦乐、垢净、缚脱二边而发厌离心，属第六清净意识），为作外熏之缘，现应化身，随机万变，或为眷属父母诸亲（慈爱以摄生），或为给使（居卑以利物），或为知友（同类以劝发），或为冤家（怖之以入道），或起四摄，乃至一切所作无量行缘，以起大悲熏习之力，能令众生增长善根。后者则是针对三贤位及登地诸菩萨、依意熏习而修者（依万法唯心、性空不二而发心者，远离二边、离心意识），现平等无二之报身，作为外缘，主要是指初住以后之修行人，依真如三昧力，见佛报身。简言之，从事识发心修行者，诸佛菩萨则以大悲心，随类现种种化身，为差别缘熏。若从业识发心修行者，诸佛菩萨则现报身，以真如三昧力，随其所感而应现，为平等缘熏。平等缘，谓佛度生无尽。差别缘，谓佛不度无缘之人。平等缘，重在三昧力。差别缘，重在大悲力。

在因行功夫上，落实生佛相应，主要是在信愿行上着力。

1. 信 —— 往生的前提

信的内容，就是《大乘起信论》所说的"四信"，即信根本、信佛、信法、信僧。

信根本者，即"所谓乐念真如法故"。真如之法，是三宝的根本，统摄三宝，乃诸佛所师，众行之源。所谓乐念，乃指不定聚众生不能直接起信，故须乐念观察：佛之因地，本于真如起于信解，又依真如轨则修行，而后证极真如，方得成佛。真如为所信之法的根本，为大乘圆顿教之所宗。万缘所起，起自真如；会缘入实，入于真如。菩萨发心，先缘真如，起信发解，修行契证，咸归真如。故于所信法中，真如为根本。若不信真如，则名邪信，《宝性论》云："不信真如，有五种失，谓自轻、轻他、执人、执法、起恶见。"

信佛者，即相信"佛（此指报身）有无量功德（如身有无量色，色有无量相，相有无量好，所住依果，亦有无量种种庄严），常念亲近、供养、恭敬，发起善根，愿求一切智"。此乃成佛之因。

信法者，即相信诸佛所教之法，真实不虚，只要依教奉行，随顺真如法性，广行无相六度，即能除悭贪毁禁等障，得究竟解脱等大利益。

信僧者，即相信大乘菩萨僧，能住持正法，能正修行，能自利利他，故常乐亲近诸菩萨众，求学如实行故。

常途之四信，信三宝及戒，偏于人天小乘。此处之四信，乃属天台之圆教（包括华严五教中的终教、顿教、圆教），所信之三宝，以真如为本，故皆如实；能信之人，随顺真如性故，故能信亦如实。此四信，含摄大乘教理行证之四要：信真如为佛本，信佛为所成，信法为所依，信僧为所学。真如是理，佛是果，法是行，僧属教。以僧能转教，就僧求学如实行。

具足以上四信，乐念真如，则内因殊胜；归信三宝，则外缘增胜。以因缘俱胜故，常乐常念，心心不忘，则内外交熏，故令信心速得成就。故末法修行，当依此四信用功，舍此因缘，无由发起正信。

针对往生念佛者而言，信的意义除了上述四个方面之外，更加强调"信极乐世界的存在，信弥陀愿力的真实不虚，信众生只要发愿往生，临终必得解脱"。蕅益大师在《弥陀要解》中，对作为往生条件"信愿行"的含义，做过具体的展开。其中，信的内容有六个方面，我们可以称为"六信"。

信则信自、信他、信因、信果、信事、信理。愿则厌离娑婆，欣求极乐。行则执持名号，一心不乱。

信自者，信我现前一念之心，本非肉团，亦非缘影，竖无初后，横绝边涯，终日随缘、终日不变。十方虚空微尘国土，元我一念心中所现之物。我今虽复昏迷倒惑，苟能一念回心，决定得生自己心中本具极乐，更无疑虑，是名信自。

信他者，信彼释迦如来决无诳语，弥陀世尊决无虚愿，六方诸佛广长舌决无二言，随顺诸佛真实教诲，决志求生，更无疑惑，是名信他。

信因者，深信散乱称名犹为成佛种子，何况一心不乱，安得非生净土因！是名信因。

信果者，深信净土上善聚会，皆从念佛三昧得生，譬如种瓜得瓜、种豆得豆，亦如影必随形、响必应声，决无虚弃，是名信果。

信事者，深信只今现前一念不可尽故，所以依心所现一切十方世界亦不可尽，实有极乐国土在十万亿土之外，最极清净庄严，不同庄生寓言，是名信事。

信理者，深信极乐国土虽在十万亿土之远，而实不出我只今现前介尔一念心外，以吾现前一念心性实无外故。又复，深信西方若依正、若主伴，皆吾现前一念妙明真心中所现影，全事即理、全妄即真、全修即性、全他即自，我心遍故佛心亦遍，佛心遍故一切众生心性亦遍。譬一室千灯，光光互遍，重重交摄，不相妨碍，是名信理。（《弥陀要解》）

2. 愿 —— 往生的动力

愿的内容，即蕅益大师所言"厌离娑婆，欣求极乐"，包括愿离娑婆、愿生极乐、愿证菩提、愿度众生等四个方面。前两愿属于出离心，成就自受用；后两愿属于菩提心和大悲心，成就他受用。《无量寿经》以"发菩提心，一向专念"为宗，其中的菩提心就是指这四愿。《弥陀要解》云：

（1）如此信已，则娑婆即自心所感之秽，而自心秽理应厌离；极乐即自心所感之净，而自心之净理应欣求。厌秽须舍至究竟方无可舍，欣净须取至究竟方无可取。故《妙宗钞》云："取舍若极，与不取舍亦非异辙。"今设不从事于取舍，但尚不取不舍，即是执理废事；既废于事，理亦非圆。若达全事即理，则取亦即理、舍亦即理，一取一舍无非法界，故次信之后而明愿也。

（2）已发愿者即已生，今发愿者即今生，当发愿者即当生，正显依信所发之愿，愿无虚发，必克果也。非信则不能发愿，虽信而不发愿，亦不能生，故殷勤再劝发愿。愿者，信之券，而行之枢，尤为要务，举愿则信行在其中矣。

3. 行 —— 往生之正行

行的内容，即蕅益大师所言"执持名号，一心不乱"。除此之外，还包括前面所提到的依三种发心而修四行、依四信而修五门。在这里，"执持名号，一心不乱"，因"收机最广，下手最易"，"方便中之第一方便，了义中无上了义，圆顿中最极圆顿"，故为正行，其他五门则为助行。《弥陀要解》云：

言执持名号一心不乱者，名以召德，德既不可思议，故名号之功德亦复不可思议。名号功德不可思议，故使散乱称名为佛种，况执持至一心不乱，安有不径登不退者乎！

然诸经所示净土，要行万别千差，如观像、观想、礼拜、供养、五悔、六念等，一一行成，皆生净土；而惟此持名一法，收机最广，下手最易，故释迦慈尊于此经中无问自说，特向大智舍利弗拈出，可谓方便中之第一方便，了义中无上了义，圆顿中最极圆顿。故古人云："明珠投于浊水，浊水不得不清；佛号投于乱心，乱心不得不佛"也。

以上信愿行，是信愿往生念佛法门的根本，亦是生佛相应、自他相应、因缘相应的核心。蕅益大师认为，《佛说阿弥陀经》"以信愿持名为一经之宗"，其意即在此：

> 信愿持名以为一乘真因，四种净土以为一乘妙果，举因则果必随之，故以信愿持名为经正宗。（《弥陀要解》）

在信愿行这三者当中，信愿又是往生的前提条件，所谓"得生不得生，全由信愿之有无；品位高下，全由持名之深浅"：

（1）信愿持名，一经要旨，信、愿为慧行，持名为行行。得生不得生，全由信愿之有无；品位高下，全由持名之深浅。故慧行为前导，行行为正修。如目足并运也。

（2）盖彼国虽通四土，然既在此娑婆三界之外，又非二乘所证偏空涅槃境界，故但肯发愿求生，即属别、圆二教弘誓所摄，以既不求人天福报，又不求声闻缘觉，非是菩提大愿而何！设使或求人天，或求趣寂，则非生彼国之愿矣。故此愿生彼国之愿从深信生，合此信愿，的为净土指南……若信愿坚固，纵使临终十念，一念亦决得生。若无信愿，纵使将此名号作个语头（话头），持至风吹不入，雨打不湿，如银墙铁壁一般，亦万无得生净土之理。修净业者不可不知也。（《弥陀要解》）

（三）因行相应与果证相应

就修行的整个过程而言，上述性修、生佛两种相应，有因行上的事相应和果证上的理相应之别。

《大乘起信论》正面讲"相应"，主要是偏指果证上的理相应，认为这才是真正的相应，而因行上的事相应则是"不相应"；但是，此前它讲到"因缘具足"在真如体熏时的重要性，实际上就是我们这里所说的"因行相应"。故现依《大乘起信论》，对因行相应和果证相应，略做如下说明。

1.事相应（因行相应），主要是针对差别缘熏而言，其条件有二：一是内因外缘相应具足，二是烦恼薄、福德厚。虽然一切众生皆具真如佛性，然而并不是所有的众生都能生信发心修行。原因是，真如之体熏有相应不相应之别，这与行人的无明烦恼之厚薄及因缘具足与否，有直接的关系。

首先，无明烦恼有厚薄不同，故有相应及不相应。

问曰：若如是义者，一切众生悉有真如，等皆熏习，云何有信无信、无量前后差别？皆应一时自知有真如法，勤修方便，等入涅槃。

答曰：真如本一，而有无量无边无明，从本已来，自性差别厚薄不同故。过恒河沙等上烦恼，依无明起差别，我见爱染烦恼，依无明起差别，如是一切烦恼，依于无明所起。前后无量差别，唯如来能知故。（真谛译本《大乘起信论》）

其次，因缘具足与否，故有相应及不相应。

又诸佛法，有因有缘，因缘具足，乃得成办。如木中火性，是火正因。若无人知，不假方便，能自烧木，无有是处。众生亦尔，虽有正因熏习之力，若不遇诸佛菩萨善知识等以之为缘，能自断烦恼入涅槃者，则无是处。若虽有外缘之力，而内净法未有熏习力者，亦不能究竟厌生死苦，乐求涅槃。若因缘具足者，所谓自有熏习之力，又为诸佛菩萨等慈悲愿护，故能起厌苦之心，信有涅槃，修习善根。以修善根成熟故，则值诸佛菩萨示教利喜，乃能进趣向涅槃道。（真谛译本《大乘起信论》）

无明烦恼之厚薄不同与因缘具足与否，看起来是两个东西，实际上，是相互表里的关系。一般说来，烦恼越少，因缘越容易具足，修行越容易相应。所以，在事上、因上落实好三皈、持戒、忏悔、修福的功夫，勤积一切善法，是促使真如净熏之因缘具足、落实性修相应的重要内容。

2. 证相应（果证相应），主要是针对平等缘熏而言，证得无分别心、与体大相应，以及证得后得智、与用大相应两种。

此体、用熏习，分别复有二种。云何为二？

一者未相应，谓凡夫、二乘、初发意菩萨等，以意、意识熏习，依信力故而能修行，未得无分别心、与体相应故，未得自在业修行、与用相应故（凡夫、二乘，依意识熏而修，初发意菩萨依五意熏而修，未契真如，未得正体智即根本智，故未与真如体即诸佛法身相应。未证后得智，故未与真如用大即诸佛之应化身相应。自在业者，证真之后，所有起行，尽是真如妙用平等之行，一一行皆从真起，皆称如理，是真体之业用也，故云自在业）。

二者已相应，谓法身菩萨（地上菩萨，断相续相，破分别法执，得平等无分别智，证真如理，以法为身，人法不异，谓之法身），得无分别心（无分别心即如理智、根本智，与诸佛法身相应），与诸佛智用相应（与诸佛智用，谓得如量智、后得智），唯依法力自然修行（证真如而起修，无功用行，修无相行，即称法行），熏习真如，灭无明故。（真谛译本《大乘起信论》）

从上面的引文中可以确认，证相应乃地上菩萨之功德，分两个层面：

一是得无分别心，即根本智、如理智、空观智、如如智，亦即得真如三昧，与真如之体大相应。

二是破根本无明，得后得智、如量智、差别智，得自在业，与诸佛之大用相应。

故未得无分别心、未证法空真如，谓之不相应。已得无分别心、已证法空真如，谓之相应。三贤可以依愿力、三昧力，与凡小做差别缘熏，未得自然业用，故不能现平等缘熏，非真相应。法身菩萨已证法空真如，可以为众生现平等缘熏，乃真相应。

（四）一念相应

上面提到的因行和果证两种相应，统摄了因果两个方面，并没有像《大乘起信论》那样，被严格地限定在果证相应上。作为念佛禅，其关键是要以宗门的圆顿信解和正念为引导，直下承当"念佛心即是佛""无所念者是名念佛"这一精神，强调当下一念相应。此当下一念之相应，通于上述事、理二种相应，但更强调因地上的事相应、行相应，此乃宗门圆顿信解之表现，其目的是为了增强修行人的自信心。

一个人在念佛的时候，如果不肯直下承当，亦不敢相信"当下一念之相应"，那说明他内心深处隐秘的向未来驰求的心、将心待悟的心还没有真正放下，同时也说明他并没有真正建立起宗门的圆顿信解。

念佛禅就是在宗门圆顿信解的引领下，以无所求无所得的心，单提一念佛号，佛号一起，截断众流，诸念（贪嗔痴等尘念、二边取舍之心、思维知见等）全消，能念所念俱了不可得，此即是当下一念"性修相应""始本合一""母子相会""生佛相应"，也就是所谓的"一念相应一念佛，念念相应念念佛"，"念佛即是往生时，往生即是度生时"。

相应观强调，要将宗门的圆顿信解变成当下之正念，将因解脱与果解脱、念佛与往生、念佛与花开见佛、途中与家舍等，圆成于当下一念，将一切二边取舍的心、将心待悟的心、有求有得的心、向外驰求的心全部消解掉。此为念佛禅的圆顿性之所在。

蕅益大师在讲念佛法门的时候，特别强调对"当下相应"生起真实信解的重要性。他说：

1. 诸佛心内众生，念众生心内诸佛；不问智愚，咸归觉海。一念相应一念佛，念念相应念念佛。佛是本觉，念是始觉；始本相合，当下究竟。能所历然，能所性绝。至圆至顿，真实无碍，超一切法门，名为三昧中王。此六方调御，所以极力称扬；历代祖师，所以尽心劝修也。（《灵峰宗论》卷七《化念阿弥陀佛同生净土疏》）

2. 殊不知能持者，即是始觉；所持者，即是本觉。今直下持去，持外无佛，佛外无持，能所不二，则始觉合乎本觉，名究竟觉矣。（《灵峰宗论》卷四《持名念佛历九品净四土说》）

3. 今一心念佛，不计我、我所，即空义显；随念佛时，佛随心现，便知十界皆惟心造，即假义显；不惟是心作佛，亦且是心是佛，即中义显。（《灵峰宗论》卷六《莲漏清音序》）

4. 《大集经》云："若人但念弥陀佛，是名无上深妙禅；至心想象见佛时，即是不生不灭法。"大势至法王子云："忆佛念佛，现前当来必定见佛，去佛不远；不假方便，自得心开。"永明禅师云："一念相应一念佛，一日相应一日佛。"寿昌禅师云："念佛心即是佛。"夫何疑哉！夫何疑哉！（《灵峰宗论》卷六《赠郑完德念佛序》）

我们正在念佛的时候，佛号在无形无相的空明的心中生灭去来，而那个能念能观的心却丝毫未曾动摇过。空也不住，有也不住，佛号起时不住于有，佛号灭时不住于无，迷也不住，悟也不住，生也不住，灭也不住，凡也不住，圣也不住，一切皆不住，如是念佛，当下即可体验即生灭而离生灭、即用而离用、即念而离念的无生境界。如是念佛，当下即是"一心三观"，当下即是"无住生心"，当下即是"过去心不可得，现在心不可得，未来心不可得"，当下即是"无我相、无人相、无众生相、无寿者相"，当下即是"离四句绝百非"。唯其如此，念佛虽是方便，但同时也是最究竟的法门，并非像有些人所说的那样，仅仅是村里的愚夫愚妇才使用的笨方法，而是"无上深妙禅"。说六百卷《大般若经》尽在念佛当中，并不为过。

为了让学人对"念佛心即是佛"这一点信得及，蕅益大师在解释《大势至菩萨念佛圆通章》时，对"相应"二字进行了全面的展开。他说：

约念自佛释今文者：一专为忆，以喻本觉之性，随诸众生流转五道，不相暂离。一人专忘，以喻始觉在无明时，念念背觉合尘。始本不离，故若逢。始本不合，故不逢。本即在始，故或见。始恒迷本，故非见也。十方如来，即指众生本觉之性，元自竖穷横遍，能生始觉，喻之如母。始觉在无明时，全体从本觉起，而违背本觉，喻以如子逃逝也。现前见佛，是圆初住，亲见本觉法身。当来见佛，是圆五品、六根，相似见于本觉。去佛不远，谓去自心妙觉极果不远。不假方便，谓不假诸余方便，非谓念自心佛不是胜妙方便也。香喻本觉理性。染香人，身有香气，喻无明熏，变成始觉也……

约念他佛释今文者：一专为忆，即指十方如来。一人专忘，即指迷倒众生。佛常逢见众生，众生常不逢见诸佛，故云：若逢不逢，或见非见。次喻佛忆众生，更与寻常忆念不同，直如慈母忆子；子今忆母，亦须如母忆子，方得历生不相违远。忆者，恒审思量。念者，注心一境。忆念若深，则有现前即见佛者，如远公三见圣相之类是也。亦有当来乃见佛者，如临终佛迎，乃至华开见佛之类是也。不惟得见果佛，亦去佛不远，如经所明不退菩提，多有一生补处是也。不假方便，谓即以念佛为第一胜异方便，非余一切方便所可及也。香喻诸佛果德。染香人、身有香气等，喻揽果成因，因能克果也。（《楞严经文句》卷五）

　　蕅益大师的意思是说，当我们提起一句佛号，念得分明，听得分明，观得分明，不作对治想，不作取舍想，当下即是与自性佛相应，当下即是与十方诸佛相应，"一念相应一念佛、念念相应念念佛"。所念的是本觉、是母、是果佛，起心念佛、观听分明是始觉、是子、是众生，始本二觉当下在一句佛号上合二为一，即为究竟觉，当下即是母子相会，即是生佛相应。

　　以上是从圆顿信解的角度上讲"当下一念之相应"，但是，由于每个人的福报、业障以及精进程度等各不相同，所以在功夫上，我们又不得不承认，存在着深浅、粗细、生熟之不同。故证相应，至少要到相似位、破人我空才行（即破三细六粗中的执取相、计名字相），也就是说，只有在开悟之后，才是真相应。而按《大乘起信论》的标准，真相应的条件，至少要破分别法执（即破三细六粗中的相续相），平等无分别智现前，也就是要入初地菩萨位。

　　要做到石火电光般的刹那间的无分别，并不难。但是，要达到"如露地白牛一般，趁亦不去"的真正稳定的平等无分别心现前，却非常不容易。真正的无分别心，乃见道后的法身菩萨之所证得。所以，我们在因地修行上谈"相应"，主要是为了突出圆顿信解的重要性，强调要在理上、在信解上相应，并不代表事修上的完成。

　　确立对"相应观"的信解，可有效消解修行人在修念佛法门过程中，将心待悟的心、向外驰求的心、求速效求感应的心所带来的种种焦虑不安，令心安住当下，勇往直前，不生退屈。曾经有这样一位老居士，她开始是修念佛法门，每天念佛五万声，坚持了三年。几年后，有人问她："你现在还坚持每天念佛五万声吗？"她回答说："早已不念佛啦，念佛法门太慢，改修密法多年了，还是修密法快，像坐火箭一样。"令人惊诧的是：一天五万声佛号，坚持了三年，居然没有扛住"求速效"的心所带来的焦虑不安，原因何在？恐怕与她对念佛禅的"相应观"没有建立起真实的信解有很大的关系。修念佛法门的人，对此可不慎乎！

　　最后，拟就"信愿往生念佛"过程中，关于"信心"方面障碍修行人"功夫相应"的几个常见问题，略做说明如下。

　　《大乘起信论》在讲净熏的时候，曾自设一问："若诸佛有自然业，能现一切处、利益众生者，一切众生若见其身（指佛的报化身），若睹神变，若闻其说，无不得利，云何世间多不能见？"然后回答说：

> 诸佛如来法身平等，遍一切处，无有作意，故说自然，但依众生心现。众生心者，犹如于镜，镜若有垢，色像不现，如是众生心若有垢，法身不现故。（真谛译本《大乘起信论》）

这里的"诸佛如来法身平等遍一切处"的"法身"，乃摄诸佛之报化身，非独指法身。诸佛之法身遍一切处、遍一切时，能无心应众生之机感而现种种差别之相。《华严经》云："法性遍在一切处，一切众生及国土，三世悉在无有余，亦无形相而可得。"（《华严经·十回向品》）又云："菩萨清凉月，游于毕竟空，众生心水净，菩提影现中"。（转引自《念佛宝王三昧论》，非经文之原偈）这说明佛无私应，功过在机。众生不见佛，非佛之过，乃众生心垢未除，故佛虽不离众生而众生不能得见。

众生之心垢有多种：一、障善垢；二、起惑垢；三、造业垢；四、受报垢。障善垢中，复有多种，所谓不见佛尘障垢、不闻法障碍垢、不遇善知识执障垢等。众生不能见佛，说明众生之不见佛尘障垢未除，无宿昔念佛三昧因（称为见佛之"定习因"），无厌离娑婆欣求极乐之感佛因（称为见佛之"根熟因"），无感佛之机，故不得见佛。

无论在何种境缘下，能够提起"十方诸佛遍一切时处，一刻也没有离开过众生"之正信、正见和正念，对于修念佛禅的人来说，是功夫相应的重要前提和标志。世人修习念佛禅，之所以功夫不相应，主要原因是在信方面的诸多障碍没有消除。

在《大乘起信论疏笔削记》一书中，长水子璇大师针对修行人在念佛过程中常见的信心和见地问题，曾自设十一问答，着着皆击中末法时代修行人的病根。现谨拈数则问答于此，辅以按语，以飨读者：

问答一

问：准《随愿往生经》说，十方皆有净土，云何偏指西方？

答：因易缘强，胜余方故。因易者，十念为因故；缘强者，彼佛愿力故。以彼佛因中，有四十八种广大誓愿，于中云：'若有众生，欲生我国，十念成

就，不得生者，不取正觉。'有兹所以，故偏指也。（《大乘起信论疏笔削记会阅》卷十）

【按】念阿弥陀佛圣号，求生西方极乐世界，"因易缘强"，适合末法时代众生修学，能速入位不退。

称念阿弥陀佛名号，具有不可思议功德之利，为一切诸佛之所护念。这一点，对于末法众生来讲，是非常"难信难解"的。何谓不可思议？何谓难信难解？蕅益大师在《弥陀要解》中解释道：

1. 言不可思议者，略有五意：一、横超三界，不俟断惑故；二、即于西方，横具四土，非由渐证故；三、但持名号，不假禅观诸方便故；四、一七为期，不藉多劫多生多年月故；五、持一佛名，即为诸佛护念，不异持一切佛名故。

2. 诸佛功德智慧虽皆平等，而施化则有难易。于净土成菩提易，于浊世成菩提难；为净土众生说法易，为浊世众生说法难；为浊世众生说渐法犹易，说顿法尤难；为浊世众生说余顿法犹易，说此净土横超顿法尤难；为浊世众生说净土横超顿修顿证妙观，已自不易，说此无藉勋劳修证，但持名号，径登不退，奇特胜妙，超出思议，第一方便，更为难中之难。以是一切九法界世间所难信故，所以名为甚难希有之事。

问答二

问：《大本》云："唯除五逆。"《观经》云："五逆得生。"二义云何？

答：《大本》云："唯除五逆诽谤正法。"则知五逆而兼谤法者，乃在所除，如不兼谤者，未必除也。良由谤则不信，不信则不生，所谓疑则华不开者是。《观经》但言五逆，不言谤法，则知虽具五逆，不谤法者，必定得生，如兼谤者，亦不生也。良由信则不谤，不谤则华开，所谓信则决定生者是。（《大乘起信论疏笔削记会阅》卷十）

【按】求生西方极乐世界，最关键的条件是要信心具足，即信极乐世界的真实存在，信阿弥陀佛的愿力不虚，信自己持名念佛发愿往生必能得果。只要信心和愿力具足，即便是五逆亦得往生。相反，不信则不生。故修行人要在信心上做功夫。此信心并不是知见，而是正念，修行人于日用中，可依赖此正念转一切境界为修行之道用。

问答三

问：今有专心念佛，于定、梦中，不能得见。又有一生念佛，及临终时，亦不生西方，何也？

答：专心称念，定、梦不能见者，由其过去业障重故，现在善力弱故。又佛有二加：一、无障则显加，令其亲见。二、障重则冥加，暗令得益。一生念佛不生西方者，持念不精诚故、生疑不笃信故、无有往生愿故、不能断贪爱故。（《大乘起信论疏笔削记会阅》卷十）

【按】修行念佛法门的人，因于定中、梦中，不能见佛，时间一久，易生退心，甚至怀疑念佛是否得佛力加持。此病带有普遍性。长水大师之答，灼然令人信心鼓舞！念佛之人虽然暂时不能见佛，然佛力之冥加，何曾间断！能于此生信，今生念佛必得大果。

问答四

问：复有临命终时，遇诸障难，如偏风失语，狂乱失心，水火雷击，虫啖鬼害，药毒阵亡，怨贼王难，若尔，云何正念得往生耶？

答：应当预忏，必蒙佛护。礼拜持诵，即忏法也。盖礼念佛者，有六种胜益：一诸佛住顶，二天神冥加，三恶鬼不害，四八难消除，五无有诸横，六临终佛迎。故知日常一心礼念，即为预备不虞法矣。如人入城干事，须先觅下安处，抵暮昏黑，则有投宿之地。先觅下处者，预修净业也。抵暮昏黑者，大限到来也。有投宿地者，生莲花中，不遭障难也。（《大乘起信论疏笔削记会阅》卷十）

【按】对于任何一个修行人而言，突然降临的非命死亡，如天灾人祸，乃至中风、偏瘫、失语、发狂、心梗、脑梗等等，都是一种严峻的考验。一个人没有明心见性、证真如三昧，在这种情况下，是很难做主的，大多是随业流转。那么，作为修念佛禅的人，应如何面对这些突如其来的考验呢？长水大师告诉我们，只要做好如下两点，即可以正念往生：

一是平时要多礼拜忏悔，持佛名号，自然能得"诸佛住顶、天神冥加、恶鬼不害、八难消除、无有诸横、临终佛迎"等六种利益；

二是"出差"（死亡）之前，先要预订好"宾馆"（生信发愿往生极乐世界），以防临命终时手忙脚乱。

第四节　念佛禅的用功方法

一、汉传佛教的四种主要念佛方法

前面所提到的诸位祖师关于"念佛的意义"之开示，如宗密大师的四种念佛观（称名念佛、观像念佛、观想念佛、实相念佛），智者大师的五方便念佛门（称名往生念佛三昧门、观相灭罪念佛三昧门、诸境唯心念佛三昧门、心境俱离念佛三昧门、性起圆通念佛三昧门）、五禅门念佛（凝心禅、制心禅、体真禅、方便随缘禅、息二边分别禅），清凉国师的华严五念佛门（缘境正观念佛门、摄境唯心念佛门、心境俱泯念佛门、心境无碍念佛门、重重无尽念佛门）等，实际上，同时也包含着念佛的理论和方法。下面，依修行人念佛时的发心和用功理路之不同，并参照智者大师的"五禅门念佛"和"六妙法门"等思想，将汉传大乘佛教中的念佛法门分为四大类：

（一）制心念佛门

就是通过持佛名号，制心一处，止其散乱，以求灭罪和往生。清凉国师的"缘境正观念佛门"，智者大师所说的"称名往生念佛三昧门""观相灭罪念佛三昧门"，以及"凝心禅念佛门""制心禅念佛门"等，即属此类念佛。从止观的角度来看，相当于六妙法门中的"数、随、止"三门。

制心念佛的关键是，通过计数或随息念佛、蓦直念佛等，系心于佛号上，远离昏沉、散乱和恶觉观，达于事一心不乱（其具体操作方法，可参见下文"蓦直念佛"中的"依'四个结合'调节功夫"之原则）。

制心禅如果只是作为修习一行三昧之前行方便的话，当属次第禅；如果是强调信愿的核心作用、以灭罪往生为当下关切的话，则属于无上深妙禅，非次第禅之所局限。

（二）观心念佛门

又称实相念佛，即依万法唯心、即心即佛、心佛众生三无差别之理，念佛起观，观"念佛心即是佛"，观"无所念者是名念佛"，观能念所念了不可得，入真如三昧，乃至证无生法忍。清凉国师所说的"摄境唯心念佛门、心境俱泯念佛门"，智者大师所说的"体真禅念佛门"，以及"诸境唯心念佛三昧门""心境俱离念佛三昧门"，即属此类念佛。从止观的角度来看，相当于六妙法门中的"观门"（观心念佛门的具体操作方法，可以参见下文之"参究念佛"）。

观心念佛门，在功夫上，可以依照《六妙法门》中的"观门"和"观心六妙门"之理念来落实，在通过念佛成就观门的同时，其他五种妙门亦可贯穿于其中。依此而修，能与理法界相应，成就根本智。《六妙法门》云：

> 观心六妙门者，此为大根性行人，善识法要，不由次第，悬照诸法之源。何等为诸法之源？所谓众生心也。一切万法由心而起，若能反观心性，不可得心源，即知万法皆无根本……复次行者，当观心时，知心性常寂，即诸法亦寂，寂故不念，不念故即不动，不动故名止也。当知心者即是止门（观心念性空，安于不动，止门）。复次行者，当观心时，觉了心性犹如虚空，无名无相，一切语言道断，开无明藏，见真实性，于一切诸法得无著惠（慧），当知心者即是观门（观心离相绝待，于一切法无住，观门）。复次行者，当观心时，既不得所观之心，亦不得能观之智。尔时心如虚空，无所依倚。以无著妙惠（慧），虽不见诸法，而还通达一切诸法，分别显示，入诸法界，无所缺减，普现色身，垂形九道，入变通藏，集诸善根，回向菩提，庄严佛道。当知心者即是还门（于无所得心中生一切妙用，还门）。复次行者，当观心时，虽不得心及诸法，而能了了分别一切诸法。虽分别一切法，不著一切法，成就一切法，不染一切法，以自性清净，从本以来，不为无明惑倒之所染故。故经云：心不染烦恼，烦恼不染心。行者通达自性清净心故，入于垢法，不为垢法所染，故名为净。当知心者即是净门（分别一切法，不生分别想，净门）。如是六门，不由次第，

直观心性，即便具足也。

（三）回向念佛门

回向者，回小向大，回自向他，从体起用。即以大悲愿心，念佛度生，起无相之妙行。又称"旋转念佛门""度生念佛门"。清凉国师所说的"心境无碍念佛门"，智者大师所说的"方便随缘禅念佛门"等，即属此类念佛。从止观的角度来看，相当于六妙法门中的"还门"，能与理事无碍法界相应，成就后得智、道种智。

回向念佛门，在功夫上，可以依照《六妙法门》中的"还门"和"旋转六妙门"之理念来落实，在通过念佛成就"还门"的同时，其他五种妙门亦可贯穿于其中。回向念佛门的根本在于，要以菩提心为依止，不为世间之名闻利养而念佛，不为胜负心而念佛，为断一切烦恼而念佛，为求一切种智而念佛，"不为自己求安乐、但愿众生得离苦"而念佛，"不忍众生苦、不忍圣教衰"而念佛。念佛时，要发度生之悲愿心，观身无我，观心佛众生三无差别；以无我故，心生平等，能修无相行；以无差别故，心生大悲，能修大悲行。于是妄念顿息，念佛之时即是往生时，往生之时即是度生时。

总之，念佛时，若如《六妙法门》所言——"既不得所观之心，亦不得能观之智。尔时心如虚空，无所依倚。以无著妙慧，虽不见诸法，而还通达一切诸法，分别显示，入诸法界，无所缺减，普现色身，垂形九道，入变通藏，集诸善根，回向菩提，庄严佛道"——于观身心空寂之际，起无缘慈、同体悲，此即还门念佛门。又，念佛时，观身心俱空而起度生之悲愿，一如《六妙法门》所讲"旋转六妙门"时"观息本空而行无相六度"，此即是"旋转念佛门"：

复次行者，若能了息性空，不见即息是命、离息有（按：疑为"无"）命。既不得命，破性命心，尔时即能舍命，给施众生，心无惊畏。当知了达息空，即能具足舍命檀波罗蜜。复次行者，若达息空，即不见阴入界等诸法，亦不见世间出世间种种法相……是时虽行法施，不执法施，无恩于彼，而利一切。譬如大地虚空日月利益世间，而无心于物，不求恩报。菩萨达息性空，行平等法施檀波罗蜜，利益众生，亦复如是……

（四）圆观念佛门

又称"华严念佛三昧门"，即依华严"法界圆融"之理念而念佛，亦属实相念佛。清凉国师所说的"重重无尽念佛门"，智者大师所说的"性起圆通念佛门""息二边分别禅念佛门"等，即属此类念佛。从止观的角度来看，相当于六妙法门中的"净门"，能与事事无碍法界相应，成就一切种智。

关于华严念佛三昧，圆澄法师义和《华严念佛三昧无尽灯序》云：

六道凡夫，三乘贤圣，其根本悉是灵明清净一法界心。性觉宝光，各各圆满，本不名诸佛，亦不名众生。但此心灵妙自在，不守自性，故随迷悟之缘，作业受苦，名曰众生；修道证真，遂名诸佛。佛悯众生颠倒妄想执著而不证得，于是称法界性，说《华严经》，欲令众生，知一切法即心自性，成就慧身，不由他悟。至于善财证入法界，参诸知识，最初吉祥云比丘，教以无碍智慧念佛门；又解脱长者，教以唯心念佛门；又普遍吉净光夜神，教以观德相念佛门。其后华严诸祖，虑念佛者莫得其要，于善知识解脱门中，复设诸门，意使诸佛与众生交彻，净土与秽土融通，法法彼此该收，尘尘悉遍法界，相即相入，无碍圆融。倘得其门，则等诸佛于一朝；不得其旨，则徒修因于旷劫。夫不龟手之药一也，有终身洴澼洸者，有裂土而封者，盖用有工拙，而利有大小。

念佛法门一也，有涉时之久，致力之多，而平素失其指归，逮乎垂亡，他境强夺，鲜能超迈，此终身止于洴澼洸者也。唯华严观行，得圆至功于顷刻，见佛境于尘毛，诸佛心内众生，新新作佛；众生心中诸佛，念念证真，至简至易。虽然，诸佛拔苦与乐之心一也，不思议力一也，唯西方弥陀世尊，接引娑婆众生，愿力偏重，是以释尊流通经中，普贤行愿，独指弥陀，极为至切。（引自《乐邦文类》卷二）

华严念佛三昧门的根本在于，依华严"法界圆融"之理念，谛信心佛众生三无差别，佛心与众生心、佛身与众生身、佛土与秽土，互即互入，依正不二，所谓"无边刹海，自他不隔于毛端，十世古今，始终不离于当念"，"不应于一法一事一身一国土一众生见于如来，应遍一切处见于如来"，"以无障无碍智慧，知一切世间境界是如来境界。知一切三世境界、一切刹境界、一切法境界、一切众生境界、真如无差别境界、法界无障碍境界、实际无边际境界、虚空无分量境界、无境界境界，是如来境界"(《华严经·如来出现品》)，由此起观念佛，于日用应缘处，不离十方诸佛，念念证真，分身无数，遍十方界，成满普贤菩萨十大愿王。华严念佛三昧门强调以圆融无碍的法界心念佛，以法界心举体为依(依报、器世间)、为正(正报、五阴世间)、为佛(正觉世间)、为众生(众生世间)、为十法界，故当下念一声佛号，即是声遍十方法界，十方诸佛皆现前加持，十方众生皆得受用，当下即是净化五阴世界，当下即是庄严国土，当下即是见佛，当下即是往生，当下即是度生。念佛、往生、见佛、度生、严土都是在当下一念上圆成的。

圆观念佛门，在功夫上，可以依照《六妙法门》中的"净门"和"圆观六妙门"之理念去落实，在通过念佛成就"净门"的同时，其他五种妙门亦可贯穿于其中。《六妙法门》云：

夫圆观者……但观心源，具足六妙门，观余诸法，不得尔乎！今行者观一心，见一切心及一切法。观一法，见一切法及一切心。观菩提，见一切烦恼生死。观烦恼生死，见一切菩提涅槃。观一佛，见一切众生及诸佛。观一众生，见一切佛及一切众生。一切皆如影现，非内非外，不一不异，十方不可思议，本性自尔，无能作者。非但于一心中，分别一切十方法界凡圣色心诸法数量，亦能于一微尘中，通达一切十方世界诸佛凡圣色心数量法门……

长芦真歇清了禅师生前力倡圆观念佛，其《净土宗要》可以帮助我们更好理解这一方法：

1. 若会得唯心净土，岂但十万亿国，微尘刹土亦未为远。岂不见普贤菩萨，于一毛孔中行一步，过不可说佛刹微尘数世界。李长者云："无边刹海，自他不隔于毛端；十世古今，始终不离于当念。"故弥陀世尊，直示心中之一物耳。若指心之全体，不但唯心净土，地狱天宫，唯心所现。经曰："十方虚空，生汝心内，犹如片云，点太清里。"(《角虎集》卷一)

2. 净土不离众生心，是三无别。极乐遍在一切处，举一全收。如帝释殿上，千珠宝网，千珠光影，咸入一珠，一珠光影，遍入千珠。虽珠珠互遍，此珠不可为彼珠，彼珠不可为此珠，参而不杂，离而不分，一一遍彰，亦无方所。弥陀净土，即千珠之一，十万佛国，一佛一国土，各千珠之一。圣人善巧方便，示人专念阿弥陀佛，乃千珠直指一珠，见一佛即见十方诸佛，亦见九界众生，微尘刹海，十际古今，一印顿圆，了无余法矣。（《角虎集》卷一）

以上四种念佛法门，与六妙门、念佛五方便门、五禅门念佛等等之间存在着一定的对应关系，现列表解如次：

制心念佛	散心念佛	数门	凝心禅	称名往生念佛三昧门、观相灭罪念佛三昧门	缘境正观念佛门	解动静二结	事法界（事一心）
		随门					
	事一心念佛	止门	制心禅				
观心念佛	理一心念佛	观门	体真禅	诸境唯心念佛三昧门、心境俱离念佛三昧门	摄境唯心念佛门、心境俱泯念佛门	解根结	理法界（理一心）
回向念佛	理事无碍一心念佛	还门	方便随缘禅	性起圆通念佛三昧门	心境无碍念佛门	解觉结	理事无碍法界（理事无碍一心）
圆观念佛	事事无碍一心念佛	净门	息二边分别禅		重重无尽念佛门	解空灭二结	事事无碍法界（事事无碍一心）

此四种念佛法门中的第一种，为方便念佛，属次第念佛门之所摄。后三种皆为实相念佛，属圆顿念佛门之所摄。

二、蓦直念佛

宗门中关于念佛禅的具体用功方法，就用功的着力点和特色而言，不外乎两大类：

一是蓦直念佛，以"单提佛号""只管念佛""一心念佛"为特征，其他什么都不用想。传统的"只管念佛"即属于此类。

二是参究念佛，即通过持佛名号，向一念未生之前起疑参究，念念消归于无相绝待之自性。传统的"参念佛的是谁"即属于此类。

（一）蓦直念佛的两大特征

蓦直念佛强调，在禅宗的圆顿信解和正念的引领下，即谛信"念佛心即是佛""无所念者是名念佛"，以无所求、无所得、闲闲自在的心，持佛名号，以虚空明镜的心，静观所念之佛号生灭去来、了不可得，能念之心亦无形无相、了不可得，内心如如不动，更无他念，相信即此当下一念便是与自性佛相应，便是与十方诸佛相应，当下便是"始本合一、母子相会、生佛相应"，"当下方便即是究竟、念佛即是成佛、往生即是度生"。这就是所谓的直下承当。直下承当是蓦直念佛的第一大特征。

蓦直念佛的第二大特征是离心意识。"蓦直念"，又称"只管念佛""一心念佛"，其根本含义就是要离心意识，不拟思，不怀疑，不攀缘，无所求，无所住，无牵绊，也就是说，只管提佛号，更不起第二念，甚至连"我要念得清楚、听得清楚"的念头都不要动，此即是宗门里所讲的"栗栗横担不顾人，直入千峰万峰去"。

"一心念佛"的"一心"，不仅是指"心住一境""守一不移"，更重要的是"不落二边"。当修行人带着分别取舍的心、将心待悟的心、有求有得的心、逃避烦恼的心以及斗争对治的心来念佛，恰恰说明他的心尚处在"二"当中，不能称为"一心"。"一心"就是与"法界一相"相应的不二正观。

四祖道信禅师主张，要"摒除三毒心、攀缘心、觉观心念佛，心心相续，忽然澄寂，更无所缘念"（《入道安心要方便法门》）。这里的三毒心，是指尘劳烦恼的心。攀缘心是指有所求有所得的有为心。觉观心是指拟议、思维的心。"觉观"一词在早期的汉译佛典中比较常见，在新译佛经中被译为"寻伺"。将三毒心、攀缘心和寻伺心全部放空，当下单提一念佛号，无分别、取舍、驰求，三心了不可得，此即是"一心"。

（二）念佛不得力的表现和原因

净宗祖师也经常教人"只管念佛""一心念佛"。"只管念佛""一心念佛"说起来很简单，但是要真正落实却并不容易，尤其是那些见地不透彻、攀缘驰求心炽盛的人更是如此。不得力的表现，有如下几个方面：

1. 无亲切感 —— 认为佛在遥远的神秘的他方世界，不相信佛当下就已经跟自己在一起了，故而口念而心无亲切感。

2. 枯淡无味 —— 只是机械地持念，未能定慧等持，未能与生命的当下自在解脱发生关联，没有法喜。

3. 将信将疑 —— 因为当下没有受用，所以对解脱和往生没有信心。

4. 浮在表面 —— 对世间的五欲之乐并没有真正看破放下，觉得死亡离自己还很遥远，并没有发起真正的菩提心，因而念佛的动力不足，悠悠忽忽，得过且过，有口无心，仅仅追求形式和数量，佛号并没有落在心地上，缺乏心性上的反省功夫，对心态人格的改变并没有产生多大作用。

5. 妄念如流 —— 在念佛过程中，不断地被妄念穿插、裹挟，即一边念佛一边打妄想，身心紧张疲惫，功夫难得成片。

造成念佛不得力的根本原因有三个：一是没有发起真实的出离心；二是没有树立起宗门的圆顿信解；三是落在二边取舍的状态中。其中，第二、第三个方面的原因，具体表现在如下四个方面：

1. 不相信"念佛心即是佛"，心外求法。

2. 不相信"无所念者是名念佛"，执著于境界，或者贪求神通感应。

3. 不相信"佛在眼前"，不相信"往生和解脱就在当下一念"，不相信"当下一念无分别就是始本相应、性修相应、母子相应、生佛相应"，内心陷入将心待悟以及由此而带来的种种焦虑不安中。

4. 用二边取舍之生灭心念佛，将念佛与外在的六尘境界、内在的根身觉受以及妄念情绪对立起来，企图用佛号来压倒它们，结果陷入对立和斗争当中，身心疲惫，功夫经常被中断，无法成片。

（三）蓦直念佛的基本要领

针对上述念佛不得力的情况，修行人在落实蓦直念佛的时候，需要着重在如下几个方面做功夫：

1. 依"四个眼前"提起正念

提起宗门的圆顿信解和强烈的出离心，是落实蓦直念佛的根本。为了落实这一点，可以通过观想"四个眼前"，来强化自己的道念。

（1）道在眼前

告诉自己：大道就在我们的六根门头放光动地，就在平常日用当中，遍一切时、遍一切处、遍一切心态，须臾不曾离；大道就在当下一念无分别处现身，只要我们心如虚空明镜，远离二边取舍，当下即可与道相应。

提起道在眼前，可以有效地消解修行人向外驰求的心，增长安住当下的信心。

（2）佛在眼前

告诉自己：佛就在眼前，自性三身佛本自具足故，心佛众生三无差别故，诸佛恒遍一切时处、不离众生故，诸佛恒处真如三昧普熏一切众生故，只要一念无分别，当下即可与自性佛相应，即可与诸佛相应，而不必把花开见佛的希望寄托在遥远的未来。

提起佛在眼前，可以有效地消解修行人内心的不安和恐惧，增长念佛的亲切感。

（3）解脱在眼前

告诉自己：解脱、往生非在遥远的未来，当下一念以虚空明镜的心，持佛名号，心无分别，不被诸境所转，不念名闻利养，不念财色名食睡，不念贪嗔痴慢疑，总之即不念生死法，同时能念、所念俱了不可得，内心如如不动，当下即可与自性三身佛相应，当下即可与果佛平等普熏之真如三昧力相应，当下即是解脱、往生。

提起解脱在眼前，可以有效消解修行人内心深处因向外驰求的心、将心待悟的心而产生的焦虑感，增长修行信心。

（4）死亡在眼前

告诉自己：生死事大，无常迅速，死生并非在遥远的未来，而是在当下念念之间发生着，死亡随时随地都有可能降临，我们要把当下视为生命的最尽头，要把当下当作临终来预演。解脱的功夫永远要在当下一念去落实。当下一念能做主，死亡时才有可能做主；当下一念做不得主，就不要指望或幻想死亡现前时能够做主。

提起死亡在眼前，可以有效地消解修行人的放逸心，增长精进心。

在念佛的时候，如果能够提起这"四个眼前"，即可以在一心精进念佛的当下，体验到与道相应的闲闲自在。

2.依"四要"去专注念佛

提起了圆顿信解和正念之后，接下来念佛的时候，可以按如下"四要"去做功夫：

（1）凝神静气

通过深呼吸，回光返照，都摄六根，放松身体，专注清明，远离昏散。此即是止。

（2）心念心闻

心念心闻的关键是，要用心来提佛号，当下清楚明白，而不是单纯嘴巴在念、心里却在打妄想。以心无二用故，用心提佛号的当下，就已经是"即念即观"，清楚明白，更不用头上安头、再起一个念头说"我要观得清楚、听得分明"。

（3）一心不二

此处的"一心不二"有二义：一是守一不移，紧扣一句佛号，不被一切内外境界所转，绵绵密密，无有间断；二是远离二边取舍对治，即念的时候不用管它是否得力、功夫是否成片、觉照是否清楚、身体是否轻安、病苦是否减轻，以及是否有感应等等，这一切一概不要管，只管用心去提佛号。换言之，如果修行人在念佛的时候去关注上述这些东西，说明他已经不是在用心提佛号，而是在用嘴巴念，内心已经离开了功夫。

现时代，学佛的人千千万万，但真正能登堂入室、体会到"得力省力"的人却很少，主要问题就出在知见不圆，将外在的六尘境界以及内在的昏沉、散乱、妄念、烦恼等，当作实有法，误以为修行就是要将它们打倒，可是事实上，又无法将它们都打倒，结果是越斗越乱，越修越累，对修行越来越没有信心。

具体说来，很多人在念佛的时候，害怕环境喧闹，害怕妄想翻腾，害怕身体生病，认为这些会干扰他们念佛。当他们带着这种二边的心去念佛的时候，他们会发现，他们念佛的功夫经常被打断，精神越来越紧张，甚至无法进行。他们认为，邻居放电视的声音太大，干扰了他念佛；妄想太多，无法专注念佛；身体生病了，太痛苦，无法念佛。这一切的背后，都是那个坚固的二边知见在作怪。

那么，如何摆脱二边知见，用真正的不二之般若正观，来落实念佛的功夫呢？在这里，有一个方便，可以一试：

当你处在嘈杂的环境中，你可以反问一下自己："此刻即是临终，我会念三声佛吗？"然后你从容地默念三声佛，这个时候你会发现，外在的喧嚣并不影响你念佛。当你处在妄想或不好的情绪中的时候，你可以反问一下自己："此刻即是临终，我会念三声佛吗？"然后你从容地默念三声佛，这个时候你会发现，妄想、情绪并不妨碍你念佛。当你处在身体病痛中的时候，你可以反问一下自己："此刻即是临终，我会念三声佛吗？"然后你从容地默念三声佛，这个时候你会发现，身体的痛苦并不妨碍你念佛。为什么会出现这种与平时不同的轻松而奇妙的感觉呢？当你反问自己——"此刻即使临终，我会念三声佛吗？"——的时候，你的注意力已经落在念佛上，并没有想到要用佛号去跟外在的喧嚣、内在的妄想情绪和身体的痛苦做斗争，你只是简单地念佛而已，别无他想。实际上，当你这样去念佛的时候，你就是在以"不生不灭的超越二边的常住真心"为因地功夫。接下来，你只需以这种心态去持续念佛就可以了。为了保持这种不二的心态，中间你可以不时地穿插"此刻即是临终，我会念三声佛吗？"之反问，及时地将心从二边对待中抽离出来。

总之，当你身处公共场所或喧嚣环境中的时候，烦恼生起的时候，妄念如流的时候，辗转失眠的时候，身体痛苦的时候，应及时地反问一下自己"此刻即是临终，我会念三声佛吗？"你会发现，这一切不妨碍你念佛，这一切原来都是空性的，不用跟它们斗，因为当你正在念三声佛号的时候，它们并不存在！念佛过程中所谓的种种"干扰"，实际上是自己二边取舍之念在干扰自己，而不是外在的喧嚣、内心的烦恼、妄念，以及身体的失眠和痛苦。

（4）闲闲自在

念佛的时候，若出现焦虑不安、感觉到紧张吃力，要及时提起上述有关念佛禅的圆顿信解和正念，让心远离二边分别取舍，安住于无求无得、自足自在的状态。闲闲自在是对自己念佛功夫是否到位的一种自我考量。如果在念佛的时候，内心不能安住当下，做不到闲闲自在，感觉到紧张和吃力，那不仅仅是在念佛方法上出了问题，更重要的是在圆顿的信解方面出了问题，所以需要及时提起圆顿的正念来矫正它。

3. 依"四个结合"调节功夫

由于每个人的生活状态、身心状态都是变动不居的，所以，在念佛的形式上，不可能死守一种念佛形式，而应该根据当下的身心状态，采取灵活多样的方式来念佛，以便在生活中打成一片。具体说来，可以依"四个结合"来调节念佛功夫：

（1）数随结合 —— 计数念佛与随意念佛、随息念佛相结合。

妄想少的时候，可以随意念佛、随息念佛。妄想多的时候，可以计数念佛。计数念佛，不仅可以摄心，同时用它来做定课，督促自己每天念完一定的数量，如一万、两万，乃至五万、六万，可以防止懈怠。

初入门者，为了摄心，可以用计数念佛。手持念珠，或三声一组，或五声一组，或十声一组（三三四），或金刚念，或出声念，或念四字，或念六字，每念一组拨一颗念珠，从容念去。这样计数念，因为数字不长，既可以摄心，又不至于因为太作意而劳神。

在日用中，除了计数念佛之外，也可以随意念佛，即随时随地提起佛号，不拘多少。也可以随呼吸念佛。比如，或吸的时候念"阿"，呼的时候念"弥"，再吸的时候念"陀"，再呼的时候念"佛"，两次呼吸念一句佛号。或者呼的时候念"阿"，下一次呼的时候念"弥"，再下一次呼的时候念"陀"，再下一次呼的时候念"佛"，四次呼吸念一句佛号。或者吸的时候不念佛，只是在呼的时候念"阿弥陀佛"，一次呼吸念一句佛号。在用呼吸法念佛时，无论是用哪一种随息念佛方法，要注意两点：

一是要让上呼吸道放松，尤其是咽喉部位要放松，否则会呼吸不畅，令身心紧张。

二是念佛的时候，可以不时地观照一下小腹，令气不上浮。

这几种随息念佛方法，比较省力，日用中、睡觉的时候都可以用，而且不会出现佛号与呼吸打架而造成呼吸紧张不畅的现象。

（2）语默结合 —— 金刚念佛与出声念佛相结合。

金刚念和出声念各有优势。金刚念比较省力，可以持久，适合于座上长久用功。大声念可以提起勇猛心，能有效化解昏沉，适合于短时间的精进。

《禅观七门》（相传是达磨祖师所说）中讲：

> 大声念佛得十种功德：一者不闻恶声，二者念佛不散，三者排去睡眠，四者勇猛精进，五者诸天欢喜，六者魔军怖畏，七者声振十方，八者三途息苦，九者三昧现前，十者往生净土。（参见《禅宗六代祖师传灯法本》）

一般说来，出声念久了，如果觉照力不够，会出现一边念佛一边打妄想的现象，此时可以放慢速度，力求字字分明，或者改为金刚念，用心单提佛号。

金刚念时，如果出现昏沉或气闷的现象，亦可以改为大声念，这样可以有效舒肝气、排昏沉，令身心愉悦。

（3）宽紧结合 —— 快速念佛与从容念佛相结合。

快速念佛，又称追顶念佛，一般是出声念，念得比较紧，妄想少，容易得三昧，精力充沛的时候可以用。从容念佛，或出声或不出声，速度舒缓，比较省力，适合体力劳动之后用它，可以养精神。

念佛如果太松缓，会出现妄想、佛号交参的现象，今天也这样，明天也这样，悠悠忽忽，功夫不容易成片。此时可以改为快速念佛这种紧的方式，坚持半个小时或一个小时，之后改为从容念，暂时放松一下，等精力充沛了，再快速念半个小时或一个小时。这两种方式可以交替进行，或一天，或两天，或三天，或七天，以期为限，可以速证念佛三昧。

注意，快速念佛时，虽然速度快，但是内心必须是闲闲自在的，远离有所求、有所得的心，不得贪感应，不得求神异，不得将心待悟，只管蓦直念。否则，会招致邪禅境界的干扰。

（4）动静结合 —— 座上念佛与动中念佛相结合。

动中念佛包括礼拜念佛（将念佛与礼拜忏悔结合起来）和日用中念佛两种。

念佛的功夫不能仅限于座上和礼拜等固定的日常功课中，还应当在日常生活中，如走路、吃饭、洗碗时，养成提起佛号、心念心闻的习惯，令功夫成片。

总之，不管用哪一种形式念佛，必须是圆顿的正念先行，必须把对"念佛心即是佛""无所念者是名念佛"以及"一念相应一念佛，念念相应念念佛"的信解落实在当下一念。

净宗中也有人主张蓦直念佛，其与宗门中所说的蓦直念佛，有相同处，也有不同处。相同者，二者皆强调离心意识，一心念佛，截断众流。不同者，净宗的蓦直念佛，立足于方便智，强调在事上单提一念，一心不乱，以往生见佛为直接目标。而宗门所提倡的蓦直念佛，则立足于实相智，强调在圆顿正念引领下的直下承当，远离取舍驰求，以证真如三昧为直接目标。

三、参究念佛

所谓参究念佛，就是以持名念佛为鞭起疑情之方便，然后就念头的起处，参究"念佛的是谁"，或者带着疑情，直接看佛号的生灭去来，其特征是向一念未生前着力，观能念、所念俱了不可得，念念回归于无相绝待之自性。

相对于蓦直念佛而言，参究念佛特别适合于这样一类人：对般若空观或宗门圆顿思想有相当的信心和领悟，但是，在日常生活中因为应酬多，经常处在心浮气躁、妄念如流的状态。这一类人，只要明白参究念佛的理路，借助佛号和疑情的力量，观佛号和念头的空性（无形无相，了不可得），截断众流，当下就可以起到收摄身心、惺寂不二的效果。

这里需要说明的是，参究念佛和蓦直念佛实际上是相通的，只要是在宗门圆顿信解和正念的引领之下，二者并无高下优劣之分。参究念佛的功夫纯熟了，佛号不断，即可以做到"疑而不疑"，当下与蓦直念佛相通。蓦直念佛之功夫纯熟了，妄念不生，自然也会出现"不疑而疑"，当下与参究念佛相通。

就具体的操作而言，参究念佛分为两种：一是参念佛的是谁，二是疑情念佛。

（一）参念佛的是谁

参念佛的是谁，就是在念佛的过程中，提起疑情，追问、参究这念佛的是谁。这一方法与话头禅相通。其着力点在"谁"字上，佛号只是起疑的工具。当真实的疑情现前时，可以只提"谁"字，不用念佛号。

通过提起佛号，在"谁"字上起疑，守一不移，不断参究。这种方法，暗合道妙，其妙处有三：

一者善用疑情都摄六根，以一念代万念，可依次解除尘、根等结。

二者善用疑情观妄念无相，当下看破能念所念、能观所观，俱为了不可得。

三者善用疑情扫一切境界，将《金刚经》"无相无住"的般若精神落在实处。

关于如何参念佛的是谁，第十一章第四节已经介绍过，在这里，再来看几段禅门大德的相关开示，以便读者加深理解：

1. 断云智彻禅师《净土玄门》

夫修净土固为玄妙之门，亦有捷径宜识。汝等念佛一声，或三五、七声，默默返问，"这一声佛从何处起？"又问，"这念佛者是甚么人？"有疑，只管疑去。若问处不亲，疑情不切，再举个"毕竟这念佛的是谁？"如是问，如是疑，问教亲，疑教切。前设一问，最尊最贵，最妙最玄；第二问，彻骨彻髓，见心见胆；末后一问，如痛上加鞭，当喉一捏，便欲了人命根也。如是疑来疑去，寝食俱忘，不觉筑着磕着，团地一声，心花灿发，梦眼豁开，目前总是故家乡，本性弥陀常独露。（《角虎集》卷二）

2. 憨山大师《示沈大洁》

如何参究即念佛，念佛即参究耶？如今参究，就将一句阿弥陀作话头，做审实工夫。将自己身心世界，并从前一切世谛、俗习语言、佛法知见，一齐放下。就从空空寂寂中，着力提起一声"阿弥陀佛"，历历分明。正当提起时，就在直下看觑，审实此"念佛的是谁？"重下疑情。审之又审，疑之又疑，如驴觑井。觑来觑去，疑来疑去，疑到心思路绝处，如银山铁壁，无转身吐气处。是时忽然磕着触着，真无生意忽然猛的现前。时则通身汗流，如大梦觉。到此方信生即无生，无生即生；参即是念，念即是参。回头一看，始知向来如在含元殿里觅长安也。（《梦游集》卷九）

3. 憨山大师《答湖州僧海印》

今云参究念佛，意在妙悟者，乃是以一声佛，作话头参究，所谓念佛参禅公案也。如从上诸祖，教人参话头，如庭前柏树子、麻三斤、干屎橛、狗子无佛性、放下着、须弥山等公案。随提一则，蕴在胸中，默默参究，借此塞断意根，使妄想不行，久久话头得力，忽然团地一声，如冷灰豆爆，将无明业识窠臼，一挦百碎，是为妙悟。即参究佛，亦如此参。但提起一声佛来，即疑审是谁，深深觑究：此佛向何处起？念的毕竟是谁？如此疑来疑去，参之又参，久久得力，忽然了悟。此为念佛审实公案，与参究话头原无两样。毕竟要参到一念不生之地，是为净念。《止观》云：若心驰散，应当摄来归于正念。正念者，无念也。无念乃为净念。只是正念不昧，乃为相继，岂以声声念佛不断，为参究净念耶！此不但不知参禅，亦不知念佛矣。若参究果至净念现前，则净土不必外求，而一念即至，得上品上生者，此行所至也。（《梦游集》卷十一）

4. 庐山优昙普度法师《参禅念佛三昧究竟法门》

远祖师《禅经序》云：禅非智无以穷其寂，智非禅无以深其照。禅、智者，照寂之谓。其相济也，照不离寂，寂不离照，感则俱游，应则同趣。慈照云：寂而常照，照而常寂，常寂常照，名常寂光。念佛之人，欲参禅见性，但依此法，要于静室正身端坐，扫除缘累，截断情尘，瞠开眼睛，外不著境，内不住定，回光一照，内外俱寂。然后密密举念"南无阿弥陀佛"，三五声，回光自看，云见性则成佛，毕竟那个是我本性阿弥陀？却又照觑，看只今举底这一念从何处起？觑破这一念，复又觑破这觑底是谁？参良久，又举念"南无阿弥陀佛"，又如是觑，如是参，急切做工夫，勿令间断，惺惺不昧，如鸡抱卵，不拘四威仪中，亦如是举，如是看，如是参。忽于行住坐卧处，闻声见色时，豁然明悟，亲见本性弥陀，内外身心一时透脱，尽乾坤大地是个西方，万象森罗无非自己，静无遗照，动不离寂。然后兴慈运悲，接引未悟，悲智圆融，入无功用行，得生上品，名实报庄严土，得一切种智。可谓万古碧潭空界月，再三捞漉始应知。（《庐山莲宗宝鉴》卷二）

依据上述祖师之开示，我们可以按照如下步骤，来落实"参念佛的是谁"之功夫：

1. 通过观想"四个眼前"，提起宗门的圆顿信解和正念，谛信"念佛心即是佛""无所念者是名念佛"以及"当下始本相应、母子相应、生佛相应"之理念。

2. 放下身心世间一切尘劳烦恼、种种杂缘，以及一切文字知见，安住当下，凝神静气。

3. 于空寂心中，提起佛号，或四字，或五六字，或三声，或五声，从容不迫，然后就地打一个回光返照，审问"这念佛的究竟是谁？""这念佛的究竟在何处？""这一声佛号毕竟从何处生起？"当下一念截断众流，诸念全消。

4. 于此诸念全消处，亦不得住，须借这个"毕竟是谁"疑情的力量，将诸念全消之空境亦扫除干净。总之，要扫一切妄念，扫一切境界，扫一切觉受，扫一切知见，连"空无所有"亦要扫除。个中不得住在离念之空净境界中，唯有疑情不得放下。

5. 若问处不真、疑情不切，再提佛号，三声、五声，借此且提且疑且审，继续依前做扫的功夫。扫到最后，功夫成片，能所俱亡，方有到家时节。

（二）疑情念佛

如前所言，"参念佛的是谁"虽然也提佛号，但是佛号只是鞭起疑情的手段，其关键处是要在"谁"字上起疑情，以"扫"为着力处。与纯粹的"参念佛的是谁"不同，"疑情念佛"则强调，要带着疑情去念佛，在疑情的驱动下，静观佛号之起灭，且念且疑且审。在这里，佛号是落脚点，而疑情只是为了让念佛的功夫更专注、更深沉、更紧密的一种方便而已。如果从天台宗三止三观的角度来看，参念佛的是谁，偏重于空观，相当于体真止；而疑情念佛则偏重于假观，相当于方便随缘止。这两者最后都指向息二边分别止。

实际上，"疑情念佛"介于"蓦直念佛"与"参念佛的是谁"两者之间，具有这两种念佛方法的特征：念佛的时候不离疑情，疑情生起的时候正好念佛。

疑情念佛的操作方法是：在念佛之前，先给自己定一个任务，即在接下来的持名念佛的过程中，要好好静观一下并弄清楚"这念佛的究竟是

谁？"（或"这念佛的究竟在何处？"）"这一声佛号毕竟从何处生起、灭
向何处？""正念佛时，是否有妄想？"（或"正念佛时，妄想何在？"），
然后带着这样的疑问，凝神静气，用心单提佛号，或四字，或六字，或三声
一组，或五声一组，且提且审，观能念、所念了不可得，观妄念了不可得。
如果疑情淡了、有妄念插进来了，当即再提一下"这念佛的究竟是谁？""这
一声佛号毕竟从何处生起、灭向何处？""正念佛时，妄想何在？"然后再
三声一组或五声一组地念下去。念的过程中，不用刻意去找一个什么，也
不用着意去守一个什么，也不用起心动念说"我要听得清楚、观得清楚"，
也不用在意某一时刻无意中出现的省力得力的觉受，只管带着疑情，蓦直
念下去，借此体会"能念所念俱了不可得""一切妄念俱了不可得"。如果
有了妄想、念得不真切，再提一下"这念佛的究竟是谁？""这一声佛号毕
竟从何处生起、灭向何处？""正念佛时，妄想何在？"然后再蓦直念去，
此外别无他念。

　　当我们带着"这念佛的究竟是谁""这一声佛号毕竟从何处生起、灭向
何处""正念佛时，妄想何在？"等疑问，旁观佛号之起灭，这时我们看到
的是一片空昧之境。此空昧之境，并非我们所要寻找的答案，这个"谁""何
处""何在"的疑问仍无下落，疑情未破，所以我们仍需要带着此疑情，继
续做"心念心闻，且疑且念"的功夫。个中所念的佛号了不可得，能念的心
亦了不可得，妄念了不可得，整个念佛的过程，如同虚空钉橛一般。虚空钉
橛的当下，正是活般若现前。

　　总之，疑情念佛的关键在于，要借助疑情的力量，扫一切妄想，让心更
好地安住在佛号上。在这里，只要抓住了四点，即可以将功夫落在实处：

　　（1）凝神静气 —— 收摄身心，心不外驰。

　　（2）心念心闻 —— 用心单提佛号，别无他念，当下即可做到清楚
明白。

　　（3）且疑且念 —— 借助疑情，消解一切妄念，将心专注在佛号上，觉
照能念所念了不可得，妄想了不可得。

　　（4）闲闲自在 —— 在念佛的过程中，要不时地提起宗门诸如"圆同太
虚，无欠无余，良由取舍，所以不如""不离当处常湛然，觅即知君不可见"
等圆顿正念，消解一切分别执著和向外驰求的心，以及由此而来的种种焦

虑感，让心处于无求无得、自足自在的状态。

以上介绍了蓦直念佛与参究念佛两种念佛方法。这两种方法都是建立在宗门的圆顿信解之基础上，都强调以自性观为基础，以般若观为指导，以相应观为功夫之考量，都强调念佛要念念落在自性的根底处。比如，《心经》所言"照见五蕴皆空"的理念，即可以通过这两种念佛，于因地当下得到落实。此乃"念佛为无上深妙禅"的"微妙"之所在。何以故？正念佛时，一心不二，不念六尘，即是伏断色阴；正念佛时，一心不二，不被苦乐忧悲喜舍等五种身受所转，即是伏断受阴；正念佛时，一心不二，不念名相，不起贪嗔痴慢疑等烦恼妄想，即是伏断想阴；正念佛时，一心不二，能念所念刹那生灭，了不可得，即是伏断行阴；正念佛时，一心不二，离心意识，即是伏断识阴。故因地上"照见五蕴皆空"的功夫，可以落实在当下一念佛号上。

蓦直念佛和参究念佛这两种念佛方法，虽无优劣之分，但是在实际操作过程中，修行人却不妨以蓦直念佛为主，以参究念佛为辅。无疑无妄想，则用蓦直念；有疑有妄想，则用参究念。关于这一点，可从两个方面来理解：

第一，在念佛的过程中，如果起了大烦恼，或者生起了疲缓之心，或者妄想太多，不妨用参究念佛的方法，以便当下斩断尘俗的分别妄想，等到心平气和了，再从容地提起佛号，蓦直念去，一步一个脚印，刀刀见血。

第二，修念佛禅，即便今生未彻，亦可以通过强化信愿的力量，蓦直念佛，发愿往生净土，即生成就位不退。蕅益大师在《参究念佛论》一文中讲：

心佛众生，三无差别，果能谛信，斯直知归，未了之人，不妨疑着。故"谁"字公案，曲被时机，有大利亦有大害。言大利者，以念或疲缓，令彼深追力究，助发良多。又未明念性本空，能所不二，藉此为敲门瓦子，皆有深益，必净土为主，参究助之，彻与未彻，始不障往生。言大害者，既涉参究，便单恃己灵，不求佛力，但欲现世发明，不复愿往，或因疑生障，谓不能生，甚则废置万行，弃舍经典。古人本意，原欲摄禅归净，于禅宗开此权机。今人错会，多至舍净从禅，于净宗翻成破法，全乖净业正因，安冀往生彼国？（《灵峰宗论》卷五）

蕅益大师认为，通过"以蹟直念佛为主，以参究念佛为辅"的方式，将以信愿往生为直接目标的净宗念佛和以证真如三昧为直接目标的宗门之念佛禅，融为一体，强化信愿的内容，促成临终往生、即生成就位不退，这种以净助禅、摄禅归净的修行理念，对于末法时代的众生来说，是一条非常快捷可靠的解脱之路。在这里，蕅益大师明确地反对将禅净二门割裂开来、借口参禅而贬损净门的二边做法。

第五节 关于念佛禅的功夫次第

关于念佛禅的功夫次第，可以分信愿往生念佛和实相念佛两个方面来介绍。

信愿往生念佛，由于是以临终往生为修行的核心关切，强调以信愿为主，只要信愿具足，即便是五逆十恶，若能临命终时得善缘提持，十念亦得往生，故似乎并不存在所谓的功夫次第问题。但实际上，为了保证临终十念往生不落空、善缘具足、不被恶缘打断，通常依旧是非常强调平时念佛的功夫要达到事一心不乱，这样才能避免侥幸之过。净宗强调"定意念佛"，原因即此：

定意者，口中声声唤阿弥陀佛，以心缘历，字字分别（分明），称佛名号，时无多少，并须一心一意，心口相续，如此方得一念灭八十亿劫生死之罪。若不然者，灭罪良难。永明云："直须一心皈命，尽报精修，念佛发愿之时，恳苦翘诚，无诸异念，如就刑戮，怨贼所迫，水火所迫，一心求救，愿脱苦轮，速登无生，广度含识，绍隆三宝，誓报四恩。如斯至诚，方不虚弃。如或言行不称，信愿轻微，无念念相续之心，有数数间断之意，恃其懈怠，临终望生，但为业障所遮，恐难值其善友，风火逼迫，正念不成。何以故？如今是因，临终是果。应须因实，果则不虚。如所云散心念佛亦得离苦者，为接引未知念佛人而说。既入此门，必须定意方成正果。"（《如来香》卷四）

　　蕅益大师于《弥陀要解》亦非常强调日常念佛功夫要达到事一心不乱的重要性：

　　1. 问：既十念、一念并皆得生，何故此经要须七日？

　　答：若无平时七日工夫，安有临终十念一念？纵令《观经》所明下品下生五逆十恶之人，现世不曾修行，并是凤因成熟，故感临终得遇善友，闻便信愿。如此等事，万中无一，岂可不预办资粮，乃侥幸于万一哉！

　　2. 问：散心称名，亦能除罪并往生否？

　　答：亦必除罪，不定往生。必除罪者，名号功德真实不可思议故；不定往生，悠悠散善，难敌无始积罪故。良由吾人无始劫来所造生死重罪，假使重罪有体相者，尽虚空界不能容受，故虽从生至死百年之中，一一昼夜弥陀十万，一一声中尽灭八十亿劫生死重罪，然所灭罪犹如爪土，所未灭罪如大地土。惟能念至一心不乱，则如健人突围而出，非复三军所能制耳！

　　从这个角度来讲，依托于真信切愿，由散心念佛达于事一心不乱，可以把它看作信愿往生念佛的基本次第。念佛的功夫从生到熟，通常会伴随着从枯淡无味到渐得滋味、轻安法喜，最后进入明净无为这样一个心理体验过程。念佛只有从枯淡无味，念到渐得滋味，乃至轻安明净、法喜充满的状态，才算功夫稳定。这一环节至关重要，但并不容易到达，需要死掉偷心、持之以恒地做钝功夫才行。

　　至于宗门之实相念佛，虽然强调要以圆顿的信解和正念为基础，以证真如三昧为功夫的关键，但是，它并没有否认在念佛功夫上存在着粗细、深浅和生熟之差别。换言之，理上虽然可以顿悟，但是在事上，因为旷劫无明烦恼不是一下子能顿断的，需要渐修、不断打磨，所以，这里面就有一个功夫次第问题。

　　在上一节，曾就常见的五种念佛状态（散心念佛、事一心念佛、理一心念佛、理事无碍一心念佛、事事无碍一心念佛），与智者大师的五禅门念佛、念佛五方便门、六妙法门，以及清凉国师的华严念佛五门，列了一个对应关系的表解，实际上，这里面就暗含着念佛禅的功夫次第。

　　就智者大师的五禅门念佛而言，凝心禅相当于散心念佛，制心禅相当于由散心念佛而进入事一心念佛，体真禅相当于理一心念佛，方便随缘禅相当于理事无碍一心念佛，息二边分别禅相当于事事无碍一心念佛。

就清凉大师的五门念佛而言，缘境正观念佛门相当于散心念佛、事一心念佛，摄境唯心念佛门、心境俱泯念佛门相当于理一心念佛，心境无碍念佛门相当于理事无碍一心念佛，重重无尽念佛门相当于事事无碍一心念佛。

综合智者、清凉等诸师之说，念佛禅的功夫次第，可以归纳为如下五个阶段：散心念佛 —— 事一心念佛 —— 理一心念佛 —— 理事无碍一心念佛 —— 事事无碍一心念佛。

从该次第中，可以看出，念佛不仅可以证体，得根本智和自解脱，同时还能起无边之大用，得后得智和他解脱。故持名念佛之方法虽同，而所证之果德，往往会随其发心之大小、见地之偏圆、功夫之深浅而呈现出不同的差异。智者大师评价念佛法门"易入而证深"，其他诸祖评价念佛为"无上深妙禅""诸法之王"，于斯可见一斑。

下面，拟围绕四祖大师和蕅益大师关于念佛禅的开示，再对上述功夫次第略做展开。

四祖大师在《入道安心要方便法门》中，其实谈到了念佛禅的功夫次第，只是文字比较简短，多不为人所注意。

> 摒除三毒心、攀缘心、觉观心念佛，心心相续，忽然澄寂，更无所缘念。《大品经》云："无所念者，是名念佛。"何等名无所念？即念佛心，名无所念。离心无别有佛，离佛无别有心。念佛即是念心，求心即是求佛。所以者何？识无形，佛无形，佛无相貌。若也知此道理，即是安心。常忆念佛，攀缘不起，则泯然无相，平等不二。入此位中，忆佛心谢，更不须征，即看此等心即是如来真实法性之身，亦名正法，亦名佛性，亦名诸法实性、实际，亦名净土，亦名菩提、金刚三昧、本觉等，亦名涅槃界、般若等。名虽无量，皆同一体，亦无能观所观之意。如是等心，要令清净，常现在前，一切诸缘，不能干乱。（参见《禅宗六代祖师传灯法本》）

这段文字虽然不长，但是，它不仅讲到了念佛禅的圆顿理论基础，同时也讲到了用功方法、功夫次第，以及所达到的证量。其中：

1."摒除三毒心、攀缘心、觉观心念佛"，讲的是念佛的前提条件和方法。

2."无所念者，是名念佛""离心无别有佛，离佛无别有心。念佛即是念心，求心即是求佛""识无形，佛无形，佛无相貌"等等，讲的是念佛禅的圆顿理论。

3."常忆念佛，攀缘不起""心心相续"，讲的是念佛禅的功夫。

4."忽然澄寂，更无所缘念""泯然无相，平等不二""忆佛心谢，更不须征""无能观所观"，如是清净心"常现在前，一切诸缘，不能干乱"等等，讲的是修念佛禅见道时的证量相。

另外，同一篇文章中，四祖还提到了"守一不移"的用功原则：

守一不移者，以此空净眼，注意看一物，无问昼夜时，专精常不动。其心欲驰散，急手还摄来，如绳系鸟足，欲飞还掣取。终日看不已，泯然心自定。《维摩经》云："摄心是道场，此是摄心法。"《法华经》云："从无数劫来，除睡常摄心，以此诸功德，能生诸禅定。"《遗教经》云："五根者，心为其主，制之一处，无事不办。"此是也。(《入道安心要方便法门》，参见《禅宗六代祖师传灯法本》)

守一不移，是念佛禅功夫之核心、基础。通过守一不移，由凝心、制心，而达于事一心不乱，此是悟道的基础。凝心、制心的过程，就是伏解尘结的过程(不被六尘所动)。事一心不乱之后，方能临机一跃，根尘迥脱，能所双亡，照体独立，灵光独耀，进入理一心不乱。此时根结已脱，初证人空。然后再在此基础上，从空起用，任运而修，随缘消业、积福，成就报、化之德。

蕅益大师于《弥陀要解》中把念佛分为两种，即事持和理持。在没有进入理一心之前，念佛功夫只能算是事持；只有进入理一心念佛，才算理持。由事持而进入理持，这是念佛禅的基本路径。蕅益大师讲：

事持者，信有西方阿弥陀佛，而犹未达是心作佛、是心是佛，但以决志愿求生故，如子忆母，无时暂忘，名为事持。理持者，信彼西方阿弥陀佛是我心具、是我心造，即以自心所具所造洪名，而为系心之境，令不暂忘，名为理持……不论事持、理持，持至伏除烦恼，乃至见思先尽，皆名为事一心。又不论事持、理持，持至心开，见本性佛，皆名为理一心。事一心则不为见思所乱，理一心则不为二边所乱。不为见思所乱，故感变化身佛及诸圣众现在其前，心不复起娑婆界中三有颠倒，即得往生同居、方便二种极乐世界。不为二边所乱，故感受用身佛及诸圣众现在其前，心不复起生死涅槃二见颠倒，即得往生实报、寂光二种极乐世界。当知执持名号，既简易直捷，仍至顿至圆。以念念即佛故，不劳观想，不必参究，当下圆明，无余无欠。

蕅益大师所说的事持，就是按"守一不移"的原则做功夫，以凝心、制心为方法，以伏断尘结为着力点，以不被见思二惑所乱为证量。理持就是依"心境俱泯、法界一相"的原则做功夫，以明心见性为根本，以解除根、觉等结为着力点，以不被二边见所乱为证量。

无论是事持还是理持，做功夫时，均须发长远心，不得投机取巧，不得将心待悟，不得求玄求妙。信和解虽然可以一下子到位，但是，无量劫以来所养成的业习，却不是单靠念一两声佛号就能清除的，需要长期熏修。大致说来，一般会经历"母子相忆 —— 母子相会 —— 母子合一 —— 母子俱亡"等几个阶段。

母子相忆犹言散心念佛，乍合乍离。母子相会犹言事一心，不间断故，不为见思所乱，然犹有能念所念。母子合一犹言理一心，能所双亡，唯一理体，不为二边所乱。母子俱亡犹言凡圣坐断，悟无悟迹，中道智现前。若信愿具足，母子相忆，可生凡圣同居土；母子相会，可生方便有余土；母子合一、母子俱亡可生实报庄严土和常寂光土。

这个过程跟参禅很相似。参禅见性之后，也须经历一个漫长的生处转熟、熟处转生的过程。这个过程，无论称为保任也好、历境验心也好、净除习气也好、圆满后得智也好，都是少不了的。

第十三章　生活禅的功夫次第

　　只要谈到修行，必然会涉及功夫的深浅次第问题。生活禅的功夫次第主要是就止观功夫的深浅阶次而言。

　　本书第九章在介绍"安般禅"的时候，曾经比较详细地介绍了智者大师的"六妙法门"。实际上，"数、随、止、观、还、净"就是对止观功夫次第的一种描述。它不仅仅适用于数息观，同样也可以用来描述默照禅、话头禅和念佛禅的功夫过程，具有一定的普遍性（参见本书第十二章第四节"念佛禅的用功方法"中的表解，以及本章第四节"从《首楞严经》'解六结'看生活禅的功夫次第"中的表解）。除"六妙门"之外，智者大师的"五禅门""六即佛"，也可以看作是对止观次第的一种描述。

　　如果再从汉地大乘佛教的整体角度来看，唯识宗的"五位"（资粮位、加行位、通达位、修习位、究竟位），华严宗十信、十住、十行、十回向、十地、等妙二觉之修证位次的划分，客观上也都包含着大乘止观的功夫次第。不仅如此，在汉地流行的一些了义大乘经典，诸如《心经》《金刚经》《圆觉经》《首楞严经》以及《大乘起信论》等，如果深入其中，就会发现，它们对止观的功夫次第都从不同的侧面做了揭示。另外，禅宗历代祖师在他们的开示中，也经常提到悟道的深浅问题。这些都是我们准确把握大乘佛教修证次第的第一手资料。

第一节　生活禅止观功夫的基本次第

关于生活禅的功夫次第，净慧老和尚曾经在 2006 年 8 月 11 日黄梅四祖寺禅文化夏令营上，专门做过一篇题为《修习生活禅的基本次第》之开示。这篇文章将生活禅的止观功夫，分为四个阶段：安住当下，守一不移，一念不生，灵光独耀。我们可以称为生活禅"十六字诀"。此十六字诀偏重于悟前的功夫次第，至于悟后的功夫次第，则是通常所说的"禅宗三关"。

一、安住当下

未受过禅修训练的普通人，他们的身心状态有三个特点：一是身心错位、心行割裂，即身在此而心在彼，行在此而神在彼，不能同步。二是心沉溺在过去现在未来三世中，不能安住在此时此刻所做的事情上。三是对自己当下的言行举止和起心动念失去觉照，处在一种失念的状态。生活禅把"安住当下"列为止观功夫之首位，就是要改变这种行为习惯。

安住当下的具体含义就是要通过专注于当下所做的功夫，把心从分别驰求的时空链条中摆脱出来，不想过去，不愿未来，亦不去攀缘他处与当下无关的事情，令身心当下合一，心行当下同步，清明绵密，远离昏散。净慧老和尚讲：

1. 安住当下的要领，就是要做到身在何处，心也在何处……这是修行很关键的一点，也可以说是做一切事情很关键的一点。这个叫身心一致，或者叫身心合一，身心统一……这个法门，男女老少都可以用，信佛的、不信佛的都可以用。这个法门，不是因为你具备什么信仰就可以用，不具备什么信仰就不可以用。这是一个心地法门。心地法门，它抛开了一切的外在形式。（《修习生活禅的基本次第》，见《人间佛教思想文库·净慧卷》）

2. 安住当下有什么要求？就是要放下，放松。……在今天的讲座当中，我们是根据修生活禅的要求，由息道观进入生活禅，因此，这里所讲的安住当下，就是要把当下的这一念心安住在呼吸上。别的东西都离我们很遥远，好像都在十万八千里之外，只有呼吸，我们最容易感受，最容易把握，最现实。我们就把身心全部安住在这一呼一吸上。大家试试看，意念与呼吸保持一致，使自己清清楚楚地知道呼吸的整个过程。在修止观的专业书上，这个方法叫作"随息"。我们平常是说"呼吸"两个字，止观书是说"息"这一个字。吸是"入息"，呼是"出息"。所谓随息，就是随着息的入和出，让心就安住在息的出入上。在吸的时候，清清楚楚明明白白地知道自己在吸气；出息的时候，也明明白白清清楚楚知道自己在呼气。止观书上的专业术语是："知息出入，知息长短。"意念随着呼吸的出入，安住在呼吸上就叫随息，随息是六妙门中的一门。（《修习生活禅的基本次第》，见《人间佛教思想文库·净慧卷》）

从宗门的角度来看，安住当下的要求是非常高的，它需要通过提起宗门诸如"大道本自具足，大道就在眼前，大道须臾不曾离，大道就在我们六根门头放光动地""生活中的在在处处都是道场，生活中的点点滴滴都是修行"这样一些圆顿的信解和正念，面对一切、包容一切、接受一切，直下承当，转一切烦恼之日用为清净之道用，从而将一切向外驰求、向未来驰求的心，以及将心待悟的心、分别取舍的心彻底地消解掉，让心处在一种自觉、自主、自足、自在的状态。

所以真正的安住当下，必定是以宗门的圆顿信解和正念为前提的，否则是很难坚固的。我们的心，只有当它与"法界一相"的"一"相应了，才能安住当下；只要我们的心还处在"二"的状态，就不可能做到真正的安住当下。所以安住当下，不仅仅是功夫的问题，更是信解的问题。

二、守一不移

就修习止观而言，安住当下的功夫要通过守一不移来落实和体现。

所谓守一不移，简单地说就是"止"，既有事相上的守一不移，又有理体上的守一不移。事相上的守一不移，是指将心念集中在功夫所缘的对象上，比如专注在出入息上、佛号上、话头上，或者身体的觉受上，以一念代万念，中间不走失、不夹杂，打成一片。事相上的守一不移，有四个要点：

一是放下，就是要放下一切杂念妄想，放下一切攀缘驰求，令心从过去现在未来的时间链条中超脱出来。

二是专注，就是要将意念集中在功夫所缘的对象上，不间断、不改移。

三是清明，就是要保持觉照，清楚明白，不走神、不昏沉。

四是绵密，就是要功夫连成一片。

净慧老和尚讲：

1. 在安住在当下之时，为了使意念真正与呼吸保持一致，使意念与呼吸合一，四祖大师提出来，让我们运用守一不移这个方法。守一，在佛经上叫作心一境性，或者叫作制心一处。（《修习生活禅的基本次第》，见《人间佛教思想文库·净慧卷》）

2. 要安住当下，就要用守一不移的方法，让我们当下这一念心有所依托。依托在什么地方呢？可以依托在呼吸上。大家来试一试，清楚地知道：现在是在吸，在呼，在吸，在呼。吸进去，呼出来；吸进去，呼出来……逐步使我们急促的呼吸平缓下来，使我们短促的呼吸延长，使粗浅的呼吸能够深入到丹田。息能到丹田，守一不移的功夫就见成效了。息能深入到丹田，身体的各个部位就会起明显的反应。经络会更加地畅通，血液的流通会更加正常，脸上的颜色和表情会一天天地变得更安详。希望我们真正按照守一不移的方法来观察呼吸，使这颗浮躁不安的心逐步专一，把一切妄想杂念都放下。

守一不移这个方法，可以分为四个阶段，或者说有四个要求。第一个要求是要放下，放下一切妄想和杂念……第二个要求是专注。专注一境，在同一个对象上，不要三心二意，看准一个目标，能缘所缘统一起来，这就是专注。第三个要求是清明。专注时间久了，脑子可能会走神，会麻木，甚至会不清醒，会睡觉。所以第三个要求是清明。清清楚楚，明明白白，一点也不要糊涂，这叫清明。第四个要求是绵密。使放下、专注、清明的状态能够连续地保持，中间不能有间断，不能够随便转移目标，这叫绵密。就像一股山泉之水，叮叮咚咚，绵绵密密，常流不断，心越用越细，越用越专，绵绵密密。能够做到这一点了，守一不移的要求就逐步达到了。这是硬功夫，是真功夫，这不是靠说就能做到，一定要靠行才能做到。（《修习生活禅的基本次第》，见《人间佛教思

想文库·净慧卷》)

通过守一不移，可以摆脱六尘的干扰，达到"事一心不乱"，这是入定、起观、开悟的基本前提。纵观古往今来，学佛实修的人无数，但是真正能成就者却是凤毛麟角，其中有一个很重要的原因就是，前期修止的功夫不扎实，没有彻底摆脱昏沉、散乱、诸恶寻伺、诸随烦恼的干扰，导致后期的观照功夫得不到持续稳定的落实。

理体上的守一不移，乃指后天始觉之观智，必须与真如理体的不二之实相相应，不落二边。即做到六祖所说的"无相、无念、无住"，也就是说，面对一切境缘而内心如如不动，亦即所谓的"随缘不变"。这里的"一"乃指超越二边的"一"，亦即"不二"。

这两种守一不移，涉及对"止"的不同理解。次第止观中的止，相当于这里所说的事相上的守一不移；而圆顿止观中的止，则相当于这里所说的理体上的守一不移，它是一种即观之止、即止之观，止观不二，从本质上讲，是一种内心的不动和无住。

在家居士修习止观时，这两种"守一不移"都会用到，或偏于事上的守一不移，或偏于理上的守一不移。比如，修念佛法门的人，在单位上班，记账、做报表、写材料，或者在学校里当老师，给学生讲课时，或者在高速公路上开车时，不便于持名念佛，这个时候，在功夫上要落实的守一不移，主要是理体上的守一不移，即虚明自照、如如不动。如果是在座上做功夫，或者日用中从事简单的体力劳动，则可以用事上的守一不移。这两者需要有正确的抉择，否则会出现功夫与生活工作打架的现象。

三、一念不生

一念不生是指守一不移的功夫纯熟之后，自然而然地进入一种不作意、无心而照、照而无心的状态，能所双亡，前后际断，这是悟前的一种很短暂的止的状态。净慧老和尚讲：

是不是我们要永远停留在守一不移的方法上呢？这种方法也只是一个过

程。真正达到能缘和所缘、能守和所守一致了，能所不分了，妄念不起了，那就到了第三个阶段——一念不生。能够做到能所双亡了，就可以达到一念不生。（《修习生活禅的基本次第》，见《人间佛教思想文库·净慧卷》）

从事上的"守一不移"到"一念不生"，对普通人而言，并不是一下子就能到位的，这里面有一个从粗到细止息妄念的过程，需要克服散乱、昏沉、诸恶寻伺、诸随烦恼，以及有为作意等定障。

《瑜伽师地论》和《大乘庄严经论》都提到了修习奢摩他过程中的"九住心"。此"九住心"思想对初习禅定的人来说，是克服定障的绝佳指南。现略述如次，以方便读者更好地落实"守一不移""一念不生"的功夫。

关于九住心的名目，主要有两种说法。第一种说法出自《大乘庄严经论》卷七：

复应修习九种住心，偈曰：系缘将速摄，内略及乐住。调厌与息乱，惑起灭亦尔。所作心自流，尔时得无作。菩萨复应习，如此九住心。

释曰：九种住心者，一安住心，二摄住心，三解住心，四转住心，五伏住心，六息住心，七灭住心，八性住心，九持住心。此九住教授方便应知。

系缘者，谓安住心，安心所缘，不令离故（系心内观于功夫之所缘境，令不驰散）。

速摄者，谓摄住心，若觉心乱，速摄持故（若心驰散，当即摄归于所缘境，如绳系鸟足，飞去即掣回）。

内略者，谓解住心，觉心外广，更内略故（若心攀缘、分别外境，能当下解了，摄心内敛。略，观察、巡视）。

乐住者，谓转住心，见定功德，转乐住故（心渐调伏，了知禅定功德，心乐安住）。

调厌者，谓伏住心，心若不乐，应折伏故（久住静境，疲厌心起，即能以精进心调伏之）。

息乱者，谓息住心，见乱过失，令止息故（诸恶寻思一起，即能以正知正念止息之，令不相续）。

惑起灭亦尔者，谓灭住心，贪忧等起，即令灭故（贪忧等诸随烦恼一起，即能以正知正念，觉而灭之）。

所作心自流者，谓性住心，所作任运，成自性故（诸妄既息，心自调柔，任运觉心常在，成为一种自然而然的习惯）。

尔时得无作者，谓持住心，不由作意，得总持故（觉观既久，进入一种任运无心的不作意状态）。

如是修习，得住心已，次令此心，得最上柔软。（《大乘庄严经论》卷七）

九住心的第二种说法，出自《瑜伽师地论》卷三十：

云何名为九种心住？谓有苾刍令心内住、等住、安住、近住、调顺、寂静、最极寂静、专注一趣，及以等持，如是名为九种心住。

云何内住？谓从外一切所缘境界，摄录其心，系在于内，令不散乱。此则最初系缚其心，令住于内，不外散乱，故名内住。

【按】内住，即"心住内所缘"，将习惯性的向外攀缘散动的心扭转过来，令向内住于所观之境，不再向外攀缘散动。

云何等住？谓即最初所系缚心，其性粗动，未能令其等住、遍住故，次即于此所缘境界，以相续方便、澄净方便，挫令微细，遍摄令住，故名等住。

【按】等住，又称续住，即以种种方便，数数摄心，澄净一念，于一切时处，安住内境，令前之内住心相续不断。

云何安住？谓若此心虽复如是内住、等住，然由失念，于外散乱，复还摄录，安置内境，故名安住。

【按】安住意指，在澄净一念的过程中，向外散动的妄念一起，当即觉察，摄令重新安住于所缘境上。所谓"散乱速了知，还安住所缘"。

云何近住？谓彼先应如是如是亲近念住，由此念故，数数作意，内住其心，不令此心远住于外，故名近住。

【按】近住的意思是，摄心功夫渐深，能够做到不起妄念，不向外驰散，安住于内境。所谓"于广大境，数数摄心，令心渐细，上上而住"。

云何调顺？谓种种相令心散乱，所谓色声香味触相，及贪嗔痴、男女等相故，彼先应取彼诸相为过患想，由如是想增上力故，于彼诸相，折挫其心，不令流散，故名调顺。

【按】调顺，又称调伏，意思是，于外在的色声香味触等五欲，贪嗔痴等三毒，以及男女等相，事先能以正知力观其过患，复以专注力调伏其心，不受它们的干扰。

云何寂静？谓有种种欲恚害等诸恶寻思，贪欲盖等诸随烦恼，令心扰动，故彼先应取彼诸法为过患想，由如是想增上力故，于诸寻思及随烦恼，止息其心，不令流散，故名寂静。

【按】寂静的意思是，于诸恶寻思、诸随烦恼等内心的不善法，事先能以正知力观其过患，复以专注力，念起即觉，觉之即无，不受其干扰。诸恶寻思，指各种不正思念觉察，妄起分别，相续不舍，如国土寻思、亲里寻思、不死寻思、欲寻思、恚寻思、害寻思等。盖，指五盖，贪欲盖、嗔恚盖、昏沉睡眠盖、掉举恶作盖、疑盖，合称五盖，以其能覆障善心故。

云何名为最极寂静？谓失念故，即彼二种暂现行时，随所生起诸恶寻思及随烦恼，能不忍受，寻即断灭，除遣变吐（厌弃），是故名为最极寂静。

【按】最极寂静的意思是，随着至静功夫的深入，对内心的诸恶寻思、诸随烦恼等不善法，产生了真切的厌离心，不再生起；即使偶尔因失念生起，也能当下即觉，不会黏滞。

云何名为专注一趣？谓有加行有功用，无缺无间三摩地相续而住，是故名为专注一趣。

【按】专注一趣，又称专注一境，意思是，系心的功夫已经相续不断，不再被外在的六尘男女相、内在的诸恶寻思、诸随烦恼等不善法所动乱，能够自然而然地安住于功夫的所缘境，接近于平等正直持心。

云何等持？谓数修数习，数多修习为因缘故，得无加行、无功用，任运转道，由是因缘不由加行、不由功用，心三摩地任运相续，无散乱转（此乃无心用功之境界），故名等持。

【按】等持的意思是，于一切时处，心住一境，平等持心，无功用而任运自在，无散动而相续安住，正定现前。

以上所列两种九住心，其名目虽然有所不同，但其内容大体是一致的。

《瑜伽师地论》认为，此九住心之成办，离不开"六种力"和"四种作意"，它们之间有着微妙的对应关系。此六种力和四种作意是修行人习止得定的主要用心处。

当知此中由六种力，方能成办九种心住：一听闻力，二思惟力，三忆念力，四正知力，五精进力，六串习力。

初由听闻、思惟二力，数闻数思增上力故，最初令心于内境住，及即于此相续方便、澄净方便、等遍安住。如是于内系缚心已，由忆念力，数数作意，摄录其心，令不散乱，安住近住。从此已后，由正知力，调息其心，于其诸相、诸恶寻思、诸随烦恼，不令流散，调顺、寂静。由精进力，设彼二种暂现行时，能不忍受，寻即断灭、除遣、变吐（厌弃），最极寂静、专注一趣。由串习力，等持成满，即于如是九种心住。

当知复有四种作意：一力励运转作意，二有间缺运转作意，三无间缺运转作意，四无功用运转作意。于内住、等住中，有力励运转作意。于安住、近住、调顺、寂静、最极寂静中，有有间缺运转作意。于专注一趣中，有无间缺运转作意。于等持中，有无功用运转作意。当知如是四种作意，于九种心住中，是奢摩他品。又即如是获得内心奢摩他者，于毗钵舍那勤修习时，复即由是四种作意，方能修习毗钵舍那，故此亦是毗钵舍那品。（《瑜伽师地论》卷三十）

六种力中的听闻力，即是听闻佛法，深生信解，相当于通常所说的闻慧。思惟力，即如理作意，相当于思慧。忆念力，即摄法在心，忆持不忘。正知力，即由正知见所起之正确抉择，能远离颠倒虚妄。精进力，即是在断恶修善、去染转净的过程中，勤勇奋进，不懈怠、不退却。串习力，即展转忆念熏习，乃宗门所谓"生处转熟，熟处转生"、长时间的将养功夫。

四种运转作意。所谓"运转作意"，就是以正念转一切妄念，令不外驰，专住一境。力励运转作意，意指着意策励自己，猛提正念，令心住于所缘境。有间缺运转作意，意指作意提起正念的功夫未能成片，犹有间断和走失。无间缺运转作意，指提起正念的功夫已经纯熟，不间断，不走失。无功用运转作意，指正念的功夫已经进入一种无心的自然而然的状态。此处所言修九住心的四种作意，本身就已经呈现出了功夫的深浅次第。就中下根人依渐修而后顿悟之修行理路而言，宗门之开悟通常就发生在第九住心这一阶段。

以上九住心，从功夫的重心来讲，大体上可以再简化为四个主要阶段：

1. 内住、等住、安住、近住等四住心，主要是通过听闻力、思惟力、忆念力，系心于所缘境，数数摄伏向外攀缘、分别、散动的粗的妄念，令心乐住于所止之境，不被外境所转。

其中，内住、等住阶段，因为刚开始修止的时候，念头最为粗野，而专注力极弱，须以"力励运转作意"为功夫，令心系于一处。如果是修息道观，宜以数息为主；如果是修念佛禅，宜以计数念佛（比如，或三声一组，或五声一组，或十声一组）为主；如果是参话头，因为真切的疑情没有现前，宜乎数数提起话头，念念向意根下觑捕。

安住、近住这两个阶段，较前之内住、等住而言，专注力增强，但是中间触境遇缘的时候，仍然会走失。此时，须以"有间缺运转作意"为功夫，念头一旦走失，当即摄归令住，相续不断。

2. 调顺、寂静、最极寂静等三住心，主要是通过正知力，觉知外在的五欲境界，以及内在的各种诸恶寻思、诸随烦恼等等之过患，令内心不起妄想执着，从而安住于功夫的所缘境。此三种住心，仍以"有间缺运转作意"为功夫。

以上安住、近住、调顺、寂静、最极寂静等五种住心，如果是修息道观，宜以随息为主。如果是修念佛禅，宜以蓦直念佛为主。如果是参话头，疑情浓厚，则宜以觑捕为主；中间若有走失，即猛提话头，令心安住于疑情中。

3. 专注一趣，主要是通过精进力，将前面的系心、摄念、止妄的功夫，不断地养护，渐渐地变成一种自然而然的习惯，不再走失。其特征是以"无间缺运转作意"为功夫。此时，如果是修息道观，表示随息的功夫已经纯熟。如果是修念佛禅，表示蓦直念佛的功夫已经绵密不断。如果是参话头，表示起疑参究的功夫已经打成了一片。

4. 等持，主要是通过串习力，将前面有为的系心功夫，变成一种不作意的任运无心而照、持恶不作、持善不失的总持状态。其特征是以"无功用运转作意"为功夫。如果是修息道观，表示已经进入天台"六妙门"中所讲的"证止"的状态。如果是修念佛禅，表示已经进入不念而念、念而无念的状态，即"事一心不乱"。如果是参话头，表示已经进入不疑而疑、不参而参的状态，宗门中谓之"功夫落堂"。

总之，先通过系心，伏外尘、离散乱；次通过系心，息内妄、离恶法；将养既久，功夫成片；最后变成一种无须作意的持善离恶的状态。这是修止的一般功夫次第。

以上九住心，虽然以"止"为主，但实际上，并没有离开"观"，只是这个"观"有顿渐偏圆之别。如果用圆教的信解来指导九住心之修习，很显然，这个"止"就不是普通的"方便止"了，而是圆顿的"即观之止"：依空观而修，即是体真止；依假观而修，即是方便随缘止；依中道观而修，即是息二边分别止。在这里，我们把"九住心"作为生活禅修习止观的方便，所强调的恰恰要以圆顿的信解来落实九住心的功夫。

现依《瑜伽师地论》，将九住心的内容列表简解如次：

庄严经论	瑜伽论	九住心相	六种力	四种作意	六妙门	功夫次第
1.安住心	1.内住心	从外一切所缘境界，摄录其心，系在于内，令不散乱。此则最初系缚其心，令住于内，不外散乱。	听闻力思惟力	力励运转作意	数门（数息，计数念佛）	数数摄心而不被外尘所转（外绝攀缘，乐住于止）
2.摄住心	2.等住心（续住）	最初所系缚心，其性粗动，未能令其等住、遍住故，次即于此所缘境界，以相续方便澄净方便，挫令微细，遍摄令住。				
3.解住心	3.安住心	若此心虽复如是内住、等住，然由失念，于外散乱复还摄录，安置内境。	忆念力	有间缺运转作意	随门（随息，蓦直念佛）	
4.转住心	4.近住心	如是亲近念住，数数作意，内住其心，不令此心远住于外。				系心正观而不被内妄所转（内灭妄想，心不流散）
5.伏住心	5.调顺心	以正知力，先观色声香味触相，及贪瞋痴男女等相之过患，由如是想增上力故，于彼诸相折挫其心，不令流散。	正知力			
6.息住心	6.寂静心	以正知力，先观欲恚害等诸恶寻思、贪欲盖等诸随烦恼之过患，由如是想增上力故，于诸寻思及随烦恼止息其心，不令流散。				
7.灭住心	7.最极寂静心	由失念所生之诸恶寻思、诸随烦恼，能不忍受，寻即断灭，除遣变吐（弃舍）。	精进力			
8.性住心	8.专注一趣心	有加行、有功用，无缺无间三摩地相续而住。		无间缺运转作意	修止	有为功夫成片
9.持住心	9.等持心	以数多修习，得无加行无功用任运道，心三摩地任运相续，无散乱转。	串习力	无功用运转作意	证止	止门	得无作意总持

《瑜伽师地论》对九住心的解释，千百年来在实修中得到了人们的广泛重视和应用。此九住心，可从通、别两个角度来理解和运用。通者，通于先后，随缘而用，不论次第。别者，从粗到细、由浅入深，依次而行。

以上九住心的修止过程，实际上是贯穿于一切止观法门中。本书前面所介绍的安般禅、默照禅、话头禅和念佛禅，虽然强调在宗门圆顿信解的指导下，依止观双运的原则而行，但是，就修止的功夫而言，其中都暗含着九住心的功夫次第。就修止的方便而言，九住心是一个非常可靠的功夫坐标，它可以帮助修行人如实了知自己当下的功夫所处程度，可以有效避免因无知而落入增上慢、误人误己。

四、灵光独耀

灵光独耀，是指功夫到了一念不生、能所双亡之际，突然进入一种根尘迥脱、照体独立、如如不动、知见不生的寂照状态，这就是所谓的开悟。净慧老和尚讲：

> 各位一定要明白，一念不生不是一个很长的过程，而是一个很短的过程。如果真正能够做到守一不移了，能守所守双亡，一念不生是一个接近超越、接近突破的过渡阶段。所以这个阶段不会很长，而是很短暂，甚至一瞬间就突破了。突破了之后，接下来就是第四个阶段灵光独耀，开悟了。心地朗然，灵光独耀，那就是开悟了。(《修习生活禅的基本次第》，见《人间佛教思想文库·净慧卷》)

前面所提到的"安住当下""守一不移"，如果联系《首楞严经》中的解六结，大致相当于因地上解"尘结"的功夫；"一念不生""灵光独耀"，相当于解"根结"的功夫，即"此根初解，先得人空"。

以上四个阶段的功夫，不仅适用于观呼吸，同样也适用默照禅、话头禅和念佛禅。它是修习止观的基本次第，具有普遍性。

比如，修念佛禅的时候，安住于当下，或计数念佛，或蓦直念佛，专注于佛号，以一念代万念，不被外境所转，功夫渐渐绵密成片，此即守一不移、事一心不乱（脱尘境中的动静二结）。之后，继续做功夫，会自然而然进入一种能念之心和所念之佛号俱被打失的一念不生的寂照状态，从而开悟（此即脱根结）。

参话头的时候，同样如此。在疑情的驱使下，专注于所参话头，以一念代万念，不被外境所转，功夫成片，行住坐卧，疑情不散、话头不失，此即守一不移、事一心不乱。之后，继续做功夫，因缘成熟了，会突然进入能参所参俱被打失、一念不生、照体独立的状态，从而开悟。

在这里需要指出的是，净慧老和尚所提出的生活禅功夫次第之十六字诀，主要是就悟前的止观功夫而言。至于悟后的修证次第，则体现在"禅宗三关"当中。

五、禅宗三关

悟有解悟和证悟之分。依憨山大师之说，解悟相当于证果之前的开圆解，即悟心性之理，得正见。证悟是指见道证果时之悟。依宗密大师《禅源诸诠集都序》而言，顿悟渐修之悟、因悟起修之悟，为解悟；渐修顿悟、渐修渐悟、顿修渐悟之悟，为证悟。宗密大师所说的解悟不仅仅是指开圆解、得正见，还包括于证真如三昧时根尘迥脱、始本相应、照体独立的明心见性。此即悟入理体、与真如理体的性空相应的"理悟"。《首楞严经》讲"理则证悟，乘悟并销"的"理悟"亦复如是。宗门里所说的开悟，最低要求即是指此，而并不仅仅是指树立起了圆顿的信解。

关于证悟的功夫次第，净慧老和尚曾经在柏林禅寺第五届禅七开示中，以"禅宗三关"为题，做了专门的说明：

关于开悟，还有"三关"的说法，所谓初关、重关、牢关（末后关）。三关实际上是指悟境由浅而深，要经过三种不同的境界和三个不同的阶段。

初关，又叫破本参，它是一种"前后际断，一念不生"的境界，在根尘相接的时候，意识流切断了，出现了意识的空白，这个时候忽然有个突破，这种突破就是"一念不生"，达到了这种境界，算是破了本参。破了本参之后，对整个修行的路子就更加清楚明白了。

在破本参的基础上，再进一步加紧用功，猛著精彩，到了悬崖撒手、大死大活的时候，那就是破重关。心和境都空掉了，所谓大死大活、人法双亡、家破人亡，描述的就是这种人法、心境一起消融的重关境界。

虚云老和尚开悟的时候写过一首偈子："烫着手，打碎杯。家破人亡语难开，春到山花处处秀，山河大地是如来。"这里所说的"烫着手，打碎杯，家破人亡语难开"，指的就是重关境界。而"春到山花处处秀，山河大地是如来"，则是末后牢关境界。当你用功夫到了"寂而照，照而寂，寂照同时、寂照不二"的境界时，也就是生死即涅槃、涅槃即生死、一切能够随缘任运的时候，那就是破了末后牢关了。

"百尺杆头坐底人，虽然得入未为真。百尺竿头重进步，十方世界现全身。"这里所说的"百尺竿头坐底人"，指的是破初关景象。"百尺竿头重进步"，指的是破重关景象。"十方世界现全身"，则是指破末后牢关。这首偈子把禅宗三关的境界描述得清清楚楚。

关于三关的境界，我们还可以用更简单的语言来描述，初关就是做到了"情不附物"，重关就是"历境验心"，牢关就是"境智双亡"。

参禅就是要参到三关皆破，才算是有了消息，这当中一般都会表现出阶段性来。像六祖那样大根机的人，从《坛经》里可以看得出来，他的悟境也是有阶段性的。第一个阶段，他听《金刚经》听到"应无所住而生其心"的时候，心有所悟。这个"应无所住而生其心、应生无所住心"，实际上就是一念不生、灵光独耀，初关景象。第二个阶段，五祖要选法嗣，让他的弟子们用偈语来表达各人的悟境，六祖写出了"菩提本无树，明镜亦非台，本来无一物，何处惹尘埃"一偈，这是重关景象。第三个阶段，五祖召呼他三更入室，用袈裟围住他，重新为他诵《金刚经》，这时六祖一连说出了五个"何期"，这是一种根本透脱的末后牢关景象。各位回去以后，可以重新翻翻《六祖坛经》，看看六祖的悟境是不是经历了三个阶段。（《柏林禅话》）

净慧老和尚所说的破初关，意指一念不生，前后际断，照体独立。破重关是指心境俱空，人法皆亡，大死大活。破牢关是指超越二边，触目是道，随缘任运，妙用无方。为了进一步通俗化，净慧老和尚又用"情不附物，历境验心，境智双亡"这三句话来揭示三关的意义。破初关就是情不附物，即心不分别取舍；此乃依空观智破见思惑、证人我空的功夫。破重关就是历境验心，即是在日用中磨砺自己的心性，净治自己的习气，随缘而能不变，不变而能随缘；此乃依假观智破尘沙惑、证法我空的功夫。破末后牢关就是境智双亡，即是超越凡与圣、生死与涅槃、烦恼与菩提等二边分别，寂照不二；此乃依中道观智破无明惑、证俱空不生的无生法忍的功夫。

关于禅宗三关，历来有种种不同的理解。本章最后一节拟做详细的解析说明。

第二节　宗门关于止观功夫次第的开示

关于止观功夫的深浅次第，禅宗的历代祖师在他们的开示中，经常提及，虽然大多只是片言只语，且以引导学人开宗门的圆顿信解为目标，如百丈初中后三句、临济四料简、云门三句（函盖乾坤、截断众流、随波逐浪）、黄龙三关（生缘、佛手、驴脚）、洞山三路（鸟道、玄路、展手）五位（偏正五位、功勋五位、君臣五位、王子五位）、汾阳五句（入门句、门里句、当门句、出门句、门外句），以及十牛图颂等，但是，它们对悟道证道的次第关节之把握，非常精准到位，可以作为我们考量悟证功夫的标准。

在这里，拟着重介绍一下百丈禅师的初中后三句、临济禅师的四料简和梁山廓庵和尚的十牛图颂所蕴含的止观功夫次第思想。

一、百丈禅师的初中后三句

本书第三章第三节"'权实不二'与生活禅的究竟性、圆融性、开放性和普适性"这一部分，已经简要地介绍了百丈禅师的"初中后三句"。此三句虽然讲的是宗门的教法思想，但同时也包含了宗门的止观功夫次第：

在修习止观的过程中，先以空观智，脱去六根、六尘、六识的束缚，证人我空，破凡夫缚，此即初善。次以假观智，脱去对观智的执著，令其进一步证法我空，回小向大，破二乘缚，此即中善。再以中道智遣除空有二边，证俱空不生，破菩萨缚，扫凡圣相，此即后善及向上一路。

若联系天台宗的六妙门，数、随、止、观四门之成就相当于初善，还门成就相当于中善，净门成就相当于后善。

此初中后三句，在当下一念之功夫上，主要是通过"鉴觉即佛"之三句来落实的（参见本书第十章第二节"默照禅的修证理路"中的相关内容）。故关于"鉴觉即佛"之三句解读，同时也包含着宗门的止观次第：

说"鉴觉是佛"，是针对"心外求法"和"执生灭妄心为真心"这两种错误的知见而言，是为了脱《楞严》"六结"中的根尘三结，破凡夫缚，属于初善。说"鉴觉不是佛"（"不守如今鉴觉"）是为了遣除执能观智为涅槃我的非究竟做法，是为了脱《楞严》"六结"中的觉结，破二乘缚。说"鉴觉是佛不是佛俱非"（"亦不作不守住知解"），是为了破凡圣相，脱《楞严》"六结"中的空、灭二结，破菩萨缚，归于向上一路。如果联系到后面即将讲到的临济禅师的"四料简"，说"鉴觉是佛"，相当于"夺境不夺人"。说"鉴觉不是佛"，相当于"夺人不夺境"。说"鉴觉是佛不是佛俱非"，相当于"人境俱夺""人境俱不夺"。

二、临济四料简

"四料简"本来是临济禅师日常用来接引大众的方法，属于宗门之教法，但是，这其中隐含着止观功夫的深浅次第。

四料简的具体内容是："有时夺人不夺境，有时夺境不夺人，有时人境俱夺，有时人境俱不夺"，其用意是根据学人的执著点之所在，用不同的方法打掉他们对能观、所观和所用方法的执著。

1. 师晚参示众云："有时夺人不夺境，有时夺境不夺人，有时人境俱夺，有时人境俱不夺。"时有僧问："如何是夺人不夺境？"师云："煦日发生铺地锦，婴孩垂发白如丝。"僧云："如何是夺境不夺人？"师云："王令已行天下遍，将军塞外绝烟尘。"僧云："如何是人境两俱夺？"师云："并汾绝信，独处一方。"僧云："如何是人境俱不夺？"师云："王登宝殿，野老讴歌。"（《镇州临济慧照禅师语录》）

2. 如诸方学人来，山僧此间作三种根器断。如中下根器来，我便夺其境（按：境，指所观），而不除其法（按：法，指能观所依之方法）。或中上根器来，我便境、法俱夺。如上上根器来，我便境、法、人（按：人，指能观）俱不夺。如有出格见解人来，山僧此间便全体作用，不历根器。（《镇州临济慧照禅师语录》）

临济禅师所说的人和境，有的学者解释为：人指我执，境指法执。若如是理解，"有时夺人不夺境"乃指我执重的人先破其我执，"有时夺境不夺人"乃指法执重的人先破其法执，"有时人境俱夺"乃指我法二执重的人则双破，令其死透，"有时人境俱不夺"乃指我法二执已破的人，令其得大活用。这种理解，不符合法义，因为修行就是要破我法二执，岂有不夺之理？

正确的解释应当是：人指能观，境指所观。夺境不夺人是指，面对心外求法、习惯在境界之染净善恶上起分别执著的人，先破其对境界的执著。此指破凡夫缚。夺人不夺境是指，面对执能观之智为究竟而排斥所观的人，先夺其对能观之执著。此指破二乘缚。人境俱夺是指，能观所观俱要破掉，此指破菩萨缚。人境俱不夺是指能所双亡、能所历然之大活用大自在境界，此指向上一路之佛果。

第二段引文中的"境法人"，境指所观，人指能观，法指能观所依之方便方法，即《金刚经》中所说的"筏喻"之法。

修行首先要借具体的止观方法，或数息，或念佛，或参禅，或默照，以空观智破凡夫执根身尘境为实有，脱掉内外根尘之干扰，此即夺境不夺人，相当于《楞严》"解六结"中的脱根尘三结，或六妙门中的数、随、止、观四门成就，破凡夫缚。次以假观智遣二乘之执空观智，此即夺人不夺境，相当于《楞严》"解六结"中的脱觉结、六妙门中的还门成就，破二乘缚。次以中道智破前之执假观智，证俱空，入无生忍，此即人境俱夺，相当于《楞严》"解六结"中的脱空结。末后以"不生"之寂灭一心破俱空，此即人境俱不夺，相当于《楞严》"解六结"中的脱灭结。人境俱夺、人境俱不夺相当于六妙门中的净门成就，皆为破菩萨缚，归于向上一路。

三、十牛图颂

"牧牛"之喻,是佛门里最常见的譬喻之一,用来比喻观心、调心。如《遗教经论》卷一中云:

汝等比丘,已能住戒,当制五根,勿令放逸、入于五欲。譬如牧牛之人,执杖视之,不令纵逸、犯人苗稼。若纵五根,非唯五欲,将无崖畔,不可制也。

禅宗兴起之后,牧牛之说更是深入人心,成为宗门里做功夫的代名词。比如:

石巩慧藏禅师……一日,在厨作务次,祖(马祖道一禅师)问:"作甚么?"曰:"牧牛。"祖曰:"作么生牧?"曰:"一回入草去,蓦鼻拽将回。"祖曰:"子真牧牛!"(《五灯会元》卷三)

又,长庆大安禅师示众云:

安在沩山三十年,吃沩山饭,屙沩山屎,不学沩山禅。只看一头水牯牛,若落路入草,便牵出。若犯人苗稼,即鞭挞。调伏既久,可怜生受人言语,如今变作个露地白牛,常在面前,终日露迥迥地,趁亦不去也。(《五灯会元》卷四)

所谓的牧牛,简单地说,就是随顺先天之本觉,依止观的力量引生出后天无漏的始觉观智,复依始觉观智,除舍烦恼习气,历境验心,离妄证真。这是一个"悟(明心见性) —— 修(悟后起修) —— 证(圆证一心)"的过程。

为了描述大乘止观功夫的深浅次第,宗门里的一些大德经常以牧牛为喻来加以提唱、说明。其中,讲得最具体、最形象的当推《十牛图颂》。

《十牛图颂》,全称《住鼎州梁山廓庵和尚十牛图颂并序》,乃宋代常德府梁山廓庵师远禅师撰绘。廓庵师远禅师是大随元静禅师之法嗣。该图颂以牧牛为喻，通过图文并茂的形式，将修行人从初发心到入大乘见道位、果地上初证无生法忍的用功过程分为十个阶次，并对每一阶次的特征都做了简要的描述，对于修行人而言，具有鲜明的指导性。

《十牛图颂》出来之后，立即传遍丛林。明以后，有不少禅师围绕此图颂，纷纷作"和颂"，令人眼花缭乱。其中较为引人注目者，有石鼓夷、磬山修、千岩长、梦庵格、楚石琦、箬庵问、山茨际、玉林琇、牧云门、闻谷印等。当代的虚云老和尚亦曾应鼓山佛学院学僧之请，作十牛图颂十一首（见《虚云和尚全集》第三册）。

在牧牛的过程中，关于所牧之牛，可以从教下和宗门两个不同的角度来理解：

一是从教下断妄证真的角度来理解。始觉为能牧之人，"即真之妄心"为所牧之牛，观呼吸、念佛号、参话头、默照等为牧牛之方法。这些方法以止观不二为特征，以观妄念无相、无念证真为根本。作为所牧之牛的妄心，实即众生心，亦即当下一念真妄和合之心、真如门与生灭门不一不异之心，又称"即真之妄心"。背真如门、随生灭门而转，即是落草之野牛；顺真如门、观生灭之无性，不被生灭所转，即是驯服之牛。故牧牛的过程，就是观生灭即真如、由生灭门入真如门，成就一切智，复观真如即生灭、由真如门入生灭门，开发一切种智，现无尽度生之妙用。

由于始觉所觉的对象，有生住异灭四相，故断妄证真的牧牛过程，也相应呈现出从粗至细四个大的阶段。依教下而言，十信位，深信因果，然不知万法唯心，唯觉灭相（起业相），属观行位；二乘三贤，依厌生死欣涅槃之出离心而修，不知有第八识，唯觉破异相（计名字相、执取相），初证人我空，与生空真如相应，属相似位；初地至九地菩萨，知万法唯识，能觉破住相（相续相、智相、现相、转相），属随分觉；十地以上菩萨，能觉破生相，成就自然业智，入如来位，属究竟觉。

二是从宗门透"禅宗三关"的角度来理解。宗门里通常理解的"牛"，侧重于前后际断的一刹那间与离言现量的真觉相应时所生的无漏观智。所谓的牧牛就是从此起始觉之观智，保任这来之不易的一念真觉，通过不断地净治烦恼妄想习气，念念与本觉相应，念念背尘合觉，令其变得强大有力、相续不断，最后达到始本合一的任运无修的寂照不二的状态。从《十牛图颂》的原文来看，从禅宗三关的角度来理解其中所蕴含的功夫次第，似乎更符合廓庵师远禅师的本意。

下面，拟从禅宗三关的角度，对梁山师远禅师的《十牛图颂》之原文，做简要的解读。

寻牛序一
从来不失，何用追寻。由背觉以成疏，在向尘而遂失。家山渐远，歧路嵯峨。得失炽然，是非蜂起。颂曰：
忙忙拨草去追寻，水阔山遥路更深。力尽神疲无处觅，但闻枫树晚蝉吟。

【按】凡夫因为不相信"佛性本具"，亦不肯发出离心，故终日向外驰求，背觉合尘，转求转迷，轮回不休。今初发心者，当逆而行之，先当志求无上菩提，依闻思修，树立圆顿信解，也就是相信"大道本自具足"，只要念念背尘合觉，即可与之相应。寻牛者，比喻发心修道，向往悟道、解脱。

见迹序二
依经解义，阅教知踪。明众器为一金，体万物为自己。正邪不辩，真伪奚分。未入斯门，权为见迹。颂曰：
水边林下迹偏多，芳草离披见也么。纵是深山更深处，辽天鼻孔怎藏他。

【按】见迹，比喻通过阅读经教，信解"理即佛"之义理（即相信万法唯心，一切众生皆有如来智慧德相，在凡不少，在圣不增，生佛平等），开圆满知见，略知修行之信向。然此仅止于知见，并未亲见佛性。

见牛序三
从声得入，见处逢源。六根门着着无差，动用中头头显露。水中盐味，色里胶青。眨上眉毛，非是他物。颂曰：
黄鹂枝上一声声，日暖风和岸柳青。只此更无回避处，森森头角画难成。

【按】见牛，比喻依前之借教明宗，信解自性不离日用、遍一切时处、在六根门头放光动地，"处处逢归路，头头达故乡"，由解起行，从现前一念置功，得个下手处。

得牛序四

久埋郊外，今日逢渠。由境胜以难追，恋芳丛而不已。顽心尚勇，野性犹存。欲得纯和，必加鞭楚。颂曰：

竭尽神通获得渠，心强力壮卒难除。有时才到高原上，又入烟云深处居。

【按】得牛，比喻于前后际断、一念无心处，忽然与离言之现量真觉相应，无漏智现前，真切地知道以"不生不灭之常住真心"为本修因，此即所谓的明心见性。一般情况下，此时的悟处如石火电光一般，并不稳定，故非真实的断惑证真之大悟。由于功夫尚未纯熟，定慧等持之力用未充，旷劫无明之习气未消，故触境遇缘犹有走失。这一阶段大致相当于宗门里所说的破参、透初关。

牧牛序五

前思才起，后念相随。由觉故以成真，在迷故而为妄。不唯境有，惟自心生。鼻索牢牵，不容拟议。颂曰：

鞭索时时不离身，恐伊纵步入埃尘。相将牧得纯和也，羁锁无拘自逐人。

【按】牧牛，比喻悟后起修。指明心见性之后，依称性起修的原则，消融习气，调伏狂心，做一心不乱的功夫，令定慧等持之力上上增进。

骑牛归家序六

干戈已罢，得失还无。唱樵子之村歌，吹儿童之野曲。横身牛上，目视云霄。呼唤不回，捞笼不住。

颂曰：

骑牛迤逦欲还家，羌笛声声送晚霞。一拍一歌无限意，知音何必鼓唇牙。

【按】骑牛归家，比喻观行之功夫纯熟成片，念头不再走失，始觉之功夫相续不断，达于一心不乱，自在、安稳、不动。

忘牛存人序七

法无二法，牛且为宗。喻蹄兔之异名，显筌鱼之差别。如金出矿，似月离云。一道寒光，威音劫外。颂曰：

骑牛已得到家山，牛也空兮人也闲。红日三竿犹作梦，鞭绳空顿草堂间。

【按】忘牛存人，比喻功夫进入极自然极省力的阶段，已经没有一个"牛"需要照顾，没有一个本觉需要去随顺、契合，始本已经合一，超越能所的纯净真智常现在前。此处的人指能观智。

以上牧牛、骑牛归家、忘牛存人这三个阶段，大致相当于宗门所说的透重关之功夫。

人牛俱忘序八

凡情脱落，圣意皆空。有佛处不用遨游，无佛处急须走过。两头不著，千眼难窥。百鸟含花，一场慷懔。颂曰：

鞭索人牛尽属空，碧天寥廓信难通。红炉焰上争容雪，到此方能合祖宗。

【按】人牛俱忘，比喻能所双亡，智境俱泯，凡圣不立，超越二边，自在无住。

返本还源序九

本来清净，不受一尘。观有相之荣枯，处无为之凝寂。不同幻化，岂假修治。水绿山青，坐观成败。颂曰：

返本还源已费功，争如直下若盲聋。庵中不见庵前物，水自茫茫花自红。

【按】返本还源，比喻不住空寂，从空返有，双照空有。文中的"观有相之荣枯，处无为之凝寂"，以及"水绿山青，坐观成败"，意为"分别一切法，不生分别想"，"善能分别诸法相，于第一义而不动"。

入廛垂手序十

柴门独掩，千圣不知。埋自己之风光，负前贤之途辙。提瓢入市，策杖还家。酒肆鱼行，化令成佛。颂曰：

露胸跣足入廛来，抹土涂灰笑满腮。不用神仙真秘诀，直教枯木放花开。

【按】入廛垂手，表中道智现前，证无生法忍，不住生死，不住涅槃，行无相六度，随类度生，破一分无明，证一分法身。

以上人牛俱忘、返本还源、入廛垂手三个阶段大致相当于宗门所说的破末后牢关之功夫。

现将十牛图颂与禅宗三关的大致对应关系，列表解如次：

寻牛	发出离心，树正知见，依教起观，刹那间与离言之现量真觉相应，无漏之始觉观智现前。此乃破本参、透初关的功夫。
见迹	
见牛	
得牛	
牧牛	悟后起修，依无漏之始觉观智，净治烦恼妄想习气，历境验心，令观智成熟，相续不断，至于任运无修。此乃透重关的功夫。
骑牛归家	
亡牛存人	
人牛俱亡	扫除空境及观智，境智双泯，人法皆空，凡圣不立，复从空返有，双照空有，随缘起度生之妙用。此乃透末后牢关的功夫。
返本还源	
入廛垂手	

台湾的蓝吉富先生在解释十牛图颂时，将这十阶次分为四个阶段来理解，可供我们参考：

1. 起步摸索：这个阶段包含修行者对开悟境界（见性）的向往与寻求（寻牛），修行若干时日后所获得的某些不甚明确的见性体验（见迹），以及终于有悟境产生（见牛），然而却仍无法清晰、全面地把握。古今中外的修行人，在这一阶段里停滞不前，终不能"鲤跃龙门"的为数最多。

2. 证悟、见性：这一阶段包含得牛、牧牛、骑牛归家三图。"得牛"是指清晰、全面地见到本性。但是由于长久以来染污习气的牵引，因此，这一境界还是有退堕的可能（小乘佛教有一种退法阿罗汉，即略同于此）。于是，在证悟之后努力地维持、调御（牧牛），久而久之，这条心性之牛，自能驯服，而让你安稳地"骑牛归家"。禅宗六祖慧能在证悟、得到衣钵之后，有十余年时间销声匿迹，其行踪为《坛经》所未载，这当是在某处从事"牧牛"功夫的缘故。

3. 功夫纯熟：这是悟境更加稳固，功夫愈趋精纯的阶段。本性的证悟境界完全稳定，"人"与"牛"合而为一，心目中不再有牛存在（忘牛存人），进而连觅牛的自我意识也一并不存（人牛俱忘），终于回到法性的本来面目（返本还源）。本地风光，自然朗现，山还是山，水还是水。

4. 度化众生：小乘的修行功夫，大抵到返本还源即止，而大乘佛教则必须转而从事度化众生。证悟者不应只在山林中自我满足，应该到人间垂手度众（入鄽垂手），大乘之所以为大乘，其故即在于此。（电子版《中华佛教百科全书》）

以上十牛图颂，将大乘修行从最初开圆顿信解、明心见性、发无漏智，到净治妄想习气、证无生忍这一修行的核心过程，简化成十个阶段，应该说，这是禅宗对大乘佛教修道成佛过程的一种创造性的解释。

第三节　汉传大乘佛教关于修证位次的基本看法

为了更好地理解和把握宗门关于止观的功夫次第，有必要把它置于汉传大乘佛教关于修证位次的整体描述这一大背景下，来进行考察。

长水子璇大师在《首楞严义疏注经》中，依《大乘起信论》"一心二门"，指出大乘佛教的修证位次，乃依生灭门而立；若就真如门而言，则无次第可言：

诸大乘经，若说平等法界，无佛无众生，则无地位可立。如《华严经》云："众生妄分别，有佛有世界；若了真法性，无佛无世界。"《楞伽》云："无有佛涅槃，亦无涅槃佛，远离觉所觉。"又云："寂灭真如，有何渐次。"……此等令观一真法界，本来平等，无修无证，亦无迷悟，故无地位可立。此显心真如门也。

若依心生灭门，有迷有悟，炽然修证，差别不同。且圆顿大乘，无过《华严》《涅槃》《仁王》《璎珞》《大品》《法华》等经，虽明法界平等，无说无示，而菩萨行位终日炳然。故《华严》云："不为钝根下劣众生说于地位。"《仁王》云："若言越此地位得成佛者，是魔所说。"此则异诸外道天魔，各自谓得无上觉道，不说地位。（《首楞严义疏注经》卷八）

就生灭门而言，以"位有因果，惑有粗细，智有明昧，断有浅深，证有分满，用有优劣"，故就伏断次第、发真妙用、功力浅深而言，立功夫之位次是必然的。如《大乘起信论》就将整个修证过程，分为相似觉、随分觉、究竟觉等三个大的阶次。

之所以要立修证位次，有两个方面的意义：一者区别于外道天魔，以外道天魔皆自谓得无上道，无有位次可言；二者防止修行人错认，得少为足，堕增上慢，犯大妄语过，堕阿鼻狱。

"以我教中，随进德修业、胜劣不同，故历五十七位，渐入渐深，不同外道天魔，都无位次。若不预辨，涉进乖源，既昧断证，错认少得便以为足，如第四禅寡闻比丘，妄认生谤，堕阿鼻狱。事非轻小，故须明示，免招大过。"（《首楞严义疏注经》卷八）

关于大乘佛教修证位次之划分，诸经说法并不一致，主要观点有如下几种：

1.《华严经》立十住、十行、十回向、十地、佛地等四十一位。若加上外凡位之十信，则共有五十一位。

2.《仁王般若经》卷上"菩萨教化品"，立十善、三贤（住、行、向等三十心）、十地、佛地等五十一位。

3.《菩萨璎珞本业经》立十信心、十住心、十行心、十回向心、十地心、入法界心、寂灭心，共五十二位。这里所说的入法界心，即是等觉；寂灭心，即是妙觉。十信心属外凡位，住、行、向、地等四十二心属贤圣位。

4.《大佛顶首楞严经》卷八，更于十信之前立干慧地，于十回向之后增设"暖、顶、忍、世第一法"等四加行位，共五十七阶位。若加上三渐次，则为六十位。

以上诸说，因为《菩萨璎珞本业经》所举之五十二位，名义整足，位次无缺，故自古以来，广为大乘诸家所采用，成为大乘佛教修证位次的共通观点。天台关于大乘佛教修证位次之论述，所用名相概念，亦依于此，共分为十信、十住、十行、十回向、十地、等觉与妙觉，共五十二位，其中，住、行、向、地、等、妙，依次对应于习种性（十住位菩萨研习空观，能破除见思之惑）、性种性（十行位菩萨不住于空，修习假观，能教化众生，能分别一切法性）、道种性（十回向位菩萨修习中道妙观，能通达一切佛法）、圣种性（十地位菩萨依中道妙观，能破一分无明而证入圣位）、等觉性（等觉位菩萨于佛果之妙觉虽逊一等，而胜于前四十位，故称为等觉）、妙觉性（妙觉位究竟圆满之佛果，妙极觉满）。

为了准确地理解、融通诸经论关于大乘佛教修证位次的不同说法，首先需要弄清楚它们各自划分位次的标准是什么。

大致说来，修证位次的划分标准有两种：一是依断德，即根据所断见思、烦恼、无明等惑之粗细、深浅品位，来判断功夫的位次；二是依智德妙用，即根据能断之空假中三种观智的成就以及功德妙用的圆满程度，来判断功夫的位次。一般说来，别教的修证位次，多以断德来划分，亦稍兼顾智德妙用；圆教的修证位次，多以智德妙用来划分，而较少论及断惑品位，尽管如此，其中还是暗含着断惑之品位。

现以譬喻来说明这两种划分标准的不同。如以刀截百层之纸，以刀有利钝，执刀者力有强弱，故或一截而顿断，或再截、三截、四截而渐断，或八九十截而后断。就所截断之纸而言，无论顿断、渐断，所截之纸，共有百层，乃是一定之数。故诸圣之修行位次，若就所断之三惑而言，无论顿、渐，次第历然。然就能截之人而言，因刀有利钝，及持刀者力用有强弱之别，故相应地会呈现出一截、再截、三截等等之不同。所以，就能证之观智及个体的福德善根而言，功夫次第并不是一定的，往往是先依次第而进至某位，因缘条件具足，突然顿断而超证，比如，或在十信位而顿超，或在十住位而顿超，或在十地位而顿超，不一而足，此皆应机而设。

所以，谈到功夫位次，因划分标准不同，对机不同，所立阶次自然有异，故一般说来，不宜将两种划分标准所得来的修证位次，做简单的配对。须知修证位次乃圣人所亲历的境界，微妙不可思议，非凡夫所能妄测；何况圆教中，"一地具足一切地"，此更非心意识所能领解。

鉴于天台的判教思想非常系统而精致，深契佛心，并已经成为汉传佛教判教思想的共识，故我们在理解大乘佛教的修证次第时，宜遵天台教观而行。尤其是蕅益大师的《教观纲宗》，其中所讲到的别、圆二教的修证位次，是我们的首选参考资料。

什么是别教？别教的修证位次如何？《教观纲宗》用极凝练的语言，做了如下介绍：

别教，谓教理、智断、行位、因果，别前藏、通二教，别后圆教，故名别也（教则独被菩萨。理则隔历三谛。智则三智次第。断则三惑前后。行则五行差别。位则位不相收。因则一因迥出，不即二边。果则一果，不融诸位差别）。

此教诠无量四谛（苦有无量相，十法界不同故。集有无量相，五住烦恼不同故。道有无量相，恒沙佛法不同故。灭有无量相，诸波罗蜜不同故）。亦诠不思议生灭十二因缘（枝末无明为分段生因，根本无明为变易生因）。亦诠不思议六度十度（于第六般若中，复开方便、愿、力、智四种权智，共成十度。一一度中，摄一切法，生一切法，成一切法，浩若恒沙）。亦诠显中二谛（幻有，幻有即空，皆名为俗；不有不空，为真）。亦诠圆入别二谛（幻有、幻有即空，皆名为俗；不有不空，一切法趣不有不空，为真）。亦诠别三谛（开俗为两谛，对真为中，中理而已）。亦诠圆入别三谛（二谛同前，点真中道，具足佛法）。

开示界外钝根菩萨，令修次第三观（先空次假后中），出分段、变易二种生死，证中道无住涅槃。

亦于当教，自论六即：

理即者，但中也。真如法性，随缘不变，在生死而不染，证涅槃而非净，迥超二边，不即诸法。故依圆教，判曰但中。

名字即者，解义也。仰信真如法性，凡不能减，圣不能增，但由客尘覆蔽，而不证得。须先藉缘修，助发真修，方可克证。

观行即者，外凡十信位也：一信心，二念心，三精进心，四慧心，五定心，六不退心，七回向心，八护法心，九戒心，十愿心。既先仰信中道，且用生灭因缘观，伏三界见思烦恼，故名伏忍。与通干慧性地齐。

相似即者，内凡三十心，三贤位也。

初十住者，一发心住，断三界见惑，与通见地齐。二治地住，三修行住，四生贵住，五方便具足住，六正心住，七不退住，断三界思惑尽，与通已办地齐。八童真住，九法王子住，十灌顶住，断界内尘沙，与通佛地齐。此十住名习种性（研习空观），用从假入空，观见真谛，开慧眼，成一切智。行三百由旬，证位不退。

次十行者，一欢喜行，二饶益行，三无嗔恨行，四无尽行，五离痴乱行，六善现行，七无著行，八尊重行，九善法行，十真实行。此十行名性种性（分别假性），用从空入假观，遍学四教四门，断界外尘沙，见俗谛，开法眼，成道种智。

次十回向者，一救护众生离众生相回向，二不坏回向，三等一切佛回向，四至一切处回向，五无尽功德藏回向，六随顺平等善根回向，七随顺等观一切众生回向，八真如相回向，九无缚解脱回向，十法界无量回向。此十向名道种性（中道能通），习中观，伏无明。行四百由旬，居方便有余土，证行不退。

分证即佛者，十地圣种性（证入圣地），及等觉性（去佛一等）也。初欢喜地，名见道位，以中道观，见第一义谛，开佛眼，成一切种智，行五百由旬，初入实报无障碍土，初到宝所，证念不退，得无功用道，随可化机缘，能百界作佛，八相成道，利益众生。二离垢地，三发光地，四焰慧地，五难胜地，六现前地，七远行地，八不动地，九善慧地，十法云地，各断一品无明，证一分中道。更破一品无明，入等觉位，亦名金刚心，亦名一生补处，亦名有上士。

究竟即佛者，妙觉性也（妙极觉满），从金刚后心，更破一品无明，入妙觉位，坐莲华藏世界，七宝菩提树下，大宝华王座，现圆满报身（量同尘刹，相好刹尘）为钝根菩萨，转无量四谛法轮……

为方便读者从总体上把握别教之修证位次，现依据上述所引论文，列表解如次：

位次	位（观行觉）	破惑	佛知见	觉相	身因	观	空假中观	如来藏	因	差别因	种性	内容说明
十信	观行位（观行觉）	伏见思二惑		觉灭相（起业相）	信为修道之本	析空观			因：十信起信解观行，十住证真谛，十行十向证俗谛	差别因	习种性：究习空观	信为万行之本，以顺从为义。仰信真如法性，凡不能减，圣不能增，但由客尘覆蔽而不证得，须先藉缘修，助发真修，方可克证，今修生灭因缘观，伏三界见思烦恼，名为伏忍。
十住	相似位、相似觉	初住至七住破见思惑	开佛知见	觉异相（执取相、计名字相）	圆法身因（空正见）	隔历三观	空观	证空如来藏				会理之心，名之为住。慧住于理，名住。又住者，住不退位；住法王家，为法王子。信心既立，能解法空之理，研习体空观，从假入空，见真谛，开慧眼，成一切智，证位不退。初发心住，断三界见惑；七不退住，断三界思惑尽；十灌顶住，断界内尘沙。
十行		八住至十向破尘沙惑	示佛知见		圆化身因（大悲心）		假观	证不空如来藏			性种性：分别假性	行以进趣为义。由前十住进修功满已成，自得己利，而利他之行未成，是故广行饶益，随顺法性，修六度行，恒顺众生，令其欢喜。前既发真悟理，从此加修从空入假，观无量四谛，断界外尘沙，见俗谛，开法眼，成道种智。
十向			悟佛知见		圆报身因（菩提心）		中道观	证空不空如来藏			道种性：能通中观	发大悲愿心，救度众生，回小向大，回自向他，回事向理，摄十住十行，成道种性。前之住行，出俗心多，大悲心少，此则济以悲愿，处俗利生，回此善行，向彼万类。十回向心乃发真菩提，为成佛之真因。习中观，伏无明，证行不退。

位次	说明										
十地	地者，能生成万物，能安住不动，能荷负一切。今此十位亦然，既证中道实际理地，能生成佛智，住持不动，能兴无缘大悲，荷负一切。初欢喜地，名见道位，以中道观，见第一义谛，开佛眼，成一切种智，初到宝所，证念不退，得无功用道，随可化机缘，百界作佛，八相成道，利益众生。此后地地增进，断无明，证法身。	圣种性	平等因	果：十地证中道谛	初地入无生法忍，后入等正觉	一心三智，证一境三谛，无有隔历	破一分无明，证一分法身	觉住相（相续相、智相、现相、转相）	破无明惑	入佛知见	分证位、分证觉
等觉	亦名金刚心，亦名一生补处。望于妙觉，犹有一等，故曰等觉。	等觉性					证寂灭	觉生相（生相无明）			
妙觉	从金刚后心，更破最后一品生相无明，入妙觉位，坐莲华藏世界七宝菩提树下大宝华王座，现圆满报身。	妙觉性	菩提果			无心	三身圆满				究竟觉

　　至于圆教的特征及其修证位次，蕅益大师是这样讲的：

　　圆教，谓圆妙（三谛圆融不可思议），圆融（三一相即无有缺减），圆足（圆见事理一念具足），圆顿（体非渐成），故名圆教。所谓圆伏（圆伏五住），圆信（圆常正信），圆断（一断一切断），圆行（一行一切行），圆位（一位一切位），圆自在庄严（一心三谛为所庄严，一心三观为能庄严），圆建立众生（四悉普益）。

　　此教诠无作四谛（阴入皆如，无苦可舍。无明尘劳即是菩提，无集可断。边邪皆中正，无道可修。生死即涅槃，无灭可证）。亦诠不思议不生灭十二因缘（无明爱取烦恼即菩提，菩提通达，无复烦恼，即究竟净，了因佛性也。行有业即解脱，解脱自在，缘因佛性也。识名色六入触受生老死苦，即法身，法身无苦无乐是大乐，不生不死是常，正因佛性也。故大经云，十二因缘名为佛性）。亦诠称性六度十度（施为法界，一切法趣施，是趣不过等）。亦诠不思议二谛（幻有幻有即空皆为俗，一切法趣有趣空、趣不有不空为真。真即是俗，俗即是真。如如意珠，珠以譬真，用以譬俗，即珠是用，即用是珠，不二而二分真俗耳）。亦诠圆妙三谛（非惟中道具足佛法，真、俗亦然，三谛圆融，一三三一，如止观说）。

开示界外利根菩萨，令修一心三观（照性成修，称性圆妙，不纵不横，不前不后，亦不一时），圆超二种生死，圆证三德涅槃。

正约此教，方论六即（前三虽约当教各论六即，咸未究竟，以藏通极果，仅同此教相似即佛；别教妙觉，仅同此教分证即佛。又就彼当教，但有六义，未有即义，以未知心佛众生三无差别故也。是故夺而言之，藏、通极果，别十回向，皆名理即，以未解圆中故。登地同圆，方成分证）。

理即佛者，不思议理性也。如来之藏，不变随缘，随缘不变。随拈一法，无非法界。心佛众生三无差别，在凡不减，在圣不增。

名字即佛者，闻解也。了知一色一香无非中道。理具事造，两重三千，同在一念。如一念，一切诸念亦复如是。如心法，一切佛法及众生法，亦复如是。

观行即佛者，五品外凡位也：一随喜，二读诵，三讲说，四兼行六度，五正行六度。圆伏五住烦恼，与别十信齐，而复大胜。

相似即佛者，十信内凡位也（名与别十信同，而义大异）。初信任运，先断见惑，证位不退，与别初住、通见地、藏初果齐。二心至七心，任运断思惑尽，与别七住、通已办、藏四果齐，而复大胜。故永嘉云："同除四住，此处为齐。"若伏无明，三藏则劣也。八心至十心，任运断界内外尘沙，行四百由旬，证行不退，与别十向齐。

分证即佛者，十住十行十向十地等觉圣位也（名亦同别，而义大异）。初住断一分无明，证一分三德（正因，理心发，名法身德。了因，慧心发，名般若德。缘因，善心发，名解脱德），一心三观，任运现前，具佛五眼，成一心三智。行五百由旬，初到宝所，初居实报净土，亦复分证常寂光净土，证念不退，无功用道，现身百界，八相作佛，与别初地齐。二住至十住，与别十地齐。初行与别等觉齐，二行与别妙觉齐。三行已去，所有智断，别教之人不知名字。

究竟即佛者，妙觉极果，断四十二品微细无明永尽，究竟登涅槃山顶，以虚空为座，成清净法身（一一相好，等真法界），居上上品常寂光净土，亦名上上品实报无障碍净土，性修不二，理事平等……（《教观纲宗》）

　　圆教之修行，是建立在圆顿的信解和一心三观的基础上，故其修证位次迥异于别教。为方便读者理解，现将上述内容与别教做一个简单的配对，列表解如次：

别教	圆教
解三谛隔历之义	开解三谛圆融
十信位（修析空观，伏三界见思惑）	五品弟子位（圆伏五住烦恼）
十住十行十回向俱修体空观，进修次第三观，断界内见思及界内外尘沙）	十信位（六根清净位，任运断见思，假观现前，界内外尘惑尽）。初信，任运先断见惑，证位不退，与别初住齐。二信至七信，任运断思惑尽，与别七住齐，而复大胜。八信到十信，任运断界内外尘沙，证行不退，与别十行、向齐。
十地、等觉位（以中道观，破十二品无明）	十住、初行（断一分无明，证一分法身，成一心三智）。初住断一分无明，证一分三德，一心三观任运现前，具佛五眼，成一心三智，证念不退，无功用道与别初地齐。二住至十住，与别十地齐。初行与别等觉齐。
妙觉位（破第十二品无明）	二行与别妙觉齐。三行已去，乃至十向、十地、等觉所有智断，别教之人不知名字。妙觉位，断四十二品微细无明永尽，究竟登涅槃山顶，以虚空为座，成清净法身，居上上品常寂光净土，亦名上上品实报无障碍净土，性修不二，理事平等。
次第三观	圆修一心三观
无住涅槃（双遮空有）	圆证法身、般若、解脱三德

　　《首楞严经》作为圆教的代表，其修证位次充分体现了圆教的修行特色。它依智德及所证功德妙用之品位，将修行过程共划分为五十七位，大致内容是：初依三渐次，入干慧地，证无生法忍（相当于"胜解无生忍"），次依十信开一心三观，十住证空如来藏，十行证不空如来藏，十向证空不空如来藏，四加行泯观智，融三观于一心，十地证平等一心，并依平等一心灭无明、证法身。故经中对信、住、行、向、加行、地的解释，均以智德和功德妙用为标准，与通途依断惑品位来论地位有很大的不同。

　　依据憨山大师《楞严通议》，我们在理解《首楞严经》之修行位次时，应当抓住"位有始终，观无先后"这一根本特征：

　　《首楞严经》五十七位之进修，纯以佛之果觉为我因心，是故从干慧地即名圣位。也就是说，五十七位皆以金刚观智，渐次深入，始从初干慧地，即用金刚观智，发心之初志即在直断生相无明，非待等觉后心而用金刚观智。所谓"观无先后"，意指皆依金刚观慧起修；所谓"位有始终"，意指因断惑、妙用、力行有深浅之别，故立位次。

干慧地的特征是"欲爱干枯（指断烦恼障），根境不偶（指依三昧力，返流全一，破所知障），现前残质，不复续生（指报障已尽。亡欲爱故无润惑，根不偶故无业性，纵有业苦种子，无润不生，尽此报身更不相续。此即惑、业、苦亡，无润生理，故名为'干'）。执心虚明，纯是智慧。慧性明圆，莹十方界"。从这里可以看出，"干慧"绝不是仅仅停留在文字知见上，必定是三渐次（除其助因，刳其正性，违其现业）的观行功夫成熟，相当于《大乘起信论》中所说的十信已满，证真如三昧，至少能圆伏五住烦恼，由此进入不退转之住位（依别教而论）。从解六结的止观功夫角度来看，此时已解根尘三结，初证人空。

《首楞严经》讲，"理须顿悟，乘悟并销，事非顿除，因次第尽"。这里所说的顿悟之"理"，乃依三渐次之观行功夫为基础，观行功极，即进入干慧地，圆一心三观，证无生法忍。此无生法忍，乃就一心三观之观智成就而言，实指"大开圆解"，而非别教依断惑所说的初地之无生法忍。

总之，《首楞严行》之修行，是建立在圆信、圆解、圆观（称性起修）的基础上，一开始即以金刚观智用功，与教下的渐悟渐修有本质的差别。而这恰恰是禅宗的用功特色之所在，临济禅师讲"我只重真正见解"，此真正见解即是《首楞严》所说的"干慧"。

现参照憨山大师的《楞严通议》，就《首楞严经》六十位（五十七位之上，增入三渐次）列表解如次：

三渐次	观行位（依除其助因、刳其正性、违其现业而做功夫，欲证无生法忍）
干慧	观行功极，入圣位，证无生忍（按：相当于《大论》信成就发心，证真如三昧，以佛地金刚观智为因地起修之真因）。
十信	观行成就，圆成一心，成就中道妙观。当法华十信、六根清净位。
十住	以中道妙观，历观三谛理，任运先证空如来藏。
十行	以中道妙观，出真入俗，起假观用，证不空如来藏。
十向	依前十行，以中道妙观，念念证真，心心寂灭，妙契中道，证空不空如来藏。
四加行	前十回向依十行，念念证真，心心寂灭，妙契中道，虽三观历然，中道理显，然犹存历别，未极一心之源，故为差别因。必须泯前修相，妙证寂灭一心、平等法界，方得圆满菩提，故须四种妙圆加行，融前四十一心以为一味。故修四加行，以为入地之胜进，融历别三观于一心。
十地	前差别因，以属生灭门中对待之真如，今此十地唯依寂灭一心建立，不属对待，故为平等因，证平等一心。
等妙二觉	如来圆证一心，虽居果位，不舍因门，故逆流而出；菩萨修行，逆生死流，顺法性流而入果海，因果相接，故曰觉际入交，名为等觉。忽然超越世出世间，即入妙觉，三德圆满。

前面提到《首楞严经》之五十七位，以干慧地之"无生法忍"为进修的起点，这里所说的"无生法忍"，与通常所说的别教之初地所证无生法忍，并不能完全画等号。另外，长水、憨山、蕅益等诸师，在解释《首楞严经》之三次第（此根初解，先证人空；空性圆明，成法解脱；解脱法已，俱空不生）、三渐次以及解六结之经文时，都频频提到"无生法忍"这个概念，其含义不尽相同。这一点会给那些初学《首楞严经》的人，造成理解上的混乱。另外，在大乘佛教中，"无生法忍"涉及"见道位"的确定。所以，在这里，有必要就这个概念做一点展开说明。

所谓无生法忍，即是观诸法不生不灭之空性，安住其理而如如不动，其核心是中道智现前。关于无生法忍之位次，诸经有不同的解释。

1.《大般若经》卷四四九"转不转品"：

如是不退转菩萨摩诃萨，以自相空，观一切法，已入菩萨正性离生，乃至不见少法可得。不可得故，无所造作。无所造作故，毕竟不生。毕竟不生故，名无生法忍。由得如是无生法忍故，名不退转菩萨摩诃萨。

【按】菩萨观诸法空，入见道、初地，得不退转，见一切法毕竟不生之理，是名无生法忍。

2.旧译《华严经》卷二十五"十地品"：

是菩萨住是地（七地），无量身业无相行，无量口意业无相行，是菩萨清净行故，得无生法忍，照明诸法。

【按】七地菩萨，三业清净，修无相行，得无生法忍。依《大乘起信论》而言，七地菩萨觉破智相，破俱生法执。也就是说，七地菩萨破俱生法执，方证无生忍。

3.《仁王般若波罗蜜经》卷上"菩萨行品"：

五忍是菩萨法，伏忍上中下、信忍上中下、顺忍上中下、无生忍上中下、寂灭忍上中下，名为诸佛菩萨修般若波罗蜜。

【按】忍有五种：伏忍、信忍、顺忍、无生忍、寂灭忍。每种忍各有上、中、下三品。信忍之三品配初、二、三地。顺忍三品配四、五、六地。无生忍三品配七、八、九地。寂灭忍配十、等、妙三位。伏忍，即已制伏烦恼，然尚未断灭，指地前之三贤位（十住、十行、十回向）。信忍，即已得无漏信之初、二、三地菩萨。顺忍，即顺理而趣向无生果之四、五、六地。无生忍，即悟入诸法不生之理而安住之七、八、九地。寂灭忍，即断诸惑而寂静安住之第十地及佛果。此五种忍，是从圆教的角度来理解的。从这里可以看出，从修证深浅的角度来看，忍是有层次的，通于因果。究竟果证之忍，称为寂灭忍，位在佛地。无生法忍则在七八九等三地。

4.《大智度论》卷八十六：

得是忍，观一切法毕竟空，断缘心，心数不生，是名无生忍。

【按】菩萨入初地，断分别法执，谛忍诸法无生无灭之理，住不退转地，是为无生法忍。此忍乃初证无生忍，非佛地上的究竟无生忍（寂灭忍）。天台亦持此说，谓此无生忍，位当别教初地、圆教初住。

5.《瑜伽师地论》卷七十四：

> 问：如经中说无生法忍，云何建立？答：由三自性而得建立。谓由遍计所执自性故，立本性无生忍。由依他起自性故，立自然无生忍。由圆成实自性故，立烦恼苦垢无生忍。当知此忍无有退转。

【按】不退转地菩萨，依遍计执、依他起、圆成实三性，得本性无生忍、自然无生忍及烦恼苦垢无生忍等三种无生忍。"本性无生忍"又名"本来无生忍"，观遍计所执，体性都无，而忍本性无生。"自然无生忍"，谓观依他诸法因缘生，而忍自然无生。"烦恼苦垢无生忍"，又名"惑苦无生忍"，于诸法实性真如法性，无为安住，与一切杂染不相应，而忍本来寂静。此即忍知三无性之理，故名无生忍，位当初地见道位（通达位）。

6.唐代怀感法师《释净土群疑论》卷六，广列诸经异说，云：

> 《仁王般若》说无生法忍在七、八、九地。诸论之中说，无生法忍在于初地，或在忍位。《菩萨璎珞本业经》说无生法忍在十住位。《华严经》说无生法忍在十信位。《占察经》说无生法忍在十信前凡夫位……无生忍有六位：一、闻慧在十信前；二、生胜解在十信后；三、思慧在十住后；四、修慧在暖后；五、证得在初地；六、相续在八地，此在因中。佛果圆满。

怀感法师的这段话表明，就证悟功夫的深浅而言，无生忍可以分成闻慧无生忍、胜解无生忍、思慧无生忍、修慧无生忍、初证无生忍、相续无生忍、究竟无生忍等六个层次。很显然，此六位之划分，是依圆教而立。这一观点，可以帮助我们将上述诸多异说，融通在一起。大体上，可以这样讲：

别教十信满位之前，乃初入门之闻思阶段，依圆教而立正知见，初伏五住烦恼，属观行位（十信满位以前）；别教十信满位入初住（即《大乘起信论》所说的"信成就发心"），大开圆解，依空观智，能断见思二惑，是为因位"胜解无生忍"（初住以后）；由住入行向，依假观智，从空返有，能断尘沙惑，是为因位"思慧无生忍"（住满入行）；由向入四加行，修中道观，是为因地"修慧无生忍"（暖位以后）；加行位满，一心三观之中道智现前，断分别法执，入初地见道位，属于果地"初证无生忍"（初地）；二地至七地破相续相、智相（俱生我法二执），八地破现相，登色自在地，入"相续无生忍"（八地）；九地破转相，十地、等觉破生相，佛地无明断尽，入究竟圆证无生法忍，是为果地"寂灭无生法忍"（佛地）。

闻慧无生忍	依圆顿之信解而入观行，圆伏五住烦恼。就所断而言，相当于别教十信位，乃初入门之闻思伏惑阶段（十信满位以前）。	名字即、观行即	
胜解无生忍	依圆顿信解而证真如三昧，断根尘三结，开发空观智。初证人空。就所断而言，相当于别教十信满位入初住，大开圆解，依空观智，断见思二惑，是为因位"胜解无生忍"（初住以后）。	信成就发心	相似即
思慧无生忍	依圆顿信解而修无相六度，开发假观智。就所断而言，相当于别教由住入行、向，依假观智，从空返有，断尘沙惑，是为因位"思慧无生忍"（住满入行）。	解行发心	
修慧无生忍	依圆信、圆解、圆观、圆行而开发中道观智。就所断而言，相当于别教由向入四加行，修中道观，是为因地"修慧无生忍"（暖位以后）。		
初证无生忍	加行位满，一心三观之中道智现前，断分别法执，入初地见道位，属于果地"初证无生忍"（初地）。	证发心	分证即
相续无生忍	二地至七地破相续相、智相（俱生我法二执），八地破现相、色自在地，入"相续无生忍"（八地）。		
究竟无生忍	九地破转相，十地、等觉破生相，佛地无明断尽，入究竟圆证无生法忍，是为果地"寂灭无生法忍"（佛地）。		究竟即

如果把等觉以前称为因位、佛地称为果位的话，那么，佛地以前的诸忍位，皆属因位无生忍，唯有寂灭忍属果地满证之无生忍。如果把十信三贤称为因位，十地等妙二觉称为果位的话，那么，闻慧无生忍、胜解无生忍（空观智现前）、思慧无生忍（假观智现前）、修慧无生忍（依中道观起修）皆属因位无生忍，初地菩萨属果地初证无生忍（中道智现前），二地至等觉

为果地相续无生忍，佛地为究竟满证无生忍（寂灭无生忍）。

就汉传佛教的主流看法而言，无生法忍主要是就果地初证而言，即中道智现前，破分别法执，相当于别初地、圆初住。就《首楞严经》而言，干慧地之无生法忍，大致相当于因位胜解无生忍（即空观智现前，相当于《大乘起信论》信成就发心，证真如三昧。在此基础上，即可入初住位），楞严三位中的"解脱法已，俱空不生"，主要是指果地上的初证无生法忍，若把它看作一个修行阶段的话，则同时含摄果地上的相续无生忍和究竟寂灭无生忍。

提请读者注意的是，以上所言大乘佛教之修证位次，在本书中，凡是涉及对功夫次第的论述，都会与此发生关联。所以，这一部分内容，是我们准确理解宗门止观功夫次第的重要参照系。

第四节　从《首楞严经》"解六结"看生活禅的功夫次第

要准确把握禅宗的止观功夫次第，除了参考禅宗历代祖师的语录开示及汉传佛教关于修证次第的基本看法之外，还可以从一些重点大乘经论中找到理解的钥匙。尤其是《首楞严经》和《大乘起信论》，这两部著作（此外还有《圆觉经》）在汉传佛教史上，对历代的修行人都曾经产生了极为深远的影响。

下面，先来看看《首楞严经》"观音菩萨耳根圆通章"关于"解六结"之开示。

《首楞严经》认为，从根解结证圆通，当从结心开始，依次第而解六结，先证人空，次证法空，次证俱空、不生，得无生法忍，入等正觉。这里所说的结心，即六根面对六尘时所产生的分别取舍心。

长水子璇禅师在解释"佛言：六根解除亦复如是：此根初解，先得人空；空性圆明，成法解脱；解脱法已，俱空不生，是名菩萨从三摩地得无生忍"这一段经文时，写道：

> 此正明次第也。如下文云："初于闻中，入流亡所，所入既寂，动静二相，了然不生，如是渐增，闻所闻尽。"斯则此根初解，先得人空也。"尽闻不住，

觉所觉空"，即成法解脱也。"空觉极圆，空所空灭"，即俱空不生也。"生灭既灭，寂灭现前"，即得无生忍（按：此处的无生忍，非指别教初地之无生忍，乃指佛地究竟果证之无生忍）也。……今经但于一根深入，自然粗执先断，次第以证，观行虽别，所得攸同，即正约圆顿观法，但从一根而入，非约六根顿解，故云"次第"，不同渐次法门约钝根说。（《大佛顶首楞严义疏注经》卷五）

这段文字，是我们正确解读"观音菩萨耳根圆通章"的指南。

"观音菩萨耳根圆通章"这一段经文，憨山大师在他的《楞严通议》中，曾作过简明科判。今依其科判，并参考长水大师的注疏，略作微调如下：

> 一、初述观行所由
> 二、次述根获圆通
> 　（一）此根初解，先证人空
> 　　1. 亡前尘 —— 超劫浊（解尘结）
> 　　　（1）解动结
> 　　　（2）解静结
> 　　2. 尽内根 —— 超见浊（解根结）
> 　（二）空性圆明，成法解脱
> 　　遣观智 —— 超烦恼浊（解觉结）
> 　（三）俱空不生 —— 入无生忍，成等正觉
> 　　1. 遣重空 —— 超众生浊（解空结）
> 　　2. 俱空不生，顿证一心 —— 超命浊（解灭结）
> 三、末述入流成正觉

【按】憨山大师在《楞严通议》中解读耳根圆通这段经文时，关于解六结的功夫次第之科判，将"解空结"划归于第二阶段，与"解觉结"一起，同属于"法解脱"。而他在同书"二决定义"处，对"此根初解，先得人空；空性圆明，成法解脱；解脱法已，俱空不生"之解释时，实际上是将"解空结"归入第三个阶段"俱空不生"中，与长水禅师的科判是一致的。

下面，依据调整后的科判，并参考前人的部分注疏，对耳根圆通章这段经文的前半部分，作一个提纲挈领式的解读。通过这一解读，可以对止观

的功夫次第有一个更清晰的认识。

一、初述观行之所由

> 尔时观世音菩萨即从座起，顶礼佛足而白佛言："世尊！忆念我昔无数恒河沙劫，于时有佛出现于世，名观世音。我于彼佛发菩提心，彼佛教我，从闻思修，入三摩地。"

【按】在这段经文中，观音菩萨叙述了自己往昔从观音古佛那儿发菩提心，依闻、思、修三慧，修耳根圆通法门，入三摩地的经过。闻思修三慧是修习耳根圆通法门的关键。

关于闻思修三慧，通途解释是："教是大乘之门，欲入大乘，故须持教，或读或诵，总名为持，视听所知，悉名闻慧。思慧者，思惟其义。修慧者，如说修行。"（长水大师《大乘起信论疏笔削记》卷第二十）而此处的闻思修三慧却别有深义。二楞庵主通润禅师在他的《楞严合辙》一书中是这样理解三慧的：

闻慧 —— 随顺耳根不生不灭之闻性，起始觉观智，内不随分别之耳识，外不随所闻之声尘，但观能闻之闻性，谓之闻慧。以闻慧代替耳识，或者说转耳识为闻慧，这是修习耳根圆通之根本。《楞严合辙》释云："从闻思修入三摩地者，此方教体，唯在音闻，从闻根入，故此'闻'字，即指击钟所验不生不灭之闻性也。"

思慧 —— 依耳根之闻性，起始觉观智，观察、参究"那能闻的是谁"，离一切妄想邪思，不著空有两边，谓之思慧。此以思慧代替第六分别意识，或者说转第六意识为妙观察智，即思慧。《楞严合辙》释云："思者，非遍行思，亦非思善思恶之思，以思善思恶皆属邪思，故下文云：'阿难虽强记，不免落邪思。'此即善恶都莫思量之思，以百不思是正思者。谓行人用此百不思之正思，专注闻性，专究此根从何所来，令彼颠倒闻机，脱黏内伏，为拔根之利器，除结之先锋，向下入流亡所，以至寂灭现前，皆仗此一思而得深入……沩山云：'以思无思之妙，反思灵焰之无穷，思尽还源，性相常住，事理不二，即如如佛。'"

修慧——念念参究，念念返观，念念旋妄脱粘，归元内伏，始本合一，发明本地风光，以不二之真智，修无相行，谓之修慧。《楞严合辙》释云："修者亦非造作种种功行之谓，但达诸法如幻，了无根本，不生取著，则诸微细尘垢自然销落，觉性现前，是名正修。以思是知、修是离，故《圆觉》云：'知幻即离，离幻即觉'是也。"

通润禅师的解释应该说是继承了长水大师的观点。长水大师在他的《大佛顶首楞严义疏注经》中，对"三慧"做了别具一格的解释，他将三慧与后文解六结之过程，做了配对，显示了闻思修三慧的功夫次第深浅。

简单地说，闻慧乃相对耳识而言，以闻慧破耳识，这是修行的第一个阶段，相当于从假入空观，属空观智；思慧是相对第六意识而言，以思慧破意识，这是修行的第二个阶段，相当于从空入假观，属假观智；修慧乃是指悟后之真智现前，以修慧破七、八两识，这是修行的第三个阶段，相当于双照二谛之中道观，属中道智。以闻慧、空观智，遣耳识，解根、尘二结，断人我执，破见思惑；以思慧、假观智，遣闻慧、空观智，解觉结，断法我执，破尘沙惑；以修慧、中道智，遣思慧、假观智，解空结，证俱空不生，进而解灭结，断尽无明惑。

现将闻思修三慧之特殊意义，列表解如次：

闻慧	思慧	修慧
对耳识而言转耳识而成闻慧。以闻慧破耳识（以耳根例前五根）。离言说相。	对第六意识而言，转第六意识而成思慧（即妙观察智）。以思慧破第六意识。离名字相。	对第七、第八两识而言，转七八两识而成修慧。以修慧破七八两识。离心缘相。
空观	假观	中道观
初于闻中，入流亡所……如是渐增，闻所闻尽。	尽闻不住，觉所觉空。	空觉极圆，空所空灭，生灭既灭，寂灭现前。
能破见思惑	能破尘沙惑	能破无明惑
能解根尘三结	能解觉结	能解空灭二结
破色受二蕴，超劫浊、见浊。	破想蕴，超烦恼浊。	破行识二蕴，超众生浊、命浊。
信满入住（至七住）	住（从八住起）入行向位	向满入地，乃至等妙二觉。

上言闻慧对应于空观智，思慧对应于假观智，修慧对应于中道智，乃依通（不论功行次第）而论。若就别（涉及功行次第）而论，闻慧、思慧、修慧是就因行而言，空观智、假观智、中道智乃就因行功成而言。

二、次述修耳根圆通之三阶次

解六结共分三个主要阶次，此过程主要是依据能解六结的能观智重重拂迹的过程而论（参见本书第八章第四节"《首楞严经》关于修习止观的基本原则"中的关于竖六结之表解）。

（一）修耳根圆通的第一阶次：此根初解，先证人空，与体大相应，证理法界

1. 以闻慧（随顺闻性之空观智）解尘结（亡前尘），超劫浊

（1）解动结

初于闻中，入流亡所。

【按】入流，入闻性之流，指背尘合觉，向内返观闻性。此与出流相对，出流就是背觉合尘，向外驰求。亡所，亡掉所观之声尘（此指声尘之动相，有声音谓之动，无声音谓之静）。

最初依于耳根之闻性，起"虚空明镜"一般的始觉观智，观照无边宁静之背景下的外在声尘，不把声尘当作对立面，不分别、不取舍，不被声尘所转（默照），或者在"虚空明镜"一般的始觉观智普观外在音声的时候，返观参究"那个闻的是谁"，然后进入一种"虚明自照"的状态。此即是"入流"，入闻性之流，与闻性相应，又称"返闻闻性"，亦即背尘合觉。功夫得力，就会逐渐亡失所闻的声相。

入流亡所意味着，于六结中，先解声尘中的动结（有声音即是动），初步得功夫相应。此处之亡所，并非指声尘完全消灭，而只是忘掉声尘中的动相，声尘的静相还没有忘掉。

黄念祖老居士解云：

"初于闻中，入流亡所"，正是从闻性下手。"初"指最初下手之处，"闻中"就是在闻性之中。"入流"，驰求声音叫作出流，不听外声，返闻自耳的能闻之性，叫作入流。"亡所"这是一个极重要的关键。眼睛看见红花绿叶，这些花叶就是所见；耳朵听到钟鸣鼓响，这音声是所闻；肉味是舌根所尝，孔子听了音乐，三月不知肉味，就是忘了舌根的所。声音无动于衷，是观音最初步的忘所。因为耳根能听就叫能闻，能闻的本性叫作闻性。这是单从耳根说，实际闻性也就是全体自性的作用。可见一下手用功，就是从本体上、从自性上用功。这是一个很深入的法门。有的人把它讲浅了。佛经含义，你深入发挥是好的。如果本是很深的，你讲浅了，就不甚如法了。观音大士在闻性之中"入流亡所"，就是入了闻性的流，绵密相续没有间断，默照在闻性之中了。入了这个法性的流，就叫作"入流"。忘记了所闻的声，就叫作"亡所"。参究自心，在心光内，注在闻性中，入了流，忘记了所听到声音的尘，故称"入流亡所"了。

这个地方是非常重要的。"所"字呀，是修行的一个关键。在本章之前，佛弟子富楼那问佛："清净本然云何忽生山河大地？"佛就指出，其关键应在于"因明立所，所既妄立，生汝妄能"。能所对立，扰乱生尘，引成尘劳烦恼，于是"起为世界，静成虚空"。可见清净本然之中，只因"立"了个"所"，于是出现山河大地，出现种种众生。问题都由于立了所。本经又说："元明照生所，所立照性亡。""所"一立，心就不能再照了。观世音菩萨照见五蕴皆空，但众生一立了所，有了所见、所闻、所知，都有对待，一切成二，在这以后就不能照而只能想了。所以立了这个"所"就是众生入迷的根本。现在我们要回头，要觉悟，就必须从忘掉这个"所"开始。后头更有许多层次的"所"，一层一层地把这个"所"忘掉。

第一步是什么呢？先忘掉我们所闻的声音这个尘，把这个"所"忘了。这话是什么意思呢？就是我们听见音声，就分别呀，这个音声是美呀、是丑哇？是噪音哪、是乐音哪？爱听、不爱听啊？这是顺我的、是称赞我的。这是批评我的、毁谤我的。于是许多烦恼都来了。由于所闻的声音，增加你很多烦恼。这个是什么呢？这就是背觉合尘哪！你本来是佛，本来平等，一切事究竟坚固。现在你就完全违背了，你就被这个声尘所迷惑，而生出无边烦恼，生出无量是非分别。这不正是背觉合尘哪！那么如果你返闻哪，自心不在这一切音声上头，自心所向者，不是向外，你回呀，回转来，不去听那个声音，而是去用耳根听我的能闻的本性，这就是返闻了嘛！返回来了。能闻者是谁？这个谁那就是你的闻性，你的主人翁，你的本来面目，就是你的本来的觉性，就是你的本来的妙明真心。因此这就是背尘合觉的开始。这是两条道路：你到底是背着觉悟向着外尘，还是背开外尘向着觉悟呢？

观世音菩萨就是从耳根闻性之中下手起修，念念内照，于是入于返闻照性之流。于是自己自然离开声尘，也即是忘记了所闻，而"亡所"。这只是初步功夫的相应，因智光内照而显定力，这是功夫。声尘自亡，这是效验。永嘉禅师说："流非亡所而不入，所非入流而不亡。"也即是，不能亡所就不能入流，不能入流也就不能亡所。可见"入流亡所"是修证圆通的总诀。（《大佛顶首楞严经观世音菩萨耳根圆通章举要》，参见《心声集》）

（2）解静结

所入既寂，动静二相了然不生。

【按】入流亡所之后，即所闻的动尘（有声音）亡灭后，所闻的静尘（没有声音）方显，此时还要继续反观闻性，参究"那能闻静尘的是谁"，不能安住在静境中。入流之功夫渐深，就会进入动静二相皆亡寂的境界。功夫至此，声尘的动静二相了然不生，表示声尘脱落了。

此乃解声尘中的静结。动静二结俱解，则脱色阴而超劫浊。

蕅益大师《楞严文句》解云：

此以一心圆妙止观，直观闻性本圆、本通、本常，了知耳根所对动静二尘，本如来藏妙真如性，动亦不生，静亦不生，不生之理，了然即在二相之中，非灭二相而后为不生也。夫动静二相，既已了然不生，则凡明暗、通塞、恬变、合离、生灭等相，又岂有生？故得圆破色阴、超劫浊也。（《楞严文句》卷六）

憨山大师《楞严通议》云：

"初于闻中，入流亡所"等者，即前云"此根初解、先得人空也"。六根顺流奔境，故随情造业。今于耳根思修，则不缘外境矣。入流者，返流也。谓逆彼业流，返观闻性，则不由前尘所起知见，而闻性现前，尘境遂空，故曰亡所。且未观闻性之前，以境有动、静，则听不出声矣。今观闻性寂然，则境无动、静之相，故曰了然不生，是亡前尘也。（《楞严通议》卷六）

黄念祖老居士解云：

"所入既寂，动静二相，了然不生。"《楞严说通》解释为："前之亡所，且唯亡动。今之既寂，乃是动结已除，静结方显也。既寂之后，加功进力，反闻功夫，展转深切，以至寂静亦亡，则动静二尘，迥然双脱矣。"这就是说：亡掉了声音，这是亡掉声尘的动相，动相不能妨碍自己，于是解了声尘的动结。但动相一除，马上显出声尘的静相，这是声尘的静结。仍是外尘的结缚，必须继续入流，返观闻性来解除掉。所以我们在修行道路的任何地方，都不能停步不前。当动相消除不能为碍之后，自然出现静相；若留恋这个静相，还是有所著，所以需要更进一步。不住于静尘，仍是返究"能闻静尘者是谁（也即知静的人是谁）？"若心住静尘，即是闻静尘，是出流，而不是入流了。若能返闻自己能闻静尘的闻性，于是静尘也不能为碍。声尘的动静二结，一齐解除。故云"动静二相，了然不生"。（《大佛顶首楞严经观世音菩萨耳根圆通章举要》）

以上以闻慧、空观智解尘结（动静二结）。此能解之观慧（闻慧、空观智）如若未亡，即成入圆通心的障碍，相当于《圆觉经》迷智四相中的"我相"未断（关于迷智四相，请参阅本书第十四章第三节"修习止观过程中的常见误区"这一部分中的"《圆觉经》论'四病'和'四相'"）。

2. 以慧闻（随顺闻性之空观智）解根结（尽内根），超见浊

如是渐增，闻所闻尽。

【按】如是观行之力，渐次增上，定力日深，尘既不缘，根无所偶，能闻之根亦随所闻的动静声尘俱尽而亡。此即"闻所闻尽"。耳根之结既尽，

则其余五根之结，亦同时俱解，所谓"一根既返源，六根成解脱"。到此，六根结一时消尽，圆通心现前，此即破受阴而超见浊，除人我执，断见思惑。此时照体独立，相当于明心见性，破初关。

长水大师云：

> 入流，犹返流也。初观闻性，返照离缘，不随前尘流转起灭，故云"入流亡所"。所缘声相由不随故，寂然不起，起即是动。既亡动相，静亦不生，以动静境，是耳家所取。今观无性，本无所有，毕竟叵得，故云"了然不生"，即所取无相也。《圆觉》云："应当远离一切幻化虚妄境界。"复增观行，所缘既亡，闻相不起。此能闻相即是闻慧，能所俱寂，故云"闻所闻尽"。此遣闻慧也。"一根既尔，余根亦然"，亦是前文"此根初解，先得人空"也。《圆觉》云："心如幻者，亦复远离。"（《首楞严义疏注经》卷六）

蕅益大师《楞严文句》解云：

> 动静二相了然不生，则所闻之性本尽；所闻既尽，能闻亦然，所谓"旋闻与声脱，能脱欲谁名"。夫能闻所闻既尽，则能见所见、能嗅所嗅、能尝所尝、能觉所觉、能知所知，又岂不尽！故得圆破受阴、超见浊也。（《楞严文句》卷六）

憨山大师《楞严通议》云：

> 如是渐增等者，由境寂灭，复增观行，以所闻声尘既无动静，则此闻根亦泯。故曰闻所闻尽。此尽内根也。（《楞严通议》卷六）

黄念祖老居士解云：

> 所闻"动静二相"既已"了然不生"，所修之法，加功渐进，定力加深。如《通议》所说："如是渐增"等者，由境寂灭，复增观行，以所闻声尘既无动静（皆不可得），则此闻根亦泯，故曰"闻所闻尽"。因为声尘是我们所听到的，

咱们能听到的是耳根，现在声尘的动静两结齐消，所剩下的只是能闻的耳根，这根也是结。根与尘相对。了然不生，就没有外相，既然外相消除，内相也随之而同尽。于是"泯然豁然，无复内外，即根尽之相"（以上是《说通》句）。于是破了根结，又进一步了。此时先得人空。（《大佛顶首楞严经观世音菩萨耳根圆通章举要》）

以上以闻慧、空观智解根结。此能解之观慧（闻慧、空观智）如若未亡，即成入圆通心的障碍，谓之"觉结"，相当于《圆觉经》迷智四相中的"人相"未断。

（二）修耳根圆通的第二阶次：空性圆明，以证法空，与相大相应，证理事无碍法界 —— 以思慧解觉结（以假观智遣空观智），超烦恼浊

尽闻不住，觉所觉空。

【按】尽闻，能闻与所闻双亡。这是一种根尘双泯、清湛纯一、没有边际之境，此时圆通心现前，不再受六根六尘的影响。但是这当中有一个能觉知"闻所闻尽""根尘俱空"的能觉（指闻慧、空观智）在。此觉不除，但得人空，未得法空，为解脱深坑，故不可执著此境而落入二乘境界，仍需加功用行，借助思慧（即假观智），将能觉"根尘俱空"之境的觉智（闻慧、空观智）以及所觉的根尘双泯、清湛纯一、没有边际的湛然之境，全部觉破，能觉、所觉双亡，从空返有，发大悲心，起度生之用。

就二乘而言，"觉"即是能照此根尘迥脱之境的闻慧、空观智，"所觉"即是此根尘迥脱湛一无边之境。就三贤位菩萨而言，尽闻不住处，思慧（妙观察智、假观智）现前，其"觉所觉空"的过程，就是以思慧遣闻慧、以妙观察智破第六意识的过程。思慧功极，破想阴而超烦恼浊，修慧（中道智）现前。长水大师所说的解觉结就是以思慧（假观智）遣闻慧（空观智），真意即在于此。

关于根尘三结解除之后，如何用思慧（假观智）遣闻慧（空观智）、超越根尘迥脱之后的无边清净空境、从空返有，我们可以从《法华经·法师功

德品》中找到答案。关于"五品法师"所证得的"六根清净位"之功德，《法华经·法师功德品》中是这样讲的：

　　尔时佛告常精进菩萨摩诃萨："若善男子、善女人，受持是《法华经》，若读、若诵、若解说、若书写，是人当得八百眼功德、千二百耳功德、八百鼻功德、千二百舌功德、八百身功德、千二百意功德，以是功德庄严六根，皆令清净。是善男子、善女人，父母所生清净肉眼，见于三千大千世界内外所有山林河海，下至阿鼻地狱，上至有顶，亦见其中一切众生，及业因缘、果报生处，悉见悉知……复次，常精进，若善男子、善女人，受持此经，若读、若诵、若解说、若书写，得千二百耳功德。以是清净耳，闻三千大千世界，下至阿鼻地狱，上至有顶，其中内外种种语言音声，象声、马声、牛声、车声、啼哭声、愁叹声……以要言之，三千大千世界中、一切内外所有诸声，虽未得天耳，以父母所生清净常耳，皆悉闻知，如是分别种种音声而不坏耳根……复次，常精进，若善男子、善女人，受持是经，若读、若诵、若解说、若书写，成就八百鼻功德。以是清净鼻根，闻于三千大千世界、上下内外种种诸香……如是展转、乃至梵世、上至有顶，诸天身香，亦皆闻之。并闻诸天所烧之香，及声闻香、辟支佛香、菩萨香、诸佛身香，亦皆遥闻，知其所在。虽闻此香，然于鼻根不坏不错，若欲分别为他人说，忆念不谬……复次，常精进，若善男子、善女人，受持是经，若读、若诵、若解说、若书写，得千二百舌功德。若好、若丑，若美、不美，及诸苦涩物，在其舌根，皆变成上味，如天甘露，无不美者。若以舌根于大众中有所演说，出深妙声，能入其心，皆令欢喜快乐。又诸天子、天女，释梵诸天，闻是深妙音声，有所演说、言论次第，皆悉来听。及诸龙、龙女，夜叉、夜叉女，乾闼婆、乾闼婆女，阿修罗、阿修罗女，迦楼罗、迦楼罗女，紧那罗、紧那罗女，摩侯罗伽、摩侯罗伽女，为听法故，皆来亲近、恭敬供养。及比丘、比丘尼，优婆塞、优婆夷，国王、王子、群臣、眷属，小转轮王、大转轮王、七宝千子，内外眷属，乘其宫殿，俱来听法，以是菩萨善说法故。婆罗门、居士、国内人民、尽其形寿，随侍供养。又诸声闻、辟支佛、菩萨、诸佛，常乐见之。是人所在方面，诸佛皆向其处说法，悉能受持一切佛法，又能出于深妙法音……复次，常精进，若善男子、善女人，受持是经，若读、若诵、若解说、若书写，得八百身功德。得清净身如净琉璃，众生喜见。其身净故，三千大千世界众生，生时、死时、上下、好丑，生善处、恶处，悉于中现。及铁围山、大铁围山、弥楼山、摩诃弥楼山等诸山，及其中众生，悉于中现。下至阿鼻地狱、上至有顶，所有及众生，悉于中现。若声闻、辟支佛、菩萨、诸佛说法，皆于身中现其色像……复次，常精进，若善男子、善女人，如来灭后，受持是经，若读、若诵，若解说，若书写，得千二百意功德。以是清净意根，乃至闻一偈一句，通达无量无边之义，解是义已，能演说一句一偈，至于一月、四月乃至一岁，诸所说法，随其义趣，皆与实相不相违背。若说俗间经书、治世语言、资生业等，皆顺正法。三千大千世界六趣众生，心之所行，心所动作，心所戏论，皆悉知之，虽未得无漏智慧，而其意根清净如此。是人有所思惟、筹量、言说，皆是佛法，无不真实，亦是先佛经中所说。

所谓的六根清净位，按天台智者、蕅益等大师的解释，相当于别教初住以上，属圆教之"相似即佛"。憨山大师在《法华通义》中认为，六根清净位即是"位不退"，相当于三贤位，以十住位已断分段生死之粗相，不退凡夫，十行十向已发大悲心、菩提心，不退二乘，故云位不退。《首楞严经》所说的"闻所闻尽"、解根结，实际上，就是相当于六根清净位。此时因为摆脱了根尘的束缚，圆通心初步现前，得相似觉，自然引发上面所引经文中提到的关于六根清净位的种种神通妙用——能以父母所生之眼耳鼻舌身意等六根，遍见、遍听、遍闻、遍现、遍知三千大千世界中一切有情的色声香味触法等差别境界，能"见其中一切众生，及业因缘、果报生处，悉见悉知"，从而激发出愿度一切众生、愿证无上菩提的广大悲愿心。借助六根清净位之功德，分别觉观禅定中自然显现出来的三千大千世界的种种境界，修如幻观，成就大悲心，从空返有、回小向大、回自向他，这就是"解六结"中用思慧（假观智）遣闻慧（空观智），做"尽闻不住"、解觉结的功夫的真实意义。此处所说的思慧（假观智）并不是人们通常所理解的那种用第六意识心去想象、思维、领解，个中的如幻假观，是在禅定境界中自然呈现出来的。

以思慧（假观智）解闻慧（空观智）之觉结后，初断法我执，破尘沙惑（尘沙惑者，众生之见思烦恼犹如尘沙，菩萨虽证我空，然未得假观智，故于度化众生的过程中，不得自在。此迷于俗谛的不污染无知，谓之尘沙惑。

称不污染无知，乃因其离人我执）。之所以称初断法我执者，乃是仅离第六意识之法我执，还有执"有众生可度，有佛道可成"之第七识俱生法我执未破。故从这个角度来讲，思慧（假观智）亦是结，即是所谓的"空结"。

长水大师云：

尽闻之处，即思慧为体，名之为"觉"。此之觉慧，属第六识，是则舍闻而观于义。今亦不住此尽闻处，更进观行，观破此觉及所觉闻（指"尽闻"），二俱不立，故名为"空"。此遣思慧，即前文云，"空性圆明，成法解脱。"《圆觉》云："远离为幻，亦复远离。"（《首楞严义疏注经》卷六）

蕅益大师《楞严文句》解云：

"不住"二字，即是于未足中不生满足证也。后文云，"若动念尽，浮想销除，于觉明心，如去尘垢，一伦生死，首尾圆照，名想阴尽。"又云，"想阴尽者，是人平常梦想销灭，寤寐恒一，觉明虚静，犹如晴空，无复粗重前尘影事，乃至唯一精真"，故知此文，是圆破想阴以超烦恼浊也。（《楞严文句》卷六）

憨山大师《楞严通议》云：

"尽闻不住"等者，此"空性圆明、成法解脱"也。谓根尘双泯为尽闻处，而亦不住尽闻之觉，更增观行。根尘既泯，而此观智亦亡，故觉所之觉亦空。此空观智也（按：以假观智之思慧空掉前面的空观智之闻慧）。（《楞严通议》卷六）

黄念祖老居士解云：

"尽闻不住"，所闻能闻俱尽，就是"尽闻"。但决不半途而返，要一往直前哪！根尘都没有了，怎么知道的？自己有觉嘛，觉到的。由于智慧嘛，所以能觉。觉照，照到这个根尘俱空。所以由于能觉，才知道根尘都空了。现根尘俱尽，唯剩一觉。若住此境，但得人空，未得法空，永堕无为深坑，所以"不住"。唯当加功再进，透过此关。当能闻与所闻都消除之后，根同尘都一齐迥然脱落，当前出现的是清湛纯一没有边际的境界。这个境界正是自己所觉到的。既有所觉，必有能觉，能觉即是能观照这个境界的智慧，有能觉与所觉，这就又是一层能所。"尽闻"是能闻与所闻的尽除，破了根结，达到根尘齐泯的境界，能照这个境界的是能觉，属于般若。若住于这个"尽闻"的境界，还有能觉与所觉。能觉的智与所觉的境相对，这就是能所仍存，智境相对，仍是障碍。不能客惜此智，都应舍弃，来破除法执。《通议》说："根尘双泯，为尽闻处，而亦不住尽闻之觉，更增观行。根尘既泯，而此观智亦亡，故觉所之觉亦空，此空观智也。"憨山大师说，尽闻则根尘皆尽，不住则继续进修，所觉的境是根尘齐销，了不可得，所以能觉没有对待随之也空，所以"觉所觉空"，于是破了觉结。（《大佛顶首楞严经观世音菩萨耳根圆通章举要》）

以上以思慧、假观智解觉结。此能解之观慧（思慧、假观智）如若未亡，即成入圆通心的障碍，谓之"空结"，相当于《圆觉经》迷智四相中的"众生相"未断。

（三）修耳根圆通的第三个阶次：俱空不生，顿证一心，与用大相应，证事事无碍法界

1. 以修慧解空结（以中道智破菩萨缚，证俱空），超众生浊

空觉极圆，空所空灭。

【按】此处的"空"，就是前面所讲的"觉所觉空"的"空"，指能空掉二乘执根尘皆空之寂静境为究竟的假观智，即思慧；觉，就是前面所讲的"能觉"与"所觉"（闻所闻尽、根尘俱泯）之"觉结"，即闻慧（即空观智）。假观智虽然能空掉"能觉所觉"之"觉结"（闻慧、空观智），但是它还没有离能所，有能空、所空之对待，故仍须借修慧（中道观智），继续观行，令能空的观智（假观智）与所空之境，圆融为一体，最后达到能空之观智（假观智）与所空之空境灭尽无余，此即"空所空灭"（证俱空）。功夫到此，则解"空"结，离俱生法我执，破行阴而超众生浊。

长水大师云：

觉空之处，思慧既尽，唯与修慧相应。观行增微，修慧圆极，故云"空觉极圆"。此能空修慧与所空觉，亦俱不存，故云"空所空灭"。此遣修慧，即是前文"解脱法已，俱空不生"也。《圆觉经》云："离远离幻，亦复远离。"（《首楞严义疏注经》卷六）

蕅益大师《楞严文句》解云：

"极"之一字，即是不生满足，任运增进之功也。后文云，"若此清扰熠熠元性，性入元澄，如波澜灭，化为澄水，名行阴尽。"又云，"行阴尽者，诸世间性，幽清扰动，同分生机，倏然隳裂；沉细纲纽，补特伽罗酬业深脉，感应悬绝，于涅槃天，将大明悟，内外湛明，入无所入，乃至已灭生灭，而于寂灭精妙未圆。"故知此文，是圆破行阴以超众生浊也。（《楞严文句》卷六）

憨山大师《楞严通议》云：

"空觉极圆"等者，谓空观智之空，至于极圆之处，则空所空之空亦任运而灭。故曰空所空灭。此泯谛理，遣重空也。（《楞严通议》卷六）

黄念祖老居士解云：

"空觉极圆，空所空灭。"空与所空又是一层能所。刚才说"觉所觉空"，其中的空是空观智，即是现在"空觉"中的"空"字。"觉"字呢，就是能觉和所觉。这个觉结因空观智的空而解除了。因有这个空，空掉能觉与所觉；觉的结是解开了，但留下空结，还须解除。能空和所空宛然仍在。一个能，一个所，又是一个对立。还要加功进修，入流照性，达到"极圆"。于是，不但所空的智境全息灭了，能空的这个空也灭了。这就是"空所空灭"。打个比方：就像拿木头钻木头来取火，木头钻木头，钻来钻去，一下火出来了，钻的木和被钻的木都烧完了。空所空灭就是这样。能空的和所空的都灭，两个同时都没有

了，"空所空灭"。这就解了空结，证了法空。（《大佛顶首楞严经观世音菩萨耳根圆通章举要》）

以上以修慧、中道智解空结。此能解之观慧（修慧、中道智）如若未亡，即成入圆通心的障碍，谓之"灭结"，相当于《圆觉经》迷智四相中的"寿命相"（《金刚经》称"寿者相"）未断。

2. 俱空不生，顿证一心 —— 超命浊（解灭结）

生灭既灭，寂灭现前。

【按】此处"生灭"中的"生"，指前面所讲的"空结"；凡是有能所对待，皆属起心动念，故谓之"生"。"生灭"中的"灭"，指能灭空结的能灭，即所谓的"俱空"。此"俱空"之"灭"也是障碍，也须破除。此俱空之"灭结"若不除，则法身妙用不能显现。俱空破掉之后，即所谓"生灭既灭"，具足体相用三大的寂灭之法界一相当下现前。

生灭既灭，即进入无相无修之不二境界，此时俱空亦破，"不生"之寂灭现前。此处所破，乃解灭结，即六结次第生起中的第一结，相当于《大乘起信论》三细中的"生相"。"灭"结不解，恒住俱空之境，犹为细障，以变易生死未破故。灭结一解，无明断尽，破识阴而超命浊，圆证一心。

长水大师云：

既展转空，俱属生灭，至此已极，故云"既灭"。无生真理，寂常妙性，了然明现，故云"寂灭现前"，故上文云："是名菩萨从三摩地，入无生忍（按：此处的无生忍，乃指究竟圆满之无生忍，非别教初地之无生忍）。"此乃圆观闻性，无前境界，渐澄粗念，稍除细想，以至无念，如上文云："静深不动，沙土自沉，清水现前，名为初伏客尘烦恼；去泥纯水，名为永断根本无明。明相精纯，一切变现不为烦恼，皆合涅槃清净妙德。"此即始从观行，至相似觉，名生灭位；入随分觉，证无生忍，名无生位（按：此处的无生忍，乃指因满无生忍，与别教初地等）。然此初证境界不可思议，与佛无殊，故经云："初心毕竟二不别，如是二心前心难。"入此位后，心心寂灭，自然流入萨婆若海（按：依初地无生忍而起修，摄十地、等妙二觉）。此之观门，即是圆修一心三观。今为从闻思修，返照离缘，显自闻性，粗念不起，细念不生，以至寂灭。挟空义说，是则一空一切空也。闻性显处，中道理现，名"寂灭现前"耳。（《首楞严义疏注经》卷六）

蕅益大师《楞严文句》解云：

后文云，"十方世界及与身心，如吠琉璃，内外明彻，名识阴尽。"又云："识阴若尽，则汝现前诸根互用，从互用中，能入菩萨金刚干慧，圆明精心于中发化，如净琉璃内含宝月，如是乃超十信十住等，乃至圆满菩提，归无所得。"故知此文，是圆破识阴，以超命浊也。（《楞严文句》卷六）

憨山大师《楞严通议》云：

"生灭既灭"等者，明俱空不生也。如此重重遮遣，至于无遣，故曰生灭既灭，寂灭现前。（《楞严通议》卷六）

黄念祖老居士解云：

"生灭既灭，寂灭现前。"以上由于"空所空灭"，破了空结，证了人空与法空，但其中末后的一个"灭"字，仍是一结。动、静、根、觉、空、灭是六个结，都是生灭法。

解结次第：第一步动结灭了（破了声尘的动相），静结就出生了。再破了静结，声尘的动静二相都消，只显能闻耳根，于是静灭根生。耳根之外没有了可做对待的声尘，于是根结也不存在了。根结也破了，此时根尘全脱，唯有照境的觉智，这是根灭觉生。所觉之境既离根尘，能觉之智仍在，若常对待，仍有能所，此智亦须放舍。于是能觉与所觉俱空，觉结灭而空结生。"空所空灭"则空结灭而灭结生矣。到此若常住灭相之中，被灭相所障，是一种顶堕，正在百尺竿头，更须进步，到此也必须著力去灭除，但不存执著之心，以俟一刹那顷，灭相迥脱，本理现前，六结俱解，顿证一心。

"生灭既灭，寂灭现前"，所以这就跟《涅槃》"诸行无常，是生灭法，生灭灭已，寂灭为乐"，完全是一致的。在寂灭中不是空无所有，而是寂灭为乐。"寂灭"二字，其中"寂"字，不是与"动"互相对待的"寂"，而是从无始来，本自不动的"寂"。其中"灭"字，不是与"生"互相对待的"灭"，而是从无始来，本自无生的"灭"。故此"寂灭"，即本觉理体，即是如来藏，真如实际，一乘寂灭场，大光明藏，实即真心全体，无边妙用皆在其中。以上解除六结，是观音大士"从闻思修"，"寂灭现前"，"入三摩地"，证入圆通。（《大佛顶首楞严经观世音菩萨耳根圆通章举要》）

以上以寂灭一心解灭结，此时能所双亡，智境俱泯，生相无明已破，法界一相之真心现前。相当于《圆觉经》迷智四相中的"寿命相"已破，四相不存，入泯相绝待之大圆觉海。

三、末述入流成正觉

忽然超越世出世间，十方圆明，获二殊胜。

【按】忽然超越了世间、出世间，有为、无为，空、有等二边的束缚，大圆镜智现前，十方圆明，获得二种殊胜功德。

一者，上合十方诸佛本妙觉心，与佛如来同一慈力。

【按】上合十方诸佛所证的本妙觉心，与佛如来同一慈力，能运无缘之大慈，广度有情界。下文三十二应，即与诸佛同其用。

二者，下合十方一切六道众生，与诸众生同一悲仰。

【按】下合十方一切六道众生之心性，与诸众生同一悲仰，能施无畏之力，与诸众生共其用。下文十四无畏，即与众生共其用。

憨山大师《楞严通议》云：

此妙行已圆，而三谛一心平等显现，故能忽然超越也。一念顿证故曰忽然，十界依正，皆寂灭一心所现影像，故曰超越。圆满十方，洞然无碍，故曰圆明。即前云"明相精纯，一切变现不为烦恼，皆合涅槃清净妙德"，故上合诸佛本妙觉心，圆照自心，众生无不愿度，故曰同一慈力。下与六道一切众生共一法身，以众生心中之悲仰，即诸佛拔苦之觉地，故曰同一悲仰。此二最胜一时获得，是所谓圆通超余者也。（《楞严通议》卷六）

黄念祖老居士解云：

"忽然"指从闻思修，一刹那间，证入圆通，发挥全体大用的时候。《通议》说："一念顿证，故曰忽然。""超越"是解脱无碍之义。《通议》曰："十界依正，皆寂灭一心所现影像，故曰超越。"十界中，六凡是世间，四圣是出世间。如古德所云，十方所有诸法，无非自性光明，当然就解脱无碍了。自性光明，圆满十方，洞然无碍，故曰"十方圆明"。

《心经》大家熟，正好互相印证。经中一切皆无，无智无得，故云"无所得故"，但最后是"得阿耨多罗三藐三菩提"嘛！这里也是如此。生灭灭了之后，是"寂灭现前"。是"超越世出世间"，得到两个"殊胜"。一个"上合十方诸佛本妙觉心"。向上说，和诸佛本来明妙的大觉之心相合，与佛同体。又"与佛如来同一慈力"，跟佛如来同样的大慈大悲的力量。与佛同用，大士所证乃心佛众生三无差别的理体，故本心上合诸佛下合众生，所以我跟六道一切众生也是同心同体。"与诸众生同一悲仰"，悲者悲哀，仰者仰望，众生在苦难之中，哀求佛菩萨求度，菩萨就和同体的一切苦难众生同样悲仰。为什么念观世音菩萨名号，因为观世音菩萨跟我们同体嘛，你悲仰，观世音菩萨跟你同样的悲仰，但菩萨同时具有佛的慈力，所以众生马上得到救度。

观世音菩萨成道的经过，一层一层，消除能所，连断六结，才证入圆通。所以我们也须直入宝山，不可在途中贪图小利，得少为足，甚至堕入魔途……（《大佛顶首楞严经观世音菩萨耳根圆通章举要》）

以上依据经文对《观世音菩萨耳根圆通章》解六结的过程做了一个简单的解读。解六结的过程，实际上就是一个不断离妄幻、重重拂迹、超越能所的过程。为方便读者一目了然，并对上述经文内容有一个整体的把握，现列表解如次：

离妄拂迹	六结	初中后三善及向上一路			
六尘 六根	根尘 三结	以闻慧、空观智解根、尘三结，破凡夫缚，为初善。"初于闻中，入流亡所，所入既寂，动静二相，了然不生。如是渐增，闻所闻尽。"【觉"妄"。以二乘空观智破凡夫执有】	以思慧、假观智解觉结，破二乘缚，为中善。"尽闻不住，觉所觉空。"【空"觉"。以三贤假观智破二乘执空】	以修慧、中道智解空结，破菩萨缚，为后善。"空觉极圆，空所空灭"【空"空"。俱空。以地上无生法忍破三贤执有众生可度有佛道可成，破菩萨缚】	以寂灭一心，泯智境，亡能所，解灭结，破生相无明。为向上一路。"生灭既灭，寂灭现前"【寂"灭"。不生。扫除悟迹，归无所得】
闻慧、 空观智	觉结				
思慧、 假观智	空结				
修慧、 中道智	灭结				
生灭既灭，寂灭现前——泯智境，亡能所，归于究竟无心					

若联系到修证位次，大体上可以这样讲：

二乘依闻慧（空观智）解根、尘三结，初证人空，断见思惑，出分段生死粗相。然因不知有第七第八识及万法唯心之理，执我空法有，又执离根尘之空境为究竟涅槃，不能回小向大、从空入有，未得假观智，故犹有觉结在。也就是说，二乘虽能以闻慧（空观智）解根尘三结，然此能观之闻慧未亡，亦是结，谓之觉结，《圆觉经》称为迷智四相中的我相、人相。

　　三贤就所断而言，虽然与二乘相同，然因知有第七第八识及万法唯心之理，故能发菩提心，回小向大，依思慧（假观智）转第六意识为妙观察智，从空入假，故能解二乘之觉结。然因其执有众生可度、有佛道可成，故此能解二乘觉结的思慧（假观智）未亡，亦是结，谓之空结，《圆觉经》称为迷智四相中的众生相。

　　地上菩萨成就中道智，与中道谛相应，能破法我执，故能以修慧（中道智）解三贤之空结（思慧），证俱空。菩萨证俱空之后，因中道观智未亡，不离能所，未泯境智，亦是结，谓之灭结，《圆觉经》称为迷智四相中的寿命相。当继续任运而修，必至等觉菩萨断尽生相无明之后，方登佛地。

　　从本质上来讲，《首楞严经》解六结的过程，与《圆觉经》所讲的重重拂迹、不断离妄、破除四相的过程是完全一致的。具体联系《圆觉经》"普贤章"中的"离幻五句"以及"净诸业障菩萨"章中的"断四相"来看，解尘结相当于"应当远离一切幻化虚妄境界"；此时若观智（闻慧）未亡（即执能闻，属于根结），即是迷智四相中的我相未断。解根结相当于"由坚执持远离心故，心如幻者，亦复远离"；此时若观智（空观智）未亡（即执能觉），即是觉结，即是迷智四相中的人相未断。解觉结相当于"远离为幻，亦复远离"；此时若观智（假观智）未亡（即执能空），即是空结，即是迷智四相中的众生相未断。解空结相当于"离远离幻，亦复远离"；此时若观智（中道观智）未亡（即执能灭），即是灭结，即是迷智四相中的寿命相未断。解灭结相当于"得无所离，即除诸幻"；此时六结俱解，能所皆亡，智境双泯，四相不存，寂灭不二之圆觉真心现前（读者可参见本书第十四章第三节中的"《圆觉经》论'四病'和'四相'"这一部分）。

解六结		离幻五句	能观之幻智	所观之幻境	离幻解结功成	观智未亡即落四相
初于闻中，入流亡所，所入既寂，动静二相，了然不生。	解尘结	远离一切幻化虚妄境界。	能闻：闻慧（因行之空观智）	所闻：动静二相。	功成：动静二相了然不生。解尘结。	尘结既解，然能闻之闻慧未亡，是为根结，即是我相。【证相未亡——执能闻之闻慧】
如是渐增，闻所闻尽。	解根结	由坚执持远离心故，心如幻者，亦复远离。	能觉：空观智（慧闻之功成）	所觉：动静二相了然不生。	功成：闻所闻尽。解根结，破见思惑。	根结既解，然能觉之空观智未亡，是为觉结，即是人相。【悟相未亡——执能觉之空观智】
尽闻不住，觉所觉空。	解觉结	远离为幻，亦复远离。	能空：思慧（妙观察智）、假观智	所空：闻所闻尽（根尘迥脱之空境）	功成：觉所觉空，解觉结，破尘沙惑。	作为觉结的空观智既解，然能空之思慧、假观智未亡，是为空结，即是众生相。【了相未亡——执能空之思慧、假观智】
空觉极圆，空所空灭。	解空结	离远离幻，亦复远离。	能灭：修慧、中道智。	所灭：觉所觉空（空有、凡圣二边未泯）	功成：空所空灭，解空结，破无明惑。	作为空结的思慧、假观智既解，能灭之修慧、中道智未亡，生相未破，是为灭结现，即是寿者相。【觉相未亡——执能灭之修慧、中道智】
生灭既灭，寂灭现前。	解灭结	得无所离，即除诸幻。	泯三观之相，解灭结，能所双亡，智境双泯，归于寂灭一心。			

　　以上《首楞严经》所开示的解六结过程，就是大乘佛教修习止观、入圆觉大海的基本次第，与智者大师所提到的六妙门是完全相通的。六妙门中的数、随、止、观之四门成就相当于解根、尘二结。还门成就相当于脱觉结。净门成就相当于脱空结、灭结。

不仅如此，此解六结的过程，与禅宗的祖师大德关于功夫次第的开示也是暗合的。比如，联系百丈禅师的初中后三句来看，解尘结、根结，相当于初善，破凡夫缚，凡夫执著于有，故又称破有；解觉结，相当于中善，破二乘缚，二乘执著于涅槃我，故又称破空；解空结相当于后善，破菩萨缚，菩萨执著于有众生可度，有佛道可成，故又称俱空；解灭结相当于超三句外，故又称证无生法忍。

若联系临济禅师的四料简来看，解尘结、根结，相当于夺境（所观境）不夺人（能观智），破凡夫缚；解觉结，相当于夺人不夺境，破二乘缚；解空结，相当于人境俱夺（智境双泯）；解灭结，相当于人境俱不夺，透三句外，通于向上一路。

现将解六结与六妙门、百丈三句、临济四料简，以及《圆觉经》关于修证位次的"离幻五句""四相""四种随顺净性"等内容再次做对接如表：

解六结	六妙门	《圆觉》离幻	《圆觉》四相	三种观智重重拂迹，四种随顺	百丈三句及透三句外	临济四料简
解尘结（动静二结）	数随止三门	应当远离一切幻化虚妄境界。	若能离之闻慧未亡，即是我相。	以闻慧、空观智破凡夫执有。【凡夫随顺觉性，包括十信外凡随顺觉性和二乘内凡随顺觉性】	初善，破凡夫缚。破有。	夺境（所观境）不夺人（能观智）。
解根结	观门	由坚执持远离心故，心如幻者，亦复远离。	若能离之空观智未亡，即是人相。			
解觉结	还门	远离为幻，亦复远离。	若能离之思慧、假观智未亡，即是众生相。	以思慧、假观智破二乘执空。【菩萨未入地者随顺觉性】	中善，破二乘缚。破空（从空返有，回小向大）。	夺人不夺境。
解空结	净门	离远离幻，亦复远离。	若能离之修慧、中道智未亡，即是寿命相。	以修慧、中道智双照空有，破菩萨有众生可度有佛道可成。【菩萨已入地者随顺觉性】	后善，破菩萨缚。俱空。	人境俱夺。
解灭结		得无所离，即除诸幻。	能所双亡，智境俱泯，寂灭一心，离四相，入圆觉海。	以寂灭一心泯智境，亡能所，归于无心。【如来随顺觉性】	透三句外，证寂灭无生忍。不生。	人境俱不夺。

最后，综合上述内容，将《首楞严经》之解六结、超五浊，与天台所讲的断惑证真之位次，再做整合、对接，列表如下：

解尘结	解根结	解觉结	解空结	解灭结
初于闻中，入流亡所，所入既寂，动静二相，了然不生。	如是渐增，闻所闻尽。	尽闻不住，觉所觉空。	空觉极圆，空所空灭。	生灭既灭，寂灭现前。
数、随、止门	观门	还门	净门	
空观（闻慧）		假观（思慧）	中道观（修慧），一心三观	
破见思惑		破尘沙惑	破无明惑	
超色阴、劫浊	超受阴、见浊	超想阴、烦恼浊	超行阴、众生浊	超识阴、命浊
观行位、别十信	相似位、别三贤	分证、究竟，别十地、等妙二觉		
别十信	别初住至七住	别八住至十向	别初地至七地	别八地至妙觉
圆五品弟子位	圆初信至七信	圆八信至十信	圆初住至七住	圆八住至初行、二行
	十信位	圆初住至十地、等、妙		
初证人空	成法解脱		俱空不生，得无生忍，入流成正觉	

以上解六结之过程，我们既可以从方便次第的角度来理解和运用它，亦可以从圆顿次第的角度来理解和运用它。前面所讲宗门中的四种主要用功方法，其用功过程，客观上都包含着解六结之内容，只不过，它们更偏重于从圆顿次第的角度来理解和运用而已。

比如，我们在参话头的时候，疑情一起，心心念念住在所参话头上，不为内外之尘境、识心所动，此时尘结伏而不行；既而随着功夫的深进，突然于能所双亡、一念不生处，打失话头，脱去根结。在整个离心意识参究的过程中，因为是以疑情为扫帚，有无俱扫，二边不立，故同时也是在解觉结、空结、灭结。也就是说，在宗门圆顿信解的引领下，正参话头时，实际上，就是在因地上，于一念间在完整地落实解六结之功夫。

修念佛禅亦复如是，这里的关键是要以宗门的圆顿信解为指导。若能把圆顿的信解变成当下之正念，并依此正念而修念佛禅，则《首楞严经》所言解六结的功夫，可以在当下一句佛号中得到落实：

当下专注于一句佛号，达到一心不乱，既不被外尘所动，亦不被内识所扰，此即是解根尘三结之功夫。正念佛号时，所念之佛号了不可得，能念之观智亦了不可得，此即是脱觉结的功夫。虽然能念所念俱是了不可得，然这不可得中含藏着无尽的大悲心，含藏着无量的如来智慧德相，能利益无量众生，此即是脱空结的功夫。正念佛时，心无所住，无所求，无所得，生佛平等，凡圣相灭，此即是脱灭结的功夫。

第五节　从《大乘起信论》"断六染心"看生活禅的功夫次第

前面提到，《大乘起信论》是整个大乘佛教的修证总纲。其中所讲到的"一心三大""始觉四相""断六染心"等观点，同时也是修行人准确把握大乘止观功夫次第的一个重要指南。

下面，拟围绕《大乘起信论》，分三个部分来介绍一下大乘止观的功夫次第。

一、一心三大

《大乘起信论》立足于"众生心"，依"一心二门三大四信五行"之顺序，展开了整个大乘佛法的修行理路。

众生心，又称如来藏心、真如自性、真如心、法界心、常住真心、如来藏妙明真心。真如心在众生因地之烦恼中，虽具无量清净功德，隐而不显，故谓之"如来藏"，又称"在缠法身"。在诸佛果地中，如来藏中所本具的无量清净功德，已全然开显，故名"法身"。此"如来藏"乃修行人所信之"大乘"，亦即整个大乘佛教起信之法体、宗本，它"能生一切法，能摄一切法"，具足体、相、用三大，乃成佛、解脱、度生之妙法。

体相用三大中的体大是指一切法皆以真如心为体，在染在净，性恒平等，无增无减，无有别异。此体绝待离相，具有随缘不变之性。相大是指此真如心法尔具足一切恒沙称性功德，在凡不减，在圣不增，生佛平等。用大是指此真如心具有不变随缘之妙用，能随迷悟之因缘而出生十界染净之因果。现就如来藏妙真如心之体相用三大之义，表解如次：

真如自性（真如心、众生心、如来藏心）之体相用三大

体	相	用	身、土
真如	迷染相：阿赖耶识	八识／不觉	业报身、秽土
	悟净相：如来藏／如来法身	四智／觉	法报应三身、净土

此表中的"体、相、用"三大，包括了凡圣、迷悟、染净等一切法。按蕅益大师的讲法，此体、相、用三大，须是转染相为净相、转迷用为悟用，始可称为"大"。换言之，《大乘起信论》所言"三大"，更偏重于"悟净因缘所显之三大"：

> 只此众生现前介尔之心，无法不具，无法不造。所谓随于染净缘，具造十法界，遍能出生十界因果。但约九界言之，则三途等诸恶因果，虽亦此心之用，如以金作秽器，利刀割泥，无上宝珠而作弹丸，不名用大。人天有漏因果，虽亦此心之用，如以摩尼仅贸一衣一食，不名用大。二乘无漏因果，虽亦此心之用，如空守阎浮檀金，不生息利，不名用大。权乘菩萨五通因果，虽有自利利他之用，如阎浮檀金而作商贾贸易，未能统御自在，亦不名用大。虽又希心极果，如以阎浮檀金作王宝冠，未能拔宅飞升，亦不名用大。唯有佛乘种性，知此现前介尔之心，体即真如，具无边德，便能观察一切妄念无相，自愍愍他，发大誓愿，称性修习，灭无始无明，证本法身，任运起于不思议业，种种自在作用差别，周遍法界，与真如等，譬如以阎浮金，炼作仙丹，便能拔宅飞升，游戏自在，故名用大也。（《大乘起信论裂网疏》卷一）

《大乘起信论》所言"一心二门三大"，对于修行人而言，它解决了三个根本性的问题：

1.什么是道？

如来藏妙真如心能摄一切世、出世间法，诸佛乘此而证菩提涅槃，菩萨乘此广修万行，下化众生、上求佛果，众生乘此而轮转生死。以此一心，是一切圣凡、迷悟、因果之总相，故云"一法界大总相法门体"。此心即是大乘之宗本，即是修行人要证得的大道。

2. 道在哪里？

如来藏妙真如心，分心真如、心生灭二门：心真如门，指随缘不变之体，能生、能摄一切法，具有不生不灭、离言绝待之空性；心生灭门，指不变随缘之相用，包括生命的迷染、悟净等诸生灭相。心真如门和心生灭门，此二门不一不异，当体互即。非真如门之外别有生灭门，非生灭门之外别有真如门，生灭门当体即不生不灭之真如门。贤首大师言，"真如随缘即生灭，生灭无性即真如"。非生死之外别有涅槃，当下看破生死的唯心虚幻性，不被生死所转，当下即是涅槃。非烦恼之外别有菩提，当下看破烦恼的虚妄性，不被烦恼所转，当下即是菩提。所以，道在哪里？道就在日常生活中，就在红尘烈焰中，道遍一切时处，须臾不离，触目是道。

3. 圆满证道意味着什么？

圆满的证道必须与如来藏妙真如心的体相用三大相应：体大为一切诸法之体，具有离言绝待不二之性，与体大相应，即是证法身。相大意谓着开启了自性本自具足的无边称性功能，与相大相应，即是成就报身。用大意谓着出入自在，随缘应化，与用大相应，即是成就化身。

与此体相用三大相应、证得法报应三身，就修行而言，里面蕴含着功夫的次第问题。具体来说，包含着三重拣择、三重关要。

三重拣择就是要破除修行过程中相继出现的三种二边见：

1. 与体大相应，就是要破除执主客观对立的主观心、身心对立中的意识心为真心的二边见，要依不生不灭之常住真心起修，也就是要离心意识用功。因为真如之体性，超越二边，离相绝待 —— "离言说相，离名字相，离心缘相，毕竟平等，无有变异"，故后天依之起修的始觉之智，依据称性起修之原则，也必须超越二边。从功夫上来讲，人我执不破，是无法与体大相应。与体大相应，就是为了破有，以初善破凡夫缚，成就空观智。

2. 与相大相应，就是要破除执能所对待中的能观智为究竟、排斥所观境，只证人我空、未尽法我空这一不到位的修行知见，令回小向大，入生死界。与相大相应，就是为了破空，以中善破二乘缚，成就假观智。

3. 与用大相应，就是要破除凡与圣、生死与涅槃、烦恼与菩提等二边中的分别取舍心，超越凡情圣解，泯一切相，出入自在，随类度生。与用大相应，就是为了证俱空不生，以后善破菩萨缚，成就中道智，入无生忍。

此三重拣择，包括了功夫上需要突破的三重关要：

1. 证体大，与理法界相应，宗门中谓之"截断众流"，属初关，位当初住以上；

2. 证相大，与理事无碍法界相应，宗门中谓之"函盖乾坤"，属重关，位当十行十向；

3. 证用大，与事事无碍法界相应，宗门中谓之"随波逐浪"，属末后牢关，位当初地以上。

圆满的证悟，必须是圆证体相用三大，统色心、自他、内外、依正于一体，绝能所等一切二边对待，契入"法界一相"。

顺便提一下，《大乘起信论》的"一心三大"不仅暗含着大乘止观的功夫次第，同时也是理解整个大乘佛教"教理行证"的总纲。长水大师在他的《楞严经疏注》中特地指出，依此纲领，可以对整个大乘佛教的教观行证有一个总体把握。为方便读者理解这一点，现就汉传大乘佛教的一些基本观念，列表解如次：

乘三大	与体大相应	与相大相应	与用大相应
启三智	空观智	假观智	中道智
断三惑	断见思惑	断尘沙惑	断无明惑、证无生忍
解六结	解根尘三结	解觉结	解空灭二结
楞严三位	此根初解，先证人空	空性圆明，成法解脱	俱空不生证无生忍，入等正觉
入六妙门	数、随、止、观门	还门	净门
透禅宗三关	初关	重关	牢关
契云门三句	截断众流	函盖乾坤	随波逐浪
四十二位	别初住至七住（圆初信至七信）	别八住至十向（圆八信至十信）	别地上（圆初住上）
法报因果	圆法身因	圆报身因	证法报身果
入四法界	理法界	理事无碍法界	事事无碍法界
法华持经三轨	披如来衣	入如来室	坐如来座
真如三义	离言说相（闻慧）	离名字相（思慧）	离心缘相（修慧）

二、始觉四相

《大乘起信论》中的"始觉四相"，是从所觉对象的粗细深浅之角度，对止观功夫次第所做出的一种描述。

始觉之功夫，有深浅、粗细、究竟与不究竟之不同。判断觉之究竟与否，关键是看能否打破生相无明、觉彻心源——"觉心源故，名究竟觉；不觉心源故，非究竟觉"。

所谓"心源"，按贤首国师的看法，有二义：

一者，从体性上讲，阿赖耶识以真如为体，故真如为赖耶之源，亦即净性（即如来藏妙真如心）为染法之源（体）；

二者，从行相上讲，根本无明为阿赖耶识生起之源。

觉心源就是要觉悟到这两种意义上的心源。

最初一品生相无明，唯佛能觉破，故云究竟觉。等觉以前菩萨位不能识破，故云非究竟觉。

关于始觉之深浅、粗细，乃依始觉之智所觉破的对象之生、住、异、灭四相来划分。此生住异灭之四相，又是与无明不觉之相——"无明不觉生三细，境界为缘长六粗"——联系在一起的。

最初一念"不如实知真如法一故"，不觉起心动念，即是根本无明；念头一起，见、相斯分，由此而产生的三细、六粗，称为枝末无明。生命的流转因缘次第相，乃"无明不觉生三细、境界为缘长六粗"之过程。此三细六粗分别是：

1. 业相，即真如处于不觉的状态下，最初一念妄动。真如具有不变随缘之空性，因无明（具迷真、执妄二义）的作用，不守自体，起心动念，变真如心为根本业识，为阿赖耶识之自体，谓之业相。以其见相未分、能所浑然一体，故最为微细。由于三细中的业相（起心动念）正是根本无明的表现，同时俱起，故有时候业相亦称根本无明。此过程，犹如醒者突然入睡，陷入昏沉，对一切浑然不觉。

2. 能见相，又称"转相"，相当于阿赖耶识之"见分"，真如之智照本无能所，今既迷智体而转为能所对待的能见之妄见，遂有妄境界可见，故名为转。这个过程，犹如熟睡之人，突然进入梦境，梦境中的能现（以所见梦境非从外来，恰恰是能见之梦心受无明习气冲动所现）、能见（能感知梦境）、能缘（能攀缘梦境）之心（梦心），即是能见相。

3. 境界相，又称"现相"，相当于"相分"，无相之真心因最初一念妄动，转为能见之妄见后，随即出现所见之妄境，犹如依梦心而有梦境。此境界主要是指虚空四大之妄相。

以上三相，长水大师以梦为喻，做了说明，大意是：

不觉，即根本无明，犹如睡心，梦依睡心而立。以睡时昏昧，无觉无知，进入梦境，故以睡心状根本无明。最初一念妄动，突然入梦，即业相（相当于阿赖耶识之自体）。梦中之能见，即转相（阿赖耶识之见分）；所见梦境，即现相（阿赖耶识之相分）。有睡则有梦，无睡则无梦，喻心动则迷，三细六粗之梦境纷然；心不动则觉，则始觉四相、三身四智现前。

4. 智相，于所现境界，不了唯心虚妄，起心分别，能所历然，主客判立，分别逆顺、好丑、可意与不可意等。智相有三个要点：能所历然，主客判立；执实（执见、相二分为实有法）；分别境界差别。依贤首国师之说，智相属"法执俱生惑"。

5. 相续相，依所分别之逆顺二境，可爱则生乐受，不可爱则生苦受，数数起念，相续不断。能执业种（执持业种，以赖耶为所藏处）、能感来果、能令种子现行。依贤首国师之说，相续相属"法执分别惑"。

6. 执取相，于苦乐等所受境界，不了唯心，深生爱憎取舍，于我我所，坚执不舍。依贤首国师之说，执取相属"我执俱生惑"。

7. 计名字相，于所执取之虚妄心境，安立、分别假名言相，思维计度，生喜怒烦恼。依贤首国师之说，计名字相属于"我执分别惑"。

8. 起业相，依所分别假名言相，寻名取著，发动身口意三业，造种种业。

9. 业系苦相，依所造善恶等业，受苦乐等报，轮回三界，长缚生死，不自在故，名业系苦。

为了方便理解三细六粗之义，贤首国师曾以目眚空花为喻，做了如下说明：

（1）本觉真如，其犹净眼。（2）热翳之气，如根本无明，翳与眼合，动彼净眼，业识亦尔。（3）由净眼动故，有病眼起，能见相亦尔。（4）以有病眼，向外观故，即见空华，妄境界现，境界相亦尔。（5）以有空华境故，令其起心，分别好华恶华等,智相亦尔。(6)由此分别,坚执不改,相续相亦尔。(7)由执定故,于违顺境,取舍追求,执取相亦尔。(8)由取相故,于其相上,复立名字,若彼相未对之时,但闻名即执,计名字相亦尔。(9)既计名取相,发动身口,攀此空华,造善恶业,起业相亦尔。(10)受苦乐报,长眠生死而不能脱,业系苦相亦尔。(11)皆由根本无明力也。(《大乘起信论笔削记会阅》卷六)

以上三细六粗,对应于生住异灭,即是:业相属生相;转相、现相、智相、相续相等四相,属住相;执取相、计名字相,属异相;起业相属灭相。

《大乘起信论》依据始觉所觉的对象从粗到细之四相,将始觉功夫的深浅,大体划分为四个阶次:

1. 觉灭相,即觉破"起业相",属观行位,为十信位所修;

2. 觉异相,即觉破"执取相、计名字相",属相似觉,为二乘三贤位所修;

3. 觉住相,即觉破"智相、相续相、能见相、能现相"等四种住相,相当于随分觉,属地上菩萨所修;

4. 觉生相,即觉破最初一念生相无明,与无心真如相应,属究竟觉,为十地以上菩萨所修,功成即入佛位。

现将以上内容,表解如次:

依不觉生三细 (无明不觉生三细)	业相	十地觉	生相	
	转相	九地觉	住相	始觉四位
	现相	八地觉		
依现相长六粗 (境界为缘长六粗)	智相	二至七地觉		
	相续相	初地觉		
	执取相	三贤觉	异相	
	计名字相	二乘觉		
	起业相	十信觉	灭相	
		加行觉		
		资粮觉		
	业系苦相	六道不觉		

始觉四相，在功行上虽然有深浅粗细之分，但都必须与真如体性相应，以离相离念为其用功原则。离相离念就是要观妄念无相，观妄念无相才能与佛智相应。

另外，始觉之所觉，虽有四相，然四相性空非实，故可直观"无念"，顿超四相。憨山大师在《大乘起信论直解》中讲：依生、住、异、灭四相，始觉虽有不觉、相似、随分、究竟等深浅之分，但其深浅空无自性，且妄念无相，故可一念无心而知四相同时，寂灭平等，唯一真心，更无先后。故若达于无念，即可顿超，无有渐次。若未达无念，则有始觉自粗至细之渐次；然虽有渐次，究竟同一真觉。故知无念为成佛之捷要。不但菩萨修断以至无念，名为究竟，即凡诸众生，二六时中，苟能观察无念者，则念念向佛智矣。成佛之要，无逾此者。

三、断六染心

《大乘起信论》不立第七识，而是把整个心意识分为两个部分，即五意和六识。五意指业识、转识、现识、智识、相续识，通于唯识家第七、第八识。六识则指前六识，包括执取相、计名字相、起业相等。生命的轮回实际上就是众生依五意六识而流转。此五意六识，能障真智，故又称六染心。故欲破生死者，当先破粗的意识，次破五意，最后破生相无明。《大乘起信论》讲：

染心者，有六种。云何为六？

一者执相应染（按：粗心外执，与境相应，污其净行，故云执相应染。指执取、计名字二相，亦即异相），依二乘解脱，及信相应地（按：十信满位，信根成就，无有退失，名信相应。依终圆教言，十信满心，与信相应，登初住菩萨之位）远离故（按：此当断第六意识之见、思二惑，破俱生、分别我执。故二乘及十信满心能离，入三贤位。此菩萨得人空，见思烦恼不得现行，故云远离。就现行说远离，非约种子说远离）。

二者不断相应染（按：相续相），依信相应地修学方便（按：从十信满位至十向，即三贤），渐渐能舍，得净心地究竟离故（按：从三贤入初地，初地究竟离。证三无性，破法执分别惑）。

三者分别智相应染（按：智相），依具戒地（按：二地）渐离，乃至无相方便地究竟离故（按：从二地入七地，七地究竟离。以破法执俱生惑为功。七地以前，虽修法空观，而有间断、有相、有功用，遂于染净境界，未免分别。然从二地以来，分分除断，至七地究竟离而入八地）。

四者现色不相应染（按：现相），依色自在地（按：八地）能离故（按：八地中得三种世间自在，色性随心，无有隔碍，故云色自在地能离。以色不自在位，现识不亡，故此位中，遣彼现相。法执俱生惑已尽，能随心现色，转一切境）。

五者能见心不相应染（按：见相），依心自在地（按：九地）能离故（按：九地中，善知众生心行十种稠林，故云心自在，于他心得自在，得十种四无碍智。《华严》云："此菩萨以如实智慧知众生，一、心稠林，二、烦恼，三、业，四、根，五、解，六、性，七、乐愿，八、随眠，九、受生习气相续，十、三聚差别。一一皆云稠林者，此等诸法，稠密如林，故以喻之。"《净名》云："善知众生往来所趣，及心所行。"）。

六者根本业不相应染（按：无明业相），依菩萨尽地（按：菩萨究竟地，十地），得入如来地（按：妙觉、无垢地）能离故（按：如来无垢地中，无明习气、心念都尽）。

不了一法界义者，从信相应地观察学断，入净心地（按：初地），随分得离，乃至如来地，能究竟离故（按：粗之枝末无明，从初地渐离，至七地方尽。细之根本无明，从八地始断现相，至十地尽业，佛地灭不觉之生相）。（真谛译本《大乘起信论》）

执相应染，指执取相、计名字相，乃二乘、三贤所离。不断相应染，指相续相，初地（净心地）离。分别智相应染，指智相，二地（具戒地、离垢地）至七地（无相方便地）离。现色不相应染，指现相，八地（色自在地）离。能见心不相应染，指转相、见相，九地（心自在地）离。根本业不相应染，指业相，十地、等觉离。

以上六染皆依无明为根，乃无明之差别相。之所以谓之为染，以其能障根本智和世间自然业智。因烦恼障缘于执诸法为实有，不知诸法其性本空，妄生分别取舍，故云障根本智（空观智）。无明未能破尽，一切种智（后得智）不得现前，故无明能障世间自然业智。

以上六染，分相应、不相应两种。相应染是指缘于外境的心境相应之三种粗的迷染之心——分别智相应染、不断相应染、执相应染（执取相、计名字相）。不相应染是指不缘外境、心境不相应之三种微细的迷染之心——现色不相应染、能见心不相应染、根本业不相应染。

相应染和不相应染的区别是：不相应染指无明不觉生三细，第七识的智识分别未起，王所（心王心所）未分，能所未立，种子未现行，故云不相应；相应染指境界为缘长六粗中的前四粗，第七识的智识分别已生，王所已分，种子已现行，能所已立，能缘所缘染净相应，即王所相应，种现（种子与现行）相应，能所相应。

马鸣菩萨依据染心之相应与不相应，将六染心划分为粗细四相，并与修行之觉位进行了配对：

执取、计名字二染，乃粗中之粗，是三贤所觉。分别智、相续二染，乃粗中之细，转、现二染，乃细中之粗，此二者是地上菩萨所觉。若无明业相，乃细中之细，唯佛能了。

现将断六染之次第，与此前之始觉四位等内容，再一次整合，表解如次：

三定聚	始觉四位	所觉四相	三细六粗之九相	五意六识	六染	离染位次	粗细四相
	究竟觉	生相	业相	业识	根本业不相应染	如来地（十地）	细中细
	随分觉	住相	转相	转识	能见心不相应染	心自在地（九地）	细中粗
			现相	现识	现识不相应染	色自在地（八地）	
正定聚			智相（法执俱生惑）	智识	分别智相应染	无相方便地（二至七地）	粗中细
			相续相（法执分别惑）	相续识	不断相应染	净心地（初地）	
	相似觉	异相	执取相（我执俱生惑）	意识	执相应染	信相应地（二乘三贤）（别初住上）	粗中粗
			计名字相（我执分别惑）				
不定聚	外凡觉	灭相	起业相			十信	
邪定聚	外凡不觉		业系苦相			十信前	

【按】上表中提到"智相"相当于第七识之"俱生法执","相续相"相当于第七识之"分别法执","执取相"相当于第六识之"俱生我执","计名字相"相当于第六识之"分别我执"。这一点与唯识宗之划分有所不同。

唯识家立前五识、第六意识、第七末那识、第八阿赖耶识等八识，且认为第六识既含分别我法二执，亦含俱生我法二执；第七识唯含俱生我法二执，不含分别法执。

《大乘起信论》立五意（包括业识、转识、现识、智识、相续识）、六识（包括第六意识及前五识），只立前六识和第八阿赖耶识，没有明确立第七识。虽然不立第七末那识，但就智识和相续识的内涵而言，相当于唯识之第七识。是故后代诸师，讲五意六识时，均如是会通八识之说。

但是，这里有一个问题，就是：依《大论》，分别法执和俱生法执，分别对应于相续识和智识，属第七识；分别我执和俱生我执对应于计名字相和执取相，属第六识。这一点与唯识的一贯说法相抵触。

造成抵触的原因是：对法执的理解并没有聚焦在同一个点上，故造成理解上的混乱。

欲会通《大论》和唯识宗的这两种观点，先要弄清三个问题——

首先，对"法执"的含义，要从大乘佛教"真空"的角度上来定义。

真空者：1. 万法唯心，无心外之实有法；2. 作为因缘生万法的因缘本身（如地水火风空五大），亦非心外之实有；3. 依遍计执所强加给诸法上的名相、概念、知见，亦非实有法。具此三义者，方是真空。前二义为体空，后一义乃相空。

藏教执我空法有。通教虽立缘起性空，然不明示因缘本身亦是唯心，故所证之空，非真空，为偏空、偏真。别、圆二教（含华严判教中的终、顿、圆）立万法唯心，圆证真空三义，故为真空。

若依此真空而论法执，法执则可分广、狭二义（或称根本、枝末两种）：

1. 狭义之法执（根本法执），执依真如所生起的一切境界（依他起），为离真如心体之外的实有。此法执生成于第七识，现行于前六识。俱生法执者，即智识；分别法执者，即相续识，此二种识合而相当于第七识。智识生起，若无念念相续不断的执实分别，执诸法为心外实有的法执之义则不得成立。故此作为"相续相"的分别法执，至为微细，实乃俱生我执、分别我执产生的基础。

2. 广义法执（枝末法执），于狭义根本法执之上，更执由遍计执所生起的诸法之名相概念知见为实有，如，宿世、今世所生之诸邪知邪见等。

《大论》所讲法执，乃狭义根本法执。唯识所讲法执，乃广义法执。

其次，先有法我执，然后才有人我执。

人我执者，执五蕴身心为实有我，此人我执正是建立在法我执的基础上。执根身为实有我，此乃俱生我执；复依六根六识分别六尘，起种种分别，此即分别我执和唯识意识上的分别法执。

《大论》依狭义根本法执，于第七识唯立法执（"智相"为俱生法执，"相续相"为分别法执。唯识意义上的俱生我执即是建立在此分别法执的基础之上），于第六意识唯立我执而不立法执（以唯识意识上的第六识之法执，是依我执而现行，与我执浑然不分。换言之，《大论》所言"计名字相"，虽为分别我执，实际上含摄唯识意义上的第六意识之法执）。

故唯识第六识之分别法执，实摄于《大论》之分别人我执中（相当于第六意识之计名字相）；唯识第七识之俱生我执，实摄于《大论》之分别法执中（相当于第七识之相续相）。

第三，唯识宗第六意识之分别、俱生法执，虽然是《大论》第七识之分别、俱生法执的现行，但在第六意识，因为是通过根身而作用，永远是与分别、俱生我执是一体不分的，故《大乘》于第六意识，不单设唯识意义上的分别、俱生法执，而用分别、俱生我执，来统摄唯识宗第六意识之分别俱生我执以及分别俱生法执。

实际上，在断惑上，作为别教之唯识，认为初地断分别法执，此与《大论》的观点是一致的。此法执正是狭义的根本法执。

又，二乘行人，破第六意识之我执，断见思惑，出三界，亦说明第六识只立我执，以二乘行人立我空法有，即使讲法空亦是偏空、非唯心之真空，故于二乘，实不存在狭义根本法执之说。

从这两个方面来讲，《大论》认为分别法执当属于第七识，真实不虚。现列表解如下：

大论		唯识	
五意六识	我法二执分位	我法二执分位	八识
生相、转相、现相（业识、转识、现识）	产生我法二执的根本无明因之所在。依觉与不觉明染净之源。	产生俱生我法二执的种子之所在。依本有种子而明染净之源。	第八阿赖耶识
智相（智识）	俱生法执	俱生法执	第七末那识
相续相（相续识）	分别法执	＞俱生我执	
执取相	俱生我执	＞俱生法执＞俱生我执	第六意识
计名字相	分别我执	＞分别我执＞分别法执	
前五识			前五识

为了进一步说明进修之觉位，贤首、长水诸师又依《楞伽经》，把六染心之粗细与二种生灭结合起来。其大意是：

"生灭"有两种，一是流注生灭，一是相生灭。相生灭，又称分段生死，包括六染中的分别智相应染（智相）、不断相应染（相续相）、执相应染（执取相、计名字相）三种，乃枝末无明，如根之发苗，分别六尘，念虑三世，见爱烦恼炽然，属生死之粗相。其中，智相、相续相是分段生死中的细相，初地至七地菩萨断；执取、计名字是分段生死中的粗相，二乘三贤断。人们平常讲断分段生死、出离三界之生死轮回，主要是指断分段生死之粗相（执取、计名字）而言。流注生灭，又称变易生死，指第八识之三细，包括根本业不相应染、能见心不相应染、现识不相应染，属于根本无明，指"种子相续也，似平流之水，望如恬静，故属细分"，故属生死之细相。《解深密经》讲，"阿陀那识甚微细，一切种子如瀑流"，《杂心论》讲"相似相续，不知无常"等等，皆指流注生灭。

二乘三贤能断分段生死之粗相，虽出三界，犹有分段生死之细相未断。初地至七地，能断分段生死之细相，然犹有变易生死未觉未断。唯八地以上菩萨始觉始断变易生死，断尽，即入如来究竟地（参见《大乘起信论笔削记会阅》卷七）。

现将断二种生死之觉位，表解如次：

变易生死	流注生住灭		生相（业识）	相当于唯识宗第八识	十地离	三界外
			转相（转识）		九地离	
			现相（现识）		八地离	
分段生死	相生住灭	分段生死细分	智相（智识）	第七识	初地至七地离	
			相续相（相续识）			
		分段生死粗分	执取相	第六识	二乘、三贤离	
			计名字相			
			起业相		十信离	三界内
			业系苦相		凡夫	

以上"断六染心"的过程，是从断惑的角度，对大乘止观功夫次第所做出的一种精确描述。唐以后，这一观点几乎成了汉传大乘佛教关于修证位次的主流看法。

第六节　关于禅宗三关

前面从"宗门关于止观功夫次第的开示""汉传大乘佛教关于修证位次的基本看法""《首楞严经》解六结""《大乘起信论》断六染心"等多个角度，对大乘止观功夫的次第做了一个大致介绍。现在再回过头来看禅宗三关，我们的理解或许更全面、更准确。

一、什么是禅宗三关？

宗门"三关"之名目，多种多样，如黄龙三关、楞严三关等。除此之外，宗门还有种种"三句"之说，如前面提到的百丈初中后三句、临济三玄三要、洞山三路、云门三句等。这些毫无疑问都会涉及证悟功夫的深浅。但是，作为证悟的功夫次第，明确提出三关名目者，当推雍正皇帝。其《御选语录》"御制总序"云：

> 如来正法眼藏，教外别传，实有透三关之理。是真语者、是实语者、不妄语者、不诳语者。有志于道之人，则须勤参力究，由一而三，步步皆有着落，非可颟顸函胡（含糊），自欺欺人。朕既深明此事，不惜话堕，逐一指明。
>
> 夫学人初登解脱之门，乍释业系之苦，觉山河大地、十方虚空并皆消殒，不为从上古锥舌头之所瞒，识得现在七尺之躯不过地水火风，自然彻底清净，不挂一丝。是则名为初步破参，前后际断者。
>
> 破本参后，乃知山者山，河者河，大地者大地，十方虚空者十方虚空，地水火风者地水火风，乃至无明者无明，烦恼者烦恼，色声香味触法者色声香味触法，尽是本分，皆是菩提。无一物非我身，无一物是我己，境智融通，色空无碍，获大自在，常住不动。是则名为透重关，名为大死大活者。
>
> 透重关后，家舍即在途中，途中不离家舍，明头也合，暗头也合，寂即是照，照即是寂。行斯住斯，体斯用斯，空斯有斯，古斯今斯，无生故长生，无灭故不灭。如斯惺惺行履，无明执著自然消落，方能踏末后一关。
>
> 虽云透三关，而实无透者。不过如来如是，我亦如是。从兹方修无修，证无证。妙觉普明，圆照法界。一为无量，无量为一。大中现小，小中现大。坐微尘里转大法轮，于一毫端现宝王刹，救拔众生，利用无尽。（《御选语录》卷一）

雍正皇帝所说三关，初关乃指前后际断，一丝不挂，虚空粉碎，大地平沉，五阴无我，其要在销有归空；重关乃指大死大活，色空不二，智境圆融，触目是道，其要在从空返有；牢关乃指超越二边，惺寂不二，任运无为，无明荡尽，其要在归于寂灭一心。很显然，雍正所说的禅宗三关，与天台所说的依空假中三观、证空假中三谛、入寂灭一心，基本上是对应的。

雍正皇帝"三关"之说提出来之后，旋即在丛林中得到广泛的传播。尤其是近今以来，宗门中有不少大德都从成就一心三观之无漏观智的角度，围绕明心见性、证无生法忍这一核心环节，对悟道之"三关"进行解读，于是，三关之说几乎成了宗门里衡量证悟深浅的最主要的标准。特别是民国年间，教界有不少人士，或自觉或不自觉地把三关的外延扩大到是对大乘佛教修行成佛的整个过程的描述，或依教下经论，或依祖师语录，纷纷对三关的内容，进行不同的解说。概括起来，主要有如下几类：

1. 依相宗说，破第六识，为初关；破第七识为重关；破第八识为牢关。或谓破我法分别二执，登欢喜地（初地）为初关；破俱生我法二执，登远行地（七地）为重关；八地以上，断尽二障种子习气，圆照大千，为末后牢关。

2. 依天台三谛三观说，依空观智，断见思惑，证空谛，为初关；依假观智，断尘沙惑，证假谛，为重关；依中道观智，分断无明惑，证中道谛，为牢关。

3. 依《大乘起信论》说，有三种理解：或云证体大，为初关；证相大，为重关；证用大，为牢关。或云破异相，为初关；破住相，为重关；破生相，为牢关。或云破计名字相、执取相为初关；破相续相、智相为重关；破现相、转相、生相为牢关。或云破计名字相、执取相之二乘为初关，三贤为重关；破相续相、智相、现相、转相、生相为牢关。

4. 依华严四法界说，证理法界，为初关；证理事无碍法界，为重关；证事事无碍法界，为牢关。

5. 依《首楞严经》说，解根尘三结，初证人空，为初关；解觉空二结，证法空，为重关（或说解觉结为重关）；解灭结，证无生法忍，为牢关（或说解空、灭二结为牢关）。

现将三关之不同说法，表解如下：

	初关	重关	牢关
依相宗说	破第六识	破第七识	破第八识
依天台三谛三观说	证空谛	证假谛	证中道谛
依大乘起信论说	与体大相应	与相大相应	与用大相应
	破异相	破住相	破生相
	破计名字相、执取相	破相续相、智相	破现相、转相、生相
	破计名字相、执取相		破相续相、智相、现相、转相、生相
依华严四法界说	理法界	理事无碍法界	事事无碍法界
依楞严解六结说	解根尘三结	解觉结	解空灭二结

以上诸说法，皆把禅宗三关当作修行成佛的整个功夫次第。因为各自立论的角度不同，开合亦各有所异，故观点并不一致，细究起来，有些观点不无笼统之嫌。这是我们现代人理解"禅宗三关"时，必须接受和正视的一个历史事实，关键在于，我们应当如何去融通它们，避免造成混乱。

二、理解禅宗三关的不同视角

对于初机而言，面对上述"禅宗三关"的诸多理解，要把它们融通在一起，并不是一件容易的事情。在这里，最关键的是，先要弄清楚三个问题：

1. 所说的三关是仅仅限于禅宗，针对一类上根利器的人，在整个成佛过程中，侧重就无漏观智的成就（任运无修的一心三观之智恒常现前）这一核心环节的证悟深浅，所做出的概括和总结，还是同时也包含教下，针对普通的修行人而言，从初发心位一直到究竟成佛整个断惑证真的修行位次的说明？

2. 所说的三关是从智德（开圆顿信解、成就一心三观之中道观智、入无生法忍、登见道位、成就法身果）的角度来划分的，还是从断德（断六染，解六结，破尽见思惑、尘沙惑、无明惑，究竟成佛）或智断并举（天台即是从智断并举的角度而论位次）的角度来划分的？

3. 所说的三关是专指"从无漏观智刹那现前，到相续、稳定、成熟，最后趋于无心无为、不二寂灭"这一过程中三个标志性的关键节点，还是指在修习止观过程中，依智断惑，必然经历的三个基本用功阶段？

为了方便理解并融通关于禅宗三关的诸多说法，在这里，我们拟引进"狭义禅宗三关"和"广义禅宗三关"这两个概念。

顾名思义，狭义禅宗三关是从纯粹宗门的角度围绕智德的成就所理解的禅宗三关，是专对一类上根利器的人而说的，侧重于对明心见性、悟后起修、入无生忍这一成佛过程中的最核心功夫次第的描述（依圆顿信解，刹那间生起无漏观慧，依之不断地做净治烦恼妄想习气、历境验心的保任功夫，令其相续不断，最后达到任运无心、人法皆空、境智俱寂、凡圣不立、双泯双照空有、随缘起用利生的无生境界，入见道位），而不是对究竟成佛的整个功夫次第过程的描述。由于划分阶次的标准不一，开合不同，故对狭义禅宗三关的理解也是多种多样的，同样没有一个定论（参见本节最后的表解）。

所谓广义禅宗三关，是指将狭义禅宗三关的外延扩大到从初信位至究竟成佛整个断惑证真的全过程，兼顾智断二德，围绕依空假中三观，断见思、尘沙、无明三惑，悟体、相、用三大，证空、假、中三谛，圆法、报、应三身这一主线，用教下的修行次第来解读和丰富禅宗三关的内涵。个中又可细分为二：

一者，如天台，以成就一心三观之智，证无生法忍，入见道位为根本，此与狭义禅宗三关大同而小异。大同者，宗门、天台皆以开发一心三观之智为核心。小异者，宗门强调先顿悟见性，开一心三观之无漏观慧，然后依悟起修，功夫至极，智境双泯，空有不二，圆证一心，而天台则偏重于渐修、渐悟，先依隔历三观，循信、住、行、向等位，成就一心三观，而后圆证一心。

二者，如《楞严》《大论》等，侧重于从所断惑而立修证位次，以重重断惑、解结、拂迹、入究竟佛位为主线，立种种阶位。此与狭义禅宗三关的差异甚大。因为宗门的狭义三关，乃依真智之开发而论悟境深浅，实际上并不论断惑次第；教下则依断惑证真而论次第，次第宛然。

简单地说，狭义禅宗三关立足于智德（一心三观之真无漏观智）之成就，展示的是"开圆顿信解 —— 借助内在的止观功夫或外在的胜缘，令无漏观智刹那现前 —— 悟后起修，净治烦恼妄想习气，历境验心，至功夫成就，家破人亡，人法皆空，任运无修 —— 境智双泯，寂照不二，随缘度生"这样一个"先悟 —— 次修 —— 后证"基本的修行理路。而"广义禅宗三关"则立足于智断并举，展示的是"依止观功夫，破见思惑，初证人空 —— 破尘沙惑，成法解脱 —— 破无明惑，俱空不生，入寂灭忍，究竟成佛"这样一个"先修，后悟，次修，次证"的基本修行理路。

狭义禅宗三关与广义禅宗三关，在成就一心三观之无漏观智的功夫位次上，虽然可以大致对应起来，但是就断惑的功德大小方面，却大有差别。因为狭义禅宗三关侧重于通过顿悟，开发一心三观之智，不依断惑立次第；而广义禅宗三关则强调依止观功夫，启三智、断三惑，三观之智的成就与断惑证真的功夫是同步对应的。比如说，就狭义禅宗三关而言，一个人可以一下子大悟，空观智现前，但是，他的习气烦恼可能很重，并没有一下子得到顿除；而就广义禅宗三关而言，一个人只要证真如三昧，进入十住位，烦恼习气亦相应地得到了净除。

因此，可以这样说：前面所提到的十牛图颂和净慧老和尚，包括下文提到的太虚大师等对三关的理解，主要偏重于狭义禅宗三关，重在一心三观之真智的开发（从最初刹那悟入无漏观智，然后净治习气，历境验心，令观照功夫从生到熟，从有为进入无为，最后归于不二之寂照，随缘度生，圆满菩提，归无所得），虽然同时也暗含了三惑的断除，但并不强调断惑的先后。其他从教下（诸如天台、华严、唯识，以及《大乘起信论》《首楞严经》等）对三关的理解，则属于广义禅宗三关，重在对断惑之深浅功夫的说明，同时也会兼及观智的成就，智断并举，且相互对应。

关于狭义禅宗三关和广义禅宗三关，可以这样理解，狭义禅宗三关偏重于空假中三观之智分别现前的三个节点，而广义禅宗三关还包括依此三观智断除见思、尘沙、无明等三惑之三个阶段。

三、太虚大师对禅宗三关的理解

民国年间，太虚大师在他的著述、演讲中，多次提到禅宗三关。他对三关的解释，主要是立足于宗门，内容翔实，具有较强的可操作性，且切合近今中国佛教界的现实，可谓对"狭义禅宗三关"的经典解释。

在《中国佛学》一书中，太虚大师首先引用雍正《御选语录·序》对三关进行了解释：一丝不挂、前后际断乃破本参、透初关；大死大活、触目是道乃破重关；双泯空有、寂照不二乃破末后牢关。太虚大师对雍正所说三关的解释，融入了他个人的理解，并不完全与雍正所说相同，但是他的解释对现当代中国佛教丛林产生了重大的影响。我们所说的狭义禅宗三关，其根本的意义主要是指这个。

其次，太虚大师指出，三关乃就一般根性的人修行的通常次第而言，若上根利器，一悟即彻，亦无三关之次第。接下来，太虚大师又依《首楞严经》对三关进行了类比解读：初悟常住真心，为破初关；次修圆通，除微细惑，获二种殊胜，起度生之妙用，为破重关；末后经由五十五真菩提路而证

"圆满菩提，归无所得"，为破末后牢关。最后，太虚大师指出，禅宗之悟重在破本参，即悟常住真心，在众生因地上谓之悟阿赖耶识。破本参只是真正修行的开始，尚须破重关和牢关。原因是，破本参（悟阿赖耶识）而不知有重关（悟心无性）须破，则易落于天然外道；破重关而不知透末后牢关（悟无性心源，含融万法），亦易安于小乘涅槃。故必须透过三关，始可真实到达佛祖的境界。从这个角度来看，破三关实际上就是要破凡夫（执实有）、外道（执神我）、二乘（执偏空）的种种执着。

雍正在《御选语录·序》里说："学人初登解脱之门，乍释业系之苦，觉山河大地十方虚空并皆销陨，不为从上古锥舌头之所瞒！……澈底清净，不挂一丝，名前后际断者。"这是破本参的头一关。

再进一步，即为"破本参后，乃知山者山，河者河，大地者大地，十方虚空者……地水火风者……乃至无明者……烦恼者……色声香味触法者……尽是本分，皆是菩提"。这是破本参后即见"无一物非法身，无一物非自己"，至此即是破重关的"大死大活"者。

第三是"透重关后，家舍即在途中，途中不离家舍。明头也合，暗头也合，寂即是照，照即是寂。行斯住斯，体斯用斯，空斯有斯，古斯今斯。无生故长生，无灭故不灭。……踏末后牢关"。

又云："虽云透三关，而实无透者，不过如来如是，我亦如是。从兹修无修，证无证，妙觉普明，圆照法界。"在一般的修证经历上，可以说有此三关，如上上根利智，则一悟悟彻，亦无三关之阶次。不过后来宗门禅普遍提倡，则参禅者不必皆上上机，故三关遂为旨要。

此三关义，据《楞严经》看，佛与阿难之问答，先云心在何处，又问心是什么，此心在何处与心是什么，即是话头的参究。三卷末阿难大悟，遂"返观自身如湛巨海漂一浮沤"，并赞佛云："销我亿劫颠倒想，不历僧祇获法身。"这就是破本参的境界。到富楼那与佛问答时，阿难又因"多闻习气"而起疑问，佛遂因而示圆通门。本来大力者无须此第二段，第未能乘悟圆彻者，故不得不修圆通而对治"微细惑"。此即所谓"那边悟得，这边修证"，因之便有所谓"顿悟渐修"之说。选观音从耳根获圆通二种殊胜，这就达破重关的境界。其后由五十五位之真菩提路而到"圆满菩提，归无所得"，即是破了末后牢关。

　　不过禅宗尤重在破本参，因为不破本参，则根本谈不上后二关。然破本参（悟常住真心，众生分上即是阿赖耶识）而不知有重关（悟心无性）须破，则易落于天然外道；破重关而不知透末后牢关（悟无性心源，含融万法），亦易安于小乘涅槃。所以必须透过三关，始可真实达到佛祖的境地。（太虚大师《中国佛学》第六节"宋元明清禅"）

　　在《曹溪禅之新击节》一文中，太虚大师指出，宗门的所谓顿悟，即是要悟"无性空心，心圆众妙"之理。此"无性空心，心圆众妙"，亦可表述为"诸法唯心，心幻无性（或谓'诸法缘生，生空无性'），无性空心（或谓'无性幻心'），心圆众妙"。诸法唯心所现，故生空无性。此能现万法之心，亦无实有性，亦是性空，故谓之无性空心。此无性空心并不是断灭之虚无，而是能生万法之真空妙有，能生、能摄一切法，具足无边之妙用，故谓"心圆众妙"。宗门所谓"禅宗三关"，即是围绕如何证悟这一宗旨而展开的。

　　夫诸法缘生，生空无性，此大乘般若之轮也。诸法唯心，心幻无性，此大乘瑜伽之轮也。破我法之执，彰真俗之谛，发理量之智，证性相之境，说或小异，揆无不同。曹溪闻《金刚般若》心即开悟，即悟此也。后呈其悟，故书偈云："菩提本无树"，以诸法唯心故；"明镜亦非台"，以心幻无性故；"本来无一物，何处惹尘埃"，以诸法缘生，生空无性故。然此二轮犹收教内，教外之传，尚须一征。其夜，五祖以袈裟遮围为说《金刚经》，至"应无所住而生其心"，乃言下大悟一切万法不离自性。遂言："何期自性本自清净！何期自性本不生灭！何期自性本自具足！何期自性本无动摇！何期自性能生万法"！五祖知悟本性（即下本心），谓曹溪曰："不识本心（即上本性），学法无益。识自本心（无性本心），见自本性（心本无性），即名丈夫天人师佛。此大悟界，唯回绝言思之妙心（触讳，罪过），名相之所不能安立。故教下虽强名一真法界，或曰本如来藏妙真如性，旋曰非安立谛，废诠不诠。"此云言下大悟，实非言语能到，故为教外别传之宗。此"宗"何指？姑借一言，假为诠表，则曰：无性空心，心圆众妙。心幻无性，故应无所住；无性真心，故而生其心。心（此无性空心，即曹溪所云自性）圆众妙，本自清净，本不生灭，本自具足，本无动摇，能生万法也。由是总其悟旨，可归二言：诸法唯心，心幻无性（亦可"诸法缘生，生空无性"），无性空心（亦可"无性幻心"），心圆众妙。后世三关之意，亦不外是：诸法缘生而生本空，一也。诸法皆心而心如幻，二也。无性妙心，心即诸法，三也。夫至"无性妙心，心即诸法"，则随手举来，莫非涅槃（本空无性）妙心也，明矣！然此实非比智假诠可及，故云教（比智假诠）外别传。

在《真现实论宗体论》一书中，太虚大师认为，离言说之现量即是众生本有之真觉。功夫若刹那相应，契入离言说之现量，此时"六七二识的非量完全止息，不落昏沉、散乱、无记，惟是明明了了的现量心"，在此刹那的相应时，即是"本有的离言清净觉心顿得相应"，这正是宗门里面所说的破本参、透初关。

太虚大师进一步解释道，此"根本识和前六识的现量心，即是无差别的本有现量。此本有的现量心，在见闻觉知未落到第二刹那的独头意识分别上去的时候，若一刹那相应，即是离言说的现量真觉。所以禅宗法门，就是要与这本有离言说的觉心顿得相应法"。

然此刹那间的现量真觉现前，"仿佛满空黑云中忽然露了一下明月，虽是透露一下，因无始时来的分别熏习浓厚，如虚空明月倏忽又被云雾遮起来一样。但是，这总比从来未见过的大大不同，因为已真知灼见过了。在一刹那间一念相应，自己确实了知有此向上事"。太虚大师认为，宗门之修行，即是以此为起点，先"伏断无始的虚妄习气"，性修相应，即是破重关。等到功夫纯熟，进入能所双亡、寂照不二、任运无修的阶段，即是透末后牢关。

禅宗的教外别传，纯是出离言说的自觉圣智境界，直明人心中本来有离言说的真觉。确有而且恒常遍有，乃至睡梦里亦有，二六时中无一刻不有。所谓"朝朝还共起，夜夜抱佛眠"是。要之，勿须向别处寻求，即吾人平常见闻觉知中，念念现成；不过向来被无明映蔽，不能相应罢了。故云："悟则即是佛性，不悟便弄精魂。"此心即自性清净心，平常一切言思动作也都是从这离言说的本有真觉中缘起的。古德云："要识佛性义，即此语声是。"从此缘起根源上的本有真心觉性，只要当下一念相应，就是本来自性天真佛。

这本来的清净觉性，在其余的教理上，未尝不以方便言说来显示这离言妙心，如前说到的清净现量等。其实只有二量，现量和比量；圣教量是可摄在二量中的。现量，在一般平常人也有。在言说上，只得比量的假说，真正的现量是离于言说的。若依诸识的分别假说，谓前六识与第八识皆有现量，而且不必要得到禅定的才有，从人类以至蚊虻蚂蚁都有，这犹是从意识比量上说。若出离名言比量的现量心则遍虚空无有差别。而有差别的，即由基本的第七识非量及第六识的比、非量而起。第七识纯为非量，只是心病；所以云"平等性智心无病"。无病可以说第七识是本来无的。因为凡夫的心上有病，故即说此微细的非量名第七识，由此而第六识的现、比量也往往离不了非量。因有此非量的原故，于是就有种种虚妄分别不能成为真比量，而本有的清净现量心也难显现了。若离此非量，的确，平常人也无不有现量心的。

根本识和前六识的现量心，即是无差别的本有现量。此本有的现量心，在见闻觉知未落到第二刹那的独头意识分别上去的时候，若一刹那相应，即是离言说的现量真觉。所以禅宗法门，就是要与这本有离言说的觉心顿得相应法。顿得相应法，在乎不落言诠义解。如神光谒见达磨，立雪断臂曰："我心不安，乞师为我安心！"达磨云："将心来，与汝安！"终不为他说些什么安心的道理，但使自觉自悟不可得不落言诠的法。

禅宗参究的方法，从达磨以来乃至历代的祖师，都是用此。唐、宋以下，如沩山激发香严参究"父母未生前本来面目"话头等。顿得相应法，大概可有三种：一、即是从最根本的妄执非量里面去死心参究：如探究父母未生以前是什么？死了被火烧了以后是什么？走路的是谁？乃至举止动静的是谁？念佛是谁？假使说是心，心又是什么？不断向己躬下追究，务要真知灼见，不能以言说的解释为满足；要生起很深刻很坚强的疑情。这不同念佛或诵咒久而久之所成的禅定，虽然参究到深切的疑情起来，其余杂念都没有了，纯归到疑情里去，也似入定；但因此疑情是要爆发的，有推动力量的，所以不同平常的念佛、持咒一样。有了疑的推动力，所有一切身心世界都归到一念，成为一个大黑漆桶，此时，行住坐卧一切都不知道了。但疑情是不能安立而必要破裂的，所以终必彻底的打破开来。把一切归之于疑情的疑团打破了，实时打破黑漆桶，顿入大光明界。二、即后来宗下祖师，一棒一喝，以人的见闻觉知刚发动的时候，即为之切断，不使落到独头意识的心境去，使一刹那顷，顿与现量心相应。所谓"见色闻声，只可一度"。睹桃花、闻击竹而触悟，都是这种的顿得相应法。三、即因其所执着所侧重处，深锥痛掐；或于日常视听言动的只语片象中点发，例如鸟窠禅师吹布毛悟侍者等。这三种顿得相应的法门，就是顿悟的；从闻思修则是渐悟的。

然在一般人，顿悟是否可能，尚有问题。有的说：顿悟虽是可能，是要有一种特殊的机宜，已经宿植深厚善根，达到了加行位的菩萨。如中国禅宗的六祖等，随此世胜缘触发，一言之下便可顿得相应。再加精进用功，就很容易的于自觉圣智境上升进。这能够现生顿悟者，乃因宿世所积集的福慧资粮已齐备，则仍是依以前的渐修善因而得。没有这种根基的，是决不能得到的。所以真实顿得相应的，就是加行智入真见道的根本智，或者菩萨由七地入八地，或者如最后金刚喻定无间三昧的顿入如来妙智。然无论如何的顿悟，都是由渐修而来。这是依通常教理，作如此解释。

若依禅宗的主张，是不论凡圣渐次的。所谓悟入众生心本有离言说的清净真觉，是佛生平等同体的。要是于此能够顿得相应的法门，只取一个两个当机的承当荷担，是可专对特种根性的。但为普遍向一般人开示，则只要有善知识的善巧指导，学者的恳切参究，莫不可以顿悟得到。这样，就毋须必由过去宿积善根的渐修才能顿悟了。无论何人皆可以顿悟，不必要由渐修，这才显示出禅宗顿门的特点。此所谓顿悟的，正是本有的，一刹那相应，当下便是，不落阶位，不落功勋。

这种顿悟法门，究竟可能不可能呢？若依于通常的教理，似乎是不可能的；然在禅宗所提倡的及所成就的事实，又非是不可能。依平常教理，虽然解释不通，而从平常的教理上去假设推论，也有可解的道理。比如二乘仅得一分妙观察智的生空智，虽说不上转得平等性智，然在消极的一方面，末那相应的无明我见，确能伏或断的。又如二乘入灭受想定，在定心时能消极的使第七识的人我执相应四惑不起。菩萨入灭尽定，则人我执、法我执的恒行烦恼都可不起现行。二乘圣者虽没有大乘圣者那样的平等性智，可是也能伏断恒行的烦恼不起。

禅宗以参究的方法用功，用到得力的时候，一方面不落到独头意识的名言境界，一方面以这种深厚的疑情，专去参究到第七识的无明根上，认真的去参究他打破他。用功用到绝顶的时候，忘生舍命的非常恳切得力。虽此时福慧资粮未曾具足，不能即刻达到初地的自觉圣智境界，可是在一刹那间，能够使独头意识完全不起，第七识恒审思量的我见也得一刹那的暂伏。这时六七二识的非量完全止息，不落惛沉、散乱、无记，惟是明明了了的现量心现起。在此刹那的相应时，岂非本有的离言清净觉心顿得相应？不过此仿佛满空黑云中忽然露了一下明月，虽是透露一下，因无始时来的分别熏习浓厚，如虚空明月倏忽又被云雾遮起来一样。但是，这总比从来未见过的大大不同，因为已真知灼见过了。在一刹那间一念相应，自己确实了知有此向上事。后来真实用功，又分两途：一、顿悟顿修，直由此顿悟妙慧念念现前，更不立渐次。二、顿悟渐修，令无始习气伏除，故禅宗有破本参、破重关、透末后关的分别。

破本参即刹那间透露一下而已，所以还要破重关，即把所悟到的作为本钱，凭自己悟到的作为修习上的根本，由此伏断无始的虚妄习气；了知修行不离本觉，本觉不离修行，则不滞悟境而透出重关了。工夫进步，用到修悟相应一致，无功可用。所谓"百尺竿头重进步，十方世界现全身"，就透末后牢关了。就此法门虽未先修，也有顿悟的可能，也就个个可顿得到自觉圣智了。这是禅宗顿悟法门的特点，在平常教理上不能指示出来。而专在这顿悟相应上去用功的，即所谓中国的禅宗法门；也就是最直捷的现性实觉。(《太虚大师全书》，20，第172—175页)

在这段文字中，太虚大师对最初明心见性以及透三关的理解，大致可以代表民国以来禅门内对破参透关的主流看法。

这里需要提请读者注意的是，不要把离言之现量等同于"有念与无念"二边对待中的"无念"之空境。对那些尚未大开圆解的人而言，很容易从二边的角度，将"离言之现量"等同于"百物不思、百物不想"的离念之空境，执"前念已灭、后念未生、了了分明的这个中间的空当"为真心现前。事实上，当今之禅修者中持此见者大有人在。《六祖坛经》早就对此提出过批判，"于诸境上，心不染，曰无念。于自念上，常离诸境，不于境上生心。若只百物不思，念尽除却，一念绝即死，别处受生，是为大错。学道者思之！"又云："用即遍一切处，亦不著一切处。但净本心，使六识出六门，于六尘中无染无杂，来去自由，通用无滞，即是般若三昧，自在解脱，名无念行。若百物不思，当令念绝，即是法缚，即名边见。"须知刹那见性时的离言之现量直观，乃是平等包容、远离分别、如如不动，但同时又是无所住的寂照状态，即念离念，即相离相，而绝非二边对待意义上的灭相灭念。换言之，它实际上是因地上一念具足空假中三观的无漏真智。悟后起修即是依此因地上的空假中三观来荡尽见思、尘沙和无明三惑，圆证一心。

在《觉苑应为修七觉之苑》之讲演中，太虚大师先从大乘佛教的角度，对七觉支（又称七觉分）的地位和意义做了简明扼要的解释，然后又从功夫次第的角度，将七觉支与禅宗三关做了一个类比解读，认为：择法觉支、精进觉支、喜觉支相当于破初关的功夫；除觉支、舍觉支相当于破重关的功夫；定觉支、念觉支相当于破末后牢关的功夫。太虚大师对七觉支的这一解读，将禅宗三关的功夫内涵进一步具体化，令人耳目一新，对实修来说，具有重要的指导意义。

七觉支，是三十七菩提分法中的七觉支分。三十七菩提分法者：四念住、四精勤、四如意足、五根、五力、七觉支、八正道。此三十七菩提分法，同为十方诸佛所成觉悟的觉分。何以七种觉支独得觉名耶？这因为修八正道时已觉，修四念住至五根、五力时未觉，唯修七觉支时正是由未觉而成觉悟。因一向在凡夫位，皆是迷而不觉，而由七觉支分的力量，才从迷入悟，故虽三十七菩提分法皆可名觉，而觉之自体，则在乎七觉支分……

七觉支分法的第一分，为择法觉分。择法就是智慧，有智慧就有判断力，对于诸法便可抉择其是非、善恶、真妄、染净，而从中舍恶修善，弃妄取真。故择法即是智慧的体用，对于世出世间的诸法，具有拣择决断其是非善恶的能力。但是择法的智慧，并非一修即得，须由第二精进觉分的精进坚持，才使择法觉慧成就，同时若得精进与觉法互相成就，不但身心适悦自在，而所缘境界亦起微妙的变化，因此便生第三喜觉分。此喜非同寻常之喜，乃是发现一个从未发现的新境界的大喜。因凡夫众生，向来从迷入迷，蒙昧无知，至此由精进之力，使智慧开发，从迷出悟，能明晰观察诸法的真理，得其真，见其理，好像哥伦布发现新大陆一样，所以生大欢喜。此喜分虽属理解的法喜，也等于证到实际的法身，对于现实世界得到了微妙变化的透视。此为七觉支分的前三分，依此三分修习，就有断惑证真的功能。

由前三分生起殊胜的功用，故有以下的四分。第四除觉分，即是断除一切染污的烦恼。前由精进使觉慧得法喜之乐，今从法喜中更由智慧的强胜之力，把一切染污微劣的烦恼根株拔除，就是除觉分。既伏烦恼之习气，又除烦恼之根株，便起第五舍觉分。舍者，就是在诸法上弃舍染劣，使之善净。说一个比喻，除如除擦物体上之垢污，舍则更将所除垢污皆刷洗抛离净尽，使觉体如大圆鉴，晶莹纯洁，光明显现；故此二分，即从慧中生起除染舍垢的特殊的功用。

第六、第七名定觉分和念觉分。定，就是禅定；前由择法而精进，由精进而法喜，而断除烦恼，而弃舍垢污，此中前一分为慧之自体，后四分为慧之妙用，今即从慧得定，定慧相应，均等无碍，便起念觉分。因定慧圆融，自然不假功用，定慧念念相应，念念觉照无间，由此便能引生无漏无分别智，正与平等真如相应，则连觉之名字亦了不可得，所谓能所双亡，入于真觉了。故由此二分成就之后，才可说无始不觉，至此方觉。同时，也可知觉与不觉之关键，即在乎是，即在乎能修习七觉支与不能修习七觉支而判断了……

若以修行的行位说，修此七觉支分，正是由四加行位入于真见道位的时候，转凡成圣，转无始不觉而成今之真觉。虽在凡位时亦由教法而少觉悟，然非与平等真如相应的真觉；须修至第七觉念觉分，念念与觉体相应，引生无分别智，从此转愚成智，转妄成真，转凡成圣，方是真证平等真如的真觉。

再具体言之，择法觉分如参禅的人精研一切知解，一丝不挂，点埃不著的深参力究；再由精进觉分，专注不懈；行不知行，坐不知坐，所谓："见山不知山，看水不知水"，至依正浑融，内外一如，忽得心空境寂，生大欢喜，即是喜觉分，亦即三关之初破本参也。但若不能以觉心常常觉照，在日用的事行上除舍习气，则依然是不清净觉，故破本参后又须破重关，对于烦恼习气皆须断除与舍离，明真息妄，止恶行善，方能与真觉相应；故破重关，即是除、舍二分。从破重关以后，能观智与所观境，冥合不二，打成一片，此心更无走作，似古井不波，即成定觉分。由此定觉无间，念念定慧均等，便是念觉分。从此百尺竿头，更进一步，能所双亡，心境俱寂，与清净法界平等法身如如相应，便为豁破末后的牢关了。所以修七觉分法由加行智入根本智，亲证一真，比之禅宗行者的直透三关，正是相同。（《太虚大师全书》，28，第498—499页）

现依据太虚大师的开示，试将七觉分与三关的对应关系，表解如下：

破初关	择法觉分	依闻思修，立正知见，开发智慧，于世出间诸法，具有拣择决断其是非善恶的能力。	断惑证真
	精进觉分	精进修学，专注不懈，直至行不知行，坐不知坐，见山不知山，看水不知水，物我两亡。	
	喜觉分	依智慧力和精进力，出迷入悟，得见真理，觉心空境寂，依正浑融，内外一如，生大欢喜。	
破重关	除觉分	从法喜中，复依智慧强胜之力，于日用中随缘除舍习气，明真息妄，止恶行善，拔除一切染污烦恼根株。	除染舍垢
	舍觉分		
破末后牢关	定觉分	从慧得定，定慧相应，能观智与所观境冥合不二，打成一片，心无走作，似古井无波。	入于真觉
	念觉分	定慧念念相应，念念觉照无间，百尺竿头，更进一步，由此引生无漏无分别智，与平等真如相应，连觉之名字亦不可得，所谓能所双亡，入于真觉。	

另外，太虚大师曾经在回答出尘和尚的提问时，援引宗门中的十牛图颂，对禅宗破三关的功夫亦做了通俗的解释。在这段开示中，太虚大师首先指出，若不破本参，不知真心是何物，所谓的修行皆是盲修瞎炼。复次，依牧牛之喻，解说了宗门三关之义。他认为，宗门之破本参，就是通过参话头，引发无漏慧，明自本心，见自本性，犹如寻牛、见迹和得牛。复依无漏慧，调治烦恼习气，止恶增善，功夫成片，烦恼不起现行，此乃破重关的过程，犹如牧牛功夫纯熟，牛性驯服，骑牛归家，牛亡存人。至烦恼净尽，任运无修，随缘起用，此即破末后牢关，犹如人牛双亡、返本还源、入廛垂手等。

出尘和尚又曰："禅宗最先以持戒为本，由戒生慧，方得开悟？"

答曰："禅宗本意：未破本参者，无修证之可能，比于其人未曾寻牛，或寻而未得时，无论持戒、修定等，皆是盲修瞎炼，不惟无益，反增其障！故禅宗开首，即教人死参话头，求破本参；未破本参之先，尚不知心是何物，性在何处？不得有修证事。禅宗有三关之说：寻牛者，是由参话头引出无漏慧；得牛者，是由无漏慧明自本心，见自本性，名为初关。既见性已，乃以无漏慧对治烦恼，即是牧牛之事，亦名悟后之修证，到烦恼伏而不起现行，如牧牛至牛性驯伏，方名重关。然烦恼之伏，犹赖对治功用，必至烦恼净尽，任运无功用时，方名人牛双亡，亦名无事道人，斯透末后一关矣。"（《太虚大师全书》，27，第724页）

以上是太虚大师关对禅宗三关的基本看法。

四、广义禅宗三关

广义禅宗三关，实际上是借用"禅宗三关"的名相，基于教下之修证理路，从观智之成就与断惑并举的角度，对整个大乘止观功夫次第的一种描述，并不仅仅限于禅宗。客观地讲，这种广义禅宗三关，对于宗门修行者而言，可以起到如实地了知自己的功夫悟境、避免落入狂禅的借鉴作用。

按天台宗的讲法，修行的过程实际上就是依空假中三观不断解粘去缚的过程，包括三个阶段：由假入空，破凡夫缚，成就一切智；由空入假，破二乘缚，成就道种智；由空假双泯，入中道观，证无生法忍，成就法身，开发一切种智。如《修习止观坐禅法要》云：

若行者如是修止观时，即能了知一切诸法皆由心生，因缘虚假，不实故空，以知空故，即不得一切诸法名字相貌，尔时上不见佛果可求，下不见众生可度。是名从假入空观，亦名二谛观，亦名慧眼，亦名一切智。若住此观，即堕声闻辟支佛地，故《法华》中，诸声闻等自叹言："我等若闻净佛国土，教化众生，心不喜乐，所以者何？一切诸法皆悉空寂，无生无灭，无大无小，无漏无为，如是思惟，不生喜乐。"当知若见无为入正位者，终不能发三菩提心，此即定力多故，不见佛性。

若菩萨为度一切众生，成就一切佛法故，不应取著无为，尔时应修从空入假观，即当谛观心性虽空，对缘之时，亦能出生一切诸法，犹如幻化，虽无实体，亦有见闻觉知等相，差别不同。行者如是观时，虽知一切诸法毕竟空寂，能于空中，修种种行，如空中种树。亦能分别众生诸根性欲，性欲无量故，则说法无量。若能成就无量辩才，即能利益五道众生。是名从空入假观，亦名平等观，亦名法眼，亦名道种智。住此观中，智慧力多，虽见佛性而不明了，菩萨虽复成就如此二观，犹是方便，非是正观，故《缨络》云："前二观为方便，因二空观，得入中道第一义谛观，双照二谛，心心寂灭，自然流入萨婆若海。"

菩萨欲于一念中具足一切法者，应修中道正观。若能谛观心性，非空非假，而不坏空假之法，若能如是照了，即于心性通达中道，圆照二谛。若能于自心，见中道二谛，即见一切诸法中道二谛，亦不取中道二谛，以决定性，不可得故，是名中道正观。如《中论》云："因缘所生法，我说即是空，亦名为假名，亦是中道义。"此偈非唯是分别正观，亦是兼明前二种方便观门。当知中道正观，即是佛眼，即是一切种智。若住此观，即是定慧力等，了了见于佛性，即是安住大乘，行步平正，其疾如风，入萨婆若海，即行如来行，入如来室，著如来衣，坐如来座，以如来庄严而自庄严，获得六根清净，入佛境界，于一切法无所染著，即一切诸佛皆现在前，成就念佛三昧，安住首楞严定，普现色身，能入十方佛土教化众生，严净一切佛刹，供养十方诸佛，受持一切诸佛法藏，具足一切诸波罗蜜，即入顿悟大菩萨位，即与普贤、文殊共为等侣，即常住法性身中，为十方诸佛称叹授记，能八相成道，于十方国，究竟一切佛事，具足真应二身，是名初发心住菩萨。

如果参照天台宗《修习止观坐禅法要》的这种说法，即从入见道位、开发中道观智、证无生忍、成就法身的角度来理解禅宗三关的话，那么，初关大致与空观智相应，破凡夫缚，证人我空，相当于圆教之初信至七信、别教之初住至七住这一阶段，破见思惑，出分段生死。重关与假观智相应，破二乘缚，断法我执，相当于圆教之八信至十信、别教之八住至十回向这一阶段，破尘沙惑。牢关与中道智相应，证无生法忍，成就法身，相当于别教之初地、圆教之初住。从入见道位、开发中道观智、证无生忍、成就法身的角度来，宗门所说的见性成佛，乃《华严经》所说的"初发心菩萨即成正觉"，即相当于圆教的初住、别教的初地，而非究竟的成佛。但是，如果从究竟的断证（断三惑、证三身）角度来看禅宗三关的话，禅宗所说的末后牢关，就不仅仅是指初地证无生法忍，实际上含摄了整个地上菩萨断无明惑至究竟成佛的全过程。

为方便读者理解，现依《修习止观坐禅法要》及蕅益大师《教观纲宗》，将上述观点列表解于次：

从智断并举（入见道位、证无生忍）的角度看禅宗三关

体真止、空观之证相	从假入空观	慧眼	一切智	圆教初信位至七信，别教初住至七住。	破见（圆初信、别初住）思惑（圆七信、别七住）、离人我执。	初关	住此观中，堕声闻辟支佛地，终不能发菩提心，虽得自解脱，不得他解脱。定力多而慧力少，故不见佛性。	此依因地初发心菩萨位而言成佛，即华严"初发心菩萨即成正觉"，所成者乃法身佛。非果地究竟成佛。果地究竟成佛，须圆满智断二德。智德即菩提，断德即涅槃。
方便随缘止、假观之证相	从空入假观	法眼	道种智	圆教八信至十信，别教八住至十向。	破界内界外尘沙惑，初断法我执。	重关	菩萨若住此观中，虽能从空起用，成就众生，智慧力多而定力少，虽见佛性而不明了。	
息二边分别止、中道观之证相	中道正观，圆照二谛	佛眼	一切种智	圆教初住、别教初地。	中道智现前，渐断无明惑，破一分无明，证一分法身。	牢关	菩萨行于中道正观，息空有二边，圆照空假二谛，彻见佛性，入萨婆若海。	

以上依天台宗，从智德和断德两个角度对禅宗三关的理解，代表了"广义禅宗三关"的主流看法。其他诸如参照《法华经》《首楞严经》《圆觉经》乃至《大乘起信论》等代表性的大乘经典，对大乘止观功夫次第所做出的种种描述，皆可归于广义禅宗三关。

对于禅宗三关的不同看法，我们宜乎坚持"藉教悟宗、宗教圆融"的原则来对待：既要善用宗门"狭义禅宗三关"的观点，突出"开圆顿信解，于一刹那间顿证真如三昧，明心见性，开启一心三观之无漏观慧"在宗门修行中的核心地位，方便修禅者在实际用功过程中找到一种具体的目标感和亲切感，同时，也要充分吸收教下"广义禅宗三关"的诸多观点，加强对禅宗的教经基础的深入了解，树立大乘佛教的圆满信解，以大乘佛教断惑证真的修行次第为参照系，以便对当下的功夫境界有一个清醒如实的认识，避免得少为足或者落入狂禅、犯大妄语戒。须知狭义禅宗三关所描述的只是大乘止观功夫次第中的部分内容，而广义禅宗三关才是对大乘佛教整个成

佛过程的全面展示。换言之，相对于狭义禅宗三关而言，广义禅宗三关更堪当准确描述宗门顿悟成佛的完整止观功夫次第之重任。这两者应当而且可以结合在一起。

五、六祖悟道的三个阶段

如前所言，由于对止观功夫次第的划分，存在着划分角度和位次开合之不同，故在论及开悟的标准时，诸家的观点也不尽相同。一般所说的开悟，指初关；也有人认为，破重关才算开悟；更有人认为只有破了末后牢关才算开悟。有人认为，第六识分别我执破了，即是破初关，但也有人认为，这只能算是得个入门处，必须破第七识，才算破初关，如是等等，皆为应机而设。总之，是要令学人"未入门者入门，已入门者上上增进"，扫除悟迹。

为了方便读者从入见道位、证无生法忍的角度理解三关，下面简要回顾一下六祖悟道的三个阶段。

熟悉《六祖坛经》的人都知道，具足体相用三大之"自性观"和无念、无相、无住之"般若观"，是构成《六祖坛经》关于宗门修证理论的基础。前者相当于成佛解脱之本体论，后者相当于成佛解脱之方法论。仔细研读《六祖坛经·行由品第一》，就会发现，六祖悟道经历了三个阶段，与自性之体大、相大、用大以及般若之无念、无相、无住（或者说般若三昧、一相三昧、一行三昧），有着一一对应的关系。

（一）六祖悟道的第一个阶段

六祖初次开悟，是在卖柴时，闻客人诵《金刚经》而引发。

惠能于市卖柴。时有一客买柴，使令送至客店。客收去，惠能得钱，却出门外，见一客诵经。惠能一闻经语，心即开悟，遂问客诵何经，客曰："《金刚经》。"复问："从何所来，持此经典？"客云："我从蕲州黄梅县东禅寺来。其寺有五祖忍大师，在彼主化，门人一千有余。我到彼中礼拜，听受此经。大师常劝僧俗：但持《金刚经》，即自见性，直了成佛。"（《六祖坛经·行由品第一》，后同）

当时六祖到底悟到了什么呢？虽然六祖只是说"惠能一闻经语，心即开悟"，并没有就开悟的内容和细节做进一步的展开说明，但是，从他后来到黄梅，与五祖的一番对话中，我们还是可以窥探出他当时的所悟。

惠能至黄梅，礼拜五祖。祖问曰："汝何方人，欲求何物？"惠能对曰："弟子是岭南新州百姓。远来礼师，惟求作佛，不求余物。"祖言："汝是岭南人，又是獦獠，若为堪作佛？"惠能曰："人虽有南北，佛性本无南北；獦獠身与和尚不同，佛性有何差别？"五祖更欲与语，且见徒众总在左右，乃令随众作务。惠能曰："惠能启和尚，弟子自心常生智慧，不离自性，即是福田。未审和尚教作何务？"祖云："这獦獠根性大利！汝更勿言，著槽厂去！"

从这段经文中可以看出，六祖所悟，不仅是在理论上坚信"一切众生皆有佛性"，更重要的是，他一刹那间已经安住在无分别心之般若观照当中了，即与自性的妙用——"本觉"相应了。"弟子自心常生智慧，不离自性"一句，透露的正是这一消息：

其一，"常生智慧"，"常"意味着不间断，包括睡梦的时候，时刻现前，可见这个智慧已经不是"有为"的了，而是进入自然而然的状态。

其二，其"智慧"是"不离自性"的。不离自性，意味着背尘合觉，照体独立（不粘着尘境），处于平等、包容、无分别、无取舍之智光中，不属于见闻觉知（因为见闻觉知是生灭法，是分别法。有分别取舍即是背觉合尘，即是迷失了自性），不被诸境所转，尤其是无梦无醒时亦能作主（如果说在梦中、在无梦无醒时不能做主，则说明这个能观的心不是真的）。

六祖所说的"弟子自心常生智慧，不离自性"，所揭示的正是开悟的初关景象：根尘迥脱，照体独立，人我执打破了，安住在平等无分别的无心之觉照中。此时虽然粗重的分别妄想已经不起，但是微细和极微细的执五蕴万法为实有的坚固妄想仍然存在，理事二边没有打破，色心二边犹存，所以还需要进一步用功，让定慧等持的功夫更深入、更精微，更具有穿透力。

（二）六祖悟道的第二个阶段

六祖悟道的第二个阶段，见于他针对神秀禅师所作的"菩提本无树"

一偈。

神秀受五祖吩咐，苦心费力地做了一首偈子 —— "身是菩提树，心如明镜台；时时勤拂拭，勿使惹尘埃"，因为不自信（有怀疑，恰好说明所见不真），趁夜静更深，偷偷地把它写在步廊的墙壁上。对神秀的偈子，五祖的反应是：

祖已知神秀入门未得，不见自性。天明，祖唤卢供奉来，向南廊壁间绘画图相，忽见其偈，报言："供奉却不用画，劳尔远来。经云：'凡所有相，皆是虚妄。'但留此偈，与人诵持。依此偈修，免堕恶道；依此偈修，有大利益。"令门人炷香礼敬："尽诵此偈，即得见性。"祖三更唤秀入堂，祖曰："汝作此偈，未见本性，只到门外，未入门内。如此见解，觅无上菩提，了不可得。无上菩提，须得言下识自本心，见自本性不生不灭；于一切时中，念念自见，万法无滞，一真一切真，万境自如如。如如之心，即是真实。若如是见，即是无上菩提之自性也……"

两天后，六祖在槽厂舂米，见有一位童子在唱诵神秀的偈子，一听便知神秀"此偈未见本性"，于是央求童子带他来到廊壁前，也做了一首偈子，请张日用代书在神秀偈旁：

菩提本无树，明镜亦非台；本来无一物，何处惹尘埃？

对这首偈子，五祖的反应是：

江州别驾张日用替惠能书偈已，徒众总惊，无不嗟讶，各相谓言："奇哉，不得以貌取人！何得多时使他肉身菩萨！"祖见众人惊怪，恐人损害，遂将鞋擦了偈，曰："亦未见性。"众以为然。次日，祖潜至碓坊，见能腰石舂米，语曰："求道之人，为法忘躯，当如是乎！"乃问曰："米熟也未？"惠能曰："米熟久矣，犹欠筛在。"祖以杖击碓三下而去。

这里的本来无一物，非指虚无，乃指五蕴等诸法的实有性被空掉了。

这一阶段,六祖证悟到了什么呢?证悟到五蕴皆空,也就是说,执五蕴等诸法为实有的坚固妄想已经被打破了,此时不仅人我执已破,法我执亦被破除。古人云:"若人识得心,大地无寸土","虚空粉碎,大地平沉";《首楞严经》中讲:"汝等一人发真归元,此十方空皆悉销殒,云何空中所有国土而不振(震)裂?"——皆指万法的实有性被破。这是开悟的重关景象。

有人认为,五祖说六祖的这首偈子"亦未见性",只是掩盖之辞,目的是为了保护六祖,实际上,六祖已经开悟了。这种说法未必符合实际。因为证得了诸法无实有的空性之后,尚存空有等二边还没有超越,还不能起用。虽然能摄事归理、理事无碍,但还没有达到事事无碍的境界。所以,还需要进一步的超越。

(三)六祖悟道的第三个阶段

六祖悟道的第三个阶段,见于他听五祖讲《金刚经》时,一口气说出了五个"何期"。

> 惠能即会祖意,三鼓入室。祖以袈裟遮围,不令人见,为说《金刚经》。至"应无所住而生其心",惠能言下大悟:一切万法不离自性!遂启祖言:"何期自性本自清净!何期自性本不生灭!何期自性本自具足!何期自性本无动摇!何期自性能生万法!"祖知悟本性,谓惠能曰:"不识本心,学法无益。若识自本心,见自本性,即名丈夫、天人师、佛。"

"何期自性本自具足""何期自性能生万法",说明六祖不仅证得了万法唯心所现、并非实有之空性,同时还悟得自性之理体能生一切法、能摄一切法、能转一切法之全机大用,而并没有住在空寂的境界中。

"一切万法不离自性",说明自性并不是空无一物的死寂,而是能生一切万法的宝藏,它能遍摄一切万法,能够自在地转一切万法而如如不动,能够自由地出入红尘,行化世间,即所谓的"入廛垂手",此时,世间与出世间、烦恼与菩提、轮回与解脱、生死与涅槃、佛与众生等二边分别彻底被打破了。这正是开悟的末后牢关景象。

至此,六祖所证,是真正的三谛圆融的自性佛。这与觉林菩萨偈所言完全一致。《华严经》"觉林菩萨偈"云：

心如工画师，能画诸世间，五蕴悉从生，无法而不造。

如心佛亦尔，如佛众生然，应知佛与心，体性皆无尽。

若人知心行，普造诸世间，是人则见佛，了佛真实性。

心亦不住身，身亦不住心，而能作佛事，自在未曾有。

若人欲了知，三世一切佛，应观法界性，一切唯心造。

这首偈子，把"见佛"和"了佛真实性"的标准讲得非常清楚，那就是能够如实地证知"诸世间"是由人的"心行"所造（而非心外之实有），并能够享受"心亦不住身，身亦不住心，而能作佛事，自在未曾有"的喜悦。

依上所述，六祖悟道之三个阶段，与其自性观、般若观，存在着一一对应的关系，试表述如下：

1. 体大 —— 无念 —— 依能观智而言 —— 般若三昧 —— 初关 —— 根尘迥脱（破人我执）—— 空观智、平等无分别智。

2. 相大 —— 无相 —— 依所观境而言 —— 一相三昧 —— 重关 —— 大地平沉（破法我执）—— 假观智。

3. 用大 —— 无住 —— 依智境一如而言 —— 一行三昧 —— 牢关 —— 入鄽垂手（繁兴大用）—— 中道智。

从这里，可以看出，《六祖坛经》中所使用的概念"无念""无相""无住"以及"般若三昧""一相三昧""一行三昧"，虽然都是般若之异名，但是，它们所称谓的角度和所证的境界并不相同，并非随意乱用。这一点，读者宜三思！

六、关于禅宗三关之总结

上面从六祖悟道三个阶段所引得的禅宗三关之说，与后来的宗门巨匠云门文偃、圆悟克勤等人的主张亦是完全一致的。请看张商英居士在荆州的时候，与圆悟克勤禅师的一段法缘，其中就谈到了宗门功夫的次第问题。

一日，克勤禅师造访张商英居士，大谈《华严》宗旨，云："华严现量境界，理事全真，所以即一而万，了万为一，一复一，万复万，浩然莫穷。心佛众生三无差别，卷舒自在，无碍圆融。此（按：指理事无碍的境界）虽极则，终是无风匝匝之波。"

张商英听了，不觉移榻近前。

克勤禅师讲完这段话之后，便问："到此，与祖师西来意是同是别？"

张商英道："同矣！"

克勤禅师道："且得没交涉！"

张商英遭克勤禅师否定之后，面带愠色。

克勤禅师并不在意，继续点拨道："不见云门道，山河大地无丝毫过患（按：初关。人我执已破，方能目中之山河大地无纤毫过患，故云），犹是转句（按：转者，转身也，转生死向涅槃之谓），直得不见一色（按：重关。已经证万法唯心之空性，破法我执，故云），始是半提，更须知有向上全提时节（按：末后牢关。从空起用，圆修六度，悟无悟迹，归无所得，故云）。彼德山、临济岂非全提乎？"

张商英这才心悦诚服，连连点头称是。

第二天，克勤禅师又谈起理法界、事法界、理事无碍法界、事事无碍法界等四法界。当谈到理事无碍法界时，克勤禅师便问："此可说禅乎？"

张商英道："正好说禅。"

克勤禅师笑道："不然，正是法界量里在（按：还是落在理事等名相差别当中），盖法界量未灭。若到事事无碍法界，法界量灭，始好说禅：如何是佛？干屎橛。如何是佛？麻三斤。是故真净偈曰：'事事无碍，如意自在。手把猪头，口诵净戒。趁出淫房，未还酒债。十字街头，解开布袋。'"

张商英听完这一段开示，如醍醐灌顶，赞叹道："美哉之论，岂易得闻乎！（《禅宗大德悟道因缘》，参见《五灯会元》卷十九）

这段对话中，值得注意的是圆悟克勤禅师所引云门文偃禅师的那段话："山河大地无丝毫过患"，乃初关境界，相当于证理法界。只有人我执已破，方能目中之山河大地无纤毫过患，故云。"转句"，转者，转身也，转生死向涅槃之谓。

"不见一色"，乃重关境界，相当于证理事无碍法界。已证万法唯心之空性，所谓"若人识得心，大地无寸土"，故云。"半提"，意指还不是最究竟、最圆满的证悟。

"向上全提时节"，乃末后牢关境界，相当于事事无碍法界。从空起用，圆修六度，悟无悟迹，归无所得，证无生法忍，故云。

最后，为了帮助读者对禅宗三关有一个完整的印象，现试图将前面各节所述之主要内容，做一个系统的整合，列表解如次：

		初关	重关	末后牢关
狭义禅宗三关	依一心三观之无漏观智的成就而立深浅，不论断惑先后及证真位次。【悟道之阶段次第】	前后际断，一念不生，灵光独耀。	悟后起修，净治烦恼习气，家破人亡，人法俱寂，心境皆空。	超越二边触目是道，随缘任运。
		家破人亡，一丝不挂。	大死大活，从空返有。	双泯空有，寂照不二。
		情不附物	历境验心	智境双亡
		择法、精进、喜三觉支	除、舍二觉支	定、念二觉支
		寻牛、见迹、见牛、得牛	牧牛、骑牛归家、亡牛存人	人牛俱亡、返本还源、入鄽垂手
		截断众流	函盖乾坤	随波逐浪
		前后际断，一丝不挂，虚空粉碎，大地平沉，五阴无我。销有归空。	大死大活色空不二，智境圆融触目是道。从空返有。	超越二边，惺寂不二，任运无为。归于寂灭一心入无生忍。双泯双照空有。

（续表）

广义禅宗三关	依断惑深浅而立先后次第，智断并举，兼顾证真位次。【成佛之完整次第】	（《楞严》）解根尘三结。此根初解，先证人空。	解觉结。空性圆明，成法解脱。	解空、灭二结。俱空不生，入无生忍，成等正觉。
		（百丈）初善，破有，去凡夫缚。	中善，破空，去二乘缚。	后善及超三句外，双泯双照空有，破菩萨缚，入究竟觉。
		（临济）夺境不夺人	夺人不夺境	人境俱夺，人境俱不夺
		（云门）直得山河大地无纤毫过患，犹是转句	不见一色，始是半提	须知更有向上全提时节
		（天台）六妙门之观门成就	还门成就	净门成就
		（天台）体真止、空观、体真禅	方便随缘止、假观、方便随缘禅	息二边分别止、中道观、息二边分别禅
		（华严）理法界	理事无碍法界	事事无碍法界
		圆教初信至七信，别教初住至七住，破见思惑，证人我空，与体大相应。	圆教八信至十信，别教八住至十回向，破尘沙惑，证法我空，与相大相应。	圆教初住、别教初地，历十地，至究竟成佛，破无明惑，证俱空不生，与用大相应。
		（《大论》）觉异相，破执取相、计名字相。二乘、三贤虽同破异相、解根尘三结、断见思惑，然二乘不知有第八识，执我空法有、执根尘断处为涅槃，故不能破觉结、断尘沙惑；而三贤知有第八识，能发回向心、修无相六度，故能破觉结、断尘沙惑。	觉住相、生相，破相续相、智相、现相、转相、业相	
		（天台）相似即佛		分证即佛、究竟即佛

　　以上所做整合与对应，同时融合了从智德（入见道位）和断德（究竟断证）这两个角度对禅宗三关的基本看法。需要指出的是，这个整合和对应，只是一种大致的配对，因为就其各自的思想体系而言，诸配对之间并不能完全画等号，只是一种理解上的方便，不可当实法会。

　　以上三关之说，包括前面所提到的《首楞严经》之"解六结"，《大乘起信论》之"始觉四相""破六染心"，天台之"五禅门""六妙门""六即佛"，百丈之"初中后三句"，临济之"四料简"，梁山的十牛图颂，乃至云门的"三句"等等，都各自从不同的视野，为我们勾勒出了一幅幅关于宗门功夫次第之路线图，这些路线图犹如为我们开启了很多不同的窗户，透过它们，我们会看到修行途中的不同风景。我们可以把它们当中的某一种观点，作为考量自己的证悟和功夫的层次，以便上上增进。

　　这里需要特别注意的是，上述关于宗门功夫次第之揭示，其出发点有三：一是为了避免学人落入二边当中，令其大开圆解；二是为了避免学人错认路途风光，误执方便为究竟；三是为了避免学人得少为足、起增上慢，令其上上增进。因此，我们在理解这些功夫次第的时候，不能离开宗门的"圆顿"精神。

　　宗门的圆顿信解和妙观，与功夫次第之间的关系，犹如"赫日销霜雪"一般，能消霜雪之赫日（指代圆信圆解圆观）始终如是，前后不变，无有次第；霜雪在赫日之照耀下，渐渐消融（指代止观的功夫次第），非一蹴而就，即有次第。换言之，宗门所强调的"触目是道""直下承当""称性起修""离心意识""虚明自照""不用求真，唯须息见""道不属修不属不修"，以及"无所求、无所得、无所守"等圆顿的信解和妙观，始自初发心，终至成佛，是不会变的，没有次第的，但是在习气之消磨、功德之增长等方面，却存在着功夫的深浅差异。这就是憨山大师所说的"位有始终，观无先后"。

　　另外，构成功夫深浅次第诸环节，究竟而言，性空非实，故上根利器者，若能达于"无念"，即可以一念顿超，实无次第可言。如前面提到的始觉四相，《大乘起信论》云："又心起者，无有初相可知；而言知初相者，即谓无念。是故一切众生，不名为觉，以从本来，念念相续，未曾离念，故说无始无明。若得无念者，则知心相生住异灭，以无念等故，而实无有始觉之异。以四相俱时而有，皆无自立，本来平等，同一觉故。"意思是说，依生、住、异、灭四相，始觉虽有不觉、相似觉、随分觉、究竟觉等深浅之分，但其深浅空无自性，且妄念无相，故可一念无心而知四相同时，寂灭平等，唯一真心，更无先后。故若达于无念，即可顿超，无有渐次。若未达无念，则有始觉自粗至细之渐次。

再次，构成功夫次第的每一个环节，就圆顿之理而言，并不是孤立的，而是互即互入的，一个环节同时具足其他诸环节。比如云门之三句，截断众流同时就是函盖乾坤、随波逐浪，函盖乾坤同时就是随波逐浪、截断众流，随波逐浪同时就是截断众流、函盖乾坤，一句中具三句，三句皆会归于一句。所以，在理解宗门的功夫次第时，我们不要因此而陷入将心待悟、有求有得以及向外驰求的有为心态中，而应当在当下一念之"不二观"中去消融功夫次第。这跟教下所言的方便次第是大不相同的。

第十四章　修学过程中的常见误区、魔障及其对治

　　任何人的修行都不会一帆风顺，都会遇到种种误区、障碍或魔扰。修行的过程，其实就是一个不断避开误区、超越障碍、排除魔扰的过程。没有障碍，我们无始以来养成的我法二执习气便无从消磨，智慧便无从开启，定力便无从增长。从这个角度来看，修行过程中的障碍恰恰是我们修行不断进步的增上缘。

　　这里的关键是，当障碍现前的时候，我们是否有足够的智慧进行自我反省，并及时识破它们，最后将它们变成修行的动力。立足于菩提心和圆满正见，不断地进行自我反省，找出障碍出现的原因，并及时纠正，这是应对修行过程中常见误区、障碍的最有力的武器。

　　下面，拟围绕修学过程中的常见误区和魔障这一主题，从六个方面略做展开说明：

　　第一，"忘本"对汉传佛教未来发展之危害；

　　第二，修学过程中的"脱节"之过患；

　　第三，修习止观过程中的常见误区；

　　第四，修习止观过程中的魔障及其对治；

　　第五，智者大师论修习止观过程中的禅病、魔事及其对治；

　　第六，总结：修行过程中防止误区和魔障之关键。

第一节　忘本之危害

一、"如法"与"非法"的标准 —— 契理契机

佛教的教法思想（教化众生的原则和方法）可以用一句话来概括，叫作"契理契机"。契理者，上契诸佛之心、入不二实相之理，此即《法华经》所说的"显实"；契机者，下契众生之机、开方便接引之门，此即《法华经》所说的"开权"。"开权显实、会权归实、权实不二"，这是《法华经》对整个佛教教法思想的高度概括。

契理契机的教法思想在禅宗那里得到了完整的继承。六祖讲，"佛说一切法，为度一切心。我无一切心，何用一切法"（转引自黄檗禅师《传心法要》），强调了佛法犹如良药，贵在对症。药不对症，或病去而药不除、执药成病，都会产生相反的结果。这一思想，后来在百丈禅师的"初中后"三句中又得到了更进一步的发挥，成为禅宗教法思想的经典论述。

"契理契机、权实不二、药病相治"的教法思想，不仅对整个佛教的传播产生了重大而深远的影响，同时也是我们准确理解整个佛教历史演变的根本指针。从这个意义上来讲，佛教的传播过程就是一个不断契理契机的过程。就汉传佛教而言，这个过程实际上就是印度佛教不断地被中国化的过程。所以，要理解佛教中国化的过程及其特征，必须紧扣"契理契机"这一原则。

"机"可以分为群体之机和个体之机两种：

群体之机是指，不同的地域、民族、文化背景下的众生，其根机是各不相同的，比如汉地信众与南传信众、藏传信众，乃至欧美信众，各有各的文化特色。面对不同的群体之机，不可能用某种单一的、固定不变的佛教形态来教化他们。比如说，不可能要求所有的人都学南传佛教，也不可能要求所有的人都学藏传佛教，同样也不可能要求所有的人都学汉传佛教。

个体之机是指，同一群体中，因为每个人的因缘果报不一样，接受佛法

的根机和能力也不一样，故不可能用同一种教法来接引和教化他们。比如说，不可能要求所有的人都数呼吸，也不可能要求所有的人都念佛，同样地，也不可能要求所有的人都参禅。对不同的人讲什么法，劝他们修什么法门，都应该根据来机的实际情况而定。人根有利钝，故法有顿渐。上根利器者，可以教示他们最上乘法；中下根器者，则可以用渐修法门来接引。

契理契机的原则告诉我们，在传播佛法的时候，要善察来机，根据来者的实际情况而相应地采用初善、中善、后善来接引、教化他们，令他们上上增进，最后进入一佛乘。对于下根障重凡夫，要给他们讲初善，让他们认识到贪嗔痴等世间生死法的过患、戒定慧等出世间善法的好处；这个时候，由于他们尚未与空性相应、尚未证得真如三昧，如果给他们讲后善及向上一路，反而会令其发狂、断其善根，此即是法不对机。对于中根二乘行人，要给他们讲以菩萨道为主要内容的中善，令他们回小向大、发愿重新回到生死界，度化众生；这个时候，如果还给他们讲初善，纯粹是无意义之举，或者反而更增其对二乘法的执著，亦是法不对机。对于上根菩萨行人，要给他们讲后善，破其凡圣相，令其归于向上一路，这个时候，如果还给他们讲初善、中善，亦是法不对机。

从这个角度来讲，判断一种教法是"如法"还是"非法（不如法）"，关键要看它是不是符合"契理契机"的原则。所讲之法，如果不契理，即不符合三法印或者一实相印，那自然是"非法"的；同样，所讲之理，如果不契来者之机，比如面对大我慢之障重众生，你给他讲"烦恼即菩提"等最究竟的不二之法，也是"非法"，因为那样会误导他们落入狂禅。大慧宗杲禅师曾经讲过：

> 近世有一种修行失方便者，往往认现行无明为入世间，便将出世间法强差排作出世无余之事，可不悲乎！除凤有誓愿、即时识得破、作得主、不被他牵引。故《净名》有言："佛为增上慢人说离淫怒痴为解脱耳。若无增上慢者，佛说淫怒痴性即是解脱。"若免得此过，于逆顺境界中，无起灭相，始离得增上慢名字，恁么方可作入得世间，谓之有力量汉。（《宗杲尺牍·答楼枢密》）

引文中的"失方便者"，是指昧于第一义谛，偏执世间、出世间不二，而不知对机说法，因而往往会误导那些有增上慢的人，错误地把在生死中流转当作解脱者的入世度生、游戏三昧。"认现行无明为入世间"，意指把在世间随生死流转的不自觉不自主状态，错误地看作解脱者自觉自主的入世。"将出世间法强差排作出世无余之事"，意指将第一义谛的出世间无上大法，如生死即涅槃、烦恼即菩提、淫怒痴即是解脱等等说法，胡乱解释，穿凿附会，误把随顺生死烦恼等现行无明当作出世间解脱之事业。大慧宗杲禅师在这里借用《净名经》中的话告诉我们：面对增上慢人，要给他们讲"离淫怒痴为解脱"，这样才是"如法"的；如果给他们讲"淫怒痴性即是解脱"，则是"非法"。所以如法、非法，一定要以"契理契机"为判断标准。

同样地，面对不同文化背景下的信众，佛教在弘传的过程中，一定要兼顾他们各自不同的政治、经济、法律、文化等生活背景，换句话来说，所讲之法，一定要顺应当地的文化习俗等，灵活变通。从佛教的传播角度来看，不同区域的佛教必定各自有其特殊的教法，这是由地域的文化背景决定的。我们不能够简单把它们从该地区的政治、经济、文化背景中抽离出来，把它们当作一种绝对的真理，而强行移植到另外一种异质文化环境中。这种不顾当地民族文化之"机"的做法，稍一处理不好，就会带来文化上的"生态危机"——就像生物界，外来物种的入侵会给当地的生态平衡带来灾难性的冲击。

比方说，让南传佛教地区的信众，放弃他们的念处禅，改修汉传佛教的净土法门，或者修习藏传佛教的时轮金刚乃至男女双修，结果会怎样呢？让藏传佛教地区的信众，放弃其本有的持明之修法，改修南传的念处法门，或者改修汉传的逢佛杀佛、遇祖杀祖之禅宗，结果又会怎样呢？同样，让汉地出家众，放弃素食、梵行之传统，完全照搬藏传佛教，结果又会怎样呢？

我们并不是反对要学习和借鉴南传佛教和藏传佛教中的优秀成果，我们只是想说明，在学习和借鉴的过程中，要立足并尊重汉传佛教的优秀传统（详后），坚持契理契机的原则，不能全盘照搬照抄。要知道汉传佛教的传统绝不是凭空冒出来的，恰恰是佛教在汉地传播过程中契理契机的结果。

二、汉传佛教是佛法传播契理契机的结果

在中国漫长的封建社会里，植根于农业文明基础上的儒家和道家，一直是中国传统文化的主体。受儒、道两家思想的影响，中国人养成了如下文化品格：

1. 在经济生活中，重自立、尚勤俭 —— 重视劳动自养，反对不劳而食；重视节俭，反对奢华浪费。

2. 在道德观念上，重礼义、尚仁孝 —— 重视道德修养和社会伦理，强调知恩图报、仁爱利他。

3. 在学问上，重心性、尚简易 —— 一切学问都要回归于心性，为心性之觉悟和修养服务，不喜欢脚不点地的虚无玄妙的学问，同时强调大道至简，强调以简驭繁，不喜欢复杂的理论形式。

4. 在行为习惯上，重当下、尚理性 —— 更重视现世的安顿和功业，强调理性在人生选择中的作用，排斥非理性的盲目信仰。

5. 在人生境界上，重自然、尚无为 —— 强调天人合一，热爱大自然，崇尚自然的风格。

上述文化传统，对中国汉传佛教品格的形成，产生了巨大的影响。

首先，印度佛教传入中国后，为了适应中国人的文化传统和生活习惯，在形态上发生了较大的改变，逐渐形成了中国汉传佛教独有的"素食、独身、三衣一钵、自耕自食"的传统，这是汉传佛教区别于南传和藏传佛教的特色之一。这一传统，为汉传佛教赢得了崇高的社会地位，为佛教在中国充分发挥其教化功能带来了巨大的优势和方便。

其次，在思想格局上，印度佛教经汉魏两晋南北朝数百年的消化和吸收，到了隋唐时代，形成了具有中国特色的八大宗派。宋以后，又在此基础上，慢慢地形成了"以禅为心，以教为门，以律为行，以密为助，以净为归"这样一个相对稳定的格局。其中，禅、净、律和天台、华严，对中国宋以后汉传佛教的影响尤为突出。这一格局，在理论上强调圆融不二，在实修上强调简单易行、主伴相随、正助互显，在功夫落实上强调生活化，在功夫受用上强调当下一念之自觉自主自足自在。从这些特征中可以明显地看到中国传统文化的影子。

第三，在修证理念上，受中国传统文化的激荡，汉传佛教逐渐形成了自己独特而且非常成熟圆融的修学传统，可以用三十二个字来概括——"悲智双运、藉教悟宗、性修相应、定慧等持、戒乘俱急、福慧双修、显密圆融（有二义：一者强调自力他力不二，二者强调以显为本、以密为助）、禅净不二"。这一修学传统立足于实相般若，囊括了佛陀一代时教修证之精华，它可以有效地避免和化解一切修行上的误区和障碍。这一修学传统后来又通过上述"以禅为心，以教为门，以律为行，以密为助、以净为归"的格局，得到了进一步的强化。

在印度佛教中国化的过程中，有两点值得注意：

第一，面对原始佛教的小乘禅法，如安般法门、四念处、十六特胜等，汉传佛教（特别是天台宗）的做法是：将其置于大乘佛教圆顿教的思想基础上，而成为大乘佛教圆顿止观的有机组成部分，而不再停留在方便次第上。

第二，密教特别是印度早期的杂密（简称"印密"），传入中国之后，经开元三大士的弘扬，因为得到了宫廷权贵的支持，曾经兴盛一时，即所谓的"唐密"。但是"会昌法乱"以后，唐密很快衰落，几成绝学，其余绪东传至日本，变成了后来所谓的"东密"（空海大师所传）和"台密"（最澄大师所传）。但是，在中国，唐密的一些修行内容并没有消失，而是作为一种辅助方法，被巧妙地融入汉地僧俗二众的日常修行生活当中，被当作一种忏悔、超度、祈福、消灾、施食、驱邪、放生的特殊方法或仪轨来使用。这一点，从汉地寺院早晚课诵和大型佛事活动（如放焰口、水陆法会）中保有大量的咒语（如楞严咒、大悲咒、十小咒、往生咒）等可以看出。总而言之，宋以后，在以禅净律教为主体的汉传佛教发展格局中，密法一直处于一种从属的地位，而并没有形成一个具有强大僧团作为后盾、可以不断传承的独立宗派。

这两点对于现今时代，汉地大乘佛教之僧俗二众应如何正确对待南传佛教和藏传佛教，是非常有启发性的（详后）。

汉传佛教的上述特色、格局和修学理念，是印度佛教遵循契理契机的原则、不断进行中国化的结果。这是一种历史的必然选择，而不是某一个人或某个团体所能左右的。在思考中国当代佛教何去何从的问题时，我们首先应当充分地尊重和顺应这一历史传统。

三、汉地寺院要坚持以汉传佛教为根本

净慧老和尚经常呼吁，"汉地寺院要以汉传佛教为根本"，其内涵就是指，要继承汉传佛教的上述传统、格局和修学理念。

遗憾的是，在涉及"汉传佛教何去何从"这一大是大非的问题上，汉传佛教界到目前为止，并未形成一个清醒的主导性的战略共识。相反，受藏传佛教和南传佛教的影响，汉传佛教界已经出现了一些轻视乃至否定汉传佛教的优秀传统、盲目抬高藏传佛教和南传佛教的现象。这是汉传佛教界所面临的最大误区。这一误区如果不能避免，无论是对汉传佛教的整体发展，还是对个人的修行解脱来讲，其负面的影响都是不可低估的。

中国汉传佛教的衰落是一个非常复杂的历史问题，既有外在的政治和社会原因，也有教内僧团教育和管理的问题。我们不能把汉传佛教的衰落归咎于上述汉传佛教的特色、格局和修证理念，恰恰相反，是因为汉传佛教界受到了外在的政治、经济等社会原因的影响，偏离或淡化了这些特色、格局和修证传统，才导致了汉传佛教的衰落。

最近二十多年来，教界有一种声音，简单地把中国汉传佛教衰落的原因归结为汉传佛教"不重视修学次第""空对空、没有下手处"：主张汉传佛教应当向藏传佛教学习，尤其是要用藏传佛教的《菩提道次第广论》来为汉传佛教重新建立修习次第；应当向南传佛教学习，尤其是要学习南传佛教的四念处观法，为汉传佛教修学找到可靠的下手处。一时间，不少在家众和出家众，对藏传佛教的《广论》和南传佛教四《阿含》中的念处禅趋之若鹜。相反，在汉传佛教史上一直产生过重大影响、对形成汉传佛教文化品格产生了决定性作用的一些根本教典，如《法华经》《首楞严经》《大乘起信论》，以及像《禅宗六代祖师传灯法本》《马祖四家语录》这样的重要禅宗祖师语录等等，却被弃置一旁。

在全球范围内的文化交流活动日趋广泛和深入的今天，汉传佛教的发展肯定要受到南传和藏传佛教的影响，我们毫无疑问地要吸收南传、藏传佛教的积极因素，但是，这个吸收和借鉴，不是全盘照抄它们而否定自己，而是要以汉传佛教为本位。抛弃了汉传佛教传统这个大本，全盘照抄南传佛教和藏传佛教，是违背佛法契理契机这一基本原则的，对于汉传佛教是

一种伤害，也不符合历史的发展规律和中国的国情。

南传佛教的修行方法，早在东汉的时候就传入中国，到了北魏时期，经由僧稠禅师的大力弘扬，达到了鼎盛。但很快就衰落了，并被融入天台宗的止观体系中。换句话说，汉传佛教中并不是没有南传佛教的修行方法，只不过是这些方法被纳入汉传佛教圆顿教的思想体系当中，并带有圆顿教的特色而已。关于这一点，只要读一读智者大师的大小止观就会明白。

另一方面，在当今的南传佛教圈子里，由于历史的原因，"大乘非佛说"的观念仍然比较盛行。他们认为大乘佛教经典不是佛说的，相应地，从大乘经典中开启的一系列修行方法，比如汉地盛行的话头禅和念佛法门等等，其合法性自然也就成了问题。在这种情况下，如果全盘接受南传佛教，就意味着，汉传佛教的大乘经典和具有汉地特色的大乘修行方法，都有可能面临着被否定的危险。从佛教发展"契理契机"的历史进程来看，这一结果是让人无法接受的。

在止观的修习方面，南传佛教确实有许多丰富的开示，对于尚未建立起圆顿观念的人而言，比较容易接受和入门。关于这一方面的内容，我们可以吸收。但是，这并不意味着我们要抛弃汉传佛教的根本。

藏传佛教是一种非常特殊的教法，它的产生源于印度佛教为了应对来自印度教的冲击，不得已而做出的一种自我转化，与早期和中期的大乘佛教相比，在形态和修法上有了比较大的改变。传到藏地后，为了适应藏人的政治、经济和生活习惯，以及应对来自藏地原有宗教信仰（主要是苯教）的冲击，在形态和观念上再一次发生变化，这也是一种契理契机的过程。在藏地特有的政教合一的文化背景下，通过四皈依的方式，强调上师的绝对权威，这种教法是契合藏人之机的。但是，在汉地，由于汉人的理性思维比较发达，崇尚心性的内省和觉悟，加上早期大乘佛法中"依法不依人，依义不依语，依了义不依不了义"的理性观念根深蒂固，在这种情况下，过分强调上师的绝对权威，必然会产生心理上的碰撞，尤其是当对上师的某些行为无法理解的时候，更是如此。这一文化品格上的天然隔阂，必然会对后面的进一步修行产生难以克服的障碍。

另外，"男女双修"是藏密中仅仅适合于极少数人的特殊修法，绝非那些尚未证得真如三昧、尚未与空性相应的障重凡夫和大增上慢者所能涉足。

这种修法与汉地的儒家文化传统、汉传佛教的梵行观念，以及中国的政治、法律制度等是相冲突的。更值得注意的是，在当今明目张胆地宣扬"男女双修"，会被某些别有用心的人所利用，他们会借此将男女之淫乱合法化、神圣化，而大行邪淫之实，对社会风气是一种破坏，于个人、于佛教、于国家，都是有百害而无一利的。

再者，从教理的角度来讲，我们很难想象，对于一个没有证得真如三昧、尚未与空性相应的人而言，男女双修意味着什么。我们更难想象，对于一个已经证得真如三昧、与空性相应的人而言，还会味着男女之欲吗？因为连欲界的乐变化天人，面对男女之事，尚且是"我无欲心，应汝行事，于横陈时，味如嚼蜡"（《首楞严经》），更何况证得空性的圣人乎（除了在果地上要借男女之事起度生之大用外）？

所以从契理契机的角度来讲，在汉地大讲"男女双修"，就是一种"非法"，就是"药不对症"。《首楞严经》"四种清净明诲"，关于淫戒是这样开示的：

> 阿难，云何摄心，我名为戒？若诸世界六道众生，其心不淫，则不随其生死相续。汝修三昧，本出尘劳，淫心不除，尘不可出。纵有多智禅定现前，如不断淫，必落魔道，上品魔王，中品魔民，下品魔女。彼等诸魔，亦有徒众，各各自谓成无上道。我灭度后，末法之中，多此魔民炽盛世间，广行贪淫，为善知识，令诸众生落爱见坑，失菩提路。汝教世人修三摩地，先断心淫，是名如来先佛世尊第一决定清净明诲。是故阿难，若不断淫修禅定者，如蒸砂石，欲其成饭，经百千劫，只名热砂。何以故？此非饭本，砂石成故。汝以淫身求佛妙果，纵得妙悟，皆是淫根。根本成淫，轮转三涂（途），必不能出，如来涅槃何路修证？必使淫机身心俱断，断性亦无，于佛菩提，斯可希冀。如我此说，名为佛说；不如此说，即波旬说。（《首楞严经》卷六）

另外，在讲到想阴魔境的时候，《首楞严经》亦明确地讲：

> 阿难当知，是十种魔，于末世时，在我法中出家修道，或附人体，或自现形，皆言已成正遍知觉，赞叹淫欲，破佛律仪，先恶魔师与魔弟子，淫淫相传。

如是邪精魅其心腑，近则九生，多踰百世，令真修行总为魔眷，命终之后，必为魔民，失正遍知，堕无间狱。（《首楞严经》卷九）

在这里，佛明确地告诉我们，"男女双修"对于娑婆世界末法时代的众生而言，绝非"契理契机"之法。在这种情况下，如果硬要把"男女双修"的观念移植到汉传佛教（或者南传佛教）中，并且把它推为修行的"最高阶段"，那必定会给汉传佛教界带来极大的思想混乱，亦为汉地的道德和国家法律所不容。

在这种背景下，如果我们盲目地照搬藏传佛教，我们汉传佛教的"素食、独身、梵行"的传统将会被彻底破坏掉，汉传佛教两千多年来好不容易建立起来的崇高社会地位将会被彻底断送掉。这样一来，汉传佛教教化人心的社会功能将会随着汉传佛教的"神圣性"的丧失而被社会公众所唾弃，会给汉地佛教带来毁灭性的打击。所以，那种不顾汉藏文化的差异性，想当然地通过弘扬《菩萨道次第广论》和《密宗道次第广论》，来对汉传佛教的修学体系进行所谓"改造"和"创新"的做法，其效果未必有想象的那么乐观。

总之，我们在吸收藏传佛教的优秀成果（比如关于菩提心的修法）的时候，千万不能丢掉汉传佛教这个大本，我们要像对待唐密那样，坚持以我为主之正、以彼为助为辅的原则。在尊重汉传佛教"以禅为心，以教为门，以律为行，以密为助，以净为归"这样一个大的历史格局之前提下，我们不仅可以把藏密中的持明方法与汉传佛教止观之修习有机地结合在一起（如同念佛法门一样，持明也可以成为落实止观精神的修行方法），同时还可以丰富汉传佛教"以净为归"这一根本归趣的具体内容。因为，在某种意义上讲，净土法门就是大密法；"以净为归"不仅适用于汉传佛教，同样也适用于藏传佛教。所以，立足于汉传佛教"以禅为心，以教为门，以律为行，以密为助，以净为归"这一传统，融通汉传、藏传佛教，无论是在理论上还是在实践上，都具有巨大的发展空间。

四、不能把汉传佛教与密宗判教中的显教画等号

随着藏传佛教在汉地的传播，当今的佛教界，无论是在藏地还是在汉

地，流行一种观点：认为整个佛法可以分为显、密两个部分，显教是修行的基础阶段，密教才是佛法的最高阶段，汉传佛教仅仅相当于藏密判教理论中的显教，而藏密中的无上瑜伽才是佛法中顶级的无上大法，是汉传佛教所无法比拟的。

这种简单地将汉传佛教与藏密判教中的显教画等号的观点，必然会导致盲目地尊藏密而轻汉传佛教的做法。一些藏密的修行人，包括喇嘛和赴藏地修行的汉人，在谈到自己所修的密法时，通常会觉得无比荣耀，而在谈到汉传佛教的时候，不自觉地面带鄙色，生大我慢。这种表现正是这种判教观点所造成的负面影响。

划分显密的标准究竟是什么？长期以来，这个问题在教界并没有得到很好的解决。世人对显密的划分，或从历史的角度，比如说，印度佛教从伐弹那王朝到波罗王朝末，即从 6 世纪中叶到 9 世纪末叶，这个时期的佛教称为密教时代；或从地域的角度，比如说，西藏、内蒙古的佛教以密教为主；或从修行仪轨的角度，比如说重视坛城、火供等；或从用功方法入手的角度，比如说重视结印、持咒、观想等；或者是从说法主的角度，比如，密教是法身佛所说，显教是报化佛所说等。这些都是从密教的外部特征来划分显密的，并没有触及显与密的本质。

显密之说，较早见于唐代真言宗之判教。弘法大师（空海）认为，佛法之中，凡以他受用身及应化身说法的便是显教；凡以自性受用身说法的，便是密教。其《辨显密二教论》卷上云：

> 夫佛有三身，教则二种。应化开说，名曰显教，言显略逗机。法佛谈话，谓之密藏，言秘奥实说。显教契经部有百亿，分藏则有一十五十一之差，言乘则有一二三四五之别，谈行六度为宗，告成三大为限，是则大圣分明说其所由。若据秘藏《金刚顶经》说，如来变化身为地前菩萨及二乘凡夫等说三乘教法，他受用身为地上菩萨说显一乘等，并是显教也；自性受用佛，自受法乐故，与自眷属各说三密门，谓之密教。

弘法大师认为，显、密二教中，显教成佛慢，而密教成佛快，两者之别，犹如有神足通者之与跛驴：

又夫显教则谈三大之远劫，密藏则期十六之大生，迟速胜劣，犹如神通、跛驴。（《御请来目录》）

唐密传到日本之后，分成东密和台密。两家关于显密之判教，略有不同。依圆仁《苏悉地经略疏》、安然《真言宗教时问答》卷四所述，三乘教为显教，一乘教为密教，密教之中又可分为理密与俱密。《华严经》及《法华经》等为理密，《大日经》等为理事俱密。

唐密的这种判教理论在清以前，在汉地并没有得到天台、华严、法相、禅宗、净土等诸宗祖师的认同或者回应，在信众中也并没有多大市场。但是，到了民国年间，情况发生了巨大的变化。随着东、台二密从日本传回中国，这种判教理论慢慢地被人们所了解，尤其是，随着藏密在汉地的流行，唐、藏二密在判教理论上趋于合流，导致这种观点在信众中的影响越来越大，以至于在汉传佛教不景气的今天，大有变成了"众所周知"的共识。前面所提到的将汉传佛教等同于显教、尊密而轻显的现象，正是在这种历史背景下出现的。

克实而论，前面所提到的显密之划分，皆未得其本。划分显密之本，当依《大乘起信论》"真如体用熏"及其"体用熏相应不相应"之理论来理解，方是正义。鉴于人们对显密的划分，最后都集中在"自力和他力"这一点上，所以，下面拟依《大乘起信论》"真如体用熏"之理论，来深入了解一下显、密之真义。

关于真如体用熏之义，本书第十二章在讲"念佛禅"之"相应观"时，曾经提到过。在这里再做一些补充。

首先来看看《大乘起信论》关于真如体、用熏，及其相应不相应之开示：

真心熏义，亦二种别：一体熏，二用熏。

体熏者，所谓真如从无始来，具足一切无量无漏，亦具难思胜境界用，常无间断熏众生心，以此力故，令诸众生厌生死苦、求涅槃乐，自信己身有真实法，发心修行……

又诸佛法，有因有缘，因缘具足，事乃成办。如木中火性，是火正因，若无人知，或有虽知而不施功，欲令出火焚烧木者，无有是处。众生亦尔，虽有真如体熏因力，若不遇佛诸菩萨等善知识缘，或虽遇缘，而不修胜行，不生智慧，不断烦恼，能得涅槃无有是处。

又复虽有善知识缘，倘内无真如熏习因力，必亦不能厌生死苦、求涅槃乐。要因缘具足，乃能如是。云何具足？谓自相续中，有熏习力，诸佛菩萨慈悲摄护，乃能厌生死苦、信有涅槃，种诸善根，修习成熟。以是复值诸佛菩萨，示教利喜，令修胜行，乃至成佛，入于涅槃。

用熏者，即是众生外缘之力，有无量义。略说二种：一差别缘，二平等缘。……平等缘者，谓一切诸佛及诸菩萨，以平等智慧，平等志愿，普欲拔济一切众生，任运相续，常无断绝。以此智愿熏众生故，令其忆念诸佛菩萨，或见或闻而作利益，入净三昧，随所断障，得无碍眼，于念念中，一切世界平等现见无量诸佛及诸菩萨。

此体用熏，复有二别：一未相应，二已相应。

未相应者，谓凡夫、二乘、初行菩萨，以意、意识熏，唯依信力修行，未得无分别心修行，未与真如体相应故；未得自在业修行，未与真如用相应故。

已相应者，谓法身菩萨，得无分别心，与一切如来自体相应故；得自在业，与一切如来智用相应故。唯依法力，任运修行，熏习真如，灭无明故。（唐实叉难陀译本《大乘起信论》）

根据上述引文可知，任何修行之过程皆是自他二力交熏、内外因缘相应的过程。所谓自他二力交熏，是指：

1. 自净法熏习（包括真如体熏、意熏、分别事识熏）；
2. 佛菩萨外护力熏习（平等、差别之真如用熏）。

所谓内外因缘相应，是指：

1. 因 —— 无始本具之种性熏习（真如熏无明，厌生死苦、求涅槃乐），积劫闻所成种熏习；
2. 缘 —— 诸佛菩萨教化之缘，外护之缘（平等、差别）；
3. 因缘和合相应 —— 自发大心，勤修胜行（此相应，乃因与缘之相应、观行与真如理体之相应、修行者之信愿与佛菩萨之大愿相应）。

诸佛菩萨之真如用熏习，无论平等缘熏、差别缘熏，皆依修行人的发心、信愿、福德以及三昧力深浅而应；若无发心、信愿、福德以及三昧力为内因，虽有诸佛之平等、差别之熏习，亦不得相应、不得受用。佛虽普度众生，度生无息，但佛不度无缘之人。换言之，诸佛菩萨的真如用熏，须以"生佛相应"为条件、为中介。从相应的角度讲，这恰恰是自力不离他力，他力不离自力，自他不二。

依据上述理论，我们对显密的理解，就会呈现出另一种境界：

显教者，从启发修行人之内因入手，强调自净法熏习，此乃显之为显。实际上，当修行人以"戒定慧三学、忏悔修福、正定聚之三种发心、四种方便行，不定聚之正信四义、五行门"为内容进行自净法熏习时，同时也就得到了诸佛菩萨真如用之熏习，此乃显中之密。前者自净法熏习是显，后诸佛菩萨的真如用熏习是密。显中有密，显即是密，显不离密。

密教者，针对一类求简求快、不自信（信即心即佛、依自力见性成佛）、不能依显教而行的众生，强调诸佛菩萨真如用熏之种种殊胜，引导行人以持明为下手处，以与本尊相应为方便，此乃密之为密。实际上，此真如用熏必须以众生的内在发心（即发出离心、大悲心、菩提心）、信愿力、福德力和三昧力（三昧力来自以空正见为基础的止观成就）与佛菩萨真如用熏相应为基础。出离心、大悲心、空正见是密宗特别强调的三主要道。此三主要道是与本尊之三昧加持力相应的根本前提。三主要道正是开发修行人内在自觉自净的力量源泉。这就是密中之显。所以说密中有显，密即是显，密不离显。

从这个角度来看，显密的关系实际上就是自他不二，真如体熏、用熏不二的关系，两者是一体的，是表里的关系，而非两个异质的东西。此"不二"之特征，落实在功夫上，关键在于相应，而要相应，一定是以自力为基础的。从这个角度来讲，片面强调他力、轻视自力之开发，终将滑入外道邪说。换言之，不重自力之净法熏习，而一味强调他力，与大乘佛教的熏习理论不相符，必生邪弊；时下流行的净土真宗之本愿派、密教中的附密外道等等，皆是其恶果。

所谓本愿法门者，强调众生极恶，无力自救，唯有仗佛力才能得解脱，而要与佛力相应，只需一个"信"字即可。个中很容易出现两种偏差：

1. 对信的理解，往往止于口头知见，并没有落实到发心和行持上，故不少行者口称信佛，而在心念上、行动上，不断地放逸造业，毫无惭愧羞耻感，像这个样子，临命终时，能否提起对阿弥陀佛的信心，大值得怀疑。

2. 隐去生佛相应中众生这一边应有的自净法熏习之先决条件，没有内因的相应，终是无根之苗，纵有澍雨，何能得益！

所谓附密外道者，于四皈依中，无限夸大上师的地位和能力，仿佛上师能包办一切，只要修行人对上师切信无疑、虔诚供养，即可以得到解脱。这里面，同样具有上述两种错误。

总之，如果按照《大乘起信论》的理论来理解显密的话，很显然，汉传佛教之八大宗派，一一皆是显密圆融，一一皆是成佛之路，所谓条条道路通北京。实际上，汉地的早晚课诵、劝诵大乘经典、劝忏悔发愿等等修行，皆是对显密一体、自他不二之正理的落实。

从这个角度来看，划分显、密，只是依众生之机而权设，实无高下之别。那种偏赞密教而贬低汉传佛教的做法，实为"执方便而昧于实相"。要知道，人为地将显密割裂开来，自赞毁他，不仅不利于众生的解脱，亦不利于佛教的整体和谐发展。

第二节　脱节之过患

前面提到过，我们不能把汉传佛教的衰落归咎于汉传佛教的修学传统，恰恰相反，是因为我们汉传佛教受到了外在的种种干扰，偏离了汉传佛教的修学传统，才导致汉传佛教的衰落。换句话说，在修学过程中，一旦我们偏离了汉传佛教"悲智双运、藉教悟宗、性修相应、定慧等持、戒乘俱急、福慧双修、显密圆融、禅净不二"这一传统，我们的修行必然会出现种种"脱节"，从而导致各种各样障碍的出现。

比如，在普通信众圈子当中，经常会碰到下列现象：

1. 重福报而轻三学 —— 由于缺乏正信，发心不纯，将信仰与戒定慧三学割裂开来，只重视烧香拜佛求福报，而不重视戒定慧的修习，修行很容易陷入盲目和迷信中。

2. 重感应而轻智慧 —— 由于缺乏正见，喜欢追求神通感应，而不重视心性的修养，见有灵异者，往往不辨邪正，盲目追随，很容易落入外道邪信中。

3. 重形式而轻心性 —— 入佛门之后，由于正见不具，虽然也天天诵经拜佛，参加各种形式的法事活动，但是，修行却不能落在心性上，重数量而轻质量、走形式的现象比较严重，其结果是，学佛多年而性格习气之改变却并不大。

4. 重外求而轻自觉 —— 遇到烦恼的时候，习惯性地向外驰求，而不重视智慧的开发，不重视自觉和内省，不知道在当下一念做功夫。

5. 重索取而轻奉献 —— 不明白皈依和供养三宝的真实意义，对待三宝的时候，怀着一种"行贿""收买"、与佛菩萨做交易的心态，以求取更大的回报，而对菩萨道的慈悲奉献精神，却知之甚少，在社会生活中也落实不够。

6. 重往生而轻现实 —— 不明白往生净土的含义，把往生理解为逃避苦难、逃避业债、追求享受、实现永久的福禄寿。在修行的过程中，不重视在当下积功累德、行菩萨道、成就往生之胜因，而是带着一种强烈的投机心态，这与以救度众生为终极目标的菩提心是极不相应的。

以上这些现象，与偏离汉传佛教"悲智双运、藉教悟宗、性修相应、定慧等持、戒乘俱息、福慧双修、显密圆融、禅净不二"这一基本修学理念有很大的关系。这些误区比较粗浅、醒目，人们很容易识别它们。

下面，拟从三个方面，详细剖析一下偏离汉传佛教修行传统所带来的脱节的主要表现及过患。

一、修学理念上的脱节

这里所说的修学理念上的脱节，主要是指偏离了上述汉传佛教的传统修学理念。这是一种根本性的指导思想上的误区。

（一）修行与菩提心的脱节

悲智双运是大乘佛教修行的总纲，它强调上求佛道、下化众生的菩提心是整个修行的根本。上求佛道离不开出离心，下化众生离不开大悲心，而出离心和大悲心又都源于对宇宙人生实相（缘起性空、法界一相）之觉悟，故又离不开智慧心。故出离心、大悲心和代表般若正见的智慧心，是构成菩提心的三大要件，三者圆满具足，才能成就佛果菩提。

综观世人修行不得力、多诸障碍，均与其对出离心、大悲心和智慧心的修习不重视有很大的关系。不重视出离心，就会贪着世法，不求解脱；不重视大悲心，就会自私自利，冷漠无情；不重视般若见，就会落入二边，远离中道。此三者为一切修行障碍之根本。

1. 没有出离心，难出五欲之牢笼

解脱建立在出离心的基础上，没有对生死的厌离，纵然布施、持戒、多闻，亦不过是世间有漏之善，福尽还无，终不得真正的解脱。

《法华经·譬喻品第三》云：“三界无安，犹如火宅，众苦充满，甚可怖畏，常有生老死病忧患，如是等火，炽然不息。”

《优婆塞戒经·解脱品》云：“若人不能一心观察生死过咎，涅槃安乐，如是之人，虽复惠施持戒多闻，终不能得解脱分法。”

《法句经》卷上云：“世皆生死，三界无安，诸天虽乐，福尽亦丧。观诸世间，无生不终。欲离生死，当行真道。”

修行中的障碍，从根本上来讲，都源自修行人对五欲没有真正看破、放下造成的。所以，修行人遇到障碍的时候，首先要检讨一下自己的出离心是否真实。

《八大人觉经》云：“第一觉悟，世间无常，国土危脆，四大苦空，五阴无我，生灭变异，虚伪无主，心为恶源，形为罪薮，如是观察，渐离生死。第二觉知：多欲为苦。生死疲劳，从贪欲起；少欲无为，身心自在。第三觉知：心无厌足，惟得多求，增长罪恶。菩萨不尔，常念知足，安贫守道，惟慧是业。”

这段经文可谓修行人破除修行障碍的第一大法宝。

2. 没有大悲心，易遭魔扰

在大乘经典中，大悲心被视为成佛的根本。

《涅槃经·现病品第六》中讲：“三世诸世尊，大悲为根本。”

《大智度论》中讲："悲心，于摩诃衍经，处处说其功德。如《明网菩萨经》中说：'菩萨处众生中，行三十二种悲，渐渐增广，转成大悲。大悲是一切诸佛、菩萨功德之根本，是般若波罗蜜之母，诸佛之祖母。菩萨以大悲心故，得般若波罗蜜，得般若波罗蜜故得作佛。'如是等种种赞大悲、喜、舍心，余处亦有赞。"（《大智度论》卷二十）

《普贤菩萨行愿品》中讲得更详细："诸佛如来以大悲心而为体故。因于众生而起大悲，因于大悲生菩提心，因菩提心成等正觉。譬如旷野沙碛之中，有大树王，若根得水，枝叶、华果悉皆繁茂。生死旷野菩提树王，亦复如是。一切众生而为树根，诸佛菩萨而为华果，以大悲水饶益众生，则能成就诸佛菩萨智慧华果。何以故？若诸菩萨以大悲水饶益众生，则能成就阿耨多罗三藐三菩提故。是故菩提属于众生，若无众生，一切菩萨终不能成无上正觉。"

大悲心犹如良药，能令自他枯槁之生命重现生机。大悲心犹如神咒，能令怯懦者勇猛无畏。大悲心犹如大地，能令菩萨有无尽忍苦之大力。大悲心犹如甘露，能灭贪嗔痴等毒火。大悲心犹如良田，能长养一切智慧善根。总之，大悲心能破一切恶，能生一切善，能令人勇健无畏，能为众生甘受众苦而不怯懦，远离一切怨害，无敌于天下。《涅槃经·师子吼菩萨品》云："见他受苦身颤动，处在地狱不觉痛。为诸众生受大苦，是故无胜无有量。"《法句经》卷上云："无害于天下，终身不遇害；常念于一切，孰能以为怨？"是故修行人一刻都离不开大悲心的支持。

离开了大悲心，修行人终究无法走出我痴我爱我慢的小圈子，贪嗔痴等烦恼无从消解，福德日损，善缘远离，恶缘来集，最终必落魔道。《大集经》卷十云："舍离大悲而观无生，是为魔业；厌离有为功德，是为魔业。"《华严经·离世间品》云："忘失菩提心修诸善根，是为魔业。"

另外，在修行过程中，一旦遇到障碍，如果缺乏"大悲心"的滋养和福德力的加持，缺少"不忍众生苦，不忍圣教衰"的承当精神作为内在的恒久坚固之支撑，很容易生退转心，或者陷入悲观绝望的情绪中。

（二）教与宗的脱节

藉教悟宗是禅宗的修学传统。宗指的实相智慧，代表的是佛心，是般若的一种活用。教指的是文字般若，代表的是佛语，是佛法得以传播的工具，是修行人契入活般若的手段。宗是教之本，教是宗之迹。宗犹如天上之真月，教犹如标月之指。修行人要因指见月、藉教悟宗，离开了教的指导，就会误入邪途；教要归于宗方为究竟，若不明宗，则其所明亦非真教。修行人研读经教是为了悟宗，离开了悟宗这个根本，教就变成一种纯粹的哲学思辨。

紫柏大师讲：

宗教虽分派，然不越乎佛语与佛心。传佛心者谓之宗主，传佛语者谓之教主。若传佛心，有背佛语，非真宗也。若传佛语，不明佛心，非真教也。故曰"依经解义，三世佛冤，离经一字，即同魔说"。（《紫柏尊者全集》卷六）

永明延寿禅师讲：

在眼曰见，在耳曰闻，若摄用归根时，见闻如幻翳，若摄境归心时，三界若空华，则翳灭尘消，觉圆心净，如是解者，则是因指见月、藉教明宗者也。若执指为月、迷心徇文者，如经云，"如人以手，指月示人，彼人因指，当应看月。若复观指以为月体，此人岂唯亡失月轮，亦亡其指"。夫三乘十二分教，如标月指，若能见月，了知所标，若因教明心，从言见性者，则知言教如指，心性如月。真悟道者，终不滞言；实见月人，更不存指。或看经听法之时，不一一消归自己，但逐文句名身而转，即是观指以为月体。此人岂唯不见自性，亦不辨于教文。指月双迷，教观俱失。故经云"此人岂唯亡失月轮，亦亡其指"。又既亡其指，非唯不了自心之真妄，亦乃不识教之遮表，错乱颠倒，莫辨方隅。（《宗镜录》卷九十二）

就个人而言，在修学过程中，一旦把宗和教割裂开来，就会出现两个极端：

一是不重视经教的学习，不明白修行理路，大多凭着感觉走，往往落入误区而不自知。

二是不重视宗旨的悟入，停留在文字知见上，不能把所学之佛法知识激活，不得真实的受用。

这两个极端，前者是盲修瞎炼，后者是执指为月、脚不点地，都是修行之大忌。

宗与教的脱节，如果出现在佛学院这种教育模式中，其弊端更大，影响面更广。目前在的中国，有的佛学院在课程安排上，偏重于世间文化、佛教历史以及唯识、三论等教下经论的学习，而对禅宗这一块儿却不太重视，更不要说对禅宗重要原典的系统学习和每天进禅堂参加坐香了。这种模式下培养出来的学僧，由于缺乏丛林生活的训练，对禅宗的用功理路不清楚，尤其是对禅堂修习这一块儿缺乏亲身的体验，故所学佛法大多停留在文字知见的层面上，不能跟当下的功夫做对接，不能将所学消归于自己之心性，不能得活用。这样的学僧，当一名普通的讲经师、从事佛法基础知识的普及工作，大体可以胜任，但是，让他们住持佛法、传承佛教慧命，领众熏修，解答信众实修过程中所遇到的问题，确实是勉为其难了。

禅宗是佛之心法，是佛法活的灵魂之所在。离开了禅宗这个根本，佛法的慧命将无法传承。反思中国一些佛学院的办学情况，不得不承认，这是一个很大的失误。这个失误导致的结果将是，能讲经说法的出家人并不难见，而真正道眼明白的本分衲子则稀有难求。

（三）修与性的脱节

称性起修、性修相应是大乘佛教修行的基本原则。其要义有二：

一是后天依之起修的始觉观智，必须随顺真如自性的空不空之性，超越二边，离心意识；

二是修行的功夫最终要落实到对心性的觉悟、修养和提升这一根本目标上来。

对照此二义，我们会发现，在修行的过程中，人们很容易就落入下列两个误区中：

一是违背称性起修的原则，妄以生灭心为因地真心，用心意识去做功夫，落在二边分别取舍当中，远离不二之中道；

二是修行形式化，追求表面上的功夫，不注意心性的觉悟和人格的改造，不得真实受用。

关于这两点，在后文中还会详细谈到。

（四）慧与定的脱节

定慧等持是禅宗的修行特色。由戒生定，由定发慧，这是佛教修学之通途。有定无慧曰愚，有慧无定曰狂，定慧须是相资并举，方能圆证无上佛果。智者大师在《修习止观坐禅法要》中讲：

> 若人成就定慧二法，斯乃自利利人，法皆具足。……当知此之二法，如车之双轮，鸟之两翼；若偏修习，即堕邪倒。故经云："若偏修禅定福德，不学智慧，名之曰愚。偏学知慧（指文字知见），不修禅定福德，名之曰狂。"狂愚之过，虽小不同，邪见轮转，盖无差别；若不均等，此则行乖圆备，何能疾登极果？故经云："声闻之人，定力多故，不见佛性。十住菩萨，智慧力多，虽见佛性，而不明了。诸佛如来，定慧力等，是故了了见于佛性。"

从禅宗的圆顿角度来讲，定慧实际上是一体之两面，而非两个东西。六祖讲：

> 定慧一体，不是二。定是慧体，慧是定用。即慧之时定在慧，即定之时慧在定。……定慧犹如何等？犹如灯光。有灯即光，无灯即暗；灯是光之体，光是灯之用；名虽有二，体本同一。此定慧法，亦复如是。（《六祖坛经·定慧品第四》）

定如果离开了慧，即非真定，而是一种不得活用的死定，或者说是世间的四禅八定；慧如果离开了定，亦非真慧，而是一种不能够自主生死的狂慧。

对绝大多数人而言，要建立坚固的圆顿信解并不容易，故在修行的过程中，很容易将定与慧打成两截，把定片面地理解为形式上的身体不动，不明白真定生起的时候，面对内外尘境，内心仍然可以做到如如不动，所谓"轮刀上阵时亦得见之"。真正的定乃即慧之定，亦即自性本定，动中有个不动的在，生灭中有个不生不灭的在。

将定与慧打成两截的做法，对个人而言，会出现两个极端：

一是因执著于座上之止观，或者执著于清净的境界，认为只有在座上和清净的境界中才容易得定，不注意在慧上、在圆解上下功夫，这样一来，功夫便不能在日常生活中得到落实，尤其是当逆境或染污的境界现前时，更是使不上劲，其结果就是修行与生活的脱节。

二是只注意慧学，忽视定学，空有狂慧而无真实的禅定功夫，生活中一旦遇到境界现前，一点都做不了主，仍然随着习气跑。这叫作"脚不点地"。

定与慧的脱节，如果出现在佛学院里，其负面作用就更大了。在目前的中国，有的佛学院只注意佛学知识的传播，不重视禅堂坐香，甚至有的佛学院根本就没有禅堂这一设施。这样一来，三学中的定学便成了一句空洞的口号，落不到实处。一些学僧毕业后，佛法装了一大肚皮，却不会盘腿子、用功夫，所学不能致用，更不要说依禅堂规矩领众熏修了。当这些人成为一方化主的时候，由于定慧等持的力量不够，很容易被名闻利养所吞没，还能指望他们继承汉传佛教之慧命？

（五）戒与乘的脱节

戒乘俱急、戒乘不二是汉传佛教修学的一个非常重要的理念。戒，主要是指三学中的戒学，即"三归、五戒、十善、八斋、出家律仪，乃至定共（指定共戒），能防身口，遮恶道果，得人天报者，名之为戒"。乘，主要是指三学中的定学和慧学，也就是解脱之般若观智，即"闻经生解，观智推寻，四谛、十二缘、六度、生灭无生灭等智，能破烦恼，运出三界者，名之为乘"（《法华文句》卷二）。戒是入道证解脱的前提，乘是入道证解脱的方法。戒和乘是修行人获得解脱的两大根本，两者皆要并重，精进行持，不得懈怠，故谓之俱急。

智者大师在《法华文句》中讲："夫诸道升沉，由戒有持、毁；见佛、不见佛，由乘有缓、急。然持戒有粗、细，故报有优、劣；持乘有小、大，见佛有权、实，且略判戒乘各为三品，依《涅槃》一句开为四句释之，其义则显：一、戒乘俱急，二、戒缓乘急，三、戒急乘缓，四、戒乘俱缓"。（《法华文句》卷二）

关于戒乘之四句义，天台湛然于《维摩经略疏》中解释道：一戒乘俱急，意指"戒急受人天报，乘急见佛得道"。二戒缓乘急，意指"戒缓生三恶趣，乘急值佛得道"。三戒急乘缓，意指"戒急得人天身，乘缓不得值佛，

设得值佛亦不闻经入道”。四戒乘俱缓，意指“戒缓堕三途，乘缓不见佛，流转生死，未有边际”。（《维摩经略疏》卷二）

从戒乘之四句义中，可以看出，如果不持戒的话，则人身难保，常处恶趣，无有出期，更不要说修行证解脱了；如果不重视乘的话，则佛世难遇，纵值佛世，亦不得闻经入道。故对于一个真发心修道者而言，戒乘俱急是必然的选择；也就是说，既要严持戒律，保持人天身，又要闻经听法，如理作意，法随法行。此二者乃见佛入道的前提条件。

在禅门里，戒与乘的关系，因立足于“称性起修”这一基本原则，通常是借助于无念无相无住之般若智慧，圆成于当下一念之心性中，斯时戒即是乘、乘即是戒，戒乘不二。《大乘起信论》中讲：

> 以知法性体无悭贪故，随顺修行檀波罗蜜。以知法性无染，离五欲过故，随顺修行尸波罗蜜。以知法性无苦，离嗔恼故，随顺修行羼提波罗蜜。以知法性无身心相，离懈怠故，随顺修行毗黎耶波罗蜜。以知法性常定，体无乱故，随顺修行禅波罗蜜。以知法性体明，离无明故，随顺修行般若波罗蜜。（真谛译本《大乘起信论》）

在这里，随顺真如空不空之性，而行无相六度万行，当下戒即是乘，乘即是戒。六祖关于“心平何劳持戒”以及“自性戒定慧三学”“自性三归依戒”等开示，所传达的正是这一“戒乘不二”的圆顿观念。六祖讲：

> 吾所说法，不离自性。离体说法，名为相说，自性常迷。须知一切万法皆从自性起用，是真戒定慧法。听吾偈曰：心地无非自性戒，心地无痴自性慧，心地无乱自性定，不增不减自金刚，身去身来本三昧。（《六祖坛经·顿渐品第八》）

戒乘不二，不仅仅是由戒生定、由定生慧，同时戒定慧之间又是互即互入的，它们都以心性的觉悟为基础，以般若为眼目，当下一念即戒即定即慧。所以，宗门里讲戒乘不二，永远是与般若观智、与当下的止观功夫联系在一起的。离开了止观，戒乘必然会被打成两截。

所以，作为真向道之士，首先要确立戒乘并重、戒乘不二之观念。此二者一旦出现了脱节，就会给修行带来巨大的障碍。

就个人而言，戒乘之脱节，表现为两个极端：

一是重乘而轻戒。比如，有些人粗浅地读了几本般若经典，实际上并没有理解般若的真精神，往往落在空有二边当中，"口口谈空，步步行有"，或者读了几本关于止观修习的文章，认为止观才是修行的根本，于是想通过突击坐禅，以求速速开悟，无有长远心，再加上如果发心不正、烦恼障重，这样往往会走上拨无因果、轻视戒律之邪途，最后落入邪道。

二是重戒而轻乘。在戒定慧三学中，有些人只承认戒学的重要性，而不重视定学和慧学，在日常生活中，习惯于用戒律来要求自己和他人，却不注意心性的自觉和止观的修习。其结果是，不少人死于戒相之下，不得般若之活用。

戒乘脱节之现象，同样也会发生在佛学院里，其负面影响是非常巨大的。比如，有的佛学院，只注重佛学知识的传播，而不重视戒律的学习和行持。这样一来，学僧无法养成僧格、融入僧团，毕业之后，不能自觉地用戒律来约束和保护自己，日久必招魔扰。与此相反，另外有的佛学院，一味重视戒律的学习和行持，却不重视止观的修习和心性的觉悟，虽然整个道场看起来很清净庄严，但是不少生活于其中的人，由于长期缺乏定慧力的滋养，不善于用般若来转化内心的烦恼和压力，内心并不轻松快乐，长期处在身心紧张的状态下，这样时间久了，也会产生种种身心上的疾病。

总之，戒与乘必须借助自性般若融为一体。戒如果不能变成当下一念之"即相离相、即念离念、即见闻觉知离见闻觉知"这样一种自觉自主自足自在的摄心功夫，它与乘是不可能融为一体的。汉传佛教重视戒乘不二，正是体现了最上乘佛法的这一圆顿精神。

（六）福与慧的脱节

福慧双修、福慧二严，如车之两轮，如鸟之双翼，乃出生死之捷要、成佛之资粮、涅槃之正道，两者缺一不可。无福则无以养道，空有偏慧，恒罹障缘；无慧则空修痴福，多行错路，不得解脱。福慧双修的原则，被千经万论所反复强调。

如《分别业报略经》卷一云：

不乐修福业，常乐修智慧，而不行布施，所生常聪哲，贫窭无财产。唯乐行布施，而不修智慧，所生得大财，愚暗无知见。施慧二俱修，所生具财智；二俱不修者，长夜处贫暗。

《在家律要广集》卷三云：

福慧二严，如鸟二翼，不可不修……出要之道者，福慧双修，出离生死捷要之道也。福轻则恒罹障缘，慧浅则多行错路。

《莲宗宝鉴》卷十云：

双修者，修福修慧也。教云："修福不修慧，象身挂缨络。修慧不修福，罗汉应供薄。福慧二庄严，乃能成正觉。"古德云：福不得不作，慧不得不学。龙舒云：修净土者虽专以念佛为行门，亦须福慧兼修，庶得事理两融也。内则修慧，究竟涵养，深彻渊源，使慧性增广，含虚空界，无所不知，无不照了。外则修福，慈悲方便，柔和善顺，利济世间，见一切人，平等恭敬，随机说法，教化众生，行一切善。此是福慧双修也。

福如良田，修行人如果不重视修福，则修道之资粮必不具足，无得力之外缘善护，慈悲心不能增长，易遭障碍，犹如贫瘠之地，不生苗稼。

慧如眼目，修行人如果不重视修慧，则贪嗔痴等三毒之心难断，出离心、菩提心难生，容易误入歧途，不得解脱，犹如目盲之人，永处黑暗。

从禅宗的角度来看，福慧本来是一体的。一方面，修福并不等于修道，也并不等于解脱，只有在自性般若的统摄下，修福才是出世间的解脱道和菩萨行。六祖讲：

迷人修福不修道，只言修福便是道。布施供养福无边，心中三恶元来造。拟将修福欲灭罪，后世得福罪还在。但向心中除罪缘，名自性中真忏悔。忽悟大乘真忏悔，除邪行正即无罪。学道常于自性观，即与诸佛同一类。（《六祖坛经·忏悔品第六》）

另一方面，在自性般若的统摄下，福与慧可以当体互即，福非慧外之福，慧非福外之慧。《金刚经》中讲，"离四相而行一切善法"，既是修慧，同时也是修福；"度一切众生而实无众生得灭度者"，既是修福，同时也是修慧。这里的关键是，修福的时候要做到三轮体空，体空的时候要不废六度万行。修行人若能与真正的实相智相应，必定同时能获得无量无边的福德。凡是不能感召福德的智慧，必非真智慧；凡是与真慧不相应的善行，必非真福德。

对于初入佛门者而言，由于观智未充，虽然理论上也明白福慧双修之理，但在行动上往往会落入二边，或只修福不修慧，没有出离心，一味贪求世间福报，或者只修慧不修福，只顾自己，不顾他人，贪求神通和个人解脱，无有感恩和慈悲之心。此二者俱非正途，容易感生魔障。

为了克服"无福"之过患，修行人应当重视菩提心的修习，常行四摄法，依普贤十大愿王，修聚福德，着重在培养"感恩心、包容心、慈悲心、随喜心、惭愧心、忏悔心、谦恭心"等七种光明心态上下功夫。这些功夫如果做到了实处，一切障碍自然远离。

（七）净与禅的脱节

禅净不二、禅净双修、以净为归，是汉传佛教的另一大特色。关于这一点，可以从三个方面来理解：

一者从理论基础上来看，禅净二门皆立足于"即心即佛，心佛众生三无差别"这一理念，故谓之禅净不二。禅者，佛之心；净者，佛之用。佛非心外之佛，所谓"是心是佛，是心作佛"；净土亦非心外之净土，所谓"心净则佛土净"；佛和净土皆是如来藏妙明真心的称性之用，三种佛身、四种佛土，皆不离现前一念心性，皆要借般若观智得以开显。此所谓"唯心净土、自性弥陀"。先明佛心而后开自佛之净用，与十方诸佛之不可思议自然业用相应，此禅门之修证理路；先依果佛之净用而明佛心，而后开自佛之净用，亦与十方诸佛之不可思议自然业用相应，此净门之修证理路。

二者在止观功夫的落实上，禅净二门互相增上，此即所谓的"禅净双修"。由于念佛从本质上讲，是要借佛号以显无所住之清净自性，所谓"念佛心即是佛""无所念者是名念佛"，故念佛即是念自心，参禅即是参自佛；

又因为十方诸佛皆以法界藏身为身，众生亦本具法界藏身，故念自佛的同时即是念他佛，念他佛的同时亦是念自佛。故念佛法门，若以禅宗的见地为指导，则可以将禅净二门两种念佛之功夫落在实处：参禅若以念佛为下手方便，则可以明心见性、证真如三昧，此即实相念佛，亦即宗门中所说的念佛禅；若辅以信愿往生之引导，以命终往生为方便，往生之后即入位不退，此即净宗的信愿往生念佛。

三者在成就位不退方面，在禅净二门中，禅宗是难行道，它以圆顿的信解和正念（实乃佛地之金刚观慧）为本修因，强调直下承当、无心合道、即妄证真，而且还必须具有超方手眼的大善知识亲自示导，才有可能契入，故唯有极少数上根利器、福德深厚者才有可能即生成就位不退、证无生法忍；而净门为易行道，三根普被，为一切新发意菩萨之所依止，是横超三界的胜异方便，尤其适合于末法时代之修行者，故谓之"以净为归"。《大乘起信论》讲，末法时代，众生福薄，内心既劣，外缺胜缘，光靠自力成就位不退，是非常困难的。当知如来有胜方便，摄护末法行人，令专意念佛，求生净土，即可得诸佛菩萨护佑，居不退地。净宗以信愿往生为特征的念佛法门，强调先依信愿力，求生净土，入位不退，证无生忍，再倒驾慈航，入生死界，度化众生，这是易行道的修证理路。对于尚未证得无生法忍的凡夫行人和新发意菩萨，以净土为归，横超三界，圆满菩提，这是一种为十方诸佛同声赞叹的最胜法门（请参见本书第十二章第二节"念佛禅的殊胜"）。故禅宗行人如果对自己的功夫没有把握，担心自己即生不能开悟、出离三界，恐落轮回，可以依净宗之信愿，先求生净土，然后借助佛力之加持，即生证无生法忍，乃至究竟成佛，此即所谓"以净为归"。

由于人们对上述禅净不二、禅净双修、以净为归之理，并未达到圆满的信解，所以，在实际修学过程中，往往将禅净打成两截，赞一毁一的现象非常普遍。修净者排斥禅宗，认为禅宗以"唯心净土，自性弥陀"为由，否认净土的存在，狂妄至极；修禅者轻视净土，认为修净者不悟"心净则佛土净"之理，一向心外求法，愚痴之甚；两者互不相认，以至于禅净二门势如水火。这种现象到目前为止，在汉传佛教界依然很严重。

须知禅净二门，均源于佛的自觉圣智和彻底悲心，一体不二，方便不离究竟，究竟不离方便。故知，排斥禅宗之净非是真净，不信净土之禅亦非真禅。真修禅者，必信净门之真实不虚；真修净者，必信禅门之彻法底源。真修行人，当如是知、如是信解、如是奉持，方不负释迦如来出世之本怀。

二、修行功夫上的脱节

在修行功夫上，偏离汉传佛教的修学传统，主要表现为学与修的脱节、知与行的脱节、理与事的脱节，一句话，也就是理论与实践的脱节。此种脱节，可以从三个方面来理解。

（一）知识与信仰的脱节

有不少人，对佛法有好感、想了解佛法，但是，并不信仰佛法，更不修持佛法，所学佛教知识与自己的现实生活并不发生实际的关联。这种脱节有两种类型：

1. 学者型

主要是指世间普通学者，他们只是把佛教当作一种纯粹的哲学思想或文化现象来研究，自己却并不信仰，亦不修持，更不求出世之解脱。也包括极少数从佛学院毕业的学僧，受学界科研风气的影响，虽然身在佛门、身着佛衣，但是他们仅仅是把佛法当作一种知识来研究，立志当一名有影响、有学历、有头衔的学问僧，对信仰和修行并不重视。

2. 文化型

主要是指一些文化爱好者，他们偏向于把佛法当作一种具有比较好的精神疗效和减压减负功能的"心灵鸡汤"，热衷把佛法引入心理治疗、身心保健、审美娱乐等精神领域，对佛教初级的禅修技巧等比较感兴趣，但是，对佛教追求究竟解脱的理论和实践这一块儿并不重视。

（二）修行与生活的脱节

不少信众，虽然也很想修行、证解脱，但是由于没有树立起宗门的圆顿信解，没有养成把这种圆顿信解变成当下转一切境界为修行妙用的强大正念的习惯，所以，在日常生活中，会出现修行与生活脱节的现象。在禅堂、佛堂里，能用得上功夫，但是，一旦走出禅堂、佛堂，跟社会上的人事打交道，功夫便提不起来，甚至被五欲六尘所转，跟俗人没有什么两样。

（三）佛法与人格的脱节

不少修行人，初入佛门，由于没有树立起修行正见，功夫多停留在表面形式上，或者是心外求法，缺乏自我反省的精神，没有在"勤修戒定慧、息灭贪嗔痴、净化身口意""当下一念观妄念无相"这一根本上用力，所以，虽然学佛修行的时间也很长，表面上也很精进，每天坚持做功课，但是，在心态的转化方面，在人格的净化和提升方面，在人际关系的改善方面，在处理人事的能力方面，并没有多少改观。修行本来是为了破"我执"，可是在一些修行人那里，"我执"不仅没有得到有效地扼制，反而在"积德行善"等名义的掩饰下，得到了某种程度的滋长，变成了一种披着修行外衣的"精致利己主义者"。这些就是佛法与人格相脱节的表现。

佛法的妙用，如果不能通过修行人的日常生活和人格心态表现出来，换言之，修行人如果不能以身表法，那么佛法的社会价值就会打折扣。看一个人是不是有修行，除了他个人内心的自我体验之外，还要看他性格是不是变得更柔和，心态是不是更光明，意志是不是更坚强，智慧是不是更圆融，人际关系是不是更和谐。

三、学习方法上的脱节

在学习方法上，偏离汉传佛教的修学传统，意味着可能会出现如下三个方面的脱节：

（一）文字与心性的脱节 —— 执指为月，或执指忘月

经文犹如标月之指，研读经文的目的是为了因指见月。这里所说的文字与心性的脱节，意指在学习经教的过程中，人们倾向于重文字而轻心性，重思辨而轻觉悟，不注意将所学理论与功夫对接，不能将所学还原于生活、变成当下之活用，其结果，文字是文字、心性是心性，功夫被打成两截，这

就是宗门里所说的"执指为月"，或"执指忘月"。

就个体而言，这种文字与心性的脱节表现为，有相当一批人虽然也热衷于佛法理论的学习，但是由于缺乏善知识的引导，仅仅停留在文字义理表面，在心意识中打转，还没有学会把所学文字义理变成当下活泼泼的观照功夫，在生活中，一旦遇到烦恼逆缘现前的时候，一点儿都用不上。

比如说《心经》，大家都很熟悉，当问到什么是"般若波罗蜜多"，大家都会说，"般若"就是智慧，"波罗蜜多"就是到彼岸。可是，在当下这个时刻，我正在为未来的生活而发愁的时候，我正处在病苦的折磨中的时候，我正在为人际关系而烦恼的时候，我怎么用心、我的心应该处在一种什么状态下，才算是般若？我现在很烦恼，我当下应该怎么去做，才算符合"到彼岸"的精神？又比如，《金刚经》里面讲，"过去心不可得，现在心不可得，未来心不可得"，请问，你正在参禅的时候，正在观呼吸的时候，正在念佛的时候，或者，当你正处在堵车的环境下，你如何做才算是"三心不可得"？又《金刚经》里面讲，"若见诸相非相即见如来""离一切相即名诸佛"，我现在正处在逆境当中、处在烦恼的环境当中，内心有太多的负面情绪在翻滚，这个时候，我怎么做才算把这句经文的内容落在了实处？诸如此类的与当下生活、当下功夫的对接问题，很多人在学习经论的时候，并没有去认真思考。其结果是，佛法学了一大肚皮，但是没有一句是他自己的，没有一句是从他的心性体验和功夫中流露出来的。当人们沉醉在这种虚浮缥缈、脚不点地、徒逞口舌之快的学风中的时候，人生的真正的烦恼问题被一种理论上"我懂了"的虚假答案所掩盖。

受西方教育观念的影响，中国汉传佛教界目前也把佛学院教育视为佛教人才培养的主要模式。这种模式，如果不能从教学内容、教学方法和日常生活修行的日程安排上，将学与修、藉教与悟宗、生活与修行、佛法与人格、理论与观行等等圆融在一起，就会很容易落入"重书本轻实修""重理论轻信仰""重学识轻戒律""重思辨轻解脱"这样一个文字与心性脱节的误区当中。

（二）教材与原典的脱节 —— 依赖第二手资料而轻视原典，舍本逐末

任何一个法门和宗派，都有各自的系列原典作为立宗之依据，这些原

典同时也是本宗本派的历代修行人依之进行实修的重要指南。就汉传佛教而言，印度佛教传入中国，经过两千多年的文化大碰撞，最终从众多的佛教经典中，涌现出一批为中国人所喜闻乐见的、不断地被历代祖师所宣讲弘扬，并成为历代修行人之实修指南的原典。从契理契机的角度来讲，应该说这些原典最适合于中国人的文化品格，对中国汉传佛教的修行理念和传统品格的形成，曾经起到了关键性的塑造作用。所以，深入地研读这些根本性的原典，是我们深入理解和契入中国汉传佛教之真精神的最直接、最根本，也是最经济的学习方式。

遗憾的是，当今的中国，有相当一批学佛人，由于受到图简单、图快捷心态的影响，往往不太重视对这些根本性的佛教原典进行系统、深入的研读，他们所倚重的教材多为第二手资料，如佛教概论、佛教史、诸宗大意，以及近现代大德的讲经开示等。虽然在刚开始接触佛法的过程中，我们是离不开出自现代人之手的第二手资料之引导，但是，如果我们的教材仅仅满足于第二手资料，而不去进一步认真研读第一手资料，那是要冒一定风险的。因为介绍佛法知识的第二手资料，受讲解者个人因缘所限，难免带上个人主观的因素，加上我们对它的解读未必能做到尽量地全面，所以在理解佛法的过程中，"变味"和"走样"是很常见的现象。

相对于第二手资料而言，在中国佛教史上，对汉传佛教文化品格的形成，对历代修行人的实证曾经产生过重大影响的一些根本教典，如《法华经》《首楞严经》《金刚经》《大乘起信论》《华严经》，以及天台的《修习止观坐禅法要》《六妙法门》，禅宗《六代祖师传灯法本》《马祖四家语录》等重要祖师的著作和开示，这些都是佛陀亲口所宣或历代祖师证悟后的肺腑之言，是我们准确理解佛教教义、正确把握修证理路和方法、契入佛心的最可靠的教材。通常的情况是，如果我们精通了上述根本原典中的任何一本，可能比你杂乱无章地读十本、百本第二手资料，效果会更好。

但是，不少人进入佛门之后，或受自身阅读古文能力的影响，加上缺乏善知识的引导，从来就没有想到要深入地研读这些根本性的原典，而是顺着自己的习气，一头扎进某些人的讲解和开示中，盲目跟进，缺乏必要的辨别是非的能力，最后误入歧途，竟然毫无觉察。这就是所学与原典脱节之过患。

（三）消文与科判的脱节 —— 轻视古人之科判，师心自用，不求甚解，只见树木，不见森林

在中国汉传佛教史上，各宗各派的祖师大德在给一些根本教典做注疏的时候，一般都会遵循"三分（序分、正宗分、流通分）""五重玄义""十门开启"等原则，为该经论绘制一个非常详细的科判，将整部经论的行文义理、逻辑结构做一个层次分明的完整解剖。有些科判之复杂，多达四十多个层次。后人读这些带科判之注疏，如果没有耐心的话，往往会迷失于其中，或者中途放弃。古人为什么要这样不厌其烦地为这些经论制作这么复杂的科判呢？其实，这才是全面深入理解经典、准确把握修行要义的最科学、最踏实的读书方法。借助于科判，在阅读、消文的时候，我们就能够依据这句经文在整个义理逻辑结构中的地位，准确地理解它的真实意义。

其实，如果按照古人的方式研读经文，我们会发现，每一部佛经，短的如《心经》《八大人觉经》《金刚经》《圆觉经》，长的如《法华经》《首楞严经》《华严经》等，都有各自非常精妙的义理逻辑结构，其渊深和广博远远超出我们的想象，也远远是我们过去那种不求甚解、只求大意式的读书方式所无法想象和理解的。即便是《心经》和《金刚经》这些常见的经典，我们要真正准确把握它们的义理结构，并将它们的修证理路、用功原则、用功方法和功夫次第完全弄清楚，变成自己的东西，并不是一件轻而易举的事情。原因很简单，如果依照古人的科判研读《心经》，你会发现《金刚经》《首楞严经》《法华经》就藏在里面。同样地，读其他的经典亦是如此。这就是圆教的特色。

遗憾的是，现代人在研读佛经的时候，大多自作聪明，自以为是，嫌古人的科判太复杂，不肯耐心地去对照科判研读经文，而把科判弃之一边，也不肯自己花时间去弄清经文的整体义理结构，满足于一知半解。当自己对经文中的某个观点和段落有些印象或感觉，便认为自己读懂了经文，自认为"得其大意"，而不求甚解。实际情况是，这种离开了科判、只求大意、不求甚解的粗浅读书方法，往往自己理解偏了，还以为绝对正确，一如盲人摸象，妄认、错认，一如只见树木、不见森林，执自己对其中感兴趣之某一端而以偏概全。这种读书习惯如果不改变，即便你天天读诵某部经文，也

不可能真正完整地把握该经的微言大义。

第三节　修习止观过程中的常见误区

关于修习止观过程中的常见误区，本节拟先从能观和所观这两个方面来进行说明和解析（能观主要是指主观用心方面的误区，所观主要是指对修行过程中所出现的种种境界之错认），然后再介绍一下《圆觉经》关于"四病"和"四相"的论述，希望能帮助修行人从圆顿信解方面，确保不落入误区。

一、关于用心方面的常见误区

（一）昏沉散乱之病

昏沉和散乱是修习止观过程中最常见的两种禅病，一般人都会经历到。昏沉，乃无记失照所致，是指心神昏钝，暗昧沉迷，觉观不起，而于诸法相懵然无知。散乱，乃乱想不专所致，是指凡夫之心流荡于六尘之境，刹那不停，障碍正定之生起。

止观双运、惺寂不二，是修习止观的基本原则。昏沉、散乱二病，正是用功过程中，惺寂不调、止观失衡所致。若失去觉照，止多观少，寂而不惺，久之必落昏沉，故当以惺惺为药而治之。若失去观照的所缘对象，止少观多，惺而不寂，久之必落散乱，故当以寂寂为药而治之。

永嘉大师讲："忘缘之后寂寂，灵知之性历历，无记昏昧昭昭，契真本空的的。惺惺寂寂是，无记寂寂非，寂寂惺惺是，乱想惺惺非……乱想是病，无记亦病。寂寂是药，惺惺亦药。寂寂破乱想，惺惺治无记。寂寂生无记，惺惺生乱想。寂寂虽能治乱想，而复还生无记。惺惺虽能治无记，而复还生乱想。故曰：惺惺寂寂是，无记寂寂非。寂寂惺惺是，乱想惺惺非。寂寂为助，惺惺为正。"（《禅宗永嘉集》）

这段话可作为修行人对治昏散二病之指南。

昏散二病虽然常见，但是，它们并不是实有法，故不可把它们当作对立面而跟它们做斗争。昏沉、散乱现前时，不用理它们，只须提起本参话头或佛号，自然不战而胜。若起心用话头或佛号来消灭昏沉、散乱，作对治想，即落二边斗争之中，是病非禅。比如，有不少初学坐禅的人，常常被浓厚的昏沉所笼罩，想尽种种办法，试图从中走出来，但是总觉得功夫提不起来，非常难受。

须知，不是因为昏沉现前而导致功夫中断，恰恰是因为功夫丢失或者不绵密、不成片，导致昏沉乘机而入。明白此理，昏沉现前时，只须提话头或佛号，昏沉自退。若不明此理，昏沉现前时，转而跟昏沉做斗争，是为连遭两贼：先是功夫丢了，被昏沉侵扰，是第一次遭贼；昏沉现前时，不去提功夫，反而跟昏沉做斗争，再丢功夫，是为第二次遭贼。散乱亦复如是。譬如有人去某个地方，中途跌了一跤，于是他停下来，把注意力转移到想办法要把这个跌跤的地方铲平，全然忘记了要继续前行这回事。

（二）二边斗争之病

初入佛门的人，由于没有建立起宗门的圆顿信解，在用功的时候，很容易落入二边当中，在念头和境界上做种种顺逆、染净、有无、生灭、凡圣等分别，并把这些二边分别当作实有法，然后取一舍一，陷入无休止的对治和斗争当中，身心不得安宁。这种二边斗争之病非常普遍，最典型的表现有如下几个方面：

1. 分别外境之顺逆

以个人之好恶愿乐为标准，将外在的境界分为顺与逆、染与净、善与恶、好与坏等两大类，认为清净的境界有道，染污的境界没有道，顺境有利于修道，逆境不利于修道，因此，在修行过程中，一旦遇到了逆境或者染污的境界，就想逃避，却不肯从心地上去解决问题。

2. 分别念头之染净

将念头分为清净、染污两种，认为清净的善的念头是道、与道相应，染污的恶的念头不是道、与道不相应，于是在功夫上，落入排斥染污之恶念、执著于清净之善念的二边斗争当中。实际上，染净善恶之念，都是空性的，都不是实有法。面对染污的恶念，能当下看破，不随它流转，面对清净的善念，亦不产生执著，随缘不变，这才是正确的用功方法。

3. 分别念头之有无

将念头分为有念与无念两种（无念乃指离念之空境），认为有念头不是道、与道不相应，没有念头才是道、与道相应，于是在功夫上，落入排斥念头、追求离念之空境这一二边斗争当中。这种以石压草的用功方法，能令行人身心紧张不安，久之必遭魔扰。

4. 取能舍所

在二边知见的误导下，认为所观的念头、情绪、觉受乃至外在的种种境界，都是有生有灭的，不能作为修行证解脱的因地真心，只有能观之鉴觉，因其能如实照鉴所观之念头及外在境界的生灭去来，而自身却是如如不动、不生不灭的，故堪当修行的因地真心。于是在功夫上落入二边斗争当中，执能观为究竟、排斥所观，住在黑山鬼窟里，不得活用。这种排斥所观、执能观的鉴觉是佛之观点，也是修行的一种常见误区。

5. 取体舍用

与"取能舍所"相关联，在体、用二边当中，认为体是不生不灭的，而用是生灭的，不知体、用本来是一体不二的，犹水与波的关系，故妄想在生灭之用的外面去寻找一个所谓纯粹的不生不灭之体，从而落入二边斗争当中，执著于死寂之体，排斥日用，不能将修行与生活融为一体。

（三）向外驰求之病

上述二边斗争之病，在功夫上，多表现为离开当下之本分，不断地向外驰求：

1. 离开了当处向他处求

对"道遍一切时处""日用治生产业皆是大道，不违实相"之旨，没有生起决定的信解，认为大道只存于寺院等清净的顺境顺缘中，所以，在生活中一旦遇到逆境染缘的时候，就想逃避，把修行、解脱的希望寄托在像寺院这样的理想处所，不能安住在当处。

2. 离开了当下向未来求

当下遇到烦恼或者令人放逸的境缘时，不能提起圆顿的正念、用智慧化解烦恼、及时精进用功，而是把修行、解脱的希望寄托在理想的未来，从而错过当下的用功机会。

3. 离开了当机向他事求

将修行与日常生活打成两截，认为只有念佛、诵经、打坐才是修行，其他日常生活、待人接物等都是不重要的闲杂之事，与修道解脱无关，因而在生活中，遇到自己不喜欢的工作或人事的时候，就想逃避，不去想办法落实功夫，而是把修行的希望寄托在将来去某个理想的修行场所，念佛、诵经、打坐。

4. 离开了当念向他人求

对于真修行人而言，当下的念头和情绪就是生死，解脱生死就是要从透脱当下一念开始。由于不少初入佛门的人，没有树立起圆顿的正见和正念，所以，一旦当下出现了烦恼等负面情绪的时候，就想逃避，而把修行解脱寄希望于等到他时情绪好的时候，或者把希望寄托在他人的帮助上。

这四种禅病，就是修行与生活脱节的具体表现。

（四）将心待悟之病

"将心待悟"本质上属于"向外驰求"之病中的一种。因为这种禅病常常是以修行精进的面目出现的，最为微细，也很容易迷惑人，所以这里单独提出来，以示警醒。

将心待悟之病，其基本特征是：以有所得心，学出世间之无所得法，心存奇特之想，驰求心不断，偷心不死，心浮气躁，用功时急时缓，时断时续，不能真正放下。

将心待悟之病，其根本原因还是见地不圆，落入二边当中。主要表现在三个方面：

一是不相信大道是"不离当处常湛然""圆同太虚，无欠无余"的，误认为大道是远离日常生活之外的某种奇妙境界。

二是将因解脱与果解脱割裂开来，片面强调果地上的解脱，而忽视当下一念之因地上的解脱。宗门中谓之"将途中与家舍打成两截"。

三是急于求成，希望能尽快地得到某种受用或奇妙境界。

这种急于求成、重果轻因、不能将因果圆成于当下一念之二边见，往往会将修行人误导入将心待悟的焦虑、急躁、苦闷、彷徨的情绪中，功夫不能落在实处，不能安住当下，时间一久，会出现两种结果：

一是因为所求不得，对自己所修的法门产生怀疑，甚至生退屈心；

二是因急于求成，落入邪精进中，出现种种心理问题，乃至走火入魔，或者改换门庭，落入旁门左道中。

（五）心意识领解之病

宗门之止观，以开发不二之实相智、证真如三昧、成就法身为第一要务，故其功夫以离心意识为特征，要在言语道断、心行处灭，离一切相、即一切法。但是，不少初入佛门者，因为对"闻思修"和"藉教悟宗"的理解不到位，在学习经论的过程中，忘记了"悟宗"之本怀，陷入文字知见中，以多知多解为能事，逞口舌之快，不肯从心性上做真实的功夫。

心意识领解之病，就是以心意识用功，沉溺于思维领解，玩弄语言名相，依语生解，执指为月。大慧宗杲禅师又称为"语病""口头禅"或"葛藤禅"。

大慧宗杲禅师在他的语录中，对这一禅病多有批判，如《答李郎中（似表）》云：

士大夫学此道，不患不聪明，患太聪明耳；不患无知见，患知见太多耳。故常行识前一步，昧却脚跟下快活自在底消息。邪见之上者，和会见闻觉知为自己，以现量境界为心地法门。下者弄业识，认门头户口，簸两片皮，谈玄说妙，甚者至于发狂，不勒字数，胡言汉语，指东画西。下下者以默照无言，空空寂寂，在鬼窟里著到，求究竟安乐。其余种种邪解，不在言而可知也。（《宗杲尺牍·答李郎中（似表）》）

大慧宗杲禅师认为，心意识领解之病不除，修行人是不可能开悟见道的。如《示罗知县（孟弼）》云：

聪明利智之士，往往多于脚根下蹉过此事。盖聪明利智者，理路通，才闻人举着个中事，便将心意识领览了，及乎根着实头处，黑漫漫地不知下落，却将平昔心意识学得底引证，要口头说得到，心里思量计较得底强差排，要教分晓。殊不知，家亲作祟，决定不从外来。故永嘉有言："损法财，灭功德，莫不由兹心意识。"以是观之，心意识之障道，甚于毒蛇猛虎。何以故？毒蛇猛虎尚可回避，聪明利智之士，以心意识为窟宅，行住坐卧，未尝顷刻不与之相酬酢，日久月深，不知不觉与之打作一块。亦不是要作一块，为无始时来，行得这一路子熟，虽乍识得破，欲相远离亦不可得。故曰："毒蛇猛虎尚可回避，而心意识直是无尔回避处。"（《宗杲尺牍·示罗知县（孟弼）》）

（六）见闻觉知之病

南泉禅师讲："道不属知、不属不知，知是妄觉，不知是无记。"（《五灯会元》卷四）本觉作为自性之灵知，其特征是能所双亡，常觉不停，它既不属知，也不属不知。它与见闻觉知不同：见闻觉知之知是建立在能所对待的基础上，属于生灭法；而作为不知之知的自性本觉，则是超越了能所对待，属于无为法。

自性与见闻觉知的关系是不一不异的，所谓"自性不即见闻觉知，亦不离见闻觉知"。见闻觉知固然是自性之妙用，但是若将见闻觉知与自性混为一谈，妄执见闻觉知为自性，则落入二边生灭之中，与道相背。所以，正确的态度是，当如黄檗禅师所言：

但于见闻觉知处认本心，然本心不属见闻觉知，亦不离见闻觉知，但莫于见闻觉知上起见解，亦莫于见闻觉知上动念，亦莫离见闻觉知觅心，亦莫舍见闻觉知取法：不即不离，不住不著，纵横自在，无非道场。（《黄檗山断际禅师传心法要》）

自古以来，执建立在能所对待之上的昭昭灵灵的见闻觉知为自性，是一种非常普遍的知见上的误区。玄沙师备禅师曾对此做过批判：人在熟睡的时候，六识不生，没有产生见闻觉知之用，故不成昭昭灵灵，但这并不意味着自性本觉不存在；假如熟睡时，本觉果真不存在，那么，为什么醒来之后，忽然又有了昭昭灵灵之用呢？很显然，作为自性之妙用的本觉，并不是能所意义上的见闻觉知。见闻觉知有生灭，而本觉是没有生灭的。当年，仰山参中邑、高峰参雪岩之公案，可谓直捣修行人中普遍存在的这一误区。

读者可以回头参阅本书第十章第二节中的"不思议觉"这一部分内容，或许对此有更新的体认。

总之，修禅者应该清楚地知道，昭昭灵灵的见闻觉知只是修行的下手处，但不是究竟的安住处，因为它还没有脱离能所对待，更谈不上融体相用三大于一念。修行过程中，若执见闻觉知为自性，会产生三种过患：

一是因执著于能观而排斥所观之尘境，容易落在离念之死水中，不得活用。

二是因执著于"知"而无法超越"知"与"不知"之二边，功夫无法真正成片。

三是因妄执下手方便为真实之见道，很容易得少为足，落入狂禅。

下文"现量境界之病"中所提到的"执鉴觉是佛"之病，与此处所说的"见闻觉知"之病，皆是同一种病根，读者可以同时参阅。

（七）任运无修之病

此病即《圆觉经》中所说的"任病"，属狂禅之一种，又称"任运无修之天然外道禅"，有两种表现：

一是借口佛性本自具足、触目即是，不修不证，碌碌无为；

二是借口"生死即涅槃""烦恼即菩提""淫怒痴即是解脱"，不遵戒律，顺生死流，未证言证，未得言得，起大增上慢。

大慧宗杲禅师《示真如道人》云：

远行地菩萨以自所行智慧力故，出过一切二乘之上；虽得佛境界藏而示住魔境界，虽超魔道而现行魔法，虽示同外道行而不舍佛法，虽示随顺一切世间而常行一切出世间法。此乃火宅尘劳中真方便也。学般若人舍此方便，而随顺尘劳，定为魔所摄持。又于随顺境中，强说道理，谓烦恼即菩提，无明即大智，步步行有，口口谈空，自不责业力所牵，更教人拨无因果，便言"饮酒食肉，不碍菩提；行盗行淫，无妨般若"，如此之流，邪魔恶毒入其心腑，都不觉知，欲出尘劳，如泼油救火，可不悲哉！（《宗杲尺牍·示真如道人》）

修行人若落入任运无修之误区而不自知，不仅不能获得解脱，甚至会落入魔道。

（八）造妖捏怪之病

丛林中有不少江湖禅客，不务真修实证，尽学一些虚浮不实的东西，脚不点地，东游西窜，处处以师家自居，或乱用古德之机锋公案，盲捶瞎棒，胡喝乱喝，挤眉弄眼，作女人拜，谓之"向上一路""单传心印"，或者，追求神通感应，喜好显神弄异，以眩惑信众等等，自误误人，毫无悔改之意。此病亦是狂禅之一种。

（九）正助不分之病

修行是对生命的一种全方位改造和提升。既要修福，又要修慧，既要忏悔，又要发愿，既要读诵大乘经典以开圆解，又要勤修止观以成就定慧。也就是说，修行有正行和助行之分。正行主要是指依般若观智，修习圆顿止观，证三种三昧，修无相行，圆修无相六度，此乃解脱成佛之根本。助行主要是指礼佛拜忏、供养三宝、读诵大乘经典、布施修福等，此乃解脱成佛之福德资粮。

在本书第七章"生活禅的修学次第"中，曾经提到，修行有前行，有正行。前行主要包括"依止善知识""传五分法身香""行无相忏悔""发四弘誓愿""受无相三归戒""树立正见""在生活中修行，报恩尽责，完善人格"等七个方面，这是修行证解脱的基本条件。正行主要是指止观，即依"无念、无相、无住"之般若观照，明心见性，证般若三昧、一相三昧和一行三昧。

正行和助行必须兼顾，修行才能获得成功。没有正行，修行很容易流于形式，不能落实在心性上，丧失了主心骨。没有助行，修行就会因为缺乏基本的物质条件和精神条件，无法顺利进行。总之，正、助必是相辅相成，若有偏废，修行必定会遭到障碍。

一些初入佛门者，因为见地不圆满，不能正确处理正、助两者之间的关系，或者长期处在前行或加行阶段，不重视止观的修习，结果停留在修世间福报的层面上，或者偏重于止观之修习，不注意福德资粮的培养，结果障缘重重，修行无法进行，或者没有找到一以贯之的修习止观的用功方法，不断地改换门庭，浅尝辄止，无法一门深入。这些都是修行的误区。

当然，这里所说的正行和助行，也只是一种方便说法。对于一个已经大开圆解的人而言，助行也是正行，助行中的每一个环节同时也具足其他诸环节，而并没有严格的时间上的先后顺序。

二、关于境界方面的种种错认

修行过程中，必然会遇到各种各样的境界，怎样才算是正受，怎样才算是悟道，在这个方面，初入佛门者由于见地不圆满，往往会发生错认。

大慧宗杲禅师在他的书信集中，有好几处谈到了禅病，现举其两段开示。

1.近年已来，此道衰微。据高座为人师者，只以古人公案、或褒或贬、或密室传授为禅道者；或以默然无言为威音那畔、空劫已前事为禅道者；或以眼见耳闻、举觉提撕为禅道者；或以猖狂妄行、击石火闪电光、举了便会了、一切拨无为禅道者。如此等既非，却那个是着实处？若有着实处，则与此等何异？具眼者举起便知。（《宗杲尺牍·示智通居士（黄提宫伯成）》）

2.前来所说瞎眼汉，错指示人，皆是认鱼目作明珠，守名而生解者。教人管带——此是守目前鉴觉而生解者。教人硬休去歇去——此是守忘怀空寂而生解者。歇到无觉无知，如土木瓦石相似，当恁么时，不是冥然无知——又是错认方便解缚语而生解者。教人随缘照顾，莫教恶觉现前——这个又是认著髑髅情识而生解者。教人但放旷，任其自在，莫管生心动念；念起念灭，本无实体，若执为实，则生死心生矣——这个又是守自然体为究竟法而生解者。如上诸病，非干学道人事，皆由瞎眼宗师错指示耳。（《宗杲尺牍·答曾侍郎（天游）（问书附）》）

这两段文字基本上把修习止观过程中遇到境界时可能会出现的错认，都一一列举出来了。现归纳起来，有如下几种：

（一）沉空滞寂之病

此病乃大慧禅师所批判的"默病"中最典型的一种，又称为"枯木禅""黑山鬼窟禅"。《六祖坛经》中提到的大通禅师，犯的即是此病。该禅病的特征就是，沉溺于空心静坐，闭目塞听，一切不管，以不见一法、不知一法的虚无之境为究竟。

> 近世丛林，有一种邪禅，执病为药。自不曾有证悟处，而以悟为建立，以悟为接引之词，以悟为落第二头，以悟为枝叶边事。自己既不曾有证悟之处，亦不信他人有证悟者，一味以"空寂、顽然无知"唤作"威音那畔、空劫已前事"，逐日噇却两顿饭，事事不理会，一向嘴卢都地打坐，谓之"休去歇去"。才涉语言，便唤作落今时，亦谓之"儿孙边事"，将这黑山下鬼窟里底为极则，亦谓之祖父从来不出门。（《宗杲尺牍·示吕机宜（舜元）》）

此病源于将定慧打成两截，误将心住一境或离念之空境当作宗门之禅定。殊不知宗门之禅定，其本质在于定慧等持，在于无住、无相，也就是说，即念离念，即相离相，即生灭而离生灭，遍于日用之中，即便在轮刀上阵之际亦不曾失掉。

（二）拨无因果之病

此病又称"野狐禅"，亦属狂禅之一种，将"空有不二"打成两截而落入断灭空中，假言空理，拨无因果，不遵戒律，猖狂妄行。凡此等者，必落魔道。

（三）石火电光之病

此病乃因见处不真，妄执意识之流暂时中断所出现的心光乍现为大休大歇者。时下有不少人，妄执"前念已灭、后念未生、当下了了分明之空当"为自性，即属此病。此病源于将有念、无念打成两截而落入无念当中。殊不知，宗门之无念，乃即念而离念，即见闻觉知而离见闻觉知，不落二边。

（四）现量境界之病

此病与"执鉴觉是佛"乃属同一种禅病。鉴觉者，如镜照物，无分别取舍之谓。宗门中，针对那些心外求法和以生灭意识心用功的人，有时也方便讲"鉴觉是佛"。此乃药病之语，非为究竟之说；若执为究竟，妄认现量之能观鉴觉为究竟，即落二边。百丈禅师讲：

1. 从浊辩清，许说如今鉴觉是；除鉴觉外别有，尽是魔说。若守住如今鉴觉，亦同魔说，亦名自然外道。说如今鉴觉是自己佛，是尺寸语，是图度语，似野干鸣，犹属粘胶门。本来不认自知自觉是自己佛，向外驰求觅佛，假善知识说出自知自觉作药，治个向外驰求病。既不向外驰求，病瘥（chài，病愈）须除药。若执住自知自觉，是禅那病，是彻底声闻；如水成冰，全冰是水，救渴难望；亦云必死之病，世医拱手。

2. 说到如今鉴觉是自己佛，是初善；不守住如今鉴觉，是中善；亦不作不守住知解，是后善。（均见《百丈禅师广录》）

现量直观本是用功之方便，但是，若执现量境界为究竟，不肯放舍，亦是落在能与所、分别与不分别等二边当中。此病最迷惑人，亦极难透过，见地不透者很容易住在上面。修禅的人执现量境界为究竟、停滞不前者大有人在。

在书信集中，大慧禅师多次提到过"现量"一词，如《示张太尉（益之）》中云：

佛境界即当人自心现量，不动不变之体也。佛之一字，向自心体上，亦无著处，借此字以觉之而已。何以知之？佛者觉义，为众生无始时来，不信自心现量，本自具足，而随逐客尘烦恼，流转三界，受种种苦。故苦相现时，自心现量之体随苦流荡。（《宗杲尺牍·示张太尉（益之）》）

又，《示曾机宜（叔迟）》亦云：

岩头云："若欲他时播扬大教，须是一一从自己胸襟流出，盖天盖地，始是大丈夫所为。"岩头之语，非特发明雪峰根器，亦可作学此道者万世规式。所谓胸襟流出者，乃是自己无始时来现量，本自具足，才起第二念，则落比量矣。比量是外境庄严所得之法，现量是父母未生前、威音那畔事。（《宗杲尺牍·示曾机宜（叔迟）》）

有人看了这两段文字，尤其是第二段文字，便认定大慧禅师主张现量境界就是当人的本来面目。实际上，这样来理解大慧禅师，乃是不解方便，正是佛所诃之"执药成病"。大慧禅师说，"现量是父母未生前、威音那畔事"，是为了对治修行人沉溺于分别思维妄想之病而说的。《金刚经》讲，"法尚应舍，何况非法"。病去药除，连现量亦不可得。

须知真正的般若智慧不仅仅是指空观智，同时还包括假观智和中道智，必须是空、假、中三观具足才行。换言之，圆满的智慧不仅仅是指平等无分别之根本智（如理智），同时还包括后得智（如量智）。根本智是无分别，而后得智则是"善能分别诸法相，于第一义而不动"，"分别一切法，不生分别想"。后得智要圆满，绝非第六、第七两识的我法二执破后所能成就，必须是破除最后一品生相无明、证得大圆镜智，方能究竟圆满。

在修行过程中，第六分别意识一停止，即可以体验到现量境界，但是，这种现量境界并不是究竟的解脱之地，而只是修行的下手处。因为依《大乘起信论》所言，此时尚有第八识之生相、转相、现相等三种细相以及第七识之智相、相续相等粗相还没有破除，个中能所、色心、主客、自他、内外等二边对立仍然存在。

所以，执第六分别意识不起之现量境界为究竟，是病非禅。犯此禅病，易使学人犯二种过错：

一是得少为足，止步不前，乃至落入狂禅；

二是坐在无分别之净地里，美则美矣，却不得大机大用，宗门中称为"死水不藏龙"。

（五）清净意识之病

此病又称"髑髅情识禅"，即执第六清净意识为自性，住在染净、善恶二边中的净边、善边，舍染求净，舍恶趣善，取舍心不断，远离中道者。大慧禅师所批判的默照禅病，有一部分属于此病。

（六）路途风光之病

在修行过程中，因无始业识种子被激发，经常会出现种种所谓善的境界，或见光见佛，或内见五脏骨骼，或出现无量轻安，或暂时忘身忘境，或进入离念之空明境，或隔墙见物，或遥视遥闻等等，此等皆是暂时之路途风光，非为究竟，亦非证圣。但是，很多人不明此理，妄执其为实有，心生欢喜、味著。此病不除，必遭魔扰（可以参见下文"《首楞严经》论禅境与防魔"中的相关内容）。

三、《圆觉经》论"四病"和"四相"

以上种种误区和禅病，大多是由知见上的不圆满造成的，也是学人最容易误入歧途的地方。修禅的人若能时时以宗门的圆顿信解以自警，要避免这些误区和禅病并不难。

为了加深对上述修习止观过程中的常见误区之理解，在这里，拟对《圆觉经》中所讲到的"作止任灭"四病和"人我众生寿者"四相，作一个简单的介绍。这些都是修行过程中应当避免的禅病。在某种意义上讲，《圆觉经》所讲的"四病"和"四相"，是一切禅病的总根子。

《圆觉经》"文殊菩萨章"中，佛首先开示了"如来本起清净因地法行"。何为"清净因地法行"？因地者，因行所依之心地也，谓诸佛如来因地修行时，皆以超越二边、不生不灭之圆觉净性为因地真心，此圆觉净性亦是诸众生清净觉地。法行者，因地随顺圆觉不二之性所起之妙行（称性起修），即达磨祖师所说的"称法行"。随顺清净圆照觉性（亦即超越二边之性），远离无明幻妄，最后契入能所双亡之寂灭一心，入大圆觉海，此乃诸佛如来因地修行之大要。

远离无明幻妄的过程，就是"以幻智离幻妄"的重重拂迹的过程（所谓"众生幻心，还以幻灭，诸幻尽灭，觉心不动"）。按"普贤菩萨章"中讲，这一过程包括五个阶段：

1. 一切菩萨及末世众生，应当远离一切幻化虚妄境界；2. 由坚执持远离心故，心如幻者，亦复远离；3. 远离为幻，亦复远离；4. 离远离幻，亦复远离；5. 得无所离，即除诸幻，觉心不动（诸幻离尽而觉心不灭不动，譬如钻火，两木相因，火出木尽，灰飞烟灭；以幻修幻，亦复如是，诸幻灭尽，不入断灭）。

这五个阶段与《首楞严经》观世音菩萨耳根圆通章中所讲的解六结过程，完全是一一对应的，揭示了大乘佛教修习止观的基本功夫次第（参见本书第十三章第四节"从《首楞严经》'解六结'看生活禅的功夫次第"中的表解）。

要落实"远离无明幻妄"的"重重拂迹"功夫，关键是，在依始觉观智起修的过程中，不得落入二边憎爱取舍当中。修行过程中的诸多禅病，基本都是在用功过程中偏离了这一根本原则所致。《圆觉经》从见地和功夫两个方面，对修行过程中的主要禅病做了解析——在见地上，要避免四病；在功夫上，要远离四相。

关于"四病"，见《圆觉经》卷下"普眼菩萨章"。原本是讲，判断所依止之师是不是真善知识，关键是看他所讲佛法是否远离"作任止灭"四病。此四病也是修行人最容易落入的误区。

一者作病，若复有人作如是言："我于本心作种种行，欲求圆觉。"彼圆觉性非作得故，说名为病。

【按】此病执二边造作为证，由以二边心误解三摩钵提之如幻观而来。圆觉之性天然本具，不假修为，今以有作之修而求圆觉妙性，且此妙性岂作为而可求耶？故说为病。也就是说，修行人若不相信圆觉本具，不相信圆觉超越二边，不相信圆觉离一切相，必然会在二边取舍中求、向外驰求、著相驰求、依我法二执而求、未泯能所对待而求，总之，以有为心、造作心、分别取舍心而求，皆是作病。

二者任病，若复有人作如是言："我等今者不断生死，不求涅槃，涅槃生死无起灭念，任彼一切，随诸法性，欲求圆觉。"彼圆觉性非任有故，说名为病。

【按】此病执狂放为证，由以二边心误解"圆觉清净，本无修习，能证所证二俱是妄，生死涅槃二俱是空"之禅那中道观而来。狂解之人悠悠任性，放纵身心，自谓无物无碍，得大解脱，借口"本无生死可断，本无涅槃可证"以为放逸之资。如此之人，则堕狂妄，故说任性为病也。

三者止病，若复有人作如是言："我今自心永息诸念，得一切性寂然平等，欲求圆觉。"彼圆觉性非止合故，说名为病。

【按】此病执离念为证，由以二边心误解奢摩他之静观而来。修行人认为，因我心生妄想，故招苦乐差殊，今但止息妄心，妄心若尽，自然苦乐皆除，得入涅槃，由是落入好静厌动之二边取舍中。须知圆觉普照，大用无方，有无不二，离动离静，非是二边中的枯寂之无念所能契入，岂可以永息诸念、耽着枯寂之行以求之耶？故说为病也。

四者灭病，若复有人作如是言："我今永断一切烦恼，身心毕竟空无所有，何况根尘虚妄境界，一切永寂，欲求圆觉。"彼圆觉性非寂相故，说名为病。

【按】此病执断灭为证，由以二边心误解禅那所证之寂灭境而来。夫圆觉者，觉体灵明，随缘应现，寂而常照，照而常寂，非动非静，双融动静，恒沙妙用，无碍难思。今以毕竟空无所有、断灭滞寂之心以求圆觉，久必下沉无想，或堕二乘，非真涅槃，故说为病。

以上四病皆因见地不圆、落入二边、误解空假中三观所致。前面所讲到的用心方面的种种误区和境界方面的种种错认，都与此四病相关。

关于"四相"，见《圆觉经》"净诸业障菩萨章"。净诸业障菩萨问佛，既然众生皆具圆觉净性，何故众生迷闷而不能证入？佛答言：

善男子，一切众生从无始来，妄想执有我、人、众生及与寿命，认四颠倒实为我体，由此便生憎、爱二境，于虚妄体，重执虚妄，二妄相依，生妄业道。有妄业故，妄见流转。厌流转者，妄见涅槃。由此不能入清净觉，非觉违拒诸能入者。（《圆觉经》卷下"净诸业障菩萨章"）

因为众生执著于我、人、众生、寿命四相（"寿命相"，《金刚经》中又称"寿者相"），故不能入清净圆觉，非圆觉违拒、不容修行人契入。

关于四相，憨山大师认为有两种：一者迷识四相，针对不知修行、信位以前的普通凡夫而言；二者迷智四相，针对信位以上的修行人而言。

《金刚经》所言四相，统摄迷识四相和迷智四相。而《圆觉经》所言四相，虽然也兼摄迷识四相，但主要是指迷智四相，因为《圆觉经》是针对发大乘心的修行人而讲的。憨山大师《圆觉经直解》云：

> 然此四相，有迷识迷智、粗细之分。粗者迷识，乃凡夫妄认五蕴为我，妄生憎爱，乃《金刚经》前半所明者是也。细者迷智，乃一切圣贤，妄有证得，能所未亡，即此细所说，乃《金刚经》后半所明者是也。此中粗、细二种我执，正属俱生。此经众生，意该九界，此中先举凡夫之四相，以显三乘之四相。以凡夫四相，由憎爱而有；三乘四相，由证取而有，以证取发于爱根种子，故凡圣双举。

迷识四相，是指凡夫迷于生住异灭、尤其是异、灭二相，妄执为实，从而对生命主体产生四种错误的认识。此四相皆为我相的不同表现。迷识四相虽立足于八识，但主要是依第六识而起，属枝末无明，能障小乘涅槃，不出分段生死。迷识四相的最大特征是"执实"，落在"有"边。依《首楞严经》"解六结"而言，迷识四相特指普通凡夫未出根尘三结（亦即《大论》所言"五意六识"中的"六识"犹存）而呈现出来的四种状态。

1. 我相——昧于见闻觉知等精神活动乃根尘识相互作用之假有，却妄执这些精神活动为"实体之自我"。自他分别由此而来。

2. 人相——昧于生命的六道轮回相状乃妄识之所现，妄执生命的人道相以及人的高低贵贱等社会性为实有。人类中心主义以及分别人的高低贵贱由此而来。

3. 众生相——昧于生命主体乃四大五蕴和合之假有、本无生灭增减之相，妄执生命主体为实有之生灭增减。分别凡圣由此而来。

4. 寿者相——昧于生命轮回乃第八阿赖识的虚妄现行流转，妄执生命流转中有永恒不变之灵魂在受一期生命的长短生灭。生死与涅槃之分由此而来。

现就迷识四相列表解如次：

迷识四相			
四相	依所执释（非次第）	依粗细释（次第）	
		依五蕴八识释	依三细六粗释
我相	执五蕴身心为实有我（执身心相为实有），表现为自我中心。	迷于前六识受阴之空性而起我相。	执灭相（起业相、业系苦相）为实有而起我相。
人相	迷于六道轮回，执人道相为实有（起人类中心之意识），又执人的社会性（高低贵贱等）为实有。	迷于第六识想阴之空性而起人相。	执异相（执取相、计名字相）为实有而起人相。
众生相	执因缘所生法为实有。又迷于凡圣差别相之空性，执有众生可度。	迷于第七识行阴之空性而起众生相。	执住相（智相、相续相）为实有而起众生相。
寿者相	迷于寿命长短相，执一期生命为实有。	迷于第八识、识阴之空性而起寿者相。	执生相（业相、转相、现相）为实有而起寿者相。

迷智四相，是指菩萨迷于生住异灭中的生、住二相，而妄于微细的能证能觉，产生四种错误的认识。迷智四相依第八识根本无明而起，能障无上菩提，未尽变易生死。依《首楞严经》"解六结"而言，迷智四相特指修行人未尽根、觉、空、灭四结（亦即《大论》所言"五意六染"中的"五意"未尽）而呈现出来的四种状态。

1. 我相 —— 谓众生于涅槃之理，心有所证，而其有所证取之心，执著不忘，认之为我，名为我相。经云"是故证取方现我体"是也。亦即在"远离一切幻化虚妄境界"之过程中，执能离的"能证之心"而未亡，相当于《首楞严经》之"尘结既解，根结显现"（根结即是执着于能闻之闻慧）。

2. 人相 —— 谓比前我相已进一步，虽不复认证为我，而犹存悟我之心，名为人相。经云"悟已超过一切证者，名为人相"是也。亦即在"由坚执持远离心故，心如幻者，亦复远离"之过程中，执能离的"能悟之心"而未亡，相当于《首楞严经》之"根结既解，觉结显现"（觉结即是执着于能觉之空观智）。

3. 众生相 —— 比前人相已进一步，谓虽已超过我人之相，犹存了证了悟之心，名众生相。经云"但诸众生，了证了悟，皆为我人而我人相所不及者，存有所了，名众生相"是也。亦即在"远离为幻，亦复远离"的过程中，执能离的"能了之心"而未亡，相当于《首楞严经》之"觉结既解，空结显现"（空结即是执着于能空之假观智）。

4. 寿者相 —— 谓比前众生相已进一步，心照清净，于前众生相中所存了悟之心，虽已觉知超过，然犹存能觉之知，如彼命根，潜续于内，名寿命相，表明"生相无明"未破，异熟未空，未达真无心。经云"觉所了者，不离尘故"是也。亦即在"离远离幻，亦复远离"的过程中，执能离的"能觉之心"而未亡，相当于《首楞严经》之"空结既解，灭结显现"（灭结即是执着于能灭之中道智）。

以上迷智四相，就通而论，皆是我相，皆因最初生相无明未破，观智未亡而分；就别而论，根本我相是一，然随修证阶次不同而呈现出深浅粗细四相。

现参照《首楞严经》，就迷智四相，列表解如次：

<table>
<tr><th colspan="5">迷智四相</th></tr>
<tr><td rowspan="2">四相</td><td rowspan="2">依所执释
（非次第）</td><td colspan="3">依粗细释（次第）</td></tr>
<tr><td>依三观释</td><td>依位释</td><td>依经文释</td></tr>
<tr><td>我相</td><td>执能破外尘(尘结)之闻慧、空观智而起我相。【执能证】</td><td>闻慧（根结未脱前因地空观智）未亡而起我相。</td><td>十信观行位之观智未亡。</td><td>远离一切幻化虚妄境界。</td></tr>
<tr><td>人相</td><td>执能破内根(根结)之闻慧、空观智而起人相。【执能悟】</td><td>空观智未亡而起人相。</td><td>二乘、十住位之观智未亡。</td><td>由坚执持远离心故，心如幻者，亦复远离。</td></tr>
<tr><td>众生相</td><td>执能破空境之思慧、假观智而起众生相。【执能了】</td><td>假观智未亡而起众生相。</td><td>十行十向位之观智未亡。</td><td>远离为幻，亦复远离。</td></tr>
<tr><td>寿者相</td><td>执能破空有凡圣二边的修慧、中道观智，智境未泯，能所犹在，未得寂灭一心而起寿者相。【执能觉】</td><td>一心三观中道智未亡，智境犹存而起寿者相。</td><td>十地位之观智未亡。</td><td>离远离幻，亦复远离。</td></tr>
<tr><td colspan="5">【按】智境双泯，归于寂灭一心，四相荡尽，即入妙觉。"得无所离，即除诸幻。"</td></tr>
</table>

《圆觉经》讲，末世众生勤苦修道，虽经多劫，终不能成一切圣果，原因在于不了四相、未离爱憎、未亡观智、未泯能所，故不能契入超越凡与圣、生死与涅槃、烦恼与菩提等二边分别的寂灭一心。此人、我、众生、寿命四相，主要是指修行过程中，因修行人的观智未亡而呈现出深浅粗细等四种差别，所以属于迷智四相。

善男子，末世众生不了四相，虽经多劫勤苦修道，终不能成一切圣果，是故名为正法末世。何以故？认一切我为涅槃故，有证有悟名成就故。譬如有人，认贼为子，其家财宝终不成就。何以故？有爱我者亦爱涅槃，伏我爱根为涅槃相。有憎我者亦憎生死，不知爱根真生死故，别憎生死，名不解脱。云何当知法不解脱？善男子，末世众生习菩提者，以己微证，为自清净，犹未能尽我相根本。若复有人赞叹彼法，即生欢喜，便欲济度。若复诽谤彼所得者，便生瞋恨，则知我相坚固执持，潜伏藏识，游戏诸根，曾不间断。善男子，彼修道者不除我相，是故不能入清净觉。善男子，若知我空，无毁我者；有我说法，我未断故。众生寿命，亦复如是。善男子，末世众生说病为法，是故名为可怜愍者，虽勤精进，增益诸病，是故不能入清净觉。善男子，末世众生不了四相，以如来解及所行处为自修行，终不成就。或有众生未得谓得、未证谓证，见胜进者心生嫉妒，由彼众生未断我见，是故不能入清净觉。善男子，末世众生希望成道，无令求悟，惟益多闻，增长我见。但当精进降伏烦恼，起大勇猛，未得令得，未断令断，贪瞋爱慢谄曲嫉妒对境不生，彼我恩爱一切寂灭。佛说是人渐次成就，求善知识，不堕邪见。若有所求，别生憎爱，则不能入清净觉海。（《圆觉经》卷下"净诸业障菩萨章"）

修行人由于第八识生相无明未破，我执（人我执、法我执）之根犹存，故在用功过程中，微细的爱憎之心、取舍之心，以及有所求、有所得之心，都会随缘随境而呈现出来。我相、人相、众生相、寿命相正是这一根本我相——生相无明在功夫不同层次上的表现。所以，离四相的过程就是破生相无明、转第八识为大圆镜智的过程，亦即泯观智、亡能所、契入无心的过程。因此，从究竟的寂灭一心而言，因行中一切形式的观智未亡和爱憎取舍（统称"有为心"），都是菩萨行人所应远离的禅病。

以上《圆觉经》所讲在见地上要远离"四病"，在功夫上要远离"四相"，可以作为修行人在修习止观过程中防止落入误区的总的指导原则，其内涵非常深邃，须在止观功夫的不断深进中，去慢慢体会和落实，不能停留在文字知见上。

第四节　修习止观过程中的魔障及其对治

在修习止观的过程中，修行人如果发心不纯正、戒行不清净、知见不圆满等等，最容易招来内外魔境之干扰。对这些干扰产生的原因及对治，需要有一个清醒的认识。

下面，拟结合《大乘起信论》和《首楞严经》来就此问题做展开说明。

一、《大乘起信论》论防魔

修止的过程中，行人如果善根微薄、业障深厚、正见不具足，很容易招致魔事干扰。关于修止之魔事，《大乘起信论》云：

> 或有众生善根微少，为诸魔外道鬼神惑乱：或现恶形以怖其心，或示美色以迷其意，或现天形或菩萨形，乃至佛形，相好庄严，或说总持，或说诸度，或复演说诸解脱门，无怨无亲，无因无果，一切诸法毕竟空寂，本性涅槃，或复令知过去未来及他心事，辩才演说，无滞无断，使其贪著名誉利养，或数嗔数喜，或多悲多爱，或恒乐昏寐，或久不睡眠，或身婴疹疾，或性不勤策，或卒起精进即便休废，或情多疑惑不生信受，或舍本胜行更修杂业，爱著世事，溺情从好。或令证得外道诸定，一日二日乃至七日，住于定中，得好饮食，身心适悦，不饥不渴。或复劝令受女等色，或令其饮食乍少乍多，或使其形容或好或丑。
>
> 若为诸见、烦恼所乱，即便退失往昔善根，是故宜应审谛观察，当作是念：此皆以我善根微薄，业障厚重，为魔鬼等之所迷惑。如是知已，念彼一切皆唯是心。如是思惟，刹那即灭，远离诸相，入真三昧。心相既离，真相亦尽。从于定起，诸见烦恼皆不现行，以三昧力，坏其种故，殊胜善品，随顺相续，一切障难，悉皆远离，起大精进，恒无断绝。（实叉难陀译本《大乘起信论》）

这段文字，把招致魔事的原因、魔事之相状、魔事之种类，以及正确的对治方法等等，都一一做了简要的说明，值得修行人细细思维、体察。

憨山大师《大乘起信论直解》，依真谛之译本，对这段经文做如下简单的解释：

或有众生无善根力，则为诸魔外道鬼神之所惑乱，或于坐中，现形恐怖，或现端正男女等相。当念唯心，境界则灭，终不为恼。

——此明魔事破坏定心，略示其相，使知对治也。《楞严》具明魔事，依禅定中五阴未破而现，有五十种，深浅不一，且云：或为天魔，诸恶鬼神，精魅魍魉，佥来恼汝，或汝阴魔、心魔，自作其孽，一一详示。此但略说其概耳。此言诸魔外道鬼神，盖谓因中亦修禅定，以恶习、邪见堕落此中者，故禅定气分熏发，故现形作恼耳。言当观唯心，境界则灭者，谓虽外魔能挠，抑由自有恶习，因定熏发，故于自识，托彼外质，变影为害，故云唯心，无外境界。若观唯心，则自灭矣。

或现天像、菩萨像，亦作如来像，相好具足。若说陀罗尼，若说布施、持戒、忍辱、精进、禅定、智慧。或说平等、空、无相、无愿，无怨无亲，无因无果，毕竟空寂，是真涅槃。或令人知宿命过去之事，亦知未来之事，得他心智，辩才无碍，能令众生贪著世间名利之事。

——此习气魔也。此魔盖因行人多生亲习佛法，执相未忘，或习空见以为究竟，贪求宿命知见，故今因定熏发，于三昧中，故现此事。以本因不正，故令贪著世间名利之事，此正唯心变现也。

又令使人数嗔数喜，性无常准。或多慈爱，多睡多病，其心懈怠。或卒起精进，后便休废。生于不信，多疑多虑。或舍本胜行，更修杂业。若著世间种种牵缠，亦能使人得诸三昧，少分相似，皆是外道所得，非真三昧。

——此烦恼魔也。此魔盖由曾习外道三昧，未断烦恼，今虽依佛法修行，以未入正定故，熏发宿习，现此事耳。

或复令人若一日若二日若三日，乃至七日，住于定中，得自然香美饮食，身心适悦，不饥不渴，使人爱著。或令人食无分齐，乍多乍少，颜色变异。以是义故，行者常应智慧观察，勿令此心堕于邪网，当勤正念，不取不著，则能远离是诸业障。

——此欲魔也。以众生在五欲中，以食为命，故摄受欲食，多生贪著，夙习浓厚，从来未曾一念舍欲食也，故今虽在定中，熏发欲习，以适悦身心故，深生爱著。故教令常应智慧观察，当勤正念，不取不著，则远离也。

应知外道所有三昧，皆不离见爱、我慢之心，贪著世闻名利恭敬故。真如三昧者，不住见相，不住得相，乃至出定亦无懈慢，所有烦恼渐渐微薄。若诸凡夫不习此三昧法，得入如来种性，无有是处。以修世间诸禅三昧，多起味著，依于我见，系属三界，与外道共。若离善知识所护，则起外道见故。

——此辩邪正以示真修也。以外道依我爱见慢习气而修，都成魔业，故内著邪见，外著邪欲，所谓错乱修习故也。以真如三昧，湛寂一心，忘能所，灭影像，离懈慢，灭烦恼，故修行者，未有不由此三昧得入如来种性者。其余世间诸禅三昧，皆著我见，与外道共。若非善知识调护，则堕外道恶见矣。故《楞伽》切诚远离外道，当亲近最胜知识也。（《大乘起信论直解》卷下）

从憨山大师的讲解中，可以看出，修习止观中的魔事，皆因邪见、贪欲、嗔慢、业习所感，唯心所现，故对治魔扰的最好方法，就是修唯心观，少欲知足，远离爱染，不住于相。修行人若能经常念诵《八大人觉经》和《金刚经》等，时时反省，或能从内心深处拔除魔扰之根株。

二、《首楞严经》论禅境与防魔

在修习止观的过程中，经常会出现种种境界，这些境界皆是唯心所现；若执为实有，并产生贪执，乃至误认为是证圣之表现，必定会遭到魔扰。关于这一点，《首楞严经》讲得更为系统、详细，可作为修行过程中的防魔指南。

（一）魔事之由

《首楞严经》讲，十方世界及十二类生，皆是唯心虚妄。诸修行人证真之后，虚空销殒，国土震裂，十方诸天魔王鬼神因与道不相应，迷而执实，见其宫殿崩裂，皆生惊怖，故心生恼怒，咸来干扰修行人。犹如世间仁王，为安天下故，倾贼人之窟，令其迷途知返，成为良民，而贼人不悟，反以作乱相对。

佛告阿难及诸大众：汝等当知，有漏世界十二类生，本觉妙明、觉圆心体，与十方佛无二无别。由汝妄想，迷理为咎，痴爱发生，生发遍迷，故有空性化迷不息，有世界生，则此十方微尘国土，非无漏者，皆是迷顽妄想安立。当知虚空生汝心内，犹如片云点太清里，况诸世界在虚空耶！汝等一人发真归元，此十方空皆悉销殒，云何空中所有国土而不振裂？汝辈修禅，饰三摩地，十方菩萨及诸无漏大阿罗汉，心精通㳷，当处湛然。一切魔王，及与鬼神、诸凡夫天，见其宫殿无故崩裂，大地振坼，水陆飞腾，无不惊慑。凡夫昏暗，不觉迁讹。彼等咸得五种神通，唯除漏尽，恋此尘劳，如何令汝摧裂其处？是故鬼神，及诸天魔、魑魅妖精，于三昧时，佥来恼汝。（《首楞严经》卷九）

出现魔境干扰并不可怕，只要证悟唯心之理，知魔境虚妄不实，即可胜之；若执为实有，必受其害，所谓"悟则胜邪，迷则邪胜"。

然彼诸魔，虽有大怒，彼尘劳内，汝妙觉中，如风吹光，如刀断水，了不相触；汝如沸汤，彼如坚冰，暖气渐邻，不日消殒，徒恃神力，但为其客（按：明诸事亦是虚妄）。成就破乱，由汝心中五阴主人，主人若迷，客得其便（按：自心若迷，魔得其便）。当处禅那，觉悟无惑，则彼魔事无奈汝何，阴销入明，则彼群邪咸受幽气，明能破暗，近自销殒，如何敢留，扰乱禅定（按：悟则魔不能扰）！若不明悟，被阴所迷，则汝阿难必为魔子，成就魔人。如摩登伽，殊为眇劣，彼唯咒汝，破佛律仪，八万行中，只毁一戒，心清净故，尚未沦溺。此乃隳汝宝觉全身，如宰臣家，忽逢籍没，宛转零落，无可哀救（按：魔成功扰乱修行人的内因在于修行人不觉悟，被阴境所迷。迷则邪胜）。（《首楞严经》卷九）

（二）魔事之相

大乘佛教讲，修行的过程就是觉破色受想行识等五阴的过程。阴具有覆盖义，能障智慧、解脱。在破除、超越五阴的过程中，相应地会出现种种禅境。《首楞严经》认为，色受想行识五阴各含有十种境界，故有五十种阴境。此五十种阴境，若不悟其惟心虚妄、执为实有，即成五十种阴魔。其中，色、受、想三阴中的魔境，为烦恼魔（因烦恼障而成魔）。行、识二阴中的魔境为外道邪见魔（因所知障而成魔）。

又，魔分内、外两种。内魔来自执著禅定中的种种色阴境界为实有，色阴区宇中的前九种魔境属内魔。另外，行、识二阴中的种种魔境，皆为外道邪见魔，亦属内魔。

行阴之魔境是指，修行人破想阴入行阴之后，不知有第八阿赖耶识，于微细生灭（真常流注）之妄想，不能透过，禅那狂慧顿发，于世界万物之起源、生灭、有限无限等问题，产生空有、断常等种种二边邪见。

识阴之魔境是指，修行人于行阴破、识阴现之后，见万法生灭从识阴生起，因不知识阴虚妄，妄执识阴为实有、实我、虚无，惑之为万物之母，故产生冥谛、神我、空生万物等诸外道邪见。世间诸一神论宗教，多属此类。

外魔是指修行人因执著禅定中的苦乐喜忧舍等诸受为实有，以及内心的种种贪执妄想炽盛，感召外在天魔前来干扰。色阴区宇中的第十种魔境，以及受、想二区宇中的诸魔境，均属外魔。

对于修行人而言，五阴中，色、受、想三阴中所出现的禅境最为迷惑人，修行人若不能透过，必遭魔扰。故在这里，着重介绍一下此三阴中的种种境界和魔扰。

1. 色阴魔事

修行人在色阴阶段，所做功夫以脱尘结为着力点，重点是要"入流亡所，所入既寂，动静二相了然不生"。面对尘境，用心抑按降伏，或于粗念脱落、心光乍现之际，激发无始宿习，见种种色境。这只是唯心所现的暂时现象，若执为实有，以为证圣之相，后必招邪。色阴禅境，常见之相有十种，其中，前九种为禅定中暂时出现的善境界，最后一种纯为魔境。

（1）精明外溢，身能出碍

阿难！当在此中，精研妙明（按：观妙明真心，绝待无相，超越二边），四大不织（按：因心不缘尘境，无有分别，故能暂令内外四大虚融。以所有妄想皆依于根尘相接，能融涉四大，交织不散；今研心离色，妄想不行，故四大不相交织，虚融亡质），少选（按：少时，须臾）之间，身能出碍（按：四大既不相织，则四大各离，故身不拘心，即能出碍）。此名精明流溢前境。斯但功用暂得如是，非为圣证。不作圣心，名善境界；若作圣解，即受群邪。

【按】行人于三昧中，精研穷究妙明真心，绝待离相，超越二边，由于根尘不接，四大虚融，不相交织，暂得离四大色身之质碍性，须臾之间，身不拘心，心能出障，流溢前尘。此乃禅定功夫之暂时境界，以色阴未破，非为圣证。不作圣心，则为功用善境。若作圣解，即受群邪。

（2）精明内彻，体出蛲蛔

阿难！复以此心精研妙明，其身内彻（按：心光内明，自见其身，通体明彻）；是人忽然于其身内，拾出蛲蛔（按：腹中之虫），身相宛然，亦无伤毁。此名精明流溢形体。斯但精行暂得如是，非为圣证。不作圣心，名善境界；若作圣解，即受群邪。

【按】行人于三昧中，精研究究妙明真心，绝待离相，超越二边，由于根尘不接，四大虚融，心光内发，通体明彻，故能于身中拾出蛲蛔，而身相不毁。此时色阴虽未及破，而色质已虚，故有此相。此名精明流溢形体，乃暂时之功用，非为圣证。此境现前，若不生取舍，即为善境。若作圣解，即受群邪。

（3）精魄合离，空中闻法

又以此心内外精研，其时魂、魄、意、志、精、神，除执受身（按：暂时忘四大色身），余皆涉入，互为宾主；忽于空中闻说法声，或闻十方同敷密义（按：阿赖耶识所执受四大之身，在五脏各有所主，随得其名，在肝曰魂，在肺曰魄，在脾曰意，在肾曰志，在心曰精神。今以观照研究，四大虚融，五脏亦化，魂魄无依，故离身而相互涉入，互为宾主。斯时宿昔闻熏种子，因定激发，遂托神魂，现说法声）。此名精魄递相离合，成就善种。暂得如是，非为圣证。不作圣心，名善境界；若作圣解，即受群邪。

【按】行人于三昧中，精研穷究妙明真心，绝待离相，超越二边，由于根尘不接，内外四大虚融，致使五脏之主神魂魄、意志、精神等（主肝曰魂，主肺曰魄，主脾为意，主肾为志，主心为精神），离身无依，流出于外，递相离合，互为宾主，由是宿昔闻熏种子被激发出来，乃假借魂神而现说法声。此乃精魄递相离合，激发宿昔善种，暂时所现境界，非为圣证，若作圣解，即受群邪。长水大师云："根身种子，皆为第八所执受故，定心精究，内外唯空，遂令五内主神，无所依附，流出于外，迭互相依，故云互为宾主。忽于下四句，正明发相。此则先所修习闻慧种子，定力所激，禅中发生，遂寄神魂，现于说法也。"（《大佛顶首楞严义疏注经》卷九）

（4）心魂染悟，佛踞华台

又以此心澄露皎彻，内光发明，十方遍作阎浮檀色，一切种类化为如来（按：澄者，妙止之功。露者，妙观之力。澄以妙止，露以妙观，使此心皎洁莹彻，故得内光发明，报土乍现）；于时忽见毗卢遮那踞天光台，千佛围绕，百亿国土及与莲华，俱时出现。此名心魂灵悟所染，心光研明，照诸世界（按：受圆顿觉慧熏染，悟知众生本来是佛，此之种子因定激发，故现其相）。暂得如是，非为圣证。不作圣心，名善境界；若作圣解，即受群邪。

【按】行人于三昧中，精研穷究妙明真心，绝待离相，超越二边，由于根尘不接，内外四大虚融，身心皎彻。色阴既融，心光发明，多生闻熏圣教名言习气，一时被定功激发，故见世界金色、化佛说法、莲花遍现等相。以宿昔所染善种习气，悟知众生本来是佛，故云"心魂灵悟"。此乃宿昔善种现前，暂时所得境界，非为圣证。若作圣解，即受群邪。

（5）精明遍现，空成宝色

又以此心精研妙明，观察不停，抑按降伏，制止超越（按：以观慧力，察照不停，反闻照性，抑止自心，按令不动。以降伏制止之力，超越常分，故现种种境界。超越，言其用功精进过分），于时忽然十方虚空成七宝色，或百宝色，同时遍满，不相留碍，青黄赤白，各各纯现。此名抑按功力逾分，暂得如是，非为圣证。不作圣心，名善境界；若作圣解，即受群邪。

【按】行人于三昧中，深入精研妙明真心，观察不停，因制止之力，超出常分，忽见十方虚空成七宝色。此乃宝觉明心，因无明未尽，暂时被定功激发，故现斯相，暂得如是，非为圣证。若作圣解，即受群邪。

（6）心见密澄，暗中睹物

又以此心研究澄彻，精光不乱（按：澄静其心而照彻前境，精细之心光，凝然不乱）；忽于夜半，在暗室内见种种物，不殊白昼，而暗室物亦不除灭（按：以心光澄静，忽然发见，暗中见物，物是实境，故不随定出入而有而无，故云"亦不除灭"）。此名心细密澄其见，所视洞幽（按：心细密澄者，观心微细，密尔澄静，精光既定，暗境不隐，故夜见物）。暂得如是，非为圣证。不作圣心，名善境界；若作圣解，即受群邪。

【按】行人于三昧中，研究澄彻，精明之光凝然不乱，忽于定中发见，能于夜半暗室，见种种物，如白昼无异。此之心细密澄发见、视能洞幽，乃暂时禅定境界，非为圣证。若作圣解，即受群邪。

（7）尘并入纯，烧斫无知

又以此心圆入虚融（按：反闻自性功深，内身外境，虚融一体，身境暂忘），四肢忽然同于草木，火烧刀斫曾无所觉。又则火光不能烧爇，纵割其肉犹如削木。此名尘并（按：尘境一并打失），排四大性，一向入纯（按：此名诸尘并消，排除四大之性，一向专切反闻，功夫入于精纯）。暂得如是，非为圣证。不作圣心，名善境界；若作圣解，即受群邪。

【按】行人于三昧中，精研穷究妙明真心，绝待离相，超越二边，由于根尘不接，内外四大虚融，离于执受，暂忘于身，忽然四肢同于草木，火烧刀割，皆无所觉。此名排四大性，纯入虚融，暂得如是，非为圣证。若作圣解，即受群邪。长水大师云："以此定心，遍了一切，己身他物，无不虚寂。此即心融思寂，执受不行，四大五尘，忽然排并。既无能执，割截如空，念想一纯，暂得如是。"（《大佛顶首楞严义疏注经》卷九）

（8）凝想化现，遍观诸界

又以此心成就清净，净心功极，忽见大地、十方山河，皆成佛国，具足七宝，光明遍满；又见恒沙诸佛如来，遍满空界，楼殿华丽；下见地狱，上观天宫，得无障碍。此名欣厌凝想日深，想久化成，非为圣证（按：平时听闻经教，或说净土，或说秽土，而起欣净厌秽之心，凝想日深，想久而熏习成种，现在为定功逼极，心光暂时化现出来种种境界，不久便会消失）。不作圣心，名善境界；若作圣解，即受群邪。

【按】行人于三昧中，精研究究妙明真心，绝待离相，超越二边，于是欣厌习气内融，心净功极。内心既净，外器虚明，忽见十方山河大地，成七宝色，诸佛如来遍虚空界，地狱天宫一时俱见，得无障碍。此名欣厌凝想日深，随想化成，暂得如是，非为圣证。若作圣解，即受群邪。长水大师云："厌秽欣净，积想所凝，圆定功深，感斯妙境耳！"（《大佛顶首楞严义疏注经》卷九）

（9）逼心飞出，夜见远方

又以此心研究深远，忽于中夜，遥见远方市井街巷，亲族眷属，或闻其语。此名迫心，逼极飞出，故多隔见（按：此名禅定之力，逼迫其心，逼到极处，致令心光飞射外出，故多能隔物而有见闻），非为圣证。不作圣心，名善境界；若作圣解，即受群邪。

【按】以真心本遍，向为色阴所碍，故不能远见，今行人于三昧中，精研究究妙明真心，定功既深，色阴虽然未破，而心能遥见遥闻。此名迫心逼极飞出，能隔物见闻，暂得如是，非为圣证。若作圣解，即受群邪。长水大师云："识心通灵，因定功发，飞出隔见，远近皆然。逼极之功，非因妙证。"（《大佛顶首楞严义疏注经》卷九）

（10）邪心含魅，妄见妄说

又以此心研究精极，见善知识形体变移，少选无端种种迁改（按：忽然见善知识形体相貌，不久之间，无缘无故而作种种迁改）。此名邪心含受魑魅，或遭天魔入其心腹，无端说法，通达妙义，非为圣证。不作圣心，魔事销歇；若作圣解，即受群邪（按：色阴将破，虚空将殒，故外来魔事，从此而发也）。

【按】行人于三昧中，以前定心，研究精极，宿昔从邪师闻熏邪种，被定功激发，故见善知识形体变幻无端。此乃邪心含受邪魅，或遭天魔入心，无端说法，通达妙义，暂得如是，非为圣证。若作圣解，即受群邪。长水大师云："此人曾有邪心种子，合外魔境，相因而来。然此一章，非善境界，纯是魔娆。不同前文皆称善种，起心作证，方始成魔。"（《大佛顶首楞严义疏注经》卷九）

以上十种境界，乃于色阴区宇用功时唯心所现，只是暂时的路途风光，非为圣证。凡夫不识，妄言证圣，犯大妄语戒，堕无间狱。

阿难！如是十种禅那现境，皆是色阴用心交互（按：行者欲以定力来破除色阴，禅观与妄想两种用心，互相交战于心中），故现斯事。众生顽迷，不自忖量，逢此因缘，迷不自识，谓言登圣，大妄语成，堕无间狱。汝等当依，如来灭后，于末法中，宣示斯义，无令天魔得其方便，保持覆护，成无上道。

关于此十种阴境，蕅益大师总结道："言此十种境界，从禅那中发现者，皆由无始虚妄色阴，与今所用妙止观心，能所交互，故现斯事也。盖能观之心如钻，所观阴境如木，阴中藏性如火，种种现境如烟，钻火得烟，则知去火不远，故一一名善境界。见烟而止，则火不可得，损木损工，譬如中途迷惑，反受群邪也。"（《楞严文句》卷九）

2. 受阴魔事

受阴境界主要是指修行人在用功过程中，"动静二相了然不生"，超出色阴之后，心不攀缘尘境（忘境），唯觉观内在根身之受，前五识唯现量感知身心所起内在之苦、乐、忧、喜、舍五种觉受，以成根身之我见。于此五种觉受，因定慧不能均等，不能透过，亡失功夫，被诸受所牵，故有十境之现。

受阴十境，皆因定慧偏过，或定多慧少，或慧多定少，或定慧俱劣，故于苦、乐、忧、喜、舍五受，不能自觉自主，落于其中，住久生境，而招魔扰。若执于苦受，易招悲魔；执于乐受，易招喜魔；执于喜受，易招狂魔；执于忧受，易招死魔；执于舍受，易招空魔。

（1）过抑生悲

阿难！彼善男子，当在此中得大光耀，其心发明，内抑过分（按：见色阴消，因急于开悟，用心太过），忽于其处，发无穷悲（按：宿有悲种被激发现前），如是乃至观见蚊蚋，犹如赤子，心生怜愍，不觉流泪。此名功用抑摧过越，悟则无咎，非为圣证；觉了不迷，久自销歇。若作圣解，则有悲魔入其心腑，见人则悲，啼泣无限，失于正受，当从沦坠。

【按】在色阴已尽、受阴未破之定境中，修行人会得到大光耀之觉受。内心觉悟自心同于佛心，一切众生皆具佛性，与佛无异，因用功内抑过分，以致失于正受，激发宿世悲种，忽于有情众生处，生起无穷悲心，如是乃至观见蚊蚋，亦犹如父母观于赤子，心生怜愍，不觉流泪。此为用功抑摧过分所显境界，非是圣证。若不悟其非，沉迷于其中，不能自拔，则有悲魔入心，失去正受。

憨山大师云："以前观心，研消色阴故，其心发明。以见色消，而用心太急，内抑过分，故发无穷悲。此乃宿有悲种，今被观力激发。故见蚊蚋，犹如赤子。此乃功用抑摧太过，非圣证也。不悟其非，则有悲魔入心，失正受矣。"（《楞严通议》卷九）蕅益大师云："由观行力，破色阴境，故能得大光耀。由其受阴未破，故发种种诸受境界。盖受有五种：一苦，二乐，三忧，四喜，五舍。今之悲心，乃缘众生苦受而发也。虽似大悲，实依受阴，只因内抑过分而发，岂入圣阶！所贵觉了不迷，庶不招魔成失耳。"（《楞严文句》卷九）

（2）感激生勇

阿难，又彼定中诸善男子，见色阴销，受阴明白，胜相现前（按：住在虚明境界中，多有轻安胜相出现），感激过分（按：欢喜激动无比），忽于其中生无限勇，其心猛利，志齐诸佛，谓三僧祇一念能越。此名功用陵（按：陵蔑他人）率（按：自强自大）过越。悟则无咎，非为圣证，觉了不迷，久自销歇（长水云：色尽受现，定之胜相也。先未曾得，今既获得，遂生感激。感激太过，勇志便发，谓言三祇一念能越，我齐诸佛，更无如者。陵，谓蔑他。率，谓自强。由见胜相，因兹感激，遂有此生。斯则无始我慢种子被激而生，悟则无咎）。若作圣解，则有狂魔入其心腑，见人则夸，我慢无比，其心乃至上不见佛，下不见人，失于正受，当从沦坠。

【按】彼禅定中诸善男子，见色阴已经消亡，受阴虚明的境界明白显露，因悟心佛同体，多有轻安等胜相现前，便一时欢喜，激动无比。忽然于其过分感激的心中，生出无限的勇猛，其心意非常猛利，志齐诸佛，以为诸佛经三大阿僧祇劫艰苦修行方能成道，我今一念不生，便能超越三祇修证。于是无始我慢种子因斯而发，陵蔑他人，自强自大。此非证圣；若不悟其非，则狂魔入心，生大我慢。

憨山大师云："定中见色阴消，则受阴明白，见此胜相，遂感激心生。若感激过分，则于定中生大勇猛，志齐诸佛，自谓三祇一念能超。此名功用陵率过越。陵谓陵蔑，率谓自强。非圣证也。不悟其非，则狂魔入心，生大我慢。"（《楞严通议》卷九）蕅益大师云："于观行定中，剥去一层色碍境界，露出一种虚明境界，故感激过分而生于勇。此缘自心乐受而发也。"（《楞严文句》卷九）

（3）定偏沉忆

又彼定中诸善男子，见色阴销，受阴明白，前无新证，归失故居（按：受阴未破，故前无新证。色阴既销，故归失故居），智力衰微，入中隳地，迥无所见，心中忽然生大枯渴，于一切时沉忆不散（按：沉溺、忆念、执著于枯寂之境），将此以为勤精进相。此名修心无慧自失，悟则无咎，非为圣证。若作圣解，则有忆魔入其心腑，旦夕撮心悬在一处（按：于一切时，执守于静境），失于正受，当从沦坠。

【按】彼禅定中诸善男子，见色阴已消，受阴虚明之境界明白显露，因观察力弱，向前进步而不能照破受阴，无有新证之境；向后退归，则色阴已尽，又失故居之所。由于定强慧弱，智力衰微，中途陷入进退两难境地，迥无所见，心中忽然生起大枯渴，如饥渴待饮一般，遂于一切时中，沉静其心，执著于枯寂之境，以此为勤精进相。此名无慧自失，非为圣证；若不悟其非，则有忆魔入心，心如悬撮，失去正受。忆魔者，乃指外道修行者，得少为足，忆持静境不失，命终之后，滞魄不生，年久而成魔。

憨山大师云："受阴未尽，故无新证。色阴已尽，故归失故居。当进退两难之间，智力衰微，中道隳颓，心无所措，故生大枯渴，则以沉忆为精进相。此名无慧自失，非圣证也。不悟其非，则忆魔入心，心如悬撮，失正受矣。"（《楞严通议》卷九）蕅益大师云："此缘自心舍受而生枯渴也，病在定过于慧，所以沉忆悬心。"（《楞严文句》卷九）

（4）慧偏成狂

又彼定中诸善男子，见色阴销，受阴明白，慧力过定，失于猛利，以诸胜性，怀于心中（按：以闻见心佛一如等胜性之法，恒常怀纳于心中），自心已疑是卢舍那，得少为足。此名用心忘失恒审（按：被虚明之受所控制，失去觉照，狂慧生起），溺于知见。悟则无咎，非为圣证。若作圣解，则有下劣易知足魔入其心腑，见人自言我得无上第一义谛，失于正受，当从沦坠。

【按】彼禅定中诸善男子，见色阴消亡，受阴虚明之境界明白显露，因慧过于定，失于观智过猛，将诸定中所见心佛一如等胜性之法，恒常怀纳于心中，内心早已暗疑自己本来就是卢舍那佛，由是得少为足。此名用心过猛，定力微弱，亡失恒常审察自己之分位，没溺于自己已经成佛的虚妄知见中，而成狂慧。

憨山大师云："慧力过定，失于猛利也。以发胜性，自心疑己是卢舍那，妄以为足，更不前进。此名用心定少慧多，故失恒审，溺于知见，非圣证也。不悟其非，则有下劣易知足魔入其心腑，自言已得第一义谛。故参禅须要定慧均等，乃善用其心。"（《楞严通议》卷九）蕅益大师云："此缘喜受而生胜性也，病在慧过于定，所以忘失恒审。"（《楞严文句》卷九）

（5）失守生忧

又彼定中诸善男子，见色阴销，受阴明白，新证未获，故心已亡，历览二际（按：二际者，未证、已亡之际），自生艰险，于心忽然生无尽忧，如坐铁床，如饮毒药，心不欲活，常求于人令害其命，早取解脱。此名修心失于方便（按：没有圆顿信解，又没有方便智慧，不能走出二难之境）。悟则无咎，非为圣证。若作圣解，则有一分常忧愁魔入其心腑，手执刀剑，自割其肉，欣其舍寿，或常忧愁，走入山林，不耐见人，失于正受，当从沦坠。

【按】彼禅定中诸善男子，见色阴消亡，受阴虚明之境界明白显露，新证之境界尚未获得，旧时内心所居之境界已然消亡，历览前后二际，茫茫无寄，无所适从，油然生起前途艰险之感，心中忽然有无尽的忧愁焦虑，眠则如坐铁床，食则如饮毒药，心不欲活，以致常求于人、令人害死他的性命，希望早日取得解脱。此为修行人失于智慧观照之方便，恐惧过度所致。

憨山大师云："当色消、受明二际之间，已先前心未获新证，如履悬崖，自生艰险，忧愁种子被定激发，忽生忧恼，欲早解脱。此名修行失于方便，非圣证也。不悟其非，则有常忧愁魔入其心腑，失正受矣。"（《楞严通议》卷九）蕅益大师云："新证未获，亦指受阴未破。故心已亡，亦指色阴先销。此缘忧受而求自害，定慧俱劣。"（《楞严文句》卷九）

（6）轻安生喜

又彼定中诸善男子，见色阴销，受阴明白，处清净中，心安稳后，忽然自有无限喜生，心中欢悦，不能自止。此名轻安无慧自禁。悟则无咎，非为圣证。若作圣解，则有一分好喜乐魔入其心腑，见人则笑，于衢路傍，自歌自舞，自谓已得无碍解脱，失于正受，当从沦坠。

【按】彼禅定中诸善男子，见色阴消亡，受阴虚明之境界明白显露，处于清净境界中，内心宁静，安稳无比。心得安稳之后，忽然会有无限的欢喜之心生起，认为已得大自在，心中的欢悦无法自控。此名为定心成就、暂发轻安之相，因无智慧观照，不能自禁其心。

长水云："轻安是禅支，虽因定生，须慧觉察。忽然过分，掉举种生，好喜乐魔，因兹得便。"（《大佛顶首楞严义疏注经》卷九）憨山大师云："定力研穷，色消受明，故身心安稳，忽生欢喜，自不能止。此名轻安无慧自持，非圣证也。不悟其非，则喜乐魔入其心腑。此慧少定多，不均之过也。"（《楞严通议》卷九）蕅益大师云："此缘轻安而生喜受，亦是定过于慧。"（《楞严文句》卷九）

（7）见胜成慢

又彼定中诸善男子，见色阴销，受阴明白，自谓已足，忽有无端大我慢起

（按：迷于自性本具、本来是佛，而不知迷悟有别，忽见定中胜相，因理废事，起大我慢），如是乃至慢与过慢，及慢过慢，或增上慢，或卑劣慢，一时俱发。心中尚轻十方如来，何况下位声闻缘觉？此名见胜无慧自救。悟则无咎，非为圣证。若作圣解，则有一分大我慢魔入其心腑，不礼塔庙，摧毁经像，谓檀越言：此是金铜，或是土木，经是树叶，或是氍华，肉身真常，不自恭敬，却崇土木，实为颠倒。其深信者，从其毁碎，埋弃地中，疑误众生，入无间狱，失于正受，当从沦坠。

【按】彼禅定中诸善男子，见色阴消亡，受阴虚明之境界明白显露，自谓已经具足一切最胜妙法，忽然有无端的大我慢心生起，如是乃至于慢与过慢，慢过慢，或增上慢，或卑劣慢，一时俱发，心中尚且轻慢十方一切如来，何况下位的声闻、缘觉。此名唯见自己所证之殊胜、无慧自救所致。

憨山大师云："色消受明，定力研穷，激发慢习，故起诸慢。谓恃己陵他，高举为性，通称我慢。其慢有七：称量自他，比较同德，但称为慢。谓己独胜，名过慢。于胜争胜，名慢过慢。未得谓得，名增上慢。虽知卑劣，返顾自矜，名卑劣慢。斥毁经像，名邪慢。总由慢习而发也，故轻佛如来。此名见胜无慧自救，非圣证也。不悟其非，则有大我慢魔入其心。"（《楞严通议》卷九）蕅益大师云："自谓已足，亦缘喜乐而生诸慢也。恃己陵他，名大我慢。同德相傲，但名为慢。于同争胜，名为过慢。于胜争胜，名慢过慢。未得谓得，名增上慢。以劣自矜，名卑劣慢。不礼塔庙等，即是邪慢。共名七慢。此但见于定中胜相，故云无慧自救也。"（《楞严文句》卷九）

（8）轻安自足

又彼定中诸善男子，见色阴销，受阴明白，于精明中，圆悟精理（按：以受阴将破，圆悟作为因地真心的不二之精明理体），得大随顺（按：随顺真如本觉的超越二边之空性，不再被根身之受所障），其心忽生无量轻安，己言成圣，得大自在。此名因慧获诸轻清（按：因慧观获得轻安清明之觉受）。悟则无咎，非为圣证。若作圣解，则有一分好轻清魔入其心腑，自谓满足，更不求进。此等多作无闻比丘，疑误众生，堕阿鼻狱，失于正受，当从沦坠。

【按】彼禅定中诸善男子，见色阴消亡，受阴虚明之境界明白显露，于精明心中，圆悟至精至明之理体，于一切境界得大随顺，其心忽然生起无量的轻安，于是自言已经成就圣道，得大自在解脱。此名因悟圆理所成之慧，暂时获得轻安清净的境界。悟之则不以轻安自守，继续乘此圆悟之慧增修本定，自然不会有过咎。当知这并不是圣者所实证的境界。

憨山大师云："以定研穷，受阴虚薄，定心精明，于此定中，圆悟精理，理随观显，受不能障，故云得大随顺。身心调畅，故忽生轻安。将谓成圣，得大自在，此名因慧获诸轻清，非圣证也。不悟其非，则有好轻清魔入其心腑，自谓满足，更不求进。无闻比丘，谓无多闻慧，不达禅支，妄生止足者也。"（《楞严通议》卷九）

（9）断空毁戒

又彼定中诸善男子，见色阴销，受阴明白，于明悟中，得虚明性（按：外不缘尘，分别心谢，空空如也，一片虚明。长水大师云：得虚明性者，即依圆定发于空慧，悟性空理），其中忽然归向永灭，拨无因果，一向入空，空心现前，乃至心生长断灭解。悟则无咎，非为圣证。若作圣解，则有空魔入其心腑，乃谤持戒名为小乘，菩萨悟空，有何持犯？其人常于信心檀越，饮酒啖肉，广行淫秽，因魔力故，摄其前人不生疑谤，鬼心久入，或食屎尿与酒肉等，一种俱空，破佛律仪，误人入罪，失于正受，当从沦坠。

【按】彼禅定中诸善男子，见色阴消亡，受阴虚明之境界明白显露，而于觉明之心中，观照受阴虚明之性，忽然进入一种无有一法可得的空境中，内心遂生起空净之念，归于断灭，拨无因果，谓人死后断灭，既无因果报应，亦无轮回，上无佛道可求，下无众生可度，一向入于断灭空境，空心现前，不断增长断灭之谬解。此名为定心失慧，沉空滞寂，失于智慧察照。若悟此断空非是正受，继续用功，则无过咎，并不是圣者所实证的真空境界。

憨山大师云："因前定力，空慧现前，受阴将尽，得大明悟。忽起空见故，归向永灭，拨无因果，遂生长断灭见，非圣证也。不悟其非，则有空魔入其心腑，遂谤持戒、破佛律仪。以由定力内激邪见，外引空魔，失于正受。"（《楞严通议》卷九）蕅益大师云："明悟中，即是色阴既销之观慧中。

虚明性，即是受阴性也。此亦缘于舍受而成空解，乃慧多定少之咎。"(《楞严文句》卷九)

（10）爱极成贪

又彼定中诸善男子，见色阴销，受阴明白，味其虚明，深入心骨，其心忽有无限爱生，爱极发狂，便为贪欲（长水云：味其虚明者，爱著禅中色阴尽处，以为胜境，由此起爱，无慧觉察，引其贪欲种子而发，遂成狂欲也）。此名定境安顺入心，无慧自持，误入诸欲。悟则无咎，非为圣证。若作圣解，则有欲魔入其心腑，一向说欲为菩提道，化诸白衣，平等行欲，其行淫者，名持法子。神鬼力故，于末世中，摄其凡愚，其数至百，如是乃至一百二百，或五六百，多满千万。魔心生厌，离其身体，威德既无，陷于王难，疑误众生，入无间狱，失于正受，当从沦坠。

【按】彼禅定中诸善男子，见色阴消亡，受阴虚明之境界明白显露，因贪味执著于其虚明之性，深入于心骨中，其心忽有无限的爱意产生，爱极生润，情动发狂，欲境当前，不能自持，便成贪欲。此为定境中安乐顺适之受，深入心骨，因没有智慧把握自持，故误入诸欲。若能及时觉悟，不生贪恋执著，继续精进用功，就不会形成过咎，当知这只是路途风光，并不是证圣的表现。

憨山大师云："受阴将尽，内外虚明，以此虚明将为胜境，贪著生爱，深入心骨，爱极发狂，便为贪欲者，以定力激发贪习种子，因而发狂。此名定境安顺入心，以无慧照破，遂误入诸欲，非圣证也。不悟其非，则有欲魔入心，欲鬼所摄，广行淫欲，及魔厌遭难，必从沦坠。"(《楞严通议》卷九)蕅益大师云："味受阴之虚明，生爱发狂。此亦缘喜乐受，有定无慧之过也。"(《楞严文句》卷九)

以上十种境界，乃于受阴区宇用功时，因定慧不能等持，偏于一端，迷于苦、乐、忧、喜、舍诸受，而不能透过，妄现种种境界。须知这些都只是暂时的路途风光，非为证圣。凡夫不识，妄言证圣，犯大妄语戒，堕无间狱。

阿难，如是十种禅那现境，皆是受阴用心交互，故现斯事（长水云：受阴交互者，不能定慧均平，善巧安忍。既失方便，异念即生。由此故有十种境界，皆是内心交互，外引诸魔。苟能识之，不落邪见）。众生顽迷，不自忖量，逢此因缘，迷不自识，谓言登圣，大妄语成，堕无间狱。汝等亦当将如来语，于我灭后，传示末法，遍令众生开悟斯义，无令天魔得其方便，保持覆护，成无上道。

3. 想阴魔事

前言色阴十境，唯修行人内心所现，识之则善；若不识其妄，谓为圣证，必招恶报，堕无间狱。受阴十境，因修行人定慧不均，依修行人根身苦乐喜忧舍五受而立，纯为外魔。想阴之中，因修行人已破受阴、身见，外魔不能亲附修行人身上，唯依修行人想阴中所生十种贪求，即贪求善巧、经历、契合、辨析、冥感、静谧、宿命、神力、深空、长寿等，而相应附在他人身上，伪装成善知识，前来迎合修行人内心之所求，现十种魔境，误导修行人。修行人不辨前现善知识实为魔之附体，惑为菩萨，追随受教，潜行贪欲，破佛律仪。魔厌弃去，修行人与被外魔所附之伪师，俱遭王难。

（1）贪求善巧

阿难，彼善男子受阴虚妙，不遭邪虑，圆定发明，三摩地中，心爱圆明，锐其精思，贪求善巧（按：急切贪求妙果妙用，投机取巧）。尔时天魔候得其便，飞精附人（按：指彼修行之善男子以外的他人，即伪善知识），口说经法。其人（按：被外魔附体的那位伪善知识）不觉是其魔著，自言谓得无上涅槃，来彼求巧善男子处，敷座说法。其形斯须或作比丘，令彼人见，或为帝释，或为妇女，或比丘尼，或寝暗室，身有光明。是人（按：指彼修行之善男子）愚迷，惑为菩萨，信其教化，摇荡其心，破佛律仪，潜行贪欲。口中好言灾祥变异，或言如来某处出世，或言劫火，或说刀兵，恐怖于人，令其家资无故耗散。此名怪鬼年老成魔，恼乱是人，厌足心生，去彼人体，弟子（按：指彼贪求善巧的善男子及其他追随者）与师（按：指被外魔附体的那位伪善知识）俱陷王难。汝当先觉，不入轮回；迷惑不知，堕无间狱。

【按】此想阴第一种魔境。因修行人急求妙果妙用，投机取巧，不肯切实用功，远离平常心，而感召被外魔附体之伪善知识，前来眩惑修行人，令其身心摇荡，破佛律仪，潜行贪欲，堕无间狱。

关于这一段文字，蕅益大师解释道：

受阴虚妙者，谓于观行位中，了知受阴本如来藏，不发十种魔事，或虽发而觉悟不惑，故云不遭邪虑也。

本以圆解而修圆定，今既不遭受阴中之邪虑，则将转有漏受成无漏之正受，故云圆定发明也。

夫圆定既得发明，只须如法精进，从观行三昧，策入相似、分真、究竟三昧，则有何善巧之不得，有何法界之不历，有何机理之不契，有何根本之不析，有何感应之不成，有何静谧之不入，有何宿命之不知，有何神通之不具，有何深空之不证，有何常住之不获？而乃忽生心爱，著意贪求，譬如鳞角未成，辄思飞跃，羽毛未备，便拟抟扶，学未优而求仕，丹未成而先服，其可乎哉？故知招魔成堕，皆是自心妄想为咎耳。

初言候得其便者，谓得此行人贪想之间隙而可乘也。飞精附人者，以此行人受阴虚妙，魔不能附，所以转附他人也。其人者，即魔附之人。虽被魔附，彼不自觉，乘于魔力，至此行人之前，现诸善巧，以逗其所贪求也。

次是人者，指修定之行人，惑彼魔附之人以为菩萨，故信其教化而潜行贪欲也。

三口中好言者，仍是魔附之人，不惟惑乱此一行人，亦复遍惑一切也。

四此名怪鬼者，出其魔鬼之名，意令行人先觉而骂破之也。弟子，指修定行人。师，即指魔附人。魔业既炽，故魔去，每先遭于王难，然后堕无间也。

汝当先觉二句，劝其觉则成得；迷惑不知二句，诫其迷则成失。所云先觉者，或防检其心，令不起贪，或贪心初起，便能觉破，或魔人现巧，不受其惑。此皆可免轮回。倘一信其教化，破佛律仪，纵令从此觉知是魔，亦已悔之晚矣。（《楞严文句》卷九）

（2）贪求经历

阿难，又善男子受阴虚妙，不遭邪虑（蕅益云：了知受阴本空，本如来藏，不发十种魔事，或虽发而觉悟不惑，故云不遭邪虑也），圆定发明，三摩地中，心爱游荡，飞其精思，贪求经历（按：定力研究，激发淫习，以淫心浩荡，动乱身心，故贪求经历，心爱意生身，神离形体，周游自在，于是飞扬其心，四方游历，精思参究，贪求神通广大）。尔时天魔候得其便，飞精附人，口说经法。其人亦不觉知魔著，亦言自得无上涅槃，来彼求游善男子处，敷座说法。自形无变，其听法者忽自见身坐宝莲华，全体化成紫金光聚。一众听人，各各如是，得未曾有。是人愚迷，惑为菩萨，淫逸其心，破佛律仪，潜行贪欲。口中好言诸佛应世，某处某人当是某佛化身来此，某人即是某菩萨等，来化人间。其人见故，心生倾渴，邪见密兴，种智销灭。此名魃鬼年老成魔，恼乱是人。厌足心生，去彼人体，弟子与师俱陷王难。汝当先觉，不入轮回；迷惑不知，堕无间狱。

【按】此想阴第二种魔境。因修行人贪求禅定中神游身外、种种周游之奇妙经历，而感召被外魔附体之伪善知识，前来眩惑修行人，令其身心淫逸，破佛律仪，潜行贪欲，堕无间狱。

长水大师云："若行住在定，游礼何妨？若荡逸周流，随情丧志，魔得其便，恣欲其心，破佛律仪，广行魔业。"（《大佛顶首楞严义疏注经》卷九）憨山云："定力研究，激发淫习，以淫心浩荡，动乱身心，故贪求经历，好行游荡。故魃鬼本於淫习，因而附人，成就破坏也。"（《楞严通议》卷九）达天通理禅师云："前云得意生身，随往无碍，有游荡义，不知其犹为想阴所覆，但如梦中呓语，起心爱之，即此便为致魔之端。以既爱游荡，必致飞动其心，精进思惟。贪求经历者，贪求神通，周遍经历更胜于前故。"（《楞严指掌疏》卷九）

（3）贪求契合

又善男子受阴虚妙，不遭邪虑，圆定发明，三摩地中，心爱绵潧（按：心欲密契冥合妙理），澄其精思，贪求契合（按：贪求快速契入理体，急于开悟）。尔时天魔候得其便，飞精附人，口说经法。其人实不觉知魔著，亦言自得无上涅槃，来彼求合善男子处，敷座说法。其形及彼听法之人，外无迁变，令其听者未闻法前心自开悟，念念移易，或得宿命，或有他心，或见地狱，或知人间好恶诸事，或口说偈，或自诵经，各各欢娱，得未曾有。是人愚迷，惑为菩萨，绵爱其心（按：对伪善知识产生绵密贪爱之心，信其邪教），破佛律仪，潜行贪欲。口中好言佛有大小，某佛先佛，某佛后佛，其中亦有真佛假佛，男佛女佛，菩萨亦然。其人见故，洗涤本心（按：迷失了自己的菩提心，改变本所修心），易入邪悟。此名魅鬼年老成魔，恼乱是人。厌足心生，去彼人体，弟子与师俱陷王难。汝当先觉，不入轮回；迷惑不知，堕无间狱。

【按】此想阴第三种魔境。因修行人贪求与真如相契合、急于开悟，而感召被外魔附体之伪善知识，前来眩惑修行人，误导其爱念潜增，破佛律仪，潜行贪欲，堕无间狱。

长水大师云："夫忘机寂照，想念不生，理自冥会。若希求溜合，爱念潜增，拟心即差，遂招魔惑。"（《大佛顶首楞严义疏注经》卷九）达天通理禅师云："正以不遭邪虑，自觉定心绵密，圆定发明，自觉妙用溜合（谓溜合菩萨上同下合之德也），由此于三摩地中，心起爱慕，即此便为招魔之故。以既爱绵溜，必至澄凝其心，精进思惟。以虽觉定心绵密，妙用溜合，恐非真实，必欲贪求契合真实圆通体用。然此心固善，但有爱有思有求，则是自开其衅，宜乎其魔王得便矣。"（《楞严指掌疏》卷九）

（4）贪求辨析

又善男子受阴虚妙，不遭邪虑，圆定发明，三摩地中，心爱根本（按：求根寻本，究万物之元底），穷览物化、性之终始（按：穷研观察万物变化之迹、物性之始终），精爽其心（按：令心精明猛利），贪求辨析（按：宿世思辨习气被激发，探求事物始终之理，落入思惟辨析，破坏本所习定）。尔时天魔候得其便，飞精附人，口说经法。其人先不觉知魔著，亦言自得无上涅槃，来彼求元善男子处，敷座说法，身有威神，摧伏求者（按：能折伏那些贪求辨析的修行人），令其座下虽未闻法，自然心伏。是诸人等，将佛涅槃菩提法身即是现前我肉身上，父父子子，递代相生，即是法身常住不绝，都指现在即为佛国，无别净居及金色相。其人信受，亡失先心（按：亡失了先前所习禅定之心），身命归依，得未曾有。是等愚迷，惑为菩萨，推究其心（按：推究其心者，信其邪说，推究现前身上唯有贪欲之心，计其为生化之元），破佛律仪，潜行贪欲。口中好言眼耳鼻舌皆为净土，男女二根即是菩提涅槃真处。彼无知者，信是秽言。此名蛊毒魇胜恶鬼，年老成魔，恼乱是人。厌足心生，去彼人体，弟子与师俱陷王难。汝当先觉，不入轮回；迷惑不知，堕无间狱。

【按】此想阴第四种魔境。性海圆澄，森罗自现，苟偏求俗理，则翻漏自心，违本禅那，邪鬼斯入。因修行人喜好穷究宇宙人生之根本、贪求辨析，迷失本定，而感召被外魔附体之伪善知识，前来眩惑修行人，破佛律仪，潜行贪欲，堕无间狱。

长水大师云："心欲求元，魔精附物，说肉身为三德之本，指相生为常住之因，清净之方只此秽境，相好之体全是我身。妄本既宣，邪信便发。魔力所制，更不推移。尽命归心，从邪败正。"（《大佛顶首楞严义疏注经》卷九）憨山云："定力研穷，想阴渐消，行阴将现，故定中爱穷根本，物化始终，贪求辨析。蛊毒恶鬼本乎怨习，以怨本深求，今附人坏定，盖有因也。"（《楞严通议》卷九）

（5）贪求冥感

又善男子受阴虚妙，不遭邪虑，圆定发明，三摩地中，心爱悬应（按：心里追求神秘感应，预知未来），周流精研，贪求冥感（按：悬应在圣，冥感在己。因贪求诸圣之加持，现意生身，周流十方世界，精研诸圣感应之理，追求种种神秘感应）。尔时天魔候得其便，飞精附人，口说经法。其人元不觉知魔著，亦言自得无上涅槃，来彼求应善男子处，敷座说法，能令听众暂见其身如百千岁（按：能令听众暂时见到伪善知识之身相，童颜鹤发，如百千岁，宛然深修久证），心生爱染，不能舍离，身为奴仆，四事供养，不觉疲劳。各各令其座下人心，知是先师本善知识，别生法爱，黏如胶漆，得未曾有。是人愚迷，惑为菩萨，亲近其心（按：内心虔诚地亲近此伪善知识，受其邪教），破佛律仪，潜行贪欲。口中好言我于前世，于某生中，先度某人，当时是我妻妾兄弟，今来相度，与汝相随，归某世界，供养某佛。或言别有大光明天，佛于中住，一切如来所休居地。彼无知者，信是虚诳，遗失本心（按：迷失本修之心，丧失正知见）。此名厉鬼年老成魔，恼乱是人。厌足心生，去彼人体，弟子与师，俱陷王难。汝当先觉，不入轮回；迷惑不知，堕无间狱。

【按】此想阴第五种魔境。因修行人追求种种神秘感应、预知未来，而感召被外魔附体之伪善知识，前来眩惑修行人，令其亲近，朝夕相染，破佛律仪，潜行贪欲，堕无间狱。

长水大师云："夫功深行著，感应自冥；起念妄求，魔精暗入。希求既起，魔伺便来，影附他人，为善知识。感心激切，认是先师，法爱倍生，胶漆何异！"（《大佛顶首楞严义疏注经》卷九）

（6）贪求静谧

又善男子受阴虚妙，不遭邪虑，圆定发明，三摩地中，心爱深入（按：心里贪求深入寂定），克己辛勤，乐处阴寂，贪求静谧（按：厌离喧嚣，追求独处之静谧）。尔时天魔候得其便，飞精附人，口说经法。其人本不觉知魔著，亦言自得无上涅槃，来彼求阴善男子处，敷座说法，令其听人，各知本业（按：指有宿命通）。或于其处，语一人言："汝今未死，已作畜生。"敕使一人于后蹋尾，顿令其人起不能得，于是一众倾心钦伏（按：指能知现后报）。有人起心，已知其肇（按：指有他心通）。佛律仪外，重加精苦（于佛的戒律之外，格外增加一些苦行，显示与众不同），诽谤比丘，骂詈徒众，讦（jié）露人事（按：指有天眼天耳通），不避讥嫌。口中好言未然祸福，及至其时，毫发无失。此大力鬼年老成魔，恼乱是人。厌足心生，去彼人体，弟子与师俱陷王难。汝当先觉，不入轮回；迷惑不知，堕无间狱。

【按】此想阴第六种魔境。因修行人追求深定，乐处阴寂，贪执静谧，而感召被外魔附体之伪善知识，前来眩惑修行人，误入邪定，破佛律仪，堕无间狱。

憨山大师云："以定力渐深故，心爱深入。想阴烦动，今想渐消，故乐处阴寂，贪求静谧。谧，深静也。内兴邪念，则外魔潜兴，故乘便附人。言大力鬼，即饿鬼也，本于慢习。"（《楞严通议》卷九）

（7）贪求宿命

又善男子受阴虚妙，不遭邪虑，圆定发明，三摩地中，心爱知见（按：心里贪求超常的神通知见，知人所不知之事，见人所不见之物），勤苦研寻（按：勤苦钻研寻求神通之事），贪求宿命（按：追求宿命通，能知过去未来）。尔时天魔候得其便，飞精附人，口说经法。其人殊不觉知魔著，亦言自得无上涅槃，来彼求知善男子处，敷座说法。是人无端于说法处，得大宝珠，其魔或时化为畜生，口衔其珠，及杂珍宝，简册符牍，诸奇异物，先授彼人，后著其体（按：先授与贪求宿命之修行人，然后附在他的身体上）。或诱听人（按：诱惑听法的人），藏于地下，有明月珠，照耀其处。是诸听者，得未曾有。多食药草，不餐嘉馔。或时日餐一麻一麦，其形肥充，魔力持故。诽谤比丘，骂詈徒众，不避讥嫌。口中好言他方宝藏，十方圣贤潜匿之处，随其后者，往往见有奇异之人。此名山林土地城隍，川岳鬼神，年老成魔，或有宣淫，破佛戒律，与承事者潜行五欲（按：与承事他的弟子，潜行淫欲），或有精进，纯食草木，无定行事（按：做事诡异，无一定之法），恼乱是人。厌足心生，去彼人体，弟子与师俱陷王难。汝当先觉，不入轮回；迷惑不知，堕无间狱。

【按】此想阴第七种魔境。因修行人贪求超常的神通知见、追求宿命通，而感召被外魔附体之伪善知识，前来眩惑修行人，破佛律仪，潜行淫欲，堕无间狱。

长水大师云："夫宿命等通，禅者自有离欲静虑，任运现前。若起念先求，无功强取，非唯丧本，亦乃成魔。"（《大佛顶首楞严义疏注经》卷九）憨山大师云："以定中忽起一念好知见心，贪求宿命，故魔得其便。是皆妄有希求，忘失正行，故招魔扰。所谓'忘失菩提心而修诸善根，是谓魔业'，皆此类也。"（《楞严通议》卷九）

（8）贪求神力

又善男子受阴虚妙，不遭邪虑，圆定发明，三摩地中，心爱神通，种种变化，研究化元（按：研究万物变化之根源），贪取神力（按：追求神通之力）。尔时天魔候得其便，飞精附人，口说经法。其人诚不觉知魔著，亦言自得无上涅槃，来彼求通善男子处，敷座说法。是人或复手执火光，手撮其光，分于所听四众头上。是诸听人，顶上火光皆长数尺，亦无热性，曾不焚烧。或水上行，如履平地。或于空中，安坐不动。或入瓶内，或处囊中，越牖透垣（按：穿窗透墙），曾无障碍。唯于刀兵，不得自在。自言是佛，身著白衣，受比丘礼，诽谤禅律（按：诽谤修禅持律者），骂詈徒众，讦露人事（按：揭人隐私），不避讥嫌。口中常说神通自在，或复令人傍见佛土，鬼力惑人，非有真实也。赞叹行淫，不毁粗行，将诸猥媒以为传法（按：把淫秽交媾、亵渎神圣的行为当作是传递法种）。此名天地大力山精、海精、风精、河精、土精，一切草木积劫精魅，或复龙魅（按：如守天宫之龙，或守库藏之龙，窃天之灵，盗物之精，而变为妖魅），或寿终仙再活为魅（按：寿终仙人，本想长生不死，不想命终，再活而变为妖魅），或仙期终，计年应死，其形不化，他怪所附，年老成魔，恼乱是人。厌足心生，去彼人体，弟子与师多陷王难。汝当先觉，不入轮回；迷惑不知，堕无间狱。

【按】此想阴第八种魔境。因修行人贪求神通变化，而感召被外魔附体之伪善知识，前来眩惑修行人，破佛律仪，潜行淫欲，堕无间狱。

长水大师云："此贪如意通耳。神境之通，离欲方得，贪心强取，即陷魔罗。必若真通，刀岂能沮？以斯取验，邪正可分。"（《大佛顶首楞严义疏注经》卷九）憨山大师云："以定中忽起爱神通心，贪取神力故，魔乘便附人，以成破坏，因爱神通，故现神通之事。"（《楞严通议》卷九）

（9）贪求深空

又善男子受阴虚妙，不遭邪虑，圆定发明，三摩地中，心爱入灭（按：心里贪爱深入寂灭空境），研究化性（按：研究万物变化之体性），贪求深空（按：想阴将破，行阴渐现，追求深定寂灭）。尔时天魔候得其便，飞精附人，口说经法，其人终不觉知魔著，亦言自得无上涅槃，来彼求空善男子处，敷座说法。于大众内，其形忽空，众无所见，还从虚空突然而出，存没自在。或现其身，洞如琉璃；或垂手足，作旃檀气；或大小便，如厚石蜜。诽谤戒律，轻贱出家，口中常说无因无果，一死永灭，无复后身及诸凡圣。虽得空寂，潜行贪欲，受其欲者（按：与他潜行淫欲者）亦得空心，拨无因果。此名日月薄蚀精气，金玉芝草、麟凤龟鹤，经千万年不死为灵，出生国土，年老成魔，恼乱是人。厌足心生，去彼人体，弟子与师多陷王难。汝当先觉，不入轮回；迷惑不知，堕无间狱。

【按】此想阴第九种魔境。因修行人贪求深空寂灭，而感召被外魔附体之伪善知识，前来眩惑修行人，令其落入拨无因果之断灭见中，破佛律仪，潜行淫欲，堕无间狱。

长水大师云：“夫真空不妨妙有，有而性常自空，所以具修万行，了无所著。若欲杜绝众行以为深空，即同外道断见，拨无因果，魔得其便，从空出没，幻惑其心。口说空理，无因无果，盖由心祈，致招魔惑。”（《大佛顶首楞严义疏注经》卷九）憨山云：“以想阴渐破，行阴将现，故定中心爱入灭。以行阴为生基故，研究化性，以贪求深空，故魔现空事以破坏之。休征本于枉习贪明，今麟凤瑞征，为灵习使然也。”（《楞严通议》卷九）

（10）贪求长寿

又善男子受阴虚妙，不遭邪虑，圆定发明，三摩地中，心爱长寿，辛苦研几（按：研穷几微以深求。辛苦研究几微动相。几，同“机”），贪求永岁，弃分段生，顿希变易细相常住（按：舍弃凡夫的分段生死，追求圣人长生不老之变易生死）。尔时天魔候得其便，飞精附人，口说经法。其人竟不觉知魔著，亦言自得无上涅槃，来彼求生善男子处，敷座说法。好言他方往还无滞，或经万里，瞬息再来，皆于彼方取得其物，或于一处，在一宅中，数步之间，令其从东诣至西壁，是人急行，累年不到。因此心信，疑佛现前。口中常说十方众生皆是吾子，我生诸佛，我出世界，我是元佛，出世自然，不因修得。此名住世自在天魔，使其眷属，如遮文茶（按：旧译“嫉妒女”，又云“怒神”，即起尸鬼），及四天王毗舍童子（按：啖精气鬼），未发心者（按：尚未发心护持佛法者），利其虚明（按：认为那些贪求长寿的修行人，其虚明定境于己有利），食彼（按：指贪求长寿之修行人）精气。或不因师，其修行人亲自观见，称执金刚（按：执有金刚坚固之术），与汝长命（按：能令你长命不死），现美女身，盛行贪欲；未逾年岁，肝脑枯竭，口兼独言（按：口中常常喃喃自语），听若妖魅。前人未详，多陷王难，未及遇刑，先已干死，恼乱彼人，以至殂殒（按：死亡）。汝当先觉，不入轮回；迷惑不知，堕无间狱。

【按】此想阴第十种魔境。因修行人贪求长生不老、误以变易生死中的生灭细心为常住不灭，而感召被外在天魔附体之伪善知识，前来眩惑修行人，令其破佛律仪，潜行淫欲，堕无间狱。

长水大师云："夫分段生死，三界惑尽，方始得离。二乘无学、登地菩萨，皆得变易。今未离染，顿欲于此分段身上，变粗身为细质，易短命为长年，过分希求，故为魔著。"（《大佛顶首楞严义疏注经》卷九）

阿难当知，是十种魔，于末世时，在我法中出家修道，或附人体，或自现形，皆言已成正遍知觉，赞叹淫欲，破佛律仪，先恶魔师与魔弟子，淫淫相传。如是邪精魅其心腑，近则九生，多踰百世，令真修行总为魔眷，命终之后，必为魔民，失正遍知，堕无间狱。汝今未须先取寂灭，纵得无学，留愿入彼末法之中，起大慈悲，救度正心深信众生，令不著魔，得正知见。我今度汝，已出生死，汝遵佛语，名报佛恩。阿难，如是十种禅那现境，皆是想阴用心交互，故现斯事。众生顽迷，不自忖量，逢此因缘，迷不自识，谓言登圣，大妄语成，堕无间狱。汝等必须将如来语，于我灭后，传示末法，遍令众生开悟斯义，无令天魔得其方便，保持覆护，成无上道。

以上想阴十种魔境，皆诸魔鬼神应众生之种种贪欲习气，现出家人相，作坏法比丘，诈称善知识，显神弄异，眩惑世人，坏人修行，毁佛正法。此即佛所说"狮子身中虫，自食狮子身中肉"。

长水大师云："此文即同《涅槃经》云：'未来世中，是魔波旬，渐当坏乱我之正法，乃至现比丘、比丘尼，及阿罗汉像，非法说法，非毁戒律，自言得圣，惑乱世间。'以此二经鉴于世间，称圣毁戒者，非魔而谁？大圣深慈，劝不取灭，殷勤付嘱，正为今时。"（《大佛顶首楞严义疏注经》卷九）憨山大师云："此结想阴十种魔事也。昔佛住世，诸魔坏法，佛神力故皆不能坏。魔作誓言：'我于如来灭后，依教出家，破坏佛法。'佛即堕泪曰：'无奈汝何！譬如狮子身中虫，自食狮子身中肉。'是知末世坏法比丘，皆魔属也。九生（一生为一百年）九百年，正法一千年，此将尽时也。一世三十年，百世三千年。末法之初，正魔强法弱之时也。"（《楞严通议》卷九）

（三）防魔之要

末法时代，伪善知识横行，瞎人眼目，乱佛正法，皆因众生发心不纯、见地不圆、定慧偏过、心有种种贪求之所感召。故欲扭转末法时代魔强法弱之局面，当依"藉教悟宗"之原则，引导众生树立正知正见、大开圆解、发出离心，同时奉持四种清净明诲以治现业，持诵楞严神咒以治宿习，斯则魔扰自绝，正法久住矣。

关于防魔，《首楞严经》特地提到了两个关键点：

1. 奉持禁戒，以自力治现业而防魔

《首楞严经》卷六认为，末法时代，修行人欲安立道场，远离魔事，当"以戒为本"，谨遵四种清净明诲。

先是阿难请问：在邪师说法如恒河沙之末法时代，修行人欲安立道场，远离魔事，入三摩地，当依何法而行？

阿难整衣服，于大众中合掌顶礼，心迹圆明，悲欣交集，欲益未来诸众生故，稽首白佛："大悲世尊，我今已悟成佛法门，是中修行，得无疑惑。常闻如来说如是言，自未得度，先度人者，菩萨发心；自觉已圆，能觉他者，如来应世。我虽未度，愿度末劫一切众生。世尊，此诸众生去佛渐远，邪师说法，如恒河沙，欲摄其心，入三摩地，云何令其安立道场，远诸魔事，于菩提心得无退屈？"（《首楞严经》卷六，下同）

次则佛应阿难之请，先总示三无漏学以戒为本。接下来别示修行当依四种清净明诲以治现业。此乃修行人依自力防魔之本。

尔时世尊于大众中称赞阿难："善哉善哉！如汝所问安立道场，救护众生末劫沉溺，汝今谛听，当为汝说。"阿难大众，唯然奉教。佛告阿难："汝常闻我毗奈耶（按：毗奈耶乃大小乘律藏之通名。毗尼，译为善治，谓自治淫、怒、痴，亦能治人淫、怒、痴；亦名调伏，谓调练三业，制伏过非）中，宣说修行三决定义（按：戒、定、慧乃决定成佛之因，佛佛道同），所谓摄心为戒，因戒生定，因定发慧，是则名为三无漏学。"

（1）先持不淫戒，远离淫心淫业。

淫心淫业乃生死轮回之本。淫心不断，必落魔道，失菩提路。此乃如来

先佛世尊第一决定清净明诲。

　　阿难，云何摄心，我名为戒？若诸世界六道众生，其心不淫，则不随其生死相续。汝修三昧，本出尘劳，淫心不除，尘不可出。纵有多智禅定现前，如不断淫，必落魔道，上品魔王，中品魔民，下品魔女。彼等诸魔，亦有徒众，各各自谓成无上道。我灭度后，末法之中，多此魔民炽盛世间，广行贪淫，为善知识，令诸众生落爱见坑，失菩提路。汝教世人修三摩地，先断心淫（按：不仅行为上不能起淫行，在心念上亦得不放纵淫念），是名如来先佛世尊第一决定清净明诲。是故阿难，若不断淫修禅定者，如蒸砂石，欲其成饭，经百千劫，只名热砂。何以故？此非饭本，砂石成故。汝以淫身求佛妙果，纵得妙悟，皆是淫根。根本成淫，轮转三涂，必不能出，如来涅槃何路修证？必使淫机身心俱断（按：先执身不行、次执心不起，方得淫机俱断），断性亦无（蕅益云：必使淫机身心俱断，断性亦无：夫身断，律仪戒也；心断，定共戒也；断性亦无，道共戒也。又身心俱断，故不住生死；断性亦无，故不住涅槃。又身断故出生死，真谛戒也；心断故游戏神通，俗谛戒也；断性亦无，达杀盗淫妄等性即是佛性，无复可断，中道第一义谛戒也。又，身断者，木叉戒也；心断者，禅戒也；断性亦无者，无漏戒也。此入空意也。身断者，律仪及定共也；心断者，道共也；断性亦无者，涉境而不染也。此出假意也。身断者，证无漏也；心断者，涉境不染也；断性亦无者，断不断俱寂灭也。此中道意也。曰淫机者，如前偈云"虽见诸根动，要以一机抽"，若未息机，纵能伏断烦恼，不曾永除幻本，故须直向机字觑破，则断与不断，二俱寂灭矣），于佛菩提，斯可希冀。如我此说，名为佛说；不如此说，即波旬说。

　　（2）次持不杀生戒，远离杀心杀业。
　　戒杀不仅指不杀生，还包括不服不食众生之身及身分。杀心不除，必落神鬼道，不能出离三界。此乃如来先佛世尊第二决定清净明诲。

　　阿难，又诸世界六道众生，其心不杀（蕅益云：此言非但执身不杀，须是心亦不杀也），则不随其生死相续。汝修三昧，本出尘劳，杀心不除，尘不可出，纵有多智禅定现前，如不断杀，必落神道，上品之人为大力鬼，中品则为飞行夜叉诸鬼帅等，下品当为地行罗刹。彼诸鬼神，亦有徒众，各各自谓成无上道。我灭度后，末法之中，多此鬼神炽盛世间，自言食肉得菩提路。阿难，我今比丘食五净肉（蕅益云：五净肉者，不见杀，不闻杀，不疑为己杀，自死，鸟残也），此肉皆我神力化生，本无命根。汝婆罗门，地多蒸湿，加以砂石，草菜不生，我以大悲神力所加，因大慈悲，假名为肉，汝得其味。奈何如来灭度之后，食众生肉，名为释子。汝等当知是食肉人，纵得心开，似三摩地（长水云：似三摩地者，鬼神定也，亦能令人知过去未来事，与善定相似），皆大罗刹，报终必沉生死苦海，非佛弟子。如是之人，相杀相吞相食未已，云何是人得出三界？汝教世人修三摩地，次断杀生，是名如来先佛世尊第二决定清净明诲。是故阿难，若不断杀修禅定者，譬如有人自塞其耳，高声大叫，求人不闻，此等名为欲隐弥露。清净比丘及诸菩萨，于歧路行，不蹋生草，况以手拔！云何大悲，取诸众生血肉充食！若诸比丘，不服东方丝绵绢帛，及是此土靴履裘毳，乳酪醍醐，如是比丘，于世真脱，酬还宿债，不游三界。何以故？服其身分（按：与其身体相关的皮毛等。蕅益云：服有二种：一者衣服；二者服食。丝绢绵帛、靴履裘毳，衣服之服也。乳酪醍醐，服食之服也。然此中虽一概遮止，而准诸经律，不无分别。若丝绵绢帛，大小二乘并皆严禁，以其由此害多命故。若靴履裘毳，小乘一向听许，大乘亦不全遮，以其非专为此而害命故。若乳酪醍醐，大小并许，乃至《大涅槃经》，仍复开听。……问曰：小乘求出生死，何故反许五净及靴履等？大乘度生为务，何反严遮？答曰：小乘但求自度，止须不造杀业，不障出世足矣；喻如举家远逃之人，则小债可弗偿也。大乘须在三界广化众生，喻如乡国大姓长者，设有分毫负人，便有惭色，不能自在设化矣。行菩萨道者思之），皆为彼缘，如人食其地中百谷，足不离地，必使身心于诸众生，若身、身分，身心二涂（途），不服不食，我说是人真解脱者。如我此说，名为佛说，不如此说，即波旬说。

（3）次持不偷盗戒，远离盗心盗业。

偷盗之心不除，犹如漏器，不得三昧。此乃如来先佛世尊第三决定清净明诲。

阿难，又复世界六道众生，其心不偷（蕅益云：此言非但执身不盗，须是心亦不偷也），则不随其生死相续。汝修三昧，本出尘劳，偷心不除，尘不可出，纵有多智禅定现前，如不断偷，必落邪道，上品精灵，中品妖魅（蕅益云：精灵者，盗日月之精气而为神灵。妖魅者，盗人精气为妖魅鬼），下品邪人，诸魅所著。彼等群邪，亦有徒众，各各自谓成无上道。我灭度后，末法之中，多此妖邪炽盛世间，潜匿奸欺，称善知识，各自谓已得上人法，炫惑无识，恐令失心。所过之处，其家耗散。我教比丘循方乞食，令其舍贪，成菩提道（肇法师云：乞食略有四意：一为福利众生，二为折伏憍慢，三为知身有苦，四为除去滞著）。诸比丘等，不自熟食，寄于残生，旅泊三界，示一往还，去已无返。云何贼人假我衣服，裨贩如来，造种种业，皆言佛法，却非（指责、毁谤）出家具戒比丘为小乘道，由是疑误无量众生，堕无间狱。若我灭后，其有比丘发心决定修三摩地，能于如来形像之前，身然（燃）一灯，烧一指节，及于身上爇一香炷，我说是人无始宿债，一时酬毕，长揖世间，永脱诸漏。虽未即明无上觉路，是人于法已决定心。若不为此舍身微因，纵成无为，必还生人，酬其宿债，如我马麦正等无异（按：佛尝受阿耆达王之请，至彼国结夏安居，遇灾荒，谷米昂贵，受贩马人供养，与五百比丘共食马麦三月。此为佛十难之一。佛言："过去世时，有比婆叶如来，在盘头摩跋城中，与大比丘众俱。有盘头王与诸臣民，请佛供养，及比丘僧，佛默然许之。王还，具馔已毕，即执香炉，启曰：唯愿屈尊来受我供。佛敕大众往诣王宫。食毕各还。时为病比丘取食而归。尔时城中有婆罗门，教五百童子。佛从婆罗门所过时，婆罗门见食香美，便起妒意：'此髡沙门，正应食马麦，不应食甘馔。'亦教童子言：'此等主，皆食马麦。'时婆罗门者，即我身是。五百童子者，五百罗汉是。我时言他食马麦故，受诸苦报，今虽得佛，由此残缘，我及众等于毗兰邑食马麦九十日也"）。汝教世人修三摩地，后断偷盗，是名如来先佛世尊第三决定清净明诲。是故阿难，若不断偷修禅定者，譬如有人，水灌漏卮，欲求其满，纵经尘劫，终无平复。若诸比丘衣钵之余，分寸不畜，乞食余分，施饿众生，于大集会，合掌礼众，有人捶詈，同于称赞，必使身心二俱捐舍，身肉骨血，与众生共，不将如来不了义说，回为己解，以误初学（长水云：心不起嗔，身不加报，故云"二俱捐舍"。以观众生及与我身，平等无二，由是身心不加报耳，故云"与众生共"。"不了义说为己解"者，不将佛方便说，回作自己心中独悟之法，以此眩惑无识初学），佛印是人得真三昧。如我所说，名为佛说，不如此说，即波旬说。

（4）次持不妄语戒，远离大妄语过。

大妄语者，未得言得，未证言证。大妄语业不除，断灭佛种，不成菩萨。此乃如来先佛世尊第四决定清净明诲。

阿难，如是世界六道众生，虽则身心无杀盗淫，三行已圆，若大妄语，即三摩地不得清净，成爱见魔，失如来种。所谓未得谓得，未证言证。或求世间尊胜第一，谓前人言：我今已得须陀洹果、斯陀含果、阿那含果、阿罗汉道、辟支佛乘、十地、地前诸位菩萨。求彼礼忏，贪其供养，是一颠迦（按：即一阐提，信不具、善根断者），销灭佛种。如人以刀断多罗木，佛记是人永殒善根，无复知见，沉三苦海，不成三昧。我灭度后，敕诸菩萨及阿罗汉，应身生彼末法之中，作种种形，度诸轮转。或作沙门、白衣、居士、人王、宰官、童男、童女，如是乃至淫女、寡妇、奸偷、屠贩，与其同事，称赞佛乘，令其身心入三摩地，终不自言我真菩萨、真阿罗汉，泄佛密因，轻言未学，唯除命终阴有遗付，云何是人惑乱众生，成大妄语！汝教世人修三摩地，后复断除诸大妄语，是名如来先佛世尊第四决定清净明诲。是故阿难，若不断其大妄语者，如刻人粪为旃檀形，欲求香气，无有是处。我教比丘直心道场，于四威仪一切行中，尚无虚假，云何自称得上人法？譬如穷人妄号帝王，自取诛灭，况复法王，如何妄窃？因地不真，果招纡曲。求佛菩提，如噬脐人（蕅益云：噬脐人者，人不能自噬其脐，以喻悔无所及。或云，麝被人逐，自噬其脐，虽复噬脐，终不免难也），欲谁成就？若诸比丘，心如直弦，一切真实，入三摩地，永无魔事。我印是人，成就菩萨无上知觉。如我所说，名为佛说；不如此说，即波旬说。

最后，佛总结开示劝持四种清净明诲：若严持四种清净明诲而不失，则一切魔事无由得生。

阿难，汝问摄心，我今先说入三摩地修学妙门，求菩萨道，要先持此四种律仪，皎如冰霜，自不能生一切枝叶，心三口四（按：意业中的贪、嗔、痴三毒，口业中的妄语、绮语、两舌、恶口），生必无因。阿难，如是四事（按：四种清净明诲）若不遗失，心尚不缘色香味触，一切魔事云何发生？

2. 立坛持咒，以他力治宿习而破障

《首楞严经》卷七认为，末法时代，修行人欲远离魔事，除了谨遵四种清净明诲，对治现业，以自力防魔之外，同时亦要重视立坛持咒，借助楞严咒力的加持，以净治宿习，远离魔扰。佛言：

> 若有宿习不能灭除，汝教是人一心诵我佛顶光明摩诃萨怛多般怛啰（按：大白伞盖）无上神咒。斯是如来无见顶相无为心佛，从顶发辉，坐宝莲华，所说心咒。（《首楞严经》卷七，下同）

楞严神咒含藏诸佛十种密用，众生持之，能得十种功德利益。
十种密用是：

> 阿难，是佛顶光聚悉怛多般怛啰秘密伽陀微妙章句，出生十方一切诸佛。十方如来因此咒心，得成无上正遍知觉。十方如来执此咒心，降伏诸魔，制诸外道。十方如来乘此咒心，坐宝莲华，应微尘国。十方如来，含此咒心，于微尘国转大法轮。十方如来持此咒心，能于十方摩顶授记，自果未成，亦于十方蒙佛授记。十方如来依此咒心，能于十方拔济群苦，所谓地狱、饿鬼、畜生、盲聋喑哑，怨憎会苦、爱别离苦、求不得苦、五阴炽盛，大小诸横，同时解脱贼难、兵难、王难、狱难、风火水难，饥渴贫穷，应念消散。十方如来随此咒心，能于十方事善知识，四威仪中，供养如意，恒沙如来会中，推为大法王子。十方如来行此咒心，能于十方摄受亲因，令诸小乘闻秘密藏，不生惊怖。十方如来诵此咒心，成无上觉，坐菩提树，入大涅槃。十方如来传此咒心，于灭度后，付佛法事，究竟住持，严净戒律，悉得清净。

十种功德利益是：
（1）能避诸难

> 若我灭后，末世众生，有能自诵，若教他诵，当知如是诵持众生，火不能烧，水不能溺，大毒小毒所不能害。如是乃至天龙鬼神精祇魔魅所有恶咒，皆不能著，心得正受，一切咒诅厌蛊毒药，金毒银毒，草木虫蛇，万物毒气，入此人口，成甘露味。一切恶星，并诸鬼神，磕心毒人，于如是人不能起恶。频

那夜迦诸恶鬼王，并其眷属，皆领深恩，常加守护。

（2）助发神明

阿难，当知是咒，常有八万四千那由他恒河沙俱胝金刚藏王菩萨种族，一一皆有诸金刚众而为眷属，昼夜随侍。设有众生，于散乱心，非三摩地，心忆口持，是金刚王常随从彼诸善男子，何况决定菩提心者。此诸金刚菩萨藏王，精心阴速发彼神识，是人应时，心能记忆八万四千恒河沙劫，周遍了知，得无疑惑。

（3）远离杂趣

从第一劫，乃至后身，生生不生药叉、罗刹，及富单那、迦吒富单那、鸠槃茶、毗舍遮等，并诸饿鬼，有形无形，有想无想，如是恶处。是善男子，若读若诵，若书若写，若带若藏，诸色供养，劫劫不生贫穷下贱不可乐处。

（4）常生佛前

此诸众生，纵其自身不作福业，十方如来所有功德悉与此人。由是得于恒河沙阿僧祇不可说不可说劫，常与诸佛同生一处，无量功德，如恶叉聚，同处熏修，永无分散。

（5）戒行成就

是故能令破戒之人，戒根清净；未得戒者，令其得戒；未精进者，令得精进；无智慧者，令得智慧；不清净者，速得清净；不持斋戒，自成斋戒。

（6）轻重罪灭

阿难，是善男子持此咒时，设犯禁戒于未受时，持咒之后，众破戒罪，无问轻重，一时销灭。

（7）宿业消除

阿难，若有众生从无量无数劫来，所有一切轻重罪障，从前世来，未及忏悔，若能读诵书写此咒，身上带持，若安住处，庄宅园馆，如是积业，犹汤销雪，不久皆得悟无生忍。

（8）所求遂愿

复次，阿难，若有女人，未生男女，欲求孕者，若能至心忆念斯咒，或能身上带此悉怛多般怛罗者，便生福德智慧男女。求长命者，即得长命。欲求果报速圆满者，速得圆满。身命色力，亦复如是。命终之后，随愿往生十方国土，必定不生边地下贱，何况杂形。

（9）安护家国

阿难，若诸国土州县聚落，饥荒疫疠，或复刀兵，贼难斗诤，兼余一切厄难之地，写此神咒，安城四门，并诸支提，或脱阇上，令其国土所有众生，奉迎斯咒，礼拜恭敬，一心供养，令其人民，各各身佩，或各各安所居宅地，一切灾厄，悉皆销灭。

（10）镇诸灾异

阿难，在在处处国土众生，随有此咒，天龙欢喜，风雨顺时，五谷丰殷，兆庶安乐。亦复能镇一切恶星随方变怪，灾障不起，人无横夭，杻械枷锁不著其身，昼夜安眠，常无恶梦。阿难，是娑婆界有八万四千灾变恶星，二十八大恶星而为上首，复有八大恶星以为其主，作种种形，出现世时，能生众生种种灾异，有此咒地，悉皆销灭，十二由旬，成结界地，诸恶灾祥永不能入。

由于楞严神咒非常殊胜，具有不可思议功德利益，故佛殷勤劝勉末世修行者，勤持此咒，远离魔事，速入三摩地：

是故如来宣示此咒，于未来世保护初学诸修行者，入三摩地，身心泰然，得大安稳，更无一切诸魔鬼神，及无始来冤横宿殃，旧业陈债，来相恼害。汝及众中诸有学人，及未来世诸修行者，依我坛场，如法持戒，所受戒主，逢清净僧，于此咒心，不生疑悔。是善男子于此父母所生之身，不得心通，十方如来便为妄语。

另外，在《首楞严经》"示禅境，防魔堕"这一部分，佛亦再次劝告末世修行人，在修习止观时，应以楞严神咒，或诵或佩戴，防魔自护：

若诸末世愚钝众生，未识禅那，不知说法，乐修三昧，汝恐同邪，一心劝令持我佛顶陀罗尼咒。若未能诵，写于禅堂，或带身上，一切诸魔所不能动。（《首楞严经》卷十）

第五节　智者大师论修习止观过程中的禅病、魔事及其对治

修习止观过程中，必然会出现种种禅定之相。这些禅定之相，虽然是唯心所现，但其中有善恶、正邪之分：禅定之正相即所谓的善根发相；禅定之邪相即所谓的禅病和魔事。知道正邪，才能祛邪扶正、远离禅病和魔事之干扰。

关于禅定之正邪相、禅病、魔事及其对治，智者大师在他的《释禅波罗蜜次第法门》和《修习止观坐禅法要》等著作中，做过较为详细的开示。这些内容对于初习止观者而言至关重要。

一　止观之善恶根发相和邪正禅相

修习止观过程中，若能依正观而行，身心明净，会出现种种善根开发之相，以及与道相应的种种真正禅相。反之，如果用功不当，于静定中，会触发宿昔之报习二根（报者，宿昔业因所感之报相；习者，宿昔习气之等流），亦会出现种种不清净的恶根开发之相及与道不相应的邪伪禅相。修习止观者，对此应当有所了知，并把它作为判断自己的止观功夫是否走在正道上的参照标准。

（一）修习止观过程中的善恶根发相

1. 善根发相
智者大师在《释禅波罗蜜次第法门》中讲，善根发相有内、外两种：

外善根发相,主要是指布施、持戒、孝顺父母师长、供养三宝,以及听闻学修佛法等,这些都是宿世的习、报二种善根在事相上的外在表现(见好相,乃报因相;发善心,乃习因相):

初、明行者若坐中静定,忽见种种衣服、卧具、饮食、珍宝、田园、池沼、车乘,如是等事。或复因心静故,自能舍离悭贪心,行惠施,无所吝惜。当知此是过去今生布施习报二种善根发相。

二、行者若于止静定之中,忽见自身相好端严,身所著衣,清净如法,洗浴清洁,得好净物,见如是等事。或复因心静故,发戒忍心,自然知轻识重,乃至小罪,心生怖畏,忍辱谦卑。当知此是过去今生戒忍习报二种善根发相也。

三、行者若于坐中,忽见师僧、父母、宗亲、眷属,着净衣服,欢喜悦豫端严,见如是等事。或复以心静故,自然慈仁恭敬,孝悌心生。当知此是过去今生孝顺尊长习报二种善根发相也。

四、行者若于坐中,忽见诸塔寺,尊仪形像,经书供养,庄严清净,僧众云集法会,见如是等事。或复于静心中发信敬,尊重三宝,心乐供养,精勤勇猛,常无懈倦。当知此是过去今生信敬三宝、精勤供养习报二种善根发相也。

五、行者若于坐中,因心澄静,或见解释三藏,听受读诵大乘,有德四众。或时因心静故,读诵自然而入,随所听闻,实时开悟。或复自然能了解三藏大乘经典,分别无滞。当知悉是过去今生读诵听说习报二种善根发相。

行者见如是种种好相,及发诸善心者,此非禅定,多是过去今生于散心中修诸功德,今以心静力故,得发其事,见诸相貌,悉属报因相;现善心开发,皆是习因善发也。(《释禅波罗蜜次第法门》卷三)

以上习报二种善相,如何判断它是善相而非魔相呢?智者大师告诉我们,可以从多个方面来考察。主要以是否有利于定心增长、烦恼淡化、远离过患、身心清明,以及现相出现的频率和持续时间的长短这两个标准来考量。

问曰:见此等诸相,亦有是魔所作不?

答曰：亦有是魔所作。若欲分别，但魔名杀者，若此等相发时，能令行人心识动乱，或复增诸烦恼，逼迫障蔽，众多妨难，不利定心。悉是魔之所作。

其善根发者，行人自觉，见此相已，虽复未证禅定，而身心明白，诸根清净，身有色力，所为吉利。善念开发，因此已后，自觉心神易可摄录，身心安稳，无诸过患，当知此为善根发相。

复次若此等事，善根发者，报因之相，则暂现便谢；习因心善，则相续不断。若是魔作相，则久久不灭，虽谢更来，逼乱行者；善心则暂发还灭，或时变成恶念，当知邪也。

复次邪正之相，甚为难测，自非亲近明师，非可妄取。（《释禅波罗蜜次第法门》）

总之，面对禅坐的善根相，如果有善知识可以咨询最好；若无善知识，最好是以空观智对之，不取不舍，不喜不厌，专注于所修之法。

内善根发相，主要是指通过修习禅定，于欲界未到地定中，所开发出来的与所修之法相应的一系列清净相。修习止观的内善根发相，与所修习的止观方法，有着对应的关系。换言之，修习止观所用法门不同，禅定善根发相也不尽相同。智者大师在《修习止观坐禅法要》中，从息道观、不净观、慈心观、因缘观、念佛观等五个方面做了简单的揭示。

（1）息道观善根发相

依称性起修的原则，修习息道观时，功夫相应之后，会出现诸如"身心调适，妄念止息""身心泯然空寂，定心安稳、都不见有身心相貌"，经历"八触"（觉身痛、痒、冷、暖、轻、重、涩、滑等）之后，"身心安定，虚微悦豫，快乐清净"，乃至"以心眼见身内三十六物，犹如开仓见诸麻豆等，心大惊喜，寂静安快"等等，此皆是息道观善根发相。

一息道善根发相。行者善修止观故，身心调适，妄念止息，因是自觉其心渐渐入定，发于欲界及未到地等定，身心泯然空寂，定心安稳，于此定中，都不见有身心相貌。于后，或经一坐二坐，乃至一日二日，一月二月，将息不得，不退不失，即于定中，忽觉身心运动、八触而发者，所谓觉身痛、痒、冷、暖、轻、重、涩、滑等。当触发时，身心安定，虚微悦豫，快乐清净，不可为喻。是为知息道根本禅定善根发相。

行者或于欲界未到地中，忽然觉息出入长短，遍身毛孔皆悉虚疏，即以心眼见身内三十六物，犹如开仓见诸麻豆等，心大惊喜，寂静安快，是为随息特胜善根发相。（《修习止观坐禅法要》）

（2）不净观善根发相

依称性起修的原则，修习不净观时，于欲界未到地定中，觉"身心虚寂，忽然见他男女身死，死已膖胀烂坏，虫脓流出，见白骨狼藉，其心悲喜，厌患所爱" —— 此九想善根发相。或于自身"忽然见内身不净，外身膖胀狼藉，自身白骨，从头至足，节节相拄，见是事已，定心安稳，惊悟无常，厌患五欲，不著我人" —— 此背舍善根发相。或"见于内身及外身，一切飞禽走兽，衣服饮食，屋舍山林，皆悉不净" —— 此大不净善根发相。

二不净观善根发相。行者若于欲界未到地定，于此定中，身心虚寂，忽然见他男女身死，死已膖胀烂坏，虫脓流出，见白骨狼藉，其心悲喜，厌患所爱，此为九想善根发相。或于静定之中，忽然见内身不净，外身膖胀狼藉，自身白骨，从头至足，节节相拄，见是事已，定心安稳，惊悟无常，厌患五欲，不著我人。此是背舍善根发相。或于定心中，见于内身及外身，一切飞禽走兽，衣服饮食屋舍山林，皆悉不净，此为大不净善根发相。（《修习止观坐禅法要》）

（3）慈心观善根发相

依称性起修的原则，修习慈心观时，于欲界未到地定中，"忽然发心慈念众生"，或缘亲人，或缘普通人，或缘怨家仇人，乃至或缘十方五道众生，观其得乐之相而入深定，内心悦乐清净；出定之后，"其心悦乐，随所见人，颜色常和"。是为慈心观善根发相。

三慈心善根发相，行者因修止观故，若得欲界未到地定，于此定中，忽然发心慈念众生，或缘亲人得乐之相，即发深定，内心悦乐清净，不可为喻。中人、怨人，乃至十方五道众生，亦复如是。从禅定起，其心悦乐，随所见人，颜色常和，是为慈心善根发相。悲喜舍心发相，类此可知也。（《修习止观坐禅法要》）

（4）因缘观善根发相

依称性起修的原则，修习因缘观时，于欲界未到地定中，"身心静定，忽然觉悟心生"，观十二因缘，乃至观五蕴、十二处、十八界，假有不实，不见人我，离断常见，身心安稳，法喜充满，不念世间之事，是为因缘观善根发相。

四因缘观善根发相。行者因修止观故，若得欲界未到地，身心静定，忽然觉悟心生，推寻三世无明、行等诸因缘中，不见人我，即离断常，破诸执见，得定安稳，解慧开发，心生法喜，不念世间之事。乃至五阴、十二处、十八界中，分别亦如是。是为因缘观善根发相。（《修习止观坐禅法要》）

（5）念佛观善根发相

依称性起修的原则，修习念佛观时，于未到地定中，"身心空寂，忽然忆念诸佛功德相好及无量功德不可思议，爱敬心生，三昧开发，身心快乐，清净安稳，无诸恶相"，出定之后，"身体轻利，自觉功德巍巍，人所爱敬"。是为念佛观善根发相。

五念佛善根发相。行者因修止观故，若得欲界未到地定，身心空寂，忽然忆念诸佛功德相好不可思议，所有十力、无畏、不共、三昧、解脱等法不可思议，神通变化，无碍说法，广利众生不可思议，如是等无量功德不可思议。作是念时，即发爱敬心生，三昧开发，身心快乐，清净安稳，无诸恶相。从禅定起，身体轻利，自觉功德巍巍，人所爱敬。是为念佛三昧善根发相。（《修习止观坐禅法要》）

除了上述五种善根发相之外，修其他法门，如修六念法、三十七道品、三解脱门、六波罗蜜等，亦都有相应的善根发相。

以上善根发相，与所修法门是相应的，都是暂时出现的正常禅相，不应执著，当如《首楞严经》所言："斯但功用暂得如是，非为圣证。不作圣心，名善境界；若作圣解，即受群邪。"

又，如果所出现的禅相与所修法门不相应，则应警觉其非真正禅相，或为宿昔种子现行，或为魔力加持所致，不可执著、贪恋，否则必入邪途。

2. 恶根发相

修习止观的过程中，如果行人烦恼罪垢深重，虽精勤修止，有时不仅不能生发上述诸善根发相，反而会激发出种种烦恼恶根发相。恶根发相，《释禅波罗蜜次第法门》中分觉观、贪、嗔、痴、恶业等五种：

一、明觉观发相，即为三种：一者明利心中觉观，二者半明半昏心中觉观，三者一向昏迷心中觉观。

（一）明利心中觉观发者，若行人过去既不深种善根，于修定时，都不发种种善法，但觉观攀缘，念念不住，三毒之中，亦无的缘，或时缘贪，或时缘嗔，或时缘痴。而所缘之事，分明了了。如是虽经年累月，而不发诸禅定。此为明利心中觉观发相。

（二）半明半昏心中觉观者，若人于摄念之时，虽觉觉观烦恼，念念不住，但随所缘时，或明或昏。明则觉观攀缘，思想不住。昏则无记瞪瞢，无所觉了，名半明半昏觉观发相。

（三）一向沉昏心中觉观者，若行人于修定之时，虽心昏暗似如睡眠，而于昏昏之中，切切攀缘，觉观不住，是名沉昏心中觉观烦恼发相。

二、明贪欲中，即有三种发相：一外贪欲，二内外贪欲，三遍一切处贪欲。

（一）外贪欲烦恼发者，若行人当修定时，贪欲心生。若是男子，即缘于女，若是女人，即缘于男子，取其色貌姿容，威仪言语，即结使心生，念念不住。即此是外贪淫结使发相。

（二）内外贪欲烦恼发者，若行人于修定之时，欲心发动，或缘外男女身相色貌姿态仪容，起于贪著。或复自缘己身形貌，摩头拭颈，念念染著，起诸贪爱，是以障诸禅定。此即内外贪欲烦恼发相。

（三）遍一切处贪欲烦恼起者，此人爱著内外如前，而复于一切五尘境界资生物等，皆起贪爱，或贪田园、屋宅、衣服、饮食，于一切处，贪欲发相。

三、明嗔恚发相，即有三种：一非理嗔，二顺理嗔，三诤论嗔。

（一）违理嗔发者，若行人于修定时，嗔觉欻然而起，无问是理非理，他犯不犯，无事而嗔。是为违理邪嗔发相。

（二）顺理正嗔发者，若于修定之时，外人实来恼触，以此为缘，而生嗔觉，相续不息。亦如持戒之人见非法者，而生嗔恚。故摩诃衍中说，清净佛土中，虽无邪三毒，而有正三毒，今言顺理正嗔者，即其人也。

（三）诤论嗔者，行人于修禅时，著己所解之法为是，谓他所行所说悉以为非。既外人所说，不顺己情，即恼觉心生。世自有人，虽财帛相侵，犹能安忍，少诤义理，即大嗔恨，风马不交，是名诤论嗔发相。

四、明愚痴发相，自有三种：一计断常，二计有无，三计世性。此三并是著众邪见，不出生死，是故通名愚痴。

（一）计断常痴者，行者于修定中，忽尔发邪思惟，利心分别：过去我及诸法，为灭而有，现在我及诸法，为不灭而有邪？因是思惟，见心即发，推寻三世。若谓灭即堕断中，若谓不灭即堕常中。如是痴觉，念念不住。因此利智捷疾，辩才无滞，诤竞戏论，作诸恶行，能障正定出世之法。是为计断常痴发之相。

（二）计有无痴发者，亦于修定之时，忽尔分别，思惟觉观：谓今我及阴等诸法，为定有耶？为定无耶？乃至非有非无耶？如是推寻，见心即发，随见生执，以为定实，邪觉念念不住。因此利智捷疾，戏论诤竞，起诸邪行，障碍于正定，不得开发，是为计有无痴发之相。

（三）计世性痴发者，亦于修定之时，忽作是念：由有微尘所以即有实法，有实法故便有四大，有四大故而有假名众生及诸世界。如是思惟，见心即发，念念不住。因此利智辩才，能问能说，高心自举，是非诤竞，专行邪行，离真实道。乃至思惟分别刹那之心，亦复如是。以是因缘，不得发诸禅定。设发禅定，堕邪定聚，是为计世性痴发之相。

五、明恶业障道发相。亦有三种：一沉昏暗蔽障，二恶念思惟障，三境界逼迫障。

（一）沉昏暗蔽障者，行者于修定欲用心之时，即便沉昏暗睡，无记瞪瞢，无所别知，障诸禅定，不得开发，是为沉昏暗蔽障发之相。

（二）恶念思惟障者，若行者欲修定时，虽不沉昏暗睡，而恶念心生，或念欲作十恶四重五逆毁禁还俗等事，无时暂停。因是障诸禅定，不得开发，是为恶念思惟障发之相。

（三）境界逼迫障者，若行人于修定之时，虽无上事，而身或时卒痛，觉

有逼迫之事，见诸外境，或见无头手足无眼目等，或见衣裳破坏，或复陷入于
地，或复火来烧身，或见高崖而复堕落，二山隔障，罗刹虎狼。或复梦见有诸
恶相，如是事皆是障道罪起，逼迫行人，或令惊怖，或时苦恼，如此种种，非
可备说，是名境界逼迫障发之相。

今约此五不善法，即合为三障。前三毒，即为习因烦恼障；等分之中，觉
观乱法，即是粗四阴，故名为报障；三种障道，即为业障。何以知之？由过去
造恶，未来应受恶报，即以业持此恶。若行者于未受报中间而修善者，善与恶
乖，业即扶恶而起，来障于善，故知即是业障。如是三障，障一切行人禅定智
慧，不得开发，故名为障。（《释禅波罗蜜次第法门》卷四）

以上种种恶根相发时，修行人当提起正念，观此诸恶根相，皆我宿昔
贪嗔痴三毒所感，当修种种善巧方便以为对治。作为宗门之修行人，面对
禅坐中的恶根相，最好以空观智对之，专注于所修之法，不取不舍，不欣不
厌，或者勤修忏悔，久之诸恶根相自消，清净相现前。

（二）修习止观过程中的邪正禅相

前面所提到的善恶根之发相，是比较粗的禅相，一般来说，比较容易觉
察。除此之外，修习止观过程中，还会出现种种细的禅相，因此还要学会分
别禅相之真正与邪伪，以便及时提起正念，调整用功方法。分别禅相正邪
的目的，是要远邪就正，保持"称性起修"，无相无住。若能恒时与真正禅
相相应，必得三昧。反之，若与邪伪禅相厮混，必遭烦恼魔扰，"譬如与恶
人共事，恒相触恼，若与善人共事，久见其美，分别邪正二种禅发之相，亦
复如是"（《修习止观坐禅法要》）。

修习止观中，真正禅相是定慧等持，寂照不二，空明清净，轻安喜悦，善
心开发，信敬增长，智鉴分明，身心柔软，出离心生，无欲无为，出入自在。

二者辨真正禅发相，行者若于坐中，发诸禅时，无有如上所说诸邪法等，
随一一禅发时，即觉与定相应，空明清净，内心喜悦，憺然快乐，无有覆盖，
善心开发，信敬增长，智鉴分明，身心柔软，微妙虚寂，厌患世间，无为无欲，
出入自在，是为正禅发相。（《修习止观坐禅法要》）

与上述真正禅相相反的，即是邪伪禅相。智者大师认为，凡出现下列邪伪之禅相，当念唯心观破之，不可执著：

一者辨邪伪禅发相，行者若发如上诸禅时，随因所发之法，或身掻（骚）动，或时身重如物镇压，或时身轻欲飞，或时如缚，或时透迤垂（疑为"睡"）熟，或时煎（"煎"字疑有误）寒，或时壮热，或见种种诸异境界，或时其心暗蔽，或时起诸恶觉，或时念外散乱诸杂善事，或时欢喜躁动，或时忧愁悲思，或时恶触、身毛惊竖，或时大乐昏醉，如是种种邪法，与禅俱发，名为邪伪。

此之邪定，若人爱著，即与九十五种鬼神法相应，多好失心颠狂。或时诸鬼神等，知人念著其法，即加势力，令发诸邪定、邪智、辩才、神通，惑动世人。凡愚见者，谓得道果，皆悉信伏。而其内心颠倒，专行鬼法，惑乱世间，是人命终，永不值佛，还堕鬼神道中。若坐时，多行恶法，即堕地狱。

行者修止观时，若证如是等禅，有此诸邪伪相，当即却之。云何却之？若知虚诳，正心不受不著，即当谢灭，应用正观破之，即当灭矣。（《修习止观坐禅法要》）

通常而言，行人从欲界定、欲界未到地定进入初禅的过程中，最容易遭遇邪伪之禅相。现依《释禅波罗蜜次第法门》，特拈出欲界未到地定及初禅二十种恶法，略做介绍。因为这些禅相，是初学止观的人经常碰到的。

1. 欲界未到地定中的邪定相

行人入欲界定（参见本书第九章第三节"安般禅的下手方便——十六特胜"中的相关内容）后，随着功夫的深进，会忽然出现"身心泯然虚豁，失于欲界之身，坐中不见头手床敷，犹若虚空"之境界。此时欲界身给人带来的逼苦消失，接下来会出现初禅的喜乐等受。此乃欲界未到地定之证相。但是，在这个过程中，有时候也会出现种种邪伪之相，如在定中，能外视青黄赤白等境界，见日月星辰宫殿等相，或者一坐便是一整天不动不移，或七天不出定，甚至出现种种神通之事，或者陷入昏沉无记中，如眠熟无异，诸如此类之境界，若不能看破放下，执为实有，即入邪定。

复次，此等定中，或有邪伪，行者应证，其相非一，略出二事：一定心过明，二者过暗，并是邪定。明者，入定时，见外境界青黄赤白，或见日月星辰宫殿等事，或一时日，乃至七日，不出禅定，见一切事，如得神通。此为邪，当急去之。二者若入此定，暗忽无所觉知，如眠熟不异，即是无心想法，能令行人生颠倒心，当急却之。此则略说邪定之相。（《释禅波罗蜜次第法门》卷五）

2. 入初禅时二十种恶法

本书第九章第三节"安般禅的下手方便——十六特胜"中，曾经提到：初禅的十六种触，必须是在欲界未到地定之后生起，并且伴随着十种善法，方属初禅之正相（谓之"成禅触"）。如果没有进入未到地定而先产生诸触，要么是病触，要么是生盖（盖障现前），要么是魔触。另外，在入初禅过程中，十六触生起时，若行人烦恼障重，亦常会伴随着二十种恶法生起。此二十种恶法非是初禅之正相，能破根本禅（谓之"坏禅触"），行者不可不慎。

在这里，拟以"且引文且按语"的方式，详细介绍一下二十种恶法。

所谓二十种恶法，是指在禅修过程中，因见地不正、功用不当，伴随十六种触受而出现的增减、定乱、空有、明暗、忧喜、苦乐、善恶、愚智、缚脱、强软等偏过和不及之邪伪禅相。

邪者，如根本禅中诸触发时，随发一触，若有邪法，即是邪相。邪法众多，今约一触中，略出十双邪法，以明邪相：一者触体增减，二定乱，三空有，四明暗，五忧喜，六苦乐，七善恶，八愚智，九缚脱，十心强软。此十双明邪相，皆约若过若不及中分别。（《释禅波罗蜜次第法门》卷三）

（1）增减

增相是指，十六触如动触生起时，行人身不由己，手舞足蹈，如被鬼附体一般，毫无觉知，或者妄见种种奇异境界。此等皆是正常禅相所没有的现象，故谓之增相。

减相是指，动触刚刚生起，内在的动相未及遍身，随即渐渐退灭，整个身体如气球被扎破一般，无法自持，逶迤不振。因没有定法持身，故谓之减相。

一触体增减。[增]者，如动触发时，或身动手起，脚亦随然，外人见其兀兀如睡，或如着鬼，身手纷动，或坐时见诸异境，此为增相。减者，动初发时，若上若下，未及遍身，即便渐渐灭坏，因此都失境界，坐时萧索，无法持身，此为减相。（《释禅波罗蜜次第法门》卷三）

（2）定乱

定相是指，十六触如动触生起时，身体和心念似乎被外力定住了一般，不能自由支配，也不起心动念，或者因此一定数日不起。此为定过。乱相则与此相反，动触生起之后，随即心烦意乱，心念如猴子一般，攀缘不止。此为乱过。

二定乱。定者，动触发时，识心及身，为定所缚，不得自在，或复因此便入邪定，乃至七日不出。乱者，动触发时，心意撩乱，攀缘不住。（《释禅波罗蜜次第法门》卷三）

（3）空有

空相是指，十六触如动触生起时，忽然身体一下子消失了，不见有身，行人往往因此认为自己已证空定，心生执著。此为空过。有相是指，动触生起时，身体变得坚硬，犹如木石，不柔和。此为有过。

三者空有。空者，触发之时，都不见身，谓证空定。有者，触发之时，觉身坚鞕（yìng，同"硬"），犹如木石。（《释禅波罗蜜次第法门》卷三）

（4）明暗

明相是指，十六触如动触生起时，能见外面的种种光色物体，无有隔碍。此为明过。暗相是指，动触生起时，身心一下子陷入黑暗中，漆黑一团，冥无所见。此为暗过。

四明暗。明者，触发之时，见外种种光色，乃至日月星辰，青黄赤白，种种
光明。暗者，触发之时，身心暗瞑，如入暗室。（《释禅波罗蜜次第法门》卷三）

（5）忧喜

忧相是指，十六触如动触生起时，内心莫名其妙地变得热恼起来，忧郁
不乐，心不欲活。此为忧失。喜相则与此相反，动触生起时，内心莫名其妙
地变得非常欢喜，踊跃不能自已。此为喜失。

五忧喜。忧者，触发之时，其心热恼，憔悴不悦。喜者，触发之时，心大
庆悦，勇动不能自安。（《释禅波罗蜜次第法门》卷三）

（6）苦乐

苦相是指，十六触如动触生起时，遍身疼痛，忧恼万分，此为苦失。乐
相则与此相反，动触生起时，身体愉悦，生大快乐，起贪执心，此为乐失。

六苦乐。苦者，触发之时，身心处处痛恼。乐者，触发之时，甚大快乐，
贪著缠绵。（《释禅波罗蜜次第法门》卷三）

（7）善恶

善相是指，十六触如动触生起时，不由自主地念虑种种与止观无关的
世间善法，无法入定，此为善失。恶相则与此相反，动触生起时，内心生起
种种无惭无愧之恶心恶念，不能自主，此为恶失。

七善恶。善者，触发之时，念外散善觉观，破坏三昧。恶者，触发之时，
即无惭无愧等诸恶心生。（《释禅波罗蜜次第法门》卷三）

（8）愚智

愚相是指，十六触如动触生起时，心识愚痴，昏昧颠倒，无所觉了。此
为愚失。智相是指，动触生起时，知见明利，从而生起种种邪知邪觉，破坏
定心。此为智失。

八愚智。愚者，触发之时，心识愚惑，迷昏颠倒。智者，触发之时，利使知见，心生邪觉，破坏三昧。（《释禅波罗蜜次第法门》卷三）

（9）缚脱

缚相是指，十六触如动触生起时，贪欲、嗔恚、睡眠、掉悔、疑法等五盖现前，障蔽心识。此为缚失。脱相是指，身心泯然，自谓证空得果，生增上慢。此为脱失。

九缚脱。缚者，触发之时，五盖及诸烦恼，覆蔽心识。脱者，触发之时，谓证空无相定，得道得果，断结解脱，生增上慢。（《释禅波罗蜜次第法门》卷三）

（10）强软

强相是指，十六触如动触生起时，其心变得刚强，固执难改，不顺善道，不受教化，犹如瓦石，此为强失。软相是指，动触生起时，心志突然变得软弱无比，不堪磨炼，难成法器，此为软失。

十心强软。强者，触发之时，其心刚强，出入不得自在，犹如瓦石，难可回变，不顺善道。软者，触发之时，心志软弱，易可败坏，犹若软泥，不堪为器。（《释禅波罗蜜次第法门》卷三）

以上十双二十种恶法，能扰乱修行人之心，破坏禅定，落入邪僻之中，均为邪伪禅相，非是真正禅相。修行人遇到这些恶法时，若不辨邪伪，心生执著，或谓功夫上路，或谓与道相应，或谓证得空果，即与九十六种外道鬼神相应，其结果，要么是失心发狂，自害自杀，要么是落入魔道，扰乱正法，自害害他。这一点与《首楞严经》所讲的受想二阴之种种魔境，是完全一致的。

复次，二十邪法，随有所发，若不别邪伪，心生爱著者，因或失心狂逸，或歌或哭，或笑或啼，或时惊狂漫走，或时得病，或时致死，或时自欲投岩赴火，自绞自害，如是障恼非一。

复次，二十种邪中，随有发一邪法，若与九十六种外道鬼神法，一鬼神法相应而不觉识者，即念彼道、行彼法，于所得法中，鬼神随念便入。因是证鬼神法门，鬼加其势力，或发诸深邪定，及智慧辩才，知世吉凶，神通奇异，现希有事，感动众生，广行邪化，或大作恶，破人善根。或虽作善，而所行伪杂。世人无智，但见异人，谓是贤圣，深心信伏。然其内心颠倒，专行鬼法，常以鬼法教人。故信行之者，则破正戒、破正见，破威仪、破净命，或时噉食粪秽，裸形无耻，不敬三尊，父母师长，或毁坏经书形像塔寺，作诸逆罪，断灭善根。现平等相，或自赞说所行平等，故于非道无障无碍，毁他修善，云非正道。或说无因无果，或说邪因邪果。如是邪说纷然，坏乱正法，其有闻受之者，邪法染心。既内证邪禅三昧、智断功德种种法门，外则辩才无尽，威风化物，故得名闻、眷属、供养、礼敬、称叹等利。是以九十六种道经云："人为说法，鬼神加力，则一切闻者无不信受，一切见者咸生爱敬。"以有如斯等事故，深心执著，不可回转，邪行颠倒，种种非一。若如是者，当知是人远离圣法，身坏命终，堕三恶道中。(《释禅波罗蜜次第法门》卷三)

修禅者对上述诸邪伪禅相，应当有一个清醒的认识，这样可以避免自误误人。曾经有某位大德，在禅堂里领众参禅，每于行香之际，拿着香板，突然指着其中某位信众大声喝问"念佛的是谁？"被喝问者多有不自主之反应：或忽然如被定住一般，立在那里，一两个小时兀然不动；或倒在地上，仰躺在那里，一动不动，亦是一两个小时；或在禅座上大哭大笑，涕泗滂沱，手舞足蹈。整个禅堂如疯人院一般，气氛诡异，而该大德没有即时呵止，反而认为这些有异常反应乃"逼拶得力，功夫相应"。一时间，大众欣慕不已，都期盼自己亦有此等异常反应。如是现象，分明是二十种恶法邪伪禅相，居然有人趋之若鹜，甚为奇怪！此等邪伪禅相，若沉溺于其中，其结果多半是与九十六种外道鬼神法相应。

与邪伪禅相相反，与二十种恶法相违，与十种善法相应，安稳清净，调和中适，即是正禅相。

若动触发时，无向二十恶法，具足十种善法。十种善法者：一触相如法，二定相如法，三空相如法，四明相如法，五喜相如法，六乐相如法，七善相如法，八智相如法，九解脱相如法，十心调相如法。云何名如法？若与二十不善相法相违，安稳清净，调和中适，即是如法，名为正相。（《释禅波罗蜜次第法门》卷三）

所谓的"如法"和"正相"，智者大师认为，必须首先符合世间善法，其次是随顺出世间解脱善法。如果违背了世间善法，那一定是邪禅相。此十种"如法"，实际上是与根本四禅中的离五盖之德以及具十种善法之德，是完全相通的。所谓十种善法之德，即定、空、明净、喜悦、乐、善心生、知见明了、无累解脱、境界现前、心调柔软。这些可以作为修行人衡量自己的禅修状态是否正常的一个参考标准。

二、修习止观过程中的鬼神魔及其对治

魔，梵音"魔罗"，义为杀者、夺命、障碍，以破坏人善根、夺人功德法财、害人慧命、令人流转生死为能事者。魔分烦恼魔、五阴魔（阴入界魔）、死魔和天魔（鬼神魔）等四种。智者大师认为，前三种魔，乃世间之常事，由人的烦恼习气妄想所生，故心正心净，即可除之。所以在《修习止观坐禅法要》一书中，智者大师把开示的重点放在修习止观过程中常见的鬼神魔（天魔）上。

（一）鬼神魔相

鬼神魔包括精魅、堆剔鬼、魔恼三大类。如是等诸魔，能入人心，"能令行者心神狂乱，或喜或忧，因是成患致死。或时令得诸邪禅定、智慧、神通、陀罗尼，说法教化人，皆信伏后，即坏人出世善事，及破坏正法"，故不可不防。

智者大师所说的这三类鬼神魔，与《首楞严经》所言相似。据《贤首五教仪》卷五之解释，精魅即木石禽兽，多年受天地日月精气所成者，于二六时中，应时而现，或作美女，或变恶鬼，现种种形象，令可爱可畏，惑乱行人，退失定心。亦即《首楞严经》所谓"山精、海精、风精、河精、土精、石精、一切草木积劫精魅，或复龙魅，金玉芝草、麟凤龟鹤，经千万年不死为灵，出生国土，年老成魔，恼乱是人"。

一者精魅，十二时兽变化作种种形色，或作少女、老宿之形，乃至可畏身等非一，恼惑行人。此诸精魅欲恼行人，各当其时而来，善须别识：若于寅时来者必是虎兽等；若于卯时来者必是兔鹿等；若于辰时来者必是龙鳖等；若于巳时来者必是蛇蟒等；若于午时来者必是马驴驼等；若于未时来者必是羊等；若于申时来者必是猿猴等；若于酉时来者必是鸡鸟等；若于戌时来者必是狗狼等；若于亥时来者必是猪等；子时来者必是鼠等；丑时来者必是牛等。行者若见常用此时来，即知其兽精，说其名字诃责，即当谢灭。（《修习止观坐禅法要》）

堆剔鬼，泛指大力鬼、蛊毒魇胜、魑魅魍魉诸鬼神等，或作虫蝎，攒刺头面，或作怨贼，捶击腰腋，或抱持，或喧怒，或现诸恶禽兽，或变众善天仙，令人迷惑，成其伴侣。此即《首楞严经》所谓"此名山林、土地、城隍、川岳鬼神，年老成魔，或有宣淫，破佛戒律，或有精进，纯食草木，无定行事，恼乱是人"。

二者堆剔鬼，亦作种种恼触行人，或如虫蝎缘人头面，钻刺熠熠，或击枥人两腋下，或乍抱持于人，或言说音声喧闹，及作诸兽之形，异相非一，来恼行人，应即觉知，一心闭目，阴而骂之，作是言：我今识汝，汝是阎浮提中食火、嗅香、偷腊吉支、邪见、喜破戒种，我今持戒，终不畏汝。若出家人，应诵戒本。若在家人，应诵三归五戒等，鬼便却行匍匐而去。如是若作种种留难恼人相貌，及余断除之法，并如禅经中广说。（《修习止观坐禅法要》）

魔恼，又称天魔，指九十五种外道所依婆罗门仙，及自在天摩酰首罗、咤枳迦罗诸天仙等，或作违情境界，如夜叉、罗刹、师子、虎狼等，令人惊怖，或作顺情境界，如诸佛、菩萨、美貌男女等，令人爱著，或作非违非顺之平等境界，来破定心，令坏善法。此即《首楞严经》所谓"此名住世自在天魔，使其眷属，如遮文茶及四天王毗舍童子未发心者，现美女身，盛行贪欲，或寿终仙再活为魅，或仙期终，计年应死，其形不化，他怪所附，年老成魔，恼乱是人。"

三者魔恼，是魔多化作三种五尘境界相，来破善心：一作违情事，则可畏五尘，令人恐惧。二作顺情事，则可爱五尘，令人心著。三非违非顺事，则平等五尘，动乱行者。是故魔名杀者，亦名华箭，亦名五箭，射人五情故，名色中作种种境界，惑乱行人。作顺情境者，或作父母兄弟，诸佛形像，端正男女，可爱之境，令人心著。作违情境界者，或作虎狼师子罗刹之形，种种可畏之像，来怖行人。作非违非顺境者，则平常之事，动乱人心，令失禅定，故名为魔。或作种种好恶之音声，作种种香臭之气，作种种好恶之味，作种种苦乐境界，来触人身，皆是魔事。其相众多，今不具说。举要言之，若作种种五尘，恼乱于人，令失善法，起诸烦恼，皆是魔军。以能破坏平等佛法，令起贪欲、忧愁、嗔恚、睡眠等诸障道法。如经偈中说：欲是汝初军，忧愁为第二。饥渴第三军，渴爱为第四。睡眠第五军，怖畏为第六。疑悔第七军，嗔恚为第八。利养虚称九，自高慢人十。如是等众军，压没出家人。我以禅智力，破汝此诸军。得成佛道已，度脱一切人。（《修习止观坐禅法要》）

（二）却除鬼神魔事之方法

修习止观过程中，当上述诸鬼神魔境现前时，修行人当善识其来源，知其为烦恼、贪欲之所感召，虚妄分别所致，幻化不实，当善用止、观二法，通过提起般若正念，见顺情之境不生贪执，见违情之境不生怖畏，常念三宝功德，持诵大乘经咒及戒本，精勤忏悔，严持净戒，亲近善知识，专注于所用功夫，远离执著，调伏自心烦恼，以为自我防护。如是而行，自然邪不干正，久久魔境自灭，不能为害。

行者既觉知魔事，即当却之，却法有二：

一者修止却之。凡见一切外诸恶魔境，悉知虚诳，不忧不怖，亦不取不舍、妄计分别，息心寂然，彼自当灭。

二者修观却之。若见如上所说种种魔境，用止不去，即当反观。能见之心，不见处所，彼何所恼？如是观时，寻当灭谢。

若迟迟不去，但当正心，勿生惧想，不惜躯命，正念不动，知魔界如即佛界如，若魔界如佛界如，一如无二如，如是了知，则魔界无所舍，佛界无所取，佛法自当现前，魔境自然消灭。

复次若见魔境不谢，不须生忧；若见灭谢，亦勿生喜。所以者何？未曾见有人坐禅见魔化作虎狼来食人，亦未曾见魔化作男女来为夫妇。当其幻化，愚人不了，心生惊怖，及起贪著，因是心乱失定发狂，自致其患，皆是行人无智受患，非魔所为。

若诸魔境恼乱行人，或经年月不去，但当端心，正念坚固，不惜身命，莫怀忧惧，当诵大乘方等诸经治魔咒，默念诵之，存念三宝。若出禅定，亦当诵咒自防，忏悔惭愧，及诵波罗提木叉，邪不干正，久久自灭。

魔事众多，说不可尽，善须识之。是故初心行人，必须亲近善知识。为有如此等难事，是魔入人心，能令行者心神狂乱，或喜或忧，因是成患致死。或时令得诸邪禅定、智慧、神通、陀罗尼，说法教化人，皆信伏后，即坏人出世善事，及破坏正法。如是等诸异非一，说不可尽。今略示其要，为令行人于坐禅中，不妄受诸境界。取要言之，若欲遣邪归正，当观诸法实相，善修止观，无邪不破。故释论云："除诸法实相，其余一切皆是魔事。"如偈中说：若分别忆想，即是魔罗网。不动不分别，是则为法印。（《修习止观坐禅法要》）

智者大师认为，破魔之要，以观诸法实相（所观之境唯心虚妄，能观之心了不可得）、善修止观为根本，一切违顺境界皆不妄受，远离分别执著、忆想，若能如是，则无邪不破。

三、坐禅过程中常见的禅病及其对治

在《修习止观坐禅法要》中，智者大师所说的禅病，是一种狭义上的禅病，主要是指四大、五脏不调所引起的身体诸种不适和病患，与前面所谈到的知见上的禅病不同。对于初习止观的人而言，智者大师所说身体上的禅病及其对治，更具有实修的指导价值。

禅病之源，或因四大本来不调，在禅修过程中被激发出来；或者在调身、调息、调心的过程中，用功不当，落入二边，过于造作，致使内外有所违犯，从而产生种种病患。面对这些不适和病患，应善知其病源及对治方法，否则会影响修道，乃至有性命之忧。

行者安心修道，或四大有病，因今用观心、息，鼓击、发动本病，或时不能善调适身、心、息三事，内外有所违犯，故有病患。夫坐禅之法，若能善用心者，则四百四病自然除差（瘥）。若用心失所，则四百四病因之发生。是故若自行化他，应当善识病源，善知坐中内心治病方法。一旦动病，非唯行道有障，则大命虑失。（《修习止观坐禅法要》）

关于坐禅过程中的禅病，智者大师从"病发相"和"治病方法"两个方面，做了较为详细的解析。

（一）禅病之相

禅病发相虽然多种多样，但总体上不外乎二种：

一者四大增损病相。若地大增者，则肿结沉重，身体枯瘠，如是等百一患生。若水大增者，则痰阴胀满，食饮不消，腹痛下痢等百一患生。若火大增者，即煎寒壮热，支节皆痛，口气大小便痈（利）不通等百一患生。若风大增者，则身体虚悬，战（颤）掉疼痛，肺闷胀急，呕逆气急，如是等百一患生。故经云："一大不调，百一病起。四大不调，四百四病一时俱动。"四大病发各有相貌，当于坐时及梦中察之。

二者五藏生患之相。从心生患者，身体寒热，及头痛口燥等，心主口故。从肺生患者，身体胀满，四支烦疼，心闷鼻塞等，肺主鼻故。从肝生患者，多无喜心，忧愁不乐，悲思嗔恚，头痛眼暗昏闷等，肝主眼故。从脾生患者，身体面上游风，遍身瘤痒疼痛，饮食失味等，脾主舌故。从肾生患者，咽喉噎塞，腹胀耳聋等，肾主耳故。五藏生病众多，各有其相，当于坐时及梦中察之可知。（《修习止观坐禅法要》）

此四大、五脏之病，或因遭感外在的寒湿风热之邪而起，或因用心不调所致。这些身体上的禅病，修行人如果事先能选择合适的禅修环境，把调五事的功夫做到位了，是可以预防的。

另外，身体上的禅病也有可能跟鬼神作祟或者宿世业报现前有关。这就需要用到大乘经咒和忏悔等方法。总之，修行人应善识禅病之内外起因，这样才能够及早有效对治。若不识其因，拖延日久，愈发难治。

如是四大、五藏，病患因起非一，病相众多，不可具说。行者若欲修止观法门，脱有患生，应当善知因起。此二种病，通因内外发动：若外伤寒冷风热，饮食不消而病，从二处发者，当知因外发动；若由用心不调，观行违僻，或因定法发时，不知取与，而致此二处患生，此因内发病相。

复次有三种得病因缘不同：一者四大五藏增损得病，如前说。二者鬼神所作得病。三者业报得病。如是等病，初得即治，甚易得差（瘥）。若经久则病成，身羸病结，治之难愈。（《修习止观坐禅法要》）

（二）治禅病之法

禅病一旦出现，修行人当根据不同的病因，一一给予相应的调治。调治的方法，不出止、观二途。在这里，智者大师就前人治禅病的经验，做了一个总结，包括四种止法、四种观法，以及药物对治和持咒忏悔修福。

1. 四种止法
第一种止法，将注意力集中在身体病患处，面对它，接受它，冷静旁观其疼相了不可得。

云何用止治病相？有师言：但安心止在病处，即能治病。所以者何？心是一期果报之主。譬如王有所至处，群贼逆散。（《修习止观坐禅法要》）

第二种止法，忆守丹田，心不驰散。

次有师言：脐下一寸，名忧陀那，此云丹田，若能止心守此不散，经久即多有所治。（《修习止观坐禅法要》）

第三种止法，系心于足下，即涌泉穴，引气下行，令心沉寂。

有师言：常止心足下，莫问行住寝卧，即能治病。所以者何？人以四大不

调故，多诸疾患，此由心识上缘故，令四大不调；若安心在下，四大自然调适，众病除矣。（《修习止观坐禅法要》）

第四种止法，止心息念，放松身心，内心无求无得无为。

有师言：但知诸法空无所有，不取病相，寂然止住，多有所治。所以者何？由心忆想，鼓作四大，故有病生。息心和悦，众病即差（瘥）。故《净名经》云："何为病本？所谓攀缘。云何断攀缘？谓心无所得。"

如是种种说用止治病之相非一。故知善修止法，能治众病。（《修习止观坐禅法要》）

2. 四种观法

第一种观法，通过观想，用六种气，分别调节五脏，令其安和。

次明观治病者，有师言：但观心想，用六种气治病者，即是观能治病。何等六种气？一吹，二呼，三嘻，四呵，五嘘，六呬。此六种息，皆于唇口之中，想心方便，转侧而作，绵微而用，颂曰：心配属呵肾属吹，脾呼肺呬圣皆知。肝藏热来嘘字至，三焦壅处但言嘻。（《修习止观坐禅法要》）

第二种观法，通过导引，善用十二种息法，对治昏沉、掉举等诸禅病相。

有师言：若能善用观想，运作十二种息，能治众患：一上息，二下息，三满息，四焦息，五增长息，六灭坏息，七暖息，八冷息，九冲息，十持息，十一和息，十二补息。此十二息皆从观想心生。今略明十二息对治之相：上息治沉重，下息治虚悬，满息治枯瘠，焦息治肿满，增长息治羸损，灭坏息治增盛，暖息治冷，冷息治热，冲息治壅塞不通，持息治战（颤）动，和息通治四大不和，补息资补四大衰。善用此息，可以遍治众患，推之可知。（《修习止观坐禅法要》）

第三种观法，通过观想四大之相，以治四大偏过不调。

有师言：善用假想观，能治众病，如人患冷，想身中火气起，即能治冷。此如《杂阿含经》治病秘法七十二种法中广说。（《修习止观坐禅法要》）

第四种观法，诸法空性，觅病相了不可得。

有师言：但用止观，检析身中四大病不可得，心中病不可得，众病自差（瘥）。（《修习止观坐禅法要》）

以上诸治病方法，皆为一期之方便，不得执为实法，以免落入外道方术中。

如是等种种说，用观治病，应用不同，善得其意，皆能治病。当知止观二法，若人善得其意，则无病不治也。但今时人根机浅钝，作此观想，多不成就，世不流传。又不得于此更学气术休粮，恐生异见。（《修习止观坐禅法要》）

3. 药物对治
有些禅病，亦可以服用相应的药物来对治。

金石草木之药，与病相应，亦可服饵。（《修习止观坐禅法要》）

4. 持咒忏悔修福
至于由鬼神魔扰，以及宿世恶报现前所造成的身体上的禅病，则当用咒力及忏悔修福等法来对治。

若是鬼病，当用强心，加咒以助治之。若是业报病，要须修福忏悔，患则消灭。此二种治病之法，若行人善得一意，即可自行兼他，况复具足通达！若都不知，则病生无治，非唯废修正法，亦恐性命有虞，岂可自行教人！是故欲修止观之者，必须善解内心治病方法。其法非一，得意在人，岂可传于文耳！（《修习止观坐禅法要》）

以上诸对治法，修行人在使用的时候，当依"十法"而行，则功效显著，否则治病效果就会打折扣。

复次，用心坐中治病，仍须更兼具十法，无不有益。十法者：一信，二用，三勤，四常住缘中，五别病因法，六方便，七久行，八知取舍，九持护，十识遮障。

云何为信？谓信此法必能治病。何为用？谓随时常用。何为勤？谓用之专精不息，取得差（瘥）为度。何为住缘中？谓细心念念依法，而不异缘。何为别病因起？如上所说。何为方便？谓吐纳运心缘想，善巧成就，不失其宜。何为久行？谓若用之未即有益，不计日月，常习不废。何为知取舍？谓知益即勤，有损即舍之，微细转心调治。何为持护？谓善识异缘触犯。何为遮障？谓得益不向外说，未损不生疑谤。若依此十法所治，必定有效不虚者也。（《修习止观坐禅法要》）

初学止观的人，一般都会遇到上述身体上诸多不适之禅病，智者大师的这些开示，可以作为修禅过程中的治病指南。如果身体气脉通畅，上述禅病不再现前，这个时候，修行人更需要关注此前所提到的见地和功夫方面的诸禅病、误区。

第六节　总结：修行过程中防止误区和魔障之关键

通过回顾《大乘起信论》和《首楞严经》等关于修习止观过程中的魔扰之叙述，以及本章前三节所谈到的忘本、脱节及种种误区，不难发现，导致这些误区和障碍的原因，不外乎如下几种：

1. 发心不纯 —— 没有生起真正的出离心，内心贪欲不断。

2. 戒行有亏 —— 在戒行方面有亏损，三业不清净。

3. 宿业未净 —— 宿世的罪障没有忏悔干净。

4. 正见不具 —— 不具备般若正见，落在二边当中。

5. 福德浅薄 —— 因大悲心不具足而导致在菩萨行方面有欠缺，福德资粮不够。

6.定慧不均 —— 修习止观的过程中，定慧未能等持，定慧偏过。

在修行过程中，如果能够经常从上述六个方面进行自我反省，纠偏去弊，此前所谈到的种种误区和魔障是完全可以克服的。

现将前面所介绍的在修学过程中关于如何防止误区和魔扰之内容，总结为如下五个方面：

一、树立正见

通过闻、思、修，树般若见，是修行的第一要务。正见不具，修行必走弯路，必遭魔扰。前面所言一切修行上的误区和魔扰，归根结底，都与修行人的见地不透彻、不圆满，尤其是对万法唯心、缘起性空、实相不二之道理信不及、悟不透有关。

所以，对于一个真修行人而言，深入系统地研读大乘了义经典和禅宗祖师语录，树立圆顿的信解，破除种种错误的知见，明白修行的理路、用功原则及用功方法，远离二边取舍，归于无念无相无住，是至关重要的。

如果我们能对在汉传佛教史上一直在产生重大影响的根本经典，如《金刚经》《心经》《首楞严经》《法华经》《圆觉经》《大乘起信论》《禅宗六代祖师传灯法本》《马祖四家语录》等，进行深入研读，真把它们的义理弄清楚了，修行就会顺利得多、省力得多。

二、纯净发心

真为生死，发菩提心，是修行解脱的前提。强调发出离心的重要性，是一切大小乘经典的共同主题。如，《法句经》云："虽多积珍宝，崇高至于天，如是满世间，不如见道迹。"《无量寿经》亦云："人在爱欲之中，独生独死，独去独来，苦乐自当，无有代者。善恶变化，追逐所生，道路不同，会见无期。何不于强健时，努力修善，欲何待乎！"

因地不真，果遭纡曲。一个人的发心纯正与否，对修行的影响至关重大。修行人如果不能看破"世间无常，国土危脆，四大苦空，五阴无我，生灭变异，虚伪无主，心为恶源，行为罪薮"的道理，不能发起真实的出离心，对世间的五欲之乐及名闻利养等不能真正放下，反而多欲多求，其人纵然布施、持戒、多闻，其修行必定会遭到魔扰，不得解脱。《优婆塞戒经·解脱品》中讲："若人不能一心观察生死过咎、涅槃安乐，如是之人，虽复惠施持戒多闻，终不能得解脱分法。"

《八大人觉经》把"无常无我觉，常修少欲觉，知足守道觉"作为菩萨自觉的根本，说明了纯净的发心在行菩萨道、自觉觉他、证究竟解脱过程中的核心地位。修行人欲避免魔事干扰，需要时时从发心是否纯正上来检讨自己，杜绝一切对名闻利养和五欲之乐的贪恋。若能做到情不附物，一切魔事自然远离。

三、严持禁戒

持戒能生一切善法，能断一切恶缘，能除一切恶业，能离一切魔扰。是故持戒为修道之本。修行人若不持戒，如人无头，必入死路。

《成实论》（卷十四）云："道品楼观，以戒为郭，禅定心城，以戒为柱。"

《佛遗教经》云："戒是正顺解脱之本，故名波罗提木叉。依因此戒，得生诸禅定及灭苦智慧。是故比丘当持净戒，勿令毁犯。若人能持净戒，是则能有善法。若无净戒，诸善功德皆不得生。是以当知，戒为第一安稳功德之所住处。"

《解脱道论》（卷一）云："云何头为戒义？答如人无头，一切诸根不复取尘，是时名死。如是比丘以戒为头，若头断已，失诸善法，于此佛法，谓之为死。是戒为头义。"

关于持戒，修行人应经常思维其三个方面的功德及持戒清净的种种表现：

1. 持戒能得人身

佛教认为，人身是良福田，是修道之器，一切贤圣皆依人道而证道果。

《增一阿含经》（卷二十八）云："世尊告曰：我身生于世间，长于世间，于人间得佛。"

《四十华严》（卷十二）云："人是福田，能生一切诸善果故……如是一切贤圣道果，皆依于人而能修证。"

《大毗婆沙论》（卷一百七十二）云："能寂静意故名人。以五趣中能寂静意无如人者。故契经云：人有三事胜于诸天：一勇猛，二忆念，三梵行。"

人身难得，佛法难闻。修行人欲得暇满人身，必须严持净戒，方能远离八难（地狱、饿鬼、畜生等三恶，北俱卢洲、长寿天、聋盲喑哑、世智辩聪、佛前佛后）。否则，人身不保，谈何修道！

《杂阿含经》（卷十五）云："愚痴凡夫，漂流五趣，暂复人身，甚难于盲龟浮木。"

《四分戒本》（卷一）云："譬如人毁足，不堪有所涉，毁戒亦如是，不得生天人。欲得生天上，若生人间者，常当护戒足，勿令有毁损。"

《四十二章经》云："人离恶道，得为人难。既得为人，去女即男难。既得为男，六根完具难。五根既具，生中国难。既生中国，值佛世难。既值佛世，遇道者难。既得遇道，兴信心难。既兴信心，发菩提心难。既发菩提心，无修无证难。"

汉传佛教之所以非常强调"戒乘俱急"，原因即在于此。

2. 持戒能断烦恼

《优婆塞戒经·业品》云："如人重病，要须众药和合治之，若少一种，则不能治。何以故？其病重故。一切众生亦复如是，具诸恶故，要须众戒然后治之，若少一戒，则不能治。"

《弥沙塞五分戒本》云："心马驰恶道，放逸难禁制，佛说切戒行，亦如利辔勒。佛口说教诫，善者能信受，是人马调顺，能破烦恼军。若不受教勅，亦不爱乐戒，是人马不调，没在烦恼军。若人守护戒，如牦牛爱尾，系心不放逸，亦如猴着锁。日夜常精进，求实智慧故，是人佛法中，能得清净命。"

3. 持戒能生一切善根

《华严经·十地品》云："如诸众生及草木，一切生长咸依地，世及出世诸善根，皆依最胜尸罗地。无戒欲求生善道，如鸟无翼欲飞空，如人无足欲游行，亦如渡海无船筏……欲生人天及涅槃，如应具戒必当得，是故精勤持净戒，随心所愿皆圆满。若有临终肢节痛，一切亲属欲分离，谛思我有清净戒，身心欢乐无忧畏。戒为惑病最胜药，护诸苦厄如父母，痴暗灯炬生死桥，无涯业海为船筏……若有临至命终时，持戒破戒生安畏，欲得当来极乐处，应当专意勤护持。戒珠不假刀兵护，戒为伏藏无所侵，戒为勇伴导前行，戒为出世庄严具。"

4. 戒行清净圆满之表现

如何持戒，怎样才算持戒清净，《佛说大乘菩萨藏正法经》对此做过较为系统的开示：

> 云何名为戒行清净悉得圆满？舍利子！菩萨摩诃萨有十种行相。何等为十？一者一切有情于菩萨所，不生扰害。二者菩萨于诸有情所有财宝，不生贪著。三者菩萨远离一切诸有眷属。四者菩萨于诸有情不生欺诳。五者菩萨于诸有情及自眷属，不起离间诸恶语言。六者菩萨于无量劫，以柔软语化利有情。七者菩萨于诸有情不发绮语。八者菩萨于诸有情资生之具，不生贪爱。九者菩萨于诸有情不生嗔恚，所有诽谤皆能忍受。十者菩萨远离邪见，亦不归依诸天趣故。舍利子！此十种法，皆是菩萨摩诃萨清净戒行具足之相。
>
> 复次，舍利子！菩萨摩诃萨复有十种清净戒行。何等为十？一者菩萨于诸戒行，坚持不破，不被无明之所侵扰。二者菩萨坚持戒行，绝诸瑕疵，于诸险难而不生故。三者菩萨坚持禁戒，于诸烦恼杂染等事，悉皆远离。四者菩萨持戒清净，于洁白法，常不远离。五者菩萨持诸禁戒，常行平等，随心自在。六者菩萨坚持禁戒，于诸智者，不生毁谤而得安稳。七者菩萨坚持禁戒，而皆远离一切过失。八者菩萨坚持禁戒，密护诸根令不起故。九者菩萨坚持禁戒，防护诸根，初中后时，皆悉成就。十者菩萨坚持禁戒，于正念中，普尽无余，皆悉圆满。舍利子！此十种法，菩萨摩诃萨皆悉成就。
>
> 复次，舍利子！菩萨摩诃萨复有十种持戒行相。何等为十？一者菩萨坚持禁戒，于诸饮食少欲知足。二者菩萨坚持禁戒，断贪嗔痴，生喜足故。三者菩萨坚持禁戒，于其身心不生贪爱。四者菩萨坚持禁戒，远离一切诸女人故，

行住坐卧，居旷野中。五者菩萨坚持禁戒，行头陀行，常不忘失诸功德故。六者菩萨坚持禁戒，自在成办诸善根故。七者菩萨坚持禁戒，于胜种族，常生欢喜，亦不正视余诸相好。八者菩萨坚持禁戒，言行相应，于人天中，不生欺诳。九者菩萨坚持禁戒，于自身中常行伺察，自心决定，不生过失，于他过失亦不起见，常行庇护。十者菩萨坚持禁戒，以四摄法化利有情，常不弃舍。舍利子！如是十法，菩萨摩诃萨皆能圆满清净戒行。

复次，舍利子！菩萨摩诃萨复有十种清净圆满戒行之相。何等为十？一者菩萨坚持禁戒，于佛信解，不生退屈。二者菩萨坚持禁戒，于正法中常能拥护。三者菩萨坚持禁戒，于大众中常生尊重。四者菩萨坚持禁戒，趣求菩提，志意柔和，于无上果，心不暂舍。五者菩萨坚持禁戒，于诸善友，常能亲近，复能积集诸善功德。六者菩萨坚持禁戒，于诸恶友而常远离，于不善法皆能弃舍。七者菩萨坚持禁戒，于诸有情常起慈心而生愍念。八者菩萨坚持禁戒，于诸有情常起悲心，于险难中而常救护。九者菩萨坚持禁戒，爱乐正法，如游园观，生大喜乐。十者菩萨坚持禁戒，于违顺境，心常舍离，皆悉平等。舍利子！此十种戒行之相，菩萨摩诃萨皆能如是清净圆满。

复次，舍利子！菩萨摩诃萨复有十种清净行相。何等为十？一者菩萨坚持禁戒，于诸施度，善能调伏一切有情。二者菩萨坚持禁戒，常行忍辱，于自己心而常防护。三者菩萨坚持禁戒，于诸善法精进不退。四者菩萨坚持禁戒，于诸定聚而常加行，不生散乱。五者菩萨坚持禁戒，于胜慧中，常乐多闻而无厌足。六者菩萨坚持禁戒，于菩萨藏而求正法，常修闻慧，坚固无懈。七者菩萨坚持禁戒，而常伺察诸无常法，志求菩提，不惜身命。八者菩萨坚持禁戒，于自寿命而常伺察，如梦如幻，刹那生灭。九者菩萨坚持禁戒，于自意愿及诸有情，一切善行，清净圆满。十者菩萨坚持禁戒，以持戒力，愿于当来生佛会中，及诸有情，悉同圆满清净戒行。舍利子！菩萨摩诃萨皆能圆满如是十种清净戒相。

舍利子！菩萨摩诃萨如是圆满清净戒行，当获天上及于人间种种吉祥殊胜妙果。菩萨于诸世间种种事业，悉皆明了。菩萨于诸世间种种妙欲，悉能施与一切有情而不自著。菩萨行慈愍时，与诸有情等行慈愍，互相怜愍而无损害。菩萨行菩萨行时，深信正法而无虚妄；复于一切有情皆生父母之想；复于一切有情，亲近随顺而生信爱；于有为法，念念而生无常之想；于有为行皆生觉悟，于自身命而能弃舍故，得圆满清净戒行。（《佛说大乘菩萨藏正法经》卷二十二）

这段经文，可以作为修行人日常持戒功夫的指南。

除了思维持戒之功德外，在家菩萨亦可以经常读诵《优婆塞戒经》，以此清净三业。若能依之而行，必能远离一切魔事。

持戒落实在功夫上，即是《首楞严经》中的"三渐次"——除其助因，刳其正性，违其现业。换言之，除其助因、刳其正性、违其现业，全仗持戒的功夫，亦是持戒的功夫落实在止观中的表现。

四、忏悔业障

修行证道要想进展顺利，在修习止观之前，必须先要勤修忏悔，消除宿世恶业种子，净其道器。犹如贮蜜，若不先除器中毒药，蜜必受染，转令杀人；修行亦复如是，若不勤修忏悔，清净佛法必遭染垢，修行必遭魔扰。

修行过程中的许多障碍、魔扰，其实并不是外在的实有，大都是宿世的恶业习气之所感现。如前面《首楞严经》中所提到的受阴、想阴之魔境，就是这种情形。所以，从这个角度来看，宿世恶业若不能忏悔、令其清净，魔扰几乎是不可避免的。是故《占察善恶业报经》讲，修习止观之前，应行修忏悔之法，净其宿习：

> 善男子！若未来世诸众生等，欲求度脱生老病死，始学发心修习禅定、无相智慧者，应当先观宿世所作恶业多少及以轻重。若恶业多厚者，不得即学禅定、智慧，应当先修忏悔之法。所以者何？此人宿习恶心猛利故，于今现在必多造恶，毁犯重禁。以犯重禁故，若不忏悔令其清净，而修禅定、智慧者，则多有障碍，不能克获，或失心错乱，或外邪所恼，或纳受邪法，增长恶见。是故当先修忏悔法，若戒根清净，及宿世重罪得微薄者，则离诸障。（《占察善恶业报经》卷上）

生命是一个无尽的轮回过程。每个修行人从无量劫以来，必定造过无量无边的恶业。《普贤菩萨行愿品》云："言忏悔业障者，菩萨自念：我于过去无始劫中，由贪嗔痴，发身口意，作诸恶业，无量无边。若此恶业有体相者，尽虚空界，不能容受。"

造作了恶业并不可怕，关键是要知道忏悔。忏者，"忏其前愆"，悔者，"悔其后过"，永不复作。若能至心忏悔，宿世恶业便得清净。《佛为首迦长者说业报差别经》云："若人造重罪，作已深自责，忏悔更不造，能拔根本业。"《大乘大集地藏十轮经》云："于我法中，有二种人，名无所犯：一者、禀性专精，本来不犯；二者、犯已惭愧，发露忏悔。此二种人于我法中，名为勇健得清净者。"

所以，大乘佛教把忏悔视为七种最上供养之一，劝人精勤修习，就是为了强调它的重要性和不可思议效用。《佛说法集名数经》云："云何七种最上供养？所谓礼拜、供养、忏悔、随喜、劝请、发愿、回向。"

在大乘佛教中，忏悔的方法有很多，有事忏，有理忏。

事忏者，即依一定的仪轨，礼拜忏悔，如拜万佛忏、地藏忏、药师忏、大悲忏等。另外，读诵礼拜大乘经典、持诵灭罪真言、观像念佛等，也有忏罪的功能。初入佛门的人，在通过闻思修树立正见的同时，若能抽出三年五载的时间，日复一日，专修某一忏法，或者持之以恒地礼拜某一部经典，不仅能强化身心，同时也能消业、培福。这是一种非常好的修行方法。

理忏者，即端坐念实相，观罪性本空。因为业障并不是一种虚无缥缈的东西，它的产生、现行和成熟，永远不离当下一念，所以忏悔业障的功夫要在当下一念去落实。当下一念，觉破罪性本空，断相续心，不随妄想习气流转，一如《首楞严经》所言，"违其现业"，这就是最究竟的忏悔。能如是忏悔，一切罪障、魔扰，皆不得其便。

关于忏悔的具体修行方法，智者大师在《修习止观坐禅法要》一书中，从十个方面做了系统而详细的开示（请参见本书第八章第三节"智者大师论修习止观的前行条件"中的相关内容）。

五、修积福报

无福不养道。无福之人，易招魔扰。何以故？无福之人，烦恼炽盛；无福之人，身体多病；无福之人，心乱人嫌；无福之人，鬼神欺之；无福之人，衣食匮乏；无福之人，无有嘉护；无福之人，犹如贫地，不长苗稼；无福之人，勤苦虽多，而收获甚少。《福力太子因缘经》云：

无福者堕地狱中，受大苦恼常无间；或堕饿鬼或畜生，受饥渴苦及负重。无福之者坏其身，无福为奴重疲极；无福堕于聋痖中，无福愚钝多邪慧。无福之者魑魅著，无福之者丑形容；无福多于下族生，无福心乱人所恶。无福之者多迷惑，无福为他所轻谤；无福之者诸所为，虽复勤力不成就。无福之者身粗涩，悉无威光不可意；无福之人凡所居，草木青润成枯瘁。无福人所不随顺，外境触害亦复然；诸恶鬼神罗刹婆，常时侵娆无福者。无福者用药治病，返成非药病增剧；由无福故受贫穷，复为他人所轻慢。无福之人生子息，其性粗恶众憎嫌；无福者虽眷属多，常时离散生苦恼。无福者坏于眼目，而复相续诸苦生；多病皆由无福因，小生疾病固难差（瘥）。无福之人多凶恶，无福常发粗恶声；手指挛拳体不完，语言人多不信顺。无福之人诸所有，王官水火盗贼销；无福唯闻非爱言，触处常生于惊怖。无福虽居平坦地，随处旋当荆棘生；设或植种及经商，虽常多作无义利。无福者于一切时，所有财宝皆散坏；世间无少顾恋心，实不可爱无善利；诸无福者如是相，智者当知皆破坏。

　　福者所作善护持，于一切时无散失。福者所行不懈倦，常起坚固勇悍心。如盖覆荫广无边，复能制除诸恶雨。犹犊随母常饲乳，福者如意善欲同。又如劫树悦意观，常获一切所欲果。福者能具忍辱力，及得悦意大吉祥。信行深固可依从，生生皆具妙色相。福者广布大名称，能具多闻及智慧。见者咸生爱乐心，又能获得闻持念。福者临终无疾病，临终亦复欢喜生。极恶境相不现前，远离惊怖及苦恼。福者临终受天乐，天宫楼阁现其前。忉利诸天夜摩天，彼彼天人来引接。兜率天宫诸天子，化乐天众亦复然。他化自在欲界天，咸来卫护于福者。福者犹如大梵王，俱胝天众皆宗奉。于其一千梵界中，广大尊胜而自在。福者诸所作皆成，复常处于快乐位。一切皆生爱乐心，乃至外境无触害。（《福力太子因缘经》卷三）

　　所以，修行人一定要注意修集福报，首先使自己成为一个有福之人。

　　修福之法，当依"普贤十大愿王"而行，"礼敬诸佛，赞叹如来，广修供养，忏悔业障，随喜功德，请转法轮，请佛住世，常随佛学，恒顺众生，普皆回向"，亦即"慈悲布施，行四摄法，报恩报冤，修称法行"等等。这些都能增长福报，对修道大有饶益。

　　另外，修道之初，在研读了义经典、树立正见的同时，应专门抽出时间，读诵大乘经典，如《地藏经》《法华经》《普贤菩萨行愿品》《华严经》等，以三年五年为期，或拜或诵，无有间断，自然能消恶业，能集善缘，能增福报，对后续的进一步修行具有巨大的增上作用。

前面提到，净慧老和尚曾经提出做事的八字方针——"感恩、包容、分享、结缘"，这也是修行人在世间积累福报的法宝。依之而行，修道之良基沃土、道侣嘉护，自然成就，魔事自然减少。

六、定慧等持

定慧等持是修习大乘止观的基础原则。修行过程中，定慧若不能兼顾，偏于一端，必生障碍。定多慧少，容易落入枯寂，或起断灭见；定少慧多，容易落入知见，或变成狂禅。前面所提到的沉空滞寂之病、拨无因果之病、任运无修之病，以及《首楞严经》中所提到的受阴之十种魔境，都与定慧失衡有关。

七、立坛持咒

前面提到，"立坛持咒以他力治宿习而破障"，是修行人对付魔扰的主要思路。除了持诵《楞严咒》之外，其他汉传佛教比较流行的大乘神咒，如《大悲咒》《往生咒》《七佛灭罪真言》《地藏菩萨灭定业真言》《准提咒》《六字大明咒》《药师咒》等，修行人可以择其一二，长时间地专一持诵，亦能灭罪消障，避免魔扰。

以上防魔七要，包括前面提到的智者大师所言"具五缘、诃五欲、弃五盖、调五事"等内容，是修习止观、顺利契入般若三昧不可缺少的基本条件。这些基本条件，如果不具足，或者没有做到位，修行必遭坎坷，轻则劳心费力，重则走火入魔，可不慎乎！

参考文献

佛经类

《杂阿含经》,《大正新修大藏经》(以下简称《大正藏》)第2册,求那跋陀罗译。

《中阿含经》,《大正藏》第1册,瞿昙僧伽提婆译。

《长阿含经》,《大正藏》第1册,佛陀耶舍、竺佛念译。

《增一阿含经》,《大正藏》第2册,瞿昙僧伽提婆译。

《大念处经》,《藏外佛教文献》第5册,邓殿臣、赵桐译。

《佛遗教经》,《大正藏》第12册,鸠摩罗什译。

《修行地道经》,《大正藏》第15册,竺法护译。

《佛说大乘菩萨藏正法经》,《大正藏》第11册,法护等译。

《福力太子因缘经》,《大正藏》第3册,施护译。

《光明童子因缘经》,《大正藏》第14册,施护译。

 法救撰:《法句经》,《大正藏》第4册。

《因果经》,《大正藏》第3册,求那跋陀罗译。

《坐禅三昧经》,《大正藏》第15册,鸠摩罗什译。

《分别业报略经》,《大正藏》第17册,僧伽跋摩译。

《占察善恶业报经》,《大正藏》第17册,菩提灯译。

《佛说未曾有正法经》,《大正藏》第15册,法天译。

《佛说净业障经》,《大正藏》第24册,失译。

《佛说佛名经》，《大正藏》第 14 册，菩提流支译。

《佛说如来智印经》，《大正藏》第 15 册，失译。

《佛说观无量寿佛经》，《大正藏》第 12 册，畺良耶舍译。

《佛说无量寿经》，《大正藏》第 12 册，康僧铠译。

《般舟三昧经》，《大正藏》第 13 册，支娄迦谶译。

《佛藏经》，《大正藏》第 15 册，鸠摩罗什译。

《华严经》，《大正藏》第 10 册，实叉难陀译。

《入不思议境界普贤菩萨行愿品》，《大正藏》第 10 册，般若译。

《法华经》，《大正藏》第 9 册，鸠摩罗什译。

《首楞严经》，《大正藏》第 19 册，般刺密帝译。

《圆觉经》，《大正藏》第 17 册，佛陀多罗译。

《优婆塞戒经》，《大正藏》第 24 册，昙无谶译。

《大般若波罗蜜多经》，《大正藏》第 5 至第 7 册，玄奘译。

《大乘理趣六波罗蜜多经》，《大正藏》第 8 册，般若译。

《金刚经》，《大正藏》第 8 册，鸠摩罗什译。

《大宝积经》，《大正藏》第 11 册，菩提流志译。

《大般涅槃经》，《大正藏》第 12 册，昙无谶译。

《维摩诘所说经》，《大正藏》第 14 册，鸠摩罗什译。

《楞伽经》，《大正藏》第 16 册，求那跋陀罗译。

《大乘本生心地观经》，《大正藏》第 3 册，般若译。

《放光般若经》，《大正藏》第 8 册，无罗叉译。

《文殊般若经》，《大正藏》第 8 册，曼陀罗仙译。

《八大人觉经》，《大正藏》第 17 册，安世高译。

《善生经》（见《长阿含经》卷 11），《大正藏》第 1 册，佛陀耶舍、竺佛念译。

《四十二章经》，《大正藏》第 17 册，迦叶摩腾、竺法善兰译。

《大方广十轮经》，《大正藏》第 13 册，失译。

《吉祥经》，李荣熙译，见净慧法师编《在家教徒必读经典》。

《玉耶女经》，《大正藏》第 2 册，失译。

《佛说孛经》，《大正藏》第 17 册，支谦译。

《十善业道经》，《大正藏》第 15 册，实叉难陀译。

《本事经》，《大正藏》第 17 册，玄奘译。

《过去现在因果经》，《大正藏》第 3 册，求那跋陀罗译。

论著类

《大乘起信论》，《大正藏》第 32 册，真谛译。

《大乘起信论》，《大正藏》第 32 册，实叉难陀译。

龙树菩萨造：《大智度论》，《大正藏》第 25 册，鸠摩罗什译。

龙树菩萨造：《十住毗婆沙论》，《大正藏》第 26 册，鸠摩罗什译。

诃梨跋摩造：《成实论》，《大正藏》第 32 册，鸠摩罗什译。

护法等菩萨造：《成唯识论》，《大正藏》第 31 册，玄奘译。

天亲菩萨造：《发菩提心经论》，《大正藏》第 32 册，鸠摩罗什译。

优波底沙造：《解脱道论》，《大正藏》第 32 册，僧伽婆罗译。

无著菩萨造：《大乘庄严经论》，《大正藏》第 31 册，波罗颇蜜多罗译。

弥勒菩萨造：《瑜伽师地论》，《大正藏》第 30 册，玄奘译。

世亲菩萨造：《大乘五蕴论》，《大正藏》第 31 册，玄奘译。

南岳慧思造：《诸法无诤三昧法门》，《大正藏》第 46 册。

《究竟一乘宝性论》，《大正藏》第 31 册，勒那摩提译。

智顗撰：《法界次第初门》，《大正藏》第 46 册。

智顗说：《释禅波罗蜜次第法门》，《大正藏》第 46 册。

智顗述：《修习止观坐禅法要》，《大正藏》第 46 册。

智顗说，灌顶记：《释摩诃般若波罗蜜经觉意三昧》，《大正藏》第 46 册。

智顗撰：《五方便念佛门》，《大正藏》第 47 册。

智顗说，灌顶记：《摩诃止观》，《大正藏》第 46 册。

智顗说：《六妙法门》，《大正藏》第 46 册。

智顗说：《净土十疑论》，《大正藏》第 47 册。

智俨集：《华严经孔目章》(又名《华严经内章门等杂孔目》)，《大正藏》第 45 册。

续法集录：《贤首五教仪》，《卍新续藏》第 58 册。

怀感撰：《释净土群疑论》，《大正藏》第 47 册。

宗密述：《禅源诸诠集都序》，《大正藏》第 48 册。

永明延寿集：《宗镜录》，《大正藏》第 48 册。

蕅益智旭述：《教观纲宗》，《大正藏》第 46 册。

注疏类

昙鸾注：《无量寿经优婆提舍愿生偈注》（又称《往生论注》），《大正藏》第 40 册。

宝臣述：《注大乘入楞伽经》，《大正藏》第 39 册。

僧肇撰：《注维摩经》，《大正藏》第 38 册。

智顗说：《法华玄义》，《大正藏》第 33 册。

智顗说：《法华文句》，《大正藏》第 34 册。

圆测撰：《解深密经疏》，《卍新续藏》第 21 册。

法藏撰：《梵网经菩萨戒本疏》，《大正藏》第 40 册。

澄观述：《华严经行愿品疏》，《卍新续藏》第 5 册。

智顗说，湛然略：《维摩经略疏》，《大正藏》第 38 册。

长水子璇集：《首楞严义疏注经》，《大正藏》第 39 册。

长水子璇录：《起信论疏笔削记》，《大正藏》第 44 册。

惟则会解：《楞严会解》，《永乐北藏》第 185 册。

续法会编：《大乘起信论疏笔削记会阅》，《卍新续藏》第 45 册。

憨山德清述：《法华经通义》，《卍新续藏》第 31 册。

憨山德清述：《圆觉经直解》，《卍新续藏》第 10 册。

憨山德清述：《大乘起信论直解》，《卍新续藏》第 45 册。

憨山德清述：《金刚决疑》，《卍新续藏》第 25 册。

憨山德清述：《楞严通议》，《卍新续藏》第 12 册。

蕅益智旭述：《大乘起信论裂网疏》，《大正藏》第 44 册。

蕅益智旭撰：《楞严文句》，《卍新续藏》第 13 册。

蕅益智旭解：《弥陀要解》，《大正藏》第 37 册。

蕅益智旭述：《妙法莲华经台宗会义》，《卍新续藏》第 32 册。

通理述：《楞严指掌疏》，《卍新续藏》第 16 册。

圆澄注：《思益梵天所问经简注》，《卍新续藏》第 20 册。

宗密著：《圆觉经大疏》，《卍新续藏》第 9 册。

宗密著：《圆觉经略疏》，《大正藏》第 39 册。

周琪述：《圆觉经夹颂集解讲义》，《卍新续藏》第 10 册。

通润述：《楞严合辙》，《卍新续藏》第 14 册。

刘道开纂：《楞严经贯摄》，《卍新续藏》第 15 册。

黄念祖述：《大佛顶首楞严经观世音菩萨耳根圆通章举要》（见《心声集》）。

释普明编著：《大佛顶首楞严经讲义》，宗教文化出版社，2012 年。

〔日〕汤次了荣著：《大乘起信论新释》，丰子恺译，浙江人民美术出版社，
　　2015 年。

语录类

《楞伽师资记》，《大正藏》第 85 册。

《景德传灯录》，《大正藏》第 51 册。

《嘉泰普灯录》，《卍新续藏》第 79 册。

《联灯会要》，《卍新续藏》第 79 册。

《五灯会元》，《卍新续藏》第 80 册。

《指月录》，《卍新续藏》第 83 册。

《续指月录》，《卍新续藏》第 84 册。

《宗门武库》，《大正藏》第 47 册。

《五灯会元续略》，《卍新续藏》第 80 册。

《续灯正统》，《卍新续藏》第 84 册。

《御选语录》，《卍新续藏》第 68 册。

菩提达磨说：《二入四行观》（全称《菩提达磨大师略辨大乘入道四行观》），《卍
　　新续藏》第 63 册。

三祖僧璨作：《信心铭》，《大正藏》第 48 册。

四祖道信作：《入道安心要方便法门》（见《楞伽师资记》），《大正藏》第 85 册。

牛头法融作：《心铭》（见《景德传灯录》），《大正藏》第 51 册。

宗宝本：《六祖坛经》，《大正藏》第 48 册。

河北禅学研究所编：《马祖四家语录》，收录了马祖、百丈、黄檗、临济等祖
　　师之语录。

河北禅学研究所编：《禅宗六代祖师传灯法本》，收录了从初祖达磨至六祖慧
　　能之语录开示。

河北禅学研究所编：《禅宗五宗七家宗主语录》，收录了临济、沩仰、曹洞、
　　云门、法眼，以及黄龙、杨歧等宗派的开山祖师之语录开示。

《少室六门》，《大正藏》第 48 册。

永嘉玄觉撰：《证道歌》，《大正藏》第 48 册。

永嘉玄觉撰：《禅宗永嘉集》，《大正藏》第 48 册。

《百丈怀海禅师语录》，《卍新续藏》第 69 册。

《百丈广录》，《卍新续藏》第 69 册。

《庞居士语录》，《卍新续藏》第 69 册。

《赵州和尚语录》，《嘉兴藏》第 24 册。

《黄檗山断际禅师传心法要》，《大正藏》第 48 册。

《镇州临济慧照禅师语录》，《大正藏》第 47 册。

《抚州曹山元证禅师语录》，《大正藏》第 47 册。

《筠州洞山悟本禅师语录》，《大正藏》第 47 册。

《云门匡真禅师广录》，《大正藏》第 47 册。

《玄沙师备禅师语录》，《卍新续藏》第 73 册。

《潭州沩山灵祐禅师语录》，《大正藏》第 47 册。

《金陵清凉院文益禅师语录》，《大正藏》第 47 册。

《雪岩祖钦禅师语录》，《卍新续藏》第 70 册。

《高峰原妙禅师禅要》，《卍新续藏》第 70 册。

《住鼎州梁山廓庵和尚十牛图颂并序》，《卍新续藏》第 64 册。

宗绍编：《无门关》，《大正藏》第 48 册。

《圆悟心要》，原名《佛果圆悟真觉禅师心要》，《卍新续藏》第 69 册。又，《圆
　　悟克勤禅法心要 —— 圆悟心要校注》，明尧、明洁校注，金城出版社，
　　2016 年。

《宗杲尺牍》，录自《大慧普觉禅师语录》卷十九至卷三十，《大正藏》第 47 册。
　　又，《大慧宗杲禅法心要 —— 大慧尺牍校注》，明尧、明洁校注，金城出
　　版社，2016 年。

《宏智正觉禅师广录》，《大正藏》第 48 册。

《无异元来禅师广录》，《卍新续藏》第 72 册。

《天界觉浪盛禅师全录》，《嘉兴藏》第 34 册。

《天隐修禅师语录》，《乾隆大藏经》第 154 册。

《彻悟禅师语录》，《卍新续藏》第 62 册。

生活禅类

净慧主编：《虚云和尚全集》，中州古籍出版社，2009 年。

净慧主修，明海主编：《柏林禅寺志》，大象出版社，2015 年。

净慧：《中国佛教与生活禅》，宗教文化出版社，2005 年。

净慧：《双峰禅话》，上海辞书出版社，2005 年。

净慧：《入禅之门》，上海辞书出版社，2006 年。

净慧：《生活禅钥》，生活·读书·新知三联书店，2008 年。

净慧：《做人的佛法》，文化艺术出版社，2009 年。

净慧：《禅在当下》，方志出版社，2010 年。

净慧：《禅堂夜话》，上海文化出版社，2011 年。

净慧：《生活禅语》，同济大学出版社，2011 年。

净慧：《空花佛事》，中国文史出版社，2014 年。

净慧：《守望良心》，中国商务出版社，2018 年。

净慧：《守一不移》，中国商务出版社，2018 年。

净慧：《何处青山不道场》，河北省佛教协会虚云印经功德藏，2006 年。

净慧：《心经禅解》，赵县柏林禅寺，2009 年。

《夏令营的脚步 —— 柏林寺生活禅夏令营》，赵县柏林禅寺，2014 年。

《夏令营的脚步 —— 四祖寺禅文化夏令营》，赵县柏林禅寺，2014 年。

《净慧禅话 —— 柏林禅话》，赵县柏林禅寺，2015 年。

《净慧禅话 —— 双峰禅话》，赵县柏林禅寺，2015 年。

《净慧禅话 —— 真际禅话》，赵县柏林禅寺，2015 年。

《净慧禅话 —— 紫云禅话》，赵县柏林禅寺，2015 年。

《净慧禅话 —— 玉泉禅话》，赵县柏林禅寺，2015 年。

《净慧禅话 —— 云水禅话》，赵县柏林禅寺，2015 年。

明海主编：《第四届三禅会议论文集·中·净慧长老与生活禅研究》，宗教文
　　化出版社，2015 年。

净慧著，明海编：《人间佛教思想文库·净慧卷》，宗教文化出版社，2017 年。

净慧著，王佳编：《生活禅与人间佛教》，宗教文化出版社，2019 年。

综合类

道世撰：《法苑珠林》，《大正藏》第 53 册。

法云编：《翻译名义集》，《大正藏》第 54 册。

窥基撰：《大乘法苑义林章》，《大正藏》第 45 册。

《天台名目类聚钞》，《国家图书馆善本佛典》第 40 册。

蕅益智旭集：《在家律要广集》，《卍新续藏》第 60 册。

蕅益智旭辑：《阅藏知津》，《嘉兴藏》第 31 册。

蕅益智旭著：《灵峰宗论》，《嘉兴藏》第 36 册。

憨山德清著：《梦游集》，《卍新续藏》第 73 册。

《紫柏尊者全集》，《卍新续藏》第 73 册。

云栖袾宏著：《竹窗随笔》（见《云栖净土汇语》），《卍新续藏》第 62 册。

云栖袾宏著：《禅关策进》，《大正藏》第 48 册。

宗晓编：《乐邦文类》，《大正藏》第 47 册。

普度编：《莲宗宝鉴》，《大正藏》第 47 册。

唐时编：《如来香》，《国家图书馆善本佛典》第 52 册。

一如等编：《大明三藏法数》，《永乐北藏》第 181 册。

济能辑：《角虎集》，《卍新续藏》第 62 册。

德基辑：《毗尼关要》，《卍新续藏》第 40 册。

王日休撰：《龙舒增广净土文》，《大正藏》第 47 册。

赞宁等撰：《宋高僧传》，《大正藏》第 50 册。

妙协集：《宝王三昧念佛直指》，《大正藏》第 47 册。

袾宏辑：《皇明名僧辑略》，《卍新续藏》第 84 册。

净符集：《宗门拈古汇集》，《卍新续藏》第 66 册。

圣严著：《印度佛教史》，福建莆田广化寺印，1992 年。

印顺著：《中国禅宗史》，上海书店出版社，1992 年。

杜继文、魏道儒著：《中国禅宗通史》，江苏古籍出版社，1993 年。

杨曾文著：《唐五代禅宗史》，中国社会科学出版社，1999 年。

杨曾文著：《宋元禅宗史》，中国社会科学出版社，2006 年。

释东初著：《中国佛教近代史》，东初出版社，1974 年。

〔日〕忽滑谷快天著：《中国禅学思想史》，朱谦之译，上海古籍出版社，
　　1994 年。

赖永海主编：《中国佛教通史》，江苏人民出版社，2010 年。

黄忏华著：《佛教各宗大意》，福建莆田文化寺印，1992 年。

吴立民主编：《禅宗宗派源流》，中国社会科学出版社，1998 年。

黄夏年主编：《太虚集》，中国社会科学出版社，1995 年。

释太虚著述：《太虚大师全书》，宗教文化出版社，2015 年。

圣严著：《禅与悟》，《法鼓全集》电子版。

圣严著：《禅门解行》，《法鼓全集》电子版。

丁福宝笺注，陈兵导读，哈磊整理：《坛经》，上海古籍出版社，2011 年。

陈兵著：《佛教心理学》，南方日报出版社，2007 年。

陈兵著：《佛教禅定学》，佛光文化事业有限公司，2021 年。

陈兵编：《佛教格言》，巴蜀书社，1994 年。

《中华佛教百科全书》，电子版。

一行禅师著：《与生命相约》，明洁、明尧译，中国国际广播出版社，1999 年。

明尧、明法编著：《禅宗大德悟道因缘》，现代出版社，2006 年。

后　记

先师慧公老和尚晚年有一个心愿，就是希望能够编一本《生活禅纲要》，就生活禅提出的历史背景、经教基础、修证理念、用功原则、用功方法、功夫次第等等，做系统的梳理和展开。遗憾的是，先师在世的时候，这一心愿未能实现。

2016 年 9 月，因缘际会，自 1993 年起就一直亲近老和尚、用心生活禅的明尧居士主动发心担纲此任。为此他殚精竭虑，不舍昼夜，除了重温老和尚的诸多著作、讲录，还深入教典，遍涉汉传佛教诸大宗派典籍，至 2020年初，初成其稿。是年 6 月，我在通读全稿后，在柏林禅寺和他进行了深入详细的交流，提出了一些修改意见。明尧居士回京后在此基础上做了系统的修改。

正如传印老和尚在为本书所写序言中所说，"该书还紧扣汉传大乘佛教的优秀传统，以汉传佛教两千多年来所留下来的丰厚经论为背景，就汉传佛教的修学次第、止观方法、功夫阶次，以及修学过程中的魔扰及对治等诸多问题，进行了全面的介绍。表面上看，这些内容都是讲生活禅的，但实际上，也是对汉传大乘佛教修证理路所做的一次系统梳理"。传老说出了我们的心声。这确实是我们组织撰写《生活禅纲要》"一以贯之"的指导思想。从这个角度来讲，读者如果觉得《生活禅纲要》不仅仅是在讲生活禅、"人间佛教"，而更像是一本汉传大乘佛教的修学纲要，那也不奇怪，因为这正是我们所希望达到的效果。

本书从最初构思写作到最后的定稿，历时七年。虽然取得了阶段性成果，但是，由于生活禅是圆教，它的弘传是一个契理契机的无限开放的过程，所以这本《纲要》只能算是一个开始，还存在着诸多不圆满的地方，有待无数的后贤继续用生命来进一步诠释和完善它。换句话来说，圆满的"生活禅纲要"永远处在进行时，尽未来际，没有终点。

2013 年的谷雨节，先师突然离开我们"游方"而去，转眼之间，已经十周年了。先师圆寂之后，传印长老一直关注《生活禅纲要》的编写工作。书稿完成之后，传老非常高兴，欣然为本书作序，并题写书名。没有传老的加持、指导，完成这本书是不可想象的！老人家为法为人的慈悲之心，令我们后学铭感五内！另外，四川大学宗教研究所的陈兵教授认真地通读了书稿，对其中的部分章节，提出了非常中肯的修改意见，并欣然赐序。在此敬致感恩！

本书的完成得到了各方面人士的热心帮助。生活禅读书会的耿英杰、王子涵、曾然然、尤文勇、姚宇、王进、王凯、刘强等人，还有明洁居士，江苏张家港的眭斌先生、上海的曹瑞锋先生，对初稿进行了认真的校对。本书的出版，得到了商务印书馆的大力支持，尤其是柯湘老师及其同人，在该书出版的各个环节倾注了大量的心血。在此，对他们的关心和付出，一并深表感谢！

明海
2023 年岁次癸卯谷雨节，于赵州柏林禅寺

图书在版编目(CIP)数据

生活禅纲要 / 明海主编 .—北京：商务印书馆，2023
ISBN 978-7-100-22897-8

Ⅰ.①生… Ⅱ.①明… Ⅲ.①禅宗—研究 Ⅳ.①B946.5

中国国家版本馆 CIP 数据核字（2023）第 162904 号

生活禅纲要

明海　主编

商 务 印 书 馆 出 版
（北京王府井大街 36 号　邮政编码 100710）
商 务 印 书 馆 发 行
北京雅昌艺术印刷有限公司印刷
ISBN 978-7-100-22897-8

2023 年 10 月第 1 版　　　　开本 700×1000　1/16
2023 年 10 月北京第 1 次印刷　　印张 61¼　插页 8

定价：160.00 元